朱佳木 著

新时代与中国当代史

XINSHIDAI YU
ZHONGGUO DANGDAISHI

当代中国出版社
Contemporary China Publishing House

图书在版编目（CIP）数据

新时代与中国当代史 / 朱佳木著 . -- 北京：当代
中国出版社，2025. 3. -- ISBN 978-7-5154-1414-0

Ⅰ . K270.7

中国国家版本馆 CIP 数据核字第 2024N6F199 号

出 版 人	蔡继辉
责任编辑	宋卫云
责任校对	贾云华　康　莹
印刷监制	刘艳平
封面设计	宋　涛　鲁　娟
出版发行	当代中国出版社
地　　址	北京市地安门西大街旌勇里 8 号
网　　址	http://www.ddzg.net
邮政编码	100009
编 辑 部	（010）66572264
市 场 部	（010）66572281　66572157
印　　刷	北京润田金辉印刷有限公司
开　　本	787 毫米 ×1092 毫米　1/16
印　　张	58.5 印张　2 插页　839 千字
版　　次	2025 年 3 月第 1 版
印　　次	2025 年 3 月第 1 次印刷
定　　价	298.00 元

目 录

新时代与学习领会习近平新时代中国特色社会主义思想

新时代与加强党的领导和党的建设

新时代与深化对中国特色社会主义的认识

新时代与中国当代史的阐释和总结

新时代与中国当代史的学科建设和宣传

新时代与学习领会习近平新时代
中国特色社会主义思想

联系实际学习贯彻党的十八大精神
应当着力解决的两个问题*

党的十八大是一次全党全国人民充满期待的大会，也是一次振奋党心军心民心的大会。十八届中央政治局会议要求把学习宣传贯彻落实十八大精神作为当前的首要政治任务，并提出学习贯彻要紧密联系实际。当前需要联系的实际有很多，我认为最需要联系的问题有两个：一是收入分配差距过大，尤其某些领域分配不公；二是少数干部脱离群众，尤其党员领导干部腐败案件不断发生。

当前，人民群众对我们党的理论、路线、方针、政策是拥护的，对党和国家这些年的工作也是满意的，各级干部与群众的关系总体上也是好的。否则，无法解释我们党和国家这些年来为什么能有效应对国际经济危机的一再冲击，为什么能成功战胜社会与自然界的一系列严重挑战，为什么能使经济总量跃升到世界第二位，为什么能让国家面貌发生这么大的历史性变化。但另一方面，不能不看到，人民群众中的不满情绪也是不小的。从各种调研和统计看，意见最为普遍最为集中的，主要就是前面提及的那两个问题。而党中央近些年来的重要报告和决定，每当分析面临的问题时，讲的最多的也是这两个问题。

党的十八大报告在回顾过去五年工作、分析工作中的不足和前进道路上的困难与问题时，再次指出："城乡区域发展差距和居民收入分配差距依然较大；社会矛盾明显增多，教育、就业、社会保障、医疗、住房、生态环境、食品药品安全、安全生产、社会治安、执法司法等关系群众切身利益的问题较多，部分群众生活比较困难"；"少数党员干部

---

* 本文曾刊于《中国社会科学》2013 年第 1 期，原标题是《学习贯彻党的十八大精神应着力认识和解决的两个问题》。

理想信念动摇、宗旨意识淡薄，形式主义、官僚主义问题突出，奢侈浪费现象严重；一些领域消极腐败现象易发多发，反腐败斗争形势依然严峻"。①可见，党中央同广大群众的看法基本上是一致的。

我们国家现在仍然处于并将长期处于社会主义初级阶段。这个最大的国情决定了，我们既不能实行资本主义国家以私有制为基础的按资分配的制度，也不能实行社会主义高级阶段才能实行的完全按劳分配的制度，更不可能实行共产主义按需分配的制度，而只能实行以按劳分配为主体、多种分配方式并存的分配制度。实行这种制度，一方面居民收入不可能没有差距，也不可能同步富裕；另一方面也不能差距过大，更不能贫富悬殊，而只能是通过一部分人先富带动更多人富裕，既鼓励先进、促进效率又注重公平，既调动资本的活力又不出现两极分化。否则，就违反了社会主义原则，背离了中国特色社会主义道路。但是，要想给先富与共富、效率与公平、资本与劳动找到一个合适的平衡点，在实际操作中会有相当难度，甚至还会遇到来自既得利益者及其代言人的阻力。最近一些年，党中央大力倡导科学发展观，强调初次分配就要注重公平、再分配更加注重公平，一再要求调节过高收入、取缔非法收入、扭转收入差距扩大趋势，但城乡、区域差距和居民收入分配差距却依然在扩大，劳动报酬占国内生产总值的比重以及劳动报酬增长幅度与国内生产总值增长幅度相比依然偏低，就说明了这一点。现在，一方面大多数人承认自己的生活较之于改革开放前有了大幅度改善，另一方面，他们中大多数人又认为分配有所不公；一方面，还有 1.22 亿人生活在国家新规定的扶贫标准以下，另一方面，我国正在成为世界上数一数二的奢侈品市场，这些现象也正说明了这一点。

我们国家的政治体制与西方不同，实行的是共产党的领导。我们党所以能执掌政权，不是靠竞选，而是因为她在 90 多年的奋斗历程中，用实际行动表明自己是中国最广大人民根本利益的代表者，从而得到中

① 胡锦涛：《坚定不移沿着中国特色社会主义道路前进　为全面建成小康社会而奋斗——在中国共产党第十八次全国代表大会上的报告》，人民出版社 2012 年版，第 5 页。

国最广大人民支持的结果。这就决定了我们党是不是能始终代表最广大人民的根本利益，始终保持同人民群众的血肉联系，始终与人民心连心、同呼吸、共命运，绝不仅仅是关系能否继承和发扬在长期革命斗争中形成的优良传统、优良作风的问题，而是关系到能否保持党的工人阶级和中国人民、中华民族先锋队性质的问题，能否继续拥有执政资格和执政地位的问题，甚至能否生存下去的问题。改革开放后，世情、国情、党情发生了深刻变化，形式主义、官僚主义、奢侈浪费，尤其权钱交易的问题日益突出。邓小平曾告诫全党："不惩治腐败，特别是党内的高层的腐败现象，确实有失败的危险。"[①]陈云在党的十二届二中全会上也说过："党在全国执政以后，从中央到基层政权，从企业事业单位到生产队的领导权，都掌握在党员手里了，党员可以利用手中掌握的各种权力为自己谋取私利。……对于利用职权谋私利的人，如果不给以严厉的打击，对这股歪风如果不加制止，或制止不力，就会败坏党的风气，使党丧失民心。"[②]他们之所以这样说，就是因为我们党的执政资格、执政地位，甚至生死存亡，都取决于人民群众对我们党的态度；而人民群众对我们的态度，又取决于我们对待他们的态度。

收入分配差距过大、分配不公和干部脱离群众、消极腐败并不是一个领域里的问题，但却是紧密相关的问题，在一定意义上甚至是相通的。我们党要坚持为人民服务的宗旨，带领人民走中国特色社会主义道路，都要体现在分配政策和干群关系上。收入分配差距过大，少部分人收入过高、获取利益太容易会导致干部脱离群众，助长党内消极腐败；反过来，干部脱离群众，极少数人搞权钱交易，非法获取收入，又会促使分配不公推动收入差距越拉越大。现在，这两个问题已经成为社会不稳定和群体事件频发的直接的或深层次的原因，如果长时间解决不好，势必严重损害群众对党和政府的信任，动摇群众对夺取中国特色社会主义新胜利的信心。

---

① 《邓小平文选》第 3 卷，人民出版社 1993 年版，第 313 页。
② 《陈云文选》第 3 卷，人民出版社 1995 年版，第 331—332 页。

　　邓小平早就说过："开放、搞活，必然带来一些不好的东西"，"腐败现象很严重，这同不坚决反对资产阶级自由化有关系"。"所谓资产阶级自由化，就是要中国全盘西化，走资本主义道路。……如果走资本主义道路，可能在某些局部地区少数人更快地富起来，形成一个新的资产阶级，产生一批百万富翁，但顶多也不会达到人口的百分之一。"① 他晚年又说："我们讲要防止两极分化，实际上两极分化自然出现。……分配不公，会导致两极分化。"② 陈云在讨论通过《中共中央关于经济体制改革的决定》的中央全会上讲："'竞争中可能出现某些消极现象和违法行为'，这句话在文件里提一下很必要。"③ 江泽民在确定社会主义市场经济为经济体制改革的目标模式后指出："要看到市场存在自发性、盲目性、滞后性的消极一面。"④ 胡锦涛在中纪委研究部署反腐败工作的会议上指出："从根本上说，腐败是私有制的产物。"⑤ 他们的论述说明，收入分配差距过大，党内消极腐败现象，都有类似的历史的和经济的、政治的、思想的根源。我们要切实解决这两个问题，必须把它们联系起来思考，分析产生它们的土壤和温床，更加重视对私营经济、市场经济中某些消极因素的防范，更加全面地执行"一个中心、两个基本点"的基本路线和坚持公有制为主体、多种所有制经济共同发展的基本经济制度，更加自觉地完善社会主义市场经济体制，更加坚定地走共同富裕的道路，更加认真地执行从严治党的方针、狠抓党风廉政建设、坚决惩治腐败，从而把党心民心最大限度地凝聚起来，为实现全面建成小康社会和中华民族伟大复兴的目标而团结奋斗。

　　党和国家的历史经验告诉我们，凡是在克服一种主要倾向时，必然会潜伏和出现另一种倾向，这是不奇怪的，关键在于要正视它，重视它，积极设法解决它。只要这样，我们就没有战胜不了的困难。对于收入分配差距过大和党内出现消极腐败的问题，同样如此。

①《邓小平文选》第 3 卷，人民出版社 1993 年版，第 164、325、207—208 页。

②《邓小平年谱（1975—1997）》（下），中央文献出版社 2004 年版，第 1364 页。

③《陈云文选》第 3 卷，人民出版社 1995 年版，第 338 页。

④ 江泽民：《论社会主义市场经济》，中央文献出版社 2006 年版，第 159 页。

⑤《十六大以来重要文献选编》（中），中央文献出版社 2011 年版，第 594 页。

在党的十八大报告中，有关收入分配和党的作风方面的内容占了相当大的篇幅，不仅有许多新的提法和论述，还提出了一些新的目标和措施。报告把"逐步实现全体人民共同富裕"写进了中国特色社会主义道路的定义，把"坚持走共同富裕道路"作为夺取中国特色社会主义新胜利必须把握的八个基本要求之一，把"收入分配差距缩小"放入了全面建成小康社会的新要求之中，把在全党开展群众路线教育实践活动作为了保持同人民群众血肉联系的一项重要措施，并鲜明地提出"共同富裕是中国特色社会主义的根本原则"，"着力解决收入分配差距较大问题"，"脱离群众危险、消极腐败危险更加尖锐地摆在全党面前"，"全党要增强紧迫感和责任感，牢牢把握加强党的执政能力建设、先进性和纯洁性建设这条主线"，"这个问题解决不好，就会对党造成致命伤害，甚至亡党亡国"，各级领导干部特别是高级干部"决不允许搞特权"，要"加强对领导干部特别是主要领导干部行使权力的监督"，等等。①

习近平刚当选中共中央总书记，便在同中外记者见面时强调，新一届中央领导机构肩负着对民族、对人民、对党的责任，这个责任就是团结带领全党全国各族人民，继续解放思想，坚持改革开放，不断解放和发展生产力，努力解决群众生产生活困难，坚定不移走共同富裕道路；就是同全党同志一道，坚持党要管党、从严治党，切实解决自身存在的突出问题，切实改进工作作风，密切联系群众，使我们党始终成为中国特色社会主义事业的坚强领导核心。②

所有这些都充分表明了我们党对解决收入分配差距过大、党风不正、消极腐败问题高度重视的态度，显示了以习近平同志为核心的党中央团结带领全党全国人民走共同富裕道路和从严治党、改进党风的坚定决心。我们完全有理由相信，只要按照中央关于联系实际学习贯彻十八大精神的要求去做，人民群众对十八大的期盼就一定不会落空，全面小康社会就一定会如期建成，中华民族伟大复兴的夙愿就一定会最终实现。

---

① 胡锦涛：《坚定不移沿着中国特色社会主义道路前进　为全面建成小康社会而奋斗——在中国共产党第十八次全国代表大会上的报告》，人民出版社 2012 年版。

②《人民对美好生活的向往　就是我们的奋斗目标》，《人民日报》2012 年 11 月 16 日。

中国特色社会主义是科学社会主义理论逻辑和中国社会发展历史逻辑的统一

——习近平总书记 2013 年"1·5"重要讲话的几点学习体会[*]

习近平总书记 1 月 5 日在新进中央委员会的委员、候补委员学习贯彻党的十八大精神研讨班开班式上的讲话（见《人民日报》2013 年 1 月 6 日第 1 版，以下简称"1·5"重要讲话），是一篇对深入领会十八大精神、促进全党警醒起来具有重大意义的讲话。讲话从六个时间段分析了社会主义思想从提出到现在的历史过程，强调中国特色社会主义是科学社会主义理论逻辑和中国社会发展历史逻辑的辩证统一，是根植于中国大地、反映中国人民意愿、适应中国和时代发展进步要求的科学社会主义。讲话不仅有助于人们更加科学地认识什么是中国特色社会主义、怎样建设中国特色社会主义，也为正确看待和研究中华人民共和国历史提供了更加明确的指导思想。

一

"1·5"重要讲话指出："中国特色社会主义是社会主义而不是其他什么主义，科学社会主义基本原则不能丢，丢了就不是社会主义。"在当前国内外敌对势力和错误思潮肆意攻击中国特色社会主义，把它污蔑为"资本社会主义"、"国家资本主义"或"新官僚资本主义"的情况下，突出强调这个问题具有很强的现实针对性。

世界上任何事物都有质的规定性。好比钢，其基本性质是含碳量小于 2% 的铁炭合金，在此基础上可以加各种合金元素，使其成为不同用

* 本文是作者 2013 年 1 月 23 日在中国社会科学院学习习近平总书记 "1·5" 重要讲话理论研讨会上的发言修改而成，曾刊于《思想理论教育导刊》2013 年第 3 期。

处的合金钢。但无论加什么元素，碳的含量都不能超过 2%，否则就不成其为钢，而是铁或其他金属了。中国特色社会主义虽然立足于中国仍处于并将长期处于社会主义初级阶段的国情，体现着世界呈现和平与发展两大时代主题的特征，但它作为一种政治理论、社会实践、社会制度，归根结底属于科学社会主义范畴。既然如此，它当然要遵循科学社会主义的基本原则，否则就不成其为科学社会主义，而是别的什么主义了。

社会主义起初是针对资本主义剥削而在 16 世纪欧洲产生的一种学说，它对未来理想社会描绘得十分美好、十分具体，但未能揭示资本主义灭亡的必然规律、指出埋葬资本主义的社会力量、找到通向理想社会的现实道路，因而只能流于空想。马克思、恩格斯批判地继承、吸收了德国古典哲学、英国古典政治经济学和法国、英国空想社会主义的合理成分，创立了唯物史观和剩余价值学说，揭露了资本主义剥削的秘密，阐明了资本主义必然被社会主义代替的客观规律，论证了无产阶级的历史使命和推翻资产阶级统治的必由之路，从而将社会主义由空想变为科学。

科学社会主义自创立之后，经过马克思、恩格斯的继续充实和完善，又经过列宁、斯大林在领导俄国社会主义革命和建设实践过程中的丰富和发展，从理论逐步变为现实，并形成了一系列基本原则。例如，由资本主义变为社会主义，必须经过无产阶级革命；无产阶级革命必须由马克思主义理论武装的无产阶级政党领导；建立社会主义制度必须打碎资产阶级的国家机器，实行无产阶级专政；无产阶级专政必须以工农联盟为基础，坚持共产党领导，镇压国内敌对势力的反抗，防范国外敌人的侵略、颠覆，保障全体劳动者的民主权利；建设社会主义必须变生产资料的私有制为公有制，由国家有计划地进行，不断提高社会生产力，满足人民群众日益增长的物质文化生活的需要，逐步消灭阶级，直到实现共产主义；等等。但是，正如列宁所说：马克思主义的理论"提供的只是总的指导原理，而这些原理的应用具体地说，在英国不同于法国，在法国不同于德国，在德国又不同于俄国"①。"一切民族都将走向社会主义，这是不可避免的，但是一切民族的走法却不会完全一样，在民主的这种或那种形式上，在无产阶级专政的这种或那种形态上，在社会生活各方面的社会主义改造的速度上，每个民族都会有自己的特点。"②中国特色社会主义，就是在中国具体国情下所实行的既坚持了科学社会主义基本原则，又根据中国实际和时代特征赋予其鲜明中国特色的社会主义。例如，中国特色社会主义在国体和政体上虽然实行包括工人阶级、农民阶级和新社会阶层在内的人民民主专政及人民代表大会制度，但人民民主专政和人民代表大会制度都是实行工人阶级（通过中国共产党）领导的，因此，其实质仍然是无产阶级专政；在经济制度和体制上虽然鼓励、支持和引导非公有制经济发展，允许和鼓励资本参与分配，让市场在资源配置上起基础性作用，但公有制和按劳分配仍然占主体，国有经济仍然控制国民经济命脉，国家对市场活动仍然发挥宏观指导和调控作用，计划调节仍然是国家宏观调控的重要手段，因此，其实质仍然是社会主义。

马克思在《哥达纲领批判》中指出："消费资料的任何一种分配，都不过是生产条件本身分配的结果；而生产条件的分配，则表现生产方式本身的性质。"③邓小平在改革开放初期也说过："一个公有制占主体，一个共同富裕，这是我们所必须坚持的社会主义的根本原则。""只要我国经济中公有制占主体地位，就可以避免两极分化。"④江泽民强调："我们干的是社会主义事业，国家经济的主体必然是公有制经济。这一点必须坚定不移，决不能动摇。"⑤正因为如此，我们党在推进所有制改革的过程中，始终强调要以公有制为主体、以国有经济为主导。事实说明，只有公有制占主体，分配上才能保证共同富裕，从而使社会主义原则落

①《列宁选集》第 1 卷，人民出版社 2012 年版，第 274—275 页。
②《列宁选集》第 2 卷，人民出版社 2012 年版，第 777 页。
③《马克思恩格斯选集》第 3 卷，人民出版社 2012 年版，第 306 页。
④《邓小平文选》第 3 卷，人民出版社 1993 年版，第 111、149 页。
⑤《江泽民论有中国特色社会主义（专题摘编）》，中央文献出版社 2002 年版，第 50 页。

到实处。

改革开放初期，针对我国生产力水平较低和过去长期存在平均主义、吃"大锅饭"的现象，我们党曾提出"让一部分人、一部分地区先富起来"，提倡"效率优先、兼顾公平"，允许和鼓励资本参与分配。这一方针和政策的实施，对于调动各方面积极性、加快经济发展，起到了重要作用。但与此同时，也出现了分配不公、收入差距过大的现象和"一切向钱看"的思想倾向，引起广大群众的不满，并且受到来自右的和极左两种思潮的夹击，就连资本主义国家的舆论也不时予以嘲讽。针对这一情况，我们党对分配政策进行了逐步调整。例如，把"效率优先、兼顾公平"的口号改为"既重视效率也重视公平、把公平放在更加突出的位置"；要求初次分配和再分配都要处理好效率和公平的关系，再分配要更加注重公平；逐步提高居民收入在国民收入中的比重，提高劳动报酬在初次分配中的比重，提高低收入者收入，提高扶贫标准和最低工资标准，等等。党的十八大更把"逐步实现全体人民共同富裕"纳入中国特色社会主义定义，把"坚持走共同富裕道路"作为夺取中国特色社会主义新胜利必须把握的一个基本要求，把"收入分配差距缩小"作为全面建成小康社会的新要求之一，并旗帜鲜明地提出"共同富裕是中国特色社会主义的根本原则"。十八大闭幕后，习近平总书记在第一次会见中外媒体时便强调，新一届中央领导机构对民族、对人民、对党的一个重要责任，就是努力解决群众生产生活困难，坚定不移走共同富裕道路。所有这些都表明，我们党对分配领域出现的新问题，认识是清醒的，解决的决心也是坚定的。

要摆正先富与共富、效率与公平、资本与劳动的关系，涉及各方切身利益，不可能没有阻力，更不可能一帆风顺。比如，有人认为我国的贫富差距还不够大，说"只有拉大差距，社会才能进步，和谐社会才有希望"，"没有贫富差距就相当于吃大锅饭"。还有人把收入差距扩大说成是政府管理经济和"国有垄断""国进民退"造成的，提出"民富优先""国退民进""以民营经济为主体""要把国有企业量化到人民手中"等主张。这些言论既违背宪法原则和中国特色社会主义的理论、纲领、路线和方针，又违背客观实际。

我国宪法规定："国有经济是社会主义全民所有制经济，是国民经济的主导力量。"因此，不存在什么国有企业还要"量化到人民手中"的问题。要求所谓"量化"，说穿了，无非是要把国有资产私有化。苏联解体时给全体居民发放国有企业的证券，结果把国有资产都"量化"到了哪些人手里，世人是有目共睹的。党的十五届四中全会通过的《中共中央关于国有企业改革和发展若干重大问题的决定》指出，国有经济需要控制的行业中包括"自然垄断的行业"，国有企业中也要有"极少数必须由国家垄断经营的企业"。① 离开了这种垄断，国有经济发挥国民经济的主导作用就会成为一句空话。我们一方面要反对包括国有企业在内的一切企业的垄断行为，另一方面，绝不能借口"反垄断"来反对国家通过国有企业实行必要的"自然垄断"和"垄断经营"。江泽民同志说："国有企业是我国国民经济的支柱，是我国社会主义制度的重要经济基础"，"国有大中型企业是发展社会主义市场经济的主力军"，"是我国经济参与国际竞争、合作、分工的基本力量"。② 胡锦涛同志指出："要毫不动摇巩固和发展公有制经济……不断增强国有经济活力、控制力、影响力。"③ 习近平同志在 2009 年视察大庆油田时也指出："国有企业是中国特色社会主义的重要支柱，是我们党执政的重要基础，也是贯彻和实践党的基本理论的重要阵地。"④ 当前，某些西方大国正是以我国国有企业受政府优惠为名，在贸易、投资、资产收购等领域对其百般刁难和限制。这从反面说明，国有企业在国际竞争中确实具有较强实力，使西方跨国公司、大财团和它们的代理人也感到不好对付。

另外，是不是"国进民退"和"国富民贫"，应当用事实说话。统计表明，2009 年进行的第二次全国经济普查结果与 2004 年第一次普查

① 《十五大以来重要文献选编》（中），中央文献出版社 2011 年版，第 168、169 页。
② 《江泽民论有中国特色社会主义（专题摘编）》，中央文献出版社 2002 年版，第 145、143、142 页。
③ 胡锦涛：《坚定不移沿着中国特色社会主义道路前进　为全面建成小康社会而奋斗——在中国共产党第十八次全国代表大会上的报告》，人民出版社 2012 年版，第 20—21 页。
④ 习近平：《在大庆油田发现 50 周年庆祝大会上的讲话》，《石油政工研究》2009 年第 5 期。

相比，国有企业法人单位下降了20%，资产下降了8.1%；而私营企业法人单位增长了81.4%，资产增加了3.3%。[①]2011年与2001年相比，全国规模以上工业企业的产值中，国有及国有控股企业占比，由44.4%下降到27.2%；而私营企业占比，由9.2%上升到29.4%。[②]还应当看到，中国特色社会主义社会不是无阶级社会，"国"和"民"没有摆脱也不可能摆脱阶级性，对"民穷"还是"国富"都要做具体分析。现在，我国一方面还有1.25亿人处于新的扶贫标准线以下，另一方面，早已经成为全球第二大奢侈品市场。国家财政收入占国民收入比重也只有22.5%[③]，而24个工业化国家平均税负为45.3%,29个发展中国家平均税负为35.5%，都比我国要高。可见，笼统说"国进民退""国富民穷"，都是站不住脚的。

改革开放以来，我们党针对过去一度存在的权力过分集中、忽视民主与法制建设的问题，提出并推进政治体制改革，大力加强社会主义民主与法制建设，同时，始终强调改革要坚持社会主义方向。有人说，改革就是改革，无所谓社会主义方向和资本主义方向，并以邓小平讲过"改革不问姓'资'姓'社'""不搞争论"作为根据。只要看看《邓小平文选》就会知道，邓小平从来没有在改革方向问题上说过不问姓"资"姓"社"，相反，他一再提醒我们："在改革中坚持社会主义方向，这是一个很重要的问题。""在整个改革开放的过程中，必须始终注意坚持四项基本原则。"他还强调："如果不坚持这四项基本原则，纠正极左就会变成'纠正'马列主义，'纠正'社会主义。"邓小平也从来没有在改革的方向上说过"不搞争论"，相反，他在1989年政治风波后说："某些人所谓的改革，应该换个名字，叫作自由化，即资本主义化。他们'改革'的中心是资本主义化。我们讲的改革与他们不同，这个问题还要继

---

① 《国企占比下降私企占比上升》,《人民日报》2009年12月26日。

② 来自国家统计局资料，2011年数字为主营业务收入。

③ 2012年统计数字为计算得出，见《政府工作报告 平实真实务实》,《人民日报》2013年3月6日。

续争论的。"① 江泽民在庆祝中国共产党成立 70 周年大会上讲："要划清两种改革开放观，即坚持四项基本原则的改革开放，同资产阶级自由化主张的实质上是资本主义化的'改革开放'的根本界限。"② 胡锦涛在纪念党的十一届三中全会召开 30 周年大会上讲："既以四项基本原则保证改革开放的正确方向，又通过改革开放赋予四项基本原则新的时代内涵。""离开四项基本原则和改革开放，经济建设就会迷失方向和丧失动力。"③ 他们的论述都说明，党中央历来认为改革存在坚持什么方向的问题，这个方向不是别的，就是社会主义；对这个方向的保证也不是别的，就是坚持四项基本原则。

我国政治体制无疑还有许多需要继续深化改革的问题和空间。比如，要进一步健全权力运行的制约和监督体系，要推进权力运行的公开化、规范化，要更加注重改进党的领导方式、执政方式，要不断发挥法治在国家治理和社会管理中的作用，等等。但是，改革的目标只能是社会主义制度的自我完善，原则只能是坚持中国共产党领导、人民当家作主、依法治国的有机统一，前提只能是有利于政局稳定、人民团结、经济发展、生活改善。现在有人无视我国近 30 多年来政治体制改革取得的巨大进步和正在进行的改革，指责政治体制改革停顿了、滞后了、倒退了，认为政治体制已经成为进一步市场化改革的阻力，鼓吹"重启政改"。显然，他们所要的"政治改革"并不是我们党所推动的政治体制改革，而是要把西方资本主义那一套政治体制搬到中国来。经济基础决定上层建筑。我们经济体制改革不是要建立私有制基础上的自由市场经济，政治体制改革当然也不可能照搬适应那种市场经济的多党轮流执政和"三权分立"的政治体制。既然从来没有启动过那种"政治改革"，又怎么谈得上"停滞"和"倒退"的问题呢？那种"政治改革"既不会给中国带来真正的民主，也解决不了腐败问题，更促进不了经济发展，相反，只会使社会混乱、国家分裂、内战爆发，使已有的发展成果丧失

---

①《邓小平文选》第 3 卷，人民出版社 1993 年版，第 138、379、137、297 页。

②《十三大以来重要文献选编》（下），中央文献出版社 2011 年版，第 184 页。

③《十七大以来重要文献选编》（上），中央文献出版社 2009 年版，第 797、798 页。

殆尽，使人民重新陷入无穷灾难。对此，我们当然不能接受。

现在还有人鼓吹所谓"宪政"改革。这一论调的要害在于把共产党的领导同宪法原则相对立，实质在于要求实行多党制、"三权分立"、军队国家化等资本主义政体，目的在于从根本上改变中国特色社会主义的政治制度。我国宪法规定了中国共产党在国家的社会主义建设事业中的领导地位，《中国共产党章程》也规定了党必须在宪法和法律的范围内活动。因此，坚持共产党领导与遵守宪法原则是一致的，不存在相互排斥的问题。资本主义国家在经济上实行资产阶级所有制，在政治上实行资产阶级统治。由于资产阶级中有不同的利益集团，因此，需要有不同的政党代表这些集团。这种多党制决定了其军队不能由哪一个党单独领导，而必须国家化；同时，各政党在维护资产阶级政治统治上的一致性，又决定了它们无论哪个党上台，都不会改变军队作为资产阶级专政工具的性质。然而，我国是社会主义国家，实行工人阶级领导的以工农联盟为基础的人民民主专政；中国共产党作为工人阶级政党，同时代表着最广大人民的根本利益。这一国情决定了我国不允许产生剥削阶级，更不允许有代表剥削阶级利益的政党同共产党轮流执政。在社会主义市场经济条件下，人民内部会有不同利益的矛盾，但这一经济是由中国共产党领导、以公有制为主体、以国家宏观调控为前提的，不允许在人民内部出现不同的利益集团，因此不需要建立代表不同利益集团的政党，而只能实行共产党领导的多党合作和政治协商制度。在这种情况下，军队当然必须由而且完全可以由中国共产党绝对领导。这种领导是和我国国家性质、经济与政治的基本制度，以及政党制度相一致的，它不仅不会妨碍我国政治体制的运行、影响军队的国防军性质，相反，是坚持中国特色社会主义、维护人民根本利益、保证党和人民内部团结统一及社会稳定的不可或缺的必要条件。

二

"1·5"重要讲话中指出：改革开放前后两个历史时期，"是两个相互联系又有重大区别的时期，但本质上都是我们党领导人民进行社会主义建设的实践探索……两者决不是彼此割裂的，更不是根本对立的。不能用改革开放后的历史时期否定改革开放前的历史时期，也不能用改革开放前的历史时期否定改革开放后的历史时期。"在当前怀疑、反对改革开放或怀疑、反对四项基本原则的人，总是把改革开放前后两个历史时期加以割裂和对立，不是拿前者否定后者就是拿后者否定前者的情况下，突出强调这个问题也有很强的现实针对性。

中国特色社会主义是改革开放后开创的，但它不是在新中国刚成立时面对的那个百孔千疮的烂摊子上开创的，而是在改革开放前中国已进入社会主义并已进行了 20 多年社会主义建设的基础上开创的。如果1978 年没有实行改革开放，或者 1978 年以后不把改革开放坚持下去，新中国的历史将难以为继。但如果 1949 年不建立新中国，新中国不选择社会主义道路，不进行大规模工业化建设和农田水利基本建设，没有形成独立的完整的工业体系和国民经济体系，没有培养出大批从事经济、科技、文教事业的人才，改革开放也是无从谈起的。这些已经为新中国的历史所证明。而且，改革开放如果不沿着社会主义道路前进，相反改旗易帜，误入资本主义歧途，其结果必然是亡党亡国。这一点已为苏东剧变的历史所证明。

正确认识我国改革开放前的历史，必须分清那段历史的主流和支流。改革开放前的历史虽然有曲折，但它取得的成就和经验是主要的。正如党的十八大报告所说：改革开放前的 30 年，"进行了社会主义改造，确立了社会主义基本制度，成功实现了中国历史上最深刻最伟大的社会变革，为当代中国一切发展进步奠定了根本政治前提和制度基础"。那段历史时期"在探索过程中，虽然经历了严重曲折，但党在社会主义建设中取得的独创性理论成果和巨大成就，为新的历史时期开创中国特色社会主义提供了宝贵经验、理论准备、物质基础"。[①] 比如，在那段历史提出的一系列正确观点和方针，有些当年虽然没有得到很好贯彻，但

---

① 胡锦涛：《坚定不移沿着中国特色社会主义道路前进　为全面建成小康社会而奋斗——在中国共产党第十八次全国代表大会上的报告》，人民出版社 2012 年版，第 10 页。

在改革开放时期却发挥了并正在发挥着重要作用。那段历史与改革开放后相比，虽然在经济发展的成果和人民生活水平的提高上没有那么显著，但这绝不表明那个时期的成就不伟大、不重要。如同盖楼一样，打地基时不容易让人看出成绩，但楼房盖得快盖得高，反过来说明地基打得牢。

正确认识我国改革开放前的历史，还必须对那段历史的曲折进行具体分析。首先，要把具有全局性的失误与个别的、局部的失误加以区别。对于"文化大革命"要彻底否定，但对于"三反""五反"、批判《武训传》、三线建设、"四清"运动等，则不能因为其中有缺点有错误就全盘否定。其次，要把失误与发生失误的时期加以区别。"文化大革命"长达十年时间，不能把党和人民在那十年所做的工作连同"文化大革命"一起否定。《关于建国以来党的若干历史问题的决议》（以下简称《历史决议》）指出："在'文化大革命'中，我们党没有被摧毁并且还能维持统一，国务院和人民解放军还能进行许多必要的工作，有各族各界代表人物出席的第四届全国人民代表大会还能召开并且确定了以周恩来、邓小平同志为领导核心的国务院人选，我国社会主义制度的根基仍然保存着，社会主义经济建设还在进行，我们的国家仍然保持统一并且在国际上发挥重要影响。""我国国民经济虽然遭到巨大损失，仍然取得了进展。粮食生产保持了比较稳定的增长。工业交通、基本建设和科学技术方面取得了一批重要成就。"[1] 再次，要把可以避免的失误与难以避免的失误加以区别。由于个人专断造成的失误当然是可以避免的，但由于客观条件不足或缺少经验而造成的失误则是难以避免的。例如，改革开放前农村面貌变化不大，其中有政策失误的原因，但基本原因还在于我国是一个农业国，又长期处于半殖民地半封建社会，搞工业化建设缺少资金和商品粮，不得不从农业上打主意，保持工农业产品的"剪刀差"和实行粮食、棉花等农副产品的统购统销。最后，要把造成失误的动机和结果加以区分。毛泽东发动"大跃进"和"文化大革命"，无疑

---

[1]《三中全会以来重要文献选编》（下），中央文献出版社 2011 年版，第 147、148 页。

造成了灾难性后果。但他的本意是为了给中国找到一条发展速度更快的道路，防止党脱离群众、国家改变颜色。另外，也不能把错误都推给毛泽东一个人。邓小平说过："我们都是搞革命的，搞革命的人最容易犯急性病。我们的用心是好的，想早一点进入共产主义。这往往使我们不能冷静地分析主客观方面的情况，从而违反客观世界发展的规律。"[①] "毛泽东同志发动这样一次大革命，主要是从反修防修的要求出发的。"[②] "讲错误，不应该只讲毛泽东同志……不要造成一种印象，别的人都正确，只有一个人犯错误。这不符合事实。"[③]

正确认识改革开放前后两个历史时期的关系，要看到它们之间深刻的历史性变化。例如，改革开放后与此前相比较，在指导思想上，由以阶级斗争为纲，变为以经济建设为中心，进而变为经济建设、政治建设、文化建设、社会建设、生态文明建设"五位一体"全面发展，等等。在经济体制上，由单一的公有制和按劳分配，变为以公有制为主体、多种所有制经济共同发展和以按劳分配为主体、多种分配方式并存，由高度统一的计划经济体制变为社会主义市场经济体制，等等。在政治体制上，由一度权力过分集中、党对政府事务包揽过多，变为党政职能适当分开，政企分开、政资分开、政事分开，决策权、执行权、监督权既相互制约又相互协调；由某些方面无法可依、有法不依、民主权利缺乏保障，变为高度重视民主与法制建设，初步建成社会主义法律体系；由领导职务事实上的终身制，变为实行退休制、问责制、引咎辞职制、离任审计制；由干部选拔任用由少数人决定，变为票决制、差额选举制；由政务不透明，变为实行政务公开、决策听证，等等。在文化政策上，由一度歧视知识分子、过多干预文艺创作，变为尊重知识、尊重知识分子，把科学技术作为第一生产力，落实"百花齐放、百家争鸣"方针，主张弘扬主旋律、提倡多样化和尊重差异、包容多样，等等。在社会生活上，由经济成分、利益关系、组织形式、就业方式、分配方式的相对

---

①《邓小平文选》第 3 卷，人民出版社 1993 年版，第 139—140 页。
②《邓小平文选》第 2 卷，人民出版社 1994 年版，第 149 页。
③《邓小平文选》第 2 卷，人民出版社 1994 年版，第 296 页。

单一，变为日益多样化；由人的思想活动相对统一，变为独立性、选择性、差异性不断增强；由人口基本不流动、一切由单位管理，变为人口大规模流动，实行基层群众自治管理，促进社会组织发展，积极构建和谐社会，等等。所有这些，都使改革开放前后两个历史时期有着明显的差别。看不到它们的差别，不可能看清楚中国特色社会主义究竟"特"在哪里；而看不到它们的共性，也不可能弄明白中国特色社会主义为什么是社会主义而不是别的什么主义。它们的差别把改革开放前后划分为了两个历史时期，而它们的共性又把两个历史时期有机地联系在了一起。

改革开放前后两个历史时期的差别与共性相比较，共性的一面更带有本质性。例如，改革开放后，在指导思想上，虽然否定了以阶级斗争为纲的错误，但仍然坚持马克思主义的阶级和阶级斗争观点，仍然认为阶级斗争还在一定范围内长期存在，某种条件下还有可能激化，因而，仍然要坚持无产阶级专政。在经济建设上，虽然允许和鼓励包括私营经济在内的非公有制经济发展，允许和鼓励资本参与分配，但始终坚持包括全民所有制经济在内的公有制经济和按劳分配的主体地位，始终明确国有经济即社会主义全民所有制经济是国民经济中的主导力量和支柱；虽然确定市场对资源配置起基础性作用，但始终明确这种作用的发挥要在社会主义国家的宏观调控之下，要与社会主义基本制度结合在一起，要使国家计划作为宏观调控的重要手段之一；虽然不断拓展对外开放的广度和深度，但始终注重防范国际经济风险，坚持自主创新的道路。在政治建设上，虽然不断推进政治体制改革，但始终坚持党的领导、人民当家作主、依法治国三者的统一；虽然不断完善国家的各项政治制度，但始终坚持人民代表大会制度等各项根本制度和基本制度不动摇；虽然不断改进党的领导方式和执政方式，但始终着眼于党对国家的有效治理。在文化建设上，虽然提出尊重差异、包容多样，但始终坚持马克思主义在意识形态领域的指导地位；虽然提出并推动文化产业发展，但始终强调要把社会效益放在首位，经济效益要与社会效益相统一。在社会建设上，虽然推动基层群众自治管理，发展社会组织，但始终强调党在群众自治管理中的领导作用，积极构建党委领导、政府负责的社会管理体制，建立健全党和政府主导的维护群众权益机制，防范敌对势力的分裂、渗透、颠覆活动。所有这些，都使改革开放前后两个历史时期处于同一种社会形态，使它们共同成为中国现代史或中国当代史内在统一的组成部分。

　　大量事实说明，对历史问题的认识，往往与对现实问题的认识密切相关。如何认识改革开放前后两个历史时期的关系，就是一个与如何认识中国特色社会主义相关度极高的问题。大量事实还说明，对国家史的认识和解释，历来是意识形态领域各个阶级、各种政治力量较量的重要战场。统治阶级为了维护统治，总是高度重视对国家史的解释，并把它视作国家主流意识形态和核心价值体系的组成部分；而要推翻一个政权的阶级和政治力量，也十分看重对历史的解释，总要用它说明原有统治的不合理性。这是一个具有普遍规律的社会现象。前人早就说过："灭人之国，必先去其史。"当前，国内外敌对势力总爱拿历史尤其是当代史做文章，肆意歪曲、诬蔑中国革命史和新中国历史，攻击、丑化我们党和国家的领袖，同时竭力为被打倒的反动阶级的代表人物翻案，为大地主、大汉奸涂脂抹粉、歌功颂德。他们的目的，就是要用篡改历史的手法，否定中国共产党的领导，推翻社会主义制度。苏共下台、苏联解体的原因固然有很多，但戈尔巴乔夫为推行他的"新思维"，在苏联掀起一场从否定斯大林到否定列宁、十月革命和苏联历史，再到否定马克思、恩格斯和国际共产主义运动历史的逐步升级的运动，导致人民群众的严重思想混乱和信任危机、信仰危机，不能不说是一个重要原因。我们要记取他们的前车之鉴，绝不能上国内外敌对势力的当，不能因为改革开放前的历史有错误有曲折就轻率否定它，相反，要理直气壮地把新中国 60 多年的历史作为一个光辉整体加以宣传，把正确认识和解释国史纳入建设社会主义核心价值体系的工作中，融入国民教育、精神文明建设的全过程。这是正确对待改革开放前后两个历史时期关系的需要，也是从根本上维护改革开放后历史的需要，是树立道路自信、理论自信、制度自信的需要。

党的十八大报告中有一句很有分量的话，叫作"既不走封闭僵化的老路，也不走改旗易帜的邪路"。然而有人却望文生义，认为这里说的"封闭僵化的老路"，指的是改革开放前走过的路。如果这样理解，不仅与党中央对那段历史的一贯评价不一致，也与十八大报告对那段历史的评价相互矛盾。只要尊重事实就会看得很清楚，这里说的"老路"，指的是改革开放前在所有制问题上求公求纯、在经济计划问题上越统越死的错误，特别是指"文化大革命"时期把市场调节、个体经济统统批成资本主义，把学习、引进国外先进技术统统批成"洋奴哲学"的错误。另外应当看到，改革开放前的大部分时间里，所谓"封闭"主要不是自我封闭，而是被封闭，先是被以美国为首的帝国主义国家"封闭"，后是被以苏联为首的社会主义国家"封闭"。而且，即使在那种情况下，我们仍然千方百计寻找与包括资本主义国家在内的各国进行贸易的机会。就在"文化大革命"时期，毛泽东、周恩来还不失时机地抓住尼克松访华推动了中国与西方国家改善关系的机会，决定用43亿美元从欧洲、日本进口一批成套设备。可见，把改革开放前的历史笼统说成是"封闭僵化"的历史，既不符合历史事实，也有违十八大报告的精神。

三

"1·5"重要讲话指出："我们既要坚定走中国特色社会主义道路的信念，也要胸怀共产主义的崇高理想……没有远大理想，不是合格的共产党员；离开现实工作而空谈远大理想，也不是合格的共产党员。"在我们党面临的执政考验、改革开放考验、市场经济考验、外部环境考验日益复杂、越来越严峻的情况下，突出强调这个问题同样具有很强的现实针对性。

早在延安时期，毛泽东就指出："关于社会制度的主张，共产党是有现在的纲领和将来的纲领，或最低纲领和最高纲领两部分的。在现在，新民主主义，在将来，社会主义，这是有机构成的两部分，而为整个共产主义思想体系所指导的。"[1] 为了使广大党员处理好这两个纲领的

---

① 《毛泽东选集》第2卷，人民出版社1991年版，第686页。

关系，他一方面要求所有党员必须为着完成资产阶级民主革命这个党的最低纲领而奋斗，强调凡是"看不起这个资产阶级民主革命而对它稍许放松，稍许怠工，稍许表现不忠诚、不热情，不准备付出自己的鲜血和生命，而空谈什么社会主义和共产主义"①的人，都是有意无意地或多或少地背叛社会主义和共产主义，都不是自觉的忠诚的共产主义者；另一方面主张用共产主义思想体系教育干部和党员，要求每个党员在入党的时候，心目中就要悬着为新民主主义革命而奋斗和为将来的社会主义与共产主义而奋斗这样两个明确的目标，"而不顾那些共产主义敌人的无知的和卑劣的敌视、污蔑、谩骂或讥笑"②。他一方面指出我们党如果不是扩大共产主义思想的宣传、加紧马克思列宁主义的学习，"不但不能引导中国革命到将来的社会主义阶段上去，而且也不能指导现时的民主革命达到胜利"；另一方面提醒全党"既应把对于共产主义的思想体系和社会制度的宣传，同对于新民主主义的行动纲领的实践区别开来；又应把作为观察问题、研究学问、处理工作、训练干部的共产主义的理论和方法，同作为整个国民文化的新民主主义的方针区别开来"③。正因为我们党能够辩证统一地认识和处理最高纲领与最低纲领的关系，没有因为要为最高纲领奋斗而轻视最低纲领，也没有因为要实行最低纲领而忘记最高纲领，所以带领人民比较顺利地取得了新民主主义革命的胜利。

社会主义建设时期，同样存在如何认识和处理最高纲领与基本纲领关系的问题。我们党在改革开放前之所以屡犯"左"的错误，归根结底在于没有处理好这对关系；而改革开放后之所以没有出现全局性的和长时间的错误，重要原因也在于比较好地处理了这对关系。从一定意义上说，党的"一个中心、两个基本点"的基本路线，就是党在社会主义初级阶段的基本纲领与共产主义最高纲领辩证统一的具体化。它既体现了我们党在现阶段的目标和任务，又体现了我们党的大目标和大方向。胡锦涛同志指出："实现共产主义是一个非常漫长的历史过程，要立足我

---

① 《毛泽东选集》第 3 卷，人民出版社 1991 年版，第 1059 页。
② 《毛泽东选集》第 3 卷，人民出版社 1991 年版，第 1059 页。
③ 《毛泽东选集》第 2 卷，人民出版社 1991 年版，第 706 页。

国正处于并将长期处于社会主义初级阶段这个实际，脚踏实地地为实现党在现阶段的基本纲领而不懈努力。……不断向党的最终目标前进。忘记远大理想而只顾眼前就会失去方向，离开现实工作而空谈远大理想就会脱离实际。"① 习近平同志在 2012 年中央党校春季学期开学典礼上题为《扎实做好保持党的纯洁性各项工作》的讲话也指出："保持思想纯洁，最重要的是保持对共产主义的坚定信仰、对中国特色社会主义的坚定信念。"② 这说明，为社会主义初级阶段的基本纲领而奋斗，与不忘党的最高纲领、保持对共产主义的坚定信仰之间并不矛盾。

有人认为，共产主义既然是遥远将来的事，现在何必要讲它呢？还有人认为，共产主义是"乌托邦"，是虚幻的，根本就实现不了。这些看法都是错误的。首先，共产主义是马克思主义创始人根据人类社会发展客观规律而科学预言的必然会达到的理想社会。共产党人对共产主义的信仰，依据的是马克思主义的科学理论，同宗教徒对神和天堂的信仰根本不同。其次，共产主义既是指人类社会的理想制度，也是指一种思想体系和一种运动。党的十二大报告说："在我国，共产主义思想的传播，人们为最终实现共产主义理想而进行的运动，早在中国共产党成立和领导进行新民主主义革命的时候就开始了。……共产主义的思想和共产主义的实践早已存在于我们的现实生活中。"③ 就是说，只要是以实现共产主义为最终奋斗目标的事业，就是共产主义事业。这一事业是现实的、客观存在的，是千千万万人曾经参加过、现在仍然在前赴后继的事业。因此，共产主义作为一种制度虽然还很遥远，但作为一种事业却无时无刻不在我们身边。

强调共产党员胸怀共产主义目标，不是要现在就实行共产主义的政策，而是为了提醒广大党员时刻不忘前进的大方向，为了给广大党员鼓舞斗志、增强战胜困难的决心和毅力。好比一个人远行，既要一步一步地走，也要始终明确目的地和方向。否则，要么会迷路，要么稍有困难

---

① 《十六大以来重要文献选编》（上），中央文献出版社 2011 年版，第 363—364 页。

② 《扎实做好保持党的纯洁性各项工作》，《学习时报》2012 年 3 月 5 日。

③ 《十二大以来重要文献选编》（上），中央文献出版社 2011 年版，第 23 页。

便会泄气，最终半途而废、前功尽弃。陈云曾指出："民主革命时期，我们用共产主义思想教育党员和群众中的先进分子，才使党始终有战斗力，使革命取得了胜利。"①胡锦涛同志也指出："革命先烈在生与死的考验面前所以能够威武不屈，就是因为他们对共产主义理想坚贞不渝、矢志不移。""现在，有的党员在矛盾面前畏缩不前，在困难面前悲观失望，在诱惑面前不能洁身自好，说到底，还是共产主义理想和中国特色社会主义信念不坚定。"②党的十八大报告强调："对马克思主义的信仰，对社会主义和共产主义的信念，是共产党人的政治灵魂，是共产党人经受住任何考验的精神支柱。"③如果说我们党在民主革命时期能够靠共产主义理想支撑广大党员奋斗的意志，那么今天距离共产主义总不会比那时更远，为什么就不能要求广大党员牢记共产主义理想呢？

共产主义理想不仅是共产党人的精神支柱，也是社会主义精神文明建设的灵魂。邓小平说过："所谓精神文明，不但是指教育、科学、文化（这是完全必要的），而且是指共产主义的思想、理想、信念、道德、纪律，革命的立场和原则，人与人的同志式关系，等等。……我们不是靠马克思主义的科学理论和上述的革命精神参加革命到现在吗？从延安到新中国，除了靠正确的政治方向以外，不是靠这些宝贵的革命精神吸引了全国人民和国外友好人士吗？没有这种精神文明，没有共产主义思想，没有共产主义道德，怎么能建设社会主义？党和政府愈是实行各项经济改革和对外开放的政策，党员尤其是党的高级负责干部，就愈要高度重视、愈要身体力行共产主义思想和共产主义道德。否则，我们自己在精神上解除了武装，还怎么能教育青年，还怎么能领导国家和人民建设社会主义！我们在新民主主义革命时期，就已经坚持用共产主义的思想体系指导整个工作；用共产主义道德约束共产党员和先进分子的言行；提倡和表彰'全心全意为人民服务'，'个人服从组织'，'大公无私'，

①《陈云文选》第 3 卷，人民出版社 1995 年版，第 352—353 页。

②《十六大以来重要文献选编》（中），中央文献出版社 2011 年版，第 621 页。

③ 胡锦涛：《坚定不移沿着中国特色社会主义道路前进　为全面建成小康社会而奋斗——在中国共产党第十八次全国代表大会上的报告》，人民出版社 2012 年版，第 50 页。

'毫不利己、专门利人'，'一不怕苦、二不怕死'。现在已经进入社会主义时期，有人居然对这些庄严的革命口号进行'批判'，而这种荒唐的'批判'不仅没有受到应有的抵制，居然还得到我们队伍中一些人的同情和支持。每一个有党性、有革命性的共产党员，难道能够容忍这种状况继续下去吗？"①这个论述告诉我们，在社会主义社会如果不能讲共产主义思想和道德，精神文明建设也是搞不好的。

现在有一种流行观点，叫作"要把我们党由革命党变为执政党"。这种观点实际上是"告别革命论"的翻版和历史虚无主义思潮的表现，它的传播很容易使广大党员特别是党的各级领导干部把我们党的执政同资产阶级政党的执政混为一谈，从而丢掉党的革命理想、革命传统、革命作风、革命精神，助长官僚主义、形式主义和脱离群众的歪风邪气。近些年，党的干部队伍和党风中发生的种种问题，与这种观点的散布不能说没有关系。不错，我们党现在是执政党，但它同时也是革命党。准确讲，应当是革命的执政党或执政的革命党。就是说，我们党虽然执政了，但仍然要为最终实现共产主义的远大理想而奋斗，仍然要继续保持和发扬革命精神，仍然要继承革命年代密切联系群众、艰苦奋斗的传统，并且要用共产主义的理想信念去教育和影响下一代。离开了这些，我们党就失去了立足的根本和存在的必要。

革命这个概念具有多种含义，有的指一个阶级推翻另一个阶级的变革，即政治革命；有的指组织和建设新的社会经济制度，如社会主义革命；有的指积极进取、奋发向上的精神状态，如革命精神；有的指某一领域中的重大变革，如产业革命、科技革命等。社会主义革命具有特定含义，它不仅指一个阶级推翻另一个阶级，也指用社会主义制度代替资本主义制度，最后实现共产主义。就是说，无产阶级在取得政权后，并不意味着革命的结束。建立社会主义制度，进行社会主义建设，直至实现共产主义，相对于资本主义来说都是革命，是革命这一概念的深化与延伸。它与"文化大革命"中提出的"无产阶级专政下继续革命"的理

论根本不同，因为那种理论的内涵是，无产阶级取得政权后仍然要进行一个阶级推翻另一个阶级。我们否定了那种"左"的"继续革命"理论，并不等于否定了本来意义上的继续革命。

《历史决议》指出："我们坚决纠正'文化大革命'中所谓一个阶级推翻一个阶级的'无产阶级专政下继续革命'口号的错误，这绝对不是说革命的任务已经完成，不需要坚决继续进行各方面的革命斗争。社会主义不但要消灭一切剥削制度和剥削阶级，而且要大大发展社会生产力，完善和发展社会主义的生产关系和上层建筑，并在这个基础上逐步消灭一切阶级差别，逐步消灭一切主要由于社会生产力发展不足而造成的重大社会差别和社会不平等，直到共产主义的实现。这是人类历史上空前伟大的革命。我们现在为建设社会主义现代化国家而进行的斗争，正是这个伟大革命的一个阶段。这种革命和剥削制度被推翻以前的革命不同，不是通过激烈的阶级对抗和冲突来实现，而是通过社会主义制度本身，有领导、有步骤、有秩序地进行。这个转入和平发展时期的革命比过去的革命更深刻，更艰巨，不但需要很长的历史时期才能完成，而且仍然需要许多代人坚持不懈、严守纪律的艰苦奋斗，英勇牺牲。在这个和平发展的历史时期中，革命的道路决不会是风平浪静的，仍然有公开的和暗藏的敌人以及其他破坏分子在伺机捣乱，我们必须十分注意提高革命警惕，随时准备挺身而出，捍卫革命利益。我们全体中国共产党员和全国各族人民，在新的历史时期中一定要继续保持崇高的革命理想和旺盛的革命斗志，把伟大的社会主义革命和社会主义建设进行到底。"[①]党的十八大报告在讲到加强军队全面建设时，仍然把军队的革命化建设包括在内，仍然要求"持续培育当代革命军人核心价值观"。既然如此，怎么能说领导这支军队的党不再是革命党了呢？习近平总书记在"1·5"重要讲话中强调："革命理想高于天。"可见，我们说在无产阶级夺取政权后要继续革命，要始终怀抱革命理想，指的就是要继续为共产主义事业而奋斗，并为实现共产主义理想而脚踏实地地做好现实工

---

① 《三中全会以来重要文献选编》（下），中央文献出版社 2011 年版，第 172—173 页。

作。只要共产主义没有实现，共产党就永远是革命党，共产党员就要始终继承和保持革命的理想、革命的传统、革命的作风、革命的精神状态。党的十八大后，党中央制定并推行《关于改进工作作风、密切联系群众的八项规定》，就是我们党在新形势下保持革命理想的生动写照。

"1·5"重要讲话还指出："衡量一名共产党员、一名领导干部是否具有共产主义远大理想，是有客观标准的。那就是要看他能否坚持全心全意为人民服务的根本宗旨，能否吃苦在前、享受在后，能否勤奋工作、廉洁奉公，能否为理想而奋不顾身去拼搏、去奋斗、去献出自己的全部精力乃至生命。"这一论述把共产党员坚定理想信念的要求更加具体化了，与实际结合得更加紧密了，标准也更便于人们把握了。依照这个思路去思考，看一个领导干部是否具有共产主义远大理想，除了要看以上这些标准外，还应当看他在贯彻党的基本纲领时，是否做到了全面、完整、准确；在推进经济、政治、文化等体制改革时，是否坚持了四项基本原则；在领导物质文明建设时，是否同时注意了精神文明建设和党的自身建设。凡是这样做的，说明他具有共产主义的远大理想；反之，则说明他动摇了、忘记了、抛弃了。

"1·5"重要讲话通篇贯穿着辩证唯物主义和历史唯物主义的思想，体现了《历史决议》和十一届三中全会以来历次代表大会报告的精神，是对毛泽东思想、邓小平理论、"三个代表"重要思想、科学发展观的继承和发展。我们要像党的十八大要求的那样，不为任何风险所惧，不被任何干扰所惑，在以习近平同志为核心的党中央领导下，继续坚定不移地沿着中国特色社会主义道路前进，为在这条道路上实现中华民族的伟大复兴而不懈奋斗。

深刻领会习近平总书记纪念毛泽东、邓小平、陈云诞辰座谈会讲话中蕴含的三个重要观点[*]

2015 年是陈云诞辰 110 周年，习近平在 6 月 12 日党中央举行的纪念座谈会上发表了重要讲话，全面回顾了陈云一生为革命、建设、改革做出的主要贡献和各个历史时期的重要思想观点，高度评价了在他身上体现的老一辈革命家的崇高精神和不朽风范。这篇讲话不仅对我们深入认识和研究陈云的思想生平具有重要指导意义，而且对我们认识和研究党和国家的历史也具有重要指导意义。

自党的十八大以来的两年半里，习近平除了纪念陈云的这篇讲话之外，还先后在纪念毛泽东诞辰 120 周年、邓小平诞辰 110 周年时发表了重要讲话。把这三篇讲话放在一起学习，我们就不难看到它们之中无不贯穿一条红线，那就是对中华民族和中国共产党、社会主义事业、老一辈革命家的深厚感情；对中国近代历史、中国共产党历史、中华人民共和国历史的主流、本质及其不同历史时期相互关系的准确把握；对毛泽东思想、中国特色社会主义理论基本方面和老一辈革命家伟大精神、崇高风范的深刻理解。同时，也不难看到它们之中所蕴含着的许多运用唯物史观分析、解答党和国家历史问题的重要观点。笔者感到，这些重要观点中主要有三个方面，特别值得我们高度重视和深刻领会。

---

　　* 本文是作者 2015 年 6 月 14 日在中国社会科学院"陈云与当代中国"研究中心与中华人民共和国国史学会联合举办的"学习习近平总书记 6·12 重要讲话暨纪念陈云同志诞辰 110 周年座谈会"上的讲话修改而成，曾刊于《毛泽东邓小平理论研究》2015 年第 7 期，原标题为《深刻领会习近平纪念陈云诞辰 110 周年的讲话与他纪念毛泽东和邓小平的讲话中所蕴含的三个重要观点》。收入本书时，作者略作修改。

一、中国共产党拥有一大批老一辈革命家，是中国革命排除万难、取得胜利的最为重要的原因之一

列宁说过：群众是划分为阶级的，阶级是由政党领导的，而"政党通常是由最有威信、最有影响、最有经验、被选出担任最重要职务而称为领袖的人们所组成的比较稳定的集团来主持的"。① 他还说："在历史上，任何一个阶级，如果不推举出自己的善于组织运动和领导运动的政治领袖和先进代表，就不可能取得统治地位。"② 历史说明，中国新民主主义革命之所以仅仅用 28 年便战胜比自己强大得多的敌人取得了推翻"三座大山"的最后胜利，新中国之所以仅仅用 65 年便在一穷二白的基础上达到了西方发达国家用几百年才达到的建设成就，其中非常重要的原因，或者说具有决定意义的原因，就在于我们党拥有毛泽东、周恩来、刘少奇、朱德、任弼时、邓小平、陈云等一大批老一辈无产阶级革命家所组成的领袖集体。

习近平在纪念陈云的讲话中有一句十分令人醒目的话，即"在 20 世纪中国苦难而辉煌的历史进程中，涌现出一大批用特殊材料制成的优秀共产党人"，并指出陈云就是这样的共产党人。他说："陈云同志是伟大的无产阶级革命家、政治家，杰出的马克思主义者，是中国社会主义经济建设的开创者和奠基人之一，党和国家久经考验的卓越领导人，是以毛泽东同志为核心的党的第一代中央领导集体和以邓小平同志为核心的党的第二代中央领导集体的重要成员，为党和人民事业发展作出了重大贡献。"③ 他还历数了陈云在我国革命、建设、改革各个历史时期的贡献，高度评价了陈云在大革命时期，在遵义会议上，在抗日战争期间的中央组织部部长任上，在东北解放战争中和接收沈阳、领导东北根据地的经济建设上，在新中国成立初期领导全国财经工作，迅速实现全国财

---

① 《列宁选集》第 4 卷，人民出版社 2012 版，第 151 页。
② 《列宁选集》第 1 卷，人民出版社 2012 版，第 286 页。
③ 习近平：《在纪念陈云同志诞辰 110 周年座谈会上的讲话》，《人民日报》2015 年 6 月 13 日。

经统一、金融物价稳定中，在主持"一五"计划编制和执行中，在大规模经济建设时期，在 20 世纪 60 年代初期参与部署和领导国民经济调整中，在党的十一届三中全会上，在改革开放新时期等一系列重要历史关键时刻所起到的独特作用，建立的丰功伟绩。这一观点在他纪念毛泽东和邓小平的那两篇讲话中也曾强调过。他说："毛泽东同志等老一辈革命家，都是从近代以来中国历史发展的时势中产生的伟大人物"；又说：邓小平"是从中国人民和中华民族近代以来伟大斗争中产生的伟人"。

习近平为什么要反复强调毛泽东、邓小平、陈云等人是中国近代历史和人民革命所产生和造就的用特殊材料制成的伟大人物呢？笔者理解，其目的就是要说明：伟大的时代呼唤伟大的人物，伟大的斗争产生伟大的人物；同时，伟大的人物又会反转过来对历史进程产生举足轻重的作用。过去是这样，今天处在中华民族伟大复兴的前夜，同样如此。我们研究国史，就要切实掌握和运用唯物史观的这一基本观点，把对毛泽东、周恩来、刘少奇、朱德、任弼时、邓小平、陈云等共和国主要缔造者和开国元勋们的思想生平研究与国史研究更加紧密地结合起来，从而让历史更有力地说明中国革命所以能取得如此伟大胜利、新中国建设所以能取得如此辉煌成就的原因，让国史研究的成果更加说服人、教育人、鼓舞人。

二、对共产主义崇高理想的坚定信仰和执着追求，是老一辈革命家共同的和最可宝贵的精神之一

党的十八大以来，习近平总是强调共产党人要坚定理想信念，尤其强调要坚定对马克思主义的信仰和对共产主义的信念。他说："坚定理想信念，坚守共产党人精神追求，始终是共产党人安身立命的根本。对马克思主义的信仰，对社会主义和共产主义的信念，是共产党人的政治灵魂，是共产党人经受住任何考验的精神支柱。"[①] "共产党员特别是党员领导干部要做共产主义远大理想和中国特色社会主义共同理想的坚定信

---

① 《习近平谈治国理政》第 1 卷，外文出版社 2018 年版，第 15 页。

仰者和忠实践行者。我们既要坚定走中国特色社会主义道路的信念，也要胸怀共产主义的崇高理想。"①同样，在纪念陈云和毛泽东、邓小平的三个讲话中，他也十分重视这个问题，反复强调理想、信仰、信念对于共产党人的无比重要性。

在纪念陈云的讲话中，习近平指出："无论处于顺境还是逆境，陈云同志始终坚守对马克思主义、共产主义的信仰不动摇"，"他说：'一个愿意献身共产主义事业的共产党员，不仅应该为党在各个时期的具体任务而奋斗，而且应该确定自己为共产主义的实现而奋斗到底的人生观。'要'终其一生，为他的信仰的实现而奋斗到底'。他在解释什么叫做'奋斗到底'时说，就是奋斗到死"。他还特别引用陈云的一句话，着重说明坚定共产主义信念与进行中国特色社会主义建设之间的关系。他说："在改革开放历史新时期，陈云同志高度重视对党员干部的理想信念教育。他反对'共产主义遥遥无期'的观点，明确指出，这个观点是不对的，应当说，共产主义遥遥有期，社会主义就是共产主义的第一阶段。"②在纪念毛泽东的讲话中，习近平也说："经过反复比较和鉴别，毛泽东同志毅然选择了马克思列宁主义，选择了为实现共产主义而奋斗的崇高理想。在此后的革命生涯中，不管是'倒海翻江卷巨澜'，还是'雄关漫道真如铁'，毛泽东同志始终都矢志不移、执着追求。"③在纪念邓小平的讲话中他又说："无论个人处境如何艰难，无论革命道路如何坎坷，邓小平同志都坚信马克思主义的科学性和真理性，坚信社会主义、共产主义的光明前景。"④

为什么习近平这样看重马克思主义信仰和共产主义信念对共产党员的重要意义呢？我体会，就是因为老一辈革命家对马克思主义的坚定信

①《习近平谈治国理政》第 1 卷，外文出版社 2018 年版，第 23 页。
② 习近平：《在纪念陈云同志诞辰 110 周年座谈会上的讲话》，《人民日报》2015 年 6 月 13 日。
③ 习近平：《在纪念毛泽东同志诞辰 120 周年座谈会上的讲话》，《人民日报》2013 年 12 月 27 日。
④ 习近平：《在纪念邓小平同志诞辰 110 周年座谈会上的讲话》，《人民日报》2014 年 8 月 21 日。

仰和对共产主义的坚定信念，是他们能够引领中国革命和新中国建设战胜无数艰难险阻、取得一个又一个胜利的关键所在。试想，如果信仰、信念不坚定，遇到大风大浪，自己尚且站不稳，又怎么可能带领人民排除万难去争取胜利呢？正如他在纪念陈云的讲话中所说："对马克思主义、共产主义的信仰对社会主义的信念，是共产党人精神上的'钙'。没有理想信念，理想信念不坚定，精神上就会得'软骨病'，就会在风雨面前东摇西摆。"[①] 我们研究国史，就要注重挖掘老一辈革命家坚守信仰、信念的精神世界，从而使写出的历史更加丰满，更加令人信服；同时，我们自己也要学习老一辈革命家坚守信仰、信念的精神，按照习近平的要求，把改造客观世界和改造主观世界结合起来，切实解决好世界观、人生观、价值观问题，防止精神上的"软骨病"，从而做到在学术研究中不迷失正确的政治方向，在意识形态斗争的风雨面前不东摇西摆。

三、正确看待老一辈革命家的历史地位和共和国不同历史时期的相互关系，是中国特色社会主义事业得以继续向前发展的最为重要的前提条件之一

习近平在纪念陈云诞辰 110 周年的讲话中，十分注意把陈云放在分别以毛泽东同志和邓小平同志为核心的党的第一代、第二代中央领导集体中加以分析，既不回避改革开放前后两个历史时期的区别，又毫不含糊地坚持二者的内在统一性。讲话论述陈云在党的第一代中央领导集体中的地位和作用时指出："在遵义会议上，他坚定支持毛泽东同志的正确主张，支持会议确立以毛泽东同志为代表的正确领导。""上世纪 60 年代初期，在毛泽东同志支持下，他参与部署和领导调整国民经济，恢复农业生产，为国民经济和人民生活走出困境发挥了重要作用。"讲话论述陈云在党的第二代中央领导集体中的地位和作用时指出："党

---

① 习近平：《在纪念陈云同志诞辰 110 周年座谈会上的讲话》，《人民日报》2015 年 6 月 13 日。

的十一届三中全会后，陈云同志积极支持邓小平同志倡导的改革开放"，"他支持邓小平同志关于科学确立毛泽东同志的历史地位、坚持和发展毛泽东思想的主张。在中国特色社会主义发展进程的每一个重大历史关头，陈云同志坚定维护邓小平同志在中央领导集体中的核心地位，维护党中央权威，同党和人民同心同德"。①

在纪念毛泽东的讲话中，习近平同样强调要正确看待领袖个人与领袖集体的关系、改革开放前与改革开放后的关系。他说："对历史人物的评价，应该放在其所处时代和社会的历史条件下去分析……不能把历史顺境中的成功简单归功于个人，也不能把历史逆境中的挫折简单归咎于个人。……不能因为他们有失误和错误就全盘否定，抹杀他们的历史功绩，陷入虚无主义的泥潭。"② 在纪念邓小平的讲话中，他再次重申了上述观点。他说：邓小平"强调实事求是是毛泽东思想的精髓，旗帜鲜明反对'两个凡是'的错误观点"，指导我们党"解决了科学评价毛泽东同志的历史地位和毛泽东思想的科学体系、根据新的实际和发展要求确立中国社会主义现代化建设的正确道路这样两个相互联系的重大历史课题，彻底否定了'文化大革命'的错误实践和理论，坚决顶住否定毛泽东同志和毛泽东思想的错误思潮，为党和国家发展确定了正确方向"。③ 他在纪念毛泽东的讲话中还强调："没有改革开放，就没有中国的今天；离开改革开放，也没有中国的明天"；同时又强调："改革开放前的社会主义实践探索，是党和人民在历史新时期把握现实、创造未来的出发阵地，没有它提供的正反两方面的历史经验，没有它积累的思想成果、物质成果、制度成果，改革开放也难以顺利推进"。④ 只要看看习近

---

① 习近平：《在纪念陈云同志诞辰 110 周年座谈会上的讲话》，《人民日报》2015 年 6 月 13 日。

② 习近平：《在纪念毛泽东同志诞辰 120 周年座谈会上的讲话》，《人民日报》2013 年 12 月 27 日。

③ 习近平：《在纪念毛泽东同志诞辰 120 周年座谈会上的讲话》，《人民日报》2013 年 12 月 27 日。

④ 习近平：《在纪念邓小平同志诞辰 110 周年座谈会上的讲话》，《人民日报》2014 年 8 月 21 日。

平在党的十八大以来的一系列讲话、报告、文章就很清楚，在正确看待毛泽东和毛泽东思想、正确看待改革开放前后两个历史时期相互关系的问题上，他的观点不仅是旗帜鲜明的，也是一以贯之的。

2013 年 1 月 5 日，习近平在新进中央委员会的委员、候补委员学习贯彻党的十八大精神研讨班上的讲话中，曾引用邓小平的话说："毛泽东思想这个旗帜丢不得。丢掉了这个旗帜，实际上就否定了我们党的光辉历史。""对毛泽东同志的评价，对毛泽东思想的阐述，不是仅仅涉及毛泽东同志个人的问题，这同我们党、我们国家的整个历史是分不开的。""这不只是个理论问题，尤其是个政治问题，是国际国内的很大的政治问题。"随后，他指出："如果当时全盘否定了毛泽东同志，那我们党还能站得住吗？我们国家的社会主义制度还能站得住吗？那就站不住了，站不住就会天下大乱。"[1] 就在这篇讲话中，他还就改革开放前后两个历史时期的关系问题阐明了观点，指出：这两个历史时期"是两个相互联系又有重大区别的时期，但本质上都是我们党领导人民进行社会主义建设的实践探索"。它们虽然在社会主义建设的指导思想、方针政策、实际工作上有很大区别，"但两者决不是彼此割裂的，更不是根本对立的。……不能用改革开放后的历史时期否定改革开放前的历史时期，也不能用改革开放前的历史时期否定改革开放后的历史时期"。"正确处理改革开放前后的社会主义实践探索的关系，不只是一个历史问题，更主要是一个政治问题。"[2] 习近平之所以一再强调要正确对待领袖人物的历史地位和新中国不同历史时期的相互关系，都是从如何把我们党的事业，把中国特色社会主义事业，把中华民族伟大复兴的事业继续向前推进的政治高度来考虑的。正如他在纪念邓小平讲话中所说："新民主主义革命的胜利成果决不能丢失，社会主义革命和建设的成就决不能否定，改革开放和社会主义现代化建设的方向决不能动摇。这是党和人民

---

①《十八大以来重要文献选编》（上），中央文献出版社 2014 年版，第 113 页。

②《十八大以来重要文献选编》（上），中央文献出版社 2014 年版，第 111—114 页。

在当今世界安身立命、风雨前行的资格。"① 也就是说，如果新民主主义革命的胜利成果被丢失，社会主义革命和建设的成就被否定，改革开放和社会主义现代化建设的方向被动摇，我们党和人民在当今世界就会失去安身立命、风雨前行的资格。试想，那样还怎么谈得上中国特色社会主义的建设，又怎么谈得上中华民族的伟大复兴？

大量事实证明，古人所说的"灭人之国，必先去其史"，是一个颠扑不破的真理。日本帝国主义为了霸占中国，这样做过；"台独""疆独""藏独"势力为了分裂中国，这样做过；戈尔巴乔夫、叶利钦之流为了否定苏共、解体苏联，也这样做过。我们研究国史，就要注意汲取历史教训，按照习近平讲话的精神，多从政治上观察和分析问题，多用历史辩证法分析和解决问题，同各种历史虚无主义的观点划清界限，同一切歪曲、污蔑党史国史，抹黑、诽谤革命领袖和英雄人物，美化、歌颂汉奸和反动分子的言行进行坚决斗争，做到"卫己之国，必先护其史"。

习近平在纪念陈云诞辰 110 周年座谈会上的讲话结束时说："伟大的事业呼唤着我们，庄严的使命激励着我们。我们一定要坚定不移把老一辈革命家开创的伟大事业继续推向前进。这是我们的历史责任，也是对老一辈革命家的最好纪念。"② 我们要响应以习近平同志为核心的党中央的号召，用陈云思想生平研究和国史研究，为推进"四个全面"战略布局服务，为实现"两个一百年"宏伟目标和中华民族伟大复兴服务，以实际行动纪念陈云和所有老一辈无产阶级革命家。

---

① 习近平：《在纪念邓小平同志诞辰 110 周年座谈会上的讲话》，《人民日报》2014 年 8 月 21 日。

② 习近平：《在纪念陈云同志诞辰 110 周年座谈会上的讲话》，《人民日报》2015 年 6 月 13 日。

习近平新时代中国特色社会主义思想的鲜明特色

——党的十九大报告学习体会之一[*]

党的十九大通过的《中国共产党章程（修正案）》，把习近平新时代中国特色社会主义思想同马克思列宁主义、毛泽东思想、邓小平理论、"三个代表"重要思想、科学发展观一道确立为党的行动指南，是十九大取得的一项具有重大历史意义的成果。

如果说邓小平理论要回答什么是社会主义、怎么建设社会主义的问题，"三个代表"重要思想要回答新形势下建设什么样的党、怎样建设党的问题，科学发展观要回答新形势下实现什么样的发展、怎样发展的问题，那么，习近平新时代中国特色社会主义思想要着重回答的问题是：新时代坚持和发展什么样的中国特色社会主义，怎样坚持和发展中国特色社会主义。什么是社会主义、怎样建设社会主义同新时代坚持和发展什么样的中国特色社会主义之间有关联，但不完全是一个问题，不等于弄清楚了前者，就自然而然弄清楚了后者。社会主义是带普遍性的概念，而中国特色社会主义是一个带特殊性的概念，新时代中国特色社会主义更是一个崭新的问题。自从邓小平在党的十二大上提出建设有中国特色的社会主义后，我们党围绕这个问题进行了长期理论探索，取得了许多重大理论创新成果。而新时代中国特色社会主义，是党的十八大以来国内外形势变化和我国各项事业发展向我们提出的一个新的重大时代课题。对此，习近平总书记带领我们党紧密结合新的时代条件和实践要求，进行艰辛理论探索，系统回答了这个课题，从而形成了习近平新时代中国特色社会主义思想。

* 本文是作者 2017 年 10 月 25 日出席北京大学中国健康发展研究中心学习党的十九大精神座谈会时的发言修改而成，曾刊于《世界社会主义研究》2017 年第 8 期。

从党的十九大报告和十八大以来习近平总书记系列重要讲话中可以看出，习近平新时代中国特色社会主义思想既包括坚持和发展新时代中国特色社会主义的总任务、总体布局、战略布局、发展方向、发展方式、发展动力、战略步骤、外部条件、政治保证等，也包括由14条原则构成的坚持和发展中国特色社会主义的基本方略；既是中国特色社会主义理论体系的重要组成部分，又和其他组成部分相比具有许多自己的鲜明特色。我认为，其中最大的特色有以下几点。

一、更加鲜明的人民性

改革开放前，我们党在领导社会主义建设的过程中，一方面由于客观需要，另一方面由于缺乏经验，实行单一的公有制和计划经济体制，不允许个体私营经济和市场调节存在，也不允许除按劳分配之外的其他分配形式存在。其结果一方面使权钱交易基本失去了滋生土壤，另一方面也抑制了经济的灵活性和群众的积极性，助长了平均主义，束缚了生产力发展。改革开放后，我们党从社会主义初级阶段生产力的实际水平出发，提出允许和发展个体私营经济，让一部分人、一部分地区先富起来，并将计划经济体制逐步过渡到社会主义市场经济体制，大大调动了各方面的积极性、主动性和创造性。但与此同时，一些同志对市场经济和外部环境可能给我们党带来的危险失去警惕，少数人趁机鼓吹资产阶级自由化，打着"改革"旗号损害国家和人民群众利益，还散布"为人民服务"是不适应市场经济的"陈旧观念"，提出"共产党也有自己的特殊利益"等错误观点，使党的宗旨意识在一部分同志思想中逐渐淡薄，商品交换原则侵蚀到党内政治生活，以致"四风"问题突出，贪腐现象严重，人群、行业、地区间的收入差距越拉越大，引起广大人民群众不满，威胁党的执政基础。针对这种情况，习近平总书记自党的十八大以来反复提醒全党要不忘初心，不断强调发展要以人民为中心、改革要给人民获得感。

早在党的十八大刚闭幕之际，习近平总书记就在会见中外媒体时宣示："人民对美好生活的向往，就是我们的奋斗目标。"① 在同日发表的《全面贯彻落实党的十八大精神要突出抓好的六个方面工作》一文中他又指出："一定要坚持从维护最广大人民根本利益的高度，多谋民生之利，多解民生之忧，在学有所教、劳有所得、病有所医、老有所养、住有所居上持续取得新进展。"② 在党的十八届三中全会上，他进一步强调："全面深化改革必须以促进社会公平正义、增进人民福祉为出发点和落脚点。……如果不能给老百姓带来实实在在的利益，如果不能创造更加公平的社会环境，甚至导致更多不公平，改革就失去意义，也不可能持续。""我国社会历来有'不患寡而患不均'的观念，我们要在不断发展的基础上尽量把促进社会公平正义的事情做好。"③ 在中央全面深化改革领导小组会上他又说："把以人民为中心的发展思想体现在经济社会发展各个环节，做到老百姓关心什么、期盼什么，改革就要抓住什么、推进什么，通过改革给人民群众带来更多获得感。"④ 针对所谓"我们党有自己特殊利益"的言论，他更是旗帜鲜明、斩钉截铁地指出："我们党以全心全意为人民服务为根本宗旨，没有自己的特殊利益。"⑤

习近平总书记的上述思想，在党的十九大报告上得到了更加集中和充分的阐释。报告从"坚持以人民为中心"到"着力解决人民群众反映最强烈"的问题，从"顺应人民意愿"到不断促进"全体人民共同富裕"，从"坚持人民当家作主"到"保证全体人民在共建共享发展中有更多获得感"，从"以人民安全为宗旨"到"把人民利益始终摆在至高无上的地位"，从"建设人民满意的服务型政府"到"扩大人民有序政治参与、使各级人大成为同人民群众保持密切联系的代表机关"，从"抓住

① 《十八大以来重要文献选编》（上），中央文献出版社 2014 年版，第 70 页。

② 习近平：《全面贯彻落实党的十八大精神要突出抓好的六个方面工作》，《求是》2013 年第 1 期。

③ 《十八大以来重要文献选编》（上），中央文献出版社 2014 年版，第 552—553 页。

④ 《改革既要往增添发展新动力方向前进 也要往维护社会公平正义方向前进》，《人民日报》2016 年 4 月 19 日。

⑤ 《习近平总书记重要讲话文章选编》，中央文献出版社、党建读物出版社 2016 年版，第 420 页。

人民最关心最直接最现实的利益问题"到建成"覆盖全民的社会保障体系、为人民提供全方位全周期健康服务",从"人民群众反对、痛恨什么,我们党就要坚决防范和纠正什么"到"凡是群众反映强烈的问题都要严肃认真对待",等等,可以说处处闪烁着"为人民服务"思想的光芒。报告直到最后一个自然段,仍然借用《礼记》"大道之行,天下为公"的古训,说明中国特色社会主义道路是有深厚历史底蕴的。如果要比哪个词汇在报告中出现频率最高,恐怕非"人民"一词莫属。像这样通篇强调、贯彻党的宗旨的报告,在历次党代会中是不多见的。而这恰恰体现了习近平新时代中国特色社会主义思想的一大特色。

二、更加显著的革命性

改革开放前,我们党曾一度急于向共产主义过渡,提出过"破除资产阶级法权",也考虑过取消工资制;后来,又提出"无产阶级专政下继续革命"的理论,给党和国家的事业造成了严重损失。改革开放后,我们否定了"无产阶级专政下继续革命"的理论,提出社会主义初级阶段的理论。这时,又有少数人以此为借口,反对社会主义社会还要继续进行革命,甚至提出什么"共产主义遥遥无期""要给共产党改名""要把我们党由革命党转变为执政党"等荒谬观点和主张,使"共产主义理想"、"革命"等词汇一度成为"左"的代名词。常识告诉我们,"革命"并不完全指一个阶级推翻另一个阶级,我们党选择走社会主义道路,坚持为实现共产主义而奋斗,相对于世界资本主义秩序来说也是革命。党中央《关于建国以来党的若干历史问题的决议》在否定"无产阶级专政下继续革命"理论的同时,强调"这绝对不是说革命的任务已经完成,不需要坚决继续进行各方面的革命斗争"①了,指的正是这种意义的革命。党的十八大以来,习近平总书记反复强调"革命理想高于天",指的也是这种意义的革命。

强调"为共产主义理想而奋斗",当然不是说共产主义很快就要实

---

① 《三中全会以来重要文献选编》(下),中央文献出版社 2011 年版,第 172 页。

现，而是要求共产党人牢记党的最终奋斗目标，不要在实行社会主义初级阶段的政策时迷失大方向。习近平总书记针对"共产主义遥遥无期"的谬论，引用陈云关于"共产主义遥遥有期，社会主义就是共产主义的第一阶段"的话，所要表达的是这个意思。他针对"给共产党改名"的议论指出："国内外各种敌对势力，总是企图让我们党改旗易帜、改名换姓，其要害就是企图让我们丢掉对马克思主义的信仰，丢掉对社会主义、共产主义的信念。而我们有些人甚至党内有的同志却没有看清这里面暗藏的玄机"①，所要表达的也是这个意思。他针对一些同志理想信念模糊、动摇的现象强调："坚持不忘初心、继续前进，就要牢记我们党从成立起就把为共产主义、社会主义而奋斗确定为自己的纲领，坚定共产主义远大理想和中国特色社会主义共同理想，不断把为崇高理想奋斗的远大实践推向前进。革命理想高于天。中国共产党之所以叫共产党，就是因为从成立之日起我们党就把共产主义确立为远大理想"②，所要表达的还是这个意思。他说："我们现在做的是社会主义初级阶段的事情，但不能忘记初衷，不能忘了我们的最高奋斗目标。在这个问题上，不要含糊其辞、语焉不详。含糊其辞、语焉不详是理想信念模糊甚至动摇的一种表现，好像这个东西太遥远，我们也拿不准，所以就不愿提及了。眼前的事情，我们看得到，所以敢提，社会主义初级阶段敢提，'两个一百年'敢提，全面建成小康社会二〇二〇年就能实现了，看得挺准，更敢提。……我们要坚定信念，坚信它是具有科学性的。"③他指出："不实行改革开放死路一条，搞否定社会主义方向的'改革开放'也是死路一条。在方向问题上，我们头脑必须十分清醒。"④"我们不能做超越阶段的事情，但也不是说在逐步实现共同富裕方面就无所作为，而是要根据现有条件把能做的事情尽量做起来，一步步落实好以人民为中心的发

---

① 习近平：《在全国党校工作会议上的讲话》，人民出版社 2016 年版。
② 习近平：《在庆祝中国共产党成立 95 周年大会上的讲话》，《人民日报》2016 年 7 月 2 日。
③《习近平总书记系列重要讲话读本》，学习出版社、人民出版社 2016 年版，第 338 页。
④《习近平关于全面深化改革论述摘编》，中央文献出版社 2014 年版，第 15 页。

展，积小胜为大胜，不断朝着全体人民共同富裕的目标前进。"①

在党的十九大报告中，习近平总书记的上述思想体现得也很充分。只要同历次党代会比较一下就不难看出，"共产主义理想""革命"等词汇在这个报告中出现的频率同样是相当高的。比如，报告中重申了习近平总书记过去五年一再讲过的："革命理想高于天。共产主义远大理想和中国特色社会主义共同理想，是中国共产党人的精神支柱和政治灵魂，也是保持党的团结统一的思想基础。要把坚持理想信念作为党的思想建设的首要任务，教育引导全党牢记党的宗旨，挺起共产党人的精神脊梁，解决好世界观、人生观、价值观这个'总开关'问题，自觉做共产主义远大理想和中国特色社会主义共同理想的坚定信仰者和忠实实践者。"在回顾党的历史部分，报告一上来就引用毛泽东"十月革命一声炮响，给中国送来了马克思列宁主义"的著名论断，指出："中国共产党一经成立，就把实现共产主义作为党的最高理想和最终目标"；并高度评价了新民主主义革命、社会主义革命、改革开放新的伟大革命的重要意义。报告除了继续使用历次党代会所使用过的"革命军人"这一概念外，还首次提出"革命文化"的概念，指出"革命文化"与"社会主义先进文化"，都是中国特色社会主义文化的源泉；强调坚持社会主义核心价值观"必须坚持马克思主义，牢固树立共产主义远大理想和中国特色社会主义共同理想"。所有这些，可以说都是习近平新时代中国特色社会主义思想的鲜明特色所在。

三、更加强烈的斗争性

改革开放前，我们党一度提出"以阶级斗争为纲"的口号，过分强调斗争哲学，不该斗的也斗。十一届三中全会后，我们党停止了这个不适于社会主义社会的口号，党内外一些人又出现了另一种偏向，即怕矛盾、怕斗争、怕得罪人，甚至一度面对走私猖獗、腐败成风、资产阶级自由化泛滥、宗教极端势力和各种分裂势力的挑衅，也不敢理直气壮

---

① 《习近平总书记系列重要讲话读本》，学习出版社、人民出版社2016年版，第129页。

地采取处置措施。有人还曲解邓小平理论，用"不争论"为不作为开脱。针对这些情况，习近平总书记自党的十八大以来，一方面大力倡导我们党一贯的原则立场、战斗作风、斗争精神；另一方面以身作则，在从严治党，加强意识形态工作，反对"台独""疆独""藏独""港独"分裂势力等问题上，敢于斗争、善于斗争，为全党作出了表率。他说："我国曾经有政治挂帅、搞'阶级斗争为纲'的时期，那是错误的。但是，我们也不能说政治就不讲了、少讲了，共产党不讲政治还叫共产党吗？"①他指出："坚持正面宣传为主，决不意味着放弃舆论斗争。""要敢抓敢管，敢于亮剑。"②对于国内外敌对势力散布的政治谣言和奇谈怪论，"我们不能默不作声，要及时反驳，让正确的声音盖过它们。这与韬光养晦或不争论是两码事"③。他批评"一些单位和党政干部政治敏感性、责任感不强，在重大意识形态问题上含含糊糊、遮遮掩掩，助长了错误思潮的扩散"④。他告诫"宣传思想战线的同志要当战士、不当绅士，不做'骑墙派'和'看风派'，不能搞爱惜羽毛那一套。……以战斗的姿态、战士的担当，积极投身宣传思想领域斗争一线"⑤。他说："党的宣传思想工作者不愿意甚至不敢坚持党性原则，岂非咄咄怪事？"⑥他还引用毛泽东关于"我们必须坚持真理，而真理必须旗帜鲜明"⑦的格言，用以提倡共产党人发扬应有的战斗风格。

党的十九大报告充分体现了习近平总书记的上述思想。报告强调："社会是在矛盾运动中前进的，有矛盾就会有斗争。……任何贪图享受、消极懈怠、回避矛盾的思想和行为都是错误的。"报告提出，要"坚决反对一切削弱、歪曲、否定党的领导和我国社会主义制度的言行"，要

①《习近平总书记重要讲话文章选编》，中央文献出版社、党建读物出版社 2016 年版，第 225 页。
②《习近平关于社会主义文化建设论述摘编》，中央文献出版社 2017 年版，第 27 页。
③《习近平总书记重要讲话文章选编》，中央文献出版社、党建读物出版社 2016 年版，第 228 页。
④《习近平关于社会主义文化建设论述摘编》，中央文献出版社 2017 年版，第 35 页。
⑤《习近平关于社会主义文化建设论述摘编》，中央文献出版社 2017 年版，第 45 页。
⑥《习近平关于社会主义文化建设论述摘编》，中央文献出版社 2017 年版，第 25 页。
⑦《毛泽东选集》第 4 卷，人民出版社 1991 年版，第 1322 页。

"坚决反对一切损害人民利益、脱离群众的行为"，要"坚决破除一切顽瘴痼疾"，要"坚决反对一切分裂祖国、破坏民族团结和社会和谐稳定的行为"，并且号召全党要充分认识具有许多新的历史特点的"这场伟大斗争的长期性、复杂性、艰巨性，发扬斗争精神"。报告在加强意识形态工作问题上指出，党的十八大以来，"马克思主义在意识形态领域的指导地位更加鲜明"，同时强调"意识形态领域斗争依然复杂"；"意识形态决定文化前进方向和发展道路"，要"不断增强意识形态领域主导权和话语权"，"牢牢掌握意识形态工作领导权"，"落实意识形态工作责任制"，要"建设具有强大凝聚力和引领力的社会主义意识形态"，"营造清朗的网络空间"，"旗帜鲜明地反对和抵制各种错误观点"，"引导人们树立正确的历史观、民族观、国家观、文化观"，"抵制腐朽落后文化侵蚀"，"倡导讲品位、讲格调、讲责任，抵制低俗、庸俗、媚俗"。在深化依法治国实践、维护国家安全和统一的问题上，报告提出，"要加强宪法实施和监督，推进合宪性审查工作，维护宪法权威"。要"坚持总体国家安全观"，"健全国家安全体系，加强国家安全法治保障"，"严密防范和坚决打击各种渗透颠覆破坏活动、暴力恐怖活动、民族分裂活动、宗教极端活动"；要求"把维护中央对香港、澳门特别行政区全面管治权和保障特别行政区高度自治权有机结合起来"，"发展壮大爱国爱港爱澳力量，增强香港、澳门同胞的国家意识和爱国精神"；强调"我们有坚定的意志、充分的信心、足够的能力挫败任何形式的'台独'分裂图谋"。在全面从严治党的问题上，报告肯定了十八大以来"坚决改变管党治党宽松软状况"，"坚持反腐败无禁区、全覆盖、零容忍，坚定不移'打虎'、'拍蝇'、'猎狐'"，要求全党"增强党内政治生活的政治性、时代性、原则性、战斗性，自觉抵制商品交换原则对党内政治生活的侵蚀"，反对"好人主义"，防止和反对"圈子文化、码头文化，坚决反对搞两面派、做两面人"；指出"旗帜鲜明讲政治是我们党作为马克思主义政党的根本要求。党的政治建设是党的根本性建设，决定党的建设方向和效果"。"全党要坚决执行党的政治路线，严格遵守政治纪律和政治规矩，在政治立场、政治方向、政治原则、政治道路上同党中央保持高度一致。"报告还在论述正确选人用人导向时指出：要"突出政治标准"，"旗帜鲜明为那些敢于担当、踏实做事、不谋私利的干部撑腰鼓劲"。像这样理直气壮、大张旗鼓地彰显共产党人的政治性、原则性、斗争性，在历次党代会报告中也是很少见的，无疑也是习近平新时代中国特色社会主义思想的一大特色。

习近平新时代中国特色社会主义思想之所以具有这些突出特色，我认为除了缘于以习近平同志为核心的党中央自从十八大以来，坚持解放思想、实事求是、与时俱进、求真务实，也与明确肯定改革开放前后两个历史时期之间的内在统一性，重视贯通总结两个历史时期的经验教训，因而能够融汇吸收它们的长处、综合借鉴它们的不足有着密切关联。这一思想是中国特色社会主义发展到新阶段的必然产物，也是中国特色社会主义进入新时代的重要标志。有了这一思想作为我们党的行动指南，必将给我们国家带来新的面貌、新的气象，必将保证我们决胜全面建成小康社会、夺取新时代中国特色社会主义的新胜利。

深刻认识中国特色社会主义进入
新时代的依据和意义
——党的十九大报告学习体会之二[*]

　　党的十九大报告，是"一个凝聚全党智慧、顺应人民期待、对我国发展具有重大指导作用、在国际社会产生积极影响的报告"[①]。其中最大的重点和亮点，是关于"中国特色社会主义进入了新时代"的重大政治判断。从报告看，这个判断缘于我国当前社会主要矛盾、历史发展阶段和国际地位的新变化，也反映了我们党在理论探索上取得的新成果、奋斗目标上作出的新安排。报告指出，中国特色社会主义进入新时代，"在中华人民共和国发展史上、中华民族发展史上具有重大意义，在世界社会主义发展史上、人类社会发展史上也具有重大意义"[②]。下面，就从中华人民共和国史角度谈谈对新时代依据和意义的认识。

一、关于国内主要矛盾和发展阶段的变化

　　我国国内主要矛盾和发展阶段的变化是中国特色社会主义进入新时代的主要依据。但它并不是说人民日益增长的物质文化需要与社会生产力发展水平的矛盾已不再成为我国面临的主要矛盾了，也不是说社会主义初级阶段已经结束了；而是说需要与满足需要的两侧，内涵都发生了部分质变，使社会主义初级阶段呈现出了新的阶段性特征。毛泽东在《矛盾论》中说："事物发展过程的根本矛盾及为此根本矛盾所规定的过

---

　　* 本文曾刊于《马克思主义研究》2017 年第 11 期。

　　①《中共中央召开党外人士座谈会征求对中共十九大报告的意见》，《人民日报》2017 年10 月 16 日。

　　② 习近平：《决胜全面建成小康社会 夺取新时代中国特色社会主义伟大胜利——在中国共产党第十九次全国代表大会上的报告》，《人民日报》2017 年 10 月 28 日。

程的本质，非到过程完结之日，是不会消灭的；但是事物发展的长过程中的各个发展的阶段，情形又往往互相区别。这是因为事物发展过程的根本矛盾的性质和过程的本质虽然没有变化，但是根本矛盾在长过程中的各个发展阶段上采取了逐渐激化的形式。……因此，过程就显出阶段性来。"[①] 这就是说，事物在量变到质变过程中，会发生部分质变；社会主义在走完初级阶段这个漫长过程中，也会出现若干因为部分质变而相互区别的新阶段。

我们党在十一届三中全会作出把工作重点转移到社会主义现代化建设上来的决策后，接着在十二大上恢复了八大决议关于我国社会主要矛盾的提法，即"人民日益增长的物质文化需要同落后的社会生产之间的矛盾"。此后直到十八大的历次党代会，对主要矛盾的这一提法没有再变过。但是，正如十九大报告所指出的，经过长期努力，现在我国国内生产总值已稳居世界第二，生产能力在很多方面进入了世界前列，社会生产力水平总体上显著提高，已稳定解决了十几亿人的温饱问题，总体实现了小康，不久将全面建成小康社会，人民对物质文化生活提出了更高要求，在民主、法治、公平、正义、安全、环境等方面的要求也日益增长。与此同时，发展不平衡不充分的一些突出问题尚未解决，如发展质量、效益还不高，创新能力不够强，实体经济水平不够高，生态环境保护有待加强，民生领域还有不少短板，城乡、区域发展和收入分配差距依然较大，群众在就业、教育、医疗、居住、养老等方面还面临不少难题，社会文明水平也有待提高。总之，现在人民日益增长的需要已经不再简单局限于物质和文化两方面，也不能再把社会生产笼统说成是落后的；制约人民日益增长的美好生活需要的主要因素，已经变成发展的不平衡不充分问题。正是因为这些新情况，使我国社会主要矛盾发生了转化，在社会主义初级阶段中明显产生了一个新的阶段，中国特色社会主义由此进入了新时代，使我们距离最终建成社会主义现代化强国、实现中华民族伟大复兴的目标又近了一大步。

①《毛泽东选集》第 1 卷，人民出版社 1991 年版，第 314 页。

二、关于我国国际地位的变化

国际地位的变化是中国特色社会主义进入新时代的又一个依据。但这也不表明我国不再是最大的发展中国家了，而是说随着经济实力、科技实力、国防实力等综合国力进入世界前列，我国国际地位实现了前所未有的提升，在世界上的分量越来越重，发言权越来越大，开始"日益走近世界舞台中央、不断为人类作出更大贡献"① 了。

我们党和国家从来不信邪、不怕压，但中国近代以来长期遭受帝国主义、封建主义、官僚资本主义的压迫、剥削，致使新中国经济底子薄弱，国力有一个逐步恢复、强盛的过程，制约了在世界舞台上的活动余地。邓小平 1985 年曾说过："世界上的人在议论国际局势的大三角。坦率地说，我们这一角力量是很单薄的。我们算是一个大国，这个大国又是小国。……如果说中国是一个和平力量、制约战争的力量的话，现在这个力量还小。等到中国发展起来了，制约战争的和平力量将会大大增强。"他还说，到了 20 世纪末，中国国民生产总值翻两番，"对于世界和平和国际局势的稳定肯定会起比较显著的作用"。② 从那时到现在，32 年过去了，我国国民生产总值已经翻了六番多。与此相适应，我国全方位、多层次、立体化的外交布局深入展开，国际影响力、感召力、塑造力极大提高，对世界和平、国际局势的作用日益显现。正是因为这些变化，中国特色社会主义进入了新时代，使我们具有了开展中国特色大国外交、推动构建新型国际关系、推动构建人类命运共同体的底气。

三、关于党的指导理论的新成果

取得党的指导理论的新成果同样是中国特色社会主义进入新时代的重要依据。它当然不是说党在指导理论上另起了什么新"炉灶"，而是说我们党坚持以马克思列宁主义、毛泽东思想、邓小平理论、"三个代

---

① 习近平：《决胜全面建成小康社会 夺取新时代中国特色社会主义伟大胜利——在中国共产党第十九次全国代表大会上的报告》，《人民日报》2017 年 10 月 28 日。

②《邓小平文选》第 3 卷，人民出版社 1993 年版，第 105 页。

表"重要思想、科学发展观为指导，紧密结合新的时代条件和实践要求，进行艰辛理论探索，产生了又一个重大创新理论成果。

正如党的十九大报告所指出的："世界每时每刻都在发生变化，中国也每时每刻都在发生变化，我们必须在理论上跟上时代，不断认识规律，不断推进理论创新、实践创新、制度创新、文化创新以及其他各方面创新。"① 党的十八大以来，国内外形势变化和我国各项事业发展向我们党提出了新的时代课题，需要作出既符合我国实际，又跟上时代前进步伐的回答。如果说邓小平理论要回答"什么是社会主义、怎么建设社会主义"的问题，"三个代表"重要思想要回答"新形势下建设什么样的党、怎样建设党"的问题，科学发展观要回答"新形势下实现什么样的发展、怎样发展"的问题，那么，习近平新时代中国特色社会主义思想要着重回答的是"新时代坚持和发展什么样的中国特色社会主义、怎样坚持和发展中国特色社会主义"的问题。什么是社会主义、怎样建设社会主义同这个问题之间有关联，但不完全是一个问题，不等于弄清楚了前者，就自然而然弄清楚了后者。社会主义是带普遍性的概念，而中国特色社会主义是社会主义普遍原则与中国具体情况相结合的产物，是带有特殊性的概念；什么是新时代中国特色社会主义、怎样建设新时代中国特色社会主义，更是一个崭新的课题。由于习近平总书记在十八大以来，特别是十九大报告中系统回答了这个课题，从而形成了习近平新时代中国特色社会主义思想。这一思想作为全党全国人民为实现中华民族伟大复兴而奋斗的行动指南，必将给中国的方方面面带来新的气象、新的面貌。

习近平新时代中国特色社会主义思想是中国特色社会主义理论体系的重要组成部分，但从十九大报告以及党的十八大以来习近平总书记的系列重要讲话中可以清晰地看出，这一思想相比其他组成部分又具有自己的许多突出特色。

例如，更加鲜明的人民性。过去一段时间，我们党的"四风"问题

---

① 习近平：《决胜全面建成小康社会 夺取新时代中国特色社会主义伟大胜利——在中国共产党第十九次全国代表大会上的报告》，《人民日报》2017 年 10 月 28 日。

突出，贪腐现象严重，究其根源，在于宗旨意识淡薄，"为人民服务"被一些人看成是"不适应市场经济的旧观念"，甚至有人堂而皇之地提出什么"共产党也有自己的利益"。对此，以习近平同志为核心的党中央一手抓整风反腐，一手抓宗旨教育，习近平总书记本人更是就保持党同人民群众血肉联系问题发表了大量论述。他旗帜鲜明地指出："我们党以全心全意为人民服务为根本宗旨，没有自己的特殊利益。"[①] 如果统计十九大报告中出现频率最高的词汇，恐怕非"人民"一词莫属。从"坚持以人民为中心"到"着力解决人民群众反映最强烈"的问题，从"顺应人民意愿"到不断促进"全体人民共同富裕"，从"坚持人民当家作主"到"保证全体人民在共建共享发展中有更多获得感"，从"以人民安全为宗旨"到"把人民利益始终摆在至高无上的地位"，从"建设人民满意的服务型政府"到"扩大人民有序政治参与"、使各级人大"成为同人民群众保持密切联系的代表机关"，从"抓住人民最关心最直接最现实的利益问题"到建成"覆盖全民……的多层次社会保障体系""为人民群众提供全方位全周期健康服务"，从"人民群众反对什么、痛恨什么，我们就要坚决防范和纠正什么"到"凡是群众反映强烈的问题都要严肃认真对待"，[②] 报告处处闪烁着"为人民服务"的思想光芒。像这样通篇强调、贯彻党的宗旨的报告，在历次党代会中是不多见的。

再如，更加鲜明的革命性。过去一段时间，少数人借口我们党否定"无产阶级专政下继续革命"的理论而反对社会主义社会还要继续进行革命，甚至提出什么"要把我们党由革命党转变为执政党"，导致"革命"一词几乎成为"左"的代名词。其实，"革命"并不完全指一个阶级推翻另一个阶级，我们党坚持为实现共产主义理想而奋斗，选择走社会主义道路，相对于世界资本主义秩序来说也是革命。党中央《关于建国以来党的若干历史问题的决议》在否定"无产阶级专政下继续革命"

---

① 《习近平总书记重要讲话文章选编》，中央文献出版社、党建读物出版社 2016 年版，第420 页。

② 习近平：《决胜全面建成小康社会 夺取新时代中国特色社会主义伟大胜利——在中国共产党第十九次全国代表大会上的报告》，《人民日报》2017 年 10 月 28 日。

理论的同时，强调这绝不是说革命的任务已经完成，不需要继续进行各方面的革命斗争了，指的就是这种意义的革命。党的十八大以来，习近平总书记反复强调"革命理想高于天"，指的也是这种意义的革命。他在十九大报告中重申："革命理想高于天。共产主义远大理想和中国特色社会主义共同理想，是中国共产党人的精神支柱和政治灵魂，也是保持党团结统一的思想基础。要把坚定理想信念作为党的思想建设的首要任务，教育引导全党牢记党的宗旨，挺起共产党人的精神脊梁，解决好世界观、人生观、价值观这个'总开关'问题，自觉做共产主义远大理想和中国特色社会主义共同理想的坚定信仰者和忠实实践者。"只要同历次党代会比较一下就不难看出，"革命"和"共产主义理想"等词汇在这一报告中出现的频率也是相当高的。报告在回顾党的历史部分，一开头就引用了毛泽东"十月革命一声炮响，给中国送来了马克思列宁主义"的著名论断，指出"中国共产党一经成立，就把实现共产主义作为党的最高理想和最终目标"；并且高度评价了新民主主义革命、社会主义革命、改革开放新的伟大革命的重要意义。十九大报告除了继续使用历次党代会所使用的"革命军人"这一概念外，还首次提出了"革命文化"的概念，指出"革命文化"与"社会主义先进文化"，都是中国特色社会主义文化的源泉；强调坚持社会主义核心价值观，"必须坚持马克思主义，牢固树立共产主义远大理想和中国特色社会主义共同理想"。① 所有这些，也是习近平新时代中国特色社会主义思想的显著特色。

又如，更加鲜明的斗争性。改革开放前，我们党一度提出"以阶级斗争为纲"的口号，过分强调斗争哲学，不该斗的也斗。十一届三中全会后停止了这个不适于社会主义社会的口号，在党内外一些人中又出现了另一种偏向，即怕矛盾、怕斗争、怕得罪人，甚至一度面对走私猖獗、腐败成风、资产阶级自由化泛滥、宗教极端势力和各种分裂势力的挑衅，也不敢理直气壮地采取措施。有人还曲解邓小平理论，用"不争

① 习近平：《决胜全面建成小康社会 夺取新时代中国特色社会主义伟大胜利——在中国共产党第十九次全国代表大会上的报告》，《人民日报》2017年10月28日。

论"为不作为开脱。十八大以来，习近平总书记大力倡导我们党一贯的战斗作风、原则立场、斗争精神，在从严治党，加强意识形态工作，反对"台独""疆独""藏独""港独"分裂势力等问题上，敢于斗争、善于斗争，为全党作出了表率。他说："我国曾经有过政治挂帅、搞'阶级斗争为纲'的时期，那是错误的。但是，我们也不能说政治就不讲了、少讲了，共产党不讲政治还叫共产党吗？"① 他指出："坚持正面宣传为主，决不意味着放弃舆论斗争。""要敢抓敢管，敢于亮剑。"② 对于国内外敌对势力散布的政治谣言和奇谈怪论，"我们不能默不作声，要及时反驳，让正确的声音盖过它们。这与韬光养晦或不争论是两码事"③。他批评"一些单位和党政干部政治敏感性、责任感不强，在重大意识形态问题上含含糊糊、遮遮掩掩，助长了错误思潮的扩散"④。他告诫"宣传思想战线的同志要当战士、不当绅士，不做'骑墙派'和'看风派'，不能搞爱惜羽毛那一套"⑤。十九大报告充分体现了上述精神，明确指出："社会是在矛盾运动中前进的，有矛盾就会有斗争。……任何贪图享受、消极懈怠、回避矛盾的思想和行为都是错误的。"报告提醒全党要充分认识这场具有许多新的历史特点的伟大斗争的"长期性、复杂性、艰巨性"。在加强意识形态工作问题上，报告指出，十八大以来，"马克思主义在意识形态领域的指导地位更加鲜明"，同时强调"意识形态领域斗争依然复杂"；"意识形态决定文化前进方向和发展道路"，要"不断增强意识形态领域主导权和话语权"，"牢牢掌握意识形态工作领导权"，"落实意识形态工作责任制"，要"建设具有强大凝聚力和引领力的社会主义意识形态"，"营造清朗的网络空间"，"旗帜鲜明地反对和抵制各种错误观点"，"引导人们树立正确的历史观、民族观、国家观、文化观"，"抵

---

① 《习近平总书记重要讲话文章选编》，中央文献出版社、党建读物出版社 2016 年版，第 225 页。

② 《习近平关于社会主义文化建设论述摘编》，中央文献出版社 2017 年版，第 27 页。

③ 《习近平总书记重要讲话文章选编》，中央文献出版社、党建读物出版社 2016 年版，第 228 页。

④ 《习近平关于社会主义文化建设论述摘编》，中央文献出版社 2017 年版，第 35 页。

⑤ 《习近平关于社会主义文化建设论述摘编》，中央文献出版社 2017 年版，第 45 页。

制腐朽落后文化侵蚀",“倡导讲品位、讲格调、讲责任，抵制低俗、庸俗、媚俗"。在深化依法治国实践和维护国家安全、统一的问题上，报告强调“要加强宪法实施和监督，推进合宪性审查工作，维护宪法权威”；要“坚持总体国家安全观”，“健全国家安全体系，加强国家安全法治保障”，“严密防范和坚决打击各种渗透颠覆破坏活动、暴力恐怖活动、民族分裂活动、宗教极端活动”；提出“必须把维护中央对香港、澳门特别行政区全面管治权和保障特别行政区高度自治权有机结合起来”，要“发展壮大爱国爱港爱澳力量，增强香港、澳门同胞的国家意识和爱国精神”；强调“我们有坚定的意志、充分的信心、足够的能力挫败任何形式的‘台独’分裂图谋"。在全面从严治党的问题上，报告肯定十八大以来，“坚决改变管党治党宽松软状况”，“坚持反腐败无禁区、全覆盖、零容忍，坚定不移‘打虎’、‘拍蝇’、‘猎狐’”；要求全党“增强党内政治生活的政治性、时代性、原则性、战斗性，自觉抵制商品交换原则对党内政治生活的侵蚀”；反对“好人主义”，防止和反对“圈子文化、码头文化，坚决反对搞两面派、做两面人"。在党建部分，报告指出：“旗帜鲜明讲政治是我们党作为马克思主义政党的根本要求。党的政治建设是党的根本性建设，决定党的建设方向和效果。”“全党要坚决执行党的政治路线，严格遵守政治纪律和政治规矩，在政治立场、政治方向、政治原则、政治道路上同党中央保持高度一致。”报告还在论述正确选人用人导向时指出，要“突出政治标准”，“旗帜鲜明为那些敢于担当、踏实做事、不谋私利的干部撑腰鼓劲"。[①] 像这样突出强调共产党人的斗争性，在历次党代会报告中更是少见的，可以说是习近平新时代中国特色社会主义思想的又一显著特色。正因为我们党形成了这一新的指导思想，所以我们在决胜全面建成小康社会，进而开启全面建设社会主义现代化国家新征程中，有了更加坚强有力的思想保证，从而使中国特色社会主义由此进入了一个新的时代。

---

① 习近平：《决胜全面建成小康社会 夺取新时代中国特色社会主义伟大胜利——在中国共产党第十九次全国代表大会上的报告》，《人民日报》2017 年 10 月 28 日。

四、关于党和国家奋斗目标的新布局

作出党和国家奋斗目标的新布局也是中国特色社会主义进入新时代的重要依据。这并不是说我国已经完成了改革开放、社会主义现代化建设和中国特色社会主义的历史任务，而是因为我们党和国家对社会主义现代化建设"三步走"战略中的第三步，有了更加具体的设想。

自从孙中山提出"振兴中华"以来，对什么是中华民族复兴的标志，始终没有一个明确表述。毛泽东在新中国成立初期说过，到 21 世纪初，"中国将变为一个强大的社会主义工业国"，"中国应当对于人类有较大的贡献"；[①] 又说："要赶上和超过世界上最先进的资本主义国家，没有一百多年的时间，我看是不行的"[②]。这表明，在毛泽东看来，用一百多年，将中国建成强大的社会主义工业国、赶上和超过最先进的资本主义国家，就是中华民族实现了复兴。改革开放初期，邓小平按照毛泽东的设想，提出"三步走"战略。但正如十九大报告指出的，"解决人民温饱问题、人民生活总体上达到小康水平这两个目标已提前实现"，20 世纪末提出的到 2020 年全面建成小康社会的目标，眼看也要很快实现，剩下的目标就是到本世纪中叶建成社会主义现代化强国。为此，报告将十九大到二十大，规定为"'两个一百年'奋斗目标的历史交汇期"；又将 2020 年到本世纪中叶分为两个阶段，即先用 15 年时间基本实现社会主义现代化，再用 15 年时间建成富强民主文明和谐美丽的社会主义现代化强国。这意味着，从新中国成立到本世纪中叶的 100 年里，如果说前 30 年是为中华民族复兴打基础，中间 40 年是为实现温饱和小康目标而奋斗，那么，后 30 年将主要是为建成社会主义现代化强国而努力。报告还明确指出，后 30 年的"总任务是实现社会主义现代化和中华民族伟大复兴"。[③] 可见，建成社会主义现代化强国之日，就是中华民族伟

---

① 《毛泽东文集》第 7 卷，人民出版社 1999 年版，第 156、157 页。

② 《毛泽东文集》第 8 卷，人民出版社 1999 年版，第 302 页。

③ 习近平：《决胜全面建成小康社会 夺取新时代中国特色社会主义伟大胜利——在中国共产党第十九次全国代表大会上的报告》，《人民日报》2017 年 10 月 28 日。

大复兴之时。对于十九大到二十大之间，进而对于 2020 年到本世纪中叶作出这样的战略安排，对于过去 70 年和未来 30 年作出这样明确的阶段性区分，使全党全国人民对实现这些奋斗目标更加充满信心了，当然表明中国特色社会主义进入了一个新的时代。

报告对中国特色社会主义新时代的阐释同时告诉我们，这个新时代并不是马克思主义社会形态变革意义上的新时代，也不是脱离中国特色社会主义的新时代，而是具有中国特色社会主义属性的新时代。在新中国迄今 68 年的历史中，最为显著和最为基本的分期莫过于改革开放前后两大时期。党的十八大以来的 5 年，以习近平同志为核心的党中央毅然纠正了将这两个历史时期加以割裂和对立的各种偏向，作出两个时期虽然有重大区别，但本质上都是我们党领导人民进行社会主义建设实践探索的重大论断，并在这个论断基础上，把两个时期的经验教训联系起来总结，校正改革开放的前进航向，从而使党和国家事业发生了历史性变革，使我国发展站到了新的历史起点上，这是中国特色社会主义进入新时代的重要原因和意义所在。就是说，自从十八大以来，我国历史开启了一个有别于前两个历史时期的新的历史时期。报告指出，十八大以来"五年来的变革是深层次的、根本性的"，这一历史性变革"对党和国家事业发展具有重大而深远影响"，"中国特色社会主义进入了新时代"，其深刻蕴义也正在于此。总之，开启中国特色社会主义新时代，不是要回到改革开放前的状况，更不是要停止改革开放，而是要将改革开放前后两个历史时期统一起来加以融汇继承、贯通发展，是站在更高的历史起点上推进改革开放。唯物辩证法的否定之否定规律告诉我们，任何事物的发展都是螺旋式上升的运动，新中国的发展历史、改革开放的发展历史，同样是螺旋式上升的。现在，经过改革开放前近 30 年、改革开放后 30 多年、特别是十八大以来 5 年的接力奋斗，我们国家终于跨入了人民群众期盼已久的中国特色社会主义新时代。让我们以更加昂扬向上的精神状态，迎接这个新时代的到来吧！

正确认识改革开放前后两个历史时期的关系 *

对于新中国成立以来将近 70 年的历史分期，大家有一个共识：如果划一个最为粗线条的界限，那就是以党的十一届三中全会为界，划分为"改革开放前"和"改革开放后"两个有明显不同特点的历史时期。如何看待这两个历史时期的关系问题，关系到能不能正确认识新中国的历史、能不能正确认识当代中国国情、能不能正确认识中国特色社会主义。

大量事实表明，在这个问题上，凡是怀疑、反对改革开放的，必然用前一个历史时期来否定后一个历史时期；凡是怀疑、否定四项基本原则的，往往会用改革开放后的历史时期来否定改革开放前的历史时期；凡是把这两个时期加以割裂、对立、相互否定的，也必然会反对或曲解中国特色社会主义道路。即使在能够正确认识中国特色社会主义的人里面，仍然会有许多人对如何认识这两个历史时期的关系问题感觉到拿不准，不敢理直气壮地说它们之间具有本质的一致性，担心这样说会贬低改革开放。因此，如何认识这个问题，不仅是当代中国史研究领域中的学术问题，更是具有强烈现实意义的政治问题。

正是因为这样，在党的十八大开过仅一个月之后，2013 年 1 月 5 日，习近平总书记在新进中央委员会的委员、候补委员学习贯彻党的十八大精神研讨班上发表重要讲话时明确指出，我们党领导人民进行社会主义建设，有改革开放前和改革开放后两个历史时期，这是两个相互联系又有重大区别的时期，但本质上都是我们党领导人民进行社会主义建设的实践探索。虽然这两个历史时期在进行社会主义建设的指导思想、方针

---

* 本文是作者 2018 年 4 月 25 日在中山大学作的报告修改而成，曾刊于《领导科学论坛》2017 年第 18 期，原标题为《以习近平新时代中国特色社会主义思想指引，正确认识改革开放前后两个历史时期的关系》。

政策、实际工作上有很大差别，但两者决不是彼此割裂的，更不是根本对立的。不能用改革开放后的历史时期否定改革开放前的历史时期，也不能用改革开放前的历史时期否定改革开放后的历史时期。

习近平总书记讲话中的重要论断包含了三个重要论点：第一，改革开放前的社会主义实践探索为改革开放后的社会主义实践探索积累了条件。第二，改革开放后的社会主义实践探索是对改革开放前社会主义实践探索的坚持、改革、发展。第三，坚持用历史的观点、实践的观点、辩证的观点正确看待改革开放前后两个历史时期。

习近平总书记的重要讲话表明了党中央对于改革开放前后两个历史时期关系问题的根本立场和鲜明态度，有力地回击了把这两个历史时期割裂对立起来的各种错误言论，解除了许多人心中有关这个问题的疑虑，是我们正确认识新中国历史和中国特色社会主义道路的正确指针。

一、改革开放前后两个历史时期既有重大区别又有本质上的一致性

改革开放前后两个历史时期虽然在社会主义建设的指导思想、方针政策、实际工作上有重大区别，但它们之间的共性更具有本质特征。这是因为，这两个历史时期都内在统一于对社会主义基本制度、共产党领导、马克思主义指导的坚持，都内在统一于对社会主义建设规律的实践探索，都内在统一于对国家主权、领土完整的坚决维护和对实现工业化、现代化和复兴中华民族的不懈追求。

（一）从党的指导思想看

改革开放后，我们党纠正了毛泽东晚年的错误，否定了"以阶级斗争为纲"这个不适合社会主义时期的错误口号，不再把阶级斗争当作社会主义社会的主要矛盾，实现了工作重点由阶级斗争向经济建设的转移，制定了社会主义初级阶段的理论和党的"一个中心、两个基本点"的基本路线，形成了以邓小平理论为主体的中国特色社会主义理论体系。所有这些，与改革开放前的历史时期显然是有很大区别的。

同时，在改革开放后，我们党科学评价了毛泽东和毛泽东思想，把毛泽东晚年思想上、行动上的错误和毛泽东思想加以区别，维护了毛泽东的历史地位；继续把马克思主义、毛泽东思想作为党的指导思想，继续捍卫和高举毛泽东思想的伟大旗帜，认为阶级斗争由于国内因素和国际影响还会在一定范围内长期存在，在某种条件下还可能激化；把坚持社会主义道路、坚持人民民主专政、坚持共产党的领导、坚持马列主义毛泽东思想指导作为四项基本原则。

有些人问：现在党和国家领导人在讲话中提党的指导思想，为什么有时候连马列主义、毛泽东思想也不谈了，光从邓小平理论、"三个代表"重要思想讲起？我认为，每次都从马克思主义开始讲起，实在没有必要，而是要看在什么样的场合讲。比如 2013 年 6 月，在党的群众路线教育实践活动工作会议上的重要讲话中，习近平总书记就是从马克思主义开始讲起的。但是，放在某个改革开放具体工作的报告中，就理当从邓小平理论开始讲起——邓小平理论是马克思主义在当代中国的发展嘛。

坚持四项基本原则是我们党在社会主义初级阶段基本路线中的"两个基本点"之一，是我们的立国之本，这和改革开放前又有本质上的一致性。谈到党在改革开放前后指导思想异同的时候，邓小平同志指出："有些人又怀疑是不是变了，总怕变。他们忽略了中国的政策基本上是两个方面，说不变不是一个方面不变，而是两个方面不变。人们忽略了另一个方面，就是坚持四项基本原则，坚持社会主义制度，坚持共产党领导。人们只是说中国的开放政策是不是变了，但人们从来不提社会主义制度是不是变了，这也是不变的嘛！"这话讲得非常好，说明了我们党改革开放前后在指导思想等根本问题上是没有变化的。

（二）从经济体制看

改革开放后，我们打破了公有制和按劳分配一统天下的局面，大力发展多种所有制、多种分配形式；改变了高度集中的计划经济体制，确立了社会主义市场经济体制；解散了农村人民公社，实行了家庭联产承包、土地承包；打开了对外开放大门，并不断扩展开放的广度、深度。所有这些与改革开放之前显然也是有重大区别的。同时，我们党仍然坚持以公有制和按劳分配为主体，仍然把全民所有制、集体所有制作为社会主义经济制度的基础。

现在有些人的观念已经混淆了，觉得各种所有制好像都是我们社会主义经济制度的基础，这是不对的。我国宪法规定，全民所有制、集体所有制是我国社会主义经济制度的基础，其他的所有制是中国特色社会主义经济的重要组成部分。因此它们是有区别的。我国宪法还明确规定，由国有经济控制金融、能源、交通、通讯等命脉性产业，明确社会主义市场经济是同社会主义基本制度结合在一起的，市场对资源配置的基础性和决定性作用要置于国家的宏观调控之下。这也没有变。坚持农村土地所有制性质不变，现在土地可以流转，但是承包也好，流转也好，仍然是集体所有制，不是流转所有权，流转的只是承包权、经营权。流转土地的承包权、经营权，既发挥农民家庭经营的积极性，又发挥集体经济的优越性，努力缩小由于所有制、多样化和市场化带来的收入差距扩大趋势，防止两极分化。继续坚持自力更生方针，强调走中国特色自主创新道路，不断提高对外开放的安全性。这和改革开放前也是基本上一样的。邓小平指出："我们的改革，坚持公有制为主体，又注意不导致两极分化，这就是坚持社会主义。""在改革中我们始终坚持两条根本原则，一是以社会主义公有制经济为主体，一是共同富裕。"

由于时代条件的变化，和我们党对社会主义认识的深化，改革开放后的经济体制和过去相比的确有重大区别，但由于我们坚持公有制主体地位，坚持国有经济对国民经济命脉的控制，所以高收入的阶层、极少数的资产阶级分子始终没有能形成新的资产阶级——这是我的看法。现在，在这个问题上存在两种看法，一种是认为现在已经有了一个资产阶级了，另一种看法认为不存在这个问题，也没有资产阶级分子。如果说连资产阶级分子也没有的话，那么马克思剩余价值理论就失灵了，讲不通了。2017 年有两个重要的国际共产主义运动大事的周年纪念：《资本论》发表 150 周年，十月革命爆发 100 周年。《资本论》三卷所讲的道理，核心就是剩余价值理论，就是揭露资本主义剥削的秘密。我认为，现在我国还没有形成资产阶级，我们要做的工作就是既要发展私营经济，又决不能让私营经济形成阶级。形成阶级是有条件的。我们说无产阶级成为一个阶级，有一个由"自在"到"自为"的形成阶段和过程。不是说有了工人就能够形成工人阶级，而是要组成一个阶级的力量，就必须有政治上的代表人物，要组成代表自己利益的政党，要有一系列的条件。正是因为不能让中国资产阶级分子形成阶级，所以我们现在还讲坚持四项基本原则。有人说，现在你还讲四项基本原则干什么？还讲人民民主专政，专谁的政啊？答案很简单，我们现在讲专政，专的当然是敌对势力的政，还有一个很重要的任务，就是在中国特色社会主义里不允许再产生一个新的资产阶级。邓小平同志讲得很清楚："如果产生了什么新的资产阶级，那我们就真是走了邪路了。"

直到现在，我们的国民经济始终没有被私人资本所控制。大家可以看看，尽管私人资本有的都有几千亿了，但是它们能够控制我们的国民经济命脉吗？控制不了。我们的金融、交通、通讯、能源等命脉产业，都牢牢掌握在国有经济手里。现在有些人老是攻击国有经济说，你们怎么搞垄断？等你真正按他讲的不垄断的时候，老百姓就该倒霉了。那时火车票就会一天一个价。现在大家都觉得春运火车票价高，其实国家一直在补贴。再一个就是通讯。现在我们的移动通讯都是国有企业，就是这样的国有企业，我现在老举报它们，因为它们也敢骗呀！比如，有的特别针对老年人，先让你试用一个什么东西，说试用完后的第一月还是免费的。老年人一看"免费"，往往就摁"同意"了。免费了吗？过两个月就开始让你交钱了，而老人早已忘了这时要交钱的事。国有企业尚且如此，如果要是掌握在私人手里，将会出现什么样的情况？大概大家都可以想象得到。

我国现在的经济体制说明，我们的市场经济仍然是社会主义市场经济，我们的社会仍然是社会主义社会。

（三）从政治体制看

改革开放后，我们党为了克服权力过分集中的弊病，纠正忽视民主与法治的现象，不断改进党的领导，推进党内民主，加强国家的民主与法治建设，落实对权力的制约和监督，提出尊重、保障人权。所有这些与改革开放前有很大的不同。与此同时，我们党始终坚持党的工人阶级先锋队性质，始终坚持共产党在国家事务中总揽全局、协调各方的领导核心作用，始终坚持政治体制改革的正确方向，始终坚持党的领导、人民当家作主和依法治国的有机统一，始终坚持党对军队的绝对领导，反复强调不照搬西方的政治模式，不搞西方的多党制、议会民主、三权分立。这些都说明，我们的政治体制改革并没有走西方资本主义道路，仍然是社会主义制度的自我完善。

有人说，你们怎么不搞政党登记制？这个问题很简单：我们国家就是不允许搞多党制，这从一开始就说清楚了，中国就是由共产党领导。既然不搞多党制，哪儿来的政党登记制和政党登记法？政党登记制是从西方政治体制搬过来的，用西方多党制那一套来检验我们的政党制度，当然就对不上了。西方搞多党制，就要搞政党登记。我们不搞这个，当然就不存在政党登记的问题。但是这不等于我们共产党的领导不合法。什么"法"？第一个是1949年的《中国人民政治协商会议共同纲领》（以下简称《共同纲领》）。那时有很多党，它们共同推举共产党来领导。看看第一次政协会议上各个党的发言，就能看清楚它们都要共产党领导。《共同纲领》里就讲了，我们国家由共产党领导。当时新中国正在成立，还没有成立全国人大，《共同纲领》具有临时宪法性质。1954年，第一届全国人大会议召开，我们制定了宪法。宪法序言中对共产党领导这一条作了明文规定。我国一共四次修宪，每次修宪都说得很清楚，我们国家由共产党领导。怎么能说共产党领导不合法？有些人自以为聪明，拿出西方多党制来说事——你们没登记，你们就不合法！我说，这个站不住脚！

还有人说，为什么你们共产党不搞军队国家化？这个问题也很简单：西方是多党制，因此军队必须国家化；如果军队不国家化，那军队跟着哪个党？如果跟着共和党走，下一届民主党上来了，那军队怎么办？所以它们的军队必须国家化，只有这样，西方多党制才能玩得转。而在我们国家就不能够有其他的领导政党，而且说清楚了中国共产党代表的是中国绝大多数人的根本利益。既然如此，中国的武装力量就必须由代表中国绝大多数人根本利益的政党来领导，只有这样，中国人民的根本利益才有人民军队武装力量根本保障。什么叫国家？马克思主义说国家的本质就是暴力机器。所以我国人民的根本利益也必须要由人民军队这样的暴力机器给予保障。回顾历史就能知道，在我们国家，如果军队不由共产党领导，那将会出现什么样的局面？一想就清楚了：必然是诸侯割据、军阀混战、民不聊生。

（四）从文化和社会政策看

改革开放后，我们党摒弃了以往意识形态工作中"左"的做法，解除了在文艺创作和学术研究中设置的不必要的框框和禁区，积极发展文化、教育、科学事业，深化教育改革和文化管理体制改革，促进人民精神生活和社会生活多样化，健全基层社会管理体制，推动社会组织建设。所有这些与改革开放前也是有很大不同的。

改革开放前我们每个人都是单位的人，当然也有居委会，但是没有小区这样的组织，更没有社会组织。最近我了解到，现在有些社会组织已经发展得非常普遍了，比如由一个社会组织来承包一个社区的某一类服务，整个社区的服务都由它来负责，政府买单，也就是政府购买这些组织的社会服务。这在改革开放前是完全不可想象的。

同时，我们党仍然坚持马克思主义在意识形态领域的指导地位，要求党员坚定共产主义远大理想信念，引导全国人民树立中国特色社会主义共同理想，强调把社会主义核心价值体系融入国民教育、精神文明建设和党的建设全过程，大力弘扬爱国主义、集体主义、社会主义思想，坚决抵制各种错误思潮和资产阶级、封建阶级腐朽思想影响，坚持社会主义先进文化前进方向，全面贯彻培养德智体美全面发展的社会主义建设者和接班人的教育方针，健全党和政府主导的维护群众权益的机制，高度警惕和坚决防范国内外敌对势力的各种分裂、渗透、颠覆活动，切实维护国家安全。以上这些，和改革开放前本质上完全一致。

（五）从外交方针看

改革开放后，我们党根据国际形势的深刻变化，改变了过去对于时代问题的判断，认为和平与发展是当今时代的主题和主要特征，中国的前途命运同世界的前途命运紧密联系在一起，主张建设持久和平、共同繁荣的和谐世界，调整同大国之间的关系，加强同发达国家之间的战略对话，不再给外国的革命活动给予物质上的支持，并积极参与国际事务和全球治理，倡导人类命运共同体意识。所有这些和改革开放前也是有显著不同的。

同时，我们党从来没有放弃过马克思、恩格斯关于人类社会正由资本主义时代向社会主义时代过渡，以及列宁、毛泽东关于当今世界已进入帝国主义和社会主义革命时代的科学判断。是的，改革开放后，我们没有再重复讲现在仍是帝国主义时代；但是大家可以注意到，我们都讲的是和平与发展仍然是我们时代的问题。邓小平1992年在南方讲话中明白地指出："世界和平与发展这两大问题，至今一个也没有解决。"后来，中央报告中的提法是"两大主题"，大家可以注意一下。再后来，南斯拉夫大使馆一炸，南海飞机一撞，中央文件改成"两大课题"。"主题"就不说了，说"课题"。过了一段时间，好像形势又缓和了，又说"主题"。现在又进一步说"时代特征"。但是请注意，无论什么时候我们党都不曾说我们时代的性质是和平与发展。现在有个别人说，我们现在已经进入和平与发展时代，这是完全错误的。如果这是给时代定性的话，是不符合党中央精神的，党中央从来没有这样讲过。但是我们也要考虑到，在目前这种国际形势下，在我们改革开放的形势下，我们不强调这一条，也是完全有道理的。

我们这个时代的性质没有变，但是特征变了。过去列宁也好，毛主席也好，他们都讲我们这个时代是两个问题：不是革命制止战争，就是战争引起革命。这说明，那个时候的时代特征就是战争与革命，战争与革命是那个时候的国际形势特点。我们现在的时代特点已经不同了，但不是没有战争，因为局部战争根本就没有断过，而是从全局上看整个世界，现在不是战争与革命的特征，而是和平与发展的特征。和平与发展是现在时代的主要呼声。

我们始终奉行新中国成立之初倡导的独立自主的和平外交政策，坚持和平共处五项原则，坚决维护国家主权、安全、发展利益，加强同广大发展中国家的团结合作，根据事情本身的是非曲直决定自己的立场和政策，决不屈从于任何外来压力，反对各种形势的霸权主义、强权政治，反对动辄诸武力或以武力相威胁，反对颠覆别国的合法政权，推动国际秩序朝着更加公正合理的方向发展。所有这些，与改革开放前也是基本一致的。

改革开放后与改革开放前相比，虽然在社会主义建设的指导思想、方针政策、实际工作上有着很大的区别，但这些区别只不过是社会主义实践探索中的区别，我们党的宗旨、指导原则、奋斗目标，我们国家的基本政治经济制度、意识形态、外交方针、社会性质都没有改变。改革开放前后两个历史时期都统一于科学社会主义原则，都是共产党领导人民当家作主、建设社会主义的历史。如果我们看不到改革开放前后出现的区别和改革开放后的鲜明特征、特色，就不可能懂得中国特色社会主义道路究竟特征、特色在哪里，就会妨碍对改革开放伟大意义的认识。如果我们看不到改革开放前后两个历史时期的内在的连续性和本质的一致性，就不可能懂得中国特色社会主义道路为什么是社会主义而不是什么别的主义，就会妨碍对当代中国历史整体性和中国特色社会主义本质特征的把握。

二、改革开放前为改革开放后既提供了前车之鉴，又奠定了发展基础

从新中国成立到"文化大革命"结束的 27 年里，以毛泽东同志为核心的党的第一代中央领导集体带领全国各族人民探索社会主义建设规

律，取得了伟大的成就和宝贵的经验，也有过不少失误和错误，有的错误甚至是全局性、长时期的，给党、国家和人民事业造成了严重挫折和损失。从粉碎"四人帮"到召开十一届三中全会的两年中，虽然停止了"文化大革命"，工农业生产得到了较快发展，但由于推行"两个凡是"的错误方针，党和国家工作出现了在前进中徘徊的局面。对此我们都不应当忽视，更不应当否认和掩饰，否则就不可能彻底吸取教训，甚至会造成新的思想混乱。

现在大家在互联网上可以看到，对于新中国改革开放前的历史，既有人全盘否定，也有人全盘肯定。一个 13 亿多人口的大国有各种思想是不奇怪的，问题是现在我们有了互联网，本来一些思想在小范围里嘀咕嘀咕就算完了，现在一上网，全国、全世界的人都能看到；一个什么东西闹出来以后，对全社会都会产生影响。所以这两种倾向我们都要反对。对声音最大的否定新中国历史、搞历史虚无主义的主要倾向，我们要坚决反对；对搞全盘肯定的另一种倾向，我们也不要忽视、不能纵容。

我们必须客观、全面而不是孤立、片面地来看待历史上的错误，否则不可能正确总结经验，就会一叶障目，不见森林。如果把改革开放前的历史看得一无是处、一团漆黑，就会导致对那段历史的全盘否定。如果全盘否定，就无法解释为什么新中国的历史是光辉的历史，就难以真正树立对中国特色社会主义的道路自信。

怎样才能客观、全面看待新中国历史呢？我认为要注意把握以下几点：

（一）分清改革开放前后历史的主流和支流

对于改革开放前历史时期的总体评价，党中央在改革开放后不同时期做过一系列的论述，观点是明确的，也是一贯的。在这个问题上，大家可以看看《关于建国以来党的若干历史问题的决议》（以下简称《历史决议》），看看邓小平、江泽民、胡锦涛同志的话，还有习近平总书记的话，党和国家领导人对这个问题都有大量论述。习近平总书记《在庆祝中国共产党成立 95 周年大会上的讲话》中说，新中国成立以后到改革开放前，"我们党团结带领中国人民完成了社会主义革命，确立社会主义基本制度，消灭一切剥削制度，推进了社会主义建设。这一伟大历史贡献的意义在于，完成了中华民族有史以来最为广泛而深刻的社会变革，为当代中国一切发展进步奠定了根本政治前提和制度基础，为中国发展富强、人民生活富裕奠定了坚实基础，实现了中华民族由不断衰落到根本扭转命运、持续走向繁荣富强的伟大飞跃"。这些论述如实反映、高度概括了改革开放前的主要成就，充分说明改革开放前后两个历史时期是一个有机的整体。

新中国 68 年是光辉的 68 年。如果把改革开放前对改革开放后的基础作用讲得再具体一点，一是实现并巩固了国家的独立、统一、安全和各民族的大团结；二是建立了社会主义的政治、经济、文化、社会基本制度；三是从根本上提高了工人、农民等劳动群众的社会地位，实现了人与人政治上的平等；四是建立了独立的、比较完整的工业体系和国民经济体系；五是在许多产品产量上缩小了与老牌资本主义国家的差距；六是培育形成了各个领域庞大的人才队伍，产生了一大批世界瞩目的高科技成果和优秀学术著作、文艺作品。只要把改革开放前的成就同那个时期的失误、错误——包括"大跃进"和"文化大革命"那样的严重错误放在一起比较，孰重孰轻、谁主谁副就会一目了然。只要站在新中国和中国绝大多数人的立场上，采取客观、辩证的方法，就不难看到那个时期尽管有许多不尽如人意的地方，但成就无疑是历史的主流。

（二）分析改革开放前历史中的失误、错误的具体情况

首先要分析失误、错误是普遍的、全局的现象，还是个别的、局部的现象。改革开放前，"大跃进"和"文化大革命"是全局性的错误。但是新解放区的土改运动，后来的"三反""五反"运动，虽然中间也有一些错误，但这些错误是个别的、局部的，不可以全盘否定。

其次要分析错误、失误中是不是也有正确的、合理的成分，要看到这些成分对以后工作是不是起到了积极的作用。比如说新中国成立初期，我们在思想文化领域进行了几场比较大的批判运动，像批《武训传》、批《清宫秘史》、批俞平伯《红楼梦研究》、批胡风，这些都存在把思想性、学术性问题简单化、政治化的倾向，有的甚至混淆敌人和朋友界限，显然是十分错误的。但是也要看到，正是那些大张旗鼓的批判，加上同时进行的知识分子思想改革运动，使文艺界、学术界、教育界原来存在的封建主义和资产阶级唯心主义、个人主义、自由主义思想受到强烈冲击，得到迅速清理，使辩证唯物主义、历史唯物主义、为人民服务和人人平等的无产阶级思想很快为大多数旧社会过来的知识分子所接受。如果不加具体分析，就把那几场批判运动所犯的错误连同合理的、正确的成分一概加以否定，就难以解释为什么过去在农村根据地和解放区占主导地位的马克思主义，能够在短短几年就成为全国特别是城市中的主流意识形态。

（三）把犯错误和犯错误的时期加以区别

不能因为在某个时期犯了错误，就把那个时期的工作统统否定。

"大跃进"以高指标、瞎指挥、浮夸风和"共产风"为主要标志，"左"倾错误严重泛滥，给国民经济造成了损害。"大跃进"前后持续了三年，其间也取得了不少建设成就。例如，发动群众大兴农田水利基本建设，我国目前 8 万多座水库中，将近一半就是在那个时期兴建的。那时新建、扩建了 10 个钢铁厂（包括武钢、攀钢）、一大批有色金属冶炼厂、几十个煤炭企业和发电厂。大庆油田也是那个时候发现和开始建设的。那时搞起来的县办、社办工业，虽然后来下马了，但是为改革开放后乡镇企业的异军突起打下了基础。

"文化大革命"是新中国成立后我们所犯的最严重的错误，而且持续了十年。在那十年里也完成了许多重要工作。在《历史决议》中讲得很清楚。我们建了很多铁路和通讯干线，建成了第一艘核潜艇、第一个卫星地面站、第三代电子计算机，建成了全国电视网，成功地爆炸了氢弹，进行了地面核试验，发射回收了人造卫星，发射了第一颗洲际导弹，成功培养了早籼稻杂交水稻，等等。青藏铁路是现在修好的，但是青藏铁路的论证和前期准备工作，其实早在新中国成立初期就开始了。"文化大革命"期间在兰州成立了冻土研究所，研究青藏铁路如何在冻土上进行修建的难题。虽然研究所人马一度被解散，但改革开放后又都召集回来了。因此，我们不能把"文化大革命"与"'文化大革命'时期"画等号，不能因为要彻底否定"文化大革命"就否定在"文化大革命"十年里党和政府所做的全部工作，否定"文化大革命"期间我们建设事业所取得的重大成就，更不能因此否定那一时期我们党、国家和社会的原有性质。

（四）把失误、错误放在当时特定的历史条件下来分析

只有这样，才能把在当时可以避免的和由于客观条件限制难以避免的错误区别开来。难以避免的错误，一种是由于实践不够、缺少经验造成的，还有一种是由于物质不够、缺少保障条件造成的。比如改革开放前的很长时间，为实现工业化进行的积累率很高，对消费品生产的资金、原材料安排都不足，给人民生活造成了许多困难，尤其是对农业、农民索取过多，给予过少，造成农村大部分地区面貌长期变化不大，城市里很多东西也都要凭票供应，生活消费物资紧缺。为什么物资紧缺？一个很重要的原因，就是我们的物资首先用于满足基本建设了。所以在那种情况下，我们就搞了票证。票证也是社会主义办法，是为了满足人民生活的需要。在发放票证的时候，都是经党支部民主讨论的，在制定票证制度时，工作进行得更是非常仔细；里面也有我们的好传统和好作风。由于改革开放前我们要把有限的财力、物力、人力最大限度地集中用于钢铁、基建、煤炭、电力、铁路等基础设施建设，这就不得不对棉花、粮食、油料、木材这些主要的农副产品实行统购统销，不得不暂时抑制人民消费，不得不维持工农业产品的剪刀差，相应地牺牲了农民的一部分利益。农民对新中国建设确实作出了重大贡献，改革开放前的贡献是把粮食低价卖给国家，改革开放后又以低工资成为市场中的农民工。所以我们现在工业要回馈农业，城市要回馈农村，我觉得这个工作做得还很不够。我国的城市现在越搞越漂亮，连特朗普都感慨说，到中

国去看看，谁是发达国家？美国这些年都干什么了？现在美国人羡慕中国的城市、高铁、高速公路，但是他们没到中国的农村去看，我们的农村现在很多还相当落后。

（五）分析造成失误、错误的主观原因

错误有的是经验不足造成的，也有的是思想方法、工作方法、工作作风不够端正造成的。在可以避免的问题中，有个人专断造成的，也有急于求成造成的。分析造成失误、错误的主观原因，就是要把好心办坏事与个人专断、把个人专断与专制制度加以区别。

邓小平曾经说："我们都是搞革命的，搞革命的人最容易犯急性病。我们的用心是好的，想早一点进入共产主义。这往往使我们不能冷静地分析主客观方面的情况，从而违反客观世界发展的规律。中国过去就是犯了性急的错误。"也就是好心办坏事吧，这在一定程度上还是可以原谅的。

个人专断就不同了。《历史决议》对个人专断做了很深刻的分析，说它的根源是骄傲，脱离实际，脱离群众；表现是个人凌驾于组织之上；社会原因是党内民主、国家政治生活的民主缺少制度化、法律化，权力过分集中于个人；历史的原因是长期封建社会造成的封建专制主义思想的影响；后果是党和国家政治生活的集体领导原则、民主集中制原则受到削弱、破坏。

但是，我们又要看到，受专制主义思想影响与封建专制制度是完全不同的两码事。前者是思想作风问题，后者是社会性质问题。从本质上讲，社会主义制度与个人专断之类的封建专制主义思想是格格不入的。正是因为这样，我们党才能够在社会主义制度下提出并着手解决这种现象。由于历史原因造成的错误，仅仅归咎于个人或某些人是不能解决问题的。重要的是总结经验，在党和国家领导制度、干部制度等政治体制上进行改革。只有这样，才能使后人避免重犯类似的错误。

十八届六中全会通过的《关于新形势下党内政治生活的若干准则》强调，不能搞一言堂甚至家长制。这说明，封建专制主义的思想影响有深刻的历史根源，不会只在某个人或若干人身上起作用，也不会在短时间内就消除干净。因此，不能因为存在个人或少数人专断的现象，就妄言我们党是专制主义的党，我们的国家是专制主义的国家。我们还要强调，一方面要科学地、全面地分析改革开放前历史时期所犯的错误，另一方面也要防止人为地夸大这些错误，尤其要警惕、抵制一些人借题发挥鼓吹历史虚无主义，编造谣言丑化党和国家形象，对党的历史和国家制度进行恶毒攻击。

三、改革开放前的历史对于改革开放后的意义

改革开放 30 多年来，我国经济飞速发展，综合国力明显增强，人民生活水平大幅提高。但这一切的起点，不是 1949 年旧中国留下的那个满目疮痍的烂摊子，而是新中国在经过 29 年艰苦奋斗后建立起来的宏伟基业。如果没有改革开放前提供的基础条件，改革开放要取得这么迅速的、显著的成就是不可能的，也是不可想象的。改革开放前的历史虽然有曲折，但它取得的成就和经验是主要的。改革开放前的历史对于改革开放后的意义，可以从下面五个方面具体分析。

（一）提供了根本的政治制度前提

这方面前面已经有详细论述，这里就不重复了。

（二）提供了基本的物质和技术条件

新中国成立后的前 30 年，我们建立了独立的比较完整的工业体系和国民经济体系，很大程度上改变了旧中国工业集中于沿海地区的不合理布局。

农业。通过大规模进行农田水利基本建设，大力发展农药、化肥、农业机械，积极发展县办、社办小工业，大幅度改善了农业农村的生产条件，提高了农作物的单位面积产量。1949 年全国平均亩产粮食 100 斤，1978 年提高到了 333 斤；粮食产量由 1949 年的 1.4 亿吨，提高到 1979 年的 3 亿吨。

科学教育。1978年我国专业科学技术人员总数超过了1949年的13倍。

经济发展速度。虽然那时候没有对国民经济生产总值增长率进行统计，但是有对工农业生产总值的统计。前30年中，我国工农业生产总值的平均增长率是多少呢？8.2%。后来我通过国家统计局领导，找了一个长期从事统计的专家，经过两个星期的计算，折算出来的连续30年的我国平均国内生产总值增长率为7.3%。工业总产值连续30年的平均增长率为11.4%。

在这里面，我想讲一下土地所有制的问题。以前土地是私有的。新中国成立后，从1952年到1956年，我国对农业、手工业和资本主义工商业三个行业进行了社会主义改造，城市土地变成了全民所有，农村土地归农村集体所有。因此我国现在没有私有土地。我们现在有私人房产，但土地一律都是国家的。土地国有制不仅大大降低了前30年基础设施建设的用地成本，也大大提高了改革开放后我国固定资产积累和国民经济增长的速度。而在土地私有制的印度，没有城市立交桥，没有高速公路，最近听说要在加尔各答建一条高速公路，结果还是建不了。为什么？因为只要一牵涉到用地，印度议会就吵不完，最后不了了之。

工业产品产量。1979年我国钢产量是3200万吨，比旧中国最高年份产量增加35倍。跟英国相比，由1949年我们相差它99倍，到1979年我们反超它60%。与美国相比，我们由1949年相差它438倍，变成1979年相差它3.6倍。和印度相比，由1949年相差它4倍变为1979年反超它1倍。发电量也是这样。在石油产量上，1949年我国年产量为32万吨，1979年年产量达1亿吨，当时可以自给自足了。从这些数字看，改革开放前我国和美英等发达国家还有印度等发展中大国的经济发展相比，总体差距是在缩小，而不是在拉大。

交通运输。新中国成立时，我国有铁路运营里程2万公里，公路8万公里，港口年吞吐量1400万吨。到了1978年，我国铁路运营里程提高到4.8万公里，公路达89万公里，港口年吞吐量达2亿吨。

科技制造。新中国成立时，汽车、飞机、坦克、拖拉机，我们都造不出来。到了 1978 年，世界工业 500 多个门类，我们就已经基本建设齐全了，不仅能造汽车、飞机、坦克、拖拉机，而且造出了火车、万吨轮船、几十万千瓦发电机、万吨水压机，成功试爆了原子弹、氢弹，成功发射并回收了人造地球卫星。所谓"亚洲四小龙"，虽然人均国民生产总值领先中国，但它们的工业门类没有中国多，更没有形成独立完整的工业体系，因此它们的对外依存度比我们大，经济发展的后劲比我们小。

卫生保障。从 1949 年到 1978 年，我国婴儿死亡率由近 20% 下降为不到 2%，天花、鼠疫等恶性传染病被消灭或基本消灭，人口总数由 5.4 亿增加到了的 10.2 亿，人均预期寿命由 35 岁提高到了 67 岁。

从以上数据可以看出，经过 29 年建设，新中国与旧中国相比有了翻天覆地的变化，即使与发达国家相比，许多方面的差距也有明显缩小。那种认为改革开放前我们无论与发达国家相比还是与发展中国家相比差距都在扩大的说法，是缺乏事实根据的。

十八大报告中有"既不走僵化封闭的老路，也不走改旗易帜的邪路"这句话。有人说，"老路"是指改革开放前的路。我认为这种理解不对，起码不全面。

新中国成立后，以美国为首的西方资本主义国家在很长时间里对我们进行封锁禁运，在那样的情况下，我们一方面与苏联、东欧等社会主义国家进行贸易和经济技术合作，一方面千方百计打破封锁，向资本主义国家出口农副产品、工艺品、服装鞋帽，换取硬通货。1949 年解放全国的时候，解放军已经解放深圳，但是没有顺势收复香港。中央命令解放军停驻在香港边界，一个重要考虑就是为了利用香港继续和资本主义世界进行贸易，于是就留下了香港这个口岸。

邓小平曾经说："毛泽东同志在世的时候，我们也想扩大中外经济技术交流，包括同一些资本主义国家发展经济贸易关系，甚至引进外资、合资经营等等。但是那时候没有条件，人家封锁我们。后来'四人帮'搞得什么都是'崇洋媚外''卖国主义'，把我们同世界隔绝了。毛泽东同志关于三个世界划分的战略思想，给我们开辟了道路。"这说明，所谓僵化封闭的老路，不是指改革开放前的整个时期，而主要是指"文化大革命"中极左思潮泛滥，特别是指"四人帮"把引进国外先进设备、技术统统斥之为"洋奴哲学"，使我们形成了自我封闭状态的时期。但即使是在那个时候，毛泽东仍然批准用43亿美元引进西方冶金、化纤、煤矿、化肥等22个现代化大项目，远远超过"一五"计划时期从苏联的引进规模。可见，说"文化大革命"时期有僵化封闭的问题是对的，但是把"僵化封闭的老路"理解为改革开放前的路，则是错误的。

（三）提供了正确的思想保证和精神动力

习近平总书记在纪念毛泽东同志诞辰120周年座谈会上讲话指出："毛泽东思想活的灵魂是贯穿其中的立场、观点、方法，它们有三个基本方面，这就是实事求是、群众路线、独立自主。新形势下，我们要坚持和运用好毛泽东思想活的灵魂，把我们党建设好，把中国特色社会主义伟大事业继续推向前进。"这就说明，在改革开放中，毛泽东思想不仅仍然是我们的指导思想，而且仍然具有现实指导作用。

改革开放的实践证明，除了实事求是、群众路线、独立自主外，毛泽东思想中关于全心全意为人民服务的思想，关于要把我国建设成现代化社会主义强国、对人类作出较大贡献的思想，关于不要机械搬用外国经验的思想，关于社会主义时期仍然存在矛盾和要严格区分、正确处理两类不同性质矛盾的思想，关于要调动一切积极因素、化消极因素为积极因素的思想，关于百花齐放、百家争鸣、古为今用、洋为中用的思想，等等，都被中国特色社会主义思想体系所吸收，在改革开放的各项工作中发挥了和继续发挥着指导作用。

改革开放前，毛泽东为了防止党在夺取政权以后脱离群众、腐化变质、"和平演变"，开展了一系列政治运动，其中存在对形势判断过于严重、做法过于简单粗暴、打击面过宽的问题，但关于要防止执政党脱离群众、警惕"和平演变"和腐化变质的理念，至今仍在党的建设中起着重要而深远的影响。

另外，那个时期产生的抗美援朝精神、雷锋精神、铁人精神、焦裕禄精神、自力更生与艰苦奋斗精神，在改革开放后也发挥着巨大的精神力量，为加快各项建设事业起到了重要的促进作用。

（四）提供了正反两方面的经验

改革开放前，我们在探索社会主义建设规律的过程中形成了许多反映国情符合客观的认识，积累了一系列对于改革开放仍然具有重要价值的宝贵经验。比如：发挥中央与地方两个积极性；兼顾国家、集体、个人三者的利益；处理好大、中、小型企业，沿海与内地、汉族与少数民族的关系；克服一种主要倾向的时候要防止被掩盖着的另一种倾向；等等。同时，即使是改革开放前犯的错误，对于我们今天吸取教训也是有积极意义的。邓小平曾经说："没有'文化大革命'的教训，就不可能制定十一届三中全会以来的思想、政治、组织路线和一系列政策。"

（五）提供了有利的国际环境

新中国成立以后，我们进行了抗美援朝战争、抗美援越战争和多次边界自卫反击战，还击退了蒋介石集团妄图反攻大陆的活动，挫败了外国侵略势力的一系列孤立、封锁、干涉、挑衅行径。

1969 年和 1970 年，全国都搞"深挖洞，广积粮"，到处都挖防空洞。有人认为这是一件劳民伤财的事，是对形势判断过于严重造成的。其实当时确实存在苏联要对我们进行核打击的危险。那时中苏关系冲突激烈，苏联要对中国进行核打击的消息，还是美国人给我们透露的。现在已公开披露的档案显示，当时苏联军方确实提出了用核武器打击中国的方案，只是后来被苏联政治局否定。那时我们武器等各方面力量都不行，为了防御核武器攻击，就只能动员全国挖防空洞。我们当时采取的很多措施，确实使我们避免了遭受侵略战争的风险。我们今天能够取得这样的和平局面是很不容易的。

现在我们化解朝鲜半岛危机，党中央不知道做了多少工作。我们既要坚持原则，又要周旋各方，尽量延长我们的战略机遇期。帝国主义意味着战争，这是千真万确的。现在网上可以看到各种各样的言论，其实他们很多人并没有搞明白，和平是很不容易得到的，是要通过各种斗争包括谈判才能取得的。我们能够拥有现在的和平，一个是靠我们的自卫战争，靠抗美援朝，靠抗美援越，另一个就是靠我们的外交政策，靠外交工作斡旋。

我们支持亚非拉民族解放独立运动，发展同中间地带国家的友好关系，这些使我们能够取得今天的国际声望。我们成功研制了"两弹一星"、核潜艇，打破了超级大国的核垄断、核讹诈。面对霸权主义军事威胁，我们提出"三个世界划分"的理论，实现了中美和解，推动了中国同日本和西欧许多国家关系的改善。在第三世界国家的支持下，我们恢复了联合国合法席位，增强了我国的国家安全，为社会主义建设营造了和平环境，也为改革开放后同西方国家关系正常化铺平了道路。

总之，改革开放是我们党在"文化大革命"已经结束，但"两个凡是"的错误方针使党和国家工作在前进中又出现徘徊局面的大背景下作出的政治决断、战略抉择。没有改革开放，新中国的历史将难以为继；没有改革开放前的那一段历史所打下的基础，改革开放也难以起步。改革开放前国家各项事业的发展和人民生活的改善没有改革开放后显著，但这决不表明那段历史对于改革开放是无足轻重的、可有可无的，这就如同盖楼一样，打地基的时候不容易让人看出成绩，但是楼房盖得快、盖得高，反过来证明地基打得牢。

四、以历史唯物主义的态度认识改革开放两个历史时期

改革开放前后历史的统一，既有助于增强中国特色社会主义道路自信，又有助于深化对它们的认识。

历史学是科学，但同时又有很强的意识形态性，有很强的社会功能，是我们了解驾驭社会的认识工具，也是人们培养道德情操、树立爱国主义思想的教育工具。在阶级社会里，它还是人们进行阶级斗争的政治工具。在阶级社会中对于国家史的解释权，历来是各个阶级、各种政治力量争夺、较量的重要领域。统治阶级为了维护统治，总是高度重视对国家史的解释，并把它视为国家主流意识形态核心价值体系的组成部

分；而要推翻一个政权的阶级和政治力量，也十分看重对历史的解释，总要用它来说明原有统治的不合理性。这是带有普遍规律性的社会现象，区别在于进步的阶级和社会政治力量顺应历史前进的方向，对历史的解释符合或比较符合历史本来面貌，而反动的阶级和社会政治力量违背历史前进的方向，对历史的解释总是难以符合历史的本来面貌。

习近平总书记指出："古人说：'灭人之国，必先去其史。'国内外敌对势力往往就是拿中国革命史、新中国历史来做文章，竭尽攻击、丑化、污蔑之能事，根本目的就是要搞乱人心，煽动推翻中国共产党的领导和我国社会主义制度。苏联为什么解体？苏共为什么垮台？一个重要原因就是意识形态领域斗争十分激烈，全面否定了苏联历史、苏共历史，否定列宁，否定斯大林，搞历史虚无主义，思想搞乱了，各级党组织几乎没有任何作用了，军队都不在党的领导之下。最后，苏联共产党偌大一个党就作鸟兽散了，苏联偌大一个社会主义国家就分崩离析了，这是前车之鉴啊！"习近平总书记还指出："国内一些错误观点时有出现，有的宣扬西方价值观，有的专拿党史国史说事，有的以'反思改革'为名否定改革开放，有的否定四项基本原则。"这些论述都指明，无论是拿新中国历史做文章，还是拿新中国历史说事，目的都是以此为工具，否定社会主义原则和制度，搞乱社会主义社会人心，使人们丧失对社会主义的信念，这就从反面告诉我们：护己之国，必先卫己史。敌对势力要通过把改革开放前后两个历史时期割裂对立，败坏新中国历史，摧毁人们对中国特色社会主义的历史自信，我们就应当反其道而行之，通过这两个历史时期的联系统一，来捍卫中华人民共和国历史的尊严，树立中国特色社会主义的历史自信。

实践告诉我们，人们道德情操的培养、社会责任感的形成、爱国主义的树立，都要通过历史的教育。人们认识事物，除了运用理论指导，还要通过回顾历史、总结经验；而且理论本身也是通过把历史经验加以抽象升华而成的。

习近平总书记在论述中国特色社会主义是社会主义而不是其他什么主义的时候，就是通过分析社会主义思想从提出到现在的历史过程来论证的。这个过程包括空想社会主义产生和发展、马克思恩格斯创立科学社会主义理论体系、列宁领导十月革命胜利并实践社会主义苏联模式、新中国成立后我们党对社会主义的探索和实践、我们党作出进行改革开放决策、开创和发展中国特色社会主义等六个时间段。正因为这样，习近平总书记强调中国特色社会主义是科学社会主义理论逻辑和中国特色社会主义发展历史逻辑的辩证统一。正因为这样，我们就需要把改革开放前后历史联系统一起来，使我们在一个较长的时间段来认识历史和总结经验。这样就有助于我们增强对中国特色社会主义历史的自信，有助于深化对中国特色社会主义的认识，使人们对一些问题特别是带规律性的问题看得更加清楚。

（一）关于中国特色社会主义社会的长期性和前进方向

改革开放前，我们存在把社会主义阶段看得过短的现象，总想尽快实现共产主义。改革开放后，我们正确认识到，不仅社会主义阶段需要很长时间，而且在社会主义阶段中还有一个初级阶段，在这个阶段需要实行社会主义市场经济。然而又有人把市场经济说成是人类社会最完满的经济体制，似乎历史到此终结了，社会主义初级阶段不用再向高级阶段过渡，更不用向共产主义发展了。究竟应当怎样看待这些问题？这就需要把改革开放前后的历史加以贯通。

马克思、恩格斯讲过，"在资本主义社会和共产主义之间，有一个从前者变为后者的革命转变时期"。这个时期到底有多长？对于这个问题，我们确实有一个认识过程。在马克思的时候，他没条件，就没有讲。后来列宁有这个实践，但是实践的时间太短了，他说过，"年轻人再过十年二十年就会生活在共产主义"，可是他也没看清楚这个事；他后来承认在这个问题上犯了错误，所以实行了新经济政策。后来斯大林在 1936 年宣布苏联建成了社会主义；1938 年，斯大林说，苏联要在五年内从社会主义过渡到共产主义；卫国战争以后，斯大林在 1952 年又说苏联已处在"从社会主义过渡到共产主义期间"。后来的赫鲁晓夫说得更加绝对，提出从 1959 年算起 12 年内（也就是 1971 年）达到共产主义。后来的继任者勃列日涅夫在 1967 年对这个言论进行了纠正，但仍然提出苏联已经处于建设"发达的社会主义社会"。

新中国成立后，我们也碰到了这个问题。"大跃进"急于求成，急于提高经济发展速度，急于进入共产主义。1958 年中央曾经讨论要在第三个五年计划也就是在 1967 年进入共产主义。那时上面急，下面就更急了。有的县提出来"两年进入共产主义"，还有的说"大战二百天进入共产主义"，"跑步进入共产主义"。

改革开放以后，邓小平同志讲："我们搞了几十年的社会主义，但过去对什么是社会主义的认识不是完全清醒的。"现在有人这么解读：现在我们对社会主义还是不清醒呢。这就不对了。邓小平同志说不是完全清醒的，而不是不清醒。我们搞了那么长时间的社会主义，怎么能说我们对社会主义不清醒呢？但是不完全清醒，这才是准确的。所以邓小平同志后来讲："现在虽说我们也在搞社会主义，但事实上不够格。"就是说我们的生产力还不够发展，就是我们不要超越阶段。

之后，我们党发明了一个新的概念，叫社会主义初级阶段，并对它进行了准确描述。从十五大报告可以看到"社会主义初级阶段是一个相当长的历史发展阶段"的表述。那时候，我国国内生产总值是世界第五位、第六位。现在我国国内生产总值已经是世界第二位，是不是我们可以说这个初级阶段已经差不多了？我认为还是不行的。原因有五点：第一，按人均计算，我们各项发展指标还偏低；第二，我们的经济增长方式还比较粗糙，结构还不够合理，发展不平衡、不协调、不可持续的问题还很突出；第三，我们的科技创新能力还比较弱；第四，国际、国内还不时出现一些对我们发展不利的因素；第五，工业化、现代化的标准还会随着经济科技的发展不断提高。

有人说改革就是改革，无所谓什么方向不方向。这个话是不对的。邓小平讲改革开放不要陷入姓"资"姓"社"的争论，他讲的是在具体问题上不要争论，但是在方向问题上，他从来没有说过不要争论。他说："在改革开放中坚持社会主义方向，这是一个很重要的问题。"在南方谈话中他还强调："在整个改革开放的过程中，必须始终注意坚持四项基本原则。"他说："四个坚持本身没有错，如果说有错的话，就是坚持四项基本原则还不够一贯，没有把它作为基本思想来教育人民，教育学生，教育全体干部和共产党员。"他还指出："某些人所谓的改革，应该换个名字，叫作自由化，即资本主义化。他们'改革'的中心是资本主义化。我们讲的改革与他们不同，这个问题还要继续争论的。"怎么不争论啊？十八大以后，习近平总书记在中央政治局第一次集体学习时讲话指出，我们在实践中要始终坚持"一个中心、两个基本点"不动摇，既不偏离"一个中心"，也不偏离"两个基本点"，把践行中国特色社会主义共同理想和坚定共产主义远大理想统一起来，坚决抵制抛弃社会主义的各种错误主张，自觉纠正超越阶段的错误观念和政策措施。这些论述都说明，党中央历来认为改革开放始终存在坚持什么方向的问题，而不是没有这个问题。

有人认为共产主义是谁也没见过的乌托邦，因此不应当再把它作为我们党的奋斗目标；有人说革命年代可以讲共产主义，现在没必要讲了；有人说现在用共产党的这个名字人家不敢投资，最好改个名字。在这些问题上，习近平总书记都发表过有针对性的讲话。习近平总书记深刻指出："国内外各种敌对势力，总是企图让我们党改旗易帜、改名换姓，其要害就是企图让我们丢掉对马克思主义的信仰，丢掉对社会主义、共产主义的信念。而我们有些人甚至党内有的同志却没有看清这里面暗藏的玄机，认为西方'普世价值'经过了几百年，为什么不能认同？西方一些政治话语为什么不能借用？接受了我们也不会有什么大的损失，为什么非要拧着来？有的人奉西方理论、西方话语为金科玉律，不知不觉成了西方资本主义意识形态的吹鼓手。"习近平总书记强调："革命理想高于天。中国共产党之所以叫共产党，就是因为从成立之日起我们党就把共产主义确立为远大理想。我们党之所以能够经受一次次挫折而又一次次奋起，归根到底是因为我们党有远大理想和崇高追求。"

因此，那些要求我们党为了"由革命党转变为执政党"而改名的主张，追根溯源是受了"告别革命论"的历史虚无主义思潮的影响。这种观点在理论上站不住脚，在实践上也十分有害，很容易把我们党的执政混同于资产阶级政党的执政，从而丢掉我们的理想，丢掉我们的信念。

（二）关于中国特色社会主义政治和经济的关系

讲政治是我们党一以贯之的优良传统，然而在改革开放前出现过"左"的偏差，即过分强调突出政治，甚至发展到提出"以阶级斗争为纲"的口号，不仅冲击了经济建设，而且影响到各项建设事业的发展。改革开放后，我们吸取教训，把党的工作重点转移到了经济建设上，把经济建设作为了中国特色社会主义事业发展的中心任务。然而在以经济建设为中心的过程中，也发生过忽视政治的倾向。其中一个主要表现就是，在意识形态领域，个别领导忽视精神文明建设和理想信念教育，任凭资产阶级思想自由泛滥，甚至否认阶级斗争的客观存在。我们停止使用"以阶级斗争为纲"的口号，不等于否认阶级斗争存在的观点。我们的党章、宪法，对社会主义阶段中的阶级斗争都有非常准确的描述，邓小平同志、党的总书记们也都有关于这个问题的论述。在这个问题上我们要总结经验，同样需要把改革开放前后的历史贯通起来。改革开放后，由于一度忽视政治教育，放任自由化思潮泛滥，出现经济建设一手硬、精神文明建设一手软的局面，最严重的是导致了 1989 年政治风波。

习近平总书记在十八届四中全会上强调，我们党作为马克思主义政党，讲政治是突出的特点和优势。没有强有力的政治保证，党的团结统一就是一句空话。我国曾经有过政治挂帅、搞"阶级斗争为纲"的时期，那是错误的。但是，我们也不能说政治就不讲了、少讲了，共产党不讲政治，还叫共产党吗？

（三）关于中国特色社会主义所有制和分配制度的问题

改革开放前我们在坚持公有制和按劳分配问题上出现过偏差，主要表现在所有制问题上求大、求公、求纯，在分配形式上平均主义、吃"大锅饭"现象比较普遍，在一定程度上束缚了广大群众的积极性、创造性。针对这个情况，改革开放以后，我们党对所有制和分配制度进行了改革，陆续提出：允许个体私营经济发展，个体私营经济是中国特色社会主义经济的重要组成部分;以公有制为主体,多种经济成分共同发展,使一部分人、一部分地区先富起来;效率优先、兼顾公平,允许和鼓励资本等生产要素按贡献参与分配;坚持和完善按劳分配为主体、多种分配方式并存的分配制度等一系列方针政策。这些改革,对于充分调动各方面积极性和加快经济发展起到了重要作用。关于所有制问题,在十八大以后非常明确,即坚持公有制为主体、多种所有制经济共同发展,毫不动摇巩固和发展公有制经济,毫不动摇鼓励、支持、引导非公有制经济发展。

总之,根据唯物辩证法的法则,世界上一切事物的发展都是一个螺旋式上升和波浪式前进的过程,都脱离不了否定之否定的规律,人类历史如此,新中国成立以来的历史也如此。如果从这个角度来观察新中国68年的历史,可以把改革开放前的30年看成一个肯定,改革开放后30年对之进行了扬弃,可以看成为一个否定,党的十八大之后,我们将改革开放前后两个历史时期加以统一,即可以看成否定之否定——历史要从一个更高层次回到它出发的原点。从这个意义上讲,2013年1月5日习近平总书记在新进中央委员会的委员、候补委员学习贯彻党的十八大精神研讨班开班式上的讲话具有非常重要的标志性意义,标志新中国历史进入了一个崭新的发展阶段。

"革命理想高于天"是习近平新时代中国特色社会主义思想的一大要义 *

习近平总书记在党的十九大报告阐述新时代中国特色社会主义思想精神实质和基本方略第七条时指出:"必须坚持马克思主义,牢固树立共产主义远大理想和中国特色社会主义共同理想。"在强调用这一思想武装全党时他又指出:"革命理想高于天。共产主义远大理想和中国特色社会主义共同理想,是中国共产党人的精神支柱和政治灵魂,也是保持党的团结统一的思想基础。要把坚定理想信念作为党的思想建设的首要任务,教育引导全党牢记党的宗旨,挺起共产党人的精神脊梁,解决好世界观、人生观、价值观这个'总开关'问题,自觉做共产主义远大理想和中国特色社会主义共同理想的坚定信仰者和忠实实践者。"① 这说明,强调"革命理想高于天",把实行中国特色社会主义同坚定共产主义理想信念紧密相连,是习近平新时代中国特色社会主义思想的一大要义。

一、革命理想就是共产主义远大理想和中国特色社会主义共同理想

习近平总书记在 2018 年 5 月 4 日纪念马克思诞辰 200 周年大会讲话中,引用了恩格斯《在马克思墓前的讲话》中的两句话,即"马克思首先是一个革命家","斗争是他的生命要素"。这段话原文是:"马克思首先是一个革命家。他毕生的真正使命,就是以这种或那种方式参加推翻资本主义社会及其所建立的国家设施的事业,参加现代无产阶级的解放事业,正是他第一次使现代无产阶级意识到自身的地位和需要,意识到

---

　* 本文是作者 2018 年 6 月 29 日在中国社会科学院习近平新时代中国特色社会主义思想首届高峰论坛上的发言修改而成,曾刊于《思想理论教育导刊》2018 年第 10 期。
　① 《中国共产党第十九次全国代表大会文件汇编》,人民出版社 2017 年版,第 18、51 页。

自身解放的条件。斗争是他的生命要素。很少有人像他那样满腔热情、坚韧不拔和卓有成效地进行斗争。"① 可见，马克思是为了揭露资本主义社会，进而指导无产阶级进行社会主义革命而创立马克思主义学说的；就是说，马克思主义首先是无产阶级革命的理论。

现在，我国新民主主义革命和社会主义革命早已结束，已经进入社会主义建设和改革的时代，在这种情况下，还说坚持马克思主义首先是为了革命，是否脱离实际了呢？人们有这样的疑问并不奇怪，而且正是因为有这样的疑问，才会使"要把我们党由革命党转变为执政党"的主张颇为流行了一段时间。然而，这个主张是错误的，是对"革命"的片面的狭隘的理解，是把"革命"与"执政"人为割裂和对立的结果。革命有多种含义，有的指生产力领域的革命，如产业革命、科技革命；有的指社会领域的革命，如一个阶级推翻另一个阶级的统治，组织和建设新的社会经济制度（这是社会主义革命完成后特有的革命）；有的指精神层面的革命，如革命精神、革命干劲。因此，革命并不仅仅指一个阶级推翻另一个阶级。选择走社会主义道路，朝着共产主义的远大目标前进，相对于世界资本主义秩序来说，也是革命。

党的十八大以来，习近平总书记多次讲"革命理想高于天"。不难看出，他所说的"革命理想"，正是指共产主义远大理想和中国特色社会主义共同理想的统一；他所说的"高于天"，正是指坚定这一理想对于共产党员来说高于一切。习近平总书记在 3 月纪念周恩来同志诞辰 120 周年座谈会上，号召全党学习周恩来精神时又强调："不要忘记我们是共产党人，不要忘记我们是革命者，任何时候都不要丧失理想信念。"② 这里说的"不要忘记我们是革命者"，我理解也是要我们不要因为做了执政党而忘记自己同时还是革命党，要继续胸怀共产主义远大理想，用革命精神做好眼下的各项工作。我们无疑要按照十九大的部署，坚持在发展中保障和改善民生、促进人与自然和谐共生、推进祖国统一、推动构

---

① 《马克思恩格斯选集》第 3 卷，人民出版社 2012 年版，第 1003 页。
② 《中共中央举行纪念周恩来同志诞辰 120 周年座谈会》，《人民日报》2018 年 3 月 2 日。

建人类命运共同体，实施科教兴国、人才强国、创新驱动、乡村振兴等战略，但所有这一切，如果离开了革命理想、革命精神，都是做不好的。

"文化大革命"中提出的"无产阶级专政下继续革命"，是指无产阶级取得政权后，仍然要进行一个阶级推翻另一个阶级的革命。这种"继续革命"的理论当然是错误的，应当否定，而且在党的十一届三中全会后已经被否定。但否定这种含义的"继续革命"，并不意味着否定了本来意义的继续革命。对此，党中央《关于建国以来党的若干历史问题的决议》，曾用很大篇幅作过阐述。其中指出：纠正这一口号的错误，"绝对不是说革命的任务已经完成，不需要坚决继续进行各方面的革命斗争。社会主义不但要消灭一切剥削制度和剥削阶级，而且要大大发展社会生产力，完善和发展社会主义的生产关系和上层建筑，并在这个基础上逐步消灭一切阶级差别，逐步消灭一切主要由于社会生产力发展不足而造成的重大社会差别和社会不平等，直到共产主义的实现。这是人类历史上空前伟大的革命。我们现在为建设社会主义现代化国家而进行的斗争，正是这个伟大革命的一个阶段。"①

二、坚定革命理想就要坚定共产主义远大理想和中国特色社会主义共同理想

要求我们党由"革命党"转变为"执政党"的主张，追根溯源，是受了"告别革命论"和历史虚无主义思潮的影响。这种观点理论上站不住脚，实践上也是十分有害的。它很容易把我们党的执政混同于资产阶级政党的执政，从而使一些党员干部丢掉党的最高理想和为人民服务、密切联系群众、正确处理人民内部矛盾的革命传统、革命精神、革命作风，助长形式主义、官僚主义、享乐主义、奢靡之风。近些年，干部队伍和党风中出现的种种问题，与这种主张的散布就有很大关系。

有人为了实行所谓"革命党"向"执政党"的转变，还提出共产党改名的主张，说什么"不改名人家不敢投资"。陈云听到后讲："共产党的

---

① 《三中全会以来重要文献选编》（下），中央文献出版社 2011 年版，第 172 页。

名字表明了她的奋斗目标,改名字怎么能行!延安时期,就有人提过让共产党改名的建议,毛主席说:'什么名字好?国民党的名字最好!可惜人家已经用了。'"①党的十八大后,习近平总书记也不无针对性地指出:"国内外各种敌对势力,总是企图让我们党改旗易帜、改名换姓,其要害就是企图让我们丢掉对马克思主义的信仰,丢掉对社会主义、共产主义的信念。而我们有些人甚至党内有的同志却没有看清这里面暗藏的玄机。"②"中国共产党之所以叫共产党,就是因为从成立之日起我们党就把共产主义确立为远大理想。我们党之所以能够经受一次次挫折而又一次次奋起,归根到底是因为我们党有远大理想和崇高追求。"③这些论述再清楚不过地表明,我们党执政后并不等于革命任务完成了,不用再继续革命了,这个革命不是别的,就是为建成社会主义而奋斗,直到最终实现共产主义。

前些年还有一个观点十分流行,即"共产主义遥遥无期,今后只要讲社会主义就行了,不必再讲共产主义。"对此,习近平总书记在纪念陈云同志诞辰 110 周年座谈会讲话上,引述陈云的话说:"这个观点是不对的,应当说,共产主义遥遥有期,社会主义就是共产主义的第一阶段。"④后来,他在中央党校县委书记研修班学员座谈会上进一步指出:"我们不能因为实现共产主义理想是一个漫长的过程,就认为那是虚无缥缈的海市蜃楼,就不去做一个忠诚的共产党员。革命理想高于天。"⑤

既然中国特色社会主义是一个很长的历史阶段,共产主义是很遥远的事,为什么我们还要强调共产党人必须坚定共产主义理想信念呢?从习近平总书记的有关论述看,我认为可以把原因归纳为四点:第一,中国特色社会主义道路是依据共产主义理想确立的,"这样整个逻辑才成立。如果前提都不要了,就完全变成了实用主义。要回到我们的本源上

① 朱佳木:《论陈云》,中央文献出版社 2010 年版,第 6 页。

② 习近平:《在全国党校工作会议上的讲话》,《求是》2016 年第 9 期。

③ 习近平:《在庆祝中国共产党成立 95 周年大会上的讲话》,《人民日报》2016 年 7 月 2 日。

④ 习近平:《在纪念陈云同志诞辰 110 周年座谈会上的讲话》,《人民日报》2015 年 6 月 13 日。

⑤《习近平总书记重要讲话文章选编》,中央文献出版社、党建读物出版社 2016 年版,第 241 页。

去认识"①。在纪念马克思诞辰 200 周年大会上的讲话中他还说：要"深刻认识实现共产主义是由一个一个阶段性目标逐步达成的历史过程，把共产主义远大理想同中国特色社会主义共同理想统一起来、同我们正在做的事情统一起来，坚定中国特色社会主义道路自信、理论自信、制度自信、文化自信，坚守共产党人的理想信念，像马克思那样，为共产主义奋斗终身"②。第二，只有坚定共产主义理想信念，共产党员才会有精神支柱，才能保持良好的精神状态，才有可能做好当前的工作。第三，只有坚定共产主义理想，一代又一代持续努力，共产主义才有可能最终实现。第四，放弃共产主义理想，共产党员就会变质，共产党就会瓦解。用习近平总书记的话说："丢失了我们共产党人的远大目标，就会迷失方向，变成功利主义、实用主义"③；"马克思主义政党一旦放弃马克思主义信仰、社会主义和共产主义信念，就会土崩瓦解"④。

三、当今人类社会仍然处于向共产主义曲折迈进的历史时代是坚定革命理想的时代依据

同如何理解革命这一概念相关的，还有一个如何认识当今时代性质的问题。有人说，现在已经不是资本主义向社会主义过渡的时代了，更不是帝国主义与社会主义革命的时代了，而是"和平与发展的时代"。这是对马克思主义理论的亵渎，也是对党中央精神的篡改。改革开放后的历届党中央关于时代问题的提法，都是讲和平与发展是当今时代的问题、主题、课题、特征，从来没说过今天不再是资本主义向社会主义（即共产主义的第一阶段）过渡的时代或帝国主义和社会主义革命的时代。时代特征与时代性质是完全不同的两个概念，如果说时代性质变了，不要说共产主义、社会主义失去了时代依据，就连坚持中国特色社

---

①《习近平总书记重要讲话文章选编》，中央文献出版社、党建读物出版社 2016 年版，第 133—134 页。

② 习近平：《在纪念马克思诞辰 200 周年大会上的讲话》，人民出版社 2018 年版，第 16—17 页。

③《十八大以来重要文献选编》（上），中央文献出版社 2014 年版，第 116 页。

④ 习近平：《在全国党校工作会议上的讲话》，《求是》2016 年第 9 期。

会主义也没有时代依据可言了。

习近平总书记在 2017 年 9 月中央政治局集体学习时指出："尽管我们所处的时代同马克思所处的时代相比发生了巨大而深刻的变化，但从世界社会主义 500 年的大视野来看，我们依然处在马克思主义所指明的历史时代。"[1]在纪念马克思诞辰 200 周年大会上的讲话中他又指出："尽管世界社会主义在发展中也会出现曲折，但人类社会发展的总趋势没有改变，也不会改变。"[2]显然，他所说的马克思主义指明的历史时代，只能是马克思、恩格斯指明的资本主义和资本主义向共产主义过渡的时代，以及列宁、毛泽东指明的帝国主义和社会主义革命的时代；他所说的人类社会发展总趋势，也只能是社会主义取代资本主义的趋势。事实上，他在 2013 年的"1·5"重要讲话中就明确说过："马克思、恩格斯关于资本主义社会基本矛盾的分析没有过时，关于资本主义必然消亡、社会主义必然胜利的历史唯物主义观点也没有过时。这是社会历史发展不可逆转的总趋势，但道路是曲折的。"[3]正因为当今仍然处在这样的时代，人类社会发展总趋势仍然没有改变，我们坚持中国特色社会主义、坚定共产主义理想信念才有根据，为社会主义、共产主义奋斗才有前途，强调"革命理想高于天""不要忘记我们是革命者"才有必要。

习近平新时代中国特色社会主义思想，是对马克思列宁主义、毛泽东思想、邓小平理论、"三个代表"重要思想、科学发展观的继承和发展。这种继承和发展关系的集中体现之一，就是反复强调"革命理想高于天"，更加紧密地把扎实推进中国特色社会主义建设与不忘共产主义远大理想结合在一起。在当前复杂艰巨的国际国内斗争面前，我们尤其需要挺起共产党人的精神脊梁，用"革命理想高于天"的精神，去抵御风险、解决矛盾、迎接挑战。

① 《深刻认识马克思主义时代意义和现实意义 继续推进马克思主义中国化时代化大众化》，《人民日报》2017 年 9 月 30 日。
② 习近平：《在纪念马克思诞辰 200 周年大会上的讲话》，人民出版社 2018 年版，第 10—11 页。
③《十八大以来重要文献选编》（上），中央文献出版社 2014 年版，第 117 页。

新时代与改革开放航向的校准

——论我国改革开放 40 年的根本经验[*]

党的十八大以后，中国特色社会主义进入了新时代，改革开放也进入了新时代。如同一艘巨轮行驶在大海上需要不断比对目的地、校准航向一样，中国的改革开放在前进道路上也需要不断比对目标、校准航向。习近平总书记在 2018 年 6 月 29 日中央政治局第六次集体学习会上指出："要推动全党把坚持正确政治方向贯彻到谋划重大战略、制定重大政策、部署重大任务、推进重大工作的实践中去，经常对表对标，及时校准偏差。"[①]实践表明，进入新时代以来的六年，既是改革开放继续深化的六年，也是对改革开放航向不断对表对标、校准偏差的六年。这种校准，既有针对过去工作不足而进行的纠偏和补救，也有根据实际情况变化和形势发展需要而采取的应对措施。新时代对改革开放航向的校准，我体会最深的有以下六点。

一、关于改革开放的方向和方法论

改革开放有没有方向，方向是什么？要不要先行试点、稳步推进、"摸着石头过河"？在这些问题上，过去不是没有不同意见的争论。对此，习近平总书记明确指出："我们的改革开放是有方向、有立场、有原则的。我们当然要高举改革旗帜，但我们的改革是在中国特色社会主义道路上不断前进的改革，既不走封闭僵化的老路，也不走改旗易帜的邪路。"[②]他还说："改革开放是一场深刻革命，必须坚持正确方向，沿着

[*] 本文曾刊于《马克思主义研究》2018 年第 11 期。

[①]《把党的政治建设作为党的根本性建设 为党不断从胜利走向胜利提供重要保证》，《人民日报》2018 年 7 月 1 日。

[②]《习近平关于全面深化改革论述摘编》，中央文献出版社 2014 年版，第 14 页。

正确道路推进。"①"推进改革的目的是要不断推进我国社会主义制度自我完善和发展，赋予社会主义新的生机活力。这里面最核心的是坚持和改善党的领导、坚持和完善中国特色社会主义制度，偏离了这一条，那就南辕北辙了。"②在回答推进国家治理体系和治理能力现代化往什么方向走的问题时，他又强调："考虑这个问题，必须完整理解和把握全面深化改革的总目标，这是两句话组成的一个整体，即完善和发展中国特色社会主义制度、推进国家治理体系和治理能力现代化。这里面有一个前一句和后一句的关系问题。前一句，规定了根本方向，我们的方向就是中国特色社会主义道路，而不是其他什么道路。"③

自从改革开放以来，总有一些人对我们党坚持改革开放正确方向发出种种诘难。例如，看到重申改革要坚持四项基本原则，就说什么"政治体制改革滞后了"；听到强调"国有企业要做大做强做优"，就说什么"需要重启改革"啦。对于这些声音，习近平总书记不予回避，而是针锋相对、理直气壮地予以驳斥。他指出："不能笼统地说中国改革在某个方面滞后。在某些方面、某个时期，快一点、慢一点是有的，但总体上不存在中国改革哪些方面改了，哪些方面没有改。问题的实质是改什么、不改什么，有些不能改的，再过多长时间也是不改。我们不能邯郸学步。世界在发展，社会在进步，不实行改革开放死路一条，搞否定社会主义方向的'改革开放'也是死路一条。在方向问题上，我们头脑必须十分清醒。我们的方向就是不断推动社会主义制度自我完善和发展，而不是对社会主义制度改弦易张。我们要坚持四项基本原则这个立国之本，既以四项基本原则保证改革开放的正确方向，又通过改革开放赋予四项基本原则新的时代内涵，排除各种干扰，坚定不移走中国特色社会主义道路。"④他还说："我们不断推进改革，是为了推动党和人民事业更

①《习近平关于全面深化改革论述摘编》，中央文献出版社 2014 年版，第 14 页。
②《习近平关于全面深化改革论述摘编》，中央文献出版社 2014 年版，第 18 页。
③《习近平关于协调推进"四个全面"战略布局论述摘编》，中央文献出版社 2015 年版，第 82 页。
④《习近平关于全面深化改革论述摘编》，中央文献出版社 2014 年版，第 15 页。

好发展，而不是为了迎合某些人的'掌声'，不能把西方的理论、观点生搬硬套在自己身上。"① "怎么改、改什么，有我们的政治原则和底线，要有政治定力。"② 他强调："我们既要有冒的勇气、闯的劲头，又始终坚持以我为主，应该改又能够改的坚决改，不应改的坚决守住；应该改而不具备条件的创造条件改，该快的一定要快、不能快的则循序渐进。对看准了的改革，要下决心推进，争取早日取得成效。"③

习近平总书记不仅据理批驳指责我们不改革的各种言论，而且深刻揭露这类言论的本质和目的。他说："一些敌对势力和别有用心的人也在那里摇旗呐喊、制造舆论、混淆视听，把改革定义为往西方政治制度的方向改，否则就是不改革。他们是醉翁之意不在酒，'项庄舞剑，意在沛公'。对此，我们要洞若观火，保持政治坚定性，明确政治定位。"④ "如果我们用西方资本主义价值体系来剪裁我们的实践，用西方资本主义评价体系来衡量我国发展，符合西方标准就行，不符合西方标准就是落后的陈旧的，就要批判、攻击，那后果不堪设想！最后要么就是跟在人家后面亦步亦趋，要么就是只有挨骂的份。"⑤ 他反复提醒大家："要牢牢把握改革正确方向，在涉及道路、理论、制度等根本性问题上，在大是大非面前，必须立场坚定、旗帜鲜明。"⑥ 在改革开放的方向上要有政治定力，"那就是不论怎么改革、怎么开放，我们都始终要坚持中国特色社会主义道路、中国特色社会主义理论体系、中国特色社会主义制度，坚持党的十八大提出的夺取中国特色社会主义新胜利的基本要求"⑦。

在改革开放的方法论上，过去有些人对稳步推进、先行试点、"摸

---

① 《习近平关于协调推进"四个全面"战略布局论述摘编》，中央文献出版社2015年版，第69页。

② 《习近平关于全面深化改革论述摘编》，中央文献出版社2014年版，第49页。

③ 《习近平关于协调推进"四个全面"战略布局论述摘编》，中央文献出版社2015年版，第69页。

④ 《习近平关于全面深化改革论述摘编》，中央文献出版社2014年版，第19页。

⑤ 习近平：《在全国党校工作会议上的讲话》，人民出版社2016年版，第9页。

⑥ 《习近平关于全面深化改革论述摘编》，中央文献出版社2014年版，第148页。

⑦ 《十八大以来重要文献选编》（上），中央文献出版社2014年版，第110页。

着石头过河"等主张也颇有微词。进入新时代，习近平总书记对此同样作出了正面回应，并充分阐明了上述方法的科学性、合理性、必要性。概括起来，其要点大体有以下四个。

第一，这种方法符合马克思主义认识论。他说："摸着石头过河，是富有中国智慧的改革方法，也是符合马克思主义认识论和实践论的方法。实践中，对必须取得突破但一时还不那么有把握的改革，就采取试点探索、投石问路的方法，先行试点，尊重实践、尊重创造，鼓励大胆探索、勇于开拓，取得经验、看得很准了再推开。有些国家搞所谓'休克疗法'，结果引起了剧烈政治动荡和社会动乱，教训是很深刻的。"①

第二，这种方法经过了我国改革开放的实践检验。他说："改革开放是前无古人的崭新事业，必须坚持正确的方法论，在不断实践探索中推进。……我国改革开放就是这样走过来的，是先试验、后总结、再推广不断积累的过程，是从农村到城市、从沿海到内地、从局部到整体不断深化的过程。这种渐进式改革，避免了因情况不明、举措不当而引起的社会动荡，为稳步推进改革、顺利实现目标提供了保证。摸着石头过河，符合人们对客观规律的认识过程，符合事物从量变到质变的辩证法。不能说改革开放初期要摸着石头过河，现在再摸着石头过河就不能提了。"②

第三，这种方法可以避免重犯一哄而起、仓促上马的老毛病。他说："要有序推进改革。该中央统一安排的各地不要抢跑，该尽早推进的不要拖延，该试点的不要仓促面上推开，该深入研究后再推进的不要急于求成，该先得到法律授权的不要超前推进。要避免在时机尚不成熟、条件尚不具备的情况下一哄而上，欲速而不达。"③

第四，这种方法可以防止改革出现颠覆性错误。他说："'治大国若烹小鲜。'我国是一个大国，决不能在根本性问题上出现颠覆性错误，一旦出现就无法挽回、无法弥补。……现阶段推进改革，必须识得

①《习近平关于全面深化改革论述摘编》，中央文献出版社2014年版，第43页。
②《习近平关于全面深化改革论述摘编》，中央文献出版社2014年版，第34—35页。
③《习近平关于全面深化改革论述摘编》，中央文献出版社2014年版，第49页。

水性、把握大局、稳中求进。实践告诉我们，有的政策经过一段时间后发现有偏差，要扭转回来很不容易。我们的政策举措出台之前必须经过反复论证和科学评估，力求切合实际、行之有效、行之久远，不能随便'翻烧饼'。"[1]

另外，党的十八届三中全会关于全面深化改革的决定，一定意义上也是对改革开放方法论的校准。习近平总书记指出：所谓全面深化改革，"就是要统筹推进各领域改革，就需要有管总的目标，也要回答推进各领域改革最终是为了什么、要取得什么样的整体结果这个问题"[2]。他说："过去，我们也提出过改革目标，但大多是从具体领域提出的"，比如，政治体制改革的总目标、经济体制改革的总目标，等等，都是这样的目标，而十八届三中全会提出的全面深化改革的总目标，包括了经济体制、政治体制、文化体制、社会体制、生态文明体制和党的建设制度深化改革的分目标，"体现了我们党对改革认识的深化和系统化"[3]。他还说："随着改革开放不断深入，改革开放的关联性和互动性明显增强，这就要求我们更加注重各项改革的相互促进、良性互动。"[4] "对涉及面广泛的改革，要同时推进配套改革。"[5] 这些论述表明，在改革开放的方法论上，新时代比过去也显得更加成熟了。

二、关于改革开放的出发点和落脚点

社会主义是把全社会和人民大众利益放在首位的社会理想和社会制度，其本质在于反对剥削、倡导公平，科学社会主义的本质仍在于此，只不过把这一理想建立在了科学的基础上。新中国成立后，鉴于生产力水平很低，原本打算先实行一段新民主主义再实行社会主义，但为了抓

---

[1]《习近平关于全面深化改革论述摘编》，中央文献出版社 2014 年版，第 42 页。

[2]《习近平关于全面深化改革论述摘编》，中央文献出版社 2014 年版，第 26 页。

[3] 参见《习近平关于全面深化改革论述摘编》，中央文献出版社 2014 年版，第 26—27 页。

[4]《习近平关于协调推进"四个全面"战略布局论述摘编》，中央文献出版社 2015 年版，第 55—56 页。

[5]《习近平关于全面深化改革论述摘编》，中央文献出版社 2014 年版，第 43 页。

住优先发展重工业的历史机遇，实行了高度集中的计划经济和生产资料的国有化、公有化及按劳分配制度，提前完成了向社会主义的过渡。后来受"左"的思想影响，所有制上求大求纯、分配上偏重平均主义，以至于小商店、小餐馆、小维修铺等个体经营方式都被取消了，计件工资、奖金等属于按劳分配范畴的激励机制也被取消，连农民的自留地和家庭副业也被当成"资本主义尾巴"禁止了。改革开放以后，肯定了按劳分配是社会主义的基本分配原则，提出了让一部分人一部分地区先富起来的政策，允许和鼓励资本、技术、管理等生产要素参与分配，最终形成了以公有制为主体、多种所有制经济共同发展的社会主义基本经济制度和以按劳分配为主体、多种分配方式并存的分配制度，并完成了计划经济体制向社会主义市场经济体制的转变。但与此同时，社会上又出现了另一种偏向，鼓吹所谓"经济人"假设，胡说什么"公有制效率低""公有制与市场经济不相容""把国有资产量化到个人""收入分配差距要进一步拉大"，等等。这些错误思想一度影响了对公平与效率关系的认识，导致提出"效率优先、兼顾公平"的分配政策。进入21世纪后，分配政策被改为了"既重视效率也重视公平、把公平放在更加突出的位置"，后来又把"初次分配注重效率、再分配注重公平"改为"初次分配和再分配都要处理好效率和公平的关系、再分配要更加注重公平"，进而提出要"逐步提高居民收入在国民收入中的比重、劳动报酬在初次分配中的比重，着力提高低收入者收入水平，有效调节高收入"，但是，始终没有跳出把效率与公平当成一对矛盾的圈子。进入新时代后，党中央不再并提"效率与公平"，而是把处理这对关系置于了"以人民为中心"，"使发展成果更多更公平惠及全体人民"[1]这一总的指导思想之下。

习近平总书记在党的十八届三中全会上指出："全面深化改革必须以促进社会公平正义、增进人民福祉为出发点和落脚点。这是坚持我们党全心全意为人民服务根本宗旨的必然要求。……如果不能给老百姓带

---

[1]《习近平关于社会主义社会建设论述摘编》，中央文献出版社2017年版，第13页。

来实实在在的利益，如果不能创造更加公平的社会环境，甚至导致更多不公平，改革就失去意义，也不可能持续。"①他强调：要"把以人民为中心的发展思想体现在经济社会发展各个环节，做到老百姓关心什么、期盼什么，改革就要抓住什么、推进什么，通过改革给人民群众带来更多获得感"②。同时，他也明确反对那种让"分配优先于发展"的主张，说："这种说法不符合党对社会主义初级阶段和我国社会主要矛盾的判断"，只有更好地推动经济社会发展，才能"为人民群众生活改善不断打下更为雄厚的基础"。③

当前人民群众对于不公平的反映主要有哪些，对改革最关心最期盼的又是什么呢？从习近平总书记的论述中可以看出，问题主要集中在：收入分配不公，一些基本需求还没能得到满足。他指出，收入分配中存在的突出问题，"主要是收入差距拉大、劳动报酬在初次分配中的比重较低、居民收入在国民收入分配中的比重偏低"④。他还具体列举了许多人民群众所关心的问题，比如，食品安不安全、暖气热不热、雾霾能不能少一点、河湖能不能清一点、垃圾焚烧能不能不有损健康、养老服务顺不顺心、住房能不能租得起或买得起，等等。他说："相对于增长速度高一点还是低一点，这些问题更受人民群众关注。如果只实现了增长目标，而解决好人民群众普遍关心的突出问题没有进展，即使到时候我们宣布全面建成了小康社会，人民群众也不会认同。"他说："当前，民生工作面临的宏观环境和内在条件都在发生变化，过去有饭吃、有学上、有房住是基本需求，现在人民群众有收入稳步提升、优质医疗服务、教育公平、住房改善、优美环境和洁净空气等更多层次的需求。"⑤

根据以上分析，习近平总书记认为，端正改革的出发点和落脚点，首先必须抓住公平正义和共同富裕问题做文章，"要把促进社会公平正

---

①《十八大以来重要文献选编》（上），中央文献出版社 2014 年版，第 552—553 页。

②《习近平谈治国理政》第 2 卷，外文出版社 2017 年版，第 103 页。

③《习近平关于社会主义社会建设论述摘编》，中央文献出版社 2017 年版，第 37 页。

④《习近平关于社会主义社会建设论述摘编》，中央文献出版社 2017 年版，第 41 页。

⑤《习近平关于社会主义社会建设论述摘编》，中央文献出版社 2017 年版，第 19、17 页。

义、增进人民福祉作为一面镜子，审视我们各方面体制机制和政策规定，哪里有不符合促进社会公平正义的问题，哪里就需要改革；哪个领域哪个环节问题突出，哪个领域哪个环节就是改革的重点"①。他指出："在全面深化改革进程中，遇到关系复杂、难以权衡的利益问题，要认真想一想群众实际情况究竟怎样？群众到底在期待什么？群众利益如何保障？群众对我们的改革是否满意？提高改革决策的科学性，很重要的一条就是要广泛听取群众意见和建议。"②他强调："'蛋糕'不断做大了，同时还要把'蛋糕'分好。我国社会历来有'不患寡而患不均'的观念。我们要在不断发展的基础上尽量把促进社会公平正义的事情做好，既尽力而为、又量力而行，努力使全体人民在学有所教、劳有所得、病有所医、老有所养、住有所居上持续取得新进展。"③"经济发展、物质生活改善并不是全部，人心向背也不仅仅决定于这一点。发展了，还有共同富裕问题。物质丰富了，但发展极不平衡，贫富悬殊很大，社会不公平，两极分化了，能得人心吗？"④"我们必须坚持发展为了人民、发展依靠人民、发展成果由人民共享，作出更有效的制度安排，使全体人民朝着共同富裕方向稳步前进，绝不能出现'富者累巨万，而贫者食糟糠'的现象。"⑤"要坚持社会主义基本经济制度和分配制度，调整收入分配格局，完善以税收、社会保障、转移支付等为主要手段的再分配调节机制，维护社会公平正义，解决好收入差距问题，使发展成果更多更公平惠及全体人民。"⑥

其次，端正改革的出发点和落脚点必须紧紧抓住和解决群众身边的权益问题。习近平总书记对地方的同志说：要促进公共资源向基层延伸、向农村覆盖、向弱势群体倾斜，"多做雪中送炭的事情"，"做那些

① 《习近平关于全面深化改革论述摘编》，中央文献出版社 2014 年版，第 98 页。
② 《习近平关于全面深化改革论述摘编》，中央文献出版社 2014 年版，第 41 页。
③ 《习近平关于全面深化改革论述摘编》，中央文献出版社 2014 年版，第 97 页。
④ 习近平：《做焦裕禄式的县委书记》，中央文献出版社 2015 年版，第 35 页。
⑤ 《十八大以来重要文献选编》（中），中央文献出版社 2016 年版，第 827 页。
⑥ 习近平：《在省部级主要领导干部学习贯彻党的十八届五中全会精神专题研讨班上的讲话》，人民出版社 2016 年版，第 25 页。

现实条件下可以做到的事情，让群众得到看得见、摸得着的实惠"①。比如，"城镇建设中出现了不少让老百姓诟病的问题，一些地方大拆大建、争盖高楼，整个城市遍地都是工地；城市建设缺乏特色、风格单调；一些城市建设贪大求洋，一些干部追求任期内的视觉效果；一些城市漠视历史文化保护，毁坏城市古迹和历史记忆；一些城市教育、卫生、文化、体育等基本公共服务不配套，给市民带来极大不便。这些问题，既与城市建设经验和能力不足有关，也与一些干部急于求成、确定的定位过高、提出的口号太多有关"②。他批评过去一些地方在农村推行所谓"三集中"、逼农民上楼的做法，说："推进农业转移人口市民化，要坚持自愿、分类、有序。自愿就是要充分尊重农民意愿，让他们自己选择，不能采取强迫的做法，不能强取豪夺，不顾条件拆除农房，逼农民进城，让农民工'被落户'、'被上楼'。"③他还对政法部门的同志说："让人民群众切实感受到公平正义就在身边。要重点解决好损害群众权益的突出问题，决不允许对群众的报警求助置之不理，决不允许让普通群众打不起官司，决不允许滥用权力侵犯群众合法权益，决不允许执法犯法造成冤假错案。"④

党的十八大以前，我们党也强调做大做强国有经济，但更多地从国有企业是国民经济支柱，是社会主义制度重要基础，是参与国际竞争、合作、分工基本力量等角度论述，这些当然是正确的。不过，进入新时代以来，习近平总书记把国有企业改革进一步放入以人民为中心、让人民共享改革成果这一指导思想之下分析，指出：公有制主体地位和国有经济主导作用，"是保证我国各族人民共享发展成果的制度性保证"；国有企业是"保障人民共同利益的重要力量"。⑤以上分析，更彰显了国有企业的全民所有制性质，更突出了国有经济与人民根本利益之间的关

①《习近平关于全面深化改革论述摘编》，中央文献出版社 2014 年版，第 92 页。
②《十八大以来重要文献选编》（上），中央文献出版社 2014 年版，第 602 页。
③《十八大以来重要文献选编》（上），中央文献出版社 2014 年版，第 594 页。
④《习近平关于社会主义社会建设论述摘编》，中央文献出版社 2017 年版，第 31 页。
⑤《习近平关于社会主义经济建设论述摘编》，中央文献出版社 2017 年版，第 63、54 页。

联。从改革开放的出发点和落脚点角度看，这显然也是一种校准。

三、关于改革开放的核心问题

改革开放以后很长时间，我们一直把处理计划与市场或市场与宏观调控的关系，作为经济体制改革（很大程度上也包括对外经济交流）的核心问题。改革开放初期，资源配置由过去单一计划手段变为计划手段为主、市场手段为辅。计划经济过渡到社会主义市场经济后，市场成为资源配置的基础，计划手段和价格、金融、税收等经济手段被纳入宏观调控范畴。这时受新自由主义影响，经济学界出现了一种舆论，认为宏观调控仍然"残留计划经济的痕迹"，"今后政府只要做好市场服务就行了"，提出所谓"大市场、小政府"的主张。进入新时代，习近平总书记将宏观调控归结为政府作用，把经济体制改革的核心问题概括为"处理好政府与市场关系"，把市场在资源配置中起基础作用的提法改为"起决定性作用"，同时强调要"更好发挥政府作用"，[①]从而在对改革开放核心问题的认识和处理上做出了进一步校准。

习近平总书记解释说，之所以要将市场在资源配置中的"基础性作用"改为"决定性作用"，是因为"经过二十多年实践，我国社会主义市场经济体制已经初步建立，但仍存在不少问题，主要是市场秩序不规范，以不正当手段谋取经济利益的现象广泛存在；生产要素市场发展滞后，要素闲置和大量有效需求得不到满足并存；市场规则不统一，部门保护主义和地方保护主义大量存在；市场竞争不充分，阻碍优胜劣汰和结构调整，等等。这些问题不解决好，完善的社会主义市场经济体制是难以形成的"。他还说："作出'使市场在资源配置中起决定性作用'的定位，有利于在全党全社会树立关于政府和市场关系的正确观念，有利于转变经济发展方式，有利于转变政府职能，有利于抑制消极腐败现象。"[②]

---

① 参见习近平：《关于〈中共中央关于全面深化改革若干重大问题的决定〉的说明》，《人民日报》2013 年 11 月 16 日。

②《习近平关于全面深化改革论述摘编》，中央文献出版社 2014 年版，第 55—56、56 页。

　　这样定位市场作用，是否等于政府在社会主义市场经济中的作用就要被削弱，只要服务无须管理或少管理了呢？对此，习近平总书记斩钉截铁地做出了否定的答复。他指出："市场起决定性作用，是从总体上讲的，不能盲目绝对讲市场起决定性作用，而是既要使市场在配置资源中起决定性作用，又要更好发挥政府作用。"①"市场在资源配置中起决定性作用，并不是起全部作用。"②"使市场在资源配置中起决定性作用和更好发挥政府作用，二者是有机统一的，不是相互否定的，不能把二者割裂开来、对立起来。""在市场作用和政府作用的问题上，要讲辩证法、两点论，'看不见的手'和'看得见的手'都要用好，努力形成市场作用和政府作用有机统一、相互补充、相互协调、相互促进的格局，推动经济社会持续健康发展。"③他还针对政府对市场要少管甚至不管的主张指出："政府要切实履行好服务职能，这是毫无疑义的，但同时也不要忘了政府管理职能也很重要，也要履行好，只讲服务不讲管理也不行，寓管理于服务之中是讲管理的，管理和服务不能偏废，政府该管的不仅要管，而且要切实管好。"要"加大政府职能转变力度，既积极主动放掉该放的权，又认真负责管好该管的事，从'越位点'退出，把'缺位点'补上"。④例如，在国防建设等领域，政府要起决定作用；一些带战略性的能源资源，政府也要牢牢掌控；在解决经济中的结构性矛盾，推进"三去、一降、一补"，增强有效供给能力，加快核心技术自主研发速度等方面，更要发挥政府的政策指导作用。

　　尤其值得我们重视的是，习近平总书记不仅强调政府在市场经济中应有的作用，而且把这种作用与社会主义制度优越性联系在一起强调。他说："我国经济发展获得巨大成功的一个关键因素，就是我们既发挥了市场经济的长处，又发挥了社会主义制度的优越性。我们是在中国共产党领导和社会主义制度的大前提下发展市场经济，什么时候都不能忘

---

① 《习近平关于社会主义经济建设论述摘编》，中央文献出版社 2017 年版，第 57—58 页。
② 《习近平关于全面深化改革论述摘编》，中央文献出版社 2014 年版，第 57 页。
③ 《习近平谈治国理政》，外文出版社 2014 年版，第 117、116 页。
④ 《习近平关于全面深化改革论述摘编》，中央文献出版社 2014 年版，第 54、55 页。

了'社会主义'这个定语。之所以说是社会主义市场经济，就是要坚持我们的制度优越性，有效防范资本主义市场经济的弊端。我们要坚持辩证法、两点论，继续在社会主义基本制度与市场经济的结合上下功夫，把两方面优势都发挥好，既要'有效的市场'，也要'有为的政府'，努力在实践中破解这道经济学上的世界性难题。"[①] 这一论述进一步突显了在市场经济条件下，社会主义和资本主义两种政府所起作用的本质区别；同时，也使人们进一步认识到在社会主义条件下，如何把政府和市场两方面作用结合好的问题至今仍然未能完全解决，还需要我们继续探索。

四、关于改革开放的立足点

我们党历来主张，把革命、建设、改革的立足点放在自己力量的基础上。早在 1956 年，毛泽东就说过："中国的革命和中国的建设，都是依靠发挥中国人民自己的力量为主，以争取外国援助为辅。"[②] 新中国成立后，我们一方面积极争取社会主义阵营国家的援助，千方百计同资本主义国家进行贸易；另一方面，面对美帝国主义经济封锁和苏联赫鲁晓夫集团中断援助的困难，发扬自力更生精神，不仅形成以"两弹一星"为代表的一大批科研成果，而且建立了独立完整的工业体系和国民经济体系。"文化大革命"中，极左思潮泛滥，把进口国外先进设备也当成"洋奴哲学""卖国主义"。改革开放后，通过拨乱反正，纠正了这种极左错误，又出现了另一种偏向，认为凡是能从国外买到的，就不必自己重走研发的老路。40 年来，我国经济总量大幅度攀升，科技水平也有长足进步，然而从总体看，科技对经济社会发展支撑能力不足、贡献率远低于发达国家水平，核心技术研发缺乏像微软、英特尔、谷歌、苹果等大公司那样的强强联盟，经济增长很大程度上仍以资源、资本、劳动力等要素投入为主，在国际经济产业链中仍处于中低端，很多关键和核

---

① 《习近平关于社会主义经济建设论述摘编》，中央文献出版社 2017 年版，第 64 页。
② 《建国以来毛泽东文稿》第 11 册，中央文献出版社 2023 年版，第 71 页。

心的技术、材料、零部件、设备都受制于人。这种情况的出现，就与我们的外部条件改善后，自力更生意识弱化有很大关系。对此，历届党中央虽然都很重视，提出并实施了科教兴国等战略，逐步加大了国家对科技研发的投入，但情况仍然不容乐观。党的十八大以来，党中央进一步提出创新是引领发展的第一动力，实施创新驱动发展战略，推进"中国制造2025"，要求破除一切妨碍科技创新的体制机制障碍，最大限度地解放和激发科技蕴藏的潜能。这表明，新时代在改革开放的立足点上，同样做出了校准。

对于自主创新的重要意义和路径，习近平总书记主要从以下三个关系上进行了论述。

首先，是大国与强国、经济规模与科技水平的关系。他指出："历史事实表明，经济大国不等于经济强国。一个国家长期落后归根到底是由于技术落后，而不取决于经济规模大小。历史上，我国曾长期位居世界经济大国之列，经济总量一度占到世界的三分之一左右，但由于技术落后和工业化水平低，近代以来屡屡被经济总量远不如我们的国家打败。为什么会这样？我们不是输在经济规模上，而是输在科技落后上。由于技术创新和工业制造落后于人，西方列强才得以用坚船利炮轰开我们的国门。中国近代史上落后挨打的根子就是技术落后。这个教训太深刻了！我们要牢牢记取。"[1] "虽然我国经济总量跃居世界第二，但大而不强、臃肿虚胖体弱问题相当突出，主要体现在创新能力不强，这是我国这个经济大块头的'阿喀琉斯之踵'。"[2]

其次，是科技创新与经济社会发展的关系。他说："总体上看，我国关键核心技术受制于人的局面尚未根本改变，创造新产业、引领未来发展的科技储备远远不够，产业还处于全球价值链中低端，军事、安全领域高技术方面同发达国家仍有较大差距。我们必须把发展基点放在创新上，通过创新培育发展新动力、塑造更多发挥先发优势的引领型发

---

①《习近平关于社会主义经济建设论述摘编》，中央文献出版社2017年版，第126页。

②《十八大以来重要文献选编》（下），中央文献出版社2018年版，第159页。

展。"^①他指出："国际经济竞争甚至综合国力竞争，说到底就是创新能力的竞争。谁能在创新上下先手棋，谁就能掌握主动。我们要大力实施创新驱动发展战略，加快完善创新机制，全方位推进科技创新、企业创新、产品创新、市场创新、品牌创新，加快科技成果向现实生产力转化，推动科技和经济紧密结合。"②"协调发展、绿色发展、开放发展、共享发展都有利于增强发展动力，但核心在创新。抓住了创新，就抓住了牵动经济社会发展全局的'牛鼻子'。"③自从美国发动贸易战以来，他更是多次强调："自力更生是中华民族自立于世界民族之林的奋斗基点，自主创新是我们攀登世界科技高峰的必由之路。"④要发扬光大"两弹一星"精神，加强关键技术攻关，推动核心技术突破，把科技发展主动权牢牢掌握在自己手里。

最后，是体制机制改革与科技创新的关系。他指出："实施创新驱动发展战略，必须深化改革。""全面深化改革，要围绕使企业成为创新主体、加快推进产学研深度融合来谋划和推进。"⑤要解决科技创新链条上存在的诸多体制机制关卡、创新和转化各环节衔接不紧的症结，"必须深化科技体制改革，破除一切制约科技创新的思想障碍和制度藩篱"⑥。他为此具体提出了一系列政策措施，例如，建立完善的知识产权保护制度，惩治侵权的违法犯罪行为，创造平等竞争的良好环境；完善有利于企业技术创新的税收政策，消除价格、利率、汇率等经济杠杆的扭曲；组建国有资产运营公司或投资公司，设立国有资本风险投资基金，支持包括小微企业在内的创新型企业；加快军民融合式的发展步伐，发挥军民各自优势。他尤其提到要改革和完善人才发展机制，建立更灵活的人才管理机制，完善评价这个指挥棒，打通人才流动、使用、发挥作用的体制机制障碍；深化教育改革，提高人才培养质量，形成有

①《十八大以来重要文献选编》（下），中央文献出版社 2018 年版，第 159 页。
②《习近平关于社会主义经济建设论述摘编》，中央文献出版社 2017 年版，第 125 页。
③《十八大以来重要文献选编》（下），中央文献出版社 2018 年版，第 157 页。
④《习近平关于科技创新论述摘编》，中央文献出版社 2016 年版，第 46 页。
⑤《习近平关于社会主义经济建设论述摘编》，中央文献出版社 2017 年版，第 140 页。
⑥《十八大以来重要文献选编》（中），中央文献出版社 2016 年版，第 25 页。

利于创新人才成长的育人环境；制定更积极的国际人才引进计划，吸引更多海外创新人才回国创业或来中国工作。他特别提出，要使优秀的科技人才"名利双收"，"名就是荣誉，利就是现实的物质利益回报，其中拥有产权是最大激励"①。"如果是'造导弹的不如卖茶叶蛋的，拿手术刀的不如拿剃头刀的'，就谈不上创新驱动。"②

除了对体制改革的立足点做出上述校准，习近平总书记在科技体制改革的问题上着重强调了党中央顶层设计和社会主义制度优越性的作用。他说："我们要注意一个问题，就是我国社会主义制度能够集中力量办大事是我们成就事业的重要法宝。我国很多重大科技成果都是依靠这个法宝搞出来的，千万不能丢了！要让市场在资源配置中起决定性作用，同时要更好发挥政府作用，加强统筹协调，大力开展协同创新，集中力量办大事，抓重大、抓尖端、抓基本，形成推进自主创新的强大合力。"③他指出："在核心技术研发上，强强联合比单打独斗效果要好，要在这方面拿出些办法来，彻底摆脱部门利益和门户之见的束缚。抱着宁为鸡头、不为凤尾的想法，抱着自己拥有一亩三分地的想法，形不成合力，是难以成事的。"④不难看出，这些论述深刻反映了改革开放前后在自主创新方面的经验教训，确实切中了问题的要害。

五、关于改革开放的自主性

改革开放搞得对不对、好不好，究竟应当以什么为标准？是以西方资产阶级的政治制度和社会主张为标准，还是以中国人民的根本利益和马克思主义的科学理论为标准？这个问题，自改革开放伊始就一直存在。改革开放之初，邓小平就说过："中国在粉碎'四人帮'以后出现一种思潮，叫资产阶级自由化，崇拜西方资本主义国家的'民主'、'自

---

①《习近平关于社会主义经济建设论述摘编》，中央文献出版社 2017 年版，第 139 页。

②《习近平关于社会主义社会建设论述摘编》，中央文献出版社 2017 年版，第 42 页。

③《十八大以来重要文献选编》（中），中央文献出版社 2016 年版，第 26 页。

④ 习近平：《在网络安全和信息化工作座谈会上的讲话》，人民出版社 2016 年版，第 14 页。

由'，否定社会主义。""自由化的思想前几年有，现在也有，不仅社会上有，我们共产党内也有。"他指出："某些人所谓的改革，应该换个名字，叫作自由化，即资本主义化。他们'改革'的中心是资本主义化。我们讲的改革与他们不同，这个问题还要继续争论的。"① 事实说明，这股思潮后来果然不断变换花样，近些年比较突出的有两个表现：一个叫西方"宪政"，一个叫"普世价值"。受此影响，我们党内也出现应当"把革命党转变为执政党""给共产党改名""取消无产阶级专政""允许其他政党和共产党竞争""让共产党组织从各级机关中退出""实行军队国家化"等种种论调。有的人还以所谓"不争论"为借口，反对与这些错误主张正面交锋，说什么这样会把它们"炒热"。对此，党中央在新时代给予了一一驳斥，旗帜鲜明地表明了自己的立场。

针对中国能否以西方所谓"宪政"为模板改革社会主义制度、能否取消人民民主专政和共产党领导等问题，习近平总书记明确指出："我国人民民主与西方所谓的'宪政'本质上是不同的。中国共产党领导是中国特色社会主义最本质的特征。"② "中国实行工人阶级领导的、以工农联盟为基础的人民民主专政的国体，实行人民代表大会制度的政体，实行中国共产党领导的多党合作和政治协商制度，实行民族区域自治制度，实行基层群众自治制度，具有鲜明的中国特色。"③ 他说，这样一套制度安排，能够有效保证人民享有广泛、充实的权利和自由，有效调节国家政治关系，有效促进生产力发展和人民生活水平不断提高，有效维护国家独立自主。④

针对给"中国共产党改名"和把"革命党变为执政党"的种种议论，习近平总书记指出："国内外各种敌对势力，总是企图让我们党改旗易帜、改名换姓，其要害就是企图让我们丢掉对马克思主义的信仰，丢掉对社会主义、共产主义的信念。而我们有些人甚至党内有的同志却没有

① 《邓小平文选》第 3 卷，人民出版社 1993 年版，第 123、124、297 页。
② 《习近平关于全国依法治国论述摘编》，中央文献出版社 2015 年版，第 21 页。
③ 《十八大以来重要文献选编》（中），中央文献出版社 2016 年版，第 61 页。
④ 参见《十八大以来重要文献选编》（中），中央文献出版社 2016 年版，第 61—62 页。

看清这里面暗藏的玄机，认为西方'普世价值'经过了几百年，为什么不能认同？西方一些政治话语为什么不能借用？接受了我们也不会有什么大的损失，为什么非要拧着来？有的人奉西方理论、西方话语为金科玉律，不知不觉成了西方资本主义意识形态的吹鼓手。"① 他反复强调"革命理想高于天"，在党的十九大报告中再次指出："革命理想高于天。共产主义远大理想和中国特色社会主义共同理想，是中国共产党人的精神支柱和政治灵魂，也是保持党的团结统一的思想基础。要把坚定理想信念作为党的思想建设的首要任务，教育引导全党牢记党的宗旨，挺起共产党人的精神脊梁，解决好世界观、人生观、价值观这个'总开关'问题，自觉做共产主义远大理想和中国特色社会主义共同理想的坚定信仰者和忠实实践者。"② 在 2018 年初纪念周恩来同志诞辰 120 周年座谈会上，他又说："不要忘记我们是共产党人，不要忘记我们是革命者，任何时候都不要丧失理想信念。"③

针对以所谓"不争论"为幌子，放弃意识形态领域斗争，任凭宣扬"普世价值"的言论大行其道的现象，习近平总书记指出："坚持正面宣传为主，决不意味着放弃舆论斗争。敌对势力在那里极力宣扬所谓的'普世价值'。这些人是真的要说什么'普世价值'吗？根本不是，他们是挂羊头卖狗肉，目的就是要同我们争夺阵地、争夺人心、争夺群众，最终推翻中国共产党领导和中国社会主义制度。如果听任这些言论大行其道，指鹿为马，三人成虎，势必搞乱党心民心，危及党的领导和社会主义国家政权安全。""对别有用心的人散布的政治谣言和奇谈怪论，我们的党员、干部耳朵根子不要软，不要听风就是雨。同时，我们不能默不作声，要及时反驳，让正确声音盖过它们。这与韬光养晦或不争论是两码事。"他要求，对一切错误的言行都要"敢抓敢管，敢于亮剑"，"有

---

① 习近平：《在全国党校工作会议上的讲话》，人民出版社 2016 年版，第 8 页。
②《中国共产党第十九次全国代表大会文件汇编》，人民出版社 2017 年版，第 51 页。
③ 习近平：《在纪念周恩来同志诞辰 120 周年座谈会上的讲话》，人民出版社 2018 年版，第 10 页。

的放矢，正面交锋"。①

为什么改革不能照搬西方的所谓"宪政"呢？习近平总书记阐述了如下几点理由。

第一，我们对自己的制度要有自信。他说："我们全面深化改革，不是因为中国特色社会主义制度不好，而是要使它更好；我们说坚定制度自信，不是要固步自封，而是要不断革除体制机制弊端，让我们的制度成熟而持久。我们不仅要防止落入'中等收入陷阱'，也要防止落入'西化分化陷阱'。"②

第二，一个国家实行什么样的制度取决于这个国家的国情。他说："'橘生淮南则为橘，生于淮北则为枳'。我们需要借鉴国外政治文明有益成果，但绝不能放弃中国政治制度的根本。中国有九百六十多万平方公里土地、五十六个民族，我们能照谁的模式办？谁又能指手画脚告诉我们该怎么办？对丰富多彩的世界，我们应该秉持兼容并蓄的态度，虚心学习他人的好东西，在独立自主的立场上把他人的好东西加以消化吸收，化成我们自己的好东西，但决不能囫囵吞枣、决不能邯郸学步。照抄照搬他国的政治制度行不通，会水土不服，会画虎不成反类犬，甚至会把国家前途命运葬送掉。只有扎根本国土壤、汲取充沛养分的制度，才最可靠、也最管用。"③"百里不同风，千里不同俗。一个国家选择什么样的治理体系，是由这个国家的历史传承、文化传统、经济社会发展水平决定的，是由这个国家的人民决定的。我国今天的国家治理体系，是在我国历史传承、文化传统、经济社会发展的基础上长期发展、渐进改进、内生性演化的结果。我国国家治理体系需要改进和完善，但怎么改、怎么完善，我们要有主张、有定力。"④

第三，评判一个国家政治制度的优劣不可能脱离特定的社会政治条

①《习近平关于社会主义文化建设论述摘编》，中央文献出版社 2017 年版，第 27、209、27、34 页。

②《习近平关于全面深化改革论述摘编》，中央文献出版社 2014 年版，第 22 页。

③《十八大以来重要文献选编》（中），中央文献出版社 2016 年版，第 60 页。

④《习近平关于全面深化改革论述摘编》，中央文献出版社 2014 年版，第 21 页。

件而归于一尊。他说:"在政治制度上,看到别的国家有而我们没有就简单认为有欠缺,要搬过来;或者,看到我们有而别的国家没有就简单认为是多余的,要去除掉。这两种观点都是简单化的、片面的,因而都是不正确的。"①

第四,我国的实践证明,治理好一个国家并不只有西方制度一种模式。他说:"我们用事实宣告了'历史终结论'的破产,宣告了各国最终都要以西方制度模式为归宿的单线式历史观的破产。"②

第五,把西方政治制度当成范本是西方挑动别国动乱的惯用伎俩。他说:"西方国家策划'颜色革命',往往从所针对的国家的政治制度特别是政党制度开始发难,大造舆论,大肆渲染,把不同于他们的政治制度和政党制度打入另类,煽动民众搞街头政治。"但是,"搞了西方的那套东西就更自由、更民主、更稳定了吗?一些发展中国家照搬西方政治制度和政党制度模式,结果如何呢?很多国家陷入政治动荡、社会动乱,人民流离失所。活生生的例子就在眼前。'往者不可谏,来者犹可追。'我们头脑一定要清醒、一定要坚定"。"在政治制度模式上,我们就是要咬定青山不放松、任尔东西南北风。"③

为什么对宣扬"普世价值"的言论不能默不作声,必须及时反驳呢?习近平总书记分析道,这是因为宣传思想战线的同志,首先,要有政权意识和阵地意识。他说:"意识形态关乎旗帜、关乎道路、关乎国家政治安全。""宣传思想阵地,我们不去占领,人家就会去占领。"④其次,要有敌情观念。他说:各种敌对势力要颠覆中国共产党领导和我国社会主义制度,"选中的一个突破口就是意识形态领域,企图把人们思想搞乱,然后浑水摸鱼、乱中取胜。新形势下,意识形态领域斗争复杂尖锐。历史和现实都警示我们,思想舆论阵地一旦被突破,其他防线

①《十八大以来重要文献选编》(中),中央文献出版社 2016 年版,第 59—60 页。

②《习近平关于社会主义政治建设论述摘编》,中央文献出版社 2017 年版,第 7 页。

③《习近平关于社会主义政治建设论述摘编》,中央文献出版社 2017 年版,第 18、19、8 页。

④《习近平关于社会主义文化建设论述摘编》,中央文献出版社 2017 年版,第 35—36、30 页。

就很难守得住。在意识形态领域斗争上，我们没有任何妥协、退让的余地，必须取得全胜"①。再次，要有责任意识。他说：现在，一方面，"境外敌对势力加大渗透和西化力度，境内一些组织和个人不断变换手法，制造思想混乱，与我争夺人心"；另一方面，"一些单位和党政干部政治敏感性、责任感不强，在重大意识形态问题上含含糊糊、遮遮掩掩，助长了错误思潮的扩散"。②他强调："各级党委和宣传思想部门、组织部门、教育部门要加强领导和管理，党报党刊党网、党政干部院校、大专院校要强化政治意识、责任意识，在重大问题上与党中央保持高度一致，绝不允许与中央唱反调，绝不允许吃共产党的饭、砸共产党的锅。""宣传思想战线的同志要当战士、不当绅士，不做'骑墙派'和'看风派'，不能搞爱惜羽毛那一套。宣传思想战线的同志要履行好自己的神圣职责和光荣使命，以战斗的姿态、战士的担当，积极投身宣传思想领域斗争一线。"③他还要求，对政治性、原则性、导向性问题不仅必须旗帜鲜明、敢抓敢管，对出现偏差和错误的不仅要严肃批评、严肃处理，而且"对发出正义声音而受到围攻的媒体和新闻舆论工作者要坚决力挺"④。

在阐述对于宣扬"普世价值"的言论必须及时反驳的道理时，习近平总书记特别提到重视互联网上斗争的问题。他说："互联网已经成为舆论斗争的主战场。有同志讲，互联网是我们面临的'最大变量'，搞不好会成为我们的'心头之患'。西方反华势力一直妄图利用互联网'扳倒中国'，多年前有西方政要就声称'有了互联网，对付中国就有了办法'，'社会主义国家投入西方怀抱，将从互联网开始'。从美国的'棱镜'、'X—关键得分'等监控计划看，他们的互联网活动能量和规模远远超出了世人想象。在互联网这个战场上，我们能否顶得住、打得赢，直接关系我国意识形态安全和政权安全。"⑤

---

①《习近平关于社会主义文化建设论述摘编》，中央文献出版社2017年版，第37页。
②《习近平关于社会主义文化建设论述摘编》，中央文献出版社2017年版，第35页。
③《习近平关于社会主义文化建设论述摘编》，中央文献出版社2017年版，第36、45页。
④《习近平关于社会主义文化建设论述摘编》，中央文献出版社2017年版，第49—50页。
⑤《习近平关于社会主义文化建设论述摘编》，中央文献出版社2017年版，第28—29页。

党的十八大以来，习近平总书记反复强调："当今世界，意识形态领域看不见硝烟的战争无处不在，政治领域没有枪炮的较量一直未停。"① 他还在 2015 年指出："今后五年，可能是我国发展面临的各方面风险不断积累甚至集中显露的时期。我们面临的重大风险，既包括国内的经济、政治、意识形态、社会风险以及来自自然界的风险，也包括国际经济、政治、军事风险等。如果发生重大风险又扛不住，国家安全就可能面临重大威胁，全面建成小康社会进程就可能被迫中断。我们必须把防风险摆在突出位置，'图之于未萌，虑之于未有'，力争不出现重大风险或在出现重大风险时扛得住、过得去。"② 国内国际形势的新变化，既充分证明了当年党中央的风险预判，也充分显示了党中央的抗风险能力。

从以上事实可以清楚地看出，新时代对于改革开放的自主性的强调，对于西方"宪政""普世价值"一类思潮的批判，比起以往任何时候都更为鲜明。这无疑也是新时代对于改革开放航向的校准。

六、关于改革开放中的党风和社会风气

党风和社会风气问题，在改革开放前也存在，但改革开放后较之那时确有许多不同表现。比如，在党风中，有的搞权钱交易，拉票贿选，买官卖官，甚至"明码标价、批发官帽"，"一手交钱、一手交货"；③ 有的一个人办好几个身份证、好几本护照、好几本港澳通行证，把老婆孩子送到国外，自己当"裸官"，甚至自己也持有外国绿卡；一部分党员干部中充斥关系学、厚黑学、官场术、潜规则等庸俗腐朽的政治文化；等等。在社会风气中，一些人价值观缺失，观念中没有善恶，行为缺少底线，什么假食品药品也敢造，什么瘦肉精、孔雀石绿也敢用，什么伤天害理、违法乱纪的事也敢干；黄赌毒现象屡禁不止，黑社会性质组织

① 《习近平关于社会主义政治建设论述摘编》，中央文献出版社 2017 年版，第 18 页。
② 《十八大以来重要文献选编》（中），中央文献出版社 2016 年版，第 833 页。
③ 《习近平关于严明党的纪律和规矩论述摘编》，中央文献出版社、中国方正出版社 2016 年版，第 47、48 页。

此起彼伏；网上充斥虚假、诈骗、暴力、色情信息，甚至利用网络制造谣言、教唆犯罪、歪曲历史、污蔑烈士；一些文艺工作者甘当市场奴隶，急于把作品兑换成人民币，把作品当作追逐利益的"摇钱树"、感官刺激的"摇头丸"，搜奇猎艳，一味媚俗，以丑为美。所有这些虽然不是改革开放本身的问题，但确实是在市场经济和对外开放环境下出现的，是一些人把市场规律无限扩大的结果。对此，党中央从一开始就提醒全党要两个文明一起抓、两手都要硬，绝不能让商品经济的原则渗透到党内来，并且出台了许多相关规章、制度、法律，进行了多次整党整风教育活动和打击经济犯罪及黑恶势力的斗争。但问题一直没有得到根本解决，有的还愈演愈烈。进入新时代，党中央在这些方面加大了整治力度，取得了显著成效，在一定意义上也体现出对改革开放航向的校准。

早在改革开放之初，邓小平就说过："对外开放，资本主义那一套腐朽的东西就会钻进来的；对内搞活经济，活到什么程度，也是有问题的。……必须同时还有另外一手，这就是打击经济犯罪活动。"① "在整个改革开放过程中都要反对腐败。……只要我们的生产力发展，保持一定的经济增长速度，坚持两手抓，社会主义精神文明建设就可以搞上去。"② 后来，经济虽然保持了较高增长速度，但党风、社会风气中的问题没有得到相应解决，有些反而更加严重。对其原因，习近平总书记从两方面作了分析。他认为，在客观上，改革"不注意配套和衔接，不注意时序和步骤，也容易产生体制机制上的缝隙和漏洞，为一些人提供寻租、搞腐败的机会。这些现象，改革开放以来我们是见识过的，一些人就是利用新旧制度转换的落差和时差来牟取私利、中饱私囊的。价格双轨制，肥了多少人？国有企业改制，又肥了多少人？"③ 主观上看，"一个重要原因是讲'认真'不够"④，"执行纪律失之于宽、失之于松、失

---

① 《邓小平文选》第 2 卷，人民出版社 1994 年版，第 409 页。
② 《邓小平文选》第 3 卷，人民出版社 1993 年版，第 379 页。
③ 《习近平关于全面深化改革论述摘编》，中央文献出版社 2014 年版，第 81—82 页。
④ 《十八大以来重要文献选编》（上），中央文献出版社 2014 年版，第 350 页。

之于软", "有的领导干部不敢抓不敢管, 抱着'鸵鸟心态', 唯恐得罪人、丢选票"①。他批评有的宣传干部不敢理直气壮地讲党管媒体, 说什么"现在是'资本为王'的'资本媒体'、'商业媒体'时代, 是'人人都有麦克风'的自媒体时代, 再提坚持党管媒体没有意义", 因此没有能牢牢"掌握价值观念领域的主动权、主导权、话语权"。②

针对党风方面的问题, 党中央自十八大后突出强调了治国必先治党、治党必须从严, 出台了"中央八项规定", 惩治了一批严重贪腐、触犯法律的高级干部, 开展了党的群众路线教育实践活动和"三严三实"专题教育、"两学一做"学习教育等活动, 强化了党的组织纪律、巡视监督, 集中清理了裸官、档案造假等问题。正如习近平总书记所说, 这些措施"总的来讲, 都是围绕着解决管党治党、执行纪律失之于宽、失之于松、失之于软这样的问题"③。他提出, 从严治党, 必须从严明纪律做起, "严明党的纪律, 首要的就是严明政治纪律"; 从严治党, 要"从中央政治局抓起", "关键是要抓住领导干部这个'关键少数'", "关键是从严治吏"; 要"把权力关进制度的笼子里", "坚持制度面前人人平等、执行制度没有例外"; 要"坚持'老虎'、'苍蝇'一起打, 既坚决查处领导干部违纪违法案件, 又切实解决发生在群众身边的不正之风和腐败问题"; "从严治党, 最根本的就是要使全党各级组织和全体党员、干部都按照党内政治生活准则和党的各项规定办事"。④针对一些人关于对党员、干部要求是否过严的质疑, 他指出: "现在的主要倾向不是严了, 而是失之于宽、失之于软, 不存在严过头的问题。"⑤

对于社会风气方面的问题, 党中央根据问题的不同性质, 也提出了

①《习近平关于严明党的纪律和规矩论述摘编》, 中央文献出版社、中国方正出版社 2016 年版, 第 67、123 页。

②《习近平关于社会主义文化建设论述摘编》, 中央文献出版社 2017 年版, 第 42、107 页。

③《习近平关于严明党的纪律和规矩论述摘编》, 中央文献出版社、中国方正出版社 2016 年版, 第 67 页。

④《习近平关于严明党的纪律和规矩论述摘编》, 中央文献出版社、中国方正出版社 2016 年版, 第 13、98、102、110、53、71、82 页。

⑤ 习近平:《在党的群众路线教育实践活动总结大会上的讲话》, 人民出版社 2014 年版, 第 23 页。

一系列有破有立的应对措施。例如，对于社会治理层面的问题，开展了专项斗争。习近平总书记指出："对黄赌毒现象、黑社会性质犯罪等，露头就要打，不能让它们形成气候。对危害食品药品安全、环境污染等重点问题……要强化治理和管理。"要"严把从农田到餐桌、从实验室到医院的每一道防线，着力防范系统性、区域性风险"。① 他特别要求一定要管好互联网，说"既要尊重网民交流思想、表达意愿的权利，也要依法构建良好网络秩序"②。对于精神层面的问题，党中央提出要大力培育和弘扬社会主义核心价值体系和核心价值观，加快构建充分反映中国特色、民族特性、时代特征的价值体系，努力抢占价值体系的制高点。习近平总书记说："要认真汲取中华优秀传统文化的思想精华和道德精髓，大力弘扬以爱国主义为核心的民族精神和以改革创新为核心的时代精神。"③ 要"大力加强社会公德、职业道德、家庭美德、个人品德建设，营造全社会崇德向善的浓厚氛围"④。

对于文艺作品在引领社会风气、建设精神文明中的作用，习近平总书记尤其重视。他说："要通过文艺作品传递真善美，传递向上向善的价值观，引导人们增强道德判断力和道德荣誉感，向往和追求讲道德、尊道德、守道德的生活。""要把文艺队伍建设摆在更加突出的重要位置……在发展社会主义市场经济条件下，还要处理好义利关系，认真严肃地考虑作品的社会效果，讲品位，重艺德，为历史存正气，为世人弘美德，为自身留清名。"⑤ 他指出，在社会主义市场经济条件下，文化产品不能完全不考虑经济效益，"然而，同社会效益相比，经济效益是第二位的，当两个效益、两种价值发生矛盾时，经济效益要服从社会效益，市场价值要服从社会价值"⑥。他就文化体制改革的问题强调，一定要"把握好意识形态属性和产业属性、社会效益和经济效益的关系，始

① 《习近平关于总体国家安全观论述摘编》，中央文献出版社 2018 年版，第 135、142 页。
② 《习近平谈治国理政》第 2 卷，外文出版社 2017 年版，第 533—534 页。
③ 《习近平关于社会主义文化建设论述摘编》，中央文献出版社 2017 年版，第 141 页。
④ 《习近平谈治国理政》第 2 卷，外文出版社 2017 年版，第 324 页。
⑤ 《十八大以来重要文献选编》（中），中央文献出版社 2016 年版，第 135、126 页。
⑥ 《十八大以来重要文献选编》（中），中央文献出版社 2016 年版，第 132 页。

终坚持社会主义先进文化前进方向，始终把社会效益放在首位。无论改什么、怎么改，导向不能改，阵地不能丢"①。

总之，新时代对改革开放航向的校准是全方位的，既包括政治，也包括经济、文化、社会、生态；既包括内政，也包括外交、国防，上文中言及的六点只是其中的几个方面。之所以能作出这些校准，一方面是由于新时代较之前些年的改革开放有了更长时间的实践，经验积累得更丰富，问题暴露得也更充分；另一方面，也是更重要的一点在于，以习近平同志为核心的党中央以对党和人民高度负责、敢于担当的精神，正确解决了对改革开放前后两个历史时期相互关系的认识问题，从而为贯通总结新中国近 70 年的历史经验，为与改革开放的初心对表对标、发现偏差和不足，提供了更加有利的条件。当然，在这些问题中，有的距离根本解决还有很长的路要走，有的则刚刚开始着手解决。但无论哪种情况，关键在于坚冰已经打破，航道已经开通，道路已经指明。只要我们沿着习近平新时代中国特色社会主义思想指引的航向继续前进，一如既往地坚持解放思想、实事求是，社会主义改革开放的巨轮就一定能够乘风破浪，胜利抵达光辉的彼岸。

---

① 《习近平关于社会主义文化建设论述摘编》，中央文献出版社 2017 年版，第 185 页。

党的第三个历史决议的时代特色[*]

相对于 1945 年党的六届七中全会和 1981 年党的十一届六中全会上通过的两个历史决议，党的十九届六中全会通过的《中共中央关于党的百年奋斗重大成就和历史经验的决议》，可以说是我们党的第三个历史决议。

新中国史研究和宣传教育，过去一直是以 1981 年党的第二个历史决议作为重要指导原则和对重大事件、重要人物评价依据的。然而，那个决议的重点，是解决党的十一届六中全会前 30 多年的历史是非问题，未能涉及之后的改革开放历史。现在，改革开放已经实行了 40 多年，客观上确有总结经验的需要。党的第三个历史决议虽然总结的是党的百年奋斗重大成就和历史经验，但主要篇幅是放在改革开放后的，而且重点又在中国特色社会主义进入新时代的 9 年。所以，这一决议对新中国史研究和宣传教育的指导，要比党的第二个历史决议更有现实意义，也更完整、更系统、更全面。

党的第三个历史决议与前两个历史决议相比，可以说既一脉相承又与时俱进。说它一脉相承，主要指它对党的十八大之前历史的概述，是在前两个决议对历史问题已有总结和结论的基础上作出的；说它与时俱进，主要指它是站在新的历史起点上作出的，具有许多与前两个决议不同的时代特色。这种特色与时代本身的演进，尤其是与中国特色社会主义进入新时代有着密切关联。所以，从一定意义上说，党的第三个历史决议的时代特色，就是中国特色社会主义新时代的特色。

中国特色社会主义新时代，最早是由党的十九大作出的论断和给出

---

* 本文曾刊于《马克思主义研究》2022 年第 1 期，原标题为《深刻认识党的第三个历史决议的时代特色》。人大报刊复印资料《中国共产党》2022 年第 7 期转载。

的定义。党的第三个历史决议重申了这一定义，指出：新时代"是承前启后、继往开来、在新的历史条件下继续夺取中国特色社会主义伟大胜利的时代，是决胜全面建成小康社会进而全面建设社会主义现代化强国的时代，是全国各族人民团结奋斗、不断创造美好生活、逐步实现全体人民共同富裕的时代，是全体中华儿女勠力同心、奋力实现中华民族伟大复兴中国梦的时代，是我国不断为人类作出更大贡献的时代"①。同时，决议进一步指出：新时代是党的十八大以来进入的，是我国发展新的历史方位。这就意味着，从历史研究的角度看，自党的十八大后，新中国史也相应进入了一个新的时期。这个时期不完全同于改革开放前，也不完全同于改革开放和社会主义现代化建设新时期，而是总结、融合了两个历史时期的经验，吸纳、发扬了两个时期的长处，促使改革开放螺旋式地上升到了一个新的境界。

我们既然要以党的第三个历史决议作为新中国史研究和宣传教育的指导原则，那就需要弄清楚，为什么说决议的时代特色主要是由中国特色社会主义新时代决定的，这一特色具体都表现在哪些方面。

一、分析历史的问题站位更高、视野更广

世界物质运动的存在形式是时间和空间，人类历史上某个事物的发展时间越长、活动空间越大，就越有利于人们对它进行观察和认识。不过，这只是为人们更全面深入地观察和认识事物提供了可能性，而要使这种可能性转化为现实性，还要具备相应的主观条件。其中最重要的是，正确的历史观和大历史观。2013 年 1 月 5 日，习近平总书记在新进中央委员会的委员、候补委员学习贯彻党的十八大精神研讨班开班式上的重要讲话（以下简称"1·5"重要讲话）中阐释中国特色社会主义本质时，就是把社会主义运动放在世界范围内和它的全部历史过程中来分析的。这一历史过程包括欧洲出现空想社会主义理论，马克思恩格斯

①《中共中央关于党的百年奋斗重大成就和历史经验的决议》，人民出版社 2021 年版，第 23 页。

创立科学社会主义理论体系，列宁领导十月革命胜利并实践社会主义，苏联模式逐步形成，新中国成立后中国共产党对社会主义的探索和实践，中国共产党开创和发展中国特色社会主义，前后 6 个时间段，上下跨度 500 年，范围覆盖全世界。

我们党在制定第一个历史决议时，建党仅 24 年，并且处在抗日战争末期。那时，党虽然已建有 18 个抗日根据地（抗战胜利后变为解放区），总面积约 95 万平方公里，人口接近 1 亿，但毕竟没有取得全国政权；党中央虽然与共产国际乃至美国等资本主义国家的一些在华代表有不同程度的联系和来往，但毕竟缺少开展外交活动的国际舞台。党制定第二个历史决议时，在时间上比第一个历史决议多了 36 年；而且，新中国已有了 32 年的历史，同世界上大多数国家建立了外交关系，还恢复了在联合国的合法席位。而党制定第三个历史决议时，无论在发展时间的长度上，还是在活动空间的宽度上，都要比前两个历史决议长得多、广得多。这时党已成立整整百年，不仅经历了新民主主义革命、社会主义革命和建设，而且进行了相当长时间的改革开放和社会主义现代化建设；不仅对国家的管理深入到了社会的各个领域、各个层次，而且我国还参加了联合国维和行动等许多国际活动，加入或发起成立了上百个政府间国际组织，深入开展并形成了全方位、多层次、立体化的外交布局，在国际舞台上空前活跃，"日益走近世界舞台中央"[①]。正是这些时空上的变化，为我们党制定第三个历史决议做到站位更高、视野更广提供了良好的客观条件。这些条件在前两个历史决议制定时都是不具备的。

然而，党的第三个历史决议的制定，所以能站位更高、视野更广，主要原因还在于它所拥有的主观条件，也就是决议所说的："以习近平同志为主要代表的中国共产党人，坚持把马克思主义基本原理同中国具体实际相结合、同中华优秀传统文化相结合，坚持毛泽东思想、邓小平理论、'三个代表'重要思想、科学发展观，深刻总结并充分运用党成

---

① 习近平：《在庆祝改革开放 40 周年大会上的讲话》，人民出版社 2018 年版，第 18 页。

立以来的历史经验，从新的实际出发，创立了习近平新时代中国特色社会主义思想"①。正是因为有了这一思想的指导，我们党制定第三个历史决议，才可能继续"坚持辩证唯物主义和历史唯物主义的方法论，用具体历史的、客观全面的、联系发展的观点来看待党的历史"，"坚持正确党史观、树立大历史观，准确把握党的历史发展的主题主线、主流本质，正确对待党在前进道路上经历的失误和曲折"，"旗帜鲜明反对历史虚无主义"；②才可能在坚持党的前两个历史决议基本论述和结论的基础上，把着力点放在总结党的百年奋斗重大成就和历史经验上；才可能在聚焦总结党的百年重大成就、历史经验时，增加对百年奋斗历史意义的概括，涵盖对各个历史时期的总体评述；才可能在总结中国特色社会主义新时代取得历史性成就、发生历史性变化时，不仅涉及坚持党的全面领导、全面从严治党和经济、政治、文化、社会、生态文明建设，也涉及全面深化改革、全面依法治国、国防和军队建设、维护国家安全、坚持"一国两制"和推进祖国统一，以及外交工作和构建人类命运共同体。所以，正是上述主客观条件，使党的第三个历史决议表现出了站位更高、视野更广的时代特色，从而使我们在以第三个历史决议的精神指导新中国史的研究和宣传教育时，也能具有更高的站位和更广的视野。

二、叙述历史的过程更突出主线主流

所谓历史主线，是指贯穿历史始终的主要脉络。在马克思主义历史观的语义下，历史主线是由历史主体——人民群众——在既定历史条件下的主要动机和行动相互作用形成的。所谓历史主流，是马克思主义历史观对特定历史时期主要方面的评价用语，是相对历史支流而言的。

党的第一个历史决议，即《关于若干历史问题的决议》，重点在于总结建党以后特别是党的六届四中全会至遵义会议前党的历史及其基本

---

① 《中共中央关于党的百年奋斗重大成就和历史经验的决议》，人民出版社 2021 年版，第 23—24 页。

② 习近平：《关于〈中共中央关于党的百年奋斗重大成就和历史经验的决议〉的说明》，《人民日报》2021 年 11 月 17 日。

经验教训，论述历次"左"倾错误在政治、军事、组织、思想方面的表现和危害，分析产生这些错误的社会根源、思想根源，阐明毛泽东运用马克思列宁主义基本原理解决中国问题的杰出贡献，及确立毛泽东在全党领导地位的重大意义。党的第二个历史决议，即《关于建国以来党的若干历史问题的决议》，出发点是彻底进行党在指导思想上的拨乱反正，重点是正确评价毛泽东的事业和思想，在确立毛泽东的历史地位、坚持和发展毛泽东思想的前提下，从根本上否定"文化大革命"和"无产阶级专政下继续革命"的错误理论，总结新中国成立以来社会主义革命和建设的经验教训。因此，它们都没有能把主要篇幅用在梳理历史主线、评论历史主流上。

制定第三个历史决议时，党中央对新民主主义革命的历史、新中国改革开放之前的历史，都已作过总结，对其中的重大是非问题也都有了结论。而改革开放后的时期，正如习近平总书记所指出的："尽管党的工作中也出现过一些问题，但总体上讲党和国家事业发展是顺利的，前进方向是正确的，取得的成就是举世瞩目的。"因此，从这个实际出发，党中央决定在制定新的历史决议时，"把着力点放在总结党的百年奋斗重大成就和历史经验上，以推动全党增长智慧、增进团结、增加信心、增强斗志"。①正是出于这个目的，决议在总结革命、建设、改革的宝贵经验时，虽然也提到了党在历史上犯过的严重错误，但对这些错误只是依据过去两个决议已有的结论，作了原则性概述，并未过多展开；同时，注意把错误与犯错误的时期加以严格区分，把犯错误的主要代表人物与广大党员、干部的奋斗与牺牲加以严格区分；即使对犯错误时期的成就和经验，也作出了比前两个决议更加充分的论述。

例如，党的第三个历史决议的第一部分，既指出了党内以陈独秀为代表的右倾机会主义错误，也指出了王明"左"倾教条主义在党内的错误领导及其造成的损失，并从正面批评了大革命失败后试图像十月革命

---

① 习近平：《关于〈中共中央关于党的百年奋斗重大成就和历史经验的决议〉的说明》，《人民日报》2021 年 11 月 17 日。

那样通过首先占领中心城市来取得革命胜利的错误做法。但这部分的绝大多数篇幅，是论述我们党自诞生起，如何正确认识近代中国社会的主要矛盾和任务，如何领导全国反帝反封建伟大斗争，如何确立以毛泽东同志为主要代表的马克思主义正确路线在党中央的领导地位并形成以毛泽东同志为核心的党的第一代中央领导集体，如何经过28年浴血奋斗建立了新中国、结束了旧中国半殖民地半封建社会的历史、为实现中华民族伟大复兴创造了根本社会条件。

再如，决议第二部分，虽然按照第二个历史决议的基调，指出了"大跃进"运动、人民公社化运动的错误，反右派斗争被严重扩大化的问题，"文化大革命"酿成的十年内乱，给党、国家、人民造成的严重挫折和损失，但绝大部分篇幅是论述我们党自新中国成立后，领导人民战胜政治、经济、军事等方面的一系列严峻挑战，建立和巩固工人阶级领导的、以工农联盟为基础的人民民主专政国家政权，完成对生产资料私有制的社会主义改造，确立社会主义的根本和基本政治制度，提出全国人民的主要任务是集中力量发展社会生产力，领导人民开展了大规模社会主义建设，建立起独立的比较完整的工业体系和国民经济体系，显著改变农业生产条件，发展教科文卫体事业，取得国防尖端科技的突破，壮大和提高人民解放军的整体力量，坚持独立自主的和平外交政策，坚定维护国家独立、主权、尊严，为实现中华民族伟大复兴奠定了根本政治前提和制度基础，也为新的历史时期开创中国特色社会主义提供了宝贵经验、理论准备、物质基础。可见，决议对改革开放前历史时期所犯的错误，虽然也实事求是地指出了，但都是当成历史支流来写的；作为历史主流、用浓墨重彩书写的，依然是那段历史所取得的伟大成就和宝贵经验。

决议第二部分在涉及对毛泽东的评价问题上，坚持了党的第二个历史决议总的原则和指导思想，即确立毛泽东同志的历史地位、坚持和发展毛泽东思想，明确新中国成立后最初30年里的大事哪些是正确的、哪些是错误的，通过总结过去引导大家团结一致向前看，并用较多篇幅阐述了毛泽东在社会主义革命和建设时期的贡献。决议指出，毛泽东把马列主义基本原理同中国具体实际进行了"第二次结合"，强调这些独创性理论成果至今仍具有重要指导意义；重申毛泽东思想是马列主义在中国的创造性运用和发展，是被实践证明了的关于中国革命和建设的正确的理论原则和经验，是马克思主义中国化的第一次历史性飞跃。关于毛泽东在这一时期所犯错误，决议一方面指出"毛泽东同志在关于社会主义社会阶级斗争的理论和实践上的错误发展得越来越严重"，另一方面也指出了"面对当时严峻复杂的外部环境，党极为关注社会主义政权巩固，为此进行了多方面努力"的历史背景，以及"党中央未能及时纠正这些错误"的责任；一方面指出"毛泽东同志对当时我国阶级形势以及党和国家政治状况作出完全错误的估计"，另一方面也指出了"林彪、江青两个反革命集团利用毛泽东同志的错误，进行了大量祸国殃民的罪恶活动"的事实；并且强调，从新中国成立到改革开放前夕，进行的是中华民族有史以来最为广泛而深刻的社会变革，其间虽然经历了严重曲折，但都是"在探索过程中"的曲折。①

党的十八大以来，习近平总书记对党的历史发表过许多重要讲话，作出过许多重要论述，提出过许多重要观点。学习党的第三个历史决议，应当同学习这些讲话、论述和观点结合起来。例如，在如何看待改革开放前后两个历史时期的问题上，党的十八大闭幕不久，习近平总书记就在"1·5"重要讲话中指出："这是两个相互联系又有重大区别的时期，但本质上都是我们党领导人民进行社会主义建设的实践探索"，"两者决不是彼此割裂的，更不是根本对立的"，"不能用改革开放后的历史时期否定改革开放前的历史时期，也不能用改革开放前的历史时期否定改革开放后的历史时期"，"正确处理改革开放前后的社会主义实践探索的关系，不只是一个历史问题，更主要的是一个政治问题"。②"文化大革命"持续了十年之久，占改革开放前历史时期的三分之一强。说改革开放前的时期是党领导人民进行社会主义建设的实践探索，当然包括"文

---

① 《中共中央关于党的百年奋斗重大成就和历史经验的决议》，人民出版社 2021 年版，第 13—14 页。

② 《十八大以来重要文献选编》（上），中央文献出版社 2014 年版，第 111—114 页。

化大革命"时期在内。由于"文化大革命"演变成了一场内乱，因此，它是不成功的乃至失败的探索。但不能因为探索失败了，就否定它是探索。在纪念毛泽东同志诞辰 120 周年座谈会上，习近平总书记更加明确地指出，毛泽东晚年特别是"文化大革命"中所犯的严重错误，是他"在社会主义建设道路的探索中"走过的弯路，并强调："他的错误在于违反了他自己正确的东西，是一个伟大的革命家、伟大的马克思主义者所犯的错误"；他的错误"有其主观因素和个人责任，还在于复杂的国内国际的社会历史原因"；"不能把历史顺境中的成功简单归功于个人，也不能把历史逆境中的挫折简单归咎于个人"。① 我们应当把这些论述，都作为学习领会决议精神的重要依据。

三、对待存在的问题更多地采用正面分析的方式

前面说过，改革开放以来，党和国家事业的发展在总体上是顺利的，就是说，没发生过全局性、长时间的错误。因此，党的第三个历史决议不像前两个历史决议那样，主要针对重大是非问题，着重评价重大事件、重要人物，集中总结失败的教训，而是聚焦总结党的重大成就和历史经验。但这并不意味改革开放以来党的工作没有问题，没出现过失误；更不等于说决议对改革开放以来历史经验的总结缺少针对性，是无的放矢的。

历史表明，改革开放后虽然没发生过全局性、长时间的错误，但在一些具体领域、具体政策、具体做法上，也有过失误，走过弯路，受过挫折。1987 年初，邓小平谈到资产阶级自由化思潮泛滥的问题时就说过："我们思想战线上出现了一些混乱，对青年学生引导不力。这是一个重大失误。"② 1989 年政治风波过后，他又指出："十年最大的失误是教育，这里我主要是讲思想政治教育，不单纯是对学校、青年学生，是泛指对人民的教育。……今天回头来看，出现了明显的不足，一手比较

---

① 《十八大以来重要文献选编》（上），中央文献出版社 2014 年版，第 693 页。
② 《邓小平文选》第 3 卷，人民出版社 1993 年版，第 198 页。

硬，一手比较软。"①党的十八大以来，习近平总书记指出，要"推动全党把坚持正确政治方向贯彻到谋划重大战略、制定重大政策、部署重大任务、推进重大工作的实践中去，经常对表对标，及时校准偏差，坚决纠正偏离和违背党的政治方向的行为"②。这些论述都说明，我们党在改革开放以来的工作中，确实存在这样那样的问题，需要用坚持正确政治方向的"表"和"标"，去校准重大战略、政策、任务、工作的谋划、制定、部署和推进中的偏差。

决议第四部分指出，以习近平同志为核心的党中央，"解决了许多长期想解决而没有解决的难题，办成了许多过去想办而没有办成的大事，推动党和国家事业取得历史性成就、发生历史性变革"③。只要认真分析一下随后列举的 13 个方面的历史性成就和变革，就不难看出，这里说的难题和大事，很多正是改革开放以来工作失误和不足而造成的；这里说的成就和变革，很多正是解决失误和不足采取的对策和积累的经验而形成的。只不过，决议对于这些问题更多地采用了正面表述的方式。这种表述方式大体有以下三种类型。

（一）通过主要总结成就的方式表明需要解决的问题

例如，决议在肯定改革开放后党和国家事业取得重大成就的同时指出："管党治党一度宽松软带来党内消极腐败现象蔓延、政治生态出现严重问题，党群干群关系受到损害，党的创造力、凝聚力、战斗力受到削弱"；党内"存在不少对坚持党的领导认识模糊、行动乏力问题，存在不少落实党的领导弱化、虚化、淡化、边缘化问题，特别是对党中央重大决策部署执行不力，有的搞上有政策、下有对策，甚至口是心非、擅自行事"；"一度出现管党不力、治党不严问题，有些党员、干部政治信仰出现严重危机，一些地方和部门选人用人风气不正，形式主义、官

①《邓小平文选》第 3 卷，人民出版社 1993 年版，第 306 页。
②《习近平谈治国理政》第 3 卷，外文出版社 2020 年版，第 93 页。
③《中共中央关于党的百年奋斗重大成就和历史经验的决议》，人民出版社 2021 年版，第 27 页。

僚主义、享乐主义和奢靡之风盛行，特权思想和特权现象较为普遍存在。特别是搞任人唯亲、排斥异己的有之，搞团团伙伙、拉帮结派的有之，搞匿名诬告、制造谣言的有之，搞收买人心、拉动选票的有之，搞封官许愿、弹冠相庆的有之，搞自行其是、阳奉阴违的有之，搞尾大不掉、妄议中央的也有之，政治问题和经济问题相互交织，贪腐程度触目惊心"。①

以上罗列的问题，不可谓不开门见山、尖锐痛彻。正是针对这些问题，决议指出，在党的十八大后，党明确提出要加强和维护党中央的集中统一领导，"旗帜鲜明讲政治"，提高领导干部政治判断力、政治领悟力、政治执行力，确保党在各级组织中发挥领导作用，完善推动党中央重大决策落实机制，严格执行向党中央请示报告制度，强化政治监督，深化政治巡视；要全面从严治党，"以永远在路上的清醒和坚定，坚持严的主基调，突出抓住'关键少数'"，"把全面从严治党贯穿于党的建设各方面"；要"坚持从中央政治局做起、从领导干部抓起，以上率下改进工作作风"，"中央政治局每年召开民主生活会，听取贯彻执行八项规定情况汇报，开展批评和自我批评"；要"坚持无禁区、全覆盖、零容忍，坚持重遏制、强高压、长震慑，坚持受贿行贿一起查，坚持有案必查、有腐必惩……坚定不移'打虎'、'拍蝇'、'猎狐'"，"坚决整治群众身边腐败问题，深入开展国际追逃追赃"，"查处拉票贿选案"。②所有这些对策，显然都有极强的针对性。

又如，决议在肯定改革开放后党扭住经济建设这个中心，领导人民埋头苦干，创造出经济快速发展的奇迹，国家经济实力大幅提升的同时，指出"一些地方和部门存在片面追求速度规模、发展方式粗放等问题"。对此，决议首先指出，党中央在十八大后分析了我国经济已由高速增长阶段转向高质量发展阶段的客观情况，以及面临的增长速度换档

---

① 《中共中央关于党的百年奋斗重大成就和历史经验的决议》，人民出版社 2021 年版，第 26、27、29 页。

② 《中共中央关于党的百年奋斗重大成就和历史经验的决议》，人民出版社 2021 年版，第 30、30、33、40 页。

期、结构调整阵痛期、前期刺激政策消化期"三期叠加"的复杂局面；然后指出，党中央一方面根据经济发展进入新常态的实际，提出"稳中求进"的工作总基调，另一方面要求贯彻新发展理念，提出"不能简单以生产总值增长率论英雄"；并在论述新时代干部标准时，把"不唯生产总值"与"不唯票、不唯分、不唯年龄"放在一起加以强调。[①] 以上这些，对改革开放后出现的问题及其对策，也都是摆在明面上，表述得十分清晰。

再如，决议指出："改革开放以后，党坚持依法治国，不断推进社会主义法治建设。同时，有法不依、执法不严、司法不公、违法不究等问题严重存在，司法腐败时有发生，一些执法司法人员徇私枉法，甚至充当犯罪分子的保护伞，严重损害法治权威，严重影响社会公平正义。"[②] 对此，决议指出，党中央在十八大后一方面强调，"权力是一把'双刃剑'，依法依规行使可以造福人民，违法违规行使必然祸害国家和人民"[③]，另一方面提出，要坚持依宪治国，依宪执政；坚持依法治国、依法执政、依法行政共同推进，法治国家、法治政府、法治社会一体建设；努力让人民群众在每一项法律制度、每一个执法决定、每一宗司法案件中都感受到公平正义；加快完善以宪法为核心的中国特色社会主义法律体系，深化以司法责任制为重点的司法体制改革，加强对执法司法活动的监督制约，开展政法队伍教育整顿，依法纠正冤错案件，严厉惩治司法腐败；等等。这里对改革开放后出现的问题和解决问题的对策，也是讲得十分明白的。

还如，决议指出："改革开放以后，党坚持物质文明和精神文明两手抓、两手硬，推动社会主义文化繁荣发展，振奋了民族精神，凝聚了民族力量。同时，拜金主义、享乐主义、极端个人主义和历史虚无主

---

①《中共中央关于党的百年奋斗重大成就和历史经验的决议》，人民出版社 2021 年版，第 27、34、32 页。

②《中共中央关于党的百年奋斗重大成就和历史经验的决议》，人民出版社 2021 年版，第 41 页。

③《中共中央关于党的百年奋斗重大成就和历史经验的决议》，人民出版社 2021 年版，第 41—42 页。

义等错误思潮不时出现，网络舆论乱象丛生，一些领导干部政治立场模糊、缺乏斗争精神，严重影响人们思想和社会舆论环境。"①决议指出，针对这些新问题，十八大后的党中央强调，要"准确把握世界范围内思想文化相互激荡、我国社会思想观念深刻变化的趋势"，明确"意识形态工作是为国家立心、为民族立魂的工作"，文化自信"是一个国家、一个民族发展中最基本、最深沉、最持久的力量"，各级党组织要"牢牢掌握意识形态工作领导权"，"更好构筑中国精神、中国价值、中国力量，巩固全党全国各族人民团结奋斗的共同思想基础"。②显而易见，这里对改革开放后出现的问题及解决问题的经验，都给予了充分揭示和深刻总结。

在总结新时代国防和军队建设的成就和经验时，决议尖锐指出："有一个时期，人民军队党的领导弱化问题突出，如果不彻底解决，不仅影响战斗力，而且事关党指挥枪这一重大政治原则。"这里说的党的领导弱化的问题，包括鼓吹"军队国家化"的舆论喧嚣。对此，决议指出：党中央和中央军委自党的十八大以来，狠抓全面从严治军，果断决策整肃人民军队政治纲纪，在古田召开全军政治工作会议，全面加强军队党的领导和党的建设，实现了人民军队整体性革命性的重塑。决议在总结这一经验时还强调："建设强大人民军队，首要的是毫不动摇坚持党对人民军队绝对领导的根本原则和制度，坚持人民军队最高领导权和指挥权属于党中央和中央军委，全面深入贯彻军委主席负责制。"③

上述例子说明，党的第三个历史决议对改革开放后出现的问题完全是正视的，没有回避，提出的对策和总结的经验也都是有的放矢的。

---

①《中共中央关于党的百年奋斗重大成就和历史经验的决议》，人民出版社 2021 年版，第43 页。

②《中共中央关于党的百年奋斗重大成就和历史经验的决议》，人民出版社 2021 年版，第43—44 页。

③《中共中央关于党的百年奋斗重大成就和历史经验的决议》，人民出版社 2021 年版，第53 页。

（二）通过反对错误观点和言行的方式表明需要解决的问题

决议指出，要"防止和反对个人主义、分散主义、自由主义、本位主义、好人主义等"①。为什么强调这一点呢？就是因为改革开放之后，不同程度地存在这样的问题。

改革开放前，由于一度提出"以阶级斗争为纲"，过分强调斗争哲学，导致极左思潮泛滥，对各种问题小题大做、无限上纲，严重抑制人们的积极性。党的十一届三中全会停止使用这个不适用于社会主义社会的口号，但"又出现了另一种倾向，即怕矛盾，怕斗争，怕得罪人"②。甚至有些人面对走私猖獗、腐败成风、资产阶级自由化思潮泛滥、宗教极端势力和各种分裂势力的挑衅，也不敢理直气壮采取处置措施。针对这种情况，党的十八大以来，习近平总书记反复强调要提倡我们党一贯的坚持原则、敢于斗争的精神。他在党的十九大报告中指出："社会是在矛盾运动中前进的，有矛盾就会有斗争。……必须进行具有许多新的历史特点的伟大斗争，任何贪图享受、消极懈怠、回避矛盾的思想和行为都是错误的。"③正因为如此，决议把"坚持敢于斗争"作为党的历史经验中"十个坚持"之一，并在结尾处突出强调，"必须保持越是艰险越向前的英雄气概，敢于斗争、善于斗争"④。

决议又指出，要"持之以恒纠治'四风'，反对特权思想和特权现象，狠刹公款送礼、公款吃喝、公款旅游、奢侈浪费等不正之风，解决群众反映强烈、损害群众利益的突出问题"⑤。之所以强调这一点，也是因为改革开放后上述问题曾一度成风。

---

①《中共中央关于党的百年奋斗重大成就和历史经验的决议》，人民出版社 2021 年版，第 28 页。

②《陈云文选》第 3 卷，人民出版社 1995 年版，第 274 页。

③ 习近平：《决胜全面建成小康社会　夺取新时代中国特色社会主义伟大胜利——在中国共产党第十九次全国代表大会上的报告》，人民出版社 2017 年版，第 15 页。

④《中共中央关于党的百年奋斗重大成就和历史经验的决议》，人民出版社 2021 年版，第 74 页。

⑤《中共中央关于党的百年奋斗重大成就和历史经验的决议》，人民出版社 2021 年版，第 30 页。

早在新中国成立前夕党的七届二中全会上，毛泽东就提醒全党，"因为胜利，党内的骄傲情绪，以功臣自居的情绪，停顿起来不求进步的情绪，贪图享乐不愿再过艰苦生活的情绪，可能生长"，我们队伍中的意志薄弱者可能"经不起人们用糖衣裹着的炮弹的攻击"①。因此，务必继续保持谦虚、谨慎、不骄、不躁和艰苦奋斗的作风。为此，新中国成立后，党着重提出了执政条件下党的建设的重大课题，并接连开展整党整风，高度警惕并着力防范党员干部腐化变质，坚决惩治腐败，从而密切了党同人民群众的关系。但改革开放后，有人曲解思想解放的方针和对外开放、对内搞活的政策，提出"要在纪律上给干部松绑"等错误口号，致使一些人在思想上放松了拒腐防变的弦。正如陈云在1985年所指出的，"一说对外开放，对内搞活，有些党政军机关、党政军干部和干部子女，就蜂拥经商。……其中相当一部分，同一些违法分子、不法外商互相勾结，互相利用。钻改革的空子，买空卖空，倒买倒卖，行贿受贿，走私贩私……等等丑事坏事，都出现了。'一切向钱看'的资本主义腐朽思想，正在严重地腐蚀我们的党风和社会风气"②。党在十八大前，虽然也不断采取措施整顿党风，但问题总是时起时伏，有的甚至愈演愈烈，由请客送礼发展到贪污巨款、买官卖官、批发官帽、明码标价。

正是针对这种现象，党中央在十八大后提出全面从严治党的方针，并采取雷霆手段，终于"刹住了一些过去被认为不可能刹住的歪风，纠治了一些多年未除的顽瘴痼疾，党风政风和社会风气为之一新"③。决议总结的"十个坚持"的重要经验中，就有两个涉及党风问题：一曰"坚持人民至上"，二曰"坚持自我革命"。④决议强调，"党的最大政治优势是密切联系群众，党执政后的最大危险是脱离群众。党代表中国最广大人民根本利益，没有任何自己特殊的利益，从来不代表任何利益集团、

---

①《毛泽东选集》第4卷，人民出版社1991年版，第1438页。

②《陈云文选》第3卷，人民出版社1995年版，第355—356页。

③《中共中央关于党的百年奋斗重大成就和历史经验的决议》，人民出版社2021年版，第31页。

④《中共中央关于党的百年奋斗重大成就和历史经验的决议》，人民出版社2021年版，第66、70页。

任何权势团体、任何特权阶层的利益，这是党立于不败之地的根本所在"；"党的伟大不在于不犯错误，而在于从不讳疾忌医……勇于自我革命。只要我们不断清除一切损害党的先进性和纯洁性的因素，不断清除一切侵蚀党的健康肌体的病毒，就一定能够确保党不变质、不变色、不变味"。① 以上论述，显然也是针对改革开放以来问题而作出的总结。

决议还指出，要"着力解决意识形态领域党的领导弱化问题，立破并举、激浊扬清"；要"敢抓敢管、敢于斗争，旗帜鲜明反对和抵制各种错误观点"。② 之所以强调这个问题，是因为"中国在粉碎'四人帮'以后出现一种思潮，叫资产阶级自由化，崇拜西方资本主义国家的'民主'、'自由'，否定社会主义"。自由化的思想"不仅社会上有，我们共产党内也有"③。后来，从这股思潮又引出历史虚无主义、新自由主义、民主社会主义、西方宪政、"普世价值"等错误思潮。在我们党与这些错误思潮的斗争中，有人歪曲邓小平提出的"不争论"，把它说成在改革开放的方向等重大政治问题上也不要问"姓资姓社"，并把同这些错误思潮进行的斗争扣上"搞争论""炒热"等帽子，使错误思潮在某些报刊尤其网络上一度畅行无阻、甚嚣尘上。

针对上述现象，习近平总书记在党的十八大后一再强调，不能用"不争论""不炒热""让说话"等理由替不作为开脱，更不能在有人同错误思潮斗争时袖手旁观，甚至"拉偏架"，而要敢抓敢管，敢于亮剑。他指出，"坚持正面宣传为主，决不意味着放弃舆论斗争"；对错误言论"不能默不作声，要及时反驳，让正确声音盖过它们。这与韬光养晦或不争论是两码事"。④ 他说，"宣传思想阵地，我们不去占领，人家就会去占领"。各种敌对势力颠覆中国共产党领导和社会主义制度，"选中的一个突破口就是意识形态领域……历史和现实都警示我们，思想舆论阵

---

① 《中共中央关于党的百年奋斗重大成就和历史经验的决议》，人民出版社2021年版，第66、70页。

② 《中共中央关于党的百年奋斗重大成就和历史经验的决议》，人民出版社2021年版，第44页。

③ 《邓小平文选》第3卷，人民出版社1993年版，第123、124页。

④ 《习近平关于社会主义文化建设论述摘编》，中央文献出版社2017年版，第27、209页。

地一旦被突破，其他防线就很难守得住。在意识形态领域斗争上，我们没有任何妥协、退让的余地，必须取得全胜"，但"一些单位和党政干部政治敏感性、责任感不强，在重大意识形态问题上含含糊糊、遮遮掩掩，助长了错误思潮的扩散"。他要求："各级党委和宣传思想部门、组织部门、教育部门要加强领导和管理，党报党刊党网、党政干部院校、大专院校要强化政治意识、责任意识，在重大问题上与党中央保持高度一致，绝不允许与中央唱反调，绝不允许吃共产党的饭、砸共产党的锅。""宣传思想战线的同志要当战士、不当绅士，不做'骑墙派'和'看风派'，不能搞爱惜羽毛那一套。宣传思想战线的同志要履行好自己的神圣职责和光荣使命，以战斗的姿态、战士的担当，积极投身宣传思想领域斗争一线。"① 他还说，对政治性、原则性、导向性问题，不仅必须旗帜鲜明、敢抓敢管，对出现偏差和错误的不仅要严肃批评、严肃处理，而且，"对发出正义声音而受到围攻的媒体和新闻舆论工作者要坚决力挺"②。针对网上斗争的问题，他明确指出："互联网已经成为舆论斗争的主战场……在互联网这个战场上，我们能否顶得住、打得赢，直接关系我国意识形态安全和政权安全"，"过不了互联网这一关，就过不了长期执政这一关。党管媒体，不能说只管党直接掌握的媒体"。③

为贯彻习近平总书记有关意识形态工作的一系列指示精神，党中央先后召开了全国宣传思想工作会议和文艺工作、党的新闻舆论工作、网络安全和信息化工作、哲学社会科学工作座谈会以及全国高校思想政治工作会议，就一系列根本性问题阐明了原则立场，廓清了理论是非，校正了工作导向。同时，推动理想信念教育常态化，完善思想政治工作体系，建立健全党和国家功勋荣誉表彰制度，建立烈士纪念日，推动学习"四史"等。可见，决议有关党的十八大后意识形态领域工作的经验总

---

① 《习近平关于社会主义文化建设论述摘编》，中央文献出版社 2017 年版，第 30、37、35 页。

② 《习近平关于社会主义文化建设论述摘编》，中央文献出版社 2017 年版，第 49、50 页。

③ 《习近平关于社会主义文化建设论述摘编》，中央文献出版社 2017 年版，第 28—29、42 页。

结，同样是有的放矢的。

（三）通过肯定正确做法的方式表明需要解决的问题

决议反复强调，必须坚定理想信念。决议指出："马克思主义信仰、共产主义远大理想、中国特色社会主义共同理想，是中国共产党人的精神支柱和政治灵魂，也是保持党的团结统一的思想基础。"又指出："共产党人如果没有理想信念，精神上就会'缺钙'，就会得'软骨病'，必然导致政治上变质、经济上贪婪、道德上堕落、生活上腐化。"[①] 为什么强调这些呢？就是因为改革开放以来，有些人认为"共产主义遥遥无期"，主张今后要"少讲甚至不讲共产主义"，只讲中国特色社会主义就行了。有人甚至提出，为了使资本家放心，最好把共产党的名字改一下，比如叫人民党、劳动党、社会党等。受此影响，舆论界出现了一种怪现象，似乎谁讲共产主义谁就是"左"，就是反对改革，以至在报刊、广播、电视等宣传媒体中，"共产主义"几个字几乎绝迹。

针对怕讲共产主义的问题，习近平总书记在党的十八大后旗帜鲜明地指出："在我们党员、干部队伍中，信仰缺失是一个需要引起高度重视的问题。在一些人那里，有的以批评和嘲讽马克思主义为'时尚'、为噱头；有的精神空虚，认为共产主义是虚无缥缈的幻想，'不问苍生问鬼神'，热衷于算命看相、求神拜佛，迷信'气功大师'；有的信念动摇，把配偶子女移民到国外、钱存在国外，给自己'留后路'，随时准备'跳船'；有的心为物役，信奉金钱至上、名利至上、享乐至上，心里没有任何敬畏，行为没有任何底线。"他强调："社会主义是共产主义初级阶段，共产主义是我们的最高理想。我们现在做的是社会主义初级阶段的事情，但不能忘记初衷，不能忘了我们的最高奋斗目标。在这个问题上，不要含糊其辞、语焉不详。含糊其辞、语焉不详是理想信念模糊甚至动摇的一种表现，好像这个东西太遥远，我们也拿不准，所以就

---

①《中共中央关于党的百年奋斗重大成就和历史经验的决议》，人民出版社 2021 年版，第 31 页。

不愿提及了。眼前的事情，我们看得到，所以敢提，社会主义初级阶段敢提，'两个一百年'敢提，全面建成小康社会二〇二〇年就能实现了，看得挺准，更敢提。我觉得，作为党章明确规定的内容，作为我们党一贯明确坚持的理想，我们要坚定信念，坚信它是具有科学性的。如果觉得心里不踏实，就去钻研经典著作，《共产党宣言》多看几遍。"①

针对"共产主义遥遥无期"的观点，习近平总书记在纪念陈云同志诞辰 110 周年座谈会上的讲话中，特别引用陈云的话说："共产主义遥遥有期，社会主义就是共产主义的第一阶段。"②习近平总书记指出："我们党以马克思主义为立党之本，以实现共产主义为最高理想，以全心全意为人民服务为根本宗旨。这就是共产党人的本。没有了这些，就是无本之木。我们整个道路、理论、制度的逻辑关系就在这里。……改革开放以来，我们党带领全国各族人民开创和发展中国特色社会主义道路、中国特色社会主义理论体系、中国特色社会主义制度，都源于这个理想信念。立忠诚笃信之志，就是要坚定这个理想信念。"③

针对"既然实现共产主义是很漫长的过程，为什么共产党员还要为之奋斗"的问题，习近平总书记说："实现共产主义是我们共产党人的最高理想，而这个最高理想是需要一代又一代人接力奋斗的。如果大家都觉得这是看不见摸不着的东西，没有必要为之奋斗和牺牲，那共产主义就真的永远实现不了了。我们现在坚持和发展中国特色社会主义，就是向着最高理想所进行的实实在在努力。"④他还说：在党的历史中，"一代又一代共产党人为了追求民族独立和人民解放，不惜流血牺牲，靠的就是一种信仰，为的就是一个理想。尽管他们也知道，自己追求的理想并不会在自己手中实现，但他们坚信，只要一代又一代人为之持续努力，一代又一代人为此作出牺牲，崇高的理想就一定能实现"⑤。

————————

①《习近平关于全面从严治党论述摘编》，中央文献出版社 2021 年版，第 162、168 页。

② 习近平：《在纪念陈云同志诞辰 110 周年座谈会上的讲话》，人民出版社 2015 年版，第 6 页。

③《习近平关于全面从严治党论述摘编》，中央文献出版社 2021 年版，第 163—164 页。

④《十八大以来重要文献选编》（中），中央文献出版社 2016 年版，第 321 页。

⑤《十八大以来重要文献选编》（上），中央文献出版社 2014 年版，第 116 页。

针对"要给共产党改名"的鼓噪，习近平总书记指出："国内外各种敌对势力，总是企图让我们党改旗易帜、改名换姓，其要害就是企图让我们丢掉对马克思主义的信仰，丢掉对社会主义、共产主义的信念。而我们有些人甚至党内有的同志却没有看清这里面暗藏的玄机，认为西方'普世价值'经过了几百年，为什么不能认同？西方一些政治话语为什么不能借用？接受了我们也不会有什么大的损失，为什么非要拧着来？"① 他说："中国共产党之所以叫共产党，就是因为从成立之日起我们党就把共产主义确立为远大理想。我们党之所以能够经受一次次挫折而又一次次奋起，归根到底是因为我们党有远大理想和崇高追求。"②

正是由于总结了过去在对待理想信念方面的经验教训，党的十八大以来，全党连续开展了党的群众路线教育实践活动、"三严三实"专题教育、"两学一做"学习教育、"不忘初心、牢记使命"主题教育，以及党史学习教育等集中教育活动。这些教育活动虽然各有侧重，但中心都是为了增进广大党员的理想信念。为此，决议鲜明指出，"世界范围内社会主义和资本主义两种意识形态、两种社会制度的历史演进及其较量发生了有利于社会主义的重大转变"；我们要"站在历史正确的一边，站在人类进步的一边"；领导干部要"解决好世界观、人生观、价值观这个'总开关'问题"，"全党要牢记中国共产党是什么、要干什么这个根本问题，把握历史发展大势，坚定理想信念，牢记初心使命"。③

决议还强调，必须端正改革正确方向。决议指出，要"坚持改革正确方向，以促进社会公平正义、增进人民福祉为出发点和落脚点"，"必须使中国特色社会主义政治制度深深扎根于中国社会土壤，照抄照搬他国政治制度行不通，甚至会把国家前途命运葬送掉"，"必须警惕和防范西方所谓'宪政'、多党轮流执政、'三权鼎立'等政治思潮的侵蚀影响"。

---

① 习近平：《在全国党校工作会议上的讲话》，人民出版社 2016 年版，第 8 页。

② 习近平：《在庆祝中国共产党成立 95 周年大会上的讲话》，人民出版社 2016 年版，第 10 页。

③《中共中央关于党的百年奋斗重大成就和历史经验的决议》，人民出版社 2021 年版，第 63—64、68、32、72 页。

重申要"毫不动摇坚持四项基本原则，坚决排除各种干扰，从容应对关系我国改革发展稳定全局的一系列风险考验"；强调"实践发展永无止境，解放思想永无止境，改革开放也永无止境，改革只有进行时、没有完成时，停顿和倒退没有出路，必须以更大的政治勇气和智慧推进全面深化改革"。① 为什么强调这些呢？也是因为改革开放以来，一些人在体制改革问题上宣扬所谓"改革开放无方向论""政治体制滞后论"等错误观点。

针对"改革无所谓这个方向那个方向"的谬论，习近平总书记在党的十八大后多次指出，"我们的改革开放是有方向、有立场、有原则的。我们当然要高举改革旗帜，但我们的改革是在中国特色社会主义道路上不断前进的改革"。他强调："不能笼统地说中国改革在某个方面滞后。在某些方面、某个时期，快一点、慢一点是有的，但总体上不存在中国改革哪些方面改了，哪些方面没有改。问题的实质是改什么、不改什么，有些不能改的，再过多长时间也是不改。我们不能邯郸学步。世界在发展，社会在进步，不实行改革开放死路一条，搞否定社会主义方向的'改革开放'也是死路一条。"② 在庆祝改革开放 40 周年大会上的讲话中，他更加掷地有声地讲道："牢牢把握改革开放的前进方向。改什么、怎么改必须以是否符合完善和发展中国特色社会主义制度、推进国家治理体系和治理能力现代化的总目标为根本尺度，该改的、能改的我们坚决改，不该改的、不能改的坚决不改。我们要坚持党的基本路线，把以经济建设为中心同坚持四项基本原则、坚持改革开放这两个基本点统一于新时代中国特色社会主义伟大实践，长期坚持，决不动摇。"③

针对有人散布"'市场经济'前面不必加'社会主义'"的谬论，习近平总书记指出："我们是在中国共产党领导和社会主义制度的大前提下发展市场经济，什么时候都不能忘了'社会主义'这个定语。之所

---

①《中共中央关于党的百年奋斗重大成就和历史经验的决议》，人民出版社 2021 年版，第 37、39、39、20、37 页。

②《习近平关于全面深化改革论述摘编》，中央文献出版社 2014 年版，第 14、15 页。

③《习近平谈治国理政》第 3 卷，外文出版社 2020 年版，第 184 页。

以说是社会主义市场经济，就是要坚持我们的制度优越性，有效防范资本主义市场经济的弊端"①；"如果不能给老百姓带来实实在在的利益，如果不能创造更加公平的社会环境，甚至导致更多不公平，改革就失去意义，也不可能持续"②。

关于市场与政府、民营与国有、资本与劳动、效率与公平的关系问题，决议也作出了一系列论断，指出，要"使市场在资源配置中起决定性作用，更好发挥政府作用"；要"支持国有资本和国有企业做强做优做大"；要"构建亲清政商关系，促进非公有制经济健康发展和非公有制经济人士健康成长"；要"强化市场监管和反垄断规制，防止资本无序扩张"；要"保护广大劳动者和消费者权益"；要"努力建设体现效率、促进公平的收入分配体系，调节过高收入，取缔非法收入，增加低收入者收入，稳步扩大中等收入群体"。③ 之所以强调这些，同样都是有针对性的。

改革开放以来，受新自由主义思潮影响，有人提出"宏观调控仍然残留计划经济的痕迹"，"今后政府只要做好市场服务就行了"，主张所谓"大市场、小政府"；还有人说"公有制效率低""公有制与市场经济不相容""应当以民营经济为主体"，鼓吹"国有企业早晚要卖，晚卖不如早卖"，要"把国有资产量化到个人"；甚至主张"分配差距要进一步拉大"，反对在社会主义初级阶段提"共同富裕"的口号。针对上述错误观点，习近平总书记斩钉截铁地提出："市场起决定性作用，是从总体上讲的，不能盲目绝对讲市场起决定性作用，而是既要使市场在配置资源中起决定性作用，又要更好发挥政府作用"④；"市场在资源配置中起决定性作用，并不是起全部作用"⑤；"使市场在资源配置中起决定性作用和更好发挥政府作用，二者是有机统一的，不是相互否定的，不能把二

① 《习近平关于社会主义经济建设论述摘编》，中央文献出版社 2017 年版，第 64 页。

② 《十八大以来重要文献选编》（上），中央文献出版社 2014 年版，第 552—553 页。

③ 《中共中央关于党的百年奋斗重大成就和历史经验的决议》，人民出版社 2021 年版，第 25、35、35、35、36、48—49 页。

④ 《习近平关于社会主义经济建设论述摘编》，中央文献出版社 2017 年版，第 57—58 页。

⑤ 《习近平关于全面深化改革论述摘编》，中央文献出版社 2014 年版，第 57 页。

者割裂开来、对立起来";"在市场作用和政府作用的问题上,要讲辩证法、两点论,'看不见的手'和'看得见的手'都要用好,努力形成市场作用和政府作用有机统一、相互补充、相互协调、相互促进的格局,推动经济社会持续健康发展"①。针对政府对市场要少管甚至不管的主张,他指出:"政府要切实履行好服务职能,这是毫无疑义的,但同时也不要忘了政府管理职能也很重要,也要履行好,只讲服务不讲管理也不行,寓管理于服务之中是讲管理的,管理和服务不能偏废,政府该管的不仅要管,而且要切实管好。"②

对于还要不要坚持"以公有制为主体、国有经济为主导"的问题,习近平总书记明确回答:"国有企业是壮大国家综合实力、保障人民共同利益的重要力量,必须理直气壮做强做优做大,不断增强活力、影响力、抗风险能力,实现国有资产保值增值。……坚决防止国有资产流失"③;"不能在一片改革声浪中把国有资产变成牟取暴利的机会"④;"深化国企改革是篇大文章","国有企业不仅不能削弱,还要加强"⑤。在全国国有企业党的建设工作会议上,他再次强调:"国有企业是中国特色社会主义的重要物质基础和政治基础,是我们党执政兴国的重要支柱和依靠力量。"⑥

对于分配问题,习近平总书记说,当前"分配不公问题比较突出,收入差距、城乡区域公共服务水平差距较大。在共享改革发展成果上,无论是实际情况还是制度设计,都还有不完善的地方",必须"使全体人民朝着共同富裕方向稳步前进,绝不能出现'富者累巨万,而贫者食

①《习近平谈治国理政》第1卷,外文出版社2018年版,第117、116页。
②《习近平关于全面深化改革论述摘编》,中央文献出版社2014年版,第54页。
③《理直气壮做强做优做大国有企业 尽快在国企改革重要领域和关键环节取得新成效》,《人民日报》2016年7月5日。
④ 习近平:《不能在一片改革声浪中把国有资产变成谋取暴利的机会》,新华网,2014年3月9日,http://www.xinhuanet.com/politics/2014-03/09/c_119679886.htm。
⑤ 缪毅容、谈燕:《"三年多没去上海了,看到大家,很亲切"——习近平总书记参加上海代表团审议侧记》,《解放日报》2014年3月6日。
⑥《习近平谈治国理政》第2卷,外文出版社2017年版,第175页。

糠糟'的现象"。^①针对有人反对在社会主义初级阶段强调共同富裕的言论，他明确回答："我国正处于并将长期处于社会主义初级阶段，我们不能做超越阶段的事情，但也不是说在逐步实现共同富裕方面就无所作为，而是要根据现有条件把能做的事情尽量做起来，积小胜为大胜，不断朝着全体人民共同富裕的目标前进。"^②他告诫人们，人心向背并不仅仅决定于经济发展。"发展了，还有共同富裕问题。物质丰富了，但发展极不平衡，贫富悬殊很大，社会不公平，两极分化了，能得人心吗？"^③

显而易见，决议强调"毫不动摇巩固和发展公有制经济，毫不动摇鼓励、支持、引导非公有制经济发展"，要推动"全体人民共同富裕取得更为明显的实质性进展"，^④都是从上述经验总结中得出的重要结论。

总之，我们要弄清党的第三个历史决议的时代特色，固然要从历史研究的角度分析决议文本，然而，仅仅这样还不够，还应当从哲学的视角，在理论的高度，进行思考和理解。

唯物辩证法中有一个重要规律叫否定之否定，意思是任何事物都包含有肯定和否定两个方面，由于双方的矛盾作用，当否定一方占据支配地位时，事物便会由肯定方面转化为对自身的否定，然后又会有新的否定对前一个否定进行否定；但是，每次否定都不是简单的抛弃，而是扬弃，即只否定原有肯定部分中的消极因素，而保留其积极因素，以实现事物的自我更新和发展。恩格斯说，否定之否定"是自然界、历史和思维的一个极其普遍的、因而极其广泛地起作用的、重要的发展规律"^⑤。根据这一规律，任何事物的前进都不可能是直线式的，而只能是螺旋式的上升。马克思曾借用黑格尔的术语，把历史的前进概括为正题、反

①《十八大以来重要文献选编》（中），中央文献出版社2016年版，第827页。
②《十八大以来重要文献选编》（下），中央文献出版社2018年版，第169页。
③习近平：《做焦裕禄式的县委书记》，中央文献出版社2015年版，第35页。
④《中共中央关于党的百年奋斗重大成就和历史经验的决议》，人民出版社2021年版，第35、24页。
⑤《马克思恩格斯选集》第3卷，人民出版社2012年版，第519—520页。

题、合题的过程，称这"是否定的否定，是对立面的统一"①。因此，从哲学视角思考并用哲学语言表达，可以把改革开放前的 29 年看成一个"肯定"或"正题"，把改革开放后到党的十八大召开前的 34 年看成一个"否定"或"反题"，把十八大以来看成"否定"后的"否定"，即新的"肯定"，或"正题"和"反题"之后的"合题"。就是说，从哲学上理解，无论中国特色社会主义进入新时代，还是新中国史开始了新时期，都表明历史的螺旋式上升运动，达到了在继承中发展的新高度。从这个视角看待党的第三个历史决议的时代特色，就会更加深刻地理解习近平总书记关于决议"体现了党中央对党的百年奋斗的新认识"②的论述。用这种新认识作指导，新中国史的研究和宣传教育就会向深度和广度继续进军，进而反过来为中国特色社会主义事业提供更多有价值的历史启迪和经验，使广大群众特别是青年进一步增强新中国的历史自信和中国特色社会主义的"四个自信"。

---

① 《马克思恩格斯选集》第 1 卷，人民出版社 2012 年版，第 255—256 页。

② 习近平:《关于〈中共中央关于党的百年奋斗重大成就和历史经验的决议〉的说明》,《人民日报》2021 年 11 月 17 日。

新时代中国特色社会主义的开篇之作

——纪念习近平总书记 2013 年 "1·5" 重要讲话发表 10 周年 *

2012 年 11 月 15 日党的十八大闭幕后，习近平总书记率领新当选的中央政治局常委同中外记者见面，表示一定 "努力向历史、向人民交出一份合格的答卷"①。一个半月后，2013 年 1 月 5 日，他在新进中央委员会的委员、候补委员学习贯彻党的十八大精神研讨班上，作了一篇题为《关于坚持和发展中国特色社会主义的几个问题》的重要讲话。讲话就坚持和发展什么样的中国特色社会主义、怎样坚持和发展中国特色社会主义，建设什么样的社会主义现代化强国、怎样建设社会主义现代化强国，建设什么样的长期执政的马克思主义政党、怎样建设长期执政的马克思主义政党等重大时代课题，进行了初步系统的阐述，提出了一系列有关治国理政的新理念新思想新战略，是一篇马克思主义的重要文献。从一定意义上说，讲话也是以习近平同志为核心的党中央向历史向人民交出的第一份书面答卷，堪称中国特色社会主义进入新时代的开篇之作和习近平新时代中国特色社会主义思想的奠基之作。

习近平总书记 2013 年 1 月 5 日的讲话（以下简称 "1·5" 重要讲话）发表至今，已过去整整十年。2022 年党的二十大报告在论及十年前我们党面对的形势时指出，一方面改革开放和社会主义现代化建设取得巨大成就，党的建设新的伟大工程取得显著成效；另一方面，一系列长期积累及新出现的突出矛盾和问题亟待解决，比如，有人对坚持党的领导认识模糊、行动乏力，一些党员、干部政治信仰发生动摇，形式主义、

---

　　* 本文曾刊于《当代中国马克思主义研究》2023 年第 1 期（创刊号），原标题为《对新时代坚持和发展中国特色社会主义初步系统阐述的马克思主义文献——纪念习近平总书记 2013 年 "1·5" 重要讲话发表 10 周年》。

　　①《十八大以来重要文献选编》（上），中央文献出版社 2014 年版，第 71 页。

官僚主义、享乐主义、奢靡之风屡禁不止，一些人对中国特色社会主义政治制度自信不足，历史虚无主义等错误思潮不时出现，党内和社会上不少人对党和国家前途忧心忡忡。只要把"1·5"重要讲话放在十年前这些影响党长期执政、国家长治久安、人民幸福安康的突出矛盾和问题的大背景之下，以及十年来以习近平同志为核心的党中央为解决这些矛盾和问题而采取的一系列战略性举措、推进的一系列变革性实践、实现的一系列突破性进展、取得的一系列标志性成果，以及经受住的一系列政治、经济、意识形态、自然界等各方面风险挑战的考验之中，就不难找到习近平新时代中国特色社会主义思想的一系列重要观点和基本方略的发端与源头，不难看出这篇讲话在党的十八大后开启的中国特色社会主义前进道路上和习近平新时代中国特色社会主义思想形成过程中所占有的重要历史地位。

一、关于中国特色社会主义是社会主义而不是其他什么主义

"1·5"重要讲话开宗明义指出："中国特色社会主义是社会主义而不是其他什么主义，科学社会主义基本原则不能丢，丢了就不是社会主义。"[①]中国特色社会主义是根据中国自身实际和时代特征变化而对社会主义制度的自我完善与发展，这本来是中国特色社会主义的题中应有之义，是从一开始就讲清楚的，是不成为问题的。那为什么习近平总书记在这里还要突出强调这一点，而且强调它不是其他什么主义，强调如果把科学社会主义的基本原则丢了就不是社会主义了呢？要弄明白个中原因，就要把它放到改革开放以来的历史大背景下理解。

党的十一届三中全会坚决批判了"两个凡是"的错误方针，结束了粉碎"四人帮"后出现的徘徊前进的局面，开始全面纠正"文化大革命"中的以及从前的"左"倾错误，停止使用"以阶级斗争为纲"这个不适宜社会主义社会的口号，作出把工作重点转移到社会主义现代化建设上来的战略决策，吹响了改革开放的号角，拉开了中国特色社会主义

① 《十八大以来重要文献选编》（上），中央文献出版社 2014 年版，第 109 页。

的序幕。然而，在这之后，无论社会还是党内又出现了一股右的思潮，即否定党的领导和社会主义制度的资产阶级自由化思潮。为此，邓小平明确提出要坚持四项基本原则，并把党的基本路线概括为以经济建设为中心和坚持四项基本原则、坚持改革开放两个基本点。但主张资产阶级自由化的人并没有就此罢手，反而时不时地掀起反对四项基本原则的浪潮。他们要么直接攻击四项基本原则为"四根棍子"，污蔑提出四项基本原则是"走回头路"；要么打着解放思想的旗号，只讲"一个中心"和改革开放，不讲甚至反对讲四项基本原则，胡说"改革就是改革，无所谓什么方向"，污蔑中国特色社会主义是"国家资本主义""资本社会主义"，是"新民主主义的回归"，谁要是强调改革必须坚持社会主义方向，谁就会被骂成"走回头路"，被扣上"极左""保守派"的帽子。这股浪潮时高时低，一直持续到党的十八大之前。习近平总书记在"1·5"重要讲话中强调中国特色社会主义是社会主义、科学社会主义的基本原则不能丢，面对的就是这个背景。

"1·5"重要讲话指出，中华民族积贫积弱、任人宰割的时期，各种主义和思潮都尝试过，都没有解决中国的前途和命运问题，是马克思列宁主义、毛泽东思想引导中国人民走出了漫漫长夜、建立了新中国，是中国特色社会主义使中国快速发展起来。"我们说中国特色社会主义是社会主义，那就是不论怎么改革、怎么开放，我们都始终要坚持中国特色社会主义道路、中国特色社会主义理论体系、中国特色社会主义制度，坚持党的十八大提出的夺取中国特色社会主义新胜利的基本要求。"这其中包括在中国共产党领导下，立足基本国情，以经济建设为中心，坚持四项基本原则，坚持改革开放，坚持公有制为主体、多种所有制经济共同发展的基本经济制度。习近平总书记说："这些都是在新的历史条件下体现科学社会主义基本原则的内容，如果丢掉了这些，那就不成其为社会主义了。"[①] 这就是说，任何事物都有质的规定性。好比钢，碳含量不能超过2%，超过了，就不是钢而是铁了。

---

① 《十八大以来重要文献选编》（上），中央文献出版社2014年版，第110页。

习近平总书记在"1·5"重要讲话中讲的这些道理，在新时代十年里被反复论述、逐渐展开、不断丰富。例如，在政治建设上，他指出："发展社会主义民主政治，关键是要增加和扩大我们的优势和特点，而不是要削弱和缩小我们的优势和特点。"[①]"中国共产党领导是中国特色社会主义最本质的特征。"[②] 在经济建设上，他指出："中国特色社会主义是全面发展的社会主义。……必须坚持以经济建设为中心，坚持以人民为中心的发展思想"；"让广大人民群众共享改革发展成果，是社会主义的本质要求，是社会主义制度优越性的集中体现"。[③] 在文化建设上，他指出："坚持和发展中国特色社会主义，必须高度重视理论的作用，增强理论自信和战略定力"；"宣传思想工作就是要巩固马克思主义在意识形态领域的指导地位"；"坚持正面宣传为主，决不意味着放弃舆论斗争"。[④] 在社会建设上，他指出："公平正义是中国特色社会主义的内在要求……共同富裕是中国特色社会主义的根本原则，所以必须使发展成果更多更公平惠及全体人民，朝着共同富裕方向稳步前进。"[⑤]

再比如，关于无论怎么改革都必须坚持中国特色社会主义道路的思想，习近平总书记也作出了清晰的表述。他指出："我们的改革开放是有方向、有立场、有原则的。""不能笼统地说中国改革在某个方面滞后。在某些方面、某个时期，快一点、慢一点是有的，但总体上不存在中国改革哪些方面改了，哪些方面没有改。问题的实质是改什么、不改什么，有些不能改的，再过多长时间也是不改。……不实行改革开放死路一条，搞否定社会主义方向的'改革开放'也是死路一条。""一些敌对势力和别有用心的人也在那里摇旗呐喊、制造舆论、混淆视听，把改革定义为往西方政治制度的方向改，否则就是不改革。他们是醉翁之意不在酒，'项庄舞剑，意在沛公'。对此，我们要洞若观火，保持政治坚

①《十八大以来重要文献选编》（中），中央文献出版社 2016 年版，第 63 页。

②《习近平关于社会主义政治建设论述摘编》，中央文献出版社 2017 年版，第 28 页。

③《习近平关于社会主义经济建设论述摘编》，中央文献出版社 2017 年版，第 11、25 页。

④《习近平关于社会主义文化建设论述摘编》，中央文献出版社 2017 年版，第 65、22、27 页。

⑤《习近平关于社会主义社会建设论述摘编》，中央文献出版社 2017 年版，第 25 页。

定性，明确政治定位。""我们党领导的改革历来是全面改革。问题的实质是改什么、不改什么，有些不能改的，再过多长时间也是不改，不能把这说成是不改革。"① "老百姓关心什么、期盼什么，改革就要抓住什么、推进什么，通过改革给人民群众带来更多获得感。"② "如果不能创造更加公平的社会环境，甚至导致更多不公平，改革就失去意义，也不可能持续。"③ 在庆祝改革开放 40 周年大会上，他再次掷地有声地强调，要"牢牢把握改革开放的前进方向。改什么、怎么改必须以是否符合完善和发展中国特色社会主义制度、推进国家治理体系和治理能力现代化的总目标为根本尺度，该改的、能改的我们坚决改，不该改的、不能改的坚决不改"④。

毛泽东曾讲过："应当从实际出发，不是从定义出发。"⑤ "我们除了科学以外，什么都不要相信，就是说，不要迷信。"⑥ "认识的盲目性和自由，总会是不断地交替和扩大其领域。"⑦ 习近平总书记也指出："坚持实事求是不是一劳永逸的，在一个时间一个地点做到了实事求是，并不等于在另外的时间另外的地点也能做到实事求是。"⑧ 如果说我们党当年实行改革开放是一次伟大思想解放的话，那么，新时代提出改革也要从实际出发，该改能改的坚决改，不该改不能改的坚决不改，同样是一次伟大思想解放，是破除新的迷信、新的盲目性、新的思想禁锢和打破新的条条框框的鲜明体现。实践已经说明，在国企和医疗、教育、住房等改革中，有些地方就是不该改和不能改的，给国家造成很多损失，给群众增加了很大负担。我们应当坚持改革开放也要从实际出发的原则，按照习近平总书记提出的"全面深化改革必须以促进社会公平正义、增进人

---

① 《习近平关于全面深化改革论述摘编》，中央文献出版社 2014 年版，第 14、15、19、20 页。

② 《习近平关于社会主义社会建设论述摘编》，中央文献出版社 2017 年版，第 40 页。

③ 《十八大以来重要文献选编》（上），中央文献出版社 2014 年版，第 553 页。

④ 《十九大以来重要文献选编》（上），中央文献出版社 2019 年版，第 732 页。

⑤ 《毛泽东选集》第 3 卷，人民出版社 1991 年版，第 853 页。

⑥ 《毛泽东文集》第 6 卷，人民出版社 1999 年版，第 330 页。

⑦ 《毛泽东文集》第 8 卷，人民出版社 1999 年版，第 326 页。

⑧ 《十八大以来重要文献选编》（上），中央文献出版社 2014 年版，第 696 页。

民福祉为出发点和落脚点"的指导思想，对那些被实践证明改错了的，要坚决改回来，或者通过进一步的改革加以调整和完善，而不应当明明知道错了，还要硬着头皮死扛。

可见，只要把"中国特色社会主义是社会主义而不是其他什么主义"的论述，放在改革开放前 30 年的大背景下和新时代 10 年的实践中去认识，就会明白它所要表达的是，社会主义的本质在于人民至上而不是资本至上的深刻内涵，看到它在新时代中国特色社会主义思想形成过程中的特殊意义。

二、关于中国现代化建设必须从中国的国情出发

在"1·5"重要讲话中，这个命题是通过引述邓小平在党的十二大开幕词中的一段话而提出的。那段话是："我们的现代化建设，必须从中国的实际出发。……照抄照搬别国经验、别国模式，从来不能得到成功。"[1]习近平总书记由此引申出关于"中国模式"问题的一大段论述。他说："近年来，随着我国综合国力和国际地位上升，国际上关于'北京共识'、'中国模式'、'中国道路'等议论和研究也多了起来，其中不乏赞扬者。一些外国学者认为，中国的快速发展，导致一些西方理论正在被质疑，一种新版的马克思主义理论正在颠覆西方的传统理论。……我们始终认为，各国的发展道路应由各国人民选择。所谓的'中国模式'是中国人民在自己的奋斗实践中创造的中国特色社会主义道路。"[2]这一论述，后来成为习近平新时代中国特色社会主义思想中有关中国式现代化理论的重要源头之一。

早在 20 世纪 60 年代，我们党就将社会主义建设的目标由实现工业化扩展为实现"四个现代化"。改革开放初期，邓小平针对主张全盘西化的资产阶级自由化思潮指出："我们搞的现代化，是中国式的现代化。我们建设的社会主义，是有中国特色的社会主义。"[3]党的十八大后，习

---

[1]《邓小平文选》第 3 卷，人民出版社 1993 年版，第 2 页。
[2]《十八大以来重要文献选编》（上），中央文献出版社 2014 年版，第 111 页。
[3]《邓小平文选》第 3 卷，人民出版社 1993 年版，第 29 页。

近平总书记继承了这一观点，并不断加以丰富和发展，形成了关于中国式现代化的完整理论。其中最主要的贡献是对中国式现代化的本质特征作出进一步概括，即针对资本主义现代化以资本为中心、两极分化、物质主义膨胀、对外扩张掠夺特别是暴力掠夺殖民地和以其他国家落后为代价等特点，概括出的中国式现代化的五大特征：第一，人口规模超过现有发达国家人口的总和，艰巨性和复杂性前所未有，坚持稳中求进、循序渐进、持续推进；第二，以人民为中心，着力维护和促进社会公平正义，促进全体人民共同富裕，防止两极分化；第三，物质文明和精神文明相协调，大力发展社会主义先进文化，加强理想信念教育，传承中华文明；第四，人与自然和谐共生，坚持可持续发展，坚持节约优先、保护优先、自然恢复为主的方针；第五，走和平发展道路，以自身发展更好维护世界和平与发展，推动构建人类命运共同体。这五大特征最核心的一点就是以人民为中心，促进全体人民共同富裕，不以资本为中心，不搞两极分化。

只要把上面这些论述与"1·5"重要讲话关于"中国模式"的论述加以对照，就会清楚地看出它们之间存在发展与被发展的内在逻辑关系。

三、关于改革开放前后两个历史时期的本质都是我们党带领人民进行社会主义建设的实践探索

党的十一届三中全会后，尤其党的第二个历史决议通过后，我们党对改革开放前的历史已经有了明确结论，即一方面，要实事求是地承认存在失误和曲折，尤其发动"大跃进"和"文化大革命"运动那样的严重错误；另一方面，必须毫不含糊地肯定成就仍然是历史主流，改革开放的伟大事业就是建立在改革开放前社会主义革命和建设伟大成就基础之上的。然而，党的十八大之前的相当长时间，总有人或明或暗地否定改革开放前的历史时期，甚至把那个时期描绘成漆黑一团；更多的人则不能理直气壮地表示应当正面评价那个时期，遇到有人污蔑那个时期也不敢反驳，总感到有些拿不准，怕被人扣上"左"的帽子。

针对上述现象，"1·5"重要讲话鲜明提出：改革开放前后两个历史

时期"决不是彼此割裂的,更不是根本对立的",对二者决不能互相否定;如何正确处理二者的关系,"不只是一个历史问题,更主要的是一个政治问题"。① 在此之前,我们党虽然也一直是正面评价改革开放前历史的主流,但像"1·5"重要讲话这样旗帜鲜明、论述透彻、表达完整、富有强烈针对性地肯定改革开放前历史的本质和成就,在党的重要文件和主要领导人讲话中还是头一回。

只要通读"1·5"重要讲话就会看到,关于正确看待改革开放前后两个历史时期关系的论述,在这篇 7000 多字的讲话中约占四分之一的篇幅,无疑是讲话的重要内容。其中主要论点有四个:第一,改革开放后的社会主义实践探索是对改革开放前的社会主义实践探索的坚持、改革、发展。改革开放前后相比,"在进行社会主义建设的思想指导、方针政策、实际工作上有很大差别,但两者决不是彼此割裂的,更不是根本对立的","本质上都是我们党领导人民进行社会主义建设的实践探索"。第二,中国特色社会主义是在改革开放历史新时期开创的,"如果没有一九七八年我们党果断决定实行改革开放,并坚定不移推进改革开放,坚定不移把握改革开放的正确方向,社会主义中国就不可能有今天这样的大好局面,就可能面临严重危机,就可能遇到像苏联、东欧国家那样的亡党亡国危机"。同时,中国特色社会主义"也是在新中国已经建立起社会主义基本制度并进行了二十多年建设的基础上开创的"。"如果没有一九四九年建立新中国并进行社会主义革命和建设,积累了重要的思想、物质、制度条件,积累了正反两方面经验,改革开放也很难顺利推进。"第三,对改革开放前的社会主义实践探索中的失误要采取正确态度,进行科学分析。"要坚持实事求是的思想路线,分清主流和支流,坚持真理,修正错误,发扬经验,吸取教训。"第四,改革开放前,"我们党在社会主义建设实践中提出了许多正确主张,当时没有真正落实,改革开放后得到了真正贯彻,将来也还是要坚持和发展的"。② 把以

① 《十八大以来重要文献选编》(上),中央文献出版社 2014 年版,第 112、113—114 页。
② 《十八大以来重要文献选编》(上),中央文献出版社 2014 年版,第 112 页。

上四点归纳一下，可以概括成一句话，即改革开放后与改革开放前相比，既有重大区别又有本质的一致性；改革开放前有过重大失误，但也为改革开放后的发展奠定了重要基础。

习近平总书记关于正确认识改革开放前后两个时期关系的论述，具有重大意义。它涉及如何看待新中国历史的问题，如果得不到正确解决，对新中国史的研究和宣传，很难实事求是、理直气壮地进行下去。更重要的是，它还涉及如何看待中国特色社会主义、如何选择国家政治发展道路的问题。大量事实表明，凡是怀疑和反对改革开放的，总是会用改革开放前的历史否定改革开放后的历史；凡是怀疑和否定四项基本原则的，也总会用改革开放后的历史否定改革开放前的历史；凡是把中国特色社会主义看成"新民主主义回归"和"民主社会主义"、"社会民主主义"，抑或看成"资本主义复辟"的，往往会把这两个历史时期加以割裂和对立；同样，凡是把这两个历史时期加以割裂、对立、相互否定的，也往往会反对或曲解中国特色社会主义道路。可见，如何认识改革开放前后两个历史阶段的关系，是一个如何看待新中国历史的问题，更是一个如何认识中国特色社会主义的现实的政治理论问题。习近平总书记在"1·5"重要讲话中讲，他"之所以强调这个问题，是因为这个重大政治问题处理不好，就会产生严重政治后果"①。我理解，这里说的"严重政治后果"就在于此。

新时代十年，习近平总书记对新中国史给予了前所未有的重视，把新中国史与党史、改革开放史、社会主义发展史合在一起，要求全党和高校加强"四史"学习；不久前还为国史学会成立 30 周年发来贺信并且对正确看待改革开放前后历史关系的问题作了反复强调和大量论述，提出要准确把握新中国历史发展的主题主线、主流本质。他指出，要看到改革开放前，"在不长的时间里，我国社会就发生了翻天覆地的变化，建立起独立的比较完整的工业体系和国民经济体系，独立研制出'两弹一星'，成为在世界上有重要影响的大国，积累起在中国这样一个社会

---

① 《十八大以来重要文献选编（上）》，中央文献出版社 2014 年版，第 113 页。

生产力水平十分落后的东方大国进行社会主义建设的重要经验"；"为我们党和人民事业胜利发展、为中华民族阔步赶上时代发展潮流创造了根本前提，奠定了坚实的理论和实践基础"。①他的这些论述和要求，对于人们正确认识新中国历史具有重要意义，对于人们树立和坚定中国特色社会主义的信心和决心更具有重要意义。

四、关于历史虚无主义的根本目的是煽动推翻共产党领导和社会主义制度

毛泽东指出："只有用马克思主义观点来研究实际问题、能解决实际问题的，才算实际的理论家。"②只有同反马克思主义的东西进行斗争，才"会使马克思主义发展起来。这是在对立面的斗争中的发展，是合于辩证法的发展"③。这些论述告诉我们，马克思主义的理论工作对于实际生活中提出的重大问题，必须研究、回答和解决，而不能回避和绕着问题走。只有这样，理论才能发挥作用，才能在解决实际问题的过程中得到发展。

改革开放后，马克思主义理论工作面对的一个实际问题，就是如何看待和应对资产阶级自由化思潮。邓小平直面这个问题，尖锐指出："所谓资产阶级自由化，就是要中国全盘西化，走资本主义道路。……如果走资本主义道路，可能在某些局部地区少数人更快地富起来，形成一个新的资产阶级，产生一批百万富翁，但顶多也不会达到人口的百分之一，而大量的人仍然摆脱不了贫穷，甚至连温饱问题都不可能解决。""搞自由化，就会破坏我们安定团结的政治局面。没有一个安定团结的政治局面，就不可能搞建设。""搞资产阶级自由化，否定党的领导，十亿人民没有凝聚的中心，党也就丧失了战斗力，那样的党连个群众团体也不如了，怎么领导人民搞建设？"④正是这些论述，揭示了资产

①《十八大以来重要文献选编》（上），中央文献出版社 2014 年版，第 691 页。

②《毛泽东文集》第 2 卷，人民出版社 1993 年版，第 374 页。

③《毛泽东文集》第 7 卷，人民出版社 1999 年版，第 280 页。

④《邓小平文选》第 3 卷，人民出版社 1993 年版，第 207—208、182、197 页。

阶级自由化的本质和危害，统一了全党思想，抑制了这股思潮的泛滥，保证了改革开放事业的顺利进行，同时也极大地充实、丰富了邓小平理论。

后来，随着实践的深入发展，资产阶级自由化又派生出新自由主义、民主社会主义、历史虚无主义等思潮，在经济学、政治学和革命史、党史、新中国史等意识形态领域里大行其道、甚嚣尘上，其中尤以历史虚无主义思潮为烈。如何认识这些思潮，它们的实质是什么，目的是什么，不加防范的后果是什么，成为新时代马克思主义理论工作必须回答的新问题。

有人认为，历史虚无主义是一种学术思潮，应当与之进行学术讨论，而不应进行政治批判。这些人混淆了哲学史上欧洲唯心主义的虚无主义流派，与20世纪七八十年代以来主要流行于社会主义国家、专门用来虚无共产党和社会主义国家历史的历史虚无主义思潮之间的区别。对于这股思潮的本质，习近平总书记在"1·5"重要讲话中也给予了鞭辟入里的分析。他首先引用清代龚自珍的名言"灭人之国，必先去其史"，说明历史记述和解释与国家存亡之间的密切关系，随后一针见血地指出："国内外敌对势力往往就是拿中国革命史、新中国历史来做文章，竭尽攻击、丑化、污蔑之能事，根本目的就是要搞乱人心，煽动推翻中国共产党的领导和我国社会主义制度。"他以苏联亡党亡国为例，进一步揭示历史虚无主义思潮可能产生的恶劣后果，说"苏联为什么解体？苏共为什么垮台？一个重要原因就是意识形态领域的斗争十分激烈，全面否定苏联历史、苏共历史，否定列宁，否定斯大林，搞历史虚无主义，思想搞乱了，各级党组织几乎没任何作用了，军队都不在党的领导之下了。最后，苏联共产党偌大一个党就作鸟兽散了，苏联偌大一个社会主义国家就分崩离析了。这是前车之鉴啊！"①

由于习近平总书记在中国特色社会主义刚刚进入新时代，便及时戳穿了历史虚无主义的本质，揭露了其可能产生的恶果，给人们敲响了警

---

① 《十八大以来重要文献选编》（上），中央文献出版社2014年版，第113页。

钟，使这个在中国大地上已肆虐二三十年的思潮，终于引起了人们的广泛警惕和认真对待，市场逐渐萎缩，地盘越来越小。此后，习近平总书记又以"宜将剩勇追穷寇"的精神，持续不断地对这股思潮进行批判，并要求宣传思想战线的干部挺直腰杆，同各种错误思潮做坚决斗争，绝不能以不争论、不炒热为借口，替不作为辩护。他强调："现在，国内国外、网上网下都有一些言论，贬低中华文化，否定中华民族的历史贡献，否定近代以来中国人民的奋斗史，歪曲中国共产党的历史、中华人民共和国的历史，歪曲改革开放的历史。这些就是负能量，增加正能量就要对着负能量去有的放矢，正面交锋。"他说："一些单位和党政干部政治敏感性、责任感不强，在重大意识形态问题上含含糊糊、遮遮掩掩，助长了错误思潮的扩散。"他督促有关部门和领导"要敢抓敢管，敢于亮剑"，指出"对那些恶意攻击党的领导、攻击社会主义制度、歪曲党史国史、造谣生事的言论"，一切媒体、书刊、讲台论坛、影视剧场都不能为之提供空间、提供方便。①

正因为新时代十年抓住思想舆论阵地不放松，西方敌对势力妄想通过散布历史虚无主义思潮在我国掀起颜色革命的图谋，才未能得逞。可见，古人说，"灭人之国，必先去其史"，反过来说，要"护己之国"，也"必先卫其史"。从这个意义上说，历史研究既有资政育人的功能，也有护国的功能。从事新中国史的研究，绝不能为研究而研究，而应当自觉树立护国意识，积极发挥国史研究的护国功能，同历史虚无主义思潮做坚决斗争，用唯物史观指导的历史叙事和阐释，捍卫中华人民共和国的利益和荣誉，捍卫社会主义的制度和共产党的领导。

五、关于对中国特色社会主义也要不断深化认识

党的十九大报告指出："十八大以来，国内外形势变化和我国各项事业发展都给我们提出了一个重大时代课题，这就是必须从理论和实践

①《习近平关于社会主义文化建设论述摘编》，中央文献出版社2017年版，第34、35、27、28页。

结合上系统回答新时代坚持和发展什么样的中国特色社会主义、怎样坚持和发展中国特色社会主义。"① 这一论述说明，习近平新时代中国特色社会主义思想，主要是围绕中国特色社会主义的问题展开的。这一问题与什么是社会主义的问题有联系，但不完全是一回事。关于这一点，"1·5"重要讲话中已初见端倪。

"1·5"重要讲话指出："坚持和发展中国特色社会主义是一篇大文章"，"我们这一代共产党人的任务，就是继续把这篇大文章写下去"。② 改革开放 30 多年来，对社会主义的认识、对中国特色社会主义的把握，已经达到了前所未有的高度。但也要看到，我国社会主义还处在初级阶段，我们还面临很多没有弄清楚的有待解决的难题，对许多重大问题的认识和处理还处在不断深化的过程之中。为此，"1·5"重要讲话进一步指出：坚持马克思主义，坚持社会主义，一定要有发展的观点，要以我国改革开放和现代化建设的实际问题、以我们正在做的事情为中心。世界上没有放之四海而皆准的发展道路和发展模式，也没有一成不变的发展道路和发展模式。我们不能把过去取得的实践和理论成果，当成骄傲自满的理由和继续前进的包袱。我们的事业越前进、越发展，新情况新问题就会越多，面临的风险、挑战就会越多，面对的不可预料的事情就会越多。解放思想、实事求是、与时俱进，是马克思主义的活的灵魂。我们必须坚持马克思主义的发展观点，坚持实践是检验真理的唯一标准，发挥历史的主动性和创造性，清醒认识世情、国情、党情的变和不变，以逢山开路、遇水架桥的精神，敢于和善于分析回答现实生活中和群众思想上迫切需要解决的问题，"不断深化改革，不断有所发现、有所创造、有所前进，不断推进理论创新、实践创新、制度创新"③。把这些论述概括起来讲，就是对社会主义的认识不能止步不前，对中国特色社会主义的认识同样不能止步不前，都要坚持解放思想、实事求是、与时俱进，都要坚持实践是检验真理的唯一标准。

---

① 《十九大以来重要文献选编》（上），中央文献出版社 2019 年版，第 13 页。
② 《十八大以来重要文献选编》（上），中央文献出版社 2014 年版，第 114 页。
③ 《十八大以来重要文献选编》（上），中央文献出版社 2014 年版，第 115 页。

只要回顾新时代十年就会看到，上述观点正是习近平总书记在这十年来所反复强调的，习近平新时代中国特色社会主义思想也是按照这个思路不断展开和丰富的。比如，党的十九大报告中提出中国特色社会主义新时代的概念，指出"这是我国发展新的历史方位"，同时指出"我国仍处于并将长期处于社会主义初级阶段的基本国情没有变，我国是世界最大发展中国家的国际地位没有变"。① 接着，在党的十九届五中全会上，习近平总书记进一步提出"新发展阶段"的概念，指出："新发展阶段就是全面建设社会主义现代化国家、向第二个百年奋斗目标进军的阶段"，同时重申"我国仍处于并将长期处于社会主义初级阶段"。② 这些论述都说明，一方面社会主义初级阶段要经历很长时间，不能轻言结束，不能做超越阶段的事情；另一方面，这个阶段并不是凝固的一成不变的，而是不断向前发展的，其中也会有不同的发展阶段。

说新时代也好，新发展阶段也罢，都是指在社会主义初级阶段中又出现了一个新阶段。从发展的角度讲，这个阶段需要贯彻新发展理念，构建新发展格局，以推动高质量发展为主题，尤其要把共同富裕放在更加突出的位置。在社会主义初级阶段中再划分不同阶段，显然是习近平新时代中国特色社会主义思想对中国特色社会主义认识深化的重要标志，是我党继创立社会主义初级阶段理论之后，对科学社会主义的又一次重大理论创新。

新中国至今已有70多年的历史，回首往事，在建设社会主义的道路上既取得了举世公认的辉煌成就，也出现过这样那样的曲折，产生过这样那样的分歧。这些成就的取得和曲折、分歧的产生，无不与对中国社会主义社会发展状况的判断和发展方向的认识有关。社会主义初级阶段的理论，使我们认清了中国当前最大的实际、最大的国情；初级阶段的社会主义理论，又使我们明确了与社会主义初级阶段相适应的一系列方针、政策，以及社会主义初级阶段发展的正确方向；新时代中国特色

---

① 《十九大以来重要文献选编》（上），中央文献出版社2019年版，第7、9页。

② 《十九大以来重要文献选编》（中），中央文献出版社2021年版，第822、781页。

社会主义的理论，更使我们看到社会主义初级阶段中还有向前发展的不同阶段。在"1·5"重要讲话同一年的另一次讲话中，习近平总书记指出："任何超越现实、超越阶段而急于求成的倾向都要努力避免，任何落后于实际、无视深刻变化着的客观事实而因循守旧、固步自封的观念和做法都要坚决纠正。"①我们要用习近平新时代中国特色社会主义思想，统一全党和群众的认识，按照习近平总书记的要求，用正确的政治方向校准在重大战略的谋划、重大政策的制定、重大任务的部署、重大工作的推进中可能出现的偏差，既不做超越阶段的事，也不做违背社会主义基本原则的事，而是尽力而为地去做促进初级阶段不断向前发展的事。只要这样做，我们就一定能使社会主义初级阶段经过新发展阶段和今后出现的其他一系列阶段，逐步向社会主义的高级阶段前进，最终实现共产主义的伟大理想。

六、关于共产党员特别是党员领导干部必须做共产主义远大理想和中国特色社会主义共同理想的坚定信仰者和忠实践行者

"1·5"重要讲话强调："中国特色社会主义是党的最高纲领和基本纲领的统一。……我们既要坚定走中国特色社会主义道路的信念，也要胸怀共产主义的崇高理想，矢志不移贯彻执行党在社会主义初级阶段的基本路线和基本纲领，做好当前每一项工作。"②这个观点是"1·5"重要讲话的又一重点，也是习近平总书记在新时代十年里所反复强调、不断充实的一个观点，是习近平新时代中国特色社会主义思想的重要内容之一。

改革开放以来，有人认为现在是社会主义初级阶段，再讲共产主义，不利于吸引外资；共产主义遥遥无期，还是少讲为好；甚至胡说共产主义是乌托邦，不应作为人民的奋斗目标；市场经济是永恒的，在市场经济前面不应加社会主义四个字；等等。针对这些错误言论，邓小

---

①《十八大以来重要文献选编》（上），中央文献出版社 2014 年版，第 696 页。
②《十八大以来重要文献选编》（上），中央文献出版社 2014 年版，第 116 页。

平、陈云等老一辈革命家给予过针锋相对的批判。邓小平说："我们干的是社会主义事业，最终目的是实现共产主义。这一点，我希望宣传方面任何时候都不要忽略。""要特别教育我们的下一代下两代，一定要树立共产主义的远大理想。"有些人"他们只讲四化，不讲社会主义。这就忘记了事物的本质，也就离开了中国的发展道路"。①陈云也说："资本主义必然要被共产主义所代替，这是无可改变的法则。……我们可以充满信心，高呼：社会主义万岁！共产主义万岁！"②"共产主义遥遥有期，社会主义就是共产主义的第一阶段。"③

共产主义社会距离我们当然还很遥远，但不意味着遥不可及，更不是乌托邦和空中楼阁。共产主义不仅仅指未来社会，它同时也是以实现共产主义为目标的一种运动、一场斗争。只要是以共产主义为理想的运动和斗争，每一个胜利都是向共产主义社会迈进的一步。马克思说："共产主义对我们来说不是应当确立的状况，不是现实应当与之相适应的理想。我们所称为共产主义的是那种消灭现存状况的现实的运动。"④党的十二大报告也曾指出："共产主义作为社会制度，在我国得到完全的实现，还需要经过若干代人的长时期的努力奋斗。但是，共产主义首先是一种运动。……这种运动的最终目的是实现共产主义的社会制度。在我国，共产主义思想的传播，人们为最终实现共产主义理想而进行的运动，早在中国共产党成立和领导进行新民主主义革命的时候就开始了。现在这个运动在我国已经发展到建立起作为共产主义社会初级阶段的社会主义社会。……因此，共产主义的思想和共产主义的实践早已存在于我们的现实生活中。那种认为'共产主义是渺茫的幻想'、'共产主义没有经过实践检验'的观点，是完全错误的。"⑤党的十八大后，习近平总书记对树立共产主义理想信念给予了前所未有的强调，指出在共产党最

---

① 《邓小平文选》第 3 卷，人民出版社 1993 年版，第 110、111、204 页。

② 《陈云文选》第 3 卷，人民出版社 1995 年版，第 332—333 页。

③ 习近平：《在纪念陈云同志诞辰 110 周年座谈会上的讲话》，人民出版社 2015 年版，第 6 页。

④ 《马克思恩格斯选集》第 1 卷，人民出版社 2012 年版，第 166 页。

⑤ 《十二大以来重要文献选编》（上），中央文献出版社 2011 年版，第 23 页。

高奋斗目标是共产主义的问题上，"不要含糊其辞、语焉不详"①。

在社会主义初级阶段，在执行中国特色社会主义政策的同时，为什么必须坚定共产主义理想信念呢？围绕这个问题，习近平总书记作了大量分析。归纳起来，主要有两点。

首先，中国特色社会主义是共产主义的组成部分，不坚定共产主义理想，就不可能坚持和发展中国特色社会主义。习近平总书记指出："我们党以马克思主义为立党之本，以实现共产主义为最高理想，以全心全意为人民服务为根本宗旨。这就是共产党人的本。没有了这些，就是无本之木。我们整个道路、理论、制度的逻辑关系就在这里。……我们党带领全国各族人民开创和发展中国特色社会主义道路、中国特色社会主义理论体系、中国特色社会主义制度，都源于这个理想信念。"② "不能因为实现共产主义理想是一个漫长的过程，就认为那是虚无缥缈的海市蜃楼，就不去做一个忠诚的共产党员。……实现共产主义是我们共产党人的最高理想，而这个最高理想是需要一代又一代人接力奋斗的。如果大家都觉得这是看不见摸不着的东西，没有必要为之奋斗和牺牲，那共产主义就真的永远实现不了了。我们现在坚持和发展中国特色社会主义，就是向着最高理想所进行的实实在在努力。"③ 他在"1·5"重要讲话中也说过："一代又一代共产党人为了追求民族独立和人民解放，不惜流血牺牲，靠的就是一种信仰，为的就是一个理想。尽管他们也知道，自己追求的理想并不会在自己手中实现，但他们坚信，只要一代又一代人为之持续努力，一代又一代人为此作出牺牲，崇高的理想就一定能实现。"④

其次，坚定共产主义理想信念，是为了在执行中国特色社会主义基本纲领的过程中不迷失方向，不松懈奋斗意志，不是要在现阶段就实行共产主义的政策。习近平总书记指出："对马克思主义、共产主义

---

① 《习近平关于全面从严治党论述摘编》，中央文献出版社 2021 年版，第 168 页。
② 《习近平关于全面从严治党论述摘编》，中央文献出版社 2021 年版，第 163 页。
③ 《十八大以来重要文献选编》（中），中央文献出版社 2016 年版，第 321 页。
④ 《十八大以来重要文献选编》（上），中央文献出版社 2014 年版，第 116 页。

的信仰，对社会主义的信念，是共产党人精神上的'钙'。没有理想信念，理想信念不坚定，精神上就会得'软骨病'，就会在风雨面前东摇西摆。"① "如果理想信念不坚定，遇到一点风雨就动摇，那尽管平时表面上看着忠诚，但最终也是靠不住的。"② 关于这个问题，毛泽东早在抗日战争期间答复执行新民主主义行动纲领是否应当宣传共产主义思想的疑问时，就曾指出："毫无疑义，应该扩大共产主义思想的宣传，加紧马克思列宁主义的学习，没有这种宣传和学习，不但不能引导中国革命到将来的社会主义阶段上去，而且也不能指导现时的民主革命达到胜利。"他同时指出："应把对于共产主义的思想体系和社会制度的宣传，同对于新民主主义的行动纲领的实践区别开来；又应把作为观察问题、研究学问、处理工作、训练干部的共产主义的理论和方法，同作为整个国民文化的新民主主义的方针区别开来。"③ 他的这些论述虽然是在民主革命时期作出的，但其中蕴含的关于党的最高纲领与当前行动纲领之间关系的原则，直到今天仍然没有过时。对此，邓小平也说过："没有理想和纪律，建设四化是不可能的。"④ 陈云也说过："民主革命时期，我们用共产主义思想教育党员和群众中的先进分子，才使党始终有战斗力，使革命取得了胜利。"⑤ 民主革命时期尚且离不开共产主义思想的宣传教育，现在距离共产主义总比那时更近，在执行社会主义初级阶段基本纲领的同时，当然更需要进行共产主义理想信念的教育。

　　在中国特色社会主义进入新时代后，以习近平同志为核心的党中央反复强调"不忘初心、牢记使命"，并在全党开展了以此为主题的教育活动。所谓初心和使命，就是中国共产党建立之初确立的奋斗目标、宗旨和任务。习近平总书记指出："中国共产党之所以叫共产党，就是因为从成立之日起我们党就把共产主义确立为远大理想。我们党之所以能

① 习近平：《在纪念陈云同志诞辰 110 周年座谈会上的讲话》，人民出版社 2015 年版，第6页。
② 习近平：《论坚持党对一切工作的领导》，中央文献出版社 2019 年版，第 62 页。
③《毛泽东选集》第 2 卷，人民出版社 1991 年版，第 706 页。
④《邓小平文选》第 3 卷，人民出版社 1993 年版，第 191 页。
⑤《陈云文选》第 3 卷，人民出版社 1995 年版，第 352—353 页。

够经受一次次挫折而又一次次奋起，归根到底是因为我们党有远大理想和崇高追求。"① "国内外各种敌对势力，总是企图让我们党改旗易帜、改名换姓，其要害就是企图让我们丢掉对马克思主义的信仰，丢掉对社会主义、共产主义的信念。"② 与此相联系的一个问题是，否定了"无产阶级专政下继续革命"的理论，还能不能再讲革命，再说我们党是革命党。一段时间以来，关于"要把我们党由革命党转变为执政党"的舆论甚嚣尘上，讲"革命"成了禁忌，被当成"左"的表现。对此，习近平总书记自从党的十八大以来一再强调，"革命理想高于天"，"不要忘记我们是革命者"；③ 指出："共产主义远大理想和中国特色社会主义共同理想，是中国共产党人的精神支柱和政治灵魂，也是保持党的团结统一的思想基础"④。"我们党是马克思主义执政党，但同时是马克思主义革命党。"⑤ 只要把党的十八大前后加以比较，人们就会看到，突出坚定理想信念，确实是新时代与此前时期相比的一个显著区别，也是习近平新时代中国特色社会主义思想的一大显著特色。

七、关于必须做好社会主义和资本主义两种社会制度长期合作与斗争的各方面准备

这个问题与坚定共产主义理想信念有逻辑上的因果关系。因为实现共产主义必须经历很长的历史阶段，所以，社会主义制度必然会在很长的历史阶段中与资本主义制度同时存在。要坚定共产主义理想信念，就意味着必须做好社会主义和资本主义两种社会制度长期合作与斗争的准备。

"1·5"重要讲话为了说明为什么社会主义和资本主义这两种社会制

① 《十八大以来重要文献选编》（下），中央文献出版社 2018 年版，第 347 页。

② 《习近平关于"不忘初心、牢记使命"论述摘编》，党建读物出版社、中央文献出版社 2019 年版，第 79 页。

③ 习近平：《在纪念周恩来同志诞辰 120 周年座谈会上的讲话》，《人民日报》2018 年 3 月 2 日。

④ 《十九大以来重要文献选编》（上），中央文献出版社 2019 年版，第 44 页。

⑤ 习近平：《坚持和发展中国特色社会主义要一以贯之》，《求是》2022 年第 18 期。

度要长期合作与斗争的道理,具体提出了两个论据:一是资本主义社会具有自我调节能力,二是西方发达国家在经济科技军事方面将对社会主义国家长期占据优势。习近平总书记指出,我们必须"深刻认识资本主义社会的自我调节能力,充分估计到西方发达国家在经济科技军事方面长期占据优势的客观现实";"必须认真学习和借鉴资本主义创造的有益文明成果","必须面对被人们用西方发达国家的长处来比较我国社会主义发展中的不足并加以指责的现实"。而在处理与资本主义国家的关系中,"最重要的,还是要集中精力办好自己的事情……不断建设对资本主义具有优越性的社会主义,不断为我们赢得主动、赢得优势、赢得未来打下更加坚实的基础"。① 就是说,面对资本主义制度的物质优势和打压,一要创造比资本主义更好的劳动生产率,二要站稳社会主义的脚跟不动摇。

只要回顾新时代十年就会看到,党的十八大以来在处理与资本主义国家既合作又斗争的关系问题上,正是按照上述思路开展工作的。这些工作,我认为主要体现在以下三个方面:

第一,积极推动构建人类命运共同体,倡导摒弃冷战思维,走对话而不对抗、结伴而不加盟的国与国交往的新路。

第二,全面推进中国特色大国外交,高举和平、发展、合作、共赢的大旗,坚决反对霸权主义、强权政治、霸凌行径,推动建设新型国际关系和大国关系,加强同广大发展中国家的团结合作,积极参与全球治理体系的改革和建设,反对搞针对特定国家的阵营化和排他性的小圈子。

第三,提出并坚持总体国家安全观,完善国家安全机制,维护重点领域的国家安全,以人民安全为宗旨,以政治安全为根本,以经济安全为基础,以军事、文化、社会安全为保障,以促进国际安全为依托,走出一条中国特色的国家安全道路。

在维护重点领域的国家安全方面,习近平总书记强调较多的是政治

---

① 《十八大以来重要文献选编》(上),中央文献出版社 2014 年版,第 117 页。

安全和文化安全。加强政治安全、文化安全，说到底是打牢同资本主义、帝国主义国家斗争的基础。关于政治安全，他指出：国内外各种敌对势力总是企图让我们党改旗易帜、改名换姓，"而我们有些人甚至党内有的同志却没有看清这里面暗藏的玄机，认为西方'普世价值'经过了几百年，为什么不能认同？西方一些政治话语为什么不能借用？接受了我们也不会有什么大的损失，为什么非要拧着来？有的人奉西方理论、西方话语为金科玉律，不知不觉成了西方资本主义意识形态的吹鼓手"。"冷战结束以来，在西方价值观念鼓捣下，一些国家被折腾得不成样子了……如果我们用西方资本主义价值体系来剪裁我们的实践，用西方资本主义评价体系来衡量我国发展，符合西方标准就行，不符合西方标准就是落后的陈旧的，就要批判、攻击，那后果不堪设想！"他强调，要把握政治体制改革的方向，指出："有的人把改革开放定义为往西方'普世价值'、西方政治制度的方向改，否则就是不改革开放。这是曲解我们的改革开放。"[①]以上论述，就是提醒人们要警惕和抵制西方资本主义国家对我国的"和平演变"图谋，确保国家的政治安全。

关于文化安全，习近平总书记同样告诫人们要高度警惕和坚决抵制西方的"和平演变"。他指出："我们在集中精力进行经济建设的同时，一刻也不能放松和削弱意识形态工作。在这方面，我们有过深刻教训。一个政权的瓦解往往是从思想领域开始的，政治动荡、政权更迭可能在一夜之间发生，但思想演化是个长期过程。""当前，各种敌对势力一直企图在我国制造'颜色革命'，妄图颠覆中国共产党领导和我国社会主义制度。这是我国政权安全面临的现实危险。他们选中的一个突破口就是意识形态领域，企图把人们思想搞乱，然后浑水摸鱼、乱中取胜。……历史和现实都警示我们，思想舆论阵地一旦被突破，其他防线就很难守得住。在意识形态领域斗争上，我们没有任何妥协、退让的余地，必须取得全胜。"他强调："意识形态关乎旗帜、关乎道路、关乎国

---

①《习近平关于总体国家安全观论述摘编》，中央文献出版社2018年版，第33、33—34、19页。

家政治安全。各级党委和宣传思想部门、组织部门、教育部门要加强领导和管理，党报党刊党网、党政干部院校、大专院校要强化政治意识、责任意识，在重大问题上与党中央保持高度一致，绝不允许与中央唱反调，绝不允许吃共产党的饭、砸共产党的锅。"①

新时代十年在贯彻总体国家安全观方面的一个突出进展，是对香港"一国两制"实践的全面准确推进。20 世纪 80 年代，随着九龙半岛租期临近，邓小平综合考虑当时的国际国内形势，提出了用"一国两制"解决港澳问题的构想，并分别与英、葡政府达成协议，于 1997 和 1999 年先后实现了港澳的顺利回归。然而，一个时期以来，香港"反中乱港"分子勾结国内外反华势力，多次举行非法集会、游行，疯狂进行打砸烧等暴力破坏活动，甚至打出"港独"旗号，使香港局势一度出现严峻局面。面对这些情况，以习近平同志为核心的党中央沉着应对，强调必须全面准确贯彻"一国两制"、"港人治港"、高度自治，指出"一国两制"，首先要树立"一国"意识，坚守"一国"原则，维护国家统一；高度自治不是完全自治，中央政府对香港特区拥有全面管治权；要坚持爱国者为主体的"港人治港"，发展壮大爱国爱港力量，增强香港同胞的国家意识和爱国精神。为了健全中央依照宪法和基本法对特别行政区行使全面管治权，推动建立健全特别行政区维护国家安全的法律制度和执行机制，十三届全国人大常委会和十三届全国人大四次会议先后通过了香港特别行政区维护国家安全法和关于香港特别行政区选举制度的决定，并建立了中央人民政府驻香港特别行政区维护国家安全公署；香港特别行政区也依法设立了维护国家安全委员会，完善了公职人员宣誓制度。这些举措，解决了香港回归祖国后长期未纳入国家治理体系的问题，对于香港由乱转治、有效落实中央对香港的全面管治权、保障香港长治久安和长期稳定繁荣，具有重大而深远的意义，是香港回归祖国后在治权上的真正回归。

---

①《习近平关于总体国家安全观论述摘编》，中央文献出版社 2018 年版，第 100、118、111 页。

20 世纪 70 年代末 80 年代初以来，我们党根据和平与发展已代替战争与革命成为时代特征的新变化，在对外政策上做出了较大调整，努力改善与资本主义国家的关系，为国内经济建设创造良好环境；同时，从维护国家安全出发，一刻也没有放松对西方敌对势力渗透、颠覆、分裂活动的防范和抵御。党的十八大以来，以习近平同志为核心的党中央进一步总结了我们在处理与资本主义国家关系上的经验教训，完善了与资本主义国家既合作又斗争的措施，构成新时代中国特色社会主义的又一个重要内容。党的二十大报告指出：十年前，我国国家安全受到严峻挑战。十年来，我们贯彻总体国家安全观，在原则问题上寸步不让，以坚定的意志品质维护国家主权、安全、发展利益；推动构建人类命运共同体，坚定维护国际公平正义，倡导践行真正的多边主义，旗帜鲜明反对一切霸权主义和强权政治，推动构建新型国际关系；清醒看到"各种可以预见和难以预见的狂风暴雨、惊涛骇浪"[1]，"来自外部的打压遏制随时可能升级"[2]，必须"扎实做好各战略方向军事斗争准备，统筹推进传统安全领域和新型安全领域军事斗争准备"[3]。正如习近平总书记在纪念中国人民志愿军抗美援朝出国作战 70 周年大会讲话中所说："中国人民不惹事也不怕事，在任何困难和风险面前，腿肚子不会抖，腰杆子不会弯，中华民族是吓不倒、压不垮的！"[4] 这些论述，正是新时代对两种社会制度既合作又斗争关系的深刻总结和精辟概括。

八、关于必须坚定走中国特色社会主义道路的决心和信心

随着鸦片战争后列强的不断入侵，中国人的自信心遭受极大挫伤。新中国成立后，中国人民站立了起来，特别是抗美援朝打败了美国侵略者，中国人重新拾回了自信心。然而曾几何时，有些中国人又变得缺乏

---

①《加快构建新发展格局 增强发展的安全性主动权》，《人民日报》2023 年 2 月 2 日。
②《中国共产党第二十次全国代表大会文件汇编》，人民出版社 2022 年版，第 22 页。
③《中国共产党第十九次全国代表大会文件汇编》，人民出版社 2017 年版，第 43—44 页。
④《纪念中国人民志愿军抗美援朝出国作战 70 周年大会在京隆重举行》，《人民日报》2020 年 10 月 24 日。

自信心了。"以洋为美""唯洋是从"被一些人奉为原则。针对这种现象，党的十八大报告提出了"道路自信、理论自信、制度自信"的概念。"1·5"重要讲话虽然没有重复"自信"这个词，但对"自信"的根据却进行了充分论证。

"1·5"重要讲话指出："我们党在革命、建设、改革各个历史时期，坚持从我国国情出发，探索并形成了符合中国实际的新民主主义革命道路、社会主义改造和社会主义建设道路、中国特色社会主义道路，这种独立自主的探索精神，这种坚持走自己路的坚定决心，是我们党不断从挫折中觉醒、不断从胜利走向胜利的真谛。"讲话还说："只要我们坚持独立自主走自己的路，毫不动摇坚持和发展中国特色社会主义，我们就一定能在中国共产党成立一百年时全面建成小康社会，就一定能在新中国成立一百年时建成富强民主文明和谐的社会主义现代化国家。"①这里没有出现"自信"两个字，但论证的正是关于我们为什么要自信、能自信的道理。

就在"1·5"重要讲话之后两个月的十二届全国人大一次会议上，习近平总书记进一步发挥了"1·5"重要讲话的这一论述精神，明确提出了中国特色社会主义道路自信、理论自信、制度自信的概念。他指出，中国特色社会主义道路是在改革开放 30 多年的伟大实践中、是在中华人民共和国 60 多年的持续探索中、是在对近代以来 170 多年中华民族发展历程的深刻总结中，是在对中华民族 5000 多年悠久文明的传承中走出来的，"具有深厚的历史渊源和广泛的现实基础"②。我们创造了伟大的中华文明，也能够继续拓展和走好适合中国国情的发展道路，因此，"要增强对中国特色社会主义的道路自信、理论自信、制度自信"③。过了三年，在庆祝中国共产党成立 95 周年大会上，他在上述"三个自信"的基础上，又提出了"文化自信"的概念，形成了"四个自信"的完整表述，使这一观点成为习近平新时代中国特色社会主义思想的又一

①《十八大以来重要文献选编》（上），中央文献出版社 2014 年版，第 117—118、118 页。
②《十八大以来重要文献选编》（上），中央文献出版社 2014 年版，第 234 页。
③《十八大以来重要文献选编》（上），中央文献出版社 2014 年版，第 235 页。

重要内容，为树立民族自信心提供了重要的理论依据，并逐渐融入新时代人们的日常话语体系。正如他在那篇讲话中所说："当今世界，要说哪个政党、哪个国家、哪个民族能够自信的话，那中国共产党、中华人民共和国、中华民族是最有理由自信的。"①

　　人类历史上任何先进的科学的思想，都有自己的源和流。如果说习近平新时代中国特色社会主义思想的源头是马克思主义基本原理同中国具体实际、同中华优秀传统文化的结合，是我们党成立以来历史经验的深刻总结和充分运用的话，那么，这一思想的上游可以追溯到习近平总书记的"1·5"重要讲话。我们今天重温这篇讲话，目的是进一步认识新时代十年成就的来之不易，更加深刻地领悟习近平新时代中国特色社会主义思想的真谛，把握好它的世界观、方法论和贯穿其中的立场观点方法，把中国特色社会主义伟大事业继续推向前进。

---

　　①《十八大以来重要文献选编》（下），中央文献出版社 2018 年版，第 348 页。

结合新中国史学习贯彻党的二十大精神 *

党的十八大以来，习近平总书记对新中国史的学习研究与宣传教育给予了前所未有的重视，并在党的二十大报告中多处提到新中国史，要求抓好对包括新中国史在内的"四史"宣传教育，引导人们知史爱党、知史爱国。2022 年 12 月，在中华人民共和国国史学会成立 30 周年之际，习近平总书记又特致贺信，希望国史学会深入学习贯彻党的二十大精神，"牢牢把握国史的主题主线、主流本质，不断提高研究水平，创新宣传方式，加强教育引导，激励人们坚定历史自信、增强历史主动"①。这一切充分说明，对新中国史的学习研究与宣传教育，在推进中国特色社会主义伟大事业进程中，具有不可替代的重要作用。

马克思主义告诉我们，理论来源于对实践的总结，学习理论必须结合实际。而所谓历史，就是过去的实践和过去的实际；新中国的历史，就是中国人民在中国共产党领导下进行社会主义革命、建设、改革的实践与实际。学习应用马克思主义理论和马克思主义中国化时代化的理论成果，既要结合当前的实践与实际，也要结合历史上的实践与实际。同样，学习贯彻党的二十大精神，也必须结合新中国史和对新中国史的学习研究与宣传教育。

一、新时代十年伟大变革在新中国史上具有里程碑意义

党的二十大报告指出："新时代十年的伟大变革，在党史、新中国史、改革开放史、社会主义发展史、中华民族发展史上具有里程碑意义。"这里说的里程碑，即划时代、划历史时期的意思。根据历史唯物

---

* 本文曾刊于《前线》2023 年第 5 期。

①《坚定历史自信 增强历史主动 更好凝聚团结奋斗的精神力量》，《人民日报》2022 年 12 月 9 日。

主义，给社会形态不一样的历史划分阶段，主要看生产方式有无出现根本变化，而给社会形态基本一样的历史划分阶段，主要看社会有无出现新的阶段性特征。因此，认识新时代十年在新中国史上的里程碑意义，关键在于找出新时代十年在新中国史上的阶段性特征以及反映这些特征的标志性变化。

毛泽东指出："有比较才能鉴别。"① 新时代十年虽然从总体上看，处于新中国史中的改革开放历史新时期，但只要把这十年与改革开放以来经历过的几个历史阶段加以比较，就不难看出，无论在政治、经济、文化、社会、生态文明建设方面，还是在体制改革、国家安全、党的自身建设方面，这十年都发生了明显而深刻的变化，呈现出不同于此前几个历史阶段的阶段性特征。这表明，无论是在新中国史还是改革开放史上，党的十八大之后都进入了一个新的历史时期。党的十九大报告说，中国特色社会主义进入新时代；党的二十大报告说，新时代十年的伟大变革在新中国史上具有里程碑意义，其原因都在这里。

党的二十大报告在论及十年前我们党面对的形势时指出：一方面，改革开放和社会主义现代化建设取得巨大成就，党的建设新的伟大工程取得显著成效；另一方面，一系列长期积累及新出现的突出矛盾和问题亟待解决，比如，有人对坚持党的领导认识模糊、行动乏力，有些党员、干部政治信仰发生动摇，形式主义、官僚主义、享乐主义、奢靡之风屡禁不止，一些人对中国特色社会主义政治制度自信不足，历史虚无主义等错误思潮不时出现，党内和社会上不少人对党和国家前途忧心忡忡。正是针对十年前这些影响党长期执政、国家长治久安、人民幸福安康的突出矛盾和问题，以习近平同志为核心的党中央在党的十八大以后采取了一系列战略性举措，推进了一系列变革性实践，从而实现了一系列突破性进展，取得了一系列标志性成果，经受住了一系列政治、经济、意识形态、自然界等各方面风险挑战的考验，校正了中国特色社会主义航船的前进方向。

---

① 《毛泽东文集》第7卷，人民出版社1999年版，第280页。

新时代十年来，党中央在治国理政的理念上，更加突出人民至上、以人民为中心；在政治建设上，更加突出坚持中国共产党的全面领导；在经济建设上，更加突出发展的平衡性、协调性、务实性、创新性和可持续性；在文化建设上，更加强调维护马克思主义在意识形态领域的指导地位，要求同各种错误倾向和错误思潮作斗争；在体制改革上，更加突出端正方向、注重实效、全面深化和促进公平；在维护国家安全和推进国家统一大业上，更加突出忧患意识、整体思维和"不信邪、不怕鬼"的精神；在执政党自身建设上，更加突出全面从严治党和坚定理想信念的主基调。正是这些变化，显示了新时代十年来与十年前各历史阶段不同的阶段性特征。可见，只有结合新中国史和对新中国史的学习研究与宣传教育，才能更有利于人们深入理解关于新时代十年伟大变革在新中国史上具有里程碑意义的道理。

二、新中国成立特别是改革开放以来的长期探索和实践对于党的十八大以来中国式现代化的成功推进和拓展具有基础性作用

党的二十大报告指出："在新中国成立特别是改革开放以来长期探索和实践基础上，经过十八大以来在理论和实践上的创新突破，我们党成功推进和拓展了中国式现代化。"这段论述十分扼要地揭示了中国式现代化形成与发展的历史过程。可见，要深刻认识中国式现代化，同样要结合新中国史和对新中国史的学习研究与宣传教育。

现代化一词最早是指 18 世纪中叶工业革命以来，人类社会在经济、政治、文明等各方面由传统向现代转变的过程。当时，这种转变只能通过资本主义来实现。直到 20 世纪初发生了十月革命，现代化才有了不同于资本主义的另一种选择，即社会主义的现代化。我们党对现代化的提法，最初是工业化和近代化。新中国成立初期提出社会主义过渡时期总路线，主体任务仍然是逐步实现社会主义的工业化。直到 20 世纪 60年代，社会主义的奋斗目标才由实现工业化的提法，改为实现工业、农业、国防和科学技术的"四个现代化"。

历史表明，我国的现代化既不同于资本主义国家的，也不完全相同

于苏联等社会主义国家的，从一开始就具有中国自身的特点。新中国成立后，我国是经过对资本主义的工商业改造，实行"赎买政策"，进入社会主义社会的。同时，凭借发动群众自力更生、艰苦奋斗和发挥社会主义集中力量办大事的优越性，以相对少的资金投入，用了仅仅 4 个五年计划的建设，就建成了独立的比较完整的工业体系和国民经济体系，取得了以"两弹一星"为代表的尖端科学技术的一系列成果，为中国现代化的进一步发展打下了坚实基础。

改革开放后，我们党将现代化的提法由"四个现代化"进一步发展为全面的现代化，即中国特色的社会主义现代化。邓小平指出："我们搞的现代化，是中国式的现代化。我们建设的社会主义，是有中国特色的社会主义。"[1]这说明，中国式现代化的概念从一提出来，就是与社会主义连在一起的。邓小平特别强调："有些人脑子里的四化同我们脑子里的四化不同。我们脑子里的四化是社会主义的四化。他们只讲四化，不讲社会主义。这就忘记了事物的本质，也就离开了中国的发展道路。"[2]2010 年，仅用几十年时间，我国的国内生产总值就超过了发达的资本主义国家日本，一跃成为世界第二大经济体。这说明，建立在社会主义制度基础上的中国式现代化道路，完全符合中国国情，是唯一正确和有效的现代化道路。

进入新时代，习近平总书记进一步总结了关于中国式现代化的经验，形成了一套完整的理论体系。习近平总书记强调，"现代化≠西方化"，同时针对资本主义现代化以资本为中心、搞两极分化、物质主义膨胀、对外扩张掠夺特别是暴力掠夺殖民地、以其他国家落后为代价等特点，概括出了中国式现代化 5 个方面的中国特色，即人口规模巨大、全体人民共同富裕、物质文明和精神文明相协调、人与自然和谐共生、走和平发展道路。习近平总书记指出："实践表明，中国式现代化既切合中国实际，体现了社会主义建设规律，也体现了人类社会发展规律。

①《邓小平文选》第 3 卷，人民出版社 1993 年版，第 29 页。
②《邓小平文选》第 3 卷，人民出版社 1993 年版，第 204 页。

我国要坚定不移推进中国式现代化，以中国式现代化推进中华民族伟大复兴，不断为人类作出新的更大贡献。"① 我国已经用 70 多年接续不断的现代化建设，走完了西方资本主义国家用几百年才走完的现代化路程。正如习近平总书记所说的，"我国 14 亿人口要整体迈入现代化社会，其规模超过现有发达国家的总和，将彻底改写现代化的世界版图" ②。到那时，我国对人类历史必将作出意义更加重大而深远的贡献。

三、百年奋斗历程对于中国共产党成为社会主义事业领导核心具有决定性意义

党的二十大报告指出："走过百年奋斗历程的中国共产党在革命性锻造中更加坚强有力，党的政治领导力、思想引领力、群众组织力、社会号召力显著增强，党同人民群众始终保持血肉联系，中国共产党在世界形势深刻变化的历史进程中始终走在时代前列，在应对国内外各种风险和考验的历史进程中始终成为全国人民的主心骨，在坚持和发展中国特色社会主义的历史进程中始终成为坚强领导核心。"这一论述表明，认识真理要靠理论的逻辑，也要靠历史的逻辑。要深刻认识中国共产党为什么会成为新中国的最高政治领导力量，中国共产党的领导为什么是中国特色社会主义的最本质特征和最大优势，同样要运用历史的逻辑，要回顾新时代十年的历史、新中国 70 多年的历史、党的百年历史乃至近代中国 100 多年的历史。只有这样，才能明白中国共产党领导是历史的选择、人民的选择的道理。

中国自 1840 年鸦片战争后逐步沦为半殖民地半封建社会，不断遭受西方列强的侵略。无数仁人志士扼腕叹息，为追赶欧美的现代工业和科学技术进行不懈的努力。然而，由于没有先进阶级的领导和正确思想的指引，所有努力无不以失败告终。中国共产党作为工人阶级政党，同样认为中国的落后在于错过了工业化的时代列车，但同时认为，中国要

---

①《习近平谈治国理政》第 4 卷，外文出版社 2022 年版，第 124 页。
②《习近平谈治国理政》第 4 卷，外文出版社 2022 年版，第 123 页。

想实现工业化，拥有先进的工业和科技，必须彻底反帝反封建，先用新民主主义革命的方式，搬开阻碍中国工业化的"拦路虎"，然后根据时代的变化，走社会主义的道路，用社会主义的方式实现工业化。正如毛泽东所说："中国工人阶级的任务，不但是为着建立新民主主义的国家而斗争，而且是为着中国的工业化和农业近代化而斗争。"[①]为此，中国共产党以切合实际的政治主张和大无畏的牺牲精神，吸引和凝聚了中华民族最优秀的儿女，团结了除封建地主阶级和官僚买办资产阶级之外的各个阶级和阶层，担负起领导新民主主义革命的重任，并通过28年艰苦卓绝的斗争，带领中国人民推翻了"三座大山"，建立了新中国，从而为中国式现代化创造了必要的政治前提。历史雄辩地说明，没有共产党就没有新中国，就没有中华民族的独立和解放。

新中国成立后，中国共产党又领导全国各族人民，开展了轰轰烈烈、持续不断的工业化、现代化建设，同时为实现工业化和现代化解决了摆在中国面前的一系列重大问题。例如，通过土地制度改革、剿匪斗争、镇压反革命、抗美援朝，实行独立自主的和平外交政策、倡导和平共处五项原则、奉行防御性国防政策以及建立人民代表大会制度、中国共产党领导的多党合作和政治协商制度、民族区域自治制度等一系列举措，为工业化、现代化建设打造了有利的内外环境；通过实行"一化三改"、改革开放、社会主义市场经济等一系列方针政策，为工业化、现代化建设开辟了既符合中国实际又切合时代特点的正确道路；通过签订中苏友好同盟互助条约、打开中美关系大门、实行对外开放、加入世贸组织等一系列历史性选择，为工业化、现代化建设抓住了一次次难得的发展机遇；通过制定五年计划和规划、提出以工业为主导和以农业为基础，推进三线建设、"三步走"发展战略、"五位一体"总体布局、全面建设小康社会以及实施科教兴国、创新驱动、供给侧结构性改革，构建以国内大循环为主体、国内国际双循环相互促进的新发展格局等战略，为工业化、现代化建设确定了一系列切实有效的发展步骤；通过树立耿

---

① 《毛泽东选集》第 3 卷，人民出版社 1991 年版，第 1081 页。

长锁、雷锋、王进喜、焦裕禄等先进典型，培育"两弹一星"精神、大庆精神、女排精神、抗震救灾精神、载人航天精神、脱贫攻坚精神等一系列精神，为工业化、现代化建设营造了积极向上的社会风尚，注入了强大的精神动力。历史再次雄辩地说明，没有中国共产党的领导，就没有中国的工业化和现代化，就没有中华民族的伟大复兴。

在坚持领导社会主义工业化、现代化建设的同时，我们党也没有忽略自身建设，不断通过各种形式，推进自我净化、自我完善、自我革新、自我提高，从而经受了执政考验、改革开放考验、市场经济考验和外部环境考验，保持了党的纯洁性和战斗力。历史已经证明并在继续证明，只要坚持党的领导，并确保党不变质、不变色、不变味，全面建成社会主义现代化强国和中华民族伟大复兴的目标就一定能实现。

四、抓好"四史"宣传教育对于培养担当民族复兴大任时代新人具有重要作用

党的二十大报告在论述用好红色资源，深化爱国主义、集体主义、社会主义教育，着力培养担当民族复兴大任时代新人时，强调要推动理想信念教育常态化制度化，着重提出要"持续抓好党史、新中国史、改革开放史、社会主义发展史宣传教育，引导人民知史爱党、知史爱国，不断坚定中国特色社会主义共同理想"。这一论述说明，在培养担当民族复兴大任时代新人的过程中，新中国史的宣传教育具有格外重要的作用。

历史充分证明，青年人从来是社会的中坚力量，是最爱国的群体，同时也是最单纯、可塑性最强的群体。因此，对青年群体始终存在一个引导问题。引导得好，他们就是社会进步的推动力量；引导得不好或缺乏引导，也可能起很大的副作用。

党的十八大以来，以习近平同志为核心的党中央高度重视青年作用和青年工作。党的十九大报告、二十大报告最后都有一个段落，专门强调青年工作和寄语广大青年，指出青年一代是国家的未来、民族的希望，全党要关心和爱护青年，把青年工作作为战略性工作来抓；广大青年要坚定不移听党话、跟党走，坚定理想信念，志存高远，脚踏实地，

立志做有理想、敢担当、能吃苦、肯奋斗的新时代好青年。与此同时，以习近平同志为核心的党中央也高度重视意识形态领域的斗争和高校的思想政治工作，积极引领全党抵制和批判历史虚无主义思潮，倡导人们树立正确的历史观、民族观、国家观，明确要求高校加强对马克思主义和包括新中国史在内的"四史"学习教育。正是这一切，使新时代社会舆论氛围发生了根本性转变，也使广大青年的思想政治觉悟有了明显提高。可见，以正确历史观指导的新中国史的宣传教育，对于青年思想状况的转变起到了十分重要的作用。

大量事实表明，当前高校思想政治课和"四史"教育的主要问题，是如何使教育者进一步加强自我教育，努力学习党的科学理论，并从思想上真正弄懂弄通。只有这样，讲起课来才能做到融会贯通，才能用旗帜鲜明、实事求是、生动活泼、朴实无华的语言，解答青年学生提出的实际问题，使他们能听、爱听、口服、心服，才能"以己昭昭，使人昭昭"，才能适应新时代的新形势和新要求。

做思想政治工作，讲新中国史的课，应当注重说服力和实效，既不能离经叛道，也不能照本宣科，弄得课堂死气沉沉，使受教育者昏昏欲睡。马克思说过："理论只要说服人〔ad hominem〕，就能掌握群众；而理论只要彻底，就能说服人〔ad hominem〕。所谓彻底，就是抓住事物的根本。"① 新中国史宣传教育工作者应当重温毛泽东的《改造我们的学习》《整顿党的作风》《反对党八股》等著作，一方面，深入研究和熟悉新中国史，并牢牢把握历史的主题主线、主流本质；另一方面，在理论与实际的结合上狠下功夫，善于用马克思主义理论分析、解答新中国史宣传教育中遇到的各种问题，切实增强思政课和"四史"教育的说服力、吸引力、感召力。国史研究和宣传教育工作者要努力发挥在培养担当民族复兴大任时代新人中的作用，为引导青年知史爱党、知史爱国，帮助青年坚定"四个自信"，促进青年坚定中国特色社会主义共同理想，贡献自己的一份力量。

---

① 《马克思恩格斯选集》第 1 卷，人民出版社 2012 年版，第 9—10 页。

坚持以人民为中心的改革原则

——党的二十届三中全会精神学习体会*

    中国共产党成立一百多年来，之所以能不断从胜利走向胜利，一个重要原因就在于重视并善于总结历史经验。革命时期是这样，建设时期也是这样，改革时期仍然是这样。党的二十届三中全会通过的《中共中央关于进一步全面深化改革　推进中国式现代化的决定》（以下简称《决定》）指出，"总结和运用改革开放以来特别是新时代全面深化改革的宝贵经验"①告诉我们，要进一步全面深化改革，必须贯彻以下原则，包括：坚持党的全面领导，确保改革始终沿着正确政治方向前进；坚持以人民为中心，人民有所呼、改革有所应，做到改革为了人民、改革依靠人民、改革成果由人民共享；坚持守正创新，坚持中国特色社会主义不动摇。此外，《决定》在阐明进一步全面深化改革的指导思想时，强调要以促进社会公平正义、增进人民福祉为出发点和落脚点；在阐明进一步全面深化改革的总目标时，强调要聚焦提高人民生活品质、完善收入分配和就业制度、健全社会保障体系、推动全体人民共同富裕取得更为明显的实质性进展。显然，这些要求也都是对改革开放以来特别是新时代全面深化改革经验的总结和运用，也都是进一步全面深化改革必须贯彻的原则。笔者体会，以上论述说明，以人民为中心是进一步全面深化改革的核心要义；要进一步全面深化改革，就要牢记改革开放特别

---

    * 本文是作者 2024 年 7 月 24 日在国史学会学习党的二十届三中全会精神座谈会上的讲话，后刊于《马克思主义理论学科研究》2024 年第 8 期，原标题为《牢记改革开放的历史经验 坚持以人民为中心的改革原则——学习〈中共中央关于进一步全面深化改革、推进中国式现代化的决定〉》。收入本书时，作者略作修改。

    ①《中共中央关于进一步全面深化改革 推进中国式现代化的决定》，《人民日报》2024 年 7 月 22 日。

是新时代全面深化改革的历史经验，把以人民为中心作为改革的重要原则，进一步坚定改革的正确政治方向不动摇，进一步明确改革的出发点和落脚点不走样，进一步聚焦改革的着重点不偏离。

一、社会主义制度的自我完善和发展是改革的正确政治方向

改革有没有方向？什么是改革的方向？关于这个问题，从改革开放伊始就存在两种不同主张的分歧和争论。党中央早在 1984 年作出的第一个改革决定，即党的十二届三中全会通过的《中共中央关于经济体制改革的决定》就明确指出，改革"是社会主义制度的自我完善和发展"①。2013 年，党的十八届三中全会通过的《中共中央关于全面深化改革若干重大问题的决定》重申：改革要"推动中国特色社会主义制度自我完善和发展"②。这些说明，我们的改革是有方向的，这个方向就是完善和发展社会主义，就是社会主义而不是别的什么主义。曾几何时，有人鼓噪："改革就是改革，无所谓社会主义方向，资本主义方向"，说什么"强调'四项基本原则'会妨碍改革的发展"。还有人提出，改革就要"按照西方经济学原理办"，要"以北欧的民主社会主义为目标模式"，宣扬所谓"冰棍理论"，主张"国有企业晚卖不如早卖"，并要求"国有企业退出自然垄断和竞争性行业""把国有资产量化到个人"。所有这些主张，说穿了就是要我们的改革朝着资本主义私有化的方向改。党的十八大后，这种声音虽然小了，但明里暗里仍然存在，一有机会便会冒出来。比如，就在最近，有人抓住《决定》中只讲"毫不动摇巩固和发展公有制经济"，没有讲"公有制为主体"，便望文生义，急不可耐地说什么"这种变化是历史性的"，说明"不再区分公有制、非公有制谁是主体地位"了，"两种所有制实现了真正的平等"，云云。

关于改革究竟有没有方向，什么是方向的问题，习近平早在党的十八大闭幕不久就指出："中国特色社会主义是社会主义而不是其他什

①《十二大以来重要文献选编》（中），中央文献出版社 2011 年版，第 293 页。
②《十八大以来重要文献选编》（上），中央文献出版社 2014 年版，第 514 页。

么主义。""我们说中国特色社会主义是社会主义，那就是不论怎么改革、怎么开放，我们都始终要坚持中国特色社会主义道路、中国特色社会主义理论体系、中国特色社会主义制度，坚持党的十八大提出的夺取中国特色社会主义新胜利的基本要求。""科学社会主义基本原则不能丢，丢了就不是社会主义。"①习近平的这一系列重要论述说明，根据社会主义初级阶段理论，中国特色社会主义虽然在某些政策上与社会主义高级阶段有所区别，但在主要原则上遵循的仍然是科学社会主义理论。而根据科学社会主义的基本原理，生产资料所有制的性质乃是区分社会主义和资本主义的根本标志之一。新中国成立之初，无论当时人们对科学社会主义的理解还是大规模突击性工业化的客观需要，社会主义所有制都必须是完全的公有制，即全民集体制和集体所有制。然而，当资本主义工商业改造完成之后，人们认识到，看一个社会是不是社会主义，应当主要看公有制有没有占主体，只要占主体，即使有个体生产作补充，仍然是社会主义，所以提出了"三个主体三个补充"的设想。这一设想在当年由于种种原因未能付诸实践，但在改革开放后成为改革的主导方针。通过改革实践，人们进一步认识到，所谓公有制占主体，指的主要是公有制经济对国民经济拥有绝对控制力。所以，中国特色社会主义尽管允许和发展个体与私营经济，但由于公有制经济对国民经济始终拥有绝对控制力，因此，仍然占据主体地位。就是说，我们的改革仍然坚持的是社会主义原则，仍然以发展和完善社会主义为方向。

目前，我国个体私营企业虽然已占到全部税收的 50% 以上，国内生产总值的 60% 以上，技术创新的 70% 以上，城镇就业的 80% 以上，企业总数的 90% 以上，但无论是我国的宪法还是所有制结构的实际状况都表明，公有制对国民经济仍然拥有绝对的控制力。改革开放后，我国对现行宪法进行了多次修订，但第六、七、九、十条始终没有变。其中规定："中华人民共和国的社会主义经济制度的基础是生产资料的社会主义公有制，即全民所有制和劳动群众集体所有制。""国有经济，即

---

① 《习近平著作选读》第 1 卷，人民出版社 2023 年版，第 75、76、75 页。

社会主义全民所有制经济，是国民经济中的主导力量。国家保障国有经济的巩固和发展。""矿藏、水流、森林、山岭、草原、荒地、滩涂等自然资源，都属于国家所有，即全民所有。""城市的土地属于国家所有。农村和城市郊区的土地，除由法律规定属于国家所有的以外，属于集体所有；宅基地和自留地、自留山，也属于集体所有。"宪法是这样规定的，实际上也是这样做的。就是说，自从1956年对资本主义工商业、农业、手工业的社会主义改造完成之后，我国的所有土地、矿藏、河流、森林等凡是构成生产要素的自然资源，都已属于国家和集体所有了，任何个人对它们都只拥有使用权而没有所有权。改革开放后，民营经济虽然得到了大力发展，在国家税收、技术创新、吸收就业人口等方面发挥了重要作用，但凡是关系国民经济命脉的行业，如金融、运输、电信、能源、铁路、航空、港口、冶金、矿产等，仍然由国有企业独资或控股经营；重大基本建设项目，如铁路、公路、发电站、长途输变电、输油管线的建设，也都由国家作为投资主体。而且，在全社会资产总额中，国有企业也仍然占据着绝对的优势。所以，宪法第六条规定的"公有制为主体、多种所有制经济共同发展的基本经济制度"①中的"公有制为主体"，指的是而且必然是全民所有制和集体所有制经济对国民经济拥有绝对的控制力。

至于"公有制占主体"这句话是否在某个文件中出现，要根据那个文件的具体情况决定，不出现并不等于取消了宪法的上述规定。比如，党的二十大报告中就没有写这句话，而是表述为："坚持和完善社会主义基本经济制度，毫不动摇巩固和发展公有制经济，毫不动摇鼓励、支持、引导非公有制经济发展"②。这里说的社会主义基本经济制度，当然指"公有制为主体、多种所有制经济共同发展"的制度。习近平在2021年中央财经委员会会议上讲到坚持基本经济制度时，既讲"两个毫不动摇"，又讲"要坚持公有制为主体，多种所有制经济共同发展"。③所以，

①《中华人民共和国宪法》，人民出版社2018年版，第10—11页。
②《习近平著作选读》第1卷，人民出版社2023年版，第24页。
③《十九大以来重要文献选编》（下），中央文献出版社2023年版，第392页。

党的二十届三中全会的《决定》，在讲到"两个毫不动摇"时，虽然没讲"公有制占主体"，但显然也是讲要坚持包括"公有制占主体"的社会主义基本经济制度。这一基本经济制度早已写入宪法，怎么可能因为某个文件没出现就变了呢？宪法规定，我国国体是工人阶级领导的、以工农联盟为基础的人民民主专政的社会主义国家。这句话也不是在每个文件甚至重要文件中都出现，但不出现并不意味我们的国体就变了。

在任何一种社会的经济体制中，所有制都具有决定性的意义。进入新时代，以习近平同志为核心的党中央针对少数人搞官商勾结、中饱私囊，一些领域的资本在扩张中偏离国家政策目标和基本价值标准，肆意提升竞争门槛、操纵市场、牟取暴利等问题，斩钉截铁地提出要防止资本野蛮生长和无序扩张，要有效控制资本逐利性的消极作用，"既不让'资本大鳄'恣意妄为，又要发挥资本作为生产要素的功能"①；同时，旗帜鲜明地支持国有资本和国有企业做强做优做大，增强国有经济的竞争力、创新力、控制力、影响力、抗风险力。习近平强调，国有企业是"保障人民共同利益的重要力量"②。"我国各族人民共享发展成果的制度性保证"③，要不断加大对国有资产的监管力度，提高国有资本上缴公共财政的比例，依法堵塞国有资产流失的各种漏洞。全国人大常委会在农村集体经济组织法中也明确规定，农村集体经济是"巩固社会主义公有制、促进共同富裕的重要主体"，是"巩固党在农村执政根基的重要保障"。④这次《决定》中又特别写上了"促进农民合作经营"，"发展新型农村集体经济"。⑤这些都说明，我们不仅要坚持公有制为主体，而且要使这个主体地位变得越来越强。

强调坚定改革的正确政治方向，巩固公有制为主体，做强做优做大国有企业，并不意味着要压缩民营企业。相反，《决定》在强调加快建

---

① 习近平：《正确认识和把握我国发展重大理论和实践问题》，《求是》2022 年第 10 期。

②《习近平关于社会主义经济建设论述摘编》，中央文献出版社 2017 年版，第 54 页。

③《习近平关于社会主义经济建设论述摘编》，中央文献出版社 2017 年版，第 63 页。

④《中华人民共和国农村集体经济组织法》，《人民日报》2024 年 7 月 3 日。

⑤《中共中央关于进一步全面深化改革 推进中国式现代化的决定》，《人民日报》2024 年 7 月 22 日。

立民营企业信用状况综合评价体系、健全民营中小企业增信制度、加强企业合规建设和廉洁风险防控的同时，也提出要制定民营经济促进法，完善民营企业参与国家重大项目建设长效机制，支持有能力的民营企业牵头承担国家重大技术攻关任务，向民营企业进一步开放国家重大科研基础设施等。总之，国家对于鼓励、支持、引导非公有制经济发展，同样是真心实意、毫不动摇的。只要是守法合规的民营企业，在社会主义市场经济的框架内必定具有广阔的发展空间。国有企业和民营企业不是此消彼长的关系，而是会优势互补，共同发展。这是社会主义初级阶段的必然要求，是坚持社会主义市场经济的必然要求，也是坚持改革正确政治方向的必然要求，是不会改变的。

进入新时代，习近平提出了一个十分重要的方针，即"推动全党把坚持正确政治方向贯彻到谋划重大战略、制定重大政策、部署重大任务、推进重大工作的实践中去，经常对表对标，及时校准偏差"①。按照这一方针，党中央校正了过去在处理效率与公平、政府与市场、改革与民生、富裕地区与贫困地区等重大关系上出现的偏差。例如，党的十八届三中全会将市场在资源配置中起基础作用的提法改为"起决定性作用"后，有人借此鼓吹"小政府、大市场"的论调。针对这种舆论，习近平指出："市场在资源配置中起决定性作用，并不是起全部作用。"②"我们是在中国共产党领导和社会主义制度的大前提下发展市场经济，什么时候都不能忘了'社会主义'这个定语。之所以说是社会主义市场经济，就是要坚持我们的制度优越性，有效防范资本主义市场经济的弊端。我们要坚持辩证法、两点论，继续在社会主义基本制度与市场经济的结合上下功夫，把两方面优势都发挥好，既要'有效的市场'，也要'有为的政府'，努力在实践中破解这道经济学上的世界性难题。"③《决定》指出，要构建高水平的社会主义市场经济体制，既"放得活"又"管得

---

① 《把党的政治建设作为党的根本性建设　为党不断从胜利走向胜利提供重要保证》，《人民日报》2018 年 7 月 1 日。

② 《习近平关于全面深化改革论述摘编》，中央文献出版社 2014 年版，第 57 页。

③ 《习近平关于社会主义经济建设论述摘编》，中央文献出版社 2017 年版，第 64 页。

住"，"弥补市场失灵"，就是在朝着破解这道经济学难题的方向上迈出的又一步。

党的十八大以来，习近平反复强调改革要坚持正确政治方向。他指出："改革开放是一场深刻革命，必须坚持正确方向，沿着正确道路推进。方向决定道路，道路决定命运。……改革开放也是有方向、有立场、有原则的。有的人把改革开放定义为往西方'普世价值'、西方政治制度的方向改，否则就是不改革开放。这是曲解我们的改革开放。不能笼统地说中国改革在某个方面滞后。在某些方面、某个时期，快一点、慢一点是有的，但总体上不存在中国改革哪些方面改了，哪些方面没有改。问题的实质是改什么、不改什么，有些不能改的，再过多长时间也是不改。我们不能邯郸学步。世界在发展，社会在进步，不实行改革开放死路一条，搞否定社会主义方向的'改革开放'也是死路一条。在方向问题上，我们头脑必须十分清醒。我们的方向就是不断推动社会主义制度自我完善和发展，而不是对社会主义制度改弦易张。"[1] 显而易见，习近平的这些重要论述，就是总结改革经验得出的结论。我们要坚持和维护好全面深化改革的原则，就要记住这个结论，牢牢把握改革的社会主义方向。

毛泽东在为 1954 年宪法草案作说明时指出，实行社会主义全民所有制，这是宪法中的社会主义原则性，"要达到这个原则就要结合灵活性。灵活性是国家资本主义"[2]。这一重要讲话启示我们，建设社会主义要有原则性，也要有灵活性。所谓灵活性，就是在不违反原则的情况下，把原则性与具体情况相结合。新中国成立 75 年来，正是按照这一指导思想，把社会主义的原则与国内实际情况和国际形势变化相结合，不断调整社会主义的生产关系和经济体制，使它最大限度地适应生产力发展的水平和需要，从而走出了一条坚持社会主义原则的中国式现代化道路。

---

① 习近平：《全面深化改革开放，为中国式现代化持续注入强劲动力》，《求是》2024 年第 10 期。

②《毛泽东文集》第 6 卷，人民出版社 1999 年版，第 327 页。

二、促进社会公平正义、增进人民福祉是改革的出发点和落脚点

改革的目的究竟是什么？用什么来检验改革的成功与否？对这些问题，改革开放以来同样存在不同主张的分歧和争论。有人提出，要用西方经济学的"经济人假设"作为依据，调动人的私心私欲来推动改革；还有人认为，"公有制效率低，改革要提高效率，就不能顾及公平，只要效率提高了，财富增加了，蛋糕做大了，公平自然就好办了"，等等。正是在这些思想的影响下，改革开放后一度提出"效率优先，兼顾公平"的口号，使群众无形中产生了一种心理，似乎改革和公平和自身利益没什么关系，甚至只要改革一次群众利益就会损失一次。

针对上述情况，习近平早在党的十八大之后不久就明确提出："全面深化改革必须以促进社会公平正义、增进人民福祉为出发点和落脚点。这是坚持我们党全心全意为人民服务根本宗旨的必然要求。……如果不能给老百姓带来实实在在的利益，如果不能创造更加公平的社会环境，甚至导致更多不公平，改革就失去意义，也不可能持续。"[1]他强调：要"把以人民为中心的发展思想体现在经济社会发展各个环节，做到老百姓关心什么、期盼什么，改革就要抓住什么、推进什么，通过改革给人民群众带来更多获得感"[2]。"要把促进社会公平正义、增进人民福祉作为一面镜子，审视我们各方面体制机制和政策规定，哪里有不符合促进社会公平正义的问题，哪里就需要改革；哪个领域哪个环节问题突出，哪个领域哪个环节就是改革的重点。"[3]后来，改革要"以促进社会公平正义、增进人民福祉为出发点和落脚点"这句话，被写入了党的十八届三中全会审议通过的《中共中央关于全面深化改革若干重大问题的决定》。从此，这一提法不仅没有变过，而且还被不断强调，直到党的二十届三中全会通过的《决定》，再次重申了这个提法，更加鲜明地

---

①《十八大以来重要文献选编》（上），中央文献出版社 2014 年版，第 552—553 页。

②《习近平谈治国理政》第 2 卷，外文出版社 2017 年版，第 103 页。

③《习近平关于全面深化改革论述摘编》，中央文献出版社 2014 年版，第 98 页。

提出：要坚持"人民有所呼、改革有所应，做到改革为了人民、改革依靠人民、改革成果由人民共享"。"加强普惠性、基础性、兜底性民生建设，解决好人民最关心最直接最现实的利益问题，不断满足人民对美好生活的向往。"① 总之，按照习近平的重要论述，改革的目标以及对改革成功与否的检验标准，都应当是解决人民群众所关心、所期盼、所呼唤的问题，都应当看人民群众有没有在改革中取得获得感、幸福感、安全感。凡是符合这一标准的就是应该改的，就要坚决改；凡是不符合这一标准的就是不应该改的，就坚决不改。这无疑是对改革目的的一次创新定义，是对社会主义改革初衷的准确表达。

在社会主义初级阶段，由于生产力水平所限，只能实行按劳分配为主体的分配制度，即通过按劳动、资本、知识、技术、管理等生产要素的贡献大小决定报酬，以此促进效率的提高，而绝不能搞平均主义。但只要走社会主义道路，就必须把促进公平正义作为包括改革措施在内的一切政策的目的和初衷，不能为了提高效率而伤害公平正义。正因为如此，党的十八大之后，效率与公平这对矛盾被置于了"以人民为中心""使发展成果更多更公平惠及全体人民"这一总的指导思想之下，不再讲"效率优先、兼顾公平"，也不再讲"初次分配注重效率，再分配注重公平"了。

从习近平的一系列重要论述中可以看出，人民群众对改革最关心最期盼的问题，主要集中在收入分配不公，一些基本需求没能得到满足上。他说："相对于增长速度高一点还是低一点，这些问题更受人民群众关注。如果只实现了增长目标，而解决好人民群众普遍关心的突出问题没有进展，即使到时候我们宣布全面建成了小康社会，人民群众也不会认同。"② "我们要在不断发展的基础上尽量把促进社会公平正义的事情做好，既尽力而为、又量力而行，努力使全体人民在学有所教、劳有所

①《中共中央关于进一步全面深化改革 推进中国式现代化的决定》，《人民日报》2024年7月22日。

②《习近平关于社会主义社会建设论述摘编》，中央文献出版社2017年版，第19页。

得、病有所医、老有所养、住有所居上持续取得新进展。"①

为了落实习近平关于改革目的的新定位，体现改革以促进社会公平正义、增进人民福祉为出发点和落脚点的原则，《决定》在"健全保障和改善民生制度体系"的部分，对就业、社保、住房、医疗、生育、育儿、养老等人民群众所思所盼所忧所急的问题，从力所能及的实际出发，作出了一系列尽力而为的规定。例如，《决定》指出，在就业方面，要完善高校毕业生、农民工、退役军人等重点群体就业支持体系，推进户籍、用人、档案等服务改革，全面取消在就业地参保户籍限制，完善社保关系转移接续政策；在住房方面，要加快建立租购并举的住房制度，加大保障性住房建设和供给，满足工薪群体刚性住房需求；在医疗方面，要深化以公益性为导向的公立医院改革，建立以医疗服务为主导的收费机制；在生育和育儿方面，要建立生育补贴制度，支持用人单位办托、社区嵌入式托育、家庭托育点等多种模式发展；在养老方面，要培育社区养老服务机构，健全公办养老机构运营机制，改善对孤寡、残障失能等特殊困难老年人的服务，加快建立长期护理保险制度，等等。显而易见，这些都是同群众切身利益密切相关的事，也都是对群众期盼的呼应。只要群众看到了这些改革的成效，必将增强改革的获得感，从而增强对改革的亲近感，更加关心改革、支持改革，相应地促进效率的提高，使改革得以持续不断地向前发展。

三、推动全体人民共同富裕取得更为明显的实质性进展是改革的聚焦点

改革的着重点是什么？要不要提出共同富裕的目标？在这些问题上，改革开放以来也一直存在分歧和争论。旧中国处于半殖民地半封建社会，劳动人民深受"三座大山"的压迫，与剥削阶级的收入自然是天壤之别；同时，无论城乡之间还是不同区域之间，也都存在巨大的差别。新中国成立初期，通过社会主义改造，消灭了剥削制度，实行了生产资

---

① 《习近平关于全面深化改革论述摘编》，中央文献出版社 2014 年版，第 97 页。

料的公有化和按劳分配，人们的贫富差别大为缩小，同时，城乡和区域之间的差别也有所缩小。但从总体上说，这种差别的缩小都还处于低水平的状态；而且，在分配中还出现了平均主义的倾向。改革开放成立初期，为促进经济发展，实行了一部分地区和一部分人先富起来的政策，产生了明显的积极效果。但与此同时，人群和城乡、区域之间的收入差距也有了扩大趋势，甚至在基尼系数和城乡差距上一度超过了国际公认的警戒线和发达国家的状况。有人认为，"要改革就要拉大贫富差距，改革后的收入差距拉得还不够大"。还有人认为，"在社会主义初级阶段不能提共同富裕的目标"，否则就是"祸国殃民"。然而，早在 20 世纪 90 年代初，邓小平就提出了共同富裕的问题。

邓小平说："中国搞资本主义行不通，只有搞社会主义，实现共同富裕，社会才能稳定，才能发展。社会主义的一个含义就是共同富裕。""中国发展到一定的程度后，一定要考虑分配问题。也就是说，要考虑落后地区和发达地区的差距问题。不同地区总会有一定的差距。这种差距太小不行，太大也不行。如果仅仅是少数人富有，那就会落到资本主义去了。"[1] "如果导致两极分化，改革就算失败了。"[2] 他还说："十二亿人口怎样实现富裕，富裕起来以后财富怎样分配，这都是大问题。题目已经出来了，解决这个问题比解决发展起来的问题还困难。分配的问题大得很。我们讲要防止两极分化，实际上两极分化自然出现。要利用各种手段、各种方法、各种方案来解决这些问题。""少部分人获得那么多财富，大多数人没有，这样发展下去总有一天会出问题。分配不公，会导致两极分化，到一定时候问题就会出来。这个问题要解决。过去我们讲先发展起来。现在看，发展起来以后的问题不比不发展时少。"[3] 他的这些话说明，贫富差距扩大的现象早在改革进行到 20 年左右的时候就已经出现，并且已经引起了中央的注意。但正如他所说，解决富裕后

①《邓小平年谱（1975—1997）》（下），中央文献出版社 2004 年版，第 1312、1356—1357 页。

②《邓小平文选》第 3 卷，人民出版社 1993 年版，139 页。

③《邓小平年谱（1975—1997）》（下），中央文献出版社 2004 年版，第 1364 页。

的分配问题，比解决发展的问题更难。所以，问题虽然提出来了，解决起来却并不顺利。

2012 年，党的十八大报告在讲到工作中存在的种种不足时，提到的一个不足就是"城乡区域发展差距和居民收入分配差距依然较大"[1]。党的十八大之后，习近平针对收入分配差距较大的问题，更加鲜明地指出："经济发展、物质生活改善并不是全部，人心向背也不仅仅决定于这一点。发展了，还有共同富裕问题。物质丰富了，但发展极不平衡，贫富悬殊很大，社会不公平，两极分化了，能得人心吗？"[2] "我们必须坚持发展为了人民、发展依靠人民、发展成果由人民共享，作出更有效的制度安排，使全体人民朝着共同富裕方向稳步前进，绝不能出现'富者累巨万，而贫者食糟糠'的现象。"[3] 他指出，我国社会历来有"不患寡而患不均"的观念。"'蛋糕'不断做大了，同时还要把'蛋糕'分好"，[4] "实现共同富裕不仅是经济问题，而且是关系党的执政基础的重大政治问题。我们决不能允许贫富差距越来越大、穷者愈穷富者愈富，决不能在富的人和穷的人之间出现一道不可逾越的鸿沟"[5]。他强调，"共同富裕是社会主义的本质要求，是中国式现代化的重要特征"。"要自觉主动解决地区差距、城乡差距、收入差距等问题，坚持在发展中保障和改善民生……促进全体人民共同富裕是一项长期任务，也是一项现实任务，急不得，也等不得，必须摆在更加重要的位置，脚踏实地，久久为功，向着这个目标作出更加积极有为的努力。""现在，已经到了扎实推进共同富裕的历史阶段。"[6] 他的这些重要论述清楚地表明，共同富裕已经成为新发展阶段全面深化改革的着重点和聚焦点。

分配问题涉及每个人的切身利益，要调整势必触动既得利益集团的利益，导致他们从中作梗。例如，习近平在论述共同富裕时，既讲要量

① 《十八大以来重要文献选编》（上），中央文献出版社 2014 年版，第 139 页。
② 习近平：《做焦裕禄式的县委书记》，中央文献出版社 2015 年版，第 35 页。
③ 《十八大以来重要文献选编》（中），中央文献出版社 2016 年版，第 827 页。
④ 《习近平关于全面深化改革论述摘编》，中央文献出版社 2014 年版，第 97 页。
⑤ 《十九大以来重要文献选编》（下），中央文献出版社 2023 年版，第 88 页。
⑥ 《十九大以来重要文献选编》（下），中央文献出版社 2023 年版，第 392、129、391 页。

力而行，也讲要尽力而为；既讲急不得，也讲等不得；既讲这是一个长远目标、长期过程，也讲要把它摆在更加重要的位置。然而，有人却做文章，把重点放在前一句，而有意忽略或淡化后一句，实际上是做反面文章。再如，在党的二十届三中全会公报发表而《决定》尚未公布时，有人看到公报中没有写共同富裕，便在网上发文"欢呼"："三中全会提法出现了重大变化，不讲共同富裕了"。很显然，这些人就是阻挠全面深改革的既得利益集团的代言人。它充分说明，在共同富裕的道路上不可能一帆风顺，阻碍共同富裕的力量不仅存在，而且还不小。正因为如此，《决定》才会在一开篇就强调，要以伟大的历史主动、巨大的政治勇气、强烈的责任担当，"冲破思想观念束缚，突破利益固化藩篱，敢于突进深水区，敢于啃硬骨头，敢于涉险滩，坚决破除各方面体制机制弊端"；并把推动"全体人民共同富裕取得更为明显的实质性进展"，作为进一步全面深化改革的七个聚焦点之一。

党的十八大后，以习近平同志为核心的党中央为了缩小城乡差别，以确保 2020 年全面建成小康社会为契机，在全国开展了一场人类历史上最大规模的脱贫攻坚战，使近一亿农村贫困人口（按当年标准）全部脱贫，832 个贫困县和 12.8 万个贫困村全部摘帽出列；紧接着实施了乡村振兴战略，进行农村集体土地"三权分置"改革和农村集体产权制度改革，促进农民专业合作社规范运动，鼓励和支持农民承包土地向专业大户、家庭农场、农民合作社流转，发展多种形式的土地适度规模经营，以进一步增加农民收入。为了缩小地区差别，除了继续推动西部大开发、东北振兴、中部崛起、东部率先实现现代化等战略外，又实施了京津冀协同发展、长江经济带发展、粤港澳大湾区建设、长三角一体化发展、黄河流域生态保护和高质量发展等战略，加强了对革命老区、民族地区、边疆地区、贫困地区发展的支持力度。为了缩小各类群体之间收入差别过大的问题，党的十八大之后不再提"鼓励资本参与分配"，而是强调在收入分配制度改革中努力实现居民收入增长和经济发展同步、劳动报酬增长与劳动生产率增长同步，提高居民收入在国民收入分配中的比重，提高劳动报酬在初次分配中的比重；完善税收、社会保障、转移支付等再分配调节机制；增加低收入群体收入，扩大中等收入群体规模，合理调节过高收入，等等。

马克思主义政治经济学告诉人们，分配方式既取决于生产方式，又反作用于生产方式。如果贫富差距悬殊，多数人消费能力不足，不仅是不公平的，也是对生产发展不利的。因此，推动共同富裕，不仅因为进一步全面深化改革必须促进社会公平正义，而且因为只有这样才能促进经济的进一步繁荣发展，是相辅相成的事。只要认真学习《决定》便会看到，其中通篇贯彻着习近平关于推动共同富裕既要量力而行又要尽力而为、把共同富裕摆在更加重要位置的思想。例如，为了在农村推进共同富裕，《决定》明确提出"缩小城乡差别，促进城乡共同繁荣发展"的任务，并要求"促进农民合作经营"，"发展新型农村集体经济"，"完善覆盖农村人口的常态化防止返贫致贫机制，建立农村低收入人口和欠发达地区分层分类帮扶制度"，"允许农户合法拥有的住房通过出租、入股、合作等方式盘活利用"。为了促进地区间的共同富裕，《决定》除了强调推动西部大开发形成新格局、东北全面振兴取得新突破、中部地区加快崛起、东部地区加快推进现代化的制度和政策体系外，又提出"推动京津冀、长三角、粤港澳大湾区等地区更好发挥高质量发展动力源作用，优化长江经济带发展、黄河流域生态保护和高质量发展机制"，还提出"构建跨行政区合作发展新机制，深化东中西部产业协作"。为了促进各类群体的共同富裕，《决定》除重申要运用税收调节收入分配、完善社会保障和转移支付等再分配调节机制外，还明确提出要"研究同新业态相适应的税收制度"，"完善综合和分类相结合的个人所得税制度，规范经营所得、资本所得、财产所得税收政策，实行劳动性所得统一征税"；要"形成有效增加低收入群体收入、稳步扩大中等收入群体规模、合理调节过高收入的制度体系"；"合理确定并严格规范国有企业各级负责人薪酬、津贴补贴等"。[1] 可以相信，只要《决定》中的上述要求得到

---

[1]《中共中央关于进一步全面深化改革 推进中国式现代化的决定》，《人民日报》2024年7月22日。

落实，人民群众就会真真切切感受到共同富裕不仅仅是一个口号，而且是看得见、摸得着、真实可感的事实；同时，也一定会使消费得到极大促进，从而带动经济的进一步发展繁荣。

改革开放至今已有 46 年，占到新中国史 75 年的 60% 多；新时代也已有 12 年，占到改革开放史的将近四分之一。作为新中国史的研究者、宣传者、教育者，我们要以学习贯彻党的二十届三中全会精神为契机，进一步加强对改革开放史，特别是新时代史的研究、宣传和教育，深入总结其中的宝贵经验，不断端正改革的正确方向、校准改革的出发点和落脚点、聚焦改革的着重点，从而为推进以人民为中心的改革和推进中国式现代化，贡献自己的智慧和力量。

新时代与加强党的领导和党的建设

为什么要坚持和加强中国共产党的领导

——纪念中国共产党成立 95 周年[*]

中国共产党成立至今已经 95 年了，如果用人来比喻，已经经过幼年、少年、青年，进入了中年。毛泽东为纪念建党 28 周年撰写的《论人民民主专政》一文中指出："人到老年就要死亡，党也是这样。阶级消灭了，作为阶级斗争的工具的一切东西，政党和国家机器，将因其丧失作用，没有需要，逐步地衰亡下去，完结自己的历史使命，而走到更高级的人类社会。"[①]不过，我们党的历史使命现在还远远没有完结，因此党不仅不能衰亡，相反要不断壮大；党的领导不仅不能削弱，相反要继续加强，直到自己历史使命的完结。

当年，毛泽东在《论人民民主专政》一文中运用马克思主义基本原理，对帝国主义反动派咒骂中国共产党"独裁""极权""不仁""太刺激了"等种种谬论进行了一一驳斥，同时对幻想走"第三条道路"的人们进行了说服教育。近些年来，国内外敌对势力又通过散布历史虚无主义、民主社会主义、西方宪政、"普世价值"等思潮，诬蔑我们党的领导是什么"专制"的、"不民主"的、"不合法"的、不符合"宪政"原则和"普世价值"的，竭力为否定、取消和推翻中国共产党的领导制造理论根据。我们要坚持中国特色社会主义，就要运用马克思主义的基本原理，进一步论证共产党领导的必然性、必要性、正义性、科学性、民主性、合法性和合理性，批驳敌对势力的这些谬论，同时为对这些问题有所疑惑的群众做好解疑释惑的工作。

---

* 本文是作者在 2016 年 7 月 5 日 "党史界庆祝中国共产党成立 95 周年研讨会"上的发言整理而成，曾刊于《世界社会主义研究》2016 年第 1 期，原标题为《我们为什么要坚持和加强中国共产党的领导——为纪念中国共产党成立 95 周年而作》。收入本书时，作者略作修改。

① 《毛泽东选集》第 4 卷，人民出版社 1991 年版，第 1468 页。

一、坚持和加强中国共产党的领导是中国人民的历史选择

中国自 1840 年鸦片战争后就面临两大历史问题，即国家的独立和工业化。为此，中国的仁人志士曾进行过种种努力，试图通过走西方资本主义道路来加以解决，最终统统抱恨而归。在此背景下，中国工人阶级的政党中国共产党应运诞生，并从成立伊始便担起了阶级解放以及本该由资产阶级负责解决的国家独立和工业化这两副重担。

现在有人说，中国工人阶级在中国共产党成立时人数很少，并没有建立政党的条件，中共的建立是俄国共产党策划和经费支持的结果；还说列宁这样做包藏利己的动机，是为了让帝国主义无法集中力量对付俄国革命。这些说法并非什么新发明，而是从历史垃圾堆里捡来的破烂货。中共在建立时得到过俄共帮助是事实，但这并不表明中共是靠外援建立起来的。第一，中国工人阶级当时人数少，只是相对农民阶级而言，就其绝对数量来说并不少，1914 年已有 100 万人以上，五四运动前夕更达到了 200 多万人。而共产主义者同盟成立时，英国工人阶级不过 400 多万人；俄国共产党成立时，产业工人也只有 300 万；日本工人阶级的政党社会民主党第二次成立时，全国工人还不到 100 万。[1] 由于外国人在中国直接经营企业比中国民族工业要早，所以，"中国无产阶级的很大一部分较之中国资产阶级的年龄和资格更老些，因而它的社会力量和社会基础也更广大些。"[2] 第二，中国工人阶级由于受到本国资产阶级、帝国主义势力和本国封建地主阶级的三重压迫，反帝反封建的要求最为强烈，斗争性也最为坚定，五四运动以前就多次举行反帝反封建的大规模游行示威，五四运动中更作为独立的政治力量登上了历史舞台。第三，中国一批接受马克思主义的先进知识分子，早在五四期间就自觉地与工人运动相结合，并已意识到建立工人阶级政党的必要性，已经在着手建党，许多地方也建立了党的早期组织，只是还没有统一罢了。第四，俄共当时

---

① 以上数字均见周一良、吴于廑主编：《世界通史·近代部分》，人民出版社 1972 年版。
②《毛泽东选集》第 2 卷，人民出版社 1991 年版，第 627 页。

不仅资助共产党，也给国民党经费，而且比给中共的多得多。第五，世界近代史上的革命运动得到外国资助的情况并不鲜见，如美国独立战争、法国大革命等等。所以，中共的建立是中国工人阶级的斗争需要和革命形势的必然产物，即使没有外力帮助，迟早也是会建立的。至于列宁号召世界无产阶级革命，支持殖民地半殖民地国家进行民族民主解放运动，不仅来源于马克思主义世界革命的理论，而且完全符合当时世界革命的形势，并非只是为了分散帝国主义对俄国新生革命政权的压力。

中国共产党建立后，把马克思主义与中国实际相结合，正确回答了在一个农民占人口绝大多数、农村占国土绝大面积、农业占国民经济绝大成分的半殖民地半封建国家里，如何实现民族独立和工业化等一系列理论与实践问题，从而取得了民族民主革命的领导权，并用自己的模范行动，带领人民通过艰苦卓绝的斗争，推翻了帝国主义、封建主义、官僚资本主义的反动统治，夺取了新民主主义革命的胜利，建立了人民当家作主的新中国。接着，中国共产党又带领人民通过社会主义革命和建设，确立了社会主义的基本制度，建立了独立的比较完整的工业体系和国民经济体系；通过改革开放和社会主义现代化建设，开创了中国特色社会主义道路，大幅度提高了中国的综合国力、人民生活水平和国际地位，从根本上改变了中国人民的前途命运。正是这一切，赢得了中国人民对她的信任和拥护。所以，中国共产党的领导地位不是自封的，更不是什么人赐予的，而是历史和人民选择的结果。正如习近平总书记所指出的："没有共产党，就没有新中国；有了共产党，中国的面貌就焕然一新。这是中国人民从长期奋斗中得出的最重要最基本的结论。"①

二、坚持和加强中国共产党的领导是中国法律的明确规定

现在有人以中国共产党没有进行所谓"政党登记"为借口，指责我们党的领导"不合法"。他们煞有介事地摆出一副法律专家的架势，自

---

① 习近平:《中国共产党90年来指导思想和基本理论的与时俱进及历史启示》,《学习时报》2011年6月27日。

以为找到了可以置共产党于死地的"法宝",结果却是搬起石头砸自己的脚,暴露出其反共反华势力"马前卒"的丑恶嘴脸。凡是对马克思主义国家学说稍有常识的人都知道,社会主义国家同资本主义国家是社会制度根本不同的两种国家,它们的重大区别之一就是,前者公开声明自己实行无产阶级专政,由无产阶级政党领导,不允许代表资产阶级利益的政党与自己分享政权;而后者表面上把自己打扮成"全民国家",搞所谓多党竞选、轮流执政,实际上实行的却是资产阶级专政。马克思说过:"革命是人民权利的法律根据。"[①]列宁也说过:"无产阶级的革命专政是由无产阶级对资产阶级采用暴力手段来获得和维持的政权,是不受任何法律约束的政权。"[②]这就告诉我们,无产阶级革命以及革命胜利后建立的无产阶级政权,都是不受资产阶级法律限制的。因此,社会主义国家不能再用资产阶级的法律来对待政党设置和政党登记一类的问题。

社会主义国家不搞政党登记,并不等于无产阶级政党的领导就没有法律依据。拿中国共产党来说,新中国成立前,中共就在所有革命力量中确立了自己的领导核心地位,正因为如此,各民主党派、无党派人士纷纷响应中共关于召开新政治协商会议、成立民主联合政府的号召。中国人民政治协商会议第一届全体会议通过的《中国人民政治协商会议共同纲领》(以下简称《共同纲领》)第一章总纲中明确规定:"中华人民共和国为新民主主义即人民民主主义的国家,实行工人阶级领导的,以工农联盟为基础的、团结各民主阶级和国内各民族的人民民主专政。"这里所说的实行工人阶级领导,自然意味着实行工人阶级的政党——中国共产党的领导;所说的团结各民主阶级,自然意味着团结各民主阶级的政党——各民主党派和无党派民主人士。在那次会上,中国民主同盟、民主建国会、国民党革命委员会、农工民主党、致公党、九三学社、民主促进会和无党派民主人士、华侨民主人士、全国工商界、宗教界的领导或代表,均声明坚决拥护中国共产党领导。可见,无论中国共

---

① 《马克思恩格斯全集》第 6 卷,人民出版社 1961 年版,第 130 页。
② 《列宁选集》第 3 卷,人民出版社 2012 年版,第 594—595 页。

产党的执政地位还是拥护共产党的民主党派和无党派民主人士的参政资格，都是新中国成立伊始就在具有临时宪法性质的《共同纲领》中得到确立的，根本不存在还要通过什么"政党登记"来加以确认的问题。

此后，1954年一届全国人大一次会议上通过的宪法，以及1975年、1978年、1982年历次修改的宪法序言部分，都明确指出中华人民共和国是中国共产党领导各族人民经过长期革命斗争后建立的，今后各族人民要继续在共产党的领导下进行社会主义建设，各民主党派和各人民团体参加的爱国统一战线也要继续在共产党的领导下巩固和发展。这些论述都是中国共产党作为中国人民领导核心，处于中国执政地位的法律依据。1982年宪法还指出，我国"生产资料私有制的社会主义改造已经完成，人剥削人的制度已经消灭，社会主义制度已经确立……在我国，剥削阶级作为阶级已经消灭……中国人民政治协商会议是有广泛代表性的统一战线组织，过去发挥了重要的历史作用，今后在国家政治生活、社会生活和对外友好活动中，在进行社会主义现代化建设、维护国家统一和团结的斗争中，将进一步发挥它的重要作用"。这些论述意味着，自从1956年中国由新民主主义过渡到社会主义社会之后，参加政协的各民主党派已经不再是民族资产阶级利益的代表者了，共产党领导的多党合作、政治协商已经成为中国社会主义的一项基本政治制度。可见，那种以所谓"没进行政党登记"而妄图否定中国共产党领导合法性的言论，完全是痴人说梦。事实说明，真正违法、违宪的恰恰是发表那种言论的人。

三、坚持和加强中国共产党的领导是社会主义经济基础的必然要求

很长时间以来，一些人总爱拿西方宪政作为根据，攻击社会主义国家实行共产党一党执政违反了西方"宪政"的多党轮流执政的原则，是什么"一党专政"。少数群众从表面上看问题，认为他们说的似乎有道理。其实，只要深入分析一下就可以看出，他们的所谓道理纯粹是歪道理，把资本主义国家的政党制度作为"普世"标准，衡量和剪裁社会主

义国家的政治制度，是根本站不住脚的。

经济基础决定上层建筑，一个国家实行什么样的政治制度、政党制度，归根结底由这个国家实行的经济制度所决定，这是马克思主义的一个基本原理。中国实行共产党领导的多党合作、政治协商的政党制度而不实行多党轮流执政；军队由共产党绝对领导而不搞"非党化""国家化"，这一切最深刻的根源都在于中国实行的是公有制为主体、多种所有制经济共同发展的基本经济制度，在于社会主义全民所有制经济是中国国民经济的主导力量。这种经济制度决定了，在我国人民内部的根本利益是一致的，并且不允许任何势力破坏这种根本利益的一致性。建立在这种经济制度之上并为之服务的政治制度，只能是工人阶级领导的以工农联盟为基础的人民民主专政，其政党制度也只能是由代表人民根本利益的工人阶级政党一党执政。在社会主义初级阶段和市场经济条件下，人民内部的利益必然呈现多元化态势，不同利益之间的矛盾肯定比单一公有制条件下的矛盾复杂和激烈得多。但社会主义的基本制度又决定了这种矛盾是受到限制的，就是说，在中国特色社会主义社会里，人民内部的矛盾无论多复杂多激烈，都不允许发展到根本利害冲突的程度，不允许出现与人民根本利益相对立的利益集团及其政治代表。既然如此，当然不需要有其他政党与代表人民根本利益的中国共产党相互竞争、轮流执政；同时，为了使共产党的执政地位不被架空、人民的根本利益不受损害，军队也必须由而且只能由中国共产党一党绝对领导。

资本主义国家之所以要实行多党竞选、轮流执政的政党制度，同样是由其经济基础决定的。资本主义实行生产资料的资本家私人占有制，在这种制度下掌握生产资料的资产阶级内部分为不同的利益集团。这就决定了资本主义国家必须实行多党制和多党轮流执政，而不能实行一党执政，否则，有些利益集团的利益就会缺少自己的政治代表者，代表不同利益集团的政党就会缺少平等上台的机会。同样，这一制度也决定了其军队只能"非党化""国家化"，而不能由哪一个政党单独领导，否则，多党轮流执政就难以实行。这些情况在社会主义国家是根本不存在的。然而，同时又要看到，资本主义国家里的不同利益集团，毕竟同属于资产阶级，因此，代表不同利益集团的政党归根结底都是资产阶级政党。西方国家中的资产阶级政党之间虽然有利益之争，但在维护资本主义私有制、压制工人阶级和人民大众的反抗、保证西方发达国家始终主导国际经济金融政治秩序等方面，彼此利益又是一致的。从这个意义上说，资本主义国家的多党制实际上也是一党制，是资产阶级的一党制。美国哥伦比亚大学一位教授就说："不管是共和党还是民主党掌权，结果几乎没有什么不同。"① 在这种情况下，资本主义国家的军队虽然是"非党化""国家化"的，但并没有改变其由资产阶级政党绝对领导和作为资产阶级专政工具的本质。

中国共产党在社会主义初级阶段的基本路线是"以经济建设为中心，坚持四项基本原则、坚持改革开放"。而在四项基本原则中，除了社会主义道路、中国共产党领导、马列主义和毛泽东思想之外，还有无产阶级专政即人民民主专政。邓小平指出："无产阶级作为一个新兴阶级夺取政权，建立社会主义，本身的力量在一个相当长时期内肯定弱于资本主义，不靠专政就抵制不住资本主义的进攻。坚持社会主义就必须坚持无产阶级专政，我们叫人民民主专政。"② 他还指出："没有人民民主专政，党的领导怎么实现啊？"③ 这些话表明，要坚持社会主义道路、坚持中国共产党的领导，就要坚持人民民主专政，坚持党对军队的绝对领导。习近平总书记反复强调，要树立中国特色社会主义的道路自信、理论自信、制度自信。要树立这些自信，就要树立对社会主义政治制度、政党制度的自信。这些制度都是在社会主义经济基础上建立起来的，同时又反过来保证社会主义的经济制度不被破坏，保证改革开放不走偏方向，保证最大多数人民的整体利益不受侵犯，保证我们国家的安全不遭危害。国内外敌对势力之所以起劲反对中国共产党领导，鼓噪我们的军队、政法队伍要"非党化""国家化"，其根本原因也在这里。

---

① 美国《赫芬顿邮报》网站，2014 年 11 月 6 日。

②《邓小平文选》第 3 卷，人民出版社 1993 年版，第 365 页。

③《邓小平年谱（1975—1997）》（下），中央文献出版社 2004 年版，第 1363 页。

四、坚持和加强中国共产党的领导是人民民主的实现形式

民主是相对专制而言的政治制度，但同样实行民主制的国家，对民主的理解和实践却大相径庭。马克思主义导师在谈论民主时，总是把它和阶级问题联系在一起，认为在阶级社会里，民主实质上是统治阶级的民主。列宁说：在资本主义社会，比较完全的民主制度就是民主共和制，"但是这种民主制度始终受到资本主义剥削制度狭窄框子的限制，因此它实质上始终是少数人的即只是有产阶级的、只是富人的民主制度。"① 资产阶级为了模糊民主的阶级性质，总是把是否进行多党竞选、轮流执政，作为衡量一个国家是否民主的"尺子"。所谓社会主义国家"不民主""专制"的说法，就是用这把"尺子"衡量的产物。

选举当然是民主的一种形式，但选举并不等于就是民主，尤其不等于真正的实质的民主。同样是选举，由于对选举权有不同规定，其广泛性会有很大差别。例如，西方国家在相当长时期内就对选举权作过诸如财产、性别、族裔、居住时间等的限制。正因为如此，二战前的苏联和二战后诞生的社会主义国家曾被世人普遍认为是民主国家，而西方国家则是反民主的国家。只是后来西方国家在国内人民争取民主权利的持续斗争下，逐渐放宽了选举权上的种种限制，这才回过头来以所谓实行"一党专制"为由，攻击社会主义国家"不民主"。另外，选举本身也有各种形式，如直接选举、间接选举等。究竟采用哪种形式好，与国家大小、人口多少、选举内容等都有关系。只把西方的选举形式视为民主的标杆，而攻击社会主义国家的选举"不民主"，是毫无道理的。即使在西方国家，选举至今也有直接、间接之分。

选举能不能反映大多数人民的真正意愿，还取决于选举的规则。例如，西方国家的总统或议会选举，普遍实行募集竞选资金的办法，使选举很大程度上被金钱所操纵，成为金钱的竞争，而这恰恰反映了资本主义民主的本质。现在已有越来越多的人认清了这种民主的虚伪性，就连

---

① 《列宁选集》第 3 卷，人民出版社 2012 年版，第 189 页。

西方国家一些良知未泯的政治家、学者也承认，在他们那里的总统、议会选举中，真正起作用的是金钱。例如，美国前总统卡特就说过："美国只有寡头政治，无限制的政治贿选成为提名总统候选人或当选总统的主要影响因素。州长、参议员和国会成员的情况也是如此。"① 美国前国务卿鲍威尔的办公室主任劳伦斯·威尔克森也说："美国的政治由大约 400 人决定，他们掌握着数万亿美元的资产，在幕后操控美国政府的决策。""因此，政权掌握在约占美国总人口 0.001% 的人的手中。"② 美国明尼苏达州前州长、《美国阴谋》一书作者杰西·文图拉还对《参考消息》报记者说："美国总统大选以及其他政治活动已被财力雄厚的大公司所操纵，美国选举已被金钱扭曲。"③ 就连参加今年美国总统竞选的候选人伯尼·桑德斯也说："有些人认为国会控制着华尔街，然而真相是华尔街控制着国会。"④ 难怪美国盖洛普公司的民调显示，2012 年美国民众对国会"非常有信心者"和"较有信心者"相加仅为 13%，而这一数字在 2014 年进一步降到了 7%。⑤2016 年 4 月，美国许多城市发生了反金钱政治的"民主之春"活动，示威者们要求"结束金钱政治的腐败行为"，手中的标语上写着："将巨额献金清扫出政治"，"金钱滚出政治"。⑥在这种情况下，还硬要把西方选举民主拿来作为评判其他国家是否民主的"普世价值"，岂不让人笑不可抑。

尤其应当看到，民主的本质不同，在实现形式上必然会有很大不同。社会主义民主即人民民主，是多数人的真正的民主，是不同于资本主义民主的新型民主。这种民主的本质在于使占人口多数的人民群众的利益能够在国家的法律、制度、政策、决策中得到充分体现。实现这样

---

① 《参考消息》2015 年 8 月 12 日。

② 《美前国务卿办公室：美国政治由 400 富翁幕后操控》，昆仑策网，2015 年 9 月 11 日，www.kunlunce/ssjj/guojipinglun/2015−09−11/12641.html。

③ 《参考消息》2015 年 10 月 19 日。

④ 《美国大选：被金钱左右的政治》，《中国社会科学报》2015 年 10 月 9 日。

⑤ 张维也：《美国民主确实出了问题》，《人民日报》2015 年 5 月 24 日。

⑥ 包尔文、赵卓昀等：《掀开美式民主的面纱》，新华网，2016 年 5 月 6 日，http：//news.xinhuanet.com/politics/2016−05/06/c_128963095.htm.

的民主，当然不能不用选举的形式，但更为重要的是，要使代表多数人利益的政党牢固地执掌政权。《共产党宣言》说："过去的一切运动都是少数人的，或者为少数人谋利益的运动。无产阶级的运动是绝大多数人的，为绝大多数人谋利益的独立的运动。"[①]"在无产阶级和资产阶级的斗争所经历的各个发展阶段上，共产党人始终代表整个运动的利益。"[②] 这就说明，共产党正是这种"为绝大多数人谋利益""始终代表整个运动的利益"的政党。尤其在近代中国，特殊的历史条件决定了中国共产党从建党之初就既是无产阶级先锋队又是中华民族先锋队。因此，只要站在多数人的立场上看问题，就不能不承认中国共产党的领导是中国最大多数人民主的前提条件、真正体现和重要保障，是人民民主的首要实现形式。

此外，为了实现人民民主，中国共产党还建立了与各民主党派和各界代表定期协商的制度，各级领导干部深入调研、广泛听取基层群众意见的制度，党和政府接受与认真处理群众信访的制度，等等。所有这些也都是人民民主的实现形式。可见，人民民主的实现形式绝非只有选举。我们还要看到，即使选举，照样不能离开党的领导。否则，任由少数人用金钱搞暗箱操作，只会使民主变味、走样，成为向社会主义民主制度的挑战。近些年在湖南衡阳、四川南充和辽宁等地发生的拉票贿选案件，都从反面有力地说明了这一点。

五、坚持和加强中国共产党的领导是中华民族伟大复兴的根本保证

中华民族曾经创造过世界最古老灿烂的文明，只是近代落伍了，现在要追赶世界的先进水平，重新自立于世界民族之林，必须有一个能代表民族整体利益，能把蕴藏在包括海外中华儿女中的力量最大限度调动起来、集中起来的政党来领导国家。在当代中国，这个党不可能是其他

---

① 《马克思恩格斯选集》第 1 卷，人民出版社 2012 年版，第 411 页。
② 《马克思恩格斯文集》第 2 卷，人民出版社 2009 年版，第 44 页。

任何政治组织，而只能是中国共产党。

历史已经说明，中国共产党的领导对于中华民族伟大复兴的事业不仅是必要条件，而且是最大的政治优势。习近平总书记在 2012 年省部级主要领导干部专题研讨班结业式上，曾把我们党经过长期奋斗形成的独特优势，概括为理论优势、政治优势、组织优势、制度优势和与人民群众密切联系的优势。这一概括无论对于我们充分认识坚持党的领导的必要性，还是深刻认识珍惜、继承和发扬党的优良传统和宝贵资源，都具有极为重要的意义。

最近，中国人民大学出版社出版了台湾"中央研究院"院士朱云汉所著《高思在云：中国兴起与全球秩序重组》一书。书中说，新中国拥有三大得天独厚的优势，其中第一个优势就是特殊政治体制的优势。书中写道，许多学者认为，从 1949 年新中国成立到 1979 年改革开放，中国前 30 年都浪费掉了。然而恰恰是这个时期，中国以高昂的社会代价建设了动员能力特别强的现代国家，完成了相当彻底的社会主义革命，将土地和工业资本全面公有化，建立了非常强的国家意识，成为中国近 30 年快速发展的基础。如果将中国与印度相比，社会政治体制对经济发展的作用更为明显。20 世纪 50 年代，印度与中国处在同一发展水平，到 2014 年，印度成人识字率仍未赶上中国 1990 年的水平，在健康、卫生、平均寿命等指标上，印度都落后中国 20 年以上。西方媒体总是给印度冠以"世界最大民主国家"的头衔，但印度的民主只是空有其表，无法有效增进大多数民众的福祉，不能满足大多数普通民众的需求。大多数曾在中印做过实地考察的学者都承认，中国政治体制的治理能力要远强于印度。朱云汉对我国政治制度的这些评论是很有见地的，其客观性、深刻性比起内地的一些所谓"公知"，不知要强出多少倍。

中国共产党现有 8800 多万党员，其中，35 岁以下的约占四分之一。我们要看到新中国成立前入党的党员在党员比重中越来越少，但也要看到青年人成为党员主体是党保持活力、后继有人、前途光明的象征；要看到要求入党的人中的确有一些动机不够端正，但也要看到大多数人是抱着为人民服务的愿望入党的，而且入党动机往往还要在入党后通过不断的教育和学习、实践加以逐步端正；要看到党内一部分干部的腐败和官僚主义、形式主义问题相当严重，但更要看到绝大多数党员和广大基层干部在为国家为人民积极工作、默默奉献；要看到的确有一些愿意为人民服务、个人品行也端正的人，由于党内腐败现象而不愿意入党，但也要看到大多数要求入党的人能够把腐败分子、腐败现象与我们党的性质、宗旨、纲领加以区别；要看到群众中存在对党和政府工作的信任危机，但也要看到广大群众对党和政府的满意度、信任度与世界各国的同类民意调查结果相比，都是最高的。持续了 20 年的一项高校学生问卷调查显示，对党的执政能力增强和中国特色社会主义事业发展持乐观态度的人分别占 89.6% 和 98.1%。① 美国爱德曼公司发布的 2009—2010 年中美两国民众对政府信任度比较报告表明，2009 年分别为 74% 和 46%，2010 年分别为 88% 和 40%，中国比美国高一倍左右。② 可见，我们党在普通民众中仍然是很受欢迎、很有威信的。另外，前两年英国《金融时报》报道，世界大企业研究会有个统计，中国的执行能力在世界上排名第三，仅次于跨国公司和各国的中央银行，远远高于美国总统和美国国会。这也说明，我们党和政府机构尽管存在"中间梗阻"的现象和有些方面效率不够高的问题，但从总体看，执行力还是很强的，起码不比发达国家差。

中华民族为了实现伟大复兴，从 19 世纪中叶的农民起义算起，到现在整整奋斗了 160 多年。如果说过去的奋斗中难免走弯路的话，在剩下的有限时间里则容不得我们再犯大的错误，尤其不能犯全局性、颠覆性的错误。要做到这一点，必须继续有一个用先进的科学的理论武装和有丰富执政经验能保证中华民族始终沿着正确方向前进的政党来领导国家。在当代中国，这个党不可能是其他任何政治组织，而只能是中国共产党。

---

① 唐爱军：《坚定对中国特色社会主义道路的自信》，《刊授党校》2013 年第 1 期。

②《政府信任度 中国全球第一 由世界著名公关公司发布 信任度达 88% 巴西跃升全第二》，《法制晚报》2011 年 1 月 26 日。

中国共产党在过去领导民主革命和后来领导社会主义建设、改革的过程中，都曾经犯过错误，有的还是大错误，今天仍然存在许多缺点、错误，今后也不能保证完全不犯错误。但是，中国共产党并没有因为这些错误而失去人民的信任和尊重。这是因为，中国共产党的宗旨始终是全心全意为人民服务，除了人民的利益没有自己的私利。凡是我们党犯过的错误，都是由自己发现、自己纠正的，像中国共产党这样能够坦诚揭露和分析自己错误的党，在世界历史上还找不出第二个。正如毛泽东在《为人民服务》一文中所说："因为我们是为人民服务的，所以，我们如果有缺点，就不怕别人批评指出。不管是什么人，谁向我们指出都行。只要你说得对，我们就改正。你说的办法对人民有好处，我们就照你的办。"①另外，这些缺点和错误再大，与中国共产党为中华民族复兴已做出和正在做出的贡献相比，都是第二位的。尤其值得一提的是，中国共产党非常善于从错误中汲取教训，有自我整顿、自我清理的传统，也有极强的自我纠错机制和纠错能力。改革开放前，中国共产党搞过不少政治运动，其中有些由于受"左"的思想干扰，简单化倾向严重，打击面过宽，负面作用很大。但大多数运动的主旨，都在于防止党脱离群众、腐化变质，而且确实起到了拒腐防变的作用。改革开放后，中国共产党一方面总结经验教训，纠正了过去整风中"左"的错误和简单方法，着重于制度建设，加强对权力的监督与制约；另一方面继承和发扬不断整风的优良传统，接二连三地开展党内整顿和教育活动。例如，1984年进行整党，1990年进行党员重新登记，1998年进行"三讲"教育，2003年进行"三个代表"教育，2008年进行党员先进性教育，党的十八大后开展党的群众路线教育实践活动和"三严三实"专题教育，最近又决定在全国基层党组织中搞"两学一做"学习教育。这些教育活动的主题虽然各有不同，但中心仍然是提醒全体党员特别是党员领导干部牢记"两个务必"，不忘党风问题关系党的生死存亡，坚持立党为公、执政为民的思想，防止脱离群众，警惕帝国主义的"和平演变"；而且

①《毛泽东选集》第3卷，人民出版社1991年版，第1004页。

在实践中对中国共产党经受长期执政、市场经济、对外开放的考验，确实起到了和正在起着积极有效的作用。事实反复说明，只要有这样的党来领导，中国特色社会主义事业的胜利、中华民族的伟大复兴便是任何势力也阻挡不了的。

习近平总书记在庆祝中国共产党成立 95 周年大会上的讲话指出："中国特色社会主义最本质的特征是中国共产党领导，中国特色社会主义制度的最大优势是中国共产党领导。坚持和完善党的领导，是党和国家的根本所在、命脉所在，是全国各族人民的利益所在、幸福所在。"国内外敌对势力之所以总是把攻击的矛头对准中国共产党的领导，不断鼓吹"中共灭亡论""中国崩溃论"，也是出于这个原因。然而，95 年来，中国共产党不仅没有被骂倒，相反愈益壮大；67 年来，中华人民共和国不仅没有被唱衰，相反愈益强盛。我们现在要走好实现"两个一百年"奋斗目标的新长征路，要战胜前进道路上的各种风险挑战，必须继续坚持和加强中国共产党的领导。让我们更加紧密地团结在以习近平同志为核心的党中央周围，为在建党一百年时全面建成小康社会、建国一百年时达到中等发达国家水平而努力奋斗。最后的胜利一定属于伟大的中国共产党和伟大的中国人民！

全面推进中华民族伟大复兴必须继续坚持和加强中国共产党的领导 *

习近平总书记在党的二十大报告中指出："从现在起，中国共产党的中心任务就是团结带领全国各族人民全面建成社会主义现代化强国、实现第二个百年奋斗目标，以中国式现代化全面推进中华民族伟大复兴。"同时指出："全面建设社会主义现代化国家、全面推进中华民族伟大复兴，关键在党。""坚持党的全面领导是坚持和发展中国特色社会主义的必由之路，中国特色社会主义是实现中华民族伟大复兴的必由之路。"① 这些论述表明，中华民族过去为实现伟大复兴的奋斗，靠的是中国共产党的领导；今天要全面推进中华民族的伟大复兴，仍然必须坚持和加强中国共产党的领导。

一、中国近代的历史说明只有中国共产党具有领导中华民族伟大复兴的资格

一个民族如果始终兴盛而未曾衰败，或者虽然衰败却一直安于现状、不思进取，都不存在复兴的问题。然而，中华民族与这两种情况都不同。

中华文明是人类历史上四大文明之一，也是唯一延续至今未曾中断的文明。自古以来，中国在地域、人口、经济、文化等方面，长期处于世界前列。但自近代以来，由于清王朝的顽固、腐败和愚昧，中国错过了世界第一次工业化的浪潮，导致国力由盛转衰。自从 1840 年鸦片战

＊ 本文曾刊于《思想理论教育导刊》2022 年第 12 期。

① 习近平：《高举中国特色社会主义伟大旗帜　为全面建设社会主义现代化国家而团结奋斗——在中国共产党第二十次全国代表大会上的报告》，人民出版社 2022 年版，第 21、63、70 页。

争中中国败给先行工业化的英国之后，直到 19 世纪末，中国几乎每隔 10 年便要遭受一次帝国主义大国小国的入侵，导致被迫签订了 300 多个不平等条约，赔偿了 10 多亿两白银，丧失了 300 多万平方公里的国土，租借了大片土地，交出了许多作为主权国家必须拥有的权利，几乎到了亡国灭种的边缘。

中华民族从来就是勤劳智慧顽强的民族，骨子里渗透着坚韧不拔、不畏强暴、不屈不挠、不向命运低头的精神。封建王朝的腐败无能和列强的不断入侵，使一切爱国的仁人志士无不痛心疾首，盼望民族的复兴，并为此进行了不懈努力。但由于缺少先进阶级的领导和一条正确的复兴之路，以致所有的努力，包括太平天国运动、洋务运动、戊戌变法、义和团运动、辛亥革命，统统归于失败。对于这个结果，毛泽东在《论人民民主专政》一文中写道："国家的情况一天一天坏，环境迫使人们活不下去。怀疑产生了，增长了，发展了。""西方资产阶级的文明，资产阶级的民主主义，资产阶级共和国的方案，在中国人民的心目中，一齐破了产。资产阶级的民主主义让位给工人阶级领导的人民民主主义，资产阶级共和国让位给人民共和国。这样就造成了一种可能性：经过人民共和国到达社会主义和共产主义，到达阶级的消灭和世界的大同。"[1] 历史证明，这条道路，而且只有这条道路，才是唯一行得通的中华民族复兴之路。

中华民族在近代衰败的主要表现有两个，一是主权不能独立，二是工业不能发展。而主权之所以不能独立、工业之所以不能发展，关键都在于封建势力与帝国主义的阻挠。因此，民族要复兴，就要首先解决国家独立和工业化问题；而要解决国家独立和工业化问题，就必须首先打倒阻碍中国独立和工业化的帝国主义和封建势力。而在近代中国处于社会上层、具有经济实力的阶级，除了地主阶级之外，只有资产阶级。后者本应担起民族复兴的重任，但其中的大资产阶级由官僚、买办组成，与封建势力、帝国主义相互勾结，同样是民族复兴的绊脚石。后者中的

---

①《毛泽东选集》第 4 卷，人民出版社 1991 年版，第 1470、1471 页。

中产阶级由民族资本家组成，虽然不满帝国主义和封建势力，但经济上与它们有着千丝万缕的联系，政治上又摇摆不定，因此担不起领导民族复兴的重任。后者中的小资产阶级虽然有强烈的反帝反封建愿望，但自身力量薄弱，也不可能担起领导民族复兴的重任。

在帝国主义经济侵略、民族工业缓慢发展过程中产生和成长起来的中国工人阶级，在 19 世纪末的甲午中日战争时期已经有约 10 万人，在第一次世界大战时期达到了约 100 万人，在 1919 年五四运动时期发展到约 200 万人。他们与先进的生产力和生产关系相联系，具有远大的政治眼光和宽广的胸怀。他们深受帝国主义、封建势力、资产阶级的三重剥削压迫，革命性最彻底。他们中的产业工人队伍，组织上最集中、最有纪律性，政治上最坚定、最有战斗力。他们与中国的资产阶级相比，文化和社会地位虽低，但年龄和资格却更老一些，同农民阶级又有天然联系，所以拥有巨大的社会影响力。他们在五四运动中，与接受了马克思主义的先进知识分子相结合，产生了代表自己利益的政治组织——中国共产党，从此正式登上了中国的政治舞台。

中国工人阶级作为资本主义制度的埋葬者，当然要反对资本家的剥削压迫。但是在中国的具体条件下，他们感受最深的是帝国主义、封建势力的剥削压迫。因此，中国共产党自从成立之日起，便高高举起了社会主义和反帝反封建的两面大旗，担负起了本该由资产阶级担负的民族复兴的重任。正如毛泽东所指出的："中国工人阶级的任务，不但是为着建立新民主主义的国家而斗争，而且是为着中国的工业化和农业近代化而斗争。"[1] 共产党 "代表了中国工农大众的最大利益，也是代表了整个中华民族的利益"[2]。"共产党是无产阶级的先锋队，同时又是最彻底的民族解放的先锋队。"[3] 正因为如此，我们党不仅把信仰马克思主义、代表劳苦大众利益的先进分子凝聚到了自己的队伍里，而且，对一切希望拯救民族于危难之中的人们，具有同样强大的吸引力、感召力，从

[1]《毛泽东选集》第 3 卷，人民出版社 1991 年版，第 1081 页。
[2] 毛泽东：《为建立抗日民族统一战线而让步（1937）》，《党的文献》1995 年第 4 期。
[3]《毛泽东文集》第 2 卷，人民出版社 1993 年版，第 42 页。

而在党周围集合了中华民族最优秀的儿女。他们有明确的目标，坚定的意志，大无畏的牺牲精神和敢于战胜一切敌人的英雄气概。他们前赴后继，百折不挠，愈挫愈勇，一往无前，并在长期斗争中建立了与人民群众的鱼水深情。历史一再表明，中国共产党不仅能够担起中华民族伟大复兴的重任，而且完全胜任，是唯一能够带领中华民族复兴事业从胜利走向胜利的领导力量。

二、中国革命和新中国建设的历史说明中国共产党拥有领导中华民族伟大复兴的卓越能力

中国共产党在诞生后的 100 多年里，领导中国各族人民，先经过 28 年的浴血奋战，推翻了封建主义、帝国主义、官僚资本主义这"三座大山"，建立了人民当家作主的新中国，实现了民族独立、人民解放；然后，又经过 70 多年彻底的社会改造和有计划、不间断的工业化、现代化建设，使中国从一个一穷二白、积贫积弱、屡战屡败、备受欺凌的弱国，变成一个工业门类齐全的制造业大国和经济总量居于世界第二、正在迈向基本实现现代化目标的经济强国，一个有绝对把握战胜一切来犯之敌的军事强国，一个独立自主且日益走近世界舞台中央的外交大国。可以毫不夸张地说，尽管中国还没有完全达到发达国家的水平，中华民族还没有最终实现伟大复兴的目标，但它已经用 70 多年时间走完了发达国家用几百年才走完的路，大大缩短了与它们的差距，使中华民族伟大复兴进入了不可逆转的历史进程。历史已经表明并在继续表明，所有这些成就的取得，主要缘于中国共产党人始终不忘初心、牢记使命，把为人民谋幸福、为民族谋复兴放在最高位置；缘于中国共产党善于把马克思主义普遍真理与中国具体实际相结合，使不同时期制定的路线、方针、政策和战略、策略，总能最大限度地代表各族人民的根本利益，最大限度地符合中国的实际情况。

对于中国共产党为中华民族伟大复兴做出的巨大贡献，笔者体会最深的有以下七个方面。

（一）为民族复兴指明正确的前进道路

人类在十月革命之前，无论民族的独立，还是国家的工业化，只有资本主义这一条道路。但自从资本主义由自由竞争进入垄断阶段，自从世界进入帝国主义时代，殖民地半殖民地国家要实现独立和工业化，再走资本主义道路已经走不通了。正当此时，俄国率先爆发了无产阶级的社会主义革命，给中国送来了马克思列宁主义，指出了不同于资本主义的另一种选择，即走社会主义的道路。

中国共产党作为以马克思主义为指导的无产阶级政党，一方面拥有为共产主义远大目标而奋斗的最高纲领，另一方面又有根据不同历史阶段主要矛盾而制定的最低纲领，或曰当前的行动纲领。例如，在新民主主义革命的历史阶段，党的最低纲领总体是反帝反封建、建立新中国；具体说，抗日战争时期是结成广泛的抗日民族统一战线，打败日本帝国主义侵略者；解放战争时期是团结一切可以团结的力量，打倒蒋介石，解放全中国。新中国成立后，我们党又先后提出"一化三改"的社会主义过渡时期的总路线，以及多快好省地建设社会主义的总路线等行动纲领；改革开放后，我们党先提出社会主义初级阶段的基本纲领，进入新时代又提出"两个一百年"的奋斗目标。上述所有最低纲领、行动纲领，概括起来，既是为着建立社会主义制度、进行社会主义建设，为最终实现共产主义创造条件，同时，也是为着实现中华民族的伟大复兴。正因为我们党能够始终把最高纲领与最低纲领既相区别又相统一，既能用一个个最低纲领逐步落实最高纲领，又能用最高纲领统率一个个最低纲领，所以，总能引领中华民族沿着社会主义的道路不断前进，一步步接近伟大复兴的目标。

（二）为民族复兴创造必要的政治前提

帝国主义和封建势力既然是中国实现独立和工业化的主要障碍，中华民族要复兴，当然要先搬掉它们以及同它们沆瀣一气的官僚买办资产阶级这三块"绊脚石"。为此，我们党结合中国的实际情况，采取将革命分为两步走的战略，即先进行工人阶级领导的新民主主义革命，再进行社会主义革命。在新民主主义革命中，我们党又从中国的实际出发，采取工农联盟、武装斗争和农村包围城市的战略，在人民群众的支持下，通过艰苦卓绝的英勇斗争，彻底推翻了阻挡中华民族伟大复兴的"三座大山"，取得了国家独立，为国家的工业化建设扫清了政治障碍。正是这个胜利，使中华民族终于能够自立于世界民族之林，伟大复兴终于有了政治前提。如果没有这个前提条件，其他一切都谈不到。

（三）为民族复兴抓住难得的发展机遇

近代中国由于错过了世界工业化的历史列车，加上不断遭受帝国主义侵略战争的破坏，以至山河破碎、百业凋零、民不聊生，在经济上与西方发达国家相比，至少落后了几百年。因此，要使中华民族在尽可能短的时间内赶上那些先行工业化的国家，把失去的时间补回来，只有用比它们更快的速度发展才行。而要做到这一点，除了靠自力更生、艰苦奋斗外，还需要审时度势、抓住机遇、借助外力，取得哪怕一个先行工业化国家的帮助与合作，并争取打破帝国主义国家对中国的外交孤立、经济封锁。纵观新中国的历史，正是我们党抓住了三次历史性机遇。

第一次，通过抗美援朝，粉碎了美国从北面威胁我国新生政权的图谋，维护了包括社会主义苏联远东地区的东北亚的和平，获得了苏联对我国优先发展重工业计划给予全面援助的承诺，并为了抓住这一难得的历史机遇，迅速作出提前由新民主主义向社会主义过渡的决策，采用高度集中的计划经济体制，仅通过四个五年计划建设，便建立起独立的比较完整的工业体系和国民经济体系，为中国工业化奠定了坚实的物质基础。第二次，通过抗美援越，粉碎了美国从南面对我国威胁的图谋，并抓住美国欲从越南脱身、以便集中精力同已蜕化为霸权主义的苏联争霸的机会，打开了中美关系的大门，突破了美国对我国的外交孤立和经济封锁，为我国同西方发达国家建立外交关系、进行贸易往来和经济合作铺平了道路。第三次，根据和平与发展代替战争与和平成为时代主要特征的国际形势的变化，毅然决然地实行对外开放政策，与资本主义发达国家主导的国际经济规则接轨，为快速发展自己、追赶发达国家，再次抓住了弯道超车的机会。

所谓机会、机遇，是相对常态而言的，是与某种恰到好处的时间相联系的，是需要捕捉、稍纵即逝的。比如，苏联答应全面援助我国的机遇，仅持续了8年，当赫鲁晓夫反华、中苏关系破裂后，这个机遇就结束了。如果不是当年抓住斯大林答应全面援助我国工业化基础建设的机会，提前向社会主义过渡，并通过自己的艰苦努力，用很短时间打下工业化基础，我们独立的比较完整的工业体系的建立将大大推后。所以，善于捕捉机会、抓住机遇，也是我们党领导能力的一大体现，也是对中华民族伟大复兴作出的巨大贡献。

（四）为民族复兴打造有利的内外环境

一个国家要想集中精力搞建设，必须有内部安定、外部和平的环境，否则一天到晚，里面乱糟糟、动乱不已，外面闹哄哄、战乱频仍，是不可能安心搞建设的。

纵观新中国70多年的历史，我们党为中华民族伟大复兴作出的另一大贡献，就是打造出了一个有利于工业化、现代化建设的安定团结、和平发展的良好环境。首先，在内部，新中国自成立后，便进行了一系列针对半殖民地半封建社会残余的改造运动，如土地改革、镇压反革命、没收官僚资本、工矿企业民主改革、扫除黄赌毒、知识分子思想改造等；开展了一系列保障政治安全和社会安全的工作，如剿匪、镇反、平叛；建立了一系列适合中国情况的社会主义基本政治和经济制度，形成了广泛的爱国统一战线，采取了区分两类不同性质矛盾的方针，从而调动了一切积极因素。改革开放以后，我们党又提出社会主义初级阶段的理论，开辟了中国特色社会主义道路，正确处理了发展、改革、稳定的关系，制止了动乱，防范和打击了敌对势力的各种渗透、颠覆、分裂活动，从而维护了国家安定和社会稳定。其次，在外部，新中国自成立起，便奉行独立自主的和平外交政策，倡导不同社会制度国家和平共处五项原则，坚定站在发展中国家一边，反对强权政治和霸权主义，走和平发展道路，广交朋友，主持正义，树立了良好国际形象；同时，通过抗美援朝、抗美援越、中印边界自卫反击战等战争、战斗，坚决粉碎了一切妄图侵略我国、干涉我国内政的企图，坚定捍卫了国家主权、安全和领土完整，从而为我国社会主义现代化建设争取了 70 多年和平建设的宝贵时间。

（五）为民族复兴实施切合实际的发展战略

经济发展战略与军事战略一样，都是事关全局和长远的大事。进行工业化、现代化建设，不仅要有切合国情的发展战略，而且要能持之以恒，有不达目的绝不罢休的韧劲。新中国 70 多年的历史表明，我们党在不同时期制定的发展战略，不仅切合实际，而且都能得到坚决、彻底的贯彻。改革开放以前，我们党先后制定和实施了优先发展重工业，以工业为主导、以农业为基础，发挥中央和地方两个积极性，备战备荒为人民，三线建设，以及 20 世纪末实现"四个现代化"等战略。这些战略不仅在当时产生了明显成效，而且也为后来的发展创造了十分有利的条件。改革开放以后，我们党又制定和实施了到 21 世纪中叶"三步走"和新"三步走"，走出去、引进来，市场、资源"两头在外"，全面建设小康社会，科教兴国，人才强国，东部沿海率先发展，西部大开发，东北振兴，中部崛起等一系列战略。进入新时代，我们党又实行了"五位一体"总体布局，共建"一带一路"，京津冀协同发展，粤港澳大湾区建设，长江经济带发展，黄河流域生态保护和高质量发展，海南全面深化改革开放，创新驱动，数字中国，《中国制造 2025》，为实现第二个百年奋斗目标"两步走"，供给侧结构性改革，构建以国内大循环为主体、国内国际双循环相互促进的新发展格局等一系列战略。以上战略，有的因为达到了目的而胜利结束，如全面建设小康社会等；有的根据形势变化进行了调整，如"三步走"等；有的几十年如一日地持续接力，如科教兴国等。中国之所以在短短 70 多年时间里就走完了西方发达国家几百年才走完的路，这些战略的制定和贯彻，无疑起了十分重要的作用。

（六）为民族复兴解决和正在继续解决祖国完全统一的问题

国家的完全统一，是民族强大的重要标志，更是中华民族复兴的重要标志。新中国成立后，人民解放军在追击国民党反动派残余军队，解放华中、华南、西南诸省的同时，为解决旧中国留下的国家分裂问题，毅然进军西藏，并在党中央积极争取下，实现了西藏的和平解放。

当年，在解放军到达广东深圳河北岸时，党中央为打破西方经济封锁，保留一个与资本主义国家贸易的通道，在英国政府同意我方条件后，决定暂缓收回香港。20世纪80年代，我们党考虑九龙半岛租期将到及国内外形势的变化，依照"一国两制"方针，妥善解决了中英、中葡间的历史遗留问题，于1997年和1999年先后对香港、澳门恢复行使主权，洗刷了百年国耻，向祖国完全统一的目标迈出了重要一步。21世纪20年代初，针对香港回归后出现的隐患，全国人大和人大常委会又先后制定涉港国家安全法律，完善香港选举制度，进一步落实了中央对香港的全面管治权和"爱国者治港""爱国者治澳"的原则，实现了香港社会由乱到治的转变，维护了香港的繁荣稳定。

台湾问题是解放战争的遗留问题，由于美国封锁台湾海峡，干涉中国内政，致使台湾至今未能与大陆统一。20世纪50年代，为粉碎美国制造"两个中国"的阴谋，党中央一方面决定暂缓解放金门、马祖，把它们作为连接大陆与台湾的"脐带"，一方面提出以和平方式解决台湾与大陆统一问题的方案。改革开放以后，党中央确立了和平统一的大政方针，大陆与台湾达成了"九二共识"，实现了"三通"。此后针对"台独"势力上台，全国人大常委会又通过了《反分裂国家法》。进入新时代，党中央继续坚持以最大诚意、尽最大努力争取和平统一的前景，但决不承诺放弃使用武力，对"台独"分子勾连国际反华势力，进行了坚决反制。随着民族复兴的历史车轮滚滚向前，祖国完全统一的日子肯定不会太远了。

（七）为民族复兴培育积极向上的精神风貌

一个民族的前途、命运与这个民族的精神状况息息相关。近代中国之所以屡被外敌欺辱，与封建统治压迫下缺少民族凝聚力，内部一盘散沙，民族精神萎靡不振有直接关系。因此，要使民族振兴，必须提振民族精神。这个问题，也是由中国共产党解决的。

我们党在革命战争年代，通过自己以身作则的模范行动，唤醒了中华民族不屈不挠、奋发图强的固有精神，并且培育出了为人民服务、艰苦奋斗、严守纪律、冲锋在前、官兵一致、军民一致、精益求精等革命精神。新中国成立后，我们党通过树立耿长锁、王国藩、雷锋、王进喜、焦裕禄以及大庆、大寨、红旗渠等先进典型，在人民中又培育出自力更生、艰苦奋斗、一方有难八方支援、助人为乐、舍己为人的共产主义精神。改革开放以后，我们党通过开展集中学习教育等活动，在全党全社会提倡和培育无私奉献、爱岗敬业、求真务实、勇于创新、敢于拼搏、关心集体、顾全大局等精神。所有这些，都已经成为中华民族伟大复兴的精神动力。

三、新时代面临的形势和任务说明要全面推进中华民族伟大复兴仍然要坚持和加强中国共产党的领导

（一）中国特色社会主义进入新时代本身就是坚持和加强党的领导的结果

党的二十大报告指出，党的十八大以来的十年，我们经历的对党和人民事业具有重大现实意义和深远历史意义的三件大事中，第二件就是中国特色社会主义进入了新时代。之所以作出这个论断，原因在于这十年来，我国综合国力跃上了新台阶，国内生产总值翻了一番，经济总量占世界经济比重由 11.3% 上升到 18.5%，城市化率由 53.1% 提高到 64.7%，人均国内生产总值达到 8.1 万元，超过世界平均水平；制造业规模、外汇储备稳居世界第一；建成了世界最大的高速铁路网，在基础

建设和基础研究、原始创新方面取得一系列重大成就、重大突破；打赢了脱贫攻坚战，使近1亿农村贫困人口实现脱贫，解决了中华民族历史上的绝对贫困问题，全面建成了人类史上惠及人口最多、体量最大的小康社会。

上述这些变化，都不是自然而然、轻轻松松取得的。正如党的二十大报告所说，十年前，我们面临一系列长期积累及新出现的突出矛盾和问题。在党建上，存在不少对坚持党的领导认识模糊、行动乏力的问题，以及落实党的领导弱化、虚化、淡化的问题，有些党员、干部政治信仰动摇，一些地方和部门"四风"屡禁不止，特权思想、特权现象较为严重，一些贪腐现象触目惊心；在经济上，结构性体制性矛盾突出，发展不平衡、不协调、不可持续，一些深层次体制问题和利益集团固化藩篱日益显现；在政治上，一些人对中国特色社会主义政治制度自信不足，有法不依、执法不严等问题严重存在；在思想上，拜金主义、享乐主义、极端个人主义和历史虚无主义等错误思潮不时出现，网络舆论乱象丛生；在国家安全上，应对各种重大风险能力不强，国防和军队现代化存在不少短板弱项；在港澳治理上，落实"一国两制"的体制机制不健全，国家安全受到严峻挑战；等等。正因为如此，那时党内和社会上不少人对党和国家的前途忧心忡忡。

面对上述矛盾和问题，以习近平同志为核心的党中央在执政理念上，更加突出人民至上，以人民为中心，把人民对美好生活的向往作为奋斗目标，统筹推进"五位一体"总体布局，协调推进"四个全面"战略布局；在政治上，突出党的全面领导和全面从严治党，发展全过程人民民主，强调坚定理想信念和革命理想高于天，开展史无前例的反腐败斗争；在经济上，突出发展的平衡性、协调性、务实性、创新性、可持续性，提出和贯彻稳中求进工作总基调和新发展理念，着力推进高质量发展，实施供给侧结构性改革，制定一系列具有全局性意义的区域重大战略；在文化上，强调确立和坚持马克思主义在意识形态领域的指导地位，提倡"敢于亮剑"的精神，要求同错误思想倾向作坚决斗争，正确看待改革开放前后两个历史时期关系，坚定"四个自信"；在体制改革上，强调改革要端正方向、注重实效、全面深化和促进公平，把促进公平正义、增进人民福祉作为全面改革的出发点和落脚点，"该改的、能改的我们坚决改，不该改的、不能改的坚决不改"；① 在国家安全上，提出和贯彻总体国家安全观，健全国家安全体系，增强维护国家安全的能力，树立忧患意识、底线思维和不怕鬼、不信邪的精神，以新安全格局保障新发展格局。

正是由于我们党提出了有针对性的指导思想，采取了合乎实际的战略举措，所以，十年来才实现了一系列突破性的进展，取得了一系列标志性的成果，经受住了来自政治、经济、意识形态、自然界等方面的风险挑战考验，使许多领域实现了历史性变革、系统性重塑、整体性重构；意识形态领域形势发生全局性、根本性转变，民族分裂势力、宗教极端势力、暴力恐怖势力得到有效遏制，香港进入由乱到治走向由治及兴的新阶段；党内刹住了一些长期没有刹住的歪风，纠治了一些多年未除的顽瘴痼疾，自我净化、自我完善、自我革新、自我提高的能力显著增强，管党治党宽松软的状况得到根本扭转，风清气正的党内政治生态不断形成和发展。可见，没有我们党的正确指引和领导，要取得新时代的历史性变化是不可想象的。正如习近平总书记所说："实践证明，党的十八大以来党中央的大政方针和工作部署是完全正确的，中国特色社会主义道路是符合中国实际、反映中国人民意愿、适应时代发展要求的，不仅走得对、走得通，而且走得稳、走得好。"②

（二）中国特色社会主义新时代面临的新形势新任务决定了更要坚持和加强党的领导

中国特色社会主义新时代实现了第一个百年奋斗目标，开启了向第二个百年奋斗目标前进的新征程。可以说，我们现在比历史上任何时候都更接近和更有能力实现中华民族伟大复兴的目标。但常言道，行百里

---

① 《十九大以来重要文献选编》（上），中央文献出版社 2019 年版，第 732 页。
② 《心往一处想劲往一处使推动中华民族伟大复兴号巨轮乘风破浪扬帆远航》，《人民日报》2022 年 10 月 18 日。

者半九十。全面建设社会主义现代化的新征程，不仅要实现推进现代化建设、完成祖国统一、维护世界和平与促进共同发展这三大历史任务，还要逐步实现全体人民共同富裕。这些任务比起以往，难度更大，更加艰巨，面临的矛盾和阻力会更多更复杂，有各种可预测和不可预测的风险和挑战。总之，在向第二个百年奋斗目标前进的新征程中，和当年的万里长征一样，"还有许多'雪山'、'草地'需要跨越，有许多'娄山关'、'腊子口'需要征服"[①]。

从党的二十大报告中可以看出，我们当前面临的困难和问题，有自身的，也有外部环境的。在自身方面，发展不平衡不充分的问题还比较突出，推进高质量发展还存在许多卡点瓶颈，科技创新能力还不足，重点领域改革还面临不少躲不开、绕不过的深层次矛盾，还有不少硬骨头要啃，意识形态领域还存在不少挑战，城乡区域发展和收入分配差距仍然较大，群众在就业、教育、医疗、托育、养老、住房等方面还面临不少难题，一些党员、干部还缺乏担当精神，斗争本领还不强，实干精神还不足，形式主义、官僚主义现象仍然突出，反腐败斗争还面临不少顽固性、多发性问题，铲除腐败滋生土壤的任务仍然艰巨，等等。在外部环境上，逆全球化思潮抬头，单边主义、保护主义明显上升，局部冲突和动荡加剧，世界进入新的动荡变革期，不确定难预料的因素增多，以美国为首的国际霸权主义还在秉持冷战思维，大搞强权政治，动辄实施单边制裁、极限施压，不断加大阻碍中国发展的力度，"来自外部的打压遏制随时可能升级"[②]。

正是上述内外因素，决定了越是中华民族即将实现伟大复兴的时候，越是要坚持和加强党的全面领导，维护党中央权威和集中统一领导；同时，加强党的自我净化、自我完善、自我革新、自我提高，经受"四大考验"，防止"四种危险"，使广大党员时刻"牢记中国共产党是

[①]《十八大以来重要文献选编》（下），中央文献出版社 2018 年版，第 748 页。

[②] 习近平：《高举中国特色社会主义伟大旗帜　为全面建设社会主义现代化国家而团结奋斗——在中国共产党第二十次全国代表大会上的报告》，人民出版社 2022 年版，第 26 页。

什么、要干什么这个根本问题"①，使党永葆先进性和纯洁性。只有这样，我们党才能更好地担起领导中华民族伟大复兴的重任，才能在各种风险和挑战面前拿出办法，确保我国社会主义现代化建设的正确方向，保持全国人民和海内外中华儿女共同奋斗的政治凝聚力，引领中华民族一步步接近伟大复兴的目标。

（三）中国特色社会主义新时代坚持和加强党的领导具有深厚的实践依据和充分的理论依据

坚持和加强中国共产党的领导，是中国人民经过百年风雨的历史选择，也是新中国法律所明确规定的。1949 年中国人民政治协商会议通过的具有临时宪法性质的《中国人民政治协商会议共同纲领》和 1954 年、1975 年、1978 年、1982 年分别通过的宪法，都明文规定新中国是工人阶级领导的以工农联盟为基础的人民民主国家，并在序言中表述了人民民主统一战线必须坚持中国共产党领导的相关内容。2018 年十三届全国人大一次会议通过的宪法修正案，进一步在总纲第一条中明确规定：中国共产党的领导是中国特色社会主义最本质的特征。

马克思主义基本原理告诉我们，经济基础决定上层建筑，一个国家实行什么样的政治制度、政党制度，归根结底由这个国家实行的经济制度所决定。中国实行中国共产党领导的多党合作和政治协商的政党制度而不实行多党轮流执政；军队由共产党绝对领导而不搞"非党化""国家化"，这一切最深刻的根源都在于中国实行的是公有制为主体、多种所有制经济共同发展的基本经济制度，在于社会主义全民所有制经济是中国国民经济的主导力量。这种经济制度决定了我国人民内部的根本利益是一致的，并且不允许任何势力破坏这种根本利益的一致性。建立在这种经济制度之上并为之服务的政治制度，只能是工人阶级领导的以工农联盟为基础的人民民主专政，其政党制度也只能是由代表人民根本利

---

① 《中国共产党第十九届中央委员会第六次全体会议文件汇编》，人民出版社 2021 年版，第 103 页。

益的工人阶级政党一党执政。在社会主义初级阶段和市场经济条件下，人民内部的利益必然呈现多元化态势。但社会主义的基本制度决定了这种矛盾是受到限制的，就是说，在中国特色社会主义社会里，人民内部的矛盾无论多复杂多激烈，都不允许发展到根本利害冲突的程度，不允许出现与人民根本利益相对立的利益集团及其政治代表。既然如此，当然不需要有其他政党与代表人民根本利益的中国共产党相互竞争、轮流执政；同时，为了使共产党的执政地位不被架空、人民的根本利益不受损害，军队也必须由而且只能由中国共产党绝对领导。

民主是相对专制而言的政治制度，但在同样实行民主制的国家中，对民主的理解和实践却大相径庭。马克思主义经典作家在谈论民主时，总是把它和阶级问题联系在一起，认为在阶级社会里，民主实质上是统治阶级的民主。资产阶级为了模糊民主的阶级性质，把是否进行多党竞选、轮流执政，作为衡量一个国家是否民主的尺子。所谓社会主义国家"不民主""专制"的说法，就是用这把尺子衡量的产物。选举当然是民主的一种形式，但选举并不等于就是民主，尤其不等于真正的民主。同样是选举，由于对选举权有不同规定，其广泛性势必会有很大差别。例如，西方国家在相当长时期内对选举权作过诸如财产、性别、族裔、居住时间等限制。也正因为如此，第二次世界大战前的苏联和第二次世界大战后诞生的社会主义国家被世人普遍称为民主国家，而西方资本主义国家则是反民主的国家。只是后来西方国家在国内人民争取民主权利的持续斗争下，逐渐放宽了选举权上的种种限制，这才回过头来以所谓实行"一党专制"为由，攻击社会主义国家"不民主"。还要看到，选举本身也有各种形式，如直接选举、间接选举等。究竟采用哪种形式好，与国家大小、人口多少、选举内容等都有关系。另外，选举能否反映大多数人民的意愿，还取决于选举的规则。例如，西方国家的总统或议会选举，普遍实行募集竞选资金的办法，使选举在很大程度上被财团所操纵，成了金钱的竞争。这种靠金钱竞选的办法，恰恰反映出资本主义民主的本质。

由于不同社会制度国家民主的本质不同，因此，在民主的实现形式上也必然会有很大不同。中国的社会主义民主即人民民主，是多数人的真正的民主。这种民主主要体现在人民代表大会制度上，它的本质在于，使占人口多数的人民群众的利益能够在国家的制度、法律、政策、决策的制定中，发挥出决定性的作用。实现这样的民主，当然不能不用选举的形式，但更重要的是使代表多数人利益的政党牢固地执掌政权。中国共产党正是这样的政党。只要站在大多数人的立场上看问题，就不能不承认中国共产党的领导是中国最大多数人获得民主权利的前提条件，是社会主义民主的真正体现和重要保障。因此，党的领导与民主不仅不矛盾，相反，它是人民民主的首要实现形式。为了实现人民民主，我们党还建立了与各民主党派和各界代表定期协商的制度，各级领导干部深入基层调研、广泛听取群众意见的制度，党和政府接受与认真处理群众信访的制度，等等。所有这些人民民主的实现形式，正是习近平总书记反复强调的全过程人民民主。

党的二十大报告指出："中国共产党是为中国人民谋幸福、为中华民族谋复兴的党。"[①] 一百多年来的历史和现实都证明，中国共产党不愧是中华民族伟大复兴的推动者、组织者、领导者，是中华民族的主心骨和守护神。没有中国共产党的领导，就没有中国革命的胜利，就没有新中国的建立和飞速发展，就没有中华民族的伟大复兴。只要我们在新时代切实以习近平新时代中国特色社会主义思想为指导，紧密团结在以习近平同志为核心的党中央周围，一如既往地坚持和加强党的领导，中华民族就一定能在社会主义制度的基础上最终实现伟大复兴的百年夙愿。

---

① 习近平：《高举中国特色社会主义伟大旗帜　为全面建设社会主义现代化国家而团结奋斗——在中国共产党第二十次全国代表大会上的报告》，人民出版社 2022 年版，第 21 页。

正确把握党的最高纲领与当前纲领的关系

——中国共产党百年奋斗史的一个宝贵经验[*]

  习近平总书记在庆祝中国共产党成立 100 周年大会上的重要讲话（以下简称《讲话》），回顾了我们党百年奋斗的光辉历程，展望了中华民族伟大复兴的光明前景，概括了我们党的建党精神，向全党发出了继续奋斗的号召，从而深刻说明，正确把握党的最高纲领与当前纲领的关系，乃是我们党不断取得胜利的一个关键因素和宝贵经验。

一、为实现中华民族伟大复兴而奋斗是党成立一百年来各个不同历史阶段当前纲领的共同点

  毛泽东在 1940 年发表的《新民主主义论》中曾指出："关于社会制度的主张，共产党是有现在的纲领和将来的纲领，或最低纲领和最高纲领两部分的。"① 所谓共产党的最高纲领，就是马克思、恩格斯在《共产党宣言》中根据他们发现的人类社会发展规律而宣布的"为实现共产主义而奋斗"；最低纲领，则是共产党人为了实现共产主义远大目标而在不同历史阶段确定的当前奋斗目标，或曰当前纲领。《共产党宣言》表示，实现共产主义是分步骤有措施的，在不同国家，这些措施是不同的。中国共产党 1921 年成立时，没来得及制定为近期目标而奋斗的当前纲领，只表明了自己要为实现共产主义而奋斗；但第二年在党的二大上，便明确提出消除内乱、打倒军阀、建设国内和平，推翻国际帝国主义的压迫、达到中华民族完全独立，统一中国为真正的民主共和国的当前纲领，即党在民主革命阶段的最低纲领。

  * 本文曾刊于《人民论坛·学术前沿》2021 年第 C1 期。
  ①《毛泽东选集》第 2 卷，人民出版社 1991 年版，第 686 页。

　　回顾我们党的历史可以清楚地看出，党的当前纲领或最低纲领，在过去一百年不同历史阶段里的具体内容各不相同。比如，在民主革命的历史阶段，党的当前纲领总起来说是"反帝反封建"，其中在抗日战争时期，是结成广泛的抗日统一战线打败日本帝国主义侵略者；在解放战争时期，是团结一切可以团结的力量打倒蒋介石、解放全中国。到了社会主义革命和建设的历史阶段，党的当前纲领是通过对农业、手工业、资本主义工商业的社会主义改造，实现国家工业化和"四个现代化"。到了改革开放和社会主义现代化建设新时期，党通过总结正反两方面历史经验认识到，我国仍处于并将长期处于社会主义初级阶段，党在这个阶段的当前纲领即基本纲领是，实行中国特色社会主义，发展社会主义市场经济及社会主义民主、社会主义文化。当中国特色社会主义进入新时代后，我们党又制定了"向第二个百年奋斗目标进军"的任务，即党的十九大宣布的：高举中国特色社会主义伟大旗帜，锐意进取、埋头苦干，在全面建成小康社会的基础上，再奋斗十五年，基本实现社会主义现代化；然后从2035年到新中国成立一百年，再奋斗十五年，把我国建成富强民主文明和谐美丽的社会主义现代化强国，实现中华民族伟大复兴。这个奋斗目标，可以看成是我们党最新的当前纲领。

　　党在不同历史阶段不同历史时期制定的当前纲领，尽管具体内容各不相同，但有一个共同点，那就是《讲话》所概括的："一百年来，中国共产党团结带领中国人民进行的一切奋斗、一切牺牲、一切创造，归结起来就是一个主题：实现中华民族伟大复兴。"为了说明这一点，《讲话》将我们党的百年奋斗史分成四个阶段，并具体论述了每个阶段与中华民族伟大复兴的关系。《讲话》指出，在百年奋斗史的第一个阶段，我们党主要是以武装的革命反对武装的反革命，推翻"三座大山"，从而"为实现中华民族伟大复兴创造了根本社会条件"；在第二个阶段主要是确立社会主义基本制度，推进社会主义建设，战胜帝国主义、霸权主义的颠覆破坏、武装挑衅，从而"为实现中华民族伟大复兴奠定了根本政治前提和制度基础"；在第三个阶段主要是确立党在社会主义初级阶段的基本路线，推进改革开放，坚持、捍卫、发展中国特色社会主义，从而"为实现中华民族伟大复兴提供了充满新的活力的体制保证和快速发展的物质条件"；在第四个阶段主要是统筹推进"五位一体"的总体布局、协调推进"四个全面"的战略布局，坚持和完善中国特色社会主义、推进国家治理体系和治理能力现代化，从而"为实现中华民族伟大复兴提供了更为完善的制度保证、更为坚实的物质基础、更为主动的精神力量"。

《讲话》之所以把我们党的百年奋斗史归结为实现中华民族伟大复兴，是因为中国古代长期处于世界文明的前列，而由于封建专制制度的顽固，错过了工业革命的时代列车，导致屡遭列强的侵略欺辱，在近代沦为半殖民地半封建社会，不仅失去了主权独立和领土完整，而且被堵死了通往工业化的道路。从此，民族独立和工业化成了中华民族复兴面临的两个最大问题，谁能提出解决这两大问题的正确主张并付诸实施，谁就能成为中华民族的领导者。在欧美和其他一些殖民地国家，这两个任务一般是由资产阶级担负和完成的。但在中国，民族资产阶级不愿也没有能力彻底反帝反封建，所以无法挑起这副担子。相反，工人阶级虽然在人数上比农民阶级少，在年龄上比西方工人阶级轻，在文化水平上比资产阶级低，却是"新的生产力的代表者"[1]，不仅受压迫最深重，力量最集中，革命最彻底，最有战斗性，与农民阶级有天然联系，而且当先进知识分子通过接受马克思主义和与工人运动相结合后，拥有了自己的先锋队中国共产党，从而挑起了领导资产阶级民主主义性质和无产阶级社会主义性质双重革命任务的担子。毛泽东同志当年之所以说"中国工人阶级的任务，不但是为着建立新民主主义的国家而斗争，而且是为着中国的工业化和农业近代化而斗争"[2]，"我们共产党是无产阶级的先锋队，同时又是最彻底的民族解放的先锋队"[3]，我们党既是"代表了中国工农大众的最大利益，也是代表了整个中华民族的利益"[4]，其道理就在

---

[1]《毛泽东选集》第 1 卷，人民出版社 1991 年版，第 8 页。
[2]《毛泽东选集》第 3 卷，人民出版社 1991 年版，第 1081 页。
[3]《毛泽东文集》第 2 卷，人民出版社 1993 年版，第 42 页。
[4] 毛泽东：《为建立抗日民族统一战线而让步》（1937 年），《党的文献》1995 年第 4 期。

这里。

新中国成立后，人民当家做了国家主人，国家也获得了完全独立，工业化道路上的帝国主义、封建主义、官僚资本主义这三只"拦路虎"被彻底搬开，但我国主权独立、领土完整仍然受到各种敌对势力西化、分化的威胁，帝国主义还在时不时对我国进行军事挑衅、外交围堵、经济封锁、科技打压，并一直阻挠我国完成最终统一。另外，由于历史原因，我国长期经济基础薄弱、科学技术落后，加之外部干扰，要实现工业化、现代化，还有很多困难需要逐步克服。因此，新中国虽然建立了，但并不表明中华民族伟大复兴的任务已经完成了，要巩固民族独立，实现国家完全统一，建成工业化、现代化国家，还需要我们党带领人民继续奋斗。

由此可见，《讲话》对我们党百年奋斗史所作的概括，既是一个全新的表述，也是一个完全符合实际的表述。这一表述把我们党百年奋斗史的四个主要阶段，用中华民族伟大复兴这一主题贯穿起来，更加凸显了党史的主题、主线、主流、本质，更加展现了我们党为中华民族建立的丰功伟绩，而且更加有助于动员海内外中华儿女为最终实现民族复兴继续团结奋斗。

二、在中国特色社会主义道路上实现中华民族伟大复兴是党的最高纲领和社会主义初级阶段基本纲领的结合点

自 1840 年鸦片战争时起，一切先进的爱国的中国人，都以复兴中华民族作为自己的奋斗目标，革命先驱孙中山更是率先喊出了"振兴中华"的响亮口号。但是，他们的希望都因为试图走西方资本主义道路而最终落空了。正如《讲话》指出的，直到"十月革命一声炮响，给中国送来了马克思列宁主义。在中国人民和中华民族的伟大觉醒中，在马克思列宁主义同中国工人运动的紧密结合中，中国共产党应运而生"，才"深刻改变了近代以后中华民族发展的方向和进程，深刻改变了中国人民和中华民族的前途和命运，深刻改变了世界发展的趋势和格局"。

我们党的奋斗目标中有和其他先进的爱国的中国人相同的一面，即

都要复兴中华民族，又有和他们不同的一面。这是因为，首先，我们党除了要为中华民族伟大复兴而奋斗，还有一个"最高纲领，即实现社会主义和共产主义社会制度的纲领"①；其次，我们党为中华民族伟大复兴而奋斗的第一步，虽然是资产阶级性质的民主主义革命，但由于世界已进入帝国主义与社会主义革命的时代，这个革命只能以建立人民民主专政的国家为目的，而且，在这个革命胜利之后，还要迈出第二步，即进行社会主义革命，建立社会主义制度，在社会主义道路上进行工业化、现代化建设，逐步实现中华民族的伟大复兴。

党的十一届三中全会之后，我们党通过总结新中国成立以来的历史经验，深刻认识到我国虽然已经进入社会主义社会，但由于社会生产力水平和社会化程度还比较低，自然经济、半自然经济比重还比较高，文盲、半文盲还比较多，因此，我国的社会主义社会还只能说处在初级阶段。从这个认识出发，我们党制定了社会主义初级阶段的基本纲领，提出了中国特色社会主义建设的任务。这个基本纲领的主要内容和这个建设的基本目标、基本政策，都表明它们的目的并不是要倒退到资本主义，而是为着"脚踏实地建设社会主义，使社会主义在中国真正活跃和兴旺起来，广大人民从切身感受中更加拥护社会主义"②。所以，我们党领导各族人民进行的革命，早已经走完了第一步，也走完了第二步，现在正在走的是第三步，即在中国特色社会主义道路上进行现代化建设。

什么是中国特色社会主义？对这个问题，习近平总书记在党的十八大刚刚闭幕不久就作出过明确回答。他指出："我们党始终强调，中国特色社会主义，既坚持了科学社会主义基本原则，又根据时代条件赋予其鲜明的中国特色。这就是说，中国特色社会主义是社会主义，不是别的什么主义。""在中华民族积贫积弱、任人宰割的时期，各种主义和思潮都进行过尝试，资本主义道路没有走通，改良主义、自由主义、社会达尔文主义、无政府主义、实用主义、民粹主义、工团主义等也都'你

①《毛泽东选集》第 2 卷，人民出版社 1991 年版，第 688 页。
②《十五大以来重要文献选编》（上），中央文献出版社 2011 年版，第 12 页。

方唱罢我登场'，但都没能解决中国的前途和命运问题。是马克思列宁主义、毛泽东思想引导中国人民走出了漫漫长夜、建立了新中国，是中国特色社会主义使中国快速发展起来了。"① 可见，所谓中国特色社会主义，就是在科学社会主义原则指导下的初级阶段的社会主义，是以共产主义为最终目标和前进方向的社会主义。在中国特色社会主义道路上实现中华民族的伟大复兴，正是党的最高纲领与社会主义初级阶段基本纲领相结合的具体体现。因此，每个共产党员在为社会主义初级阶段基本纲领和中华民族伟大复兴而奋斗的同时，都必须牢记党的最高纲领，坚定共产主义的理想信念。

为实现社会主义初级阶段基本纲领和中华民族伟大复兴而奋斗，为什么必须坚定共产主义的理想信念呢？对于这个问题，习近平总书记也曾作过很多论述。他说："我们党以马克思主义为立党之本，以实现共产主义为最高理想，以全心全意为人民服务为根本宗旨。这就是共产党人的本。没有了这些，就是无本之木。我们整个道路、理论、制度的逻辑关系就在这里。……改革开放以来，我们党带领全国各族人民开创和发展中国特色社会主义道路、中国特色社会主义理论体系、中国特色社会主义制度，都源于这个理想信念。"② "实现共产主义是我们共产党人的最高理想，而这个最高理想是需要一代又一代人接力奋斗的。如果大家都觉得这是看不见摸不着的东西，没有必要为之奋斗和牺牲，那共产主义就真的永远实现不了了。我们现在坚持和发展中国特色社会主义，就是向着最高理想所进行的实实在在努力。"③ "只有理想信念坚定的人，才能始终不渝、百折不挠，不论风吹雨打，不怕千难万险，坚定不移为实现既定目标而奋斗。"④ 这些论述表明，中国特色社会主义的根源来自共产主义的理想，坚定这个理想，才可能坚定中国特色社会主义道路。正

---

①《十八大以来重要文献选编》（上），中央文献出版社 2014 年版，第 109 页。

②《习近平关于"不忘初心、牢记使命"论述摘编》，党建读物出版社、中央文献出版社 2019 年版，第 76—77 页。

③《十八大以来重要文献选编》（中），中央文献出版社 2016 年版，第 321 页。

④《习近平关于"不忘初心、牢记使命"论述摘编》，党建读物出版社、中央文献出版社 2019 年版，第 83—84 页。

因为如此，《讲话》鲜明指出："以史为鉴、开创未来，必须坚持和发展中国特色社会主义。走自己的路，是党的全部理论和实践立足点，更是党百年奋斗得出的历史结论。中国特色社会主义是党和人民历经千辛万苦、付出巨大代价取得的根本成就，是实现中华民族伟大复兴的正确道路。"

三、坚定共产主义理想信念是党在为中华民族伟大复兴而奋斗时牢牢把握正确方向的根本点

前文说到，中国自从鸦片战争以来，一切先进的爱国的中国人都企盼中华民族的复兴，但问题的关键在于走什么道路，实行什么样的社会制度。实践反复说明，资本主义道路可能在有些殖民地半殖民地国家一时半会走得通，但在中国绝对走不通。中华民族要复兴，只能由中国共产党领导，只能遵循马克思主义指引的方向，只能走社会主义的道路。

党的十一届三中全会以来，邓小平一方面积极倡导和推行改革开放；另一方面坚决反对资产阶级自由化，反复强调改革开放必须坚持社会主义方向，绝不能搞资本主义。十一届三中全会召开不久，他就指出，"资本主义无论如何不能摆脱百万富翁的超级利润，不能摆脱剥削和掠夺，不能摆脱经济危机，不能形成共同的理想和道德，不能避免各种极端严重的犯罪、堕落、绝望。……我们要有计划、有选择地引进资本主义国家的先进技术和其他对我们有益的东西，但是我们决不学习和引进资本主义制度"[①]。1989 年政治风波过后，他又语重心长地告诫全党："如果我们不坚持社会主义，最终发展起来也不过成为一个附庸国，而且就连想要发展起来也不容易。现在国际市场已经被占得满满的，打进去都很不容易。只有社会主义才能救中国，只有社会主义才能发展中国。""如果搞资本主义，首先发生的就是无法解决十一亿人都有饭吃的问题。没有饭吃，中国人干吗？我们搞革命就是要解放穷人。"他还说过："如果走资本主义道路，可能在某些局部地区少数人更快地富起来，

---

①《邓小平文选》第 2 卷，人民出版社 1994 年版，第 167—168 页。

形成一个新的资产阶级，产生一批百万富翁，但顶多也不会达到人口的百分之一，而大量的人仍然摆脱不了贫穷，甚至连温饱问题都不可能解决。"①可见，要使改革开放行稳致远，使中华民族伟大复兴如期实现，必须牢牢把握改革开放和中华民族伟大复兴的社会主义方向。

如何才能保证改革开放和中华民族伟大复兴始终沿着社会主义方向前进呢？说一千道一万，最根本的保证就是《讲话》中所指出的：一方面"必须坚持党的全面领导"，另一方面必须"以党的政治建设为统领，继续推进新时代党的建设新的伟大工程"，"清除一切侵蚀党的健康肌体的病毒，确保党不变质、不变色、不变味"，把"坚持真理、坚守理想、践行初心、担当使命，不怕牺牲、英勇斗争，对党忠诚、不负人民"的建党精神继承下去，发扬光大。他在这里所说的真理，无疑是马克思主义的真理；说的理想，无疑是共产主义的最高理想和中国特色社会主义的共同理想；说的初心使命，无疑是为中国人民谋幸福、为中华民族谋复兴。就是说，要把握好改革开放和中华民族伟大复兴的社会主义方向，就要把党的最高纲领与社会主义初级阶段基本纲领统一起来。

1945年，毛泽东在《论联合政府》中曾就处理党的最高纲领与最低纲领的关系讲过一段很著名的话，为我们今天正确看待和处理党的最高纲领与社会主义初级阶段基本纲领的关系提供了指导原则。他说："我们共产党人从来不隐瞒自己的政治主张。我们的将来纲领或最高纲领，是要将中国推进到社会主义社会和共产主义社会去的，这是确定的和毫无疑义的。我们的党的名称和我们的马克思主义的宇宙观，明确地指明了这个将来的、无限光明的、无限美妙的最高理想。每个共产党员入党的时候，心目中就悬着为现在的新民主主义革命而奋斗和为将来的社会主义和共产主义而奋斗这样两个明确的目标，而不顾那些共产主义敌人的无知的和卑劣的敌视、污蔑、谩骂或讥笑。"②

党的十八大以来，习近平总书记也多次指出："我们党以马克思主

---

①《邓小平文选》第3卷，人民出版社1993年版，第311、326、208页。

②《毛泽东选集》第3卷，人民出版社1991年版，第1059页。

义为立党之本，以实现共产主义为最高理想。""没有远大理想，不是合格的共产党员；离开现实工作而空谈远大理想，也不是合格的共产党员。""要教育引导广大党员、干部把践行中国特色社会主义共同理想和坚定共产主义远大理想统一起来，做到虔诚而执着、至信而深厚。"①这些论述都告诉我们，要确保改革开放和中华民族伟大复兴始终沿着正确方向前进，最重要的就是广大党员特别是党的各级领导干部，在实行社会主义初级阶段基本纲领的同时，坚定共产主义的理想和信念。

四、在为中华民族伟大复兴而奋斗的过程中是否牢记共产主义远大目标有着具体的检验标准

一个党员特别是党的领导干部，要在为改革开放和中华民族伟大复兴而奋斗的同时，牢记共产主义远大目标，是具体的，也是有检验标准的。这种检验虽然不像做体检，有 X 光、CT、核磁共振成像，比较困难，但也不是没有办法。只要把习近平总书记的有关论述综合起来领会，就会看到这种检验的办法，起码有以下三条。

（一）为中华民族伟大复兴奋斗的同时，是否淡化甚至忘记了共产主义的最高理想

改革开放以来，一度存在怕讲共产主义、怕讲理想信念、怕讲革命的现象，好像谁讲这些谁就是"左"，甚至有人提出"共产主义遥遥无期""要给共产党改名""要把革命党变为执政党"等奇谈怪论。对此，习近平总书记理直气壮地指出："不忘初心，方得始终。对马克思主义的信仰，对社会主义和共产主义的信念，是共产党人的政治灵魂，是共产党人经受住各种考验的精神支柱。"②"我们现在做的是社会主义初级阶段的事情，但不能忘记初衷，不能忘了我们的最高奋斗目标。在这个

---

①《习近平关于"不忘初心、牢记使命"论述摘编》，党建读物出版社、中央文献出版社2019 年版，第 76、73、74 页。

②《习近平关于"不忘初心、牢记使命"论述摘编》，党建读物出版社、中央文献出版社2019 年版，第 83 页。

问题上，不要含糊其辞、语焉不详。含糊其辞、语焉不详是理想信念模糊甚至动摇的一种表现。"①他还尖锐指出：一些人之所以"嘲讽马克思主义"，"认为共产主义是虚无缥缈的幻想"，"把配偶子女移民到国外、钱存在国外"②，"奉西方理论、西方话语为金科玉律"③，关键在于丢掉了对马克思主义、社会主义、共产主义的信仰、信念。他说："苏共拥有二十万党员时夺取了政权，拥有二百万党员时打败了希特勒，而拥有近二千万党员时却失去了政权。……什么原因？就是理想信念已经荡然无存了。"④在纪念陈云同志诞辰 110 周年座谈会上，他又说："在改革开放历史新时期，陈云同志高度重视对党员干部的理想信念教育，他反对'共产主义遥遥无期'的观点，明确指出，这个观点是不对的，应当说，共产主义遥遥有期，社会主义就是共产主义的第一阶段。"⑤他还不无针对性地说："中国共产党之所以叫共产党，就是因为从成立之日起我们党就把共产主义确立为远大理想。"⑥"国内外各种敌对势力总是企图让我们党改旗易帜、改名换姓，其要害就是企图让我们丢掉对马克思主义的信仰，丢掉对社会主义、共产主义的信念。"⑦他反复强调"革命理想高于天"，"不要忘记我们是共产党人，不要忘记我们是革命者，任何时候都不要丧失理想信念"。⑧他批评关于"我们党已经从'革命党'转变成了'执政党'"的说法，指出我们党并没有把革命和执政当作两个截然不同的事情，"我们党是马克思主义执政党，但同时是马克思主义革命党，要保持过去革命战争时期的那么一股劲、那么一股革命热情、那么

---

① 《习近平关于全面从严治党论述摘编》，中央文献出版社 2016 年版，第 66 页。

② 《习近平关于"不忘初心、牢记使命"论述摘编》，党建读物出版社、中央文献出版社 2019 年版，第 76 页。

③ 《习近平关于"不忘初心、牢记使命"论述摘编》，党建读物出版社、中央文献出版社 2019 年版，第 79 页。

④ 《习近平关于"不忘初心、牢记使命"论述摘编》，党建读物出版社、中央文献出版社 2019 年版，第 87 页。

⑤ 《中共中央举行纪念陈云同志诞辰 110 周年座谈会》，《人民日报》2015 年 6 月 13 日。

⑥ 《习近平关于"不忘初心、牢记使命"论述摘编》，党建读物出版社、中央文献出版社 2019 年版，第 80 页。

⑦ 习近平：《在全国党校工作会议上的讲话》，《求是》2016 年第 11 期。

⑧ 《中共中央举行纪念周恩来同志诞辰 120 周年座谈会》，《人民日报》2018 年 3 月 2 日。

一种拼命精神，把革命工作做到底"①。他的这些论述告诉我们，党在现阶段虽然实行的是社会主义初级阶段的基本纲领，进行的是中国特色社会主义建设，但并没有放弃更没有否定共产主义的最高理想。谁要是连共产主义理想都不肯承认甚至表示反对的话，那就可以断言他已经偏离或甚至背弃了改革开放和中华民族伟大复兴事业的正确方向。

（二）为中华民族伟大复兴奋斗的同时，是否坚持四项基本原则，并用这些原则校正前进方向

改革开放以来，有人曾宣扬"改革开放无方向论""政治体制改革滞后论""公有制效率低论"，鼓吹"应把国有资产量化到个人""收入分配要继续扩大"等主张。这些谬论的要害，就在于把党的基本路线中的"一个中心、两个基本点"相割裂，只讲改革开放而不讲四项基本原则；把社会主义初级阶段的基本纲领与党的最高纲领相割裂，试图把社会主义初级阶段凝固化、永久化，使中国特色社会主义制度变成一个游离于共产主义思想体系之外的社会制度。对此，习近平总书记尖锐指出："我们的改革开放是有方向、有立场、有原则的。我们当然要高举改革旗帜，但我们的改革是在中国特色社会主义道路上不断前进的改革。"他强调："不能笼统地说中国改革在某个方面滞后。在某些方面、某个时期，快一点、慢一点是有的，但总体上不存在中国改革哪些方面改了，哪些方面没有改。问题的实质是改什么、不改什么，有些不能改的，再过多长时间也是不改。我们不能邯郸学步。世界在发展，社会在进步，不实行改革开放死路一条，搞否定社会主义方向的'改革开放'也是死路一条。"②为了端正改革开放的正确方向，他还提出，要"推动全党把坚持正确政治方向贯彻到谋划重大战略、制定重大政策、部署重

①《习近平关于"不忘初心、牢记使命"论述选编》，党建读物出版社、中央文献出版社2019年版，第170页。

②《习近平关于全面深化改革论述摘编》，中央文献出版社2014年版，第14、15页。

大任务、推进重大工作的实践中去，经常对表对标，及时校准偏差"①。
他说："在事关坚持还是否定四项基本原则的大是大非和政治原则问题
上，我们必须增强主动性、掌握主动权、打好主动仗。""无论改什么、
怎么改，导向不能改，阵地不能丢。"②在庆祝改革开放 40 周年大会上，
他掷地有声地讲，要"牢牢把握改革开放的前进方向。改什么、怎么改
必须以是否符合完善和发展中国特色社会主义制度、推进国家治理体系
和治理能力现代化的总目标为根本尺度，该改的、能改的我们坚决改，
不该改的、不能改的坚决不改。我们要坚持党的基本路线，把以经济建
设为中心同坚持四项基本原则、坚持改革开放这两个基本点统一于新时
代中国特色社会主义伟大实践，长期坚持，决不动摇"③。

　　为了用党的基本路线及时校正改革开放的政治方向，习近平总书记
针对经济体制改革要不要和社会主义基本制度相结合的问题指出："我
们是在中国共产党领导和社会主义制度的大前提下发展市场经济，什么
时候都不能忘了'社会主义'这个定语。之所以说是社会主义市场经济，
就是要坚持我们的制度优越性，有效防范资本主义市场经济的弊端。"④
针对所有制改革要不要坚持公有制主体地位的问题，他又指出："国有
企业是推进国家现代化、保障人民共同利益的重要力量。"⑤要"坚定不移
把国有企业做强做优做大。""公有制主体地位不能动摇，国有经济主导
作用不能动摇。这是保证我国各族人民共享发展成果的制度性保证，也
是巩固党的执政地位、坚持我国社会主义制度的重要保证。"⑥他针对农
村土地私有化的舆论明确指出："坚持农村土地农民集体所有。这是坚
持农村基本经营制度的'魂'。""农村改革不论怎么改，不能把农村土

---

① 《把党的政治建设作为党的根本性建设　为党不断从胜利走向胜利提供重要保证》，《人
民日报》2018 年 7 月 1 日。
② 《习近平关于社会主义文化建设论述摘编》，中央文献出版社 2017 年版，第 185 页。
③ 《十九大以来重要文献选编》（上），中央文献出版社 2019 年版，第 732 页。
④ 《习近平关于社会主义经济建设论述摘编》，中央文献出版社 2017 年版，第 64 页。
⑤ 《十八大以来重要文献选编》（上），中央文献出版社 2014 年版，第 501 页。
⑥ 《习近平关于社会主义经济建设论述摘编》，中央文献出版社 2017 年版，第 69、63—
64 页。

地集体所有制改垮了。"①

在分配制度改革要不要坚持共同富裕原则的问题上,习近平总书记更是明确表示:"全面深化改革必须以促进社会公平正义、增进人民福祉为出发点和落脚点。……如果不能给老百姓带来实实在在的利益,如果不能创造更加公平的社会环境,甚至导致更多不公平,改革就失去意义,也不可能持续。"因此,"要把促进社会公平正义、增进人民福祉作为一面镜子,审视我们各方面体制机制和政策规定,哪里有不符合促进社会公平正义的问题,哪里就需要改革;哪个领域哪个环节问题突出,哪个领域哪个环节就是改革的重点"。②他指出,当前,"分配不公问题比较突出,收入差距、城乡区域公共服务水平差距较大。在共享改革发展成果上,无论是实际情况还是制度设计,都还有不完善的地方。"必须"使全体人民朝着共同富裕方向稳步前进,绝不能出现'富者累巨万,而贫者食糟糠'的现象"。③

针对有人反对在社会主义初级阶段强调共同富裕的言论,习近平总书记斩钉截铁地说:"我国正处于并将长期处于社会主义初级阶段,我们不能做超越阶段的事情,但也不是说在逐步实现共同富裕方面就无所作为,而是要根据现有条件把能做的事情尽量做起来,积小胜为大胜,不断朝着全体人民共同富裕的目标前进。"④就是说,强调共同富裕,并不是要一步到位,更不是要搞平均主义,而是针对近些年城乡区域和收入分配差距仍然较大的实际问题,把工作着力点更多地放到共同富裕上,既要量力而行,又要尽力而为。他讲,人心向背并不仅仅决定于经济发展。"发展了,还有共同富裕问题。物质丰富了,但发展极不平衡,贫富悬殊很大,社会不公平,两极分化了,能得人心吗?"⑤我们集中力量打赢脱贫攻坚战,取得了在中国消灭绝对贫困的历史性胜利;2021年

---

① 《习近平关于"三农"工作论述摘编》,中央文献出版社 2019 年版,第 50、63 页。

② 《十八大以来重要文献选编》(上),中央文献出版社 2014 年版,第 552—553、553 页。

③ 《十八大以来重要文献选编》(中),中央文献出版社 2016 年版,第 827 页。

④ 《十八大以来重要文献选编》(下),中央文献出版社 2018 年版,第 169 页。

⑤ 习近平:《做焦裕禄式的好书记》,中央文献出版社 2015 年版,第 35 页。

又提出要把巩固拓展脱贫攻坚成果与乡村振兴有效衔接；这次《讲话》进一步指出，要"发展全过程人民民主，维护社会公平正义，着力解决发展不平衡不充分问题和人民群众急难愁盼问题，推动人的全面发展、全体人民共同富裕取得更为明显的实质性进展！"不难看出，所有这些举措和论述，都是在用正确政治方向"对表对标、校准偏差"。

（三）为中华民族伟大复兴奋斗的同时，是否勇于同各种错误思潮作斗争

改革开放以来，一些人片面总结"文化大革命"的教训，从一种极端走向另一种极端，变得怕矛盾、怕斗争，在重大政治问题面前不敢坚持原则，和稀泥，做"骑墙派""看风派""两面人"，搞"爱惜羽毛"那一套；有的对严重错误言论以"不争论""不炒热""让说话"为借口，不管不问，放任自流。对此，习近平总书记旗帜鲜明地指出："我国曾经有过政治挂帅、搞"阶级斗争为纲"的时期，那是错误的。但是我们也不能说政治就不讲了、少讲了，共产党不讲政治还叫共产党吗？"[1]"坚持正面宣传为主，决不意味着放弃舆论斗争。"[2]他告诫全党，对于敌对势力的言论"要及时反驳，让正确声音盖过它们。这与韬光养晦或不争论是两码事。"[3]他提倡在大是大非面前，要"敢抓敢管，敢于亮剑"[4]。他强调："实现伟大梦想，必须进行伟大斗争。社会是在矛盾运动中前进的，有矛盾就会有斗争。……必须进行具有许多新的历史特点的伟大斗争。""全党要充分认识这场斗争的长期性、复杂性、艰巨性，发扬斗争精神，提高斗争本领，不断夺取伟大斗争新胜利。"[5]在《讲话》中，他进一步提醒我们："敢于斗争、敢于胜利，是中国共产党不可战胜的强大精神力量。"他要求全党："深刻认识我国社会主要矛盾变

---

① 《习近平关于"不忘初心、牢记使命"论述摘编》，党建读物出版社、中央文献出版社2019年版，第98页。

② 《习近平关于社会主义文化建设论述摘编》，中央文献出版社2017年版，第27页。

③ 《习近平关于社会主义文化建设论述摘编》，中央文献出版社2017年版，第209页。

④ 《习近平关于社会主义文化建设论述摘编》，中央文献出版社2017年版，第55页。

⑤ 《十九大以来重要文献选编》（上），中央文献出版社2019年版，第11页。

化带来的新特征新要求，深刻认识错综复杂的国际环境带来的新矛盾新挑战，敢于斗争，善于斗争，逢山开道、遇水架桥，勇于战胜一切风险挑战！"

关于要脚踏实地从事当前纲领的实践与加紧学习马克思主义、扩大共产主义思想宣传的关系，毛泽东在《新民主主义论》中已讲得很清楚了。他说，如果"没有这种宣传和学习，不但不能引导中国革命到将来的社会主义阶段上去，而且也不能指导现时的民主革命达到胜利"[1]。对此，习近平总书记同样给予了高度重视。他针对高校"在有的领域中马克思主义被边缘化、空泛化、标签化，在一些学科中'失语'、教材中'失踪'、论坛上'失声'"[2]的现象指出："要通过一系列有效的改革举措，切实防止出现一些人担心的高校马克思主义研究教学'被边缘化'的问题。"[3]针对一些单位一些人，党的意识淡薄，对政治纪律、宣传纪律置若罔闻，受敌对势力追捧，不以为耻、反以为荣的现象，他又指出，各级党委和宣传部门、党报党刊党网、党政干部院校要强化政治意识，"在重大问题上与党中央保持高度一致，绝不允许与中央唱反调，绝不允许吃共产党的饭、砸共产党的锅"[4]。

习近平总书记特别重视互联网的问题。他对现在是"资本为王"的"资本媒体""商业媒体"时代再提坚持党管媒体没有意义的观点，给予了严厉批驳。他说："网络已是当前意识形态斗争的最前沿。掌控网络意识形态主导权，就是守护国家的主权和政权。各级党委和党员干部要把维护网络意识形态安全作为守土尽责的重要使命，充分发挥制度体制优势，坚持管用防并举，方方面面齐动手，坚决打赢网络意识形态斗争，切实维护以政权安全、制度安全为核心的国家政治安全。"[5]他指出："对政治性、原则性、导向性问题，必须旗帜鲜明、敢抓敢管，对出现

---

[1]《毛泽东选集》第 2 卷，人民出版社 1991 年版，第 706 页。
[2] 习近平：《在哲学社会科学工作座谈会上的讲话》，《人民日报》2016 年 5 月 19 日。
[3]《习近平关于社会主义文化建设论述摘编》，中央文献出版社 2017 年版，第 100 页。
[4]《习近平关于社会主义文化建设论述摘编》，中央文献出版社 2017 年版，第 36 页。
[5]《习近平关于社会主义文化建设论述摘编》，中央文献出版社 2017 年版，第 36 页。

偏差和错误的要严肃批评、严肃处理，对发出正义声音而受到围攻的媒体和新闻舆论工作者要坚决力挺。"①他要求深入开展网上舆论斗争，严密防范和抑制网上攻击渗透行为，组织力量对错误思想观点进行批驳，依法加强网络社会管理，加强网络新技术新应用的管理，确保互联网可管可控。他告诫大家，过不了互联网这一关，就过不了长期执政这一关；强调"要把党管媒体的原则贯彻到新媒体领域，所有从事新闻信息服务、具有媒体属性和舆论动员功能的传播平台都要纳入管理范围，所有新闻信息服务和相关业务从业人员都要实行准入管理。有关部门要认真研究，拿出管用的办法"。"做这项工作不容易，但再难也要做。天下无难事，只怕有心人。不要怕别人说什么。"②在《讲话》中，他又特别强调，我们党"没有任何自己特殊的利益，从来不代表任何利益集团、任何权势团体、任何特权阶层的利益。任何想把中国共产党同中国人民分割开来、对立起来的企图，都是绝不会得逞的！"

当前，我们比历史上任何时期都更接近、更有信心和能力实现中华民族伟大复兴的目标。同时，越是接近胜利，危险和困难往往会越大、越多。我们要以《讲话》精神为指引，深入总结和充分利用党的百年奋斗史的宝贵经验，一方面，寻求最大公约数，画出最大同心圆，汇聚起实现中华民族伟大复兴的磅礴力量；另一方面，任何时候都要牢记"为共产主义奋斗终身"的入党誓词，积极响应习近平总书记在《讲话》中向全体党员发出的号召，牢记初心使命，坚定理想信念，践行党的宗旨，永远保持同人民群众的血肉联系，努力为党和人民争取更大光荣！

---

① 《习近平关于社会主义文化建设论述摘编》，中央文献出版社 2017 年版，第 49—50 页。

② 《习近平关于社会主义文化建设论述摘编》，中央文献出版社 2017 年版，第 42—43、30 页。

中国共产党的百年历史与对初心的不渝坚守 *

在中国共产党成立 28 周年的前夕，毛泽东撰写了著名的纪念文章《论人民民主专政》，其中说："像一个人一样，有他的幼年、青年、壮年和老年。中国共产党已经不是小孩子，也不是十几岁的年轻小伙子，而是一个大人了。"① 现在，我们党即将迎来成立 100 周年，按照这个比喻，应当已步入老年了。然而，让世人有目共睹的是，她不仅没有一丝老态、暮气，相反生机勃勃，充满活力，不断壮大。原因究竟是什么？在建党百年之际，不能不引起我们的深入思考。

我们党历经百年而不衰，原因可以讲出很多，比如，密切联系群众，善于理论创新，等等，但最根本的一条，我认为就源于她的初心和百年来对初心的不渝坚守。

一、对初心的不渝坚守是中国共产党历经百年依然朝气蓬勃的根本原因

习近平总书记曾指出："中国共产党人的初心和使命，就是为中国人民谋幸福，为中华民族谋复兴。"② 因为，早在我们党建党前夕和初期的宣言、党纲、党章所宣示的奋斗目标、最高理想和宗旨使命中，就有争取无产阶级、劳苦大众的解放、幸福，最终实现共产主义的内容，也有要争取国家的独立、民主、统一和民族复兴的内容。

在世界近代史上，实现国家独立、民主和工业化这类任务，原本应由资产阶级来完成。但在中国，民族资产阶级的经济地位脆弱，政治上软弱、动摇，领导不了反帝反封建的民主主义革命。而五四运动前后的

---

* 本文曾刊于《马克思主义研究》2021 年第 5 期。

① 《毛泽东选集》第 4 卷，人民出版社 1991 年版，第 1468 页。

② 《中国共产党第十九次全国代表大会文件汇编》，人民出版社 2017 年版，第 1 页。

中国工人阶级，虽然文化水平比资产阶级低，人数比农民少，年纪比资本主义国家的工人阶级轻，却代表着新的生产力，而且已有了 200 万人左右，力量最集中，纪律性最强，又与农民有天然联系，且深受三重压迫，反帝反封建的革命性最彻底。因此，它不仅能肩负自身和劳苦大众解放的重担，也历史地担起了实现国家独立、民主与工业化的责任。它的政党中国共产党，也因此成为无产阶级和中华民族的双重先锋。正如毛泽东所说："中国工人阶级的任务，不但是为着建立新民主主义的国家而斗争，而且是为着中国的工业化和农业近代化而斗争。"[1] "我们共产党是无产阶级的先锋队，同时又是最彻底的民族解放的先锋队。"[2]

（一）正因为我们党具有并始终坚守为国为民的初心，所以对中华民族最优秀的儿女和仁人志士就有了极强的吸引力，总能补充新鲜血液，从而使自己充满生机与活力

大革命时期，黄埔军校大门两侧的对联写着："升官发财请往别处，贪生怕死莫入斯门。"应当说，那时报名进黄埔的多数人，确实怀揣救国救民的理想。但自从蒋介石背叛革命、实行分共政策，想升官发财或与土豪劣绅、官僚买办有利益牵连的，以及思想糊涂的，便留在了国民党里，而真正舍生忘死、想救国救民的有志之士，或者原本就是共产党员，或者从国民党那里跑到了共产党这边。是什么把民族优秀的子孙，包括许多原本不愁吃穿、生活优越的人吸引到我们党这边来的呢？最大的吸引力不是别的，就是党的初心。正如后来抗大校歌所唱的那样："黄河之滨，集合着一群中华民族优秀的子孙。"而正因为入党的绝大多数人是被党的初心吸引来的，所以就能面对异常艰苦而残酷的斗争，坚韧不拔，威武不屈，视死如归，前赴后继，使我们党成为一支杀不绝、打不垮、拖不烂、无坚不摧、无往不胜的队伍。

在我们党夺取政权后，入党基本不再有生命危险，但对于绝大多数

---

[1]《毛泽东选集》第 3 卷，人民出版社 1991 年版，第 1081 页。
[2]《毛泽东文集》第 2 卷，人民出版社 1993 年版，第 42 页。

党员来说，我们党的最大吸引力依然是她的初心和对初心的坚守。这从那些放弃国外优越条件的留学生冲破重重阻力回到新中国、加入共产党的事例可以看出，从各个历史时期、各条战线的骨干和历次先进人物评选出的大多数都是共产党员的事实也可以看出，从危急关头和关键时刻，绝大多数共产党员总能挺身而出、发挥先锋模范作用的事实更可以看出。正是由于在建设和改革年代入党的人，主要是被党的初心所吸引来的，所以在面对复杂环境、繁重任务时，就能埋头苦干，无私奉献，从而使我们党得以带领人民，披荆斩棘，筚路蓝缕，取得一个又一个辉煌成就，创造一个又一个人间奇迹。

在革命、建设和改革年代，我们党也出过叛徒和变节、腐败分子。他们之所以走上歧途，最根本的原因也在于丢弃了党的初心，因此未能经住生死的考验、利益的诱惑。这说明，党的初心不仅是"吸铁石"，能把中华民族最优秀的儿女吸引过来；同时也是"试金石"，能把意志不坚定的各种败类淘汰出去。

鲁迅说过："我们从古以来，就有埋头苦干的人，有拼命硬干的人，有为民请命的人，有舍身求法的人……虽是等于为帝王将相作家谱的所谓'正史'，也往往掩不住他们的光耀，这就是中国的脊梁。"① 然而，只有共产党，才能把这样的人组织在一起，形成强大的力量，使他们成为中国人民站起来、富起来、强起来的钢铁脊梁。

（二）正因为我们党具有并始终坚守为国为民的初心，所以对广大人民群众和一切爱国人士就有了极强的感召力、凝聚力，总能得到最大多数人的支持与帮助，从而使自己充满众志成城、无坚不摧的力量

人民的利益中有长远的根本的利益，也有眼前的切身的利益。我们党在为人民利益奋斗的过程中，一向注意兼顾这两种利益：一方面，为了人民的长远和根本利益而进行革命战争、基本建设、体制改革；另一

---

① 《鲁迅全集》第6卷，人民文学出版社2005年版，第122页。

方面，时刻把人民的冷暖放在心上，处处为解决群众眼前的实际困难而出主意想办法。关于二者的关系，毛泽东早在红军时期就作过精辟的阐述。他说："要得到群众的拥护吗？要群众拿出他们的全力放到战线上去吗？那末，就得和群众在一起，就得去发动群众的积极性，就得关心群众的痛痒，就得真心实意地为群众谋利益，解决群众的生产和生活的问题，盐的问题，米的问题，房子的问题，衣的问题，生小孩子的问题，解决群众的一切问题。我们是这样做了么，广大群众就必定拥护我们，把革命当作他们的生命，把革命当作他们无上光荣的旗帜。国民党要来进攻红色区域，广大群众就要用生命同国民党决斗。"①

我们党重视群众工作，也重视统一战线工作，并把它和武装斗争、党的建设统称为克敌制胜的三大法宝。解放战争期间，政坛上的主要民主党派之所以大多选择站在我们党一边，根本原因也在于党的为国为民的初心。正因为我们党有这样的初心，所以使一切爱国的阶级、阶层、社会团体和海内外人士，加入我们党的统一战线之中，投入中华民族伟大复兴的壮丽事业。

关于坚守党的初心与党长盛不衰的关系，习近平总书记在党史学习教育动员大会上讲过一段十分深刻的话。他说："我们党的百年历史，就是一部践行党的初心使命的历史，就是一部党与人民心连心、同呼吸、共命运的历史。……历史充分证明，江山就是人民，人民就是江山，人心向背关系党的生死存亡。赢得人民信任，得到人民支持，党就能够克服任何困难，就能够无往而不胜。反之，我们将一事无成，甚至走向衰败。"②国际上许多友好政党和人士在评论我们党百年历史时表示，始终坚持将人民放在第一位，把人民对美好生活的向往作为奋斗目标，是中共这个百年大党始终保持生机活力的源泉。③

---

① 《毛泽东选集》第 1 卷，人民出版社 1991 年版，第 138—139 页。

② 习近平：《在党史学习教育动员大会上的讲话》，《求是》2021 年第 7 期。

③ 参见《"百年大党始终保持生机活力的源泉"——访欧洲左翼党第一副主席玛丽亚·特雷莎·莫拉》，《人民日报》2021 年 3 月 23 日。

（三）正因为我们党具有并始终坚守为国为民的初心，所以对前进的方向就有了极强的校正力，总能在发现偏差后勇于承认、坚决纠正，从而使自己充满经受挫折后不断奋起的力量

习近平总书记说过："党的初心和使命是党的性质宗旨、理想信念、奋斗目标的集中体现。"[①] 这说明，党的初心与党的性质是连在一起的，初心不变，性质就不会变；初心、性质不变，党犯了错误、走了弯路，受了挫折，就有可能被认识，认识了就能勇敢承认、坚决改正、重新奋起。正如毛泽东所说："因为我们是为人民服务的，所以，我们如果有缺点，就不怕别人批评指出。不管是什么人，谁向我们指出都行。只要你说得对，我们就改正。你说的办法对人民有好处，我们就照你的办。"[②]

在革命年代，我们党犯过多次错误，之所以最终都能得到纠正，归根结底源于对初心的坚守。当年，毛泽东在分析遵义会议前的中央路线错误时就曾指出："当时犯错误的同志在反对蒋介石、主张土地革命和红军斗争这些基本问题上面，和我们之间是没有争论的。"[③] 陈云在党的七大发言中也说："在内战后期，虽然路线错了，老百姓还是欢迎我们。我这样说不是为那时的错误辩护，而是讲事实。老百姓不说你是教条主义路线，他只看见你是共产主义者、共产党，打土豪分田地，为人民谋利益。这一切证明我们党的力量是伟大的。"[④] 他在 1977 年谈到左倾盲动错误时还说过："八七会议后，党号召党员积极分子参加农村暴动。当时凡是积极分子都参加了，不是积极分子的就退党了。暴动中有很多人牺牲了，这些人都没有什么名气。他们虽然是在盲动主义路线下参加农村暴动的，但是为了反对国民党反动统治而英勇牺牲的，被敌人枪杀时

①《习近平关于"不忘初心、牢记使命"论述摘编》，中央文献出版社、党建读物出版社 2019 年版，第 179 页。

②《毛泽东选集》第 3 卷，人民出版社 1991 年版，第 1004 页。

③《毛泽东选集》第 3 卷，人民出版社 1991 年版，第 938—939 页。

④《陈云文选》第 1 卷，人民出版社 1995 年版，第 294 页。

还高呼革命口号。"① 可见，党的路线与党的性质、初心并不是一回事，路线错了，不等于党的初心和性质就变了。

在建设年代，我们党最大的错误莫过于"文化大革命"，但犯这个错误的根源，同样不是党的初心变了。《关于建国以来党的若干历史问题的决议》（以下简称《历史决议》）指出，"'文化大革命'是一场由领导者错误发动，被反革命集团利用，给党、国家和各族人民带来严重灾难的内乱"；同时又指出，"社会主义运动的历史不长，社会主义国家的历史更短，社会主义社会的发展规律有些已经比较清楚，更多的还有待于继续探索"，"毛泽东同志是经常注意要克服我们党内和国家生活中存在着的缺点的……他在犯严重错误的时候，还多次要求全党认真学习马克思、恩格斯、列宁的著作，还始终认为自己的理论和实践是马克思主义的，是为巩固无产阶级专政所必需的，这是他的悲剧所在"。② 这就告诉我们，"文化大革命"虽然给党、国家和人民造成了严重挫折和损失，但出发点是探索如何巩固无产阶级专政、防止资本主义复辟。对此，邓小平也说过："毛泽东同志发动这样一次大革命，主要是从反修防修的要求出发的。"③

党的十八大后，习近平总书记论述改革开放前后两个历史时期的关系时指出：这两个时期"是两个相互联系又有重大区别的时期，但本质上都是我们党领导人民进行社会主义建设的实践探索"④。"文化大革命"的十年占了改革开放前历史的三分之一强，既然改革开放前历史时期是社会主义建设的实践探索，那十年当然也包含在内。历史事实说明，反修防修的探索，早在 20 世纪 60 年代初中苏论战及紧接其后开展的社会主义教育运动时就开始了，而且已经出现了阶级斗争扩大化的偏差。只不过到了"文化大革命"，毛泽东进一步试图用发动群众运动的方法防止党改变颜色，用抓革命的办法促进生产力发展，结果使偏差越来越

---

① 《陈云年谱（修订本）》（下），中央文献出版社 2015 年版，第 238 页。
② 《三中全会以来重要文献选编》（下），中央文献出版社 2011 年版，第 144、149、147 页。
③ 《邓小平文选》第 2 卷，人民出版社 1994 年版，第 149 页。
④ 《十八大以来重要文献选编》（上），中央文献出版社 2014 年版，第 111—112 页。

大，终于酿成失败的悲剧。但探索失败不等于它不是探索，这与失败的科学试验仍然是科学试验，在道理上是一样的。

《历史决议》指出，"文化大革命"时期虽然有反革命集团的干扰破坏，但"我们党没有被摧毁并且还能维持统一，国务院和人民解放军还能进行许多必要的工作，有各族各界代表人物出席的第四届全国人民代表大会还能召开并且确定了以周恩来、邓小平同志为领导核心的国务院人选，我国社会主义制度的根基仍然保存着，社会主义经济建设还在进行，我们的国家仍然保持统一并且在国际上发挥重要影响"。"我国国民经济虽然遭到巨大损失，仍然取得了进展。粮食生产保持了比较稳定的增长。工业交通、基本建设和科学技术方面取得了一批重要成就……人民解放军仍然英勇地保卫着祖国的安全。对外工作也打开了新的局面。"[①] 可见，"文化大革命"时期并非只有"文化大革命"运动，否定"文化大革命"不等于否定"文化大革命"的历史时期，更不等于否定那个时期的社会主义性质和各族人民在党的领导下取得的成就。

还要看到，《历史决议》说发动"文化大革命"的主要论点不符合马克思列宁主义，指的是无产阶级夺取政权后还要进行"一个阶级推翻一个阶级"的革命、按劳分配和物质利益原则是应该受到限制的"资产阶级权利"那样一些错误论点，不等于所有论点都错了。有些论点，比如"无产阶级夺取政权后还存在得而复失的危险"，"要防止领导干部脱离群众、当官做老爷"，等等，离开当年的具体所指，应当说还是合乎逻辑的，也为后来的苏联解体、东欧剧变以及我国改革开放后出现党内腐败分子的事实所验证。邓小平说：自由化思想"不仅社会上有，我们共产党内也有"。"所谓资产阶级自由化，就是要中国全盘西化，走资本主义道路。"[②] 苏联解体、苏共下台的一个重要原因，就是一大批思想被"和平演变"的官员丧失了共产主义信念，还有一大批贪污腐败的官员盼望实行资本主义制度。苏联解体后，摇身变为资本家和形形色色"寡

---

① 《三中全会以来重要文献选编》（下），中央文献出版社 2011 年版，第 147、148 页。
② 《邓小平文选》第 3 卷，人民出版社 1993 年版，第 124、207 页。

头"的人，很多就是苏共原先各级党政机关和国有企业里的干部。可见，发动"文化大革命"的主要论点是错的，在对我国当时阶级斗争形势和干部队伍、知识分子队伍的估计以及具体做法上也都错了，但从坚守党的初心的角度看，防止资本主义复辟等论点，还是具有深远战略意义的。

改革开放后，我们党没有再发生全局性、长时间的错误，不过，在一些具体领域、具体政策、具体做法上也有过失误，走过弯路，受过挫折。例如，党的十一届三中全会停止使用"以阶级斗争为纲"这个不适用于社会主义社会的口号，但我们党并没有说这个口号不适用于任何社会阶段，更没有说社会主义社会不存在阶级斗争；相反，一再强调在剥削阶级作为阶级被消灭以后，"由于国内的因素和国际的影响，阶级斗争还在一定范围内长期存在，在某种条件下还有可能激化"[1]。邓小平也说："社会主义社会中的阶级斗争是一个客观存在，不应该缩小，也不应该夸大。实践证明，无论缩小或者夸大，两者都要犯严重的错误。"[2]然而，一些人偏偏忽视甚至否认阶级斗争的存在，结果出现资产阶级自由化思潮泛滥，导致"两个总书记都在资产阶级自由化问题上栽了跟头"。1987年初，邓小平针对一部分学生受资产阶级自由化分子煽动上街闹事的问题指出："我们思想战线上出现了一些混乱，对青年学生引导不力。这是一个重大失误。"此后他又指出："十年最大的失误是教育，这里我主要是讲思想政治教育，不单纯是对学校、青年学生，是泛指对人民的教育。……今天回头来看，出现了明显的不足，一手比较硬，一手比较软。"[3]事实说明，出现这些失误和不足，原因同样不是因为党的初心变了，因此，一旦认识，同样能以极大的努力加以纠正和弥补。

党的十八大后，习近平总书记更加鲜明地指出，要"推动全党把坚持正确政治方向贯彻到谋划重大战略、制定重大政策、部署重大任务、

①《十二大以来重要文献选编》（上），中央文献出版社2011年版，第54页。
②《邓小平文选》第2卷，人民出版社1994年版，第182页。
③《邓小平文选》第3卷，人民出版社1993年版，第344、198、306页。

推进重大工作的实践中去，经常对表对标，及时校准偏差"①。他在这里说的"表"和"标"，最大的莫过于党的初心。近些年来，我们党之所以能进一步纠正和弥补过去那些失误和不足，根本原因就在于用党的初心，对照检查了对重大战略的谋划、重大政策的制定、重大任务的部署、重大工作的推进。

例如，改革开放以来，一些人明里暗里反对改革开放必须坚持正确方向，说什么改革开放本身就是方向，无所谓社会主义方向还是资本主义方向。他们一看到重申四项基本原则，就说"政治体制改革滞后了"；一听到强调"国有企业要做大做强做优"，就说"需要重启改革"。对于这些声音，习近平总书记理直气壮地指出："我们的改革开放是有方向、有立场、有原则的。我们当然要高举改革旗帜，但我们的改革是在中国特色社会主义道路上不断前进的改革。"他强调："不能笼统地说中国改革在某个方面滞后。在某些方面、某个时期，快一点、慢一点是有的，但总体上不存在中国改革哪些方面改了，哪些方面没有改。问题的实质是改什么、不改什么，有些不能改的，再过多长时间也是不改。我们不能邯郸学步。世界在发展，社会在进步，不实行改革开放死路一条，搞否定社会主义方向的'改革开放'也是死路一条。"②

改革开放后，我们党肯定了按劳分配原则，提出让一部分人一部分地区先富起来的政策，也允许和鼓励资本、技术、管理等生产要素参与分配，目的是使社会的各种活力竞相迸发，一切创造社会财富的源泉充分涌流。但有人却乘机鼓吹新自由主义思潮，胡说什么"公有制效率低""公有制与市场经济不相容""应把国有资产量化到个人""收入分配差距要进一步拉大"等等。进入新时代，党中央坚持以人民为中心，"让改革发展成果更多更公平惠及全体人民"③。正因为如此，脱贫攻坚被摆在了治国理政的突出位置，进行了声势浩大的脱贫攻坚战，使现行标准下近一亿农村贫困人口全部脱贫。这是我们党在共同富裕道路上取得

①《习近平谈治国理政》第 3 卷，外文出版社 2020 年版，第 93 页。

②《习近平关于全面深化改革论述摘编》，中央文献出版社 2014 年版，第 14、15 页。

③《习近平关于社会主义社会建设论述摘编》，中央文献出版社 2017 年版，第 16 页。

的实质性进展，更是坚守初心的鲜明体现。

二、不断进行自身建设是中国共产党历经百年依然坚守初心的主要途径

明白了我们党百年不衰的根本原因在于始终坚守初心，那么，接下来的一个问题便是：我们党是如何做到始终坚守初心的呢？古人说的好："靡不有初，鲜克有终。"一个政党同一个人一样，最初抱有做好事的愿望并不难，难的是实际去做，更难的是一直做下去。像我们这样一个党，不是只有几千人几万人，而是历经百年不断发展壮大，至今已有近一亿党员；也不仅仅是历经百年，而是经历了近 30 年革命斗争，又在全国执政了 70 多年，其中有 40 多年处于市场经济和对外开放的环境，在这种情况下仍能初心如故，这在世界政党史尤其马克思主义政党史上，不能不说是一个奇迹。奥妙究竟在哪里？这同样是不能不引起我们深入思考的问题。

习近平总书记说过："做到不忘初心、牢记使命，并不是一件容易的事情，必须有强烈的自我革命精神。"他在这里说的自我革命，包括"从严管党治党，严肃党内政治生活，坚持经常性教育和集中性教育相结合，勇于开展批评和自我批评，加强党内监督，接受人民监督，不断纯洁党的思想、纯洁党的组织、纯洁党的作风、纯洁党的肌体，等等"。①概括起来，就是注重党的建设，坚持从严治党。我认为，我们党能做到历经百年初心不改，原因也可以说出很多，但最主要的一条就在于此。

（一）坚守党的初心，说到底要依靠广大党员不忘初心，因此，首先要把好入党关口，严格组织纪律

我们党在组织发展问题上，历来都把确保党员质量放在第一位，强

---

①《习近平关于"不忘初心、牢记使命"论述摘编》，中央文献出版社、党建读物出版社 2019 年版，第 179、180 页。

调党员的组织纪律性。早在二大制定的党章中，就详细规定了党员的入党条件、入党手续，以及党的组织系统、组织原则和纪律。革命战争年代，我们党为人民军队制定了"三大纪律、八项注意"，也对地方党员尤其党员干部规定了严格纪律。例如，当年中华苏维埃政府刚成立，毛泽东主席便签署了《关于惩治贪污浪费行为》的法令，规定贪污公款500元以上者处以死刑。有一个乡的政府主席，因贪污3000元而被执行枪决。在延安，一位参加过长征的红军团长，因为枪杀了一位女学生而被毫不留情地处以死刑。抗大一位学员毕业后，不服从分配，组织同他谈了7次话仍然无效，最后被开除党籍，并在全党公布。陈云为此写了一篇题为《为什么要开除刘力功的党籍》的文章，指出："党内不准有不遵守纪律的'特殊人物'、'特殊组织'。""党不容许任何党员在党的决议面前有'阳奉阴违'的两面派态度。""纪律虽然带着强制性，但必须自觉遵守。只有使全体党员自觉地遵守纪律，纪律才能成为铁的、不可动摇的、有效的东西。"①

新中国成立后，为防止和克服资产阶级思想的腐蚀，我们党开展了轰轰烈烈的"三反"运动，并召开公判大会，判决了两名犯严重贪污罪的地委级干部死刑。改革开放初期，针对沿海部分地区一些党员干部参与和保护走私活动的问题，我们党又开展了严厉打击经济领域违法犯罪活动的斗争，仅开除党籍的就有9000多人。党的十八大后，在反腐败无禁区、全覆盖、零容忍的方针下，上到中央政治局原常委、军委原副主席，下到县乡一级干部，"老虎""苍蝇"一齐打。所有这些，都是我们党在纪律上从严要求的真实写照。

党在全国执政后，保证党员质量比执政前更难。习近平总书记说过："革命战争年代，检验一个干部理想信念坚定不坚定，就看他能不能为党和人民事业舍生忘死，能不能冲锋号一响立即冲上去，这样的检验很直接。和平建设时期，生死考验有，但毕竟不多，检验一个干部理想信念是否坚定确实比较难，X光、CT、核磁共振成像也没有办法。"

①《陈云文选》第1卷，人民出版社1995年版，第126、128页。

怎么办？他指出："主要看干部是否能在重大政治考验面前有政治定力，是否能树立牢固的宗旨意识，是否能对工作极端负责，是否能做到吃苦在前、享受在后，是否能在急难险重任务面前勇挑重担，是否能经得起权力、金钱、美色的诱惑。"[①]

我们党由于对执政条件下的组织发展、组织建设有清醒的认识，因此，尽管党员数量不断大幅度增长，但质量总体上仍然得到了保证。否则，无法解释为什么新中国仅用短短 70 余年就能取得如此多的辉煌成就，综合国力会发展得这么快。党的十八大后，我们党进一步总结和汲取了以往组织发展的经验教训，在控制党员数量增长、确保党员质量方面，制定了许多新的规定，使入党程序更多、大门把得更严，为党坚守初心提供了更加有效的组织保证。

（二）坚守党的初心，必须防止党员思想蜕化、脱离群众，因此，关键在于坚持党内思想斗争，不断自我整顿、自我净化、自我完善、自我提高

毛泽东在延安时就指出："有许多党员，在组织上入了党，思想上并没有完全入党，甚至完全没有入党。……我们的队伍，虽然其中的大部分是纯洁的，但是为要领导革命运动更好地发展，更快地完成，就必须从思想上组织上认真地整顿一番。而为要从组织上整顿，首先需要在思想上整顿，需要展开一个无产阶级对非无产阶级的思想斗争。"[②]他还说过："房子是应该经常打扫的，不打扫就会积满了灰尘；脸是应该经常洗的，不洗也就会灰尘满面。我们同志的思想，我们党的工作，也会沾染灰尘的，也应该打扫和洗涤。'流水不腐，户枢不蠹'，是说它们在不停的运动中抵抗了微生物或其他生物的侵蚀。"经常地检讨工作，开展批评和自我批评"正是抵抗各种政治灰尘和政治微生物侵蚀我们同志的思想和我们党的肌体的唯一有效的方法"。[③]这些论述都说明，党要坚

---

① 《十八大以来重要文献选编》（上），中央文献出版社 2014 年版，第 340 页。
② 《毛泽东选集》第 3 卷，人民出版社 1991 年版，第 875 页。
③ 《毛泽东选集》第 3 卷，人民出版社 1991 年版，第 1096 页。

守初心，必须通过不断开展思想斗争、经常进行作风整顿，防止党员思想蜕化、脱离群众，舍此没有别的办法。

我们党在建党之后，很长时间处在地下和经常流动的状态，无法集中整风。直到抗战后期，根据地相对稳定了，我们党即以延安为中心，在全党范围开展了一场以反对主观主义、宗派主义、党八股为主要内容的整风运动，为抗日战争的最后胜利和夺取全国政权奠定了思想政治基础。

新中国成立初期，我们党针对全国执政后已经出现和可能出现的新情况，先后开展了一系列整风运动。这些运动有的在指导思想上犯了"左"的错误，有的存在简单化、扩大化问题，留下大小不等的后遗症。但它们的目的都是加强党的自身建设，而且总体上看，也确实对党执政后坚守初心起到了积极作用。

改革开放后，我们党不仅处于和平建设和长期执政的环境，又多了市场经济和对外开放的环境。一些党员尤其党员领导干部，放松思想改造，个人主义膨胀，有的以权谋私、行贿受贿，有的拉帮贿选、买官卖官，严重败坏了党风，损害了党在群众中的形象。针对新形势下的新问题，我们党一方面不再搞过去那种急风暴雨的运动式的整风，另一方面始终没有停止采用集中教育方式进行党内思想斗争和作风整顿。这些活动的主题各有不同，但都采取开门整风方式，听取群众意见，开展批评与自我批评，让党员尤其领导干部对照党的纲领和宗旨进行思想剖析，不同程度上解决了一部分党员思想、作风不纯的问题，起到了复杂环境下警钟长鸣的作用。

党的十八大后，以习近平同志为核心的党中央针对管党治党、执行纪律上存在失之于宽、松、软的问题，鲜明提出全面从严治党的方针，突出强调治国必先治党、治党必须从严，"打铁必须自身硬"，"全面从严治党永远在路上"，①并且紧紧抓住形式主义、官僚主义、享乐主义、奢靡之风四个突出问题，先后出台中央八项规定，惩治严重贪腐、触犯

① 《习近平谈治国理政》第 3 卷，外文出版社 2020 年版，第 47、48 页。

法律的一批高级干部，强化党的巡视监督，集中清理裸官和档案造假等问题。与此同时，在全党或县处级以上干部中，连续开展了 2013 年党的群众路线教育、2015 年"三严三实"专题教育、2016 年"两学一做"学习教育等实践活动。党的十九大刚开过，全党紧接着开展了 2018 年"不忘初心、牢记使命"主题教育；当前又在开展党史学习教育，其中也包含召开民主生活会的环节。这些活动的频率之所以不断加快，目的就是为适应世情、国情、党情的深刻变化，"把思想建设作为党的基础性建设牢牢抓在手里，把坚定理想信念教育作为根本任务，教育全党牢记党的宗旨，引导党员、干部坚守入党誓言，不移其志、不改其心、不忘其本，经受住各种诱惑和考验"①。

改革开放后，我们党否定了"无产阶级专政下继续革命"的口号，党内和社会上出现了另一种偏向，即怕矛盾、怕斗争、怕讲政治、怕讲革命。对此，习近平总书记旗帜鲜明地指出："我国曾经有过政治挂帅、搞'阶级斗争为纲'的时期，那是错误的。但是，我们也不能说政治就不讲了、少讲了，共产党不讲政治还叫共产党吗？"②"坚持正面宣传为主，决不意味着放弃舆论斗争。"③他告诫全党，对于敌对势力的言论"要及时反驳，让正确声音盖过它们。这与韬光养晦或不争论是两码事"④。他提倡在大是大非面前，要"敢抓敢管，敢于亮剑"⑤。他强调："实现伟大梦想，必须进行伟大斗争。社会是在矛盾运动中前进的，有矛盾就会有斗争。……必须进行具有许多新的历史特点的伟大斗争。"⑥

对于否定共产主义和革命理想、要求给共产党改名、提出"把革命党转变为执政党"等种种谬论，习近平总书记也给予了一一批驳。他反复强调"革命理想高于天"，"不要忘记我们是革命者，任何时候都不要

①《十九大以来重要文献选编》（上），中央文献出版社 2019 年版，第 188—189 页。
②《习近平关于"不忘初心、牢记使命"论述摘编》，中央文献出版社、党建读物出版社 2019 年版，第 98 页。
③《习近平关于社会主义文化建设论述摘编》，中央文献出版社 2017 年版，第 27 页。
④《习近平关于社会主义文化建设论述摘编》，中央文献出版社 2017 年版，第 209 页。
⑤《习近平关于社会主义文化建设论述摘编》，中央文献出版社 2017 年版，第 27 页。
⑥《习近平谈治国理政》第 3 卷，外文出版社 2020 年版，第 12 页。

丧失理想信念"。① 他指出："中国共产党之所以叫共产党，就是因为从成立之日起我们党就把共产主义确立为远大理想。"② "国内外各种敌对势力，总是企图让我们党改旗易帜、改名换姓，其要害就是企图让我们丢掉对马克思主义的信仰，丢掉对社会主义、共产主义的信念。"③ 他说："我们现在做的是社会主义初级阶段的事情，但不能忘记初衷，不能忘了我们的最高奋斗目标。在这个问题上，不要含糊其辞，语焉不详。"④ 在纪念陈云同志诞辰110周年座谈会上他又说："在改革开放历史新时期，陈云同志高度重视对党员干部的理想信念教育。他反对'共产主义遥遥无期'的观点，明确指出，这个观点是不对的，应当说，共产主义遥遥有期，社会主义就是共产主义的第一阶段。"⑤ 他针对"我们党已由革命党变为了执政党"的观点指出：这个说法是不准确的，"我们党是马克思主义执政党，但同时是马克思主义革命党，要保持过去革命战争时期的那么一股劲、那么一股革命精神、那么一种拼命精神，把革命工作做到底"。他还强调："不忘初心，继续前进，就包含着不忘革命精神这个重大命题。""在进行社会革命的同时不断进行自我革命，是我们党区别于其他政党最显著的标志，也是我们党不断从胜利走向新的胜利的关键所在。"⑥

以上论述，从理论上划清了"左"的思想与讲斗争、讲政治、讲革命的区别，为全党不忘初心、坚守初心、践行初心，提供了强有力的思想保证。

---

① 习近平：《在纪念周恩来同志诞辰120周年座谈会上的讲话》，人民出版社2018年版，第10页。

②《习近平谈治国理政》第2卷，外文出版社2017年版，第34页。

③ 习近平：《在全国党校工作会议上的讲话》，人民出版社2016年版，第8页。

④《习近平关于全面从严治党论述摘编》，中央文献出版社2021年版，第168页。

⑤ 习近平：《在纪念陈云同志诞辰110周年座谈会上的讲话》，人民出版社2015年版，第6页。

⑥《习近平关于"不忘初心、牢记使命"论述摘编》，中央文献出版社、党建读物出版社2019年版，第170、160、175页。

（三）坚守党的初心，在改革开放条件下必须防止权钱交易，因此，重点在于加强制度建设，切断党员干部与资本之间的利益输送渠道，杜绝等价交换原则侵入党内政治生活

物质决定精神，存在决定意识，经济基础决定上层建筑，这些都是马克思主义的基本原理。资产阶级政党身后有大资本大财团作支撑，相互之间的利益关联不仅"合法"，而且政府官员与公司高管之间还存在公开的"旋转门"，这些都是资本主义制度决定的。而无产阶级革命，正如《共产党宣言》所说：是"为绝大多数人谋利益的独立的运动"，共产党"没有任何同整个无产阶级的利益不同的利益"。① 毛泽东也说过："共产党是为民族、为人民谋利益的政党，它本身决无私利可图。"② 习近平总书记进一步指出："我们党以全心全意为人民服务为根本宗旨，没有自己的特殊利益。"③ 总之，除了人民群众的利益之外，再无自己半点私利，乃是我们党与资产阶级政党的最大区别。

在革命年代，我们党不存在资本主义国家中工人阶级政党上层被收买的那种可能性，要坚守党的初心，主要防止组织被敌人破坏。新中国成立后，坚守党的初心，初期重点在于防止干部被资本家"糖衣炮弹"打中；资本主义工商业改造完成后，资本家不存在了，重点在于防止干部多吃多占、贪污腐化。而改革开放后，我国从社会主义初级阶段实际出发，实行公有制为主体、多种所有制经济共同发展的基本经济制度和按劳分配为主体、多种分配方式并存的分配制度，以及市场为资源配置基础的社会主义市场经济体制。这就不能不创办三资企业、引进国外资本，发展民营经济、利用私人资本，不能不遵守等价交换的原则。在这种情况下，党要坚守初心，单靠自我整顿已经不够了，还必须从制度上入手，健全规定，堵塞漏洞，切断党员特别是领导干部与国内外私人资本之间可能出现的利益关联，制止党政机关和党员干部与私人资本之间

---

①《马克思恩格斯选集》第1卷，人民出版社2012年版，第411、413页。
②《毛泽东选集》第3卷，人民出版社1991年版，第809页。
③《十八大以来重要文献选编》（下），中央文献出版社2018年版，第213页。

搞权钱交易、官商勾结、利益输送，防止等价交换的原则渗透到党内。这对我们党既是重大考验，也是全新课题。由于党从一开始就对此保持了高度警惕，提出了四项基本原则与改革开放相结合的基本路线和"执政党的党风问题是有关党的生死存亡的问题"[①]的警示，并以锲而不舍的精神不断总结经验、研究对策、制定措施，所以改革开放条件下坚守党的初心，不仅筑起了思想防线，也建造了物质防线。

首先，虽然允许和鼓励私人资本在法律范围内的发展，并让国有即全民所有的经营性资产以资本方式运作，但生产资料所有制的公有制主体地位始终没有动摇。现在，国内外私人资本在国内生产总值、固定资产投资、上缴税收比重等方面都已超过 50%，但土地、矿藏等构成生产要素的主要资源仍然牢牢掌握在国家和集体手中；凡关系国民经济命脉的行业，如金融业、运输业、电信业、能源业等，仍然由国有企业独资或控股经营。国有企业在深化改革过程中存在化公为私、化大公为小公等国有资产流失现象，但国有经济的总体实力还是比过去更强更优更大了。党的十八大后，对私人资本的监管比过去更加严格，最近，针对一些平台企业发展不规范、存在风险的问题，提出了明确的规则，要求进一步加强监管和反对垄断、防止资本无序扩张。同时，提高了国有资本上缴公共财政的比例，规范了国企管理人员薪酬水平和职务消费等措施，进一步堵塞了国有资产流失的渠道。所有这些，充分体现了党的毫不动摇巩固和发展公有制经济，毫不动摇鼓励、支持、引导非公有制经济发展的方针，从而在基本经济制度的层面保证了党对初心的坚守。

其次，虽然吸收民营企业中的代表人物参加各级人民代表大会和政协组织，但绝不允许他们形成任何形式的政治组织；虽然批准其中符合条件的先进分子入党，但他们只能按照党员标准要求自己，全心全意为人民服务，而绝不能充当私人资本的代表；虽然鼓励党政干部积极主动为民营企业排忧解难，维护他们的合法权益，但绝不允许违反规定出入私人会所，更不允许搞以权谋私、权钱交易、利益输送。党的十八大

①《陈云文选》第3卷，人民出版社1995年版，第273页。

后，习近平总书记提出构建"亲""清"新型政商关系，进一步界定了政治权力与私人经济的关系，既有利于防止金钱对权力的腐蚀，维护党政干部的人民公仆本色，也有利于营造企业的公平竞争环境，防止权力对金钱的寻租，促进民营企业健康发展。在允许技术、管理、资本等生产要素参与分配的情况下，不同利益群体之间必然会产生矛盾，但人民民主专政的制度决定了这种矛盾决不允许发展到根本利害冲突的程度，也不允许有与人民根本利益相对立的利益集团存在，更不允许这种利益集团组织政党，同代表人民整体利益的共产党相互竞争、轮流执政。在当代中国的政治舞台上，政治权力与私人资本之间的利益是被完全隔绝的，私人资本没有干预政治决策的渠道。我们党虽然出过一些腐败分子，政策、决策也存在一些不够完善的地方，但无论治国理政的总体取向，还是定政策、作决策的出发点，都是为大多数人而不是为少数人着想，考虑问题的角度都是人民的根本利益、长远利益而不是私人资本的利益，从而在政治制度的层面，保证了党对初心的坚守。

最后，虽然允许党政干部下海经商办企业，但绝不允许在职干部办私人企业，或在私人企业中任职；党政干部及其家属可以买卖股票和委托金融机构理财，但县处级以上领导干部买卖的每只股票、每个理财产品，必须在年终个人事项报告书中如实填写买入价格和收益。党的十九大后，党中央在原有基础上重新修订印发了《中国共产党纪律处分条例》，对领导干部及其配偶、子女及其配偶，以及领导干部离职或退休后从事经营活动，做出了更具体更切合实际更便于操作的明确规定。所有这些，限制了党员领导干部及其家属在市场经济条件下从事涉及个人利益的经济活动，以免作决策时受到特殊利益的干扰，从而在党内制度的层面保证了党对初心的坚守。

习近平总书记在党的十九大报告中提出："自觉抵制商品交换原则对党内生活的侵蚀"，"坚决防止党内形成利益集团"。① 这两个命题如同

---

① 习近平：《决胜全面建成小康社会 夺取新时代中国特色社会主义伟大胜利——在中国共产党第十九次全国代表大会上的报告》，人民出版社 2017 年版，第 62、67 页。

两条高压线，是我们党在私人资本存在和发展的条件下坚守初心、牢记使命的最大保险。西方一些民意调查机构在我国反复民调，结果总是显示群众对我们党和政府的满意度处于世界的最高水平，而且还逐年提高，其深层原因也概出于此。

20 世纪 50 年代，毛泽东就说过，进到 21 世纪的时候，"中国将变为一个强大的社会主义工业国"①。80 年代，邓小平提出"三步走"战略，说要使中国在 21 世纪中叶达到中等发达国家水平。20 世纪末，党的十五大对 21 世纪前半叶的奋斗目标，提出了"两个一百年"的概念，即建党一百年时，使国民经济更加发展，各项制度更加完善；新中国成立一百年时，基本实现现代化，建成富强民主文明的社会主义国家。在此基础上，习近平总书记在党的十九大上又对 2020 年到新中国成立一百年的 30 年，作出了"两步走"安排，即用 15 年先基本实现社会主义现代化，然后再用 15 年建成富强民主文明和谐美丽的社会主义现代化强国。由此可以得出结论，在 21 世纪中叶，当我国建成现代化强国之时，就是中华民族实现伟大复兴之日。

当前，我国胜利完成了全面建成小康社会的历史任务，又开启了全面建设社会主义现代化国家的新征程，正处于"两个一百年"奋斗目标的历史交汇期。习近平总书记指出："今天，我们比历史上任何时期都更接近、更有信心和能力实现中华民族伟大复兴的目标。"同时他又指出："行百里者半九十。中华民族伟大复兴，绝不是轻轻松松、敲锣打鼓就能实现的。全党必须准备付出更为艰巨、更为艰苦的努力。"②"我们千万不能在一片喝彩声、赞扬声中丧失革命精神和斗志，逐渐陷入安于现状、不思进取、贪图享乐的状态，而是要牢记船到中流浪更急、人到半山路更陡，把不忘初心、牢记使命作为加强党的建设的永恒课题，作为全体党员、干部的终身课题。"③这就告诉我们，要全面建成社会主义

---

① 《毛泽东文集》第 7 卷，人民出版社 1999 年版，第 156 页。

② 习近平：《决胜全面建成小康社会　夺取新时代中国特色社会主义伟大胜利——在中国共产党第十九次全国代表大会上的报告》，人民出版社 2017 年版，第 15 页。

③ 《习近平谈治国理政》第 3 卷，外文出版社 2020 年版，第 531 页。

现代化国家，实现中华民族伟大复兴，路途还很漫长，任务还很艰巨，绝不能有丝毫松懈。其中最重要的一条，仍然是坚守和践行党的初心。只要这样做了，我们就一定能从过去的胜利走向新的更大的胜利，最终实现第二个百年奋斗目标。

用党的初心校准改革开放的实践 *

习近平总书记指出，要"推动全党把坚持正确政治方向贯彻到谋划重大战略、制定重大政策、部署重大任务、推进重大工作的实践中去，经常对表对标，及时校准偏差"①。自从党的十一届三中全会后，我们党最大的实践有两个，即改革开放和现代化建设。这里说的"表"和"标"，最大的莫过于党的初心。因此，要求把坚持正确政治方向贯彻到推进重大工作的实践中，经常对表对标，及时校准偏差，实际上就是要求用党的初心校准改革开放和现代化建设的实践。

一个政党的初心，首先是指这个党成立时确立的奋斗目标，以及后来对这个目标的不断完善。我们党成立之初，确定党的名称叫"中国共产党"，这本身就表明了党的初心。党的一大通过的纲领，规定党要通过武装革命推翻资产阶级政权，通过无产阶级专政消灭阶级区分，通过消灭资本主义私有制实行生产资料的公有制。这些清楚地表明，我们党的初心即党的远大奋斗目标和最高纲领，就是实现社会主义和共产主义。后来，根据中国当时仍处于半殖民地半封建社会的实际，我们党又制定了反帝反封建的近期奋斗目标和民主革命的最低纲领。所以，毛泽东当年说，我们党有现在的纲领和将来的纲领，或最低纲领和最高纲领两部分。"在现在，新民主主义，在将来，社会主义，这是有机构成的两部分，而为整个共产主义思想体系所指导的。"②当新民主主义革命胜利后，我们党领导人民适时地进行了社会主义革命和建设，并随着实践的深入，逐渐认识到在我国社会主义发展历程中还存在一个相当长的初

---

* 本文曾刊于《马克思主义研究》2019 年第 11 期。

① 《把党的政治建设作为党的根本性建设 为党不断从胜利走向胜利提供重要保证》，《人民日报》2018 年 7 月 1 日。

② 《毛泽东选集》第 2 卷，人民出版社 1991 年版，第 686 页。

级阶段，为此相应地制定了党在这个阶段的基本路线、基本纲领，即以经济建设为中心，坚持四项基本原则，坚持改革开放。以上过程说明，我们党不同时期的当前奋斗目标和最低纲领是随着形势变化而变化的，但其奋斗的最终目标和最高纲领，即党的初心，是始终不变的。

改革开放是我们党的一次伟大觉醒，也是中国人民和中华民族发展史上的一次伟大革命。40 多年来，我们通过解放思想、实事求是，大胆地试、勇敢地闯，干出了一片新天地，极大地改变了中国的面貌、中华民族的面貌、中国人民的面貌、中国共产党的面貌。然而，无须讳言，这个过程也存在种种偏离党的初心的现象。对此，历届党中央都曾给予极大关注，并以极大努力加以纠正。这从历次全国党的代表大会的报告中可以看得很清楚，从接连开展的各种主题的党内教育活动和不断印发的各种纪律条例、规定中也可以看出来。在全党努力下，这些现象有的得到了改变，也有一些沉淀下来，伴随改革开放的逐步深入和经济建设的日益发展而累积。在党的十八大之前，诸如分配差距大、意识形态乱、腐败弊病重、生态环境差等问题，已到了相当严重的程度。

上述状况的原因固然很多，但不能不看到其中有认识论上的原因。我国是一个有近 14 亿人口并实行社会主义制度的大国，改革开放后，在不改变基本制度的条件下实行市场经济，同国际经济接轨，不仅无先例可循，而且本身就存在很大矛盾和风险，没有一个矛盾逐步暴露和使自己逐步认识矛盾、摸索规律、积累经验的过程不行。毛泽东说过："人对事物的认识，总要经过多少次反复，要有一个积累的过程。""一个正确的认识，往往需要经过由物质到精神，由精神到物质，即由实践到认识，由认识到实践这样多次的反复，才能够完成。"[①]同样，要取得对社会主义基本制度与市场经济相结合的正确认识，也必须有一个较长的时间。

另外，唯物辩证法告诉我们，在事物发展的三大规律中，否定之否定规律的显现，相对于对立统一规律和质量互变规律来说，也需要一个

[①]《毛泽东文集》第 8 卷，人民出版社 1999 年版，第 389、321 页。

较长的时间。马克思曾借用黑格尔的术语，把这一规律在人类社会中的表现概括为正题、反题、合题的过程。就是说，如果历史发展中的肯定是一个正题的话，那么对它的第一次否定就是一个反题，而对这个反题的否定，即对否定的否定，便是历史的合题。在否定的否定过程中，每次否定对于过去都不是简单的抛弃，而是有所取舍的扬弃。人类历史正是在这一规律作用下，呈现出了螺旋式上升和波浪式前进的状态。

2012 年党的十八大召开时，改革开放进行了整整 34 年，从时间上已经超过改革开放前的 29 年。因此，各种矛盾暴露得可以说比较充分了，解决矛盾的经验也积累得比较丰富了。更重要的一点是，自从党的十八大以来，以习近平同志为核心的党中央，在过去 30 多年改革开放的实践基础上，贯通总结了改革开放前后两个时期的历史经验，系统回答了新时代坚持和发展什么样的中国特色社会主义、怎样坚持和发展中国特色社会主义这一重大时代课题，形成了习近平新时代中国特色社会主义思想，推动中国特色社会主义进入了新时代。这一切使我们对改革开放的认识进入了认识论所说的由必然王国向自由王国的飞跃阶段，也使改革开放的实践进入了辩证法所说的否定之否定阶段，使我们不仅在客观上，而且在主观上具备了站在螺旋式上升运动中更高一级螺旋的高度，从而能够用党的初心校准改革开放的实践。

对于党的初心，习近平总书记近几年做过多次论述。把这些论述归纳起来，可以概括成三条，即坚定对社会主义、共产主义的信念和对马克思主义的信仰，为中国人民谋幸福和为中华民族谋复兴，全心全意为人民服务和永远不脱离群众、不漠视群众疾苦。只要回顾党的十八大以来，党中央治国理政的一系列新理念、新观点、新举措，便不难看出我们党正是在用以上三条，不断衡量和检验着改革开放的实践，凡是符合的就坚持就发展，凡是不符合的就调整就纠正。

一、关于改革开放有无方向和应当以什么为方向的问题

在这个问题上，我们党的态度一向十分明确。党的十一届三中全会公报中讲，全党全国人民要解放思想，努力研究新情况、新事物、新问

题，但前提是"在马列主义、毛泽东思想的指导下"；要多方面改变同生产力发展不适应的生产关系和上层建筑，改变一切不适应的管理方式、活动方式、思想方式，但其本质是"为在本世纪内把我国建设成为社会主义的现代化强国而进行新的长征"①。此后不久，邓小平针对资产阶级自由化思潮，更加明确地提出了必须坚持四项基本原则，指出："四项基本原则并不是新的东西，是我们党长期以来所一贯坚持的。"②后来，他还多次强调，坚持社会主义方向是一个很重要的问题。"我们实行改革开放，这是怎样搞社会主义的问题。作为制度来说，没有社会主义这个前提，改革开放就会走向资本主义。"③

我们党在这个问题上尽管从一开始就表明了态度，但斗争并没有因此停止。正如邓小平所说："某些人所谓的改革，应该换个名字，叫作自由化，即资本主义化。他们'改革'的中心是资本主义化。我们讲的改革与他们不同，这个问题还要继续争论的。"就在这个争论过程中，发生了"过去两个总书记都没有站住"的问题。邓小平对此解释说："并不是选的时候不合格。选的时候没有选错，但后来他们在根本问题上，就是在坚持四项基本原则的问题上犯了错误，栽了跟头。""两个人都失败了，而且不是在经济上出问题，都是在反对资产阶级自由化的问题上栽跟头。这就不能让了。"④可见，在改革究竟以什么为方向的问题上，斗争不仅始终存在，而且还是非常激烈的。

进入新时代，面对"改革开放本身就是方向，无所谓社会主义方向还是资本主义方向"，"政治体制改革滞后了"，"现在需要重启改革"等论调，习近平总书记给予了针锋相对的驳斥。他指出："我们的改革开放是有方向、有立场、有原则的。我们当然要高举改革旗帜，但我们的改革是在中国特色社会主义道路上不断前进的改革。""世界在发展，社会在进步，不实行改革开放死路一条，搞否定社会主义方向的'改革开

①《三中全会以来重要文献选编》（上），中央文献出版社 2011 年版，第 10、4 页。
②《邓小平文选》第 2 卷，人民出版社 1994 年版，第 165 页。
③《邓小平年谱（1975—1997）》（下），中央文献出版社 2004 年版，第 1317 页。
④《邓小平文选》第 3 卷，人民出版社 1993 年版，第 297、324、380 页。

放'也是死路一条。在方向问题上，我们头脑必须十分清醒。我们的方向就是不断推动社会主义制度自我完善和发展，而不是对社会主义制度改弦易张。"既然如此，什么能改，什么不能改，什么要快改，什么要慢改，当然都要以是否有利于社会主义制度的自我完善和发展为标准。习近平总书记说，怎么改、改什么，有我们的政治原则和底线，"不能笼统地说中国改革在某个方面滞后。在某些方面、某个时期，快一点、慢一点是有的，但总体上不存在中国改革哪些方面改了，哪些方面没有改。问题的实质是改什么、不改什么，有些不能改的，再过多长时间也是不改"[1]。在庆祝改革开放 40 周年大会上，他重申必须"牢牢把握改革开放的前进方向。改什么、怎么改必须以是否符合完善和发展中国特色社会主义制度、推进国家治理体系和治理能力现代化的总目标为根本尺度，该改的、能改的我们坚决改，不该改的、不能改的坚决不改"[2]。

在据理批驳那些指责我们不改革的各种言论的同时，习近平总书记还深刻揭露了这些言论背后的目的和照着做的恶果。他表示："我们不断推进改革，是为了推动党和人民事业更好发展，而不是为了迎合某些人的'掌声'，不能把西方的理论、观点生搬硬套在自己身上。"[3] 如果用西方资本主义价值体系剪裁我们的实践，最后结果要么跟着人家后面亦步亦趋，要么只有挨骂的份。他强调："我们不仅要防止落入'中等收入陷阱'，也要防止落入'西化分化陷阱'。"[4]

由于党的十八大后，我们党坚持用党的初心校准改革开放的实践，在改革开放有没有方向、以什么为方向的问题上亮明了自己观点，使那些妄图引诱我们朝资本主义方向改的敌对势力找不到半点可钻的空子。

---

[1]《习近平关于全面深化改革论述摘编》，中央文献出版社 2014 年版，第 14、15 页。

[2] 习近平：《在庆祝改革开放 40 周年大会上的讲话》，人民出版社 2018 年版，第 28 页。

[3]《习近平关于协调推进"四个全面"战略布局论述摘编》，中央文献出版社 2015 年版，第 69 页。

[4]《习近平关于全面深化改革论述摘编》，中央文献出版社 2014 年版，第 22 页。

二、关于经济体制改革要不要坚持社会主义基本经济制度的问题

经济体制改革的初衷是要改变不适应生产力发展的生产关系和上层建筑，以提高劳动生产率，而提高劳动生产率就不能不提高效率。于是，有人在提高效率上做文章，散布所谓"经济人假设"，"只有私有制才有效率"，"公有制与市场经济不相容"，"市场经济是永恒的"等新自由主义观点；鼓吹"政府作用越小越好"，"收入分配差距要进一步拉大"，"没有几千万人下岗就没有另一部分人享受"等错误主张。这些观点和主张一度很是时兴，某种程度上甚至影响到改革的理论和措施。党的十八大以来，我们党在用党的初心校准改革开放实践的过程中，坚决果断地对过去一些不符合党的初心的改革思路进行了调整。

（一）改革究竟应当以什么为中心

认为公有制效率低、收入分配应进一步拉大差距等观点，说穿了是把效率作为了改革的中心，把效率与公平放到了相互对立的位置，给人一种印象：似乎讲公平就不能讲效率，讲效率就不能讲公平。在这种观点影响下，有的文件提出"效率优先、兼顾公平"的口号，进而提出教育产业化、医疗产业化等改革举措，成为城乡区域发展和居民收入分配差距不断扩大的一个政策上的原因，致使反映分配差距的基尼系数甚至超过了国际公认的警戒线，使部分低收入群体生活陷入了困境①。

党的十八大之前，我们党对这个问题已经注意到了，并将"效率优先、兼顾公平"的口号逐渐改为"既重视效率也重视公平、把公平放在更加突出的位置"，"初次分配注重效率、再分配注重公平"，"初次分配和再分配都要处理好效率和公平的关系、再分配要更加注重公平"等。然而，却始终未能跳出把效率与公平当成一对矛盾的圈子。

---

① 根据国家统计局公布的数据，我国居民收入基尼系数 20 世纪 80 年代初为 0.3 左右，2003 年为 0.48，2008 年为 0.49，而国际公认的警戒线是 0.4，主要发达国家一般在 0.24—0.36 之间。

进入新时代，党中央不再并提"效率与公平"，而是把处理这对关系置于发展和改革都要"以人民为中心"这一总的指导思想之下。习近平总书记在党的十八大之后不久便提出，要把为人民服务的宗旨贯彻到全面深化改革的战略布局中，全面深化改革必须以促进社会公平正义、增进人民福祉为出发点和落脚点。如果不能给老百姓带来实实在在的利益，如果不能创造更加公平的社会环境，甚至导致更多不公平，改革就失去意义，也不可能持续。① 为此，习近平总书记提出以下两个原则。

首先，改革必须给人民群众更多的获得感。他强调，要"把以人民为中心的发展思想体现在经济社会发展各个环节，做到老百姓关心什么、期盼什么，改革就要抓住什么、推进什么，通过改革给人民群众带来更多获得感"②。他具体列举了许多人民群众对改革最关心最期盼的问题，如食品安不安全、暖气热不热、雾霾能不能少一点、河湖里的水能不能清一点、垃圾焚烧能不能不有损健康、住房能不能租得起或买得起、养老服务顺不顺心等。他反复提醒大家："过去有饭吃、有学上、有房住是基本需求，现在人民群众有收入稳步提升、优质医疗服务、教育公平、住房改善、优美环境和洁净空气等更多层次的需求。"因此，民生工作要跟上形势的发展。他说："相对于增长速度高一点还是低一点，这些问题更受人民群众关注。如果只实现了增长目标，而解决好人民群众普遍关心的突出问题没有进展，即使到时候我们宣布全面建成了小康社会，人民群众也不会认同。"③

有人说，我国正处于并将长期处于社会主义初级阶段，因此贫富差距是不可避免的，不宜过早强调共同富裕。针对这种观点，习近平总书记明确指出，分配优先于发展的说法当然不符合党对社会主义初级阶段的判断，"我们不能做超越阶段的事情，但也不是说在逐步实现共同富裕方面就无所作为，而是要根据现有条件把能做的事情尽量做起来，积

---

① 参见《十八大以来重要文献选编》（上），中央文献出版社 2014 年版，第 552—553 页。

② 《习近平谈治国理政》第 2 卷，外文出版社 2017 年版，第 103 页。

③ 《习近平关于社会主义社会建设论述摘编》，中央文献出版社 2017 年版，第 17、19 页。

小胜为大胜，不断朝着全体人民共同富裕的目标前进"①。"我们必须坚持发展为了人民、发展依靠人民、发展成果由人民共享，作出更有效的制度安排，使全体人民朝着共同富裕方向稳步前进，绝不能出现'富者累巨万，而贫者食糟糠'的现象。"②他要求进一步调整收入分配格局，完善以税收、社会保障、转移支付等为主要手段的再分配调节机制，解决好收入差距问题，使发展成果更多更公平惠及全体人民。

其次，改革必须紧紧抓住和解决损害群众权益的问题。习近平总书记批评过去一个时期，一些城镇建设中出现的让老百姓诟病的问题，如大拆大建、争盖高楼、遍地是工地，建设缺乏特色、风格单调、贪大求洋，追求干部任期内的视觉效果、漠视历史文化保护、毁坏城市古迹和历史记忆，教育、卫生、文化、体育等基本公共服务不配套，给市民带来极大不便，等等。对于住宅越盖越多，价格却越抬越高，不缺住房的人大量买房，而急需住房的人却一房难求的现象，他明确表示，房子是用来住的，不是用来炒的③，要求今后多盖公租房。他还批评一些地方在推进农业转移人口市民化的工作中搞所谓"三集中"，逼农民进城、上楼的做法是让农民"被落户""被上楼"。针对一些地方对群众报警求助置之不理、普通群众打不起官司、滥用权力侵犯群众合法权益、执法犯法造成冤假错案等现象，他指出，"要把促进社会公平正义、增进人民福祉作为一面镜子，审视我们各方面体制机制和政策规定，哪里有不符合促进社会公平正义的问题，哪里就需要改革；哪个领域哪个环节问题突出，哪个领域哪个环节就是改革的重点"④。

党的十八大后的 6 年多来，城乡居民收入增速超过了经济增速，中等收入群体持续扩大，贫困线以下人口减少了 8000 多万人，贫困发生

---

① 《十八大以来重要文献选编》（下），中央文献出版社 2018 年版，第 169 页。

② 《十八大以来重要文献选编》（中），中央文献出版社 2016 年版，第 827 页。

③ 参见习近平：《决胜全面建成小康社会 夺取新时代中国特色社会主义伟大胜利——在中国共产党第十九次全国代表大会上的报告》，人民出版社 2017 年版，第 47 页。

④ 《习近平关于全面深化改革论述摘编》，中央文献出版社 2014 年版，第 98 页。

率从 2012 年底的 10.2% 下降到 2018 年底的 1.7%。① 党和政府还实施精准扶贫，全力以赴地确保 2020 年基本实现农村全部脱贫。这些都说明，用党的初心校准改革开放实践的行动已经初见成效。

（二）改革究竟还要不要坚持以公有制为主体

改革开放后，随着个体、私营、合资经营等多种所有制经济的出现，逐步形成了以公有制为主体、多种所有制经济共同发展的社会主义初级阶段基本经济制度。然而，新自由主义信奉者们却一边宣扬经济转型"要靠私有化推动"，鼓吹"要以民营经济为主体"，"民营经济也是党的执政基础"等论调；一边攻击、抹黑国有企业，编造所谓国有企业"低效论""垄断论""与民争利论"等，散布所谓"国进民退"的舆论，制造所谓"冰棍理论"，说什么"国有企业迟早要卖，晚卖不如早卖"，声称"肢解是国有企业改革的最佳方式"，提出"要把国有企业量化到个人"等谬论。在这股新自由主义思潮影响下，一些国有企业被贱卖给了外国公司，或被民营企业以"白菜价"收购，造成国有即全民所有资产的严重流失。

进入新时代，习近平总书记面对新自由主义思潮的喧嚣，一方面，反复强调"两个毫不动摇"，即毫不动摇地巩固和发展公有制经济，毫不动摇地鼓励、支持、引导非公有制经济发展；另一方面，把做强做优做大国有企业纳入以人民为中心、让人民共享改革成果这一总的指导思想之下，强调公有制主体地位和国有经济主导作用是我国各族人民共享发展成果的制度性保证；公有制经济是长期以来在国家发展历程中形成的，是全体人民的宝贵财富；国有企业承担了大量社会责任，是保障人民共同利益的重要力量。习近平总书记明确指出："许多投资大、收益薄的基础设施和公共服务建设，许多周期长、风险大的基础性研发，许多国防科技工业的重大项目，许多重大自然灾害、突发事件的抗击救

---

① 参见《6 年减少贫困人口 8000 万，中国总体上实现"两不愁"！》，https://www.sohu.com/a/324344015_354046。

援，许多脱贫攻坚、改善民生的项目实施，都是国有企业扛起来的。"
他揭露各种敌对势力和一些别有用心的人恶意攻击、抹黑国有企业的企
图，说"这些人很清楚国有企业对我们党执政、对我国社会主义制度的
重要性，想搞乱人心、釜底抽薪"。他告诫对这个问题还存在模糊的、
似是而非甚至错误观念的同志，对这个问题要从政治上看，决不能认为
这只是一个简单的所有制问题，或者只是一个纯粹的经济问题，不能稀
里糊涂跟着喊口号，更不能中别人的圈套。"如果把国有企业搞小了、
搞垮了、搞没了，公有制主体地位、国有经济主导作用还怎么坚持？工
人阶级领导地位还怎么坚持？共同富裕还怎么实现？我们党的执政基础
和执政地位还怎么巩固？中国特色社会主义还怎么坚持和发展？"①

　　在要不要坚持以公有制为主体的问题上，还有一个如何看待农村土
地"确权"的问题。随着农村分工分业发展和大量农民进城务工，相当
一部分承包土地的农民不种地了，承包经营权流转的农民家庭越来越
多，承包权、经营权两个主体分离，成为我国农村生产关系变化的新趋
势，对完善农村基本经营制度提出了新的要求。面对这种形势，党中央
提出要建立土地承包经营权登记制度，以稳定土地承包关系。这时，一
些人又乘机出来鼓吹什么要"把土地还给农民"，"要进行第二次土改"。
对此，习近平总书记义正词严地指出："坚持农村基本经营制度，就要
坚持农村土地集体所有。""这是坚持农村基本经营制度的'魂'。农村
土地属于农民集体所有，这是农村最大的制度。"② "不管怎么改，不能把
农村土地集体所有制改垮了。"③ 在党中央的鲜明表态下，这股鼓吹农村
土地私有化的歪风才得以刹住。

　　（三）改革究竟还要不要发挥政府宏观指导作用

　　改革开放初期，资源配置由过去单一计划手段变为计划手段为主、
市场手段为辅。计划经济过渡到社会主义市场经济后，市场成为资源配

①《十八大以来重要文献选编》（下），中央文献出版社2018年版，第392、391、393页。
②《十八大以来重要文献选编》（上），中央文献出版社2014年版，第668页。
③《习近平关于全面深化改革论述摘编》，中央文献出版社2014年版，第66页。

置的基础，而计划和价格、金融、税收等手段被统统纳入宏观调控范畴。这时，经济学界有些人跑出来制造"市场万能论"，攻击宏观调控仍然是"计划经济痕迹的残留"，提出要搞所谓"大市场、小政府"，鼓吹"要少一些集中力量办大事，多一些市场说了算"，"今后政府只要做好市场服务就行了"等观点。

其实，关于搞市场经济还要不要国家宏观指导、要不要发挥政府作用的问题，早在党的十四大上确定把社会主义市场经济作为体制改革目标时就明确提出，这一体制是同社会主义基本经济制度结合在一起的，以为搞市场经济可以离开国家宏观指导和调控，可以放任自流、自行其是、随心所欲的观点完全是一种误解。

进入新时代，党中央为了进一步规范市场秩序、发展生产要素市场、统一市场规则、促进市场竞争、转变政府职能、抑制消极腐败现象，把市场在资源配置中起基础性作用的提法改为"起决定性作用"。然而，这并不等于政府在市场经济中的作用就要被削弱。习近平总书记从对市场作用做出这一新的定位之始就指出："市场在资源配置中起决定性作用，并不是起全部作用。"[①]"在市场作用和政府作用的问题上，要讲辩证法、两点论，'看不见的手'和'看得见的手'都要用好，努力形成市场作用和政府作用有机统一、相互补充、相互协调、相互促进的格局。"[②]他还针对政府对市场要少管甚至不管的主张指出，政府要切实履行好服务职能，同时也不要忘了政府管理职能，只讲服务不讲管理也不行，管理和服务不能偏废，政府该管的不仅要管，而且要管好。他还把这个问题与要不要坚持社会主义制度联系起来，说："我国经济发展获得巨大成功的一个关键因素，就是我们既发挥了市场经济的长处，又发挥了社会主义制度的优越性。我们是在中国共产党领导和社会主义制度的大前提下发展市场经济，什么时候都不能忘了'社会主义'这个定语。之所以说是社会主义市场经济，就是要坚持我们的制度优越性，有

---

①《习近平关于全面深化改革论述摘编》，中央文献出版社 2014 年版，第 57 页。

②《习近平谈治国理政》第 1 卷，外文出版社 2018 年版，第 116 页。

效防范资本主义市场经济的弊端。"① 他的这一论述，阐明了同样在市场经济条件下的社会主义和资本主义两种政府所起作用的本质区别，也是用党的初心校准在处理市场与政府关系这个改革开放核心问题上出现的各种偏差。

三、关于政治体制改革要不要坚持社会主义基本政治制度的问题

进行经济体制改革，不可避免地涉及政治和行政领域，要求同时进行政治体制改革。其中，最主要的任务是健全法制和扩大民主，核心在于克服官僚主义和权力过分集中的弊病，目的是进一步巩固和完善社会主义制度。对此，邓小平在 1980 年题为《党和国家领导制度的改革》讲话中已经讲得很清楚了。后来，他还一再指出，政治体制改革"总的目的是要有利于巩固社会主义制度，有利于巩固党的领导，有利于在党的领导和社会主义制度下发展生产力"②。然而，国内外敌对势力却把我们进行政治体制改革当成可乘之机，拼命鼓吹西方的"宪政"和所谓的"普世价值"，要我们学习"三权鼎立、多党轮流执政"的政治模式，并不断煽动在中国搞"街头政治"和"颜色革命"。有的同志受民主社会主义或社会民主主义思潮影响，也对"党政分工"等原则在理解上产生了某些偏差，一度提出"党政分开"等似是而非的口号，给实际工作造成了一定混乱，也使不少干部的思想出现困惑。

进入新时代，党中央总结政治体制改革的经验，提出"加强社会主义民主政治制度建设"，"推进法治中国建设"，"强化权力运行制约和监督体制"，并把"完善和发展中国特色社会主义制度，推进国家治理体系和治理能力现代化"作为全面深化改革的总目标。同时，党中央针对国内外敌对势力和党内外极少数人要我们改变中国特色社会主义政治制度、取消和削弱党的领导的主张，强调看待政治制度模式的问题，必须

---

① 《习近平关于社会主义经济建设论述摘编》，中央文献出版社 2017 年版，第 64 页。
② 《邓小平文选》第 3 卷，人民出版社 1993 年版，第 241 页。

坚持马克思主义阶级立场；推进国家治理体系和治理能力现代化，必须完善和发展中国特色社会主义制度；坚持中国特色社会主义，必须坚持中国共产党领导；实现社会和谐稳定和国家长治久安，必须发挥中国特色社会主义制度的优越性。所有这些，也都是用党的初心校准改革开放实践的体现。

（一）关于马克思主义语义下的政治立场

无论进行政治体制改革还是建设法治国家，首先应当弄清楚马克思主义是怎样看待政治、法律和国家的。恩格斯说，"随着法律的产生，就必然产生出以维护法律为职责的机关——公共权力，即国家"，而"国家无非是一个阶级镇压另一个阶级的机器"①。列宁说："政治就是各阶级之间的斗争，政治就是无产阶级为争取解放而与世界资产阶级进行斗争的关系。"②据此，习近平总书记指出，看待政治制度模式，必须坚持马克思主义政治立场。马克思主义政治立场，首先就是阶级立场，进行阶级分析。

社会主义改造基本完成后，由于历史的惯性，我们一度把已经不属于阶级斗争的问题仍然看作阶级斗争，并在政治运动中沿用过去进行大规模疾风暴雨式群众性斗争的方法和经验，进而把党内不同意见的争论也当作阶级斗争的反映，导致阶级斗争严重扩大化，直至提出"以阶级斗争为纲"的口号。在党的十一届三中全会上，我们党停用了这个不适合社会主义社会的口号，但并没有否认社会主义社会还存在阶级斗争。在改革开放后修订的党章和宪法中都明确表述：剥削阶级作为阶级消灭以后，"由于国内的因素和国际的影响，阶级斗争还在一定范围内长期存在，在某种条件下还有可能激化"③。1989 年政治风波后，邓小平针对一些同志以为那"只是单纯的对待群众问题"的错误看法，指出："他们是要颠覆我们的国家，颠覆我们的党，这是问题的实质。不懂得这个

---

①《马克思恩格斯选集》第 3 卷，人民出版社 2012 年版，第 260、55 页。
②《列宁选集》第 4 卷，人民出版社 2012 年版，第 308 页。
③《十二大以来重要文献选编》（上），中央文献出版社 2011 年版，第 54 页。

根本问题，就是性质不清楚。"他这里所说的"实质""性质"，显然指的都是阶级斗争。我们有些同志在政治体制改革等政治问题上之所以迷失方向，说到底就是因为没有把这个问题的实质、性质看清楚。针对主张放弃人民民主专政的言论，邓小平指出："马克思说，阶级斗争不是他的发现，他的理论最实质的一条就是无产阶级专政。无产阶级作为一个新兴阶级夺取政权，建立社会主义，本身的力量在一个相当长时期内肯定弱于资本主义，不靠专政就抵制不住资本主义的进攻。坚持社会主义就必须坚持无产阶级专政，我们叫人民民主专政。在四个坚持中，坚持人民民主专政这一条不低于其他三条。"①

党的十八大以来，习近平总书记也强调："我国曾经有过政治挂帅、搞'阶级斗争为纲'的时期，那是错误的。但是，我们也不能说政治就不讲了、少讲了，共产党不讲政治还叫共产党吗？"②他在纪念现行宪法公布实施 30 周年大会上，在庆祝全国人大成立 60 周年大会上，在党的十九大等重要场合，凡讲到国体时总要强调，我国是工人阶级领导的、以工农联盟为基础的人民民主专政的国家。虽然只讲这么一句，但就像定海神针，起着稳定大局的作用。可见，讲和不讲，结果大不一样。

（二）关于选择政治制度模式的出发点

党的十八大后，习近平总书记针对有人把改革开放定义为往西方"宪政"和"普世价值"的方向改，否则就说成不改革的错误言论，旗帜鲜明地指出：这是曲解我们的改革开放。一个国家实行什么样的政治制度，取决于这个国家的国情，要清醒认识到引诱我们接受西方"宪政""普世价值"背后的政治图谋和可能出现的政治恶果，不断坚定中国特色社会主义的制度自信。他说，"橘生淮南则为橘，生于淮北则为枳"。我们需要借鉴国外政治文明有益成果，但决不能囫囵吞枣、邯郸学步、照抄照搬，放弃中国政治制度的根本。否则不仅行不通，甚至会

---

① 《邓小平文选》第 3 卷，人民出版社 1993 年版，第 303、364—365 页。
② 《习近平关于全面从严治党论述摘编》，中央文献出版社 2016 年版，第 80 页。

把国家前途命运葬送掉。① 针对西方敌对势力和他们的应声虫极力兜售所谓"普世价值",他一针见血地指出:他们是挂羊头卖狗肉,目的是同我们争夺阵地、争夺人心、争夺群众,最终推翻中国共产党领导和社会主义制度。如果听任这些言论大行其道,势必搞乱党心民心,危及党的领导和社会主义国家的政权安全。②

习近平总书记非常注意在政治体制改革问题上的动向,他说:"中国是一个大国,决不能在根本性问题上出现颠覆性错误,一旦出现就无法挽回、无法弥补。"③ 他联系西方敌对势力煽动一些国家反对本国政治制度的后果,告诫人们,一些敌对势力和别有用心的人把改革定义为往西方政治制度的方向改,否则就是不改革,他们醉翁之意不在酒,"项庄舞剑,意在沛公"。西方国家策划"颜色革命",往往从所针对的国家的政治制度特别是政党制度开始发难,把不同于他们的政治制度和政党制度打入另类,煽动民众搞街头政治。④ 但是,搞了西方的那套东西的很多国家却陷入政治动荡、社会动乱,人民流离失所。我们头脑一定要清醒,在政治制度模式上,"就是要咬定青山不放松,任尔东西南北风"⑤。

党的十八届三中全会后,有人看到我们提出要推进国家治理体系和治理能力现代化,以为时机又来了,说什么"现代化就是要西方化"。习近平总书记敏锐地抓住这个问题,针锋相对地指出:"推进国家治理体系和治理能力现代化,绝不是西方化、资本主义化。"⑥ 他说,全面深化改革的总目标是两句话组成的一个整体,即完善和发展中国特色社会主义制度、推进国家治理体系和治理能力现代化。前一句,规定了根本方向,我们的方向就是中国特色社会主义道路,而不是其他什么道路。

---

① 参见《十八大以来重要文献选编》(中),中央文献出版社 2016 年版,第 60 页。
② 参见《习近平关于社会主义文化建设论述摘编》,中央文献出版社 2017 年版,第 27 页。
③《习近平谈治国理政》第 1 卷,外文出版社 2018 年版,第 348 页。
④ 参见《习近平关于社会主义政治建设论述摘编》,中央文献出版社 2017 年版,第 18 页。
⑤《习近平关于社会主义政治建设论述摘编》,中央文献出版社 2017 年版,第 8 页。
⑥《习近平关于社会主义政治建设论述摘编》,中央文献出版社 2017 年版,第 8 页。

只讲第二句,不讲第一句,那是不完整、不全面的。^①由于及时封堵了可能的漏洞,致使一些人拿这个问题大做文章的企图同样未能得逞。

(三)关于坚持中国共产党领导的理论根据

国内外敌对势力攻击我们的政治制度,经常拿出来说事的是中国共产党的领导。对此,习近平总书记从正面回应说:"推进改革的目的是要不断推进我国社会主义制度自我完善和发展,赋予社会主义新的生机活力。这里面最核心的是坚持和改善党的领导、坚持和完善中国特色社会主义制度,偏离了这一条,那就南辕北辙了。"^②党的十八届四中全会通过《中共中央关于全面推进依法治国若干重大问题的决定》后,他又着重论述了依法治国与党的领导的关系,指出,党和法治的关系是法治建设的核心问题。党的领导是中国特色社会主义最本质的特征,是社会主义法治最根本的保证。^③坚持依宪治国、依法执政,就包括坚持宪法确定的中国共产党领导地位不动摇,坚持人民民主专政的国体和人民代表大会制度的政体不动摇。^④为了说明党在中国特色社会主义建设中的核心领导地位,他还借用毛泽东说过的"工、农、商、学、兵、政、党这七个方面,党是领导一切的"^⑤这句话,指出,"党政军民学,东西南北中,党是领导一切的,是最高的政治领导力量"^⑥。

马克思主义认为,一个国家实行什么样的政治制度、政党制度,归根结底由这个国家的经济基础所决定。中国实行共产党领导的多党合作、政治协商的政党制度而不实行多党轮流执政,军队由共产党领导而不搞"国家化",这一切最深刻的根源,就在于社会主义制度,其中社

---

① 参见《习近平关于全面深化改革论述摘编》,中央文献出版社 2014 年版,第 20—21 页。

②《习近平关于全面深化改革论述摘编》,中央文献出版社 2014 年版,第 18 页。

③ 参见《十八大以来重要文献选编》(中),中央文献出版社 2016 年版,第 146 页。

④ 参见《习近平关于社会主义政治建设论述摘编》,中央文献出版社 2017 年版,第 32 页。

⑤《毛泽东文集》第 8 卷,人民出版社 1999 年版,第 305 页。

⑥《习近平关于社会主义政治建设论述摘编》,中央文献出版社 2017 年版,第 30 页。

会主义全民所有制经济是中国国民经济的主导力量。正是这个经济基础，决定了在中国，人民内部的根本利益是一致的，并且不允许任何势力破坏这种利益的根本一致性。所以，建立在这种经济基础之上并为之服务的政治制度，只能是工人阶级领导的、以工农联盟为基础的人民民主专政，政党制度也只能是由代表最广大人民根本利益的中国共产党一党执政。

社会主义国家的人民内部当然也有不同利益的矛盾，但公有制的主体地位决定了这种矛盾是受到限制的。就是说，在中国特色社会主义社会，人民内部的矛盾不允许发展到根本利害冲突的程度，更不允许有与人民根本利益相对立的利益集团存在。因此，人民内部不需要有两个政党相互竞争，更不允许有代表特殊利益集团的政党出来同代表最广大人民整体利益的共产党相互竞争、轮流执政。既然如此，军队当然也必须由而且只能由中国共产党绝对领导，而不能实行所谓的"国家化"。否则，不仅共产党的执政地位会被架空，军队还有可能落入野心家之手，沦为少数利益集团和军阀的工具。那样，人民的根本利益如何得到维护？党和人民的团结统一怎么会不遭到破坏？

我们党也有犯错误的时候，党的领导层中也会出现腐败分子和形形色色的坏人，但这些都没有也不可能改变我们党是代表人民根本利益的工人阶级政党的性质。改革开放后，虽然允许发展私营经济，但我们党担任公职的党员领导干部不得经商办企业，也不允许私营企业成为掌握国民经济命脉的垄断财团。这就决定了，领导干部中尽管有少数腐败分子，尽管有人与私营企业建立了特殊的利益关系，都不可能像资本主义国家那样，在政策制定上代表私人资本的利益，向垄断财团倾斜；也决定了我们党制定的政策、出台的决定，无论是否完善，都不可能从私人资本的利益出发。因此，不能因为党内出现了少数腐败分子，就认为党的领导不行了，就要削弱甚至取消党的领导。相反，应该通过进一步加强和完善党的领导，堵塞管理上的各种漏洞，把防范腐败的工作做得更好。

至于有人自作聪明地用所谓"中国共产党至今还没有进行政党登

记"为由，否定中国共产党领导的"合法性"，那就更是荒唐可笑了。前面已经说过，一个国家有什么样的政治和法律制度，取决于这个国家的经济基础。社会主义的经济基础既然决定了不搞多党制，当然也就用不着搞什么政党登记的法律。但是，不搞政党登记，绝不等于实行共产党领导就没有法律依据。我国早在 1949 年制定的具有临时宪法性质的《共同纲领》就已规定："中华人民共和国为新民主主义即人民民主主义的国家，实行工人阶级领导的、以工农联盟为基础的、团结各民主阶级和国内各民族的人民民主专政。"这里说的实行工人阶级领导，自然意味着实行工人阶级政党——中国共产党的领导；团结各民主阶级，自然意味着团结各民主阶级的政党——各民主党派和无党派民主人士。所以，无论中国共产党的执政地位，还是拥护共产党的民主党派和无党派民主人士的参政议政资格，都是新中国成立伊始就得到确认的。1954—1982 年的四部宪法的序言，更加明确地指出，中华人民共和国是中国共产党领导各族人民经过长期革命斗争后建立的，今后各族人民要继续在共产党领导下进行社会主义建设，各民主党派和各人民团体参加的爱国统一战线要继续在共产党的领导下巩固和发展。可见，实行共产党领导，既是我国人民在长期革命斗争中选择的结果，也是我国法律明确规定的，具有无可置疑的合法性。

一些人之所以总认为共产党领导"不民主"，其原因就在于把西方的政党竞选和一人一票的选举制度当成了"普世价值"，拿来作为衡量我国政治制度是否民主的检验标准。然而，现在连西方学者中也有越来越多的人看清了，那种制度只不过是以金钱为后盾的利益集团，尤其是垄断财团愚弄选民的游戏，对于大多数选民来说并没有多少实际意义。社会主义民主当然也要有选举，但那只是民主中的一种形式。在我国，更重要的民主形式是党的各级领导干部经常性地深入群众走访，下到基层调研，同各行各业的群众座谈，和不同阶层的代表相互协商，以及接待和处理群众来信来访等。通过这些形式，使执政党与广大群众保持密切联系，确保听到群众特别是基层群众的声音，从而保证政策和决策能从大多数群众的利益出发，尽可能地符合实际情况。可见，实行共产党领导不仅不是什么"一党专制",相反,是人民当家作主的具体体现,是人民民主的实现形式,是比西方以金钱为主的所谓"民主"不知有效多少倍的真正民主。

（四）关于改革和设计政治制度的原则

政治制度是用来调节政治关系、建立政治秩序、推动国家发展、维护国家稳定的。无论对政治制度的改革还是设计,都关乎国家和社会的秩序、发展和稳定。只要看看新时代对这方面实践提出的一系列原则就会发现,其中同样体现了用党的初心进行校准的精神。

第一,要处理好维稳与维权的关系。随着改革的深入推进,人们的利益关系必然会越来越多地受到调整,从而带来维稳与维权的关系问题。对此,习近平总书记说:从人民内部和社会一般意义上说,维权是维稳的基础,维稳的实质是维权。人心安定,社会才能稳定。对涉及维权的维稳问题,首先要把群众合理合法的利益诉求解决好。单纯维稳,不解决利益问题,那是本末倒置,最后也难以稳定下来。[1] 这就是说,对于人民群众为维护自身权益的上访和群体事件,不能简单用维稳的思维方式来处理,而应当用正确处理人民内部矛盾的思想来对待,凡是能解决的问题,应当认真及时负责地解决,一时解决不了的,也要做好充分解释和耐心说服工作。总之,在处理这类问题上,同样不能忘了党的初心。

第二,要处理好社会治理中的活力与秩序的关系。习近平总书记说:"社会治理是一门科学,管得太死,一潭死水不行;管得太松,波涛汹涌也不行。"[2] 具体到民族与宗教工作,他一方面要求把握好党的民族、宗教政策,最大限度地团结各族群众,积极引导宗教与社会主义社会相适应,发挥好宗教界人士和信教群众在促进经济社会发展中的积极作用,依法保障信教群众正常宗教需求,尊重信教群众的习俗;另一方

---

①《习近平关于全面建成小康社会论述摘编》,中央文献出版社 2016 年版,第 139 页。
②《习近平关于全面建成小康社会论述摘编》,中央文献出版社 2016 年版,第 139 页。

面要求坚决遏制和打击境内外敌对势力利用民族宗教问题进行的分裂、渗透、破坏活动，全力防范和坚决打击暴力恐怖、民族分裂、宗教极端这三股势力。他明确指出，暴力恐怖活动"既不是民族问题，也不是宗教问题，而是各族人民的共同敌人"，"必须采取坚决果断措施，保持严打高压态势，坚决把暴力恐怖分子嚣张气焰打下去"。①针对黄赌毒现象和黑社会性质的犯罪活动，他指示政法部门："露头就要打，不能让它们形成气候。"②正是在这一思想的指导下，近几年新疆开展的职业技能教育培训工作，一些地区对"泛清真化"的整顿，最近全国范围开展的扫黑除恶专项斗争等，都对维护社会稳定、确保人民生命财产安全、增强群众安全感起到了切实有效作用，受到人民群众热烈拥护。

第三，要处理好政治性风险和非政治性风险的关系。所谓政治性风险和非政治性风险的区别，就在于前者涉及政权，带有敌我矛盾性质；而后者不涉及政权，属于人民内部矛盾。习近平总书记指出，当前，各种可以预见和难以预见的风险因素明显增多，要高度重视并及时阻断不同领域风险的转化通道，避免各领域风险产生交叉感染，防止非公共性风险扩大为公共性风险、非政治性风险蔓延为政治性风险。③这一论述也为新时代的政治制度改革和设计提出了重要原则。

四、关于以正面宣传为主还要不要积极开展意识形态领域斗争的问题

改革开放后，我们党总结了教训，恢复了"百花齐放、百家争鸣"的方针，形成了以正面宣传为主的方针，使学术界、文艺界出现了空前活跃和繁荣的景象。然而，同时也出现了一些新问题，归结起来，就是邓小平说的意识形态领域精神污染和资产阶级自由化思潮泛滥。1982

---

①《习近平谈治国理政》第 1 卷，外文出版社 2018 年版，第 203 页。

②《习近平关于全面建成小康社会论述摘编》，中央文献出版社 2016 年版，第 139—140 页。

③ 参见《以党的政治建设为统领　把我们党建设得更加坚强有力》，《求是》2019 年第 14 期。

年，他在关于思想战线不能搞精神污染的讲话中指出，一些人对文艺为人民服务、为社会主义服务表示淡漠，对党和人民的革命历史和为社会主义现代化而奋斗的英雄业绩缺少表现和歌颂的热忱，对社会主义事业中需要解决的问题很少站在党的积极的革命的立场上，提高群众的认识，激发他们的热情，坚定他们的信心，相反，却热心于写阴暗的、灰色的以至胡编乱造、歪曲革命的历史和现实的东西。对于西方各种哲学的、经济学的、社会政治的和文艺学术的思潮，不分析、不鉴别、不批判，而是一窝蜂地盲目推崇；还输入不少西方国家也认为低级庸俗或有害的书籍、电影、音乐、歌舞、录像、录音等。邓小平说，理论界和文艺界对一些错误倾向是进行了一些马克思主义的批评的，只是效果不够显著。一则批评本身的质量和分量不够，二则抵抗批评的气势很盛。批评不多，却常被称为"围攻""打棍子"。其实，倒是批评者被围攻，而被批评者却往往受到同情和保护。[①] 对于这种局面，此后历届中央领导集体一直努力设法扭转，但由于缺乏在开放条件下抵御西方敌对势力渗透和资产阶级影响的经验，加上社会上还存在资产阶级自由化的倾向，上述局面一直没有得到根本好转。

党的十八大后，习近平总书记以前所未有的力度狠抓意识形态领域工作，接连召开全国全军宣传工作、部队政治工作、文艺工作、党校工作、新闻工作、哲学社会科学工作等一系列座谈会，2019 年初又召开了学校思想政治理论课教师座谈会，并在所有这些会议上发表重要讲话，还时常就意识形态工作作出重要批示、指示。这些都充分体现了党中央对宣传思想工作，确实是在用党的初心加以校准。

（一）应当如何认识意识形态的重要性

第一，事关政权的安危。习近平总书记指出："一个政权的瓦解往往是从思想领域开始的，政治动荡、政权更迭可能在一夜之间发生，但

---

① 参见《邓小平文选》第 3 卷，人民出版社 1993 年版，第 43—46 页。

思想演化是个长期过程，思想防线被攻破了其他防线就很难守住。"① 他表示，我们党能不能打仗、能不能搞建设搞发展，这些问题已经被实践说明了，但能不能在日益复杂的国际国内环境下坚持党的领导、坚持和发展中国特色社会主义，这个问题还需要一代一代共产党人继续作出回答。做好意识形态工作，做好宣传思想工作，要放到这个大背景下来认识。② 他强调，当今世界，意识形态领域看不见硝烟的战争无处不在，政治领域没有枪炮的较量一直未停。③ 各种敌对势力一直企图在我国制造"颜色革命"，妄图颠覆中国共产党领导和我国社会主义制度。这是我国政权安全面临的现实危险。他们选中的一个突破口就是意识形态领域，企图把人们思想搞乱，然后浑水摸鱼、乱中取胜。因此，在意识形态领域斗争上，我们没有任何妥协、退让的余地，必须取得全胜。④

第二，事关国家和民族的命运。文运同国运相牵，文脉同国脉相连。精神是一个民族赖以长久生存的灵魂，唯有精神上达到一定的高度，这个民族才能在历史的洪流中屹立不倒、奋勇向前。一个抛弃了或者背叛了自己历史文化的民族，不仅不可能发展起来，而且很可能上演一幕幕历史悲剧。一个民族、一个国家如果没有共同的核心价值观，莫衷一是，行无依归，那就无法前进。仅仅把经济发展、生活改善作为国家发展的目标是远远不够的。习近平总书记指出："改革开放以来，我国经济发展很快，人民生活水平提高也很快。同时，我国社会正处在思想大活跃、观念大碰撞、文化大交融的时代，出现了不少问题。其中比较突出的一个问题就是一些人价值观缺失，观念没有善恶，行为没有底线，什么违反党纪国法的事情都敢干，什么缺德的勾当都敢做，没有国家观念、集体观念、家庭观念，不讲对错，不问是非，不知美丑，不辨香臭，浑浑噩噩，穷奢极欲。现在社会上出现的种种问题病根都在这

---

① 《十八大以来重要文献选编》（上），中央文献出版社 2014 年版，第 465 页。

② 参见《习近平关于社会主义文化建设论述摘编》，中央文献出版社 2017 年版，第 31—32 页。

③ 《习近平关于社会主义政治建设论述摘编》，中央文献出版社 2017 年版，第 18 页。

④ 参见《习近平关于社会主义文化建设论述摘编》，中央文献出版社 2017 年版，第 37 页。

里。"他说:"这方面的问题如果得不到有效解决,改革开放和社会主义现代化建设就难以顺利推进。"①

第三,事关马克思主义指导地位的巩固。现在有人认为马克思主义已经过时,中国现在搞的不是马克思主义;也有人说马克思主义只是一个意识形态说教,没有学术上的学理性和系统性。更为严重的是,"在有的领域中马克思主义被边缘化、空泛化、标签化,在一些学科中'失语'、教材中'失踪'、论坛上'失声'"②。为此,习近平总书记提出,"要通过一系列有效的改革举措,切实防止出现一些人担心的高校马克思主义研究教学'被边缘化'的问题"③。他针对有人散布马克思主义政治经济学过时了、《资本论》过时了的观点,强调指出,这个说法是武断的。远的不说,就从国际金融危机看,许多西方国家经济持续低迷、两极分化加剧、社会矛盾加深,说明资本主义固有的生产社会化和生产资料私人占有之间的矛盾依然存在,但表现形式、存在特点有所不同。国际金融危机发生后,不少西方学者也在重新研究马克思主义政治经济学、研究《资本论》,借以反思资本主义的弊端。④

第四,事关国际话语权的争夺。由于西方长期掌握着世界"文化霸权",使当代中国价值观念在国际上存在太多被扭曲的解释、被屏蔽的真相、被颠倒的事实。而我们的阐释技巧、传播力度又不够,使当代中国价值观念的国际知晓率和认同度都不高,有时处于有理没处说、说了也传不开的被动境地。正如习近平总书记所说:"我国正处在大发展大变革大调整时期,国际国内形势的深刻变化使我国意识形态领域面临着空前复杂的情况,各种思想文化相互激荡,不同文明交流交融交锋更加频繁,进一步凸显了思想文化力量在综合国力竞争中的战略地位。在这样的情况下,如何提高整合社会思想文化和价值观念的能力,扩大主流

---

① 《习近平关于社会主义文化建设论述摘编》,中央文献出版社 2017 年版,第 8 页。

② 习近平:《在哲学社会科学工作座谈会上的讲话》,人民出版社 2016 年版,第 10 页。

③ 《习近平关于社会主义文化建设论述摘编》,中央文献出版社 2017 年版,第 100 页。

④ 参见《习近平关于社会主义文化建设论述摘编》,中央文献出版社 2017 年版,第 80—81 页。

价值观念的影响力，掌握价值观念领域的主动权、主导权、话语权，是我们必须解决好的重大课题。"①

正是习近平总书记对上述观点的阐发，促成了党的十八大以来我们党对宣传思想工作高度重视的局面。

（二）应当如何理解"不问姓资姓社"和"不争论"

改革开放以来很长一段时间，只要有人批驳媒体上出现的违反四项基本原则的言论，往往会有人以邓小平讲过"改革不问姓资姓社""不搞争论"为由，出来加以阻止。资产阶级自由化等各种错误思潮之所以一度畅行无阻，甚至有关部门对个别明目张胆、连篇累牍攻击我们党、丑化党的历史的报纸、杂志长期束手无策，与这种情况之间有很大关系。其实，只要看看《邓小平文选》就会清楚，他所说的"不问姓资姓社""不搞争论"，是针对要不要改革的问题。在改革方向的问题上，他不仅从来没有说过"不问姓资姓社""不搞争论"，相反，他总是提醒人们"在整个四个现代化的过程中都存在一个反对资产阶级自由化的问题"，甚至说"反对资产阶级自由化，我讲得最多，而且我最坚持"，在改革坚持什么方向的问题上"还要继续争论的"。②他还严厉批评党内一些人对资产阶级自由化斗争不力，指出，自由化的思想前几年有，现在也有，不仅社会上有，我们共产党内也有。③我们的宣传工作还存在严重缺点，主要是没有积极主动、理直气壮而又有说服力地宣传四项基本原则，对一些反对四项基本原则的严重错误思想没有进行有力的斗争。尤其严重的是，对于这些不正确的观点、错误的思潮，甚至对于一些明目张胆地反对党的领导、反对社会主义的观点，在报刊上以及党内生活中，都很少有人挺身而出进行严肃的思想斗争。④可见，所谓在意识形态

---

① 《习近平关于社会主义文化建设论述摘编》，中央文献出版社 2017 年版，第 107 页。
② 《邓小平文选》第 3 卷，人民出版社 1993 年版，第 208、181、297 页。
③ 《邓小平文选》第 3 卷，人民出版社 1993 年版，第 124 页。
④ 《邓小平文选》第 2 卷，人民出版社 1994 年版，第 364—365 页。

领域"不问姓资姓社""不搞争论",完全是别有用心的人强加给邓小平的,是对邓小平理论的严重曲解。

进入新时代,习近平总书记继承发扬我们党在宣传思想战线上一贯倡导的"真理必须旗帜鲜明"的战斗风格,对一段时间以来流行的许多有碍批判错误观点的糊涂观念、暧昧做法,给予了澄清和纠正。他明确指出:"坚持正面宣传为主,决不意味着放弃舆论斗争。"对别有用心的人散布的政治谣言和奇谈怪论,我们的党员、干部耳朵根子不要软,不要听风就是雨;同时,不能默不作声,要及时反驳,让正确声音盖过它们。"这与韬光养晦或不争论是两码事。"①

对于国内国外、网上网下贬低中华文化,否定中华民族历史贡献,否定近代以来中国人民奋斗史,以及歪曲中国共产党历史、中华人民共和国历史,歪曲改革开放历史的言论,习近平总书记强调必须"有的放矢,正面交锋",绝不能把所谓"不争论""不炒热""让说话"当成不作为的借口,放弃舆论斗争。他要求,所有宣传思想部门和单位,所有宣传思想战线上的党员、干部,都要旗帜鲜明地坚持党性原则,不要躲躲闪闪、含糊其辞。要当战士、不当绅士,不做"骑墙派"和"看风派",不能搞爱惜羽毛那一套。要履行好自己的神圣职责和光荣使命,以战斗的姿态、战士的担当,积极投身宣传思想领域斗争一线。②

习近平总书记不仅对宣传思想工作提出要求,而且以身作则,面对错误思潮和有害言行带头发声,该批判的批判,该引导的引导,给宣传干部作出了示范,也给全党作出了表率。例如,针对网络空间充斥虚假、诈骗、攻击、谩骂、恐怖、色情、暴力问题,他斩钉截铁地指出:"互联网不是法外之地。利用网络鼓吹推翻国家政权,煽动宗教极端主义,宣扬民族分裂思想,教唆暴力恐怖活动,等等,这样的行为要坚决制止和打击,决不能任其大行其道。利用网络进行欺诈活动,散布色情材料,进行人身攻击,兜售非法物品,等等,这样的言行也要坚决

---

① 《习近平关于社会主义文化建设论述摘编》,中央文献出版社 2017 年版,第 27、209 页。
② 参见《习近平关于社会主义文化建设论述摘编》,中央文献出版社 2017 年版,第 34、25、45 页。

管控，决不能任其大行其道。没有哪个国家会允许这样的行为泛滥开来。"①对于文艺界存在的丑化英雄人物、过度渲染社会阴暗面、一味媚俗、低级趣味、粗制滥造、追求刺激、追逐名利、脱离大众、脱离现实等现象，他尖锐地指出，对中华民族的英雄，要心怀崇敬，浓墨重彩记录英雄、塑造英雄，让英雄在文艺作品中得到传扬，引导人民树立正确的历史观、民族观、国家观、文化观，绝不做亵渎祖先、亵渎经典、亵渎英雄的事情。②文艺不能在市场经济大潮中迷失方向，不能在为什么人的问题上发生偏差，否则文艺就没有生命力。③广大文艺工作者要做真善美的追求者和传播者，不让廉价的笑声、无底线的娱乐、无节操的垃圾淹没我们的生活。④

作为全党的最高领导人，习近平总书记这些铿锵有力地发声，不啻各级党委和宣传部门负责人树立了榜样。

（三）应当如何看待党对意识形态工作的领导责任

在意识形态斗争中，各级宣传部门固然处于第一线，但"指挥部"是各级党委，党委主要负责同志尤其应当肩负起第一责任人的担子。

现在一些部门和地方存在着对意识形态工作不想抓、不会抓、不敢抓的问题，而看一个领导干部是否成熟、能否担当重任，重要方面之一就是看他重不重视、善不善于抓宣传思想工作。习近平总书记要求党委主要负责同志带头抓意识形态工作，带头阅看本地区本部门主要媒体的内容，带头把住本地区本部门媒体的导向，带头批评错误观点和错误倾向，选好配强领导班子，对不适合、不适应的干部坚决做出调整，"确保宣传思想工作领导权牢牢掌握在忠于党和人民的人手里"。他强调："对政治性、原则性、导向性问题，必须旗帜鲜明、敢抓敢管，对出现

①《习近平关于社会主义文化建设论述摘编》，中央文献出版社 2017 年版，第 50 页。
② 习近平：《在中国文联十大、中国作协九大开幕式上的讲话》，人民出版社 2016 年版，第 8—9 页。
③《十八大以来重要文献选编》（中），中央文献出版社 2016 年版，第 124 页。
④ ■■习近平：《在中国文联十大、中国作协九大开幕式上的讲话》，人民出版社 2016 年版，第 17 页。

偏差和错误的要严肃批评、严肃处理,对发出正义声音而受到围攻的媒体和新闻舆论工作者要坚决力挺。"他明确要求高校、院(系)党组织书记、行政负责人要认真落实意识形态工作责任制,做到敢抓敢管、敢于亮剑、守土有责、守土负责、守土尽责。"如果有人以所谓'学术自由'为名诋毁马克思主义、否定马克思主义指导地位,那就应该旗帜鲜明予以抵制。"对于文化体制改革,他要求把握好意识形态属性和产业属性、社会效益和经济效益的关系,始终坚持社会主义先进文化前进方向,始终把社会效益放在首位。他说:"在事关坚持还是否定四项基本原则的大是大非和政治原则问题上,我们必须增强主动性、掌握主动权、打好主动仗。""无论改什么、怎么改,导向不能改,阵地不能丢。"①

现在,在一些单位和一些人那里,党的意识淡漠了,党性原则讲得少了。有的对党的政治纪律、宣传纪律置若罔闻,有的专门挑那些党已经明确规定的政治原则来说事,口无遮拦,毫无顾忌,受到敌对势力追捧,不以为耻、反以为荣。习近平总书记严肃指出:"各级党委和宣传思想部门、组织部门、教育部门要加强领导和管理,党报党刊党网、党政干部院校、大专院校要强化政治意识、责任意识,在重大问题上与党中央保持高度一致,绝不允许与中央唱反调,绝不允许吃共产党的饭、砸共产党的锅。"②针对少数人把党性与人民性割裂和对立的观点,他尖锐指出:"党性和人民性从来都是一致的、统一的。我们党是全心全意为人民服务、代表中国最广大人民根本利益、来自人民为了人民的马克思主义政党。……党性和人民性都是整体性的政治概念,党性是从全党而言的,人民性也是从全体人民而言的,不能简单从某一级党组织、某一部分党员、某一个党员来理解党性,也不能简单从某一个阶层、某部分群众、某一个具体人来理解人民性。只有站在全党的立场上、站在全体人民的立场上,才能真正把握党性和人民性。……把党性和人民性割

①《习近平关于社会主义文化建设论述摘编》,中央文献出版社 2017 年版,第 33、49—50、55、27、185 页。

②《习近平关于社会主义文化建设论述摘编》,中央文献出版社 2017 年版,第 36 页。

裂开来、对立起来、搞碎片化，在理论上是错误的，在实践上也是有害的。"①为了切实防止意识形态阵地成为错误思想观点的传播渠道，他还要求认真落实意识形态工作责任制，把它纳入巡视工作安排，加强对意识形态阵地的管理，落实谁主管谁主办和属地管理，防止给错误思想观点传播提供渠道。

有人说，当下中国存在"两个舆论场"，一个是以党报党刊党台、通讯社为主体的传统媒体舆论场，一个是以互联网为基础的新媒体舆论场；也有人说，现在是"资本为王"的"资本媒体""商业媒体"时代，是"人人都有麦克风"的自媒体时代，再提坚持党管媒体没有意义；还有人说，坚持党管媒体，主要是对党和政府主办的重点新闻媒体而言的，对其他媒体并不适用。对于这些错误看法，习近平总书记都给予了驳斥。他说："网络已是当前意识形态斗争的最前沿。掌控网络意识形态主导权，就是守护国家的主权和政权。各级党委和党员干部要把维护网络意识形态安全作为守土尽责的重要使命，充分发挥制度体制优势，坚持管用防并举，方方面面齐动手，坚决打赢网络意识形态斗争，切实维护以政权安全、制度安全为核心的国家政治安全。"他要求深入开展网上舆论斗争，严密防范和抑制网上攻击渗透行为，组织力量对错误思想观点进行批驳，依法加强网络社会管理，加强网络新技术新应用的管理，确保互联网可管可控。他还多次告诫大家，过不了互联网这一关，就过不了长期执政这一关。他指出："要把党管媒体的原则贯彻到新媒体领域，所有从事新闻信息服务、具有媒体属性和舆论动员功能的传播平台都要纳入管理范围，所有新闻信息服务和相关业务从业人员都要实行准入管理。有关部门要认真研究，拿出管用的办法。""做这项工作不容易，但再难也要做。天下无难事，只怕有心人。不要怕别人说什么。网上负面言论少一些，对我国社会发展、社会稳定、人民安居乐业只有好处没有坏处。"②

①《习近平关于社会主义文化建设论述摘编》，中央文献出版社 2017 年版，第 23—24 页。
②《习近平关于社会主义文化建设论述摘编》，中央文献出版社 2017 年版，第 36、42—43、30 页。

近些年，通过用党的初心校准改革开放中的宣传思想工作，意识形态战线形势发生了很大变化，不仅报刊对错误思潮、错误观点的批判多了，就连过去长期解决不了的个别"老大难"问题也得到了解决。党的十八大后制定的《中国共产党纪律处分条例》和《关于新形势下党内政治生活的若干准则》都规定，凡是公开发表与党的路线、方针对立的言论，或面对错误言论回避斗争的行为，都要受到党纪处分或组织处分。事实告诉我们，对于错误的东西就要像毛泽东说的那样，"鬼是怕不得的。越怕鬼就越有鬼，不怕鬼就没有鬼了"[①]。只要我们旗帜鲜明、态度坚决，加上讲究方法，在党的领导下就没有解决不了的难题。

五、关于新时期还要不要继续革命的问题

改革开放以来的历届党中央都十分重视党的建设，在党的十八大之前的 34 年里，先后进行过 1984 年整党、1990 年党员登记、1999 年"三讲"教育、2004 年保持共产党员先进性教育、2008 年深入学习实践科学发展观活动等五次整风活动。然而，党风问题不仅一直没有能从根本上扭转，相反有愈演愈烈之势。问题之所以如此严重，一个重要原因就在于我们党在摒弃"文化大革命"中宣传的"继续革命"理论后，有些人对于我们党还是不是革命党、还要不要继续革命的问题，在思想上发生了动摇。所以，党的十八大以来，习近平总书记紧紧抓住这个问题，用党的初心校准党建方面的偏差，澄清对革命的各种糊涂观念，明确表示我们党还是要革命的，而且要把革命进行到底。

（一）要坚持共产主义理想信念就要把革命工作做到底

改革开放后，资产阶级自由化的鼓吹者趁我们党总结"文化大革命"教训之机，抛出"告别革命"的理论；受这个理论的影响，有人又抛出我们党应当"由革命党转变为执政党"的主张。然而，这是一个伪命题。不错，我们党早已成为执政党，但这并不等于说我们党不再是革

---

① 《毛泽东文集》第 8 卷，人民出版社 1999 年版，第 51 页。

命党了。事实上，革命的概念有多种含义，有的指生产力领域的革命，如产业革命、科技革命；有的指社会领域的革命，如一个阶级推翻另一个阶级的统治，组织和建设新的社会经济制度（这是社会主义革命完成后特有的）；有的指精神层面的革命，如革命精神、革命干劲，等等。我们党现在虽然是执政党，但它不是一般意义的执政党，尤其不是资本主义国家里那种执政党，而是革命的执政党或执政的革命党。我们党执政后，并不意味着革命任务的结束，而是开始了新的革命，这个革命就是在执政条件下保持和群众的密切联系，全心全意为人民服务，带领人民建设社会主义，继续为共产主义事业奋斗。另外，选择走社会主义道路，这相对于世界资本主义秩序来说本身就是革命。习近平总书记反复强调"革命理想高于天"，他说的"革命理想"，指的就是共产主义远大理想和中国特色社会主义共同理想；他说的"高于天"，就是指坚定这一理想对于共产党人来说高于一切。所以，要我们党"由革命党转变为执政党"，要害在于把"执政"与"革命"相互割裂和对立了。因此，它在理论上完全站不住脚，在实践上也是十分有害的。

"文化大革命"中提出的"无产阶级专政下继续革命"的理论，是说无产阶级夺取政权后，仍然要进行一个阶级推翻另一个阶级的革命。这种"继续革命"的理论当然是错误的，应当否定，而且在党的十一届三中全会后已经被否定。但否定这种特定含义的"继续革命"，并不意味否定了本来意义的继续革命。党中央在《关于建国以来党的若干历史问题的决议》中，对此曾用很大篇幅作过阐述，指出，纠正这一理论的错误，"绝对不是说革命的任务已经完成，不需要坚决继续进行各方面的革命斗争。社会主义不但要消灭一切剥削制度和剥削阶级，而且要大大发展社会生产力，完善和发展社会主义的生产关系和上层建筑，并在这个基础上逐步消灭一切阶级差别，逐步消灭一切主要由于社会生产力发展不足而造成的重大社会差别和社会不平等，直到共产主义的实现。这是人类历史上空前伟大的革命。我们现在为建设社会主义现代化国家而进行的斗争，正是这个伟大革命的一个阶段"①。可见，"文化大革命"中说的"继续革命"理论被否定，不能成为我们党不再是革命党的根据。

对于这个问题，习近平总书记在 2018 年初专门讲过一段话。他指出，有人说，我们党现在已经从"革命党"转变成了"执政党"。这个说法是不准确的。我们党的正式提法是，我们党历经革命、建设、改革，已经从领导人民为夺取全国政权而奋斗的党，成为领导人民掌握全国政权并长期执政的党；已经从受到外部封锁和实行计划经济条件下领导国家建设的党，成为对外开放和发展社会主义市场经济条件下领导国家建设的党。这里面并没有区分"革命党"和"执政党"，并没有把革命和执政当作两个截然不同的事情。我们党是马克思主义执政党，但同时是马克思主义革命党，要保持过去革命战争时期的那么一股劲、那么一股热情、那么一种拼命精神，把革命工作做到底。②

我们党究竟是否应当"由革命党转变为执政党"，这个问题的实质在于，我们党还要不要以共产主义作为党的最终奋斗目标。改革开放以来，主张我们党不要再以共产主义作为奋斗目标的人，曾提出过各种借口和理由，但绕来绕去，目的都是一个。例如，20 世纪 80 年代初有人打着便于吸引外资的幌子，提出中国共产党最好改个名字，叫人民党或社会党等。陈云听到这个议论后就说："共产党的名字表明了她的奋斗目标，改名字怎么能行！延安时期，就有人提过让共产党改名的建议，毛主席说：'什么名字好？国民党的名字最好！可惜人家已经用了。'"③还有人提出，共产主义遥遥无期，今后要不提或少提共产主义，只讲社会主义就行了。陈云听说后也当即表示，这个观点是不对的，应当说，共产主义遥遥有期，社会主义就是共产主义的第一阶段。虽然仅一字之差，却点出了两种思想的根本区别所在。

党的十八大后，习近平总书记针对这些议论作出了进一步回应。他

---

①《三中全会以来重要文献选编》（下），中央文献出版社 2011 年版，第 172 页。

②《习近平关于"不忘初心、牢记使命"论述摘编》，党建读物出版社、中央文献出版社 2019 年版，第 170 页。

③ 朱佳木：《论陈云》，中央文献出版社 2010 年版，第 6 页。

指出："国内外各种敌对势力，总是企图让我们党改旗易帜、改名换姓，其要害就是企图让我们丢掉对马克思主义的信仰，丢掉对社会主义、共产主义的信念。而我们有些人甚至党内有的同志却没有看清这里面暗藏的玄机，认为西方'普世价值'经过了几百年，为什么不能认同？西方一些政治话语为什么不能借用？接受了我们也不会有什么大的损失，为什么非要拧着来？有的人奉西方理论、西方话语为金科玉律，不知不觉成了西方资本主义意识形态的吹鼓手。"①他在2015年纪念陈云同志诞辰110周年座谈会上的讲话中特意引用了陈云关于"共产主义遥遥有期"那句话，并接着说，"对马克思主义、共产主义的信仰，对社会主义的信念，是共产党人精神上的'钙'。没有理想信念，理想信念不坚定，精神上就会得'软骨病'，就会在风雨面前东摇西摆"②。可见，在我们党要不要坚守共产主义这个最高理想的问题上，习近平总书记和老一辈无产阶级革命家同样有着高度的警觉和不可动摇的意志。

为什么共产党人必须坚守共产主义的理想信念？习近平总书记用党的初心给予了回答。他说："我们党以马克思主义为立党之本，以实现共产主义为最高理想，以全心全意为人民服务为根本宗旨。这就是共产党人的本。没有了这些，就是无本之木。我们整个道路、理论、制度的逻辑关系就在这里。"③如果前提都不要了，就完全变成了实用主义。要回到我们的本源上去认识。④共产主义距离我们还很遥远，为什么必须坚守共产主义理想信念呢？对于这个问题，他同样用党的初心给予了回答。他说，共产主义这一最高理想是需要一代又一代人接力奋斗的。如果大家都觉得这是看不见摸不着的东西，没有必要为之奋斗和牺牲，那共产主义就真的永远实现不了了。我们现在坚持和发展中国特色社会主

---

① 习近平：《在全国党校工作会议上的讲话》，人民出版社2016年版，第8页。

② 习近平：《在纪念陈云同志诞辰110周年座谈会上的讲话》，人民出版社2015年版，第6页。

③《习近平关于协调推进"四个全面"战略布局论述摘编》，中央文献出版社2015年版，第138页。

④ 参见《习近平总书记重要讲话文章选编》，中央文献出版社、党建读物出版社2016年版，第133页。

义，就是向着最高理想所进行的实实在在的努力。①他还说："我们现在
做的是社会主义初级阶段的事情，但不能忘记初衷，不能忘了我们的最
高奋斗目标。在这个问题上，不要含糊其辞、语焉不详，好像这个东西
太遥远，拿不准，不要提。社会主义初级阶段敢提，'两个一百年'敢
提，全面建成小康社会更敢提。我觉得，作为党章明确规定的内容，作
为我们党一贯明确坚持的理想，我们要坚定信念，坚信它是具有科学性
的。"②

（二）要从严治党就要保持自我革命的精神

夺取政权后，共产党人之所以还要保留革命精神，除了要用这种精
神继续为实现共产主义奋斗外，还有一个原因，就是要用这种精神对待
自己，就是说，要有自我革命的精神。党的十八大以来，党中央提出要
全面从严治党，以敢于刀刃向内和刮骨疗毒的勇气向党内顽瘴痼疾开
刀；要以抓到底的钉钉子精神，把管党治党的要求落实落细。如果没有
自我革命的精神，这些是做不到的。

第一，没有自我革命的精神就不可能严格执行党的纪律。习近平总
书记指出："我们当前主要的挑战还是党的领导弱化和组织涣散、纪律
松弛。"③为什么会出现这种局面呢？他认为，一个重要原因是讲"认真"
不够，执行纪律失之于宽、失之于松、失之于软。在这个总体判断下，
党中央陆续出台了"八项规定"，整治了形式主义、官僚主义、享乐主
义和奢靡之风，实现了中央和省级党委巡视全覆盖，坚持反腐败"无禁
区、全覆盖、零容忍"，"老虎""苍蝇"一起打，使一大批违法违纪的
领导干部受到惩处，也使群众身边的不正之风和腐败问题得到了不同程
度的遏制。

在纪律问题上失之于宽松软，与一段时间以来对改革开放的错误认

---

① 参见《习近平谈治国理政》第 2 卷，外文出版社 2017 年版，第 142—143 页。
②《习近平总书记重要讲话文章选编》，中央文献出版社、党建读物出版社 2016 年版，第
338 页。
③《习近平关于严明党的纪律和规矩论述摘编》，中央文献出版社 2016 年版，第 9 页。

识有关，与消极总结"文化大革命"的教训也有关。早在改革开放初期，这类问题就已经存在了。那时，全国曾掀起严厉打击沿海走私等严重经济犯罪活动的斗争，有人担心这样搞会影响改革开放。陈云听说后讲："怕这怕那，就是不怕亡党亡国。"[1] 那时，还有人认为党的纪律不利于改革开放，建议在纪律问题上给干部"松绑"。陈云就此批示："党性原则和党的纪律不存在'松绑'的问题。没有好的党风，改革是搞不好的。"党的十二大前夕，陈云审阅中央报告稿，特别提议要加一段话，主要意思是提倡是就是是、非就是非的精神。他说：目前在党风乃至整个社会风气中一个很大的问题，就是是非不分。"有些同志在是非面前不敢坚持原则，和稀泥，做老好人，而坚持原则的人受孤立。这种情况，在'文化大革命'以前也有，但现在比那时要严重得多。过去受'左'的指导思想影响，过分强调斗争哲学，不该斗的也斗，动不动就上纲到路线是非。现在又出现了另一种倾向，即怕矛盾，怕斗争，怕得罪人。"[2] 党的十八大之前，这种是非不分、怕矛盾、怕斗争的情况，比起十二大之前，可以说更为严重。正如习近平总书记所说：对坏人坏事，"有的领导干部不敢抓不敢管，抱着'鸵鸟心态'，唯恐得罪人、丢选票"[3]。他正气凛然地指出，人民把权力交给我们，我们就必须以身许党许国、报党报国，该做的事就要做，该得罪的人就得得罪。不得罪腐败分子，就必然会辜负党、得罪人民。不得罪成百上千的腐败分子，就要得罪十三亿人民。这是一笔再明白不过的政治账、人心向背的账。[4] 他深刻指出，中央提出抓"四风"问题，实际上是提出了一个夯实党执政的群众基础的切入点。全党同志一定要从这样的政治高度来认识这个问题，从思想上警醒起来，牢记"两个务必"。[5] 显而易见，这些论述都是要我们不忘党的初心，用党的初心校准改革开放条件下的党建工作。

---

① 朱佳木：《论陈云》，中央文献出版社 2010 年版，第 66 页。

②《陈云文选》第 3 卷，人民出版社 1995 年版，第 275、274 页。

③《习近平关于严明党的纪律和规矩论述摘编》，中央文献出版社、中国方正出版社 2016 年版，第 123 页。

④《习近平关于全面从严治党论述摘编》，中央文献出版社 2021 年版，第 368 页。

⑤ 参见《习近平谈治国理政》，外文出版社 2014 年版，第 391 页。

第二，没有自我革命的精神就不可能严明党的政治纪律。过去很长时间里，一些部门认为，在干部监督问题上，只要没有腐败问题，其他可以忽略不计；有的干部也认为，只要自己没有腐败问题，其他都不在话下。受这种观念的支配，一些人无视党的政治纪律和政治规矩，任人唯亲，排斥异己，封官许愿，阳奉阴违，野心膨胀，结党营私，目空一切，口无遮拦，有的甚至到了肆无忌惮、胆大妄为的地步。对此，习近平总书记指出，不能只讲腐败问题、不讲政治问题。干部在政治上出问题，对党的危害不亚于腐败问题，有的甚至比腐败问题更严重。[1]政治纪律是最重要、最根本、最关键的纪律。党的各级纪律检查机关要把维护党的政治纪律放在首位，确保全党在思想上政治上行动上同党中央保持高度一致。[2]

为什么要突出重视党的政治纪律呢？他解释说："一个政党，不严明政治纪律，就会分崩离析。苏联解体前，在所谓'公开性'、'民主化'的口号下，苏共放弃了民主集中制原则，允许党员公开发表与组织决议不同的意见，实行所谓各级党组织自治原则，一些苏共党员甚至领导层成员成了否定苏共历史、否定社会主义的急先锋，成了传播西方意识形态的大喇叭，苏共党内从思想混乱演变到组织混乱。最后，这样一个有着九十多年历史、连续执政七十多年的大党老党就哗啦啦轰然倒塌了。人们曾经提出一个问题，苏共早年在有二十万党员时能够夺取政权，在有二百万党员时能够打败法西斯侵略者，而在有近二千万党员时却丢失了政权、丢失了自己，这是为什么？我看，很重要的一个原因是政治纪律被动摇了，谁都可以言所欲言、为所欲为，那还叫什么政党呢？那是乌合之众了。"[3]

第三，没有自我革命的精神就不可能以上率下，加强党风廉政建设。1986年，中央书记处提出北京市的党政军机关要在党风和社会风气根本好转中作表率。陈云知道后，结合当时刮起的基层单位给领导人

---

① 《习近平关于严明党的纪律和规矩论述摘编》，中央文献出版社2016年版，第23页。

② 《十八大以来重要文献选编》（上），中央文献出版社2014年版，第764页。

③ 《十八大以来重要文献选编》（上），中央文献出版社2014年版，第133—134页。

送进口汽车的歪风，在一份文件上批示："我建议，做表率首先从中央政治局、书记处和国务院的各位同志做起。凡是别人（或单位）送的和个人调换的汽车（行政机关配备的不算），不论是谁，一律退回，坐原来配备的车。在这件事上，得罪点人，比不管而让群众在下面骂我们要好。"① 这个批示告诉我们，解决党风问题的关键在上层，而上层的关键在中央。此后，党中央三番五次告诫全党要保持党的光荣传统和优良作风、防止脱离群众，在每次党的代表大会上都重申这个问题，并多次通过中央全会作出关于加强党风廉政建设的决定，但成效都不大。可见，我们这样一个以民主集中制为根本制度的政党，凡事不由中央带头，是很难奏效的。

党的十八大后，党中央汲取以往的经验教训，在解决党风问题上，首先制定和落实了中央政治局关于改进工作作风、密切联系群众的"八项规定"，明确要求改进调查研究，精简会议活动，精简文件简报，规范出访活动，改进警卫工作，改进新闻报道，严格文稿发表，厉行勤俭节约。习近平总书记指出："八项规定既不是最高标准，更不是最终目的，只是我们改进作风的第一步，是我们作为共产党人应该做到的基本要求。'善禁者，先禁其身而后人。'各级领导干部要以身作则、率先垂范，说到的就要做到，承诺的就要兑现。"② 正因为整顿党风从中央政治局抓起了，做到了正人先正己，使"四风"问题、贪腐问题得到了迅速而有力的整治，党的优良传统和作风得到了较大程度的恢复和发扬，党的形象和威信也有了一定程度的改善和提升。

（三）要顺应当今时代发展趋势就要继续做革命者

习近平总书记在新时代不仅反复强调"革命理想高于天"，还反复提出"不要忘记我们是革命者"。他之所以一再突出"革命"二字，与他对时代性质的深刻认识有着直接关联。

---

① 《陈云文集》第 3 卷，中央文献出版社 2005 年版，第 543—544 页。
② 《习近平谈治国理政》第 1 卷，外文出版社 2018 年版，第 387 页。

前一时期，有人提出现在是"和平与发展的时代"，言外之意是，现在已不再是资本主义向社会主义过渡的时代，更不是帝国主义与社会主义革命的时代了。这种看法显然是对马克思主义理论的亵渎，也是对党中央精神的篡改。关于时代问题，改革开放后的历届党中央都是讲，和平与发展是当今时代的问题、主题、课题、特征，从来没有说过现在不再是资本主义向社会主义（即共产主义的第一阶段）过渡的时代，也没有说过现在不再是帝国主义和社会主义革命的时代。时代特征与时代性质是两个完全不同的概念，如果说时代性质变了，社会主义还有前途吗？坚持中国特色社会主义还有时代依据吗？

党的十八大之后，习近平总书记就时代问题做过多次论述。他指出："马克思、恩格斯关于资本主义社会基本矛盾的分析没有过时，关于资本主义必然消亡、社会主义必然胜利的历史唯物主义观点也没有过时。这是社会历史发展不可逆转的总趋势，但道路是曲折的。"[1]"尽管我们所处的时代同马克思所处的时代相比发生了巨大而深刻的变化，但从世界社会主义 500 年的大视野来看，我们依然处在马克思主义所指明的历史时代。"[2]"尽管世界社会主义在发展中也会出现曲折，但人类社会发展的总趋势没有改变，也不会改变。"[3]显然，他所说的马克思主义指明的历史时代，只能是马克思、恩格斯指明的资本主义和资本主义向共产主义过渡的时代，以及列宁、毛泽东指明的帝国主义和社会主义革命的时代；他所说的人类社会发展的总趋势，也只能是社会主义取代资本主义的趋势。正因为当今仍然处在这样的时代，人类社会发展总趋势仍然没有改变，我们坚持中国特色社会主义、坚定共产主义理想信念才有依据，为社会主义、共产主义奋斗才有前途，强调"革命理想高于天"，"不要忘记我们是革命者"才有必要。

反复强调"革命理想高于天"，是习近平新时代中国特色社会主义

①《十八大以来重要文献选编》（上），中央文献出版社 2014 年版，第 117 页。
②《习近平谈治国理政》第 2 卷，外文出版社 2017 年版，第 66 页。
③ 习近平：《在纪念马克思诞辰 200 周年大会上的讲话》，人民出版社 2018 年版，第 10—11 页。

思想的一大要义和特色。这一思想对于共产党人挺起自己的精神脊梁，以更加高昂的革命精神面对当前和今后复杂艰巨的国际国内斗争形势，抵御各种风险和挑战，经受长期执政、改革开放、市场经济、外部环境的考验，具有特别重要的现实意义和深远意义。

习近平总书记在庆祝建党 95 周年大会上讲："一切向前走，都不能忘记走过的路；走得再远、走到再光辉的未来，也不能忘记走过的过去，不能忘记为什么出发。面向未来，面对挑战，全党同志一定要不忘初心、继续前进。"①本文所讲的五个方面，就是新时代用党的初心校准改革开放实践，不忘过去、面向未来、继续前进的具体表现。这种校准工作当然不限于这五个方面，在其他方面，如在科技创新、军事变革、外交布局等领域也有表现。目前，这一校准工作有的已初见成效，有的还在进行，有的则遇到这样或那样的阻力。但无论前面有多少困难，如何使改革开放更能体现党的初心、更受人民群众欢迎的探索进程已经开启。只要我们沿着习近平新时代中国特色社会主义思想指明的方向继续前进，更能体现党的初心、更受人民群众欢迎的改革开放新天地就一定会呈现在世人面前。

---

① 《习近平谈治国理政》第 2 卷，外文出版社 2017 年版，第 32—33 页。

学习老一辈，深刻悟"初心"*

习近平总书记在"不忘初心、牢记使命"主题教育工作会议上深刻阐述了中国共产党人的初心和使命。回顾党的历史，看看老一辈无产阶级革命家们是怎么想怎么说怎么做的，有助于我们深入领会共产党人的初心。

中国共产党当初为什么要革命？是为了像历史上的农民起义那样，打倒旧王朝，自己当皇帝吗？新中国成立前夕，毛泽东同志一再发出警告，对此给出了鲜明回答。1949 年初，解放战争在全国的胜利已成定局，毛泽东同志在党的七届二中全会上郑重提醒全党，要预防在资产阶级糖衣炮弹面前打败仗，指出："夺取全国胜利，这只是万里长征走完了第一步"。在离开西柏坡时，他把这称作是进京"赶考"，说："我们共产党人进北平，是要继续革命，建设社会主义，直到实现共产主义。"全国胜利后，果然不出毛主席所料，党内出现了贪污、浪费、官僚主义的现象。他敏锐抓住苗头，及时领导全党开展了"三反"运动，对个别犯有严重贪污罪行的高级干部处以死刑，起到了杀一儆百的作用，用实际行动向全国人民表明：中国共产党人绝不做忘记初心的人，绝不做背离为人民服务宗旨的事，绝不让千千万万先烈的鲜血白流。

新中国成立后，我们党带领人民集中力量建设国家，建立了独立的、比较完整的工业体系和国民经济体系。但在此过程中，对主要任务也一度迷失方向。粉碎"四人帮"后，邓小平同志那时虽已七十多岁高龄，但首先想到的不是个人如何安度晚年，而是如何领导人民为过上美好生活而奋斗。他说："我出来工作，可以有两种态度，一个是做官，一个是做点工作。我想，谁叫你当共产党人呢，既然当了，就不能够做

---

* 本文曾刊于《求是》2019 年第 13 期。

官，不能够有私心杂念，不能够有别的选择。"他以大无畏的精神，带领全党实行改革开放，把党的工作中心转移到经济建设上来。他说："我们革命的目的就是解放生产力，发展生产力。离开了生产力的发展、国家的富强、人民生活的改善，革命就是空的。"

共产党人从来不隐瞒自己的政治主张。我们党的最高纲领是实现共产主义，这是始终不变的；最低纲领则是根据革命或建设发展阶段的客观实际不同而有所不同。改革开放后，我们党重新审视了我国所处的社会发展阶段，认为虽然已经进入了社会主义社会，但尚处在初级阶段，并据此制定了这一阶段的基本纲领，即为中国特色社会主义而奋斗。这时，有人对改革开放的目的、性质、方向产生了各种模糊的或错误的认识。有的说共产党最好改个名字，否则影响国外投资；有的说，共产主义遥遥无期，今后要少提。陈云同志听到后，旗帜鲜明地指出："共产党的名字表明了她的奋斗目标，改名字怎么能行！"他反对"共产主义遥遥无期"的观点，明确指出，这个观点是不对的，应当说，共产主义遥遥有期，社会主义就是共产主义的第一阶段。当他听说有些人鼓吹中国不如外国、社会主义不如资本主义的论调，便及时在党的十二届二中全会上强调："资本主义必然要被共产主义所代替，这是无可改变的法则。"并在讲话最后高呼："社会主义万岁！共产主义万岁！"

在改革开放中，社会上出现了主张走资本主义道路的资产阶级自由化思潮。对此，邓小平同志及时提出坚持四项基本原则，并从共产党领导人民搞改革的最终目的上阐明道理。他强调："如果我们不坚持社会主义，最终发展起来也不过成为一个附庸国，而且就连想要发展起来也不容易。"因为"整个帝国主义西方世界企图使社会主义各国都放弃社会主义道路，最终纳入国际垄断资本的统治，纳入资本主义的轨道"。他还说："社会主义的特点不是穷，而是富，但这种富是人民共同富裕。"因此，"过去行之有效的东西，我们必须坚持，特别是根本制度，社会主义制度，社会主义公有制，那是不能动摇的"。

老一辈革命家不忘初心、牢记使命，不仅表现在处理党和国家面对的重大问题上，而且表现在对待个人和亲属等相对小一些的问题上。在这方面，周恩来同志堪称全党的楷模，为我们树立了光辉榜样。自从新中国成立起他就担任总理，直到 1976 年去世，长达 27 年之久。他始终以一个共产党员的标准严格要求自己和亲属，严格遵守党的政治纪律和政治规矩，清正廉洁，鞠躬尽瘁，从不搞半点特殊化，把自己看成是人民的"总服务员"。他谆谆教导自己的晚辈，任何场合都不要说出同他的关系，都不许扛总理亲属的牌子，不能因为他是总理，就有任何特权思想。

习近平总书记指出："面向未来，面对挑战，全党同志一定要不忘初心、继续前进。"只要我们切实弄明白什么是共产党人的初心，并把初心化作逢山开路、遇水架桥的精神和埋头苦干、真抓实干的自觉行动，就一定会以坚忍不拔的意志和无私无畏的勇气，压倒前进道路上的一切敌人而不被敌人所压倒，就一定会实现"两个一百年"奋斗目标，最终完成中华民族伟大复兴的宏伟事业。

中国共产党与中国精神的塑造 *

习近平总书记在纪念红军长征胜利 80 周年大会上指出："人无精神则不立，国无精神则不强。精神是一个民族赖以长久生存的灵魂，唯有精神上达到一定的高度，这个民族才能在历史的洪流中屹立不倒、奋勇向前。"① 事实告诉我们，中国共产党之所以能带领各族人民推翻"三座大山"，建立新中国，并用 70 多年时间将中国由一个落后的农业国建成经济总量位居世界第二的工业大国，重要原因之一就在于有博大精深、内涵丰富的中国精神作支撑。这些精神中有五四精神、红船精神、井冈山精神、苏区精神、古田会议精神、长征精神、遵义会议精神、延安精神、南泥湾精神、东北抗联精神、红岩精神、西柏坡精神、抗美援朝精神、大庆精神、"两弹一星"精神、雷锋精神、焦裕禄精神、红旗渠精神、改革开放精神、女排精神、抗震救灾精神、抗疫精神、脱贫攻坚精神等等。从它们的名称就可以看出，在这里说的中国精神，指的是五四运动之后 100 多年来，中国共产党人在领导中国人民进行革命、建设、改革的过程中，通过把马克思主义与中国实践相结合，汲取中华民族优秀历史文化精华所塑造的革命精神和奋斗精神。

马克思主义认为，世界是物质的，物质是第一性的，是物质决定精神，而不是精神决定物质。但马克思主义同时告诉人们，精神在一定条件下也可以反作用于物质。正如马克思所说："批判的武器当然不能代替武器的批判，物质力量只能用物质力量来摧毁；但是理论一经掌握群众，也会变成物质力量。"② 毛泽东也说过："物质可以变成精神，精神可

* 本文是作者为《中国精神传承》丛书写的总序，曾刊于《中国井冈山干部学院学报》2021 年第 2 期。

① 习近平：《在纪念红军长征胜利 80 周年大会上的讲话》，《人民日报》2016 年 10 月 22 日。

②《马克思恩格斯选集》第 1 卷，人民出版社 2012 年版，第 9 页。

以变成物质。"[1] 在阶级社会中，"一个阶级是社会上占统治地位的物质力量，同时也是社会上占统治地位的精神力量"[2]。旧中国的劳苦大众在政治、经济上受帝国主义、封建主义、官僚资本主义的沉重压迫，同时也在精神上受到这三支势力的长期束缚。然而当"中国人找到了马克思列宁主义这个放之四海而皆准的普遍真理，中国的面目就起了变化了"[3]。这个变化，首先是人的精神面貌的变化。

马克思主义刚传播到中国时，还只是被少数共产党人所接受和信仰。随着革命的深入发展，中国化了的马克思主义先在根据地后在全中国的意识形态领域，逐步占据了指导地位，使中国人的精神由墨守成规变得敢想敢干，由逆来顺受变得积极进取，由萎靡不振变得意气风发，并因此在革命、建设、改革中创造出一个又一个人间奇迹，同时塑造出一系列被称为中国精神的革命精神和奋斗精神，反过来进一步推动了革命、建设、改革的发展。

只要稍微回顾一下历史就会看到，当年如果没有五四精神，就不会有马克思列宁主义在中国的传播，不会把中国的旧民主主义革命变为彻底的反帝反封建的新民主主义革命，也不会有先进知识分子与工人运动的结合。

同样，如果没有红船精神，就不会产生把马克思列宁主义作为自己指导思想的中国工人阶级政党——中国共产党，不会在党一成立时就明确提出自己的奋斗纲领，使中国的新民主主义革命从此拥有了自己的坚强领导者。

如果没有井冈山精神，就不会在大革命失败后重新点燃革命的火炬，使红色武装割据存在下去，使中国大地上的星星之火形成燎原之势。

如果没有苏区精神，就不会使革命根据地军民在敌军重重包围和生活极其艰苦的条件下，仍然充满革命乐观主义，更不会创立新中国的雏

①《毛泽东文集》第 8 卷，人民出版社 1999 年版，第 321 页。
②《马克思恩格斯选集》第 1 卷，人民出版社 2012 年版，第 178 页。
③《毛泽东选集》第 4 卷，人民出版社 1991 年版，第 1470 页。

形——中华苏维埃共和国。

如果没有古田会议精神，马克思主义的党建理论就不会同中国革命具体实际相结合，使以农民为主体的中国共产党和革命军队具有并始终保持着工人阶级先锋队和新型人民军队的性质。

如果没有长征精神，红军就不会在前有天险后有追兵、缺医少药、且战且走的情况下，徒步行军两万五千里，抢渡金沙江，飞夺泸定桥，翻雪山，过草地，排除千难万险，最终胜利到达中国革命新的落脚点——陕甘宁根据地。

如果没有遵义会议精神，我们党就不会摆脱"左"倾教条主义在党内的统治，独立自主地制定符合中国实际的路线和灵活机动的战略战术，更不会从此使中国革命由一个胜利走向另一个胜利。

如果没有延安精神，解放思想、实事求是就不会成为全党的思想路线和自觉行动，也不会形成全心全意为人民服务、密切联系群众、自力更生、艰苦奋斗的作风。

如果没有南泥湾精神，抗日军民就不会在国民党掀起反共高潮、对抗日革命根据地断绝供给并实行封锁的情况下，掀起自己动手、开荒屯田的大生产运动，更不会通过官兵一致、同甘共苦、齐心协力的办法渡过难关，使抗日根据地得以生存并不断壮大。

如果没有东北抗联精神，共产党领导的抗联将士就不会在中国最寒冷、日本侵略者统治最严密的地方，率先举起抗日的旗帜，并在孤军奋战、爬冰卧雪的艰难环境下依然顽强抵抗，即使弹尽粮绝也坚持战斗到最后一刻。

如果没有红岩精神，被捕的地下工作者就不会在狱中听到解放军炮声的情况下，仍能从容不迫、昂首挺胸地走上刽子手的刑场，就不会做到慎独、慎初、慎微、慎欲，永葆革命者的政治本色和对党的绝对忠诚。

如果没有西柏坡精神，我们党就不会在夺取全国胜利后仍能使广大党员继续保持谦虚谨慎、戒骄戒躁和艰苦奋斗的作风，不会使新生的人民政权在极短时间内便站稳脚跟，经受住一个又一个异常严峻的考验。

如果没有抗美援朝精神，新中国就不会在刚刚成立、敌我力量极其悬殊的情况下，敢于抗击用钢铁武装的美国侵略军，打破美军不可战胜的神话，谱写出惊天地、泣鬼神的雄壮史诗，使新中国获得经济建设的和平环境，取得令全世界刮目相看的建设成就。

如果没有"两弹一星"精神，就不会有那么多科学家和工程技术人员、解放军指战员，在物质技术基础十分薄弱的条件下，隐姓埋名、默默奉献，克服种种难以想象的艰难险阻，各个有关部门也不会密切合作、协同攻关，仅用不长时间便使中国跻身世界少数核大国行列，打破了帝国主义的核讹诈、核封锁，增强了国防实力，提高了国际地位。

如果没有大庆精神，广大科学家、技术人员和工人群众就不会破除迷信，粉碎中国"贫油"的论调，不会发挥集中力量办大事的优势、实行油田大会战，并在短时间内建成大庆这个世界级的大油田，实现了那一时期的石油基本自给，粉碎了西方国家通过石油禁运阻滞中国建设的图谋。

如果没有雷锋精神，毫不利己、专门利人和刻苦学习、钻研业务的价值观，就不会受到全社会的推崇，做好平凡岗位的"螺丝钉"和助人为乐、不求回报的行动，也不会在全社会蔚然成风。

如果没有焦裕禄精神，在千千万万基层干部面前，就不会树立起社会主义建设时期的学习榜样，广大群众也不会在我们党取得全国政权后，仍然感受到党与人民之间的血肉联系。

如果没有红旗渠精神，河南林州人民就不会在悬崖峭壁上开出一条"人工天河"，近百万亩土地可能至今还浇不上水，全国其他许多自然条件极差的地方也会因为缺少学习榜样而失去凭借双手改天换地的勇气。

如果没有改革开放精神，我们党就不会在粉碎"四人帮"后，进一步冲破"左"的束缚，建立起公有制为主体、多种所有制经济共同发展，以及宏观调控与市场经济相结合的社会主义基本经济制度和市场经济体制，不会在自力更生的基础上实行全方位对外开放，走出一条符合社会主义初级阶段基本国情的中国特色社会主义道路。

如果没有女排精神，就不会有中国队首创世界排球史上的"五连冠",在30多年里夺得10次世界女排三大赛冠军,不会使人们喊出"学习女排、振兴中华"的时代最强音,使逆境中决不放弃、低谷中坚持拼搏、挫折后勇于奋起,成为响彻全国的口号。

如果没有抗震救灾精神,2008年四川汶川特大地震后,就不会得到全国四面八方的支援,更不会3年时间就基本完成灾后重建任务。

如果没有抗疫精神,就不会在2020年遭遇百年来全球最严重的传染病——新冠肺炎的情况下,举国同心、集中力量、迅速处置、立体防控,只用3个多月就取得武汉保卫战、湖北保卫战的决定性胜利,打赢了这场疫情防控的人民战争,就不会统筹抗疫斗争和经济发展,使我国成为当年全球唯一实现正增长的主要经济体。

如果没有脱贫攻坚精神,中国脱贫攻坚战就不会如期在"第一个百年"到来之际取得全面胜利,就不会仅用不到10年时间就使近1亿人按现行标准全部脱贫,使800多个贫困县全部摘帽,最终完成消除绝对贫困和全面建成小康社会的历史性任务。

上述中国精神,虽然各有各的形成背景和特定内涵,但分析一下就会看出,其中的精髓无外乎一往无前的革命精神,矢志不渝的爱国精神,全心全意的为人民服务精神,不畏艰难的拼搏精神,实事求是的唯实精神,团结互助的集体主义精神。一句话,为中华民族伟大复兴和共产主义伟大理想不懈奋斗的精神。如果再深入分析,则可从中抽象出一些相对更原则的精神,如信仰执着,信念坚定,忧国忧民,精忠报国,前仆后继,百折不挠,舍生忘死,坚贞不屈,自力更生,艰苦奋斗,思想解放,实事求是,政清人和,廉洁奉公,公而忘私,顾全大局,同甘共苦,互助友爱,谦虚谨慎,戒骄戒躁,克勤克俭,埋头苦干,刻苦学习,持之以恒,迎难而上,勇攀高峰,等等。从这些精神中,我们不难看到中国古代优秀文化的影子。

中华民族在五千年的文明史中,既创造过灿烂的物质文明,也产生出数不尽的精神文明。这些精神文明的成果,有的散见于古籍史书、成语典故、诗赋格言,有的存在于口口相传的神话或寓言里。中华民族的优秀精神,很多就是通过它们得以传承下来的。

例如，体现抗争精神的神话有：女娲补天，后羿射日，夸父追日，精卫填海，大禹治水；寓言有：愚公移山，铁杵磨针，滴水穿石；典故有：灭此朝食，卧薪尝胆，破釜沉舟，背水一战；成语有：披荆斩棘，百折不挠，锲而不舍，越挫越勇；格言有：天行健，君子以自强不息；等等。

体现爱国精神的诗词有：愿得此身长报国，何须生入玉门关；黄沙百战穿金甲，不破楼兰终不还；位卑未敢忘忧国，事定犹须待阖棺；僵卧孤村不自哀，尚思为国戍轮台；王师北定中原日，家祭无忘告乃翁；壮志饥餐胡虏肉，笑谈渴饮匈奴血；人生自古谁无死，留取丹心照汗青；苟利国家生死以，岂因祸福避趋之；青山处处埋忠骨，何须马革裹尸还；寄意寒星荃不察，我以我血荐轩辕。格言有：天下兴亡，匹夫有责。等等。

体现民本精神的警句有：大道之行也，天下为公；大学之道，在明明德，在亲民，在止于至善；民为邦本，本固邦宁；达则兼济天下，穷则独善其身；居庙堂之高则忧其民，处江湖之远则忧其君；先天下之忧而忧，后天下之乐而乐；为天地立心，为生民立命。诗词有：锄禾日当午，汗滴禾下土，谁知盘中餐，粒粒皆辛苦；朱门酒肉臭，路有冻死骨；安得广厦千万间，大庇天下寒士俱欢颜；衙斋卧听萧萧竹，疑是民间疾苦声。等等。

体现勤奋精神的典故有：悬梁刺股，闻鸡起舞。成语有：业精于勤，励精图治，夙兴夜寐，朝乾夕惕，废寝忘食。警句有：艰难困苦，玉汝于成；道虽迩，不行不至，事虽小，不为不成；黎明即起，洒扫庭除。等等。

体现朴素节俭精神的成语有：因陋就简，开源节流，含辛茹苦。格言有：静以修身，俭以养德；一粥一饭，当思来处不易，半丝半缕，恒念物力维艰。诗词有：历览前贤国与家，成由勤俭破由奢；常将有日思无日，莫待无时思有时。等等。

体现廉洁精神的典故有：半鸭知县，一钱太守，二不尚书，三汤道台，四知先生，五代清郎，羊续悬鱼，风月尚书。成语有：一尘不染，两袖清风，淡泊明志，洁身自爱。警句有：吏不畏吾严而畏吾廉，民不服我能而服吾公；公生明，廉生威。诗赋有：千锤万凿出深山，烈火焚烧若等闲，粉身碎骨浑不怕，要留清白在人间；出淤泥而不染，濯清涟而不妖。等等。

体现尚德乐善精神的成语有：舍己为人，助人为乐，与人为善，成人之美，好善乐施，和衷共济，守望相助。格言有：己所不欲，勿施于人；君子忧道不忧贫；见贤思齐焉，见不贤而内自省也。等等。

体现大无畏精神的格言有：富贵不能淫，贫贱不能移，威武不能屈；三军可夺帅，匹夫不可夺志；宁可玉碎，不为瓦全；大丈夫膝下有黄金。典故有：伯夷、叔齐义不食周粟；苏武牧羊19年，持节而还；颜真卿忠贞爱国，拒降被杀；文天祥不受利诱，宁死不屈；史可法率众抗清，以身殉国；朱自清拒领美粮，病饿而死。等等。

体现求实精神的格言有：知之为知之，不知为不知，是知也；君子耻其言而过其行；读万卷书，行万里路；事莫名于有效，论莫定于有证；修学好古，实事求是；眼见不一定为实，耳听不一定为虚。典故有：李时珍对古书记载的药——调查核实，方写出《本草纲目》；徐霞客不满足古书对名川大山的记载，22岁起长途跋涉，历时30多年，足迹遍及大半个中国，最终形成60多万字的《徐霞客游记》。等等。

体现谦虚精神的格言有：敏而好学，不耻下问；三人行，必有我师；满招损，谦受益；海不辞水故能成其大，山不辞土故能成起高。成语有：闻过则喜，大智若愚。等等。

体现诚信精神的格言有：仁义礼智信；人而无信不知其可也；言必信，行必果；君子一言，驷马难追。典故有：曾子杀猪，不欺幼童；得黄金百斤，不如得季布一诺；常存抱柱信，岂上望夫台。等等。

体现感恩精神的成语有：知恩图报，结草衔环。格言有：吃水不忘挖井人，滴水之恩当涌泉相报，羊有跪乳之恩，鸦有反哺之情，士为知己者死。诗词有：谁言寸草心，报得三春晖；投我以木桃，报之以琼瑶。典故有：伯牙摔琴，以谢知音。等等。

体现好学精神的典故有：韦编三绝，凿壁偷光，囊萤映雪，燃糠自照，牛角挂书，三年不窥园。成语有：开卷有益，手不释卷，学海无涯，学而不厌。诗词有：读书破万卷，下笔如有神；十年寒窗无人问，一举成名天下知。等等。

以上这些出自古籍、史书、诗词中的格言、成语、警句，以至神话、寓言、故事，说明中国精神不仅是中国共产党人发动和组织群众进行革命、建设、改革过程中塑造的，也是中华民族历史长河中形成和发扬的。

新中国现在走过了 70 多年历程，已经由过去那个四分五裂、倍受欺辱的落后农业国，一跃成为经济总量位居世界第二的工业大国。但应当看到，国内外敌对势力、分裂势力仍然无时无刻不在采取各种手段，妄图推翻我们的社会主义制度，颠覆人民民主专政的国家政权，遏制中华民族伟大复兴的前进步伐。我们绝不能满足现状，更不能刀枪入库，而要居安思危，继续奋斗。要奋斗，就要有物质力量做基础，也要有精神力量做支撑。历史是文化的载体，文化是精神的土壤。任何一个民族对本民族人文精神的传承，都离不开对历史的正确认知和文化的充分自信。丧失了这些，这个民族就不可能树立起自己的民族精神，就会失魂落魄，直至衰落乃至灭亡。不过，我们所说的中国精神，不是一般的民族精神，传承和发扬中国精神，只把对中华民族历史的正确认知和文化的充分自信作为基础是远远不够的，还必须有共产主义伟大理想和中国特色社会主义共同理想的引领。习近平总书记指出："伟大的事业需要伟大的精神。"[1] "在一百年的非凡奋斗历程中，一代又一代中国共产党人顽强拼搏、不懈奋斗，涌现了一大批视死如归的革命烈士、一大批顽强奋斗的英雄人物、一大批忘我奉献的先进模范，形成了一系列伟大精神，构筑起了中国共产党人的精神谱系，为我们立党兴党强党提供了丰厚滋养"。他强调："要教育引导全党大力发扬红色传统、传承红色基因，赓续共产党人精神血脉，始终保持革命者的大无畏奋斗精神，鼓起迈进

---

[1]《大力弘扬伟大爱国主义精神 为实现中国梦提供精神支柱》,《人民日报》2015 年 12 月 31 日。

新征程、奋进新时代的精气神。"① 他的这些论述，是对我们要传承和弘扬的中国精神的内涵，最为准确的概括。

当前，我们即将迎来中国共产党成立一百周年。在这个大背景下，更加需要我们用伟大的中国精神，鼓舞人民为实现全面建成社会主义现代化国家继续奋斗。无数革命前辈为了民族的独立、富强，抛头颅，洒热血，换来了人民当家作主的新中国，也为我们塑造出了具有丰富内涵和无限活力的中国精神，留下了数不尽的宝贵精神财富。我们的责任就是把它们继承下来，使它们不断发扬光大，并将它们不断转化为新的巨大物质力量。只有这样，我们才不会愧对革命前辈，才称得上是中华民族的优秀子孙。

---

① 《学党史悟思想办实事开新局 以优异成绩迎接建党一百周年》，《人民日报》2021 年 2 月 21 日。

新时代与深化对中国特色
社会主义的认识

现实、历史、未来：深化对中国特色
社会主义认识的三个视角
—— 党的十八大精神学习体会之一 *

　　党的十八大报告指出，"中国特色社会主义是当代中国发展进步的根本方向"[①]。要深刻理解这一重要论断，首先需要深刻认识中国特色社会主义的科学内涵。

　　早在改革开放初期，邓小平就指出，社会主义是什么，"过去我们并没有完全搞清楚"。从一定意义上说，邓小平理论、改革开放、中国特色社会主义道路，都是在不断探讨、回答什么是社会主义、怎样建设社会主义这一问题的过程中逐渐展开，并一步步清晰和完善起来的。那么，什么是社会主义呢？邓小平对此下了一个定义："社会主义的本质，是解放生产力，发展生产力，消灭剥削，消灭两极分化，最终达到共同富裕。"[②] 这个定义使我们对于社会主义，有了更加准确、深刻的认识。当然，对什么是社会主义的问题还需要继续弄清楚，但现在更需要我们弄清楚的问题在于：什么是中国特色社会主义，或者说建设什么样的中国特色社会主义，怎样建设中国特色社会主义？这两个问题之间虽然有着直接的关联，然而并不完全是一个问题，不等于弄清楚了什么是社会主义，就自然而然地弄清楚了什么是中国特色社会主义。

　　中国特色社会主义道路早在党的十一届三中全会之后就开辟出来了，但"建设有中国特色的社会主义"这个概念，直到党的十二大才

---

　　* 本文是作者 2012 年 11 月 29 日应邀在北京市区县局级领导干部学习贯彻党的十八大精神专题研讨班上所作题为"中国特色社会主义是当代中国发展进步的根本方向"辅导报告的第一部分，曾刊于《新视野》2013 年第 2 期，收入本书时，略有删节。

　　① 胡锦涛：《坚定不移沿着中国特色社会主义道路前进　为全面建成小康社会而奋斗——在中国共产党第十八次全国代表大会上的报告》，人民出版社 2012 年版，第 13 页。

　　②《邓小平文选》第 3 卷，人民出版社 1993 年版，第 373 页。

由邓小平正式提出。而且，十二大报告也未能对这个概念的内涵作出解释。党的十三大到十六大历次党的代表大会的报告，对中国特色社会主义的概念分别下了定义，也作了扩充和阐述，但是，都未能用明确的语言对它的内涵加以概括。

对中国特色社会主义道路和中国特色社会主义理论体系给出完整表述的是党的十七大报告。报告指出："中国特色社会主义道路，就是在中国共产党领导下，立足基本国情，以经济建设为中心，坚持四项基本原则，坚持改革开放，解放和发展生产力，巩固和完善社会主义制度，建设社会主义市场经济、社会主义民主政治、社会主义先进文化、社会主义和谐社会，建设富强民主文明和谐的社会主义现代化国家"，"中国特色社会主义理论体系，就是包括邓小平理论、'三个代表'重要思想以及科学发展观等重大战略思想在内的科学理论体系"。接着，胡锦涛在庆祝中国共产党成立90周年大会上的讲话，又提出中国特色社会主义制度的概念，并把它同中国特色社会主义道路和理论体系合在一起，作为党和人民通过90年奋斗取得的三个最重要的成就。

党的十八大在此基础上，对中国特色社会主义道路的概念作了进一步丰富，增加了建设"社会主义生态文明"和"促进人的全面发展、逐步实现全体人民共同富裕"等内容；在界定中国特色社会主义理论体系时，将科学发展观前面的"以及"两个字改为顿号，表明科学发展观同邓小平理论、"三个代表"重要思想一样，都是我们党的指导思想，都是中国特色社会主义理论体系的组成部分。报告指出：对于建设社会主义现代化国家，"中国特色社会主义道路是实现途径，中国特色社会主义理论体系是行动指南，中国特色社会主义制度是根本保障"[①]。

以上过程说明，对中国特色社会主义的认识不是一步到位的，而是随着实践的发展逐步清晰、不断丰富、日趋完善的。正如党的十八大报告所说："实践发展永无止境，认识真理永无止境，理论创新永无止境"，

---

① 胡锦涛：《坚定不移沿着中国特色社会主义道路前进　为全面建成小康社会而奋斗——在中国共产党第十八次全国代表大会上的报告》，人民出版社2012年版，第13页。

我们对中国特色社会主义的认识也没有完结，还需要随着新的实践不断加以深化。

什么是中国特色社会主义呢？从现实、历史和未来这三个视角，可以得出以下三个认识。

一、从现实角度看：中国特色社会主义是初级阶段的社会主义

党的十八大报告谈到，中国特色社会主义的"总依据是社会主义初级阶段"。"社会主义初级阶段"这个提法，最早出现在《关于建国以来党的若干历史问题的决议》（以下简称《历史决议》）中，但当时并没有发挥。后来，党的十三大报告对此作了阐述，指出这是"我们制定和执行正确的路线和政策的根本依据"。随着改革开放的深入，我们党越来越认识到这个判断的正确性和重要性，因此始终坚持这个判断，并把它和中国特色社会主义紧密联系在一起。

自从马克思恩格斯创立科学社会主义学说以来，所有的马克思主义者都知道，共产主义是分为初级阶段和高级阶段的，其中的初级阶段称为社会主义社会。但是，这个社会的历史有多长？里面还有没有不同的阶段？如果有，不同阶段如何划分？对这些问题，长期以来并不很清楚，而且普遍存在把这个历史看短的倾向。例如，列宁就曾说过，那时的年轻人再过 10 年、20 年就会生活在共产主义社会。后来，他承认在这个问题上犯了错误，因此实行了新经济政策。然而，斯大林在 1936 年就宣布建成了社会主义，1938 年即提出 5 年内从社会主义过渡到共产主义。卫国战争结束后，他又在 1952 年说，苏联已处在从社会主义过渡到共产主义的时期。对此，赫鲁晓夫说得更加绝对，提出从 1959 年算起，12 年内（即 1971 年）达到共产主义；在苏共二十一大甚至宣布苏联已进入全面开展共产主义建设的时期。他的继任者虽然对这种过于冒失的言论进行了纠正，但仍然提出苏联已处于建设发达社会主义的时期。

新中国成立后，同样碰到了如何看待社会主义和共产主义的问题。1958 年"大跃进"高潮中，"左"的急于求成的思想占了上风。所谓急

于求成，其中一"急"，是急于提高经济建设速度、增加产品数量、实现"超英赶美"；还有一"急"，就是急于进入共产主义。那时有的文件说："共产主义在我国的实现已经不是什么遥远将来的事情了"；有的文件甚至提出，在第三个五年计划以前（即 1967 年）进入共产主义。上面急，下面更急。有的县提出"两年进入共产主义"，"大战二百天进入共产主义"。后来，随着"共产风"、浮夸风等问题的暴露，毛泽东和中央其他领导的头脑逐渐冷静下来。在 1958 年底的中央工作会议（即第一次郑州会议）上，毛泽东说："现在有一种偏向，好像共产主义越快越好。实现共产主义是要有步骤的。"会议决议明确指出，"现阶段仍处在社会主义社会"。① 在接着召开的八届六中全会（武昌会议）上，毛泽东又说："我们现在是一穷二白，五亿多农民人均年收入不到 80 元，是不是穷得要命？我们现在吹得太大了，我看是不合事实，没有反映客观实际。"② 1959 年底，他在小范围里甚至说道："社会主义这个阶段，又可能分为两个阶段，第一个阶段是不发达的社会主义，第二个阶段是比较发达的社会主义。"③ 然而，他对这个思想没有很好发挥，后来更把阶级斗争当成了社会主义社会的主要矛盾，使党和国家在发展道路上出现了严重偏差。

改革开放后，邓小平指出："社会主义本身是共产主义的初级阶段，而我们中国又处在社会主义的初级阶段，就是不发达的阶段。一切都要从这个实际出发，根据这个实际来制订规划。"④ 他这样说，很大程度就是针对我们党过去在社会主义阶段问题上的模糊认识。他还说："社会主义的任务很多，但根本一条就是发展生产力，在发展生产力的基础上体现出优于资本主义，为实现共产主义创造物质基础。"⑤ 可见，中国特色社会主义正是以这个判断作为依据的。

---

① 《中国共产党历史（1949—1978）》第 2 卷下册，中共党史出版社 2011 年版，第 511、513 页。

② 《中国共产党历史（1949—1978）》第 2 卷下册，中共党史出版社 2011 年版，第 515 页。

③ 《中国共产党历史（1949—1978）》第 2 卷下册，中共党史出版社 2011 年版，第 566 页。

④ 《邓小平文选》第 3 卷，人民出版社 1993 年版，第 252 页。

⑤ 《邓小平文选》第 3 卷，人民出版社 1993 年版，第 137 页。

党的十三大报告在阐述社会主义初级阶段的理论时指出："这个论断，包括两层含义。第一，我国社会已经是社会主义社会。我们必须坚持而不能离开社会主义。第二，我国的社会主义社会还处在初级阶段。我们必须从这个实际出发，而不能超越这个阶段。"[①] 报告还具体分析了作出这个论断的根据。

对于社会主义初级阶段，党的十五大报告在十三大报告的基础上，作出了进一步规范性的表述，指出："社会主义初级阶段，是逐步摆脱不发达状态，基本实现社会主义现代化的历史阶段；是由农业人口占很大比重、主要依靠手工劳动的农业国，逐步转变为非农业人口占多数、包含现代农业和现代服务业的工业化国家的历史阶段；是由自然经济半自然经济占很大比重，逐步转变为经济市场化程度较高的历史阶段；是由文盲半文盲人口占很大比重、科技教育文化落后，逐步转变为科技教育文化比较发达的历史阶段；是由贫困人口占很大比重、人民生活水平比较低，逐步转变为全体人民比较富裕的历史阶段；是由地区经济文化很不平衡，通过有先有后的发展，逐步缩小差距的历史阶段；是通过改革和探索，建立和完善比较成熟的充满活力的社会主义市场经济体制、社会主义民主政治体制和其他方面体制的历史阶段；是广大人民牢固树立建设有中国特色社会主义共同理想，自强不息，锐意进取，艰苦奋斗，勤俭建国，在建设物质文明的同时努力建设精神文明的历史阶段；是逐步缩小同世界先进水平的差距，在社会主义基础上实现中华民族伟大复兴的历史阶段。"[②]

党的十三大、十五大强调中国仍处于社会主义初级阶段时，我国国内生产总值尚处于世界的第五、六位。然而现在，我国国内生产总值按汇率计算已超过日本，位居世界第二，是否还能说我国仍处于并将长期处于社会主义初级阶段呢？对此，只要看看以下几方面的数据就清楚了。

首先，我国经济成果按人均计算，各项指标仍然偏低。据世界银行

---

①《十三大以来重要文献选编》（上），中央文献出版社 2011 年版，第 9 页。

②《十五大以来重要文献选编》（上），中央文献出版社 2011 年版，第 13—14 页。

统计数据，2011年，根据汇率，中国人均国内生产总值为5445美元，只相当于世界人均水平（10035美元）的一半多一点，是发达国家人均的五分之一到十分之一，在世界215个国家和地区排名中居90位左右，属于中等收入国家。按照联合国开发计划署2011年的报告，中国人文发展指数排在世界第101位，也是很靠后的。我国大部分工农业产品的产量在世界排名中虽然处于前几位，但按人均计算都很低。例如，2011年的钢产量为6.8亿吨，但人均只有500公斤，只相当于日本、韩国的一半；粮食产量为5.7亿吨，但人均只有420公斤，低于世界人均450公斤的水平。

其次，我国发展存在着粗放和不平衡的问题。经济增长方式粗放的主要表现是，质量、效益不高，资源、环境、生态代价过大。发展不平衡的主要表现是，城乡、区域之间和不同行业、不同人群之间的收入差别都很大，其中城乡居民人均收入差别由1978年的2.5∶1扩大到2011年的3.1∶1。而且，社会保障体系仍然不很健全，保障水平也偏低。

再次，科技创新能力不足。据世界银行对各国研究与开发经费支出占国内生产总值比重的统计，中国2010年为1.7%（预计2015年为2.2%），远远低于发达国家（美国为2.6%，日本为3.4%，德国为2.5%）。现在，许多中国制造的机电产品，核心技术仍然掌握在外国人手里，就连出口服装和鞋等技术含量低的产品，大部分品牌也是外国的。据媒体披露，中国生产的手机、计算机、数控机床售价的很大部分，支付给了国外专利持有者。苹果电脑公司生产的iPod，最终组成绝大部分在中国，但相关劳动力费用中，中国只占7.4%，每个岗位年收入不到2000美元，而日本每个岗位的年收入却高达5.54万美元。这不仅严重制约中国今天的发展，也影响今后发展的后劲。

最后，人口、资源、环境对发展的约束越来越大。目前，人口中性别比和老龄化的问题突出，劳动力无论绝对数还是在人口中所占比重都呈下降趋势。2012年，60岁以上的人口已占人口总数的14.3%（其中65岁以上的老人接近10%），预计到2020年将超过20%。另外，随着城市化、工业化的高速发展，人均耕地、水资源和生态环境的压力日趋加大。中国耕地原来就不足，仅有 1.2 亿公顷，占国土面积的 10%，占世界耕地的 7.9%，不但少于美国，也少于印度；人均耕地更少，只有 0.09 公顷，不到世界人均耕地的二分之一。中国淡水资源占世界淡水的 6.5%，人均仅有 2100 立方米，是世界人均的 28%，列世界第 125 位；全国 660 多个城市中，三分之二缺水，100 多个城市严重缺水。各种地下矿藏的人均数也都不高，有些矿藏，例如铁矿，品位还很低。人均二氧化碳排放量虽然低于发达国家，甚至低于世界人均数，但绝对量已超过美国，处于全球第一位。无论从自身利益还是全人类利益出发，我们都必须大力推动低碳经济。所有这些，对尚处于工业化中期的中国来说，无疑是发展的制约因素。

以上说明，中国经济总量在世界上虽然已经排在了第二位，但综合国力还很弱，发展阻力却很大，要达到发达国家水平还有很长的路要走。现在西方很多研究机构和学者都预测，中国的国内生产总值在不远的将来会超过美国。但从上述几个方面看，即便真的如此，中国在一个相当长的时间里，人均国内生产总值和综合国力仍然比不上美国，还只能处于发展中国家行列。

二、从历史角度看：中国特色社会主义是对新中国头 30 年历史加以继承和发展的社会主义

党的十八大报告指出："以毛泽东同志为核心的党的第一代中央领导集体带领全党全国各族人民完成了新民主主义革命，进行了社会主义改造，确立了社会主义基本制度，成功实现了中国历史上最深刻最伟大的社会变革，为当代中国一切发展进步奠定了根本政治前提和制度基础。"[1] 这就告诉我们，中国特色社会主义建设时期即改革开放后的历史时期，只能是新中国头 30 年历史的继承和发展；二者之间是内在统一的关系，而不是相互割裂、相互对立的关系。

---

[1] 胡锦涛：《坚定不移沿着中国特色社会主义道路前进　为全面建成小康社会而奋斗——在中国共产党第十八次全国代表大会上的报告》，人民出版社 2012 年版，第 10 页。

与新中国头 30 年相比，改革开放和社会主义现代化建设新时期从政治到经济，从文化到社会，无疑都发生了深刻的历史性巨大变化。这些变化，大致有以下几个表现。

第一，在指导思想上，由以阶级斗争为纲，变为以经济建设为中心，进而变为经济建设、政治建设、文化建设、社会建设、生态文明建设五位一体全面发展；由一度僵化、封闭，变为改革开放，进而变为全面改革和全方位开放。

第二，在经济上，由单一的公有制和按劳分配，变为以公有制为主体多种所有制经济共同发展和以按劳分配为主体多种分配方式并存；由高度统一的计划经济体制，变为社会主义市场经济体制。

第三，在政治上，由权力过分集中、党对政府事务包揽过多，变为党政职能适当分开，政企分开、政资分开、政事分开，决策权、执行权、监督权既相互制约又相互协调；由无法可依、有法不依、民主权利缺乏保障，变为高度重视民主与法制建设，初步建成社会主义法律体系，规定党必须在宪法和法律范围内活动；由领导职务事实上的终身制，变为实行退休制、问责制、引咎辞职制、离任审计制；由干部选拔任用由少数人决定，变为票决制、差额选举制；由政务不透明，变为实行政务公开、决策听证等等。

第四，在文化上，由一度对教育科学文化的轻视、对知识分子的歧视、对文艺创作和演出的行政干预，变为尊重知识、尊重知识分子，把科学技术作为第一生产力，落实"百花齐放、百家争鸣"方针，推进文化产业化，提倡弘扬主旋律、提倡多样化和尊重差异、包容多样。

第五，在社会生活上，由经济成分、利益关系、组织形式、就业方式和分配方式相对单一，变为日益多样化；由人的思想活动相对统一，变为独立性、选择性、多变化、差异性不断增强；由人口基本不流动、一切由单位管理，变为人口大规模流动，实行基层群众自治管理，促进社会组织发展，积极构建和谐社会。

改革开放前后两个历史时期除了明显变化外，也有许多共性。看不到它们的变化，不可能看清楚中国特色社会主义道路究竟"特"在哪里；

而看不到它们的共性，也不可能弄明白中国特色社会主义道路为什么是社会主义的而不是别的什么主义。它们的变化把两个历史时期鲜明地区别了开来，而它们的共性又把两个历史时期有机地联系在了一起。这些共性主要表现在：

第一，改革开放后的历史时期虽然允许和鼓励包括私营经济在内的多种所有制经济发展，允许和鼓励资本参与分配，但始终坚持包括全民所有制经济在内的公有制经济和按劳分配的主体地位，始终明确国有经济即社会主义全民所有制经济是国民经济中的主导力量和支柱，是社会主义制度和党执政的重要经济基础，是我国经济参与国际竞争的基本力量，是实现广大人民群众根本利益和共同富裕的重要保证，并始终规定国家要保障国有经济的巩固和发展，国有经济要控制国民经济命脉，要增强国有经济的活力、控制力、影响力；虽然确定市场对资源配置起基础性作用，但始终明确这种作用的发挥要在社会主义国家的宏观调控之下，要与社会主义基本制度结合在一起，要使国家计划作为宏观调控的重要手段之一；虽然不断拓展对外开放的广度和深度，但始终注重防范国际经济风险，坚持自主创新的道路。

第二，改革开放后的历史时期虽然不断推进政治体制改革，但始终坚持党的领导、人民当家作主、依法治国三者的有机统一；虽然不断完善国家的各项政治制度，但始终坚持人民代表大会制度等各项根本和基本政治制度；虽然不断改进党的领导方式和执政方式，但始终着眼于党对国家的有效治理。

第三，改革开放后的历史时期虽然提出文化上要尊重差异、包容多样，但始终坚持马克思主义的指导地位；虽然推动文化产业的发展，但始终强调要把社会效益放在首位，经济效益要与社会效益相统一。

第四，改革开放后的历史时期虽然把基层群众自治制度作为国家的基本政治制度，并且发展社会组织，进行和谐社会建设，但始终强调党在社会管理体制中的领导作用，建立健全党和政府主导的维护群众权益机制，并在社会组织中开展党组织建设。

以上说明，改革开放前后两个历史时期在基本面上是一致的。我们要正确认识中国特色社会主义，就不能不正确认识这两段历史及其相互关系。在现实生活中，凡是怀疑和反对改革开放的，往往会用改革开放前的历史否定改革开放的历史，凡是怀疑和反对四项基本原则的，往往会用改革开放的历史否定改革开放前的历史；凡是把中国特色社会主义看成"新民主主义回归"和"民主社会主义"、"社会民主主义"或者看成"资本主义复辟"的，往往会把这两个历史时期加以割裂和对立，相反，凡是把两个历史时期加以割裂和对立的，也往往会反对或者曲解中国特色社会主义。这说明，如何看待这两个历史时期的关系，是一个与如何认识中国特色社会主义密切联系、高度相关的问题。

能否正确看待改革开放前后两个历史时期的关系，还涉及对新中国头30年党和国家领导人、广大干部和群众所做贡献的评价，甚至涉及政权的安危和国家的存亡。清代思想家龚自珍说过："灭人之国，必先去其史。"[1]就是说，要灭掉一个国家，先要否定这个国家的历史，这个国家的历史被否定了，这个国家也就不攻自灭了。他的这个观点已为大量历史事实所验证。当年日本帝国主义为霸占中国的台湾和东北三省，推行奴化教育，把台湾和东北历史从中国历史中剥离出去。陈水扁当政时，为了搞"台独"，竭力推行"去中国化"运动，要把台湾史从中国史中分割出来，把没有台湾的中国史放入世界史课本。他们都是妄图通过否定、割裂中国历史，达到灭亡、分裂中国的目的。当前，国内外敌对势力总喜欢拿历史尤其是当代史做文章，一方面，丑化、诬蔑中国革命和革命领袖；另一方面，为反动阶级的代表人物和大地主、大汉奸涂脂抹粉、歌功颂德。他们这样做，同样是为了反对中国共产党的领导和中国的社会主义制度。

毛泽东在新中国成立后说过："历史上不管中国外国，凡是不应该否定一切的而否定一切，凡是这么做了的，结果统统毁灭了他们自己。"[2]就是说，否定别人的历史可以达到否定别人的效果，否定自己的

---

①《龚自珍全集》，上海人民出版社1975年版，第22页。

② 转引自《毛泽东、周恩来、刘少奇、朱德、邓小平、陈云、江泽民、胡锦涛关于学习和总结历史的论语》，《党的文献》2007年第5期。

历史同样会酿出否定自己的苦酒。大量历史事实同样验证了这个观点。戈尔巴乔夫在苏联掀起一场从否定斯大林到否定列宁、十月革命和苏联历史，再到否定马克思、恩格斯和国际共产主义运动历史的逐步升级的运动，使人民群众产生严重的思想混乱和信任危机、信仰危机，最终导致苏共下台、苏联解体。今天，如果因为新中国头 30 年有失误有曲折就否定那段历史，同样会使我国人民产生严重的思想混乱和信任危机，使我们难以理直气壮地宣传新中国的历史。其结果，改革开放后的历史迟早也会站不住脚。那时，我们党和国家势必重蹈苏共和苏联的覆辙。

党的十八大报告中重申，"我们既不走封闭僵化的老路，也不走改旗易帜的邪路"[①]。这里说的"僵化封闭的老路"非指改革开放前所走过的路。改革开放前，我们有过对所有制求公求纯、对经济越统越死的错误，有过"文化大革命"把市场调节、个体经济统统批成资本主义复辟和把学习、引进国外先进技术统统批成"洋奴哲学"的错误。但是，不等于那段历史都是僵化和封闭的。否则，不仅与历史史实不符，也与《历史决议》和党的十八大报告相矛盾。说到"封闭"，首先要看到，在改革开放前的大部分时间里，先有以美国为首的帝国主义国家对中国的经济封锁，后有以苏联为首的社会主义国家与中国断绝经济来往。因此，在那段时间里，主要是"被封闭"，而不是自我封闭。再次要看到，即使在"文化大革命"中，党中央、国务院也在努力排除"四人帮"的干扰，想方设法和西方做买卖。改革开放前 30 年最大的对外贸易"四三方案"，就是"文化大革命"期间由周恩来领导制定，由毛泽东亲自批准的。

三、从未来角度看：中国特色社会主义是以实现共产主义为最终奋斗目标的社会主义

消灭私有制、实现共产主义是共产党的最终奋斗目标，也是它的最

---

① 胡锦涛：《坚定不移沿着中国特色社会主义道路前进　为全面建成小康社会而奋斗——在中国共产党第十八次全国代表大会上的报告》，人民出版社 2012 年版，第 12 页。

高纲领。但是，"关于社会制度的主张，共产党是有现在的纲领和将来的纲领，或最低纲领和最高纲领两部分的"。①这是因为，共产主义是人类最理想最美好的社会，因此是共产党人奋斗的最高纲领。但是，要实现这个最高纲领，必须具备相应的条件，需要经过漫长的历史阶段和十几代、几十代人的奋斗。在这个过程中，共产党人必须针对每个历史阶段的实际情况，制定具体的纲领，也就是最低纲领或基本纲领。只有完成一个个具体纲领规定的任务，才可能逐步接近最高纲领的实现。想不经过为这些任务而奋斗的阶段，一下子达到共产主义，只能是不切实际的空想。我们党在社会主义初级阶段的基本纲领，便是党在这个历史阶段的最低纲领。

党的十五大提出，我们党在现阶段的基本纲领是：经济上建设社会主义的市场经济，政治上建设社会主义的民主政治，文化上建设社会主义的先进文化；后来，党的十七大又增加了社会上要建设社会主义的和谐社会；党的十八大又增加了生态环境上要建设社会主义的生态文明。概括起来说，就是建设富强民主文明和谐的社会主义现代化国家。这个纲领既没有超越中国现在所处的社会发展阶段，又没有脱离共产主义的远大目标，而是在为将来进入社会主义的高级阶段或者说共产主义的初级阶段准备必要的条件。

当年，我们党领导的新民主主义革命总体上比较顺利，很大程度得益于能够正确认识和处理那时党的最高纲领与最低纲领的关系。那时，我们党一方面要求所有党员必须为着完成资产阶级民主革命这个党的最低纲领而奋斗，认为凡是"看不起这个资产阶级民主革命而对它稍许放松，稍许怠工，稍许表现不忠诚、不热情，不准备付出自己的鲜血和生命，而空谈什么社会主义和共产主义"的人，都是有意无意地或多或少地背叛社会主义和共产主义，都不是自觉的忠诚的共产主义者；另一方面始终用共产主义思想体系教育自己的干部和党员，要求每个党员入党的时候，心目中就要悬着为新民主主义革命而奋斗和为将来的社会主义

---

① 《毛泽东选集》第 2 卷，人民出版社 1991 年版，第 686 页。

与共产主义而奋斗这样两个明确的目标，"而不顾那些共产主义敌人的无知的和卑劣的敌视、污蔑、谩骂或讥笑"。① 一方面指出，如果不是扩大共产主义思想的宣传、加紧马克思列宁主义的学习，"不但不能引导中国革命到将来的社会主义阶段上去，而且也不能指导现时的民主革命达到胜利"；另一方面时刻提醒全党，"应把对于共产主义的思想体系和社会制度的宣传，同对于新民主主义的行动纲领的实践区别开来"②。由于我们党善于把最高纲领与最低纲领辩证地统一在一起，没有因为要为最高纲领奋斗而轻视最低纲领，也没有因为要实行最低纲领而忘记最高纲领，所以带领人民仅用 28 年时间就推翻了压在中华民族头上的"三座大山"。

在带领人民进行中国特色社会主义建设时，我们党同样存在正确认识和处理党的最高纲领与基本纲领关系的问题。党在社会主义初级阶段的基本纲领与党的最高纲领之间，既有严格的区别，又有密切的联系。不完成建设中国特色社会主义这个基本纲领的任务，谈不上为最高纲领而奋斗；反过来，丢掉最高纲领，中国特色社会主义建设就失去了方向和灵魂。好比一个人，前进的目标是南方，由于一时没有准备好出发的条件，可以先放慢脚步或在原地踏踏步，甚至倒退几步，但绝不能把身体转向北方而背向南方，因为那样即使出发条件具备了，也不可能向南走，而只会越走离原定目的地越远。因此，是否牢记党的最高纲领和最终奋斗目标，对于党能否领导中国人民完成基本纲领规定的任务，能否引导中国特色社会主义事业不断向共产主义远大理想前进，具有至关重要的意义。

党的十八大报告指出："对马克思主义的信仰，对社会主义和共产主义的信念，是共产党人的政治灵魂，是共产党人经受住任何考验的精神支柱。"③ 我们今天强调共产党员要牢记党的最高纲领、勿忘共产主义远大理想，并不是要广大党员现在就实行共产主义的政策，而是因为

---

①《毛泽东选集》第 3 卷，人民出版社 1991 年版，第 1059 页。

②《毛泽东选集》第 2 卷，人民出版社 1991 年版，第 706 页。

③ 胡锦涛：《坚定不移沿着中国特色社会主义道路前进　为全面建成小康社会而奋斗——在中国共产党第十八次全国代表大会上的报告》，人民出版社 2012 年版，第 50 页。

我们党当前正在经受长期执政、市场经济和对外开放的考验，特别需要提醒广大党员，尤其是党的各级领导干部在各种诱惑面前保持清醒头脑，在各种困难面前保持必胜信念。实现共产主义当然是遥远将来的事，但绝非遥遥无期、虚无缥缈。否则，为什么我们党至今仍要求党员入党时宣誓"为共产主义奋斗终身"呢？共产主义不仅是指人类社会的理想制度，也是指一种思想体系和一种运动。党的十二大报告曾指出："在我国，共产主义思想的传播，人们为最终实现共产主义理想而进行的运动，早在中国共产党成立和领导进行新民主主义革命的时候就开始了。……共产主义的思想和共产主义的实践早已存在于我们的现实生活中。"① 如果说我们党在井冈山时代、延安时代、西柏坡时代，是共产主义理想支撑了广大党员的意志，那么今天距离共产主义总不会比那时更远。江泽民指出："我们现在的努力是朝着最终实现共产主义的最高纲领前进的，忘记远大目标，不是合格的共产党员；不为实现党在社会主义初级阶段的纲领努力奋斗，同样不是合格的共产党员。"② 胡锦涛说："革命先烈在生与死的考验面前所以能够威武不屈，就是因为他们对共产主义理想坚贞不渝、矢志不移"；"现在，有的党员在矛盾面前畏缩不前，在困难面前悲观失望，在诱惑面前不能洁身自好，说到底，还是共产主义理想和中国特色社会主义信念不坚定"。③ 他们的论述都说明，党当前在为基本纲领奋斗的同时，要求党员牢记党的最高纲领、坚定共产主义理想信念，不仅是完全可以的，也是非常必要的。

看一个党员在为党的基本纲领奋斗时，是否牢记了党的最高纲领、坚定了共产主义理想信念，是有客观评判标准的。对于普通党员，就是看他在执行党和国家的各项方针、政策时，是否坚持全心全意为人民服务的宗旨了，是否发扬党的理论联系实际、密切联系群众、批评与自我批评的作风了，是否吃苦在前、享受在后、勤奋工作、廉洁奉公了，是否努力学习马克思主义了，是否在危急时刻挺身而出了。对于党的领导

①《十二大以来重要文献选编》（上），中央文献出版社2011年版，第23页。
②《十五大以来重要文献选编》（上），中央文献出版社2011年版，第42页。
③《十六大以来重要文献选编》（中），中央文献出版社2011年版，第621页。

干部来说，除了要看以上这些，还要看他在贯彻党的基本理论、基本路线、基本纲领时，是否做到了全面、完整、准确；在推进经济、政治、文化等体制改革时，是否坚持了四项基本原则；在领导经济建设时，是否同时注意了精神文明建设和党的自身建设；在作各项决策之前，是否深入实际、调查研究、坚持把大多数人的利益放在了第一位。凡是这样做的，说明牢记了党的最高纲领、坚定了共产主义的理想信念；反之，则说明淡忘了、动摇了，甚至抛弃了。

前一阵子有一种提法，叫作"要把我们党由革命党变为执政党"。其理由是，我们党现在的主要任务是执政而不是革命，因此应当尽快完成角色转换。这种提法是对"革命"的片面理解，是把"革命"与"执政"人为割裂和对立了。革命这个概念具有多种含义。有的是指一个阶级推翻另一个阶级的变革，即政治革命；有的是指组织和建设新的社会经济制度，这是社会主义革命所特有的内容；有的是指积极进取、奋发向上的精神状态，如革命精神；有的是指某一领域中的重大变革，如产业革命、科技革命等。因此，社会主义革命并不仅指一个阶级推翻另一个阶级，而是指社会主义代替资本主义的整个过程。就是说，社会主义革命在无产阶级取得政权后，狭义的革命结束了，但广义的革命并没有结束。

"文化大革命"中提出的"无产阶级专政下继续革命"的理论，是"左"的指导思想发展到极至的产物。它的特定含义是无产阶级在取得政权后，仍然要进行一个阶级推翻另一个阶级的革命，而且"文化大革命"就是这种"继续革命"的重要方式。这种"左"的"继续革命"的理论，在党的十一届三中全会后已经被否定。但是，否定这种"继续革命"的理论，并不意味着否定了本来意义上的继续革命。对于这个问题，《历史决议》曾用很大篇幅作过专门论述。它指出："我们坚决纠正'文化大革命'中所谓一个阶级推翻一个阶级的'无产阶级专政下继续革命'口号的错误，这绝对不是说革命的任务已经完成，不需要坚决继续进行各方面的革命斗争。社会主义不但要消灭一切剥削制度和剥削阶级，而且要大大发展社会生产力，完善和发展社会主义的生产关系和上层建筑，并在这个基础上逐步消灭一切阶级差别，逐步消灭一切主要由于社会生产力发展不足而造成的重大社会差别和社会不平等，直到共产主义的实现。这是人类历史上空前伟大的革命。我们现在为建设社会主义现代化国家而进行的斗争，正是这个伟大革命的一个阶段。"① 可见，我们党并没有认为自己的革命任务已经完成了，不再需要继续进行革命斗争了。就在党的十八大报告中，讲到加强军队全面建设时，仍然把军队的革命化建设包括在内，仍然要求"持续培育当代革命军人核心价值观"。既然我们党领导的军队仍然是革命军队，怎么能说党不再是革命党了呢？这在逻辑上也是说不通的。

反对把党称为革命党，追根溯源，是受了"告别革命论"和历史虚无主义思潮的影响。这种观点在理论上站不住脚，在实践上也十分有害。因为，它很容易把我们党的执政混同于资产阶级政党的执政，从而丢掉党的最高理想和革命传统、革命作风、革命精神，助长官僚主义、形式主义，脱离人民群众。这些年，党的干部队伍和党风中发生的种种问题，与这种观点的散布不能说没有关系。准确讲，我们党现在是革命的执政党或执政的革命党。我们党仍然要为最终实现共产主义的远大理想而奋斗，要继续发扬革命精神、继承革命传统，并用共产主义的理想信念去教育和影响下一代。否则，不仅我们党会失去方向、灵魂和精神支柱，整个社会也会成为只顾眼前、只讲利益的社会。邓小平曾说过："我们干的是社会主义事业，最终目的是实现共产主义"；"要特别教育我们的下一代下两代，一定要树立共产主义的远大理想"。② 他的这番话也说明，我们党执政后并非不再是革命的党了。

---

① 《三中全会以来重要文献选编》（下），中央文献出版社 2011 年版，第 172 页。
② 《邓小平文选》第 3 卷，人民出版社 1993 年版，第 110、111 页。

坚持中国特色社会主义道路需要
把握好的三对重要关系[*]

当年，我们党之所以能引导国家走上社会主义道路，后来又领导人民开辟中国特色社会主义道路，都是在成功应对和处理了许多重大理论和实践问题后才做到的。今天，我们要坚持中国特色社会主义道路，同样要面对和处理好各种理论和实践问题。其中，既要深化改革又要防止改革走偏方向，既要调动资本的活力又要防止两极分化，既要加强党的领导又要防止党腐化变质，便是需要正确把握的三对重要关系。如果这些关系处理不好，坚持中国特色社会主义方向就会变成一句空话。

一、既要深化改革又要坚持改革的社会主义方向

党的十八大报告指出："改革开放是坚持和发展中国特色社会主义的必由之路。要始终把改革创新精神贯彻到治国理政各个环节。"同时，报告要求"不断推进我国社会主义制度自我完善和发展"。[1]就是说，改革是为了完善和发展社会主义制度，而不是要把社会主义改掉，不是要改旗易帜。十八大的这一精神是改革开放以来我们党所一贯坚持的，也是十八大报告所特别强调的。

首先，在经济体制改革方面。十八大报告一方面强调更加尊重市场规律，另一方面强调更好地发挥政府作用，加强宏观调控目标和政策手段机制化建设；一方面强调毫不动摇地鼓励、支持、引导非公有制经济

---

* 本文是作者 2012 年 11 月 29 日应邀在北京市区县局级领导干部学习贯彻党的十八大精神专题研讨班上所作题为"中国特色社会主义是当代中国发展进步的根本方向"辅导报告的第二部分，曾刊于《新视野》2013 年第 3 期。

① 胡锦涛：《坚定不移沿着中国特色社会主义道路前进　为全面建成小康社会而奋斗——在中国共产党第十八次全国代表大会上的报告》，人民出版社 2012 年版，第 14 页。

发展，保证各种所有制经济依法平等使用生产要素、公平参与市场竞争、同等受到法律保护，另一方面强调毫不动摇地巩固和发展公有制经济，不断增强国有经济活力、控制力、影响力；一方面强调继续深化国有企业改革，另一方面强调推动国有资本更多投向关系国民经济和国家安全的重要行业和关键领域。

现在有人以反垄断为名，反对公有制为主体和国有经济控制国民经济命脉，指责近些年"国进民退"了，把国有企业对涉及国家安全的重要资源、重要行业、关键领域的控制与某些企业、行业的垄断行为混为一谈，提出国有经济是"计划经济的遗产"，是"官僚资本"，主张"把国有资产量化到民众手中"；还有人把"以人为本"解释成"以民营经济为本"，说"公有制与人的本性相矛盾"，"与市场经济不相容"，"以公有制为主体是错误的"，要求"以民营经济为本""以民营经济为主体""国有经济不与民争利""国有经济做民营经济的补充"，甚至要求把对资本主义工商业改造时已被"和平赎买"的私人"老字号""回归民间"，等等。这些言论是"新自由主义思潮"的反映，实质在于主张私有化。

对于是否"国进民退"的问题，需要用事实回答。这些年，我国规模以上工业企业中的国有及国有控股企业的主营业务收入在工业企业中的比重一直在下降，2011 年已不到 30%，而上缴国家的税金却占 49%。反过来，私营企业主营业务收入在不断增加，2011 年已超过国有及国有控股企业，占比为 30.6%，而其上缴金却仅占 23%。这说明，民营经济不仅资本在发展，利润也在增加。从《福布斯》和《胡润》财富榜公布的数字看，中国内地投资资金超过千万元的富豪，2007 年为 14 万户，2008 年为 30 万户，2010 年为 88 万户，2011 年为 100 多万户，年均增幅达 14% 以上；亿万元的超级富豪，2011 年比 2010 年增加 3000 户，增幅达到 6.3%。2011 年超过 10 亿美元的富豪有 251 户，甚至出现了超百亿美元的大富豪。在不到 30 年时间里，我国超过百亿元的富豪已是印度的 4 倍。瑞士宝盛银行在《2012 年度财富报告》中预测，中国的超级富豪人数在 2015 年将达到 146 万，总资产为 9.3 万亿美元。我国 2011 年的国内生产总值相当于 7.4 万亿美元，即使按年增 10% 计算，2015 年也不过 10 万亿美元。按照这个预测，那时占人口不到 1% 的人拥有的财产，将相当于全年国民生产的总值。从以上数字看，说这些年"国进民退"也是不符合事实的。

另外，还应当看到，这些年国有经济在数量上的比重虽然在下降，但影响力、控制力却不断上升，如果把这说成"国进"，那么这种"国进"不但不是什么错误，相反恰恰是国有企业改革要达到的目的。对于包括国有企业改革在内的所有制改革，中央的方针始终是明确的和一贯的。江泽民多次指出：所谓国有经济比重减少一些，"也应有个限度，有个前提，就是不能影响公有制的主体地位和国有经济的主导作用。影响国计民生的重要大中型企业，必须掌握在国家手中。影响当地经济和社会发展的大中型企业，省区市也必须掌握一批"[①]。胡锦涛也强调：深化国有企业改革、健全现代企业制度、优化国有经济布局和结构，都是为了"增强国有经济活力、控制力、影响力"[②]。这些表明，国有企业改革，是为了从总体上增强国有企业的活力和国有经济的控制力，而不是为了削弱甚至取消国有经济。不久前，世界银行抛出的要中国国有经济比重进一步降低到 10% 的"顶层设计"，与我们党和政府的一贯方针是完全背离的。

关于国有企业的性质、地位和作用，我国宪法和党的决议、领导人的讲话中都有过明确规定和论述。宪法第六条规定："社会主义经济制度的基础是生产资料的社会主义公有制，即全民所有制和劳动群众集体所有制。"第七条规定："国有经济是社会主义全民所有制经济，是国民经济中的主导力量。国家保障国有经济的巩固和发展。"党的十五届四中全会通过的《关于国有企业改革和发展若干重大问题的决定》中指出："包括国有经济在内的公有制经济，是我国社会主义制度的经济基础，是国家引导、推动、调控经济和社会发展的基本力量，是实现广大

① 《江泽民论有中国特色社会主义（专题摘编）》，中央文献出版社 2002 年版，第 52 页。
② 《十七大以来重要文献选编》（上），中央文献出版社 2009 年版，第 20 页。

人民群众根本利益和共同富裕的重要保证。""国有企业是我国国民经济的支柱。发展社会主义社会的生产力，实现国家的工业化和现代化，始终要依靠和发挥国有企业的重要作用。"① 党的十六大报告强调："发展壮大国有经济，国有经济控制国民经济命脉，对于发挥社会主义制度的优越性，增强我国的经济实力、国防实力和民族凝聚力，具有关键性作用。"② 江泽民说："建立和发展国有企业特别是国有大中型企业，是由我国社会主义的基本政治、经济制度决定的，也是我国社会主义经济的重要标志。""国有大中型企业是发展社会主义市场经济的主力军。""国有大中型企业是我国经济参与国际竞争、合作、分工的基本力量。"③ 习近平在 2009 年大庆油田发现 50 周年庆祝大会上也着重指出："国有企业是中国特色社会主义的重要支柱，是我们党执政的重要基础，也是贯彻和实践党的基本理论的重要阵地。"④ 这些规定、决定和论述说明，我国国有经济是社会主义制度的经济基础，是社会主义市场经济的骨干力量，是实行宏观调控、参与国际竞争以及党的执政地位、国家的长治久安、人民的共同富裕的重要保证。可以毫不夸张地说，没有社会主义的国有企业特别是国有大中型企业，便没有中华人民共和国，没有中国特色社会主义，没有共同富裕，没有各民族的大团结，没有巩固的国防，没有人民的一切。指责这些年"国进民退"了，要求国有企业退出"竞争性行业"的言论，既没有事实根据，也不符合我国宪法和党中央关于国有企业改革的决定精神。

其次，在政治改革方面。十八大报告一方面要求继续积极稳妥推进政治体制改革，发展更加广泛、更加充分、更加健全的人民民主，另一方面要求必须坚持党的领导、人民当家作主、依法治国的有机统一；一方面要求更加注重改进党的领导方式和执政方式，更加注重健全民主制

---

① 《十五大以来重要文献选编》（中），中央文献出版社 2011 年版，第 164、165 页。

② 《十六大以来重要文献选编》（上），中央文献出版社 2011 年版，第 19 页。

③ 《江泽民论有中国特色社会主义（专题摘编）》，中央文献出版社 2002 年版，第 142、143、142 页。

④ 《结合新的实际大力弘扬大庆精神铁人精神》，《人民日报》2009 年 9 月 23 日。

度、丰富民主形式，更加注重发挥法治在国家治理和社会管理中的重要作用，另一方面要求坚持走中国特色社会主义政治发展道路，充分发挥我国社会主义政治制度优越性，绝不照搬西方政治制度模式。

现在有人说，改革就是改革，无所谓社会主义方向和资本主义方向，并以邓小平讲过"改革不问姓'资'姓'社'""不搞争论"作为依据。其实，只要看看《邓小平文选》，就会发现，邓小平从来没有在改革方向问题上说过不问姓"资"姓"社"，相反，一再提醒我们："在改革中坚持社会主义方向，这是一个很重要的问题。"在南方谈话中他还强调："在整个改革开放的过程中，必须始终注意坚持四项基本原则。"他指出："如果不坚持这四项基本原则，纠正极左就会变成'纠正'马列主义，'纠正'社会主义。"[①] 这说明，邓小平所讲的"要害是姓'资'还是姓'社'"，并非要我们不问姓"资"姓"社"，而是要我们弄清楚什么是资本主义、什么是社会主义，找到正确判断社会主义的标准。另外，邓小平也从来没有在改革的方向上说过什么"不搞争论"，相反，他在 1989 年政治风波后特别强调指出："某些人所谓的改革，应该换个名字，叫作自由化，即资本主义化。他们'改革'的中心是资本主义化。我们讲的改革与他们不同，这个问题还要继续争论的。"[②]

在要不要坚持改革正确方向的问题上，江泽民、胡锦涛与邓小平的主张完全一致，而且一以贯之。江泽民在庆祝建党 70 周年大会上讲："我们的改革，是社会主义制度的自我完善和发展……不进行改革，就不可能使社会主义制度继续保持蓬勃生机；在改革中不坚持社会主义方向，就会葬送党和人民七十年奋斗的全部成果。要划清两种改革开放观，即坚持四项基本原则的改革开放，同资产阶级自由化主张的实质上是资本主义化的'改革开放'的根本界限。"[③] 胡锦涛在纪念党的十一届三中全会召开 30 周年大会上讲："必须把坚持四项基本原则同坚持改革开放结合起来，牢牢扭住经济建设这个中心，始终保持改革开放的正确

①《邓小平文选》第 3 卷，人民出版社 1993 年版，第 138、379、137 页。
②《邓小平文选》第 3 卷，人民出版社 1993 年版，第 297 页。
③《十三大以来重要文献选编》（下），中央文献出版社 2011 年版，第 184 页。

方向"，"既以四项基本原则保证改革开放的正确方向，又通过改革开放赋予四项基本原则新的时代内涵，坚持把以经济建设为中心同四项基本原则、改革开放这两个基本点统一于发展中国特色社会主义的伟大实践"。"四项基本原则是立国之本，是我们党、我们国家生存发展的政治基石；改革开放是强国之路，是我们党、我们国家发展进步的活力源泉。……离开四项基本原则和改革开放，经济建设就会迷失方向和丧失动力。"[①] 他们的论述说明，党中央历来主张改革必须坚持正确方向，这个方向就是社会主义，就是四项基本原则。否定改革存在方向问题，是完全没有理论根据的，也是完全不符合客观实际的。

现在还有人指责我们的政治体制改革停顿了、滞后了、倒退了。判断政治体制改革究竟是否滞后，应当首先明确改革的目标是什么。如果把政治体制改革的目标设定为西方的政治制度，以此作为判断改革进退成败的标准，那我们的政治体制改革不仅是"停滞"的，而且从来就没有启动过。但是，如果把政治体制改革的目标设定为社会主义政治制度的自我完善与发展，并以此作为判断改革进退成败的标准，那就可以看出，我们的政治体制改革不仅没有滞后，更没有倒退，相反，取得了巨大成就。十八大报告在回顾政治体制改革的成果时明确指出：改革开放以来，我们"不断推进政治体制改革，社会主义民主政治建设取得重大进展，成功开辟和坚持了中国特色社会主义政治发展道路，为实现最广泛的人民民主确立了正确方向"[②]。可见，指责政治体制改革停顿、滞后、倒退的言论同样是没有理论和事实根据的。

最后，在民主、法制方面。我们现在还存在许多不如人意的地方，需要继续深化改革，也需要认真落实已经改革了的制度和法律。但是，改革的目标只能是社会主义制度的自我完善，原则只能是坚持中国共产党领导、人民当家作主、依法治国的有机统一，前提只能是有利于政局稳定、人民团结、经济发展、生活改善。我们过去没有，今后也不能

---

① 《十七大以来重要文献选编》（上），中央文献出版社 2009 年版，第 797、798 页。
② 胡锦涛：《坚定不移沿着中国特色社会主义道路前进　为全面建成小康社会而奋斗——在中国共产党第十八次全国代表大会上的报告》，人民出版社 2012 年版，第 25 页。

照搬西方多党轮流执政、三权分立的制度。因为这种制度不适合中国国情，如果生搬硬套，不仅不会给中国人民带来真正的民主，无法解决腐败问题，相反，只会引发政局动荡，造成社会混乱、国家分裂、内战爆发、难民成群，使已有的发展成果丧失殆尽，最终退回到被外国势力瓜分的时代。

很长时间以来，有人一直在鼓噪所谓"宪政"改革。如果仅从字面上看，这种主张要求按照宪法施政，而我国宪法明确规定了共产党的领导地位，因此似乎也是可以接受的。但如果从实质上看，事情就不是那么回事了。所谓"宪政"，最早是英国资产阶级在革命时期为了反对封建王朝的专制而提出的口号，其核心是要求实行多党制、议会制、军队国家化等资本主义政体。把这个口号拿到今天，目的显然不是要求坚持中国共产党的领导，而是要在中国实行西方资本主义的政治制度。这就不是什么改革政治体制的问题了，而是要从根本上改变中国现行的政治制度。

在我国为什么必须实行共产党领导而不能实行多党轮流执政？为什么军队必须由共产党领导而不能搞所谓"国家化"？对这个问题不仅要从历史上、国情上给予回答，也要从理论上给予回答。政党制度是国家政治制度的一部分，属于社会的上层建筑，是建立在经济基础之上的。因此，有什么样的经济制度，就会有什么样的政党制度。资本主义国家实行资产阶级私有制，而资产阶级分为不同利益集团，这决定了在资本主义国家必须实行代表不同利益集团的各个政党的相互竞争、轮流执政，而不能实行一党执政，否则，其他利益集团的利益得不到保障；同时，决定了其军队也必须实行国家化，而不能由哪一个政党单独领导，否则多党制无法实行。我国实行社会主义制度，经济制度的基础是生产资料的社会主义公有制，这决定了人民内部的根本利益是一致的，并且不允许任何势力破坏这种利益的一致性，因此，其政治制度只能是工人阶级领导的以工农联盟为基础的人民民主专政，其政党制度只能是由代表人民根本利益的中国共产党一党执政。在市场经济条件下，人民内部虽然会有不同利益的矛盾，但不允许产生根本的利害冲突。因此，也就不允许有代表与人民利益相对立的利益集团的政党存在，更不允许这样的政党与共产党轮流执政。既然如此，军队当然要由而且只能由中国共产党一党绝对领导，否则共产党的执政就会被架空，人民的根本利益就无法得到维护。这种领导不仅不会妨碍国家政治体制的运行、影响军队的国防军性质，相反，是确保中国特色社会主义制度、坚持人民民主专政、保证人民根本利益不受侵犯、党和人民内部团结统一的不可或缺的必要条件。

这里再说一下"公民社会"的概念。这个概念在至今为止的中央文件中从来没有使用过，因为这个概念的内涵是指不受政府所控制或与政府相对立的完全由公民"自主"的社会。我们党所要建立的基层群众自治制度并不是要脱离党和政府领导的，更不是要同党和政府闹对立的。党的十八大报告指出，要建立由党委领导、政府负责、社会协同、群众参与、法治保障的社会管理体制，可见这种群众自治制度是在党的领导之下。为了建立这种社会管理体制，我们还要进一步发展社会组织。但这种社会组织仍然要在我国宪法和法律的范围内活动，仍然要建立党的组织，这与西方的非政府组织不是一回事。而且要看到，即使在西方，有许多非政府组织，特别是从事对其他国家进行渗透、分裂活动的，背后仍然是政府，是受政府资助、由政府操纵的。

二、既要调动资本的活力又要防止两极分化

我国仍然处于并将长期处于社会主义初级阶段，这一国情决定了我们一方面必须从提高效率出发，反对平均主义，让一部分人通过劳动、技术、管理先富起来，并且调动资本的活力，以促进生产力的发展；另一方面必须注意公平、节制资本，防止贫富悬殊、两极分化，走共同富裕的道路，处理好效率与公平、先富与共富、资本与劳动的关系。从改革开放30多年的历程可以看出，随着城乡、区域及人群收入差距的变化，党中央在这些关系上的提法也在相应调整。

改革开放之初，城乡差距大约为2.5∶1。邓小平针对过去在分配上的平均主义、"大锅饭"现象，提出了"要允许一部分地区、一部分企业、

一部分工人农民，由于辛勤努力成绩大而收入先多一些，生活先好起来"的"大政策"，但同时强调：这个政策的目的是"使整个国民经济不断地波浪式地向前发展，使全国各族人民都能比较快地富裕起来"①。他指出："如果我们的政策导致两极分化，我们就失败了；如果产生了什么新的资产阶级，那我们就真是走了邪路了。"②他晚年进一步提出："社会主义制度就应该而且能够避免两极分化。解决的办法之一，就是先富起来的地区多交点利税，支持贫困地区的发展。""可以设想，在本世纪末达到小康水平的时候，就要突出地提出和解决这个问题。"③

20 世纪 80 年代中期，根据邓小平关于允许一部分人先富的思想，在城市改革过程中突破了对私人企业雇工与规模的限制，逐步形成了公有制为主体、多种所有制经济共同发展的所有制结构。同时，公有制经济也进行了所有权与经营权分离的改革，出现了承包制、租赁制和股份制等多种经营方式。至 20 世纪 90 年代初，上海、深圳先后成立了证券交易所，开始形成全国性的资本市场。正是在这个背景下，1992 年党的十四大提出："积极培育包括债券、股票等有价证券的金融市场，发展技术、劳务、信息和房地产等市场。"并且在分配制度方面提出："既鼓励先进、促进效率，合理拉开收入差距，又防止两极分化，逐步实现共同富裕。"1997 年党的十五大进一步提出"效率优先、兼顾公平"的口号，强调"允许和鼓励资本、技术等生产要素参与收益分配"。这时，城乡差别仍为 2.5∶1。

但是，进入 21 世纪后，城乡差别迅速扩大到了 3.1∶1，基尼系数也达到 0.4 以上。在这个背景下，2002 年党的十六大的提法开始发生变化，一方面提出"放手让一切劳动、知识、技术、管理和资本的活力竞相迸发，让一切创造社会财富的源泉充分涌流"，另一方面指出要"兼顾不同方面群众的利益，使全体人民朝着共同富裕的方向稳步前进"；一方面继续坚持"效率优先、兼顾公平"的提法，另一方面提出"初次分配

①《邓小平文选》第 2 卷，人民出版社 1994 年版，第 152 页。
②《邓小平文选》第 3 卷，人民出版社 1993 年版，第 111 页。
③《邓小平文选》第 3 卷，人民出版社 1993 年版，第 374 页。

注重效率"，"再分配注重公平"，并强调要"以共同富裕为目标，扩大中等收入者比重，提高低收入者收入水平"。

2007年，城乡差别进一步扩大到3.3：1，基尼系数从各种统计方法看都超过了4.5：1这个国际通行的警戒线。在这个背景下，党的十七大报告突出了"共同富裕的道路"，把它放进了科学发展观的四个基本观点中的"坚持以人为本"中；并且不再提"效率优先、兼顾公平"的口号，而是指出："初次分配和再分配都要处理好效率和公平的关系，再分配更加注重公平"；还提出要逐步提高居民收入在国民收入分配中的比重和劳动报酬在初次分配中的比重，"保护合法收入，调节过高收入，取缔非法收入，逐步扭转收入差距扩大趋势"。

党的十八大报告在方针上进一步提高了"共同富裕道路"的地位，不仅把"逐步实现全体人民共同富裕"写入了中国特色社会主义道路的定义，还把"必须坚持走共同富裕道路"作为一条，列入夺取中国特色社会主义新胜利必须把握的八个基本要求之中。在分配制度改革中，报告除了重申十七大提出的提高"两个比重"外，又增加了实现"两个同步"，即居民收入增长和经济发展同步，劳动报酬增长和劳动生产率提高同步；除了重申保护合法、调节过高、取缔非法收入外，又增添了"增加低收入者收入"。

以上过程说明，我们党不仅随着收入差距的变化不断调整在公平与效率、先富与共富、资本与劳动关系方面的提法，而且一直在探索它们的最佳平衡点，希望既能充分培育和利用资本的力量，又能把它限制在一定范围里，防止出现两极分化。但是，也要看到，摆正这些关系，绝不是一件容易的事情，不可能做到一帆风顺。这是因为，资本的本性决定了它必然要不停地扩张，必然要抗拒任何限制它扩张的举动和意图。例如，现在有人说："中国的贫富差距还不够大，只有拉大差距，社会才能进步，和谐社会才有希望。""没有贫富差距就相当于吃大锅饭。"还有人指责现在"国富民穷"，并把"民穷"说成是政府管理经济和"国有垄断"造成的，提出"民富优先""国退民进"等口号。在市场经济的条件下，有些国有企业由于片面理解以利润为中心和按劳分配的原则，也会利用自己的垄断地位制造垄断行为，损害消费者利益；也会在企业内部过分拉大高管与员工之间的工资差距，造成分配不公。但这些问题与国有企业在国民经济所占比重并没有直接关系，只能靠深化国有企业改革、加大对企业领导人的约束和监督的力度来解决。我国是社会主义国家，国家的财政收入从根本讲是为人民长远利益和全局利益服务的。我们当然要在政府部门中严格预决算制度，厉行节约，精简机构，但不能因为某些政府部门存在浪费现象就反对增加财政收入。近些年，随着国民经济的发展，我国财政收入虽有大幅度增长，但占国内生产总值的比重，仍然低于发达国家的水平，甚至不如许多发展中国家。我国按照 2011 年制定的年生活费 2300 元的新扶贫标准计算，还有 1.22 亿人生活在贫困线以下（如按联合国贫困人口标准一天 1.25 美元算，估计要超过 2 亿人）。但另一方面，我国已成为全球第二大奢侈品市场，预计很快将成为第一大奢侈品市场。近几年，国家统计局虽然不再公布基尼系数，但国内外研究机构的统计表明，我国基尼系数仍在 0.45 以上。据中国社会科学院学者分析，我国收入分配格局仍在向资本倾斜。所有这些都说明，笼统说"国富民穷"，是站不住脚的。

对于解决贫富差距过大、收入分配不公问题可能会遇到的阻力，国外一些舆论也看出来了。例如，西班牙《中国政策观察》网站的评论指出：避免贫富差距的进一步拉大和防止民众的不满情绪应该是中国官员的主要任务。但是从富人的腰包里掏钱或许会遇到各个利益集团的强烈反对。其《理智报》的文章也说：贫富差距过大的问题是中共在十八大即将召开之际面临的最大挑战。

解决收入分配差距过大的问题，绝不仅仅是分配领域的问题。党的十八大报告指出："共同富裕是中国特色社会主义的根本原则。"[1] 就是说，要不要坚持共同富裕，要不要解决收入差距过大的问题，是是否真正走社会主义道路的问题。邓小平早就说过："社会主义的一个含义就是共

---

[1] 胡锦涛：《坚定不移沿着中国特色社会主义道路前进　为全面建成小康社会而奋斗——在中国共产党第十八次全国代表大会上的报告》，人民出版社 2012 年版，第 15 页。

同富裕。""只有社会主义，才能有凝聚力，才能解决大家的困难，才能避免两极分化，逐步实现共同富裕。如果中国只有一千万人富裕了，十亿多人还是贫困的，那怎么能解决稳定问题？"① 他还说过："要研究提出分配这个问题和它的意义。到本世纪末就应该考虑这个问题了。我们的政策应该是既不能鼓励懒汉，又不能造成打'内仗'。"② 近些年来社会群体事件频发，与分配差距过大不能说没有关系。

解决收入分配差距过大问题，当然不能就分配谈分配。根据马克思主义政治经济学的基本原理，分配是由生产资料所有制决定的。有的经济学家指出："在谈到收入差距扩大的原因时，人们一般会想到城乡差距扩大、地区发展不平衡加剧、行业垄断、腐败、公共产品供应不均、再分配调节滞后等等。这些都有道理，也必须一一应对，但不是最主要的原因。按照马克思主义观点，所有制决定分配制；财产关系决定分配关系。财产占有上的差别，才是收入分配差别最大的影响因素。"③ 正因为如此，我们党在推进所有制改革的过程中，始终强调要以公有制为主体、以国有经济为主导。党的十八大报告再次重申："要坚持社会主义基本经济制度和分配制度，调整国民收入分配格局，加大再分配调节力度，着力解决收入分配差距较大问题。"④ 可见，绝不能离开基本经济制度解决分配制度问题。坚持公有制为主体、多种所有制经济共同发展，这是防止两极分化的根本措施。

三、既要坚持党的领导又要加强党的自身建设

我们国家的政治体制与西方不同，不搞多党竞选。我们党之所以能夺取和执掌全国政权，靠的是用实际行动表明自己是中国最广大人民群众根本利益的代表者和维护者，从而得到人民的真心拥护和支持。这说

①《邓小平年谱（1975—1997）》（下），中央文献出版社 2004 年版，第 1312 页。
②《邓小平年谱（1975—1997）》（下），中央文献出版社 2004 年版，第 1357 页。
③ 刘国光：《深化对公有制经济地位和作用的认识》，《人民日报》2011 年 6 月 21 日。
④ 胡锦涛：《坚定不移沿着中国特色社会主义道路前进　为全面建成小康社会而奋斗——在中国共产党第十八次全国代表大会上的报告》，人民出版社 2012 年版，第 15 页。

明，我们党保持执政地位虽然不用通过竞选，但仍然需要得到绝大多数人民的拥护和支持。人民拥护不拥护、支持不支持，始终是我们能否执政，甚至能否生存的决定性因素。

毛泽东在 1956 年说过："县委以上的干部有几十万，国家的命运就掌握在他们手里。如果搞不好，脱离群众，不是艰苦奋斗，那末，工人、农民、学生就有理由不赞成他们。"① 改革开放后，世情、国情、党情发生了深刻变化，形式主义、官僚主义、奢侈浪费，尤其权钱交易的问题日益突出，脱离群众的危险越来越尖锐地摆在全党面前。陈云在改革开放初期曾指出："执政党的党风问题是有关党的生死存亡的问题。"② 在党的十二届二中全会上他又说："党在全国执政以后，从中央到基层政权，从企业事业单位到生产队的领导权，都掌握在党员手里了，党员可以利用手中掌握的各种权力为自己谋取私利。""对于利用职权谋私利的人，如果不给以严厉的打击，对这股歪风如果不加制止，或制止不力，就会败坏党的风气，使党丧失民心。"③ 1989 年政治风波后，邓小平说："不惩治腐败，特别是党内的高层的腐败现象，确实有失败的危险。"④ 江泽民在主持中央工作后也说："党的作风，关系党的形象，关系人心向背，关系党的生命。"⑤ 胡锦涛在主持中央工作后一再强调，党的执政地位"过去拥有不等于现在拥有，现在拥有不等于永远拥有"⑥。在党的十八大上，他又说：反对腐败的问题如果"解决不好，就会对党造成致命伤害，甚至亡党亡国"。十八大刚开过，习近平便在新一届中央政治局常委同中外记者见面时强调："新形势下，我们党面临着许多严峻挑战，党内存在着许多亟待解决的问题。尤其是一些党员干部中发生的贪污腐败、脱离群众、形式主义、官僚主义等问题，必须下大力气解决。全党必须警醒起来。"他们这样说，绝不是危言耸听、言过其实，

---

① 《毛泽东著作专题摘编》（下），中央文献出版社 2003 年版，第 2155 页。

② 《陈云文选》第 3 卷，人民出版社 1995 年版，第 273 页。

③ 《陈云文选》第 3 卷，人民出版社 1995 年版，第 331、331—332 页。

④ 《邓小平文选》第 3 卷，人民出版社 1993 年版，第 313 页。

⑤ 江泽民：《论"三个代表"》，中央文献出版社 2001 年版，第 175 页。

⑥ 《十七大以来重要文献选编》（上），中央文献出版社 2009 年版，第 112 页。

而是告诉全党一个基本的事实和朴素的道理：我们党的执政资格、执政地位，甚至生死存亡，都取决于人民群众对我们党的态度；而人民群众对我们党的态度，又直接取决于我们党对他们的态度。

中国的近代历史和国情都决定，中华民族要复兴，必须走社会主义道路，坚持共产党的领导。但要坚持共产党的领导，党必须保持自身的先进性和纯洁性。而党要保持先进性、纯洁性，必须经受执政的考验、改革开放的考验、市场经济的考验、外部环境的考验。邓小平说过："开放、搞活，必然带来一些不好的东西"，"在整个改革开放过程中都要反对腐败"。① 他指出："腐败现象很严重，这同不坚决反对资产阶级自由化有关系。""所谓资产阶级自由化，就是要中国全盘西化，走资本主义道路。"② 江泽民也说过："要看到市场存在自发性、盲目性、滞后性的消极一面。"③ 他指出："作为党和国家的各级领导干部，不能看到群众和基层党员中有人先富起来就坐不住了，就想自己也先富起来。""如果领导干部整天都想着自己先富起来……就很容易利用手中掌握的权力去搞以权谋私，权钱交易。"④ 胡锦涛还说过："从根本上说，腐败是私有制的产物"⑤；并指出："维护和实现社会公平和正义，涉及最广大人民的根本利益，是我们党坚持立党为公、执政为民的必然要求，也是我国社会主义制度的本质要求"⑥。他们的论述说明，我们要解决一部分党员干部腐败的问题，要坚持从严治党的方针，健全反腐败法律制度，坚决查处大案要案，加强反腐倡廉建设，同时也要分析产生腐败的土壤和温床，限制对外开放和市场经济中的消极因素渗入党内政治生活，做好铲除腐败基础的工作。

为了进一步加强党的自身建设，党的十八大报告提出了更加明确的方针、目标，也制定了许多切实可行的措施。在方针上，报告提出了四

---

① 《邓小平文选》第 3 卷，人民出版社 1993 年版，第 164、379 页。

② 《邓小平文选》第 3 卷，人民出版社 1993 年版，第 325、207 页。

③ 江泽民：《论社会主义市场经济》，中央文献出版社 2006 年版，第 102 页。

④ 《十五大以来重要文献选编》（中），中央文献出版社 2011 年版，第 262 页。

⑤ 《十六大以来重要文献选编》（中），中央文献出版社 2011 年版，第 594 页。

⑥ 《十六大以来重要文献选编》（中），中央文献出版社 2011 年版，第 711—712 页。

个要点。第一，必须增强紧迫感，认识到新形势下党面临的执政考验、改革开放考验、市场经济考验、外部环境考验的长期性、复杂性、严峻性，认识到精神懈怠的危险、能力不足的危险、脱离群众的危险、消极腐败的危险更加尖锐地摆在全党面前。第二，必须坚定理想信念，坚守共产党人的精神追求，把对马克思主义的信仰和对社会主义、共产主义的信念，作为共产党人的政治灵魂和经受住任何考验的精神支柱。第三，必须牢牢把握加强党的执政能力建设、先进性和纯洁性建设这条主线，全面加强党的思想建设、组织建设、作风建设、反腐倡廉建设、制度建设，增强自我净化的能力。第四，必须健全权力运行制约和监督体系，坚持用制度管权管事管人，确保决策权、执行权、监督权既相互制约又相互协调，推进权力运行公开化、规范化，完善党务公开、政务公开、司法公开和各领域办事公开制度，加强党内监督、民主监督、法律监督、舆论监督，让权力在监督下运行。在目标上，报告提出了两个要点：第一，要抓好思想理论建设这个根本、党性教育这个核心、道德建设这个基础，教育引导党员、干部模范践行社会主义荣辱观，做公平正义的维护者，以实际行动彰显共产党人的人格力量。第二，要求各级领导干部特别是高级干部严格执行领导干部重大事项报告制度，加强对亲属和身边工作人员的教育和约束，决不允许搞特权。在措施上，报告提出了三个要点。第一，要围绕保持党的先进性和纯洁性，在全党深入开展以为民、务实、清廉为主要内容的党的群众路线教育实践活动，着力解决人民群众反映强烈的突出问题，提高做好新形势下群众工作的能力。第二，深化县（市、区）党代会常任制试点，实行党代会代表提案制，完善地方党委讨论决定重大问题和任用重要干部票决制，完善党员定期评议基层党组织领导班子等制度，推行党员旁听基层党委会议、党代会代表列席同级党委有关会议等做法。第三，完善党员干部直接联系群众制度，完善派驻机构统一管理，着力解决发生在群众身边的腐败问题。报告特别强调："不管涉及什么人，不论权力大小、职位高低，只要触及党纪国法，都要严惩不贷。"①

　　习近平在同中外记者见面时的讲话中指出：新一届中央领导机构肩负着对民族、对人民、对党的责任，其中一个责任就是同全党一道，坚持党要管党、从严治党，切实解决自身存在的突出问题，切实改进工作作风，密切联系群众，使我们党始终成为中国特色社会主义事业的坚强领导核心。他的话充分显示了以习近平同志为核心的党中央从严治党、改进党风的坚强决心。只要我们党把自身建设好，真正做到干部清正、政府清廉、政治清明，就一定能得到人民群众的真心拥护，巩固自己的执政地位，从而带领人民群众实现全面建成小康社会和中华民族伟大复兴的奋斗目标。

---

　　① 胡锦涛：《坚定不移沿着中国特色社会主义道路前进　为全面建成小康社会而奋斗——在中国共产党第十八次全国代表大会上的报告》，人民出版社 2012 年版，第 55 页。

如何理解中国特色社会主义道路的时代性 [*]

党的十七大报告在给中国特色社会主义下定义时，有这样一句话："中国特色社会主义道路之所以完全正确、之所以能够引领中国发展进步，关键在于我们既坚持了科学社会主义的基本原则，又根据我国实际和时代特征赋予其鲜明的中国特色。"^① 这句话讲到中国特色社会主义道路的一个根据是时代特征。所谓时代特征，就是指 20 世纪 80 年代以来我们党所说的当今时代主要问题或主要特征，即和平和发展。也就是说，和平和发展成为当今时代的主要特征，是中国特色社会主义道路的一个时代根据。那么，时代特征与时代性质是不是一回事呢？如果说是一回事，能否说当今时代已变成和平和发展的时代了呢？如果说不是一回事，当今时代的性质又是什么呢？对于这些问题的回答，不仅涉及对当今时代的认识，也涉及对中国特色社会主义的理解。党的十八大以来，习近平反复强调，对于中国特色社会主义，要坚定道路自信、理论自信、制度自信。如果我们搞不清楚当今时代特征与时代性质的关系，要坚定这一自信是很难的。因为中国特色社会主义同时是坚持科学社会主义基本原则的社会主义，而坚持科学社会主义基本原则的时代依据，只能是当今时代的性质。所以，我们要坚定自信，必须全面完整地理解中国特色社会主义的时代性。

一、中国的新民主主义革命和社会主义革命是世界进入帝国主义时代或资本主义向社会主义过渡时代的必然产物

在不同话语体系和不同语境下，时代的概念有着不同的内涵。在考

---

* 本文曾刊于《毛泽东邓小平理论研究》2016 年第 5 期。

① 《中国共产党第十七次全国代表大会文件汇编》，人民出版社 2007 年版，第 11 页。

古学范畴，"时代"一般按人类使用的主要工具来划分，如旧石器时代、新石器时代、青铜时代等。在历史学范畴，"时代"有时按照距离当前远近来划分，如远古时代、古代、近代、现代等；有时按照朝代变动来划分，如中国的夏商周时代、春秋战国时代、秦汉时代等；有时按照文化的标志性事件来划分，如欧洲的神学时代、文艺复兴时代等。马克思、恩格斯著作中也用考古学、历史学等范畴中的时代概念，但更主要的是在马克思主义理论话语体系中使用这一概念。而这种话语体系中的时代，是与生产方式、社会形态的概念紧密联系在一起的。

在马克思主义看来，人类为了生活，首先需要吃喝住穿以及其他一些东西，因此，第一个历史活动是生产满足这些需要的物质产品。在生产过程中，劳动者、劳动资料和劳动对象的相互作用、有机结合，构成了社会生产力。同时，人们在生产过程中形成的生产资料所有制关系、生产中人与人的关系和产品分配关系又构成与生产力既相适应又相矛盾的生产关系。而二者的有机结合，构成了人类社会的生产方式。其中，生产关系的总和又构成社会的经济基础，建立在这一基础之上的社会制度、设施、思想体系，即政治的、法律的制度，以及政治法律思想、道德、艺术、宗教、哲学等观点，构成社会的上层建筑。经济基础和上层建筑的统一体构成一定社会的社会形态，其中包括经济形态、政治形态和意识形态。生产力与生产关系、经济基础和上层建筑的矛盾运动，推动生产方式、社会形态由低级向高级依次更替。迄今为止，人类社会大体经历了原始社会、奴隶社会、封建社会、资本主义社会、社会主义社会（共产主义社会的第一阶段）等五种生产方式和社会形态。对此，马克思在《〈政治经济学批判〉序言》中写道："大体说来，亚细亚的、古希腊罗马的、封建的和现代资产阶级的生产方式可以看做是经济的社会形态演进的几个时代。"[①] 可见，马克思主义话语体系中的"时代"，就是指人类特定的生产方式和社会形态。欧洲封建时代后期，即 14、15 世纪，资本主义萌芽在地中海沿岸一些地区出现。到 15 世纪末 16 世纪

---

① 《马克思恩格斯文集》第 2 卷，人民出版社 2009 年版，第 592 页。

初，资本主义通过原始积累，拉开了封建时代生产方式的变革序幕。进入 17 世纪中叶后，英、法等西欧国家的资产阶级率先革命，推翻了封建制度，代之以"自由竞争以及与自由竞争相适应的社会制度和政治制度、资产阶级的经济统治和政治统治"①，使世界从此进入资本主义时代。从 18 世纪 60 年代到 19 世纪 30 年代，先进的资本主义国家陆续发生并完成了工业革命，先后实现工业化，使机器大工业为主体的工厂制度代替了手工技术为基础的手工工场，创造出"比过去一切世代创造的全部生产力还要多，还要大"②的生产力，同时，也使这种生产力与它赖以生存和发展的生产关系之间出现尖锐矛盾，并产生了反对和埋葬这种生产关系的阶级——工人阶级，即无产阶级。19 世纪三四十年代，欧洲连续爆发英、法、德三国工人反对资本主义制度的起义和斗争，表明工人阶级作为一支独立的政治力量登上了世界历史舞台。马克思、恩格斯就生活在那个年代。他们顺应工人阶级的革命要求，通过批判地吸收法国空想社会主义、英国古典政治经济学和德国古典哲学的合理成分，创立了唯物史观和剩余价值理论，揭示了资本主义必然灭亡和共产主义必然胜利的历史规律，天才地预言了在资本主义和共产主义之间有一个从前者转变为后者的过渡社会——社会主义社会，从而把社会主义从空想变成了科学。

在马克思、恩格斯生活的年代，资本主义总体说来还处在自由竞争阶段。他们的晚年即 19 世纪 70 年代前后，一些资本主义国家出现了托拉斯，甚至出现了国营企业，自由竞争开始向垄断转变。但那时垄断还没有成为资本主义生产方式的主导形式，他们还不具备对垄断资本主义进行深入研究的条件。到了 19 世纪末 20 世纪初，垄断逐渐代替自由竞争，占据了资本主义生产关系的统治地位，并由私人垄断向国家垄断发展，最终导致人类历史上第一次世界大战和无产阶级革命形势的高涨。而这正是列宁生活的年代。

---

①《马克思恩格斯选集》第 1 卷，人民出版社 2012 年版，第 405 页。
②《马克思恩格斯选集》第 1 卷，人民出版社 2012 年版，第 405 页。

列宁继承并发展了马克思主义，深入分析了垄断资本主义的特征、实质，并在著名的《帝国主义是资本主义的最高阶段》一文中将 19 世纪末 20 世纪初资本主义出现的变化归纳为五个基本特征，即垄断组织在经济生活中起决定作用，银行资本和工业资本相融合形成金融寡头，资本输出相比商品输出意义更加重要，资本家用于瓜分世界的国际垄断同盟已经形成，最大的资本主义国家已经把世界领土分割完毕。他由此得出结论：资本主义已经由自由资本主义阶段发展到了垄断资本主义阶段，即帝国主义阶段。同时，他通过对垄断资本要追求更高额的垄断利润，后起的帝国主义国家要求重新瓜分世界的分析，断定在帝国主义时代，资产阶级与无产阶级之间的矛盾，以及帝国主义国家之间的矛盾必然加剧，无产阶级的革命和帝国主义的战争都不可避免。同时，他又通过分析垄断资本主义国家之间政治经济发展的不平衡性，指出社会主义革命有可能在帝国主义统治体系的薄弱环节中的一国或数国首先取得胜利，因此，人类历史不仅进入了帝国主义时代，而且进入了无产阶级革命的时代，或由资本主义向社会主义过渡的时代。至于无产阶级革命能否胜利，取决于无产阶级革命政党能否准确和及时地把握国内和国际形势的有利时机，能否制定正确的战略和策略。总之，在列宁看来，帝国主义时代的主要问题或者说突出特点，是战争和革命，即现代战争和无产阶级革命，以及殖民地半殖民地反对帝国主义的斗争。他认为在帝国主义时代，不是战争引起革命，就是革命制止战争。他还亲自领导了俄国的十月革命和革命胜利之后世界第一个社会主义国家的建立，从而把科学社会主义由理论变成了现实。

后来的历史说明，列宁的帝国主义论不仅符合资本主义发展的客观实际，而且对无产阶级的社会主义革命和殖民地半殖民地的民族民主解放运动具有极其重要的指导意义。毛泽东正是根据列宁的这一理论，分析了中国革命的历史特点，提出了新民主主义论。他指出："中国资产阶级民主主义革命，自从一九一四年爆发第一次帝国主义世界大战和一九一七年俄国十月革命在地球六分之一的土地上建立了社会主义国家以来，起了一个变化。"① 这个革命在这以前，属于旧的世界资产阶级革命的范畴；在这以后，从性质上说，虽然还是资产阶级的民主主义的，但从世界革命的阵线上说，已成为无产阶级社会主义革命的一部分了。因为，世界自从进入帝国主义和无产阶级革命的时代，地球自从六分之一的土地建立起社会主义国家，中国革命的领导阶级就变了，最终由资产阶级变为了无产阶级；中国革命的目的也变了，由建立资本主义社会和资产阶级专政的国家，变为第一步建立新民主主义社会和各个革命阶级联合专政的国家，第二步建立社会主义社会和人民民主专政的国家；另外，中国革命的国际环境也变了，由过去只受帝国主义的打压，变为既受到帝国主义打压，同时也受到社会主义国家和国际无产阶级的援助。中国新民主主义革命的胜利，以及新中国成立后，通过社会主义革命把占人类四分之一的人口带入社会主义社会的事实，应验了毛泽东的新民主主义理论，也再次验证了列宁关于世界已进入帝国主义和无产阶级革命时代的论断，并且再次证明马克思、恩格斯关于人类社会将由资本主义时代向社会主义、共产主义时代过渡的预言是完全科学和无比正确的。

二、中国特色社会主义道路的开辟是对和平与发展成为时代特征的正确反映

马克思主义话语体系中的时代，是与人类生产方式、社会形态连在一起的概念。可见，这种时代少则持续几个世纪，多则持续十几个世纪。在这么长的时间里，每个时代自然会由于经济基础和上层建筑矛盾过程中发生的重大变化而划分出不同的阶段，每个阶段又可能由于重大历史事变而划分为不同的时期，从而呈现不同的时代特点。我们研究历史，既不能用对时代性质的判断，取代对该时代内不同阶段、不同时期、不同特征的分析；反过来，也不能用对某个时代不同阶段、不同时期、不同特征的判断，取代对该时代性质的认定。就是说，不能把时代

① 《毛泽东选集》第 2 卷，人民出版社 1991 年版，第 667 页。

性质与时代内不同阶段、不同时期以及它们的不同特征相混淆。这一点，在革命政党制定战略和策略时显得尤其重要。

从列宁提出帝国主义论到今天的历史表明，虽然战争和革命都是资本主义进入垄断阶段，或者说世界进入帝国主义时代的伴生物，只要有垄断资本主义就有帝国主义，就会有现代战争，就会有无产阶级的革命；然而战争和革命作为时代的主要问题或突出特点，并不一定存在于资本主义垄断阶段或帝国主义时代的全过程，而有可能只存在于这个时代中的特定时期。具体说，从 19 世纪末 20 世纪初到 20 世纪七八十年代，世界在大半个世纪的主要问题或突出特征，确实是战争和革命。比如，先是 1914—1918 年爆发的第一次世界大战和俄国十月革命的胜利；接着是 1937—1945 年爆发的第二次世界大战和中国革命的胜利，以及世界社会主义阵营的形成；再往后是 20 世纪中叶亚非拉殖民地半殖民地国家掀起的民族解放运动高潮，以及社会主义与帝国主义两大阵营的冷战与局部热战。所以，直到 1969 年，毛泽东在谈到世界大战问题时仍然这样估计："无非是两种可能：一种是战争引起革命，一种是革命制止战争。"[1] 但是，当世界进入 20 世纪七八十年代，国际形势发生了许多明显变化，和平和发展逐渐取代战争和革命，成为时代的主要问题和突出特点了。国际形势的变化主要表现在以下几个方面：

第一，上百个殖民地半殖民地国家在第二次世界大战之后，通过包括武装斗争在内的民族民主解放运动，相继获得了主权独立，并在此基础上成立了诸如东南亚国家联盟、非洲统一组织、七十七国集团等游离于两大阵营之外的第三世界国家的国际组织，兴起了不结盟运动。对于这些新独立国家来说，最急迫的任务已由争取独立变为了争取和平和谋求发展。

第二，在第二次世界大战之后，苏联的经济和军事实力获得迅速提升，逐渐成为和美国并驾齐驱的世界超级大国。它们之间对世界霸权的争夺，一方面给和平造成了严重威胁，另一方面又造成了某种程度的战

---

[1]《毛泽东年谱（1949—1976）》第 6 卷，中央文献出版社 2013 年版，第 240 页。

略均势，促使双方都不敢贸然发动战争，从而使世界和平的势头有所上升，而战争的急迫性有所下降。

第三，西方资本主义国家在第二次世界大战之后，由于本国工人阶级的不断斗争，也由于社会主义国家计划经济、企业民主管理和福利制度的巨大影响，以及通过与发展中国家进行不平等交易而获取大量财富和科技革命带来生产力进一步发展等因素，在经济和政治方面作出不少自我调整。例如，法人资本所有制逐渐取代私人股份资本所有制成为居主导地位的资本所有制形式，一些基础设施和公共事业部门还出现国家资本所有制；许多企业开始让职工持股，让职工参与决策，并实行对职工的终身雇佣制；大公司的资本所有权与经营权相互分离，拥有所有权的资本家不再直接经营和管理企业，而是聘用职业经理人员经营和管理；在维持市场机制对资源配置基础性作用的前提下，加大国家对经济干预的力度，通过制定并实施反垄断法以维持公平竞争，加强对个人所得税、遗产税的征收以调节收入分配，并建立社会福利制度；国家权力更多地向政府首脑集中，同时扩大政党、团体、公民的权利，加强法制的作用；等等。所有这些措施，一定程度上缓和了资本主义国家内部生产过剩与消费不足，以及无产阶级与资产阶级的矛盾，减轻了经济危机震荡的幅度，促进了生产力的进一步发展，相应使无产阶级革命的形势有所低落。

第四，自 20 世纪 70 年代开始，西方资本主义国家进行了以美元与黄金脱钩、废除固定汇率制、允许资本在国际范围自由流动为主要内容的金融改革，以及以发展金融、高科技等服务业和减少高耗能、高污染产业为主要内容的产业结构调整，使发展中国家得到了从发达国家吸引投资、引进设备的机遇，同时也引起了发展中国家与发达国家之间在经济领域的博弈，进一步增强了发展中国家要求和平和发展的呼声。

第五，自 20 世纪 50 年代以来，苏联、东欧等社会主义国家陆续实行经济改革，中间几经起落，在七八十年代达到高潮。中国从 20 世纪 70 年代末也开始了经济体制改革，并带动亚洲的一些社会主义国家和古巴进行改革。这些改革虽然后来有一些走上了改旗易帜的邪路，但客观上加大了和平和发展在国际问题上的分量。

正是鉴于国际形势的以上变化，邓小平在 20 世纪 80 年代初作出了和平和发展是当今世界两大突出问题的论断。从已知材料上看，他第一次提出这个观点是在 1984 年 5 月 17 日会见外宾的时候。他说："我看世界现在存在两个最根本的问题。第一是反对霸权主义，维护世界和平。……第二是南北问题。这是今后国际问题中一个十分重要的方面。"①接着，他在 5 月 29 日更加明确地指出："现在世界上问题很多，有两个比较突出。一是和平问题。……要争取和平就必须反对霸权主义，反对强权政治。二是南北问题。……解决这个问题当然要靠南北对话，我们主张南北对话。不过，单靠南北对话还不行，还要加强第三世界国家之间的合作，也就是南南合作。"②此后，他对这个问题的论述越来越清晰。例如，他说："现在世界上真正大的问题，带全球性的战略问题，一个是和平问题，一个是经济问题或者说发展问题。和平问题是东西问题，发展问题是南北问题。概括起来，就是东西南北四个字。南北问题是核心问题。"再往后，他从对国际形势的新判断，引申到对我国对外政策的新变化，指出："粉碎'四人帮'以后，特别是党的十一届三中全会以后，我们对国际形势的判断有变化，对外政策也有变化"，"过去我们的观点一直是战争不可避免，而且迫在眉睫。我们好多的决策，包括一、二、三线的建设布局，'山、散、洞'的方针在内，都是从这个观点出发的。这几年我们仔细地观察了形势，认为……在较长时间内不发生大规模的世界战争是有可能的，维护世界和平是有希望的。根据对世界大势的这些分析，以及对我们周围环境的分析，我们改变了原来认为战争的危险很迫近的看法"。③

从邓小平的上述论述可以看出，我们党对国际形势主要问题的新判断，是决定实行改革开放政策、开辟中国特色社会主义道路的重要依据之一，也是反复强调抓住机遇、加快发展的重要原因之一。正是根据邓

---

① 《邓小平年谱（1975—1997）》（下），中央文献出版社 2004 年版，第 974 页。
② 《邓小平文选》第 3 卷，人民出版社 1993 年版，第 56 页。
③ 《邓小平文选》第 3 卷，人民出版社 1993 年版，第 126—127 页。

小平的论断，党中央在后来的正式文件中，有时把和平和发展概括为时代的两大问题，有时表述为主题、课题或特征，这些意思都差不多。所以，党的十七大报告中所说的中国特色社会主义之所以完全正确，"关键在于我们既坚持了科学社会主义的基本原则，又根据我国实际和时代特征赋予其鲜明的中国特色"[①]，其中的"时代特征"，只能是指和平和发展在当今较长一个时期的国际形势中已成为两个突出问题的特点。

三、资本主义向社会主义过渡的时代性质与和平和发展成为国际突出问题的时代特征构成坚持中国特色社会主义的时代依据

既然时代特征与时代性质不是一回事，既然不能用对时代性质的判断代替对某个时期时代特征的判断，也不能用对某个时期时代特征的判断代替对时代性质的判断，那么，和平和发展成为当今时代的特征就只能是表明帝国主义时代或资本主义向社会主义过渡时代中一个时期内国际形势的特点，而不表明当今时代已变成和平和发展的时代了。当今时代的性质究竟是什么？还是不是帝国主义时代或资本主义向社会主义过渡的时代？回答这个问题，要根据马克思主义理论和党中央的有关论述，也要根据当代资本主义和世界社会主义运动的实际情况。

习近平强调："中国特色社会主义是社会主义而不是其他什么主义，科学社会主义基本原则不能丢，丢了就不是社会主义。"[②] 就是说，中国特色社会主义说到底是社会主义。既然是社会主义，根据马克思主义关于人类社会生产方式和社会形态由低向高依次更替的理论，这种生产方式和社会形态就不可能产生于封建时代，也不可能在资本主义早期社会出现，而只能在资本主义由自由竞争进入垄断阶段或帝国主义时代产生并立足。如果说垄断资本主义或帝国主义时代尚未来临，或者说这个时代已经过去了，那岂不等于说社会主义是"早产儿"，或者说它将要"胎死腹中"？这种看法显然既不符合马克思主义的理论，也不符合客

---

① 胡锦涛：《高举中国特色社会主义伟大旗帜　为夺取全面建设小康社会新胜利而奋斗——在中国共产党第十七次全国代表大会上的报告》，人民出版社 2007 年版，第 11 页。

②《十八大以来重要文献选编》（上），中央文献出版社 2014 年版，第 109 页。

观实际。

马克思说过:"无论哪一个社会形态,在它所能容纳的全部生产力发挥出来以前,是决不会灭亡的;而新的更高的生产关系,在它的物质存在条件在旧社会的胎胞里成熟以前,是决不会出现的。"① 他和恩格斯之所以指出社会主义必将代替资本主义,就是因为他们充分论证了资本主义社会腹中已为社会主义生产方式孕育了成熟物质条件的事实。后来,列宁进一步论证了资本主义进入垄断阶段或世界进入帝国主义时代后,为一国或少数国家的无产阶级革命先行取得胜利和率先建设社会主义提供了新的物质条件。可见,世界进入资本主义时代,特别是资本主义进入垄断阶段,是人类向社会主义过渡的前提;而社会主义社会的存在,反过来证明了我们今天所处的时代,依然是帝国主义或资本主义向社会主义过渡的时代。

第二次世界大战后,西方资本主义国家虽然在生产关系上进行了自我调整,推动了生产力的发展,但资本主义进入垄断阶段即帝国主义时代的几个基本特征,实质上并没有改变,有的还更加突出了。例如,垄断组织在经济生活中的作用更大了,产业资本与金融资本的融合程度更高了,资本输出的速度更快了,国际性的垄断组织更多了。据统计,1960 年国际直接投资仅为 680 亿美元,而 1996 年猛增到 3.2 万亿美元,增长 100 倍。20 世纪 90 年代后期,全球每天外汇交易额高达 1.5 万亿美元,而现实需求顶多只有 300 亿美元,其余绝大多数的交易纯粹是金融投机。跨国公司从 20 世纪 50 年代起开始发展,90 年代出现跨国兼并的浪潮,达到 3.7 万家。而 1997 年,跨国公司仅母公司就有 5.3 万家,遍布世界各国的附属公司约有 45 万家;就连许多与新兴产业、服务业有关的中小型企业,也开始走向跨国经营。那一年,跨国公司对外直接投资存量为 3.5 万亿美元,海外附属企业总资产为 13 万亿美元;全球货物和服务销售额为 8.5 万亿美元,超过了当年全球贸易额;对外出口 2 万亿美元,占全球出口贸易的三分之一,而全球出口额的另外三分之

---

① 《马克思恩格斯全集》第 31 卷,人民出版社 1998 年版,第 10 页。

一也与跨国公司的业务有关。再如，西方发达国家虽然已基本不再拥有殖民地，但通过以布雷顿森林体系为核心的国际金融体制和以关贸总协定为核心的国际贸易体系，控制了国际经济秩序，并利用金融、科技的优势地位和国际经济规则的制定权，剥削发展中国家的廉价劳动力，掠夺性开发发展中国家的自然资源，向发展中国家转移污染环境严重的产业。伴随经济扩张，它们还向发展中国家推销新自由主义、"国家主权弱化论"和所谓"政治民主化"，实行新干涉主义。[①]

西方发达国家垄断资本的进一步发展，特别是由国家垄断向国际垄断的进一步发展，加剧了资本主义生产社会化与生产资料私人占有制之间的基本矛盾。例如，第二次世界大战以后，经济危机的周期、程度、范围、影响虽然有所变化，但并没有消失。世界性经济危机从 20 世纪 50 年代算起，至今至少发生过 6 次；而且从 2008 年开始的全球金融危机，到现在仍然没有完全过去。再如，西方资本主义国家虽然采取了加大税收力度等方法对收入分配进行调节，但不仅国内财富进一步两极分化，而且发达国家与发展中国家的贫富差距也在进一步扩大。统计显示，自 20 世纪 70 年代以后的近 30 年间，普通美国家庭收入并没有明显增加，但占人口 0.1% 的富人收入却增长了 4 倍。另据美国乐施会 2013 年报告，最近 20 年，全球 1% 最富者的收入增加了 60%，其中最富有的 200 人所拥有的财富，远远多于最穷的 35 亿人的财富总和。仅过一年，乐施会即将这一对比中的最富有人数由 200 人减成 85 人。报告说，这 85 名亿万富翁平均每天增长财富 6.68 亿美元。另外，2009 年全球有 10 亿美元财富的人为 793 人，仅过 5 年，人数便激增到 1645 人，翻了一番多。[②] 近几十年来，西方发达国家服务业就业人数虽然越来越多，但从事体力劳动的蓝领工人越来越少。

既然帝国主义的基本特征没有改变，为什么党中央文件中很长时间以来不再出现帝国主义这个词汇了呢？笔者认为，这种情况与国际形势

---

① 以上数字均引自高德步著《世界经济史》，高等教育出版社 2005 年版。

② 2015 年 10 月 15 日《参考消息》。

和我们对外政策的变化有关，并不表明我们党改变了对帝国主义的看法。只要稍微留意就会发现，自从改革开放以后，我们党和政府报告中对帝国主义的称呼就基本用霸权主义、强权政治等词汇代替了。讲霸权主义、强权政治，实际讲的就是帝国主义。这一点，我们从邓小平著作中可以看得很清楚。比如，他讲过："强权政治在升级，少数几个发达国家想垄断世界。""现在西方七国首脑会议也是霸权主义、强权政治。中国平息暴乱后，七国首脑发表宣言制裁中国，他们有什么资格！谁给他们的权力！""他们那一套人权、自由、民主，是维护恃强凌弱的强国、富国的利益，维护霸权主义者、强权主义者利益的。"① 但有时，他也把霸权主义和帝国主义合在一起用，有时还单独使用帝国主义这个词。例如，他指出："霸权主义和帝国主义总是欺侮包括非洲国家在内的发展中国家，经常干预这些国家为摆脱控制、发展经济、争取政治独立与自主所作的努力。""整个帝国主义西方世界企图使社会主义各国都放弃社会主义道路，最终纳入国际垄断资本的统治，纳入资本主义的轨道。"② 明白了这一点，再来看中央文件讲的"中国反对各种形式的霸权主义和强权政治"，其内涵所指就一目了然了。

帝国主义时代产生的两大问题，即战争和革命，在和平和发展成为时代主要问题的情况下是否还存在呢？对此，我们首先应当看看邓小平在阐述和平和发展是世界两个突出问题时是怎么说的。只要看一下邓小平的著作就会知道，他在指出我们改变了原来认为战争危险很迫近的看法时，总是强调"战争危险仍然存在，仍要提高警惕"③，强调要靠反对帝国主义、霸权主义来维护世界和平。他指出："如果反霸权主义斗争搞得好，可以延缓战争的爆发，争取更长一点时间的和平。"④ 其次，我们还要看看邓小平作出和平和发展是当今世界两大问题的论断以来世界上都发生了哪些大事。只要回顾一下近 30 年来的世界局势就会发现，

---

① 《邓小平文选》第 3 卷，人民出版社 1993 年版，第 329、345 页。
② 《邓小平文选》第 3 卷，人民出版社 1993 年版，第 289、311 页。
③ 《邓小平文选》第 3 卷，人民出版社 1993 年版，第 82 页。
④ 《邓小平文选》第 2 卷，人民出版社 1994 年版，第 241 页。

帝国主义直接发动的对发展中国家的侵略战争就从来没有停止过。例如，武力肢解南斯拉夫，攻打伊拉克，轰炸利比亚和叙利亚政府军等。即使发展中国家之间发生的战争，背后也都有帝国主义的影子。正如邓小平所说："不发达国家之间的战争，实际上是发达国家的需要。发达国家欺侮落后国家的政策没有变。"① 另外，现在帝国主义对社会主义国家虽然不再像十月革命之后和新中国成立之后那样采取军事侵略的方式加以干涉，但对中国等社会主义国家的军事威胁和挑衅却没有停止过。谁都明白，今天东海、南海的局势，说到底是美国明里暗里起作用的结果。它们不断增加军费开支，加强海外军事基地，扩大北约势力范围，加紧研制和部署新式武器。所有这些不是为了发动战争做准备和进行战争讹诈，又是为了什么呢？针对这个现实，邓小平在 1990 年曾尖锐指出："和平与发展两大问题，和平问题没有得到解决，发展问题更加严重。"② 我们今天加强军事斗争的准备，也正是从这个实际出发的。

还有一点应当看到，就是帝国主义国家近些年对中国等社会主义国家虽然没有进行武装侵略，但通过"和平演变"的办法妄图颠覆、分裂社会主义国家的活动也一刻没停止过。陈云曾指出："列宁论帝国主义的五大特点和侵略别国、互相争霸的本质，是不是过时了？我看，没有过时。""从历史事实看，帝国主义的侵略、渗透，过去主要是'武'的，后来'文'、'武'并用，现在'文'的（包括政治的、经济的和文化的）突出起来，特别是对社会主义国家搞所谓的'和平演变'。那种认为列宁的帝国主义论已经过时的观点，是完全错误的，非常有害的。"③ 邓小平在会见外宾时也指出："美国现在有一种提法：打一场无硝烟的世界大战。我们要警惕。资本主义是想最终战胜社会主义，过去拿武器，用原子弹、氢弹，遭到世界人民的反对，现在搞和平演变。"④ 他还说："我希望冷战结束，但现在我感到失望。可能是一个

---

① 《邓小平文选》第 3 卷，人民出版社 1993 年版，第 319 页。
② 《邓小平文选》第 3 卷，人民出版社 1993 年版，第 353 页。
③ 《陈云文选》第 3 卷，人民出版社 1995 年版，第 370 页。
④ 《邓小平文选》第 3 卷，人民出版社 1993 年版，第 325—326 页。

冷战结束了，另外两个冷战又已经开始。一个是针对整个南方、第三世界的，另一个是针对社会主义的。"①这个事实同样说明，对世界和平的潜在威胁并没有解除。我们在坚定不移走和平发展道路的同时，必须对霸权主义和强权政治的军事威胁和渗透、颠覆活动保持高度警惕。

　　既然和平和发展已成为当今世界的主要问题，世界社会主义运动是否会从此消失呢？自20世纪80年代末90年代初苏东剧变之后，世界社会主义运动确实进入了低潮。但这并不等于世界社会主义运动就失败了、终结了，也不意味着它今后就不会再有高潮了。首先，占当代世界人口五分之一的中国，仍然在坚持社会主义制度。其次，除了中国，还有一些国家在坚持社会主义道路；除了中国共产党，还有100多个国家，包括苏联一些加盟共和国在内的130多个工人阶级政党（合计约1800多万党员），或保持着共产党的名称，或坚持着共产主义的方向，其中近30个党还在执政或参政。再次，西方发达国家的工人运动虽然不如20世纪初期和中叶那样高涨，但抗议资本家剥削的罢工、游行、示威仍然遍布欧美，接连不断。例如，1999年，来自世界各地的4万人集中到美国西雅图，反对全球化，打出"全球化是少数人的全球化""是资本主义全球化"的口号，捣毁了被视为全球化象征的麦当劳快餐店，并与警察发生激烈冲突。再如，2011年，上千示威者在美国纽约发起"占领华尔街"运动，打出"我们是99%"的口号，反对美国政治的权钱交易和社会的不公正，持续了近两个月，最终由警察强制清场。这一运动曾席卷全美国，有的城市甚至酿成流血冲突。最后，随着2008年以来国际金融危机对美国等发达国家实力的削弱，以及中国特色社会主义影响力的增强，发展中国家反对发达国家经济侵略、政治干涉、文化渗透的斗争正在不断发展。这些动向加在一起，可以看出世界社会主义运动已经经受住了严峻考验，正在走出低谷。回想当年中国的新民主主义革命，也曾经有过几次低潮，但每次过后都迎来了高潮，并最终取得了胜利。今天西方发达国家还可以依赖经济全球化和对发展中

---

①《邓小平文选》第3卷，人民出版社1993年版，第344页。

国家的剥削来缓和国内的阶级矛盾,然而一旦发展中国家加强团结,增强了实力,进一步抵制西方发达国家的剥削,它们的国内矛盾必然加剧。因此,有朝一日,当代世界社会主义运动同样会由低潮走向高潮。邓小平在南方谈话中强调:"历史唯物主义揭示了人类社会发展的规律。封建社会代替奴隶社会,资本主义代替封建主义,社会主义经历一个长过程发展后必然代替资本主义。这是社会历史发展不可逆转的总趋势,但道路是曲折的。……从一定意义上说,某种暂时复辟也是难以完全避免的规律性现象。一些国家出现严重曲折,社会主义好像被削弱了,但人民经受锻炼,从中吸收教训,将促使社会主义向着更加健康的方向发展。因此,不要惊慌失措,不要认为马克思主义就消失了,没用了,失败了。哪有这回事!"[①]

综上所述,和平和发展虽然是当前国际形势的突出问题,表现为当今的时代特征,但时代的性质并没有变,仍然是帝国主义或资本主义向社会主义过渡的时代。这是走中国特色社会主义道路最为根本的时代依据。我们坚持这条道路,既是顺应当今时代和人类历史发展的总趋势,也是对时代新特点的体现,对时代新要求的回应,对时代新条件的利用。

新中国成立至今的 60 多年经历了改革开放前后两个历史时期。改革开放前,我国人民在共产党领导下完成了新民主主义革命,进行了社会主义改造,确立了社会主义基本制度,开展了轰轰烈烈的社会主义建设,对社会主义道路进行了艰辛探索,从而为当代中国一切发展进步奠定了根本政治前提、制度基础和物质基础。改革开放后,我们党带领人民继承和发展我国社会主义建设实践探索的成果,确立了社会主义初级阶段的基本理论、基本纲领、基本路线,回答了建设中国特色社会主义的一系列基本问题,实现了由高度集中的计划经济体制向充满活力的社会主义市场经济体制的历史性转变,使一切创造社会财富的源泉得到充分涌流,使我国经济总量由世界第十位跃升到第二位,使中华民族大踏

---

①《邓小平文选》第 3 卷,人民出版社 1993 年版,第 382—383 页。

步赶上了时代进步的潮流，迎来了伟大复兴的光明前景。这充分说明，中国特色社会主义不仅符合时代前进的大方向，也符合中国的实际情况。

当前，面对国际国内形势的深刻变化，以习近平同志为核心的党中央对中国特色社会主义道路的时代性问题作了更加深入全面的阐述。习近平指出："事实一再告诉我们，马克思、恩格斯关于资本主义社会基本矛盾的分析没有过时，关于资本主义必然消亡、社会主义必然胜利的历史唯物主义观点也没有过时。这是社会历史发展不可逆转的总趋势。"因此，"不论怎么改革、怎么开放，我们都始终要坚持中国特色社会主义道路、中国特色社会主义理论体系、中国特色社会主义制度。"[①]同时，他又指出："资本主义最终消亡、社会主义最终胜利，必然是一个很长的历史过程。我们要深刻认识资本主义社会的自我调节能力，充分估计到西方发达国家在经济科技军事方面长期占据优势的客观现实。"[②]尽管天下还很不太平，但"国际力量对比继续朝着有利于世界和平与发展的方向发展"[③]，和平与发展仍然是时代的主题。因此，要有很强的战略定力，紧紧抓住和充分利用仍然可以大有作为的重要战略机遇期，坚定不移走和平发展道路。他强调，我们要"认真做好两种社会制度长期合作和斗争的各方面准备"，"同生产力更发达的资本主义长期合作和斗争"，"认真学习和借鉴资本主义创造的有益文明成果"；"坚决抵制抛弃社会主义的各种错误主张，自觉纠正超越阶段的错误观念"；"集中精力办好自己的事情，不断壮大我们的综合国力，不断改善我们人民的生活，不断建设对资本主义具有优越性的社会主义，不断为我们赢得主动、赢得优势、赢得未来打下更加坚实的基础"[④]。我们完全有理由相信，只要坚持从中国国情出发，顺应时代发展潮流，协调推进"四个全面"战略布局，中国特色社会主义的道路就一定会越走越宽广，对人类进步事业就一定会作出更大贡献。

---

①《十八大以来重要文献选编》（上），中央文献出版社 2014 年版，第 117、110 页。

②《十八大以来重要文献选编》（上），中央文献出版社 2014 年版，第 117 页。

③《十八大以来重要文献选编》（上），中央文献出版社 2014 年版，第 259 页。

④《十八大以来重要文献选编》（上），中央文献出版社 2014 年版，第 117 页。

中国特色社会主义道路的
长期性及前进方向*

一、对社会主义社会长期性问题的认识过程

习近平在 2013 年的"1·5"重要讲话中指出:"中国特色社会主义是社会主义而不是其他什么主义,科学社会主义基本原则不能丢,丢了就不是社会主义。"[①]可见,中国特色社会主义说到底是社会主义,要弄清楚中国特色社会主义的长期性及其前进方向问题,首先要弄清楚社会主义的长期性及其前进方向的问题。

马克思、恩格斯在把空想社会主义变成科学的同时就指出:"在资本主义社会和共产主义社会之间,有一个从前者变为后者的革命转变时期。"[②]这个时期被称为共产主义的第一阶段或社会主义社会。为什么会有这个社会呢?他们解释说,因为这个社会"是刚刚从资本主义社会中产生出来的,因此它在各方面,在经济、道德和精神方面都还带着它脱胎出来的那个旧社会的痕迹"[③]。在这个社会,消费资料虽然已经不再按资本量来分配,但还只能是按劳动量分配,而不能按需分配。

然而,这个社会主义社会的时间大约有多长?其中还有没有不同的阶段?如果有,不同阶段如何划分?对这些问题,马克思、恩格斯并没有讲。在此后的社会主义运动实践中,也一直不很清楚,而且普遍存在把这个社会的时间看短的倾向。例如,列宁就说过,他那时的年轻人再过 10 年、20 年就会生活在共产主义社会。后来,他承认在这个问题上

---

* 本文曾刊于《毛泽东邓小平理论研究》2016 年第 6 期,原标题为《关于中国特色社会主义道路的长期性及其前进方向问题》。收入本书时,作者略作修改。

①《十八大以来重要文献选编》(上),中央文献出版社 2014 年版,第 109 页。

②《马克思恩格斯选集》第 3 卷,人民出版社 1995 年版,第 314 页。

③《马克思恩格斯选集》第 3 卷,人民出版社 1995 年版,第 304 页。

犯了错误，因此实行了新经济政策。斯大林在 1936 年宣布建成了社会主义，1938 年即提出 5 年内从社会主义过渡到共产主义。卫国战争结束后，他又在 1952 年说，苏联已处在从社会主义过渡到共产主义的时期。对此，赫鲁晓夫说得更加绝对，提出从 1959 年算起，12 年内（即 1971 年）达到共产主义；苏共二十一大甚至宣布苏联已进入全面开展共产主义建设的时期。他的继任者虽然对这种过于冒失的言论进行了纠正，但仍然提出苏联已处于建设发达社会主义的时期。

新中国成立后，同样碰到了如何看待社会主义和共产主义的问题。1958 年"大跃进"高潮中，"左"的急于求成的思想占了上风。所谓急于求成，其中一"急"是急于提高经济建设速度、增加产品数量、实现"超英赶美"；还有一"急"就是急于进入共产主义。那时有的文件说："共产主义在我国的实现已经不是什么遥远将来的事情了"，有的文件甚至提出，在第三个五年计划（即 1967 年）以前进入共产主义。上面急，下面更急。有的县提出"两年进入共产主义"，"大战二百天进入共产主义"。后来，随着"共产风"、浮夸风等问题的暴露，毛泽东和中央其他领导的头脑逐渐冷静下来。在 1958 年底的中央工作会议（即第一次郑州会议）上，毛泽东说："现在有一种偏向，好像共产主义越快越好。实行共产主义是要有步骤的。"会议决议明确指出，"现阶段仍处在社会主义社会"。在接着召开的八届六中全会（武昌会议）上，毛泽东又说："我们现在是一穷二白，五亿多农民人均年收入不到八十元，是不是穷得要命？我们现在吹得太大了，我看是不合事实，没有反映客观实际。"1959 年底，他在小范围甚至说："社会主义这个阶段，又可分为两个阶段，第一个阶段是不发达的社会主义，第二个阶段是比较发达的社会主义。"[①] 然而，他对这一思想没有能很好发挥。

后来，毛泽东正确地指出社会主义是一个相当长的历史阶段。但是，第一，他在时间估计上，前后说法差距比较大。比如，1962 年，

①《中国共产党历史（1949—1978）》第 2 卷下册，中共党史出版社 2011 年版，第 511、513、515、566 页。

他在修改党的八届十中全会公报时说:"这个时期需要几十年,甚至更多的时间。"[①]1964年,他在修改"九评"时又说:"几十年内是不行的,需要一百年到几百年的时间才能成功。在时间问题上,与其准备短些,宁可准备长些。"[②]第二,他对时间估计无论长短,都是针对阶级斗争而不是针对生产力发展讲的。第三,从1974年关于理论问题的谈话中看,他所强调的社会主义社会的问题,重点是讲商品制度、八级工资制中包含"资产阶级权利",要求"在无产阶级专政下加以限制"[③]。马克思在《哥达纲领批判》中讲得很清楚,在社会主义社会,消费资料的分配虽然不再按资本而是按劳动量来分配,但"这里通行的是商品等价物的交换中通行的同一原则,即一种形式的一定量劳动同另一种形式的同量劳动相交换"。就是说,这还是资本主义社会的原则,即资产阶级权利。然而,"这些弊病,在经过长久阵痛刚刚从资本主义社会产生出来的共产主义社会第一阶段,是不可避免的。权利决不能超出社会的经济结构以及由经济结构制约的社会的文化发展"。要完全超出按劳分配这种"资产阶级权利的狭隘界限",只有等生产力进一步增长、"集体财富的一切源泉都充分涌流之后",等"劳动已经不仅仅是谋生的手段,而且本身成了生活的第一需要之后"。[④]可见,毛泽东虽然重视马克思关于社会主义社会仍存在资产阶级权利的论述,提出要"加以限制",但究竟怎么限制、限制到什么程度,都没有讲清楚,这就为极左思想超越阶段、搞平均主义留下了空间。

通过对世界社会主义运动中种种教训的思考,邓小平在改革开放后指出:"什么叫社会主义,什么叫马克思主义?我们过去对这个问题的认识不是完全清醒的。马克思主义最注重发展生产力。我们讲社会主义是共产主义的初级阶段,共产主义的高级阶段要实行各尽所能、按需分配,这就要求社会生产力高度发展,社会物质财富极大丰富。所以社会

①《建国以来毛泽东文稿》第16册,中央文献出版社2023年版,第414页。
②《建国以来毛泽东文稿》第17册,中央文献出版社2023年版,第282页。
③《建国以来毛泽东文稿》第20册,中央文献出版社2023年版,第379页。
④《马克思恩格斯选集》第3卷,人民出版社1995年版,第304、305页。

主义阶段的最根本任务就是发展生产力，社会主义的优越性归根到底要体现在它的生产力比资本主义发展得更快一些、更高一些，并且在发展生产力的基础上不断改善人民的物质文化生活。"①他的这一论述，是对改革开放前我们党一度超越发展阶段思想的纠正。

社会主义社会的定义是否只有发展生产力这一条呢？也不是。发展生产力是社会主义的根本任务，但它并不是社会主义的原则，不是区分社会主义与资本主义的标志。如果不这样看问题就会走到另一个极端，滑入"唯生产力论"。什么是社会主义的根本原则呢？邓小平说："一个公有制占主体，一个共同富裕，这是我们所必须坚持的社会主义的根本原则。"他还说："社会主义有两个非常重要的方面，一是以公有制为主体，二是不搞两极分化。"经过进一步思考，邓小平在1992年提出了社会主义本质论，指出："社会主义的本质，是解放生产力，发展生产力，消灭剥削，消除两极分化，最终达到共同富裕。"②可以看出，他的这个定义是为了把什么是社会主义的问题说得更全面、更稳妥一些，实际上是把社会主义的根本任务和根本原则放在了一起。当然，对这个问题的认识还没有完结，还需要根据实践继续深化。

二、中国特色社会主义社会长期性的根据

现在更需要我们弄清楚的问题在于什么是中国特色社会主义，或者说建设什么样的中国特色社会主义、怎样建设中国特色社会主义。什么是社会主义的问题同这个问题之间虽然有直接的关联，然而并不完全是一个问题，不等于弄清楚了什么是社会主义，就自然而然地弄清楚了什么是中国特色社会主义。社会主义是带有普遍性的概念，而中国特色社会主义则是社会主义普遍原则与中国具体情况相结合的产物，因此是一个带有特殊性的概念。

中国特色社会主义道路早在党的十一届三中全会之后就开辟出来

①《邓小平文选》第3卷，人民出版社1993年版，第63页。
②《邓小平文选》第3卷，人民出版社1993年版，第111、138、373页。

了，但"建设有中国特色的社会主义"这个概念直到党的十二大才由邓小平正式提出。但是，党的十二大报告未能对这个概念的内涵作出解释。党的十三大到十六大历次党的代表大会报告虽然对中国特色社会主义概念分别下了定义，也作了扩充和阐述，但也未能用明确的语言对其内涵作概括。

对中国特色社会主义道路和中国特色社会主义理论体系给出完整表述的是党的十七大报告。报告指出："中国特色社会主义道路，就是在中国共产党领导下，立足基本国情，以经济建设为中心，坚持四项基本原则，坚持改革开放，解放和发展社会生产力，巩固和完善社会主义制度，建设社会主义市场经济、社会主义民主政治、社会主义先进文化、社会主义和谐社会，建设富强民主文明和谐的社会主义现代化国家。"①在此基础上，党的十八大对中国特色社会主义道路的概念作了进一步丰富，增加了建设"社会主义生态文明"和"促进人的全面发展，逐步实现全体人民共同富裕"等内容。②党的十八大报告还进一步明确了中国特色社会主义对于发展当代中国、建设社会主义现代化国家的重要意义，指出"中国特色社会主义是当代中国发展进步的根本方向，只有中国特色社会主义才能发展中国"；对于建设社会主义现代化国家，"中国特色社会主义道路是实现途径，中国特色社会主义理论体系是行动指南，中国特色社会主义制度是根本保障"。③报告在关于中国特色社会主义根本原则的阐述中，增加了共同富裕这一条，指出"共同富裕是中国特色社会主义的根本原则"④。

以上过程说明，对中国特色社会主义的认识并不是一步到位的，而

---

① 胡锦涛：《高举中国特色社会主义伟大旗帜　为夺取全面建设小康社会新胜利而奋斗——在中国共产党第十七次全国代表大会上的报告》，人民出版社 2007 年版，第 11 页。

② 胡锦涛：《坚定不移沿着中国特色社会主义道路前进　为全面建成小康社会而奋斗——在中国共产党第十八次全国代表大会上的报告》，人民出版社 2012 年版，第 12 页。

③ 胡锦涛：《坚定不移沿着中国特色社会主义道路前进　为全面建成小康社会而奋斗——在中国共产党第十八次全国代表大会上的报告》，人民出版社 2012 年版，第 13 页。

④ 胡锦涛：《坚定不移沿着中国特色社会主义道路前进　为全面建成小康社会而奋斗——在中国共产党第十八次全国代表大会上的报告》，人民出版社 2012 年版，第 15 页。

是随着实践的发展逐步清晰、不断丰富、日趋完善的。正如党的十八大报告所说："实践发展永无止境，认识真理永无止境，理论创新永无止境。"[①]因此，我们对中国特色社会主义的认识仍然没有完结，还需要随着新的实践对它不断加以深化。

对中国特色社会主义概念有了基本清晰的认识，那么这个社会的时间究竟会有多长呢？要回答这个问题，离不开对社会主义初级阶段的认识。"社会主义初级阶段"这个提法最早出现在《关于建国以来若干历史问题的决议》中，不过当时没有加以发挥。后来，党的十三大报告对此作了阐述，指出这是"我们制定和执行正确的路线和政策的根本依据"。报告说：社会主义初级阶段"这个论断，包括两层含义。第一，我国社会已经是社会主义社会。我们必须坚持而不能离开社会主义。第二，我国的社会主义社会还处在初级阶段。我们必须从这个实际出发，而不能超越这个阶段"。[②]由此可见，我们党在由资本主义向共产主义过渡的社会主义历史阶段中又划分出了一个社会主义的初级阶段。中国特色社会主义从一定意义上讲就是初级阶段的社会主义。中国特色社会主义社会的时间长度取决于社会主义初级阶段的长度。社会主义初级阶段有多长，中国特色社会主义社会就有多长。

对于社会主义初级阶段，党的十五大报告在十三大报告的基础上作出了进一步规范性的表述，指出："社会主义初级阶段，是逐步摆脱不发达状态，基本实现社会主义现代化的历史阶段；是由农业人口占很大比重、主要依靠手工劳动的农业国，逐步转变为非农业人口占多数、包含现代农业和现代服务业的工业化国家的历史阶段；是由自然经济半自然经济占很大比重，逐步转变为经济市场化程度较高的历史阶段；是由文盲半文盲人口占很大比重、科技教育文化落后，逐步转变为科技教育文化比较发达的历史阶段；是由贫困人口占很大比重、人民生活水平比较低，逐步转变为全体人民比较富裕的历史阶段；是由地区经济文化很

---

① 胡锦涛：《坚定不移沿着中国特色社会主义道路前进　为全面建成小康社会而奋斗——在中国共产党第十八次全国代表大会上的报告》，人民出版社 2012 年版，第 9 页。

②《十三大以来重要文献选编》（上），中央文献出版社 2011 年版，第 9 页。

不平衡，通过有先有后的发展，逐步缩小差距的历史阶段；是通过改革和探索，建立和完善比较成熟的充满活力的社会主义市场经济体制、社会主义民主政治体制和其他方面体制的历史阶段；是广大人民牢固树立建设有中国特色社会主义共同理想，自强不息，锐意进取，艰苦奋斗，勤俭建国，在建设物质文明的同时努力建设精神文明的历史阶段；是逐步缩小同世界先进水平的差距，在社会主义基础上实现中华民族伟大复兴的历史阶段。"[①] 从这个表述看，社会主义初级阶段也不是短时间可以结束的，同样是一个相当长的历史阶段。

党的十三大、十五大在强调我国仍处于社会主义初级阶段的时候，中国的国内生产总值尚处于世界第五六位。然而，现在中国的国内生产总值已超过日本，位居世界第二。在这种情况下，是否还能说我国仍处于并将长期处于社会主义初级阶段呢？换句话说，为什么现在还不能讲我国已经实现了工业化、现代化，已经成为一个发达国家呢？我认为，原因有以下五点。

第一，按人均计算，我国各项发展指标还都偏低。

我国目前有 13.6 亿人。任何一个数乘以 13 亿都会变得很大，相反，除以 13 亿也会变得很小。例如，2015 年中国国内生产总值虽然接近 11 万亿美元，但人均只有不到 8000 美元，只相当于全球人均水平的 70%，高收入国家人均的 20%，在世界 213 个国家和地区中居 80 位左右，还不如南非、毛里求斯、毛里塔尼亚、马来西亚、哈萨克斯坦、乌兹别克斯坦、墨西哥、智利、阿根廷等发展中国家。按照联合国开发计划署报告，中国的人文发展指数也排在第 91 位。许多工农业产品产量虽然位居世界前列，但按人均计算都偏低。

第二，我国经济增长方式还比较粗放，结构还不够合理，发展中不平衡、不协调、不可持续的问题仍然很突出。

首先，分配问题较大，城乡之间、东西部之间和高低收入人群之间的收入差别悬殊。国家统计局和国内外研究机构公布的中国基尼系数

---

①《十五大以来重要文献选编》（上），中央文献出版社 2011 年版，第 13—14 页。

尽管不完全一样，有的还很不一样，但都超过了国际公认收入差距过大的警戒线 0.4。城乡居民收入差距近几年尽管有所缩小，但仍然大于2.5∶1。尤其是农村贫困人口的绝对数量仍然很大。我国对农村贫困人口年收入的最低标准，曾先后制定过 4 个：1986 年是 206 元，2008 年是 1196 元（相当于每天 0.4 美元），2010 年是 2300 元（相当于每天 1 美元），2014 年是 2800 元（相当于每天 1.22 美元）。按照最后的标准，现在还有 7000 多万人没有脱贫。这比越南人口略少，但比斯里兰卡和尼泊尔人口加起来还多。如果按照世界银行贫困线日均 1.25 美元计算，我国贫困人口还要多一些。如果按它新近宣布的日均 1.9 美元计算，我国贫困人口又要超过 1 亿。同时，我国社会保障体系也很不健全，保障水平也比较低。

其次，经济发展的质量和效益都不够高，劳动生产率远低于发达国家，重复建设和中低端产能过剩的情况比较严重。例如，钢铁产业由于盲目设厂、恶性竞争，导致利润很低而债务很高，产能大量闲置。此外，每年还要从国外进口大量优质和特殊钢材。水泥、玻璃等产业的情况也大体类似。

最后，为经济增长付出的资源、环境、生态代价过大。我国人均耕地和水资源本来就少，仅为世界人均的二分之一和三分之一，随着城市化、工业化的高速发展，耕地、水资源和生态环境的压力会越来越大。2011 年，我国国内生产总值占世界的比重还不到 10%，而能源消费却占世界的 20%。2012 年，我国每形成 1 万美元国内生产总值耗水 73 立方米，每生产 1 公斤粮食耗水 1 立方米，都大大高于世界平均水平。现在，人均二氧化碳排放量虽然低于发达国家，甚至低于世界人均数，但绝对量却升至全球第一位，约占世界的四分之一。据监测，近 30 年多来，我国流域面积超过 100 平方公里的 5 万条河流已消失一半多，剩下的 2.3 万条河也有 40% 被污染，其中 20% 的河水完全不能饮用。空气和水污染造成的损失相当于我国一年国内生产总值的 5.8%。土地污染问题也日趋严重，全国 20% 的耕地重金属含量超标。无论从自身利益还是全人类利益出发，我国都必须大力推行绿色经济。但是，要在环保上多投入，关停耗能和污染多的企业，这与发展工业、充分就业之间有矛盾；要继续促进粮食增产，要靠提高单位面积产量，这与少用化肥、农药也会形成矛盾。所有这些对于尚处于工业化中后期阶段的中国来说，无疑都是一种发展的制约因素。

第三，我国科技创新能力还比较弱。

目前，在全球出口市场占有率第一的产品数量排名中，我国约有1500种，居于首位，其次才是德国、美国、日本等。但是，这些产品的核心技术、关键部件大部分都不在中国人手里，制造这些产品的高端装备，大部分也要从国外进口。许多中外合资企业，生产在中国，但技术却留在对方国内，使中国长期处于制造业的中低端，利润的大部分被他人拿走。就连服装、鞋帽等技术含量较低的消费品，很多专利、品牌也是别人的。农业中的优质种子和一些深加工产品的市场也面临失守的危险。据统计，我国全社会研究与试验发展经费支出占国内生产总值的比重虽然已由2007年的1.4%提高到2015年的2.1%，但仍然低于一些发达国家的水平。这不仅制约我国今天的发展，也影响今后发展的潜力。

第四，国内国际还不时出现一些对我国发展不利的因素。

最近几年出现了对我国发展不利的问题：首先，我国劳动年龄人口从2011年开始负增长。目前，14岁以下人口比重已低于世界平均水平。同时，老龄人口占人口比重持续增加，已高于世界平均水平。2014年，60岁以上人口超过15%，65岁以上人口逾10%，80岁以上的老人有2000多万，这表明我国已进入老龄化社会。其次，劳动力工资提高较快、土地价格不断攀升、环境保护要求越来越严，使企业成本压力加大。为此，一些外资企业甚至国内资本开始向成本低的国家和地区转移。再次，2008年引发的国际金融危机和一些发达国家的债务危机影响至今仍然没有完全消除和化解；世界经济低速增长的态势短期内仍然难以扭转；美国等发达国家出现的各种形式的保护主义不断抬头，加大了世界经济的不稳定、不确定因素，影响我国的外贸出口。这些情况都对我国经济和财政收入造成下行压力，给我国稳定物价和就业形势增加了难度。即使这场危机的影响完全消除了，今后世界经济中的这类或那类问题仍然少不了。

第五，工业化、现代化的标准还会随着经济、科技的发展而不断提高。

工业化、现代化本身是个动态的概念，其内涵随着人类经济与社会的不断发展而不断变化。自18世纪欧洲工业革命以来，工业化经历了机械化、电气化、数字化过程，进入21世纪以后，又出现了3D打印、物联网、云计算、机器人等智能化过程。有人称后一个过程是第四次工业革命，也有人说这是第三次工业革命的延续。但无论如何，每次革命都使那个时代的工业化标准有所提高。比如，在第一次工业革命时，工厂和交通工具使用蒸汽机就是工业化了，但到了第二次工业革命时，使用蒸汽机就不能再算作工业化的标志了。20世纪70年代以来，出现了信息技术、太空技术、纳米科技、生物科技、新能源科技等，有人称之为信息时代、知识经济，或者叫后工业化等。在这种形势下，衡量一个国家是否实现了工业化，也不能不考虑这些技术给工业发展带来的新变化。例如，在计算机技术被广泛应用的今天，如果我们在工业生产中还没有运用这种技术，即使工业产值在国内生产总值中占了主要位置，也很难说实现了工业化。再有，发达国家经济早在20世纪60年代末就进入了非工业化轨道，服务业在经济中所占比重不断上升，而工业比重持续下降。在这种情况下，看一个国家是否实现了工业化，也不能简单以工业在经济中的比重是否占大头为标准。例如，前些年我国工业增加值已占国内生产总值的50%，而美国却是26%，不能因此就认为中国工业化程度高过了美国。现在，一些发达国家又提出再工业化，不过，这个工业化的内涵与原先相比也已大大不同了。总之，在当今时代，衡量一个国家的工业化水平仍然离不开工业在经济中的比重，但这个工业化应当与现代化相连，是现代化的工业化。按照这个观点，我国是否实现了工业化就不能用老标准，而要用最新的标准。所以，我们在2020年的奋斗目标只是基本实现工业化，最终实现工业化还有很长一段路要走。

以上说明，当代中国通过60多年特别是近30多年的努力，虽然已经取得了巨大发展，综合国力大大增强，工业化程度大大提高，但距离当今世界的先进水平还有很大差距，即使已经取得的成绩也还有不够牢固的一面，要追上发达国家，道路仍很漫长。正是从这个实际出发，进入21世纪后，我们一直坚持认为，我国仍然处于并将长期处于社会主义初级阶段的基本国情没有变，仍然是世界上最大的发展中国家的国际地位没有变。因此，在当前乃至今后相当长的时间，经济建设仍然是我们党执政兴国的第一要务。

三、中国特色社会主义道路的前进方向

中国特色社会主义社会虽然不是一个短暂的时期，会持续相当长的时间，但它又不像封建社会、资本主义社会那样，是一个具有独立社会形态的社会，而是一个过渡性质的社会。它有时为了提高生产力水平，也会采取一些资本主义的办法，但在采取这些办法时，并没有忘记也不能忘记自己的前进方向、最终目标是共产主义。

那么，中国特色社会主义究竟会继续向前，向着共产主义社会前进，还是向后倒退，退到资本主义呢？要弄清这个问题，关键看它实行的原则、制度究竟有没有脱离科学社会主义的轨道。只要坚持科学社会主义的原则、制度，它的前进方向、最终目标就一定是共产主义。

世界上任何事物都有质的规定性。列宁说过：科学社会主义理论"提供的只是总的指导原理，而这些原理的应用具体地说，在英国不同于法国，在法国不同于德国，在德国又不同于俄国"[1]。"一切民族都将走向社会主义，这是不可避免的，但是一切民族的走法却不会完全一样，在民主的这种或那种形式上，在无产阶级专政的这种或那种形态上，在社会生活各方面的社会主义改造的速度上，每个民族都会有自己的特点。"[2]然而，无论有多少特点，都不可能离开科学社会主义的基本原则，否则就不再是科学社会主义。中国特色社会主义立足于中国仍处于并将

①《列宁选集》第1卷，人民出版社1995年版，第274—275页。
②《列宁选集》第2卷，人民出版社1995年版，第777页。

长期处于社会主义初级阶段的国情，体现当代中国的特点，实行改革开放的方针。但它作为一种政治理论、社会实践、社会制度，归根结底是属于科学社会主义范畴的。既然如此，它无论怎么改革，也不可能离开科学社会主义的基本原则，否则就不成其为科学社会主义，而成为别的什么主义了。

社会主义起初是针对资本主义剥削而在 16 世纪欧洲产生的一种学说，它对未来理想社会描绘得十分美好、十分具体，但由于未能揭示资本主义灭亡的必然规律、指出埋葬资本主义的社会力量、找到通向理想社会的现实道路，因而只能流于空想。马克思、恩格斯通过创立唯物史观和剩余价值理论，揭露了资本主义剥削的秘密，阐明了资本主义必然被社会主义代替的客观规律，论证了无产阶级的历史使命和推翻资产阶级统治的必由之路，这才将社会主义由空想变为科学。此后，科学社会主义又经过列宁、斯大林领导俄国社会主义革命和建设，得以丰富和发展，形成了一系列基本原则。例如，由资本主义变为社会主义，必须经过无产阶级革命；无产阶级革命必须由马克思主义理论武装的无产阶级政党领导；建立社会主义制度必须打碎资产阶级的国家机器，实行无产阶级专政；无产阶级专政必须以工农联盟为基础，坚持共产党领导，镇压国内敌对势力的反抗，防范国外敌人的侵略、颠覆，保障全体劳动者的民主权利；建设社会主义必须变生产资料的私有制为公有制，实行按劳分配原则，通过不断提高社会生产力，满足人民群众日益增长的物质与文化生活需要，并逐步消灭城乡差别、脑力劳动与体力劳动的差别、阶级差别，直到实现共产主义等等。我们要判断中国特色社会主义的前进方向、最终目标是不是共产主义，就要看改革中是否背离了科学社会主义的这些基本原则。

第一，从经济体制改革方面看。

中国特色社会主义在国体和政体上虽然实行包括工人阶级、农民阶级和新社会阶层在内的人民民主专政及人民代表大会制度，但人民民主专政和人民代表大会制度都是实行工人阶级（通过中国共产党）领导的，因此，其实质仍然是无产阶级专政；在经济制度和体制上虽然鼓励、支持和引导非公有制经济发展，允许和鼓励资本参与分配，让市场在资源配置中起决定性作用，但公有制和按劳分配仍然占主体，国有经济仍然控制国民经济命脉，国家对市场活动仍然发挥宏观指导和调控作用，计划调节仍然是国家宏观调控的重要手段。这是经济体制改革体现共产主义方向的标志。我们党在推进所有制改革的过程中，始终强调要以公有制为主体、以国有经济为主导，就是因为只有公有制占主体，分配上才能保证共同富裕，才能使社会主义原则落到实处。

改革开放初期，针对我国生产力水平较低和过去长期存在平均主义、吃"大锅饭"的现象，我们党曾提出"让一部分人、一部分地区先富起来"，提倡"效率优先、兼顾公平"，允许和鼓励资本参与分配。这一方针和政策的实施，对于调动各方面积极性、加快经济发展起到了重要作用。但与此同时，也出现了分配不公、收入差距过大的现象和"一切向钱看"的思想倾向，引起广大群众的不满，并且受到来自右的和极左两种思潮的夹击，就连资本主义国家的舆论也不时予以嘲讽。针对这一情况，我们党对分配政策进行了逐步调整。例如，把"效率优先、兼顾公平"的口号改为"既重视效率也重视公平、把公平放在更加突出的位置"；要求初次分配和再分配都要处理好效率和公平的关系，再分配要更加注重公平；逐步提高居民收入在国民收入中的比重，提高劳动报酬在初次分配中的比重，提高低收入者的收入，提高扶贫标准和最低工资标准等。党的十八大更把"逐步实现全体人民共同富裕"纳入中国特色社会主义定义，把"坚持走共同富裕道路"作为夺取中国特色社会主义新胜利必须把握的一个基本要求，把"收入分配差距缩小"作为全面建成小康社会的新要求之一，并旗帜鲜明地提出"共同富裕是中国特色社会主义的根本原则"。党的十八大闭幕后，习近平在第一次会见中外媒体时便强调，新一届中央领导机构对民族、对人民、对党的一个重要责任，就是努力解决群众生产生活困难，坚定不移走共同富裕道路。所有这些都表明，我们党对分配领域出现的新问题，认识是清醒的，解决的决心也是坚定的。

要摆正先富与共富、效率与公平、资本与劳动的关系，涉及各方切身利益，不可能没有阻力，更不可能一帆风顺。比如，有人认为我国的贫富差距还不够大，说"只有拉大差距，社会才能进步，和谐社会才有希望"；"没有贫富差距就相当于吃大锅饭"。还有人把收入差距扩大说成是政府管理经济和"国有垄断""国进民退"造成的，提出"民富优先""国退民进""以民营经济为主体""要把国有企业量化到人民手中"等主张。这些言论既违背宪法原则和中国特色社会主义的理论、纲领、路线和方针，又违背客观实际。

宪法规定："国有经济是社会主义全民所有制经济，是国民经济的主导力量。"因此不存在国有企业还要"量化到人民手中"的问题。要求所谓"量化"，说穿了无非是要把国有资产私有化。苏联解体时给全体居民发放国有企业证券，结果把国有资产都"量化"到哪些人手里，世人是有目共睹的。

党的十五届四中全会通过的《中共中央关于国有企业改革和发展若干重大问题的决定》指出，国有经济需要控制的行业包括"自然垄断的行业"，国有企业中也要有"极少数必须由国家垄断经营的企业"。[①] 离开了这种垄断，国有经济发挥国民经济的主导作用就会成为一句空话。我们一方面要反对包括国有企业在内的一切企业的垄断行为，另一方面绝不能借口"反垄断"来反对国家通过国有企业实行必要的"自然垄断"和"垄断经营"。江泽民说："国有企业是我国国民经济的支柱，是我国社会主义制度的重要经济基础"，"国有大中型企业是发展社会主义市场经济的主力军"，"是我国经济参与国际竞争、合作、分工的基本力量"。[②] 胡锦涛指出："要毫不动摇巩固和发展公有制经济……不断增强国有经济活力、控制力、影响力。"[③] 习近平早在 2009 年视察大庆油田时就指出："国有企业是中国特色社会主义的重要支柱，是我们党执政的重

①《十五大以来重要文献选编》（中），中央文献出版社 2011 年版，第 168、169 页。

②《江泽民论有中国特色社会主义（专题摘编）》，中央文献出版社 2002 年版，第 145、143、142 页。

③《十八大以来重要文献选编》（上），中央文献出版社 2014 年版，第 16 页。

要基础，也是贯彻和实践党的基本理论的重要阵地。"①2015 年 11 月 23 日，习近平在中央政治局第二十八次集体学习时再次强调："公有制主体地位不能动摇，国有经济主导作用不能动摇，这是保证我国各族人民共享发展成果的制度性保证，也是巩固党的执政地位、坚持我国社会主义制度的重要保证。"② 可见，通过改革做大做强而不是做小做弱国有企业，始终是我们党对待国有企业改革的出发点和方针，从来没有变过。

长期以来，某些西方大国一直以我国国有企业受政府优惠为名，在贸易、投资、资产收购等领域对其百般刁难和限制，这从反面也说明，国有企业在国际竞争中确实具有较强实力，使西方跨国公司、大财团及其代理人感到不好对付。

另外，是不是"国进民退"和"国富民贫"，应当用事实说话。相关统计表明，2009 年进行的第二次全国经济普查结果与第一次普查相比，国有企业单位下降了 20%，资产下降了 8.1%；而私营企业单位增长了 81.4 个百分点，资产增加了 3.3 个百分点。③ 2011 年与 2001 年相比，全国规模以上工业企业产值中，国有及国有控股企业占比由 44.4% 下降到 27.2%，而私营企业占比由 9.2% 上升到 29.4%（以上来自国家统计局资料，其中 2011 年数字为主营业务收入）。还应当看到，中国特色社会主义社会不是无阶级社会，"国"和"民"没有摆脱也不可能摆脱阶级性，对"民穷"还是"国富"都要做具体分析。现在，一方面，我国还有 7000 多万人处于新的扶贫标准线以下；另一方面，我国早就成了全球第二大奢侈品市场。国家财政收入占国民收入比重长期保持在 22.5%，而 24 个工业化国家平均税负为 45.3%，29 个发展中国家平均税负为 35.5%，都比我国要高。可见，笼统说"国进民退""国富民穷"是站不住脚的。

---

① 习近平:《在大庆油田发现 50 周年庆祝大会上的讲话》,《石油政工研究》2009 年第 5 期。

②《立足我国国情和我国发展实践 发展当代中国马克思主义政治经济学》,《人民日报》2015 年 11 月 25 日。

③《国家统计局公布第二次全国经济普查结果》,新浪财经,2009 年 12 月 25 日,http：//finance.sina.com/roll/ 20091225/11457155537.shtml？from=wap。

第二，从政治体制改革方面看。

改革开放以来，我们党针对过去一度存在的权力过分集中、忽视民主与法制建设的问题，提出并推进政治体制改革，大力加强社会主义民主与法制建设，同时，始终强调改革要坚持社会主义方向。有人说，改革就是改革，无所谓社会主义方向和资本主义方向，并以邓小平讲过"改革不问姓'资'姓'社'""不搞争论"作为根据。只要看看《邓小平文选》就会知道，邓小平从来没有在改革方向问题上说过不问姓"资"姓"社"，相反，他一再提醒我们："在改革中坚持社会主义方向，这是一个很重要的问题。""在整个改革开放的过程中，必须始终注意坚持四项基本原则。"① 邓小平也从来没有在改革的方向上说过"不搞争论"，相反，他在 1989 年政治风波后说："某些人所谓的改革，应该换个名字，叫作自由化，即资本主义化。他们'改革'的中心是资本主义化。我们讲的改革与他们不同，这个问题还要继续争论的。"② 江泽民在庆祝建党70 周年大会上讲："要划清两种改革开放观，即坚持四项基本原则的改革开放，同资产阶级自由化主张的实质上是资本主义化的'改革开放'的根本界限。"③ 胡锦涛在纪念党的十一届三中全会召开 30 周年大会上讲："既以四项基本原则保证改革开放的正确方向，又通过改革开放赋予四项基本原则新的时代内涵"，"离开四项基本原则和改革开放，经济建设就会迷失方向和丧失动力"。④ 习近平在党的十八大后中央政治局第一次集体学习时指出："我们在实践中要始终坚持'一个中心，两个基本点'不动摇，既不偏离'一个中心'，也不偏废'两个基本点'，把践行中国特色社会主义共同理想和坚定共产主义远大理想统一起来，坚决抵制抛弃社会主义的各种错误主张，自觉纠正超越阶段的错误观念和政策措施。"⑤ 他们的论述都说明，党中央历来认为改革存在坚持什么方向

---

① 《邓小平文选》第 3 卷，人民出版社 1993 年版，第 138、379 页。
② 《邓小平文选》第 3 卷，人民出版社 1993 年版，第 297 页。
③ 《十三大以来重要文献选编》（下），中央文献出版社 2011 年版，第 184 页。
④ 《十七大以来重要文献选编》（上），中央文献出版社 2009 年版，第 797、798 页。
⑤ 《习近平谈治国理政》第 1 卷，外文出版社 2018 年，第 11 页。

的问题；这个方向不是别的，就是共产主义；对这个大方向的保证也不是别的，就是坚持四项基本原则。

我国政治体制无疑还有许多需要继续深化改革的问题和空间。比如，要进一步健全权力运行的制约和监督体系，要推进权力运行的公开化、规范化，要更加注重改进党的领导方式、执政方式，要不断发挥法治在国家治理和社会管理中的作用等。但是，改革的目标只能是社会主义制度的自我完善，原则只能是坚持中国共产党领导、人民当家作主、依法治国的有机统一，前提只能是有利于政局稳定、人民团结、经济发展、生活改善。现在有人无视我国30多年来政治体制改革取得的巨大进步和正在进行的改革，指责政治体制改革停顿了、滞后了、倒退了，认为政治体制已经成为进一步市场化改革的阻力，鼓吹"重启政改"。显然，他们所要的"政治改革"并不是我们党所推动的政治体制改革，而是要把西方资本主义那一套政治体制搬到中国来。经济基础决定上层建筑。我国的经济体制改革不是要建立私有制基础上的自由市场经济，政治体制改革当然也不可能照搬适应那种市场经济的多党轮流执政和"三权分立"的政治体制。既然从来没有启动过那种"政治改革"，又怎么谈得上"停滞"和"倒退"呢？那种"政治改革"既不会给中国带来真正的民主，也解决不了腐败问题，更促进不了经济发展，相反，只会使社会混乱、国家分裂、内战爆发，使已有的发展成果丧失殆尽，使人民重新陷入无穷灾难。对这种改革，我们当然不能搞。

从以上分析可以看出，中国特色社会主义尽管从中国仍然处于并将长期处于社会主义初级阶段，当今世界主要问题仍然是和平与发展的实际出发，在经济、政治等方面实行了一系列改革措施，但科学社会主义的基本原则始终没有丢。因此，中国特色社会主义的前进方向和最终目标仍然是而且只能是共产主义。

四、我们党在领导中国特色社会主义事业中对最高纲领与最低纲领关系的把握

毛泽东在《新民主主义论》中说："关于社会制度的主张，共产党

是有现在的纲领和将来的纲领，或最低纲领和最高纲领两部分的。"[1]共产主义是共产党人奋斗的最高纲领，但要实现这个最高纲领，必须具备相应的条件，这就要求共产党人必须针对每个历史阶段的实际情况，制定具体的纲领，也就是最低纲领或基本纲领。不经过为每个阶段的最低纲领或基本纲领而奋斗，一下子达到共产主义，只能是不切实际的空想。

党的十五大提出，我们党在现阶段的基本纲领是：经济上建设社会主义的市场经济，政治上建设社会主义的民主政治，文化上建设社会主义的先进文化；后来，党的十七大又增加了社会上要建设社会主义的和谐社会；党的十八大又增加了生态环境上要建设社会主义的生态文明。概括起来，就是建设富强民主文明和谐的社会主义现代化国家。这个纲领既没有超越中国现在所处的社会发展阶段，又没有脱离共产主义的远大目标，而是在为将来进入社会主义的高级阶段或者说共产主义的初级阶段准备必要的条件。

新民主主义革命时期，革命之所以总体上比较顺利，很大程度得益于我们党能够正确认识和处理那时党的最高纲领与最低纲领的关系。那时，我们党一方面要求所有党员必须为着完成资产阶级民主革命这个党的最低纲领而奋斗，认为凡是"看不起这个资产阶级民主革命而对它稍许放松，稍许怠工，稍许表现不忠诚、不热情，不准备付出自己的鲜血和生命，而空谈什么社会主义和共产主义"的人，都是有意无意地或多或少地背叛社会主义和共产主义，都不是自觉的忠诚的共产主义者；另一方面始终用共产主义思想体系教育自己的干部和党员，要求每个党员入党的时候心目中就要悬着为新民主主义革命而奋斗和为将来的社会主义与共产主义而奋斗这样两个明确的目标，"而不顾那些共产主义敌人的无知的和卑劣的敌视、污蔑、谩骂或讥笑"。[2]一方面指出，如果不是扩大共产主义思想的宣传、加紧马克思列宁主义的学习，"不但不能引

---

① 《毛泽东选集》第 2 卷，人民出版社 1991 年版，第 686 页。
② 《毛泽东选集》第 3 卷，人民出版社 1991 年版，第 1059 页。

导中国革命到将来的社会主义阶段上去，而且也不能指导现时的民主革命达到胜利"；另一方面时刻提醒全党，"应把对于共产主义的思想体系和社会制度的宣传，同对于新民主主义的行动纲领的实践区别开来"。①由于我们党善于把最高纲领与最低纲领辩证地统一在一起，没有因为要为最高纲领奋斗而轻视最低纲领，也没有因为要实行最低纲领而忘记最高纲领，所以带领人民仅用28年时间就推翻了压在中华民族头上的"三座大山"。

在带领人民进行中国特色社会主义建设时，我们党同样存在正确认识和处理党的最高纲领与基本纲领关系的问题。党在社会主义初级阶段的基本纲领与党的最高纲领之间既有严格的区别，又有密切的联系。不完成建设中国特色社会主义这个基本纲领的任务，谈不上为最高纲领而奋斗；反过来，丢掉最高纲领，中国特色社会主义建设就失去了方向和灵魂。因此，是否牢记党的最高纲领和最终奋斗目标，对于党能否领导中国人民完成基本纲领规定的任务，能否引导中国特色社会主义事业不断向共产主义远大理想前进具有至关重要的意义。

有人认为，共产主义谁也没见过，是"乌托邦"，因此不应当再把它作为我们党的奋斗目标。这个观点是错误的。实现共产主义当然是遥远将来的事，但绝非遥遥无期、虚无缥缈。党的十二大报告指出："在我国，共产主义思想的传播，人们为最终实现共产主义理想而进行的运动，早在中国共产党成立和领导进行新民主主义革命的时候就开始了。""共产主义的思想和共产主义的实践早已存在于我们的现实生活中。那种认为'共产主义是渺茫的幻想'、'共产主义没有经过实践检验'的观点，是完全错误的。我们每天的生活都包含着共产主义，都离不了共产主义。"②习近平在纪念陈云诞辰110周年座谈会讲话中还特意引述了陈云的一句话："共产主义遥遥有期，社会主义就是共产主义的第一

---

① 《毛泽东选集》第2卷，人民出版社1991年版，第706页。
② 《十二大以来重要文献选编》（上），中央文献出版社2011年版，第23页。

阶段。"①

有人认为，革命年代讲讲共产主义理想还可以，现在再讲就没有必要了。这种观点同样站不住脚。如果说我们党在井冈山时代、延安时代、西柏坡时代，是共产主义理想支撑了广大党员的意志，那么今天距离共产主义总不会比那时更远吧？习近平指出："对马克思主义的信仰，对社会主义和共产主义的信念，是共产党人的政治灵魂，是共产党人经受住任何考验的精神支柱。""革命理想高于天。没有远大理想，不是合格的共产党员；离开现实工作而空谈远大理想，也不是合格的共产党员。在我们党九十多年的历史中，一代又一代共产党人为了追求民族独立和人民解放，不惜流血牺牲，靠的就是一种信仰，为的就是一个理想。尽管他们也知道，自己追求的理想并不会在自己手中实现，但他们坚信，只要一代又一代人为之持续努力，一代又一代人为此作出牺牲，崇高的理想就一定能实现。"②他的这些论述说明，党在为基本纲领奋斗的同时，要求党员牢记党的最高纲领、坚定共产主义理想信念，不仅是完全可以的，也是非常必要的。我们强调共产党员要牢记党的最高纲领、勿忘共产主义远大理想，并不是要党员现在就实行共产主义的政策，而是因为我们党当前正在经受长期执政、市场经济和对外开放的考验，特别需要提醒广大党员尤其是党的各级领导干部在各种诱惑面前保持清醒头脑，在各种困难面前保持必胜信念。

看一个党员在为党的基本纲领奋斗时是否牢记了党的最高纲领、坚定了共产主义理想信念，是有客观评判标准的。对于普通党员，就是看他在执行党和国家的各项方针、政策时，是否坚持全心全意为人民服务的宗旨，是否发扬党的理论联系实际、密切联系群众、批评与自我批评的作风，是否吃苦在前、享受在后、勤奋工作、廉洁奉公，是否努力学习马克思主义，是否在危急时刻挺身而出。对于党的领导干部来说，除了要看以上这些，还要看他在贯彻党的基本理论、基本路线、基本纲领

---

① 习近平：《在纪念陈云同志诞辰110周年座谈会上的讲话》，《人民日报》2015年6月13日。

②《十八大以来重要文献选编》（上），中央文献出版社2014年版，第39、116页。

时，是否做到了全面、完整、准确；在推进经济、政治、文化等体制改革时，是否坚持了四项基本原则；在领导经济建设时，是否同时注意了精神文明建设和党的自身建设；在作各项决策之前，是否深入实际、调查研究、坚持把大多数人的利益放在第一位。凡是这样做的，说明牢记了党的最高纲领、坚定了共产主义的理想信念；反之，则说明淡忘了、动摇了，甚至抛弃了。

一段时间以来，党内流传一种说法，叫作"要把我们党由革命党转变为执政党"。理由是，我们党现在的主要任务是执政而不是革命，因此应当尽快完成角色转换。这种论调是对"革命"的片面理解，是把"革命"与"执政"人为割裂和对立了。革命的概念具有多种含义，有的指一个阶级推翻另一个阶级的变革，即政治革命；有的指组织和建设新的社会经济制度，这是社会主义革命特有的内容；有的指积极进取、奋发向上的精神状态，如革命精神；有的指某一领域中的重大变革，如产业革命、科技革命等。因此，革命并不仅仅指一个阶级推翻另一个阶级，选择社会主义道路相对于资本主义秩序来说，也是革命。习近平之所以反复强调"革命理想高于天"，就是在这种意义上讲的革命。

"文化大革命"中提出"无产阶级专政下继续革命"中的"革命"，指的是无产阶级在取得政权后，仍然要进行一个阶级推翻另一个阶级的革命，而且"文化大革命"就是这种"革命"的重要尝试。这种"继续革命"的理论是错误的，当然应当否定，而且在党的十一届三中全会后已经被否定。但否定这种特定含义的"继续革命"，并不意味着否定了本来意义的继续革命。对此，《关于建国以来党的若干历史问题的决议》曾用很大篇幅作过专门论述。它指出："我们坚决纠正'文化大革命'中所谓一个阶级推翻一个阶级的'无产阶级专政下继续革命'口号的错误，这绝对不是说革命的任务已经完成，不需要坚决继续进行各方面的革命斗争。社会主义不但要消灭一切剥削制度和剥削阶级，而且要大大发展社会生产力，完善和发展社会主义的生产关系和上层建筑，并在这个基础上逐步消灭一切阶级差别，逐步消灭一切主要由于社会生产力发展不足而造成的重大社会差别和社会不平等，直到共产主义的实现。这是人类历史上空前伟大的革命。我们现在为建设社会主义现代化国家而进行的斗争，正是这个伟大革命的一个阶段。"[①] 可见，我们党并没有认为革命任务已经完成了，不再需要继续进行革命斗争了。

党的十六大报告中有一句话：我们党"已经从领导人民为夺取全国政权而奋斗的党，成为领导人民掌握全国政权并长期执政的党；已经从受到外部封锁和实行计划经济条件下领导国家建设的党，成为对外开放和发展社会主义市场经济条件下领导国家建设的党"[②]。从这句话里能不能推导出我们党的革命任务已经完成，已经不需要再革命了呢？不能。掌握全国政权也好，领导国家建设也好，正像决议所说，对我们党来讲，都是新的历史时期的革命任务。而且就在党的十六大报告那句话的后面紧接着说，我们必须准确把握时代特点和党的任务，研究和解决推动中国社会进步和加强党的建设问题，使党的事业不断从胜利走向胜利。[③] 如果说党的革命任务完成了，不需要再革命了，那么不断由胜利走向胜利的事业又是什么事业呢？另外，党的十六大报告和十八大报告讲到加强军队全面建设时，仍然把军队的革命化建设包括在内，仍然要求"持续培育当代革命军人核心价值观"。既然我们党领导的军队是革命军队，怎么能说党不再是革命党了呢？这在逻辑上也说不通。

反对把我们党再称为革命党，追根溯源，是受了"告别革命论"和历史虚无主义思潮的影响。这种观点在理论上站不住脚，在实践上也十分有害。因为，它很容易把我们党的执政混同于资产阶级政党的执政，从而丢掉党的最高理想和革命传统、革命作风、革命精神，助长官僚主义、形式主义，脱离人民群众。这些年，党的干部队伍和党风中发生的种种问题与这种观点的散布不能说没有关系。

对于我们党现在究竟是革命党还是执政党这个问题，我认为准确的

---

① 《三中全会以来重要文献选编》（下），中央文献出版社 2011 年版，第 172 页。

② 江泽民：《全面建设小康社会　开创中国特色社会主义事业新局面——在中国共产党第十六次全国代表大会上的报告》，人民出版社 2002 年版，第 11 页。

③ 江泽民：《全面建设小康社会　开创中国特色社会主义事业新局面——在中国共产党第十六次全国代表大会上的报告》，人民出版社 2002 年版，第 11 页。

回答应当是：既是执政党，也是革命党，是革命的执政党或执政的革命党。因为，我们党现在虽然是执政党，但它仍然要为最终实现共产主义的远大理想而奋斗，仍然要继续发扬革命精神、继承革命传统，仍然要用共产主义理想信念去教育和影响下一代。否则，为什么我们党至今仍然要求党员入党时宣誓"为共产主义奋斗终身"呢？邓小平说过："我们干的是社会主义事业，最终目的是实现共产主义。……要特别教育我们的下一代下两代，一定要树立共产主义的远大理想。"①他的这番话也说明，我们党执政后并非不再革命了。

①《邓小平文选》第3卷，人民出版社1993年版，第110—111页。

为什么说中国特色社会主义是社会主义而不是其他什么主义*

在庆祝中华人民共和国成立 70 周年大会上，习近平总书记再次向全世界庄严宣示：今天，社会主义中国巍然屹立在世界东方；今后，中国在前进征途上将继续坚持中国特色社会主义制度。他在这里既说到社会主义中国，也说到中国特色社会主义制度。二者之间究竟是什么关系呢？它们是一回事还是两回事？

一段时间以来，国内外有些舆论一直对中国特色社会主义是不是社会主义提出种种质疑，有人甚至说它是"资本社会主义"或者"国家资本主义"。对此，习近平总书记早在 2013 年就明确指出：这些都是完全错误的，"中国特色社会主义是社会主义而不是其他什么主义"①。

马克思主义告诉我们，一个国家的社会形态或社会制度，是由其经济基础与上层建筑以一定形式相结合而构成的。在当代，看一个国家是资本主义的还是社会主义的，主要看构成这个国家的社会形态、社会制度中的经济基础及其上层建筑，是以资本为中心，还是以社会即人民为中心。改革开放前的中国社会主义与改革开放后的中国特色社会主义相比较，一个最大的不同就在于，后者允许私人资本（无论国内还是国外的）存在，鼓励私人资本在法律范围内的发展，并且让国有即全民所有的经营性资产，也以资本的方式运作，以便争取其效益最大化。但是，这个不同，只是从中国社会生产力现实水平和国际环境变化的实际出发而采取的政策上的不同，而不是社会形态、社会制度的不同；只是后者

---

* 本文是作者在 2019 年 11 月 3 日第十届世界社会主义论坛上的发言整理而成，曾刊于《世界社会主义研究》2020 年第 1 期，原标题为《为什么说中国特色社会主义是社会主义》。收入本书时，作者略作修改。

① 《十八大以来重要文献选编》（上），中央文献出版社 2014 年版，第 109 页。

在利用资本为社会即为人民服务，而不是以资本为中心。个中理由，我认为起码有以下三点。

第一，中国特色社会主义虽然允许私人资本的存在和发展，但它的基本经济制度是公有制为主体、多种所有制经济共同发展，并且绝不允许私有制占主体地位。习近平总书记说："生产资料所有制是生产关系的核心，决定着社会的基本性质和发展方向。"[1]既然我国是以生产资料公有制占主体，它的社会基本性质和发展方向当然是社会主义性质的。

有人提出，现在我国私人资本无论在国内生产总值中的比重，还是在固定资产投资、上缴税收中的比重，都已超过了 50%，怎么还能说公有制占主体呢？持这种疑问的人忘了政治经济学的一个常识，即某种所有制是否占主体，主要看它对经济的控制力是否处于主体地位。改革开放后，我国宪法进行了多次修订，但第六、七、九、十条始终没有变。其中规定："中华人民共和国的社会主义经济制度的基础是生产资料的社会主义公有制，即全民所有制和劳动群众集体所有制。""国有经济，即社会主义全民所有制经济，是国民经济中的主导力量。国家保障国有经济的巩固和发展。""矿藏、水流、森林、山岭、草原、荒地、滩涂等自然资源，都属于国家所有，即全民所有。""城市的土地属于国家所有。农村和城市郊区的土地，除由法律规定属于国家所有的以外，属于集体所有。"可见，在我国，对国民经济起主导作用的企业，以及土地、矿藏等构成生产要素的主要资源，仍然牢牢掌握在国家和集体手中；凡是关系国民经济命脉的行业，如金融业、运输业、电信业、能源业等，也都由社会主义的国有企业独资或控股经营。正因为如此，说我国仍然由公有制占主体是毫无疑义的；私人资本在我国虽然取得了很大发展并仍然有很大发展空间，但绝不是也不可能是经济主体。

还要看到，为了完善国有资产的管理体制，我国自改革开放以来，一直在不断深化国有企业改革，逐步推行公司制、股份制、混合所有制，按照现代企业制度的要求规范公司的股东会、董事会、监事会和经

---

[1]《十八大以来重要文献选编》（下），中央文献出版社 2018 年版，第 5 页。

营管理者权责，尝试组建国有资本的运营公司、投资公司，对国有资本控股经营的自然垄断行业实行政企分开、政资分开、特许经营、政府监管，等等。在这个过程中，由于缺乏经验，确实存在化公为私、化大公为小公，导致国有即全民所有资产流失的现象。但改革的出发点、主流和客观效果，都是做强做优做大国有企业。另外，自从改革以来，有关部门不断总结经验，加强对国有资产的监管，采取提高国有资本上缴公共财政的比例、严格规范国有企业管理人员薪酬水平和职务消费等措施，逐渐堵住了国有即全民所有资产在改革中流失的各种渠道，增加了国有资产对国家的贡献。

第二，中国特色社会主义虽然允许私人资本的存在和发展，并且积极吸收他们中间有代表性的优秀分子参加各级人民代表大会和政协组织，但绝不允许私人资本形成任何形式的政治组织，绝不允许他们染指国家政权。

习近平总书记说过："一个国家的政治制度决定于这个国家的经济社会基础。"① 这个观点来自唯物史观的基本原理，它说明一个国家的上层建筑，包括它的政党制度，归根结底是由这个国家的经济基础决定的。中国实行中国共产党领导的多党合作和政治协商的政党制度而不实行多党轮流执政，军队由中国共产党领导而不搞"国家化"，这一切的最深刻根源，都在于中国特色社会主义的基本经济制度是公有制为主体、多种所有制经济共同发展。这个经济制度决定了在中国特色社会主义社会里，人民内部的根本利益是一致的，并且不允许有任何政治力量破坏这种利益的根本一致性。所以，建立在这种经济基础之上并为之服务的政治制度、政党制度，只能是工人阶级领导的以工农联盟为基础的人民民主专政，只能是中国共产党领导的多党合作和政治协商制度。

在中国特色社会主义社会，当然会有不同利益的矛盾，但是，公有制的主体地位决定了这种矛盾不能发展到根本利害冲突的程度，也不允许有与人民根本利益相对立的利益集团存在，更不允许这种利益集团组

---

① 《十八大以来重要文献选编》（中），中央文献出版社 2016 年版，第 62 页。

织政党，同代表最大多数人民整体利益的共产党相互竞争、轮流执政。新中国成立之初参加政治协商会议的民主党派和无党派人士，当时代表的虽然是各民主阶级的利益，但当中国完成了对资本主义工商业的改造、进入到社会主义社会之后，便不再是各民主阶级的代表，而是工商界、知识界中一部分人的代表，并且，这部分人的利益又是与占人口大多数的人民的利益根本一致的。实践已经证明并将继续证明，这种政党制度符合中国实际，对于维护人民根本利益和调动各方面积极性，具有极大优越性。

一些人之所以总认为坚持共产党领导"不民主"，原因在于他们把资本主义国家的政党竞选和一人一票的选举制度，当成了"普世价值"，拿来作为衡量别国政治制度是否民主的检验标准。然而，现在就连西方学者中也有越来越多的人认识到，那种制度只不过是以金钱为后盾的利益集团尤其是垄断财团愚弄选民的把戏，对于大多数选民并没有多少实际意义。社会主义民主当然也有选举，但是，在我国，更重要的民主形式，是党的各级领导干部经常性的深入群众走访，下基层考察调研，同各行各业的群众座谈，和不同阶层的代表相互协商，以及接待和处理群众来信来访等等。通过这些形式，使执政党保持与广大群众的密切联系，及时听到群众特别是基层群众的声音，从而保证政策和决策能从占人口大多数的群众的利益出发，能有效解决人民群众的实际问题。

第三，中国特色社会主义虽然允许私人资本的存在和发展，但绝不允许各级党政干部经商办企业；允许党政干部及其家属买卖股票和委托金融机构理财，但县处级以上干部买卖的每只股票和每个理财产品，必须在年终的个人事项报告书中如实填写买入价格和收益；允许并鼓励党政干部积极主动为民营企业排忧解难，维护他们的合法权益，但绝不允许违反规定出入私人会所，同民营企业家之间进行权钱交易、利益输送。

自从改革开放以来，我们党为使广大党员和干部经受住市场经济、对外开放、外部环境的考验，几乎平均每隔五六年就要进行一次党内集中教育和作风整顿，至今已进行了七八次，目前还在进行"不忘初心、牢记使命"主题教育活动。党的十八大以来，以习近平同志为核心的党中央更是提出和推行全面从严治党的方针，强调学习和掌握马克思主义基本原理，坚定共产主义理想信念，以刮骨疗毒的勇气惩治腐败分子，对反腐败采取无禁区、零容忍的态度。2018年，中共中央在原有基础上重新修订印发了《中国共产党纪律处分条例》，对领导干部及其配偶、子女及其配偶，以及领导干部离职或退休后从事经营活动，做出了更加严格的规定。用习近平总书记的话说，就是"当官就不要发财，发财就不要当官，这是两股道上跑的车"①。所有这些措施，都是为了从思想上制度上切断党员干部与私人资本之间的利益联系，防止市场经济条件下的官商勾结。

我们党过去出现过、今后也难免出现少数腐败分子，制定政策有时也存在这样或那样一些不够完善的地方。但作为政党的性质、宗旨、制度，都决定了它除了人民的根本利益之外，没有也不允许有自己的特殊利益。因此，它的治国理政的取向，它制定的政策、作出的决策，只能是以人民为中心，是为全社会着想、为人民根本利益和长远利益考虑的，而不可能违背人民利益、代表私人资本的利益。但在资本主义国家里，政府、政党、政客可以公开代表私人资本的利益，国家和议会领导人都可以经商办企业，甚至可以是超级富豪或垄断财团的高管；商品交换原则可以合法进入政治领域，例如，允许政党竞选接受私人资本资助，也允许私人资本用金钱雇人游说议员，等等，官商之间相互勾结、利益输送完全合法；国家政策可以向资本利益倾斜，甚至为了资本利益的最大化，政府和企业可以合法地损害民众利益，牺牲精神文明，破坏生态环境。所有这一切在中国特色社会主义社会里都是被严加禁止的。

以上分析说明，中国特色社会主义同资本主义之间有着天壤之别，绝不是什么资本社会主义或国家资本主义，而是科学社会主义理论逻辑和中国社会发展历史逻辑的辩证统一，是植根中国大地、反映中国人民

---

① 《习近平关于严明党的纪律和规矩论述摘编》，中央文献出版社、中国方正出版社2016年版，第103页。

意愿、适应中国和时代发展进步要求的科学社会主义，是中国处于社会主义初级阶段所实行的科学社会主义。

经过新中国 70 年的探索，我们对什么是社会主义、怎样建设社会主义，什么是中国特色社会主义、怎样建设中国特色社会主义，有了越来越成熟的看法，越来越清醒的认识。我们已经认识到，我国目前仍处于并将长期处于社会主义初级阶段，实现共产主义还需要有一个漫长的历史阶段。不过，由于前一时期，"共产主义渺茫论"和"我们党应当由革命党转变为执政党"等等论调，在一部分党员的思想中产生了较大消极影响，因此，当前应当特别强调，无论社会主义初级阶段有多么漫长，都必须朝着最终实现共产主义的远大目标前进，丢失了这个目标，我们就会迷失方向，变成功利主义、实用主义。正如习近平总书记所指出的：我们说中国特色社会主义是社会主义，那就是不论怎么改革、怎么开放，都要始终坚持中国特色社会主义的道路、理论体系和制度，包括在中国共产党领导下，坚持以经济建设为中心，坚持四项基本原则，坚持改革开放，坚持公有制为主体、多种所有制经济共同发展，逐步实现共同富裕，等等。他说："这些都是在新的历史条件下体现科学社会主义基本原则的内容，如果丢掉了这些，那就不成其为社会主义了。"①

总之，我们要在以习近平同志为核心的党中央领导下，一如既往地警惕和纠正各种超越社会发展阶段的错误观念，同时坚决抵制抛弃社会主义的各种错误主张，集中精力，不断建设对资本主义具有优越性的社会主义，为赢得未来打下更加坚实的基础。

---

① 《十八大以来重要文献选编》（上），中央文献出版社 2014 年版，第 110 页。

从新中国70年历史看中国特色社会主义制度的逐步成熟和定型

——党的十九届四中全会精神的学习体会[*]

党的十九届四中全会通过的《中共中央关于坚持和完善中国特色社会主义制度、推进国家治理体系和治理能力现代化若干重大问题的决定》，在深刻总结国内外正反两方面经验的基础上，全面回答了我国国家制度和国家治理体系应该坚持和巩固什么、完善和发展什么的重大政治问题。习近平总书记在此次全会讲话中指出，中国特色社会主义制度和国家治理体系具有深厚的历史底蕴、多方面的显著优势和丰富的实践成果，其中起"四梁八柱"作用的是根本制度、基本制度、重要制度；而"制度更加成熟更加定型是一个动态过程，治理能力现代化也是一个动态过程，不可能一蹴而就，也不可能一劳永逸"；"在实际工作中，必须突出坚持和完善支撑中国特色社会主义制度的根本制度、基本制度、重要制度"。[①]新中国成立70年来的历史充分证明，这些论断是完全合乎实际的，也是十分深刻的。

一

早在新中国成立之初，我国的社会主义根本制度、基本制度和一些重要制度就已打下了基础。比如，人民代表大会制度、中国共产党领导的多党合作和政治协商制度、民族区域自治制度，都在新中国成立前夕中国人民政治协商会议通过的《中国人民政治协商会议共同纲领》（以下简称《共同纲领》）中就明确规定：我国的政治制度是人民代表大会

---

* 本文曾刊于《当代中国史研究》2020 年第 1 期。

① 习近平:《坚持和完善中国特色社会主义制度推进国家治理体系和治理能力现代化》,《求是》2020 年第 1 期。

制度，"在普选的全国人民代表大会召开以前，由中国人民政治协商会议的全体会议执行全国人民代表大会的职权"①。此后，随着工业化建设和社会主义改造的全面展开，地方逐级召开了乡、县、省（市）各级人民代表大会，并在1954年召开的一届全国人大一次会议上通过了《中华人民共和国宪法》（以下简称宪法）和《中华人民共和国全国人民代表大会组织法》《中华人民共和国国务院组织法》等法律，从而确立了同国体相适应的社会主义根本政治制度，为实现人民当家作主提供了根本的制度保证。

《共同纲领》还指出："在普选的全国人民代表大会召开以后，中国人民政治协商会议得就有关国家建设事业的根本大计及其他重要措施，向全国人民代表大会或中央人民政府提出建议案。"②在一届全国人大一次会议召开前，我们党再次明确，政协今后仍要作为独立的统一战线组织而继续存在，其性质既有别于国家权力机关和行政机关，又有人大所不能包括的代表性；其组织"要做到保证党的领导，又要适当扩大团结面"③。全国政协二届一次会议通过的《中国人民政治协商会议章程》（以下简称《章程》），将原来的全体会议、全国委员会、常务委员会三层调整为全国委员会和常务委员会两层，还确定了参加政协的党派、人民团体和界别单位、特邀人士组成办法，规定了政协成员必须遵守的原则和承担的任务，④从而使中国共产党领导的多党合作和政治协商作为我国社会主义的一项基本政治制度而得以确立。

对民族区域自治，《共同纲领》中也做出规定。因为我们党在新中国成立前夕已经考虑到，我国各民族不管人数多少，应一律平等，少数民族应有自治权，但汉族人口占绝大多数，同时要防止帝国主义利用民族问题挑拨离间国家的统一，所以不宜实行联邦制，而应在少数民族聚

---

①《建国以来重要文献选编》第1册，中央文献出版社2011年版，第4页。
②《建国以来重要文献选编》第1册，中央文献出版社2011年版，第4页。
③《中共中央文件选集（1949年10月—1966年5月）》第14册，人民出版社2013年版，第62页。
④《建国以来重要文献选编》第5册，中央文献出版社2011年版，第606—612页。

居地区实行民族区域自治，并按照民族聚居的人口多少和区域大小，建立各种民族自治机关。[①]

1954 年宪法进一步规定：民族自治地方的自治机关是自治区、自治州、自治县的人民代表大会和人民政府，县以下还可设民族乡；民族自治地方的人大有权制定自治条例和单行条例，并在报全国人大常委会批准后生效。[②]这就使民族区域自治也成为我国社会主义的一项基本政治制度。

作为我国社会主义基本制度的基层群众自治在《共同纲领》里虽然没有做出规定，但在新中国成立之初的实际工作中已有了雏形。农村的自治组织甚至早在革命战争年代的根据地、边区、解放区里就已经出现。全国解放后，随着土地改革的深入开展，农村地区普遍建立了农民协会。政务院在 1950 年 7 月正式颁布了《农民协会组织通则》，规定这是"农民自愿结合的群众组织"[③]。农业合作化运动开始后，代替农民协会的农业生产合作社社员大会，社长由全体社员选举产生，故仍然属于自治性质。城市基层群众在新中国成立后即开始组建各种居民自治组织，但最初名目繁多且不规范，随着城市民主建设运动的开展才着手建立了统一的居民委员会，并在 1954 年一届全国人大常委会第四次会议上制定了《城市居民委员会组织条例》。城乡基层群众的自治组织在随后进行的一系列政治运动中虽受到一定程度的干扰，但仍被保留下来，并在改革开放之后逐步得以制度化。

一些社会主义的重要制度，如外交制度、国防制度等，在新中国成立之初也已建立。又如生态文明方面的制度，虽然新中国成立初期由于工业污染问题不突出而没有建立相关制度，但当大批工业项目陆续投产、工业污染逐渐显现后，国务院及时做出反应，在 1973 年尚处于"文化大革命"中，便召开了第一次全国环境保护会议，颁布了《工业"三废"排放试行标准》。

---

①《建国以来重要文献选编》第 1 册，中央文献出版社 2011 年版，第 10 页。

②《中华人民共和国第一届全国人民代表大会第一次会议文件》，人民出版社 1955 年版，第 102—103 页。

③《建国以来重要文献选编》第 1 册，中央文献出版社 2011 年版，第 300 页。

二

党的十一届三中全会在新中国历史上具有划时代的意义，开启了改革开放和社会主义现代化建设的历史新时期，也使我国社会主义制度经历了由不成熟不完善到逐步成熟完善的过程。我们党通过总结过去正反两方面经验，认识到我国虽然已进入社会主义社会，但这个社会主义社会还处在初级阶段，制定政策、建立制度都必须从这个实际出发，而不能超越这个阶段。为此，对已经建立的制度进行了完善，对尚未建立的制度进行了补充。

比如，新中国成立时，我们党从当时经济落后的实际出发，曾决定用一段较长时间实行新民主主义政策，充分利用资本主义工商业和农业，为工业化建设积累资金、物资，同时抓紧培养工业化所需要的管理和技术人才。但抗美援朝战争使国内国际形势发生急剧变化，苏联答应全面援助我国以重工业为重点的第一个五年计划建设。于是，我们党抓住这个有利时机，决定由新民主主义提前向社会主义过渡，并在 1954 年宪法中明确规定，要通过社会主义工业化和社会主义改造，建立社会主义社会，规定矿藏、水流和国有的森林等资源都属于全民所有，国家用经济计划指导国民经济的发展和改造。[1]1956 年完成对农业、手工业、资本主义工商业的社会主义改造后，生产资料全民所有制和集体所有制即成为我国两种主要的所有制形式。然而，党的十一届三中全会后，我们党从我国生产力水平还比较低，国家经过四个五年计划建设已建立起独立的比较完整的工业体系和国民经济体系，和平与发展已成为时代主题等实际情况出发，决定改变公有制一统天下的局面和高度集中的计划经济体制，允许私营经济在法律规定的范围内存在和发展，后来又把公有制为主体、多种所有制经济共同发展确立为基本经济制度，把"国家实行社会主义市场经济"[2]写入了宪法。

---

①《中华人民共和国第一届全国人民代表大会第一次会议文件》，人民出版社 1955 年版，第 91—92 页。

②《中华人民共和国宪法》，人民出版社 1993 年版，第 54 页。

对社会主义的根本制度和基本制度,党的十一届三中全会后党和国家也从实际出发,分别做了进一步完善。比如,对全国人大组织法进行了修订,制定了地方各级人民代表大会和地方各级人民政府组织法等法律。中国共产党领导的多党合作和政治协商制度和政协的性质、作用被载入宪法,政协《章程》也得到了进一步修改完善,设置了各专门委员会;各界代表与党派、团体、特邀人士得以并列,开始使用"界别"的概念等。另外,1984 年六届全国人大二次会议通过的《中华人民共和国民族区域自治法》,对民族自治权和自治机关的组成、职责、民族关系等做出了更加具体的规定。[①] 城市和农村的居民委员会、村民委员会也被写入宪法,对它们的性质、产生、职责、与基层政权的关系等都做出了规定;还制定了《中华人民共和国城市居民委员会组织法》和《中华人民共和国村民委员会组织法》,明确规定基层群众自治也是一项社会主义的基本政治制度。

三

党的十八届三中全会开启了全面深化改革、系统整体设计推进改革的新时代,开创了我国改革开放的新时代,在新中国史上同样具有划时代的意义。从那时起,经过五年多的努力,我国主要领域的基础性制度已基本齐备,为推进中国特色社会主义在各方面的一整套更加成熟更加定型的制度,打下了更加坚实的基础。

例如,在深入开展反腐败斗争的同时,深化了国家监察体制的改革,并在十三届全国人大一次会议上通过的《中华人民共和国监察法》中规定,从中央到地方各级都要设立监察委员会,而且都要由各级人民代表大会产生,对同级人大及其常委会负责,使人民代表大会除产生一府(即人民政府)两院(即检察院、法院)外,又产生了一委,从而进一步确立了自我监督的有效制度。又如,对政协和政党协商工作做出了一系列新部署,制定了加强政党协商和参政党建设的意见,对政协《章

[①]《中华人民共和国第六届全国人民代表大会第二次会议文件汇编》,人民出版社 1984 年版,第 81—96 页。

程》作了进一步修改，在政协的性质定位中增加了"是国家治理体系的重要组成部分，是具有中国特色的制度安排"①的条款。另外，对城市居民和村民委员会的组织法，也分别进行了修订。

尤其重要的是，我们党通过贯通总结改革开放前后两个历史时期的经验，进一步深刻认识到党的领导是社会主义制度的最大优势，并对宪法做出了相应修订。过去，党在国家中的领导地位，是采用宪法序言叙述中国革命过程的形式加以体现的。进入新时代后，根据实践发展的要求，在十三届全国人大一次会议上，将"中国共产党领导是中国特色社会主义最本质的特征"写进了宪法总纲第一条②，从社会主义制度本质属性的角度，对坚持和加强党对国家的全面领导做出了更加明确的规定。这不仅有利于在全体人民中强化党的领导意识，而且有利于保证中国特色社会主义事业始终沿着正确方向前进。

四

我国的社会主义制度无论在最初建立还是后来完善的过程中，有一个共同特点，就是都坚持了以下两条原则：

一是坚持从本国国情出发的原则。例如，人民代表大会制度，就是从我国地广人多和历史文化的实际出发，采取间接选举办法，并经过试点逐渐扩大直接选举的范围，与许多西方国家的直接选举办法不同。我国人大常委会的设置也不同于当年社会主义苏联的苏维埃制度。它实行的是两院制，有联邦院和民族院；我们采用的是一院制，同时根据需要在人大常委会里设置各种专门委员会。在政党制度上，西方资本主义国家实行多党轮流执政，苏联当年实行共产党一党执政，而我国实行中国共产党领导的多党合作和政治协商制度。在这一制度中，中国共产党是执政党，同时各民主党派参政议政。

二是坚持社会主义的原则。例如，我国人民代表大会制度严禁资本

---

①《中国人民政治协商会议章程》，人民出版社 2018 年版，第 4 页。

②《中华人民共和国宪法》，人民出版社 2018 年版，第 8 页。

介入选举，绝不允许公开或暗中用金钱为选举造势、拉选票，从而与资本主义的竞选制度划清了界限。再如，中国特色社会主义虽然允许私人资本的存在和发展，但在基本经济制度中，公有制仍然占主体地位。改革开放后被多次修订过的宪法，始终规定社会主义经济制度的基础是生产资料的社会主义公有制，即全民所有制和集体所有制；国有经济，即全民所有制经济，是国民经济中的主导力量；矿藏、水流、森林、山岭、草原、荒地、滩涂等自然资源，都属于国家所有，即全民所有；城市的土地属于国家所有，农村和城市郊区土地除有法律规定国家所有以外属于集体所有。所有这些都说明，中国特色社会主义制度是社会主义性质的制度，是与资本主义有严格区别的。

习近平总书记指出："我国的实践向世界说明了一个道理：治理一个国家，推动一个国家实现现代化，并不只有西方制度模式这一条道。"[1] "照抄照搬他国的政治制度行不通，会水土不服，会画虎不成反类犬，甚至会把国家前途命运葬送掉。"[2] 他还强调：我们说中国特色社会主义是社会主义，那就是不论怎么改革、怎么开放，都要始终坚持中国特色社会主义道路、理论体系和制度[3]，包括在中国共产党领导下，坚持以经济建设为中心，坚持四项基本原则，坚持改革开放，坚持公有制为主体、多种所有制经济共同发展，逐步实现共同富裕，等等。他指出："这些都是在新的历史条件下体现科学社会主义基本原则的内容，如果丢掉了这些，那就不成其为社会主义了。"[4] 当前，距离党的十九届四中全会所确定的到建党 100 周年各方面制度更加成熟更加定型的目标，已经不足两年。我们要按照以习近平同志为核心的党中央做出的顶层设计，深刻把握新时代改革开放的新内涵新特点，以只争朝夕的精神，为推动中国特色社会主义制度更加成熟更加定型而继续奋斗！

①《习近平：治国理政，必须"立治有体，施治有序"》，人民网，2017 年 10 月 13 日，http://theory.people.com.cn/n1/2017/1012/c40531-29583383.html。
②《习近平谈治国理政》第 2 卷，外文出版社 2017 年版，第 286 页。
③《习近平关于全面深化改革论述摘编》，中央文献出版社 2014 年版，第 15 页。
④《十八大以来重要文献选编》（上），中央文献出版社 2014 年版，第 110 页。

社会主义的初级阶段与初级阶段的社会主义 *

如果说中国新民主主义革命胜利的根本原因之一，是弄清楚了中国社会和革命的性质，找到了指引革命事业的正确理论、方针、政策的话，那么，中国改革开放在短短 40 多年时间里取得举世瞩目成就的根本原因之一，就是弄清楚了新中国当前发展阶段的社会性质，找到了指引改革开放事业的正确理论、方针、政策。这个社会的性质就是社会主义初级阶段，这个理论、方针、政策就是中国特色社会主义。根据习近平总书记关于"社会主义是共产主义初级阶段"[①] 和"中国特色社会主义是社会主义而不是其他什么主义"[②] 的重要论述，社会主义初级阶段也就是共产主义初级阶段中的初级阶段，中国特色社会主义也就是适应并指导社会主义初级阶段朝着共产主义远大目标前进的科学社会主义。

习近平总书记在省部级主要领导干部"学习习近平总书记重要讲话精神，迎接党的二十大"专题研讨班上的讲话中，深刻阐述了新时代坚持和发展中国特色社会主义的重大理论和实践问题，再次明确宣示在新征程上举什么旗、走什么路、以什么样的精神状态、朝着什么样的目标继续前进，对团结和激励全国各族人民为夺取中国特色社会主义新胜利而奋斗具有十分重大的意义。我们要为实现党的第二个百年奋斗目标和中华民族伟大复兴继续奋斗，就要把大家的思想统一到习近平新时代中国特色社会主义思想上来，用这一思想进一步认识社会主义的初级阶段和初级阶段的社会主义，切实弄清楚二者之间的关系。

---

* 本文是 2022 年 8 月 12 日作者在第八届马克思主义当代中国史理论论坛上作的主旨报告整理而成，曾连刊于《世界社会主义研究》2022 年第 10、11 期，本文将其合篇。

① 《习近平关于全面从严治党论述摘编》，中央文献出版社 2021 年版，第 168 页。

② 《十八大以来重要文献选编》（上），中央文献出版社 2014 年版，第 109 页。

一、进一步认识社会主义社会中初级阶段和高级阶段的区别

马克思、恩格斯在把社会主义由空想变成科学时指出："在资本主义社会和共产主义社会之间，有一个从前者变为后者的革命转变时期。"[①] 他们称这个时期为共产主义社会的第一阶段，也就是社会主义社会。他们解释说，这个社会"是刚刚从资本主义社会中产生出来的，因此它在各方面，在经济、道德和精神方面都还带着它脱胎出来的那个旧社会的痕迹"[②]。他们指出，所谓旧制度痕迹的一个主要表现是，在这个社会里，"通行的是商品等价物的交换中通行的同一原则，即一种形式的一定量劳动同另一种形式的同量劳动相交换"，"所以，在这里平等的权利按照原则仍然是资产阶级权利，虽然原则和实践在这里已不再互相矛盾"，"但这个平等的权利总还是被限制在一个资产阶级的框框里"。"这种平等的权利，对不同等的劳动来说是不平等的权利。"他们认为："这些弊病，在经过长久阵痛刚刚从资本主义社会产生出来的共产主义社会第一阶段，是不可避免的。"只有"在共产主义社会高级阶段，在迫使个人奴隶般地服从分工的情形已经消失，从而脑力劳动和体力劳动的对立也随之消失之后；在劳动已经不仅仅是谋生的手段，而且本身成了生活的第一需要之后；在随着个人的全面发展，他们的生产力也增长起来，而集体财富的一切源泉都充分涌流之后，——只有在那个时候，才能完全超出资产阶级权利的狭隘眼界，社会才能在自己的旗帜上写上：各尽所能，按需分配！"[③]

以上论述表明，在马克思恩格斯看来，这个过渡的社会只能是共产主义的初级阶段。然而，这个社会的时间究竟有多长？里面还有没有不同的阶段？如果有，不同阶段又应当如何划分？对于这些问题他们没有讲，在社会主义社会还未出现之前也不可能讲。

马克思、恩格斯相继逝世二三十年后的 1917 年，社会主义社会在

[①]《马克思恩格斯选集》第 3 卷，人民出版社 2012 年版，第 373 页。
[②]《马克思恩格斯选集》第 3 卷，人民出版社 2012 年版，第 363 页。
[③]《马克思恩格斯选集》第 3 卷，人民出版社 2012 年版，第 363—365 页。

俄国真的出现了。但它究竟有多长时间，以及其中还有没有不同阶段，人们仍然不是很清楚，而且往往存在把时间长度看短的倾向。例如，列宁在十月革命胜利后就说过，那时的年轻人再过 10 年、20 年，就会生活在共产主义社会。不久后，他发现实现共产主义没有那么容易，承认在这个问题上犯了错误，实行了新经济政策，并说："没有一个社会主义者想到过要'许诺'共产主义高级发展阶段的到来，而伟大的社会主义者在预见这个阶段将会到来时所设想的前提，既不是现在的劳动生产率，也不是现在的庸人，这种庸人……很会'无缘无故地'糟蹋社会财富的储存和提出不能实现的要求"[1]。意思是说，共产主义社会的到来，除了需要生产力的极大提高，还需要人的道德水平的极大提高。再往后，斯大林又犯了急性病，在 1936 年宣布建成了社会主义，并在 1938年提出 5 年内从社会主义过渡到共产主义。苏联卫国战争结束后，他稍微退了一步，在 1952 年说苏联正处在从社会主义过渡到共产主义的时期。但到了赫鲁晓夫时期，赫鲁晓夫头脑又发热，把话说得更绝对，在1959 年苏共二十一大上宣布，苏联已进入全面开展共产主义建设时期。1961 年，赫鲁晓夫在苏共二十二大上提出到 1980 年左右在苏联基本建成共产主义社会。他的继任者对于这种过于冒失的言论进行了纠正，但仍然提出苏联已处于建设发达社会主义的时期。

新中国成立后，同样碰到了急于由社会主义社会进入共产主义社会的问题。根据过渡时期总路线，我国于 1956 年完成了对资本主义工商业的改造，由新民主主义社会进入了社会主义社会。接着，在 1958 年"大跃进"高潮中，"左"的急于求成的思想占了上风。所谓急于求成，一"急"是急于加快经济建设速度，增加产品数量，实现"超英赶美"；另一"急"便是急于进入共产主义。那时有的文件说，"共产主义在我国的实现，已经不是什么遥远将来的事情了"[2]，还有的文件提出，在第三个五年计划以前（即 1967 年）进入共产主义。上面急，下面更急，

①《列宁选集》第 3 卷，人民出版社 2012 年版，第 198 页。

②《建国以来重要文献选编》第 11 册，中央文献出版社 2011 年版，第 388 页。

有的县提出"跑步进入社会主义""两年进入共产主义""大战二百天进入共产主义"等。

随着"共产风"、浮夸风等问题的暴露，毛泽东和党中央其他领导人头脑逐渐冷静下来。在 1958 年底的中共中央工作会议（第一次郑州会议）上，毛泽东说："现在有一种偏向，好像共产主义越快越好。实现共产主义是要有步骤的。"① 会议决议明确指出，"现阶段仍处在社会主义社会"②。在接着召开的党的八届六中全会上，毛泽东又说："我们现在是一穷二白，还有一个一穷二弱。现在吹得太大了，我看是不合事实，没有反映客观实际。"③1959 年底，他在小范围里甚至说："社会主义这个阶段，又可分为两个阶段，第一个阶段是不发达的社会主义，第二个阶段是比较发达的社会主义。"④ 遗憾的是，他的这个思想只是闪现了一下，未能展开。

后来，毛泽东正确指出，"社会主义社会是一个相当长的历史阶段"⑤。他在 1962 年修改党的八届十中全会公报时说："这个时期需要几十年，甚至更多的时间。"⑥1964 年他在修改"九评"时又说，建设社会主义"几十年内是不行的，需要一百年到几百年的时间才能成功。在时间问题上，与其准备短些，不如准备长些"⑦。起初，他说社会主义需要很长时间，主要是从经济建设角度讲的，他说，"我们要建成一个伟大的社会主义国家，大概经过五十年即十个五年计划，就差不多了"⑧；"在我国，要建设起强大的社会主义经济，我估计要花一百多年"⑨；"中国

———————

①《毛泽东文集》第 7 卷，人民出版社 1999 年版，第 436 页。

②《中国共产党历史（1949—1978）》第 2 卷下册，中共党史出版社 2011 年版，第 513 页。

③《毛泽东年谱（1949—1976）》第 3 卷，中央文献出版社 2013 年版，第 519 页。

④《中国共产党历史：（1949—1978）》第 2 卷下册，中共党史出版社 2011 年版，第 566 页。

⑤《建国以来重要文献选编》第 16 册，中央文献出版社 2011 年版，第 274 页。

⑥《建国以来毛泽东文稿》第 16 册，中央文献出版社 2023 年版，第 414 页。

⑦《建国以来毛泽东文稿》第 17 册，中央文献出版社 2023 年版，第 282 页。

⑧《毛泽东文集》第 6 卷，人民出版社 1999 年版，第 329 页。

⑨《毛泽东文集》第 8 卷，人民出版社 1999 年版，第 301 页。

的人口多、底子薄，经济落后，要使生产力很大地发展起来，要赶上和超过世界上最先进的资本主义国家，没有一百多年的时间，我看是不行的"[1]。但1962年之后，他在解释社会主义社会建设长期性问题上，角度渐渐由经济建设变为阶级斗争和"资产阶级法权"，认为需要较长时间的主要原因是要消灭阶级、阶级斗争和取消"资产阶级法权"，时间不可能短。例如，他在1974年底同周恩来的谈话中说道："我国现在实行的是商品制度，工资制度也不平等，有八级工资制，等等。这只能在无产阶级专政下加以限制。所以，林彪一类如上台，搞资本主义制度很容易。"[2] 其实，这两个角度都不错，问题发生在对社会主义时期主要矛盾和主要任务的判断上。就是说，究竟发展生产力是主要任务，还是抓阶级斗争是主要任务。不过，当"文化大革命"进入"斗、批、改"阶段时，他在谈到经济计划制定时也说过一句话："许多方面要改革，怎样搞社会主义，就是不懂。"[3] 可见，无论从哪个角度，毛泽东都已认识到社会主义到共产主义将需要很长时间，而且还有许多问题需要探索。

改革开放后，邓小平通过对世界社会主义运动特别是中国社会主义实践的思考，进一步发展了毛泽东的上述思想，指出："什么叫社会主义，什么叫马克思主义？我们过去对这个问题的认识不是完全清醒的。马克思主义最注重发展生产力。我们讲社会主义是共产主义的初级阶段，共产主义的高级阶段要实行各尽所能、按需分配，这就要求社会生产力高度发展，社会物质财富极大丰富。所以社会主义阶段的最根本任务就是发展生产力，社会主义的优越性归根到底要体现在它的生产力比资本主义发展得更快一些、更高一些，并且在发展生产力的基础上不断改善人民的物质文化生活。"[4] 受他这一思想的启发，党中央提出了社会主义初级阶段理论。

"社会主义初级阶段"作为一个概念，最早出现在《关于建国以来

---

[1]《毛泽东文集》第8卷，人民出版社1999年版，第302页。

[2]《毛泽东年谱（1949—1976）》第6卷，中央文献出版社2013年版，第572页。

[3]《毛泽东年谱（1949—1976）》第6卷，中央文献出版社2013年版，第230页。

[4]《邓小平文选》第3卷，人民出版社1993年版，第63页。

党的若干历史问题的决议》（以下简称党的第二个历史决议）中，不过没有发挥。1987 年党的十三大报告对此作了具体阐述，指出，社会主义初级阶段"这个论断，包括两层含义。第一，我国社会已经是社会主义社会。我们必须坚持而不能离开社会主义。第二，我国的社会主义社会还处在初级阶段。我们必须从这个实际出发，而不能超越这个阶段"①。在资本主义向共产主义过渡的社会主义历史阶段即共产主义的初级阶段中，又划分出一个初级阶段，这无疑是对科学社会主义的一次重大理论创新。

后来，党的十五大报告对于社会主义初级阶段作过一个规范性表述，指出："社会主义初级阶段，是逐步摆脱不发达状态，基本实现社会主义现代化的历史阶段；是由农业人口占很大比重、主要依靠手工劳动的农业国，逐步转变为非农业人口占多数、包含现代农业和现代服务业的工业化国家的历史阶段；是由自然经济半自然经济占很大比重，逐步转变为经济市场化程度较高的历史阶段；是由文盲半文盲人口占很大比重、科技教育文化落后，逐步转变为科技教育文化比较发达的历史阶段；是由贫困人口占很大比重、人民生活水平比较低，逐步转变为全体人民比较富裕的历史阶段；是由地区经济文化很不平衡，通过有先有后的发展，逐步缩小差距的历史阶段；是通过改革和探索，建立和完善比较成熟的充满活力的社会主义市场经济体制、社会主义民主政治体制和其他方面体制的历史阶段；是广大人民牢固树立建设有中国特色社会主义共同理想，自强不息，锐意进取，艰苦奋斗，勤俭建国，在建设物质文明的同时努力建设精神文明的历史阶段；是逐步缩小同世界先进水平的差距，在社会主义基础上实现中华民族伟大复兴的历史阶段。"②从这个表述来看，社会主义初级阶段和社会主义阶段一样，也是一个相当长的历史阶段，同样不能把它看短了。

社会主义初级阶段与中国特色社会主义，有联系但不完全是一个概

---

①《十三大以来重要文献选编》（上），中央文献出版社 2011 年版，第 9 页。
②《十五大以来重要文献选编》（上），中央文献出版社 2011 年版，第 13—14 页。

念。前者指的是社会形态，后者指的是对应这种社会形态的一整套理论体系、制度体系和方针政策。可以说，自从中国完成社会主义改造之后就已经进入了社会主义初级阶段；但中国特色社会主义的实行，则是在党的十一届三中全会之后。

中国特色社会主义这个概念，最早出现在邓小平所作的中国共产党第十二次全国代表大会开幕词中。但他的开幕词和十二大报告，对这个概念都没有作出阐释。党的十三大到党的十六大的历次党的代表大会，对中国特色社会主义虽然都下了定义、作了阐述，但未能用明确的语言对其内涵加以概括。作出完整表述的，是党的十七大报告。报告指出："中国特色社会主义道路，就是在中国共产党领导下，立足基本国情，以经济建设为中心，坚持四项基本原则，坚持改革开放，解放和发展社会生产力，巩固和完善社会主义制度，建设社会主义市场经济、社会主义民主政治、社会主义先进文化、社会主义和谐社会，建设富强民主文明和谐的社会主义现代化国家。"[1] 在此基础上，党的十八大作了进一步丰富，增加了建设"社会主义生态文明"和"促进人的全面发展，逐步实现全体人民共同富裕"[2] 等内容。党的十九大又提出了中国特色社会主义的总体布局、战略布局和最本质特征，从而使中国特色社会主义的概念更加完善。这些论述表明，社会主义初级阶段有多长，中国特色社会主义的道路就有多长。

二、进一步认识社会主义初级阶段中不同阶段之间的区别

当 1997 年党的十五大强调中国仍处于并将长期处于社会主义初级阶段的时候，中国的国内生产总值尚处在世界的第七位。然而，到了 2010 年，中国国内生产总值已超过日本，位居世界第二。在这种情况下，是否还能说中国仍处于并将长期处于社会主义初级阶段呢？

习近平总书记在 2017 年党的十九大上指出，"中国特色社会主义进

---

① 《十七大以来重要文献选编》（上），中央文献出版社 2009 年版，第 9 页。
② 《十八大以来重要文献选编》（上），中央文献出版社 2014 年版，第 10 页。

入了新时代，这是我国发展新的历史方位"，但他同时强调："我国仍处于并将长期处于社会主义初级阶段的基本国情没有变，我国是世界最大发展中国家的国际地位没有变。"[①]2020 年党的十九届五中全会又指出，我国已转向高质量发展阶段，提出了"新发展阶段"这一概念，但同时重申我国仍处于并将长期处于社会主义初级阶段。这些论述表明，社会主义初级阶段要经历很长时间，不能轻言结束；但这个阶段并不是凝固的、一成不变的，而是不断发展变化的，其中也会有不同阶段。强调中国特色社会主义进入了新时代，意味着社会主义初级阶段中出现了一个新的阶段。从发展的角度来看，这是一个以贯彻新发展理念、构建新发展格局、推动高质量发展为主题的阶段。在社会主义初级阶段中又划分出不同阶段，无疑是对科学社会主义的再一次重大理论创新。

从党中央有关论述来看，作出党的十八大以来中国社会主义初级阶段出现了一个新阶段的判断，大体有以下几点依据：首先，我国社会主要矛盾已经由人民日益增长的物质文化需要同落后的社会生产之间的矛盾，转化为人民日益增长的美好生活需要同不平衡不充分的发展之间的矛盾。其次，全面建成小康社会的目标已经如期实现，国内生产总值已经突破 100 万亿元，人均国内生产总值突破了 1 万美元，农村贫困人口已全部实现脱贫，高等教育已进入普及化阶段，世界规模最大的社会保障体系也已建立起来，基本医疗保险覆盖 90% 以上人口，基本养老保险覆盖近 10 亿人，国家综合国力已跃上新的大台阶，经济总量占世界经济比重已由 11.3% 提升到 18.45%；人力资源丰富，市场空间广阔，生态环境明显改善，发展韧性强劲[②]。最后，对外开放继续扩大，全方位、多层次、立体化的对外开放格局已经形成，共建"一带一路"稳步推进，我国国际影响力、感召力、塑造力进一步提高，日益走近世界舞台中央；同时，国防建设水平大幅提升，军队组织形态实现重大变革，国家安全全面加强，社会保持和谐稳定，社会主义中国以更加雄伟的身

---

①《十九大以来重要文献选编》（上），中央文献出版社 2019 年版，第 7、9 页。

② 参见《中共中央关于制定国民经济和社会发展第十四个五年规划和二〇三五年远景目标的建议》，人民出版社 2020 年版，第 2—4 页。

姿屹立于世界东方。

既然我国在 21 世纪第二个 10 年里，社会主要矛盾、经济实力、人民生活水平、国际地位等，与此前相比，都发生了明显变化，呈现出显著的阶段性特征，那为什么不能讲中国已经进入了社会主义社会的新阶段或社会主义的高级阶段，而一定要讲进入了社会主义初级阶段的新阶段呢？这是不是过于谨慎、过于保守了呢？对于这个问题，党的十九届五中全会作出了深入分析和明确回答，其中指出我国虽然已进入新的发展阶段，但"发展不平衡不充分问题仍然突出，重点领域关键环节改革任务仍然艰巨，创新能力不适应高质量发展要求，农业基础还不稳固，城乡区域发展和收入分配差距较大，生态环保任重道远，民生保障存在短板，社会治理还有弱项"[1]。就是说，我国还没发展到社会主义的高级阶段。对此，我认为还有以下几个问题不能不考虑。

第一，各项指标的人均数还比较低。

中国尽管经过几十年计划生育，人口增长率大幅度降低，至今比不实行计划生育大体少生了 2 亿人，但仍然有 14 亿多人口，仍是世界第一人口大国。改革开放以来，中国经济虽然发展很快，国内生产总值由世界第十位跃居第二位，但人均的 1.14 万美元刚刚与世界平均水平持平，只相当于高收入国家人均的四分之一弱，更仅是美国人均的六分之一，在世界 200 多个国家和地区排名中只占第 60 位左右。许多产品的产量虽位居世界前列，但按人均计算也都偏低。例如，2021 年我国钢产量已达到 10 亿吨，占世界钢产量的一半多，但人均产量只有 700 多公斤，与日本、韩国差不多；谷物产量已达 6.8 亿吨，约占世界谷物产量的四分之一，比美国还多 1 亿吨，但按人均计算仅为美国的四分之一强，2021 年仍进口 1.6 亿吨，其中大豆 9000 万吨，谷物 7000 万吨[2]。

第二，经济增长的方式和结构还不够合理。

①《十九大以来重要文献选编》（中），中央文献出版社 2021 年版，第 789 页。
② 参见《2021 年，我国粮食进口突破 1.6 亿吨！》，https://xw.qq.com/cmsid/20220115A05T0X00；《2021 年中国粮价和进口数据分析，美国仍是第一大进口来源国》，https://baijiahao.baidu.com/s?id=1722565528690694088&wfr=spider&for=pc。

与世界各国相比，近几十年来中国经济发展速度虽然很快，但增长方式总体上还比较粗放，结构上也不够合理，发展中不平衡、不协调、不可持续的问题仍然比较突出。首先，为经济增长付出的资源、环境、生态代价过大。随着城市化、工业化的高速发展，我国耕地、水资源和生态环境压力越来越大。例如，近些年来，在节能减排、生态维护等方面作了大量工作，也取得了显著成效，但单位人均国内生产总值能耗仍是世界平均水平的 1.5 倍，人均二氧化碳排放量虽然低于发达国家，甚至低于世界人均数，但绝对量却升至全球第一位。据监测，20 世纪 80 年代以来，中国流域面积超过 100 平方公里的 5 万条河流，至今消失一半多，剩下的 2.3 万条河也有 40% 被污染，其中 20% 的河水完全不能饮用。另外，耕地不仅受到城市和交通建设的挤压，而且单位面积化肥用量是世界平均水平的 3.7 倍；农药不仅高毒、高残留、高污染，而且有效利用率仅为发达国家的一半以下；还有 20% 的耕地面积重金属含量超标。而要减少耗能多、污染多的企业，与发展工业和充分就业之间存在矛盾；要促进粮食增产，提高单位面积产量，与减少化肥、农药使用之间也有矛盾。要解决这些问题，就要有一个高科技产品研发、生产和推广使用的过程。其次，经济发展的质量和效益不够高，劳动生产率仍低于发达国家，重复建设和中低端产能过剩的情况比较严重。一方面，由于盲目设厂、恶性竞争，导致钢铁产业利润下滑而债务上升，且产能被大量闲置；另一方面，每年还要从国外进口大批优质和特殊钢材。最后，居民收入分配问题突出，城乡之间、东西部之间的发展差距和高低收入人群之间的收入差距依然较大。国家统计局和国内外研究机构公布的关于中国基尼系数尽管不完全一样，但都超过了国际公认收入警戒线 0.4。自党的十八大以来，经过连续进行脱贫攻坚战，至 2020 年农村贫困人口已实现全部脱贫，但脱贫标准总体上仍然是 2014 年制定的人均年收入 2800 元，全国近一半人口月收入不足 1000 元，城乡居民收入差距仍然大于 2.5：1，许多地方的农村基础设施还很落后，社会保障水平也比较低。

第三，科技的创新能力还不够强。

目前，中国在全球出口市场占有率排名第一的产品约有 1500 种之多，但这些产品的核心技术、关键部件、设计软件，大部分不在中国手里；制造这些产品的高端芯片和装备，大部分也要进口。许多中外合资企业，生产在中国，技术、专利却留在对方手中，使中国长期处于制造业的中低端，利润大部分被对方拿走。就连服装、鞋帽等技术含量较低的消费品，很多专利、品牌也是国外的。农业中的一些优质种子和深加工产品的国内市场，也被跨国公司掌握。中国全社会研发经费支出占国内生产总值的比重虽然逐年提高，但仍然大大低于一些发达国家的水平。

第四，妨碍中国发展的国内国际因素还比较多。

首先，随着中国几十年计划生育政策的实施和人们生育观念的变化，生育率持续下降，导致中国劳动年龄人口从 2011 年开始出现负增长，同时中国进入了老龄化社会。目前，14 岁以下人口比重已低于世界平均水平，而老龄人口比重却高于世界平均水平。2020 年，60 岁及以上人口占总人口的比重为 18.7%，65 岁及以上人口占比为 13.5%，80 周岁及以上的老人有 3580 万。① 其次，劳动力工资提高较快，土地价格不断上升，环境保护要求越来越严，企业成本压力持续加大，导致一些外资企业甚至国内民营企业开始向成本相对偏低的国家和地区转移。最后，2008 年资本主义金融危机和债务危机的影响至今没有完全消除，又出现了新危机的迹象，造成世界经济增长乏力，西方发达国家各种形式的保护主义不断抬头，世界经济的不稳定性、不确定性突出，国际贸易摩擦加剧。这些情况都会对中国的经济发展、财政收入造成下行压力，带来不利影响。

第五，工业化、现代化的标准还在随着经济和科技的发展而变化。

工业化和现代化既是一个确定的概念，也是一个动态的概念，其内涵和标准会随着人类经济、科技与社会的不断进步而变化。是否达到了

---

① 参见《2020 年度国家老龄事业发展公报》，中华人民共和国国家卫生健康委员会老龄健康司，2021 年 10 月 15 日，http://www.nhc.gov.cn/lljks/pqt/202110/c794a6b1a2084964a7ef45f69bef5423.shtml。

工业化标准，一般看生产工具的状况。自 18 世纪欧洲工业革命以来，工业化经历了机械化、电气化、数字化过程；进入 21 世纪以来，出现了以 3D 打印、物联网、云计算、机器人等为标志的智能化，被人们称为第四次工业革命。每次工业革命，都使那个时代的工业化标准相应提高。比如，在第一次工业革命时，工厂和交通工具使用蒸汽机就算是工业化了；但到第二次工业革命时，使用蒸汽机就不能再算作工业化的标志了。20 世纪 70 年代以来，出现了信息技术、太空技术、纳米科技、生物科技、新能源科技等，有人称之为信息时代、知识经济、数字经济，或者叫后工业化。在这种形势下，衡量一个国家是否实现了工业化，也不能不考虑这些新技术带来的新变化。例如，在计算机技术被广泛应用的今天，如果工业生产中还没有运用这种技术，机床没有实现自动化、数字化，即使工业产值在国内生产总值中占据了主要位置，也很难说实现了工业化。再者，发达国家早在 20 世纪 60 年代末就进入了非工业化轨道，服务业在经济中所占比重不断上升，而工业比重持续下降。在这种情况下，判断一个国家是否实现了工业化，也不能简单以工业在经济中的比重多少为标准。前些年，中国工业增加值已占国内生产总值的 50%，而美国却是 26%，不能因此就认为中国工业化程度高于美国。现在一些发达国家虽然提出再工业化的口号，但这个工业化的内涵已与原先大为不同。

现代化标准的内涵比工业化更为复杂而丰富。自从 20 世纪 60 年代起，我国用实现工业、农业、国防、科学技术四个现代化代替了原先提出的实现工业化的口号。而国际公认的现代化标准，不仅要看生产力的发展程度，还要看社会进步、人类发展、生态环境的状况。所以，当今时代衡量一个国家是否达到了现代化标准，要看经济实力、科技实力是否跻身创新型国家的前列，还要看人民平等参与、平等发展的权利是否得到了充分保障，法治国家、法治政府、法治社会是否基本建成；社会文明程度是否达到了新的高度，国家文化软实力是否显著增强；人民生活是否更为宽裕，中等收入群体比例是否明显提高，城乡区域发展差距和居民生活水平差距是否显著缩小；现代社会治理格局是否基本形成，社会是否既充满活力又和谐有序；生态环境是否根本好转；等等。概括起来，就是要看物质文明、政治文明、精神文明、社会文明、生态文明是否得到全面提升。正因为如此，我国在 21 世纪初提出的奋斗目标是在 2020 年基本实现工业化，而 2017 年党的十九大将基本实现社会主义现代化提到了 2035 年，明确指出要在 21 世纪中叶把我国建成富强民主文明和谐美丽的社会主义现代化强国。

以上说明，当代中国通过 70 多年的努力，已经使综合国力大大增强，社会生产力水平总体上显著提高，在 21 世纪第二个 10 年进入了中国特色社会主义新时代和中国发展的新阶段。然而，这个新阶段在发展上还是很不充分的，距离当今世界先进水平还有很大差距，要追上发达国家，还有很长的路要走。所以，这个新的发展阶段只能是社会主义初级阶段中的更高一级阶段，而不是社会主义社会的高级阶段。

列宁曾指出，科学社会主义理论"提供的只是总的指导原理，而这些原理的应用具体地说，在英国不同于法国，在法国不同于德国，在德国又不同于俄国"①，同时指出："一切民族都将走向社会主义，这是不可避免的，但是一切民族的走法却不会完全一样，在民主的这种或那种形式上，在无产阶级专政的这种或那种形态上，在社会生活各方面的社会主义改造的速度上，每个民族都会有自己的特点"②。历史已经说明，中国对于科学社会主义原理的应用，不同于英、法、德、俄等国的社会主义政党；在走向社会主义的方法和实行无产阶级专政的形态等方面，也有别于苏联的实践。然而，各国的具体国情无论有多么不同，只要是进行社会主义革命和建设，路线方针政策就不能脱离和违背科学社会主义的原理和原则。具体到当前的我国，虽然实行的是社会主义初级阶段的政策，但同时必须坚持科学社会主义的原理、原则。就是说，要用初级阶段社会主义的理论，指导和规范社会主义初级阶段的实践。那么，怎样才算做到了这一点，以什么标准来检验是否做到了这一点呢？笔者认

①《列宁选集》第 1 卷，人民出版社 2012 年版，第 274—275 页。
②《列宁选集》第 2 卷，人民出版社 2012 年版，第 777 页。

为，起码要看以下三条。

三、在实行社会主义初级阶段基本纲领的同时，始终坚定共产主义理想信念

在新民主主义革命时期，毛泽东指出："关于社会制度的主张，共产党是有现在的纲领和将来的纲领，或最低纲领和最高纲领两部分的。"[①]共产党的最高纲领，就是马克思恩格斯根据人类社会发展规律而宣布的为实现共产主义而奋斗；最低纲领，就是各国共产党人为了实现共产主义远大目标，在不同历史阶段所确定的当前奋斗目标和主要斗争策略。毛泽东指出："我们共产党人从来不隐瞒自己的政治主张。我们的将来纲领或最高纲领，是要将中国推进到社会主义社会和共产主义社会去的，这是确定的和毫无疑义的。我们的党的名称和我们的马克思主义的宇宙观，明确地指明了这个将来的、无限光明的、无限美妙的最高理想。每个共产党员入党的时候，心目中就悬着为现在的新民主主义革命而奋斗和为将来的社会主义和共产主义而奋斗这样两个明确的目标，而不顾那些共产主义敌人的无知的和卑劣的敌视、污蔑、谩骂或讥笑。"[②]为什么在执行党的最低纲领时必须牢记党的最高纲领、坚定共产主义的理想信念呢？我认为，主要有以下两个原因。

第一，只有坚定共产主义理想信念，才能在完成党的每一个最低纲领的过程中不迷失方向。

我们党在过去 100 多年的不同历史阶段，有着具体内容各不相同的当前纲领或最低纲领。在新民主主义革命的历史阶段，党的最低纲领总起来说是"反帝反封建"，具体到抗日战争时期是结成广泛的抗日民族统一战线打败日本帝国主义侵略者；解放战争时期是团结一切可以团结的力量打倒蒋介石、建立新中国。新中国成立后，我们党提出通过对农

---

①《毛泽东选集》第 2 卷，人民出版社 1991 年版，第 686 页。
②《毛泽东选集》第 3 卷，人民出版社 1991 年版，第 1059 页。

业、手工业、资本主义工商业的社会主义改造，进行工业化建设；后来又提出多快好省地建设社会主义，力争早日实现工业化和"四个现代化"。在改革开放和社会主义现代化建设新时期，我们党又提出社会主义初级阶段的基本纲领，即建设中国特色社会主义的经济、政治、文化、社会、生态文明。中国特色社会主义进入新时代，我们党又提出"向第二个百年奋斗目标进军"的任务。这个任务就是党的十九大宣布的："高举中国特色社会主义伟大旗帜，锐意进取，埋头苦干，为实现推进现代化建设、完成祖国统一、维护世界和平与促进共同发展三大历史任务，为决胜全面建成小康社会、夺取新时代中国特色社会主义伟大胜利、实现中华民族伟大复兴的中国梦、实现人民对美好生活的向往继续奋斗！"①这个任务也可以看作我们党在社会主义初级阶段进入新发展阶段时的当前纲领。党的二十大进一步明确了新时代新征程党的使命任务。尽管过去100多年来各个历史时期，我们党最低纲领或当前纲领的具体内容各不相同，但归纳起来看，它们的一个共同点都是为中华民族的独立和复兴而奋斗。

我们党在执行不同历史时期的最低纲领或当前纲领的具体过程中，虽然也出现过这样那样的问题，但总是能从一个胜利走向另一个胜利。究其原因，最基本的一条就是，我们党在执行这些最低纲领或当前纲领、为中华民族的独立和复兴奋斗时，心中始终秉承着党的最高纲领，始终坚守着为实现共产主义而奋斗的理想和信念。正如邓小平所说："我们共产党人的最高理想是实现共产主义，在不同历史阶段又有代表那个阶段最广大人民利益的奋斗纲领。因此我们才能够团结和动员最广大的人民群众，叫做万众一心。有了这样的团结，任何困难和挫折都能克服。"②

在社会主义建设初期，毛泽东就提醒人们："社会主义会有缺点的，将来还要发展到共产主义。"③他说，各尽所能、按劳取酬的性质"还是

---

①《十九大以来重要文献选编》（上），中央文献出版社2019年版，第49—50页。
②《邓小平文选》第3卷，人民出版社1993年版，第190页。
③《毛泽东文集》第6卷，人民出版社1999年版，第490页。

社会主义的", 只有到"社会产品极大地丰富了, 全体人民的共产主义的思想觉悟和道德品质都极大地提高了, 全民教育普及并且提高了, 社会主义时期还不得不保存的旧社会遗留下来的工农差别、城乡差别、脑力劳动与体力劳动的差别, 都逐步地消失了, 反映这些差别的不平等的资产阶级法权的残余, 也逐步地消失了, 国家职能只是为了对付外部敌人的侵略, 对内已经不起作用了, 在这种时候, 我国社会就将进入各尽所能, 各取所需的共产主义时代"①。

改革开放后, 为了适应社会主义初级阶段的生产力水平和新中国前30年建设达到的经济规模, 将过去完全的公有制改为了公有制为主体, 高度集中的计划经济体制改为了社会主义市场经济体制; 同时, 吸收国外投资, 兴办中外合资企业, 与资本主义发达国家主导的国际经济接轨。在这种情况下, 邓小平、陈云等老一辈革命家更加注意提醒共产党员, 特别是党的各级干部, 一定要坚守社会主义基本原则、牢记共产主义远大理想。

邓小平说: "我们就是要坚决执行和实现这些社会主义的原则。从长远说, 最终是过渡到共产主义。现在有人担心中国会不会变成资本主义。这个担心不能说没有一点道理。我们不能拿空话而是要拿事实来解除他们的这个忧虑, 并且回答那些希望我们变成资本主义的人。我们的报刊、电视和所有的宣传工作都要注意这个问题。"②他还说: "马克思主义, 另一个词叫共产主义。我们过去干革命, 打天下, 建立中华人民共和国, 就因为有这个信念, 有这个理想。……革命胜利以后搞建设, 我们也是把马克思主义的基本原则同中国实际相结合。我们搞四个现代化建设, 人们常常忘记是什么样的四个现代化, 是社会主义的四个现代化。"③他在1992年南方谈话中再次强调: "马克思主义是科学。它运用历史唯物主义揭示了人类社会发展的规律。封建社会代替奴隶社会, 资本主义代替封建主义, 社会主义经历一个长过程发展后必然代替资本主

---

① 《毛泽东文集》第8卷, 人民出版社1999年版, 第224页。
② 《邓小平文选》第3卷, 人民出版社1993年版, 第111页。
③ 《邓小平文选》第3卷, 人民出版社1993年版, 第173页。

义。这是社会历史发展不可逆转的总趋势。"①

在党的十二届二中全会上，针对一些人到国外考察，看见摩天大厦、高速公路等，就以为中国不如外国、社会主义不如资本主义、马克思主义不灵了的情况，陈云指出："资本主义必然要被共产主义所代替，这是无可改变的法则。现在世界上共产党领导的社会主义国家的存在，这就是社会主义、共产主义必然要代替资本主义的铁证。我们可以充满信心，高呼：社会主义万岁！共产主义万岁！"②后来，他在全国端正党风工作经验交流会上又指出："要使全党同志明白，我们干的是社会主义事业，最终目的是实现共产主义。"③他批评"有些人，包括一些共产党员，忘记了社会主义和共产主义的理想，丢掉了为人民服务的宗旨。他们为了私利，'一切向钱看'，不顾国家和群众的利益，甚至违法乱纪"④。

中国特色社会主义进入新时代，习近平总书记更是反复强调要"不忘初心、牢记使命"。所谓初心和使命，就是共产党建立之初确立的奋斗目标、宗旨和任务。他指出："中国共产党之所以叫共产党，就是因为从成立之日起我们党就把共产主义确立为远大理想。我们党之所以能够经受一次次挫折而又一次次奋起，归根到底是因为我们党有远大理想和崇高追求。"⑤"对马克思主义、共产主义的信仰，对社会主义的信念，是共产党人精神上的'钙'。没有理想信念，理想信念不坚定，精神上就会得'软骨病'，就会在风雨面前东摇西摆。"⑥

第二，只有坚定共产主义理想信念，才能在执行党的最低纲领的漫长过程中始终不松懈斗争意志。

改革开放以来，有人认为现在是社会主义初级阶段，再讲共产主

① 《邓小平文选》第 3 卷，人民出版社 1993 年版，第 382—383 页。

② 《陈云文选》第 3 卷，人民出版社 1995 年版，第 332—333 页。

③ 《陈云文选》第 3 卷，人民出版社 1995 年版，第 347 页。

④ 《陈云文选》第 3 卷，人民出版社 1995 年版，第 352 页。

⑤ 《十八大以来重要文献选编》（下），中央文献出版社 2018 年版，第 347 页。

⑥ 习近平：《在纪念陈云同志诞辰 110 周年座谈会上的讲话》，人民出版社 2015 年版，第 6 页。

义，不利于吸引外资；共产主义是很遥远的事，还是少讲为好；甚至胡说共产主义是乌托邦，不应作为人民的奋斗目标；市场经济是永恒的，在市场经济前面不应加社会主义四个字；等等。

共产主义社会当然还很遥远，但不等于遥不可及，不是乌托邦和空中楼阁。而且，共产主义不仅仅指未来社会，它也是以实现共产主义为目标的一种运动、斗争。只要是以共产主义为理想的运动和斗争，每一个胜利都是向共产主义社会前进的一步。马克思说："共产主义对我们来说不是应当确立的状况，不是现实应当与之相适应的理想。我们所称为共产主义的是那种消灭现存状况的现实的运动。"①党的十二大报告也曾指出："共产主义作为社会制度，在我国得到完全的实现，还需要经过若干代人的长时期的努力奋斗。但是，共产主义首先是一种运动。……这种运动的最终目的是实现共产主义的社会制度。在我国，共产主义思想的传播，人们为最终实现共产主义理想而进行的运动，早在中国共产党成立和领导进行新民主主义革命的时候就开始了。现在这个运动在我国已经发展到建立起作为共产主义社会初级阶段的社会主义社会。……因此，共产主义的思想和共产主义的实践早已存在于我们的现实生活中。那种认为'共产主义是渺茫的幻想'、'共产主义没有经过实践检验'的观点，是完全错误的。"②

党的十八大后，习近平总书记对各种质疑共产主义理想信念的声音给予了严厉批驳。在纪念陈云同志诞辰110周年座谈会上，他特别引用了陈云同志针对"共产主义遥遥无期"的观点所指出的，"共产主义遥遥有期，社会主义就是共产主义的第一阶段"③的论述，强调："国内外各种敌对势力，总是企图让我们党改旗易帜、改名换姓，其要害就是企图让我们丢掉对马克思主义的信仰，丢掉对社会主义、共产主义的信

---

① 《马克思恩格斯选集》第1卷，人民出版社2012年版，第166页。
② 《十二大以来重要文献选编》（上），中央文献出版社2011年版，第23页。
③ 习近平：《在纪念陈云同志诞辰110周年座谈会上的讲话》，人民出版社2015年版，第6页。

念。"① 他说，在共产党最高奋斗目标是共产主义"这个问题上，不要含糊其辞、语焉不详"②。他还说："我们党以马克思主义为立党之本，以实现共产主义为最高理想，以全心全意为人民服务为根本宗旨。这就是共产党人的本。没有了这些，就是无本之木。我们整个道路、理论、制度的逻辑关系就在这里。……我们党带领全国各族人民开创和发展中国特色社会主义道路、中国特色社会主义理论体系、中国特色社会主义制度，都源于这个理想信念。"③ "不能因为实现共产主义理想是一个漫长的过程，就认为那是虚无缥缈的海市蜃楼，就不去做一个忠诚的共产党员。……实现共产主义是我们共产党人的最高理想，而这个最高理想是需要一代又一代人接力奋斗的。如果大家都觉得这是看不见摸不着的东西，没有必要为之奋斗和牺牲，那共产主义就真的永远实现不了了。我们现在坚持和发展中国特色社会主义，就是向着最高理想所进行的实实在在努力。"④ "一代又一代共产党人为了追求民族独立和人民解放，不惜流血牺牲，靠的就是一种信仰，为的就是一个理想。尽管他们也知道，自己追求的理想并不会在自己手中实现，但他们坚信，只要一代又一代人为之持续努力，一代又一代人为此作出牺牲，崇高的理想就一定能实现。"⑤

正因为只有坚定共产主义理想信念教育，才能在执行党的最低纲领过程中不迷失方向，不松懈斗争意志，所以，执行党的最低纲领的同时进行共产主义理想信念教育，就是天经地义的要求。早在抗日战争期间，毛泽东就曾针对有人提出执行新民主主义行动纲领时是否应当宣传共产主义思想的疑问指出："毫无疑义，应该扩大共产主义思想的宣传，加紧马克思列宁主义的学习，没有这种宣传和学习，不但不能引导中国革命到将来的社会主义阶段上去，而且也不能指导现时的民主革命达到

---

① 习近平：《在全国党校工作会议上的讲话》，人民出版社 2016 年版，第 8 页。
②《习近平关于全面从严治党论述摘编》，中央文献出版社 2021 年版，第 168 页。
③《习近平关于全面从严治党论述摘编》，中央文献出版社 2021 年版，第 163 页。
④《十八大以来重要文献选编》（中），中央文献出版社 2016 年版，第 321 页。
⑤《十八大以来重要文献选编》（上），中央文献出版社 2014 年版，第 116 页。

胜利。"① 但同时，他也提醒，"应把对于共产主义的思想体系和社会制度的宣传，同对于新民主主义的行动纲领的实践区别开来；又应把作为观察问题、研究学问、处理工作、训练干部的共产主义的理论和方法，同作为整个国民文化的新民主主义的方针区别开来"②。他的这些论述，虽然是在民主革命时期作出的，但蕴含的关于处理共产党最高纲领与当前行动纲领之间关系的原则，直到今天仍然没有过时。

关于改革开放后在实行中国特色社会主义的基本纲领时，还要不要坚持共产主义远大理想，进行共产主义思想的宣传教育，邓小平、陈云等老一辈革命家有过同样明确的论述。邓小平说："我们干的是社会主义事业，最终目的是实现共产主义。""要特别教育我们的下一代下两代，一定要树立共产主义的远大理想。""没有理想和纪律，建设四化是不可能的。"③ 陈云也说："应当把共产主义思想的教育、四项基本原则的宣传，作为思想政治工作的中心内容。""民主革命时期，我们用共产主义思想教育党员和群众中的先进分子，才使党始终有战斗力，使革命取得了胜利。"④

党的十八大之后，以习近平同志为核心的党中央为了对党员尤其是党员干部加强理想信念教育，在全党开展了一次以县处级以上领导干部为重点，以"不忘初心、牢记使命"为主题的教育活动。习近平总书记指出："党内政治生活出现这样那样的问题，根子还是一些党员、干部理想信念这个'压舱石'发生了动摇，世界观、人生观、价值观这个'总开关'出现了松动。"⑤ 他要求教育引导广大党员干部筑牢信仰之基，补足精神之钙，把稳思想之舵。

可见，我们党在社会主义社会初级阶段之所以能保持正确方向不走样，始终把党的当前行动纲领与最高纲领紧密结合、把践行中国特色社

①《毛泽东选集》第 2 卷，人民出版社 1991 年版，第 706 页。
②《毛泽东选集》第 2 卷，人民出版社 1991 年版，第 706 页。
③《邓小平文选》第 3 卷，人民出版社 1993 年版，第 110、111、191 页。
④《陈云文选》第 3 卷，人民出版社 1995 年版，第 352、352—353 页。
⑤《十八大以来重要文献选编》（下），中央文献出版社 2018 年版，第 458 页。

会主义共同理想同坚定共产主义远大理想统一起来，始终要求广大党员牢记为共产主义远大目标而奋斗的理想信念，是其中一个至关重要的原因。

四、在实行中国特色社会主义政策的同时，始终坚持四项基本原则

在社会主义初级阶段，只能从初级阶段的实际出发，实行与初级阶段相适应的各项政策。例如，要鼓励、支持、引导非公有制经济，要允许资本参与分配，要让市场在资源配置中发挥基础性乃至决定性作用，要引进资本主义国家的资本，要与资本主义主导的国际经济接轨，等等。如果不实行这些政策，就是脱离中国社会主义初级阶段的实际。然而，中国特色社会主义既然叫作社会主义，也不能脱离社会主义的一些最基本的原则，否则就不是社会主义。好比钢，其基本性质是含碳量小于2%的铁碳合金。在此基础上可以加各种合金元素，使其成为有不同用处的合金钢。但无论加什么元素，碳的含量都不能超过2%，超过了就不成其为钢，而是铁或者其他金属了。

党的十八大后，习近平总书记对什么是中国特色社会主义，讲过一段十分重要的话。他说："科学社会主义基本原则不能丢，丢了就不是社会主义。""国内外有些舆论提出中国现在搞的究竟还是不是社会主义的疑问，有人说是'资本社会主义'，还有人干脆说是'国家资本主义'、'新官僚资本主义'。这些都是完全错误的。我们说中国特色社会主义是社会主义，那就是不论怎么改革、怎么开放，我们都始终要坚持中国特色社会主义道路、中国特色社会主义理论体系、中国特色社会主义制度。"[1] 在阐述中国特色社会主义的主要内容时，他提到"以经济建设为中心，坚持四项基本原则，坚持改革开放"，并指出"这些都是在新的历史条件下体现科学社会主义基本原则的内容，如果丢掉了这些，

---

[1]《十八大以来重要文献选编》（上），中央文献出版社2014年版，第109、110页。

那就不成其为社会主义了"①。在他列举的这些内容中，最能体现中国特色社会主义本质的，也是科学社会主义最核心的东西，就是坚持四项基本原则。理由有以下三点。

第一，坚持四项基本原则与坚持改革开放相结合是我国改革开放成功的主要经验。

坚持四项基本原则是邓小平早在改革开放初期就提出的，具体是坚持社会主义道路，坚持无产阶级专政，坚持共产党的领导，坚持马列主义、毛泽东思想。他说："这四项基本原则并不是新的东西，是我们党长期以来所一贯坚持的。"之所以要强调宣传它们，是因为现在"社会上有极少数人正在散布怀疑或反对这四项基本原则的思潮，而党内也有个别同志不但不承认这种思潮的危险，甚至直接间接地加以某种程度的支持"②。

从改革开放 40 多年的实践看，中国特色社会主义事业之所以能够在大局稳定的前提下不断向前发展，主要原因就是把坚持改革开放与坚持四项基本原则紧密结合在一起。这是改革开放"最可靠的保证"③，是"最可宝贵的经验"④，是"取得成功的关键和根本"⑤，是"国家的生命线、人民的幸福线"⑥，是规定和影响其他经验的核心经验。

有一种观点认为，改革开放成功的根本原因是实行了改革开放。这是一种自我论证。且不说这种观点在逻辑上是否成立，即使成立，在事实上也是站不住脚的。因为，所谓改革，主要在于经济体制以市场为取向；所谓开放，说到底是与资本主义发达国家主导的国际经济规则接轨。目前，世界上 200 多个国家和地区，除了 20 多个发达国家一直实行市场经济和主导国际经济秩序，余下的绝大多数发展中国家和地区，要么早就在实行市场经济和与国际经济规则接轨了，要么也是在向市场

①《十八大以来重要文献选编》（上），中央文献出版社 2014 年版，第 110 页。
②《邓小平文选》第 2 卷，人民出版社 1994 年版，第 165、166 页。
③《十四大以来重要文献选编》（上），中央文献出版社 2011 年版，第 581 页。
④《十五大以来重要文献选编》（上），中央文献出版社 2011 年版，第 18 页。
⑤《十七大以来重要文献选编》（上），中央文献出版社 2009 年版，第 101 页。
⑥《十八大以来重要文献选编》（下），中央文献出版社 2018 年版，第 349 页。

经济和与国际经济规则接轨的方向过渡。可是，在这么多实行和试图实行市场经济、与国际经济接轨的发展中国家和地区中，唯独中国的发展速度最快，持续时间最长，取得的成就最大。如果再考虑到中国经济基础薄弱、气候自然条件较差、人均耕地和各种资源相对贫乏、区域发展很不平衡等不利因素，能做到这一点就更加不易。只要把中国与大多数发展中国家和地区比较一下就不难看出，它们之间的最大区别并不在于是否改革开放，是否实行了市场经济和与国际经济接轨，而在于中国的改革开放没有脱离本国国情，没有照搬西方经济、政治制度模式；在于中国把市场经济与社会主义基本经济制度相结合，保留了国家的计划手段和宏观调控能力，更好地发挥了政府作用；在于中国一方面与国际经济接轨，另一方面没有完全融入世界资本主义经济体系，更没有受国际垄断财团、跨国公司的任意摆布。说到底，在于中国把坚持四项基本原则与坚持改革开放结合在了一起。

第二，坚持四项基本原则是敌对势力攻击我国的主要矛头所向。

中国从本国国情出发，把坚持改革开放与坚持四项基本原则相结合，从而在保持社会基本稳定的前提下实现经济快速发展，这个"奥妙"许多发展中国家渐渐看明白了，对西方的制度模式产生了越来越大的怀疑，对中国发展道路产生了越来越大的兴趣。同样，对于这个"奥妙"，西方敌对势力也看得很清楚。正因为如此，他们以及与他们相勾结的民族分裂势力、邪教组织、自由化分子，为了遏制中国进一步发展，消除中国发展道路在发展中国家产生的影响力、吸引力，在利用一切机会制造反华事端，挑唆群众与政府对立，千方百计进行渗透、分裂、颠覆活动的同时，集中攻击坚持改革开放与坚持四项基本原则相结合的做法。

在国内外敌对势力看来，随着中国私营经济和市场经济的发展、政治体制改革的深入、对历史错案的揭发纠正，中国早晚有一天会放弃四项基本原则。因此，他们显得比我们更关心改革开放，一有风吹草动，就造谣说改革开放的政策要变了。由此可见，他们并不反对改革开放，而是反对改革开放与四项基本原则的结合。这从反面证明，改革开放与四项基本原则相结合，才是各种敌对势力最害怕最痛恨的。邓小平曾指出："台湾集中攻我们四个坚持，恰恰证明四个坚持不能丢。没有四个坚持，中国就乱了。""中国的政策基本上是两个方面，说不变不是一个方面不变，而是两个方面不变。人们忽略的一个方面，就是坚持四项基本原则，坚持社会主义制度，坚持共产党领导。人们只是说中国的开放政策是不是变了，但从来不提社会主义制度是不是变了，这也是不变的嘛！"[①]

前些年，一位新加坡学者撰文说："欧洲（实际上整个西方世界）实际上是期望中国的发展会实现西方价值。但现实是，中国的发展不仅没有使得西方价值在中国开花结果，反而，中国的发展经验对发展中国家产生了很大的影响，从而对西方的价值构成了挑战。""在很大程度上，欧洲人对于一个政治中国的担忧和恐惧甚于一个经济中国。并且，这种担忧和恐惧还相当普遍。现实地说，这种担忧甚至恐惧很难在短时间内消除，也很可能随着中国的进一步崛起和外在影响力的提高而强化。"[②] 他的话从另一个侧面说明，西方敌对势力最反对的，正是我们最成功的地方。

第三，放弃社会主义基本原则是苏联改革失败的主要原因。

苏共解散、苏联解体的原因很多，但历史已经清楚地表明，最主要的原因就是戈尔巴乔夫之流搞的"改革"。这个所谓改革，"放弃了社会主义道路，放弃了无产阶级专政，放弃了共产党的领导地位，放弃了马克思列宁主义，结果使得已经相当严重的经济、政治、社会、民族矛盾进一步激化，最终酿成了制度剧变、国家解体的历史悲剧"[③]。他们在经济改革方面，错用了"500 天计划"和"休克疗法"等新自由主义药方，推进放任自流的市场经济和私有化，造成生产下降、物价飞涨、少数人暴富、多数人贫困的局面；在政治改革方面，错用了"人道的民主的社会主义"药方，搞议会民主、三权鼎立、多党制那一套，逐渐使苏共失

---

① 《邓小平文选》第 3 卷，人民出版社 1993 年版，第 286、217 页。

② 郑永年：《欧洲人的中国认知和中国担忧》，《联合早报》2008 年 5 月 13 日。

③ 《江泽民文选》第 3 卷，人民出版社 2006 年版，第 230 页。

去了国家的领导地位；在意识形态方面，错用了"多元化、公开性"药方，发动全民对苏共和苏联历史进行清算，由反斯大林发展到反列宁、反十月革命、反马克思主义。相反，把托洛茨基等人奉为英雄，甚至把沙皇当成布尔什维克"暴政"的受害者，从而使苏共威信扫地，使苏联历史变得臭不可闻，使人民对革命领袖的崇敬和对社会主义的信念彻底动摇。试想，在这种形势下，苏共怎么可能不解散，苏联又怎么可能不解体？

2008 年，苏联最后一任部长会议主席雷日科夫到当代中国研究所作题为《苏联解体原因》的报告。他说，苏联是靠苏联共产党凝聚的，没有了苏联共产党，苏联是不可能存在的。为了使改革有稳固和强有力的国家权力作保证，千万要坚持共产党的领导；而为了使这个党具有凝聚力，千万不要搞私有化。就连戈尔巴乔夫也说："改革时期，加强党对国家和改革进程的领导是所有问题的重中之重……如果党失去对社会和改革的领导，就会出现混乱。""我对中国朋友的忠告是：不要搞什么'民主化'，不会有好结果！千万不要让局势混乱，稳定是第一位的。在这些方面，中国领导人的表现是出色的。"[1] 他们的话，在很大程度上代表了当今俄罗斯思想界对 20 世纪 80 年代那场改革的新认识。这进一步说明，社会主义国家的改革开放要避免失败，关键在于不能让改革开放与四项基本原则相脱节。

党的十八大后，习近平总书记以苏联为例，告诫人们在改革中迷失社会主义方向会导致严重后果。他指出，苏联解体、苏共垮台的一个重要原因，就在于全面否定苏联历史，否定列宁、斯大林，搞历史虚无主义思潮，把思想搞乱了，党组织不起作用了，军队也不在党的领导之下了。他说："苏共早年在有二十万党员时能够夺取政权，在有二百万党员时能够打败法西斯侵略者，而在有近二千万党员时却丢失了政权、丢失了自己。"[2] 个中原因，就在于苏共抛弃了共产主义的理想信念[3]。他一

---

① 杨政：《戈尔巴乔夫后悔了》，《环球人物》2006 年第 5 期。

② 《十八大以来重要文献选编》（上），中央文献出版社 2014 年版，第 134 页。

③ 参见习近平：《推进党的建设新的伟大工程要一以贯之》，《求是》2019 年第 19 期。

再强调，坚守新民主主义革命的胜利成果，肯定社会主义革命建设的成就，坚持改革开放和社会主义现代化建设的方向，是"党和人民在当今世界安身立命、风雨前行的资格"[①]；要"坚决反对任何歪曲和丑化党的历史的错误倾向。这是党史工作必须遵循的党性原则，也是每一个党史工作者应该履行的政治责任"[②]。这告诉人们，维护中国共产党和新中国的历史，就是维护社会主义制度和中国人民的最大利益；只有坚持四项基本原则，才能确保改革开放行稳致远，才能使社会主义初级阶段逐步发展到高级阶段。

关于当前阶段如何坚持四项基本原则，我们做以下分析论述。

其一，关于坚持社会主义道路。

一个国家的社会形态和社会制度，是由其经济基础与上层建筑以一定形式的结合而构成的，这是马克思主义的基本原理。立足当代，看一个国家是资本主义的还是社会主义的，主要看构成这个国家的社会形态中的经济基础及其上层建筑，是以资本为中心，还是以社会即以人民为中心。改革开放前的中国社会主义与改革开放后的中国特色社会主义相比较，最大不同就在于，后者允许私人资本（无论国内还是国外）的存在，并鼓励私人资本在法律允许的范围内发展；同时，推动国有企业改革，让其中的经营性资产也以资本的方式运作；相应地，允许资本参与分配，拉开经营者与生产者的收入差距。但是，任何事物都有一定的度，中国特色社会主义之所以还是社会主义，就因为在生产资料所有制和分配制度上，把握住了这个度，做到了以公有制和按劳分配为所有制制度和分配制度的主体。

邓小平曾指出："一个公有制占主体，一个共同富裕，这是我们所必须坚持的社会主义的根本原则。""我们始终坚持两条根本原则，一是以社会主义公有制经济为主体，一是共同富裕。""社会主义有两个非常

---

① 习近平：《在纪念邓小平同志诞辰 110 周年座谈会上的讲话》，人民出版社 2014 年版，第 23 页。

②《全国党史工作会议在京举行》，《人民日报》2010 年 7 月 22 日。

重要的方面，一是以公有制为主体，二是不搞两极分化。"① 他还说："我们允许个体经济发展，还允许中外合资经营和外资独营的企业发展，但是始终以社会主义公有制为主体。社会主义的目的就是要全国人民共同富裕，不是两极分化。如果我们的政策导致两极分化，我们就失败了；如果产生了什么新的资产阶级，那我们就真是走了邪路了。"② 改革开放以来，在发展非公有制经济和国有企业改革的过程中，虽然也出现过权钱交易、官商勾结、偷税漏税、变公为私、国有资产流失等问题，但公有制始终在所有制结构中占据主体地位，国有经济始终控制国民经济的命脉。所以，我国仍然是社会主义国家。从这个意义上说，所谓坚持社会主义道路，就是坚持公有制占主体的道路。

有人认为，在今天的中国，个体私营企业已占到全部税收的 50% 以上，国内生产总值的 60% 以上，技术创新的 70% 以上，城镇就业的 80% 以上，企业总数的 90% 以上，③ 还能说公有制占主体吗？持这种疑问的人忽略了中国特色社会主义实践摸索出的一个真理，即某种所有制是否占经济的主体，主要应当看它对经济的控制力而不是其他。

改革开放后，国家对宪法进行了多次修订，但第六、七、九、十条始终没有变，其中规定："中华人民共和国的社会主义经济制度的基础是生产资料的社会主义公有制，即全民所有制和劳动群众集体所有制。""国有经济，即社会主义全民所有制经济，是国民经济中的主导力量。国家保障国有经济的巩固和发展。""矿藏、水流、森林、山岭、草原、荒地、滩涂等自然资源，都属于国家所有，即全民所有。""城市的土地属于国家所有。农村和城市郊区的土地，除由法律规定属于国家所有的以外，属于集体所有；宅基地和自留地、自留山，也属于集体所有。"④ 可见，在中国，对国民经济起主导作用的企业，以及土地、矿藏、

---

① 《邓小平文选》第 3 卷，人民出版社 1993 年版，第 111、142、138 页。

② 《邓小平文选》第 3 卷，人民出版社 1993 年版，第 110—111 页。

③ 参见《让民营经济活力充分迸发——专访国家发展改革委有关负责人》，中央人民政府网，2019 年 12 月 23 日，http://www.gov.cn/xinwen/2019-12/23/content_5463166.htm。

④ 《中华人民共和国宪法》，人民出版社 2018 年版，第 10—12 页。

河流、森林等构成生产要素的自然资源，仍然被法律规定由国家和集体掌握。凡是关系国民经济命脉的行业，如金融业、运输业、电信业、能源业等，事实上都由国有企业独资或控股经营。在全社会资产总额中，国有企业也占绝对优势。因此，说中国当前仍然由公有制占主体，由国有经济控制国民经济命脉，是毫无疑义的；私人资本在我国虽然取得了很大发展并仍然有很大发展空间，但绝不占也不可能占生产资料的主体，没有也不可能控制国民经济的命脉。

还要看到，个体私营经济在满足市场需求、吸收就业人口等方面虽然作用巨大，但国有企业承担的一些无利可图甚至亏本的重大项目，以及各种社会责任，是它们不愿承担也难以承担的。它们给国家贡献了税收，但国有企业不仅要纳税，还要上缴利润。仅 2021 年，中央企业就上缴了 1 万亿元，而这是个体、私营企业不会做也做不到的。

另外，随着改革开放的深入发展，国家在鼓励、支持非公有制经济发展的同时，也逐渐加强了对它们的引导和监管。特别是党的十八大以来，面对少数人搞官商勾结、中饱私囊，一些领域资本无序扩张、肆意操纵、牟取暴利，习近平总书记提出构建亲清的政商关系，反对不正当竞争，防止资本野蛮生长，有效控制资本的消极作用，"既不让'资本大鳄'恣意妄为，又要发挥资本作为生产要素的功能"[1]。他指出："要发挥资本促进社会生产力发展的积极作用。同时，必须认识到，资本具有逐利本性，如不加以规范和约束，就会给经济社会发展带来不可估量的危害。"[2] 另外，他在强调支持国有资本和国有企业做强做优做大，增强国有经济的竞争力、创新力、控制力、影响力、抗风险力的同时，也要求加大对国有资产的监管力度，提高国有资本上缴公共财政的比例，严格规范国有企业管理人员薪酬水平和职务消费，依法堵塞国有资产流失的各种漏洞。所有这些举措，更加增强了公有制的主体地位和国有经济对国民经济的主导作用。

---

① 习近平：《正确认识和把握我国发展重大理论和实践问题》，《求是》2022 年第 10 期。

②《依法规范和引导我国资本健康发展 发挥资本作为重要生产要素的积极作用》，《人民日报》2022 年 5 月 1 日。

分配制度决定于生产资料所有制，是马克思主义政治经济学的一个基本原理。邓小平说过："吸收外资也好，允许个体经济的存在和发展也好，归根到底，是要更有力地发展生产力，加强公有制经济。只要我国经济中公有制占主体地位，就可以避免两极分化。"①正因为如此，目前尽管收入分配上的差距仍然较大，尽管出现了少数资产阶级分子，但社会上并没有形成一个完整的新生资产阶级。

党的十八大报告在把"逐步实现全体人民共同富裕"纳入中国特色社会主义道路定义的同时，把"调整国民收入分配格局，加大再分配调节力度，着力解决收入分配差距较大问题"②作为夺取中国特色社会主义新胜利的八个"必须坚持"之一。针对有人反对在社会主义初级阶段强调共同富裕的论调，习近平总书记明确指出："我们现在做的是社会主义初级阶段的事情，但不能忘记初衷，不能忘了我们的最高奋斗目标。"③"我国正处于并将长期处于社会主义初级阶段，我们不能做超越阶段的事情，但也不是说在逐步实现共同富裕方面就无所作为，而是要根据现有条件把能做的事情尽量做起来，积小胜为大胜，不断朝着全体人民共同富裕的目标前进。"④在2020年召开的党的十九届五中全会上，习近平总书记指出，"随着我国全面建成小康社会、开启全面建设社会主义现代化国家新征程，我们必须把促进全体人民共同富裕摆在更加重要的位置"⑤。在阐述中国式现代化的中国特色时，他列举了五点，其中第二点就是："全体人民共同富裕的现代化"。他说："我国现代化坚持以人民为中心的发展思想，自觉主动解决地区差距、城乡差距、收入分配差距，促进社会公平正义，逐步实现全体人民共同富裕，坚决防止两极分化。"⑥2021年初，他再次强调："进入新发展阶段，完整、准确、全

---

① 《邓小平文选》第3卷，人民出版社1993年版，第149页。
② 《十八大以来重要文献选编》（上），中央文献出版社2014年版，第12页。
③ 《习近平关于全面从严治党论述摘编》，中央文献出版社2021年版，第168页。
④ 《十八大以来重要文献选编》（下），中央文献出版社2018年版，第169页。
⑤ 《十九大以来重要文献选编》（中），中央文献出版社2021年版，第784页。
⑥ 《十九大以来重要文献选编》（中），中央文献出版社2021年版，第825页。

面贯彻新发展理念，必须更加注重共同富裕问题。"① 他的这些论述，集中体现了新时代中国特色社会主义对待社会主义初级阶段的基本指导思想，那就是虽然不能做超越初级阶段的事，但并不等于说在初级阶段不能按照社会主义基本原则做符合社会主义社会以人民为中心的事，不等于说不能在条件允许的情况下把共同富裕放在更加突出的位置。对于实现共同富裕，尤其是解决人民群众切身利益的问题，共产党任何时候都要尽力而为。

其二，关于坚持无产阶级专政。

20 世纪五六十年代以后，由于受"左"的思想影响，对人民民主专政中的"专政"一面过分强调，甚至在"文化大革命"中提出"全面专政""群众专政"等错误口号，严重混淆了两类不同性质的矛盾，造成大量冤假错案，引起广大群众强烈不满。粉碎"四人帮"后，由于资产阶级自由化思潮的泛滥，一些人又走到另一个极端，歪曲马克思主义的国家学说，主张削弱国家的专政职能，反对再讲人民民主专政和无产阶级专政，甚至主张反革命言论也可以自由发表。

针对上述错误观点，邓小平在《坚持四项基本原则》的讲话中说："发展社会主义民主，决不是可以不要对敌视社会主义的势力实行无产阶级专政。"② 他还讲过："马克思说，阶级斗争不是他的发现，他的理论最实质的一条就是无产阶级专政。无产阶级作为一个新兴阶级夺取政权，建立社会主义，本身的力量在一个相当长时期内肯定弱于资本主义，不靠专政就抵制不住资本主义的进攻。坚持社会主义就必须坚持无产阶级专政，我们叫人民民主专政。在四个坚持中，坚持人民民主专政这一条不低于其他三条。"③ 他在晚年一次谈话中还说过："社会主义市场经济优越性在哪里？就在四个坚持。四个坚持集中表现在党的领

① 习近平：《论把握新发展阶段、贯彻新发展理念、构建新发展格局》，中央文献出版社 2021 年版，第 502 页。

② 《邓小平文选》第 2 卷，人民出版社 1994 年版，第 168 页。

③ 《邓小平文选》第 3 卷，人民出版社 1993 年版，第 364—365 页。

导。……没有人民民主专政，党的领导怎么实现啊？"①

有人问，既然已经停止使用"以阶级斗争为纲"的口号，为什么还要讲无产阶级专政呢？专政的对象是谁呢？更有甚者，从根本上质疑马克思主义的阶级和阶级斗争理论。对于这些问题，邓小平在《坚持四项基本原则》的讲话中也作出了回答。他说："社会主义社会中的阶级斗争是一个客观存在，不应该缩小，也不应该夸大。实践证明，无论缩小或者夸大，两者都要犯严重的错误。"②党的第二个历史决议指出："在剥削阶级作为阶级消灭以后，阶级斗争已经不是主要矛盾。由于国内的因素和国际的影响，阶级斗争还将在一定范围内长期存在，在某种条件下还有可能激化。既要反对把阶级斗争扩大化的观点，又要反对认为阶级斗争已经熄灭的观点。"③随后，这些论述被写进 1982 年党的十二大修订的《中国共产党章程》和 1983 年五届全国人大五次会议通过的《中华人民共和国宪法》，即"由于国内的因素和国际的影响，阶级斗争还在一定范围内长期存在，在某种条件下还有可能激化"；"中国人民对敌视和破坏我国社会主义制度的国内外的敌对势力和敌对分子，必须进行斗争"④。

对于社会主义社会阶级斗争都有哪些表现的问题，邓小平当年的回答是："在社会主义社会，仍然有反革命分子，有敌特分子，有各种破坏社会主义秩序的刑事犯罪分子和其他坏分子，有贪污盗窃、投机倒把的新剥削分子，并且这种现象在长时期内不可能完全消灭。同他们的斗争不同于过去历史上的阶级对阶级的斗争（他们不可能形成一个公开的完整的阶级），但仍然是一种特殊形式的阶级斗争，或者说是历史上的阶级斗争在社会主义条件下的特殊形式的遗留。"⑤现在，反革命罪在刑法中已被取消，取而代之的是煽动颠覆国家罪，但这个罪行具体指

①《邓小平年谱（1975—1997）》（下），中央文献出版社 2004 年版，第 1363 页。
②《邓小平文选》第 2 卷，人民出版社 1994 年版，第 182 页。
③《三中全会以来重要文献选编》（下），中央文献出版社 2011 年版，第 169 页。
④《十二大以来重要文献选编》（上），中央文献出版社 2011 年版，第 54、186 页。
⑤《邓小平文选》第 2 卷，人民出版社 1994 年版，第 169 页。

的是："以造谣、诽谤或者其他方式煽动颠覆国家政权、推翻社会主义制度。"①要颠覆国家政权、推翻社会主义制度，这不是阶级斗争又是什么？以造谣、诽谤或者其他方式煽动颠覆国家政权、推翻社会主义制度，就要定罪处罚，这不是无产阶级专政又是什么？

改革开放以来，阶级斗争的一个重要表现是意识形态领域中资产阶级自由化思潮的泛滥。邓小平说过："中国在粉碎'四人帮'以后出现一种思潮，叫资产阶级自由化，崇拜西方资本主义国家的'民主'、'自由'，否定社会主义。""自由化是一种什么东西？实际上就是要把我们中国现行的政策引导到走资本主义道路。"他还说："自由化本身就是资产阶级的，没有什么无产阶级的、社会主义的自由化，自由化本身就是对我们现行政策、现行制度的对抗，或者叫反对，或者叫修改。""所谓资产阶级自由化，就是要中国全盘西化，走资本主义道路。"②既然资产阶级自由化要否定社会主义，对抗中国的现行制度和政策，要引导中国走资本主义道路，要搞全盘西化，这不是阶级斗争又是什么？

邓小平还指出："自由化的思想前几年有，现在也有，不仅社会上有，我们共产党内也有。"③他要求党员中的作家、艺术家、思想理论工作者必须遵守党的纪律，不搞资产阶级自由化，强调"现在的许多问题正出在我们党内"④。一些煽动反对共产党领导，反对社会主义制度，主张把西方资本主义制度全盘搬到中国来的人，"恰恰就在共产党里"⑤。1989年，他在会见外宾时又说："我们两个总书记都在资产阶级自由化问题上栽了跟头。"1992年南方谈话中，他再次谈到要防止党内出问题，指出："中国要出问题，还是出在共产党内部。"所以，要选拔培养德才兼备的第三代领导班子。"但是没有解决问题，两个人都失败了，而且不是在经济上出问题，都是在反对资产阶级自由化的问题上栽跟头。"⑥

①《中华人民共和国刑法》，人民出版社2015年版，第20页。
②《邓小平文选》第3卷，人民出版社1993年版，第123、181、182、207页。
③《邓小平文选》第3卷，人民出版社1993年版，第124页。
④《邓小平文选》第2卷，人民出版社1994年版，第392页。
⑤《邓小平文选》第3卷，人民出版社1993年版，第198页。
⑥《邓小平文选》第3卷，人民出版社1993年版，第344、380页。

这些事实说明，意识形态领域的阶级斗争不仅的确存在，而且斗争确实很激烈。

党的十八大以来，习近平总书记反复强调要增强的"四个意识"中，第一个就是政治意识。所谓政治，在马克思主义的话语体系里是经济的集中表现，核心问题是国家政权，而国家"是阶级矛盾不可调和的产物和表现"①。他在党代会报告和重要讲话中多次重申："我国是工人阶级领导的、以工农联盟为基础的人民民主专政的社会主义国家。"②他强调："我们党作为马克思主义政党，讲政治是突出的特点和优势。没有强有力的政治保证，党的团结统一就是一句空话。我国曾经有过政治挂帅、搞'阶级斗争为纲'的时期，那是错误的。但是，我们也不能说政治就不讲了、少讲了，共产党不讲政治还叫共产党吗？"③他还指出："政治制度对一个国家长治久安具有十分重要的意义。西方国家策划'颜色革命'，往往从所针对的国家的政治制度特别是政党制度开始发难，大造舆论，大肆渲染，把不同于他们的政治制度和政党制度打入另类，煽动民众搞街头政治。当今世界，意识形态领域看不见硝烟的战争无处不在，政治领域没有枪炮的较量一直未停。"④他在党的十九届三中全会上讲到如何认识党政关系时还指出，改革开放以来，我们曾经讨论过党政分开问题，应该说，我们当时在这个问题上的理论认识和实践经验都不够，对如何解决国家治理体系、治理能力问题还是探索性的。无论我们对党政关系进行了怎样的调整，有一条是不变的，就是党的领导。讲到这里，他说："邓小平同志在谈到坚持党的领导时，还专门引用了列宁说的话：'无产阶级专政是对旧社会的势力和传统进行的顽强斗争，流血的和不流血的，暴力的和和平的，军事的和经济的，教育的和行政的斗争。……没有铁一般的和在斗争中锻炼出来的党，没有为本阶级全体忠实的人所信赖的党，没有善于考察群众情绪和影响群众情绪的党，要

①《列宁选集》第3卷，人民出版社2012年版，第114页。
②《十九大以来重要文献选编》（上），中央文献出版社2019年版，第25页。
③《习近平关于全面从严治党论述摘编》，中央文献出版社2016年版，第80页。
④《习近平关于社会主义政治建设论述摘编》，中央文献出版社2017年版，第18页。

顺利地进行这种斗争是不可能的。'邓小平同志强调,列宁所说的这个真理现在仍然有效。"①可见,在坚持党的领导与坚持人民民主专政的关系问题上,习近平总书记和邓小平的观点都是:"四个坚持是'成套设备'。"②

《中共中央关于党的百年奋斗重大成就和历史经验的决议》(以下简称党的第三个历史决议)在关于"开创中国特色社会主义新时代"部分,总结新时代政治建设的成就和经验时指出:"必须使中国特色社会主义政治制度深深扎根于中国社会土壤,照抄照搬他国政治制度行不通,甚至会把国家前途命运葬送掉。""必须警惕和防范西方所谓'宪政'、多党轮流执政、'三权鼎立'等政治思潮的侵蚀影响。"③可见,我们党在改革开放后总结的有关处理阶级斗争问题的经验中,既有历史的传承,也有继承中的发展。

其三,关于坚持共产党的领导。

中国近代史和当代史都证明,没有中国共产党的领导,就没有中国革命的胜利,就不可能有新中国的成立和建设,更不可能有中华民族的独立和复兴。毛泽东通过总结历史经验反复强调:"领导我们事业的核心力量是中国共产党。"④"中国共产党是全中国人民的领导核心。没有这样一个核心,社会主义事业就不能胜利。"⑤"工、农、商、学、兵、政、党这七个方面,党是领导一切的。"⑥

关于天安门事件,邓小平明确指出:"一九七六年的天安门广场悼念周恩来总理的群众运动,尽管不是党有组织地领导的运动,仍然是一个坚决拥护党的领导而反对'四人帮'的运动,参加这个运动的群众的革命觉悟同党多年来的教育是不可分的,而且他们中间的主要积极分子

①《十九大以来重要文献选编》(上),中央文献出版社 2019 年版,第 277 页。

②《邓小平年谱(1975—1997)》(下),中央文献出版社 2004 年版,第 1363 页。

③《中共中央关于党的百年奋斗重大成就和历史经验的决议》,人民出版社 2021 年版,第 39 页。

④《毛泽东文集》第 6 卷,人民出版社 1999 年版,第 350 页。

⑤《毛泽东文集》第 7 卷,人民出版社 1999 年版,第 303 页。

⑥《毛泽东文集》第 8 卷,人民出版社 1999 年版,第 305 页。

正是党团员。因此，决不能把天安门广场那个群众运动看成为与党的领导无关的像五四运动那样纯粹自发的运动。事实上，离开了中国共产党的领导，谁来组织社会主义的经济、政治、军事和文化？谁来组织中国的四个现代化？在今天的中国，决不应该离开党的领导而歌颂群众的自发性。党的领导当然不会没有错误……但是这决不能成为要求削弱和取消党的领导的理由。我们党经历过多次错误，但是我们每一次都依靠党而不是离开党纠正了自己的错误。"① 他还说："坚持四项基本原则的核心，是坚持共产党的领导。没有共产党的领导，肯定会天下大乱，四分五裂。"② "文化大革命""说是'全面内战'，到底不是大打，真正的内战并没有出现。现在就不同了，如果再乱，乱到党不起作用了，国家权力不起作用了，这一派抓一部分军队，那一派抓一部分军队，就是个内战的局面。一些所谓民主斗士只要一拿到权力，他们之间就会打起来。一打内战就是血流成河，还谈何'人权'？"③

随着我国经济体制改革的发展，逐渐暴露出政治体制不相适应的问题。正如邓小平论述的："从党和国家的领导制度、干部制度方面来说，主要的弊端就是官僚主义现象，权力过分集中的现象，家长制现象，干部领导职务终身制现象和形形色色的特权现象。"④ 为此，他提出了政治体制改革的任务，中心内容是解决党如何善于领导的问题，中央和地方及地方各级之间的关系问题，以及精简机构等问题。邓小平指出，政治体制改革总的目的是"要有利于巩固社会主义制度，有利于巩固党的领导，有利于在党的领导和社会主义制度下发展生产力"⑤。然而，一些人却利用这个机会，歪曲"党政分开"的原则，试图用西方"宪政""多党制""三权分立"的原则来引导和衡量我国的政治体制改革，只要没有达到他们的标准，就散布什么政治体制改革"停顿了""滞后了"的

① 《邓小平文选》第 2 卷，人民出版社 1994 年版，第 170 页。
② 《邓小平文选》第 2 卷，人民出版社 1994 年版，第 391 页。
③ 《邓小平文选》第 3 卷，人民出版社 1993 年版，第 360—361 页。
④ 《邓小平文选》第 2 卷，人民出版社 1994 年版，第 327 页。
⑤ 《邓小平文选》第 3 卷，人民出版社 1993 年版，第 241 页。

舆论。受这种舆论的影响，一些企事业单位，甚至意识形态领域的社会科学研究机构、高等院校等，纷纷取消了党委或党组领导下的行政首长分工负责制，从而严重削弱了党的领导。

党的十八大后，以习近平同志为核心的党中央纠正了政治体制改革中的偏向，代之以完善和发展中国特色社会主义制度、推进国家治理体系和治理能力现代化，走中国特色的社会主义政治发展道路。习近平总书记批评有些人把分管工作当成自己的禁脔，"不愿意党委过问，不然就是党政不分了"。他说："这种想法是不正确的。党委是起领导核心作用的，各方面都应该自觉向党委报告重大工作和重大情况，在党委统一领导下尽心尽力做好自身职责范围内的工作。"①

关于政治体制改革与加强共产党领导的关系，习近平总书记指出："推进改革的目的是要不断推进我国社会主义制度自我完善和发展，赋予社会主义新的生机活力。这里面最核心的是坚持和改善党的领导、坚持和完善中国特色社会主义制度，偏离了这一条，那就南辕北辙了。"②"我们强调坚持党的领导、人民当家作主、依法治国有机统一，最根本的是坚持党的领导。""党政军民学，东西南北中，党是领导一切的，是最高的政治领导力量。"③在这一认识的指引下，过去企事业单位被取消的党委领导体制逐渐得以恢复。党的十九大后，中小学校也被要求建立党组织领导下的校长负责制，凡有一定数量党员的民营企业也普遍建立了党的基层组织。

还要看到，中国特色社会主义虽然允许私人资本的存在和发展，并且吸收民营企业家中符合共产党员条件的人入党，有代表性的人物参加各级人民代表大会和政协组织，但是绝不允许他们形成任何形式的政治组织，绝不允许他们染指国家政权。习近平总书记说过："一个国家的政治制度决定于这个国家的经济社会基础。"④就是说，一个国家的上层

---

① 《十八大以来重要文献选编》（上），中央文献出版社 2014 年版，第 772 页。
② 《习近平关于全面深化改革论述摘编》，中央文献出版社 2014 年版，第 18 页。
③ 《习近平关于社会主义政治建设论述摘编》，中央文献出版社 2017 年版，第 26、30 页。
④ 《十八大以来重要文献选编》（中），中央文献出版社 2016 年版，第 62 页。

建筑包括它的政党制度，归根结底是由这个国家的经济基础决定的。中国实行中国共产党领导的多党合作和政治协商的政党制度而不实行多党轮流执政，军队由中国共产党绝对领导而不搞"国家化"，这一切最深刻的原因，就在于中国社会主义初级阶段的基本经济制度是公有制为主体、多种所有制经济共同发展。这个经济制度决定了在中国社会里，人民内部的根本利益是一致的，并且不允许有任何政治力量破坏这种利益的根本一致性。所以，建立在这种经济基础之上并为之服务的政治制度、政党制度，只能是工人阶级领导的以工农联盟为基础的人民民主专政，只能是中国共产党领导的多党合作和政治协商制度。

在中国社会，当然也会有不同利益的矛盾。但是，公有制的主体地位决定了这种矛盾不能发展到根本利害冲突的程度，也决不允许有与人民根本利益相对立的利益集团存在，更不允许这种利益集团组织政党，同代表最大多数人民整体利益、根本利益的共产党相互竞争、轮流执政。新中国成立之初，参加政治协商会议的民主党派和无党派人士虽然代表的是民族资产阶级和小资产阶级的利益，但他们都承认中国共产党的领导。当中国完成了对资本主义工商业的改造、进入社会主义社会之后，他们不再是过去那些阶级的代表，而是工商界、知识界的代表了，他们的利益与占人口大多数的人民的利益也变得根本一致了。实践已经证明并将继续证明，这种政党制度完全符合中国的实际，对于维护人民根本利益和调动各方面积极性，具有极大的优越性。

一些人之所以总认为坚持共产党领导"不民主"，原因就在于他们把资本主义国家的政党竞选和一人一票的选举制度，当成了一种"普世价值"，并拿来作为衡量我国政治制度是否民主的标准。然而，现在就连西方学者中，也有越来越多的人认识到，那种制度只不过是以金钱为后盾的利益集团，尤其是垄断财团愚弄选民的把戏，对于大多数选民并没有多少实际意义。社会主义民主当然也有选举，但是，在我国，更重要的民主形式是党的各级领导干部经常性的深入群众走访，下基层考察调研，同各行各业的群众座谈，和不同阶层的代表相互协商，以及接待和处理群众来信来访，等等。通过这些形式，使执政党保持与广大群众的密切联系，及时听到群众特别是基层群众的声音，从而保证政策和决策能从占人口大多数的群众利益出发，能有效解决人民群众的实际问题。

党的第三个历史决议在总结中国共产党百年奋斗历史经验的十条历史经验中，第一条就是坚持党的领导。决议指出："历史和现实都证明，没有中国共产党就没有新中国，就没有中华民族伟大复兴。"可见，从宏观层面总结中国当代史的经验，相对于各领域的经验具有更大的决定性意义。

其四，关于坚持马列主义、毛泽东思想。

这个原则也是从中国革命史和中国当代史宏观层面总结出的一条极为重要的经验，其中包含三个要点。

一是马列主义、毛泽东思想的基本原理一定不能丢。

毛泽东在党的七大上说过："我们的党从它一开始，就是一个以马克思列宁主义的理论为基础的党，这是因为这个主义是全世界无产阶级的最正确最革命的科学思想的结晶。"[1] 新中国成立后，他又说："指导我们思想的理论基础是马克思列宁主义。"[2] 对此，我们党无论在革命时期还是建设时期，都没有发生过动摇。20 世纪五六十年代，苏联出现一股否定斯大林进而抛弃列宁主义的浪潮，毛泽东在党的八届二中全会指出："我看有两把'刀子'：一把是列宁，一把是斯大林。现在，斯大林这把刀子，俄国人丢了。""列宁这把刀子现在是不是也被苏联一些领导人丢掉一些呢？我看也丢掉相当多了。十月革命还灵不灵？还可不可以作为各国的模范？苏共二十次代表大会赫鲁晓夫的报告说，可以经过议会道路去取得政权，这就是说，各国可以不学十月革命了。这个门一开，列宁主义就基本上丢掉了。"[3]

改革开放后，邓小平之所以突出强调四项基本原则，并把坚持马列主义、毛泽东思想作为四项基本原则中的一项，原因就在于粉碎"四人

---

①《毛泽东选集》第 3 卷，人民出版社 1991 年版，第 1093 页。
②《毛泽东文集》第 6 卷，人民出版社 1999 年版，第 350 页。
③《毛泽东传（1949—1976）》（上），中央文献出版社 2003 年版，第 606 页。

帮"后，有少数人或者公开反对马列主义，或者口头上拥护马列主义但反对毛泽东思想，说什么只拥护"正确的毛泽东思想"，而不拥护"错误的毛泽东思想"。对此，邓小平指出："我们坚持的和要当作行动指南的是马列主义、毛泽东思想的基本原理，或者说是由这些基本原理构成的科学体系。至于个别的论断，那末，无论马克思、列宁和毛泽东同志，都不免有这样那样的失误。但是这些都不属于马列主义、毛泽东思想的基本原理所构成的科学体系。"他强调，毛泽东思想是"半个多世纪中国人民革命斗争经验的结晶"，"毛泽东思想过去是中国革命的旗帜，今后将永远是中国社会主义事业和反霸权主义事业的旗帜，我们将永远高举毛泽东思想的旗帜前进"。①

邓小平在指导党的第二个历史决议起草时，明确提出决议应有的三个中心意思，第一条也是最核心的一条，就是"确立毛泽东同志的历史地位，坚持和发展毛泽东思想"②。在他的指导下，决议从六个方面概括了毛泽东思想对马克思主义的独创性丰富和发展，并从三个方面论述了毛泽东思想的活的灵魂。决议指出："毛泽东思想是我们党的宝贵的精神财富"，"我们必须继续坚持毛泽东思想，认真学习和运用它的立场、观点和方法来研究实践中出现的新情况，解决新问题"。③

然而，随着资产阶级自由化思潮的蔓延，各种歪曲、丑化、辱蔑中国共产党和革命领袖尤其是毛泽东的言论，层出不穷、屡禁不止。进入新时代，习近平总书记在纪念毛泽东同志诞辰 120 周年座谈会上指出："毛泽东思想教育了几代中国共产党人，它培养的大批骨干，不仅在新民主主义革命、社会主义革命、社会主义建设时期发挥了重要作用，也为新的历史时期开创和建设中国特色社会主义发挥了重要作用。""在邓小平同志领导下，我们党解决了正确评价毛泽东同志和毛泽东思想的历史地位、根据新的实际和历史经验确立中国实现社会主义现代化的正确道路这两个相互联系的重大历史课题""新形势下，我们要坚持和运用

---

① 《邓小平文选》第 2 卷，人民出版社 1994 年版，第 171、172 页。
② 《邓小平文选》第 2 卷，人民出版社 1994 年版，第 291 页。
③ 《三中全会以来重要文献选编》（下），中央文献出版社 2011 年版，第 165 页。

好毛泽东思想活的灵魂，把我们党建设好，把中国特色社会主义伟大事业继续推向前进。"① 在习近平新时代中国特色社会主义思想的指导下，党的第三个历史决议坚持了对毛泽东思想的正确评价，指出它是在革命斗争中把马克思列宁主义基本原理同中国具体实际相结合的产物，并且在社会主义革命和建设中得到进一步丰富和发展，是马克思主义中国化的第一次历史性飞跃。在论述中国共产党百年奋斗的历史意义时，决议指出它的意义之一，就在于展示了马克思主义的强大生命力，在于使马克思主义的科学性和真理性在中国得到了充分检验。

二是马列主义、毛泽东思想必须和实际相结合。

这条重要经验是从革命年代里血的教训中总结出来的，并为中国当代史所反复验证。毛泽东不仅在新民主主义革命时期不断强调要反对教条主义、本本主义，还以反对主观主义、宗派主义、党八股为主题，发起了延安整风运动。在新中国成立后，他也一再强调理论要与实践统一，说这是"马克思主义的一个最基本的原则"②。遗憾的是，他在晚年的一些"左"倾错误论点，却"明显地脱离了作为马克思列宁主义普遍原理和中国革命具体实践相结合的毛泽东思想的轨道"③。粉碎"四人帮"后的最初两年，推行"两个凡是"的方针，同样违背了理论与实践统一的原则。为了恢复和发展毛泽东倡导的实事求是、理论联系实际、一切从实际出发、在实践中检验真理和发展真理的思想路线，在邓小平等老一辈革命家的支持下，全国开展了真理标准问题大讨论，并就"两个凡是"问题进行了激烈争论，最终通过党的十一届三中全会，重新确立了马克思主义实事求是的思想路线，否定了"两个凡是"的错误方针。对此，邓小平讲了两句十分经典的话："我们取得的成就，如果有一点经验的话，那就是这几年来重申了毛泽东同志提倡的实事求是的原则。""照抄照搬别国经验、别国模式，从来不能得到成功。这方面我们有过不少教训。把马克思主义的普遍真理同我国的具体实际结合起来，

①《十八大以来重要文献选编》（上），中央文献出版社 2014 年版，第 692、694、695 页。
②《毛泽东文集》第 7 卷，人民出版社 1999 年版，第 90 页。
③《三中全会以来重要文献选编》（下），中央文献出版社 2011 年版，第 142 页。

426 新时代与中国当代史

走自己的道路，建设有中国特色的社会主义，这就是我们总结长期历史经验得出的基本结论。"①

在新时代，同样存在要不要和如何把马克思主义基本原理同中国具体实际相结合的问题。习近平总书记指出："我们党的历史反复证明，什么时候理论联系实际坚持得好，党和人民事业就能够不断取得胜利；反之，党和人民事业就会受到损失，甚至出现严重曲折。"②党的第三个历史决议列举的新时代所解决的那些长期想解决而没有解决的难题，办成的那些过去想办而没有办成的大事，取得的那些历史性成就，发生的那些历史性变革，可以说都是把马克思主义基本原理同当前实际相结合的结果。

三是马列主义、毛泽东思想需要随着时代的发展而发展。

环顾当今世界，很少有社会主义政党像中国共产党这样忠于马克思主义，热衷于学习马克思主义了；同时，很少有社会主义政党像中国共产党这样重视对马克思主义的发展，积极创新马克思主义的理论。

早在20世纪三四十年代，毛泽东就强调"要分清创造性的马克思主义和教条式的马克思主义"③，指出"实践是发展的，理论也应是发展的"④。新中国成立后，他继续反复宣讲马克思主义必须不断发展的道理，指出："马克思主义一定要向前发展，要随着实践的发展而发展，不能停滞不前。停止了，老是那么一套，它就没有生命了。"⑤"马克思这些老祖宗的书，必须读，他们的基本原理必须遵守，这是第一。但是，任何国家的共产党，任何国家的思想界，都要创造新的理论，写出新的著作，产生自己的理论家，来为当前的政治服务，单靠老祖宗是不行的。"⑥

---

① 《邓小平文选》第3卷，人民出版社1993年版，第95、2—3页。
② 《立志做党光荣传统和优良作风的忠实传人 在新时代新征程中奋勇争先建功立业》，《人民日报》2021年3月2日。
③ 《毛泽东文集》第2卷，人民出版社1993年版，第373页。
④ 《毛泽东年谱（1893—1949）》（上），中央文献出版社2013年版，第687页。
⑤ 《毛泽东文集》第7卷，人民出版社1999年版，第281页。
⑥ 《毛泽东文集》第8卷，人民出版社1999年版，第109页。

如果说对于发展马克思主义的问题，改革开放前就已经十分重视的话，那么，改革开放后就更加重视了。正如邓小平说的，这一方面是由于在"文化大革命"中，"林彪、'四人帮'的精神枷锁束缚了人们的思想，限制了人们充分发挥智慧和创造性"①；另一方面是由于当代"世界形势日新月异，特别是现代科学技术发展很快。现在的一年抵得上过去古老社会几十年、上百年甚至更长的时间"②。他还说："绝不能要求马克思为解决他去世之后上百年、几百年所产生的问题提供现成答案。列宁同样也不能承担为他去世以后五十年、一百年所产生的问题提供现成答案的任务。真正的马克思列宁主义者必须根据现在的情况，认识、继承和发展马克思列宁主义。""不以新的思想、观点去继承、发展马克思主义，不是真正的马克思主义者。"③

党的十八大后，人们对于"及时总结党领导人民创造的新鲜经验，不断开辟马克思主义中国化新境界，让当代中国马克思主义放射出更加灿烂的真理光芒"④，有了更加丰富、深切的感悟。习近平总书记指出："马克思主义基本原理是普遍真理，具有永恒的思想价值，但马克思主义经典作家并没有穷尽真理，而是不断为寻求真理和发展真理开辟道路。"⑤"实践没有止境，理论创新也没有止境。要使党和人民事业不停顿，首先理论上不能停顿。我们要根据时代变化和实践发展，不断深化认识，不断总结经验，不断进行理论创新，坚持理论指导和实践探索辩证统一，实现理论创新和实践创新良性互动，在这种统一和互动中发展二十一世纪中国的马克思主义。"⑥

党的第三个历史决议总结的我们党百年奋斗的十条历史经验中，有一条就是"坚持理论创新"。决议写道："习近平同志指出，当代中国的伟大社会变革，不是简单延续我国历史文化的母版，不是简单套用马克

①《邓小平文选》第2卷，人民出版社1994年版，第232页。
②《邓小平文选》第3卷，人民出版社1993年版，第291页。
③《邓小平文选》第3卷，人民出版社1993年版，第291、292页。
④《十八大以来重要文献选编》（上），中央文献出版社2014年版，第697页。
⑤《十八大以来重要文献选编》（上），中央文献出版社2014年版，第696页。
⑥《习近平关于社会主义文化建设论述摘编》，中央文献出版社2017年版，第65页。

思主义经典作家设想的模板，不是其他国家社会主义实践的再版，也不是国外现代化发展的翻版。只要我们勇于结合新的实践不断推进理论创新、善于用新的理论指导新的实践，就一定能够让马克思主义在中国大地上展现出更强大、更有说服力的真理力量。"[1] 历史说明，习近平新时代中国特色社会主义思想的创立，正是对中国特色社会主义建设规律认识深化和理论创新的最新成果。

实践充分说明，我国的改革开放之所以获得了巨大成功，关键就在于既执行了社会主义初级阶段的基本纲领，执行了中国特色社会主义的各项政策，又坚持了党的最高纲领和四项基本原则，防范了"和平演变"。相反，如果仅仅用改革开放解释改革开放成功的原因，那就是循环论证，显然是经不起推敲的，也是难以令人置信的。

五、在实行社会主义初级阶段基本纲领的同时，始终防范和抵御西方的"和平演变"

既有资料显示，最先提出对社会主义国家进行"和平演变"的，是20世纪50年代的美国国务卿杜勒斯；而最先提出要警惕帝国主义对社会主义国家搞"和平演变"的，是毛泽东。早在1959年，毛泽东就指出，杜勒斯说要用和平的转变代替武力，"和平转变谁呢？就是转变我们这些国家，搞颠覆活动，内部转到合乎他的那个思想。就是说，他那个秩序要维持，不要动，要动我们，用和平转变，腐蚀我们"[2]。他还告诫大家，美帝国主义"力图对社会主义国家推行'和平演变'政策，实行资本主义复辟，瓦解社会主义阵营"[3]。后来，之所以发生中苏论战，之所开展城乡社会主义教育运动，之所以发动"文化大革命"，出发点在很大程度上都与抵御"和平演变"、防止资本主义复辟的指导思想有关。改革开放后，我们党虽然否定和纠正了在反对"和平演变"中的一

①《中共中央关于党的百年奋斗重大成就和历史经验的决议》，人民出版社2021年版，第67页。
②《毛泽东年谱（1949—1976）》第4卷，中央文献出版社2013年版，第237页。
③《毛泽东文集》第8卷，人民出版社1999年版，第355页。

些"左"的错误，但并没有否定反对"和平演变"。

第一，越是改革开放越要防范和抵御"和平演变"。

现在回头看，当年在以美国为首的西方阵营对中国实行军事包围、外交孤立、经济封锁，双方缺少人员往来、文化交流的情况下，"和平演变"那套办法对我国并不能起多少作用，真正起作用是在实行对外开放政策之后。对此，邓小平、陈云等老一辈革命家，从改革开放一开始就抱有高度的警惕。

1980 年，邓小平在中共中央政治局扩大会议上指出："近一两年内，通过不同渠道运进了一些黄色、下流、淫秽、丑恶的照片、影片、书刊等，败坏我们社会的风气，腐蚀我们的一些青年和干部。如果听任这种瘟疫传布，将诱使许多意志不坚定的人道德败坏，精神堕落。各级组织都要严肃地注意这个问题，采取坚决有效的措施，予以查禁、销毁。"[1]1983 年，他在党的十二届二中全会上又批评对西方哲学、经济学、社会政治和文学艺术思潮一窝蜂地盲目崇拜，甚至输入不少低级庸俗或有害的书籍、电影、音乐、舞蹈以及录像、录音等的现象，强调："这种用西方资产阶级没落文化来腐蚀青年的状况，再也不能容忍了"。[2]他还说："实行开放政策必然会带来一些坏的东西，影响我们的人民。要说有风险，这是最大的风险。"[3]陈云也说："对外开放，不可避免地会有资本主义腐朽思想和作风的侵入。这对我们社会主义事业，是直接的危害。"他提醒人们："'一切向钱看'的资本主义腐朽思想，正在严重地腐蚀我们的党风和社会风气。""要动员和组织全党和社会的力量，以除恶务尽的精神，同这种现象进行坚决的斗争。"[4]

1989 年政治风波过后，邓小平、陈云等老一辈革命家对毛泽东提出的反对"和平演变"的思想有了更加深刻的体会。当年的 9 月 8 日，陈云在一次谈话中说："从历史事实看，帝国主义的侵略、渗透，过去主

---

①《邓小平文选》第 2 卷，人民出版社 1994 年版，第 338 页。
②《邓小平文选》第 3 卷，人民出版社 1993 年版，第 44 页。
③《邓小平文选》第 3 卷，人民出版社 1993 年版，第 156 页。
④《陈云文选》第 3 卷，人民出版社 1995 年版，第 355、356 页。

要是'武'的，后来'文'、'武'并用，现在'文'的（包括政治的、经济的和文化的）突出起来，特别是对社会主义国家搞所谓的'和平演变'。"①过了 8 天，邓小平在一次谈话中也说道："美国，还有西方其他一些国家，对社会主义国家搞和平演变。美国现在有一种提法：打一场无硝烟的世界大战。我们要警惕。资本主义是想最终战胜社会主义，过去拿武器，用原子弹、氢弹，遭到世界人民的反对，现在搞和平演变。"后来，他又多次指出，"西方国家正在打一场没有硝烟的第三次世界大战。所谓没有硝烟，就是要社会主义国家和平演变"。"帝国主义搞和平演变，把希望寄托在我们以后的几代人身上。"他强调："对这个问题要清醒，要注意培养人，要按照'革命化、年轻化、知识化、专业化'的标准，选拔德才兼备的人进班子。"②

第二，反对"和平演变"的重点在于政治和文化尤其是意识形态领域。

进入新时代，以习近平同志为核心的党中央认真汲取历史的经验教训，更加警惕"和平演变"问题，并把它提升到维护国家安全的高度，提出坚持总体国家安全观，完善国家安全机制，维护重点领域的国家安全。习近平总书记指出："增强忧患意识，做到居安思危，是我们治党治国必须始终坚持的一个重大原则"，要"坚持总体国家安全观，以人民安全为宗旨，以政治安全为根本，以经济安全为基础，以军事、文化、社会安全为保障，以促进国际安全为依托，走出一条中国特色国家安全道路"。③

在维护重点领域国家安全方面，习近平总书记强调较多的是政治安全和文化安全。关于政治安全，他指出，国内外各种敌对势力总是企图让我们党改旗易帜、改名换姓，"而我们有些人甚至党内有的同志却没有看清这里面暗藏的玄机，认为西方'普世价值'经过了几百年，为什么不能认同？西方一些政治话语为什么不能借用？接受了我们也不会有

---

①《陈云文选》第 3 卷，人民出版社 1995 年版，第 370 页。

②《邓小平文选》第 3 卷，人民出版社 1993 年版，第 325—326、344、380 页。

③《习近平关于总体国家安全观论述摘编》，中央文献出版社 2018 年版，第 3、4 页。

什么大的损失，为什么非要拧着来？有的人奉西方理论、西方话语为金科玉律，不知不觉成了西方资本主义意识形态的吹鼓手"。"冷战结束以来，在西方价值观念鼓捣下，一些国家被折腾得不成样子了……如果我们用西方资本主义价值体系来剪裁我们的实践，用西方资本主义评价体系来衡量我国发展，符合西方标准就行，不符合西方标准就是落后的陈旧的，就要批判、攻击，那后果不堪设想！"① 他强调要把握政治体制改革的方向，说"有的人把改革开放定义为往西方'普世价值'、西方政治制度的方向改，否则就是不改革开放。这是曲解我们的改革开放。不能笼统地说中国改革在某个方面滞后。在某些方面、某个时期，快一点、慢一点是有的，但总体上不存在中国改革哪些方面改了，哪些方面没有改。问题的实质是改什么、不改什么，有些不能改的，再过多长时间也是不改。我们不能邯郸学步。世界在发展，社会在进步，不实行改革开放死路一条，搞否定社会主义方向的'改革开放'也是死路一条。在方向问题上，我们头脑必须十分清醒"②。"一些敌对势力和别有用心的人也在那里摇旗呐喊、制造舆论、混淆视听，把改革定义为往西方政治制度的方向改，否则就是不改革。他们是醉翁之意不在酒，'项庄舞剑，意在沛公'。对此，我们要洞若观火，保持政治坚定性，明确政治定位。"③ 以上这些论述，就是提醒人们要警惕和抵制西方的"和平演变"图谋，确保国家的政治安全。

在文化安全方面，习近平总书记同样反复告诫人们，要高度警惕和坚决抵制西方的"和平演变"。他指出："我们在集中精力进行经济建设的同时，一刻也不能放松和削弱意识形态工作。在这方面，我们有过深刻教训。一个政权的瓦解往往是从思想领域开始的，政治动荡、政权更迭可能在一夜之间发生，但思想演化是个长期过程。""当前，各种敌对势力一直企图在我国制造'颜色革命'，妄图颠覆中国共产党领导和我国社会主义制度。这是我国政权安全面临的现实危险。他们选中的一

---

① 《习近平关于总体国家安全观论述摘编》，中央文献出版社 2018 年版，第 33—34 页。
② 《习近平关于总体国家安全观论述摘编》，中央文献出版社 2018 年版，第 19—20 页。
③ 《习近平关于全面深化改革论述摘编》，中央文献出版社 2014 年版，第 19 页。

个突破口就是意识形态领域，企图把人们思想搞乱，然后浑水摸鱼、乱中取胜。……历史和现实都警示我们，思想舆论阵地一旦被突破，其他防线就很难守得住。在意识形态领域斗争上，我们没有任何妥协、退让的余地，必须取得全胜。"他强调："意识形态关乎旗帜、关乎道路、关乎国家政治安全。各级党委和宣传思想部门、组织部门、教育部门要加强领导和管理，党报党刊党网、党政干部院校、大专院校要强化政治意识、责任意识，在重大问题上与党中央保持高度一致，绝不允许与中央唱反调，绝不允许吃共产党的饭、砸共产党的锅。"①

第三，反对"和平演变"必须反腐倡廉特别是防止官商勾结。

为了抵御西方推行"和平演变"、制造"颜色革命"的图谋，还有一条重要战线，就是反腐倡廉。有人或许认为，反腐败是国际共识，社会主义国家反腐败，资本主义国家也反腐败，并不存在什么阶级性的差别。然而，事实并非如此。首先，对什么是腐败，社会主义和资本主义的观念和标准就不一样。比如，在资本主义国家，资本家可以直接从政，担任政府高官和国会议员，甚至当选总统，都不认为这是腐败。而在社会主义国家，这种现象是被严格禁止的，不要说当高官，就是当一般干部也不行，如果发生就是腐败，要被查处。其次，贪腐的根源来自资本主义的私有制和私有观念。社会主义国家的干部队伍之所以出现腐败分子，说到底是受西方散布的个人至上、享乐主义思想腐蚀的结果。而腐败分子一旦贪污了赃款赃物，由于在社会主义制度下无法变现和为子女继承，必然向往资本主义的私有制，希望改变现有制度，成为资产阶级自由化的保护伞和西方敌对势力的内应。最后，在社会主义国家，一旦腐败成风，必然引起群众不满，从而为西方敌对势力制造"颜色革命"创造条件、提供借口。所以，社会主义国家中的腐败现象，本质是西方推行"和平演变"的结果，也是西方制造"颜色革命"的土壤；反对和惩治腐败，就是抵御"和平演变"和防范"颜色革命"的重要举措。

---

① 《习近平关于总体国家安全观论述摘编》，中央文献出版社 2018 年版，第 100、118、111 页。

正因为如此，党的十八大后提出腐败是党长期执政的最大威胁，要以反腐败永远在路上的坚韧和执着，深化标本兼治，保证干部清正、政府清廉、政治清明，坚持反腐败无禁区、全覆盖、零容忍、重遏制、强高压、长震慑，受贿行贿一起查，坚决防止党内形成利益集团。

在实行改革开放和市场经济的条件下，腐败的一个温床是共产党的干部与私人资本之间的不正当联系。因此，预防腐败除了要加强思想政治工作，提高干部思想上的免疫力之外，还要从制度上采取措施。例如，我们允许私人资本的存在和发展，但绝不允许各级党政干部经商办企业；允许党政干部及其家属买卖股票和委托金融机构理财，但县处级以上干部买卖的每只股票、每个理财产品，必须在年终的个人事项报告书中如实填写买入价格和收益；允许并鼓励党政干部积极主动为民营企业排忧解难，维护他们的合法权益，但绝不允许违反规定出入私人会所，同民营企业家之间进行权钱交易、利益输送。进入新时代以来，党中央在原有基础上重新修订印发了《中国共产党纪律处分条例》，对领导干部及其配偶、子女及其配偶，以及领导干部离职或退休后从事经营活动，作出了更加严格的规定。正如习近平总书记指出："当官就不要发财，发财就不要当官，这是两股道上跑的车。"[①]所有这些措施，都是为了从制度上切断党员干部与私人资本之间的利益关联，防止市场经济条件下的官商勾结。

中国共产党过去出过、今后也难免不出少数腐败分子，制定政策时也会存在这样或那样一些不够完善的地方。但作为无产阶级政党的性质、宗旨、纪律，决定了它的政策制定者和参与决策的人，绝不能办私人企业、拥有私人资本。因此，它的治国理政的取向，它制定的政策、作出的决策，都只能是以人民为中心，为全社会着想，为人民根本利益和长远利益考虑，而不可能代表私人资本的利益。相反，在资本主义国家里，政府、政党、政客可以公开代表私人资本的利益，商品交换原则

---

①《习近平关于严明党的纪律和规矩论述摘编》，中央文献出版社、中国方正出版社2016年版，第103页。

可以合法进入政治领域，允许政党竞选接受私人资本资助，也允许私人资本用金钱雇人游说议员，官商之间相互勾结、利益输送完全正当。因此，国家政策必然向资本利益倾斜，政府和企业为了资本利益最大化，可以合法损害民众利益，牺牲精神文明，破坏生态环境。

社会主义社会既然是资本主义和共产主义之间的过渡阶段，必然存在两种因素和两种可能性：一种可能是向前发展，由社会主义社会逐步过渡到共产主义社会；另一种可能是倒退回资本主义社会。中国的社会主义社会是由旧中国半殖民地半封建社会脱胎来的，所以，在整个社会主义阶段都必然存在半殖民地半封建和社会主义两种因素的斗争。中国要倒退，也只能是倒退到半殖民地半封建，甚至变成殖民地，而不可能变成资本主义国家。为了确保中国不倒退，就必须在社会主义初级阶段全面、完整、准确地实行中国特色社会主义，切实警惕和抵御帝国主义的"和平演变"图谋。只有这样，中国的社会主义才不会倒退，才能逐步地向它的高级阶段发展。

我们党现在已走过 101 个春秋，新中国已有 73 年历史。回首往事，社会主义建设事业取得了举世公认的辉煌成就，同时在这个过程中也出现过这样那样的曲折，在建设社会主义的问题上也有过这样那样的分歧。这些成就的取得和曲折、分歧的产生，无不与对中国社会主义社会的实际情况和发展方向的认识有关。社会主义初级阶段的理论，使我们认清了中国当前最大的实际、最大的国情；初阶阶段的社会主义理论，使我们明确了与社会主义初级阶段相适应的一系列方针、政策，以及社会主义初级阶段前进的正确方向；新发展阶段的论断，又使我们进一步看到社会主义初级阶段并非凝固不变，而是不断向前发展的。习近平总书记在党的十九大报告中指出："共产主义远大理想和中国特色社会主义共同理想，是中国共产党人的精神支柱和政治灵魂，也是保持党的团结统一的思想基础。要把坚定理想信念作为党的思想建设的首要任务，教育引导全党牢记党的宗旨，挺起共产党人的精神脊梁，解决好世界观、人生观、价值观这个'总开关'问题，自觉做共产主义远大理想和中国特色社会主义共同理想的坚定信仰者和忠实实践者。"① 只要我们用习近平新时代中国特色社会主义思想统一全党和群众的思想，用共产主义远大理想和中国特色社会主义共同理想规定的正确政治方向及时校准在重大战略的谋划、重大政策的制定、重大任务的部署、重大工作的推进中可能出现的偏差，既不做超越阶段的事，也不做违背社会主义基本原则的事，而是尽力而为地去做让初级阶段不断前进的事，那就一定能使社会主义初级阶段经过新发展阶段和今后其他一些阶段，逐步进入社会主义的高级阶段，实现中华民族伟大复兴，最终实现共产主义的远大理想。

---

① 《十九大以来重要文献选编》（上），中央文献出版社 2019 年版，第 44—45 页。

新时代中国特色社会主义与当今世界格局 *

一

社会主义无论作为一种思想还是一种运动，从来都是世界性的。它既离不开世界的发展变化，又深刻影响着世界的发展变化。

社会主义由空想到科学的发展，是资本主义生产方式"使一切国家的生产和消费都成为世界性的了"①之后才实现的。

社会主义由理论到一国取得胜利，是资本主义由自由竞争过渡到垄断阶段，垄断资本向世界扩展，世界经济政治愈益不平衡才造成的。

社会主义运动由资本主义国家向殖民地半殖民地国家蔓延，以及社会主义阵营形成等现象，是垄断资本主义即帝国主义为重新瓜分领土而引发世界大战，导致其力量削弱而民族民主力量上升才产生的。

社会主义国家由最初形态发展到更具本国特色，特别是中国特色社会主义形成，是发达资本主义国家推动经济全球化和自身经济结构调整，独立后的广大发展中国家要和平要发展的呼声日益高涨，社会主义国家原有体制中某些弊病暴露乃至社会主义阵营解体的必然选择。

中国特色社会主义经过 30 多年改革开放进入新时代，是国内主要矛盾发生变化致使其阶段性特点突显，当今世界大发展大变革大调整导致新挑战、新问题层出不穷的适时反映和积极应对。

二

当今世界，和平与发展仍然是时代主题，世界多极化、经济全球化

---

* 本文是作者 2018 年 11 月 2 日在中国社会科学院主办的第九届世界社会主义论坛上的发言，刊于《世界社会主义研究》2018 年第 11 期。

①《马克思恩格斯选集》第 1 卷，人民出版社 2012 年版，第 404 页。

仍然在深入发展，各国的相互联系、依存关系更加紧密，发展中国家之间的联合更加广泛；同时，世界面临的不稳定性、不确定性更加突出，挑战和风险更加严峻，霸权主义、强权政治的气焰更加嚣张，各种传统、非传统的安全威胁更加强烈，发达国家内部的民众抗议活动和最不发达国家及战乱地区的移民潮、难民潮持续发酵，贸易保护主义逐渐抬头，单边主义和逆全球化思潮开始滋生。所有这一切既说明战争因素继续被和平力量所扼制，也说明资本主义生产社会化与私人占有之间的矛盾根深蒂固、无法克服，垄断资本与国家力量进一步结合，世界范围的贫富两极愈益分化。

针对国内外形势广泛而深刻的变化，习近平总书记在中共十八大后不久便鲜明指出："中国特色社会主义是社会主义而不是其他什么主义，科学社会主义基本原则不能丢，丢了就不是社会主义。""不论怎么改革、怎么开放，我们都始终要坚持中国特色社会主义道路"，包括坚持四项基本原则和改革开放，坚持逐步实现全体人民共同富裕，坚持以公有制为主体、多种所有制经济共同发展的基本经济制度等等。"如果丢掉了这些，那就不成其为社会主义了。"①

最近一个时期，美国同许多国家发生贸易战。然而，同中国的贸易战无论激烈程度还是性质，都与其他有所不同。例如，美国以违反所谓市场经济原则为由，对"中国制造2025"和国有企业及政府在经济中的作用横加责难、实施制裁，还屡派军舰对我南海领海主权进行挑衅，扩大对台湾的军售和官方往来。这些就不是贸易战了，而是美国统治集团为促使中国和平演变，在使用接触加遏制两手政策近半个世纪后失去耐心，转而加大遏制减少接触的表现。这一事实从反面告诉人们，中国特色社会主义确实是社会主义而不是别的什么主义，中国在与世界经济接轨中坚持社会主义基本经济制度，坚持市场经济与政府作用相结合，确实合乎国情、有利有效。

为了应对美国当局的新遏制政策，中国特色社会主义在进入新时代

---

① 《十八大以来重要文献选编》（上），中央文献出版社2014年版，第109、110页。

后，更高地举起了和平发展、开放包容、互利共赢的大旗，倡议共建"一带一路"，推动构建人类命运共同体，更积极地参与全球治理，维护公平正义的国际秩序，主张大国间不冲突不对抗，同时，更坚决地反对霸权主义、强权政治、单边主义、冷战思维、动辄以武力相威胁和干涉别国内政；在国内，则以更大的决心推出全面深化改革、扩大开放的一系列举措，同时在改革开放的目的性和方法论、出发点和落脚点、立足点和自主性，以及党风和社会风气等方面，与改革开放的初心对表对标、校正偏差，强调绝不照抄照搬他国的制度模式，不用西方资本主义的价值体系、评价体系剪裁我们的实践、衡量我们的发展，并积极加强军事斗争准备，以更鲜明的态度维护国家主权和领土完整。

三

近来，关于国有企业和政府在经济中作用的问题上，出现了一些不和谐声音。例如，说什么"要突破公有制、私有制的思想束缚"、"民营经济也是党的重要执政基础"、"政府要从经济中逐渐退出"、"要少一些集中力量办大事"、"不要让国有资产流失问题成为悬在国企改革头上的一把刀"等等。国有企业要改革，民营企业有困难要解决，但不能因此否定社会主义基本经济制度。对此，习近平总书记早有明确论述。他指出："我国经济发展获得巨大成功的一个关键因素，就是我们既发挥了市场经济的长处，又发挥了社会主义制度的优越性。我们是在中国共产党领导和社会主义制度的大前提下发展市场经济，什么时候都不能忘了'社会主义'这个定语。……既要'有效的市场'，也要'有为的政府'，努力在实践中破解这道经济学上的世界性难题。"①在国有与民营企业的关系问题上，他反复强调既要毫不动摇地巩固和发展公有制经济，又要毫不动摇地鼓励、支持、引导非公有制经济发展；说国有企业"是中国特色社会主义的重要物质基础和政治基础，是我们党执政兴国的重

①《习近平关于社会主义经济建设论述摘编》，中央文献出版社 2017 年版，第 64 页。

要支柱和依靠力量"①;"是壮大国家综合实力、保障人民共同利益的重要力量,必须理直气壮做强做优做大"②;要"有效防止国有资产流失"③。两相对照,上述舆论究竟要表达什么、呼应什么、反对什么,不是很清楚了吗?

其实,按照马克思主义的话语体系,社会主义的"国"与"民",在根本利益上是一致的,国有企业即全民所有制企业,性质与资本主义国有企业完全不同,这在我国宪法第六条也早有明文规定。从这个意义上讲,国有企业才是真正的民有企业。2016年哲学社会科学工作座谈会上,习近平总书记要求加强中国特色的话语体系建设。对于国营、国有、私营、民营这些话语的变化,我们就很有必要研究和反思。

当今世界同马克思、列宁、毛泽东所处的时代相比,虽然发生了巨大而深刻的变化,但仍然处于马克思主义指明的由资本主义向社会主义过渡的时代没有变;世界社会主义运动虽然仍处在低潮,但正如邓小平1992年指出的,社会主义的曲折会使"人民经受锻炼,从中吸取教训,将促使社会主义向着更加健康的方向发展"④。美国对中国的新遏制政策短时间内不会改变。这种遏制当然会给我们造成某些损失,但它过去未能今天也不可能阻挡中国社会主义前进的步伐,相反,只会起到提高人民觉悟、增强自主创新能力、促进经济结构调整、壮大中国综合国力的作用。习近平总书记反复提醒中国共产党人:"革命理想高于天"⑤,"不要忘记我们是革命者"⑥,"不要丧失了革命精神"⑦。我们要"充分认识新

①《坚持党对国有企业的领导不动摇 开创国有企业党的建设新局面》,《人民日报》2016年10月12日。

②《理直气壮做强做优做大国有企业 尽快在国企改革重要领域和关键环节取得新成效》,《人民日报》2016年7月5日。

③《中国共产党第十九次全国代表大会文件汇编》,人民出版社2017年版,第27页。

④《邓小平文选》第3卷,人民出版社1993年版,第383页。

⑤《十八大以来重要文献选编》(上),中央文献出版社2014年版,第116页。

⑥ 习近平:《在纪念周恩来同志诞辰120周年座谈会上的讲话》,《人民日报》2018年3月2日。

⑦《以时不我待只争朝夕的精神投入工作 开创新时代中国特色社会主义事业新局面》,《人民日报》2018年1月6日。

形势下改革开放的时代性、体系性、全局性"①，用更加坚定的共产主义理想信念和革命精神，抵御和克服来自国际国内的各种风险、挑战，做好新时代中国特色社会主义的各项工作，走好我们这一代人的长征路，为中华民族的伟大复兴，为世界社会主义运动的逐步复苏，为人类社会的美好明天，继续贡献自己的力量。

①《高举新时代改革开放旗帜 把改革开放不断推向深入》，《人民日报》2018 年 10 月 26 日。

新时代与中国当代史的
阐释和总结

新时代十年伟大变革在新中国史上的里程碑意义 *

习近平总书记在党的二十大报告中指出，党的十八大至今的十年来，我们党采取一系列战略性举措，推进一系列变革性实践，实现一系列突破性进展，取得一系列标志性成果，并且从 16 个方面系统阐述了这些举措、实践、进展和成果，在此基础上作出了关于"新时代十年的伟大变革，在党史、新中国史、改革开放史、社会主义发展史、中华民族发展史上具有里程碑意义"[1] 的重要论断。这一论断对于人们深刻认识新时代十年的历史性变化，把思想和行动进一步统一到习近平新时代中国特色社会主义思想上来，明确坚持和发展中国特色社会主义的前进方向，增强对中国特色社会主义事业的坚定信念和必胜信心，具有十分重要而深远的意义；而且，对于人们充分认识党的十八大以来在新中国史和改革开放史上开启的新时期，进一步引领新中国史研究的深入开展，也具有十分重要而深远的意义。

给历史划分时期，即史学上所说的断限，面对社会形态不同的社会，主要看生产力和生产关系、经济基础和上层建筑在总体上有无较大变化；面对社会形态基本一致的社会，主要看历史有无出现新的阶段性特征。唯物辩证法告诉我们，世界上万事万物之所以千差万别，就因为事物内部具有矛盾的特殊性。毛泽东说，人们要研究一个大系统的物质运动形式，就要"研究每一个物质运动形式在其发展长途中的每一个过程的特殊的矛盾及其本质"[2]。他还说过："有比较才能鉴别。"[3] "科学研

---

* 本文曾刊于《马克思主义研究》2023 年第 1 期，原标题为《充分认识新时代十年伟大变革在新中国史上的里程碑意义》。

① 习近平：《高举中国特色社会主义伟大旗帜　为全面建设社会主义现代化国家而团结奋斗——在中国共产党第二十次全国代表大会上的报告》，人民出版社 2022 年版，第 15 页。

②《毛泽东选集》第 1 卷，人民出版社 1991 年版，第 310 页。

③《毛泽东文集》第 7 卷，人民出版社 1999 年版，第 280 页。

究要从质之特点的认识入手。"① 我们只要把新时代的十年与改革开放已经经历过的几个历史阶段进行比较便不难看出，党的十八大之后，无论是在治国理政的理念方面，还是在社会主义现代化建设的实践方面，无论是在经济、政治、文化、社会、生态文明建设方面，还是在体制改革、国家安全、党的自身建设的方针和做法方面，的确都发生了明显而深刻的变化，呈现出鲜明的阶段性特征，标志着新中国史和改革开放史都进入了一个新时期。如果不做这种比较，就很难看出新时代十年与以往各个历史时期有什么不同，也难以弄清楚新时代究竟新在哪里。

对于新时代十年在新中国史上的阶段性特征，我感受最深的有七个方面。

一、在治国理政的理念上，更加突出人民至上、以人民为中心

中国共产党自从诞生起，就把为人民服务当作自己的神圣宗旨。执掌全国政权后，我们党也一直把为人民服务作为自己执政的最高理念。党的十八大后，以习近平同志为核心的党中央反复强调要坚持人民至上、以人民为中心，这与为人民服务的宗旨既一脉相承，又根据实际情况的变化，在内涵和针对性上有所深化和创新，是为人民服务宗旨在新时代新条件下的具体化。

我们党讲为人民服务，在革命战争年代，主要针对的是个人主义、小团体主义，即把个人利益置于人民利益之上的思想和行为。新中国成立后，我们党成为全国的执政党，党员特别是党的各级干部手中有了一定权力，这时强调为人民服务，除了一般性地针对个人主义外，主要针对的是官僚主义和以权谋私。改革开放后，我国实行了以公有制为主体、多种所有制经济共同发展的基本经济制度和按劳分配为主体、多种分配方式并存的分配制度，确立了社会主义市场经济，鼓励和支持非公有制经济发展，把对外开放确立为一项基本国策，包括国外资本在内的私人资本成为被允许、鼓励参与分配的生产要素，并

---

① 《毛泽东哲学批注集》，中央文献出版社 1988 年版，第 181 页。

出现了资本市场、资本交易和亿万财富的拥有者。在这种情况下，我们的一些党员、干部尤其个别领导干部经受不住改革开放、市场经济、外部环境的考验，以权谋私变成了赤裸裸的权钱交易。他们一手接受私人资本拥有者的贿赂，一手为私人资本的非法经营与牟利大开方便之门。他们的所作所为不仅损害了党的形象，严重破坏了党群关系，也助长了资本的无序扩张、野蛮生长，严重破坏了社会主义市场经济的正常秩序和健康发展，扩大了贫富差距，危及社会主义制度的安全。党的二十大报告中说，十年前"党内和社会上不少人对党和国家前途忧心忡忡"①。联系到邓小平在改革开放初期讲过的"现在有人担心中国会不会变成资本主义。这个担心不能说没有一点道理"②，我理解，报告中说的"忧心忡忡"，最大的忧主要就集中在这个问题上。

党的十八大以来，习近平总书记一再强调坚持人民至上、以人民为中心，其针对的虽然仍包括个人主义和以权谋私，但更大程度上针对的是资本至上、以资本为中心。习近平总书记指出，既要看到和发挥资本在促进生产力发展方面的积极作用，又要警惕和防范资本的无序扩张。他强调："在社会主义市场经济条件下规范和引导资本发展，既是一个重大经济问题、也是一个重大政治问题，既是一个重大实践问题、也是一个重大理论问题，关系坚持社会主义基本经济制度，关系改革开放基本国策，关系高质量发展和共同富裕，关系国家安全和社会稳定。"③明白了这个道理，再回过头来学习习近平总书记关于坚持人民至上、以人民为中心的一系列重要讲话，就会感受更加真切，领会更加透彻。就是说，我们的经济社会发展也好，体制改革也罢，必须是坚持人民至上、以人民为中心，而绝不能资本至上、以资本为中心，否则就成了资本主义政党、资本主义国家。

① 习近平：《高举中国特色社会主义伟大旗帜 为全面建设社会主义现代化国家而团结奋斗——在中国共产党第二十次全国代表大会上的报告》，人民出版社 2022 年版，第 5 页。

②《邓小平文选》第 3 卷，人民出版社 1993 年版，第 111 页。

③《依法规范和引导我国资本健康发展 发挥资本作为重要生产要素的积极作用》，《人民日报》2022 年 5 月 1 日。

习近平同志在党的十八届一中全会上被选举为中央委员会总书记后，在首次公开讲话时就鲜明提出："人民对美好生活的向往，就是我们的奋斗目标。"①从那时起，以习近平同志为核心的党中央便围绕人民对美好生活的向往，提出了一系列施政方针，实行了一系列政策措施。

比如，明确提出以人民为中心的发展思想，统筹推进经济、政治、文化、社会和生态文明建设的"五位一体"总体布局，协调推进全面建成小康社会、全面深化改革、全面依法治国、全面从严治党的"四个全面"战略布局。

又如，要求把增进民生福祉作为发展的根本目的，把促进社会公平正义、增进人民福祉作为经济体制改革的出发点和落脚点，在改革中抓住人民最关心最直接最现实的利益问题，让人民有更多、更直接、更实在的获得感、幸福感、安全感。

再如，发动和组织脱贫攻坚战，使 960 多万贫困人口易地搬迁，近一亿农村贫困人口全部脱贫，832 个国家级贫困县全部摘帽，近 13 万个贫困村全部出列，完成了消除绝对贫困的任务，实现了中国共产党在成立 100 年时全面建成小康社会的庄严承诺。

所有这些理念和举措，大大改善了党和人民群众的关系，在很大程度上恢复和重塑了人民群众对党和政府的信任，巩固和增强了人民群众对中国特色社会主义的信念和对国家美好未来的信心，这是新时代十年所有变革中最大的变革。

二、在政治建设上，更加突出坚持中国共产党的全面领导

改革开放以来，党和国家领导制度的改革成为政治体制改革的重要内容。这一改革原本是为保持党和国家的活力、克服官僚主义和提高工作效率，调动基层和群众积极性，从而有利于巩固中国共产党领导，有利于在社会主义制度下发展生产力，但有人却乘机鼓吹西方的民主化和所谓"普世价值"观、"宪政"民主，主张实行多党制、三权分立、两

---

①《十八大以来重要文献选编》（上），中央文献出版社 2014 年版，第 70 页。

院制，提出"党大还是法大"等伪命题，一度在坚持党的领导和依法治国的关系问题上造成一定程度的思想混乱。

针对上述倾向，习近平总书记指出："要推动全党把坚持正确政治方向贯彻到谋划重大战略、制定重大政策、部署重大任务、推进重大工作的实践中去，经常对表对标，及时校准偏差，坚决纠正偏离和违背党的政治方向的行为，确保党和国家各项事业始终沿着正确政治方向发展"。[①]事实说明，解决党的领导虚化、弱化的问题，就是新时代用正确的政治方向"对表对标、校准偏差"的重大成果。

（一）强调中国共产党领导是中国特色社会主义最本质的特征

习近平总书记指出，党的十八大后，我们面临"主要的挑战还是党的领导弱化和组织涣散、纪律松弛。不改变这种局面，就会削弱党的执政能力，动摇党的执政基础，甚至会断送我们党和人民的美好未来。党的十八大之前有很多党内的同志和广大人民群众有所担忧，也就是在这里"[②]。对于为什么出现这种情况，习近平总书记通过分析指出："改革开放以后，我们曾经讨论过党政分开问题，目的是解决效率不高、机构臃肿、人浮于事、作风拖拉等问题。应该说，在这个问题上，当时我们的理论认识和实践经验都不够，对如何解决好我们面临的国家治理体系和治理能力问题是探索性的。"换句话说，就是当时我们理论认识和实践经验不足，在探索党政关系的过程中，把它简单理解成了"党政分开"。习近平总书记指出："党的领导地位和执政地位是紧密联系在一起的。党的集中统一领导权力是不可分割的。不能简单讲党政分开或党政合一，而是要适应不同领域特点和基础条件。"[③]正因为如此，党的十八大以来，"我们采取一系列重大措施，纠正了一个时期以来的模糊和错误认识，扭转了一些地方和部门存在的党的领导弱化、党的建设缺失现

①《十九大以来重要文献选编》（上），中央文献出版社 2019 年版，第 537 页。
②《习近平关于全面从严治党论述摘编》，中央文献出版社 2021 年版，第 60—61 页。
③《十九大以来重要文献选编》（上），中央文献出版社 2019 年版，第 277 页。

象,使党的领导得到全面加强"①。在这一思想认识的指导下,过去企事业单位被取消的党委领导体制逐渐得到恢复,就连中小学校也重新建立了党支部领导下的校长负责制,凡有一定数量党员的民营企业更是普遍建立了党的基层组织。

对于为什么必须坚持中国共产党领导的问题,习近平总书记也给予了明确回答。他说:"'治国犹如栽树,本根不摇则枝叶茂荣。'我们治国理政的本根,就是中国共产党的领导和我国社会主义制度。在这一点上,必须理直气壮、旗帜鲜明。"②他强调,"中国共产党的领导是中国特色社会主义最本质的特征"③,"中国最大的国情"④,"我们的最大制度优势"⑤,"我国社会主义政治制度优越性的一个突出特点","中国人民、中华民族的一大幸事"⑥;"坚持和完善党的领导,是党和国家的根本所在、命脉所在,是全国各族人民的利益所在、幸福所在"⑦。根据党的十九大的建议,2018年第十三届全国人民代表大会第一次会议通过的宪法修正案,将"中国共产党领导是中国特色社会主义最本质的特征"加入了宪法第一条第二款。把党的领导直接写入宪法正文,相比过去只写在宪法序言中,显然具有更大的政治意义、实践意义和制度意义,是对中国特色社会主义认识深化的具体体现。

(二)强调中国共产党的领导是全面的具体的领导

党的十八大后,习近平总书记针对党的领导一度被弱化、虚化的现象指出:"加强党对一切工作的领导,这一要求不是空洞的、抽象的,要在各方面各环节落实和体现。"⑧他强调:"党的十八大以来,我

---

① 《习近平关于全面从严治党论述摘编》,中央文献出版社2021年版,第67页。
② 《十九大以来重要文献选编》(上),中央文献出版社2019年版,第275页。
③ 《十八大以来重要文献选编》(中),中央文献出版社2016年版,第54页。
④ 《习近平关于全面从严治党论述摘编》,中央文献出版社2021年版,第55页。
⑤ 《十九大以来重要文献选编》(上),中央文献出版社2019年版,第272页。
⑥ 《习近平关于社会主义政治建设论述摘编》,中央文献出版社2017年版,第31、32页。
⑦ 《十八大以来重要文献选编》(下),中央文献出版社2018年版,第355页。
⑧ 《十九大以来重要文献选编》(上),中央文献出版社2019年版,第272页。

们对坚持党的领导不仅在理论上有了新认识，而且在实践中有了新探索，完善了党对一切工作领导的体制机制。我们要把坚持党的领导贯彻和体现到改革发展稳定、内政外交国防、治党治国治军各个领域各个方面，确保党始终总揽全局、协调各方。"①从一系列有关论述中可以看出，除人大、政府、政协、监察机关、审判机关、检察机关、人民团体、企事业单位、社会组织以及武装力量等工作领域、系统和部门之外，需要坚持和加强党的领导的还有国家安全、新闻媒体、网络信息、高等教育、农业农村、机构编制、军民融合、民族宗教、金融、党校等系统和部门。习近平总书记强调："党政军民学，东西南北中，党是领导一切的。""党和国家大政方针的决定权在党中央，必须以实际行动维护党中央一锤定音、定于一尊的权威。党的任何组织和成员，无论在哪个领域、哪个层级、哪个单位，都要服从党中央集中统一领导。"他同时指出："强调坚持党中央权威和集中统一领导，不是说不要民主集中制了，不要发扬党内民主，把这两者对立起来是不对的。"②党的领导"是谋大事、议大事、抓大事"，"不是事无巨细都抓在手上"③。

（三）强调中国共产党的领导是社会主义法治最根本的保证

党的十八大后，我们党比以往任何时候都更加重视依法治国，专门召开中央全会讨论全面推进依法治国的问题，指出依法治国的"总目标是建设中国特色社会主义法治体系，建设社会主义法治国家"④；同时，比以往任何时候都更加重视在推进依法治国过程中加强党的领导，强调党的领导"是社会主义法治的根本要求"⑤，"最根本的保证"⑥，"是全面推

---

① 习近平：《论党的宣传思想工作》，中央文献出版社 2020 年版，第 314 页。
②《十九大以来重要文献选编》（上），中央文献出版社 2019 年版，第 272、275、276 页。
③《十九大以来重要文献选编》（中），中央文献出版社 2021 年版，第 130 页。
④《十九大以来重要文献选编》（上），中央文献出版社 2019 年版，第 357 页。
⑤《习近平关于全面依法治国论述摘编》，中央文献出版社 2015 年版，第 23 页。
⑥《十九大以来重要文献选编》（上），中央文献出版社 2019 年版，第 621 页。

进依法治国的题中应有之义"①，二者"是一致的"②。针对一些人提出"党大还是法大"的问题，习近平总书记在多个场合明确指出："'党大还是法大'是一个政治陷阱，是一个伪命题；对这个问题，我们不能含糊其辞、语焉不详，要明确予以回答。党的领导和依法治国不是对立的，而是统一的。"③他说："党的领导是中国特色社会主义法治之魂，是我们的法治同西方资本主义国家的法治最大的区别。离开了中国共产党的领导，中国特色社会主义法治体系、社会主义法治国家就建不起来。我们全面推进依法治国，绝不是要虚化、弱化甚至动摇、否定党的领导。"④总之，党的领导、人民当家作主、依法治国是统一的，"三者统一于我国社会主义民主政治伟大实践"⑤。

三、在经济建设上，更加突出发展的平衡性、协调性、务实性、创新性和可持续性

党的十八大以来，在经济发展理念和思路上同样发生了明显变化。这种变化主要表现在经济增长方式和发展战略以及对外开放的指导方针方面。

（一）在经济增长方式上的变化

改革开放以来，乃至改革开放之前的很长时间里，在发展经济方面总的倾向是强调速度要快。尽管有时也讲要注意质量、效益，要又好又快，但实际做起来，往往还是把速度放在质量、效益之前，把快放在好之前，更鲜有把"稳"作为"进"的前提的。然而，自党的十八大以来，习近平总书记反复强调，中国经济呈现出"从高速增长转为中高速增长"的新常态，说这是"当前和今后一个时期我国经济发展的大逻辑"，

①《习近平关于全面依法治国论述摘编》，中央文献出版社 2015 年版，第 23 页。
②《十八大以来重要文献选编》（中），中央文献出版社 2016 年版，第 146 页。
③ 习近平：《坚定不移走中国特色社会主义法治道路 为全面建设社会主义现代化国家提供有力法治保障》，《求是》2021 年第 5 期。
④《习近平关于社会主义政治建设论述摘编》，中央文献出版社 2017 年版，第 31—32 页。
⑤《十九大以来重要文献选编》（上），中央文献出版社 2019 年版，第 26 页。

"是我国经济发展阶段性特征的必然反映，是不以人的意志为转移的"。^①如果"仍然想着过去的粗放型高速发展，习惯于铺摊子、上项目，就跟不上形势了"^②。他提出"稳中求进"应当成为我们工作的总基调，并提出"创新、协调、绿色、开放、共享"的新发展理念，又把生态文明建设与过去提出的经济、政治、文化、社会建设合在一起，形成"五位一体"总体布局。

与经济发展新常态联系在一起的另一个问题，是经济结构的战略性调整。新中国成立以来，在供给和需求两方面，长期以来都是人、财、物短缺，供给满足不了需求，因此，供给侧的问题往往被供不应求所掩盖。然而，通过持续不断的建设与体制机制的改革，矛盾的主要方面逐渐转化，开始出现了传统产能过剩和需求不足的状况。过去，人们对这个变化的认识不够，应对措施也不到位。党的十八大以来，习近平总书记明确指出，供给和需求的矛盾性质发生了变化，供给满足不了需求，已经从过去的数量问题变成了质量、品种、服务等结构性问题，因此，要适应和引领新常态，"在适度扩大总需求的同时，着力加强供给侧结构性改革"^③，"去产能、去库存、去杠杆、降成本、补短板"^④，通过产业结构的优化升级和高质量发展，适应社会主要矛盾的变化。

（二）在经济发展战略上的变化

党的十八大以来，在经济发展战略和安排部署上，与过去相比也有许多新的重大变化。

例如，在发展战略的目标上，自从 1964 年三届全国人大一次会议提出农业、工业、国防和科学技术的"四个现代化"后，为"四化"奋斗一直是动员全国人民的口号。党的十八大后，考虑到半个世纪以来中

---

①《习近平关于社会主义经济建设论述摘编》，中央文献出版社 2017 年版，第 74、79—80、79 页。

②《十八大以来重要文献选编》（中），中央文献出版社 2016 年版，第 245 页。

③《习近平关于社会主义经济建设论述摘编》，中央文献出版社 2017 年版，第 87 页。

④《十八大以来重要文献选编》（下），中央文献出版社 2018 年版，第 175 页。

国和世界发展的情况，以习近平同志为核心的党中央在原有"四化"的基础上，进一步提出了新型工业化、信息化、城镇化、农业现代化的"新四化"目标。

在发展战略的安排上，改革开放后，党中央从实际情况出发，把原先提出的在 20 世纪末实现"四化"，改为 20 世纪 80 年代末达到温饱水平，20 世纪末达到总体小康水平，到 21 世纪中叶达到中等发达国家水平的"三步走"。进入 21 世纪后，又提出经过两个 10 年全面建成小康社会，到 21 世纪中叶基本实现现代化。党的十九大站在我国发展新的历史起点上，对全面建成小康社会后的 30 年作出"两步走"的战略安排：第一步，从 2020 年到 2035 年，基本实现社会主义现代化；第二步，从 2035 年到 21 世纪中叶，全面建成社会主义现代化强国。

在发展战略的部署上，党的十九大提出建设现代化经济体系，包括建设创新引领、协同发展的产业体系，统一开放、竞争有序的市场体系，体现效率、促进公平的收入分配体系，彰显优势、协调联动的城乡区域发展体系，资源节约、环境友好的绿色发展体系，多元平衡、安全高效的全面开放体系，以及充分发挥市场作用、更好发挥政府作用的经济体制。

在发展创新引领、协同发展的产业体系上，党的十八大以来提出重点发展实体经济、科技创新、现代金融、人力资源。在实体经济中，主要发展先进制造业和互联网、大数据、人工智能的融合；在科技创新中，主要建立健全关键核心技术攻关的新型举国体制，健全国家实验室体系，实施体现国家战略意图的重大科技项目；在区域发展方面，继已经实施的西部大开发、振兴东北老工业基地、促进中部崛起等重大战略之后，又推出京津冀协同发展、长江经济带发展、粤港澳大湾区建设、长三角一体化发展、黄河流域生态保护和高质量发展，以及成渝地区双城经济圈等新的区域发展战略。同时，着手巩固拓展脱贫攻坚成果同乡村振兴的有效衔接，加快推进农业农村现代化。

在发展的总体布局上，面对世界百年未有之大变局和 2008 年国际金融危机以来世界经济复苏乏力、经济全球化退潮、贸易保护主义抬头、美国对华战略打压力度一再增强、经贸摩擦不断加剧的形势，党中央于 2021 年初提出要加快形成以国内大循环为主体、国内国际双循环相互促进的新发展格局，推进高质量发展，特别强调要打造更多知名品牌，攻克核心技术，调节国内收入分配格局，保证我国经济进一步立于不败之地。

（三）在对外开放指导方针上的变化

根据改革开放后市场、资源"两头在外"的需要，以及近些年来建设能力增强、资金状况充裕的情况，习近平总书记在对外开放方面提出了建设"一带一路"的国际合作倡议。从 2013 年到 2021 年的 8 年间，中国已与 171 个国家和国际组织签署了共建"一带一路"合作协议，建立了亚洲基础设施投资银行，开通了连接亚洲乃至欧洲的公路和陆海联运通道 13 条、铁路 8 条，实施了包括能源、交通、矿产、农机、农产品加工、医药、生物、新材料及金融、文化等在内的 3000 多个项目。

为了扩大开放和提升开放水平，自 2013 年 9 月 29 日中国（上海）自由贸易试验区成立以来，十年间我国先后建立了 21 个自贸试验区，截至 2022 年 2 月，与 26 个国家和地区签署了 19 个自贸协定，其中有占全球生产总值和外贸总额 30% 左右的区域全面经济伙伴关系协定（RCEP），形成了陆海内外联动、东西双向互动的新开放格局。同时，转变对外贸易的增长方式，提高对外贸易的效益；积极有效地利用外资，更加注重引进先进技术和高素质人才。目前，中国对世界经济增长的贡献率已超过 30%，成为世界经济增长的主要动力源和稳定器。

四、在文化建设上，更加强调维护马克思主义在意识形态领域的指导地位，要求同各种错误倾向和社会思潮作斗争

（一）号召理直气壮地巩固马克思主义的指导地位

以马克思主义为指导是中国共产党章程和中华人民共和国宪法明文

规定的，是我们立党立国、兴党兴国的根本指导思想。然而，改革开放后，一些人却打着"解放思想"的旗号，散布"马克思主义过时论"，造成"在有的领域中马克思主义被边缘化、空泛化、标签化，在一些学科中'失语'、教材中'失踪'、论坛上'失声'"①。针对这种现象，习近平总书记旗帜鲜明地指出："宣传思想工作就是要巩固马克思主义在意识形态领域的指导地位。""党校、干部学院、社会科学院、高校、理论学习中心组等都要把马克思主义作为必修课，成为马克思主义学习、研究、宣传的重要阵地。"②他尤其强调"党校姓党"，说"党校特别是中央党校要坚持以马克思主义为指导"。③他还指出："坚持以马克思主义为指导，是当代中国哲学社会科学区别于其他哲学社会科学的根本标志，必须旗帜鲜明加以坚持。""我国哲学社会科学的一项重要任务就是继续推进马克思主义中国化、时代化、大众化。"④在习近平总书记的指导下，全国高校普遍成立了马克思主义学院。他郑重告诫人们："马克思列宁主义、毛泽东思想一定不能丢，丢了就丧失根本。"⑤

（二）要求毫不含糊地同各种错误思潮作斗争

党的十八大之前一个很长时期，意识形态工作中有一个占据主导地位的提法，叫作"不争论"，还说这是邓小平讲的。实际上，邓小平讲的是在改革开放的做法上不要搞争论，以免"把时间都争掉了，什么也干不成"，并不是讲在改革开放的方向问题上、在走社会主义道路还是资本主义道路的问题上也不争论。在这些问题上，他一直强调要反对资产阶级自由化，坚持改革的社会主义方向。用他自己的话说："反对资产阶级自由化，我讲得最多，而且我最坚持。"他还说："某些人所谓的改革，应该换个名字，叫作自由化，即资本主义化。他们'改革'的

①《习近平关于社会主义文化建设论述摘编》，中央文献出版社 2017 年版，第 76 页。
②《习近平关于社会主义文化建设论述摘编》，中央文献出版社 2017 年版，第 22 页。
③《习近平关于社会主义文化建设论述摘编》，中央文献出版社 2017 年版，第 68、69 页。
④《习近平关于社会主义文化建设论述摘编》，中央文献出版社 2017 年版，第 73、75 页。
⑤《习近平关于社会主义文化建设论述摘编》，中央文献出版社 2017 年版，第 59 页。

中心是资本主义化。我们讲的改革与他们不同，这个问题还要继续争论的。"①可见，"不争论"不是也不可能是邓小平在意识形态工作上的主张。

党的十八大后，习近平总书记针对以所谓"不争论""不炒热""让说话"等为幌子放弃意识形态斗争的现象，指出："坚持正面宣传为主，决不意味着放弃舆论斗争。敌对势力在那里极力宣扬所谓的'普世价值'。这些人是真的要说什么'普世价值'吗？根本不是，他们是挂羊头卖狗肉，目的就是要同我们争夺阵地、争夺人心、争夺群众，最终推翻中国共产党领导和中国社会主义制度。如果听任这些言论大行其道，指鹿为马，三人成虎，势必搞乱党心民心，危及党的领导和社会主义国家政权安全。"他强调说："对别有用心的人散布的政治谣言和奇谈怪论，我们的党员、干部耳朵根子不要软，不要听风就是雨。同时，我们不能默不作声，要及时反驳，让正确声音盖过它们。这与韬光养晦或不争论是两码事。"他要求，对一切错误的言行都要"敢抓敢管，敢于亮剑"，"有的放矢，正面交锋"。②

随着历史的发展，资产阶级自由化思潮中派生出的新自由主义、社会民主主义和历史虚无主义思潮逐渐显现，一度畅行无阻、甚嚣尘上。针对这些错误思潮，习近平总书记逐一给予了尖锐批判。例如，针对有人鼓吹西方"宪政"的言论，他指出："我国人民民主与西方所谓的'宪政'本质上是不同的。""推进国家治理体系和治理能力现代化，绝不是西方化、资本主义化！"③针对有人鼓吹西方价值观的言论，他指出："如果我们用西方资本主义价值体系来剪裁我们的实践，用西方资本主义评价体系来衡量我国发展，符合西方标准就行，不符合西方标准就是落后的陈旧的，就要批判、攻击，那后果不堪设想！最后要么就是跟在人家后面亦步亦趋，要么就是只有挨骂的份。"④他强调："如果'以洋为尊'、

①《邓小平文选》第3卷，人民出版社1993年版，第374、181、297页。

②《习近平关于社会主义文化建设论述摘编》，中央文献出版社2017年版，第27、209、27、34页。

③《习近平关于总体国家安全观论述摘编》，中央文献出版社2018年版，第25、24页。

④《习近平关于总体国家安全观论述摘编》，中央文献出版社2018年版，第34页。

'以洋为美'、'唯洋是从'，把作品在国外获奖作为最高追求，跟在别人后面亦步亦趋、东施效颦，热衷于'去思想化'、'去价值化'、'去历史化'、'去中国化'、'去主流化'那一套，绝对是没有前途的！"①针对历史虚无主义，他指出，这股思潮的要害"是从根本上否定马克思主义指导地位和中国走向社会主义的历史必然性，否定中国共产党的领导"②。他在2013年"1·5"重要讲话中强调，苏共下台、苏联解体的一个重要原因，就是意识形态领域出了问题，"搞历史虚无主义，思想搞乱了，各级党组织几乎没任何作用了"。联系到中国的情况，他着重提出要正确看待改革开放前后两个历史时期，指出："两者决不是彼此割裂的，更不是根本对立的。……不能用改革开放后的历史时期否定改革开放前的历史时期，也不能用改革开放前的历史时期否定改革开放后的历史时期。"他还说："正确处理改革开放前后的社会主义实践探索的关系，不只是一个历史问题，更主要的是一个政治问题。"③

党的十八大以来，习近平总书记高度重视宣传思想战线的作用。他指出："宣传思想阵地，我们不去占领，人家就会去占领。"他批评"一些单位和党政干部政治敏感性、责任感不强，在重大意识形态问题上含含糊糊、遮遮掩掩，助长了错误思潮的扩散"。他要求"宣传思想战线的同志要当战士、不当绅士，不做'骑墙派'和'看风派'，不能搞爱惜羽毛那一套"，要"以战斗的姿态、战士的担当，积极投身宣传思想领域斗争一线"。他强调："党性原则是党的新闻舆论工作的根本原则。党管宣传、党管意识形态、党管媒体是坚持党的领导的重要方面。党性原则不仅要讲，而且要理直气壮讲，不能躲躲闪闪、扭扭捏捏。""党管媒体，不能说只管党直接掌握的媒体。党管媒体是把各级各类媒体都置于党的领导之下……不能让党管媒体的原则被架空。"④

---

① 《十八大以来重要文献选编》（中），中央文献出版社2016年版，第135—136页。
② 《历史是最好的教科书》，《人民日报》2013年7月22日。
③ 《十八大以来重要文献选编》（上），中央文献出版社2014年版，第113、112、113—114页。
④ 《习近平关于社会主义文化建设论述摘编》，中央文献出版社2017年版，第30、35、45、40、42页。

（三）强调要旗帜鲜明地纠正文化界的偏向

我们党一向重视文艺工作和精神文明建设在革命事业中的作用，与此相关最有代表性的话就是毛泽东在 1943 年说的：我们党"有文武两个战线，这就是文化战线和军事战线"；有两支军队，即"拿枪的军队"和"文化的军队"。[①]所以，每当文化界出现偏向，党的领导人总要亲自出面做纠偏的工作。抗战时期的延安吸引了全国各地大批知识青年，使延安的文艺组织、文化刊物日益增多，一方面产生了大量革命的文艺作品，另一方面也出现了脱离工农兵、脱离现实生活的偏向。比如，有人只注重研究和表现小资产阶级知识分子的思想感情，看不起工农兵；只注重毫无批判地硬搬和模仿古人和外国人的作品，轻视和忽视普及工作；只热衷于"暴露黑暗"，不愿意歌颂革命人民的功德；等等。为了对这些现象加以整顿，党中央专门召开了文艺座谈会，毛泽东亲自到会，发表了著名讲话，要求文艺工作者必须深入群众和火热的斗争，反对抽象的人性论和抽象的爱，提倡革命的政治内容和尽可能完美的艺术形式的统一。

改革开放初期，受资产阶级自由化思潮的影响，文艺界出现了以"苦恋"为代表的伤痕文学和宣扬抽象人道主义、鼓吹"现代派"的思潮，以及热衷于写阴暗面、歪曲革命历史和现实的精神污染错误倾向。对此，邓小平发表了《党在组织战线和思想战线上的迫切任务》的讲话，在肯定文艺界成绩的前提下，严肃指出其中"还存在相当严重的混乱"[②]。他批评一些人对党中央提出的文艺为人民服务、为社会主义服务的口号表示淡漠，对党和人民的革命历史、对为社会主义现代化奋斗的英雄业绩缺少表现和歌颂的热忱；还有一些演员受"一切向钱看"歪风的影响，用庸俗低级的内容和形式捞钱。他指出，不能把开展批评同贯彻"双百"方针对立起来，"不管是什么专家、学者、作家、艺术家，

---

①《毛泽东选集》第 3 卷，人民出版社 1991 年版，第 847 页。
②《邓小平文选》第 3 卷，人民出版社 1993 年版，第 39 页。

只要是党员，都不允许自视特殊"①。在邓小平发表讲话后，尽管开展了清理精神污染的工作，但问题并没有得到解决，精神污染的现象依然时隐时现、时起时伏，在有的领域甚至变本加厉、愈演愈烈，成为我们党长期想解决而没有解决的问题之一。

进入新时代，以习近平同志为核心的党中央以高度的责任感和勇于担当的精神，召开了自20世纪40年代以来一直没有再开过的文艺座谈会。在会上，习近平总书记发表了重要讲话，指出："文艺事业是党和人民的重要事业，文艺战线是党和人民的重要战线。"②在肯定广大文艺工作者取得显著成绩的同时，他也开诚布公地批评了文艺创作方面存在的突出问题。比如，抄袭模仿、千篇一律、机械化生产、快餐式消费；调侃崇高、扭曲经典、颠覆历史、丑化人民群众和英雄人物；是非不分、善恶不辨、以丑为美，过度渲染阴暗面；搜奇猎艳、一味媚俗、低级趣味，把作品当作追逐利益的"摇钱树"和感官刺激的"摇头丸"；胡编乱写、粗制滥造、牵强附会，制造文化"垃圾"；追求奢华、过度包装、炫富摆阔，形式大于内容；热衷于所谓"为艺术而艺术"，只写一己悲欢、杯水风波，脱离大众、脱离现实；等等。他指出："凡此种种都警示我们，文艺不能在市场经济大潮中迷失方向，不能在为什么人的问题上发生偏差，否则文艺就没有生命力。"他强调："低俗不是通俗，欲望不代表希望，单纯感官娱乐不等于精神快乐。"③他说，在社会主义市场经济条件下，文艺作品不能不考虑经济效益。"然而，同社会效益相比，经济效益是第二位的，当两个效益、两种价值发生矛盾时，经济效益要服从社会效益，市场价值要服从社会价值。文艺不能当市场的奴隶，不要沾满了铜臭气。"④文艺批评"不能都是表扬甚至庸俗吹捧、阿谀奉承，不能套用西方理论来剪裁中国人的审美，更不能用简单的商业标准取代艺术标准，把文艺作品完全等同于普通商品，信奉'红包厚度

---

① 《邓小平文选》第3卷，人民出版社1993年版，第46页。
② 《十八大以来重要文献选编》（中），中央文献出版社2016年版，第118页。
③ 《十八大以来重要文献选编》（中），中央文献出版社2016年版，第124页。
④ 《十八大以来重要文献选编》（中），中央文献出版社2016年版，第132页。

等于评论高度'"①。他的话苦口婆心、切中时弊，让人产生一种久违了的感觉。

五、在体制改革的问题上，更加突出端正方向、注重实效、全面深化和促进公平

改革开放以来，有人宣扬"改革开放无方向论""政治体制改革滞后论""公有制效率低论"，鼓吹"应把国有资产量化到个人""要把公平放到次要位置""收入分配差距要继续扩大"等主张。这些谬论的要害在于，打着改革开放的旗号，只讲改革开放不讲四项基本原则，把党在社会主义初级阶段的基本路线中的"一个中心、两个基本点"相割裂，企图使改革开放脱离社会主义轨道；只讲初级阶段不讲社会主义，把社会主义初级阶段基本纲领与党的最高纲领相割裂，企图使初级阶段凝固化、永久化；只讲市场经济不讲宏观调控，把市场经济与社会主义基本制度相割裂，企图使经济体制的改革变成经济制度的根本改变；只讲让一部分人先富起来不讲共同富裕，把公平与效率相对立，企图使提高效率失去公平正义这个内在要求和出发点、落脚点。只要改革没有满足这些人的愿望，他们就制造舆论，胡说什么"改革停滞了""滞后了"。

上述谬论在一段时间里很是流行，迷惑了不少人，甚至一定程度上影响到政策的制定。对于这些谬论，习近平总书记在党的十八大后一针见血地指出："我们的改革开放是有方向、有立场、有原则的。我们当然要高举改革旗帜，但我们的改革是在中国特色社会主义道路上不断前进的改革。""应该改又能够改的坚决改，不应该改的坚决守住。""不能笼统地说中国改革在某个方面滞后。在某些方面、某个时期，快一点、慢一点是有的，但总体上不存在中国改革哪些方面改了，哪些方面没有改。问题的实质是改什么、不改什么，有些不能改的，再过多长时间也是不改。"②为了端正改革开放的正确方向，他提出了一系列重大原则。

---

① 《十八大以来重要文献选编》（中），中央文献出版社 2016 年版，第 138 页。
② 《习近平关于全面深化改革论述摘编》，中央文献出版社 2014 年版，第 14、19、15 页。

（一）要用四项基本原则端正改革的方向

习近平总书记提出："在事关坚持还是否定四项基本原则的大是大非和政治原则问题上，我们必须增强主动性、掌握主动权、打好主动仗。""无论改什么、怎么改，导向不能改，阵地不能丢。"① 在 2012 年 12 月党的十八届中央政治局集体学习时，他说："我们不能邯郸学步。世界在发展，社会在进步，不实行改革开放死路一条，搞否定社会主义方向的'改革开放'也是死路一条。"② 在庆祝改革开放 40 周年大会上的讲话中，他更加掷地有声地讲：要"牢牢把握改革开放的前进方向。改什么、怎么改必须以是否符合完善和发展中国特色社会主义制度、推进国家治理体系和治理能力现代化的总目标为根本尺度，该改的、能改的我们坚决改，不该改的、不能改的坚决不改。我们要坚持党的基本路线，把以经济建设为中心同坚持四项基本原则、坚持改革开放这两个基本点统一于新时代中国特色社会主义伟大实践，长期坚持，决不动摇"③。他还提醒大家："一些敌对势力和别有用心的人也在那里摇旗呐喊、制造舆论、混淆视听，把改革定义为往西方政治制度的方向改，否则就是不改革。他们是醉翁之意不在酒，'项庄舞剑，意在沛公'。对此，我们要洞若观火，保持政治坚定性，明确政治定位。"④

（二）要在改革中防范资本主义市场经济的弊端

习近平总书记指出："我们是在中国共产党领导和社会主义制度的大前提下发展市场经济，什么时候都不能忘了'社会主义'这个定语。之所以说是社会主义市场经济，就是要坚持我们的制度优越性，有效防范资本主义市场经济的弊端。"⑤ "市场在资源配置中起决定性作用，并不

① 《习近平关于社会主义文化建设论述摘编》，中央文献出版社 2017 年版，第 27、185 页。
② 《习近平关于全面深化改革论述摘编》，中央文献出版社 2014 年版，第 15 页。
③ 《十九大以来重要文献选编》（上），中央文献出版社 2019 年版，第 732 页。
④ 《习近平关于全面深化改革论述摘编》，中央文献出版社 2014 年版，第 19 页。
⑤ 《习近平关于社会主义经济建设论述摘编》，中央文献出版社 2017 年版，第 64 页。

是起全部作用。"① "市场起决定性作用，是从总体上讲的，不能盲目绝对讲市场起决定性作用，而是既要使市场在配置资源中起决定性作用，又要更好发挥政府作用。"②

针对所有制改革要不要坚持公有制主体地位的问题，他指出，"国有企业是推进国家现代化、保障人民共同利益的重要力量"③，要"坚定不移把国有企业做强做优做大"④。"公有制主体地位不能动摇，国有经济主导作用不能动摇。这是保证我国各族人民共享发展成果的制度性保证，也是巩固党的执政地位、坚持我国社会主义制度的重要保证。"⑤针对农村土地私有化的舆论，他强调："坚持农村土地农民集体所有。这是坚持农村基本经营制度的'魂'。""农村改革不论怎么改，不能把农村土地集体所有制改垮了"。⑥

改革开放后，在处理效率与公平的关系问题上，效率被长期摆在公平之上，如提出"效益优先，兼顾公平"。后来虽然有所调整，提出要"兼顾效率和公平"，但在实际工作中，仍然是优先考虑效率。对此，习近平总书记明确表示："全面深化改革必须以促进社会公平正义、增进人民福祉为出发点和落脚点。……如果不能给老百姓带来实实在在的利益，如果不能创造更加公平的社会环境，甚至导致更多不公平，改革就失去意义，也不可能持续。"他指出："要把促进社会公平正义、增进人民福祉作为一面镜子，审视我们各方面体制机制和政策规定，哪里有不符合促进社会公平正义的问题，哪里就需要改革；哪个领域哪个环节问题突出，哪个领域哪个环节就是改革的重点。"⑦

党的十一届三中全会后，随着对所有制问题上传统观念束缚的破除，对资本作为重要生产要素、市场配置资源工具、经济发展方式和手

---

① 《十八大以来重要文献选编》（上），中央文献出版社 2014 年版，第 500 页。
② 《习近平关于社会主义经济建设论述摘编》，中央文献出版社 2017 年版，第 57—58 页。
③ 《十八大以来重要文献选编》（上），中央文献出版社 2014 年版，第 501 页。
④ 《习近平关于社会主义经济建设论述摘编》，中央文献出版社 2017 年版，第 69 页。
⑤ 《习近平关于社会主义经济建设论述摘编》，中央文献出版社 2017 年版，第 63—64 页。
⑥ 《习近平关于"三农"工作论述摘编》，中央文献出版社 2019 年版，第 50、63 页。
⑦ 《十八大以来重要文献选编》（上），中央文献出版社 2014 年版，第 552—553、553 页。

段的一面有了新的认识，开始在社会主义制度下利用各类资本推动经济社会发展。与此同时，资本无序扩张、野蛮生长、不正当竞争的现象也逐渐暴露。党的十八大以来，对资本性质的理解逐步深化，对资本作用的认识更趋全面，对资本的把握更加深入，对资本运行的治理能力不断提高。习近平总书记指出："资本是带动各类生产要素集聚配置的重要纽带，是促进社会生产力发展的重要力量，要发挥资本促进社会生产力发展的积极作用。同时，必须认识到，资本具有逐利本性，如不加以规范和约束，就会给经济社会发展带来不可估量的危害。"①在这一思想的指引下，新时代十年来，党和政府既注重保障资本参与社会分配获得增殖和发展，更注重维护按劳分配的主体地位，同时全面落实公平竞争审查制度，健全资本发展的法律制度，加强资本领域的反垄断和反腐败，使各类资本不断得到健康发展。

（三）要把改革的着力点更多地放到共同富裕上

针对分配差距仍然较大的问题，习近平总书记指出，当前"分配不公问题比较突出，收入差距、城乡区域公共服务水平差距较大。在共享改革发展成果上，无论是实际情况还是制度设计，都还有不完善的地方"，必须"使全体人民朝着共同富裕方向稳步前进，绝不能出现'富者累巨万，而贫者食糟糠'的现象"。②针对有人反对在社会主义初级阶段强调共同富裕的言论，他表示："我国正处于并将长期处于社会主义初级阶段，我们不能做超越阶段的事情，但也不是说在逐步实现共同富裕方面就无所作为，而是要根据现有条件把能做的事情尽量做起来，积小胜为大胜，不断朝着全体人民共同富裕的目标前进。"③就是说，强调共同富裕，并不是要一步到位，而是要把工作着力点更多地放到共同富裕上，既量力而行，又尽力而为。他指出，人心向背并不仅仅取决于经

---

①《依法规范和引导我国资本健康发展 发挥资本作为重要生产要素的积极作用》，《人民日报》2022 年 5 月 1 日。

②《十八大以来重要文献选编》（中），中央文献出版社 2016 年版，第 827 页。

③《十八大以来重要文献选编》（下），中央文献出版社 2018 年版，第 169 页。

济发展："发展了，还有共同富裕问题。物质丰富了，但发展极不平衡，贫富悬殊很大，社会不公平，两极分化了，能得人心吗？"① 在党的十九大报告中，他提出在中国共产党成立 100 周年之前，要集中力量打赢脱贫攻坚战。当脱贫攻坚战打赢后，他又提出要把巩固拓展脱贫攻坚成果与乡村振兴有效衔接。2020 年在党的十九届五中全会上，他进一步强调，"必须把促进全体人民共同富裕摆在更加重要的位置"②。在庆祝中国共产党成立 100 周年大会上，他更加明确地指出，要"发展全过程人民民主，维护社会公平正义，着力解决发展不平衡不充分问题和人民群众急难愁盼问题，推动人的全面发展、全体人民共同富裕取得更为明显的实质性进展"③。在党的二十大上，他再次要求"紧紧抓住人民最关心最直接最现实的利益问题，坚持尽力而为、量力而行……扎实推进共同富裕"④。他重申，要努力提高居民收入在国民收入分配中的比重，提高劳动报酬在初次分配中的比重，并提出要"探索多种渠道增加中低收入群众要素收入"，要"规范收入分配秩序，规范财富积累机制"。⑤ 所有这些论述都说明，当前的重点是如何稳步推进共同富裕、逐步弥补收入差距过大的缺陷，防止出现"富者累巨万，而贫者食糟糠"的现象。平均主义和劫富济贫当然也要注意防止，但现在并不存在这样的问题，更不是我们党强调的重点。

六、在维护国家安全和推进国家统一大业上，更加突出忧患意识、底线思维和"不信邪、不怕鬼"的精神

自从列宁在 20 世纪初提出帝国主义论到今天，100 多年来的历史

---

① 习近平：《做焦裕禄式的县委书记》，中央文献出版社 2015 年版，第 35 页。

②《十九大以来重要文献选编》（中），中央文献出版社 2021 年版，第 784 页。

③ 习近平：《在庆祝中国共产党成立 100 周年大会上的讲话》，人民出版社 2021 年版，第 12 页。

④ 习近平：《高举中国特色社会主义伟大旗帜　为全面建设社会主义现代化国家而团结奋斗——在中国共产党第二十次全国代表大会上的报告》，人民出版社 2022 年版，第 46 页。

⑤ 习近平：《高举中国特色社会主义伟大旗帜　为全面建设社会主义现代化国家而团结奋斗——在中国共产党第二十次全国代表大会上的报告》，人民出版社 2022 年版，第 47 页。

反复证明，资本主义的确已从自由竞争阶段进入了垄断阶段，银行资本和工业资本的确已融合形成了金融资本基础上的金融寡头，资本输出的确已具有了特别重要的意义，革命和战争的确已成为帝国主义时代的伴生物。然而，当世界进入 20 世纪七八十年代，国际形势发生了许多明显变化，和平与发展逐渐取代战争与革命，成为时代的主要问题和突出特点。

基于国际形势的以上变化，邓小平在 20 世纪 80 年代中期，作出了关于和平与发展是当今世界两大突出问题的论述。邓小平的这一论述，是中国共产党对国际形势的新判断，也是实行改革开放政策、开辟中国特色社会主义道路的重要依据之一。根据这一判断，党中央后来在正式文件中把和平与发展概括为时代的两大问题，有时表述为时代的两大主题、两大课题或特征。正是从这个时代特征出发，党中央提出要抓住机遇、加快发展，在实施对外开放的战略中，把"引进来"和"走出去"相结合，充分利用国际国内两个市场、两种资源，并在 2001 年加入世界贸易组织，更全面地形成外向型经济发展格局。

进入 21 世纪以来，国际形势发生了许多具有新的历史特点的变化，使人类面临许多新的挑战。正是这些变化和挑战，引起党中央的高度警觉，对形势作出了一些新的判断。党的十八大后，以习近平同志为核心的党中央一方面肯定和平与发展仍然是时代主题，世界多极化、经济全球化、国际关系民主化的大方向没有改变，和平发展的大势不可逆转；另一方面指出世界面临的不稳定性不确定性愈益突出，我国发展面临的各种风险在不断增加甚至集中显露，"安全形势不稳定性不确定性增大"[1]，"来自外部的打压遏制随时可能升级"[2]。习近平总书记呼吁各国要携手构建人类命运共同体，相互尊重、平等协商，坚决摒弃冷战思维和强权政治，走对话而不对抗、结伴而不结盟的国与国交往新路；同时，要求国内把防范风险摆在更加突出的位置，树立和贯彻总体国家安全

---

[1]《贯彻落实党的二十大精神 全面加强练兵备战》，《人民日报》2022 年 11 月 9 日。

[2] 习近平：《高举中国特色社会主义伟大旗帜 为全面建设社会主义现代化国家而团结奋斗——在中国共产党第二十次全国代表大会上的报告》，人民出版社 2022 年版，第 26 页。

观，强调"要突出抓好政治安全、经济安全、国土安全、社会安全、网络安全等各方面安全工作"，"坚持以全球思维谋篇布局，坚持统筹发展和安全，坚持底线思维，坚持原则性和策略性相统一，把维护国家安全的战略主动权牢牢掌握在自己手中"，"努力开创国家安全工作新局面"。[①]

以上说明，面对世界正在经历的百年未有之大变局，党中央对国际形势有了新的判断，对国际战略作出了相应调整。这种战略调整，在以下几个方面表现得最为明显。

（一）确立新时代强军目标和军事战略方针

我们党一向重视武装斗争和军队建设。"枪杆子里面出政权"，"以武装的革命反对武装的反革命"，不仅是中国革命的特点，也是中国革命的经验。新中国成立后，在极其困难的条件下发展了"两弹一星"等尖端科技，从无到有地壮大了国防工业，把单一陆军发展为合成军队，使人民军队革命化现代化正规化水平不断提高，国防实力日益增强。党的十八大以来，党中央和中央军委在继承发扬人民军队光荣传统的同时，针对前一阶段出现的问题，进行了一系列整肃、改革、创新、优化。

首先，针对人民军队中党的领导在所谓"军队国家化"阴风背景下被弱化的问题，突出强调党对人民军队的绝对领导和党指挥枪的原则，召开古田全军政治工作会议，狠抓全面从严治军，果断决策整肃军队政治纲纪和作风纪律，以整风精神推进政治整训，深入推进军队党风廉政建设和反腐败斗争，推动人民军队政治生态根本好转。

其次，大力开展新中国成立以来最为广泛、最为深刻的国防和军队改革，重构人民军队领导指挥体制、现代军事力量体系、军事政策制度，形成军委管总、战区主战、军种主建的新格局，调整优化军事战略布局，壮大战略力量和新域新质作战力量，加强联合作战指挥体系和能力建设，构建三位一体新型军事人才培养体系，贯彻依法治军战略，推

[①]《习近平关于总体国家安全观论述摘编》，中央文献出版社 2018 年版，第 12、11 页。

进军人荣誉体系建设。

最后，牢固树立战斗力这个唯一的根本的标准，坚决把全军工作重心归正到备战打仗上，把全部精力向打仗聚焦，全部工作向打仗用劲，大抓实战化军事训练，加强练兵备战，提高打赢能力，纠治"和平积弊"。

（二）全面推进中国特色大国外交

党的十八大后，我们党在继续贯彻新中国独立自主、和平共处五项原则的同时，面对国际力量对比深刻调整、世界进入动荡变革期的变化和前所未有的外部风险挑战，一方面主动设置议题，对中国特色大国外交作出战略谋划，推动构建人类命运共同体；另一方面积极发扬斗争精神，把政治安全放在首位，坚决维护国家主权、安全和发展利益，坚决反对霸权主义、强权政治、霸凌行径、冷战思维，有力回击外部势力对我国内政的干涉，以及像"教师爷"般颐指气使的说教，抱着意识形态偏见，搞零和博弈，同时，维护海外中国公民和企业的正当权益，不断改善海外利益保护体系。

新时代十年来，中国高举和平、发展、合作、共赢的旗帜，推进和完善全方位、多层次、立体化的外交布局，推动建设新型国际关系和大国关系；坚持亲诚惠容、以邻为善、以邻为伴的方针，深化同周边国家的关系；秉持真实亲诚理念，加强同广大发展中国家的团结合作；深化政党交流合作，积极参与全球治理体系改革和建设，推动经济全球化朝着更加开放、包容、普惠、平衡、共赢的方向发展，越来越多地成为国际组织、国际会议、国际行动的发起者、倡导者、组织者，积极参与全球治理体系改革和建设，反对搞针对特定国家的阵营化和排他性小圈子；国际影响力、感召力、塑造力显著提升。在 2020 年全球暴发新冠疫情后，发起新中国成立以来最大规模的全球紧急人道主义救援行动，展现出负责任大国形象，赢得广泛国际赞誉。

（三）全面准确推进"一国两制"实践，贯彻新时代解决台湾问题的总体方略

港澳问题是中国近代史遗留的问题，老一辈革命家在新中国成立时考虑，暂由港英、葡澳当局掌控治权，有利于打破美国和西方对中国的封锁，等到日后条件成熟，随时可以收回。20世纪80年代，随着九龙半岛租期临近，邓小平综合考虑当时的国际国内形势，提出用"一国两制"解决港澳问题的构想，允许"港人治港"、"澳人治澳"、高度自治，并分别与英、葡政府达成协议。随后，于1997年和1999年先后实现了香港和澳门的顺利回归。然而，一个时期以来，香港"反中乱港"分子勾结国外反华势力，多次举行非法集会、游行，疯狂进行打砸烧等暴力破坏活动，甚至打出"港独"旗号，使香港局势一度出现严峻局面。面对这些情况，以习近平同志为核心的党中央沉着应对，强调必须全面准确贯彻"一国两制"、"港人治港"、高度自治，指出高度自治不是完全自治，要坚持以爱国者为主体的"港人治港"，发展壮大爱国爱港力量，增强香港同胞的国家意识和爱国精神。为了健全中央依照宪法和基本法对特别行政区行使全面管治权的制度，推动建立健全特别行政区维护国家安全的法律制度和执行机制，十三届全国人大常委会和十三届全国人大四次会议先后通过了香港特别行政区维护国家安全法和关于香港特别行政区选举制度的决定，还建立了中央人民政府驻香港特别行政区维护国家安全公署；香港特别行政区也依法设立了维护国家安全委员会，完善了公职人员宣誓制度。这些举措，解决了香港回归祖国后长期未纳入国家治理体系的问题，对于香港由乱转治、有效落实中央对香港的全面管治权、保障香港长治久安和长期稳定繁荣，具有重大而深远的意义，是香港回归祖国后在治权上的真正回归。

台湾问题是解放战争的遗留问题，老一辈革命家曾考虑过用"一国两制"的办法解决这个问题。改革开放后，我们党进一步提出和平统一方针，并按照"九二共识"实现了两岸"三通"。与此同时，我们党强调一个中国原则是两岸关系的政治基础，要尽最大努力争取和平统一前

景，但决不承诺放弃使用武力。自从"台独"分子上台后，台湾当局不断加剧分裂，使两岸关系和平发展势头受到严重冲击。进入新时代，我们党在对台工作方面提出一系列新的重要理念和重大政策主张，形成解决台湾问题的总体方略，牢牢把握两岸关系主导权和主动权。中国政府声明：绝不允许任何人、任何组织、任何政党、在任何时候、以任何形式、把任何一块中国领土从中国分裂出去。当美国高官窜访台湾后，中国人民解放军立即环绕台湾岛进行实弹演习，对挑衅行径予以坚决回击。这也是过去未曾有过的。

七、在执政党自身建设上，更加突出全面从严的主基调

中国共产党是中国社会主义现代化建设和中华民族伟大复兴的领导者、组织者，坚持和加强党的全面领导是中国特色社会主义事业的根本保证。这就决定了党通过自身建设，确保自己的无产阶级政党的先进性、纯洁性和为人民服务的宗旨始终不变，具有格外重要的意义。古人说："靡不有初，鲜克有终。"一个人如此，一个党更是这样。尤其像中国共产党这样一个大党，长期处于领导国家的核心地位，又面临改革开放的局面，如何经受执政、改革开放、市场经济、外部环境的考验，如何应对精神懈怠、能力不足、脱离群众、消极腐败的危险，如何做到始终"不变质、不变色、不变味"，的确是必须时刻面对的严重问题。这个问题解决不好，不要说无法保持朝气蓬勃，就连领导资格也会丧失。而要解决这个问题，唯一的办法就是不断自我净化、自我完善、自我革新、自我提高。

当年延安整风时，毛泽东讲过："有许多党员，在组织上入了党，思想上并没有完全入党，甚至完全没有入党。……我们的队伍，虽然其中的大部分是纯洁的，但是为要领导革命运动更好地发展，更快地完成，就必须从思想上组织上认真地整顿一番。而为要从组织上整顿，首先需要在思想上整顿，需要展开一个无产阶级对非无产阶级的思想斗争。"他还说："房子是应该经常打扫的，不打扫就会积满了灰尘；脸是应该经常洗的，不洗也就会灰尘满面。我们同志的思想，我们党的工

作，也会沾染灰尘的，也应该打扫和洗涤。'流水不腐，户枢不蠹'，是说它们在不停的运动中抵抗了微生物或其他生物的侵蚀。"经常地检讨工作，开展批评与自我批评，"正是抵抗各种政治灰尘和政治微生物侵蚀我们同志的思想和我们党的肌体的唯一有效的方法"。①这些论述说明，要保持党的先进性、纯洁性，防止党员思想蜕化、脱离群众，没有别的办法，只能通过不断开展批评与自我批评，经常进行思想、作风和组织整顿。

中国共产党成立后，有很长时间处在地下或游击战争状态，开展批评与自我批评、自我整顿，难以在大范围进行。直到抗战后期，根据地相对稳定了，才得以以延安为中心在全党范围开展了一场大规模整风运动。正是这场运动，为抗日战争的最后胜利和夺取全国政权奠定了思想政治基础。

新中国成立初期，针对全国执政后已经出现和可能出现的新情况，我们党又先后开展了一系列整党整风运动。这些运动有的在指导思想上犯了"左"的错误，有的存在简单化、扩大化问题，留下大小不等的后遗症，但它们的目的都是为了加强党的自身建设，而且对党执政后防止腐化和脱离群众确实也起到了积极作用。

改革开放后，我们党吸取了过去的教训，不再搞那种疾风暴雨的运动式整风，但并没有停止采用集中教育的方式进行党内思想斗争和作风整顿。仅1983年至2008年不到30年时间，就先后开展了整党、"三讲"教育、保持共产党员先进性教育、学习实践科学发展观等四次全党范围的集中教育活动。这些活动不同程度地解决了党员队伍中思想和作风不纯的问题，起到了在复杂环境下警钟长鸣的作用。但是，由于一度管党治党不严，一些组织软弱涣散，形式主义、官僚主义问题突出，不仅奢侈浪费严重的现象没有得到根本扭转，消极腐败现象愈演愈烈，甚至出现跑官要官、买官卖官等新中国历史上未曾有过的恶劣情形，引起广大党员和人民群众的强烈不满。

---

①《毛泽东选集》第3卷，人民出版社1991年版，第875、1096页。

党的十八大后，习近平总书记指出："改革开放和发展社会主义市场经济，改变了原有的资源配置方式和组织管理模式，越来越多的单位人变成社会人，各种复杂的人际关系和利益关系对党内生活带来不可低估的影响，引发了种种问题，组织观念薄弱、组织涣散就是其中一个需要严肃对待的问题。"①他说："我们当前主要的挑战还是党的领导弱化和组织涣散、纪律松弛。……十八大之前有很多党内的同志和广大人民群众有所担忧，也就是在这里。"他强调，当前的主要问题是："管党治党、执行纪律失之于宽、失之于松、失之于软。"②

为了解决"宽、松、软"的问题，党中央自十八大后，首先从中央自身立规矩做起，从制定和落实"八项规定"开局破题，陆续出台一系列措施和制度。从那时起直至党的二十大前，在全党或县处级以上干部中连续开展了党的群众路线教育实践活动，"三严三实"专题教育，"两学一做"学习教育，"不忘初心、牢记使命"主题教育，以及包括召开民主生活会环节在内的党史学习教育等活动。从这些年的实践看，以习近平同志为核心的党中央在抓党的自身建设上，与过去相比最为突出的有以下两点。

（一）以前所未有的力度进行理想信念教育

在我们党的历史上，特别是新中国成立以来，虽然也很重视对党员进行理想信念教育，但像新时代强调到如此程度的还未曾有过。其中一个重要原因就在于，改革开放后出现的那些腐败分子之所以堕入犯罪深渊，追根溯源，问题都出在理想信念这个"压舱石"动摇了，世界观、人生观、价值观这个"总开关"松动了，在个人至上、金钱至上、"普世价值"等资产阶级自由化思想面前吃了败仗。

改革开放前，我们党犯过急于进入共产主义的错误，给社会主义建设事业造成严重损失。改革开放后，党恢复了实事求是的马克思主义思

---

① 《十八大以来重要文献选编》（上），中央文献出版社 2014 年版，第 765 页。

② 《习近平关于严明党的纪律和规矩论述摘编》，中央文献出版社、中国方正出版社 2016 年版，第 9、67 页。

想路线，认识到我国由于经济基础落后，不仅社会主义将是一个漫长的历史阶段，而且在社会主义阶段中还存在一个很长的初级阶段。在这个阶段里，需要实行一些与生产力实际水平相适应的政策，包括发展私营经济、吸引国外资本等。然而，有人又走到另一个极端，认为共产主义遥遥无期，主张今后要少讲甚至不讲共产主义，只讲中国特色社会主义就行了；有人还提出，为了使资本家放心，中国共产党应当改名，比如叫人民党、劳动党、社会党；等等。受此影响，舆论界出现了一种怪现象，似乎谁讲共产主义谁就是"左"，就是反对改革，以至报刊、广播、电视等媒体中共产主义一词几乎绝迹。

党的十八大后，习近平总书记旗帜鲜明地指出："马克思主义政党不是因利益而结成的政党，而是以共同理想信念而组织起来的政党。建设坚强的马克思主义执政党，首先要从理想信念做起。"① 他批评说："在我们党员、干部队伍中，信仰缺失是一个需要引起高度重视的问题。在一些人那里，有的以批评和嘲讽马克思主义为'时尚'、为噱头；有的精神空虚，认为共产主义是虚无缥缈的幻想，'不问苍生问鬼神'，热衷于算命看相、求神拜佛，迷信'气功大师'；有的信念动摇，把配偶子女移民到国外、钱存在国外，给自己'留后路'，随时准备'跳船'；有的心为物役，信奉金钱至上、名利至上、享乐至上，心里没有任何敬畏，行为没有任何底线。"② 他在中央政治局民主生活会上强调："我们现在做的是社会主义初级阶段的事情，但不能忘记初衷，不能忘了我们的最高奋斗目标。在这个问题上，不要含糊其辞、语焉不详。含糊其辞、语焉不详是理想信念模糊甚至动摇的一种表现，好像这个东西太遥远，我们也拿不准，所以就不愿提及了。眼前的事情，我们看得到，所以敢提，社会主义初级阶段敢提，'两个一百年'敢提，全面建成小康社会二〇二〇年就能实现了，看得挺准，更敢提。我觉得，作为党章明确规定的内容，作为我们党一贯明确坚持的理想，我们要坚定信念，坚信它

---

① 习近平：《推进党的建设新的伟大工程要一以贯之》，《求是》2019 年第 19 期。
② 《习近平关于全面从严治党论述摘编》，中央文献出版社 2021 年版，第 162 页。

是具有科学性的。如果觉得心里不踏实，就去钻研经典著作，《共产党宣言》多看几遍。"①

针对"共产主义遥遥无期"的观点，习近平总书记指出："坚定理想信念，坚守共产党人精神追求，始终是共产党人安身立命的根本。对马克思主义的信仰，对社会主义和共产主义的信念，是共产党人的政治灵魂，是共产党人经受住任何考验的精神支柱。""我们党以马克思主义为立党之本，以实现共产主义为最高理想，以全心全意为人民服务为根本宗旨。这就是共产党人的本。没有了这些，就是无本之木。我们整个道路、理论、制度的逻辑关系就在这里。……改革开放以来，我们党带领全国各族人民开创和发展中国特色社会主义道路、中国特色社会主义理论体系、中国特色社会主义制度，都源于这个理想信念。立忠诚笃信之志，就是要坚定这个理想信念。"②他在纪念陈云同志诞辰 110 周年座谈会上，还引用陈云关于"共产主义遥遥有期，社会主义就是共产主义的第一阶段"的观点，指出："对马克思主义、共产主义的信仰，对社会主义的信念，是共产党人精神上的'钙'。没有理想信念，理想信念不坚定，精神上就会得'软骨病'，就会在风雨面前东摇西摆。"③

针对实现共产主义既然是很漫长的过程，为什么还要为之奋斗的观点，习近平总书记指出："实现共产主义是我们共产党人的最高理想，而这个最高理想是需要一代又一代人接力奋斗的。如果大家都觉得这是看不见摸不着的东西，没有必要为之奋斗和牺牲，那共产主义就真的永远实现不了了。我们现在坚持和发展中国特色社会主义，就是向着最高理想所进行的实实在在努力。"他还说：在党的历史中，"一代又一代共产党人为了追求民族独立和人民解放，不惜流血牺牲，靠的就是一种信仰，为的就是一个理想。尽管他们也知道，自己追求的理想并不会在自

①《习近平关于全面从严治党论述摘编》，中央文献出版社 2021 年版，第 168 页。
②《习近平关于全面从严治党论述摘编》，中央文献出版社 2021 年版，第 159、163—164 页。
③ 习近平：《在纪念陈云同志诞辰 110 周年座谈会上的讲话》，人民出版社 2015 年版，第 6 页。

己手中实现，但他们坚信，只要一代又一代人为之持续努力，一代又一代人为此作出牺牲，崇高的理想就一定能实现"。①

针对"要给共产党改名"的鼓噪，习近平总书记指出："国内外各种敌对势力，总是企图让我们党改旗易帜、改名换姓，其要害就是企图让我们丢掉对马克思主义的信仰，丢掉对社会主义、共产主义的信念。而我们有些人甚至党内有的同志却没有看清这里面暗藏的玄机，认为西方'普世价值'经过了几百年，为什么不能认同？西方一些政治话语为什么不能借用？接受了我们也不会有什么大的损失，为什么非要拧着来？"他说："中国共产党之所以叫共产党，就是因为从成立之日起我们党就把共产主义确立为远大理想。我们党之所以能够经受一次次挫折而又一次次奋起，归根到底是因为我们党有远大理想和崇高追求。"②为了坚定全党的共产主义信念，习近平总书记还多次率领中央政治局委员、常委，在党旗下重温入党誓词。

与理想信念紧密相关的一个问题是，共产党在执政后还是不是革命党，还要不要革命了。一如前述，改革开放后，"无产阶级专政下继续革命"理论被否定，有人以此为由，提出"共产党要实现由革命党向执政党转变"的谬论，成为一些意志薄弱者放弃理想信念的理论依据。党的十八大后，习近平总书记针对这种把"革命"当成贬义词的舆论，反复强调"革命理想高于天"，不断提醒大家"不要忘记我们是革命者"③，"不要丧失了革命精神"④，批评那种所谓中国共产党已从"革命党"转变成"执政党"的观点，指出我们党是马克思主义执政党，但同时也是马克思主义革命党。

---

① 《习近平关于全面从严治党论述摘编》，中央文献出版社 2021 年版，第 164—165、160 页。

② 《习近平关于"不忘初心、牢记使命"论述摘编》，党建读物出版社、中央文献出版社 2019 年版，第 79、80 页。

③ 习近平：《在纪念周恩来同志诞辰 120 周年座谈会上的讲话》，人民出版社 2018 年版，第 10 页。

④ 《习近平谈治国理政》第 3 卷，外文出版社 2020 年版，第 70 页。

（二）开展史无前例的反腐败斗争

党的十八大后，严厉整治形式主义、官僚主义、享乐主义和奢靡之风等"四风"，以"得罪千百人、不负十四亿"的使命担当祛疴治乱，以前所未有的力度开展反腐败斗争，惩处了包括中央政治局原常委、委员和中央军委原副主席在内的一大批高级干部中的腐败分子，真正做到了反腐败"无禁区、全覆盖、零容忍"。同时，在党的纪律检查系统之外，又设立国家各级监察委员会，建立对各级党政机关和企事业单位开展巡视的制度，层层落实管党治党的责任。在反腐败斗争中，还特别注意惩治政治问题和经济问题交织的腐败，防止领导干部成为利益集团和权势集团的代言人、代理人。同时，严肃查处领导干部配偶、子女及其配偶等亲属和身边工作人员利用影响力贪腐的问题，做到"打虎""拍蝇""猎狐"多管齐下，坚持受贿行贿一起查。这些举措使反腐败斗争取得压倒性胜利，消除了党、国家、军队内部存在的严重隐患，管党治党"宽、松、软"状况得到了根本好转，风清气正的党内政治生态不断形成和发展。习近平总书记在党的二十大报告中，对反腐败斗争又提出了新的任务，要求"惩治新型腐败和隐性腐败"。他指出，要坚决打赢反腐败斗争的攻坚战持久战，"只要存在腐败问题产生的土壤和条件，反腐败斗争就一刻不能停，必须永远吹冲锋号"[1]。

少数党员特别是党员领导干部之所以堕落为腐败分子，除了思想上的原因，也有经济上的原因。改革开放后，不断加大市场在经济中的调节作用，并鼓励私人资本和外国资本的发展。在这种情况下，商品交换的原则很容易渗透到党内生活中，各种物质利益也很容易产生诱惑作用，如果放松思想上的警惕，意志不坚定的人很容易掉进陷阱，成为资本的俘虏和代理人。因此，加强党的自身建设，防止和制止腐败蔓延，除了思想、作风、组织的整顿外，还必须从制度上入手，健全规章，堵塞漏洞。这就要求一方面毫不动摇地坚持公有制为主体、多种所有制共

---

[1] 习近平：《高举中国特色社会主义伟大旗帜 为全面建设社会主义现代化国家而团结奋斗——在中国共产党第二十次全国代表大会上的报告》，人民出版社2022年版，第69页。

同发展的基本经济制度和社会主义市场经济体制，在维护社会主义制度的前提下，充分发挥市场和资本的积极作用；另一方面，正确认识和警惕市场的缺陷和资本的特性，切断党员特别是领导干部与国内外私人资本之间可能出现的利益关联，制止党政机关和党员干部与私人资本之间搞权钱交易、官商勾结、利益输送。

习近平总书记在党的十八大后提出"亲""清"新型政商关系的概念，指出："对领导干部而言，所谓'亲'，就是要坦荡真诚同民营企业接触交往……所谓'清'，就是同民营企业家的关系要清白、纯洁，不能有贪心私心，不能以权谋私，不能搞权钱交易。"[①]在党的十九大报告中，他进一步指出，要"自觉抵制商品交换原则对党内生活的侵蚀"，"坚决防止党内形成利益集团"。[②]在庆祝中国共产党成立 100 周年大会上的讲话中，他重申党"没有任何自己特殊的利益"，鲜明指出，我们党"从来不代表任何利益集团、任何权势团体、任何特权阶层的利益。任何想把中国共产党同中国人民分割开来、对立起来的企图，都是绝不会得逞的"！[③]这些论述和做法，都是过去少见甚至未曾见过的，对作为执政党的中国共产党和整个社会产生了重要影响和明显作用。

除了以上列举的新时代十年在新中国史和改革开放史上呈现出的七个方面的阶段性特征外，从党中央关于中国特色社会主义进入了新时代、中国社会主要矛盾发生了新变化、中国社会主义初级阶段出现了新发展阶段的论断，也可以看出新中国史和改革开放史在党的十八大后确实进入了一个新时期。

这个新时期是进行了并将继续进行具有许多新的历史特点的伟大斗争的时期，是办成了并将继续办成许多事关长远的大事要事、攻克了并将继续攻克许多长期没有解决的难题和长期积累的矛盾的时期，是推进和拓展了并将继续推进和拓展中国式现代化的时期，是由全面建成小康

---

①《十八大以来重要文献选编》（下），中央文献出版社 2018 年版，第 251 页。

②《十九大以来重要文献选编》（上），中央文献出版社 2019 年版，第 44、47 页。

③ 习近平：《在庆祝中国共产党成立 100 周年大会上的讲话》，人民出版社 2021 年版，第 12 页。

社会向基本实现社会主义现代化迈进的时期，是中国国际地位和影响力进一步提高、在全球治理中发挥更大作用的时期，是比历史上任何时期都更接近、更有信心和能力实现中华民族伟大复兴目标的时期。这个新时期要回答的是建设一个什么样的中国特色社会主义和怎样建设中国特色社会主义的问题，这与此前要回答的什么是社会主义、怎样建设社会主义的问题有联系，但已经不是一个问题了。

站在新时代的高度贯通总结和
研究新中国的历史经验*

　　马克思主义哲学告诉我们，物质运动的存在形式是时间和空间。要认清某个事物，观察的时间越长、空间越大，越有利。习近平总书记2013年1月5日在新进中央委员会的委员、候补委员学习贯彻党的十八大精神研讨班开班式上的讲话中，在阐释中国特色社会主义的本质时，就是把社会主义运动放在世界范围内和它的全部历史过程来观察的，其中包括欧洲空想社会主义的产生和发展，马克思、恩格斯创立科学社会主义理论体系，列宁领导十月革命胜利并实践社会主义，苏联模式的逐步形成，新中国成立后对社会主义的探索和实践，开创和发展中国特色社会主义等六个时间段，前后跨度500年。习近平总书记在这篇讲话中指出："我们党领导人民进行社会主义建设，有改革开放前和改革开放后两个历史时期，这是两个相互联系又有重大区别的时期，但本质上都是我们党领导人民进行社会主义建设的实践探索"；并强调"两者决不是彼此割裂的，更不是根本对立的"，而是坚持、改革、发展的关系，不能相互否定。①总结和研究新中国历史经验，应当理直气壮地把它们联系和贯通起来。

　　现在，一方面新中国已经走过70年历史，使我们有了能在较长时间段里总结和研究新中国历史经验的客观条件。另一方面，党的十八大后，党和国家事业发生历史性变革，我国发展站到了新的历史起点上，中国特色社会主义进入了新的发展阶段，形成了习近平新时代中国特色社会主义思想，使我们有了站在新中国70年螺旋式上升运动中更高一

　　* 本文曾刊于《求是》2019年第13期，原标题为《站在新时代的高度贯通总结和研究新中国70年历史经验》。收入本书时，作者略作修改。

　　① 习近平：《关于坚持和发展中国特色社会主义的几个问题》，《求是》2019年第7期。

级螺旋的高度，通盘审视过去 70 年历史、贯通总结和研究这 70 年历史的主观条件。在这种条件下，我们更应当注重把改革开放前后两个历史时期的经验贯通起来总结的方法。如何把新中国 70 年历史经验贯通起来总结和研究，是一个无比重大而严肃的课题，用一篇或几篇文章不可能讲全面讲深刻的。但为了说明这种总结方法的必要性和可能性，可以采用举例的方式。我在这里所要举的例子，概括起来可以用上下、"左"右、长短、多少、虚实、表里、快慢、革守这 16 个字形容。

一、所谓上与下，是指处理上级与下级、中央与地方等的关系

毛泽东 1956 年在《论十大关系》的讲话中，就谈到过正确处理国家、生产单位和生产者个人的关系，中央和地方的关系，党和非党的关系。后来的实践一再证明，国家发展得顺利与否，很大程度上就取决于这些关系处理得是否恰当。改革开放前，有过权力过于集中的情况，也有过该集中的权力集中不够的情况。改革开放后，吸取了"文化大革命"时期的教训，着力解决权力过于集中的问题，在政治上推进政治体制改革，实行党政分开；经济上推进经济体制改革，实行放权让利，对发扬民主、克服官僚主义、调动各方面积极性、搞活经济，都起到了积极的促进作用。但与此同时，也带来了权力过于分散和党的集中统一领导在某种程度上被削弱的问题，有令不行、有禁不止的现象比较普遍，有时甚至比较严重。

党的十八大以来，以习近平同志为核心的党中央在继续坚持发扬民主、调动各方面积极性的同时，突出强调保证党领导人民有效治理国家，切实防止出现群龙无首、一盘散沙、民族隔阂、相互掣肘、内耗严重等现象。习近平总书记指出："坚持中国特色社会主义政治发展道路，关键是要坚持党的领导、人民当家作主、依法治国有机统一。"[1] "党政军民学，东西南北中，党是领导一切的，是最高的政治领导力量。"[2] "我国

---

①《十八大以来重要文献选编》（上），中央文献出版社 2014 年版，第 88 页。

②《习近平关于社会主义政治建设论述摘编》，中央文献出版社 2017 年版，第 30 页。

人民民主与西方所谓的'宪政'本质上是不同的。中国共产党领导是中国特色社会主义最本质的特征。"①这些论述，就是贯通总结新中国70年历史经验而作出的结论。

二、所谓"左"与右，是指处理带全局性问题时出现的"左"与右两种倾向的关系

刘少奇在新中国成立之初说过，领导就像开汽车，方向盘不可能一点不偏，关键在于发现偏向要及时调整，不要让偏向过大。毛泽东也提出，要防止一种倾向掩盖另一种倾向。遗憾的是，改革开放前的历史时期，有些事明明已经很"左"了，还要坚持反右，结果导致"左"的倾向进一步发展，给党和国家造成严重损害。例如，1959年开展"反右倾"斗争，1974年开展"批林批孔"运动，都是典型事例。党的十一届三中全会后，我们党吸取了过去的教训，重点纠正"左"的错误，同时对资产阶级自由化和精神污染等右的倾向也没有视而不见，提出有"左"反"左"、有右反右。

党的十八大后，党中央多次强调"要高度重视苗头性、倾向性问题"，并实事求是地提出了各领域存在的主要倾向。例如，在体制改革的问题上，明确反对把改革开放定义为往西方的"宪政"和"普世价值"的方向改，强调"问题的实质是改什么、不改什么，有些不能改的，再过多长时间也是不改。我们不能邯郸学步"②。在意识形态问题上，强调对于重大原则，"不要躲躲闪闪、含糊其辞"，"不当绅士，不做'骑墙派'和'看风派'，不能搞爱惜羽毛那一套"，要"敢抓敢管，敢于亮剑"，"要增强阵地意识"，"坚持党性原则"。③在党风建设问题上，强调"革命理想高于天"，防止精神上的软骨病，提出"现在的主要倾向不是严了，

---

① 《习近平关于社会主义政治建设论述摘编》，中央文献出版社2017年版，第27—28页。
② 《习近平关于总体国家安全观论述摘编》，中央文献出版社2018年版，第19页。
③ 《习近平关于社会主义文化建设论述摘编》，中央文献出版社2017年版，第25、45、27、30、41页。

而是失之于宽、失之于软"①。这些都说明，在反倾向的问题上，我们党注意总结和汲取新中国成立以来各个历史时期的经验教训，切实做到了从实际出发，分类指导，有什么倾向反对什么倾向，切实防止一种倾向掩盖另一种倾向，不再把反对某种主要倾向凝固化和扩大化。

三、所谓长与短，是指处理人民长远利益、根本利益与眼前利益、局部利益的关系

新中国成立初期，面对旧中国积贫积弱的状态，是先重点发展轻工业、农业，在较快改善人民生活的同时，为今后重点发展重工业准备条件好呢？还是优先发展重工业，把有限的资金、物资、人才集中用于工业化建设，人民生活水平提高虽然慢一些，但为今后大发展奠定坚实基础好呢？如何抉择，就涉及人民眼前利益与长远利益的权衡。以毛泽东同志为核心的党的第一代中央领导集体，在新中国刚成立时，鉴于当时资金、物资、技术极度匮乏的实际，一度决定先实行一段新民主主义政策，以便充分利用资本主义工商业，重点发展轻工业和农业，为今后重点发展重工业积累条件。但是，当美帝国主义出兵侵略朝鲜，对我国安全构成严重威胁，使优先发展重工业变得十分迫切，而苏联又表示要全面援助我国以重工业为重点的"一五"计划建设时，党中央及时调整了方针，决定立即实施优先发展重工业战略，并提前向社会主义过渡。在实施优先发展重工业战略的过程中，我们党汲取了苏联长期忽视农业、轻工业的教训，提出"工业与农业同时并举"，"以农业为基础，以工业为主导"的方针，在计划安排上强调以农、轻、重为序，为国民经济打下了良好基础。然而，由于种种原因，农业、轻工业的发展与重工业相比，总体还是显得比例失调、过于滞后。改革开放后，以邓小平同志为核心的党的第二代中央领导集体启动改革，调整政策，使农业、轻工业、服务业有了较快发展，人民生活也在前 30 年打下的工业基础上得到显著提高。但这时又遇到基本建设、物价改革和民生的矛盾，出现了

---

① 《十八大以来重要文献选编》（中），中央文献出版社 2016 年版，第 98 页。

要求财政既要多发工资、奖金，又要对各地建设项目普遍加大投资力度的急躁情绪。对此，陈云提出了"一要吃饭，二要建设"的原则。所谓"吃饭"，是指民生，即人民的眼前利益；所谓建设，是指基本建设、物价改革这些关系人民长远利益、根本利益的事。

党的十八大后，以习近平同志为核心的党中央结合新时代的实际，在处理发展、改革与民生的问题上，进一步总结了以往的经验教训，一方面提出并推进"五位一体"总体布局和"四个全面"战略布局，推动经济社会全面、协调、可持续发展，为人民群众生活改善打下更加雄厚的基础；另一方面提出坚持以人民为中心的发展理念，既坚持改革，又把保障民生作为底线，既不断做大"蛋糕"，又努力把"蛋糕"分好，从而比较好地解决了涉及人民长远利益与眼前利益矛盾的问题。

四、所谓多与少，是指处理人口大多数与少数群体之间相互利益的关系

我们党从来是把争取、捍卫最广大人民群众根本利益作为自己奋斗的出发点和归宿的，同时，一向主张对各方面利益要统筹兼顾。在新民主主义向社会主义过渡时期，毛泽东一方面批评"公私一律平等纳税"的主张，另一方面没有采取苏联对私人工商业一律没收的办法，而是创造性地实行了赎买政策，在公私合营后让资本家拿定息。改革开放后，我们党从社会主义初级阶段的生产力水平出发，针对过去平均主义、"大锅饭"现象比较普遍的倾向，提出"让一部分人、一部分地区先富起来"和"效率优先、兼顾公平"的口号，实行公有制为主体、多种所有制经济共同发展，以及按劳分配为主体、多种分配方式并存的制度，允许和鼓励技术、管理、资本参与分配，调动了各方面积极性，加快了经济社会发展。但与此同时，也出现了国有资产流失和分配不公、收入差距悬殊等现象。进入 21 世纪后，党中央针对这种情况，将"效率优先，兼顾公平"的口号，逐渐改为"初次分配注重效率，再分配注重公平"；"既重视效率也重视公平，把公平放在更加突出的位置"；"着力提高低收入者收入水平，有效调节高收入"。

党的十八大把"逐步实现全体人民共同富裕"纳入中国特色社会主义的定义之中，把"收入分配差距缩小"作为全面建成小康社会的新要求之一。十八大闭幕后，习近平总书记在第一次面对中外记者时就宣布，新一届中央领导机构对民族、对人民、对党的一个重要责任，就是努力解决群众生产生活困难，坚定不移走共同富裕道路。他反复强调："我国社会历来有'不患寡而患不均'的观念。我们要在不断发展的基础上尽量把促进社会公平正义的事情做好。"①"我们不能做超越阶段的事情，但也不是说在逐步实现共同富裕方面就无所作为，而是要根据现有条件把能做的事情尽量做起来，积小胜为大胜，不断朝着全体人民共同富裕的目标前进。"②在党中央不懈努力下，城乡居民收入增速超过了经济增速，中等收入群体持续扩大；贫困线以下的人口减少了8000万人，贫困发生率从10.2%下降到4%以下，目前正在实施精准扶贫，确保2020年基本实现农村的全部脱贫。

五、所谓虚与实，是指处理思想、政治、文化等精神文明建设与物质文明建设的关系

我们党历来重视思想、政治工作的重要性，新中国成立以来，毛泽东一再强调思想和政治是统帅、是灵魂，政治工作是经济工作的生命线，精神可以变物质等，对物质文明建设起到了促进作用。然而，后来又发生了强调思想、政治过头的情况，直至发展到批判所谓"唯生产力论"的程度，使大量工作、生产、科研时间被用来搞"空对空"的"政治学习"，严重妨碍了物质文明建设。改革开放后，吸取了过去的经验，把党和国家工作重心重新转回到经济建设上。但与此同时，又出现忽视思想、政治的倾向，导致抓物质文明一手硬，抓精神文明一手软；有人甚至提出"对经济领域犯罪问题看得过重会妨碍经济建设"等错误观点。有鉴于此，邓小平提出"两手抓、两手都要硬"。

---

① 《十八大以来重要文献选编》（上），中央文献出版社2014年版，第553页。
② 习近平：《深入理解新发展理念》，《求是》2019年第10期。

党的十八大后，习近平总书记深入总结这方面成功与失误两方面的经验教训，在坚持以经济建设为中心的前提下，强调要高度重视对中华文化、传统美德、共产主义理想信念、马克思主义基本理论的宣传教育。2014 年 10 月 23 日，习近平总书记在党的十八届四中全会第二次全体会议上的讲话中指出："我国曾经有过政治挂帅、搞'阶级斗争为纲'的时期，那是错误的。但是，我们也不能说政治就不讲了、少讲了，共产党不讲政治还叫共产党吗？"在党的十九大上，他突出强调推动中华优秀传统文化的创造性转化和继承革命文化、发展社会主义先进文化的问题，要求把这些同培育和践行社会主义核心价值观一起，纳入坚持和发展中国特色社会主义基本方略之中，从而进一步加强了对西方意识形态渗透的防范。

六、所谓表与里，是指处理党和政府治国的政策、策略与党和国家发展方向、重大战略、基本理论之间的关系

新中国成立初期，由于战略和策略都对头，所以起步阶段总体顺利。但后来出现了急躁冒进的情绪，在生产力上提出"超英赶美"，在生产关系上提出"跑步进入共产主义"，结果欲速不达，使社会主义事业遭受严重挫折。党的十一届三中全会后，我们党正确分析了国情，认为我国尚处在社会主义的初级阶段，并作出实行改革开放的决策，建立社会主义市场经济体制。这时又有人跑出来，宣扬"共产主义遥遥无期""改革无所谓社会主义方向资本主义方向""私有制最符合人性""国有企业晚卖不如早卖""在纪律上要给干部松绑"等论调。对此，邓小平强调："我们干的是社会主义事业，最终目的是实现共产主义。""风气如果坏下去，经济搞成功又有什么意义？会在另一方面变质，反过来影响整个经济变质，发展下去会形成贪污、盗窃、贿赂横行的世界。"[①] 陈云也指出："我们搞社会主义，一定要抵制和清除这些丑恶的思想和行为，要动员和组织全党和社会的力量，以除恶务尽的精神，

---

① 《邓小平文选》第 3 卷，人民出版社 1993 年版，第 110、154 页。

同这种现象进行坚决的斗争。"①

党的十八大后，我们党更加注意把党的奋斗目标、基本理论与现行政策加以区别，不因坚持远大理想而对执行现行政策稍微懈怠，也不因执行现行政策而对远大理想、基本理论有任何松动。习近平总书记提醒大家要防止干超越阶段的事，同时反复强调："我们的改革开放是有方向、有立场、有原则的。我们当然要高举改革旗帜，但我们的改革是在中国特色社会主义道路上不断前进的改革。"②"我们是在中国共产党领导和社会主义制度的大前提下发展市场经济，什么时候都不能忘了'社会主义'这个定语。"③在对待马克思主义理论的问题上，他一方面强调，不能采取教条主义的态度；另一方面强调，"科学社会主义基本原则不能丢"④，尤其针对"马克思主义政治经济学过时了""《资本论》过时了"等论调，鲜明指出："这个说法是武断的。……资本主义固有的生产社会化和生产资料私人占有之间的矛盾依然存在。"⑤在对待我们同资本主义国家关系的问题上，他也是一方面强调资本主义必然灭亡、社会主义必然胜利是历史发展不可逆转的总趋势；另一方面强调这是一个很长的历史过程，要深刻认识资本主义社会的自我调节能力，充分估计西方发达国家在经济科技军事方面长期占据优势的客观现实，"认真做好两种社会制度长期合作和斗争的各方面准备"⑥。

七、所谓快与慢，是指处理经济建设和各方面工作问题时要求过急与要求适度的关系

我们国家过去由于经济落后，又长期处于帝国主义军事威胁、贸易禁运、技术封锁之中，所以从上到下总想把建设和各方面工作搞得快一些，结果往往急于求成。例如，1956年针对普遍存在的冒进情绪，提出

---

①《陈云文选》第 3 卷，人民出版社 1995 年版，第 356 页。

②《习近平关于全面深化改革论述摘编》，中央文献出版社 2014 年版，第 14 页。

③《习近平关于社会主义经济建设论述摘编》，中央文献出版社 2017 年版，第 64 页。

④《十八大以来重要文献选编》（上），中央文献出版社 2014 年版，第 109 页。

⑤《习近平关于社会主义文化建设论述摘编》，中央文献出版社 2017 年版，第 81 页。

⑥《十八大以来重要文献选编》（上），中央文献出版社 2014 年版，第 117 页。

反冒进,接着在 1957 年就来了个反"反冒进",又在 1958 年轻率发动了"大跃进",形成高指标、瞎指挥、浮夸风、"共产风"为标志的"左"倾错误,加上后来的自然灾害,造成了严重的经济困难。这时,本来应当吸取教训、纠正偏差,但 1959 年又发起"反右倾"斗争,更加恶化了困难形势。"文化大革命"期间,尽管形成政治冲击经济的局面,但在与"帝、修、反"抢时间、抢速度的口号下,仍然出现了职工人数、工资总额、粮食销量"三突破"的问题。粉碎"四人帮"后,又提出要把被"四人帮"耽误的时间和造成的损失夺回来的口号,使急于求成的情绪再次滋长,催生了新的跃进高潮,加重了原本已经十分严重的重大比例失调状况,只好再次进行国民经济调整。后来,在对待改革的问题上,有人又提出一些错误口号,导致事与愿违,引起群众不满。

党的十八大后,党中央认真总结和吸取这方面的经验教训,提出稳中求进的工作总基调。习近平总书记强调,改革要继续摸着石头过河,该试点的不要仓促推开,该深入研究后再推进的不要急于求成,"避免在时机尚不成熟、条件尚不具备的情况下一哄而上,欲速而不达"[1]。他强调汲取历史经验的重要性,指出:"出现一些失误是难免的,但学费不能白付,要吃一堑长一智,举一反三,避免同一种失误一犯再犯。"[2]他的这些论述,为我们树立了把改革开放前后历史经验贯通起来总结的示范。

八、所谓革与守,是指处理变革、革命、改革与坚守、继承、稳定之间的关系

共产党是干革命的政党,马克思说,"革命是历史的火车头"[3]。但从马克思主义哲学的角度看,打破旧秩序与建立和维护新秩序,对于社会进步具有同样重要的意义;革命有助于打破旧秩序,而稳定则有助于巩固新秩序,使革命成果得以保存。毛泽东在 1959 年读苏联《政治

① 《习近平关于全面深化改革论述摘编》,中央文献出版社 2014 年版,第 49 页。
② 《习近平关于社会主义经济建设论述摘编》,中央文献出版社 2017 年版,第 329 页。
③ 《马克思恩格斯选集》第 1 卷,人民出版社 2012 年版,第 527 页。

经济学教科书》时，就事物的稳定和变革问题，说过一段非常富有哲理的话。他说："保守和进步，稳定和变革，都是对立的统一，这也是两重性。生物的代代相传，就有而且必须有保守和进步的两重性。稻种改良，新种比旧种好，这是进步，是变革。……保守的一面，也有积极作用，可以使不断变革中的植物、动物，在一定时期内相对固定起来，或者说相对地稳定起来，所以稻子改良了还是稻子，儿子比父亲粗壮聪明了还是人。但是如果只有保守和稳定，没有进步和变革一方面，植物和动物就没有进化，就永远停顿下来，不能发展了。"[1]在社会革命的问题上，道理同样如此。历史辩证法告诉我们，革命既是不间断的，又是分阶段的；既要用不间断的革命推动社会进步，又要有相对稳定的时期巩固革命的成果。改革开放前的历史时期未能很好处理这对关系，甚至提出"无产阶级专政下继续革命"理论。改革开放后，我们党否定了这一理论。这时又有人打着"改革"的旗号，试图全盘否定新中国过去29年的成就，甚至攻击坚持四项基本原则使"改革滞后了"。

习近平总书记在党的十八大后，全面论述了改革与继承的关系。他指出："应该改又能够改的坚决改，不应该改的坚决守住。"[2]"'稳'也好，'改'也好，是辩证统一、互为条件的。一静一动，静要有定力，动要有秩序。"[3]他要求共产党员要坚定共产主义理想信念，坚决顶住国内外敌对势力让我们党改旗易帜、改名换姓的企图。在庆祝改革开放40周年大会上，他再次强调："改什么、怎么改必须以是否符合完善和发展中国特色社会主义制度、推进国家治理体系和治理能力现代化的总目标为根本尺度，该改的、能改的我们坚决改，不该改的、不能改的坚决不改。"[4]在纪念五四运动100周年大会上，他又提醒广大青年："面对复杂的世界大变局，要明辨是非、恪守正道，不人云亦云、盲目跟风。"[5]这

① 《毛泽东文集》第8卷，人民出版社1999年版，第107页
② 《习近平关于全面深化改革论述摘编》，中央文献出版社2014年版，第19页
③ 《习近平关于社会主义经济建设论述摘编》，中央文献出版社2017年版，第319页。
④ 《十九大以来重要文献选编》（上），中央文献出版社2019年版，第732页。
⑤ 《十九大以来重要文献选编》（中），中央文献出版社2021年版，第32页。

些论述，旗帜鲜明，掷地有声，不仅是对新中国历史中处理有关革命、改革与坚守、继承这类关系的经验总结，也是对社会主义国家解决这类问题的历史经验总结，在世界社会主义发展史上必将产生深远影响。

今年是新中国成立 70 周年，为了从历史中更多地汲取正反两方面的经验，我们在总结新中国历史经验的工作中，应当更加自觉地站在新时代的高度，把新中国 70 年历史贯通起来总结和研究，以求在对历史的深入思考中更好走向未来。

深刻把握中国式现代化的本质特征[*]

　　习近平总书记所作的党的二十大报告，进一步指明了党和国家事业的前进方向，是我们党团结带领全国各族人民在新时代新征程坚持和发展中国特色社会主义的政治宣言和行动纲领。党的二十大报告提出，中国式现代化，是中国共产党领导的社会主义现代化，既有各国现代化的共同特征，更有基于自己国情的中国特色。前进道路上，必须坚持和加强党的全面领导，坚持中国特色社会主义道路，坚持以人民为中心的发展思想，坚持深化改革开放，坚持发扬斗争精神，不断彰显中国特色社会主义制度优势，不断增强社会主义现代化建设的动力和活力，把我国制度优势更好转化为国家治理效能。这些重要论述表明，中国式现代化不是别的什么现代化，而是中国共产党领导的社会主义制度基础上的现代化。

　　"现代化"一词最早产生于 18 世纪的欧洲，是指工业革命以来，人类社会在经济、政治、文明等各方面由传统向现代转变的过程。当时，这种转变只能通过资本主义道路来实现。直到 20 世纪初发生的十月革命，"改变了整个世界历史的方向，划分了整个世界历史的时代"[1]，"社会主义从理论变为现实，打破了资本主义一统天下的世界格局"[2]。这时，现代化才有了不同于资本主义的另一种选择，即社会主义的现代化道路。

　　早在党的七大上，毛泽东就明确指出："中国工人阶级的任务，不但是为着建立新民主主义的国家而斗争，而且是为着中国的工业化和农

---

　　* 本文曾发表于《经济日报》2022 年 11 月 30 日。

　　①《毛泽东选集》第 2 卷，人民出版社 1991 年版，第 667 页。

　　② 习近平：《在纪念马克思诞辰 200 周年大会上的讲话》，《人民日报》2018 年 5 月 5 日。

业近代化而斗争。"①新中国成立后，我们党提出过渡时期总路线的主体任务之一仍然是逐步实现国家的社会主义工业化。不过，在1954年一届全国人大一次会议上，毛泽东同志提出，"准备在几个五年计划之内，将我们现在这样一个经济上文化上落后的国家，建设成为一个工业化的具有高度现代文化程度的伟大的国家"②。周恩来同志提出建设现代化的工业、农业、交通运输业和国防的目标。1964年，周恩来在三届全国人大一次会议上明确提出实现"四个现代化"的历史性任务，指出"要在不太长的历史时期内，把我国建设成为一个具有现代农业、现代工业、现代国防和现代科学技术的社会主义强国，赶上和超过世界先进水平"。③1975年，周恩来在四届全国人大一次会议上重申了"四化"目标和两步走设想。以上说明，我们党自新中国成立后，就逐步走上了社会主义制度基础上的现代化道路。

党的十一届三中全会作出把党和国家工作重点转移到经济建设上来、实行改革开放的历史性决策，要求全党全军和全国各族人民同心同德，为把我国建设成为社会主义的现代化强国而进行新的长征。在新长征过程中，面对一些错误思潮，邓小平同志掷地有声地指出："我们搞的现代化，是中国式的现代化。我们建设的社会主义，是有中国特色的社会主义"，"有些人脑子里的四化同我们脑子里的四化不同。我们脑子里的四化是社会主义的四化。他们只讲四化，不讲社会主义。这就忘记了事物的本质，也就离开了中国的发展道路"。④对于为什么必须坚持搞社会主义现代化建设的问题，他作出了两点解释。第一，整个帝国主义西方世界企图使社会主义各国都放弃社会主义道路，最终纳入国际垄断资本的统治，纳入资本主义的轨道。如果我们不坚持社会主义，最终发展起来也不过成为一个附庸国，而且就连想要发展起来也不容易。只有社会主义才能救中国，只有社会主义才能发展中国。第二，中国如果走

①《毛泽东选集》第3卷，人民出版社1991年版，第1081页。
②《毛泽东文集》第6卷，人民出版社1999年版，第350页。
③《周恩来选集》（下），人民出版社1984年版，第439页。
④《邓小平文选》第3卷，人民出版社1993年版，第29、204页。

资本主义道路，可能在某些局部地区少数人更快地富起来，形成一个新的资产阶级，产生一批百万富翁，但顶多也不会达到人口的百分之一，而大量的人仍然摆脱不了贫穷，甚至连温饱问题都不可能解决。只有社会主义制度才能从根本上解决摆脱贫穷的问题。

党的十八大以来，中国特色社会主义进入新时代。以习近平同志为核心的党中央团结带领全党全国各族人民在中华大地上全面建成了小康社会，实现了第一个百年奋斗目标，并提出分两步走到本世纪中叶全面建成社会主义现代化强国、实现第二个百年奋斗目标。为确保中国式现代化始终沿着社会主义方向前进，习近平总书记强调："中国特色社会主义道路是实现社会主义现代化的必由之路"[1]，"中国特色社会主义是社会主义而不是其他什么主义"[2]。他旗帜鲜明地批判那种认为现代化就是西方化、资本主义化的错误观点，指出："治理一个国家，推动一个国家实现现代化，并不只有西方制度模式这一条道，各国完全可以走出自己的道路来"[3]，"推进国家治理体系和治理能力现代化，绝不是西方化、资本主义化"[4]，"我们应该秉持兼容并蓄的态度，虚心学习他人的好东西，在独立自主的立场上把他人的好东西加以消化吸收，化成我们自己的好东西，但决不能囫囵吞枣、决不能邯郸学步"[5]。

正因为中国式现代化是中国共产党领导的社会主义现代化，所以，它既具有各国现代化的共同特征，更具有基于我国国情、区别于资本主义现代化道路的中国特色。什么是资本主义现代化？习近平总书记作出了概括，即以资本为中心、两极分化、物质主义膨胀、对外扩张掠夺，并以其他国家落后为代价。针对资本主义现代化的这些特点，习近平总书记提出了中国式现代化的五大特征，并在党的二十大报告中进一步加以阐述：中国式现代化是人口规模巨大的现代化，我国 14 亿多人口整

①《十八大以来重要文献选编》（下），中央文献出版社 2018 年版，第 398 页。
②《十八大以来重要文献选编》（上），中央文献出版社 2014 年版，第 109 页。
③《习近平关于社会主义政治建设论述摘编》，中央文献出版社 2017 年版，第 7 页。
④《习近平关于总体国家安全观论述摘编》，中央文献出版社 2018 年版，第 24 页。
⑤《十八大以来重要文献选编》（中），中央文献出版社 2016 年版，第 60 页。

体迈进现代化社会，规模超过现有发达国家人口的总和，艰巨性和复杂性前所未有，要坚持稳中求进、循序渐进、持续推进；中国式现代化是全体人民共同富裕的现代化，要坚持把实现人民对美好生活的向往作为现代化建设的出发点和落脚点，着力维护和促进社会公平正义，坚决防止两极分化；中国式现代化是物质文明和精神文明相协调的现代化，要促进物的全面丰富和人的全面发展；中国式现代化是人与自然和谐共生的现代化，要坚持可持续发展，坚持节约优先、保护优先、自然恢复为主的方针；中国式现代化是走和平发展道路的现代化，要以自身发展更好维护世界和平与发展。习近平总书记在党的二十大报告中指出：从现在起，中国共产党的中心任务就是团结带领全国各族人民全面建成社会主义现代化强国、实现第二个百年奋斗目标，以中国式现代化全面推进中华民族伟大复兴。

我国经过 70 多年接续不断的努力，现在已经比历史上任何时期都更接近、更有信心和能力实现全面建成社会主义现代化强国、实现中华民族伟大复兴的伟大目标。实践证明，社会主义制度对于在中国这样的发展中大国进行现代化建设，是必须坚持的唯一正确的拥有光明未来的根本制度。只要我国 14 亿多人口整体迈进现代化社会，世界的现代化版图必将彻底改写，我国对人类历史必将再次作出意义重大而深远的贡献。

如何观察当代中国[*]

当代中国国情是个很大的题目，包括内容很多，在一个报告中不可能面面俱到。因此，我想主要讲解观察当代中国的基本方法，从这个角度扼要介绍一些当代中国的情况，并且结合其中的一些问题，对最近中共十八届五中全会通过的对制定国民经济和社会发展第 13 个五年规划的建议作一点简要介绍。

一、历史地观察当代中国

一个国家和一个人一样，之所以是这样而不是别的样子，都与自己成长的历史有密切关系。我们所说的当代中国，是指 1949 年中华人民共和国成立以后的中国。因此，要了解当代中国，既要了解她在 1949 年之后的历史，也要了解她在 1949 年之前特别是 1840 年以来的历史；不仅要看她在 1978 年改革开放以来的历史，也要看她在改革开放以前的历史。

众所周知，中国是一个地域辽阔、人口和民族众多的国家，也是一个具有悠久历史的文明古国。依据考古，中国有 5000 多年的文明史，有文字记载的历史也有 3000 多年。历史上，中国曾多次出现分裂、割据局面，但统一始终是她的主流；外来文化曾多次进入，与中华文明相互交融，但中华文明始终是她的主体。中国在很长的历史时期里曾是一个经济强国，但自从 18 世纪后半叶开始落后，1840 年英国发动第一次鸦片战争以后更逐步沦为半殖民地半封建社会。

———————
* 本文是作者在 2015 年 11 月 11 日 "中国人口统计综合经验交流" 研修班上的报告稿，发表时稍作修改。曾刊于《思想理论教育导刊》2016 年第 1 期。本篇使用统计数字除文中说明出处外，均引自国家统计局编写的《中国统计摘要》《国际统计年鉴》和《人民日报》等权威媒体发表的文章。

面对西方强国的不断入侵和封建专制制度的腐朽，中国的有识之士和人民群众进行了持续反抗。由孙中山领导的资产阶级民主主义革命在1911年推翻了清朝的统治，但却未能赶走帝国主义，也没有打倒封建地主阶级。直到1921年中国共产党成立，中国人民才找到了一条民族复兴的正确道路，并用28年时间，通过新民主主义革命，推翻了帝国主义、封建势力和官僚买办资产阶级的联合统治，建立了中华人民共和国，实现了国家的独立、统一和各民族大团结，为中国由农业国变为工业国扫清了政治障碍。

新中国成立后，没有选择西方国家普遍实行的多党制、议会制，以及苏联实行的一党制和联邦制，而是建立了人民代表大会制、中国共产党领导的多党合作和政治协商制、民族区域自治制等基本政治制度。面对国内工业落后、农业生产力低下、科技人才奇缺和资金匮乏，以及以美国为首的帝国主义国家的军事威胁和经济封锁，以毛泽东同志为主要代表的中国共产党人，于1952年抓住苏联答应全面援助中国工业化建设的机遇，放弃了新中国成立前夕确定的先重点发展农业和轻工业、相应实行较长时间新民主主义政策的设想，选择优先发展重工业的战略，并相应实行了以计划经济和生产资料公有制为特征的社会主义政策，把有限的资金、物资、人才等资源集中用于大规模的工业化基本建设，仅用29年时间便在中国建立起了独立的比较完整的工业体系和国民经济体系，其建设成就不仅远远超过了旧中国上百年的历史，而且在某些领域大大缩小了与发达国家之间的差距。

高度集中的计划经济体制和单一的生产资料公有制在实行过程中，也逐渐暴露出了生产经营主体活力不足、市场反应不够灵活等弊病。为此，早在20世纪50年代中期，中国共产党便提出要探索适合自己特点的建设社会主义道路的任务。可惜的是，由于指导思想上的急于求成和"左"的偏差，在探索过程中先后犯了盲目追求建设高速度和工作重心向阶级斗争倾斜的错误，给国家发展造成了一定损失。

党的十一届三中全会以来，以邓小平同志为主要代表的中国共产党人，总结了前一阶段的历史经验教训，抓住国内"四人帮"被粉碎、国际局势趋缓、发达国家实行产业结构调整和扩大资本输出的机遇，决定将工作重心由阶级斗争转回到经济建设上来，并进行了经济体制改革，实行了对外开放政策，掀开了中国特色社会主义的历史新篇章。其主要内容是：在计划经济体制中加大市场调节的成分，在农村集体经济基础上实行家庭联产承包制和土地承包制，在公有制和按劳分配为主体的前提下发展个体、私营经济，允许资本、技术、管理等生产要素参与分配，吸引国外间接或直接投资，兴建经济特区和对外开放沿海、沿江、沿边城市。与此同时，进行了旨在克服权力过分集中的政治体制改革，加强了法制建设。这一系列改革措施，使中国经济和人民生活在过去29年积累的基础上，出现了突飞猛进的增长和日新月异的变化。

党的十三届四中全会后，以江泽民同志为主要代表的中国共产党人，在此前11年从农村到城市、从经济体制到其他各方面体制改革、从对内搞活到对外开放的基础上，又领导人民实现了计划经济体制向社会主义市场经济体制的转变，让市场对资源配置起基础性作用，让个体、私营经济与公有制经济共同发展。在这一经济体制下，国有企业特别是大中型企业被推向市场，商品价格的形成机制绝大部分由市场决定，资本、劳动力、技术等生产要素市场逐步形成。但是，这种市场经济体制仍然不同于资本主义国家建立在私有制基础之上的自由市场经济，社会主义全民所有制经济即国有经济仍然是国民经济中的主导力量，国家对市场活动仍然进行着宏观指导和调控，计划调节仍然是国家宏观调控的重要手段。

2002年中国共产党召开第十六次全国代表大会，以胡锦涛同志为主要代表的中国共产党人在国内生产总值已经达到人均1000美元，比改革开放启动时翻了两番、实现了20世纪末初步建成小康社会目标的基础上，又确认用20年时间，即在2020年，使国内生产总值比2000年再翻两番，基本实现工业化。此后的10时间里，我国取得了抗击"非典"疫情、汶川特大地震等的胜利，战胜了国际金融危机，成功举办了北京奥运会、上海世博会，实现了载人航天、探月工程、载人深潜、超级计算机、高速铁路等创新工程的重大突破，使经济总量从世界第六位跃升到第二位。

2012 年,中国共产党成功召开了第十八次全国代表大会,习近平当选党中央总书记,并在随后举行的全国人民代表大会上当选国家主席。以习近平同志为核心的党中央在 2010 年国内生产总值比 2000 年已经翻了一番的基础上,进一步提出到 2020 年国内生产总值和城乡居民人均收入都比 2010 年翻一番的奋斗目标;面对治国理政方面的不足,提出推进国家治理体系和治理能力现代化、建设社会主义法治国家的任务,并作出全面建成小康社会、全面深化改革、全面依法治国、全面从严治党的战略布局,使国家政治生活出现了可喜变化;面对国际经济疲软态势和国内产能过剩局面,提出稳中求进的总基调和"一带一路"建设、京津冀协同发展、长江经济带建设三大战略,带领人民顶住经济下行压力,使各项指标保持在了合理区间,由经济高速增长平稳过渡到了中高速增长的新常态,也使对外开放出现了"引进来"和"走出去"并行的新局面。

事实说明,当代中国在改革开放的 36 年来,无论经济体制还是政治体制,都有重大改进;无论经济社会各项指标还是人民生活水平,都有显著提高。中国人民从自身历史中深切认识到,中国只有走社会主义的独立自主和改革创新的道路,才会屹立于世界民族之林,才会不断发展壮大。可以肯定,中国今后将继续坚持共产党领导,坚持改革开放,沿着中国特色社会主义道路,朝着 2020 年全面建成小康社会和 21 世纪中叶达到中等发达国家人均收入水平的奋斗目标前进。

二、全面地看当代中国

我们看一个人,既要看他的优点、长处,也要看他的缺点、不足。看一个国家同样应当如此,否则就会像寓言所说的盲人摸象那样,仅仅摸到大象的一只耳朵或一条大腿,便以为那是整个大象。

中国自从 1949 年以后,经济社会和人民生活与旧中国比,与广大发展中国家比,在某些方面与发达国家比,都有翻天覆地的进步,为后来的发展奠定了坚实的物质基础。改革开放以来,中国在经济社会和人民生活方面，更是出现了举世公认的奇迹。以下仅举几个方面的例子加以说明。

首先看 1949 年到 1978 年的情况。

在经济增长率和固定资产积累方面。新中国成立时，从官僚买办资产阶级手中没收的固定资产仅有 112 亿元；在 1956 年对资本主义工商业改造时，从民族资本家手中赎买的固定资产不足 20 亿元，二者相加 130 亿元。中国人民就是靠这点家当，在内缺资金、人才、资源、经验，外有西方经济封锁的情况下，发扬自力更生、艰苦奋斗的精神，通过连续 5 个五年计划建设（仅在初期得到苏联一些援助），使 1952—1978 年的工农业总产值年均增长 8.2%（如果按国内生产总值计算，有权威统计学家认为年均增长率为 7.3%），工业总产值年均增长 11.4%；基本建设投资 6440 亿元，累计新增固定资产比 1949 年增加了 56.3 倍。

在工农业产品方面。1979 年，新中国的钢产量达到 3200 万吨，比旧中国最高年份产量增长 35 倍；与英国相比，由 1949 年相差 99 倍变为反超其 60%；与美国相比，由 1949 年相差 438 倍变为相差 3.6 倍。发电量达到 2566 亿千瓦时，比旧中国最高年份增长 43 倍；与英国相比，由 1949 年相差 13 倍变为反超其 17%；与美国相比，由 1949 年相差 80 倍变为相差 9 倍。石油产量由旧中国最高年份的 32 万吨提高到 1 亿吨，做到了自给自足。粮食产量由旧中国最高年份的 1.4 亿吨提高到 3 亿吨，增长了 1 倍多。

在交通运输方面。1949—1978 年，铁路营运里程、公路里程、港口吞吐量分别由 2 万公里、8 万公里、1400 万吨，提高到 4.8 万公里、89 万公里和 2 亿吨。与印度相比，铁路由相差其 3 万公里，变为相差其 1 万公里。

在制造业和科技方面。通过 29 年的建设，由旧中国一辆汽车、一架飞机、一辆坦克、一辆拖拉机都不能造的局面，变为 500 多种工业门类基本齐全，不仅造出了汽车、飞机、坦克、拖拉机，而且造出了火车、万吨轮船、数十万千瓦的发电机、万吨水压机等，成功试爆了原子弹、氢弹，发射并成功回收了人造地球卫星。

在文教卫生方面。1949—1978 年，小学、中学和高等院校在校学生分别增长了 6 倍、62 倍和 7 倍，科技人员增长了 10 倍，婴儿死亡率由 200‰ 下降到 20‰，天花、鼠疫、霍乱、黑热病、回归热、斑疹、伤寒、性病等恶性传染病被消灭或基本消灭，人口总数由 5.4 亿增长到 10.2 亿，人均预期寿命由 35 岁提高到 67 岁，均增长了 1 倍。

再看 1978 年以后的情况。

在经济增长率和经济总量方面。1978—2011 年，中国的国内生产总值年均增长 9.8%，在世界上的位次由第 10 位升至第 2 位，占世界经济的份额由 1.8% 提高至 10%。2012 年以来，中国经济受欧美发达国家不景气的影响和由于自身经济结构调整的需要，国内生产总值增幅连续三年下降（7.8%、7.7%、7.4%），但仍然高于世界其他新兴经济体；2014 年经济总量达到 10 万亿美元，没有出现一些人所担心的"硬着陆"。同时，居民消费价格指数回落到 2% 以下，今年预期也不会超过 2%。可以看出，在世界经济增长乏力的情况下，中国经济总体形势依然是良好的、健康的。

在工农业基础产品和制造业方面。1978—2014 年，粗钢年产量增加到 8.2 亿吨，约占世界总产量的一半，增长 25 倍；原煤年产量增加到 38.7 亿吨，增长 6 倍；石油的年产量增加到 2.1 亿吨，增长 1 倍；年发电量增加到 5.65 万亿千瓦时，增长 22 倍；汽车年产量由 15 万辆增加到 2372 万辆，其中轿车年产量由 0.5 万辆增加到 1248 万辆；家用电冰箱年产量由 2.8 万台增加到 8796 万台；房间空气调节器年产量由 200 台增加到 1.4 亿台；粮食年产量增加到 6.07 亿吨，增长 1 倍；肉类年产量增加到 8706 万吨，增长 10 倍，均处于世界第一或第二位。近些年来，虽然用于榨油的大豆主要依赖进口，但粮食作物始终坚持基本自给，就是说，仅用占世界 7% 的耕地，生产了占世界 25% 的粮食，养活了占世界 20% 的人口。

在交通运输方面。1978—2014 年，铁路、公路里程由 4.8 万公里和 89 万公里增加到 11.18 万公里和 446 万公里，分别增长 1 倍多和 5 倍；其中高速铁路和高速公路从无到有，分别达到 1.3 万公里和 11.19 万公里。沿海港口年吞吐量和民航、铁路年客运量达到 77 亿吨、3.9 亿人次、23.6 亿人次，分别增长 38.3 倍、169 倍和 2.9 倍；其中港口集装箱年吞吐量从无到有，已达到 1.88 亿标准箱，均跃居世界第一或第二位。而印度在此期间，铁路营运里程仅从 6 万公里增加到 6.4 万公里，增加了不到 5000 公里；高速铁路和高速公路更是毫无进展，仍然为零公里。

在对外经济方面。1978—2013 年，年进出口贸易总额增长了 200 倍，增加到 4.16 万亿美元，占世界贸易总额的比重由 0.8% 提高到 11%，由世界第 29 位上升到第 1 位；入境过夜旅游人数由 71.6 万人次增加到 5772 万人次，增长 80 倍。35 年来，实际利用外资累计 1.47 万亿美元，其中外商直接投资 1 万亿美元，国家外汇储备达 3.82 万亿美元。在"引进来"的同时，我国也在逐步"走出去"，仅非金融类对外投资一项，即由 2000 年的 10 亿美元增加到 2013 年的 902 亿美元，14 年增长 90 倍。

在科技和教育方面。改革开放以来，相继建成了性能不断提高的正负电子对撞机、同步辐射光源、由每秒 1 亿次发展为每秒几千万亿次的高性能计算机，制成了位数不断升高的电子计算机中心处理器（CPU），先后实现了载人航天飞行（包括航天员出舱）、卫星绕月和登月飞行、飞船与空间站对接，基本建成了卫星定位导航系统。现在各教育阶段的入学率，小学和初中已基本达到百分之百，高中和高等教育分别达到 86% 和 37%。1978—2014 年，大专院校在校学生增长 28 倍，达到 2488 万人，累计培养大专以上学历学生 5400 多万人，其中研究生 420 万人；出国留学人员累计 240 万人。

在社会事业和人民生活方面。1978—2014 年，城市化率由 18% 提高到 54.8%，农业劳动力占全部劳动力的比重由 71% 下降至 29.5%，服务业就业人口占全部就业人口的比重由 12% 上升到 40.6%。城乡居民人均可支配收入分别达到 2.88 万元（约合 4570 美元）和 1.05 万元（约合 1682 美元），扣除价格因素增长 6 倍多，年均增长 7%。城乡居民存款余额由 211 亿元增加到 48.5 万亿元，增长 2400 倍，相当于当年国民生产总值的 76%。城乡人均居住面积，分别由 6.7 平方米和 8.1 平方米增

加到 32.9 平方米和 37.1 平方米。城乡居民恩格尔系数，分别由 57.5%
和 67.7% 下降到 35% 和 37.7%。（居住面积和恩格尔系数为 2012 年数
据）农村绝对贫困人口标准不断提高而人口不断减少，联合国开发计划
署的《千年发展目标报告》显示，中国农村贫困人口的比例从 1990 年
的 60% 以上下降到 2002 年的 30% 以下，不仅为世界减贫事业作出了最
大贡献（贡献率超过 70%），而且提前实现了将贫困人口比例降低一半
的目标，减少贫困人口 4.39 亿。由于实行严格的计划生育政策，人口
年自然增长率由 1970 年的 25.8‰ 下降到 2014 年的 5.21‰，相当于 40
多年里少生了 3 亿到 4 亿人。人均预期寿命由 67 岁提高到 75 岁。另
外，私人轿车、手机拥有量、互联网上网人数，分别由零增长到 6410
万辆、12.3 亿户、6.18 亿人，互联网普及率达到 45.8%。

然而也应当看到，当代中国在飞跃发展的同时，还存在许多不容忽
视的严重问题。

按人均计算，各项发展指标都偏低。我国目前有 13.6 亿人。任何一
个数乘以 13 亿都会变得很大，相反，除以 13 亿就会变得很小。例如，
2014 年中国国内生产总值虽然达到 10 万亿美元，但人均为 7300 多美
元，只相当于全球平均水平的 70%，高收入国家人均的五分之一，在世
界 213 个国家和地区位居 80 位左右，不如许多发展中国家，例如南非、
毛里求斯、毛里塔尼亚、马来西亚、哈萨克斯坦、乌兹别克斯坦、墨西
哥、智利、阿根廷等国。按照联合国开发计划署报告，中国的人文发展
指数排在第 91 位。许多工农业产品按人均计算也偏低。例如，2013 年
钢的人均产量 570 公斤，只相当于日本、韩国的一半多；粮食人均产量
440 公斤，也低于世界人均 450 公斤的水平。

经济增长方式粗放，发展不平衡、不协调、不可持续的问题仍然突
出。首先，收入分配问题较大，城乡之间、东西部之间和高低收入人群
之间的收入差别较为悬殊。城乡居民收入差距近几年尽管有所缩小，但
仍然大于 2.5∶1。尤其是农村贫困人口的绝对数量仍然很大。我国对农
村贫困人口年收入的最低标准，曾先后制定过 4 个，1986 年是 206 元
人民币，2008 年是 1196 元人民币（相当于每天 0.4 美元），2010 年是

2300 元人民币（相当于每天 1 美元），2014 年是 2800 元人民币（相当于每天 1.22 美元）。按照最后的标准，现在还有 7017 万人没有脱贫。这比越南人口略少，但比斯里兰卡和尼泊尔人口加起来还多。如果按照世界银行贫困线日均 1.25 美元计算，我国贫困人口还要多一些。如果按它新近宣布的日均 1.9 美元计算，则我国贫困人口又要超过 1 亿。国家统计局和国内外研究机构公布的关于中国基尼系数尽管不完全一样，有的还很不一样，但都超过了国际公认的警戒线 0.4。同时，社会保障体系也很不健全，保障水平还比较低。其次，产业结构不合理，经济发展质量和效益不够高，劳动生产率远低于发达国家，重复建设和中低端产能过剩的情况比较严重。例如，2014 年钢产量已达 8.2 亿吨，占世界产量的一半，但由于盲目设厂、恶性竞争、产品大部分为建筑材料，导致利润很低而债务很高，产能大量闲置，另一方面每年还要从国外进口大量优质和特殊钢材。水泥、玻璃等产业的情况也大体类似。再次，为经济增长付出的资源、环境、生态代价过大。我国人均耕地和水资源本来就少，仅为世界人均的二分之一和三分之一，随着城市化、工业化的高速发展，耕地、水资源和生态环境的压力会越来越大。2011 年，中国国内生产总值占世界的比重还不到 10%，而能源消费却占世界的20%。2012 年，中国每形成 1 万美元国内生产总值，耗水 73 吨，每生产 1 公斤粮食耗水 1 吨，都大大高于世界平均水平。现在，二氧化碳人均排放量虽然低于发达国家，甚至低于世界人均数，但绝对量却升至全球第一位，约占世界的四分之一。据监测，近 30 年多来，中国流域面积超过 100 平方公里的 5 万条河流已消失一半多，剩下的 2.3 万条河也有 40% 被污染，其中 20% 的河水完全不能饮用。空气和水污染造成的损失，相当于中国一年国内生产总值的 5.8%。土地污染问题也日趋严重。据检测，全国 20% 的耕地重金属含量超标。无论从自身利益还是全人类利益出发，我国都必须大力推行绿色经济。这对于尚处于工业化中后期阶段的中国来说，无疑是一种发展的制约因素。因为，要节能减排，就要多在环保上投入，多关停耗能和污染多的企业，而这与发展工业、充分就业之间就有矛盾；要继续促进粮食增产，只能主要靠提高单位面积产量，而这与少用化肥、农药也会形成矛盾。

科技创新能力不足。目前，在全球出口市场占有率第一的产品中，中国约有 1500 种，居于数量排名首位，其次才是德国、美国、日本等等。但是，这些产品的核心技术、关键部件，大部分都不在中国人手里，制造这些产品的高端装备，大部分也要从国外进口。许多中外合资企业，生产在中国，但技术却留在对方国内，使中国长期处于制造业的中低端，利润的大部分被他人拿走。就连服装、鞋帽等技术含量较低的消费品，很多专利、品牌也是别人的。农业中的优质种子和一些深加工产品的市场，也面临失守的危险。据统计，我国全社会研究与试验发展经费支出占国内生产总值的比重虽然已由 2007 年的 1.4% 提高到 2013 年的 2.09%，但仍然大大低于发达国家的水平。这不仅制约中国今天的发展，也影响今后发展的潜力。

国内国际出现了一些新的不利因素。首先，中国劳动年龄人口从 2011 年开始负增长，目前 14 岁以下人口比重已低于世界平均水平。同时，老龄人口占人口比重持续增加，已高于世界平均水平。2014 年，60 岁以上人口超过 15%，65 岁以上人口达到 10%，80 岁以上的老人有 2000 多万，表明中国已进入老龄化社会。其次，劳动力工资提高较快，土地价格不断攀升，环境保护要求越来越严，使企业成本逐年增加，一些外商投资企业开始向东南亚和非洲国家转移。再次，国际金融危机的影响和一些发达国家的债务危机短期难以消除和化解，世界经济低速增长态势短期难以扭转，美国等发达国家各种形式的保护主义不断抬头，加大了世界经济的不稳定、不确定因素，影响我国外贸出口。这些都对中国经济和财政收入造成下行压力，给中国稳定物价和就业形势增加了难度。

以上说明，当代中国通过 60 多年特别是近 30 多年的努力，取得了巨大发展，综合国力已大大增强。但是，经济与社会还有脆弱的一面，自身问题一大堆，仍然处于并将长期处于社会主义初级阶段的基本国情没有变，仍然是世界上最大的发展中国家的国际地位也没有变。因此，中国当前乃至今后相当长时间里的主要任务，仍然只能是自身发展。

三、发展地看当代中国

中国有个寓言，叫刻舟求剑，说的是一个人坐在船上，不小心把宝剑掉到河里，于是在船舷刻了一个记号，想等到船停下之后，再按照那个记号下水捞剑。但他忘了，船是行走的，按照他刻的记号捞剑，永远也不会成功。这个寓言告诉我们，看待任何事物都要用发展的眼光，而不能用静止的眼光，否则就会得出错误的结论。看待一个国家，同样如此。

我们从不隐讳中国存在着继续发展的制约因素，而且清醒地看到在前进道路上除了自身障碍以外，还有外部敌对势力的遏制、干扰和破坏。但是，只要用发展的观点分析一下就会知道，中国同时存在着与这些制约因素相抗衡的因素，而且后者的力量更大。

（一）当代中国具有继续发展的制度优势

现在世界到处都在热议"中国道路""中国模式""北京共识"。我认为，人类的发展道路具有多样性，可以也应当相互借鉴，但在社会制度上不存在"普适"的模式。我们不赞成中国照搬别国经验，也不赞成别国照搬中国经验。如果说有一个"中国模式"，这个模式只能是选择社会主义制度的一种模式。如果说有一条"中国道路"，这条道路只能是具有中国特色的社会主义道路。如果说这条道路具有"普适"的原则，这个原则只能是马克思主义普遍真理与本国具体国情相结合。有人说"中国模式"是"一党执政加市场经济"，这种理解过于狭隘和偏颇。中国之所以发展速度非常快，在国际经济危机中受到的冲击比较小，并不是由于中国只有一个党执政，更不是由于这个党实行了专制制度，而是由于这个党是一个以马克思主义理论为指导思想、以谋取绝大多数人整体利益为奋斗目标、以民主集中制为制度的党；并不是由于中国实行了市场经济，而是由于这个市场经济是与社会主义基本政治经济制度相联系，以公有制和按劳分配为主体，在发挥市场对资源配置决定性作用的同时更好地发挥了政府的作用。正是由于中国实行了这种制度，所以既有利于调动人的积极性，让一切劳动、知识、技术、管理和资本的活力竞相迸发，让一切创造社会财富的源泉充分涌流，又有利于提高决策效率，有利于弥补市场失灵，有利于各种利益群体的总体和谐和社会稳定，有利于把各个民族、各种信仰的人团结在一起，有利于集中力量办大事。只要中国坚持这种制度，今后发展中的难题仍然会一一得到破解。

（二）当代中国具有有利于可持续发展的科学理念

当代中国占指导地位的思想是马克思主义基本原理与中国实际情况相结合的产物——毛泽东思想，及继承和发展这一思想的中国特色社会主义理论体系，其中包括邓小平理论、"三个代表"重要思想和科学发展观。习近平总书记面对我国经济社会发展遇到的新矛盾、新挑战，进一步继承和发展了毛泽东思想和中国特色社会主义理论体系，提出了一系列关于发展的新理念。这些理念集中体现在中共中央关于制定国民经济和社会发展的第13个五年规划的建议书中，主要是创新、协调、绿色、开放和共享。具体说，就是要把创新摆在国家发展全局的核心位置，作为引领发展的第一动力；正确处理发展中的重大关系，促进城乡区域及经济社会的协调发展；促进新型工业化、信息化、城镇化、农业现代化的同步发展，在增强国家硬实力的同时注重软实力的提升；坚持节约能源、保护环境的基本国策，加快建设资源节约型、环境友好型社会；顺应我国经济深度融合世界经济的趋势，奉行互利共赢的开放战略；坚持发展为了人民、发展依靠人民、发展成果由人民共享，朝共同富裕的方向稳步前进。可以预见，只要把这些理念落到实处，中国今后发展道路上的障碍将会得到有效克服和抑制，中国的发展就会实现可持续。

比如，针对粮食的基本供给问题，我国已划定了确保基本农田面积不少于18亿亩的红线，实行种粮补贴政策、粮食最低收购价和仓储补贴政策、土地承包权流转和规模化经营政策。据测算，我国粮食生产能力到2020年只要达到5.5亿吨，就能保持95%的自给率，而2015年产量已有 6.2 亿吨。我国人口在 2030 年将达到峰值，因此只要保住基本农田面积，保护农民的种粮积极性，增强农业的科技含量和机械化水平，提高种子、肥料（减轻化肥副作用，增加有机肥比重）、农药质量，中国人自己养活自己应当是不成问题的。（1978 年至 2013 年，我国人口由 9.6 亿增加到 13.6 亿，增长 41%；而粮食亩产量由 166.6 公斤提高到 357 公斤，增长 1 倍多；粮食总产量由 3 亿吨增加到 6 亿吨，增长 100%；人均粮食产量由 312.5 公斤增加到 441 公斤，同样增长 41%。）

又比如，针对一些地方地力严重透支、水土流失、地下水严重超采、土壤退化、面源污染加重等问题，我国决定利用现阶段国内外粮食市场供给宽裕的时机，在部分地区实行耕地轮作和休耕。

再比如，针对水资源紧缺的压力，一方面，推广滴灌、喷灌等技术提高灌溉效率，通过修建水源工程和调水工程、防治水污染、开发利用再生水、海水淡化等办法保证水的基本供应；另一方面，采用阶梯水价，实行总量控制与单位农产品产量、工业品产值水资源消耗控制的双控措施。

还比如，针对二氧化碳减排的压力，一方面，淘汰高耗能、高污染的落后产能，对化石能源进行低排放的技术改造；另一方面，通过退耕还林还草还湿、植树造林来改善生态，通过发展核能、水能、风能、太阳能等清洁能源来减少对化石能源的依赖。我国政府在 2009 年联合国气候变化哥本哈根大会上承诺，到 2020 年碳排放要比 2005 年下降 40%—50%，可再生能源占能源供应的比重要达到 15%。而 2014 年碳排放已经比 2005 年下降了 33.8%，可再生能源已经占能源供应的 11.2%。最近几年，我国国内生产总值中的能耗一直在下降；能耗中的电力增长速度一直大于煤炭、石油用量的增长速度；发电装机容量中清洁能源的增长速度一直快于火电的增长速度。目前世界在建 67 座核电站，三分之一强在中国。这些说明，我国向世界承诺的减排目标是认真的，也是有把握兑现的。

（三）当代中国具有应对挑战和风险的经济实力

我国未来发展尽管存在种种不利因素和各种可预见或不可预见的挑战、风险，但综合各方面情况看仍然是乐观的，不会掉进所谓的"中等收入陷阱"，更不会出现某些人预言的"崩溃"。

我国经济增长中尽管存在一些水分和不健康因素，但与改革开放初期相比，特别是与新中国成立初期相比，毕竟基础雄厚多了，水平提高多了，抗风险的能力也大多了。中国经济未来增速会有所减缓，但现在7%左右速度的年增长量要比改革开放初期10%左右速度的全年总量还要多，而且速度减缓对于我国调整经济结构，转变增长方式，改变过去简单纳入国际分工体系、过分依赖出口、主要靠投资与消耗资源取得发展的做法，也有积极的一面。

我国出口形势虽然严峻，但国内市场潜力巨大，把这种潜力挖掘出来，可以在一定程度上替代外贸出口失去的市场。目前，我国城镇化的浪潮方兴未艾，这将极大地刺激内需特别是消费需求。我国现在按常住人口计算，城镇化率已接近55%，但仍有近2.5亿在城市居住半年以上的农民工还没有取得城市户籍，所以按户籍人口计算，城镇化率只有36%。今后5年，这些人以及从农村进城上大学的人中，将有1亿多人要在城市落户。据测算，每增加一个城市户口，城市基础设施和公共服务设施需要投资10万元，1亿人就是10万亿元。另外，农民工变成城市居民后，还要买房、租房和购物，要支付医疗、教育、社会保险费用，这些对扩大消费需求、稳定房地产市场都有利。同时，我国在2020年要全面建成小康社会，必须进一步缩小居民之间、城乡之间、区域之间的收入差距，使中等收入群体持续扩大，社会保障全面覆盖，医疗卫生服务和住房保障体系基本形成。我国还将继续实施西部大开发战略，继续改善公路、铁路、港口、机场等基础设施。所有这些加在一起，投资和消费需求仍会十分旺盛。

世界经济虽然仍不景气，我国在海外的市场会有所减少，在中国投资的海外企业有些也会转移到其他发展中国家，但中国商品的价格和质量仍然具有竞争力，中国的投资环境也仍然具有吸引力。自 2013 年以来，我国外贸总额一直保持世界第一位，年出口额始终在 2 万亿美元以上；每年使用外商直接投资也在 1000 亿美元以上，而且已经连续 20 多年成为吸引外商投资最多的发展中国家，今年甚至将超过美国。目前，世界 500 强跨国公司中有 480 多家在华投资或开展经营活动。国际著名会计师事务所普华永道的调查表明，中国至今仍然是跨国公司首席执行官全球投资的首选目标。

随着国力增强和人民生活水平的提高，我国不仅会继续扩大出口、吸引国外投资和国外旅游者，而且还会逐年增加货物进口、对外投资和到海外的游客。2013 年，我国因私出境旅游 7700 万人次，旅游消费额 1020 亿美元，已成为世界第一大国际旅游消费国。我国政府宣布，从 2013 年到 2018 年的 5 年，我国将进口 10 万亿美元左右的商品，对外投资规模将达到 5000 亿美元，出境旅游可能超过 4 亿人次。据估计，2015 年出境旅游人次将超过 1 亿，对外投资也将超过 1000 亿美元，进口将超过 2 万亿美元。可见，未来中国不仅不会缺少市场，相反还会给世界提供更多的市场。

（四）当前中国正在逐步加大对科技创新的投入

我国已将科技创新作为发展战略的核心，正在加快建设以企业为主体、市场为导向、产学研相结合的技术创新体系。按照我国第 12 个五年规划，2015 年全社会研发投入将占国内生产总值的 2.2%，相当于高收入国家 10 年前的平均水平。（2000 年，研发经费支出占国内生产总值比重，世界平均为 2.13%，高收入国家为 2.42%，中国为 0.9%）随着经济实力增强，这个比例还会不断提高。为落实创新驱动发展战略，我国正在实施一批国家重大科技项目和在重大创新领域组建一批国家实验室，包括高端通用芯片、集成电路装备、宽带移动通信、高档数控机床、核电站、新药创制等关键核心技术。根据我国第 13 个五年规划，将实施的重大项目还有航空发动机、量子通信、智能制造和机器人、深空深海探测、重点新材料、脑科学、健康保障等。同时，我国近些年一直在加大对知识产权的保护力度。所有这些都会推动中国由"制造大国"逐步向"创造大国"迈进。

（五）中国的经济结构已出现向合理方向发展的趋势

首先，服务业的增长速度一直高于同期国内生产总值的增长速度，在国内生产总值中的比重一直呈上升趋势。三次产业占国内生产总值的比重已由 2000 年的 14.7%、45.4%、39.8%，变为 2014 年的 9.2%、42.6%、48.2%。其次，最终消费支出对国内生产总值增长的贡献率也在逐渐提高。最终消费支出、资本形成总额、货物和服务净出口三大需求对国内生产总值的贡献率由 2008 年的 44.7%、51.8%、3.5%，变为 2014 年的 50.2%、48.5%、1.3%。

（六）当代中国仍然拥有充足的劳动力

中国的劳动年龄人口绝对量和占人口的比重今后虽然将逐年下降，但劳动力总量，特别是农村富余劳动力还很多。（2013 年农民工总量为 2.69 亿，比 2012 年增长 2.4%。）有人预测，直到 2045 年之前，中国人口结构仍处于劳动供给充足的成年型阶段。（预测 2050 年 0—14 岁、15—59 岁、60 岁以上的人口比重是 13.5∶46.6∶33.9。）特别是最近我国政府已将实施了 35 年的一对夫妇只生育一个孩子的政策，改为一对夫妇可生育两个孩子的政策。这一政策调整预计可使我国每年多出生 300 万人，适当缓解人口老龄化压力。另外，现在，15 岁以上的成人识字率高达 95%，大学毛入学率为 37.5%，大专院校每年毕业生多达 650 万人，说明劳动力的素质也将不断提高。

（七）当代中国拥有真心拥护中国共产党、热爱祖国、勤劳节俭、自强不息的 13 亿人民

中国共产党是当代中国的执政党，因此，人们对生活的任何不满，都有可能归咎于党的领导。特别是由于中国共产党处于长期执政、市场经济、全面开放的环境下，难免出现官僚主义和官员腐败问题，更会引

起群众的不满。但是，中国共产党有全心全意为人民服务的宗旨，有与人民群众长期共同奋斗的历史，有自我批评和不断清理自身污点的传统。为了保证与人民群众的血肉联系，中国共产党自执政以来，曾连续不断地开展过各种整风运动；改革开放以来，几乎每隔几年也要在全党范围开展一次以批评与自我批评为主要内容的教育活动，同时逐步建立起惩治和预防腐败的体系。党的十八大以来，党中央更是采取了一系列打击腐败、改进作风的措施，进一步密切党与人民群众的联系，受到党内外、国内外的普遍好评，大大提升了党的威信。现在，人民群众对于中国共产党及其领导的政府尽管还有这样或那样的意见，但对党和政府的工作成效和认真清理自身蛀虫的态度是认同的，总体上也是信任的。中国共产党党员现有8500万人，其中，35岁以下的人约占四分之一。持续了20年的一项高校学生问卷调查显示，对党的执政能力增强和中国特色社会主义事业发展持乐观态度的人分别占89.6%和98.1%。美国爱德曼公司发布的2009—2010年中美两国民众对政府信任度比较报告表明，对两国政府信任度，2009年分别为74%和46%，2010年分别为88%和40%。美国皮尤研究中心2011年民意调查表明，中国、美国、欧洲民众对未来5年感到乐观的人分别为74%、52%、40%；对国家发展方向感到满意的美国和欧洲人都不足一半，而中国人则为87%。可见，中国共产党在普通民众中是受欢迎的，有威信的。只要有这样的党和政府，有这样的人民，中国就会有向心力、凝聚力、创造力和发展潜力，中国前进的步伐就不会停顿。

（八）当代中国拥有总体和谐的国际关系和良好的国际形象

中国近代以来曾有过受尽别国欺凌、侮辱的历史，与世界上各被压迫民族有着共同的命运和感受。因此，新中国成立不久便提出了不同社会制度国家和平共处五项原则，以及第三世界各国之间求同存异、加强团结的倡议。此后，中国始终支持亚非拉民族解放运动，亚非拉大多数国家也一直支持中华人民共和国恢复联合国的合法席位。近30多年来，中国作为维护世界和平的坚定力量，继续高举和平外交的大旗，走和平发展的道路，坚持国家不分大小、强弱、贫富一律平等，尊重各国人民自己选择发展道路的权利；奉行互利共赢的战略，不以意识形态处理国与国的关系，不干涉别国内部事务，反对任何形式的霸权主义和强权政治，推动国际秩序朝着公正合理的方向发展；坚持同发达国家的战略对话，同周边国家的睦邻友好，同广大发展中国家的团结合作。中国现在的发展水平虽然还很低，但长期以来一直向发展中国家提供力所能及的援助，近些年来更积极参与地区热点问题的解决，努力应对能源、粮食、气候变化、恐怖主义、自然灾害、金融危机等全球性问题。中国今后仍然会积极参与国际事务，但是只能承担与自身国力相适应的国际义务；仍然会坚定不移地走和平发展道路，但是绝不会以牺牲自己的核心利益为代价。新中国从不威胁任何人，也不怕任何人威胁。目前，发达国家普遍看好中国的发展前景，并纷纷加强与中国的友好关系。虽然仍有个别国家出于霸权主义的动机，不时挑起事端、制造麻烦，但它们失道寡助，难以编织出新的反华联盟。以中国的幅员、人口和经济总量，只要自己不乱，任何外来势力都奈何不了我们。

2015 年 9 月，习近平主席在联合国发展峰会上发表讲话，指出中国在过去 60 多年里，共向 166 个国家和国际组织提供了近 4000 亿元人民币的援助，派遣了 60 多万援助人员。他宣布，中国将设立南南合作援助基金，首期提供 20 亿美元；继续增加对最不发达国家的投资，力争 2030 年达到 120 亿美元；将免除有关最不发达国家、内陆发展中国家、小岛屿发展中国家截至 2015 年底到期未还的政府间无息贷款债务；并表示愿意同有关各方一道，继续推进"一带一路"建设，推动亚洲基础设施投资银行和金砖国家新开发银行早日投入运营，为发展中国家经济增长和民生改善贡献力量。这进一步说明，中国政府和人民的心是和发展中国家连在一起的。

正因为有上述有利条件，中国一定会克服前进道路上的各种不利因素，持续发展，不断壮大。中国在 2020 年全面建成小康社会、在 21 世纪中叶实现人均国民生产总值达到中等发达国家的目标一定会达到。所谓"中国崩溃论"，不过是某些人的一厢情愿罢了。

新中国反封锁反制裁反干涉的历史及启示[*]

　　自 2019 年香港"修例风波"到 2020 年全球抗疫斗争，以及贯穿近几年的中美贸易摩擦、科技竞争，处处浮现美国等西方反华势力妄图寻机封锁、制裁、孤立中国，干涉中国内政，遏制中国发展的魔影。这不由得让人回想起新中国成立 70 多年来反封锁反制裁反干涉的历史，并从中体味这一历史给予今天的启示。

　　早在新中国成立之始，美国统治集团就因为未能通过助蒋内战达到控制中国的目的而对中国共产党领导的新生政权采取拒不承认的政策；接着，又趁朝鲜战争爆发，先派舰队封锁台湾海峡，随后派大军入侵朝鲜民主主义人民共和国并向中朝边境推进，妄图将中国新生的革命政权扼杀在摇篮中。让他们万万没有想到的是，新中国在战后经济尚未恢复，财政状况极其困难，国民党残余军队还没肃清，中美双方国力、军力差距异常悬殊的情况下，居然组织志愿军赴朝作战，以"你打原子弹，我打手榴弹"^①的决心和气概，硬是把美军打回到"三八线"。这"雄辩地证明：西方侵略者几百年来只要在东方一个海岸上架起几尊大炮就可霸占一个国家的时代是一去不复返了"^②。

　　然而，美国统治集团并没有因此死心，继续对新中国采取敌视政策，不仅在军事上封锁、贸易上禁运、政治上孤立，而且对台湾当局给予军事援助，制造"两个中国"，向大陆派遣间谍飞机、播放无线广播，支持内地的反共和分裂势力，千方百计孤立和遏制中国。但他们又没有想到，这一切到头来还是落空了。新中国并没被孤立，相反，与中国建交的国家、友好的国家越来越多，就连西方阵营中的许多国家也有的派

---

　　* 本文曾刊于《世界社会主义研究》2020 年第 6 期。
　　①《毛泽东文集》第 6 卷，人民出版社 1999 年版，第 94 页。
　　②《建国以来重要文献选编》第 4 册，中央文献出版社 2011 年版，第 327 页。

大使、有的派代表，纷纷同中国进行贸易，开展各种形式的经济交流；新中国也没有被遏制住，相反，通过自力更生、艰苦奋斗和争取到的外援，建立起了独立完整的工业体系和国民经济体系，拥有了以"两弹一星"为代表的现代国防力量。最后，还是美国总统跑到北京会见毛泽东，从而打破了双方关系的僵局，直至承认中华人民共和国是中国唯一合法政府，断绝与台湾的外交关系，和中国互派大使。

中美关系的正常化为中国对资本主义世界的开放和与西方经济的交往铺平了道路，促进了中国在原有基础上的飞速发展。不过，美国仍然没有就此停止对中国动辄封锁、制裁和干涉。为了阻挠我推进祖国统一大业，美国在我国周边至今部署有上百个军事基地，还持续不断地向台湾出售武器。自新中国成立起，美国针对社会主义国家而纠集的巴黎统筹委员会（以下简称"巴统"）就在高科技产品上对我实施出口限制，即使中美建交后对中国的禁运货单也没有减少，反而在数量上还超过了苏联。苏联解体后，"巴统"虽然解散，但由美国操纵制定的"瓦森纳协定"继续将中国列入高科技产品的禁运国之列。1989 年我国政治风波平息后，以美国为首的西方主要国家对我再次举起经济制裁的大棒。1993 年美国军舰竟然在公海扣留我"银河"号货轮，并强行登船搜查。1999 年以美国为首的北约部队在狂轰滥炸南斯拉夫联盟共和国时，悍然轰炸我大使馆。2001 年美国大型军用侦察机侵犯我南海专属经济区，并撞毁我战斗机。至于美国假借所谓人权、西藏、新疆、香港、南海等问题干涉我国内政，煽动、操纵、支持我国国内分裂势力进行暴乱、恐怖活动的事例，就更是举不胜举了。

面对美国等西方反华势力的封锁、制裁、干涉，我国历届政府在中国共产党领导下进行了有理、有利、有节的反制，不仅使它们遏制中国发展的图谋接连破产，而且在这个过程中用了比西方国家短得多的时间，由落后的农业社会进入工业社会，又开始向信息化社会迈进。回顾这一历史，人们可以得出许多有益的启示。比如，面对封锁、制裁、孤立，必须提升实力、做强自己，必须讲究策略、两手并用，必须瓦解对方、争取朋友，必须顾全大局、后发制人，等等。但我认为，其中首要的一条启示是：蔑视强敌，志在必胜。

古人说，"两军相遇勇者胜"。与强敌交锋，更需要勇气和必胜的信心。如果还未见到敌人，自己先发怵泄气，那是无论如何没有胜利希望的。中国共产党自从诞生之日起，面对的就是一个又一个比自己强大得多的敌人，但我们正是通过不断战胜它们，不仅发展壮大了自己，而且从中总结出了一套蔑视强敌、志在必胜的理论。这个理论并不是盲目的，而是建立在事实和科学基础之上的，其集大成者正是毛泽东。他指出："一切反动派都是纸老虎。看起来，反动派的样子是可怕的，但是实际上并没有什么了不起的力量。从长远的观点看问题，真正强大的力量不是属于反动派，而是属于人民。"① "敌人还有力量，我们自己也还有弱点，斗争的性质依然是长期的，残酷的。但是我们一定能够胜利。"② 他说：长期以来，帝国主义者散布他们是文明的、高尚的、卫生的，这些言论在世界上还有影响，所以我们在全国人民中广泛宣传破除迷信，③ "不要迷信那个什么帝国主义。……不是说帝国主义国家的人民都要反对，也不是说帝国主义国家的技术不可以学习，而是说对帝国主义的政治的迷信，对它们那套欺骗，要破除"④。他还说："无数事实证明，得道多助，失道寡助。弱国能够打败强国，小国能够打败大国。"⑤ 正是基于这些科学的分析，他豪迈地预言："封锁吧，封锁十年八年，中国的一切问题都解决了"⑥；让国内外反动派 "说我们这也不行那也不行吧，中国人民的不屈不挠的努力必将稳步地达到自己的目的"⑦。

邓小平继承了毛泽东关于不惧怕帝国主义恐吓的理论，面对 1989 年政治风波后以美国为首的西方国家采取中止对华高层政治接触及延缓世界银行贷款等制裁措施，展示了作为中国领导人的民族气节和大无畏

---

① 《毛泽东选集》第 4 卷，人民出版社 1991 年版，第 1195 页。
② 《毛泽东选集》第 4 卷，人民出版社 1991 年版，第 1209 页。
③ 《毛泽东文集》第 7 卷，人民出版社 1999 年版，第 382 页。
④ 《毛泽东外交文选》，中央文献出版社、世界知识出版社 1994 年版，第 588 页。
⑤ 《毛泽东外交文选》，中央文献出版社、世界知识出版社 1994 年版，第 586 页。
⑥ 《毛泽东选集》第 4 卷，人民出版社 1991 年版，第 1496 页。
⑦ 《毛泽东文集》第 5 卷，人民出版社 1996 年版，第 345 页。

精神。他指出："世界上最不怕孤立、最不怕封锁、最不怕制裁的就是中国。建国以后，我们处于被孤立、被封锁、被制裁的地位有几十年之久。但归根结底，没有损害我们多少。为什么？因为中国块头这么大，人口这么多，中国共产党有志气，中国人民有志气。还可以加上一点，外国的侵略、威胁，会激发起中国人民团结、爱国、爱社会主义、爱共产党的热情，同时也使我们更清醒。"他还说：新中国"是在被封锁、制裁、孤立中成长起来的。经过四十年的发展，特别是经过最近十年的发展，我们的实力增强了，中国是垮不了的，而且还要更加发展起来。这是民族的要求，人民的要求，时代的要求"。"中国的特点是建国四十多年来大部分时间是在国际制裁之下发展起来的。我们别的本事没有，但抵抗制裁是够格的。"① 他告诫我们："要维护我们独立自主、不信邪、不怕鬼的形象。我们绝不能示弱。你越怕，越示弱，人家劲头就越大。并不因为你软了人家就对你好一些，反倒是你软了人家看不起你。我们怕什么？战争我们并不怕。……谁敢来打我们，他们进得来出不去。中国有抵御外敌入侵的丰富经验，打垮了侵略者，我们再来建设。"②

党的十八大以后，以习近平同志为核心的党中央坚持"不信邪、不怕鬼"的方针，对美国阴谋策划的所谓"南海仲裁案"以及美国和少数几个西方国家打着"航行自由"的旗号对我南海主权的不断挑衅，进行了针锋相对的斗争。习近平代表中国政府庄严宣示："任何人要侵犯中国的主权和相关权益，中国人民都不会答应。"③"中国不接受任何基于该仲裁裁决的主张和行动。"④ 他还当着美国时任总统奥巴马的面说：中国"不会接受任何以航行自由为借口损害中国国家主权和安全利益的行为"⑤。针对西方反华势力对"台独"和香港分裂势力的支持，他义正词

---

①《邓小平文选》第3卷，人民出版社1993年版，第329、357、359页。

②《邓小平文选》第3卷，人民出版社1993年版，第320页。

③《共同开启中英全面战略伙伴关系的"黄金时代"为中欧关系全面推进注入新动力》，《人民日报》2015年10月19日。

④《习近平会见欧洲理事会主席图斯克和欧盟委员会主席容克》，《人民日报》2016年7月13日。

⑤《习近平会见美国总统奥巴马》，《人民日报》2016年4月2日。

严地指出："我们绝不允许任何人、任何组织、任何政党、在任何时候、以任何形式、把任何一块中国领土从中国分裂出去。"① "任何危害国家主权安全、挑战中央权力和香港特别行政区基本法权威、利用香港对内地进行渗透破坏的活动，都是对底线的触碰，都是绝不能允许的。"② 他在党的十九大报告中着重强调：中国 "尊重各国人民自主选择发展道路的权利，维护国际公平正义，反对把自己的意志强加于人，反对干涉别国内政，反对以强凌弱。中国决不会以牺牲别国利益为代价来发展自己，也决不放弃自己的正当权益，任何人不要幻想让中国吞下损害自身利益的苦果"③。他强调，要坚定道路自信、理论自信、制度自信、文化自信，并在阐述这一观点时指出："当今世界，要说哪个政党、哪个国家、哪个民族能够自信的话，那中国共产党、中华人民共和国、中华民族是最有理由自信的。有了'自信人生二百年，会当水击三千里'的勇气，我们就能毫无畏惧面对一切困难和挑战，就能坚定不移开辟新天地、创造新奇迹"④。

新中国反封锁反制裁反干涉的斗争史充分说明，中国共产党、中国政府、中国人民是从不惹事也从不怕事的，是从不干涉别国内政也从不允许别国干涉内政的，是从不妄自尊大也从不卑躬屈膝的。对于西方某些不自量力的政客，很有必要提醒他们抽时间看一看新中国的历史，这或许会使他们从中悟出一个道理：中国人民是不好惹的，惹了是不好办的；中华民族已经迈上复兴大道，这是世界上任何力量也阻挡不住的。

---

① 《十九大以来重要文献选编》（上），中央文献出版社 2019 年版，第 40 页。
② 《十八大以来重要文献选编》（下），中央文献出版社 2018 年版，第 785 页。
③ 《十九大以来重要文献选编》（上），中央文献出版社 2019 年版，第 42 页。
④ 《十八大以来重要文献选编》（下），中央文献出版社 2018 年版，第 348 页。

毛泽东是中国式现代化道路的开创者[*]

习近平总书记在党的二十大报告中，概括提出并深入阐述了中国式现代化理论体系，指出：中国式现代化既有各国现代化的共同特征，更有基于自己国情的中国特色；其本质是中国共产党领导的社会主义现代化，其特征是人口规模巨大、全体人民共同富裕、物质文明和精神文明相协调、人与自然和谐共生、走和平发展道路；并强调"在新中国成立特别是改革开放以来长期探索和实践基础上，经过十八大以来在理论和实践上的创新突破，我们党成功推进和拓展了中国式现代化"[1]。在纪念毛泽东同志诞辰 130 周年座谈会上，他又指出：毛泽东是"中国社会主义现代化建设事业的伟大奠基者"；以中国式现代化全面推进强国建设、民族复兴伟业，"是毛泽东等老一辈革命家的未竟事业"。[2]《中共中央关于党的百年奋斗重大成就和历史经验的决议》中也指出：毛泽东提出了关于社会主义建设的一系列重要思想，"正确处理我国社会主义建设的十大关系，走出一条适合我国国情的工业化道路"[3]。这些论述清楚地表明，中国式现代化的道路是党的十八大以来在理论和实践上取得的重大创新和突破，也是我们党和老一辈革命家长期探索和实践所开辟的。带领我们党开辟这条道路的，无疑是作为党的第一代中央领导集体的核心毛泽东。

---

* 本文是作者 2024 年 1 月 13 日在当代中国研究所、国史学会和三亚学院联合主办的学习习近平总书记在纪念毛泽东同志诞辰 130 周年座谈会上重要讲话学术研讨会上的主题报告，后刊于《马克思主义研究》2024 年第 2 期。

① 习近平：《高举中国特色社会主义伟大旗帜　为全面建设社会主义现代化国家而团结奋斗——在中国共产党第二十次全国代表大会上的报告》，人民出版社 2022 年版，第 22 页。

② 习近平：《在纪念毛泽东同志诞辰 130 周年座谈会上的讲话》，《人民日报》2023 年 12 月 27 日。

③《十九大以来重要文献选编》（下），中央文献出版社 2023 年版，第 494 页。

一、毛泽东从国情和时代出发，引领中国成功走上了既区别于西方资本主义又有别于苏联社会主义的新民主主义工业化道路

中国共产党团结带领人民在推翻"三座大山"后建立的中华人民共和国，一方面根本不同于欧美式的资本主义共和国，另一方面和苏俄式的社会主义共和国也有所不同。社会主义共和国最终"将成为一切工业先进国家的国家构成和政权构成的统治形式"①，但一定历史时期还不适用于殖民地半殖民地国家的革命。对于后者，只能采用第三种形式，即建立新民主主义共和国。这个理论，首先是毛泽东系统提出的。

1840 年鸦片战争以后，中国工业化问题便同中国的民族独立、国家统一等问题捆绑在一起，成为中国面临的基本问题。除了代表地主阶级最腐朽力量的顽固派，在中国政治舞台上先后登场的几乎一切政治派别都主张在中国兴办工业，实现工业化。但怎样才能使中国实现工业化，不同派别的看法就大不一样了。中国共产党从诞生之日起就向世人宣示，中国要实现工业化，必须先进行彻底的反帝反封建，扫除工业化道路上的"拦路虎"，并提出了进行由无产阶级领导的新式民族民主革命的一系列政治主张。毛泽东将这些主张加以系统化，逐步形成了一整套完整的理论，即新民主主义理论，其中包括新民主主义工业化的理论。

对于新民主主义工业化理论涉及的几个主要问题，毛泽东都给予过最清晰最深刻最完整的回答。

第一，为什么中国共产党要为中国工业化而奋斗？

世界各国的工业化本来是资产阶级要完成的任务，而在中国却要由工人阶级及其政党来担负。个中原因，毛泽东在《中国社会各阶级的分析》《中国革命和中国共产党》《新民主主义论》等文章中，作了深入分析。他指出，代表中国城乡资本主义生产关系的资产阶级的上层，即官僚买办资产阶级，是国际资产阶级的附庸，是帝国主义的仆从，是和它们相互勾结，出卖中国利益、阻挠中国生产力发展的；中层，即民族资

---

①《毛泽东选集》第 2 卷，人民出版社 1991 年版，第 675 页。

产阶级，在经济和政治上具有软弱性，对帝国主义和封建势力具有妥协性，在民族民主革命中具有动摇性，解决不了资产阶级革命需要解决的基本问题；下层，即小资产阶级，其经济地位决定了他们拥护革命，是革命的同盟军，但缺乏革命的彻底性，到了紧要关头往往会对革命产生怀疑，变得消极。所以，领导资产阶级性质、开辟中国资本主义工业化道路的民族民主革命，"中国资产阶级是不能尽此责任的，这个责任就不得不落在无产阶级的肩上了"[1]。正因为如此，毛泽东说："中国工人阶级的任务，不但是为着建立新民主主义的国家而斗争，而且是为着中国的工业化和农业近代化而斗争。"[2]

第二，为什么中国不能走资本主义工业化的老路？

对这个问题，毛泽东在 1939 年《中国革命和中国共产党》和《新民主主义论》等文章中作了深入分析。

首先，毛泽东阐释了中国走资本主义工业化的老路不为帝国主义国家所允许的道理。他指出："中国封建社会内的商品经济的发展，已经孕育着资本主义的萌芽，如果没有外国资本主义的影响，中国也将缓慢地发展到资本主义社会。外国资本主义的侵入，促进了这种发展。外国资本主义对于中国的社会经济起了很大的分解作用，一方面，破坏了中国自给自足的自然经济的基础，破坏了城市的手工业和农民的家庭手工业；又一方面，则促进了中国城乡商品经济的发展。这些情形，不仅对中国封建经济的基础起了解体的作用，同时给中国资本主义生产的发展造成了某些客观的条件和可能。因为自然经济的破坏，给资本主义造成了商品的市场，而大量农民和手工业者的破产，又给资本主义造成了劳动力的市场。""可是，上面所述的这一资本主义的发生和发展的新变化，只是帝国主义侵入中国以来所发生的变化的一个方面。还有和这个变化同时存在而阻碍这个变化的另一方面，这就是帝国主义勾结中国封建势力压迫中国资本主义的发展。帝国主义列强侵入中国的目的，决不

---

[1]《毛泽东选集》第 2 卷，人民出版社 1991 年版，第 674 页。
[2]《毛泽东选集》第 3 卷，人民出版社 1991 年版，第 1081 页。

是要把封建的中国变成资本主义的中国。帝国主义列强的目的和这相反，它们是要把中国变成它们的半殖民地和殖民地。"①

其次，毛泽东阐释了中国走资本主义工业化的老路也不为社会主义国家允许的道理。他指出：中国革命的第一步，即推翻帝国主义和封建地主阶级的压迫，"虽然按其社会性质，基本上依然还是资产阶级民主主义的，它的客观要求，是为资本主义的发展扫清道路；然而这种革命，已经不是旧的、被资产阶级领导的、以建立资本主义的社会和资产阶级专政的国家为目的的革命，而是新的、被无产阶级领导的、以在第一阶段上建立新民主主义的社会和建立各个革命阶级联合专政的国家为目的的革命"②。因此，"中国要独立，决不能离开社会主义国家和国际无产阶级的援助。这就是说，不能离开苏联的援助"③。处在二十世纪三四十年代社会主义向上高涨、资本主义向下低落的国际环境下，即列宁所指出的帝国主义和无产阶级革命的时代，殖民地半殖民地的民族民主革命要么站在帝国主义一边，要么站在反帝国主义一边，变为世界革命的一部分，"二者必居其一，其他的道路是没有的"④。

第三，为什么中国在民族民主革命胜利后不能马上走社会主义工业化的道路？

关于中国在新民主主义革命胜利后，必须大力发展工业、走工业化道路，对于毛泽东来说是十分明确的，也是十分坚定的。抗日战争时期，他就对党内一些同志反对在中国发展资本主义工业、主张在小农经济的基础上直接实行社会主义的思想，给予过无情的批判，指出这是一种"民粹派"思想。在 1944 年 8 月致博古的信中，他说："新民主主义社会的基础是工厂（社会生产，公营的与私营的）与合作社（变工队在内），不是分散的个体经济。分散的个体经济——家庭农业与家庭手工业是封建社会的基础，不是民主社会（旧民主、新民主、社会主义，一

---

① 《毛泽东选集》第 2 卷，人民出版社 1991 年版，第 626—628 页。
② 《毛泽东选集》第 2 卷，人民出版社 1991 年版，第 668 页。
③ 《毛泽东选集》第 2 卷，人民出版社 1991 年版，第 680 页。
④ 《毛泽东选集》第 2 卷，人民出版社 1991 年版，第 681 页。

概在内）的基础，这是马克思主义区别于民粹主义的地方。……现在的农村是暂时的根据地，不是也不能是整个中国民主社会的主要基础。由农业基础到工业基础，正是我们革命的任务。"[①] 在抗日战争胜利前夕党的七大上，他更加鲜明地指出："没有独立、自由、民主和统一，不可能建设真正大规模的工业。没有工业，便没有巩固的国防，便没有人民的福利，便没有国家的富强。一八四〇年鸦片战争以来的一百零五年的历史，特别是国民党当政以来的十八年的历史，清楚地把这个要点告诉了中国人民。""在新民主主义的政治条件获得之后，中国人民及其政府必须采取切实的步骤，在若干年内逐步地建立重工业和轻工业，使中国由农业国变为工业国。"[②] 到了 1948 年 4 月晋绥干部会议，他指出："现在农村中流行的一种破坏工商业、在分配土地问题上主张绝对平均主义的思想（是一种农业社会主义思想），它的性质是反动的、落后的、倒退的。我们必须批判这种思想。"[③] 在同年 9 月中央政治局会议上，他进一步强调："我们反对农业社会主义，所指的是脱离工业、只要农业来搞什么社会主义，这是破坏生产、阻碍生产发展的，是反动的。"[④]

那一年，经党中央审定，以新华社名义发表了一篇题为《关于农业社会主义的问答》，其中指出："农业社会主义思想，是指在小农经济的基础上产生出来的一种平均主义思想。抱有这种思想的人们，企图用小农经济的标准，来认识和改造世界，以为把整个社会经济都改造为划一的'平均的'小农经济，就是实行社会主义，而可以避免资本主义的发展。过去历史上代表小生产者的原始社会主义的空想家或实行家，例如帝俄时代的民粹派和中国的太平天国的人们，大都抱有这一类思想的。"[⑤] 这一文件，显然也是在毛泽东上述思想指导下制定的。

既然革命成功后中国要着重发展工业、变农业国为工业国，为什么

① 《毛泽东书信选集》，人民出版社 2003 年版，第 215 页。

② 《毛泽东选集》第 3 卷，人民出版社 1991 年版，第 1080、1081 页。

③ 《毛泽东选集》第 4 卷，人民出版社 1991 年版，第 1314 页。括弧中的话见《毛泽东文选》，渤海新华书店 1948 年版，第 12 页。

④ 《毛泽东文集》第 5 卷，人民出版社 1996 年版，第 139 页。

⑤ 《中共中央文件选集》（1948—1949），中共中央党校出版社 1987 年版，第 236 页。

不能一下子通过社会主义的办法，而要先实行新民主主义呢？对此，毛泽东回答说，主要原因就在于中国经济的落后，客观上不具备条件，所以需要先利用资本主义的办法发展国民经济，为大规模工业化建设积累资金和物资。他在 1939 年说："在革命胜利之后，因为肃清了资本主义发展道路上的障碍物，资本主义经济在中国社会中会有一个相当程度的发展，是可以想象得到的，也是不足为怪的。"① 他在 1945 年解释我们党为什么不但不怕资本主义，反而一定条件下还提倡发展它时又说："现在的中国是多了一个外国的帝国主义和一个本国的封建主义，而不是多了一个本国的资本主义，相反地，我们的资本主义是太少了。"② 在 1949 年党的七届二中全会上，他进一步指出："中国的工业和农业在国民经济中的比重，就全国范围来说，在抗日战争以前，大约是现代性的工业占百分之十左右，农业和手工业占百分之九十左右。"就是说，"我们还有百分之九十左右的经济生活停留在古代"。③ 正是从这个实际情况出发，他明确提出："在革命胜利以后一个相当长的时期内，还需要尽可能地利用城乡私人资本主义的积极性，以利于国民经济的向前发展。"④

第四，什么是中国新民主主义的工业化道路？

关于这个问题，毛泽东的回答基本可以概括为三个方面：一是将帝国主义者和官僚买办资产阶级的资本和企业收归国有，使国营经济成为整个国民经济的领导成分；二是尽可能利用城乡资本主义的积极性；三是对资本主义企业中不利于国计民生的部分加以限制，并调节劳资矛盾。

毛泽东在《新民主主义论》中指出，新民主主义的工商业政策与孙中山的主张是大体一致的，即："凡本国人及外国人之企业，或有独占的性质，或规模过大为私人之力所不能办者，如银行、铁道、航路之属，由国家经营管理之，使私有资本制度不能操纵国民之生计，此则节

---

① 《毛泽东选集》第 2 卷，人民出版社 1991 年版，第 650 页。
② 《毛泽东选集》第 3 卷，人民出版社 1991 年版，第 1060 页。
③ 《毛泽东选集》第 4 卷，人民出版社 1991 年版，第 1430 页。
④ 《毛泽东选集》第 4 卷，人民出版社 1991 年版，第 1431 页。

制资本之要旨也。"①但是也有不一致的地方，即新民主主义国家的政权是工人阶级领导的，目标是建立社会主义社会，因此，在这个国家里，"国营经济是社会主义性质的，合作社经济是半社会主义性质的，加上私人资本主义，加上个体经济，加上国家和私人合作的国家资本主义经济，这些就是人民共和国的几种主要的经济成分，这些就构成新民主主义的经济形态"②。"中国资本主义的存在和发展，不是如同资本主义国家那样不受限制任其泛滥的。它将从几个方面被限制——在活动范围方面，在税收政策方面，在市场价格方面，在劳动条件方面。我们要从各方面，按照各地、各业和各个时期的具体情况，对于资本主义采取恰如其分的有伸缩性的限制政策。"③这必然受到资产阶级，尤其是大企业主在各种程度和各种方式上的反抗。因此，"限制和反限制，将是新民主主义国家内部阶级斗争的主要形式。"④

毛泽东指出的这一新民主主义工业化道路，在新中国成立前的解放区，尤其东北解放区已经实行。新中国成立前夕通过的《中国人民政治协商会议共同纲领》（以下简称《共同纲领》）明确规定，新中国要"发展新民主主义的人民经济"⑤，其经济建设的根本方针"是以公私兼顾、劳资两利、城乡互助、内外交流的政策，达到发展生产、繁荣经济之目的"⑥；使国营经济、合作社经济、个体经济、私人资本主义和国家资本主义经济等"各种社会经济成分在国营经济领导之下，分工合作，各得其所"⑦。这在实际上，就是把毛泽东的新民主主义工业化思想，用临时宪法的形式固定下来了。新中国成立后，毛泽东在 1950 年 6 月全国政协一届二次会议上又强调，实行私营工业的国有化和农业的社会化，"还

---

① 《毛泽东选集》第 3 卷，人民出版社 1991 年版，第 1057 页。
② 《毛泽东选集》第 4 卷，人民出版社 1991 年版，第 1433 页。
③ 《毛泽东选集》第 4 卷，人民出版社 1991 年版，第 1431 页。
④ 《毛泽东选集》第 4 卷，人民出版社 1991 年版，第 1432 页。
⑤ 《建国以来重要文献选编》第 4 册，中央文献出版社 2011 年版，第 354 页。
⑥ 《建国以来重要文献选编》第 1 册，中央文献出版社 2011 年版，第 6 页。
⑦ 《建国以来重要文献选编》第 2 册，中央文献出版社 2011 年版，第 510 页。

在很远的将来"①。

对于走新民主主义的工业化道路，我们党是十分真诚也十分认真的。比如，新中国成立初期，通过稳定金融物价、统一财经，恶性通货膨胀得到了遏制，但市场发生商品滞销并跌价，银行货币存款大增，贷不出去，致使部分工厂关门、商店歇业、失业增加。仅 1950 年 1 月至4 月，全国 14 个大城市就有近 3000 家私营工厂倒闭。毛泽东在那一年三四月份的中央政治局会议上说："和资产阶级合作是肯定了的，不然《共同纲领》就成了一纸空文，政治上不利，经济上也吃亏。""我们是一个大党，策略上要特别注意。尤其是我们现在胜利了，要巩固胜利，更要注意，要反对'左'的思想和'左'的做法。"② 根据毛泽东关于调整公私企业关系的指示，中央财经领导部门采取了一系列措施，如扩大政府对私营工业的加工订货和收购包销，降低部分工业品税率，提高工商业所得税起征点，停发第二期公债，扩大对私营工业商业的贷款额，对工人进行"公私兼顾、劳资两利"的政策教育等等，从而缓解了私营工商业的困难。1951 年同 1950 年相比，私营工业户增加了 11%，生产总值增加了 39%。私营工商业者反映，他们从国家和国营企业的加工、订货、统购、包销中得到的利润，超过了国民党统治时期的任何一年。

当时，我国私营工业主要是轻工业，所以，新民主主义工业化鼓励发展私营工业，实际上就是要重点发展轻工业。也就是说，新民主主义的工业化战略，是以发展农业和轻工业为主的，是为了今后重点发展重工业积累资金和物资。对此，刘少奇在 1950 年的一份手稿中写道：中国工业化的过程，大体要循着这样的道路前进：先恢复经济，以主要力量发展农业和轻工业，同时建立必要的国防工业；再以更大的力量建立重工业基础，并发展重工业；最后，以重工业为基础，大力发展轻工业和使农业生产机械化。因为，"只有农业的发展，才能供给工业以足够的原料和粮食，并为工业的发展扩大市场。只有轻工业的发展，才能供

---

① 《毛泽东文集》第 6 卷，人民出版社 1999 年版，第 80 页。
② 薄一波：《若干重大决策与事件的回顾》（上），中共党史出版社 2008 年版，第 70、71 页。

给农民需要的大量工业品，交换农民生产的原料和粮食，并积累继续发展工业的资金。""使中国工业化，是需要巨大的资金的，而没有资金，没有数百亿银元的资金投资于工业，特别是重工业，那就不要想加快我们的工业化。"①1951年5月，他在党的第一次全国宣传工作会议上所作报告中又指出："重工业和轻工业，开始还是要搞一些轻工业。因为轻工业可以赚钱，也容易办些，又不用很多的资本。""轻工业发展了再来大量地进行重工业建设。"他还说，经过10年经济建设计划，新中国的面貌就要改变，"到那时我们的国家才可以考虑到社会主义去的问题"。②两个月后，他对马列学院的第一班学员发表了著名的《春耦斋讲话》，当讲到上述经济建设步骤设想时更加明确地指出："十年建设加三年准备是十三年。到那时看情形怎样，或再搞个五年计划，进入社会主义。采取社会主义步骤，少则十年、多则十五年，二十年恐怕不要。"③

可见，以毛泽东同志为核心的党的第一代中央领导集体对我国工业化道路的选择，是与对工业化战略的选择统一起来考虑的。走新民主主义工业化道路，重点是发展农业、轻工业；当要重点发展重工业时，就要走社会主义工业化的道路。如果没有意外，新民主主义工业化这条路，本来会按照毛泽东说的"一个相当长的时期"④和刘少奇说的"少则十年、多则十五年"的设想走下去。然而，1952年八九月份，情况发生了变化。

二、毛泽东抓住历史机遇，引领中国的工业化建设由新民主主义的道路提前转入社会主义的道路

1950年6月，朝鲜战争爆发，美国立即派舰队封锁台湾海峡，打着联合国军的旗号出兵侵略朝鲜，越过三八线，并把战火烧到了中朝边境，对中国新生的人民政权构成直接威胁。为此，毛泽东和党中央作出

---

① 《刘少奇论新中国经济建设》，中央文献出版社1993年版，第173、174页。
② 《刘少奇论新中国经济建设》，中央文献出版社1993年版，第181、182页。
③ 《刘少奇论新中国经济建设》，中央文献出版社1993年版，第209页。
④ 《毛泽东选集》第4卷，人民出版社1991年版，第1431页。

决策，组织志愿军抗美援朝，并通过两个战役，在同年底就将美军赶回到三八线以南。中美双方在军事装备、后勤支援上的悬殊，突显了我国发展以重工业为基础的现代国防工业的紧迫性。中国有关部门根据毛泽东的指示，在编制"一五"计划草案时，对苏联和欧美国家的工业化道路进行了反复比较，一致认为"一五"计划必须以重工业为重点，突显了我国优先发展重工业的必要性。[①] 然而，新中国要想在一缺资金、二缺物资、三缺技术和人才的情况下优先发展重工业，开展大规模工业化基础建设，没有先进工业国的帮助是不可能的。在当时，提供帮助的先进工业国不可能是欧美资本主义国家，只能是社会主义的苏联。所以，能否得到苏联对我国以重工业为重点的"一五"计划建设给予援助，成为我国能否实施优先发展重工业计划的关键。

1952 年 8 月，党中央派周恩来、陈云等人前往苏联，就此进行商谈，得到斯大林对我国"一五"计划建设，从资源勘察和工业设备设计、制造到无偿提供技术资料，从派遣专家到培养留学生等各个方面，给予全面援助的承诺。这表明，我国优先发展重工业不仅有了必要性、紧迫性，而且有了可能性。于是，毛泽东在周恩来、陈云回国的当晚，立即召开中央书记处会议。会议只有两个议题，一是听取他们的汇报，二是讨论"一五"计划的方针和任务。正是在那个会上，毛泽东提出："我们现在就要开始用十年到十五年的时间基本上完成到社会主义的过渡，而不是十年或者以后才开始过渡。"[②] 就是说，他把过去先用较长时间搞新民主主义再搞社会主义的方针，改为了提前向社会主义过渡。中央文献研究室编写的《毛泽东传》写道："这是一次十分重要的会议。毛泽东这个讲话表明，他关于由新民主主义向社会主义转变的步骤、方法，同原来的设想，发生了变化。"[③]

为什么毛泽东在听取周恩来、陈云访苏情况汇报和讨论"一五"计划方针、任务的会上，会提出向社会主义提前过渡的主张？这难道是偶

---

①《建国以来重要文献选编》第 4 册，中央文献出版社 2011 年版，第 606—607 页。
②《毛泽东年谱（1949—1976）》第 1 卷，中央文献出版社 2013 年版，第 603 页。
③《毛泽东传》第 3 册，中央文献出版社 2011 年版，第 1199 页。

然的巧合吗？当然不是。它恰恰反映了选择优先发展重工业战略、苏联答应全面援助"一五"计划建设和决定提前向社会主义过渡这三件事情之间，存在着内在的必然的联系。它说明，正是我国安全形势面临严峻局面，促使我们考虑提前开展大规模工业化建设；正是苏联答应全面援助中国优先发展重工业的"一五"计划建设，促使我们决定立即进行大规模工业化建设；正是上述这些客观情况反映到毛泽东头脑中，促使他敏锐察觉到这对于中华民族来说，是一个追赶世界先进水平、弥补百年差距的千载难逢的历史机遇，必须采取社会主义工业化的方针，即用公有制和计划经济体制的办法抓住这个机遇。而这就不能不将原来关于实行较长时间新民主主义的设想，改为提前向社会主义过渡。

为什么苏联答应全面援助我国的"一五"计划建设，就必须提前向社会主义过渡呢？这是因为，从总体上讲，我国当时的经济基础比苏联开始实施"一五"计划时更加薄弱。新中国成立到1952年，尽管国民经济恢复任务已顺利完成，工业生产在国民经济中、国营经济在工业生产中的比重都有较快增长，农业互助合作化运动已全面开展，资本家的"五毒"[1]行为激化了阶级矛盾，抗美援朝战争战局已趋于平稳，但这一切并没能从根本上改变大规模工业化建设所需资金、物资和人才仍然极度匮乏的状况。据统计，1950年和1952年相比较，工业总产值在工农业总产值中的比重分别为33.2%和43.1%，财政收入分别为62.17亿元和173.94亿元，粮食产量分别为1.32亿吨和1.69亿吨，钢产量分别为61万吨和135万吨，在校大学生分别为13.7万人和19.1万人。[2]可见，我国1952年的资金、物资、人才条件与1950年相比，并没有太大区别。苏联虽然答应对中国的"一五"计划建设给予全面援助，但资金、物资缺乏的问题仍然主要靠我们自己解决。就是说，要把优先发展重工业的必要性、紧迫性、可能性变成现实性，不仅需要我们提高积累率，让轻工业企业向国家多缴利税，让农业向国家提供更多的商品粮和可供

---

① "五毒"指行贿、偷工减料、盗窃国家资财、偷税漏税、盗窃国家经济情报行为。参见《建国以来重要文献选编》第6册，中央文献出版社2011年版，第288页。

②《新中国六十年统计资料汇编》，中国统计出版社2010版，第40、18、37、43、72页。

出口换汇的农副产品；而且需要我们把有限的财力、物力、人力等资源集中起来使用。这就决定了我们不能不实行高度集中的计划经济体制。而要使计划行得通，就不能不将农民的个体经营变为集体经营，城市工商业的私人所有制变为全民所有制或合作社经营。也就是说，要优先发展重工业，必须对所有制进行社会主义改造。关于这个道理，毛泽东在1953年把过渡时期总路线的"一化三改"比喻为"一鸟两翼"①，已经说得很清楚了。

从工业化的战略上讲，新民主主义工业化的重点是发展农业、轻工业，社会主义工业化的重点是发展重工业。因此，从新民主主义工业化向社会主义工业化过渡碰到的问题之艰巨和复杂，与过去相比完全不可同日而语。对于这些问题，也是由毛泽东领导全党逐一加以解决的。

比如，关于从1953年起进行计划经济建设，就是毛泽东在1951年2月关于"三年准备、十年计划经济建设"指示中首先提出的；②关于五年计划的编制准备工作，也是他主持中央政治局会议研究决定，由周恩来、陈云等6人组成领导小组，在1952年底前编好的。他在1951年底说："一九五二年是我们三年准备工作的最后一年。从一九五三年起，我们就要进入大规模经济建设了，准备以二十年时间完成中国的工业化。"③对于报送他的五年计划的每一稿，毛泽东都是逐字逐句地加以批改。

尤其值得一提的是，我国五年计划以建立独立完整的工业体系为目标，也是在毛泽东的指导思想下确定的。早在党的七届二中全会讲话中，当他说到今后经济恢复和发展时就曾指出：我国"还没有解决建立独立的完整的工业体系问题，只有待经济上获得了广大的发展，由落后的农业国变成了先进的工业国，才算最后地解决了这个问题"④。后来，

---

① "一鸟"就是发展社会主义的工业，"两翼"就是对农业、手工业的改造和对私营工商业的改造。参见《建国以来重要文献选编》第5册，中央文献出版社2011年版，第1—2页。

②《毛泽东文集》第6卷，人民出版社1999年版，第143页。

③《毛泽东文集》第6卷，人民出版社1999年版，第207页。

④《毛泽东选集》第4卷，人民出版社1991年版，第1433页。

"一五"计划的工业项目安排，就是从系统布局出发，按照建立"独立的工业体系和农业相应的协调发展"的要求制定的。[1]1959 年，他在读苏联《政治经济学教科书》时，又针对党的八大上的一个提法指出："我们八大第一次会议曾说，要在第二个五年计划建立社会主义工业化的巩固基础，又说要在十五年或者更多的时间内建成完整的工业体系，这两个说法有点矛盾。没有完整的工业体系，怎么能说有了社会主义工业化的巩固基础？"[2]可见，工业化要建立在独立完整工业体系上的这一观念，在他头脑里不仅是始终明确的，而且是根深蒂固的。正是在这一思想的指引下，经过几代人的接续努力，我国成为目前世界上唯一拥有联合国分类的全部工业门类的国家。许多外国观察家都认为，有明确的工业化建设目标，有围绕这个目标的计划、规划，有一代接一代的人为实现计划、规划的不懈努力，是中国得以在短时间内由落后的农业国变成强大的制造业大国的重要原因。

再比如，对于解决农业尤其粮食生产和供应跟不上工业化建设速度的问题，毛泽东一方面从当时的实际条件出发，大力抓农业合作化，通过把个体农民组织起来的办法，增强生产力和战胜自然灾害的能力，从而提高农产品特别是粮食的商品率，使农业总产值从 1952 年到 1956 年增长了 20.5%，平均每年增长 5.1%；另一方面，支持陈云提出的对粮食等主要农产品实行统购统销的政策，从而解决了大规模工业化建设带来的城市人口大幅度增长和粮食供销缺口之间的矛盾。

又比如，对于解决私营工业企业向社会主义所有制转变、把私营工业纳入国家统一计划的问题，毛泽东的总体思路是采取渐进的方式，即通过许多中间环节，把资本主义经济逐步纳入社会主义经济。首先，采用加工、订货、统购、包销的形式，把私营工业引上国家资本主义的轨道。然后，实行公私合营，国家向企业投资，派干部以公权代表身份负责企业的领导和管理，资本家参加管理，利润采取"四马分肥"的办

---

①《当代中国的计划工作》办公室编：《中华人民共和国国民经济和社会发展计划大事辑要（1949—1985）》，红旗出版社 1987 年版，第 54 页。

②《中国共产党历史（1949—1978）》第 2 卷下册，中共党史出版社 2011 年版，第 675 页。

法，即国家税收、公积金、职工福利、资本家个人所得大体各占四分之一，使企业具有半社会主义的性质。最后，实行全行业公私合营，对原私营企业进行清产核资、定股定息、人事安排、企业改造；资本家按照股额每年领取固定 5% 的股息（俗称定息），企业则变成全民所有制，由国营专业公司领导，对设备、资金、技术、劳力进行统一调配，合理使用；资本家和资本家代理人，凡能工作的一律安排工作。到 1956 年，占全部工业产值 99.6% 的私营工业企业，转变为社会主义企业。

那一年，毛泽东在《在资本主义工商业社会主义改造问题座谈会上的讲话》中说："对资本主义工商业的社会主义改造，实际上就是运用从前马克思、恩格斯、列宁提出过的赎买政策。"①1980 年，邓小平在评述新中国头 7 年的成绩时指出："我们的社会主义改造是搞得成功的，很了不起。这是毛泽东同志对马克思列宁主义的一个重大贡献。"②

三、毛泽东解放思想、实事求是，引领中国逐步走上了带有中国特点的社会主义工业化和现代化道路

由于帝国主义的压迫，旧中国仅有的一点民族工业主要集中在轻纺业和面粉业，不仅没有给新中国留下多少像样的重工业，也没有留下多少从事重工业的管理、技术人才和经验。在这种情况下，中国要进行社会主义工业化建设，不仅要接受苏联的援助，而且要向已取得工业化建设经验的苏联学习。

1953 年，毛泽东在全国政协会议上讲到进行五年计划建设经验不够时说："要学习苏联的先进经验。……广泛地学习他们各个部门的先进经验，请他们的顾问来，派我们的留学生去……采取真心真意的态度，把他们所有的长处都学来，不但学习马克思列宁主义的理论，而且学习他们先进的科学技术，一切我们用得着的，统统应该虚心地学习。对于那些在这个问题上因不了解而产生抵触情绪的人，应该说服他们。就是

---

① 《毛泽东文集》第 6 卷，人民出版社 1999 年版，第 499 页。
② 《邓小平文选》第 2 卷，人民出版社 1994 年版，第 302 页。

说，应该在全国掀起一个学习苏联的高潮，来建设我们的国家。"①1956年，他在党的八大开幕词中又说："我们现在也面临着和苏联建国初期大体相同的任务。要把一个落后的农业的中国改变成为一个先进的工业化的中国，我们面前的工作是很艰苦的，我们的经验是很不够的。因此，必须善于学习。要善于向我们的先进者苏联学习。"②1962年，他在回顾20世纪50年代初期学习苏联时还说道："那时候有这样一种情况，因为我们没有经验，在经济建设方面，我们只得照抄苏联，特别是在重工业方面，几乎一切都抄苏联，自己的创造性很少。这在当时是完全必要的，同时又是一个缺点，缺乏创造性，缺乏独立自主的能力。"③

然而，这种情况在1956年发生了变化。反映这种变化的标志，是毛泽东《论十大关系》和《关于正确处理人民内部矛盾的问题》（以下简称《正处》）等马克思主义文献的发表。《论十大关系》中的"中国和外国的关系"，讲的实际上就是要结合中国实际学习苏联经验、不要照抄照搬的问题；另外的九个关系中的五个，即"重工业和轻工业、农业的关系""沿海工业和内地工业的关系""经济建设和国防建设的关系""国家、生产单位和生产者个人的关系""中央和地方的关系"，实际上也是针对苏联的教训，强调要进行符合自己国情、带有自己特点的社会主义工业化建设。毛泽东在此后的日子里，对这些关系又作了许多新的探索，总结出许多新的经验；并且不断扩大探索的范围，总结出了其他许多有关中国社会主义工业化建设的经验。特别是1957年以后，他逐渐将工业化的提法改为了现代工业、现代农业、现代科学文化，以及国防现代化。直至1964年三届全国人大一次会议，周恩来在政府工作报告中正式提出，要用三个五年计划建立独立完整的工业体系和国民经济体系，然后实现农业、工业、国防和科学技术四个现代化。从此，毛泽东又对中国社会主义四个现代化建设进行了艰辛探索，解答了有关如何建设带有中国自己特点的社会主义现代化的一系列重大问题，并形

---

①《毛泽东文集》第6卷，人民出版社1999年版，第263—264页。
②《毛泽东文集》第7卷，人民出版社1999年版，第117页。
③《毛泽东文集》第8卷，人民出版社1999年版，第305页。

成了系统思想。这些思想概括起来，大体有以下十个要点。

第一，要结合中国实际学习国外工业化、现代化的经验。

毛泽东在 1956 年审改党的八大政治报告稿时指出："我国是一个东方国家，又是一个大国。因此，我国不但在民主革命过程中有自己的许多特点，在社会主义改造和社会主义建设的过程中也带有自己的许多特点，而且在将来建成社会主义社会以后还会继续存在自己的许多特点。"① 他在 1957 年《正处》一文中又说："一切国家的好经验我们都要学，不管是社会主义国家的，还是资本主义国家的，这一点是肯定的。但是主要的还是要学苏联。学习有两种态度。一种是教条主义的态度，不管我国情况，适用的和不适用的，一起搬来。这种态度不好。另一种态度，学习的时候用脑筋想一下，学那些和我国情况相适合的东西，即吸取对我们有益的经验，我们需要的是这样一种态度。"② 他总结说："照抄是很危险的，成功的经验，在这个国家是成功的，但在另一个国家如果不同本国的情况相结合而一模一样地照搬就会导向失败。照抄别国的经验是要吃亏的，照抄是一定会上当的。这是一条重要的国际经验。"③ 此后，在他领导下，我国的社会主义工业化和现代化建设，都按照这条方针去做，终于走出了一条符合中国国情、带有中国自身特点的社会主义工业化和现代化道路。

第二，要用重视农业和轻工业的办法促进重工业的发展。

在处理重工业和轻工业、农业的关系上，苏联和东欧等原社会主义国家的经验都是不大成功的。比如，苏联的粮食产量一直达不到革命前的最高水平；东欧一些国家由于缺少轻工业产品尤其消费品，造成了严重的社会问题。我国在决定优先发展重工业后，并没有忽视农业和轻工业，因此，"一五"计划期间，粮食和其他农产品基本保证了工业发展的需要，民生日用的商品比较丰富，物价和货币总体稳定。但是，既然要优先发展重工业，农业和轻工业在投资上总会受到一些影响。正是出

①《建国以来毛泽东文稿》第 11 册，中央文献出版社 2023 年版，第 67 页。
②《毛泽东文集》第 7 卷，人民出版社 1999 年版，第 242 页。
③《毛泽东文集》第 7 卷，人民出版社 1999 年版，第 64 页。

于这个原因，毛泽东在《论十大关系》中提出："我们现在发展重工业可以有两种办法，一种是少发展一些农业、轻工业，一种是多发展一些农业、轻工业。从长远观点来看，前一种办法会使重工业发展得少些和慢些，至少基础不那么稳固，几十年后算总账是划不来的。后一种办法会使重工业发展得多些和快些，而且由于保障了人民生活的需要，会使它发展的基础更加稳固。"① 后来的事实说明，我国经济的每次大的起伏，都与急于发展重工业而忽略农业和轻工业有关。可见，毛泽东的这一提醒，的确很有必要，是非常英明的。

由于经济出现过波折，毛泽东进一步提出"工业与农业同时并举"、"以农业为基础、以工业为主导"、在安排投资上"要把重、轻、农的次序改为农、轻、重"等主张。他说，优先发展重工业毫不动摇，但"必须实行工业与农业同时并举，逐步建立现代化的工业和现代化的农业。过去我们经常讲把我国建成一个工业国，其实也包括了农业的现代化"②。他还说："苏联和我们的经验都证明，农业不发展，轻工业不发展，对重工业的发展是不利的。"③"不能把工业强调到不适当的地位，否则一定会发生问题。"④

第三，要在工业布局上使沿海与内地工业逐步平衡。

旧中国的工业主要集中在沿海一带，是历史形成的一种不合理状况。针对这种情况，毛泽东在《论十大关系》中指出："沿海的工业基地必须充分利用，但是，为了平衡工业发展的布局，内地工业必须大力发展。"⑤ 正是根据这一指导思想，"一五"计划建设将限额以上的工业项目大部分放到了中西部及东北地区。到 1957 年，内地基建投资占全国基建投资、内地工业总产值占全国工业总产值，已分别由 39% 和 29% 上升至 49.7% 和 32%，初步改变了工业过分偏重沿海的状况，有力地

---

① 《毛泽东文集》第 7 卷，人民出版社 1999 年版，第 25 页。
② 《毛泽东文集》第 7 卷，人民出版社 1999 年版，第 310 页。
③ 《毛泽东文集》第 8 卷，人民出版社 1999 年版，第 121 页。
④ 《毛泽东文集》第 8 卷，人民出版社 1999 年版，第 122 页。
⑤ 《毛泽东文集》第 7 卷，人民出版社 1999 年版，第 25 页。

促进了资源的节约和地区间的合理发展，也十分有利于国家统一和国防安全。

20世纪60年代中期，毛泽东鉴于我国东、南、西、北四个方向的安全均受到威胁，决定将"三五"计划原定以解决"吃穿用"问题为重点，改为以"备战"为重点，大规模开展三线建设，将相当一部分的沿海工业迁往中国中西部腹地。据统计，1966年至1976年的十年间，全国共内迁项目380个、职工14.5万人、设备3.8万余台，11个三线省区共投资1173.41亿元。到1978年，中西部的工业固定资产原值占到了全国的56%，超过了东部沿海地区；工业总产值增长了近4倍，职工人数由300多万增加到1000多万。这一决策使我国西南、西北地区逐步建成攀枝花、酒泉等钢铁基地，德阳东方、天水海林等机械制造工业基地，绵阳、都匀等电子工业基地，川、贵、陕等航空工业基地，葛洲坝、刘家峡、龙羊峡等水电站，成昆、襄渝、湘黔、枝柳、青藏（西宁至格尔木段）等铁路干线，以及攀枝花、绵阳、六盘水、德阳、十堰、金昌、梓潼、西昌等60多个新兴工业城市，形成了西南机械工业基地、华中机械工业中心和汉中、天水、银川、西宁等一批各具特点的工业中心，为改革开放后实施中部崛起、西部大开发的战略，发挥了不可估量的重要作用。

第四，要通过加强经济建设的办法增强国防工业的实力。

毛泽东十分重视现代化的国防建设，之所以在20世纪50年代初将过去重点发展轻工业转变为优先发展重工业，很大程度上就是为了加快建设现代国防工业，增强我国国防实力。但是，我国当时的经济还十分薄弱，这就涉及有限资金的投资，是更多地投给经济部门，还是更多地投给军工部门的问题。对此，毛泽东在《论十大关系》中指出，我国军政费用占全部财政预算支出的30%，比重太大，要在"二五"计划期间降到20%左右，以便抽出更多资金多开些工厂，多造些机器。"只有经济建设发展得更快了，国防建设才能够有更大的进步。"[①] 后来，我国除

---

① 《毛泽东文集》第7卷，人民出版社1999年版，第27页。

了特殊时期，一般情况下在处理经济建设与国防建设的关系上，基本都是遵循毛泽东提出的这个原则。正因如此，我国国防建设在进入 21 世纪后得到了飞速发展。仅以海军舰艇为例，不仅总吨位上升到了世界第二位，还改造、建造出了三艘航空母舰。有人不无夸张地形容说，现在中国建造军舰，就像"下饺子"一样。

第五，要从六亿人口出发，统筹兼顾国家、集体、个人利益，做到共同富裕。

毛泽东曾从两个角度讲到统筹兼顾的原则：一要兼顾国家、集体（企业）、个人三者之间的利益关系，也就是要兼顾公私关系；二要从六亿人口出发，兼顾各种利益群体间的关系。总体来讲，就是不能只顾一头，要照顾各个方面的利益。他说："国家和工厂，国家和工人，工厂和工人，国家和合作社，国家和农民，合作社和农民，都必须兼顾，不能只顾一头。无论只顾哪一头，都是不利于社会主义，不利于无产阶级专政的。这是一个关系到六亿人民的大问题，必须在全党和全国人民中间反复进行教育。"[1] 他说："我们作计划、办事、想问题，都要从我国有六亿人口这一点出发。""无论粮食问题，灾荒问题，就业问题，教育问题，知识分子问题，各种爱国力量的统一战线问题，少数民族问题，以及其他各项问题，都要从对全体人民的统筹兼顾这个观点出发。"[2]

毛泽东之所以强调这一点，也与苏联工业化建设中的教训有关。他说：苏联对农产品"采取所谓义务交售制等项办法，把农民生产的东西拿走太多，给的代价又极低。他们这样来积累资金，使农民的生产积极性受到极大的损害"[3]。我们没有采取这种政策，农业税历来较低，且采取缩小工农产品剪刀差的办法；统购农产品的价格正常，且采取逐步增长的办法。"鉴于苏联在这个问题上犯了严重错误，我们必须更多地注意处理好国家同农民的关系。"[4]

---

① 《毛泽东文集》第 7 卷，人民出版社 1999 年版，第 30—31 页。

② 《毛泽东文集》第 7 卷，人民出版社 1999 年版，第 227—228 页。

③ 《毛泽东著作专题摘编》，中央文献出版社 2003 年版，第 989 页。

④ 《毛泽东文集》第 7 卷，人民出版社 1999 年版，第 30 页。

我国人口与世界各国相比最多，为什么就要统筹兼顾呢？因为，资本主义工业化只需遵循价值规律和剩余价值规律就行了，而我国搞的是社会主义的工业化建设，必须从人民的利益出发，这就决定了不能不考虑我国人口众多这个实际。另外，唯物辩证法中一个基本原理是量变与质变的转化，即量变达到一定程度时就会引起质的变化。20 世纪 80 年代，陈云在题为《经济建设与经验教训》的讲话中，针对一些同志想学习亚洲"四小龙"的经验，依靠借外债搞现代化的想法曾指出："我们是十亿人口、八亿农民的国家，我们是在这样一个国家中进行建设。香港、新加坡、南朝鲜等地区没有八亿农民这个大问题。欧美日本各国也没有八亿农民这个大问题。我们必须认识这一点，看到这种困难。"①可见，人口众多也是我国社会主义工业化、现代化区别于其他各国工业化、现代化的一大特点。

统筹兼顾各方面利益的一个出发点和内涵是共同富裕。毛泽东说："按劳分配和等价交换这样两个原则，是在建设社会主义阶段内人们决不能不严格地遵守的马克思列宁主义的两个基本原则。"②因此，我们必须反对平均主义，无论单位之间还是个人之间，收入都应当根据劳动效益、贡献大小而有所差别。但这种差别又不能过分悬殊，他说："我们的提法是既反对平均主义，也反对过分悬殊。"③他在《论十大关系》中讲到工资问题时说："最近决定增加一些，主要加在下面，加在工人方面，以便缩小上下两方面的距离。"④为什么呢？原因就在于我们搞的是社会主义，不能只让一部分人富，而要共同富裕。他在"三大改造"期间指出："我们的目标是要使我国比现在大为发展，大为富、大为强。现在，我国又不富，也不强，还是一个很穷的国家。我国是个大国，但不是富国，也不是强国。飞机也不能造，大炮也不能造，坦克也不能造，汽车也不能造，精密机器也不能造，许多东西我们都不能造，现在

①《陈云文选》第 3 卷，人民出版社 1995 年版，第 281 页。
②《建国以来毛泽东文稿》第 16 册，中央文献出版社 2023 年版，第 199 页。
③《毛泽东文集》第 8 卷，人民出版社 1999 年版，第 130 页。
④《毛泽东文集》第 7 卷，人民出版社 1999 年版，第 28 页。

才开始学习制造。我们还是一个农业国。在农业国的基础上,是谈不上什么强的,也谈不上什么富的。但是,现在我们实行这么一种制度,这么一种计划,是可以一年一年走向更富更强的,一年一年可以看到更富更强些。而这个富,是共同的富,这个强,是共同的强。"①

第六,要注意发挥中央和地方、国家和企业两个积极性。

在《论十大关系》中,毛泽东还提出中国的工业化建设与苏联不同的另一个特点,即在巩固中央统一领导的前提下扩大一点地方的权力,让地方办更多的事情。他说:"我们的国家这样大,人口这样多,情况这样复杂,有中央和地方两个积极性,比只有一个积极性好得多。我们不能像苏联那样,把什么都集中到中央,把地方卡得死死的,一点机动权也没有。"他具体讲到中央各部门对下指挥的问题,指出:"现在几十只手插到地方,使地方的事情不好办。立了一个部就要革命,要革命就要下命令。各部不好向省委、省人民委员会下命令,就同省、市的厅局联成一线,天天给厅局下命令。这些命令虽然党中央不知道,国务院不知道,但都说是中央来的,给地方压力很大。表报之多,闹得泛滥成灾。"②

与此相关还有两个关系,即地方的上下级关系和国家与企业的关系。毛泽东认为,对这些关系也要处理好。他说:"中央要注意发挥省市的积极性,省市也要注意发挥地、县、区、乡的积极性,都不能够框得太死。"③关于国家与企业的关系,他说:"把什么东西统统都集中在中央或省市,不给工厂一点权力,一点机动的余地,一点利益,恐怕不妥。中央、省市和工厂的权益究竟应当各有多大才适当,我们经验不多,还要研究。"④他在 1959 年又说:"中央部门管的和地方各级管的企业,都在统一领导和统一计划下,具有一定的自治权。有没有这种自治

① 《毛泽东文集》第 6 卷,人民出版社 1999 年版,第 495 页。
② 《毛泽东文集》第 7 卷,人民出版社 1999 年版,第 31 页。
③ 《毛泽东文集》第 7 卷,人民出版社 1999 年版,第 32—33 页。
④ 《毛泽东文集》第 7 卷,人民出版社 1999 年版,第 29 页。

权，对促进生产的发展，还是阻碍生产的发展，关系很大。"①

改革开放前后的历史都证明，毛泽东提出的这个原则，对促进我国社会主义工业化、现代化的发展，起到了很大作用。一些国外的观察家注意到，我国经济发展之所以搞得这么轰轰烈烈、速度这么快，与充分发挥地方和企业的积极性是分不开的。

第七，要靠增产节约为工业化建设积累资金。

在世界各国，搞生产、搞建设提出增产是普遍的，也是不足为奇的，但很少有哪个国家像我们这样，既提增产，又提节约。这主要是因为，搞工业化，发展重工业，需要大量资金投入，而旧中国是一个经济落后的半殖民地半封建国家，资金要么作为战争赔款赔给了帝国主义国家，要么被帝国主义国家搜刮掠夺走了，留给新中国的微乎其微。所以，要为中国工业化积累资金，除了增加生产外，节省一切可以节省的开支，便具有特别重要的意义。毛泽东曾形容中国"底子薄"，还说中国的显著特点是"一穷二白"。他指出："为了建设重工业和国防工业，就要付出很多的资金，而资金的来源只有增产节约一条康庄大道。"②他强调："力求节省，用较少的钱办较多的事。"③"富日子当穷日子过。"④他甚至把厉行节约、反对浪费作为"社会主义经济的基本原则之一"⑤，把勤俭作为"建国的方针"⑥。实践说明，我国之所以能在一穷二白的基础上，仅用4个五年计划建设就建成了独立完整的工业体系和国民经济体系，仅用11个五年计划建设就跃居世界经济总量第二、制造业第一的位置，与这一原则和方针的长期贯彻是分不开的。

第八，要以自力更生为主、争取外援为辅。

"自力更生为主、争取外援为辅"，是毛泽东为中国社会主义工业化、现代化制定的另一条原则。之所以定这样一个原则，与我国人多地

---

①《毛泽东文集》第8卷，人民出版社1999年版，第138页。
②《毛泽东文集》第6卷，人民出版社1999年版，第207页。
③《毛泽东文集》第7卷，人民出版社1999年版，第240页。
④《毛泽东文集》第8卷，人民出版社1999年版，第81页。
⑤《毛泽东文集》第6卷，人民出版社1999年版，第447页。
⑥《毛泽东文集》第7卷，人民出版社1999年版，第240页。

大的国情有关，与我们党在长期革命斗争中形成的经验教训也有关。因为人多地大，一方面不可能依赖别国把自己由农业国变成工业国；另一方面有足够多的人力和足够大的国内市场，完全有可能主要依靠自己的力量改变落后面貌。另外，正因为过去在民主革命时期完全听从外国党的指挥而吃过亏，所以更加认识到坚持独立自主、依靠自力更生的重要意义。不过，毛泽东强调独立自主、自力更生，绝不是说要搞闭关主义，拒绝同愿意和我国平等交往的国家通商交流，反对国外援助，相反，他主张要尽可能争取同外国通商，争取外援和国外投资。在党的七大上他说过的一句话，即"为着发展工业，需要大批资本。从什么地方来呢？不外两方面：主要地依靠中国人民自己积累资本，同时借助于外援。"① 就是说，要把我们的方针，"放在自己力量的基点上"②。这完全符合我国人多地大的实际，也有利于遇到外国对我们禁运、封锁、断绝援助时，能够从容应对。

对于禁运、封锁，毛泽东曾指出："封锁这件事，除了它的消极的坏处一方面之外，还产生了一个积极的方面，那就是促使我们下决心自己动手。"③ 正如他在新中国成立前夕针对美帝国主义干涉所说的："封锁吧，封锁十年八年，中国的一切问题都解决了。"④ 20 世纪 60 年代，他针对苏联撤专家、撕合同又说："这对我们有好处。我们没办法，就靠自己，靠自己两只手。……苏联撤走专家，到现在已经三年了，我们的工业建设搞出了许多自己的经验。"⑤ 新中国的历史说明，我们的工业化、现代化建设，就是在断断续续的封锁、禁运中进行的。

第九，既要有计划按比例讲平衡，又要密切干群关系、发动群众运动。

我国在为工业化打基础的年代，实行的是高度集中的计划经济体

①《毛泽东著作专题摘编》（上），中央文献出版社 2003 年版，第 493 页。

②《毛泽东选集》第 4 卷，人民出版社 1991 年版，第 1132 页。

③《毛泽东文集》第 2 卷，人民出版社 1993 年版，第 462 页。

④《毛泽东选集》第 4 卷，人民出版社 1991 年版，第 1496 页。

⑤《毛泽东文集》第 8 卷，人民出版社 1999 年版，第 338 页。

制。这决定了有关部门制定计划时，必须力求反映客观经济规律，使经济按比例地平衡发展。对此，毛泽东是给予肯定的。他说："不以规律为计划的依据，就不能使有计划按比例发展的规律的作用发挥出来。"同时，他又指出："因为不成比例了，才提出按比例的任务。""社会主义经济发展过程中，经常出现不按比例、不平衡的情况，要求我们按比例和综合平衡。"①因此，经济要波浪式发展，要发动群众，要鼓足干劲、力争上游，要加快建设速度。而要发动群众、调动群众积极性，一个重要方法就是改进劳动中人与人的关系，使干部密切联系群众。

毛泽东指出，"所有制问题基本解决以后，最重要的问题是管理问题……这也就是人与人的关系问题。这方面是大有文章可做的"，而且"我们做了很多文章"。②例如，要领导者采取平等态度待人，一年、两年整一次风，进行大协作，对企业的管理采取集中领导和群众运动相结合，干部参加劳动，工人参加管理，不断改革不合理的规章制度，工人群众、领导干部和技术人员三结合（简称"两参一改三结合"——笔者注），等等。他认为："这些方面都是属于劳动生产中人与人的关系。这种关系是改变还是不改变，对于推进还是阻碍生产力的发展，都有直接的影响。"③原中央文献研究室编写的《毛泽东传》中写道："这是毛泽东的一个重要思想，也是他执着追求的一种理想。他认为，人与人的平等关系一旦建立起来，蕴藏在人民群众中的劳动热情、生产积极性就会解放出来，成为无穷无尽的力量。"④正是在毛泽东的鼓励和发动下，1957年冬、1958年春农村中出现了群众性农田基本建设高潮。接着，他把注意力又转向了钢铁生产。他说："帝国主义压迫我们，我们一定要在三年、五年、七年之内，把我国建设成为一个大工业国。为了这个目的，必须集中力量把大工业搞起来。"⑤

---

① 《毛泽东著作专题摘编》（上），中央文献出版社 2003 年版，第 964 页。
② 《毛泽东文集》第 8 卷，人民出版社 1999 年版，第 134、135 页。
③ 《毛泽东文集》第 8 卷，人民出版社 1999 年版，第 135 页。
④ 《毛泽东传（1949—1976）》（上），中央文献出版社 2003 年版，第 788 页。
⑤ 《毛泽东传（1949—1976）》（上），中央文献出版社 2003 年版，第 831 页。

不过，对于用群众运动的办法搞经济建设，毛泽东的思想也一度出现偏颇的一面。比如，他曾针对主张按部就班发展经济的思想批评道："所谓稳当可靠，实际上，既不稳当，又不可靠。我们这样大的国家，老是稳、慢，就会出大祸。快一点就会好些。对稳当派有个办法，到一定的时候就提出新的口号，不断提出新口号，使他无法稳。"①然而，当他发现"大跃进"的一些问题后也曾指出："大跃进的重要教训之一、主要缺点是没有搞平衡。……在整个经济中，平衡是个根本问题，有了综合平衡，才能有群众路线。"②

我们今天回过头总结"大跃进"的错误，既要看到由于急于求成，忽视客观经济规律，得不偿失的一面；也要看到"反映了广大人民群众迫切要求改变我国经济文化落后状况的普遍愿望"③，试图通过发动群众，走出一条投资省、速度快的工业化建设路子的一面。陈云在八大二次会议的发言中说："用调动一切积极因素的群众路线来进行经济建设，是我们党的一个伟大创造，这样，国家可以少出资金，能够保证多快好省地建设社会主义。比如，农民在'二五'时期义务进行的水利工程建设、开荒、改造耕地、造林等等，用工资计算，劳动折价约在五百亿元左右，这是一笔很大的投资。"④毋庸讳言，他的发言有受到反"反冒进"的批评后作检讨和对"大跃进"表态的意思，但作为主持经济工作的领导人，说群众运动有利于为国家节省投资，也反映了他当时的真实想法。

"大跃进"忽视了客观经济规律，但毛泽东提出在生产关系中不仅要重视所有制，也要重视人与人的关系，要求干部密切联系群众、平等待人、防止和克服官僚主义，以及"两参一改三结合"的思想，对于今天的中国式现代化建设，仍然具有重要的启示意义。

第十，要尊重价值法则和物质利益原则，也要重视思想政治工作，

---

① 《毛泽东传（1949—1976）》（上），中央文献出版社 2003 年版，第 809 页。
② 《毛泽东文集》第 8 卷，人民出版社 1999 年版，第 80 页。
③ 《三中全会以来重要文献选编》（下），中央文献出版社 2011 年版，第 139 页。
④ 《陈云年谱（修订本）》（中），中央文献出版社 2015 年版，第 585 页。

提倡集体利益与个人利益相结合，发扬社会主义精神。

毛泽东十分重视价值法则，认为这"是一个伟大的学校，只有利用它，才有可能教会我们的几千万干部和几万万人民，才有可能建设我们的社会主义和共产主义"①。他也一向强调要关心群众生活，真心实意为群众谋利益，注意解决群众的一切实际问题。但另一方面，他从马克思主义关于意识形态对经济基础具有反作用的原理出发，也十分重视思想政治工作和人的觉悟的提高。他说："政治工作是一切经济工作的生命线"②；"思想工作和政治工作，是完成经济工作和技术工作的保证，它们是为经济基础服务的"③。"提高劳动生产率，一靠物质技术，二靠文化教育，三靠政治思想工作。"④

针对苏联《政治经济学教科书》过分强调物质利益原则和个人利益的偏向，毛泽东指出："我们要教育人民，不是为了个人，而是为了集体，为了后代，为了社会前途而努力奋斗。要使人民有这样的觉悟。"⑤"应当强调艰苦奋斗，强调扩大再生产，强调共产主义前途、远景，要用共产主义理想教育人民。要强调个人利益服从集体利益，局部利益服从整体利益，眼前利益服从长远利益。要讲兼顾国家、集体和个人，把国家利益、集体利益放在第一位，不能把个人利益放在第一位。不能像他们（指苏联——笔者注）那样强调个人物质利益，不能把人引向'一个爱人，一座别墅，一辆汽车，一架钢琴，一台电视机'那样为个人不为社会的道路上去。"⑥他还针对这本教科书中只讲个人消费，不讲社会消费，如公共文化福利事业的现象指出：这是一种片面性。我们现在城乡居民的房屋还很不像样子，要有步骤地改善，不应当靠个人的力量，而要用集体的社会的力量来搞。"社会主义社会，不搞社会集体

---

①《毛泽东文集》第 8 卷，人民出版社 1999 年版，第 34 页。

②《毛泽东文集》第 6 卷，人民出版社 1999 年版，第 449 页。

③《毛泽东文集》第 7 卷，人民出版社 1999 年版，第 351 页。

④《毛泽东文集》第 8 卷，人民出版社 1999 年版，第 124—125 页。

⑤《毛泽东文集》第 8 卷，人民出版社 1999 年版，第 134 页。

⑥《毛泽东文集》第 8 卷，人民出版社 1999 年版，第 136 页。

福利事业还成什么社会主义？"①他把"以集体利益和个人利益相结合的原则为一切言论行动的标准"②，作为社会主义精神，要求在全党全社会加以提倡。他还把马克思主义的认识论概括为"物质变精神、精神变物质"③，指出"代表先进阶级的正确思想，一旦被群众掌握，就会变成改造社会、改造世界的物质力量"④。为此，他大力推动向雷锋、大庆、大寨等先进典型的学习，积极倡导为人民服务和艰苦奋斗的精神与风尚。所有这些都表明，他抓思想政治工作，抓人的思想觉悟的提高，目的同样是为着促进生产力的发展。

在纠正过分看重物质利益、个人利益和忽视思想政治工作、忽视人的思想觉悟提高的偏向时，毛泽东也一度产生过另一种偏向。但无论怎样，他关于在社会主义社会不能仅仅靠物质利益原则，不能用个人利益至上来调动人的积极性的观点，关于思想政治工作要为经济基础服务并要结合经济工作一道去做的观点，都是马克思主义经典作家论述中没有涉及或很少涉及的，是合乎社会主义经济规律的，是他的具有中国自身特点的社会主义工业化、现代化建设思想的组成部分，对今天的中国式现代化建设同样具有重要指导作用。

纵观毛泽东对中国式工业化探索和实践的历史，其中虽然有过曲折和弯路，但总体而言是成功的，"功绩是第一位的，错误是第二位的"⑤。在他的领导下，中国仅用 27 年时间，就在落后农业国的基础上，建成了独立完整的工业体系和国民经济体系。当他接手国民党留在大陆的烂摊子时，中国还不能生产一辆汽车、一架飞机、一辆坦克、一辆拖拉机，而当他逝世时，中国不仅能够制造这些东西，而且造出了火车的蒸汽机车和内燃机车、万吨轮船、万吨水压机、几十万千瓦的发电机组，还造出了"两弹一星"和核潜艇。从新中国成立到他逝世，我国人

①《毛泽东著作专题摘编》（上），中央文献出版社 2003 年版，第 992 页。
②《毛泽东文集》第 6 卷，人民出版社 1999 年版，第 450 页。
③《毛泽东文集》第 8 卷，人民出版社 1999 年版，第 390 页。
④《毛泽东文集》第 8 卷，人民出版社 1999 年版，第 320 页。
⑤ 习近平：《在纪念毛泽东同志诞辰 130 周年座谈会上的讲话》，《人民日报》2023 年 12 月 27 日。

口由 5 亿多增长到 9 亿多，而人均粮食的拥有量却由 418 斤增加到 615 斤。1952 年至 1980 年，我国工业固定资产按原价计算，增加了 26 倍多。[①]1949 年与 1979 年相比，我国钢产量由相差美国 438 倍变为相差其 3.6 倍，由相差英国 13 倍变为反超其 60%，由相差印度 4 倍变为反超其 1 倍；发电量由相差美国 80 倍变为相差其 9 倍，由相差英国 13 倍变为反超其 17%；铁路营运里程由相差印度 3 万公里变为相差其 1 万公里。另外，在那个时期，我国石油产量由 12 万吨增加到 1 亿吨，公路由 8 万公里增加到 88 万公里。所有这些建设成就，都为后来改革开放特别是新时代以来我国社会主义现代化建设的突飞猛进，奠定了雄厚而坚实的物质基础。

只要对照习近平总书记关于中国式现代化的本质和五大特征，回顾毛泽东为中国工业化、现代化探索和实践的历程，我们便不难看出，毛泽东所开创的道路正是中国式现代化道路。其中人与自然和谐共生的特征，虽然当时没有这种提法，但他提倡植树造林、绿化祖国、防沙治沙、改良土壤，推动水力发电，实质上是注重环境保护和生态文明。我们完全有理由说，中国式现代化概念的提出者和推进者是邓小平，中国式现代化理论的集大成者和这条道路拓展的引领者是习近平总书记，而这条道路的开创者是中国社会主义现代化建设的伟大奠基者——毛泽东。我们今天纪念毛泽东同志诞辰 130 周年，就要在以习近平同志为核心的党中央领导下和习近平新时代中国特色社会主义思想的指引下，沿着毛泽东等老一辈革命家开辟的中国式现代化道路继续前进，力争 2035 年基本实现社会主义现代化，在新中国成立 100 周年时把我国建成社会主义现代化强国。

[①]《三中全会以来重要文献选编》（下），中央文献出版社 2011 年版，第 130 页。

陈云经济思想的再认识[*]

　　陈云同志作为中国共产党第一代和第二代中央领导集体的重要成员，为党和人民作出了多方面贡献，其中最主要的还是他领导经济工作的实践和他的经济思想。

　　陈云不同于只负责经济决策而不具体组织实施的领导人，也不同于专门从事经济理论研究而不具体做经济工作的经济学家。他一方面面对不断出现的新问题，注重调查研究，弄清实际情况，提出相应对策，并在得到中央批准后组织各有关部门实施；另一方面善于运用唯物辩证法和历史唯物主义的理论，分析解决问题，并在工作实践中随时总结经验，把经验上升到理论高度，因而形成了既属于毛泽东思想、邓小平理论的组成部分，又带有他自己特色的经济思想。陈云经济思想是建立在对中国国情深刻认识基础之上的，其内容十分丰富，概括起来，我认为主要是八个字，即稳中求进、活而不乱；具体而言，基本表现在以下四个方面：一是建设和改革都要摆在保证民生的基础之上；二是建设的高速度要建立在按比例发展和高质量、高效益的基础之上；三是搞活经济要建立在宏观控制的基础之上；四是对外开放要建立在自力更生、以我为主的基础之上。这些思想归纳成一句话，就是无论经济建设还是改革开放，都要从中国的具体国情出发。他的这些思想，充分体现了对我国基本国情的深刻理解，对社会主义现代化建设规律的全面把握，对宏观经济运动的科学认识。新时代新征程推动我国经济高质量发展，很有必要对陈云经济思想进行再研究、再认识。

---

　　[*] 本文是作者 2021 年 4 月 13 日在中央社会主义学院共识大讲堂所作报告《陈云的生平、贡献、思想和风格》的一部分，以《经济建设和改革开放都要从中国国情出发：陈云经济思想再认识》为题，刊于《中央社会主义学院学报》2021 年第 6 期。收入本书时，作者作了部分修改。

一、建设和改革要建立在保证民生的基础之上

中国共产党是工人阶级政党，中华人民共和国是社会主义国家，我们搞经济建设的最终目的是满足最广大人民群众日益增长的物质和精神生活需要。对此，陈云始终牢记，并且总是把这一最终目的贯彻到对实际工作的指导之中。

早在 20 世纪 50 年代经济恢复时期，财经部门为制止通货膨胀，加紧征收公粮和发行公债。陈云便说，这些工作都是必要的，但一定要把城乡交流摆在第一位。"因为我们接收过来的是一个破烂的旧中国，农业经济占主要地位。……城乡交流有利于农民，有利于城市工商业，也有利于国家。……这是历史上没有一个政府提出过的，但却是关系全国人民经济生活的一件大事，我们如果不管，怎么能算人民的政府呢？"[①]1956 年底，陈云兼任商业部部长，在部党组会上又说："商业工作，包括卖鸡、卖蛋，都有其政治意义。商业工作的好坏，直接关系到六万万人民群众的切身利益，关系到广大的城乡人民对我们是否满意。"[②]

新中国成立后，经济建设的一个重要任务就是追赶工业先进国家。要实现这个目标，必须先进行工业化的基本建设，由此带来扩大基本建设与提高人民眼前生活水平之间的矛盾。历史经验反复告诉我们，检验基本建设是否适度的一个重要标志，是看有没有将扩大基本建设投资规模建立在提高人民生活水平的基础之上，或者说，用于人民生活的财力、物力是否能承受基本建设扩大的规模。我们搞基本建设，当然是为了人民的长远利益、经济发展的后劲。但财力、物力在任何情况下都不是无限的，过多用于基本建设，势必妨碍人民眼前利益即民生的改善。因此，陈云在 1957 年 1 月召开的省市自治区党委书记会议上，针对经济建设上出现的冒进倾向，提出"建设规模要和国力相适应"[③]的著名论

①《陈云文选》第 2 卷，人民出版社 1995 年版，第 127 页。
②《陈云文选》第 3 卷，人民出版社 1995 年版，第 44 页。
③《陈云文选》第 3 卷，人民出版社 1995 年版，第 52 页。

断。他指出："所谓建设与民生的平衡问题,实际上是工业建设与其他建设和农业建设的平衡问题,是工业、交通与农业的平衡问题。"① 在同年九十月间党的八届三中全会上,他又指出："为了老百姓的吃饭穿衣,搞化肥,搞化学纤维,治涝,扩大灌溉面积,都要花很多钱,这是必要的。我们必须使人民有吃有穿,制定第二个五年计划要从有吃有穿出发。""经济不摆在有吃有穿的基础上,我看建设是不稳固的。"②

早在制订第一个五年计划前,陈云就指出："中国是一个农业国,以前还要进口粮食、棉花等农产品。现在虽然比过去好多了,但是,发展农业仍然是头等大事。农业发展不起来,工业就很难发展。"③ 在制订"一五"计划中,他又指出："中国土地少,人口多,交通不便,资金不足。因此,农业生产赶不上工业建设的需要,将是一个长期的趋势,不要把它看短了。"④ 在向中央汇报"一五"计划编制情况时,他再次指出:"计划中最薄弱的部分是农业生产,能否按计划完成,很难说。"⑤ 党的十一届三中全会后,他进一步指出:"我们国家是一个九亿多人口的大国,百分之八十的人口是农民。革命胜利三十年了,人民要求改善生活。有没有改善?有。但不少地方还有要饭的。这是一个大问题。""搞建设,必须把农业考虑进去。所谓按比例,最主要的就是按这个比例。"⑥ 改革开放后,农村政策搞活了,不仅允许多种经济作用,还允许外出做工、经商。尤其 1982 年、1983 年连续两年粮食大丰收,一些人认为粮食过关了,可以放开手脚让农民种自己想种的东西。针对这种倾向,陈云在 1985 年党的全国代表大会上大声疾呼:"问题是'无工不富'的声音大大超过了'无农不稳'。""'无粮则乱',这件事不能小看就是了。"⑦ 他的话声未落,1985—1988 年连续四年粮食减产,引起物价上涨、

---

① 《陈云文集》第 3 卷,中央文献出版社 2005 年版,第 202 页。
② 《陈云文选》第 3 卷,人民出版社 1995 年版,第 85、86 页。
③ 《陈云文选》第 2 卷,人民出版社 1995 年版,第 143 页。
④ 《陈云年谱(修订本)》中卷,中央文献出版社 2015 年版,第 317 页。
⑤ 《陈云文选》第 2 卷,人民出版社 1995 年版,第 237 页。
⑥ 《陈云文选》第 3 卷,人民出版社 1995 年版,第 250、251 页。
⑦ 《陈云文选》第 3 卷,人民出版社 1995 年版,第 350 页。

群众不满。

20 世纪 60 年代初期，党中央采纳了陈云的意见，下决心进行国民经济调整。陈云在中央财经小组会议上分析说："已经摆开的建设规模，不仅农业负担不了，而且也超过了工业的基础。"①他强调："现在我们面临着如何把革命成果巩固和发展下去的问题，关键就在于要安排好六亿多人民的生活，真正为人民谋福利"；"农业问题，市场问题，是关系五亿多农民和一亿多城市人口生活的大问题，是民生问题。解决这个问题，应该成为重要的国策"；"增加农业生产，解决吃、穿问题，保证市场供应，制止通货膨胀，在目前是第一位的问题。年产七百五十万吨钢，二亿五千万吨煤，也是重要的，但这是第二位的问题"；"如果六千多万人（当时大中城市人口——笔者注）身体搞不好，我们不切实想办法解决，群众是会有意见的。人民群众要看共产党对他们到底关心不关心，有没有办法解决生活的问题。这是政治问题"。②

粉碎"四人帮"后，人们为把"文化大革命"耽误的时间夺回来，掀起了新的"跃进"高潮，使已经严重失调的国民经济重大比例关系进一步加剧。十一届三中全会后，党中央再次采纳了陈云的意见，决定用三年时间对国民经济实行"调整、改革、整顿、提高"。调整初期，一些同志不理解，舍不得压缩基本建设规模，致使物资供应进一步紧张，物价普遍上涨。为此，陈云在中央工作会议上尖锐提出了经济建设目的的问题，指出："这种涨价的形势如果不加制止，人民是很不满意的。经济形势的不稳定，可以引起政治形势的不稳定。""搞经济建设的最后目的，是为了改善人民的生活。"③他把人民生活形象地比喻为"吃饭"，提出"一要吃饭，二要建设"的原则。④他说："饭不能吃得太差，但也不能吃得太好。吃得太好，就没有力量进行建设了。""吃了之后，还有

①《陈云文选》第 3 卷，人民出版社 1995 年版，第 195 页。

②《陈云文选》第 3 卷，人民出版社 1995 年版，第 210、205、209—210 页。

③《陈云文选》第 3 卷，人民出版社 1995 年版，第 277—278、280 页。

④《陈云文选》第 3 卷，人民出版社 1995 年版，第 323 页。

余力搞建设，国家才有希望。"①

新中国工业化建设初期，大多数重化工项目尚未投产，因此，工业污染问题并不突出。但随着建设的发展，这个问题逐渐显现出来。对此，陈云从建设的最终目的出发，较早地给予了关注。他在到基层调研时，叮嘱石油战线的同志，"要注意环境污染问题，在生产设计的同时就要做好防止污染的设计，不要等到事后再解决"②。改革开放初期，当一些地方热心引进经济效益好但污染严重的项目时，陈云告诫大家："防止污染，必须先搞"；"今后办厂必须把处理污染问题放在设计的首要位置，真正做到防害于先，这是重大问题"。③1982 年，他看到新华社题为《上海出现酸性雨污染环境》的内部材料，立即批给中央和国务院领导同志，指出："治理费要放在前面。否则后患无穷。"④1988 年，他看到《"卫星看不见的城市"——本溪市环境污染情况调查》和《四川排放污物总量约占全国十分之一》两篇文章后，马上批给国务院领导同志，指出："治理污染、保护环境，是我国的一项大的国策，要当作一件非常重要的事情来抓。"陈云强调，对这件事，一是要经常宣传，引起人们重视；二是增加投资比例；三是要反复督促检查。最后他还不忘附上一句："这方面的材料，以后注意送我看看。"⑤

在陈云看来，经济体制改革和经济建设一样，最终目的都是改善人民生活，因此，都要处理好人民长远利益和眼前利益的关系，都要把民生摆在第一位。20 世纪 80 年代中期，国家决定进行价格体系改革。对此，陈云一方面表示赞成，另一方面反复提醒大家："改革的步骤一定要稳妥，务必不要让人民群众的实际收入因价格调整而降低。"⑥他历来认为，价格牵涉千家万户，"购买力愈低的人，对这个问题就愈关心"⑦。

①《陈云文选》第 3 卷，人民出版社 1995 年版，第 306、323 页。

②《陈云年谱（修订本）》下卷，中央文献出版社 2015 年版，第 218 页。

③《陈云文选》第 3 卷，人民出版社 1995 年版，第 254、263 页。

④《陈云年谱（修订本）》下卷，中央文献出版社 2015 年版，第 354—355 页。

⑤《陈云文选》第 3 卷，人民出版社 1995 年版，第 364 页。

⑥《陈云文选》第 3 卷，人民出版社 1995 年版，第 337 页。

⑦《陈云文选》第 3 卷，人民出版社 1995 年版，第 64 页。

取消各种不合理的补贴，使价格尽可能反映价值是对的，但制定价格改革方案时一定要想到低收入群体的承受能力和弱势产业的发展，权衡经济与政治、社会等各方面的利弊得失。1981 年，他审阅五届全国人大四次会议政府工作报告稿，就建议把其中"物价与价值要一致"的话删去。他说：这个话写上去，会引起调高价格的猜测，弄得人心不安。价格与价值应当符合，但是现在有相当大的一部分不能不背离。①

1988 年，党中央酝酿更大幅度的价格和工资改革，总体思路是五年时间里，每年价格上涨 10%，人均收入增加 11%—14%，以期初步理顺价格关系。陈云对此明确表示不赞成，同中央有关领导同志谈话时说："物价上涨后不拿工资的农民怎么办。""理顺价格在你们有生之年理不顺，财政补贴取消不了。"② 当时的中央主要负责人听不进去这个话，坚持认为"物价这一关非过不可"。后来，中央政治局会议原则通过的物价改革方案一经公布，果然引起居民恐慌，出现全国性抢购和提款风潮，物价指数猛涨 20% 多，迫使国务院发出紧急通知，表示银行将开办保值储蓄。然而，这一切都晚了，事情已经闹大。"八九"政治风波过后，陈云对时任中央政治局常委的姚依林说："动乱的一个重要原因是物价上涨，影响面大，不仅在城市，而且波及农村。"③ 他同刚担任党中央总书记的江泽民谈话时再次指出："国家财政补贴取消不了。暗补、明补，都是补贴。在我国，还是低工资、高就业、加补贴的办法好。这是保持社会安定的一项基本国策。即使是发达的资本主义国家，对某些产品也是实行补贴的。当然，通过改善经营管理，提高经济效益，可以逐步减少一些不合理的补贴，例如某些企业的亏损补贴，但要从根本上取消补贴是不可能的。"④

---

①《陈云文集》第 3 卷，中央文献出版社 2005 年版，第 496 页。

②《陈云传》下册，中央文献出版社 2005 年版，第 1791、1792 页。

③《陈云传》下册，中央文献出版社 2005 年版，第 1806 页。

④《陈云文选》第 3 卷，人民出版社 1995 年版，第 376 页。

二、建设的高速度要建立在按比例发展和高质量、高效益的基础之上

从历史的长过程和最终结果看，经济建设速度到底是按比例平稳发展更快，还是不顾比例只讲速度更快？是重质量、效益更快，还是轻质量、效益只重速度更快？对此，改革开放前后存在不同认识。陈云一向持第一种主张。他反复强调："从长期来看，国民经济能做到按比例发展就是最快的速度。""搞建设，真正脚踏实地、按部就班地搞下去就快，急于求成反而慢，这是多年来的经验教训。"①

有人做过统计，新中国成立至 21 世纪初，经济增长发生过 10 次起落，其中改革开放之前有 3 次，改革开放之后有 7 次，有的起落幅度还很大。究其基本原因，都在于只求高速度而忽视按比例发展。可见，陈云关于经济平稳发展比急于求成发展要快的观点，无论在计划经济时期还是在社会主义市场经济时期，都是有意义的。其实，即使在实行自由市场经济的西方国家里，也有主张经济均衡发展、防止周期波动的学说。

陈云认为，做计划就是为了使经济做到按比例发展。他指出："按比例发展的法则是必须遵守的，但各生产部门之间的具体比例，在各个国家，甚至一个国家的各个时期，都不会是相同的。……究竟几比几才是对的，很难说。唯一的办法只有看是否平衡。合比例就是平衡的；平衡了，大体上也会是合比例的。"②他还说："这一思想来之于马克思"，"在社会主义革命还没有在一个国家胜利以前，马克思就设想过社会主义经济将是有计划按比例发展的，这个理论是完全正确的"。③

我们现在认识到，马克思当初设想的社会主义经济，是在资本主义经济充分发展基础上所建立的经济，而现实生活中的社会主义社会大都是在资本主义还没有得到充分发展或发展很不充分的情况下建立的。因

①《陈云文选》第 3 卷，人民出版社 1995 年版，第 248、311 页。
②《陈云文选》第 2 卷，人民出版社 1995 年版，第 241—242 页。
③《陈云文选》第 3 卷，人民出版社 1995 年版，第 244 页。

此，实行高度集中的计划经济，对于我们这样的国家来说，除了特殊时期，比如要集中力量突击奠定工业化基础的时期有其合理性外，在相当长的时期内，都是超过生产力水平的。但是，无论实行哪种经济体制，经济运行都必须按比例发展。正如陈云所说："按比例是客观规律。"① 他还指出："资本主义在盲目中依靠自然调节，能够相当地按比例发展，而我们说要按比例发展是从长时间算的，在短时间内，只是力求建设与消费、重工业与轻工业之间不要脱节太远，实质上并不是按比例的发展。"② 可见，无论使用计划手段还是市场手段，经济凡是向前发展的，都是因为做到了按比例。

为了使经济按比例发展，陈云通过长期实践，摸索出一套行之有效的方法。其中有些方法，即使在社会主义市场经济条件下仍然适用。比如，"建设规模要和国力相适应"的原则。他说："建设规模的大小必须和国家的财力物力相适应。适应还是不适应，这是经济稳定或不稳定的界限。……建设的规模超过国家财力物力的可能，就是冒了，就会出现经济混乱；两者合适，经济就稳定。当然，如果保守了，妨碍了建设应有的速度也不好。但是，纠正保守比纠正冒进要容易些。"③

在改革开放的今天，情况和那时比有了很大不同，平衡建设规模与国力、积累与消费的比例关系，不能再只计算政府手中的钱和物，只控制政府的投资，还要看到国际和社会的投资，以及国际市场的资源。但是，无论国外投资还是社会投资，只要是扩大基本建设规模，对土地、水、石油、矿藏等资源仍然需要平衡。有些资源，国内不够可以进口，但国际市场也存在储量、产量、价格、国际形势等制约因素，并非想进口多少就能进口多少。因此，制定经济与社会发展规划，仍然需要考虑与国力相适应的问题。

再如，"平衡要从短线开始"的方法。陈云领导第一次经济调整时，对于之前几年急于求成造成重大比例关系失调的教训进行了深刻总结。

①《陈云文选》第3卷，人民出版社1995年版，第211页。
②《陈云年谱（修订本）》中卷，中央文献出版社2015年版，第317—318页。
③《陈云文选》第3卷，人民出版社1995年版，第52页。

关于如何进行综合平衡的问题，他讲了两条意见：一是从制订计划时就要搞综合平衡，不要做计划时不按比例，执行中出现问题时再来纠正；二是要按照短线搞综合平衡，不要按长线搞平衡，否则弄得建设项目长期拖延，工厂半成品大量积压，会造成严重浪费。他说："按短线搞综合平衡，才能有真正的综合平衡。所谓按短线平衡，就是当年能够生产的东西，加上动用必要的库存，再加上切实可靠的进口，使供求相适应。"[①]改革开放后，他又按照"短线平衡"的原则，提出国家要集中资金，加强国民经济中的薄弱环节，如农业、能源、交通、科技教育、环境保护、知识分子生活待遇等。

这里说的"短线平衡"，当然是针对计划工作而言的。现在有人喜欢使用西方经济学的"木桶定律"，而摒弃"短线平衡"的原理。其实，二者的意思是一样的。在社会主义市场经济体制下，对于经济中的许多重大比例，如三次产业之间、各产业内部的门类之间、产品之间、地区之间、城乡之间的结构，仍然需要找出薄弱环节加以平衡。在这个过程中，"木桶定律"和"短线平衡"原理都可以用，但"短线平衡"是中国人总结出来的，更应当被用作我们的指导原则。

在经济要不要平衡发展的问题上，过去还有一种理论叫"积极平衡"，指的是不应当消极维护旧的平衡，而应当积极地打破旧平衡，寻找新平衡。陈云不同意这个理论，提出"紧张平衡"的主张。他说："究竟什么是积极平衡，什么是消极平衡，认识是不同的。"[②]在制订"一五"计划时他说："我国因为经济落后，要在短时期内赶上去，因此，计划中的平衡是一种紧张的平衡。……样样宽裕的平衡是不会有的，齐头并进是进不快的。但紧张决不能搞到平衡破裂的程度。"[③]在"一五"建设末期，他又重申过这一观点，指出："经济建设和人民生活必须兼顾，必须平衡。看来，在相当长的一段时间内，这种平衡大体上是个比较紧张的平衡。建设也宽裕，民生也宽裕，我看比较困难。""但是，绝不能紧

---

①《陈云文选》第 3 卷，人民出版社 1995 年版，第 211 页。

②《陈云文选》第 3 卷，人民出版社 1995 年版，第 210 页。

③《陈云文选》第 2 卷，人民出版社 1995 年版，第 242 页。

张到使平衡破裂。"①

针对粉碎"四人帮"后一度掀起的"洋跃进",陈云提出了"不折腾"的观点。他说:"目前人民向往四个现代化,要求经济有较快的发展。但他们又要求不要再折腾,在不再折腾的条件下有较快的发展速度。我们应该探索在这种条件下的发展速度。"②那时,钢的指标定得比较高,陈云主持经济调整时,主张把指标压下来。他指出:"过去说,指标上去是马克思主义,指标下来是修正主义,这个说法不对。踏步也可能是马克思主义。""单纯突出钢,这一点,我们犯过错误,证明不能持久。……共产党员谁不想多搞一点钢?过去似乎我是专门主张少搞钢的,而且似乎愈少愈好。哪有这样的事!我是共产党员,也希望多搞一点钢。问题是搞得到搞不到。""我不光看你那个数目字,钢要好钢,品种要全。""冶金部要把重点放在钢铁的质量、品种上,真正把质量、品种搞上去。"③

在钢铁产量与质量的问题上,陈云一向主张把质量放在第一位。他在第一次经济调整期间,查阅了几个老牌资本主义国家和苏联历年钢产量的统计资料,得出一个结论,即这些国家在钢产量 500 万吨到 1000万吨之间,用的时间都很长,而且都是在这时期成了帝国主义国家;日本发动全面侵华战争时,钢产量还不到 700 万吨;苏联也是在这个水平上成了工业强国。就是说,它们都是在这个产量上,做到各种工业门类比较齐全,把工业基础打下来的。因此,他说:"根据历史经验,我们应该从现在开始,争取在一定的时间内,使工业产品品种齐全,质量良好,技术先进,适应需要。有了这样一个基础,再前进就比较快了。"④

当党的十二大提出 20 世纪末实现全国工农业总产值翻两番的目标时,有的同志急于求成,提出"提前翻两番"的口号。陈云强调,十二大提出翻两番,是"要在不断提高经济效益的前提下",而且"要分两

---

①《陈云文选》第 3 卷,人民出版社 1995 年版,第 29 页。

②《陈云文选》第 3 卷,人民出版社 1995 年版,第 268 页。

③《陈云文选》第 3 卷,人民出版社 1995 年版,第 251、254 页。

④《陈云文选》第 3 卷,人民出版社 1995 年版,第 213 页。

步走，前十年主要是打好基础，为后十年经济振兴创造条件"。他告诫大家："如果急于求成，把本来应该放在后十年办的事也勉强拿到前十年来办，在'六五'和'七五'期间乱上基本建设项目，那末，经济又可能出现混乱，翻两番的任务反而有可能完不成。"①

在"提前翻两番"思想的支配下，1984 年国民生产总值比 1983 年增长了 15.2%；1985 年 1 月至 7 月的工业总产值又比 1984 年同期增长了 22.8%。陈云在 1985 年 9 月党的全国代表会议上提醒说："这样高的速度，是不可能搞下去的，因为我们目前的能源、交通、原材料等都很难适应这样高速度的需要。"如果不降下来，"造成种种紧张和失控，难免出现反复，结果反而会慢，'欲速则不达'"。②可惜，陈云的话没有能引起有关方面足够的重视，国民经济继续以两位数的速度增长，结果出现了不稳定的迹象，中央只得于 1988 年决定进行带有调整性质的治理整顿。第二年，国民生产总值增长速度跌落到 4%。

三、搞活经济要建立在宏观控制的基础之上

无论是计划经济体制还是社会主义市场经济体制，都存在微观经济与宏观经济的矛盾关系。过去，陈云针对高度集中的计划经济体制，极力主张通过市场调节把微观经济搞活；同时，强调市场调节必须在国家统一计划的指导下发挥作用，使经济在宏观上得到控制。概括起来说，就是做到活而不乱。在陈云的话语中，市场与计划的关系，很大程度上代表的就是微观运行与宏观控制的关系，本质上也就是市场与政府的关系。只要不过多地拘泥于"国家计划"这样的提法，而是注重于他关于计划与市场关系问题的论述实质，那么，其中蕴含的道理，对于社会主义市场经济条件下处理微观经济与宏观经济、市场与政府之间的关系，同样具有积极的认识价值。

早在 1956 年资本主义工商业改造基本完成之后，陈云就提出市场

---

①《陈云文选》第 3 卷，人民出版社 1995 年版，第 318 页。
②《陈云文选》第 3 卷，人民出版社 1995 年版，第 351 页。

管理办法应该放宽。他说："现在从大城市到小集镇大部分都管得太死，放宽后，害处不大，好处很多。但这并不是说完全不要市场管理，不要社会主义计划经济的领导，而是说要改变过去对资本主义工商业利用、限制、改造的那一套办法。"他主张，除粮食、布匹等重要物资和一些热销货继续统购外，其余可以自由选购。他说，实行这种办法后可能会有一些毛病，但我们只能一方面管好市场，另一方面不把市场搞死。"不走这条路，我们又找不到其他更好的路。"①他甚至说："资本主义是大不合理，小合理。大不合理是生产无政府，但是每个资本家管理生产却有它合理的地方。我们社会主义是大合理，小不合理。现在有这样的情况：'社会主义就是大路货'，'社会主义就是质量下降'，'社会主义就是往下派货'。可否改变成大合理，小也合理呢？我看必须这样做。苏联的情况跟我们不一样，它大小生产一律纳入计划。我们是否来个大计划、小自由，即主要方面有计划，次要方面来个自由市场。这种自由市场是国家市场的补充，不是资本主义无政府状态下的自由市场。总之，要适应中国的实际情况。方向大体是这样，至于名字怎样叫，还没有研究。"②接着，他在党的八大上提出著名的"三个主体三个补充"的经济体制改革构想。不过这一构想没能得到实施。

后来，陈云重新通读了《马克思恩格斯选集》，特别是《列宁全集》中十月革命后的各卷，对计划与市场问题进行了更加深入的思考。党的十一届三中全会后，他亲笔起草了一份提纲，上面写道："六十年来，无论苏联或中国的计划工作制度中出现的主要缺点：只有'有计划按比例'这一条，没有在社会主义制度下还必须有市场调节这一条。""因为市场调节受到限制，而计划又只能对大路货、主要品种作出计划数字，因此生产不能丰富多彩，人民所需日用品十分单调。"由此，他得出结论："整个社会主义时期必须有两种经济：（1）计划经济部分（有计划按比例的部分）；（2）市场调节部分（即不作计划，只根据市场供求的

---

①《陈云文选》第 2 卷，人民出版社 1995 年版，第 335 页。
②《陈云文集》第 3 卷，中央文献出版社 2005 年版，第 86 页。

变化进行生产，即带有盲目性调节的部分）。"①这份提纲的大意，他对李先念和个别领导同志谈了。他们在不同场合，以不同方式进行了传达，对理论界和经济学界产生了重要影响，成为人们解放思想、大胆研究计划与市场关系问题的重要依据。

此后，随着经济形势的变化，陈云对市场与计划的关系又有过多种提法，如"计划经济与市场调节相结合""以计划经济为主、市场调节为辅"等等。但无论哪种提法，所要表达的意思都是：既要通过市场调节搞活微观运行，又要通过国家计划加强对宏观经济的控制。其目的正如他在 1985 年党的全国代表会议上所说："搞好宏观控制，才有利于搞活微观，做到活而不乱。"②

关于市场与计划的关系，陈云于 1982 年还做过一个生动比喻，把它们比作"鸟"与"笼子"的关系，借以揭示搞活经济与宏观控制的要义。他说："鸟不能捏在手里，捏在手里会死，要让它飞，但只能让它在笼子里飞。没有笼子，它就飞跑了。"③这个比喻一经发表，立即引起两种截然相反的评论。一种认为，这个比喻反映陈云要把已经搞活的经济重新装回到"鸟笼"里，是反对市场取向改革的，把它诬称为"鸟笼经济"。另一种则认为，这个比喻道出了处理微观运行与宏观控制关系的真谛，是为了有利于搞活经济，而不是为了搞死经济。一些西方学者也对这个比喻产生了浓厚兴趣，认为它提出了一个很有意思的问题，值得人们沿着这个思路来思考经济微观运行与宏观控制的关系。

其实，这个比喻最早还是时任中纪委第二书记的黄克诚在和陈云谈话中提出的，陈云感到很有道理，在随后听取有关部门领导汇报时讲了出去。他指出："'笼子'大小要适当，但总要有个'笼子'。"④后来，在中央政治局会议上他进一步说："不一定一个省就是一个'笼子'，'笼

---

① 《陈云文选》第 3 卷，人民出版社 1995 年版，第 244—245 页。
② 《陈云文选》第 3 卷，人民出版社 1995 年版，第 350 页。
③ 《陈云文选》第 3 卷，人民出版社 1995 年版，第 320 页。
④ 《陈云年谱（修订本）》下卷，中央文献出版社 2015 年版，第 356 页。

子'也可以大到跨省跨地区。"① 再后来，他要会见五届全国人大五次会议上海代表团，在审阅谈话稿时，又亲笔加了 16 个字，即"甚至不一定限于国内，也可以跨国跨洲"②。可见，这里说的"笼子"，不过是对宏观控制的形象比喻罢了，绝不像一些浅薄之人望文生义理解的那样。

现在，我们已不实行计划经济了，但仍然在制定国民经济发展的五年计划、十年规划，还有宏观调控的目标，有各种法律法规，有财政政策、货币政策、产业政策。这些其实也像"笼子"一样，起着限制微观运行盲目发展的作用。如果没有这样的"笼子"，各种经济主体就会像"鸟"一样，脱离国家宏观控制而"飞跑"，造成经济失控、比例失调，甚至导致国有资产流失、私人资产向国外转移。当然，用来做"笼子"的材料，不同于计划经济体制时期的行政手段，而是更多使用经济手段、法律手段。但"笼子"的实质——对微观运行进行宏观控制，无论在什么经济体制下都是必要的。发达资本主义国家的"笼子"，从某种意义上比我们扎得更紧。

陈云之所以反复强调加强宏观控制，重要原因之一是，我们国家在计划经济时期，地方和部门都缺少横向经济联系，小而全、大而全的自发倾向很严重，很容易搞低水平的重复建设。他在 20 世纪 50 年代就说过："我们国家大，一不小心就会盲目发展。""以后看见某些行业有较大发展的时候，不要太高兴，要加强管理，否则，发展就会过头，生产就会过剩。"③ 党的十一届三中全会后，他赞扬改革"产生了前所未有的好作用"，"农村人民生活改善了，市场搞活了"，同时也指出改革带来一些缺点，其中就有"各地区盲目的重复建设"。④ 过去有一种看法，似乎重复建设是计划经济的产物。其实，市场经济受价值规律支配，具有更大的自发性、盲目性、滞后性，更容易发生重复建设。在社会主义市场经济下，投资主体虽然越来越多地变成私人资本，但它们后面往往仍

---

① 《陈云年谱（修订本）》下卷，中央文献出版社 2015 年版，第 359 页。
② 《陈云文选》第 3 卷，人民出版社 1995 年版，第 320 页。
③ 《陈云文选》第 2 卷，人民出版社 1995 年版，第 266 页。
④ 《陈云文选》第 3 卷，人民出版社 1995 年版，第 278 页。

然有政府的支持和参与，资金大部分也来自国有银行，一旦重复建设，出现呆账、坏账、烂账，受损害的同样是国家和老百姓的利益，上访、赔偿、安置等善后问题，同样要由政府来处理。

四、对外开放要建立在自力更生、以我为主的基础之上

陈云一贯倡导"不唯上、不唯书、只唯实，交换、比较、反复"的思想路线和思想方法，他的主要精力从来是放在观察和解决每个时期经济工作中出现的实际问题，尤其是那些带有倾向性的问题和有可能成为倾向性的问题上。比如，当人们不大注意对外开放，甚至有人反对对外开放的时候，他会比较多地强调要打破框框、解放思想，提倡大胆进行对外经济交流；但当人们已经普遍认识到对外开放的意义，对外开放已经不再成为问题，甚至有人忽略对外开放中出现的负面影响时，他往往又会比较多地强调要头脑清醒、处事谨慎，提醒人们注意对外开放中已经出现和可能出现的问题。如果不了解他思想的这个特点和论述的背景，就有可能误认为他在对外开放问题上不积极、不热情，思想偏于保守。

20 世纪 50 年代初，我国开始大规模工业化建设时，由于缺少经验，只能向苏联学习。起初，陈云针对在这个问题上认识不足的情况，较多地强调要老老实实地学，虚心听取苏联专家的意见。但当全国掀起学习苏联的高潮后，他又强调学习一定要结合中国的具体情况，不能照搬照套。比如，他主持的 1954 年新币发行工作，就和苏联的做法很不一样。毛主席曾经讲过，苏联关于"财经方面有些建议，陈云不学"[1]。

50 年代末，国内粮食供应紧张，需要进口。但是，一来"大跃进"时期搞浮夸，对外宣布我国粮食过关了；二来我们同西方尚处于冷战状态，宣传"不吃嗟来之食""吃进口粮是修正主义"。尽管如此，陈云还是于 1960 年底通过粮食部向中央提出进口粮食的建议。分管财贸工作的李先念给毛主席、周总理写信，提议进口 12 亿斤粮食。毛主席批示

---

①《毛泽东传（1949—1976）》上册，中央文献出版社 2003 年版，第 474 页。

进口 20 亿斤更好。于是，陈云同周总理商量，确定从加拿大、澳大利亚进口 75 亿斤。1961 年 8 月，他当面征得毛主席同意，又从法国转口购买了美国小麦。结果，1961 年到 1965 年，平均每年进口粮食达 100 多亿斤，为缓解粮食困难、保证市场稳定、恢复农业生产发挥了重要作用。后来，陈云鉴于农村粮食征购压力太大，一直强调进口粮食，直到党的十一届三中全会前的中央工作会议，提出今后三五年内每年进口 2000 万吨（合 400 亿斤）的建议，对后来农业的迅速恢复和市场初步繁荣起到了重要作用。

从西方国家进口粮食需要硬通货，必须相应增加出口。为此，陈云提出加强国际市场竞争力，要允许有时先赔钱，要建立出口商品生产基地，严格质量检验，包换包退，树立良好信誉。他指出，外贸要算大账，也要算小账，不能只想大进大出，该大则大，该小则小，打掉"官商"习气。

"文化大革命"后期，周总理要陈云协助他抓外贸工作。那时，"左"的指导思想占上风，把利用资本主义信贷、"三来一补"、进口国外先进设备等，统统说成是违背自力更生方针的所谓"洋奴哲学"；还把外贸中利用资本主义国家的交易所说成是参与资本家的投机买卖，把出口工艺品采用中国古代和西方历史文化题材说成是宣扬"四旧"和"封资修"。对此，陈云坚持实事求是，提出一系列在当时被当成右倾的观点。他说：现在外贸已由过去 75% 面向苏东，变为 75% 面向资本主义国家，"我们对资本主义要很好地研究"。"不要把实行自力更生方针同利用资本主义信贷对立起来。……不要被那些老框框束缚住。""资本主义市场的商品交易所有两重性。……我们应该研究它，利用它。"[①]"有的同志认为，进口棉花加工棉布出口是依靠外国，不是坚持自力更生。这种看法是不对的。……不这样做就是傻瓜。"[②]进口轧钢设备，"有关的附件要一起进口。……如果有人批评这是'洋奴'，那就做一次'洋奴'"。"要

---

① 《陈云文选》第 3 卷，人民出版社 1995 年版，第 218、219、222 页。
② 《陈云文选》第 3 卷，人民出版社 1995 年版，第 223 页。

给推销商、中间商好处……使他们有利可图。"① 他还说，出口工艺品是做生意，与宣传什么无关。

粉碎"四人帮"后，"左"的思潮受到批判，但经济上出现了急于求成的"洋跃进"，急于进口设备和借贷，盲目同国外签约。针对这种情况，陈云反过来强调，对外债要分析，自由外汇很少，买方信贷要考虑国内的配套能力和偿还能力。他指出："资金不够，可以借外债。这是打破闭关自守以后的新形势。"② "不要用自由外汇兑换成为人民币来弥补基建投资的赤字。……年年用发票子来搞基建，到了一定的时候，就会'爆炸'。"③ 他提醒干部："现在国际市场是买方市场。除非国际关系有大的变化，这种国际市场的有利条件不会失掉。"④ "外国资本家也是资本家。……世界上没有一个愿做低于平均利润率买卖的资本家。""对外国资本家在欢迎之中要警惕。"⑤

20 世纪 80 年代初，外贸实行体制改革试点，工业企业和省市都争外贸自主权，形成多头对外、削价竞销、不计成本、国家吃亏的局面。当时的外贸部领导向陈云汇报这一情况。陈云听后说，改革的最终目的是给国家增加外汇，如果适得其反，就可以考虑"走两年老路，略加改良"，看看哪种办法更好。"走老路的办法无非是省里吃亏，部门吃亏，油水少了，积极性没那么高了。但他们那种积极性高了，中央的钱就少了。我是'老北京'，讲的是'北京话'。总管全局的人不讲'北京话'不行。"⑥ "肥水不落外人田"就是在那次谈话里提出来的。后来，他在外贸体制改革的报告上批示："既要调动各方面的积极性，又要坚持统一对外，这是外贸体制改革必须坚持的一条原则。"⑦

1980 年，中央决定在深圳等四个毗邻港澳台的沿海城市试办经济

---

①《陈云文选》第 3 卷，人民出版社 1995 年版，第 224、226 页。

②《陈云文选》第 3 卷，人民出版社 1995 年版，第 276 页。

③《陈云文选》第 3 卷，人民出版社 1995 年版，第 264—265 页。

④《陈云文选》第 3 卷，人民出版社 1995 年版，第 276 页。

⑤《陈云文选》第 3 卷，人民出版社 1995 年版，第 277 页。

⑥《陈云年谱（修订本）》下卷，中央文献出版社 2015 年版，第 390 页。

⑦《陈云文集》第 3 卷，中央文献出版社 2005 年版，第 539 页。

特区，陈云参与并赞成这项重大决策。但当一些同志忽略了这几个城市的特殊条件，提出在其他城市甚至整个省都要办经济特区时，他又反过来强调，经济特区要办，但第一位的任务是总结经验；特区有有利的方面，也会带来一些副作用，如外币打击人民币等；其他地方可以搞来料加工、合资经营，但不要再搞特区，尤其不能把整个省都变成特区。后来，邓小平建议开放 14 个沿海城市，他表示完全同意，同时就特区建设提出两点要注意的问题，即一要有"拳头"产品，不能总是来料加工；二要掌握好来料加工产品的内销比例。他指出："对国内工业，保护落后我不赞成，但要使自己的东西一步一步地进步，达到先进的水平，这还是应该提倡的。自己必须发展而且正在发展的东西，不要被外面进口的东西挤掉了。比如发电机组，开始是几千千瓦，现在搞到三十万千瓦，这样的东西就要保护。"①他还用家乡话说了一句"癞痢头的孩子还是自己的好"。

在那次谈话中，陈云特别提到特区货币问题。因为那段时间，特区一些同志考虑开发资金不足，强烈要求允许特区发行货币，学术界也有人提出这种主张。对此，陈云说，一个国家不能同时搞两种货币，否则势必扰乱金融秩序，"优币驱赶劣币"是货币的客观规律，如果一定要发特区货币，发行权必须集中到中央，而且不允许在内地流通。此事于是作罢。

陈云十分注意在对外开放中保护民族工业和积攒外汇的问题。1982年春，他看到一个材料，说我国内地用来样来料加工的办法生产的美国耐克鞋，原本要求全部返销，但国内市场上也出现了；可口可乐饮料原本只允许在涉外饭店里销售，结果一般商店和大街上也有卖的了。他要我给时任轻工业部部长杨波打电话，告诉杨波不要让耐克鞋和可口可乐在国内市场上销售。今天，我们已加入世贸组织，各种牌子的外国鞋帽服装、饮料食品、高档化妆品都能在国内销售。但我认为，陈云当年的话并没有说错。因为，那些话的精神实质在于对日常生活用的、低

---

① 《陈云年谱（修订本）》下卷，中央文献出版社 2015 年版，第 403 页。

端的、技术含量少的国外产品，要尽可能少进口，以保护国内的民族工业，并把有限的外汇用在最需要的地方。比如，美加净牙膏、回力球鞋、北冰洋汽水等，都曾经是我们自己的名牌，很受消费者欢迎。像这样的商品，就应当通过改进质量和营销手段加以保护，不能轻易被国外公司收购。否则，要重新恢复市场就难了。

对外开放离不开外汇储备，门开得越大，越要有足够的外汇。1983年，陈云听到一种反映，认为我国外汇储备太多了，与其放在国外银行，不如进口商品、回笼货币，而且已经进口了一大批家用电器。对此，他很不赞成。他说："我们有一百二十亿美元外汇，还有几百吨黄金，有些同志就觉得手烫得不得了啦。我认为，我们有一百亿、一百五十亿、二百亿美元外汇，不算多。我们是个大国，储备一二百亿美元外汇，有风吹草动的时候可以应付。从长远来看，现在我们的外汇不是多了，而是紧了。"[1]我理解他这个话的精神实质，在于要搞好对外开放，自己必须有实力，财大才能气粗，手里钱越多，腰杆越硬，信誉度越高，人家越愿意贷款给你；相反，钱越少，借钱越难。至于外汇储备多少合适，当然要结合不同时期的实际情况决定。

陈云一向注意对引进技术的吸收、消化工作，重视掌握先进技术，加强自制能力。早在"一五"建设初期，他就强调在聘请苏联专家帮助我们设计、制造设备的同时，"丝毫不应放松对自己设计人才的培养"，"力争外援和自力更生要结合起来"。[2]他要求，"凡我能制者力求自制"，"增加自制的能力"。[3]他指出："要建设好我们的国家，提高广大人民的生活水平，需要发展工业，这就需要技术。"[4]在"一五"建设末期，他致信周总理，说要鼓励机器制造部门大胆设计，自己制造，不怕开头几次有缺点、毛病，只要取得胜利，进步会很快，"十五年后在许多重要产

---

①《陈云文选》第3卷，人民出版社1995年版，第344—345页。

②《陈云文集》第2卷，中央文献出版社2005年版，第358、406页。

③《陈云文集》第2卷，中央文献出版社2005年版，第345页。

④《陈云文选》第2卷，人民出版社1995年版，第46页。

品方面超过英国，完全有把握"①。20 世纪 60 年代初，他集中精力抓大中型氮肥厂建设，要求有关部门认真吸收、消化"一五"建设时期苏联援建的化肥厂技术，做到依靠自己力量，每年建成四到五个年产五万吨的合成氨厂。20 世纪 70 年代末 80 年代初，他针对引进高潮中偏重买设备的倾向指出："买设备，同时也要买技术，买专利"，"要更多地买技术，买专利"。②在改革开放的过程中，他始终强调要保护自己必须发展而且正在发展的东西。

关于对外开放问题，陈云除了把注意力放在纠正偏向上，也从正面提出了一些重要建议。"走出去"就是他最先提出的。1984 年夏天，时任国家计委主任宋平等向他汇报工作，说有的冶金企业打算从拉美国家进口美国二手设备建新基地。他表示，开辟新基地要同老基地改建扩建进行比较，二手设备中有些跟水泥连在一起的东西不能用了，因此，可以考虑向国外要倒闭的企业投资、搞合营。接着，他指出："对外开放不一定都是人家到我们这里来，我们也可以到人家那里去。""我国富矿很少，如果能从国外进口或合资开采矿石，当然很好。"③他还在外贸部门的一个材料上批示，同意利用美国"加勒比海发展计划"的有利时机，向该地区投资办厂。他的这些主张，进一步打开了人们对外开放的思路，逐渐形成了后来被称作"走出去"的大战略。

要求财经战线学习发达国家用电子计算机办公的主张，也是陈云较早提出的。1984 年，他在亲眼看过集成电路和计算机的操作后，向在场的新闻记者发表了谈话，指出："在工业比较发达的国家，现在计算机的应用非常普遍，使生产、工作和生活方式都发生了变化，有'工厂自动化'、'农业自动化'、'办公室自动化'和'家庭自动化'的说法，对经济发展起的作用很大。这些情况，对我们的国民经济，对我们的电子工业，都是一场新的挑战。"他请记者转告全国财经干部："对于电子技术，目前许多干部还没有认识到它的重要性，要多加宣传，注意普及电子技

①《陈云文集》第 3 卷，中央文献出版社 2005 年版，第 222 页。
②《陈云文选》第 3 卷，中央文献出版社 2005 年版，第 260、262 页。
③《陈云文集》第 3 卷，中央文献出版社 2005 年版，第 537—538 页。

术知识。……在新的技术革命面前，我国财经干部面临着知识更新的繁重任务。现在，大多数干部还没有看到这个任务的紧迫性。"他同时强调，我国电子工业虽然起步晚、进步快，但与国际先进水平比，差距还是大的，因此一定要赶上去。"要像当年搞原子弹、氢弹那样，力量要集中。"①从那之后，国家计委等财经工作部门陆续给干部配备了电脑。

陈云关于对外开放的论述，在不同时期、不同背景、针对不同问题，会有不同侧重点。但只要深入研究就会发现，他的论述无论怎么变化，重点都离不开一个中心、一条红线，那就是解放思想、实事求是，就是以我为主、做强自己。这是他对外开放思想的精髓，是最根本、最本质的东西。

五、结语

陈云经济思想和许多伟大历史人物的思想一样，不能不受到所处时代的局限。但他这一思想的核心内容，也同许多伟大历史人物的思想一样，是超越时代的。这些思想体现了对我国基本国情的深刻把握，对社会主义现代化建设的全面理解，对宏观经济运行规律的科学认识。只要我们的基本国情没变，我们进行的是社会主义现代化建设，经济运行中还存在宏观与微观的关系，这些思想就不会过时；相反，会在新的条件下继续发挥作用。

党的十八大以来，以习近平同志为核心的党中央更加鲜明地提出发展与改革要以人民为中心，经济发展要稳中求进，市场在资源配置中起决定性作用要与更好发挥政府作用相结合，对外开放中要加强自主创新等重要思想。这些思想是对新中国70多年和改革开放40多年正反两方面经验的深刻总结，是对毛泽东思想和中国特色社会主义理论体系的继承、发展，也是对陈云经济思想正确性的又一次验证。对陈云经济思想进行再研究、再认识，对于理解和实践习近平新时代中国特色社会主义思想及战略布局，总结新中国经济建设的历史经验，都有重要的现实意义。

①《陈云文集》第3卷，中央文献出版社2005年版，第533—534页。

中国计划经济体制的历史评价 *

自从习近平总书记明确提出要正确看待改革开放前后两个历史时期的关系，既不能用后者否定前者、也不能用前者否定后者之后，公开否定改革开放前历史的声音已经不大听得到了。但是，一碰到具体问题，这种观点仍然会显露出来，其中一个问题就是要不要正确评价计划经济体制的历史作用。

新中国计划经济体制的正式建立，如果从 1952 年中央财政经济委员会（以下简称中财委）下发《国民经济计划编制暂行办法》《关于加强计划工作大纲》①算起，到 1992 年党的十四大明确建立和完善社会主义市场经济体制②，刚好经历了 40 年；如果以 1978 年实行计划经济与市场调节相结合作为它的结束，也有 26 年之久。这一体制的实行时间若按 40 年算，占新中国迄今为止 73 年的一半多；若按 26 年算，占改革开放前 29 年的绝大部分。因此，如何看待计划经济体制的历史作用，不仅关系到能否正确看待新中国史，也关系到能否正确看待改革开放前后两个历史时期的关系，能否坚定新中国的历史自信。

我国实行的计划经济，以五年时间作为一个计划单元。改为社会主义市场经济后，从 2006 年起不再制定五年计划，但仍然制定和实施五年规划③，目前正在实施的是"十四五"规划。毋庸讳言，由于夸大主观能动性作用，实行计划经济时期犯过主观主义、计划脱离实际的错误，但这不等于经济计划就必然会出主观主义，必然会脱离实际。事实上，

　* 本文是作者 2023 年 7 月 23 日在第九届马克思主义当代中国史理论论坛上的主题报告，原刊于《当代中国史研究》2023 年第 5 期，题为《正确认识中国计划经济体制的历史作用　坚定新中国的历史自信》。收入本书前，作者又作了较多补充和修改。

　①《陈云年谱》（中），中央文献出版社 2000 年版，第 124、128 页。
　②《十四大以来重要文献选编》（上），中央文献出版社 2011 年版，第 17 页。
　③《伟大的开局之年》，《人民日报》2006 年 1 月 1 日。

我们党在领导计划经济的过程中，对于如何使计划最大限度地符合客观经济规律和实际情况，曾做过不懈的艰辛探索，取得过举世瞩目的辉煌成就，也取得过不少宝贵经验。如果不承认这一点，甚至否认它，就无法做到正确看待改革开放前后两个历史时期的关系，无法树立社会主义的制度自信和新中国的历史自信，也无法从历史经验中汲取智慧。

还要看到，正确评价计划经济的历史作用，不仅具有重要的历史意义，也具有重要的现实意义。习近平总书记指出："我们是在中国共产党领导和社会主义制度的大前提下发展市场经济，什么时候都不能忘了'社会主义'这个定语。之所以说是社会主义市场经济，就是要坚持我们的制度优越性，有效防范资本主义市场经济的弊端。我们要坚持辩证法、两点论，继续在社会主义基本制度与市场经济的结合上下功夫，把两方面优势都发挥好，既要'有效的市场'，也要'有为的政府'，努力在实践中破解这道经济学上的世界性难题。"① 他的论述说明，要想把社会主义基本制度与市场经济体制两方面优势都发挥好，破解政府与市场关系这道经济学上的世界性难题，就要坚持辩证法、两点论，在社会主义基本制度与市场经济的结合上下功夫。而要这样做，就不能不正确评价计划经济的历史作用，总结计划经济的经验与教训。

一、计划经济体制的由来——适应客观形势变化的选择

新中国选择计划经济体制，具有历史的必然性和合理性。

中国共产党是以马克思主义为指导，以建立社会主义和共产主义社会为奋斗目标的党。但在新中国成立前夕和初期，毛泽东和其他领导人从旧中国的资本主义没有得到充分发展、经济文化相对落后的实际出发，决定要先实行一段时间的新民主主义，允许资本主义经济在国营经济占领导的条件下，发展 10 年、15 年、20 年甚至更长一点时间，以逐步积累资金，增加物资，培养人才，等条件具备后再重点发展重工业，

---

① 习近平：《论把握新发展阶段、贯彻新发展理念、构建新发展格局》，中央文献出版社2021 年版，第 64 页。

相应地进行社会主义革命。在此过程中，我们党过去在革命根据地、解放区实行的用计划领导经济工作的经验，很自然地被推广到全国。不过，最初还只是试编和试行经济计划，不是计划经济体制，更不是高度集中的计划经济体制。那么，中国的计划经济体制是为何和如何建立的呢？

恩格斯说过："一切社会变迁和政治变革的终极原因，不应当到人们的头脑中，到人们对永恒的真理和正义的日益增进的认识中去寻找，而应当到生产方式和交换方式的变更中去寻找；不应当到有关时代的哲学中去寻找，而应当到有关时代的经济中去寻找。"[1] 要回答中国实行计划经济体制的终极原因，同样不应当到"人们的头脑中"去寻找，而应当到"有关时代的经济中去寻找"。

新中国成立不到一年，朝鲜战争爆发，美国立即派舰队封锁台湾海峡，打着联合国军的旗号出兵侵略朝鲜，并把战火烧到了中朝边境，对我国新生的人民政权构成直接威胁，从而突显了发展以重工业为基础的现代国防工业的紧迫性。我国有关部门在编制"一五"计划草案时，对苏联和欧美国家的工业化道路进行了反复比较，一致认为"一五"计划必须以重工业为重点，从而突显了我国优先发展重工业的必要性。[2] 发展重工业需要大量资金投入和相应的科技、管理人才队伍。然而，中国自近代以来，长期遭受帝国主义侵略和战争破坏，不断对外贴款，革命胜利时还是落后的农业国，既缺资金，又缺科技和管理人才，而且既不可能像英美等老牌资本主义国家那样，靠对内剥夺农民、对外掠夺殖民地半殖民地搞原始积累，然后投资轻工业扩大积累，再来发展重工业；又不可能像德日等后起的帝国主义国家那样，靠对外发动战争、对内提高税收，搞超经济剥削，以此积累发展重工业的资金。因此，对于新中国来说，要想优先发展重工业，只能自力更生，靠自己的力量解决资金积累问题，并在科技上寻求先进工业国的帮助，走出一条有别于资本主义

---

[1]《马克思恩格斯全集》第 25 卷，人民出版社 2001 年版，第 395 页。

[2]《建国以来重要文献选编》第 4 册，中央文献出版社 1993 年版，第 705 页。

的工业化道路。在当时，这种工业国只能是社会主义的苏联。而当苏联果然答应对我国以重工业为重点的"一五"计划建设给予全面援助后，优先发展重工业终于有了可能性。

有了紧迫性、必要性，又有了可能性，仍然不等于有了现实性。要使优先发展重工业具有现实性，还必须解决资金的快速积累和人才队伍的快速培养问题。而要解决这个问题，就必须建立计划经济体制，并对资本主义工商业进行社会主义改造。这是因为，只有这样才能最大限度地把有限的财力、物力、人力等各种资源集中用于工业化建设，才能与苏联实行的高度集中的计划经济体制接轨，才能确保大规模的工业化建设、苏联的援助和中苏的贸易顺利进行。这样做，当然就不能再实行新民主主义了。可见，是大规模工业化建设的提前开展，决定了计划经济体制的实行和向社会主义的提前过渡，而不是相反。

过去有一种观点，认为提前向社会主义过渡是由于毛泽东的"社会主义情结"。这种观点违背了历史实际，是恩格斯批评的那种从"人们的头脑中"寻找社会变迁原因的表现。还有一种观点，认为提前向社会主义过渡是由于 1952 年国民经济恢复任务已顺利完成，工业生产在国民经济中、国营经济在工业生产中的比重都有较快增长，农业互助合作化运动已全面开展，资本家的"五毒"[①]行为激化了阶级矛盾，抗美援朝战争战局已趋于平稳。也就是说，是"水到渠成"了。这种观点把提前过渡放到经济变化的背景下考察是完全正确的，但它忽略了一个基本事实，即上述变化并没有能从根本上改变大规模工业化建设所需资金、物资、人才极度匮乏的状况。

据统计，1950 年和 1952 年相比较，工业总产值在工农业总产值中的比重分别为 33.2% 和 43.1%，财政收入分别为 62.17 亿元和 173.94 亿元，粮食产量分别为 1.32 亿吨和 1.69 亿吨，钢产量分别为 61 万吨和 135 万吨，在校大学生分别为 13.7 万人和 19.1 万人。[②]就是说，1952 年

---

① "五毒"指行贿、偷工减料、盗窃国家资财、偷税漏税、盗窃国家经济情报行为。参见《建国以来重要文献选编》第 6 册，中央文献出版社 1993 年版，第 333 页。

②《新中国六十年统计资料汇编》，中国统计出版社 2010 版，第 40、18、37、43、72 页。

的资金、物资、人才条件与 1950 年相比并没有太大区别。即向社会主义过渡的"水"并没有到，"渠"也没有成。那到底是什么原因促使党中央决定提前过渡的呢？我认为，主要的直接的原因，只能是遇到并抓住了苏联答应全面援助"一五"计划建设这样一个历史机遇。

从现有材料看，第一次透露"一五"计划重点是重工业和国防工业的，是中共中央 1951 年 12 月 1 日做出的《关于实行精兵简政，增产节约，反对贪污、反对浪费和反对官僚主义的决定》。在这个决定中，毛泽东加了一段话："从一九五三年起，我们就要进入大规模经济建设了，准备以二十年时间完成中国的工业化。完成工业化当然不只是重工业和国防工业，一切必要的轻工业都应建设起来。为了完成国家工业化，必须发展农业，并逐步完成农业社会化。但是首先重要并能带动轻工业和农业向前发展的是建设重工业和国防工业。"[1] 这段话表明，党中央当时已经倾向于把优先发展重工业作为中国工业化的发展战略了，并为此提出了农业集体化的任务。

过了半年，在 1952 年 5 月中财委召开的全国财经会议上，时任中财委副主任李富春具体地阐述了"一五"计划的指导思想、方针任务和主要指标，提出："经济建设的重点放在重工业，尤其是钢铁、燃料动力、机械军工、有色金属和化学工业等基础工业上，为我国工业化打下基础；农业、轻工业和交通等事业应当围绕重工业这个中心来发展。"[2] 会后，中财委会同有关部门做了两件事：一是对"一五"计划的轮廓草案做进一步修改，二是准备请求苏联支援"一五"计划中重工业基建项目所需的有关材料。7 月 1 日，陈云将"一五"计划草案报送毛泽东，并附信说：要点"是在今后五年中要办些什么新的工厂。……为了七八月间可以向苏联提出一个五年中供我装备的要求"[3]。随即，中共中央书

①《毛泽东文集》第 6 卷，人民出版社 1999 年版，第 207 页。
②《李富春传》，中央文献出版社 2001 年版，第 421 页。
③《陈云文集》第 2 卷，中央文献出版社 2005 年版，第 419 页。

记处于 7 月 12 日、14 日、17 日连续召开了三次会议。① 目前虽然没有看到关于这几次会议具体内容的材料，但可以判断，这些会议起码做出了两个决定：第一，把建设工业化基础作为五年计划的中心环节；第二，由周恩来率中国政府代表团前往苏联，洽谈请苏方的援助事宜。因为此后不久，中财委颁发的《关于编制五年计划轮廓的方针》《中国经济状况和五年建设的任务及附表》中，都写明了五年建设的基本任务是为国家工业化打下基础，建设方针是工业建设以重工业为主、轻工业为辅；周恩来一行也于同年 8 月 15 日启程去了苏联。②

对于周恩来一行的出访，中苏双方都十分重视。中国政府代表团除周恩来为首席代表，陈云、李富春、张闻天、粟裕等为代表外，还有一大批由各方面高级干部担任的顾问及随员。苏联方面负责与中方商谈的代表团，也由莫洛托夫、布尔加宁、米高扬、维辛斯基、库米金等当时苏方最高级别的领导人组成。周恩来一行于 8 月 17 日抵达莫斯科，斯大林 20 日便同他们进行了长达三个小时的谈话，明确表示愿意在工业资源勘察、设计、工业设备、技术资料及派人到苏留学和实习等方面，援助中国的五年计划。9 月 3 日，斯大林看过中方提供的文件后，又与中方进行了第二次会谈，再次表示一定对"一五"计划所需的设备、贷款、专家给予援助，至于具体给什么不给什么，还要等工作人员用两个月时间加以计算后答复。斯大林的这个态度，表明中国以重工业为重点的"一五"计划，得到了苏联给予全面援助的明确保证。于是，周恩来、陈云等先行回国，留下李富春和代表团其他成员，就具体问题继续同苏方洽谈。③

斯大林在此前的很长一段时间里，对中国共产党是不是民族主义的党一直抱有怀疑态度，之所以会在援助中国"一五"计划的问题上发生如此大的变化，显然与中国出兵抗美援朝有关。这从当年斯大林与中国

①《毛泽东年谱（1949—1976）》第 1 卷，中央文献出版社 2013 年版，第 573、574、575 页。

②《陈云年谱》（中），中央文献出版社 2000 年版，第 148、147 页。

③《陈云年谱》（中），中央文献出版社 2000 年版，第 147、148、149 页。

政府代表团会谈时说的话中可以看出，从后来毛泽东与苏联驻华大使的一次谈话中也可得到证明。当斯大林在会谈中听到中方感谢苏方援助时立即表示："中国的志愿军在朝鲜作战和在国内发展橡胶生产两件事，也是对苏联的援助"。① 这说明，中国抗美援朝不仅使他消除了对我们党的怀疑，而且感觉到对中国有所亏欠。1958 年毛泽东在同苏联驻华大使尤金谈话时说："苏联人从什么时候开始相信中国人的呢？从打朝鲜战争开始的。从那个时候起，两国开始合拢了，才有一百五十六项。"②

周恩来、陈云于 1952 年 9 月 24 日回到北京③，毛泽东当晚便召集中共中央书记处开会。据中共中央文献研究室编写的《毛泽东年谱（1949—1976）》记载，这次会议只有两个议题：一是听取他们汇报同苏联商谈的情况，二是讨论"一五"计划的方针和任务。正是在这个会上，毛泽东第一次提出："我们现在就要开始用十年到十五年的时间基本上完成到社会主义的过渡，而不是十年或者以后才开始过渡。"④ 中共中央文献研究室编写的《毛泽东传》对此这样评价："这是一次十分重要的会议。毛泽东这个讲话表明，他关于由新民主主义向社会主义转变的步骤、方法，同原来的设想，发生了变化。"⑤

毛泽东在听取周恩来、陈云访苏情况汇报和讨论"一五"计划方针、任务的会上，提出向社会主义提前过渡的主张，这是偶然的巧合吗？绝对不是。它恰恰反映了党中央选择优先发展重工业战略、苏联答应对"一五"计划建设进行援助、毛泽东提出向社会主义提前过渡这三件事之间，具有一种内在联系。它说明，正是中国决心提前开展工业化建设，苏联答应全面援助中国优先发展重工业等客观情况，反映到毛泽东头脑中，使他敏锐察觉到这对于中华民族来说，是一个追赶世界先进水平、弥补百年差距的难得机遇，必须改变原先打算先搞一段较长时间的

①《陈云年谱》（中），中央文献出版社 2000 年版，第 147 页。
②《毛泽东文集》第 7 卷，人民出版社 1999 年版，第 387 页。
③《陈云年谱》（中），中央文献出版社 2000 年版，第 149 页。
④《毛泽东年谱（1949—1976）》第 1 卷，中央文献出版社 2013 年版，第 603 页。
⑤《毛泽东传》第 3 册，中央文献出版社 2011 年版，第 1199 页。

新民主主义再向社会主义过渡的设想，用提前过渡的办法抓住这个千载难逢的机遇。同时也说明，无论优先发展重工业还是提前向社会主义过渡，都是党内决策层经过较长时间酝酿才做出的集体决策。虽然从现有档案中看，这个主张是毛泽东第一次提出的，但这绝不可能是他的个人主张，更非他出于"社会主义情结"的心血来潮、突发奇想。

优先发展重工业需要有大量资金和物资投入，而当时中国的经济基础比苏联实施"一五"计划时还要薄弱得多，更需要把有限的资源集中起来用于重工业建设，更需要轻工业企业降低成本、提高效率、向国家多缴利税，更需要农业较大幅度地增加产量、向国家提供更多的商品粮和可供出口换汇的农副产品。正是这一切，决定了我们不能不加快农业合作化和私营工商业的社会主义改造，不能不实行高度集中的计划经济体制。苏联的援助涉及经济、科技、教育等多领域全方位，要使援助顺畅进行，需要双方在经济制度、体制和工作方法、程序上的紧密衔接。比如，苏联企业是国营的，在中苏贸易中，中方自然只能由国营企业与它们对接。再比如，苏联实行的是高度集中的计划经济体制，设备何时交货，何时安装，何时调试，都要按计划进行。如果中方没有计划，或者执行计划不严格，合作就会磕磕绊绊。另外，苏联对我国援助的技术不用付费，但设备是要花钱买的；给我国的贷款虽然利息较低，但数额仅占我国"一五"计划工业基本建设投资的 3% 多一点。因此，我们要接受苏联的援助，还必须从有限的农产品中挤出相当一部分用于出口。

关于优先发展重工业战略决定了对农业、手工业、资本主义工商业的社会主义改造的这个事实，1953 年毛泽东关于过渡时期总路线的"一化三改"是"一鸟两翼"的比喻[1]，已经说得很清楚了。在他审阅修改的中共中央宣传部关于党在过渡时期总路线的学习宣传提纲中进一步指出："小农经济和社会主义工业化事业之间的矛盾，已随着工业化的进展而日益显露出来。"资本主义"企业的设备利用率和劳动生产率低，

---

[1] "一鸟"就是发展社会主义的工业，"两翼"就是对农业、手工业的改造和对私营工商业的改造。参见《建国以来重要文献选编》第 5 册，中央文献出版社 2011 年版，第 1—2 页。

成本高，资金很多浪费，扩大再生产的能力很小或甚至没有，因而影响到工业产品在市场上供不应求，影响到国家计划受到破坏。"如果不改变这种情况，"我国的社会主义工业化就不能全部实现"。[①] 这些都说明，那时人们对于什么是社会主义和怎样建设社会主义的问题，虽然在认识上与今天相比有很大差距，但对于实行社会主义是为了使生产关系和经济体制尽可能适应生产力的发展，实行计划经济体制是为了抓住机遇、加快发展等等道理，头脑里还是十分清楚的。

二、计划经济体制的历史贡献——为新中国的建设打下了坚实基础

党的十四大报告在确定把建立社会主义市场经济体制作为经济体制改革目标的同时指出："原有经济体制有它的历史由来，起过重要的积极作用。"[②] 时任中共中央总书记江泽民也说过："对计划经济体制曾经起过的历史作用，我们是充分肯定的。"[③] 对于计划经济体制有哪些需要"充分肯定的""重要的积极作用"，那时未能展开论述。但对于从事新中国史的研究，尤其处在新中国已经成立 75 周年的今天，完全应当弄清楚、说明白。

如果以 1952 年和 1992 年作为计划经济体制的起始和终止时间，那么，只要看看在这 40 年里我国经济取得的惊人成就，就会十分清楚什么是它在历史上应当"充分肯定的""重要的积极作用"了。就拿 1952 年与 1992 年我国几个经济指标的变化来看：国内生产总值由 679 亿元上升到 2.69 万亿元，增长近 40 倍；人均年消费由 80 元提高到 1116元，增长近 13 倍；钢的年产量由 135 万吨增加到 8094 万吨，增长近 60 倍；年发电量由 72.6 亿度增加到 6200 亿度，增长近 85 倍；石油年产量由 44.5 万吨增加到 1.42 亿吨，增长 300 多倍；铁路营业里程由 2.3

① 《建国以来重要文献选编》第 4 册，中央文献出版社 2011 年版，第 613—641、622 页。
② 《十四大以来重要文献选编》（上），中央文献出版社 2011 年版，第 3 页。
③ 江泽民：《论社会主义市场经济》，中央文献出版社 2006 年版，第 203 页。

万公里增加到 5.8 万公里，增长 1.5 倍。[①] 那段时间里，我国在许多产品的产量方面还大大缩小了与发达国家之间的差距，有的甚至超过了它们。例如，在钢产量上，1952 年美英两国分别为约 9000 万吨和 2000 万吨，分别是我国的 66 倍和 15 倍；到 1990 年，美国仍然是 9000 万吨左右，英国降为 1700 万吨，我国为 6600 万吨，前者与我国已相差不大，后者反被我国超过近 4 倍。在发电量上，1952 年，美英两国分别为 4000 亿度和 660 亿度，是我国的 50 倍和 9 倍；到 1990 年，美国和英国分别是 3.3 万亿度和 3100 亿度，我国为 5500 亿度，与前者差距缩小到了 5 倍，后者反被我国超过近 1 倍。所有这些成就，都发生在计划经济时期，无疑是计划经济应当"充分肯定的""重要的积极作用"。但我认为，计划经济体制最重要的贡献还不在这些地方，而在于以下四个方面：

（一）形成了独立的完整的工业体系和国民经济体系

众所周知，我国目前是全球第一制造业大国和唯一拥有联合国产业分类目录中所有工业门类的国家，即拥有 41 个大类、207 个中类、666 个小类工业品的生产体系。[②] 就是说，我国现在具有世界最大最完整的制造业生产能力和产业布局。正因为如此，我国原来没有的产品，只要从国外引进，很快就能独立生产。有的国家总嚷嚷要与中国"脱钩"却总是"脱"不了，根本原因也在这里。问题是，新中国成立初期连"一辆汽车、一架飞机、一辆坦克、一辆拖拉机都不能造"[③]，是什么原因使短短 70 多年里发生这么大的变化呢？重要原因之一就在于，我国从第一个五年计划起，就以建立独立、完整的工业体系和国民经济体系作为目标，以后无论五年计划还是五年规划，也都是围绕这个目标制定和实施的。

---

① 《新中国六十年统计资料汇编》，中国统计出版社 2010 版，第 9、14、43、50 页。
② 《制造业正从中国制造向中国创造迈进》，《人民日报》2022 年 3 月 21 日。
③ 《毛泽东文集》第 6 卷，人民出版社 1999 年版，第 329 页。

　　毛泽东自 1951 年初提出"三年准备、十年计划经济建设"[1]后，党中央即组成了周恩来、陈云、薄一波、李富春、聂荣臻、宋邵文在内的五年计划编制领导小组。[2]那时，我国面对的实际情况，一是经济上一穷二白，二是抗美援朝战争还在进行，三是极度缺少工业化建设的人才和经验，应当先搞什么、后搞什么，基本不清楚。但有一条一开始就是清楚的，即工业项目的安排要从系统布局出发。这从前文提到的 1952 年 5 月中财委制定的"一五"计划轮廓草案中可以看出来，从苏联援建的 156 项重点工矿业建设项目目录（以下简称 156 项工程）中也可以看出来。

　　"一五"计划轮廓草案是实施优先发展重工业战略的蓝图，共有 25 本分册，其中包括钢铁、有色金属、机器、汽车、船舶、电器、化学、建材、电力、煤矿、石油、纺织、轻工业、矿产地质、铁路、交通、邮电等。[3]不难看出，这些方面几乎囊括了作为一个完整工业体系所应拥有的所有大类。

　　156 项工程是"一五"计划骨干项目中的骨干，这些项目有我们提出的，也有苏方提出的，"一五"时期施工的有 150 项。其中军事工业 44 项，包括航空工业 12 项，电子工业 10 项，兵器工业 16 项，航天工业 2 项，船舶工业 4 项；冶金工业 20 项，包括钢铁工业 7 项，有色金属工业 13 项；化学工业 7 项；机械加工工业 24 项；能源工业 52 项，包括煤炭工业和电力工业各 25 项，石油工业 2 项；轻工业和医药工业 3 项。[4]"一五"计划后期，又增加了核工业。[5]不难看出，这些项目也都是完整的基础工业和国防工业体系不可或缺的。

　　苏联对我国"一五"计划建设的援助，从总体说很真诚，但对帮助我们建设独立、完整的工业体系并不十分积极。这个目标的制定及推

①《建国以来重要文献选编》第 2 册，中央文献出版社 2011 年版，第 36 页。
②《陈云年谱》（中），中央文献出版社 2000 年版，第 83 页。
③《陈云文集》第 2 卷，中央文献出版社 2005 年版，第 419—420 页。
④ 薄一波：《若干重大决策与事件的回顾》上卷，中共中央党校出版社 1997 年版，第 306 页。
⑤《中华人民共和国简史》，人民出版社、当代中国出版社 2021 年版，第 53 页。

进，主要靠的是党中央的主导和坚持。早在编制"一五"计划时，党中央就明确提出，实现社会主义工业化的标志，"要有独立的工业体系和农业相应的协调发展"①。从 1956 年 10 月国务院常务会议上，陈云和周恩来之间就苏联的援助问题的一段对话，也可以清楚地看出党中央对于建立独立的完整的工业体系的决心。陈云说：苏联帮助我们是不是有留一手的问题，我看在某些方面是有的。这点我们早就感觉到了，苏联说我们原料工业搞少了，机械工业搞多了。苏联就是先搞机械工业的，我们也要集中力量先搞机械工业。苏联不答应给，我们就自己搞。"如果我们不全办起来，一旦有战争怎么办呢？"周恩来说：如果苏联有困难或者在某些方面留一手，那就是要靠我们自己想办法，主要靠自力更生，也要争取外援。苏联基本上是帮助我们的。但是，苏联不了解中国这样一个大国不搞一套完整的工业体系是不成的。②1956 年 11 月党的八届二中全会上，周恩来在阐述国家建设的方针时进一步指出："为了把我国由落后的农业国变为先进的社会主义工业国，我们必须在三个五年计划或者再多一点的时间内，建成一个基本上完整的工业体系。""我们这样的大国，就必须建立自己的完整的工业体系，不然一旦风吹草动，没有任何一个国家能够支援我们完全解决问题。"③

其实，新中国成立前夕，毛泽东在党的七届二中全会上就曾指出：我国"还没有解决建立独立的完整的工业体系问题，只有待经济上获得了广大的发展，由落后的农业国变成了先进的工业国，才算最后地解决了这个问题"④。可见，中国工业化必须建立在独立的完整的工业体系之上，在他头脑里早就是明确的。1959 年，他在读苏联《政治经济学教科书》时，谈到党的八大上的一个提法时讲："我们八大第一次会议曾说，要在第二个五年计划建立社会主义工业化的巩固基础，又说要在十五年

---

① 李富春：《关于社会主义工业化问题的报告》（1954 年），引自《中华人民共和国国民经济和社会发展计划大事辑要（1949—1985）》，红旗出版社 1987 年版，第 54 页。

②《陈云传》（下），中央文献出版社 2005 年版，第 1043 页。

③《周恩来选集》（下），人民出版社 1984 年版，第 232 页。

④《毛泽东选集》第 4 卷，人民出版社 1991 年版，第 1433 页。

或者更多的时间内建成完整的工业体系，这两个说法有点矛盾。没有完

整的工业体系，怎么能说有了社会主义工业化的巩固基础？"① 这说明，工业化要建立在独立、完整的工业体系之上的这个观念，在他头脑里不仅是明确的，而且是根深蒂固的。

20 世纪 50 年代，毛泽东在强调工业化的同时就已提出，我国要实现工业、农业、交通运输业、国防的"四个现代化"。到了 60 年代，党中央将"四个现代化"中的"交通运输业"换成了"科学技术"。就是说，那时我们党已觉察到奋斗目标不能只讲工业化。1963 年 8 月，周恩来在参加《关于工业发展问题》起草委员会会议时又说："工业国的提法不完全，提建立独立的国民经济体系比只提建立独立的工业体系更完整。"②随后，他在翌年年底召开的三届全国人大一次会议上进一步提出："从第三个五年计划开始，我国的国民经济发展，可以按两步来考虑：第一步，建立一个独立的比较完整的工业体系和国民经济体系；第二步，全面实现农业、工业、国防和科学技术的现代化，使我国经济走在世界的前列。"③ 到了 1975 年的四届全国人大一次会议上，他又对这"两步走"的计划提出了时限，即 1980 年以前建成一个独立的比较完整的工业体系和国民经济体系，在 20 世纪内全面实现四个现代化。④

粉碎"四人帮"后，我们打开了国门，有人从表面看问题，把我国与当时受到吹捧的所谓亚洲"四小龙"简单地加以比较，认为中国不如它们。针对这种舆论，陈云在 1978 年党的十一届三中全会前的中央工作会议上指出："它们是美国有意扶植的，而且主要是搞加工工业，我们是要建设现代化的工业体系。"⑤

从以上过程可以看出，正是由于我国的计划经济从一开始就瞄准建

---

① 《中国共产党历史（1949—1978）》第 2 卷下册，中共党史出版社 2011 年版，第 675 页。
② 《周恩来年谱（1949—1976）》中卷，中央文献出版社 1997 年版，第 575 页。
③ 《周恩来选集》（下），人民出版社 1984 年版，第 439 页。
④ 《中国共产党历史（1949—1978）》第 2 卷下册，中共党史出版社 2011 年版，第 912 页。
⑤ 《陈云文选》第 3 卷，人民出版社 1995 年版，第 237 页。

立独立、完整的工业体系和实现"四个现代化",加上有我们党的坚强领导,有广大人民群众的勤劳节俭、艰苦奋斗,有超大规模的市场需求,所以,我国才能经过70多年特别是改革开放后40多年的建设,不仅成为世界上第一制造业大国,而且成为世界上工业门类最齐全的国家。如果新中国的工业化建设不是从一开始就以建立独立、完整的工业体系作为建设蓝图,这一切必将无从谈起。仅此一点便足以看出,当年的计划经济起到了多么重要的历史性作用。

(二)建成了一大批支撑我国工业基础的骨干企业

旧中国的工业不仅在社会总产值中的比重低,而且设备老旧,产业简单,除了一些原料工业和轻工业外,主要是机械修理业。新中国在这样的基础上,之所以能只用60年时间就成为世界公认的第一制造业大国,除了因为有独立、完整的工业体系和国民经济体系外,还因为计划经济年代建成了一大批起骨干作用的工业企业。它们不仅在各自部门具有举足轻重的地位,而且就像母鸡孵小鸡一样,孵化出一茬又一茬的新企业。现在在国民经济中大显身手的那些大中型企业,追根溯源,大多都能从计划经济年代新建、改建、扩建的骨干企业中,找到自己最初的身影。

中国目前实业类的中央企业共有98家,其核心部分绝大多数都是计划经济年代建成的①。例如,中国航空工业集团有限公司最早可以追溯到1951年成立的中央人民政府重工业部航空工业局。其下属的成都飞机制造厂,最初就是1958年从156项工程中的江西洪都机械厂分出来的,开始只生产教练机,后来生产歼-5、歼-7、猛龙和枭龙机型,现在生产第五代战机歼-20机型。1960年开始的大庆油田会战,许多骨干人员都来自"一五"时期扩建的玉门油田,铁人王进喜就是其中的代表人物。此后建设的大港油田、胜利油田、中原油田,骨干有很多又是

---

①《央企名录》,国务院国有资产监督管理委员会网,2024年10月18日,http://www.sasac.gov.cn/n2588045/n27271785/n27271792/c14159097/content.html。

从大庆油田分出去的。20世纪60—70年代的三线建设，绝大部分工厂也都是从"一五""二五"时期建设的大厂中分出的，许多甚至是整体搬迁。例如，始建于1965年的攀枝花钢铁厂，不仅很多设备是从鞍钢、上钢运去的，而且管理干部、技术人员和工人骨干也是从那些老厂抽调的。可见，计划经济体制时期建成的一大批工业企业，后来大多陆续发展成为支撑我国工业基础的骨干企业，为我国改革开放后的现代化建设作出了突出贡献。

（三）奠定了社会主义现代化建设的技术基础

工业社会和农业社会最大的不同，就是涉及的知识更广泛，技术更复杂，门类更多样。新中国成立初期的一穷二白，不仅表现在资金和物资方面，更表现在人才和技术方面。当年陈云就说过："必须看到，建设一个工厂，修筑一条铁路，并不像开一个手工作坊、买一匹毛驴那样容易。这是巨大复杂的工作，没有必要的技术力量，就算有了资金，也不能建成工厂和铁路。"[1] 然而，"一五"计划建设起步时，缺的恰恰就是技术力量。

1949年，我国5.4亿人口中有80%是文盲，儿童入学率仅为20%；在1912—1948年的36年里，高等学校毕业生只有18.5万人，其中工科毕业生3万人。新中国成立时，全国科技人员不到5万人，高级科研人员不足1000人；在地质工作岗位上的地质人员只有200多人。[2] 面对这种情况，我们党运用指令性计划和行政命令的办法，采取了相应对策。例如，抽调有文化的干部到工业战线；兴办和扩大高等院校，特别是工程技术学校；对高等院校进行院系调整，把分散在各大学的理工科的系和专业抽出来，成立独立的理工科学院；把一些工科学校改为干部学校，并扩大规模，如把西安石油学校改为速成性质的石油干部学校，将学生规模由300人扩大到1200人[3]；让理工科专业的大学生提前毕业，

---

[1]《陈云文集》第2卷，中央文献出版社2005年版，第603—604页。
[2]《当代中国的地质事业》，当代中国出版社、香港祖国出版社2009年版，第18页。
[3]《陈云文集》第2卷，中央文献出版社2005年版，第371页。

按国家需要分配；向苏联等民主国家派遣大批留学生；有针对性地举办各种短期培训班、训练班。

通过以上措施，不仅基本缓解了当时工业化建设与人才缺乏之间的尖锐矛盾，而且为改革开放后的现代化建设准备了技术力量。陈云1980年在谈到四个现代化如何实现时指出："现有技术人员是我们知识力量的基础。我们有大专学校毕业生和自学的技术人员共几百万人，他们经过了一二十年的实际工作的锻炼。""必须肯定，七十年代、八十年代的技术水平，应该来之于这些五十年代、六十年代水平的技术骨干。"[①] 现在，我国拥有世界上最大规模的科技人才和工程师队伍[②]，这个基础正是计划经济时期打下的。

（四）积累了我们党领导经济工作的丰富经验

新中国的经济建设从始至终都是我们党领导的，在计划经济时期积累的丰富领导经验，有许多在社会主义市场经济条件下同样适用。因为，这些经验并不仅限于解决计划经济的问题，更多地体现在对我国基本国情的深刻把握，对社会主义现代化建设的全面理解，对宏观经济运行规律的科学认识上。相对于这些更带根本性的东西，实行计划经济还是市场经济，只不过是我们党在领导经济工作的过程中，面对不同发展阶段、客观条件、具体任务而采取的不同手段和方法罢了。只要我国的基本国情没有变，只要我们进行的是社会主义现代化建设，只要经济运行中还存在宏观与微观、政府与市场、中央与地方、城市与农村、积累与消费、中国与外国等关系，我们党在计划经济时期形成的那些反映我国基本国情和客观经济规律的经验，在社会主义市场经济条件下就不会过时。

比如，毛泽东在《论十大关系》《关于正确处理人民内部矛盾的问题》中，关于正确处理重工业和轻工业、农业的关系，沿海工业和内地

---

①《陈云文选》第 3 卷，人民出版社 1995 年版，第 281 页。
②《科技自立自强筑牢国家强盛之基》，《人民日报》2022 年 10 月 10 日。

工业的关系，国家、生产单位和生产者个人的关系，中国和外国的关系，工商业者问题，知识分子问题，少数民族问题，统筹兼顾、适当安排，中国工业化道路等问题的论述。① 再比如，陈云在领导财经工作中提出的"三大平衡"，按比例发展，基本建设要与国力相适应，"三个主体、三个补充"，"一要吃饭、二要建设"，无农不稳、无粮必乱等等主张，就是我们党在计划经济时期领导经济工作中形成的经验。所有这些在计划经济时期形成的经验，对于我们党领导社会主义市场经济条件下的经济建设，同样具有重要的指导意义。

进入新时代，以习近平同志为核心的党中央结合新形势、新情况、新问题，提出了一系列有关发展与改革的新理念、新思想、新战略。例如，在发展的指导思想上，强调人民至上，以人民为中心，把增进民生福祉作为发展的根本目的，要求发展成果更多更公平惠及全体人民，把保障和改善民生建立在经济发展和财力可持续的基础之上。在经济工作方针上，确定稳中求进的工作总基调，强调不以速度快慢、产值多少论英雄，而要以推动高质量发展为主题。在体制改革上，强调把握正确的政治方向，该改的、能改的坚决改，不该改的、不能改的坚决不改；提出构建高水平社会主义市场经济体制，既要充分发挥市场在资源配置中的决定性作用，又要更好发挥政府作用，既"放得活"又"管得住"，更好维护市场秩序、弥补市场失灵；强调"计划和市场都是经济手段，只要对发展生产力有好处，就可以利用"②。所有这些新理念、新思想、新战略，都是在结合新情况总结我们党领导经济工作，包括领导计划经济工作时的经验基础上提出的，是与我们党和国家第一代领导集体的经济思想、工作方法一脉相承、高度契合的。

计划经济时期为新中国建设作出了巨大贡献，同时也要实事求是地看到，那个时期相比社会主义市场经济时期，在城乡面貌和人民物质生活方面的变化都没有那么明显。但常识告诉人们，建高楼时，打地基的

①《毛泽东文集》第7卷，人民出版社1999年版，第23—44、204—244页。

② 习近平：《在纪念邓小平同志诞辰120周年座谈会上的讲话》，《人民日报》2024年8月23日。

辛苦和成绩不容易让人看出来，而楼房盖得快、盖得高、盖得好，可以反证地基打得牢、打得好。计划经济时期，我国经济建设总体上处在打基础的阶段，城乡面貌和人民物质生活的变化不如实行社会主义市场经济体制后那么明显，是很自然的。社会主义市场经济的建设速度与日俱增，人民生活日新月异，可以反证计划经济年代打下的工业化基础是坚实而雄厚的。

改革开放是决定当代中国命运的关键抉择，但改革开放并不是在旧中国满目疮痍的那个基础上起步的，而是在习近平总书记所说的新中国改革开放前，"完成了中华民族有史以来最为广泛而深刻的社会变革，为当代中国一切发展进步奠定了根本政治前提和制度基础，为中国发展富强、中国人民生活富裕奠定了坚实基础，实现了中华民族由不断衰落到根本扭转命运、持续走向繁荣富强的伟大飞跃"[1] 的这个基础上起步的。在奠定这个基础的过程中，计划经济体制无疑是功不可没的。对此，我们更应当实事求是地看到，并且旗帜鲜明，大张旗鼓地予以宣传。

三、对计划经济体制问题的几点思考

（一）新中国成立初期为什么要选择计划经济体制——从实际出发

每个时代的人思考历史问题，都应当从当下所处时代的认识水平出发；同时，又不能用当下的认识去代替历史发生时的客观实际，而应当把问题放到一定的历史条件下来看。处在党的十四大特别是党的十八大之后的今天，我们回顾和评价计划经济体制，应当站在社会主义市场经济和新时代中国特色社会主义的认识高度，运用"计划和市场都是经济

---

① 习近平：《在庆祝中国共产党成立 95 周年大会上的讲话》，人民出版社 2016 年版，第3 页。

手段"①,"使市场在资源配置中起决定性作用和更好发挥政府作用"②结合起来的新观点,进行观察和分析,而不能停留在计划经济时期的认识水平上,不能再抱着计划经济是社会主义本质特征的旧观念。但是,我们也不能脱离当时的历史背景,把计划经济说得一无是处,指责当年选择计划经济体制是从书本和理论出发,是盲目照搬别国模式,是一种失误,阻碍了经济发展和人民生活水平的提高。

关于计划经济体制的由来,前面已经说过,这里着重回答选择计划经济体制是否从书本出发和照搬别国模式的问题,以及今天应当如何看待当初人民生活水平提高不快的问题。

把计划经济体制转变为社会主义市场经济体制,是社会主义建设实践上的一个重大突破,也是对马克思主义经济理论的一个重大创新。它极大解放和发展了中国社会生产力,大幅度提升了综合国力,加快了人民生活总体由温饱到小康的历史性跨越。任何留恋计划经济体制的想法,既缺乏理论根据,也缺乏事实根据;任何试图恢复高度集中的计划经济体制的做法,既不利于跟上时代脚步,又违背绝大多数人民的意志。但是,这绝不意味着当初选择计划经济体制就错了,几十年来对计划经济的建设和探索是毫无意义的。

历史已经雄辩地说明,当年如果不选择以国家需要作为资源配置依据的计划经济体制,而是选择以市场需要作为资源配置依据的市场经济体制,我们绝对不可能把有限的财力、物力、人力集中起来,用于大规模工业化建设;绝对不可能在那么薄弱的基础上,用那么短的时间,建立起宏伟的工业化基础。如果说,当年选择和实行计划经济体制只是从理论出发而不是从实际出发,只有束缚经济活力的弊病而没有促进生产力的积极作用,只有凭主观意志办事的失败教训而没有按客观经济规律办事的成功经验,那么,计划经济时代取得的一切辉煌成就就是不可想象的,也是无法做出合理解释的。

---

① 《十三大以来重要文献选编》(下),中央文献出版社2011年版,第539页。

② 《中国共产党第十八届中央委员会第三次全体会议文件汇编》,人民出版社2013年版,第7页。

按比例分配社会劳动时间于不同生产部门，是人类社会的客观规律。资本主义社会是以价值规律的自发力量和经济危机的强制调节，被动地事后做到按比例。只有在"以集体为基础的社会"①，才能通过对经济规律的认识，自觉地有计划地事先做到按比例。这个伟大思想，是马克思首先提出的。无论苏联还是中国，在革命胜利后都把自己实行计划经济，说成是来自这一思想。今天人们已经知道，马克思当年所讲的"以集体为基础的社会"，指的是在生产社会化程度很高的资本主义废墟上建立的高级阶段的社会主义社会。他讲的"劳动时间在不同的生产部门之间有计划的分配"②，是对未来社会的一种合乎逻辑的科学预见。然而，刚取得革命胜利的苏联和中国，要么处于工业不发达的社会，要么基本处于农业社会，都不具备马克思所说的可以自觉地按比例发展国民经济的社会经济条件。那为什么苏联和中国还要选择计划经济体制呢？只要结合当时的历史背景就不难看出，无论苏联还是中国，这样做的根本原因并非单纯地机械地遵循马克思的思想，而主要是出于实际的需要。

苏联和中国在革命胜利后，都面临自身经济落后的局面和帝国主义国家的军事威胁，所以，都需要尽快发展资金、技术、人才密集型的重工业，在较短时间内实现国家工业化，为增强国防实力、巩固新生政权，进而提高人民生活水平，奠定物质基础。然而，当时的苏联尤其中国，面对资金、技术、人才的匮乏和帝国主义的经济、科技封锁，如果采取市场经济的办法，不要说优先发展重工业、快速实现工业化，就连正常的经济秩序都难以维持。要解决工业化建设中供给不足条件下的积累与消费的矛盾，当时最有效的办法，只能是通过国家统一的、高度集中的计划手段配置资源。而共产党的主张和体制，正好为采用这种办法提供了有利条件。就拿我们党来说，实行的是民主集中制的组织原则，在解放区积累了公营经济，革命胜利后又通过没收官僚资本、接收帝国

---

① 马克思：《政治经济学批判大纲（草稿）》第 1 分册，人民出版社 1975 年版，第 112 页。
②《马克思恩格斯全集》第 30 卷，人民出版社 1995 年版，第 123 页。

主义在华企业建立起了国有经济，这些都为实行计划经济、集中力量办大事提供了有利条件。而且，那时的经济结构还比较简单，经济规模也不大。在这种情况下，我们党的领导人从马克思关于未来社会将有计划按比例发展经济的理论中受到启发[1]，将之拿来作为我们实行计划经济的依据，是很自然的事。

新中国当初选择计划经济体制，除了自身发展战略的需要和马克思主义理论的启发之外，还有一个重要原因，就是苏联实行计划经济产生的榜样作用。中国的经济原先就比苏联落后，革命胜利又比苏联晚了 32 年，因此，苏联只用两个五年计划的建设，就使自己从一个落后的工业国一跃成为欧洲的工业强国，并最终战胜了不可一世的法西斯德国，对中国不可能不产生巨大的示范效应。加上苏联答应全面援助中国以重工业为重点的"一五"计划建设，更使中国学习苏联的计划经济成为一件顺理成章的事。

可见，新中国选择计划经济体制，既不是从书本、理论出发，也不是盲目照搬苏联模式，而主要的是出于自己的客观需要。当然，新中国成立初期由于缺乏经验，有意识地照抄照搬了苏联的一些建设和管理经验，但同时也注意了结合自己的实际，有些方面还有所创造。特别是到了"一五"计划建设后期，我们党更强调注重自己的经验，逐渐形成了适合自己特点的建设社会主义的道路。

至于对计划经济年代人民生活水平提高不快的问题，同样要放到当时的历史条件下来看。旧中国的农业生产力本来就落后，农产品的商品率很低。新中国为了进行大规模工业化建设，不仅需要从农村大量招收工人进城，从而增加农产品向城市的供应，还需要从农村购买大量农产品，包括粮食、油料、肉类、蛋类、水果等，用于出口换汇，进口机器设备。所有这些，都会在很大程度上抑制市民和农民的消费，影响人民生活水平的提高。

关于如何看待这个问题，陈云在 1954 年讲的两段话说得很透彻。

---

[1]《马克思恩格斯全集》第 45 卷，人民出版社 2003 年版，第 655 页。

他说:"我国工业化与资本主义工业化不同,资本主义工业化是长期的过程,我们是突击;资本主义可以去掠夺殖民地,我们要靠自己;资本主义开始是搞轻工业,我们一开始就搞重工业;资本主义在盲目中依靠自然调节,能够相当地按比例发展,而我们说要按比例发展是从长时间算的,在短时间内,只是力求建设与消费、重工业与轻工业之间不要脱节太远,实质上并不是按比例的发展。吃穿的供不应求,实质上是工农业矛盾的反映。"① "减少消费,当然是一件不舒服的事情,但是我们必须在两者中间选择一个:或者是暂时减少可以减少的消费,以便完成国家工业化,由此来建立我国能够进一步地发展农业和轻工业的基础,使我们有可能在将来迅速地增加各种消费品的产量;或者是尽其所有在国内消费掉,因而不能建设工业,使我国经济长期处于落后状态。全国人民自然应该选择前者,不应该选择后者。"② 今天的人们在谈论这个问题时,更应当把问题放到当时的历史条件下,对前人用勤俭建国、艰苦奋斗、节衣缩食、省吃俭用为我们换来坚实的工业化基础,怀抱崇敬和感激之情,而不应轻薄为文、嘲讽挖苦。那样不仅违背唯物史观,也是缺少良知、很不道德的。

(二)20世纪90年代初为什么要把计划经济体制改为社会主义市场经济体制——为了适应改革开放后的国内国际新形势

中国实行统一的高度集中的计划经济体制,既取得了巨大成功,也存在这样或那样一些问题。例如,中国经济在那段时间里存在投入多、产出少和市场供应紧张、商品品种单一等现象,还发生过多次大起大落;尤其"大跃进"运动后,计划更是越统越多、越统越死,指令性计划管理不断加强,间接计划、指导性计划逐渐消失,而且计划多变、相互脱节的情况频频出现。如果把这些问题放到当时的历史条件下,并用今天的眼光总结,可以看到问题的根源出在单一公有制和高度集中的计

---

① 《陈云年谱(修订本)》(中),中央文献出版社2015年版,第317—318页。
② 《陈云文选》第2卷,人民出版社1995年版,第257页。

划经济体制。因为，计划经济体制虽然有利于把有限资源集中使用到最需要的地方，避免浪费，但在信息传递不畅、统计手段落后、监督成本过高的情况下，也不可避免地会带来计划不准、活力不强、某些方面效率不高的弊病。

计划是人在行动之前对未来活动制定的目标、设计的蓝图，是一种观念性的东西。用毛泽东的话说，叫作"计划是意识形态。意识是实际的反映，又对实际起反作用"[1]。既然如此，人们制定的计划就有两种可能：一种是从客观实际出发，尊重客观规律，符合客观实际；一种是从主观愿望出发，忽视客观规律，违背客观实际。只要分析一下我国计划经济年代发生的种种弊端，就会看到其中的问题大多出在制定计划时，只从主观愿望出发而忽略客观经济规律。

20 世纪 90 年代初，党中央之所以决定将经济体制由计划经济变为社会主义市场经济，计划体制本身具有的先天不足，肯定是原因之一。但我认为基本原因还不在这里，而在于经过连续 6 个五年计划的建设和 10 多年的改革开放，国内国际的情况都发生了深刻变化，计划经济体制已经不再能适应经济体量不断膨胀、市场范围不断扩大、多种经济并存局面不断发展、对外开放大门越开越大的新形势了。

首先，工业化的基础已经建立，独立、完整的工业体系和国民经济体系已经形成，计划经济体制的历史任务已经完成。在经济规模上，1992 年的国内生产总值已达到 4269.16 亿美元，位居世界第 10 位；外贸进出口总额达到 1656 亿美元，位居世界第 11 位。在产业种类上，计划经济时期主要是农牧渔业、制造业、能源业、交通运输业、建筑业等传统产业，而 20 世纪 90 年代，除了传统产业外，又出现了信息产业、房地产业、证券业、旅游业、物流业、租赁业，以及法律、信用、家政等各种社会服务业。在企业数量上，"一五"计划时期进行基本建设的工矿企业只有 1 万家[2]，而到 1991 年底，仅集体所有制企业就有近 160

①《毛泽东文集》第 8 卷，人民出版社 1999 年版，第 119 页。
②《中共党史参考资料》（八），人民出版社 1980 年版，第 713 页。

万家①。

其次，党的十一届三中全会后实行的计划经济与市场调节相结合的经济体制，使经济社会发生了前所未有的变化，让计划经济体制很难再实行下去。在高度集中的计划经济时期，生产资料和大部分生活资料的价格都是计划规定的，但经过十多年的计划经济体制改革，90%以上的商品零售价格和80%以上的生产资料销售价格均已放开，计划直接管理的领域显著缩小，市场对经济活动调节的作用大大增强。另外，"三大改造"后，经济成分基本上只有国有（即全民）和集体两种所有制，个体经济微乎其微。改革开放后，除了国有和集体经济，又出现了大量的个体经济，以及私营经济、股份制经济、中外合资经济、外国独资经济、港澳台投资经济、其他内资经济等。在这种情况下，人们的就业方式、利益关系、分配方式必然呈现出日益多样化的局面，人们的思想和社会活动的独立性、选择性、多变性也会随之越来越强。如果再像过去那样，通过指令性计划领导经济工作，确实越来越难适应了。1984年，当时的国务院领导曾就计划经济体制的提法问题致信陈云，听取意见。信中提出："计划经济不等于指令性计划为主。指令性计划和指导性计划都是计划经济的具体形式。在当前和今后相当长的时期内，我们的方针应该是逐步缩小指令性计划，扩大指导性计划。"对此，陈云复信表示：关于计划体制的这一提法，"合乎我国目前的实际情况"。②

最后，对外开放后，我国逐渐融入经济全球化，与西方资本主义市场经济主导的国际经济接轨，也使计划经济体制越来越难以适应。自从20世纪70年代初中美关系被打开，我国对外经济的主要对象就不再是实行计划经济的社会主义国家，而是实行市场经济的西方资本主义国家了。在对外开放后，我国与西方资本主义的经济交流越来越广泛、频繁，原有的计划经济体制与对外贸易、吸引外资之间的矛盾越来越明显。尤其从1986年起，我国为取得国际贸易的平等地位，开始恢复关

①《中国统计年鉴（1992）》，中国统计出版社1992年版，第403页。
②《陈云年谱》（下），中央文献出版社2000年版，第360页。

税及贸易总协定（后称世界贸易组织）缔约国谈判。世贸组织规定，凡要加入的国家，必须遵守市场经济的规则。这无疑也是促使党中央决定把计划经济体制改为社会主义市场经济体制的一个重要因素。

（三）在市场经济前面为什么要加上"社会主义"这个定语——为了区别于资本主义的市场经济

党的十四大后，有人提出，市场经济就是市场经济，没有必要加"社会主义"四个字。直到现在，仍然有人坚持这种观点。然而，党中央始终强调，市场经济前面的"社会主义"这几个字是不能没有的。前文引用的习近平总书记的论述中也说，"什么时候都不能忘了'社会主义'这个定语"。其原因，我理解主要有以下三点。

1. 体现社会主义市场经济不同于资本主义市场经济的性质

党的十四大召开前，时任中共中央总书记江泽民曾指出："建立社会主义市场经济体制，是要改革过去那种计划经济模式，但不是不要计划，就是西方市场经济国家也都很重视计划的作用。我们是社会主义国家，更有必要和可能正确运用必要的计划手段。"[1]可见，从决定建立社会主义市场经济体制的那天起，我们党就没有把计划手段排斥在社会主义市场经济体制之外，相反，把它看成是社会主义市场经济体制的题中应有之义。

党的十八届三中全会将党的十四大提出的市场在资源配置中"起基础性作用"，进一步改为"起决定性作用"。这是对市场作用的全新定位，是对中国特色社会主义建设规律认识的又一个新的突破。但习近平总书记同时指出："我国经济发展获得巨大成功的一个关键因素，就是我们既发挥了市场经济的长处，又发挥了社会主义制度的优越性。"[2]他还说：构建高水平社会主义市场经济体制，要"充分发挥市场在资源配

---

[1] 江泽民：《论社会主义市场经济》，中央文献出版社 2006 年版，第 31 页。
[2] 习近平：《论把握新发展阶段、贯彻新发展理念、构建新发展格局》，中央文献出版社 2021 年版，第 64 页。

置中的决定性作用，更好发挥政府作用"。① "'看不见的手'和'看得见的手'都要用好，努力形成市场作用和政府作用有机统一、相互补充、相互协调、相互促进的格局，推动经济社会持续健康发展。"② 这里说的"看得见的手""政府作用"，不仅包括行政手段、指令性计划，也包含制定年度计划、五年规划和利用指导性计划引导经济社会发展。

社会主义市场经济相较资本主义市场经济，之所以更有必要和可能正确地运用计划手段，根本原因就在于前者是与社会主义基本制度联系在一起的。资本主义国家尽管也有计划调节、国家干预，但与社会主义国家相比，所有这些无论在目的、范围、形式，还是在实施的有效性上，都有根本性的不同。邓小平说过："社会主义有两个非常重要的方面，一是以公有制为主体，二是不搞两极分化。"他还说过："社会主义同资本主义比较，它的优越性就在于能做到全国一盘棋，集中力量，保证重点。"③ 要保证公有制为主体、不搞两极分化，要做到全国一盘棋、集中力量、保证重点，就离不开计划调节、宏观调控、国家干预。这是社会主义市场经济条件下的政府运用计划手段的目的，也是它实施的范围和形式。在这些方面，资本主义国家的政府计划是不会做，也是做不到的。

2. 发挥社会主义特有的制度优势

在党的十四大召开前，江泽民在解释为什么从"计划与市场相结合的社会主义商品经济""社会主义有计划的市场经济""社会主义市场经济"这三种提法中，选择后者作为经济体制改革目标时，明确说过："有计划的商品经济，也就是有计划的市场经济。社会主义经济从一开始就是有计划的，这在人们的脑子里和认识上一直是清楚的，不会因为提法中不出现'有计划'三个字，就发生是不是取消了计划性的疑问。"④

<hr>

① 《中国共产党第十九届中央委员会第四次全体会议文件汇编》，人民出版社2019年版，第10页。
② 《习近平关于社会主义经济建设论述摘编》，中央文献出版社2017年版，第58页。
③ 《邓小平文选》第3卷，人民出版社1993年版，第138、16—17页。
④ 江泽民：《论社会主义市场经济》，中央文献出版社2006年版，第6页。

现在，原国家计划委员会把名称改为了"发展与改革委员会"，去掉了"计划"二字，但它的主要任务仍然是为党和国家编制国民经济和社会发展的年度计划、五年规划以及远景目标；仍然要对重大建设项目进行行政审批，对一些关系国计民生的事项下达指令性指标。而且，这些计划、规划、远景目标，仍然要由党中央首先提出思路，在有关部门编制出来后，还要经党中央研究确定，最后才提交全国人民代表大会审议和通过。

习近平总书记曾反复强调，经济建设是党的中心工作[①]，党的领导要在经济工作中得到体现。党中央定期研究分析经济形势，制定国家发展的战略目标和重大方针，确定国民经济和社会发展的五年规划和年度计划，就是党对经济工作的领导，也是党领导经济工作的抓手。2023年7月初，习近平总书记考察江苏时再次强调：要"全面把握中国式现代化的科学内涵和本质要求，立足实际，发挥自身优势和特色，稳步前进，把中国式现代化的美好图景一步步变为现实"[②]。回顾新中国历史，我们党在70多年里提出的那些战略目标，如两步走、三步走、新三步走、新两步走等，之所以最后都能变成现实，使我们国家一步步由穷变富、由弱变强，一个重要原因，就在于我们党总是围绕既定的战略目标制定计划、规划，而且一旦通过，每届政府总能严格执行，前后衔接，锲而不舍地带领人民为实现这些计划、规划而奋斗，至今已经连续奋斗了71年。世界上绝大多数发展中国家都实行市场经济，唯独我国发展最快，原因固然有很多，但其中一个无疑是我们的市场经济由党和政府领导，和社会主义基本制度相连，不排斥计划指导和宏观调控。我国经济的这一巨大优势，令许多发展中国家羡慕不已，同时又让它们望洋兴叹、望尘莫及。

市场经济存在的自发性、盲目性、滞后性等消极面，是自身难以克服的。例如，市场调节不能自动实现宏观经济总量的稳定性和平衡，难

---

① 《习近平关于全面深化改革论述摘编》，中央文献出版社2014年版，第86页。
② 《"把中国式现代化的美好图景一步步变为现实"》，《人民日报》2023年7月9日。

以对相当一部分公共设施和消费进行调节，在一些垄断性行业和规模经济显著的行业达不到理想效果，在资源配置上有力所不及的环节，容易造成资本的无序扩张和野蛮生长，导致贫富悬殊、两极分化。市场经济的这些弱点和局限性，只能在社会主义社会，由政府通过发挥计划调节的优势，对市场活动给予宏观指导和调控，才能加以弥补和克服。

总之，计划经济与经济计划虽然有联系，但并不是一回事。我们今天虽然在经济运行上终止了计划经济体制，但并没有放弃使用经济计划的方法。在我们国家，计划也好，规划也好（规划本质上是指导性计划），市场配置资源也好，都是为了达到经济稳定快速发展、人民生活水平不断提高这个最终目的的手段。只要有利于经济稳定和快速发展、有利于人民生活水平不断提高，什么手段顶用就用什么手段。对此，我们不应当含糊和隐晦，而应当旗帜鲜明、理直气壮地宣传。

3. 适应我国社会主义初级阶段的基本国情

当前，我国经济总量已跃居世界第二位，社会主要矛盾也已转化为人民日益增长的美好生活需要和不平衡不充分的发展之间的矛盾。但是，我国仍处于并将长期处于社会主义初级阶段的基本国情并没有变，我国是世界上最大的发展中国家的国际地位也没有变。目前，我国国内年生产总值已达到近 18 万亿美元①，但人均仍处在全球平均值以下；另外，发展不平衡、不充分的问题仍然突出，科技创新能力还不强，城乡区域发展和收入分配差距仍然较大，群众在就业、教育、医疗、托育、养老、住房等方面还面临不少难题。尤其近些年来，逆全球化思潮抬头，单边主义和保护主义明显上升，世界经济复苏乏力，世界进入新的动荡变革期，来自外部的打压遏制随时可能升级，更使我国进入战略机遇和风险挑战并存、不确定难预料因素增多的时期。

我国同发达国家既不在一条起跑线上，也没有达到并驾齐驱的程度。处于这样的国情和发展阶段，推进中国式现代化建设，更需要加强

---

① 《关于 2023 年国民经济和社会发展计划执行情况与 2024 年国民经济和社会发展计划草案的报告》，《人民日报》2024 年 3 月 6 日。

党对经济工作的领导，既搞活经济又集中力量办大事；更需要把市场经济与社会主义基本制度紧密联系在一起，有效抑制市场的自发性和资本的无序扩张、野蛮生长；更需要运用计划调节的手段解决发展中遇到的问题，切实促进全体人民共同富裕，防止两极分化，维护国家的安全稳定。

肯定计划经济的历史作用，不等于要回到计划经济体制；取消计划经济体制，不等于要否定经济计划的积极作用。正如习近平总书记指出的："一切向前走，都不能忘记走过的路，走得再远、走到再光辉的未来，也不能忘记走过的过去，不能忘记为什么出发。"[①] 我们研究和评价计划经济的历史作用，目的正是不割断历史，铭记那个年代党和人民的奋斗实践和伟大成就，批判历史虚无主义思潮对新中国历史的诋毁，总结历史的经验教训，更好发挥政府在社会主义市场经济中的作用，为中国特色社会主义建设行稳致远、党的第二个百年奋斗目标胜利实现和中华民族的伟大复兴，提供精神激励和智力支持。

---

① 习近平:《在党史学习教育动员大会上的讲话》,《求是》2021 年第 7 期。

"156项工程"的当代启示[*]

"156 项工程"是在我国大规模工业化建设起步的第一个五年计划期间，由苏联、东欧社会主义国家帮助设计、提供设备和主要建设物资，以重工业和国防工业为主的大中型建设项目的核心，最终确定为 154 项，实际施工 150 项。习近平总书记指出："中国式现代化，是中国共产党领导的社会主义现代化"。[①] 从这个意义上说，中国式现代化的起点无疑是"一五"计划建设，其标志之一无疑是"156 项工程"。

一、"156 项工程"体现了党的第一代中央领导集体的智慧、我国劳动人民的觉悟和苏联等社会主义国家的友谊

"156 项工程"包括航空、航天、电子、冶金、有色金属、机械加工、船舶制造、化学工业、煤炭、电力、石油、现代化军工，以及轻工业和医药工业等当年处于世界先进工业水平的几乎所有门类，从一开始就是瞄准建立独立完整的工业体系而布局的。可见，它充分体现了以毛泽东同志为核心的党的第一代中央领导集体的高瞻远瞩和雄才大略。我国之所以仅用几十年时间就走完了发达国家几百年走过的工业化历程，之所以能在今天成为世界上唯一拥有联合国产业分类目录中所有工业门类的国家，都与当年的这一布局密不可分。

"156 项工程"是在我国民主革命胜利不久、抗美援朝战争刚刚签订停战协定、经济仍处在一穷二白状态下进行施工的。其间，广大工人不畏艰难，农民群众无私奉献，全国人民大力支援，涌现出无数可歌可泣的英雄人物、模范事迹，充分体现出中国各族人民在中国共产党领导下

---

* 本文是作者在 2024 年 7 月 26 日由工业和信息化部工业文化发展中心与中华人民共和国国史学会联合主办的"156 项工程"与新型工业化专题座谈会上的发言，收入本书时略有修改。
① 《二十大以来重要文献选编》，中央文献出版社 2024 年版，第 15 页。

的自强不息、奋发图强的精神风貌。

"156 项工程"也体现了当年苏联和东欧社会主义国家党和人民的国际主义精神。正如陈云同志所说："第一个五年计划中的一百五十六项，那确实是援助，表现了苏联工人阶级和苏联人民对我们的情谊"。① "苏联是社会主义国家，那时他们对我们的援助是真心诚意。比方说，苏联造了两台机器，他们一台，我们一台。"②

二、"156 项工程"为中国式工业化打下了坚实基础

"156 项工程"就像 156 根擎天巨柱，顶起了人民共和国的工业大厦。它不仅建成了一批对我国国民经济具有关键作用的骨干企业，培育出了一批又一批为我国后续五年计划建设所亟须的技术人才和工人骨干，积累了工业化建设不可或缺的宝贵经验，而且，孵化出了千千万万个在各条工业战线上发挥了和仍在继续发挥重要作用的企业，为中国式现代化播撒了无数品质优良的种子。总之，对于"156 项工程"的伟大意义，怎么估计都不为过。

三、研究"156 项工程"对于增强历史自信、推进中国式现代化建设具有重要现实意义

第一，有助于学习领会习近平总书记关于中国式现代化的一系列重要论述，深刻理解"一五"计划和"156 项工程"建设对于中国式现代化的深远意义。

第二，有助于深入总结计划经济时期的经验教训，进一步把市场在资源配置中的决定性作用与政府作用有机结合好；做到既发挥市场经济的长处，又发挥社会主义制度的优越性，"既要'有效的市场'，也要'有为的政府'，努力在实践中破解这道经济学上的世界难题"③。

---

① 《陈云文选》第 3 卷，人民出版社 1995 年版，第 286 页。
② 薄一波：《若干重大决策与事件的回顾》（上），中共党史出版社 2008 年版，第 211 页。
③ 《习近平新时代中国特色社会主义思想专题摘编》，党建读物出版社、中央文献出版社 2023 年版，第 145 页。

第三，有助于传承我国工人阶级在"156 项工程"建设过程中表现出的志气、骨气，以及我们党的自力更生、艰苦奋斗的指导思想和精益求精的工作作风、联系群众的优良传统，在新形势下焕发出更大的斗志和干劲，继续推进和拓展中国式现代化。

第四，有助于唤醒人们对以"156 项工程"遗址为主体的新中国工业遗产保护的意识。"156 项工程"承载着对前人奋斗业迹和宝贵精神的记忆，是中国式现代化的历史见证和红色文物。由于时代变迁，其中有些厂房和办公、生活设施被拆除改建，有些则被挪作他用。我们应当通过研究、宣传"156 项工程"的历史，提醒有关部门加强对它们的保护，不能任凭其无端消失，以便把它们的遗址，作为对广大群众特别是青少年进行党史国史和爱国主义、社会主义教育的场所。

三线建设与中国式现代化 *

2024 年 5 月是党中央作出集中力量进行三线建设重大决策的 60 周年，10 月是中华人民共和国成立 75 周年。新中国史和三线建设史的学者们在当年三线建设中心区域之一的重庆市聚会，共同研讨三线建设在中国式现代化建设中的地位与作用，是对这两个伟大日子的最好纪念，具有重要的历史意义，也具有非常重要的现实意义。

习近平总书记指出："中国式现代化是中国共产党领导的社会主义现代化。"[①]1964 年启动到 1983 年收尾的三线建设，是中国共产党领导的社会主义现代化的组成部分，因此也是中国式现代化事业的重要组成部分，在中国式现代化历史上书写过灿烂辉煌的篇章，树立了永垂不朽的丰碑。事实说明，这一历史今天仍然大有深入研究和广泛宣传的必要，从事这一历史研究的同志应当研究了再研究，宣传了再宣传。

第一，三线建设的决策是完全正确的。

三线建设从启动到收尾，前后长达 18 年，涉及 13 个省市自治区，投入 2000 多亿元和上千万人力。如果加上 1984 年到 2006 年的后续调整改造，三线建设共耗时 40 年。对此究竟应当如何评价，改革开放后产生过不同看法。有人以战争并未出现和建设中出现的效益低下、浪费严重的现象为由，认为三线建设决策错了，是多此一举、劳民伤财、弊大于利。有的虽然肯定三线建设成绩巨大，但仍然认为对战争的威胁估计过分，对建设的要求过急、铺摊子过大，"山、散、洞"方针（即靠山、分散、隐蔽）有严重的片面性，在政治和经济上形成了一系列难以估量的负面影响。这些攻击或质疑的声音，要害在于没有把这个决策放在当

---

　* 本文是作者 2024 年 5 月 22 日在重庆涪陵召开的三线建设 60 周年学术研讨会上的主旨报告，刊于《三线春秋》2024 年第 2 期。收入本书时，作者略作补充和修改。
　①《中国共产党第二十次全国代表大会文件汇编》，人民出版社 2022 年版，第 18 页。

时的历史条件下，而是放在了后来的历史条件下看待，违反了唯物史观的基本常识。

当时的历史是一种什么情况呢？1962 年，在研究"三五"计划方针时，中央一些主要领导同志鉴于三年困难时期"民生"方面出现明显短板，主张把解决"吃穿用"问题作为"三五"计划的重点。但自从进入 20 世纪 60 年代以来，我国周边局势日趋紧张。在美国军事援助下，台湾蒋介石当局利用大陆出现的暂时经济困难不断进行军事骚扰，企图反攻大陆；印度军队在美苏两霸的暗中支持下，在中印边界不断入侵我国领土，进行无端挑衅；苏联则派重兵进驻中蒙边界地区，还把战略导弹对准了中国；而美国对越南北方进行的大规模轰炸，已将战火烧到了我国边界。就是说，当时中国的东南西北四个方向，都受到了战争威胁。

对此，1964 年 4 月中央军委总参谋部提交的一份报告分析指出：我国工业过于集中在沿海地区，大城市人口过多，主要铁路枢纽、桥梁和港口码头多在大城市附近，水库紧急泄水能力也很小，缺乏应对敌人突然袭击的措施。于是，在讨论"三五"计划时，毛主席明确指出：国民经济有两个拳头，一个屁股，农业是一个拳头，国防工业是一个拳头，基础工业是屁股；在原子弹时期，没有后方不行；"三五"计划要考虑解决全国工业布局不平衡的问题，要搞一、二、三线的战略布局，加强三线建设，防备敌人的入侵。[①] 他告诫全党：必须积极备战，要把立足点放在打原子弹的准备上。抢时间，争速度。时间问题，也是一个战略问题。[②] 党中央经过研究，一致拥护毛主席的主张，决定"三五"计划在加强农业生产、解决人民"吃穿用"的同时，把重点放在三线建设、改变工业布局上。在随后召开的中央工作会议上，毛主席特别强调了备战，说一、二线也要搞点军事工业。有了这些东西，就放心了。此后，毛主席进一步提出了"备战、备荒、为人民"的思想，成为指导我国国民经济较长时间的方针。

---

① 薄一波：《若干重大决策与事件的回顾》（下），中共党史出版社 2008 年版，第 842 页。
② 中国人民解放军军史编写组编：《中国人民解放军军史》第 6 卷，军事科学出版社 2011 年版，第 36—37 页。

关于当年决策对战争威胁是否估计过分，敌人的解密档案有助于回答这个问题。这些档案说明，无论美、苏，当时和后来都确实有过对中国实施核打击的计划和动议，只是由于中国预先做了充分准备而未付之实行。对此，毛主席有一句话讲得很透彻，他说："世界的事情总是那样，你准备不好，敌人就来了；准备好了，敌人反而不敢来。"[①]正是从这个意义上说，三线建设的决策不仅使中国避免了一场四面包围的侵略战争，而且使中华民族躲过了一场核战争的灾难。

至于说当年决策对时间要求过急、选择地点过于偏僻和分散等所谓缺点，其实正是决策中不可或缺的要素。因为，面对战争威胁，抢的就是时间，要的就是隐蔽。如果时间上再放从容些，选址上再多考虑交通、生活等各方面的方便，当然很好，但那样也失去了三线建设的意义。世界上的事凡有一利必有一弊，十全十美的事是没有的，关键看利大还是弊大。三线建设的目的是从我国当年工业布局和地理条件的实际出发，把一批重工业特别是军事工业向内地转移，防备敌人从周边、沿海突然袭击，而且使用核武器。从这个意义上讲，三线建设的决策完全符合这个目的，也实现了这个目的。所以，作为决策，它是完全正确的，不存在什么基本正确的问题。

第二，三线建设的过程是可歌可泣的。

在三线建设时期，一线企业向三线搬迁是一项主要任务。当时流传的一句口号："好人好马上三线，备战备荒为人民"，说明无论援建职工还是企业都是同行业中的佼佼者，也说明无论援建职工还是企业都是随时听从上级调遣，只要一声令下，不讲价钱，不计得失，闻风而动，打起背包就出发，从四面八方奔赴三线。例如，那时计划以重庆为中心，迁建、新建的项目就有200多个，其中上海122个，广州、南京20个，东北27个，分属兵器、船舶、航天、电子、核工业等90多个国防企事业单位。仅1964年、1965年两年，就迁入60个企事业单位。浦陵机器厂原系上海动力机械厂，生产小型汽油发动机。1964年10月决定搬

---

① 《毛泽东传（1949—1976）》（下），中央文献出版社2003年版，第1347页。

迁，40 天就全部完成土建工程，256 台设备仅用 18 天拆迁安装完毕，从搬建到投产，只用了两个月时间。[①]

那时，上海、沈阳、北京等一线大城市的许多重点企业，都是直接对三线地区进行对口支援，把最好的师傅和设备调过去。例如，鞍钢支援攀钢、一汽支援二汽、上海支援四川，有两个车间的，调去一个车间；有一个车间的，调去半个车间。为了支援水城钢厂，鞍钢搬迁了 1 座 568 立方米的高炉和相应配套的焦炉、烧结机、矿山、动力等一批设备到贵州六盘水。[②] 攀枝花钢铁基地的建设，更是冶金、化工、煤炭、铁道、电力、地质、机械、交通等十几个中央部委和云、贵、川三省团结协作的结果。据统计，1966—1976 年，全国共内迁项目 380 个、职工 14.5 万人、设备 3.8 万余台，[③]11 个三线省区共投资 1000 多亿元，从而形成了西南机械工业基地、华中机械工业中心和汉中、天水、银川、西宁工业区等一批新的、各具特点的工业中心[④]。正是当年各部门、地区、企业之间的这种团结协作，使三线建设实现了党中央抢时间、争速度的战略意图，也为改变全国工业布局和少数民族地区工业的落后面貌发挥了重要作用。

当年出于战备需要，来自全国各地的数百万建设者，放弃相对舒适的生活和相对优厚的物质待遇，告别亲人，远离城市，奔赴人烟稀少的深山峡谷、大漠荒野，或扎根，或转战，与天斗，与地斗，与各种困难斗，披荆斩棘，顽强拼搏，锲而不舍，坚持不懈，涌现出无数模范人物和英雄事迹。

例如，攀枝花钢铁基地，选址在总面积仅 2.5 平方公里、地形坡度达 10%—20% 的金沙江边弄弄坪上，被国际同行普遍认为不可能建大型企业。[⑤] 然而，攀枝花建设者偏不信这个邪，凭着"三块石头支口锅、

---

① 重庆市城乡建设管理委员会、重庆市建筑管理局编：《重庆建筑志》，重庆大学出版社 1997 年版，第 335—336 页。

②《六盘水市志·冶金工业志》，贵州人民出版社 2003 年版，第 63 页。

③《攀西开发志·综合卷》，四川人民出版社 2007 年版，第 14 页。

④ 马洪等：《现代中国经济大事典》第 2 卷，中国财政经济出版社 1993 年版，第 1582 页。

⑤ 黄明全编：《四川地名故事》，中国社会出版社 2011 年版，第 61、62 页。

帐篷搭在山窝窝"的精神，硬是靠人拉肩扛，把成千上万吨大型器材设备和生活物资运了上去。同时，他们又进行科学的总体布置，精心设计工艺流程，合理制定运输方案，终于在深山峡谷中建起了被誉为"象牙微雕"的现代化大型钢铁联合企业。[①]

再如，成昆铁路沿线地形险峻、地质复杂，山体滑坡，危岩崩塌，以及岩溶、岩爆、泥石流等各种险情时有发生，被国外专家断定为"筑路禁区"。在这样的恶劣条件下，铁路建设者硬是逢山凿洞，遇水架桥，全线共建有各种桥梁 991 座、隧道 427 座，桥隧总长 433.7 公里，占线路总长度 1100 公里的 40%，有些车站甚至建在隧道中、桥梁上。[②] 因此，成昆铁路也被联合国誉为"象征 20 世纪人类征服自然的三大奇迹"之一。[③]

至今被广为流传的"献了青春献终身、献了终身献子孙"的口头禅，是三线人精神境界的真实写照，传承着几代三线人的家国情怀。他们为了国家和人民的需要，把三线企业所在地当成了第二故乡，其深厚感情有的甚至超过了生育他们的第一故乡。在他们之中，有不畏烈火、保护油井的四川 32111 钻井队英雄集体[④]，有抱病牺牲在工地的好干部陶惕成[⑤]。修建成昆铁路时，有两千多名铁道兵干部战士牺牲[⑥]，相当于平均每修一公里就牺牲两个人。在全国三线地区，到处可见当年建的烈士墓园。它们是三线人英雄事迹的见证，默默传颂着三线人万世垂范的奉献精神。所以，三线建设不仅创造了物质的成就，也锻造出了三线精神这一精神成就。而且从一定意义上讲，三线精神比三线的物质成就更加可贵。

与其他时期的大规模工业建设相比，三线建设一个最大的特点是在

---

① 《中国共产党简史》，人民出版社、中共党史出版社 2021 年版，第 208 页。

② 冯金声：《中国西南铁路纪事》，西南交通大学出版社 2017 年版，第 160 页。

③ 《莽莽成昆出大山》，《人民日报》2020 年 12 月 14 日。

④ 《四川省志·大事纪述》（下），四川科学技术出版社 1999 年版，第 129 页。

⑤ 邓国超主编：《好人好马上三线：贵州三线记忆口述实录》，孔学堂书局 2019 年版，第 191 页。

⑥ 曾从技：《成昆线上》，中国铁道出版社有限公司 2020 年版，第 96 页。

苏联终止援助、撤走专家之后的困境里艰难起步的，也是在西方实施物资禁运、技术封锁的情况下出奇制胜的，更是在荒山野岭、信息闭塞的条件下创造奇迹的。例如，以重庆为中心的常规兵器工业基地体系，不仅能够大批量生产轻武器，而且能够生产相当数量的先进重武器，到1975年兵器生产能力已占到全国的近一半。分布在四川、贵州、陕西的电子工业基地，形成了生产门类齐全、元器件与整机配套、军民用兼有的体系。四川、陕西等地的战略武器科研生产基地，拥有从铀矿开采、提取到元件制造、核动力和核武器研制的完整的核工业系统。[①] 这些三线企业中的科技人才，自力更生，刻苦钻研，成为自主创新的主体。钒钛磁铁矿冶炼是当时国内外尚未解决的难题，为此，100多名科技人员经过反复试验，终于用普通高炉攻克了这道难关，首创世界最高水平的钒钛冶炼技术。[②] 中国燃气涡轮研究院经过30多年攻关实验，建成了亚洲第一台航空发动机模拟高空实验平台，荣获国家科技进步特等奖。[③]

三线建设还有一个特点，就是当年按照"山、散、洞"原则被安排到山沟里的那些企业，在改革开放初期大多面临停产和停发工资的困境。然而，面对这种窘境，广大三线职工没有怨天尤人，而是服从大局需要，克服种种困难，自筹资金，"找米下锅"，在计划经济体制向社会主义市场经济体制的过渡中，走出了一条产业转型的创新之路，既实现了自身的长足发展，也为所在地的社会发展进步作出了巨大贡献。这种面对大环境变化，主动设法适应新形势、走出新路子的做法，也充分反映了三线人的精神风貌。

第三，三线建设的成就是值得大书特书的。

三线建设于1964年决策，从1965年到1983年实施，加上从1984年到2006年的后续调整改造，纵贯改革开放前后两个历史时期；地域

① 武力编：《中华人民共和国经济史》（上），中国时代经济出版社2010年版，第558页。
② 中共攀枝花市委党史研究室：《留在大裂谷的记忆》，四川辞书出版社2003年版，第45页。
③《亲历三十年：国防科技工业离退休人员纪念改革开放30周年征文获奖作品选》，航空工业出版社2008年版，第175页。

囊括云、贵、川、陕、甘、宁、青、湘、鄂、豫、晋、粤、桂等省市自治区，涉及三分之一的国土面积，其中重点是川、黔、甘、陕等地。另外，各省市区还有自己的三线建设，俗称小三线。到 1978 年，中西部工业固定资产原值就已经占全国的 56%，超过了东部沿海地区；职工人数由 325.65 万增加到 1129.5 万；工业总产值增长近 4 倍，构筑起了规模庞大、门类齐全的内地科研与生产相结合的现代工业交通体系，极大地增强了新中国的工业实力，完善了新中国的工业布局，为改革开放前做好反侵略战争准备提供了强大而巩固的后方基地，也为改革开放后现代化建设的突飞猛进奠定了坚实而雄厚的物质基础。

尤其值得一提的是，在那一时期成功爆炸的第一颗原子弹、氢弹，发射的第一颗人造地球卫星，建成的第一个军用核反应堆，试射的第一枚远程导弹，建成的第一艘核潜艇和第一台电子加速器，制造的第一批国产喷气歼击机，绝大部分研制、试验基地都在三线地区。三线地区还建成了攀枝花、酒泉等钢铁基地，金川、宝鸡等有色金属工业基地，四川合成氨、河南煤化工等化学工业基地，德阳东方、天水海林等机械制造工业基地，绵阳、都匀等电子工业基地，六盘水、渭北等煤炭工业基地，川、贵、陕等航空工业基地，以及葛洲坝、刘家峡、龙羊峡和焦作、秦岭等水电站、火电厂，成昆、襄渝、湘黔、枝柳、青藏（西宁至格尔木段）等铁路干线，以及西南合成、中南制药等轻纺医药企业；形成了攀枝花"钒钛之都"、绵阳"科学城"、六盘水"江南煤都"、德阳"重装城"、十堰"汽车城"、金昌"镍都"、梓潼"两弹城"、西昌"航天城"等 60 多个新兴工业城市，[①] 涌现出成都、重庆、关中、兰西、滇中、黔中等一批现代化都市圈。

需要特别指出的还有，1984 年，党中央之所以决定对三线建设进行调整改造，主要是由于三线建设的决策是在特定的历史背景下作出的，是从备战需要出发的，不仅时间紧迫、仓促上马，而且选址上也主要考虑有利于安全，所以，往往地处偏远山区，自然条件恶劣，交通不

---

① 参见《新中国 70 年》，当代中国出版社 2019 年版，第 104—105 页。

便；加上刚开始建设就碰上"文化大革命"，领导干部、技术人员受冲击，群众组织相互武斗，严重干扰生产、科研；建设后期又遇上国际形势缓和，党中央作出"和平与发展"是时代主题的新判断，国内启动改革开放，市场调节成分不断加大。所有这些因素，使三线大批企业"先天不足、后天失调"的弱点突出显现。由于军品任务锐减，导致生产设备闲置，效益下降，企业亏损，职工流失。面对这种情况，党中央决定成立国务院三线建设调整改造规划办公室，进行三线企业的调整和技术改造。在中央统一领导下，各地按照"关、停、并、转、迁"和"保军转民、以军养民、军民结合、平战结合"的方针，采取企业调迁与技术改造、引进外资和技术相结合，老厂不动与科技机构和民品生产部分调迁相结合，性质类似的厂所合并调迁与就地调整相结合，发挥三线优势与加强和一线、二线横向联系、经济技术合作相结合等措施，使三线老企业得以旧貌换新颜，生产、生活环境得以根本改善，职工队伍特别是科技管理队伍得以基本稳定，产业产品结构和技术得以优化进步、升级换代，大大增强了企业的市场竞争力，在社会主义市场经济建设中发挥出巨大潜能。以重庆为例，大批企业走上军转民道路后，实现了产业产品多次更新换代：第一代是冰箱、电视、洗衣机、电风扇、缝纫机，第二代是摩托车、电子技术、车辆、船舶，第三代是汽车、仪器仪表、航天航空、自动控制、计算机技术。目前，重庆已形成以汽车和摩托车为主体的机械工业、以天然气和医药为重点的化学工业、以优质钢材和铝材为代表的冶金工业等三大支柱产业。所以，三线建设的伟大成就，既包括其主体时期的建设，也应包括后来调整改造时期的建设；是主体建设与调整改造共同构成的，都是中国式现代化建设的组成部分，都体现了中国式现代化建设的本质和特色，都值得我们大书而特书。

第四，三线建设史的研究是需要继续深入的。

自从进入新时代以来，在正确历史观的指引下，三线建设史研究的环境有了极大改善，研究队伍不断扩大，研究成果越来越多。然而，由于当年三线建设以备战为中心，整个建设处于保密状态，成千上万的人都是悄悄地来，在深山僻野中隐姓埋名几十年，公开资料很少；加上处于"文化大革命"期间，建设中难免受到"左"的思潮干扰，使改革开放后在宣传上颇多困难，也颇多忌讳与顾虑，以至于许多感人事迹、重要成就，直到现在仍然鲜为人知。唯其如此，更需要三线建设史的研究者在准确把握新中国史的主题主线、主流本质和正确看待、处理改革开放前后两个历史时期关系的思想指导下，深入研究和大力宣传三线建设史，以揭开这段历史的神秘面纱，让全国人民特别是青少年了解这段历史，用无可辩驳的事实批驳历史虚无主义对三线建设的诋毁，宣扬三线建设的辉煌成就，阐释其在新中国史上的重要地位。

在党的二十大上，习近平总书记号召我们持续抓好党史、新中国史、改革开放史、社会主义发展史的宣传教育，引导人们知史爱党、知史爱国，不断坚定中国特色社会主义共同理想。不久前，中共中央印发《党史学习教育工作条例》，要求推动党史学习教育常态化、长效化，推动全党全社会学好党史、用好党史，从党的历史中汲取智慧和力量。全国人大常委会也制定了《中华人民共和国爱国主义教育法》，把新中国史纳入爱国主义教育的主要内容中，把爱国主义教育提升到了法律的高度。在这种情况下，我们开展三线建设史研究不仅有助于新中国史的学术研究，而且有助于党的二十大精神的贯彻，有助于《党史学习教育工作条例》的执行，有助于《爱国主义教育法》的落实。2019 年 3 月，习近平总书记在全国"两会"期间看望参加政协会议的文艺界社科界委员，讲了一段情真意切的话。他说，新中国"70 年砥砺奋进，我们的国家发生了天翻地覆的变化，中华民族迎来了从站起来、富起来到强起来的伟大飞跃。无论是在中华民族历史上，还是在世界历史上，这都是一部感天动地的奋斗史诗。希望大家深刻反映 70 年来党和人民的奋斗实践，深刻解读新中国 70 年历史性变革中所蕴藏的内在逻辑，讲清楚历史性成就背后的中国特色社会主义道路、理论、制度、文化优势，更好用中国理论解读中国实践，为党和人民继续前进提供强大精神激励"[1]。我认为，他的这段论述对于三线建设史的研究者尤其适用。我们要进一步加

---

[1]《习近平谈治国理政》第 3 卷，外文出版社 2020 年版，第 326 页。

强三线建设史的研究，为深入贯彻党的二十大精神服务，为落实《党史学习教育工作条例》和《爱国主义教育法》服务，为总结中国式现代化建设的历史经验服务，为广大群众特别是青年牢固树立"四个自信"服务，为传承党的精神谱系服务，为保护和利用当代中国工业遗产服务，让更多的人了解和认识中国共产党、老一辈革命家和老一代建设者们为我们国家、我们民族作出的伟大贡献。

党的二十大报告在分析中国式现代化面临的形势时指出，当前我国发展进入战略机遇和风险挑战并存、不确定难预料因素增多的时期，来自外部的打压遏制随时可能升级，必须准备接受风高浪急甚至惊涛骇浪的重大考验；人民解放军要全面加强练兵备战，提高人民军队打赢能力。[1] 毛主席早在当年研究三线建设问题时就曾说过："只要帝国主义存在，就有战争的威胁。"[2] 党的二十届三中全会通过的《中共中央关于进一步全面深化改革　推进中国式现代化的决定》中强调，要构建优势互补的区域经济布局和国土空间体系，要健全推动西部大开发形成新格局，要优化长江经济带发展，推动成渝地区双城经济圈建设走深走实。在当前国际形势下，所有这些一定意义上也可以说"新型西部大开发"。可见，深入研究三线建设史，对做好反侵略战争的准备，开展新型战略大后方建设，具有十分重要的积极意义。

"今日欢呼孙大圣，只缘妖雾又重来。"让我们共同努力，向三线建设史研究的深度和广度进军，为中国式现代化建设和中华民族的伟大复兴，作出新中国史工作者的应有贡献！

---

①《中国共产党第二十次全国代表大会文件汇编》，人民出版社 2022 年版，第 22、46 页。
② 薄一波：《若干重大决策与事件的回顾》（下），中共党史出版社 2008 年版，第 843 页。

新中国65年的发展与抓住历史机遇*

改革开放后，邓小平说得最多的词汇之一就是机会难得，要珍惜时机，抓住机遇。我理解，他所说的机会、时机、机遇，就是对我们国家在一定时间内的有利外部条件；所谓抓住机遇，就是要充分利用这种有利条件发展我们国家，不要错过这个时机。例如，他讲过："对中国来说，大发展的机遇并不多"，"中国人这种机会有过多次，但是错过了一些，很可惜"，"现在中国遇到一个难得的发展机遇，不要丧失这个机遇。许多人不懂得这是中华民族的机遇，是炎黄子孙几百年难得遇到的机遇"，[①] "我们要利用机遇，把中国发展起来"[②]。

回顾历史，中国在近代由于封建势力的顽固阻挠，错过了世界工业革命的历史机遇，结果沦入半殖民地半封建境地，不断遭受列强的侵略、欺辱。中国无数仁人志士虽然用尽各种办法拯救国家、复兴民族，但在很长时期内总是遭遇失败。直到俄国十月革命后，一批先进的知识分子抓住民族民主解放运动高涨的历史机遇，把马克思列宁主义与中国工人运动相结合，成立了中国共产党，这才使得国家独立、民族复兴有了希望。

我们党历来有一个传统，就是在制定任务时总要先运用马克思主义分析国内国际的有利形势和不利形势，以便把握时机。以毛泽东同志为核心的党的第一代中央领导集体更是高度重视对战略时机的分析，善于判断和利用国内国际的有利条件。毛泽东说过："时机的问题是具有重

---

* 本文是作者 2014 年 9 月 22 日在第十四届国史学术年会上的讲话，曾刊于《当代中国史研究》2014 年第 6 期。收入本书时，作者略作修改。

① 《邓小平年谱（1975—1997）》（下），中央文献出版社 2004 年版，第 1359、1369、1316 页。

② 《邓小平文选》第 3 卷，人民出版社 1993 年版，第 358 页。

要意义的"①，"善观风色和善择时机的聪明是不容易的"②。全面抗战初期，他深刻分析了国内国际形势中的有利和不利因素，撰写了著名的《论持久战》，预言了战争的三个阶段，驳斥了亡国论、速胜论，对全民抗战起到了重要指导作用。抗战即将取得全面胜利时，他又作了著名的《论联合政府》的报告，在分析对中国人民有利的国内国际形势后指出："中国近百年来一切人民斗争都遭到了失败或挫折，而这是因为缺乏国际的和国内的若干必要的条件，那末，这一次就不同了，比较以往历次，一切必要的条件都具备了。……中国人民克服一切困难，实现其具有伟大历史意义的基本要求的时机，已经到来了。这一点还有疑义吗？我以为没有疑义了。"③抗战胜利后，他又领导全党充分利用有利的国内国际形势，坚决回击了由国民党反动派挑起的内战，适时提出"将革命进行到底"的口号，带领全国人民仅用三年时间便彻底推倒了"三座大山"，建立了工人阶级领导的以工农联盟为基础的人民民主专政的新中国，扫除了中国前进道路上的政治障碍。所以，从一定意义上可以说，新中国的建立就是中国共产党抓住各种历史机遇，并通过自身艰苦奋斗而取得的伟大成果。

在新中国成立至今的 65 年里，我们党是不是同样抓住了历史机遇呢？在这个问题上，大多数人对于改革开放后时期是持肯定意见的，分歧不大；而对改革开放前的时期，不少人持怀疑和否定态度，有的人甚至认为新中国成立初期优先发展重工业、搞计划经济、对主要农产品实行统购统销、向社会主义提前过渡等都是走错了道路，使中国丧失了发展时机；反过来，要是继续搞新民主主义、重点发展轻工业、搞市场经济、放开农产品价格就好了。事情真是这样吗？这个问题不搞清楚，不只是国史研究难以搞好，更涉及中国特色社会主义往哪里走的问题。

我们党的奋斗目标是实现社会主义和共产主义，同时从中国半殖民地半封建社会的实际出发，提出革命分两步走，第一步进行新民主主义

---

①《毛泽东选集》第 1 卷，人民出版社 1991 年版，第 212 页。
②《毛泽东选集》第 2 卷，人民出版社 1991 年版，第 414 页。
③《毛泽东选集》第 3 卷，人民出版社 1991 年版，第 1032 页。

革命，然后再进行社会主义革命。在新中国成立前夕和成立之初，毛泽东、刘少奇等领导人鉴于旧中国经济极为落后的情况，又提出新民主主义革命胜利后仍然要实行一个相当长时期的新民主主义，比如说十五年或二三十年，以便让私人资本主义工商业（主要是轻工业和商业）继续发展，给工业化建设积累必要的资金、物资，同时培养技术和管理人才，等条件成熟后再重点发展重工业，相应过渡到社会主义。然而，国内外形势的变化，促使我们党对经济发展战略和向社会主义过渡的时间产生了新的设想，做出了新的选择。首先，朝鲜战争爆发，美国出兵侵略，对我国安全构成直接威胁，促使国家发展以重工业为基础的现代国防工业显得尤为迫切。其次，党中央从国民经济开始好转和抗美援朝战局趋于稳定的形势判断出发，决定从 1953 年起进行有计划的经济建设，并着手制定经济发展的第一个五年计划。有关部门经过反复研究，一致认为要用较快速度发展工业，必须以原材料工业、能源工业、机械制造业等为重点，从而提出了优先发展重工业的方针。最后，周恩来、陈云于 1952 年率代表团前往苏联商谈对中国"一五"建设进行援助问题，以斯大林为首的苏联共产党和政府基于中国在极其困难的条件下出兵抗美援朝，为保卫世界和平，包括消除苏联在远东地区的安全隐患做出了巨大牺牲，明确表示愿意在工业资源勘察、工厂设计、工业设备制造、技术资料提供，以及派专家来华和接收中国学生、干部赴苏留学、实习等方面，对中国进行全面援助，从而使优先发展重工业的方针有了实施的现实可能性。面对这个新形势，毛泽东在 1952 年 9 月讨论"一五"计划方针和听取周恩来、陈云汇报与斯大林会谈情况的中央书记处会议上，改变了原先由新民主主义向社会主义转变的步骤、方法的设想，提出从即时起就开始向社会主义过渡，并用 10—15 年时间完成过渡的主张。

为什么新中国开展以重工业为重点的大规模工业化建设，就要提前向社会主义过渡呢？这是因为，当时中国是一个落后的农业国，在这样的国家里进行以重工业为重点的工业化建设，必须得到先进工业国的援助，这种工业国在当时只是苏联而且只可能是苏联。援助国苏联实行生产资料公有制和有计划地生产，而且这种援助是全方位的，如果受援国中国在工商业中仍实行生产资料私有制和无计划地生产，援助和被援助就会很不顺畅，拿今天的话说，叫作体制不"接轨"。此外，要开展大规模工业化建设，首先要开展工业的基本建设，要建工厂、买设备、招工人、开矿山、供原料。而在当时的中国，恰恰缺少资金（包括外汇）、商品粮、各种原材料和能源、技术人员等等。这就需要加强资金的内部积累，资源的集中配置，技术力量的统一调配，粮食生产能力的快速提升。要做到这些，当时只能采用集中统一的计划经济体制和对主要农产品的统购统销，并相应地对农业、手工业、资本主义工商业实行生产资料的集体化和国有化。党中央提出的过渡时期总路线，是以工业化为主体，以"三大改造"为"两翼"，这本身就说明，提前向社会主义过渡，对农业、手工业和资本主义工商业进行社会主义改造，目的是用较快速度在中国实现工业化。后来的事实证明，正是那个决策，使我国在"一五"时期顺利开展了以苏联援建的 156 项工程为中心的大规模工业化，为我国工业发展打下了坚实基础。此后尽管在发展中出现了这样那样的曲折，但我国毕竟用不到 30 年时间建立起了独立的、比较完整的工业体系和国民经济体系。正如邓小平所说："社会主义革命已经使我国大大缩短了同发达资本主义国家在经济发展方面的差距。我们尽管犯过一些错误，但我们还是在三十年间取得了旧中国几百年、几千年所没有取得过的进步。"[1] 可以设想一下，如果当初不是优先发展重工业、提前向社会主义过渡，而是继续搞新民主主义，在农业和轻工业里打圈圈，绝对不可能用那么短的时间为国家现代化建设打下那么牢固的基础，也不可能使中国有那么大的发展后劲。因此，提前向社会主义过渡不仅不是丧失机遇，相反是为中华民族实现自身历史上的第一次跨越式发展抓住了千载难逢的机遇。后来没过几年，中苏关系发生变化，赫鲁晓夫撕毁合同、撤走专家，这从反面也说明了那次历史机遇稍纵即逝的特点，说明了我们党当年做出提前向社会主义过渡的决策是多么的

---

① 《邓小平文选》第 2 卷，人民出版社 1994 年版，第 167 页。

及时。

改革开放前历史时期的后期，由于党的指导思想出现了"左"的偏差，特别是发生了"大跃进"和"文化大革命"那样的严重错误，给经济造成了巨大损失，一定程度上耽误了建设的时间。但从那个时期出现的两大国际机遇看，一个又被我们党抓住了，另一个虽然没有完全抓住，但耽误的时间并不算多。

新中国成立以来，以美国为首的帝国主义对我国长期实行军事包围、经济封锁、贸易禁运政策。在那种情况下，我们虽然通过香港以及民间方式千方百计与西方国家做买卖，但毕竟难以开展大规模经济往来。然而，20 世纪 70 年代初，国际上出现了几个重大变化，为我们提供了历史机遇。其一，美国政府为摆脱越战泥潭，集中力量与苏联争霸，频频释放信号，表示愿意同中国建立正常关系。其二，第二次世界大战后建立的以美元为中心的世界货币体系（布雷顿森林体系）解体，使西方发达国家的货币与美元、黄金脱钩，加快了国际资本向发展中国家的流动；同时，西方国家为缓解普遍发生的滞胀，加快了产业调整的步伐，加上微电子技术迅猛发展带来的信息革命，促使跨国公司将高耗能、高污染的原料工业、制造工业向发展中国家转移。对于第一个历史机遇，毛泽东敏锐地捕捉到了，促成了基辛格、尼克松先后访华；后来又提出三个世界理论，打开了中美关系正常化的大门，促使中国同日本、西欧等发达国家的关系获得全面发展，也为新时期实行对外开放政策铺平了道路。正如邓小平所说："毛泽东同志在他的晚年还提出了关于三个世界划分的战略思想，并且亲自开创了中美关系和中日关系的新阶段"，"我们能在今天的国际环境中着手进行四个现代化建设，不能不铭记毛泽东同志的功绩"。[①] 对于第二个历史机遇，由于当时正在进行"文化大革命"，"左"的思想盛行，特别是"四人帮"把引进借鉴国外的先进技术、先进设备统统批成所谓"洋奴哲学"、"卖国主义"，使我们未能抓住那次机遇。但 1976 年粉碎"四人帮"后，我国很快开始同

---

① 《邓小平文选》第 2 卷，人民出版社 1994 年版，第 172 页。

西方国家和公司谈判借外债、买设备；随后又在 1978 年底的十一届三中全会开启了改革开放的大幕，更大规模地引进外资和国外先进设备与技术。所以，虽然耽误了一些时间，但顶多不过五六年。因为再早，以美国为首的西方国家仍在对我实行经济封锁；另外，它们的金融尚未放开，产业也没调整，即使我们开放也没有用。还要看到，粉碎"四人帮"前，在毛泽东、周恩来的推动下，我们也抓住西方同我缓和关系以及在经济危机中急于出口的有利时机，动用 43 亿美元外汇储备，从德国、日本等发达国家进口了一大批化纤、化肥、轧钢、采煤、发电等产业的成套设备。这些设备后来在改革开放时期陆续投产，在一定程度上为我国现代化建设起到了争取时间的作用。

20 世纪 70 年代后期，国内外形势发生了进一步变化。在国内，"四人帮"被粉碎，"文化大革命"结束。在国际上，世界战争的危险有所减弱，和平与发展逐渐成为时代主流。以邓小平同志为核心的党的第二代中央领导集体抓住这一时机，果断否定"两个凡是"的错误方针，恢复党的实事求是的思想路线，平反一系列冤假错案，进而停止使用"以阶级斗争为纲"的错误口号，提出社会主义初级阶段的理论，制定党的"一个中心、两个基本点"的基本路线，开辟了以改革开放为鲜明特征的中国特色社会主义道路，实现了由高度集中的计划经济向计划与市场相结合再向社会主义市场经济体制的转变。从 1978 年至 2011 年，中国充分利用难得的战略机遇期，创造出世界瞩目的又一个中国奇迹：国民生产总值保持年均 9.8% 的高速增长，由位居世界第十位上升至第二位，占世界经济的份额由 1.8% 提高至 10%，全国人民实现了从温饱不足到总体小康再向全面小康迈进的历史性跨越；同时，政治、文化、社会等各个领域的工作也都呈现出欣欣向荣的局面，使中华民族以更大的步伐赶上了时代前进的潮流。

党的十八大后，习近平总书记面对国内国际形势出现的新变化，对中国的历史机遇进行了新的分析和判断。他指出，在国内，中国发展具备的机遇和有利条件主要表现为经济社会发展基本面长期趋好，国内市场潜力巨大，社会生产力基础雄厚，科技创新能力增强，人力资源丰富，生产要素综合优势明显，社会主义市场经济体制机制不断完善。在国际环境方面，中国仍处于重要战略机遇期，但内涵和条件发生了很大变化，不再是简单纳入全球分工体系、扩大出口、加快投资的传统机遇，而是倒逼我们扩大内需、提高创新能力、促进经济发展方式转变的新机遇。我们要深刻理解、紧紧抓住、切实用好这样的新机遇，因势利导、顺势而为，在风云变幻的国际环境中谋求更大的国家利益。他还说，从全球看，创新驱动是大势所趋。机会稍纵即逝，抓住了就是机遇，抓不住就是挑战。我们必须增强忧患意识，紧紧抓住和用好新一轮科技革命和产业变革的机遇，不能等待、不能观望、不能懈怠。[1]他强调，世界繁荣稳定是中国的机遇，中国发展也是世界的机遇。和平发展道路能不能走得通，很大程度上要看我们能不能把世界的机遇转变为中国的机遇，把中国的机遇转变为世界的机遇，在中国与世界各国良性互动、互利共赢中开拓前进。[2]这些论述表明，我们党对于什么是历史机遇以及如何抓住历史机遇问题，有了更加清醒、更加深刻的认识。

正是基于上述认识，以习近平同志为核心的党中央高举中国特色社会主义伟大旗帜，以实现中华民族伟大复兴的中国梦凝聚力量，以抓全面深化改革激发活力，以改进党的作风和社会风气振奋人心，在经济、政治、文化、社会、生态文明建设等各个领域提出了一系列新思想、新要求；在改革发展稳定、内政外交国防、治党治国治军等各方面做出了一系列新论断、新部署，全力维护和延长我国发展的重要机遇期，翻开了中国特色社会主义和中华民族复兴大业的新篇章。

从以上事实可以看出，我们党在新中国执政的 65 年里，尽管存在这样或那样的失误和曲折，但总体上抓住和利用了历史机遇，一直在引领我们国家朝着中华民族伟大复兴的目标奋进，并且使我国走完了发达国家用一二百年甚至三四百年才走完的路。可以毫不夸张地说，我们当前比历史上任何时期都更接近于这个目标，都更有信心、有能力实现这

---

[1]《中央经济工作会议在北京举行》，《人民日报》2012 年 12 月 17 日。

[2]《更好统筹国内国际两个大局 夯实走和平发展道路的基础》，《人民日报》2013 年 1 月 30 日。

个目标。习近平总书记强调，改革开放前后两个历史时期"决不是彼此割裂的，更不是根本对立的"，"不能用改革开放后的历史时期否定改革开放前的历史时期，也不能用改革开放前的历史时期否定改革开放后的历史时期"。[①] 他之所以这样讲，其原因就在于，中国特色社会主义虽然是在改革开放历史时期开创的，但也是在改革开放前中国已经建立起社会主义基本制度并进行了二十多年建设的基础上开创的，这两个历史时期在社会主义建设的指导思想、方针政策、实际工作上虽然有很大区别，但在坚持社会主义基本制度和共产党领导、马克思主义指导上是一致的，在对社会主义建设进行实践探索上是一致的，在及时抓住和充分利用历史机遇以维护国家主权、领土完整和促进国家发展、民族复兴上是一致的。他的这一论述可以说是国史研究的"纲"，抓住了这个"纲"，我们就能把握国史研究的正确方向，就能正确总结新中国发展的历史经验，就能更好地为中国特色社会主义建设事业服务。

---

① 《十八大以来重要文献选编》（上），中央文献出版社 2014 年版，第 112 页。

新中国的70年是为中华民族伟大复兴
而奋斗的新长征[*]

实现中华民族伟大复兴是中国一切仁人志士自从 170 多年前鸦片战争后就怀揣的梦想，如果说它过去还只是动员人们为之奋斗的一句口号，那么，经过新中国 70 年的建设，现在已然"是站在海岸遥望海中已经看得见桅杆尖头了的一只航船"[①] 了。新中国成立 70 年来，发生了翻天覆地的变化，取得了无比辉煌的成就。习近平在纪念长征胜利 80 周年时说过："每一代人有每一代人的长征路，每一代人都要走好自己的长征路。"[②] 新中国的 70 年，正是新中国的几代人为实现中华民族伟大复兴而走的新长征路。这一新长征的历史是波澜壮阔、丰富多彩的，概括起来主要体现在以下三个方面。

一、坚持和发展社会主义

马克思主义的创立，使社会主义由空想变成了科学；十月革命的胜利，又使社会主义从理论变为了现实。中国共产党把马克思主义与中国实际相结合，从诞生的那一刻起就坚信，对于中国这样一个半殖民地半封建社会的大国，又处在世界由资本主义自由竞争进入垄断的阶段，要想实现中华民族的复兴，唯有走社会主义道路。所以，当取得新民主主义革命胜利、建立新中国后，接着进行了社会主义革命。但究竟怎么搞社会主义，中国共产党最初完全没有经验，只能学习第一个社会主义国家苏联。不过，这种学习从一开始也是注意结合中国实际的。比如，建立人民代表大会制度、中国共产党领导的多党合作和政治协商制度、民

---

* 本文曾刊于《当代中国史研究》2019 年第 5 期。
① 《毛泽东选集》第 1 卷，人民出版社 1991 年版，第 106 页。
② 《习近平谈治国理政》第 2 卷，外文出版社 2017 年版，第 48 页。

族区域自治制度等，实行农业合作化和对资本主义工商业的社会主义改造、对主要农产品统购统销等政策，都与当年苏联的做法有所不同。

20 世纪 50 年代中期，在我们取得一定经验后，以毛泽东同志为主要代表的中国共产党人便以苏联教训为戒鉴，开始了对适合中国情况的社会主义道路的探索。探索初期围绕的主要问题是如何使人民真正当家作主、使经济发展以较少投入而取得较快速度、使党在执政条件下不脱离群众，并就此积累了大量宝贵经验。例如，提出要正确处理十大关系，正确区分和处理两类不同性质矛盾，统筹兼顾国家、生产单位、生产者个人三者关系，发挥中央和地方两个积极性，艰苦奋斗，勤俭建国，以自力更生为主、争取外援为辅，农业是国民经济基础，工农业同时并举，工业要大中小并举，健全民主集中制和造成生动活泼政治局面，既反对大汉族主义也反对地方民族主义，等等；[①]强调思想政治工作和放手发动群众对各项事业的重要意义，提倡"两参一改三结合"的企业管理经验[②]，树立大庆、大寨、雷锋、焦裕禄等先进典型，塑造健康向上的社会风气，等等；同时，为保证党员尤其是各级党员领导干部不蜕化变质、以权谋私、当官做老爷，接连开展了"三反""四清"等各种形式的整党整风运动。在探索过程中，我们党也出现了一些严重偏差和重大失误，如发动"大跃进"运动和"文化大革命"，试图走出一条靠搞群众运动和"抓革命"来促生产的路子，反而给社会主义事业造成了损失。

党的十一届三中全会后，以邓小平同志为主要代表的中国共产党人团结带领全国各族人民深刻总结我国社会主义建设正反两方面经验，并借鉴世界社会主义历史经验，认识到我国社会主义社会还处在一个相当

[①]《毛泽东文集》第 7 卷，人民出版社 1999 年版，第 23—49 页。

[②] "两参"即干部参加生产劳动，工人参加企业管理；"一改"即改革企业中不合理的规章制度；"三结合"即在技术改革中实行企业领导干部、技术人员、工人三结合的原则。1960年 3 月，毛泽东把"两参一改三结合"这一源于鞍钢的管理制度称之为"鞍钢宪法"，使之与苏联的"马钢宪法"（指以马格尼托哥尔斯克冶金联合工厂经验为代表的苏联一长制管理方法）相对立。参见《中共中央文件选集（1949 年 10 月—1966 年 5 月）》第 33 册，人民出版社 2013 年版，第 373—374 页。

长的初级阶段，在这个阶段不能以阶级斗争为纲，而必须以经济建设为中心，利用相对和平的国际环境，在坚持四项基本原则的前提下实行改革开放，从而确立了社会主义初级阶段基本路线，科学回答了什么是社会主义、怎样建设社会主义的问题，成功开创了中国特色社会主义道路。以江泽民同志为主要代表的中国共产党人团结带领全国各族人民坚持党的基本理论、基本路线，在国内外形势十分复杂、世界社会主义出现严重曲折的严峻考验面前捍卫了中国特色社会主义，确立了社会主义市场经济体制的改革目标和基本框架，确立了社会主义初级阶段的基本经济制度和分配制度，开创了全面改革开放新局面，科学回答了在新形势下建设什么样的党、怎样建设党的问题，把中国特色社会主义成功推向 21 世纪。以胡锦涛同志为主要代表的中国共产党人团结带领全国各族人民在全面建设小康社会进程中推进实践创新、理论创新和制度创新，强调坚持以人为本、全面协调可持续发展，提出构建社会主义和谐社会、加快生态文明建设，科学回答了实现什么样的发展、怎样发展的问题，在新的历史起点上坚持和发展了中国特色社会主义。[1] 改革开放新时期，为了克服官僚主义和权力过分集中的问题，还启动了政治体制改革；为了防止只抓经济和业务而忽视思想政治工作，提出物质文明建设、精神文明建设要两手抓；为使党经受长期执政、市场经济、对外开放的考验，强调党风是关系党的生死存亡的大问题，规定担任公职的党员领导干部不得"经商办企业"[2]，连续进行了多次各种主题的党内学习教育活动。在探索过程中，我国经济社会发展也存在这样或那样的一些不足，如收入分配差距过大，某些领域消极腐败、道德失范问题突出，环境污染、资源浪费现象比较严重，等等。

党的十八大后，以习近平同志为核心的党中央充分肯定了改革开放前后两个历史时期的本质都是进行社会主义建设的实践探索，并系统回答了坚持和发展什么样的中国特色社会主义、怎样坚持和发展中国特色

---

[1] 习近平：《在庆祝改革开放 40 周年大会上的讲话》，《人民日报》2018 年 12 月 19 日。
[2]《中国共产党廉洁自律准则　中国共产党纪律处分条例》，人民出版社 2015 年版，第 32 页。

社会主义这一时代课题，更加明确中国特色社会主义是社会主义而不是其他什么主义，不论怎么改革、怎么开放，都必须始终坚持中国共产党领导，坚持"一个中心、两个基本点"的基本路线，坚持社会主义的根本政治制度和基本政治制度、基本经济制度，并统筹和协调推进了"五位一体"总体布局及"四个全面"战略布局。习近平强调："人民对美好生活的向往，就是我们的奋斗目标"[①]，无论发展还是改革都要以人民为中心，政治体制改革不能生搬硬套外国政治制度模式，经济体制改革要给人民群众更多的获得感；要让市场在资源配置中起决定性作用，并更好发挥政府作用和社会主义集中力量办大事的制度优越性；改革国家监察体制，实现对所有行使公权力的公职人员监察全覆盖；树立国家总体安全观，增强意识形态领域主导权和话语权，对错误言论敢抓敢管、敢于亮剑；全面从严治党，把政治建设摆在党建首位，严肃党内政治生活，以零容忍态度惩治腐败，坚定共产主义和中国特色社会主义理想信念。正是这些治国理政新理念的贯彻，使中国特色社会主义进入了新时代。从党的十八大至今的 6 年多时间里，为保证党不脱离群众，在全党和县处级以上干部中又分别进行了群众路线教育实践活动、"三严三实"专题教育和"两学一做"学习教育，目前还在进行"不忘初心、牢记使命"主题教育。尽管过去长期积累的矛盾和问题不可能一下子都解决，但毕竟开启了如何使改革开放更能体现党的初心、更受人民群众欢迎的探索进程。正如党的十九大报告所说：中国特色社会主义进入新时代，"意味着科学社会主义在二十一世纪的中国焕发出强大生机活力，在世界上高高举起了中国特色社会主义伟大旗帜；意味着中国特色社会主义道路、理论、制度、文化不断发展，拓展了发展中国家走向现代化的途径，给世界上那些既希望加快发展又希望保持自身独立性的国家和民族提供了全新选择，为解决人类问题贡献了中国智慧和中国方案"[②]。

[①]《习近平谈治国理政》第 1 卷，外文出版社 2018 年版，第 424 页。

[②] 习近平：《决胜全面建成小康社会　夺取新时代中国特色社会主义伟大胜利——在中国共产党第十九次全国代表大会上的报告》，人民出版社 2017 年版，第 10 页。

二、全力以赴建设工业化、现代化国家

自从鸦片战争之后，中国先进分子面对屡遭列强侵略的局面，逐渐认识到要想不受人欺负，必须实现工业化，于是办"洋务"，办实业，但搞了近半个世纪，不仅没有搞出什么名堂，反而使国家在危机中越陷越深。中国共产党也主张工业化，但从一开始就明确指出，要实现工业化，必须首先搬掉在中国工业化道路上的帝国主义和封建势力这两只拦路虎，并为此进行了 28 年艰苦卓绝的斗争。

新中国成立前夕，以毛泽东同志为主要代表的中国共产党人鉴于当时不具备开展大规模工业化建设的条件，决定先发展轻工业和农业，以积累资金和物资，培养技术和管理人才，并相应实行一个时期的新民主主义政策。但朝鲜战争的爆发，突显了发展国防工业的紧迫性；苏联答应全面援助中国以发展重工业为重点的"一五"计划建设，使迅速开展大规模工业化建设具有了现实可能性。于是，党中央改变原有设想，决定优先发展重工业，争取用三至五个五年计划实现国家工业化，并相应提前向社会主义过渡，对资本主义工商业、个体农业、手工业进行社会主义所有制的改造，实行能把有限资金、物资、人才集中用于工业化建设的计划经济体制，对粮食、棉花等主要农产品采取统购统销政策，动员一切力量进行以苏联援助的"156 项"为中心的工业基本建设和大规模农田、水利基本建设，重点解决钢铁工业和粮食生产基础薄弱的问题。20 世纪 60 年代，当第二个五年计划建设即将完成时，党中央又提出在 20 世纪末实现农业、工业、国防和科学技术四个现代化的目标和"两步走"战略，第一步先在 1980 年以前"建立一个独立的比较完整的工业体系和国民经济体系"。[①]"文化大革命"的 10 年，经济建设虽然受到干扰和破坏，但并没有停止，相反取得了许多重要成就，还进行了奠定西南工业基础的三线建设，从西方进口了冶金、化工、电力、煤炭工业等先进设备。经过改革开放前 29 年的艰苦奋斗，我国终于能生产许

---

①《建国以来重要文献选编》第 20 册，中央文献出版社 2011 年版，第 388 页。

多过去生产不了的机电产品，研制出那时只有少数几个国家才有的"两弹一星"，建成了独立的比较完整的工业体系和国民经济体系。那些年的发展速度遥遥领先于大多数实行资本主义制度的发展中国家，在主要工业品产量和交通设施等方面，也大大缩小了同发达国家之间的差距，并且为后来的南水北调、青藏铁路、航天和信息工业等世纪工程做了前期准备；尽管人民群众生活逐年改善的增幅不大，但初步满足了占世界四分之一人口的基本生活需求，这在当时被世界公认是一个奇迹，而且人均预期寿命提高了近 1 倍。

根据 20 世纪 70 年代末国内国际的实际情况，以邓小平同志为主要代表的中国共产党人将"两步走"战略发展成为"三步走"战略，即第一步在 20 世纪 80 年代，使人民生活达到温饱水平；第二步到 20 世纪末，使人民生活达到小康水平；第三步到 21 世纪中叶，使人均国民生产总值达到中等发达国家水平，人民生活比较富裕，基本实现现代化。① 后来，鉴于 20 世纪末"达到的小康还是低水平的、不全面的、发展很不平衡的小康"②，党的十六大提出在 21 世纪中叶前再分两步走，到 2020 年全面建成小康社会。对经济体制改革，先在计划体制内不断加大市场调节成分，在计划中逐步减少指令性、增加指导性，最终过渡到社会主义市场经济体制。对所有制结构进行调整，先由鼓励个体、私营经济作公有制经济的有益补充，逐渐确立公有制为主体、多种所有制经济共同发展的社会主义初级阶段基本经济制度；由农村人民公社体制内实行家庭联产承包责任制，逐渐过渡到撤社建乡和实行耕地所有权、承包权分置，最终实行集体统一和家庭分散相结合的双层经营体制；由国有企业实行经营管理责任制，逐步过渡到股份制和现代企业制度。随着农副产品和轻工业日用品生产的改善，城市逐渐取消了对粮食、布匹等商品供应的限量，农村逐渐放开了对富余劳动力进城务工的限制。随着第三产业的发展和管理、技术、资本参与分配，逐渐建立了证券、劳

---

① 《邓小平思想年编（1975—1997）》，中央文献出版社 2011 年版，第 636 页。
② 《十六大以来重要文献选编》（上），中央文献出版社 2011 年版，第 14 页。

务、技术、信息、房地产等要素市场。在此期间，我国先后开辟了信息化与工业化相互融合的新型工业化道路和中国特色城镇化道路，开展了社会主义新农村建设，实施了科教兴国、西部大开发、中部崛起、东北振兴和"走出去"等战略，形成了以高新技术产业为先导、基础产业和制造业为支撑、服务业全面发展的产业格局，以及经济特区—沿海开放城市—沿海经济开放区—内地的逐步推进和全方位、多层次、宽领域的对外开放格局，充分利用了国际国内两个市场、两种资源，实现了经济增长主要由投资、出口拉动向消费、投资、出口拉动的转变，从而既使经济建设日新月异地向前发展，使国内生产总值由世界第 10 位攀升到第 2 位，主要工农业产品产量都跃居世界前列，并成为"世界上唯——个拥有联合国产业分类中全部工业门类的国家"①，也使人民生活水平有了显著提高。

党的十八大后，以习近平同志为核心的党中央团结带领全国各族人民，面对世界经济增长乏力和我国经济发展进入新常态等变化，开拓进取，迎难而上，取得了改革开放和现代化建设的一系列新成就。鉴于 2020 年全面建成小康社会的任务即将实现，党的十九大又提出新的"两步走"战略，即从 2020 年开始，用 15 年基本实现现代化；然后从 2035 年起，再用 15 年把我国建成社会主义现代化强国。同时，提出坚持稳中求进的工作总基调，适应、把握、引领经济发展新常态，着力进行供给侧结构性改革，坚持创新、协调、绿色、开放、共享的发展理念，从依靠资源、资本、劳动力等要素驱动为主向依靠科技创新驱动转变；推进新型工业化、信息化、城镇化、农业现代化同步协调发展以及城乡发展一体化，守住耕地红线；实施精准扶贫、精准脱贫，打赢脱贫攻坚战；推动京津冀协同发展和长江经济带发展战略，促进环渤海经济区发展，推进粤港澳大湾区建设，实现东中西部互动合作。对于所有制和分配制度的改革，在强调"两个毫不动摇"的同时，着重强调深化国

---

① 《中国仍是世界经济重要动力源》，《人民日报》2015 年 12 月 4 日。

有企业改革是为了"推动国有资本做强做优做大"[1]，"不能把农村土地集体所有制改垮了"[2]；"调整收入分配格局，完善以税收、社会保障、转移支付等为主要手段的再分配调节机制，维护社会公平正义，解决好收入差距问题，使发展成果更多更公平惠及全体人民"[3]。2013—2018 年，国内生产总值平均增长速度虽然比过去 33 年有所降低，但由于经济总量的基数越来越大，一年的增加值比 20 年前全年总量都多，仅工业增加值就由 20 多万亿元增加到 30 多万亿元[4]，对世界经济增长的平均贡献率更是由百分之十几提高到 30% 左右[5]；而且，即使在增长速度上，也比同期发达国家和发展中经济体高很多。在此期间，数字经济等新兴产业蓬勃发展，空间实验室"天宫"、深海潜水器"蛟龙"、暗物质粒子探测卫星"悟空"、量子科学实验卫星"墨子"、500 米口径球面射电望远镜"天眼"和干线民用客机 C919 等相继问世；覆盖城乡居民的社会保障体系基本建立，中国脱贫攻坚战取得决定性进展，6000 多万贫困人口稳定脱贫，贫困发生率从 10.2% 下降到 4% 以下[6]；中等收入群体持续扩大，每百户家庭私家车拥有量由近 17 辆增加到 33 辆，出境旅游人数由 9800 万人次增加到 1.6 亿人次[7]。

如果把新中国 70 年的建设比喻成建造一座摩天大厦，改革开放前就像在给这座大厦打地基，变化虽不容易让人看出来，但大厦建得高、建得快，反过来说明地基打得好、打得牢。现在，这座大厦已经高耸入云，并且还在不断加高。它是中国人民在中国共产党领导下用自己的辛

① 习近平：《决胜全面建成小康社会 夺取新时代中国特色社会主义伟大胜利——在中国共产党第十九次全国代表大会上的报告》，人民出版社 2017 年版，第 33 页。

②《习近平关于全面深化改革论述摘编》，中央文献出版社 2014 年版，第 66 页。

③《习近平谈治国理政》第 2 卷，外文出版社 2017 年版，第 214 页。

④《我国成拥有全部工业门类的第一制造业大国》，《光明日报》2019 年 9 月 21 日。

⑤《中国有足够信心底气战胜任何困难挑战》，《人民日报》2019 年 8 月 13 日。

⑥《中国减贫之路"优质高效"》，《人民日报》2018 年 2 月 1 日。

⑦《中国统计摘要（2019）》，中国统计出版社 2019 年版，第 58 页；《中华人民共和国 2013 年国民经济和社会发展统计公报》，国家统计局网，2014 年 4 月 24 日，http://www.stats.gov.cn/tjsj/zxfb/201402/t20140224_514970.html；《中华人民共和国 2018 年国民经济和社会发展统计公报》，国家统计局网，2019 年 2 月 28 日 http://www.stats.gov.cn/tjsj/zxfb/201902/t20190228_1651265.html。

勤汗水一点一滴攒起来的，也是在不断抗击各种恶劣环境下用一砖一瓦盖起来的。它是社会主义制度优越性的充分体现，是中华民族不可战胜的有力证明，是任何外部势力的封锁、禁运、制裁都破坏不了的。

三、坚定不移维护自身权益和争取世界和平

近代中国在外部不断遭受列强的欺凌、掠夺，在内部则是战乱不已、四分五裂、一盘散沙。因此，新中国成立后极需外部和平和内部统一。这一实际决定了新中国在世界政治舞台上必然选择站在世界进步与和平力量一边，奉行独立自主的和平外交政策，也必然会不惜一切代价捍卫领土完整、主权独立，维护民族团结、国家统一和安全。正因为如此，加之它有庞大的体量，不可避免地要引起帝国主义国家的敌视，从外部施加政治、军事、经济的压力，进行政治、文化、思想的渗透，并在它的内部制造分裂、煽动不满、培植反对势力，妄图遏制其发展、改变其颜色、颠覆其政权，将其重新纳入自己的势力范围，使其最终变为附庸国。

新中国成立前夕，中国人民政治协商会议通过的《中国人民政治协商会议共同纲领》明确宣布：我国外交政策的原则是"保障本国独立、自由和领土主权的完整，拥护国际的持久和平和各国人民间的友好合作，反对帝国主义的侵略政策和战争政策"[1]。新中国成立后，立即加入当时的社会主义阵营，同苏联签订《中苏友好同盟互助条约》。当美国趁朝鲜战争之机派舰队侵入台湾海峡，纠合 16 个国家组成所谓"联合国军"武装干涉朝鲜，把战火烧到中朝边境时，毛泽东等党和国家领导人不顾新中国仍处于恢复时期、中美在经济和军事装备上存在巨大差距的情况，毅然决定派出志愿军赴朝作战，并取得了抗美援朝战争的胜利。随后，我国提出不同社会制度国家之间和平共处五项原则。从 1955 年 8 月开始，新中国还就取消禁运、允许留学生和侨民自由回国

---

[1]《建国以来重要文献选编》第 1 册，中央文献出版社 2011 年版，第 16 页。

等问题与美国举行大使级会谈。[①] 为了反对美国制造 "两个中国" 的阴谋和阻挠中国进入联合国，党中央决定对金门国民党军实施大规模炮击。苏联主要领导人对中国炮击金门十分不满，加之提出在中国领土、领海上建立中苏共有共管的 "长波电台" 和 "共同核潜艇舰队" 被毛泽东等中国领导人坚决拒绝，在中印边境冲突中又发表偏袒印度的声明，使中苏两党产生了严重分歧。接着，苏方又单方面召回在华专家、撕毁援助合同、废除经济技术合作协议，给两国关系造成了难以弥合的创伤。当美国扩大侵越战争并把战火烧到越南北方时，我国立即派出大批防空、工程部队赴越，进行抗美援越斗争。与此同时，蒋介石集团利用大陆遇到的暂时经济困难准备 "反攻大陆"，苏联也在中苏边境调兵遣将并不断挑起事端。这一严峻形势促使毛泽东做出 "不是战争引起革命，就是革命制止战争"[②] 的判断，并提出 "两个中间地带" 和 "一条线" "一大片" 的战略思想，表示中国和世界被压迫人民的革命和解放运动要相互支持，指示国防和经济部门要立足于准备 "早打、大打、打核战争"，"备战备荒为人民"，加大对大小三线和其他战备工程的投资，为我国反侵略战争和防备可能遭受的核打击赢得了时间和主动。20 世纪 60 年代末至 70 年代初，美国为集中力量同苏联争夺世界霸权，急于从越南战争脱身，频频向中国示好，而苏联却把中国视为主要敌人，在中苏边境陈兵百万。1971 年，我国主要在广大发展中国家的支持下恢复了在联合国的合法席位。根据国际形势的新变化，我国及时调整外交战略，实现了美国在任总统首次访华，开启了两国关系正常化进程。此后，毛泽东又提出 "三个世界划分" 的理论，表示反对任何形式的霸权主义，中国是第三世界一员，永远不称霸。[③] 这一切都对改善中国安全环境起到了积极作用，也为后来实行对外开放政策铺平了道路。毛泽东还最早注意

---

① 《中美两国大使级会谈开始举行双方在共同协商后对会谈议程取得了协议》，《人民日报》1955 年 8 月 3 日。

② 《我国代表团出席联合国有关会议文件集（1974.7—12）》，人民出版社 1975 年版，第 5 页。

③ 《毛泽东文集》第 8 卷，人民出版社 1999 年版，第 441—442 页。

到美国政治家提出对社会主义国家改用"和平演变"的战略，要求全党提高警惕。[1] 历史已经证明，他的提醒对于防止党和国家领导人蜕化变质，从根本上维护国家的主权和安全，具有十分深远的意义。

为争取祖国统一、维护国家安全，党中央在新中国成立之始就决定采用民族区域自治制度，而不实行苏联那样的联邦制；同时，针对帝国主义制造"西藏独立"的阴谋，抓紧进军西藏，实现西藏和平解放，并允许其在一段时间内保留原有政治制度。1956 年西藏自治区筹委会成立时，中央仍承诺其"六年不进行民主改革"。[2] 但 1959 年西藏上层反动集团勾结外部势力发动武装叛乱，被人民解放军迅速平定，加速了西藏民主改革进程，使政教合一制度得以废除，百万农奴获得完全解放。1965 年 9 月，西藏自治区正式成立，标志西藏全面实行民族区域自治制度。[3] 关于台湾问题，毛泽东于 1958 年通过特殊渠道带话给蒋氏父子，表示只要台湾肯回归祖国，除外交统一于中央外，其他均可保持现状，被周恩来概括为"一纲四目"的祖国统一构想，[4] 为后来的"一国两制"构想提供了最初蓝本。

改革开放前形成的维护自身权益和争取世界和平的方针及成就，为我国开展社会主义现代化建设赢得了有利的外部条件。改革开放后，根据大部分殖民地半殖民地国家纷纷获得独立、面临如何发展的难题，以及美苏两个超级大国某种程度上形成均势、世界大战一时打不起来的国际形势新特点，邓小平认为当今时代的主要问题是和平和发展，世界和平力量超过了战争力量的增长，因此要抓住战略机遇期，加快自身发展。随后，我国在外交政策上做出了较大调整，强调革命不能输出，在国与国的关系上不计较社会制度和意识形态差别，全方位发展对外友好关系；同时，仍然把反对霸权主义、维护世界和平、加强同第三世界国

---

[1] 薄一波：《若干重大决策与事件的回顾（修订本）》下卷，人民出版社 1997 年版，第 1178 页。

[2]《奋勇前进 团结进步 更加发展》，《人民日报》1958 年 4 月 23 日。

[3]《西藏的和平解放和民主改革》，《人民日报》2009 年 8 月 14 日。

[4]《毛泽东传（1949—1976）》（上），中央文献出版社 2003 年版，第 880—881 页。

家的团结合作作为新时期基本的外交政策。针对 1989 年我国发生政治风波后，以美国为首的西方国家对我国实行所谓"制裁"，邓小平指出："要维护我们独立自主、不信邪、不怕鬼的形象"①，并重申毛泽东关于防止帝国主义搞"和平演变"的警示。当东欧剧变、苏联解体、冷战格局趋于瓦解时，他又提出对国际形势变化要"冷静观察，稳住阵脚，沉着应付，韬光养晦，善于守拙，决不当头，有所作为"②的方针，使我国平稳度过了世界大变动、大动荡的历史关口。进入 21 世纪，中国共产党准确把握了大发展大变革大调整的时代特点，顺应世界求和平、谋发展、促合作的时代潮流，推动建设和谐世界，并形成了"大国是关键、周边是首要、发展中国家是基础、多边是重要舞台"③的外交总体布局，建立了中俄"面向 21 世纪的战略协作伙伴关系"，解决了双方历史遗留的边界问题，先后与有关国家一起启动了中国—东盟自由贸易区，发起成立了上海合作组织、"金砖国家"组织，建立了中非定期协商机制和合作平台——中非合作论坛，加入了亚洲太平洋经济合作组织、世界贸易组织和二十国集团（G20），为自身发展争取了更加有利的国际环境，也为人类进步与和平事业做出了积极贡献。在此时期，当越南驱赶华侨并在中越边境制造流血事件、以美国为首的北约在南斯拉夫轰炸我驻南使馆、美国战机在我南海空域与我战机相撞、日本政府宣布购买我钓鱼岛及其附近岛屿时，我国政府均进行了有理有利有节的斗争，维护了领土完整、国家安全和民族尊严。

在改革开放新时期，为推动祖国统一大业，邓小平提出"一国两制"构想，并将其运用到解决港澳回归祖国的问题上。1997 年和 1999年，中国政府分别恢复对香港、澳门行使主权。1992 年 11 月，海峡两岸关系协会和海峡交流基金会达成各自以口头方式表述"海峡两岸均坚

---

①《邓小平文选》第 3 卷，人民出版社 1993 年版，第 320 页。
②《江泽民论有中国特色社会主义（专题摘编）》，中央文献出版社 2002 年版，第 527页。
③《胡锦涛文选》第 2 卷，人民出版社 2016 年版，第 508 页。

持一个中国原则"的共识（即"九二共识"）①，并于 2008 年实现了两岸"三通"。同时，为打击台湾当局制造"两国论"的阴谋和"台独"势力的嚣张气焰，于 1995 年下半年到 1996 年春，在台湾海峡和台湾附近海域进行了 4 次大规模军事演习。

党的十八大后，以习近平同志为核心的党中央根据国际形势的深刻变化，继承和发展改革开放前后有关时代问题的认识，一方面坚持和平与发展是时代主题、我国发展仍然处在重要战略机遇期的判断，另一方面，着重指出当前世界面临的不稳定性、不确定性突出，地区热点问题此起彼伏，强调"我们依然处在马克思主义所指明的历史时代"②，资本主义必然消亡、社会主义必然胜利"是社会历史发展不可逆转的总趋势"，要求党员干部要深刻认识资本主义社会的自我调节能力和西方发达国家在经济科技军事方面长期占据优势的客观现实，"认真做好两种社会制度长期合作和斗争的各方面准备"。③ 在对时代性质、特征的这一总体判断下，党中央为维护我国正当权益和加强国防建设，设置了东海防空识别区，加强了东海钓鱼岛海域巡航，进行了南海岛礁基础设施建设并部署防御性力量，建立了部队在海外的后勤保障基地，深化了军队改革，并强调做好军事斗争准备，突出战斗力标准，严正声明任何人不要幻想中国吞下损害自身利益的苦果。与此同时，鲜明提出构建人类命运共同体理念，在积极参与和推动已有国际对话和合作平台的基础上，提出并积极推进"一带一路"建设；在国际政治与经济交往中反对霸权主义、单边主义，提倡合作共赢，坚持走对话而不对抗、结伴而不结盟的新路，声明中国奉行防御性国防政策，无论发展到什么程度都不会称霸，从而形成了全方位、多层次、立体化的外交布局，使中国越来越多地成为国际组织、国际会议、国际行动的发起者、倡导者、组织者，国际影响力、感召力、塑造力不断提升，从而日益走近世界舞台的中央。

---

① 《两岸公证书使用商谈有重要进展》，《人民日报》1992 年 11 月 21 日。
② 《深刻认识马克思主义时代意义和现实意义 继续推进马克思主义中国化时代化大众化》，《人民日报》2017 年 9 月 30 日。
③ 《十八大以来重要文献选编》（上），中央文献出版社 2014 年版，第 117 页。

在新时代，党中央根据国家安全局势的新变化，创造性地提出总体国家安全观，把安全概念由过去局限于政治、国防、治安方面，扩大到经济、文化、社会、科技、网络、生态、资源、太空、深海、极地、生物以及海外利益等领域。与此同时，对和平统一和"一国两制"做了更为全面、明确的解读，强调我们愿意以最大诚意、尽最大努力争取台湾的和平统一，但为防止外部势力干涉、挫败任何形式的"台独"分裂图谋，绝不承诺放弃使用武力；"一国"是实行"两制"的前提和基础，只有坚持"一国"，"两制"才能并存。习近平指出："我们有坚定的意志、充分的信心、足够的能力挫败任何形式的'台独'分裂图谋。"[1] "任何危害国家主权安全、挑战中央权力和香港特别行政区基本法权威、利用香港对内地进行渗透破坏的活动，都是对底线的触碰，都是绝不能允许的"[2]，要"坚持爱国者为主体的'港人治港'、'澳人治澳'，发展壮大爱国爱港爱澳力量，增强香港、澳门同胞的国家意识和爱国精神"[3]。针对内地前些年"三股势力"造成无辜群众罹难的情况，近几年来有关地区通过职业技能教育培训等措施，铲除它们赖以生存的土壤，维护了国家的统一和安宁，受到人民群众的热烈拥护。

新中国成立 70 年来，中国共产党团结带领全国各族人民围绕着实现中华民族伟大复兴这个大目标，一代又一代地坚持和发展社会主义，一代又一代地努力进行工业化和现代化建设，一代又一代地捍卫国家领土完整、维护国家主权和安全，坚定支持和推动人类进步与和平事业，构成了新中国发展史的三条主线。它们就像交响乐的三个主题，交汇演奏出一首又一首气壮山河、感天动地的乐曲。每一代人的奋斗中或多或少都留有遗憾，但正如列宁所说："判断历史的功绩，不是根据历史活动家没有提供现代所要求的东西，而是根据他们比他们的前辈提供了新

---

① 习近平：《决胜全面建成小康社会　夺取新时代中国特色社会主义伟大胜利——在中国共产党第十九次全国代表大会上的报告》，人民出版社 2017 年版，第 57 页。

② 习近平：《在庆祝香港回归祖国二十周年大会暨香港特别行政区第五届政府就职典礼上的讲话》，《人民日报》2017 年 7 月 2 日。

③ 习近平：《决胜全面建成小康社会　夺取新时代中国特色社会主义伟大胜利——在中国共产党第十九次全国代表大会上的报告》，人民出版社 2017 年版，第 56 页。

的东西"①。当前，以习近平同志为核心的党中央正带领全国各族人民在新的长征路上继续奋斗。前面道路上还有许多"雪山""草地"需要跨越，还有许多"娄山关""腊子口"需要征服。但是，中华民族是世界上最能吃苦耐劳的民族，也最有反侵略反封锁反制裁的资格和经验。只要我们不忘记走过的过去，不忘记为什么出发，任何困难都阻挡不了我们前进的步伐。到 21 世纪中叶，一个富强民主文明和谐美丽的社会主义现代化中国一定会呈现在世人面前，中华民族伟大复兴的目标一定会实现。

①《列宁全集》第 2 卷，人民出版社 1959 年版，第 150 页。

新中国70年的变与不变[*]

新中国与近代中国相比，仅仅经过 70 年、大约三四代人的时间，便由一个经济落后、四分五裂、战乱频仍、备受欺凌的半殖民地半封建的农业国，一跃成了独立统一、社会稳定、经济总量位居世界第二、具有中期工业化水平和国际舞台上举足轻重地位的社会主义制造业大国。对于这个变化，现在已经没有多少人怀疑了。但仍然有那么一些人，对于中国的发展是否会持续、变向，抑或中国强大后是否会称霸等问题，抱有这样或那样的怀疑。说穿了，无非是怀疑中国会不会"变色"，会不会"崩溃"，会不会"威胁"别国。产生这些怀疑的原因固然有很多，但有一个原因不能不看到，就是这些人只注意了新中国 70 年来的变化，而对 70 年始终没有变的东西却注意不够。然而，上述问题的答案，恰恰就在这变与不变的关系之中。

一

新中国成立前夕，以毛泽东同志为主要代表的中国共产党人，鉴于当时的近代工业仅占国民经济的 10% 不到，而且财政严重匮乏，人才极其缺少，不具备开展大规模工业化建设的条件，一度决定在新中国成立后，先用一个较长时间实行新民主主义政策，利用民族资本主义的力量，着重发展轻工业和农业，以便积累资金和物质，同时培养技术和管理人才。然而，1950 年爆发的朝鲜战争，突显了优先发展重工业的紧迫性；苏联答应全面援助中国以发展重工业为重点的第一个五年计划建设，使优先发展重工业具有了可能性。于是，党中央改变了原先的设

　　* 本文是作者 2019 年 9 月 7 日在第四届当代中国史国际高级论坛上的发言修改而成，曾刊于《中国井冈山干部学院学报》2020 年第 1 期。

想，决定立即开展大规模工业化基础建设，并提前向社会主义过渡，争取用三到五个五年计划的建设，实现国家工业化。

在第一个五年计划提前完成后，党中央为加快工业化建设步伐，提出"以钢为纲"和"以粮为纲"的口号，并为此发动了"大跃进"和人民公社化运动，试图走出一条低投入高速度发展的路子。然而，由于背离了客观经济规律，加之遇上连年自然灾害，结果不仅未能实现预期目标，反而使国民经济遭受严重困难，不得不进行调整，导致第二个五年计划推迟了三年才完成。

在第二个五年计划即将完成时，周恩来总理又根据毛泽东主席提议，在三届全国人大一次会议上改变了过去只讲工业化的提法，提出到20 世纪末实现工业、农业、国防和科学技术四个现代化，并且分两步实现这个目标，第一步先在 1980 年以前建成独立的比较完整的工业体系和国民经济体系。随后，我国用三个五年计划建设，如期完成了"四个现代化"的第一步任务。

20 世纪 80 年代初，以邓小平同志为主要代表的中国共产党人，在原有"两步走"战略目标的基础上，提出了"三步走"战略，即第一步先用 10 年，使人民生活达到温饱水平；第二步再用 10 年，到 20 世纪末使人民生活达到小康水平；第三步再用 50 年，在 21 世纪中叶使人均国民生产总值达到中等发达国家水平，基本实现现代化。邓小平说，经济发展分三步走，"这就是我们的战略目标，这就是我们的雄心壮志"[1]。随后，我国用四个五年计划的建设，胜利实现了现代化建设"三步走"战略的前两步目标，使人民生活总体达到了小康水平。

21 世纪初，党中央鉴于已经达到的小康还是低水平的、不全面的、发展很不平衡的小康，经济、社会还存在不少问题，又提出到 21 世纪中叶之前，再分两步走，第一步先用 20 年时间，即在中国共产党成立一百周年时，全面建成惠及十几亿人口的更高水平的小康社会，基本实现工业化，并且提出要走出一条信息化带动工业化、工业化促进信息化

---

[1]《邓小平文选》第 3 卷，人民出版社 1993 年版，第 251 页。

的新型工业化路子。

党的十八大之后，以习近平同志为核心的党中央鉴于全面建成小康社会的目标在 2020 年即将实现，又在党的十九大上提出，到 21 世纪中叶前的 30 年，再分两步走，第一步用 15 年基本实现现代化；然后再用 15 年，到本世纪中叶，即新中国成立一百年时，基本实现现代化，把我国建成富强民主文明和谐美丽的社会主义现代化强国。

毛泽东早在 1962 年就说过：在我国，要用"五十年内外到一百年内外，建设起强大的社会主义经济"①。从新中国 70 年的历程看，在国家发展目标的具体提法上，虽然有过这样和那样的变化，但要用 50 年到 100 年左右的时间，在中国实现工业化、现代化这个大目标，始终没有变过，并且，一代又一代人始终在围绕着这个大目标而不懈奋斗着。

二

中国共产党是以实现共产主义为最高理想的党，但由于中国自身的特殊国情，没有采取俄国十月革命那样一种从一开始便直接进行社会主义革命的做法，而是将革命分为了两步，第一步先进行新民主主义革命，然后才进行社会主义革命。当新民主主义革命胜利后，由于前面说过的原因，并没有马上转到社会主义革命，而是实行了几年新民主主义政策后才开始大规模工业化建设。为了解决资金、物资、人才匮乏和经验不足与大规模工业化建设之间的矛盾问题，以毛泽东同志为主要代表的中国共产党人，一方面对资本主义工商业进行社会主义改造，另一方面运用马克思关于社会主义经济有计划按比例发展的理论，并借鉴苏联工业化建设的成功经验，选择了集中使用有限资金、物资、人才的计划经济体制，同时对粮食、棉花等主要农产品实行了统购统销政策。

生产资料实行单一公有制和经济运行实行高度集中的计划经济体制，对于在较短时间内建成独立、完整的工业体系和国民经济体制，发挥了重要的历史性作用，但也给经济带来管理死板、活力不足、反应迟

---

① 《毛泽东文集》第 8 卷，人民出版社 1999 年版，第 302 页。

钝、产品单一等弊病。针对这个问题，党中央曾设想在坚持国家和集体经营、国家计划生产、国家统一市场这三个主体的前提下，允许个体经营、自由生产、自由市场作为三个补充。然而，由于种种原因，这一设想并未能实行。直到 20 世纪 70 年代末，以邓小平同志为主要代表的中国共产党人，通过对国际形势和我国生产力水平的冷静分析，实行改革开放总方针，开辟中国特色社会主义道路，在公有制为主体、国有经济占主导地位的前提下发展个体、私营经济，在坚持农村土地集体所有制的前提下允许农民包产到户、土地承包，在计划经济的框架内增加市场调节部分，在计划中减少指令性、增加指导性，在优先发展重工业的同时加大对轻工业、服务业的投入，在坚持自力更生为主的前提下鼓励外商直接投资和举办经济特区、开放沿海城市。随后，在资本、产权、技术、劳动力、证券、期货等市场逐渐形成的情况下，将计划经济体制转变为社会主义市场经济，并确立了公有制为主体、多种所有制经济成分共同发展的基本经济制度和按劳分配为主体、多种分配方式并存的基本分配制度，允许和鼓励技术、管理、资本等生产要素按贡献参与分配。

党的十八大后，以习近平同志为核心的党中央鉴于世界经济复苏乏力、贸易保护主义、单边主义明显抬头，我国经济中结构性问题和深层次矛盾凸显、经济下行压力持续加大的实际情况，提出并坚持稳中求进的工作总基调，把握引领经济发展新常态，着力推进供给侧结构性改革。同时，强调中国特色社会主义是社会主义，而不是别的什么主义，并针对城乡区域发展和收入分配差距依然较大，群众就业、教育、医疗、居住、养老等方面面临的实际难题，要求把为人民服务的宗旨贯彻到全面深化改革的战略布局中，以促进公平正义、增进人民福祉作为改革的出发点和落脚点，通过改革给人民群众带来更多获得感，从而校正了中国特色社会主义的前进方向。

从新中国 70 年的历程可以看出，在经济建设的方针、政策和经济体制、政治体制上虽然有许多变化，但在坚持社会主义的基本制度，向共产主义前进的大方向上，始终没有变，并且，一旦出现偏差，总能及时加以纠正。正如邓小平 1987 年会见香港特别行政区基本法起草委员会委员时所说的："中国的政策基本上是两个方面，说不变不是一个方面不变，而是两个方面不变。人们忽略的一个方面，就是坚持四项基本原则，坚持社会主义制度，坚持共产党领导。人们只是说中国的开放政策是不是变了，但从来不提社会主义制度是不是变了，这也是不变的嘛！"①

三

在夺取全国政权后，如何使人民真正当家作主，使党不脱离群众，是以毛泽东同志为主要代表的中国共产党人早在新中国成立前夕就开始考虑的问题。新中国成立后，我们党创立了人民代表大会制度、共产党领导的多党合作和政治协商制度、民族区域自治制度，在根本的和基本的政治制度，以及生产资料全民所有制和集体所有制等基本经济制度上，保证了人民民主的实行和党与人民群众的联系。

为了防止党的干部脱离群众、以权谋私、蜕化变质、当官做老爷，以毛泽东同志为主要代表的中国共产党人，倡导"两参一改三结合"（即干部参加劳动，工人参加管理，改革不合理的规章制度，工人群众、领导干部和技术人员三结合），还降低高级干部工资级别，取消军队军衔制，树立领导干部的好榜样焦裕禄等先进典型，并接连进行了"三反"（即反贪污、反浪费、反官僚主义）、"四清"（即清政治、清经济、清组织、清思想）等整党整风运动。此后，为吸取苏联出现赫鲁晓夫修正主义集团背叛共产主义事业的教训，又开展了反修防修斗争，直至20世纪60年代中期发动"文化大革命"。由于"左"的指导思想，加之林彪、"四人帮"反革命集团的干扰破坏，严重混淆了是非和敌我，使大批被扣上"走资本主义道路的当权派"和"反动学术权威"等帽子的干部、知识分子遭受迫害，大批造反起家的"三种人"窃取了党和国家各级领导岗位，违背了防止党脱离群众的初衷。

改革开放后，以邓小平同志为主要代表的中国共产党人为克服官僚

---

① 《邓小平文选》第3卷，人民出版社1993年版，第217页。

主义和权力过分集中的问题，不再采用过去那种疾风骤雨式的运动方式，而是着重从制度上入手，启动了政治体制改革。同时，针对市场经济和多种所有制经济共同发展、多种分配方式并存的实际情况，规定商品交换的原则不得进入政治领域、担任公职的党员干部不得经商办企业，严格防止私人资本掌握国民经济命脉、干扰国家政策的制定。为使广大党员和干部经受长期执政、改革开放、市场经济和外部环境的考验，从 20 世纪 80 年代初到 21 世纪头 10 年的 30 年间，开展了打击严重经济犯罪的斗争和反对资产阶级自由化的斗争，先后进行了 20 世纪 80 年代中期的整党和 90 年代初期、后期的党员重新登记、"三讲"教育，以及 21 世纪初期的"保持共产党员先进性教育"、科学发展观等主题教育活动。

党的十八大以来，以习近平同志为核心的党中央针对党所面临的脱离群众和消极腐败危险的尖锐性、严峻性，进一步推动全面从严治党，出台中央八项规定，严厉整治形式主义、官僚主义、享乐主义和奢靡之风，改变管党治党宽松软的状况，坚持反腐败无禁区、零容忍，反复提醒全党必须保持党同人民群众的血肉联系，增强群众观念、群众感情，不断厚植党执政的群众基础，并在全党范围和县处级以上干部中分别开展了党的群众路线教育和"两学一做"、"三严三实"等主题教育，目前又进行"不忘初心、牢记使命"主题教育。同时，逐步健全党和国家的监督体系，实现中央和省级党委巡视全覆盖。

从新中国 70 年的历程可以看出，我们党在自身建设的具体形式、做法上，虽然存在不少变化，但是，坚持全心全意为人民服务的宗旨，坚持人民当家作主、党的领导、依法治国的有机统一，坚持党与人民群众的血肉联系，坚持从严治党的方针，始终没有变，并且，注重总结经验与教训，使党的建设不断得到加强。正如习近平总书记所指出的："我们党来自人民、植根人民、服务人民，党的根基在人民、血脉在人民、力量在人民。失去了人民拥护和支持，党的事业和工作就无从谈起。"[1]

---

[1]《习近平谈治国理政》第 1 卷，外文出版社 2018 年版，第 367 页。

四

近代中国有着被帝国主义长期侵略的历史，中华人民共和国成立后又长期遭受帝国主义的军事威胁、经济封锁、贸易禁运。这个经历决定了，新中国必然奉行独立自主的和平外交政策，必然积极争取世界的进步与和平，必然支持被压迫民族的正义斗争，必然主张和不同社会制度的国家和平共处，必然不惜一切代价捍卫自身的领土完整、主权独立，维护国家的统一和安全。正因为如此，新中国刚一成立，即宣布站在当时的社会主义阵营一边；当美国出兵侵占台湾海峡并把战火烧到中朝边境时，我国虽然尚处于长期战争之后的经济恢复时期，中美两国在经济和军事实力上也存在巨大差距，但中国人民志愿军仍毅然决然地投入抗美援朝战争。

新中国成立之初，以毛泽东同志为主要代表的中国共产党人，为粉碎帝国主义制造"西藏独立"的阴谋，作出和平解放西藏的决策；当西藏上层反动集团于 1959 年发动武装叛乱后，党中央下令坚决迅速彻底地予以平息，并在西藏进行了彻底的民主改革，废除了黑暗的农奴制度。为促进祖国和平统一，党中央和中央政府采取了灵活策略，一方面通过炮击金门，严惩蒋介石集团对大陆的骚扰，另一方面通过特殊管道，向蒋氏父子表示，只要台湾肯回归祖国，除外交统一于中央外，其他均可保持现状，从而为后来的"一国两制"构想提供了最初蓝本。面对 20 世纪五六十年代风起云涌的民族民主解放运动和来自帝国主义的战争威胁，党中央同亚非拉民族独立、人民革命运动相互鼓舞、相互支持。当美苏两个超级大国为争夺霸权进行冷战时，毛泽东及时调整外交战略，先后提出"两个中间地带"和"一条线""一大片""三个世界划分"等主张和理论，借此打开了长期僵持的中美关系，为同资本主义世界开展经济往来铺平了道路；同时，指导我国大力加强三线建设和战备，避免了可能遭受的核袭击。

20 世纪 80 年代初，邓小平根据国际形势的新变化，改变了前一时期关于战争已迫在眉睫的观点，提出和平和发展是当今时代两个主要问题的论断。同时，把反对霸权主义、维护世界和平、加强同第三世界团结合作，作为新时期的基本外交政策，全方位发展对外友好关系。1989
年政治风波过后，邓小平针对以美国为首的西方国家实施的所谓"制
裁"，尖锐指出："要维护我们独立自主、不信邪、不怕鬼的形象"①。当
东欧剧变、苏联解体时，他又提出对国际形势要冷静观察、稳住阵脚、
沉着应对、韬光养晦、善于守拙、决不当头的方针，使我国平稳度过了
世界大变动、大动荡的历史关头。

从 20 世纪 70 年代末到 21 世纪初，我们党在领导全国军民进行捍
卫领土完整、维护国家主权和安全的一系列政治斗争和军事斗争的同
时，正式提出了"一国两制"的构想，与台湾方面达成了"九二共识"，
实现了"三通"，收回了港澳主权，并在两地分别实行了港人治港、澳
人治澳、高度自治的制度。我们党还准确把握和顺应了世界求和平、谋
发展、促合作的时代潮流，作出"大国是关键、周边是首要、发展中国
家是基础、多边是重要舞台"的总体外交布局，先后与有关国家启动了
中国—东盟自贸区，成立了上海合作组织、"金砖国家"组织、亚太经
合组织，建立了中非定期协商机制和合作平台，并加入了世界贸易组织
和二十国集团。

党的十八大后，以习近平同志为核心的党中央一方面坚持和平与发
展仍然是时代主题的判断，另一方面指出世界面临的不稳定性不确定性
正日益突出，强调当今依然处在马克思主义所指明的历史时代，资本主
义必然消亡、社会主义必然胜利是社会历史发展不可逆转的总趋势，要
求干部深刻认识资本主义社会的自我调节能力和西方发达国家在经济科
技军事方面占据优势的客观现实，认真做好两种社会制度长期合作和斗
争的各方面准备。在对时代性质和特征保持清醒认识的前提下，习近平
总书记鲜明提出了构建人类命运共同体的理念；在积极参与已有国际对
话和合作平台的基础上，倡议和促进"一带一路"建设；明确表示中国
既不认同"国强必霸"的陈旧逻辑，也不会吞下损害自身利益的苦果；
积极推动国际秩序和经济全球化朝更加公平、合理及合作、共赢的方向

①《邓小平文选》第 3 卷，人民出版社 1993 年版，第 320 页。

发展，全面推进中国特色大国外交，形成全方位、多层次、立体化的外交布局，使中国越来越多地成为国际组织、国际会议、国际行动的发起者、倡导者、组织者，国际影响力、感召力、塑造力不断提升，从而日益走近世界舞台的中央；同时，面对新形势，创造性地提出了新时代的总体国家安全观，对暴力恐怖、民族分裂、宗教极端势力绝不能手软，从而进一步维护了国家的统一和安全，也使人民群众的生命财产得到了进一步保障。在处理港澳台的问题上，习近平总书记强调："必须全面准确贯彻'一国两制'、'港人治港'、'澳人治澳'、高度自治的方针"，要"发展壮大爱国爱港爱澳力量，增强香港、澳门同胞的国家意识和爱国精神"，"一个中国原则是两岸关系的政治基础"，"我们有坚定的意志、充分的信心、足够的能力挫败任何形式的'台独'分裂图谋"。①

从新中国 70 年的历程可以看出，在国际问题、对外关系和维护祖国统一、领土完整的具体提法、做法上，我们也有不少变化，但是，顺应时代发展趋势、争取和维护世界和平、捍卫自身核心利益、永远不称霸的决心，始终没有变，并且，随着形势的不断发展愈益坚定。

当前，新中国仍然在日新月异地向前发展，未来的变化会更多更大。但只要了解了过去 70 年的变与不变，对新中国未来的变化能否持续，会不会"变色"，会不会"崩溃"，会不会"威胁"别国等问题，也就不言自明了。在庆祝中华人民共和国成立 70 周年大会上，习近平总书记中指出，今后我们将会继续"坚持中国共产党领导，坚持人民主体地位，坚持中国特色社会主义道路，全面贯彻执行党的基本理论、基本路线、基本方略，不断满足人民对美好生活的向往，不断创造新的历史伟业"。"中国的昨天已经写在人类的史册上，中国的今天正在亿万人民手中创造，中国的明天必将更加美好。"② 这一对新中国的过去、今天、未来的概述，无疑是关于新中国变与不变的问题，最为权威最为有力的解答。

---

① 习近平：《决胜全面建成小康社会　夺取新时代中国特色社会主义伟大胜利——在中国共产党第十九次全国代表大会上的报告》，人民出版社 2017 年版，第 55、56、57 页。

② 习近平：《在庆祝中华人民共和国成立 70 周年大会上的讲话》，《人民日报》2019 年 10 月 2 日。

新中国成立以来的75年是社会主义发展史上的光辉篇章 *

　　新中国成立以来的 75 年，波澜壮阔，气势恢宏，是人类社会发展史、世界社会主义发展史上的壮丽史诗。回顾世界社会主义发展史，新中国史无疑是其中最为光辉的篇章。

　　马克思恩格斯创立唯物史观和剩余价值理论，把社会主义由空想变为科学，开启了马克思主义指导的社会主义运动；列宁运用和发展科学社会主义，把社会主义由理想变为了现实，建立了第一个横跨欧亚的社会主义国家苏联；第二次世界大战之后，东欧的七八个国家和亚洲的中国、朝鲜、越南、老挝，以及拉丁美洲的古巴等，先后建立了社会主义政权，由工人阶级（通过共产党领导）掌权的社会主义国家拥有了世界 1/3 的人口和 1/4 的土地。尽管苏东剧变以后，世界只剩下中国等少数几个社会主义国家，但中国一国的人口数量便超过了当今发达资本主义国家的人口总和，并早已成为制造业位居世界第一、经济总量位居世界第二的工业大国。这一事实不仅有力证明了苏东剧变并不意味社会主义的消亡，而且充分说明社会主义具有无限强大的生命力。

　　只要站在中国人民的立场上，运用唯物史观分析新中国的 75 年，人们就会看到，无论是在社会主义革命和建设时期、改革开放和社会主义现代化建设新时期，还是在中国特色社会主义新时代；也无论是在建设方针正确的时期，还是在有所偏差的时期，这 75 年历史的主题都是围绕什么是社会主义、怎样建设社会主义的问题展开的，首要主线都是把中国早日建成国力强盛、人民富庶的社会主义国家，并且在社会主义

　　* 本文为 2024 年 7 月 20 日作者在福州举办的第十届马克思主义当代中国史理论论坛上的主旨报告。发表于《当代中国史研究》2024 年第 5 期。

社会的建设中取得了日新月异、天翻地覆、举世瞩目的伟大成就，在社会主义道路的探索中总结出丰富的宝贵经验，获得了许多带有规律性的认识。

什么是社会主义？人们至今虽不能说完全清楚了，但根据马克思主义经典作家对科学社会主义的阐释，以及在这一理论指导下的百余年来社会主义运动的实践，对它的基本原理和主要原则还是清楚的，特别是随着中国特色社会主义事业的不断推进，这一认识已经变得越来越清楚了。科学社会主义理论告诉我们，社会主义社会是迈向人类理想社会——共产主义社会的第一阶段。在这一阶段，由于生产力发展水平的限制，还不能消除工农、城乡、脑体劳动的三大差别，还不能做到人的自由而全面的发展，还不能实行"各尽所能、按需分配"的分配方式，而且，"在经济、道德和精神方面都还带着它脱胎出来的那个旧社会的痕迹"[1]。但它在前进方向上，是以达到共产主义为目标的；在制度设计上，是为实现共产主义做准备的；在价值观上，是以共产主义为取向的。因此，社会主义阶段属于共产主义的范畴，是与资本主义有着根本区别的。其中最大的区别就在于，资本主义是"以资为本"的社会，一切围绕资本的利益、服从资本的需要，即资本至上；而社会主义是"以人为本"的社会，一切围绕人民的利益、服从人民的需要，即人民至上。

社会主义阶段究竟需要多长时间？马克思恩格斯没有讲，在社会主义社会没有出现之前也不可能讲。列宁在社会主义政权建立之初，曾认为社会主义阶段不过10年、20年，但他后来发现实现共产主义没那么容易，提出了"初级形式的"社会主义概念，[2]并推行了利用市场、商品货币关系、部分私营与外资企业的新经济政策。在这个问题上，斯大林也犯过急性病，1936年就宣布建成了社会主义，[3]但后来纠正了这个提法。新中国同样出现过把社会主义阶段看短的情况，犯过急于向共产主义过渡的错误。后来虽然经过挫折冷静了下来，正确认识到"社会主义

---

[1]《马克思恩格斯选集》第3卷，人民出版社2012年版，第363页。
[2]《列宁选集》第4卷，人民出版社2012年版，第92页。
[3]《斯大林文集（1934—1952年）》，人民出版社1985年版，第107—108页。

社会是一个相当长的历史阶段"，①但对社会主义社会的主要矛盾、主要任务的认识还存在偏差。直到党的十一届三中全会后，我们党才创造性地提出社会主义社会也有高级阶段和初级阶段之分；在对社会主要矛盾和党的主要任务的认识上，也重新回到了党的八大的判断，即主要矛盾是人民日益增长的物质文化需要同落后的社会生产之间的矛盾，主要任务是领导人民进行以经济建设为中心的社会主义建设，并且开启了以改革开放为标志的中国特色社会主义道路。党的十八大后，以习近平同志为核心的党中央从新中国已历经近 70 年建设的实际出发，庄严宣告中国特色社会主义进入了新时代，中国社会主义的初级阶段也进入了一个新发展阶段。在新时代新发展阶段，社会的主要矛盾已经转化为人民日益增长的美好生活需要和不平衡不充分的发展之间的矛盾，总任务已经是实现社会主义现代化和中华民族伟大复兴。

中国特色社会主义和社会主义是什么关系？对此，习近平总书记曾做过十分精辟的论述："中国特色社会主义是社会主义而不是其他什么主义，科学社会主义基本原则不能丢，丢了就不是社会主义"；"我们说中国特色社会主义是社会主义，那就是不论怎么改革、怎么开放，我们都始终要坚持中国特色社会主义道路、中国特色社会主义理论体系、中国特色社会主义制度，坚持党的十八大提出的夺取中国特色社会主义新胜利的基本要求"。②这些重要论述说明，中国特色社会主义根据社会主义初级阶段理论，虽在某些具体政策上与社会主义高级阶段有所区别，但在主要原则上，遵循的仍然是科学社会主义理论；在前进方向上，仍然是以社会主义高级阶段和共产主义为目标；在制度设计上，仍然在为建成社会主义社会作准备；在意识形态上，仍然是以马克思主义的思想体系作指导。弄清楚了新中国成立以来的 75 年是建设和探索社会主义的历史，接下来就要回答为什么说这 75 年是社会主义发展史上的光辉篇章？要回答这个问题，就要对新中国各个领域分别作出考察。为此，

---

①《建国以来重要文献选编》第 16 册，中央文献出版社 2011 年版，第 274 页。
②《十八大以来重要文献选编》（上），中央文献出版社 2014 年版，第 109、110 页。

本文拟对新中国 75 年来经济、政治、文化、社会、生态等领域在建设和探索社会主义过程中取得的成就及经验作一番简要而系统的梳理。

一、在经济领域，建成了公有制为主体的生产资料所有制并成长为世界第二大经济体

近代中国之所以会诞生中国共产党，中国共产党之所以会带领人民通过新民主主义革命推翻"三座大山"，成立新中国，走上社会主义道路，其最深刻的原因在于，自从 1840 年鸦片战争以后，由于帝国主义列强侵略，中国从一个地大物博、人口众多、历史悠久、文化灿烂的伟大的民族国家，一步步沦为了半殖民地半封建社会。面对民族危亡，一切先进的中国人为了救国救民，纷纷学习西方，但最终均以失败而告终。直到十月革命特别是五四运动以后，中国工人阶级的先进分子接受了马克思主义，终于找到了救国救民的真理。

根据科学社会主义理论，区分社会主义和资本主义的根本标志是生产资料所有制的性质。新中国成立前夕和初期，以毛泽东同志为主要代表的中国共产党人考虑到一方面，旧中国留下的工业基础十分薄弱，一时难于开展以重工业为重点的工业化建设；另一方面，中国的民族资产阶级具有两重性，所以，决定先搞一段时间的新民主主义，即只没收帝国主义和官僚资本主义的财产，将银行、铁路、港口等关系国民经济命脉的企业收归国有，作为国民经济的主体，对民族资产阶级的私营工商业，则利用它们的积极性，为今后大规模工业化建设积累资金、准备条件。但新中国成立仅仅两年，国营工业产值在全国工业总产值中的比重就有了极大提升，尤其又碰上苏联因为中国抗美援朝而承诺全面援助我国以重工业为重点的"一五"计划建设这个千载难逢的历史机遇，所以，党中央决定提前向社会主义过渡，将私营工商业和个体农业改造为全民所有制和集体所有制，并建立高度集中的计划经济体制，以适应资金、物资、人才均匮乏情况下的大规模工业化基础建设。

在资本主义工商业社会主义改造基本完成后，党中央发现工商业中的公有制比重过大，计划统得过多，并不适合中国当时的生产力水平，

不利于经济的活跃和人民的生活，故一度提出"三个主体、三个补充"的设想，即在国家、集体经营和按计划生产、销售为主体的情况下，允许个体经营、按市场变化的自由生产和自由市场作为补充。①然而，由于那时对生产指标和基本建设速度的过急过高要求，供需矛盾越来越紧张，这一设想不仅一直未能实行，反而促使所有制的公有化程度越来越高，经济计划统得越来越死，国民经济中的重大比例关系越来越不协调。所以，改革开放一开始，首先做的便是调整失衡的国民经济比例，随后又在城市恢复了个体经营，在农村实行了家庭联产承包责任制，在计划经济为主的前提下扩大了市场调节的范围。

随着改革开放的深入推进，市场调节范围越来越大，产生了雇工不受名额限制的私营经济。于是，党和政府从实际出发，将过去几乎百分之一百的公有制和计划经济体制，改为了以公有制为主体、多种所有制经济共同发展的基本经济制度，以及让市场在资源配置中起基础性作用的社会主义市场经济体制。正如习近平总书记 2018 年 11 月在民营企业座谈会上指出的："四十年来，我国民营经济从小到大、从弱到强，不断发展壮大。截至二〇一七年底，我国民营企业数量超过二千七百万家，个体工商户超过六千五百万户，注册资本超过一百六十五万亿元。概括起来说，民营经济具有'五六七八九'的特征，即贡献了百分之五十以上的税收，百分之六十以上的国内生产总值，百分之七十以上的技术创新成果，百分之八十以上的城镇劳动就业，百分之九十以上的企业数量。"②在这种情况下，是否还能说公有制占主体？如果公有制不占主体了，还能说中国特色社会主义是社会主义吗？要回答这个问题，必须运用在探索社会主义过程中取得的重要理论成果，即判断某种所有制是否占主体，主要应当看它对经济是否拥有绝对的控制力。

中国特色社会主义虽然允许私人资本的存在和发展，但在基本经济制度中，公有制仍然占主体地位。改革开放后被多次修订过的《中华人

---

① 参见《陈云文选》第 3 卷，人民出版社 1995 年版，第 13 页。
②《十九大以来重要文献选编》（上），中央文献出版社 2019 年版，第 673 页。

民共和国宪法》，始终规定社会主义经济制度的基础是生产资料的社会主义公有制，即全民所有制和集体所有制；国有经济，即全民所有制经济，是国民经济中的主导力量；矿藏、水流、森林、山岭、草原、荒地、滩涂等自然资源，都属于国家所有，即全民所有；城市的土地属于国家所有，农村和城市郊区土地除有法律规定国家所有以外属于集体所有。宪法是这样规定的，实际也是这样做的。中国自从基本完成社会主义改造后，凡是土地、矿藏、河流、森林等构成生产要素的自然资源，就都属于国家和集体所有了。改革开放后，民营经济得到长足发展，但凡是关系国民经济命脉的行业都由国有企业独资或控股经营，凡是重大基本建设项目也都由国家作为投资主体，在全社会资产总额中，国有企业仍然占据绝对优势。因此，说我国当前仍然由公有制占主体，是毫无疑义的。

同时也要看到，个体私营经济在满足市场需求、吸收就业人口等方面有着巨大作用，但国有企业更多承担着一些对国家对社会有利而对自己无利可图甚至亏本的重大项目。国有企业不仅要纳税，而且还要上缴利润。例如，2021 年仅中央企业就实现利润总额 2.4 万亿元。[①]另外，党和政府在依法保护个体私营经济合法权利及利益的同时，也在加强对它们的引导、监督和管理。正如习近平总书记明确指出的："既不让'资本大鳄'恣意妄为，又要发挥资本作为生产要素的功能。这是一个不容回避的重大政治和经济问题"。[②]

根据马克思主义政治经济学原理，所有制决定分配制度。因为中国特色社会主义实行公有制为主体、多种所有制经济共同发展，所以在分配制度上也是以按劳分配为主体、多种分配方式并存。进入新时代，习近平总书记提出了一个重要方针，即要"推动全党把坚持正确政治方向贯彻到谋划重大战略、制定重大政策、部署重大任务、推进重大工作的实践中去，经常对表对标，及时校准偏差"，强调"必须始终把人民利

①《去年央企实现利润总额 2.4 万亿元》，《人民日报》2022 年 1 月 20 日。
②《习近平谈治国理政》第 4 卷，外文出版社 2022 年版，第 211 页。

益摆在至高无上的地位，让改革发展成果更多更公平惠及全体人民"，①不断理顺效率与公平、政府与市场、改革与民生等重大关系。

以收入分配制度为例，2013 年 11 月，党的十八届三中全会通过的《中共中央关于全面深化改革若干重大问题的决定》强调要"形成合理有序的收入分配格局"，并提出一系列改革举措，如着重保护劳动所得，努力实现劳动报酬增长和劳动生产率提高同步，提高劳动报酬在初次分配中的比重；健全工资决定和正常增长机制，完善最低工资和工资支付保障制度，完善企业工资集体协商制度；健全资本、知识、技术、管理等由要素市场决定的报酬机制；等等。② 2024 年 7 月，党的二十届三中全会通过的《中共中央关于进一步全面深化改革 推进中国式现代化的决定》（以下简称《决定》）则进一步强调要"完善收入分配制度"，提出若干改革举措，如构建初次分配、再分配、第三次分配协调配套的制度体系，提高居民收入在国民收入分配中的比重，提高劳动报酬在初次分配中的比重；完善劳动者工资决定、合理增长、支付保障机制，健全按要素分配政策制度；等等。③

再以资源配置问题为例，党的十八届三中全会将市场在资源配置中起基础作用的提法改为了"起决定性作用"，习近平总书记对此强调，"市场在资源配置中起决定性作用，并不是起全部作用"④。党的二十届三中全会进一步提出："聚焦构建高水平社会主义市场经济体制，充分发挥市场在资源配置中的决定性作用，更好发挥政府作用。"⑤ 习近平总书记对政府与市场的关系也作出过重要论断："我们是在中国共产党领导和社会主义制度的大前提下发展市场经济，什么时候都不能忘了'社会主义'这个定语。之所以说是社会主义市场经济，就是要坚持我们的制

①《习近平谈治国理政》第 3 卷，外文出版社 2020 年版，第 93、35 页。

②《十八大以来重要文献选编》（上），中央文献出版社 2014 年版，第 537 页。

③《中共中央关于进一步全面深化改革 推进中国式现代化的决定》，《人民日报》2024 年 7 月 22 日。

④《十八大以来重要文献选编》（上），中央文献出版社 2014 年版，第 500 页。

⑤《中共中央关于进一步全面深化改革 推进中国式现代化的决定》，《人民日报》2024 年 7 月 22 日。

度优越性，有效防范资本主义市场经济的弊端。我们要坚持辩证法、两点论，继续在社会主义基本制度与市场经济的结合上下功夫，把两方面优势都发挥好，既要'有效的市场'，也要'有为的政府'，努力在实践中破解这道经济学上的世界性难题。"① 目前，我们仍然在探索如何把政府和市场两方面作用结合好、两方面优势发挥好的问题，思路愈发清晰。

改革开放初期，为了促进发展，实行了一部分地区、一部分人先富起来的政策。然而，在产生积极效果的同时，城乡、区域、群体的收入差距也出现拉大的趋势。对此，邓小平早在 20 世纪 90 年代就说过："中国发展到一定的程度后，一定要考虑分配问题。也就是说，要考虑落后地区和发达地区的差距问题。不同地区总会有一定的差距。这种差距太小不行，太大也不行。如果仅仅是少数人富有，那就会落到资本主义去了。"② 党的十八大后，以习近平同志为核心的党中央以确保 2020 年全面建成小康社会为契机，在全国开展了一场人类历史上最大规模的脱贫攻坚战，使近 1 亿人的农村贫困人口（按当年标准）全部脱贫，832 个贫困县和 12.8 万个贫困村全部摘帽出列，同时提出切实做好巩固拓展脱贫攻坚成果同乡村振兴有效衔接各项工作，③ 推动农民收入进一步增加；在缩小区域发展差距方面，除了继续推动西部大开发形成新格局、东北振兴取得新突破、中部崛起速度加快、东部率先实现高质量发展外，又实施了京津冀协同发展、长江经济带发展、粤港澳大湾区建设、长三角一体化发展、黄河流域生态保护和高质量发展等战略，加强了对革命老区、民族地区、边疆地区、贫困地区发展的支持力度。

党的十八大后，以习近平同志为核心的党中央推进了全面深化改革。所谓全面深化改革，一个核心要义就是要进一步端正改革的目的和方向。习近平总书记反复强调："全面深化改革必须以促进社会公平正

---

① 习近平：《论把握新发展阶段、贯彻新发展理念、构建新发展格局》，中央文献出版社 2021 年版，第 64 页。

②《邓小平年谱（1975—1997）》（下），中央文献出版社 2004 年版，第 1356—1357 页。

③《全国脱贫攻坚总结表彰大会在京隆重举行》，《人民日报》2021 年 2 月 26 日。

义、增进人民福祉为出发点和落脚点。这是坚持我们党全心全意为人民服务根本宗旨的必然要求。……如果不能给老百姓带来实实在在的利益，如果不能创造更加公平的社会环境，甚至导致更多不公平，改革就失去意义，也不可能持续"；"我们的改革开放是有方向、有立场、有原则的"；①"该改的、能改的我们坚决改，不该改的、不能改的坚决不改"②；要"把以人民为中心的发展思想体现在经济社会发展各个环节，做到老百姓关心什么、期盼什么，改革就要抓住什么、推进什么，通过改革给人民群众带来更多获得感"③；"要把促进社会公平正义、增进人民福祉作为一面镜子，审视我们各方面体制机制和政策规定，哪里有不符合促进社会公平正义的问题，哪里就需要改革；哪个领域哪个环节问题突出，哪个领域哪个环节就是改革的重点"④。习近平总书记指出："经济发展、物质生活改善并不是全部，人心向背也不仅仅决定于这一点。发展了，还有共同富裕问题。物质丰富了，但发展极不平衡，贫富悬殊很大，社会不公平，两极分化了，能得人心吗？"⑤"我们必须坚持发展为了人民、发展依靠人民、发展成果由人民共享，作出更有效的制度安排，使全体人民朝着共同富裕方向稳步前进，绝不能出现'富者累巨万，而贫者食糟糠'的现象。"⑥

党的二十届三中全会通过的《决定》指出，要"总结和运用改革开放以来特别是新时代全面深化改革的宝贵经验"，明确进一步全面深化改革的原则包括：坚持党的全面领导，确保改革始终沿着正确政治方向前进；坚持以人民为中心，人民有所呼、改革有所应，做到改革为了人民、改革依靠人民、改革成果由人民共享；坚持守正创新，坚持中国特色社会主义不动摇；等等。《决定》在阐明进一步全面深化改革的指导思想时，强调要以促进社会公平正义、增进人民福祉为出发点和落脚

①《习近平关于全面深化改革论述摘编》，中央文献出版社 2014 年版，第 96、14 页。
②《习近平谈治国理政》第 3 卷，外文出版社 2020 年版，第 184 页。
③《习近平谈治国理政》第 2 卷，外文出版社 2017 年版，第 103 页。
④《习近平关于全面深化改革论述摘编》，中央文献出版社 2014 年版，第 98 页。
⑤ 习近平：《做焦裕禄式的县委书记》，中央文献出版社 2015 年版，第 35 页。
⑥《十八大以来重要文献选编》（中），中央文献出版社 2016 年版，第 827 页。

点；在阐明进一步全面深化改革的总目标时，强调要聚焦提高人民生活品质，完善收入分配和就业制度，健全社会保障体系，推动全体人民共同富裕取得更为明显的实质性进展。[①] 所有这些，无疑都是对改革开放以来特别是新时代全面深化改革经验的总结和运用，都是进一步全面深化改革必须贯彻的原则。归纳起来，就是改革必须以人民为中心，具体说，就是要进一步坚定改革的正确政治方向不动摇，进一步明确改革的出发点和落脚点不走样，进一步聚焦改革的着重点不偏离。

毛泽东在为 1954 年宪法草案作说明时讲："社会主义全民所有制是原则，要达到这个原则就要结合灵活性。"[②] 这一论述告诉我们，社会主义既要有原则性，也要有灵活性。所谓灵活性，就是在不违反原则性的情况下，把原则与具体情况相结合。75 年来，新中国正是按照这一经验，把社会主义的原则与国内国际形势的变化相结合，不断调整社会主义所有制体制和经济体制，使它最大限度地适应生产力发展的水平和需要。正因为如此，新中国成立以来的 75 年不仅走完了西方发达国家用几百年才走完的工业化历程，而且在许多领域都超过了西方发达国家。

例如，旧中国不仅工业落后，而且门类奇缺，仅有少量的机械维修和纺织、卷烟、粮食加工等轻工业。新中国仅通过四个"五年计划"建设，就建成了独立的比较完整的工业体系和国民经济体系，使我国成为目前世界上唯一拥有联合国产业分类目录中所有工业门类的国家。另外，早在 20 世纪 60 年代，我国的尖端科技领域就实现了"两弹一星"的突破；进入 21 世纪后，更在量子通信、超级计算机、人工智能、5G 技术、探月工程等方面走在了世界前列。我国现在在尖端科技领域还有许多地方技不如人，但也要坚信，只要继续沿着已有的道路走下去，假以时日，那些被"卡脖子"的技术也是一定会被一一攻破的。

再如，以 1950 年的中国和美国相比，钢产量是 60.6 万吨对 8772 万吨，相差 100 多倍；而 2023 年，中国钢产量是 10.19 亿吨，美国是

[①]《中共中央关于进一步全面深化改革 推进中国式现代化的决定》，《人民日报》2024 年 7 月 22 日。

[②]《毛泽东文集》第 6 卷，人民出版社 1999 年版，第 327 页。

8070 万吨，反超其 12 倍。①中国 1949 年仅有铁路 2.18 万公里，里程数比印度还少；地铁和高铁也很晚才开始建造。但到了 2023 年，中国铁路营业里程已达 15.9 万公里，位居世界第二，里程数远远高于印度；高铁营业里程 4.5 万公里，位居世界第一；城市地铁运营里程位居世界前列。②1978 年中国的汽车产量仅 14.91 万辆，但 2023 年达到了 3000 万辆，其中新能源汽车产销突破 900 万辆，市场占有率超过 30%，成为引领全球汽车产业转型的重要力量。③此外，中国其他产业也一路蓬勃发展，量与质都有了极大跃升。这一切，皆得益于中国选择的社会主义道路，得益于新中国 75 年来通过接续努力打造出的完整产业链。美国等西方国家不断宣称"脱钩"，要把产能转到其他国家，但总也"脱"不彻底、"转"不干净，原因盖出于此。

二、在政治领域，建立了社会主义的基本政治制度并不断加以完善和法制化

改革开放前，新中国在政治领域取得的最大成果，就是建立了工人阶级领导的、工农联盟为基础的人民民主专政的国家政权，制定了社会主义的宪法，建立了人民代表大会这一根本政治制度，以及中国共产党领导的多党合作和政治协商、民族区域自治、基层群众自治等基本的和重要的政治制度。

20 世纪 50 年代，毛泽东在《论十大关系》和《关于正确处理人民内部矛盾的问题》(以下简称《正处》) 中都论述了社会主义的政治建设，其中最全面最系统的是《正处》。在《正处》一文中，毛泽东深入分析了社会主义革命完成后的阶级状况，创造性地提出在社会主义社会

---

① 参见《正义的胜利 和平的胜利 人民的胜利》，《人民日报》2023 年 7 月 27 日；《2023 年世界粗钢产量微增 0.1%》，自然资源部网，2024 年 1 月 26 日，https://geoglobal.mnr.gov.cn/zx/kydt/zhyw/202401/t20240126_8742133.htm。

② 参见《坚持全国一盘棋》，《人民日报》2019 年 11 月 13 日；《流动中国彰显经济社会发展活力》，《人民日报》2024 年 7 月 2 日。

③ 参见《新中国六十年统计资料汇编》，中国统计出版社 2010 版，第 44 页；《2023 年我国汽车产销均首超 3000 万辆》，《人民日报》2024 年 1 月 12 日。

存在两类完全不同性质的矛盾，即人民内部矛盾和敌我矛盾。[①] 历史证明，从 1956 年基本完成社会主义改造至 1978 年党的十一届三中全会召开前的 22 年，新中国对社会主义政治的建设和探索，除了"文化大革命"时期，基本上都是按照《正处》勾画的蓝图进行的。那一时期，政治建设和探索取得的历史性成就，除了确立社会主义的根本和基本政治制度外，还有初步掌握社会主义政治发展规律，制定了社会主义的法律，建立社会主义的立法和司法体系，开辟社会主义的政治道路。正是这一切，使我国"完成了中华民族有史以来最为广泛而深刻的社会变革，为当代中国一切发展进步奠定了根本政治前提和制度基础，为中国发展富强、中国人民生活富裕奠定了坚实基础，实现了中华民族由不断衰落到根本扭转命运、持续走向繁荣富强的伟大飞跃"[②]。

在建设和探索中也出现过偏差和曲折，给社会主义事业造成了损失。其中最集中的一个表现是，"把社会主义社会中一定范围内存在的阶级斗争扩大化和绝对化"，直至提出"以阶级斗争为纲"，导致"文化大革命"，混淆了敌我，"给党、国家和各族人民带来严重灾难"。[③]对此，我们必须"彻底否定"[④]。然而，"文化大革命"长达十年，在这期间，中国究竟是什么性质的社会？还是不是社会主义社会？还是否在对社会主义进行建设和探索？对这些问题如果不搞清楚，势必影响对新中国 75 年历史的评价。

关于"文化大革命"，1981 年党的十一届六中全会通过的《关于建国以来党的若干历史问题的决议》（以下简称《历史决议》）作过专门的分析和判断。对"文化大革命"被错误发动的动机问题，《历史决议》指出：毛泽东"经常注意要克服我们党内和国家生活中存在着的缺点"，"他在犯严重错误的时候，还多次要求全党认真学习马克思、恩格斯、

---

① 参见《毛泽东文集》第 7 卷，人民出版社 1999 年版，第 204 页。

② 习近平：《论中国共产党历史》，中央文献出版社 2021 年版，第 117—118 页。

③《三中全会以来重要文献选编》（下），中央文献出版社 2011 年版，第 140、144 页。

④《中国共产党第十九届中央委员会第六次全体会议文件汇编》，人民出版社 2021 年版，第 36 页。

列宁的著作，还始终认为自己的理论和实践是马克思主义的，是为巩固无产阶级专政所必需的，这是他的悲剧所在"。① 就是说，"毛泽东同志发动这样一次大革命，主要是从反修防修的要求出发的"。②《历史决议》在分析"文化大革命"发生的历史原因时指出："社会主义运动的历史不长，社会主义国家的历史更短，社会主义社会的发展规律有些已经比较清楚，更多的还有待于继续探索。"就是说，发动"文化大革命"仍然属于对社会主义社会发展规律的探索性质。《历史决议》在分析"文化大革命"期间经济、国防、外交工作时指出：在那十年里，"我国国民经济虽然遭到巨大损失，仍然取得了进展。粮食生产保持了比较稳定的增长"。"在国家动乱的情况下，人民解放军仍然英勇地保卫着祖国的安全。对外工作也打开了新的局面。"就是说，"文化大革命"时期，各方面的建设仍然在进行并取得了一定成绩。《历史决议》在分析如何看待那一时期我们党和社会的性质时指出："文化大革命"期间，"党、人民政权、人民军队和整个社会的性质都没有改变"；"我们的党和社会主义制度具有伟大而顽强的生命力"。③ 这些论述清楚地表明，要把"文化大革命"和"文化大革命"时期相区别，把毛泽东发动"文化大革命"的动机与林彪、江青反革命集团祸国殃民的罪恶相区别；我们对"文化大革命"要彻底否定，但对那一时期我们国家的社会主义性质绝不能否定，对我们党在那一时期领导人民进行的社会主义建设和取得的成就绝不能否定；那一时期对社会主义政治道路的探索无疑是失败的，但不能因此而否定它也是在探索。

改革开放后，我国在改革开放前已有成就和经验教训基础上，成功走出了一条中国特色社会主义政治发展道路，取得了一系列更加重大的成就和更加成熟的经验。

例如，进行了政治领域的拨乱反正，否定了违背实事求是原则的"两个凡是"的方针，平反了"文化大革命"中间及之前历次政治运

---

① 《三中全会以来重要文献选编》（下），中央文献出版社 2011 年版，第 147 页。
② 《邓小平文选》第 2 卷，人民出版社 1994 年版，第 149 页。
③ 《三中全会以来重要文献选编》（下），中央文献出版社 2011 年版，第 148、149 页。

动中的冤假错案，停止使用了不适合社会主义社会的"以阶级斗争为纲"的口号，恢复了党的八大作出的国内主要矛盾的判断，同时，对新中国成立以来党的重大历史问题进行了总结、作出了评价，确立了毛泽东的历史地位，提出了社会主义初级阶段的理论，制定了党的以经济建设为中心、坚持社会主义道路、无产阶级专政、共产党的领导、马克思列宁主义和毛泽东思想的四项基本原则和坚持改革开放的基本路线。

又如，进行了政治体制和行政体制的改革，改变了权力过分集中的现象，解决了党政不分、以党代政的问题，实行了集体领导和个人分工负责相结合的制度，废除了干部领导职务的终身制，建立了新老领导干部交接班的制度，将企事业单位党委领导下的行政首长负责制改为了行政首长负责制，规定全国人大常委会和国务院领导不能交叉任职，并对国务院和各级政府进行了行政管理体制和机构改革，解决政企不分、机构臃肿、人员庞杂、效率低下等问题。

再如，开展了法制建设，提出不能以党代政、以党代法，把依法治国确定为党和政府管理国家和社会事务的重要方针及党领导人民治理国家的基本方略，使国家各项工作逐步走上法制化轨道，建设社会主义法治国家；制定并颁布了既体现社会主义和人民民主原则，又体现民族团结和国家统一、改革开放和实事求是、一切从实际出发精神的 1982 年宪法，并在 1988 年、1993 年、1999 年、2004 年、2018 年进行了 5 次修订。同时，抓紧立法工作，制定了一系列重要法律，初步形成了中国特色社会主义法律体系；改革司法制度，完善政法队伍管理体制，重建和壮大律师队伍。

进入新时代，以习近平同志为核心的党中央统筹推进"五位一体"总体布局、协调推进"四个全面"战略布局，并在党的二十届三中全会通过的《决定》中对全面深化改革作了系统擘画。这个决定与以往关于改革的决定不同，不是单讲经济改革，也不是单讲政治和文化改革，而是包括经济、政治、文化、社会、生态文明和党的建设等各个领域的体制机制改革，总目标是完善和发展中国特色社会主义制度，推进国家治理体系和治理能力的现代化。正如习近平总书记在党的十八届三中全会第二次全体会议上的讲话中指出的："怎样治理社会主义社会这样全新的社会，在以往的世界社会主义中没有解决得很好。马克思、恩格斯没有遇到全面治理一个社会主义国家的实践，他们关于未来社会的原理很多是预测性的；列宁在俄国十月革命后不久就过世了，没来得及深入探索这个问题；苏联在这个问题上进行了探索，取得了一些实践经验，但也犯下了严重错误，没有解决这个问题。中国共产党执政以后，不断探索这个问题，虽然也发生了严重曲折，但在国家治理体系和治理能力上积累了丰富经验、取得了重大成果，改革开放以来的进展尤为显著。我国政治稳定、经济发展、社会和谐、民族团结，同世界上一些地区和国家不断出现乱局形成了鲜明对照。这说明，我们的国家治理体系和治理能力总体上是好的，是适应我国国情和发展要求的。""同时，我们也要看到……我们在国家治理体系和治理能力方面还有许多不足，有许多亟待改进的地方。""我们要更好发挥中国特色社会主义制度的优越性，必须从各个领域推进国家治理体系和治理能力现代化。"[1]根据这一指导思想，《决定》就加强社会主义民主政治制度建设、推进法治中国建设、强化运行制约和监督体系等方面的改革，作出了一系列进一步规定。《决定》指出，进一步全面深化改革的总目标是"继续完善和发展中国特色社会主义制度，推进国家治理体系和治理能力现代化"，并除了经济体制方面的改革外，还就"健全全过程人民民主制度体系""持续深化国防和军队改革""提高党对进一步全面深化改革、推进中国式现代化的领导水平"等方面的改革作出了许多具体规定。[2]

中国共产党在新中国是领导社会主义事业的核心政治力量。党的自身建设，以及对党在执政条件下保持革命性、先进性、纯洁性的探索，也是社会主义政治建设与探索的重要组成部分。改革开放之始，我们党就成立了中央纪律检查委员会，着手党的制度建设，先后制定了《关于

---

①《十八大以来重要文献选编》（上），中央文献出版社 2014 年版，第 548 页。
②《中共中央关于进一步全面深化改革 推进中国式现代化的决定》，《人民日报》2024 年 7 月 22 日。

党内政治生活的若干准则》《中国共产党纪律处分条例》等文件，建立了党政机关县（处）级以上领导干部收入申报制度、党和国家机关工作人员在国内公务活动中收受礼品实行登记的制度及选派部级干部到地方和部门巡视的制度，采取了党的纪律检查机关和政府行政监察部门合署办公、在检察院设立反贪污贿赂机构的措施；先后开展了包括 1983 年整党，1989 年做合格共产党员的教育和在部分党员中进行党员重新登记的工作，1998 年以"讲学习、讲政治、讲正气"为主要内容的党性党风教育，2005 年以实践"三个代表"重要思想为主要内容的保持共产党员先进性教育在内的集中教育活动；严厉打击了涉及党员的经济犯罪，加大了反腐败斗争力度，逐步确立了领导干部廉洁自律、查办违法违纪案件、纠正部门和行业不正之风的反腐败格局，形成了党委集中统一领导、党政齐抓共管、纪委组织协调、部门各负其责、依靠群众支持和参与的体制机制。

进入新时代，面对过去一个时期"管党治党一度宽松软带来党内消极腐败现象蔓延、政治生态出现严重问题，党群干群关系受到损害，党的创造力、凝聚力、战斗力受到削弱"；"对坚持党的领导认识模糊、行动乏力问题，存在不少落实党的领导弱化、虚化、淡化、边缘化问题"；"有些党员、干部政治信仰出现严重危机，一些地方和部门选人用人风气不正，形式主义、官僚主义、享乐主义和奢靡之风盛行"等问题，① 采取了一系列应对措施。

第一，进一步明确政治建设的指导思想，例如，制定了新时代统筹推进"五位一体"的总体布局和协调推进"四个全面"的战略布局；提出"中国特色社会主义最本质的特征是中国共产党领导"，并将其写入宪法；提出全面深化改革的总任务及坚持、完善中国特色社会主义制度、推进国家治理体系和治理能力现代化的总要求；明确坚持党的领导是社会主义法治的根本要求，把坚持党的领导、人民当家作主、依法治

---

① 《中国共产党第十九届中央委员会第六次全体会议文件汇编》，人民出版社 2021 年版，第 49、50、52 页。

国有机统一起来是我国社会主义法治建设的一条基本经验；推进全面依法治国，确保法律法规和制度政策出台前、出台中、出台后进行合宪性审查；加强宪法的解释工作，落实宪法解释程序机制；建立宪法宣誓制度，促使国家工作人员树立宪法意识，建立国家宪法日，广泛开展宪法宣传教育。

第二，建立健全党对重大工作的领导体制机制，例如，把"坚持党对一切工作的领导"作为新时代坚持和发展中国特色社会主义基本方略的第一条，强调"党政军民学，东西南北中，党是领导一切的"；[①]加强了党中央对涉及党和国家事业全局的重大工作的集中统一领导。

第三，推进社会主义民主政治理论的创新，例如，提出全过程人民民主理念，实行从民主选举到民主协商、民主决策、民主管理、民主监督的全链条民主，以及从过程民主和结果民主到程序民主和实质民主、直接民主和间接民主的全方位民主，从政治民主、经济民主到社会民主、立法民主、司法民主、党内民主、党际民主的全覆盖民主。

第四，推动总体国家安全观指导下的政治安全建设，例如，把社会主义政治建设与政治安全结合起来，一方面筑牢政治制度的根基，另一方面开展同来自内部和外部一切危及政治安全特别是政权安全行为的斗争；坚决抵制各种错误思潮，健全意识形态工作责任制，维护意识形态阵地；开展涉疆、涉藏的斗争，严厉打击敌对势力的渗透、破坏、颠覆、分裂活动，顶住和反击外部的极端遏制打压；坚决打击"反中乱港"势力，防范和抵制外部势力对香港事务的干预，推动香港局势由乱到治、由治到兴的重大转变；坚决反对"台独"的分裂行径，有效应对外部的干涉和军事挑衅。

第五，推动全面从严治党战略下的党建，例如，要求各级党组织坚持以人民为中心的根本立场和人民至上的执政理念，强调中国共产党没有任何自己的特殊利益，不代表任何利益集团、权势团体、特权阶层，

---

① 《中国共产党第十九届中央委员会第三次全体会议文件汇编》，人民出版社 2018 年版，第 47 页。

党执政后的最大危险是脱离群众;强调学习马克思主义基本理论,坚定共产主义远大理想和中国特色社会主义共同理想;严肃党内政治生活,严明党的政治纪律和政治规矩;制定和落实中央八项规定,纠治党内的各种不正之风;接连开展群众路线教育实践活动、"三严三实"专题教育、"两学一做"学习教育、"不忘初心、牢记使命"主题教育、党史学习教育为主题的党内集中教育、党纪学习教育等集中教育活动,做到警钟长鸣,防患未然;严肃查处违纪违法案件,保持惩治腐败的高压态势。

在改革开放和社会主义市场经济条件下,腐败的一个温床是党政干部与私人资本之间的不正当联系。因此,预防腐败除了要加强思想政治工作、提高干部思想上的免疫力之外,还要从制度上采取措施。例如,允许私人资本的存在和发展,但绝不允许各级党政干部经商办企业;允许党政干部及其家属买卖股票和委托金融机构理财,但县(处)级以上干部买卖的每只股票、每个理财产品,必须在年终的个人事项报告书中如实填写买入价格和收益;允许并鼓励党政干部积极主动为民营企业排忧解难,维护他们的合法权益,但绝不允许违反规定出入私人会所,同民营企业家之间进行权钱交易、利益输送。在新时代,以习近平同志为核心的党中央重新修订印发了《中国共产党纪律处分条例》,对领导干部及其配偶、子女及其配偶,以及领导干部离职或退休后从事经营活动做出了更加严格的规定。正如习近平总书记强调的:"当官就不要发财,发财就不要当官,这是两股道上跑的车"。[1] 所有这些措施,目的都是为了从制度上切断党员干部与私人资本之间的利益关联,防止社会主义市场经济条件下的官商勾结。正是这些措施,使我们党的自我净化、自我完善、自我革新、自我提高能力在党的十八大后显著增强,管党治党宽松软的状况得到了根本扭转,反腐败斗争取得压倒性胜利并得到了全面巩固,消除了党、国家、军队内部存在的严重隐患,保证中国特色社会主义事业又向前大大迈进了一步。

---

① 《习近平关于严明党的纪律和规矩论述摘编》,中央文献出版社、中国方正出版社2016年版,第103页。

我们党过去产生过、今后也难免会产生少数腐败分子，制度和政策有时也会出现这样或那样一些不够完善的地方。但我们党的无产阶级政党性质和党的纪律，决定和规定了党和国家政策的制定者与决策的参与者都不能办私人企业，不能拥有私人资本。因此，我们党治国理政的取向，政策、决策的出发点都只能是以人民为中心，为人民的根本利益和长远利益考虑。而在资本主义国家，商品交换的原则可以"合法"进入政治领域，政府、政党、政客可以公开代表私人资本的利益，政党竞选可以接受私人资本资助，也允许私人资本用金钱雇人游说议员，官商之间相互勾结、利益输送完全正当，因此，资本主义制度决定了政府的政策必然向资本倾斜，为了资本利益最大化，不仅可以"合法"腐败，还可以"合法"损害民众利益，牺牲精神文明、破坏生态环境。

三、在文化领域，建立了以马克思主义为指导的社会主义先进文化并取得了丰硕成果

新中国成立前夕，中国人民政治协商会议第一届全体会议通过的《中国人民政治协商会议共同纲领》（以下简称《共同纲领》）明确规定，新中国文化是新民主主义的，"即民族的、科学的、大众的文化教育"，应当"肃清封建的、买办的、法西斯主义的思想、发展为人民服务的思想"。[1] 新中国成立后，特别是进入社会主义社会后，党和政府始终高度重视新文化建设和马克思主义在意识形态领域的指导地位，并提出"百花齐放、百家争鸣"和"古为今用、洋为中用"的方针，对旧文化进行改革，为建设新文化提供制度和组织保障。例如，为了用马克思主义教育干部群众，陆续出版发行了马克思、恩格斯和列宁的著作及《毛泽东选集》；大力普及马克思主义的基本知识，进行共产主义世界观、人生观教育，组织学习劳动创造世界、人民群众创造历史、国家的阶级性质等历史唯物主义的基本观点；树立了雷锋、王进喜、焦裕禄、大庆、红旗渠等一批体现社会主义价值观的先进典型，产生了以《辩证唯物主义

---

① 《建国以来重要文献选编》第 1 册，中央文献出版社 2011 年版，第 9 页。

和历史唯物主义》《中国通史》等为代表的学术著作，涌现出一批以小说《红岩》、电影《红色娘子军》、京剧《红灯剧》、话剧《霓虹灯下的哨兵》、歌剧《洪湖赤卫队》、大型音乐舞蹈史诗《东方红》等优秀作品为代表的文艺创作成果。

为了帮助从旧社会过来的知识分子提高政治觉悟、适应和服务新社会，新中国成立初期开展了知识分子思想改造运动，推动知识分子的自我教育，逐步树立为人民服务和人人平等的无产阶级思想。为了肃清帝国主义、封建主义和资产阶级错误思想，抓住一些典型事例，对实用主义哲学、庸俗进化论、改良主义社会学、历史唯心论、民族自卑和民族虚无主义观点、崇美恐美思想开展了批判。后来在批判中也逐渐出现"左"的偏差，混淆了思想与行动、是非与敌我的界限，直至发展到把学术和文艺作品与现实政治斗争直接挂钩，并由此引出"文化大革命"，使社会主义事业遭受严重挫折。

改革开放后，党中央推翻了"四人帮"污蔑新中国成立后 17 年的所谓"文艺黑线专政论"；在肯定文艺不能脱离政治，文艺工作者不能不考虑作品的社会影响、人民和国家利益的前提下，用文艺为人民服务、为社会主义服务的提法取代了以前文艺为工农兵服务、为无产阶级政治服务的方针；强调对文艺工作者的创作不要横加干涉，要改善文艺发展的环境。"文化大革命"时期倍受冲击的教育和社会科学、新闻、出版等意识形态领域，在否定"两个估计"（即"文化大革命"前 17 年科技教育战线执行的是"修正主义路线"，知识分子的大多数世界观基本上是资产阶级的，是"资产阶级知识分子"）的错误结论和"尊重知识、尊重人才"的正确方针下，呈现出大发展大繁荣的局面。

在解放思想、破除"左"的思想束缚以及对外开放的进程中，文化和意识形态领域也曾出现一些新问题。例如，有人曲解解放思想的方针，否定党的领导、社会主义制度、毛泽东和毛泽东思想；有人认为人都是自私的，人生没有意义；有人创作宣传"不爱社会主义不等于不爱国"的电影；有人宣扬马克思主义是人道主义，社会主义也有"异化"的观点；有人鼓吹抽象民主，主张反革命言论也应当有发表自由；有人把党性和人民性对立起来，主张党报不能只是党的喉舌，也要当人民的喉舌。还有人鼓吹西方所谓的"现代派"思想，宣扬文学艺术的最高目的是"表现自我"。另外，"一切向钱看"的歪风也在文艺界传播开来，不少人用庸俗低级的内容和形式捞钱，把精神产品商品化。在向资本主义发达国家学习先进科学技术、经营管理方法及有益的知识、文化的同时，不分析、不鉴别，盲目推崇和引进西方的学术文化，以至一些连西方国家也认为低级庸俗或有害的书籍、电影、音乐、舞蹈及录像录音也被大量输入。面对这些情况，邓小平鲜明提出要坚持四项基本原则，反对搞资产阶级自由化，思想战线不能搞精神污染，在抓物质文明的同时也要抓社会主义精神文明建设，精神文明建设的根本任务是培养有理想、有道德、有文化、有纪律的社会主义新人，要努力提高整个中华民族的思想道德素质和科学文化素质。

在改革开放新时期，随着经济体制改革的深入，文化体制改革也逐渐起步，除了图书馆、博物馆等不带商品属性的文化服务单位及需要国家财政资助的有特殊艺术价值的艺术表演团体外，其他文化单位基本进入市场，纳入第三产业，实行自负盈亏。另外，还出现了个体经营的租书摊、台球室、游戏机室、旱冰场、舞厅等。在社会结构深刻变动、利益格局深刻调整、思想观念深刻变化的情况下，文化领域乃至整个社会也不可避免地会出现媚俗庸俗和道德失范、丑恶现象沉渣泛起的问题，以及一些青年学生信仰迷茫、价值观扭曲的现象。针对这些情况，党中央提出要建构以马克思主义为指导、以中国特色社会主义共同理想、爱国主义为核心的民族精神，以改革创新为核心的时代精神，以社会主义荣辱观为基本内容的社会主义核心价值体系，并在党的十八大上提出社会主义核心价值观。国家有关部门在承认文化市场的同时，针对黄赌毒和偷税漏税等问题也出台了一系列管理办法和规定。

进入新时代以来，党和政府在对社会主义的文化建设和探索上，一方面接续改革开放前后两个历史时期已有的成绩，另一方面，纠正探索中的偏差，采取了一系列新举措，进行了具有许多新的历史特点的建设和探索。

（一）把马克思主义在意识形态领域的指导地位提高到了新的高度

随着所有制改革不断深化，市场调节范围越来越广，对外文化交流不断扩大，人们思想的独立性、选择性、多变性、差异性日益显著，文化领域的相互交流交融交锋日益激烈，由资产阶级自由化中派生出的西方"宪政民主"、新自由主义、民主社会主义、历史虚无主义等思潮一度甚嚣尘上，使马克思主义指导地位受到严重挑战。在党员尤其干部队伍中，"有的对共产主义心存怀疑，认为那是虚无缥缈、难以企及的幻想；有的不信马列信鬼神，从封建迷信中寻找精神寄托，热衷于算命看相、烧香拜佛，遇事'问计于神'"[1]。在对待坚持以马克思主义为指导问题上，"社会上也存在一些模糊甚至错误的认识。有的认为马克思主义已经过时，中国现在搞的不是马克思主义；有的说马克思主义只是一种意识形态说教，没有学术上的学理性和系统性。实际工作中，在有的领域中马克思主义被边缘化、空泛化、标签化，在一些学科中'失语'、教材中'失踪'、论坛上'失声'。"之所以出现这种现象，与"一些单位和党政干部政治敏感性、责任感不强，在重大意识形态问题上含含糊糊、遮遮掩掩"有直接关系。[2]为此，以习近平同志为核心的党中央把巩固和强化马克思主义在意识形态领域中的指导地位作为坚持和完善繁荣发展社会主义先进文化制度中的"根本制度"[3]，要求"党校、干部学院、社会科学院、高校、理论学习中心组等都要把马克思主义作为必修课，成为马克思主义学习、研究、宣传的重要阵地"[4]；"把坚持以马克思主义为指导全面落实到思想理论建设、哲学社会科学研究、教育教学各方面"[5]；"推进马克思主义中国化时代化大众化，建设具有强大凝聚力和

---

①《十八大以来重要文献选编》（上），中央文献出版社 2014 年版，第 339 页。

②《习近平关于社会主义文化建设论述摘编》，中央文献出版社 2017 年版，第 75—76、35 页。

③《十九大以来重要文献选编》（中），中央文献出版社 2021 年版，第 283 页。

④《习近平关于社会主义文化建设论述摘编》，中央文献出版社 2017 年版，第 22 页。

⑤《十九大以来重要文献选编》（中），中央文献出版社 2021 年版，第 283—284 页。

引领力的社会主义意识形态，使全体人民在理想信念、价值理念、道德观念上紧紧团结在一起"①；同时，强调各单位各部门的党委"必须把意识形态工作的领导权、管理权、话语权牢牢掌握在手中，任何时候都不能旁落"②。

（二）把坚持党性、敢抓敢管、打好主动仗作为意识形态工作的方针

一段时间内，国内国外、网上网下的敌对势力一度气焰嚣张，畅行无阻。它们贬低中华文化，否定中华民族历史贡献，否定近代以来中国人民奋斗史，歪曲中国共产党历史、中华人民共和国历史，歪曲改革开放历史，大肆宣扬西方价值观，恶意编造、肆意传播政治谣言，利用一些热点难点问题进行炒作，煽动基层群众对党和政府的不满，挑动党群、干群关系对立情绪，企图把人们的思想搞乱，浑水摸鱼、乱中取胜，在我国制造"颜色革命"，妄图利用互联网"扳倒中国"，颠覆中国共产党领导和中国的社会主义制度。面对这一形势，以习近平同志为核心的党中央否定了把"不争论"作为意识形态工作方针的做法，强调，"所有宣传思想战线上的党员、干部，都要旗帜鲜明坚持党性原则。党性原则不仅要讲，而且要大张旗鼓讲、理直气壮讲、坚持不懈讲。不要躲躲闪闪、含糊其辞"③。

习近平总书记指出："我们要主动发声，让人家了解我们希望人家了解的东西，让正确的声音先入为主。对别有用心的人散布的政治谣言和奇谈怪论，我们的党员、干部耳朵根子不要软，不要听风就是雨。同时，我们不能默不作声，要及时反驳，让正确声音盖过它们。这与韬光养晦或不争论是两码事。""在事关坚持还是否定四项基本原则的大是大非和政治原则问题上，我们必须增强主动性、掌握主动权、打好主动仗。""对那些恶意攻击党的领导、攻击社会主义制度、歪曲党史国史、

①《十九大以来重要文献选编》（上），中央文献出版社 2019 年版，第 29 页。
②《习近平关于社会主义文化建设论述摘编》，中央文献出版社 2017 年版，第 21 页。
③《习近平关于社会主义文化建设论述摘编》，中央文献出版社 2017 年版，第 25 页。

造谣生事的言论，一切报刊图书、讲台论坛、会议会场、电影电视、广播电台、舞台剧场等都不能为之提供空间，一切数字报刊、移动电视、手机媒体、手机短信、微信、博客、播客、微博客、论坛等新兴媒体都不能为之提供方便。"习近平总书记要求，"宣传思想战线的同志要当战士、不当绅士，不做'骑墙派'和'看风派'，不能搞爱惜羽毛那一套。宣传思想战线的同志要履行好自己的神圣职责和光荣使命，以战斗的姿态、战士的担当，积极投身宣传思想领域斗争一线"。①

对于各级党委尤其是主要领导干部，习近平总书记特别强调一定要关注意识形态动向，对错误倾向要旗帜鲜明地亮明观点："党委主要负责同志要带头抓意识形态工作，带头阅看本地区本部门主要媒体的内容，带头把住本地区本部门媒体的导向，带头批评错误观点和错误倾向。""党委主要负责同志要定期听取新闻舆论工作汇报，对重要工作靠前指挥，对重要稿件亲自把关，在重要关头加强对媒体的指导调控。对政治性、原则性、导向性问题，必须旗帜鲜明、敢抓敢管，对出现偏差和错误的要严肃批评、严肃处理，对发出正义声音而受到围攻的媒体和新闻舆论工作者要坚决力挺。"习近平总书记特别要求高校的领导要旗帜鲜明地抵制错误观点，落实意识形态工作责任制："高校是意识形态工作的前沿阵地。高校、院（系）等党组织书记、行政负责人要担负起政治责任和领导责任，认真落实意识形态工作责任制，敢抓敢管、敢于亮剑，做到守土有责、守土负责、守土尽责。如果有人以所谓'学术自由'为名诋毁马克思主义、否定马克思主义指导地位，那就应该旗帜鲜明予以抵制。""各级党委和宣传思想部门、组织部门、教育部门要加强领导和管理，党报党刊党网、党政干部院校、大专院校要强化政治意识、责任意识，在重大问题上与党中央保持高度一致，绝不允许与中央唱反调，绝不允许吃共产党的饭、砸共产党的锅。"②

---

① 《习近平关于社会主义文化建设论述摘编》，中央文献出版社 2017 年版，第 209、27、28、45 页。

② 《习近平关于社会主义文化建设论述摘编》，中央文献出版社 2017 年版，第 33、49—50、55、36 页。

习近平总书记从变化了的实际出发，高度重视互联网的意识形态斗争，指出："互联网已经成为舆论斗争的主战场"；"在互联网这个战场上，我们能否顶得住、打得赢，直接关系我国意识形态安全和政权安全"；强调"过不了互联网这一关，就过不了长期执政这一关。党管媒体，不能说只管党直接掌握的媒体。党管媒体是把各级各类媒体都置于党的领导之下，这个领导不是'隔靴搔痒式'领导，方式可以有区别，但不能让党管媒体的原则被架空"。"不要怕别人说什么。网上负面言论少一些，对我国社会发展、社会稳定、人民安居乐业只有好处没有坏处。""宣传思想阵地，我们不去占领，人家就会去占领。""历史和现实都警示我们，思想舆论阵地一旦被突破，其他防线就很难守得住。在意识形态领域斗争上，我们没有任何妥协、退让的余地，必须取得全胜。"[1]

（三）把培育和践行社会主义核心价值观提高到文化强国建设的战略高度

党的十八大后，以习近平同志为核心的党中央对培育和践行社会主义核心价值观的意义和地位、性质和内容、任务和路径给予了越来越清晰的界定。习近平总书记多次指出，核心价值观是一个民族赖以维系的精神纽带和文明进步、发展壮大的最持久最深沉的力量，是一个国家共同的思想基础和重要的稳定器，是文化软实力的灵魂和建设重点，决定文化的性质和方向；能否构建具有强大感召力的核心价值观，关系社会和谐稳定，关系国家长治久安；如果没有共同的核心价值，一个民族一个国家就会魂无定所、行无依归。

党的十八届三中全会把培育和践行社会主义核心价值观纳入建设社会主义强国战略。此后，它又被列入依法治国和以德治国相结合战略、国民经济和社会发展五年规划、新时代中国特色社会主义基本方略，明

---

① 《习近平关于社会主义文化建设论述摘编》，中央文献出版社 2017 年版，第 28、29、42、30、37 页。

确它的性质是社会主义制度在思想和精神层面质的规定性，是中国特色社会主义道路、理论体系和制度的价值表达；它的基本内容是进行理想信念、"四史"和爱国主义、集体主义、社会主义教育，实施公民道德建设工程，推进新时代文明实践中心建设等；主要任务是培养担当民族复兴大任的时代新人，造就具有正确世界观、人生观、价值观的社会主义事业建设者，引领社会主义先进文化建设，凝聚全国各族人民的价值追求，使之转化为人们的情感认同和行为习惯；实施路径是融入国民教育中，贯穿于精神文明创新活动的各方面和全过程，从思想道德和社会风气抓起，开展以干部模范行为带领的全民家风建设。

（四）把社会效益更加突出地放在推进文化产业发展的首位

改革开放后形成文化产业以来，一些人为了赚取快钱、迎合市场，搞抄袭模仿、千篇一律、机械化生产、快餐式消费；调侃崇高、扭曲经典、颠覆历史、丑化人民群众和英雄人物；是非不分、善恶不辨、以丑为美，过度渲染社会阴暗面；搜奇猎艳、一味媚俗、低级趣味，把作品当作追逐利益的"摇钱树"，当作感官刺激的"摇头丸"；胡编乱写、粗制滥造、牵强附会，制造文化"垃圾"；追求奢华、过度包装、炫富摆阔，形式大于内容；只写一己悲欢、杯水风波，脱离大众、脱离现实。针对这些现象，习近平总书记在 2013 年全国宣传思想工作会上指出：要"把握好意识形态属性和产业属性、社会效益和经济效益的关系，始终坚持社会主义先进文化前进方向，始终把社会效益放在首位。无论改什么、怎么改，导向不能改，阵地不能丢"。在 2014 年召开的文艺工作座谈会上又强调："在发展社会主义市场经济的条件下，许多文化产品要通过市场实现价值，当然不能完全不考虑经济效益。然而，同社会效益相比，经济效益是第二位的，当两个效益、两种价值发生矛盾时，经济效益要服从社会效益，市场价值要服从社会价值。文艺不能当市场的奴隶，不要沾满了铜臭气。优秀的文艺作品，最好是既能在思想上、艺术上取得成功，又能在市场上受到欢迎。要坚守文艺的审美理想、保持文艺的独立价值，合理设置反映市场接受程度的发行量、收视率、点击率、票房收入等量化指标，既不能忽视和否定这些指标，又不能把这些指标绝对化，被市场牵着鼻子走。"[1]

随后，中共中央办公厅、国务院办公厅印发了《关于推动国有文化企业把社会效益放在首位、实现社会效益和经济效益相统一的指导意见》，中共中央宣传部联合有关部门陆续制定了图书出版、国有文艺团体、国有影视企业的效益评价考核试行办法，中共中央全面深化改革委员会通过了《关于文化企业坚持正确导向履行社会责任的指导意见》，推动各类文化企业创作生产更多健康向上、品质优良的文化产品。党的十九大、党的二十大也都把有关构建社会效益放在首位、社会效益与经济效益相统一的文化体制机制的内容，写入了中共中央委员会的报告，促进社会效益占首位的原则在文化各门类各行业逐步得到落实。

（五）把增强中国特色社会主义文化自信作为加强国际传播能力建设的基础工作

党的十八大以来，针对长期以来"国际舆论格局是西强我弱，西方主要媒体左右着世界舆论，我们往往有理说不出，或者说了传不开"的局面，我们党强调必须加强国际传播能力建设，构建对外话语体系，发挥新兴媒体作用，增强对外话语权的创造力、感召力、公信力，讲好中国故事，传播好中国声音，尤其要增强中国特色社会主义的文化自信。正如习近平总书记指出的："我们国家发展成就那么大、发展势头那么好，我们国家在世界上做了那么多好事，这是做好国际舆论引导工作的最大本钱。我们有本事做好中国的事情，还没有本事讲好中国的故事？我们应该有这个信心！"习近平总书记强调："文化自信是更基本、更深沉、更持久的力量。""文化自信，是更基础、更广泛、更深厚的自信。"[2] "中国特色社会主义文化，源自于中华民族五千多年文明历史所

---

[1]《习近平关于社会主义文化建设论述摘编》，中央文献出版社 2017 年版，第 185、165 页。

[2]《习近平关于社会主义文化建设论述摘编》，中央文献出版社 2017 年版，第 197、208—209、12、13 页。

孕育的中华优秀传统文化，熔铸于党领导人民在革命、建设、改革中创造的革命文化和社会主义先进文化，植根于中国特色社会主义伟大实践。"[①] 它还源自于中国特色社会主义的道路是成功的，理论是科学的，制度是优越的。总之，它是对中国特色社会主义道路、理论、制度的心理认同。只要有了这种文化自信，新时代国家文化软实力的建设就有了底气，有了灵魂，有了根基，就会使文化软实力得到逐步提高。

四、在社会领域，建立了社会主义的社会治理和保障体系并初步形成共建共治共享格局

作为共产主义第一阶段的社会主义的社会，马克思恩格斯生前并未亲身经历过，列宁也只是短暂经历了第一个社会主义国家的最初几年。因此，他们更多的是根据历史唯物主义和科学社会主义的基本理论，从社会主义将消灭生产资料私有制和人剥削人的现象出发，推导和原则性地论述过在那个社会里，人与人、民族与民族的政治关系和人格将是平等的，脑力与体力、工业与农业、城市与乡村的差别将是逐渐缩小的，消费品将是按劳分配的，就业将是充分的，资本主义的社会风气、传统习惯将会被逐渐克服，妇女与男子的社会地位将会一样，婚姻将实行一夫一妻制，宗教信仰将是自由的，等等。

新中国成立后，我们党一方面按照马克思主义经典作家对社会主义社会的一般描述，另一方面参照苏联建设社会主义的实践和自己在革命根据地、抗日根据地、解放区治理社会的经验，对中国社会进行了彻底改造。

新中国成立后，在对社会主义社会建设和探索过程中，大体有过以下三种情况。

（一）始终沿着正确方向一以贯之

1. 妇女解放和社会地位的提高

---

① 《十九大以来重要文献选编》（上），中央文献出版社 2019 年版，第 29 页。

早在新民主主义革命时期，毛泽东就指出旧中国的妇女不但受政权、族权、神权的压迫，还要受夫权的支配，集中反映了束缚中国农民的"四条极大的绳索"；①认为"妇女解放与社会解放是密切地联系着的"②。因此，新中国一成立，制定的第一部法律就是婚姻法，其中规定废除包办强迫、男尊女卑，实行婚姻自由、一夫一妻、男女平等，禁止重婚、纳妾、童养媳，以及借婚姻关系索取财物。在 1954 年宪法中进一步规定，男女享有平等的选举权和被选举权，以及管理国家事务的权利。毛泽东同时指出："妇女解放、男女平等现在还只是开始，真正平等要到社会主义"；"真正的男女平等，只有在整个社会的社会主义改造过程中才能实现"。③在社会主义改造前后，中国进行了三次扫盲运动，帮助 1600 万名妇女脱离了文盲。④社会主义改造基本完成后，中国实行了男女同工同酬，使妇女不仅获得了同男子相同的政治和社会地位，而且具有了同等的经济权力。新中国成立之初就从法律上规定了男女享有平等的选举权、被选举权，这在西方资本主义国家中很晚才做到，男女同工同酬至今仍有很多西方资本主义国家未能做到。

改革开放后，党中央为妇女参政提供了新机遇，拓展了新渠道，使妇女政治地位得到了进一步提高。党的历次代表大会都强调要重视发挥妇女政治参与的优势，加大对女干部、女党员的培养与选拔力度，优化妇女参政议政的社会环境。至 2008 年，全国人民代表大会中的妇女代表比例已超过 20%。⑤在党政机关中的女干部比例也有较大幅度的提升。随着关于妇女权益保障立法的完善，全社会依法维护妇女权利的意识不断提高。尤其修订后的婚姻法、新制定的民法典中，都对婚姻关系中的妇女权益作出了有利于维护妇女权益的规定。

进入新时代，针对妇女事业发展面临的新形势新问题，以习近平同

---

①《毛泽东选集》第 1 卷，人民出版社 1991 年版，第 31 页。

②《毛泽东文集》第 2 卷，人民出版社 1993 年版，第 169 页。

③《毛泽东文集》第 6 卷，人民出版社 1999 年版，第 491、453 页。

④ 参见《平等 发展 共享：新中国 70 年妇女事业的发展与进步》，《人民日报》2019 年 9 月 20 日。

⑤《结构优化 构成广泛》，《人民日报》2008 年 2 月 29 日。

志为核心的党中央进一步明确，实现中华民族伟大复兴是当代中国妇女运动的时代主题，强调坚持男女平等的基本国策，让性别平等落到实处，把妇女事业发展纳入党和国家工作大局统筹谋划，发挥妇女在社会生活、家庭生活，以及在弘扬中华民族家庭美德、树立良好家风方面的独特作用。至 2021 年，全国就业人员中的女性占比为 43.1%，全国科技工作者中的女性占比超过 40%。[①]

2. 社会救济与扶贫

中国共产党从一开始就是以为人民服务为己任，除了进行从根本上推翻剥削制度的斗争外，对发生在身边的群众困难一向给予力所能及的帮助。新中国刚成立时，人民政府面对生产萎缩、物价飞涨等大量需要解决的问题，仍然抽出人力、物力、财力，拨出粮食、物资、药品，安置因为受灾等原因造成生活困难的群众，并组织开展各类互助互济活动。同时，采取积极有效的反失业政策，对于除少数战犯、特务等劣迹严重分子之外的旧政权人员，一律实行"包下来"、给予工作和生活出路的政策；把救济失业工人和知识分子、帮助他们就业，纳入党的七届三中全会《为争取国家财政经济状况的基本好转而斗争》报告的八项重要工作之中。[②]人民公社化运动后，党和政府对农村孤寡老人和丧失劳动能力的人实行了"五保"政策（即保吃、保穿、保住、保医、保葬）。三年经济困难时期，只要了解到基层实际困难，党和政府总是在第一时间调运救济粮，抽调医务人员和免费药品救治病人，妥善安置灾民、流民。面对地震、泥石流、瘟疫和水旱灾害，党和政府也是第一时间派出军队、医疗队深入灾区抢险救灾。

改革开放后，国家经济实力有了较大增强，逐渐由救济式扶贫向开发式扶贫迈进。1986 年，国务院成立了贫困地区经济开发领导小组，下设扶贫办公室，将扶贫工作转入利用贫困地区的自然资源，进行开发性生产建设，形成贫困地区、贫困户的自我能力积累和发展开发式扶

---

①《为高水平科技自立自强注入女性力量》，《中国妇女报》2023 年 10 月 27 日。
②《毛泽东文集》第 6 卷，人民出版社 1999 年版，第 69 页。

贫为主的路子。2010 年，按提高后的扶贫标准，贫困人口仍有 2688 万人。2011 年，国家再次大幅度提高扶贫标准，贫困人口扩大到 1.28 亿人。[①]

进入新时代，以习近平同志为核心的党中央动员全党全国力量发起脱贫攻坚战，实行集中统一领导，推动构建五级书记抓扶贫、全党动员促攻坚的总体框架，累计选派 25.5 万个驻村工作队、300 多万名第一书记和驻村干部，同近 200 万名乡镇干部和数百万村干部一道奋战在扶贫一线，累计投入财政专项扶贫基金 1.6 万亿元，发放扶贫小额信贷 7100 多亿元；东部 9 省市还向扶贫协作地区投入财政援助和社会帮扶资金约 1005 亿元，企业也投资 1 万多亿元，充分体现了社会主义集中力量办大事的制度优越性。到 2020 年底，剩下近 1 亿的农村贫困人口全部脱贫，[②] 有效缩减了世界贫困人口规模。

3. 扫黑除恶，保护人民群众生命财产安全

新中国成立伊始，在扫除旧社会封建残余的斗争中，党和政府对长期骑在人民头上的恶霸地痞、帮会把头、流氓恶棍给予了严厉打击，使全国社会治安状况根本好转，生产和生活秩序井然有序，出现了历史上前所未有的安定局面。

改革开放后，由于"文化大革命"期间无政府主义的影响，加上对外开放后国外腐朽生活方式的涌入，以及其他因素的作用，杀人、放火、抢劫、强奸、流氓集团、重大盗窃、拐卖人口、强迫和引诱妇女卖淫等刑事案件、恶性案件大幅度增加，引起广大群众强烈不满和邓小平等老一辈革命家的高度重视。在党中央关于严厉打击刑事犯罪活动的统一部署下，各级公安机关、人民检察院和人民法院迅速行动，发动和依靠群众，深入调查和侦查，开展了一场严打斗争，遏制了犯罪分子的嚣张气焰，保障了社会的正常秩序，促进了社会风气的好转，也对抵制资本主义思想的腐蚀起到了积极作用。

---

① 《2011 "三农"十件大事》，《人民日报》2012 年 1 月 8 日。

② 参见《习近平谈治国理政》第 4 卷，外文出版社 2022 年版，第 133、125 页。

进入新时代，随着反腐败斗争的深入，逐渐暴露出一批黑恶社会组织及其"保护伞"。对此，广大群众早已深恶痛绝。于是，以习近平同志为核心的党中央于 2018 年初决定在全国开展为期三年的扫黑除恶专项斗争。接着，为了进一步加强政法队伍的作风整顿，提高执法水平，确保社会治安的稳定，以习近平同志为核心的党中央于 2020 年决定在全国政法队伍进行教育整顿，推动解决了一批顽瘴痼疾，清理了一批害群之马，进一步巩固了拒腐防变的思想防线。

（二）一度出现曲折后又回到了正确道路上

1. 医疗卫生工作

旧中国深受"三座大山"压迫，民不聊生、缺医少药，致使天花、鼠疫、霍乱、伤寒、疟疾、麻风、梅毒等各种传染病四处泛滥，给人民群众带来无尽苦难。新中国成立后，党和政府把卫生、防疫和医疗工作当作重大政治任务来做，尤其面对美国的细菌战威胁，更是发动了一场全民性的爱国卫生运动，要求讲究卫生，清除垃圾。同时，积极组建医疗卫生机构，培训医疗卫生人员，建设三级医疗保健网络。面对老鼠、苍蝇、蚊子等传染源的危害，全国又开展了除"四害"、讲卫生运动。此外，还开展了消灭血吸虫病的群众运动，流行千年的血吸虫病基本被消灭。

改革开放前，在"面向工农兵，预防为主，团结中西医，卫生工作与群众运动相结合""把医疗卫生工作的重点放到农村去"等卫生工作方针的指引下，广大农村地区推广了集体和农民个人集资分担医疗费用为主要内容的农村合作医疗制度。"文化大革命"时期，在毛泽东提倡下，进一步推广了不脱离生产劳动的农村卫生人员的"赤脚医生"经验，使他们成为合作医疗的主要组织者和实施者，从而为这一制度提供了人员保障，大大改善了农村医疗卫生条件。世界银行和世界卫生组织把中国农村合作医疗称为"发展中国家解决卫生经费的唯一典范"。联合国妇女儿童基金会在 1980—1981 年年报中称："中国的赤脚医生制度在落后的农村地区提供了初级护理，为不发达国家提高医疗卫生水平提供了样板。"①

改革开放后，医疗卫生工作也实行了体制改革。对公立医院采取放宽政策、简政放权、多方集资的办法，实行中央、地方、部门办并举和国家、集体、个人一起上的方针，扩大医院自主权，实行院、所、站长负责制，推行各种形式的承包责任制，允许专职医疗卫生人员从事有偿业余服务，收费拉开档次。同时，支持个体开业行医。对农村合作医疗和"赤脚医生"，由于人民公社解体后没有及时采取补救措施，出现"网破人散"的局面。根据 1985 年的调查，全国实行合作医疗的行政村由过去的 90% 降至 5%，1989 年全国实行合作医疗的行政村仅占全国的 4.8%，自费医疗再次成为农村主导地位的医疗形式。② 20 世纪 90 年代开始，政府开始重视这一问题，采取了解决农村卫生技术人才缺乏和相应报酬问题的措施，并积极推行了基本医疗保险为主要内容的新型农村合作医疗制度。

进入新时代，以习近平同志为核心的党中央继承党的卫生工作好传统，进一步纠正过去工作中的偏差，推动医疗卫生工作重心下移，医疗卫生资源下沉，城乡基本公共服务均等化，将人民健康作为新时代全面建设小康社会的重要内容和基础性任务，把"以基层为重点，以改革创新为动力，预防为主，中西医并重，将健康融入所有政策，人民共建共享"作为卫生与健康工作的方针。③针对医疗卫生资源总量不足、质量不高、结构和布局不合理、服务体系碎片化等问题，党和政府明确优化医疗卫生服务资源配置和服务升级的五个重点任务，即分级设置各类公立医院，大力发展社会办医，科学布局优质医疗资源，强化功能布局与分工协作，由基层医疗卫生机构承担首诊、康复和护理等服务，分流公立医院普通门诊，推进公立医院改革，并充分肯定了福建省三明市旨在

---

① 郑杭生主编：《新中国 60 年·学界回眸（社会学与社会建设卷）》，北京出版社 2009 年版，第 207 页。

② 俞卫主编：《国际社会保障动态：全民医疗保障体系建设》，上海人民出版社 2013 年版，第 256 页。

③《习近平谈治国理政》第 2 卷，外文出版社 2017 年版，第 371 页。

斩断药品和医院间的利益链条、堵住"以药养医"老路、控制滥用药物而采取的药品集中带量采购，组建县乡村、人财物集中统一管理的总医院，推进医保"打包支付"和按疾病诊断相关分组收付费的改革路子。通过医疗保障制度体系的不断完善，至 2019 年基本医疗保险覆盖人数就超过了 13.5 亿人 [1]，财政对医保的投入也不断增加，城乡居民基本医保制度得以进一步整合，全民医保体系得以进一步健全；同时，基本医保跨省异地就医费用直接结算问题得以逐步解决，困难群众和大病患者医疗费用负担得以减轻，药品价格虚高的问题得以整治，人民健康水平得以大幅度提高。目前，我国孕产妇和婴儿死亡率及人均预期寿命等衡量人民健康的三大指标，均居于中高收入国家前列。

2. 教育事业

教育是体现社会公平的重要领域。在旧中国，劳动人民的子女基本没有受教育的机会，导致 80% 的人口是文盲和半文盲。[2] 新中国成立后，明确教育必须为国家建设服务，学校必须向工农开门，要求中小学广泛招收工农子女，并开设工农速成中学、工农干部补习班和技术培训班，同时，开展全国性的扫盲运动，人民群众的识字率、受教育水平均有大幅度提升。为了适应大规模工业化建设对人才的需要，那一时期还以培养工业建设人才和师资为重点，对全国高等院校进行院系调整，发展专门学院和专科学校，形成了高等工科专业比较齐全的体系。在"大跃进"时期，一方面，各地兴办了大量业余小学、中学和各类技术夜校；另一方面，高等院校大面积扩大招生；同时，强调教育与生产劳动相结合，组织师生长时间参加生产劳动，相应减少课堂教学和基础理论学习。"文化大革命"爆发后，全国大中小学一律"停课闹革命"，大学停止招生，"文化大革命"后期采取推荐与选拔相结合的招生办法，但文科高校基本停办，使 1978 年的大学生占全国学生总数仅为 0.4%。[3] 不过，由于推行普及中小学教育的战略，大抓农村地区学龄期少年儿童的

---

[1] 郑功成：《中国何以建成世界最大社会保障体系》，《人民日报》2020 年 11 月 2 日。
[2]《从"代写书信"到高等教育大众化》，《人民日报》2004 年 9 月 28 日。
[3]《新中国五十年统计资料汇编》，中国统计出版社 1999 年版，第 101 页。

入学率，使 1976 年的在校小学生、初中生、高中生比 1965 年分别增加了 29.1%、4.4 倍和 10.3 倍，[①]为我国 2000 年实现普及九年义务教育奠定了重要基础。

粉碎"四人帮"后，我国恢复了高考制度，同时，实行了九年制义务教育，大力发展职业技术教育，扩大高等学校的办学自主权，积极开展成人教育。教育投入不断增加，尤其是在"三个优先"（即经济社会发展规划、财政资金、公共资源要优先安排）方针的指导下，财政性教育经费逐年增加，终于在 2012 年超过了国内生产总值的 4%，[②]各级教育的毛入学率也有较大幅度的增长，义务教育实现了全面普及，大学入学率得到明显提升。那一阶段，我国一度掀起高校合并潮，思想政治教育方面也有所失误，在教育与实践的联系上出现了过分强调课堂教学而忽视实践的偏向。

进入新时代，以习近平同志为核心的党中央在总结了前一时期经验教训的基础上，突出强调"为谁培养人、培养什么人、怎样培养人"是教育的根本问题；重申我国教育的基本方针是教育必须为社会主义现代化建设服务，必须与生产劳动相结合，培养德、智、体、美、劳全面发展的社会主义事业的建设者和接班人；同时，加强了党对教育的全面领导，强调把立德树人作为根本任务，全面推进素质教育，加强劳动教育，深入推进大中小学思想政治课一体化建设，结合思政小课堂与社会大课堂，讲好"大思政课"，将社会主义先进文化、革命文化、中华优秀传统文化、国家安全等重大主题教育融入课程，并强化教材建设的国家事权地位，明确规定义务教育学校不得引入境外教材。党的十八大以来，党和政府着力促进了各级各类教育的均衡发展，特别是解决乡村教育的薄弱问题；深入实施农村义务教育的学生营养改善计划；注重因应群众对教育的关切，包括加快学前教育的普及，着力解决"入园难、入园贵"的问题，减轻义务教育阶段的学生负担，深入推进义务教育免试

---

①《中华人民共和国简史》，人民出版社、当代中国出版社 2021 年版，第 123 页。
②《各方共议如何管好用好教育经费》，《人民日报》2012 年 7 月 18 日。

就近入学改革，推动高等教育的内涵式发展，把人才培养作为评价的重要指标，克服重科研、轻教学、唯论文、唯职称、唯学历等倾向。

3. 民族与宗教工作

我国少数民族众多，分布范围广。各民族间在历史上发展很不平衡，存在严重的民族歧视和民族矛盾。近代以来，由于帝国主义的侵入和挑拨，更造成一些民族的分裂倾向。新中国成立后，党和政府高度重视民族与宗教工作，依据社会主义民族平等的原则，努力落实民族团结，改善民族关系，走出了一条马克思主义民族理论同中国民族问题具体实际相结合、带有中国特色的解决民族问题的正确道路。

《共同纲领》明确规定："中华人民共和国境内各民族一律平等"，"反对大民族主义和狭隘民族主义，禁止民族间的歧视、压迫和分裂各民族团结的行为"；"各少数民族聚居的地区，应实行民族的区域自治，按照民族聚居的人口多少和区域大小，分别建立各种民族自治机关"；"各少数民族均有发展其语言文字、保持或改革其风俗习惯及宗教信仰的自由。人民政府应帮助各少数民族的人民大众发展其政治、经济、文化、教育的建设事业"；"使中华人民共和国成为各民族友爱合作的大家庭"。[1]1954 年宪法又将民族区域自治确立为一项基本国策和基本政治制度，陆续建立了内蒙古、新疆、广西、宁夏、西藏五个省级自治区。

早在新中国成立初期，中央人民政府就向西南、西北、中南、东北等少数民族聚居区派出多个民族访问团，深入了解民族地区的实际情况，为完善民族政策出谋划策；同时，分批邀请少数民族派各方面代表前往内地参观。在民主改革和社会主义改造期间，尊重少数民族意愿，采取不同方法，与汉族地区发展阶段相同或接近的民族，改革和改造与汉族地区同步；实行封建农奴制、领主制或奴隶制的民族，采取和平协商的方式改造和改进；保持原始公社制度的民族，则一步到位，走上互助合作道路，实现跨越式发展。社会主义建设初期，民族工作中既强调反对大汉族主义，又强调反对民族狭隘主义、民族分裂主义，同时，帮

---

[1]《建国以来重要文献选编》第 1 册，中央文献出版社 2011 年版，第 10—11 页。

助少数民族地区发展经济，改善生活，使民族关系日益融洽。在"文化大革命"时期，民族和宗教工作受到"左"的思潮影响，给许多民族、宗教人士扣上地方民族主义分子的帽子，造成了大批冤假错案。

改革开放后，党和政府总结了新中国成立以来的民族工作经验教训，纠正了"左"倾错误，给遭受迫害的少数民族上层人士恢复名誉；全面贯彻执行宗教信仰自由政策，恢复和健全宗教工作机构，恢复爱国宗教团体活动，解决信教群众过宗教生活的场所、用品和神职人员问题，同时加强对宗教的管理。然而，那一时期，由于国际反华势力对我国少数民族地区加紧实施西化、分化、渗透，助长了极少数民族分裂分子的气焰，部分民族地区相继发生了严重暴力犯罪事件。

进入新时代，党和政府进一步总结了新中国成立以来在民族、宗教工作中正反两方面的经验教训，把民族地区的社会稳定和长治久安提高到关系改革发展稳定大局，关系祖国统一、民族团结、国家安全，关系中华民族伟大复兴的高度，强调铸牢中华民族命运共同体意识和中华民族多元一体格局的观念，以及各民族谁也离不开谁的思想。习近平总书记反复强调："团结统一是国家最高利益，是各族人民共同利益，是实行民族区域自治的前提和基础。"要坚决反对大汉族主义和民族狭隘主义，打牢民族团结的思想基础，坚决遏制和打击境内外敌对势力利用民族问题进行的分裂、渗透、破坏活动，牢牢掌握反分裂斗争主动权；同时，要进行法制教育，增强各族人民的法治意识。做好民族工作，核心是帮助少数民族地区发展经济、改善民生，关键是搞好民族团结，最管用的是争取人心，重中之重是培养少数民族干部、发挥好他们的作用，注意加强对少数民族青少年进行正确民族观、宗教观、历史观的教育。习近平总书记号召，为了有利于就业、接受现代科学文化知识、融入社会，少数民族要学好汉语，"要积极推进民汉合校、混合编班"。[①] 习近平总书记对民族、宗教工作发表一系列重要论断，作出一系列重要指

---

① 《习近平关于社会主义政治建设论述摘编》，中央文献出版社 2017 年版，第 151、157 页。

示批示，推动新时代党的民族、宗教工作取得历史性成就、发生历史性变革。

（三）针对新情况、新问题采取了新措施

新中国成立75年来在政治、经济、科技等领域出现的变化，不可避免地会反映到社会领域，给社会建设带来新的问题。其中最显著的变化是，由于改革开放以来采取政企和政社分开、搞活经济、打破"铁饭碗"、允许个体和私人经济发展、逐步扩大市场调节范围等政策，科技领域中的信息化、数字化、智能化迅猛发展，使原有社会管理的许多办法不再适应，新的社会阶层也不断涌现，并出现了住房商品化、食品安全、网络社会等新情况新问题。针对这些新情况新问题，党和政府在社会建设的探索中相应采取了一系列新措施，形成了符合中国国情的社会建设理论与方法，成为中国特色社会主义制度和道路的重要组成部分。

1. 改变基层治理方式

改革开放后在社会治理层面碰到的第一个变化是，随着农村原有"政社合一"的人民公社体制已不适应家庭联产承包责任制推行的新形势而退回到"大跃进"前的"政社分设"体制，农村社会治理一度出现真空状态。为此，在党和政府主导下，许多地方成立了村民自治组织——村民委员会，并被写入1982年宪法。1987年，六届全国人大常委会第二十三次会议又通过了《中华人民共和国村民委员会组织法（试行）》，明确村民委员会是村民自我管理、自我教育、自我服务的基层群众自治组织。1990年，《全国村级组织建设工作座谈会纪要》提出："村级组织要把带领群众深化农村改革，发展经济，走共同富裕的道路作为中心任务"。[①] 随着农村大量富余劳动力进城镇务工、形成"民工潮"和城市国有企业自主权扩大和破产改制的出现，以及个体、外资、股份制企业的逐步发展和住房、医疗、社保的改革，原有的户籍管理办法和单位职工管理办法都出现了不相适应的情况。为此，国家规定从事务工、

---

① 《十三大以来重要文献选编》（中），中央文献出版社2011年版，第697页。

经商、服务业的农民可自理口粮到集镇落户，公安部出台了《暂住证申领办法》，全国人大通过了《中华人民共和国居民身份证条例》。同时，国家还出台相关政策，允许科技人员由原单位向社会合理流动，并将单位职工作出固定工、合同工和临时工的区分，要求企业对裁减的富余人员妥善安置，除通过发展第三产业、厂内培训、提前退休等办法自身消化外，允许待业和自谋生路。

进入新时代，社会建设得到进一步重视，以习近平同志为核心的党中央提出要把"平安中国"设置于中国特色社会主义事业发展的全局中推进，并将"社会管理"一词改为"社会治理"，更加强调了多元协同、共治共享和共治与自治的结合，法治与德治的并用，不断推进社会治理的精细化、法制化、智能化、专业化，以及治理能力的现代化。为了进一步适应粮食统购统销政策取消后的新形势，推进农业转移人口的市民化，国家提出建立城乡统一的户口登记制度，取消了计划经济时期实行的农业户口和非农业户口的区分，统一登记为居民户口。农民工在享受随迁子女接受义务教育，参加职工基本医疗、养老保险、住院费用跨省结算等待遇方面，也有不同程度的改善。为了健全完善城乡社区治理体系、提升治理水平，全国人大常委会修改了《中华人民共和国村民委员会组织法》《中华人民共和国城市居民委员会组织法》，实行村委会、居委会主任与党的基层组织书记相互兼任，促使社会治理的重心进一步向基层下移。

2. 做好新阶层工作

在完全公有制和计划经济时期，社会上除了工人、农民两大阶级之外，只有干部、知识分子、革命军人等少数几个阶层。然而，自从改革开放以来，允许和发展个体、私营经济和兴办外资企业、中外合资企业，把它们作为社会主义经济的必要和有益补充；同时，随着经济与社会文化事业的发展使社会分工越来越细，出现了许多新社会组织和主要集中在第三产业中的新经济组织，如社会团体、基金会、民办非企业单位、中介组织、文艺表演团体，从而产生了主要由非公有制经济人士和自由择业知识分子组成的许许多多的新社会阶层。据 1999 年《中华人民共和国职业分类大典》统计，我国当时有职业 8 大类 41 小类，共 1836 种。[①] 其中包括民营科技企业创业人员、技术人员，受聘于外资企业的管理技术人员，个体户，私营企业主，中介组织的从业人员和自由职业者。这批人收入较高，但职业和身份具有较大不稳定性，且掌握或管理着大额资本，使用着全国半数以上的专利，吸纳着半数以上的新增就业人口，已成为经济和社会发展不可忽视的重要力量。

新经济组织、社会组织以及新社会阶层，都是改革开放后出现的新鲜事物。他们整体上不同于旧中国的资产阶级，是改革开放前没有遇到过的新问题。如何看待这些组织和阶层，涉及社会主义社会建设的重大问题。对此，党和政府本着一切从实际出发的精神，采取了积极探索的态度。关于个体经济雇工超过限额的问题，党和政府先是秉持"看一看"的方针，在 1987 年中共中央政治局通过《关于把农村改革引向深入的决定》，首次使用了"私人企业"的概念；接着，党的十三大报告明确提出："私营经济是存在雇佣劳动关系的经济成分。但在社会主义条件下，它必然同占优势的公有制经济相联系，并受公有制经济的巨大影响。实践证明，私营经济一定程度的发展，有利于促进生产，活跃市场，扩大就业，更好地满足人民多方面的生活需求，是公有制经济必要的和有益的补充"[②]。对于私营经济，1988 年修改后的宪法规定，国家允许其在法律规定的范围内存在和发展，保护其合法权利和利益，并对其实行引导、监督和管理。同年，国务院又颁布了《中华人民共和国私营企业暂行条例》，将其发展纳入规范化轨道。2001 年，在庆祝中国共产党成立 80 周年大会上，新社会阶层被称作"有中国特色社会主义事业的建设者"[③]。同时，为了切实做好他们的引导、监督、管理工作，采取了在新经济组织、社会组织中成立党组织，向其派驻党建指导员、联络员的措施。

新经济组织、新社会组织和新社会阶层在促进经济发展、繁荣社会

① 《我国现有职业 1836 种》，《人民日报》1999 年 5 月 26 日。
② 《十三大以来重要文献选编》（上），中央文献出版社 2011 年版，第 27 页。
③ 《江泽民文选》第 3 卷，人民出版社 2006 年版，第 286 页。

事业等方面发挥积极作用的同时，也存在一些消极现象。如有的民营企业主为了追求利润，采用不正当竞争手段，偷税漏税，向海外转移资产，实施商业贿赂、欺诈和垄断，促使资本无序扩张和野蛮生长；有的新媒体从业人员和包括网络"意见领袖"在内的网络人士为了博取人们的眼球，不惜制造虚假、诈骗、低俗、进行人身攻击的网络空间。另外，新经济组织和新社会组织中的党组织覆盖率还不高，党组织和党员的作用发挥也不够。针对这种情况，我们党在新时代对新社会阶层进一步加大了工作力度。例如，习近平总书记多次考察民营企业，并在党的十九大后多次召开有民营企业家参加的座谈会。习近平总书记指出："非公有制经济要健康发展，前提是非公有制经济人士要健康成长。希望广大民营经济人士加强自我学习、自我教育、自我提升。民营企业家要珍视自身的社会形象，热爱祖国、热爱人民、热爱中国共产党，践行社会主义核心价值观，弘扬企业家精神，做爱国敬业、守法经营、创业创新、回报社会的典范。……新一代民营企业家要继承和发扬老一辈人艰苦奋斗、敢闯敢干、聚焦实业、做精主业的精神，努力把企业做强做优。"[1] 有关部门根据党中央的指示精神，将新社会阶层纳入了统战工作范围，并成立了专门工作部门，开展了有针对性的工作。

3. 解决社会保障、住房和食品、药品安全问题

新中国在改革开放前虽然也着手开展贫困人口的社会保障工作，但由于财政收入限制，保障基本上是低水平的和不规范的；而且，那时城市每个家庭基本有人在国家机关或企事业单位工作，农村劳力都是人民公社社员，因此，保障工作基本依托各自所在单位负责。然而，改革开放后，随着"单位人"向"社会人"转变，以及财力的增加，建立规范的具有一定水平的社会保障体系不仅有了必要性，也有了可能性。另外，改革开放前的城市居民住房基本是由所在单位作为福利分配租住的，只缴纳较低的租金；而改革开放后实行住房制度改革，由租变买，商品房价格受供求关系影响不断提高，使很多人望房兴叹。改革开放

---

① 习近平：《在民营企业座谈会上的讲话》，人民出版社 2018 年版，第 17 页。

前，在计划经济体制下，农药、化肥的产销均由政府监督，且使用量也小；同时，主要农产品（包括中草药）也都纳入统购统销范围，因此，食品、药品虽有质量不高的问题，但基本不存在假冒伪劣问题；而改革开放后，食品、药品的安全成为社会层面的大问题。所有这些，都是社会主义的社会建设与探索中碰到的新问题。

经过 20 多年的改革开放，社会保障、住房、食品和药品安全等社会问题，在 21 世纪初逐步暴露。围绕这些问题的社会矛盾越来越尖锐，人民群众的诉求也越来越强烈。为此，党中央及时提出构建社会主义和谐社会的任务，把社会建设摆到与经济、政治、文化建设同等重要的位置，要求以解决人民群众最关心、最直接、最现实的利益问题为重点，着力发展社会事业、促进社会公平正义、完善社会管理，推动社会建设与经济建设、政治建设、文化建设协调发展，强调既要从"大社会"着眼，也要从"小社会"着手。在社会保障方面，除了城镇居民基本医疗报销制度和新型农村合作医疗制度外，还开始建立企业职工基本养老保险省级统筹制度、新型农村社会养老保险制度，并将农民工纳入城镇职工基本养老保险体系之内。在社会救助方面，针对农村取消了农业税及附加后的新情况，将"五保"供养经费的渠道由村集体调整为上级财政转移支付；同时，进一步建立和完善了灾害救助、临时救助、流浪乞讨人员救助的制度，形成覆盖城乡的社会救助制度体系。

在社会福利方面，随着国有企业和党政机关、事业单位的投入逐渐减少，民政系统的社会福利和设施逐渐增加，形成了以老年社会福利机构为骨干、社区老年人福利服务为依托、居家养老为基础的老年人社会福利服务体系。另外，拥军优抚安置制度不断完善，并制定了数十部涉及残疾人权利保护的法律。在保障性住房方面，党和政府先是要求稳定住房价格，后来又要求解决低收入家庭住房困难，建立健全城市廉租住房制度，改进和规范适用性住房制度，加大棚户区、旧住宅区的改造力度，逐步形成符合中国国情的保障性住房和商品房体系。不过，从总体看，中国的社会保障体系还不完善，城乡社会保障发展还不平衡，一些基本保障制度的覆盖面还比较窄，社会保障的统筹层次还比较低，不同群体间的社会保障待遇差距还比较大。

进入新时代，社会保障体系作为民生政策的基础工程受到前所未有的重视。以习近平同志为核心的党中央把完善以社会保障等为主要手段的再分配机制、发展各项社会事业、维护社会公平正义，作为中国共产党坚持全心全意为人民服务根本宗旨和以人民为中心发展思想、把人民放在心中最高位置、顺应人民群众对美好生活向往的具体体现。习近平总书记指出："在我国现有发展水平上，社会上还存在大量有违公平正义的现象"。人民关心的问题"是食品安不安全、暖气热不热、雾霾能不能少一点、河湖能不能清一点、垃圾焚烧能不能不有损健康、养老服务顺不顺心、能不能租得起或买得起住房，等等。相对于增长速度高一点还是低一点，这些问题更受人民群众关注。如果只实现了增长目标，而解决好人民群众普遍关心的突出问题没有进展，即使到时候我们宣布全面建成了小康社会，人民群众也不会认同"。与此同时，习近平总书记对社会保障工作和民生政策提出了一个重要原则，即"社会政策要托底，就是要守住民生底线"；"多做雪中送炭的工作，少做锦上添花的事情，一切从社会主义初级阶段这个基本国情出发"。习近平总书记站在不同社会制度相比较的高度，对各种类型国家在社会政策上的不同做法作了分析："西方国家实行多党制，各政党代表不同利益集团，在社会政策上难以形成共识，为了选票什么都可以承诺，最后往往是一纸空文。我们是中国共产党领导和社会主义国家，党和国家就是为人民谋利益的，应该更好统一认识，在社会政策上把握好基调。"①

关于社会保障问题，以习近平同志为核心的党中央要求，要整合城乡居民基本养老和基本医疗保险制度，逐步做实养老保险个人账户，实现基础养老金全国统筹，建立兼顾各类人员的社会保障待遇确定机制和正常调整机制。经过多年努力，我国目前已基本理顺了社会保险费的征收体制和统筹层次，建立了全国统一的社会保障"一卡通"。全国基本

---

① 《习近平关于社会主义社会建设论述摘编》，中央文献出版社 2017 年版，第 27、19、90、79 页。

养老保险、医疗保险、失业保险、工伤保险的参保人数不断攀升，社会保障水平也有了大幅度提升。

关于住房保障工作，2013 年 10 月，习近平总书记在十八届中共中央政治局第十次集体学习时的讲话中指出，住房要坚持市场化改革方向，但总有一部分群众由于种种原因面临住房困难，对此，"政府必须'补好位'，为困难群众提供基本住房保障"。2016 年底，习近平总书记在中央经济工作会议上进一步提出："解决好房地产问题，要坚持'房子是用来住的、不是用来炒的'这个定位。"①此后，党和政府根据这一指导思想，深化了住房制度改革，将廉租房建设并入了公租房体系，并加大了对公租房建设和棚户区改造的资金支持力度。目前，尽管房地产市场还存在不少问题，还有不少人民群众存在住房困难，但一个不容否认的事实是，经过改革开放以来 40 多年特别是进入新时代以来 10 多年的建设，全国城乡家庭户人均住房建筑面有了显著提升，已经高于英国和日本。

对于食品、药品的安全问题，以习近平同志为核心的党中央也给予高度重视，认为这是人民群众"舌尖上的安全"，已经成为涉及人们最关心最直接最现实的利益问题。为此，以习近平同志为核心的党中央提出要完善统一权威的食品药品安全监管机构，加强和改进食品药品安全监管制度，保障人民群众身体健康和生命安全。2013 年，国务院将国家食品药品监督管理局提升为正部级的管理总局，又于 2018 年将该局纳入新组建的国家市场监督管理总局，逐步形成了上下相对统一的大市场制的食品药品安全风险监管体系。与此同时，全国人大常委会进一步修订了《中华人民共和国食品安全法》，国务院也对《中华人民共和国食品安全法实施条例》《农药管理条例》等法律法规进行了修订。国家有关部门依法加大了对食品、药品生产流通领域违法犯罪行为的打击惩治力度，逐步改变了以往在食品、药品领域违法成本过低的状况。

在习近平总书记关于全面深化改革的一系列新思想、新观点、新论

①《习近平关于社会主义社会建设论述摘编》，中央文献出版社 2017 年版，第 80、93 页。

断的指引下，党的二十届三中全会通过的《决定》以促进社会公平正义、增进人民福祉为出发点和落脚点作为改革的原则，对就业、社保、住房、医疗、生育、育儿、养老等人民群众所思所盼所忧所急的问题，从力所能及的实际出发，作出了一系列尽力而为的规定。《决定》指出，在就业方面，要完善高校毕业生、农民工、退役军人等重点群体就业支持体系，推进户籍、用人、档案等服务改革，全面取消在就业地参保户籍限制，完善社保关系转移接续政策；在住房方面，要加快建立租购并举的住房制度，加大保障性住房建设和供给，满足工薪群体刚性住房需求；在医疗方面，要深化以公益性为导向的公立医院改革，建立以医疗服务为主导的收费机制；在生育和育儿方面，要建立生育补贴制度，支持用人单位办托、社区嵌入式托育、家庭托育点等多种模式发展；在养老方面，要培育社区养老服务机构，健全公办养老机构运营机制，改善对孤寡、残障失能等特殊困难老年人的服务，加快建立长期护理保险制度，等等。[①]显而易见，这些都是同人民群众切身利益密切相关的事，也都是与人民群众的期盼相呼应。只要人民群众看到了这些改革的成效，必将增强改革的获得感，从而增强对改革的亲近感，更加关心改革、支持改革，使改革开放事业得以持续不断向前发展。

五、在生态领域，注意保护资源、环境，推进绿色发展并初步形成社会主义的生态文明系统

如何对待人与自然的关系，是社会主义区别于资本主义的又一个重要方面。资本主义生产资料私人占有制决定了它必然为追逐利润的最大化而不合理地开发利用自然资源，不顾及环境污染；同时，必然会为延缓周期性的经济危机而提倡消费主义、享乐主义，刺激社会"过度消费"，从而造成自然资源更严重的浪费，生态系统的进一步失衡。随着科技的发展和人类的觉醒，先行现代化的资本主义发达国家开始注意保

---

① 《中共中央关于进一步全面深化改革　推进中国式现代化的决定》，《人民日报》2024 年 7 月 22 日。

护本国的资源和环境，但却随着经济全球化的发展，把资源与生态危机向不发达国家转移，不仅大肆掠夺那里的资源，而且向其转移高污染高耗能企业，倾倒各种有毒垃圾，把污染扩大到整个地球。

新中国成立初期，大规模工业化建设刚刚开始，工业污染问题还不显著，但党和政府面对中国自然禀赋不足、灾害频发等问题，从保护人民群众利益出发，十分重视资源节约和环境保护。例如，毛泽东号召："在一切可能的地方，均要按规格种起树来，实行绿化"。①

进入 20 世纪 70 年代，鉴于大规模工业化基础建设中建立的工厂陆续投产，工业污染问题日益显现，党和政府开始从防止污染的角度重视环境保护工作。1972 年 6 月，中国政府派出代表团出席联合国第一次环境会议，周恩来指示要"通过这次会议，了解世界环境状况和各国环境问题对经济、社会发展的重大影响，并以此作为镜子，认识中国的环境问题"②。1973 年 8 月，国务院召开了第一次全国环境保护会议，确定了第一个环境保护工作方针，即"全面规划，合理布局，综合利用，化害为利，依靠群众，大家动手，保护环境，造福人民"；审议通过了第一个环境保护的法规性文件，明确规定工业要合理布局，在城镇上风向和水源上游、城市居民稠密区内不准设立有害环境的工厂，已经设立的要改造，少数危害严重的要迁移，逐步完成城市排水系统和污水处理设施建设，及时处理工业废渣、废水、废气，减少噪声，加强对土壤、植物的保护和对水域、海域的管理，开展环境监测，并且制定了工业"三废"（废渣、废水、废气）排放标准，提出了防治污染措施必须与主体工程同时设计、同时施工、同时投产的原则，从而结束了治理污染无章可循的历史。③

改革开放后，在经济建设重新成为党的工作重点的同时，资源与环境保护工作也受到了党和政府的进一步重视。1979 年 6 月，时任国务院财政经济委员会主任陈云致信财政经济委员会副主任李先念和秘书

① 《毛泽东文集》第 6 卷，人民出版社 1999 年版，第 509 页。
② 《周恩来年谱（1949—1976）》下卷，中央文献出版社 1997 年版，第 528 页。
③ 参见《中华人民共和国简史》，人民出版社、当代中国出版社 2021 年版，第 122 页。

长姚依林，提出经济建设要尽早注意水资源问题和工业污染问题，要求"今后办厂必须把处理污染问题放在设计的首要位置，真正做到防害于先"①。1982 年，国家将保护和改善生活环境和生态环境，防治污染和其他公害，保障自然资源的合理利用，保护珍贵的动植物，禁止任何组织和个人用任何手段侵占或破坏自然资源等内容，写入了宪法。在 1983 年召开的第二次全国环境保护会议上，环境保护被确定为基本国策。在 1989 年召开的第三次全国环境保护会议上，通过了长期的环境保护规划纲要，提出谁污染谁防治、排污收费等原则，制定了城市环境综合整治定量考核、环境保护目标责任、排污申报登记和排污许可证等制度。与此同时，全国人大常委会和国务院先后颁布了《中华人民共和国海洋环境保护法》《中华人民共和国水污染防治法》《中华人民共和国大气污染防治法》《中华人民共和国环境保护法》和《中华人民共和国城市区域环境噪声标准》等法律法规。此后，国务院又针对乡镇企业在造纸、电镀、纺织印染、生产建材和化工原料，土法炼硫和炼焦等过程中造成的大量工业废渣、废气、废水对环境的严重污染，发出《关于进一步加强环境保护工作的决定》，指出防治环境污染和生态破坏已成为十分紧迫的任务，要求严格执行环境保护法律法规、积极参与解决全球环境问题的国际合作，实行环境保护目标责任制，使问题逐步得到缓解。

进入新时代，生态文明建设受到高度重视。习近平总书记从坚持以人民为中心的发展思想出发，强调生态环境特别是大气、水、土壤污染严重已成为全面建成小康社会的突出短板，要满足人民群众对优美生态环境的需要，就要扭转环境恶化、提高环境质量。习近平总书记明确指出："近代以来，西方国家的现代化大都经历了对自然资源肆意掠夺和生态环境恶性破坏的阶段，在创造巨大物质财富的同时，往往造成环境污染、资源枯竭等严重问题。我国人均能源资源禀赋严重不足，加快发展面临更多的能源资源和环境约束，这决定了我国不可能走西方现代化

---

① 《陈云文选》第 3 卷，人民出版社 1995 年版，第 263 页。

的老路。"① 他强调："无止境地向自然索取甚至破坏自然必然会遭到大自然的报复。我们坚持可持续发展，坚持节约优先、保护优先、自然恢复为主的方针，像保护眼睛一样保护自然和生态环境，坚定不移走生产发展、生活富裕、生态良好的文明发展道路，实现中华民族永续发展"。② 正是基于这些考虑，党的十八大以来，"生态文明建设"被作为统筹推进"五位一体"总体布局中的一位，"绿色"被作为五大新发展理念中的一个理念，"坚持人与自然和谐共生"被作为中国式现代化五大中国特色中的一大特色，"污染防治"被作为全面建成小康社会决胜期三大攻坚战中的一战，"美丽"被作为 21 世纪中叶建成社会主义现代化强国的五个前置词之一。

依据习近平总书记关于"人与自然是生命共同体""保护生态环境就是保护生产力""绿水青山就是金山银山""良好生态环境是最公平的公共产品""生态文明是人类文明发展的历史趋势"的生态文明思想，党和国家把生态文明建设放在了更加突出的位置，写入《中国共产党章程》和宪法，并组建了把污染防治与生态保护职责相统一的生态环境部；中共中央、国务院印发了《生态文明体制改革总体方案》，实施了主体功能区规划，健全了自然资源资产产权制度，构建了国土空间开发保护制度，完善了生态环境保护标准和生态环境监管制度，以及生态环境保护的法律制度，搭建了生态文明制度体系的基本框架，加大了生态保护与修复力度，强化各类自然保护区建设，积极应对外来物种的入侵，全面禁止洋垃圾入境，全方位做好生态环境的治理和督查，推进生产和生活方式向绿色转型。为了响应联合国关于限制温室气体排放的协议，国家主席习近平又在出席联合国 75 届大会时宣布，中国将采取更加有力的政策和措施，力争于 2030 年前达到二氧化碳排放峰值，2060 年前实现碳中和，③ 充分彰显了中国作为世界上最大发展中国家的责任担当。

经过接续不断的生态环境治理，尤其 2015 年开始的污染防治攻坚

---

① 习近平：《中国式现代化是强国建设、民族复兴的康庄大道》，《求是》2023 年第 16 期。
②《中国共产党第二十次全国代表大会文件汇编》，人民出版社 2022 年版，第 19 页。
③《习近平谈治国理政》第 4 卷，外文出版社 2022 年版，第 482 页。

战，全国生态环境在原有基础上有进一步改观。通过污染防治攻坚战中的蓝天保卫战、碧水保卫战、净土保卫战，生态环境有了明显改善：全国森林覆盖率超过 24%，我国成为全球森林资源增长最多最快和人工造林面积最大的国家，贡献了全球约四分之一的新增绿化面积。2024 年上半年，全国地级及以上城市细颗粒物（PM2.5）平均浓度为 33 微克 / 立方米，优良天数比例为 82.8%，全国地表水 Ⅰ—Ⅲ 类水质断面比例为 88.8%。土壤环境风险得到有效管控，坚决实施固体废物"零进口"。[①]另外，成功打造了国家公园的典范——三江源，长江、黄河、澜沧江源头的水质均保持在 Ⅰ—Ⅱ 级，生态保护红线涵盖了全国生物多样性分布的关键区域，绝大多数珍稀濒危物种及其栖息地得到了有效保护。尤其值得一提的是，中国碳排放至 2020 年超额完成了向国际社会承诺的比 2005 年下降 40%—45% 的目标，基本扭转了二氧化碳排放快速增长的局面。在能耗强度方面，中国 2020 年比 2011 年下降 28.7%，成为全球降低最快的国家之一。2005 年与 2020 年相比，能源消费量中的煤炭占比由 72.4% 下降为 56.8%，而非化石能源的占比则由 7.4% 提高至 15.9%。截至 2020 年底，中国多晶硅、光伏电池、光伏组件等产品产量均居全球第一，出口 200 多个国家及地区，大大降低了全球新能源的使用成本。与此同时，中国还致力于生态环境的修复，"十三五"期间累计完成防沙治沙面积 1000 多万公顷，新增水土流失综合治理面积 31 万公顷，新增和修复湿地面积为近 70 万公顷，使生态系统的碳汇功能得到了进一步提高。[②]

社会主义是人类历史上第一个消灭了剥削制度的社会，与其他各种社会相比，时间毕竟不长；在中国这样一个半殖民地半封建社会的落后农业大国的基础上建设社会主义，更是前无古人、没有任何经验可以借鉴。因此，在探索中难免会遇到一些挫折，走一些弯路。然而，通过回顾和梳理新中国成立 75 年来经济、政治、文化、社会、生态等各个领

---

① 《加快经济社会发展全面绿色转型 奋力谱写新时代生态文明建设新篇章》，《人民日报》2024 年 8 月 14 日。

② 参见《中国应对气候变化的政策与行动》，《人民日报》2021 年 10 月 28 日。

域的历史，人们可以清楚地看到，这 75 年是社会主义发展史上的光辉篇章；中国共产党对于社会主义的建设和探索，在方向上态度上始终都是明确而坚定、积极而认真的。它以雄辩的事实证明，社会主义具有资本主义无可比拟的优越性，不仅能救中国，更能发展中国、强大中国。习近平总书记在 2019 年曾明确指出：70 年来，"我们的国家发生了天翻地覆的变化，中华民族迎来了从站起来、富起来到强起来的伟大飞跃。无论是在中华民族历史上，还是在世界历史上，这都是一部感天动地的奋斗史诗"。① 同样，新中国成立以来的 75 年，也是社会主义发展史上一部感天动地的壮丽史诗。当前，中国特色社会主义已进入新时代，社会主义建设和探索的任务仍然没有完成，在建设社会主义现代化国家、实现中华民族伟大复兴的新长征路上，"还有许多'雪山'、'草地'需要跨越，还有许多'娄山关'、'腊子口'需要征服"②。但是，我们有以习近平同志为核心的党中央坚强领导，有 14 亿团结一心、斗志昂扬的中国人民，有 75 年来奠定的雄厚物质和精神基础，中国特色社会主义事业一定能经受住任何风高浪急甚至惊涛骇浪的考验，世界上就没有任何力量能阻挡住中华民族伟大复兴的历史步伐。

---

① 习近平：《论党的宣传思想工作》，中央文献出版社 2020 年版，第 370 页。

②《十八大以来重要文献选编》（下），中央文献出版社 2018 年版，第 397 页。

新中国的75年在世界当代史中的地位[*]

关于世界当代史，学术界有多种分期方法。本文采纳"二战说"，即把 1945 年第二次世界大战结束作为起点。按照这个分期方法，世界当代史至今已近 80 年，与即将迎来 75 周年的新中国史基本同步。

中国是世界上的人口大国和地域大国，也是历史悠久且文明从未中断的古国。新中国成立后，结束了自近代以来的半殖民地半封建社会的屈辱历史，选择了与处于世界主流的资本主义制度不同的社会主义制度，并在 20 世纪 70 年代末实行改革开放，走上了中国特色社会主义道路。以中国这样的巨大体量、悠久历史和先进的社会制度，注定了在世界当代史上具有不同凡响的地位。

二战以来，尽管各种局部战争、武装冲突、代理人战争从未停止，但第三次世界大战至今一直未能打起来。个中原因，除了核大国之间的战略平衡外，主要是随着殖民体系的崩溃，以及后来的"冷战"结束，原殖民地半殖民地国家力量逐渐壮大，世界多极化趋势逐渐增强，反战争反霸权反干涉、要和平要自主要发展的呼声成为时代潮流。在这个过程中，新中国作为和平的力量、正义的力量、民主的力量、进步的力量，始终站在历史的正确一边，而且创造出了经济快速发展、社会长期稳定的奇迹，越来越多地成为国际组织、国际会议、国际行动的发起者、倡导者、组织者，国际影响力、感召力不断增强。

新中国的 75 年对世界当代史的影响，主要是通过五种方式，即外交的方式，包括国与国建交、双边对话、多边磋商、党际交流等等；呼吁的方式，包括提出关于国际问题的声明、原则、理念和全球倡议等

---

* 本文为 2024 年 9 月 26 日作者在北京举办的第五届当代中国史国际论坛上的主旨发言，刊于《马克思主义研究》2025 年第 1 期。收入本书时，作者略作修改。

等；援助的方式，包括对发展中国家争取民族解放、捍卫主权独立的斗争给予军事的物资的道义的支持，以及为摆脱贫困而给予的经济援助等等；经贸的方式，包括国际贸易、经济技术合作，以及投资等等；示范的方式，包括自身发展、经验介绍，以及文化软实力展示等等。在对外交往中，新中国只对侵略和武装挑衅作过必要反击，此外从未动用过武力。

新中国的75年对世界当代史的影响，在各个不同阶段、不同方面，都有着相应的表现。但无论在哪个阶段，中国对于人类的共同问题都给出了积极答案，作出过正面反应；无论在哪个方面，中国的行动和声音都体现了对全球南方诉求的支持，对世界和平事业的维护和推动，对人类进步事业的捍卫和促进，从没有辜负国际社会的期待。

一、反对霸权主义，维护世界的和平稳定

二战结束之后，世界出现了两大阵营对峙、民族独立解放运动风起云涌的局面。新中国成立初期，一方面明确宣布自己加入世界社会主义阵营，坚定站在人民民主国家和亚非拉民族国家一边；另一方面提出和平共处五项原则，主张不同社会制度国家之间和平相处，并运用这一原则，开展了一系列外交活动。例如，通过在日内瓦会议上的努力斡旋，结束了印支半岛的殖民统治，缓和了亚洲的紧张形势；通过在亚非会议表达求同存异的立场，避免了会议陷入意识形态争论，制定了促进团结合作的原则，形成了捍卫民族独立、拥护世界和平的万隆精神。五项原则和万隆精神超越了社会制度和意识形态差异，体现出处理国与国关系的东方智慧，成为国际关系基本准则和国际法的基本原则。

近代中国处于半殖民地地位，长期受帝国主义侵略、欺辱，所以，新中国同广大的殖民地半殖民地国家感同身受，从一成立起便坚定地站在它们一边，共同进行反对帝国主义、殖民主义的斗争。早在20世纪50年代初，新中国在国力、武器等方面与美国相差悬殊的情况下，毅然出兵并最终取得了抗美援朝战争的胜利。这一胜利"推迟了第三次世

界大战"[1]；"震动了全世界，奠定了新中国在亚洲和国际事务中的重要地位……充分展示了中国人民维护世界和平的坚定决心！[2]"使帝国主义认识到，中国人民"是惹不得的。如果惹翻了，是不好办的"[3]。

随后，中国又以派遣军事顾问和防空、后勤等部队，以及援助物资、提议召开国际会议等实际行动，支援了印支三国的抗法、抗美爱国斗争；以资金和经贸合作等方式，支持了埃及政府反抗英、法侵占苏伊士运河的战争，阿拉伯人民抗御以色列发动的武装侵略，阿尔及利亚人民反法武装起义，古巴政府抗击美国组织雇佣军的入侵，以及撒哈拉以南非洲国家和人民的反殖民主义、种族主义的斗争。

20 世纪 50 年代末 60 年代初，针对美苏两个霸权主义，毛泽东提出"两个中间地带"的理论，即一个是亚非拉，一个是欧洲；接着，又提出"三个世界划分"的理论，即美苏是第一世界，欧洲、澳大利亚、加拿大、日本是第二世界，亚非拉是第三世界。这一理论为凝聚发展中国家的力量，增强发展中国家在国际事务中的声音、拉近中国同发展中国家的距离、促进世界多极化的趋势，提供了理论支撑，产生了巨大效应。正如邓小平所说："这一国际战略原则，对于团结世界人民反对霸权主义，改变世界政治力量对比……起了不可估量的作用。"[4]正是在这一理论的作用下，中美关系随着国际形势的变化，由对峙走向缓和并最终建交，进而为中国同西方关系正常化铺平了道路，也为中国恢复在联合国合法席位和美国从越南撤军创造了条件。

进入改革开放新时期，中共中央根据国际形势的变化，对当今时代特点的判断，由战争与革命变为和平与发展；同时，继续把反对霸权主义、维护世界和平作为对外工作的主要任务，把独立自主的和平外交作为对外工作的主要政策，并对外交战略作出了适当调整，提出不结盟、不对抗、不针对第三国，根据事情的是非曲直和中国人民及世界人民的

---

①《毛泽东年谱（1949—1976）》第 2 卷，中央文献出版社 2013 年版，第 163 页。

②《十九大以来重要文献选编》（中），中央文献出版社 2021 年版，第 771 页。

③《毛泽东年谱（1949—1976）》第 2 卷，中央文献出版社 2013 年版，第 163 页。

④《邓小平文选》第 2 卷，人民出版社 1994 年版，第 160 页。

根本利益决定自己立场，在和平共处五项原则基础上，同世界一切国家建立和发展各方面关系。在处理大国关系上，中国实现了中苏关系正常化，在苏联解体后建立和深化了中俄友谊；并在抵制和粉碎美西方制裁的同时，稳定了中美关系，也巩固了同西欧、日本的关系。在处理周边关系上，中国提出"与邻为善、以邻为伴"方针和"睦邻、安邻、富邻"政策，发展了同周边国家的睦邻友好关系，为发挥国际作用、维护地区和平，构筑了稳定的周边地缘战略依托。在处理同发展中国家的关系上，中国加强了中非传统友谊，加大了合作力度；迎来了与拉丁美洲国家的建交高潮，并同其中几个主要国家建立了战略伙伴关系；另外，尊重苏东地区各国人民的选择，保持和发展了与这一地区各国的友好关系。在处理多边关系上，中国倡导建立公正合理的国际政治新秩序和开展全球合作，提出共同建立"和谐世界"的倡议，推进国际关系民主化，并积极开展同联合国及其所属专门机构的合作，参加按照联合国宪章宗旨和原则、有利于维持有关国家主权和独立的联合国维和行动；发起或参与发起或主动参加全球性、地区性的国际组织及多边对话机制。例如，共同发起上海合作组织、金砖国家领导人定期会晤、中非合作论坛，参与亚太经合组织，主动参与世贸组织、中国与东盟"10+1"对话机制、中国与拉丁美洲里约集团对话机制等等。

进入中国特色社会主义新时代，世界面临百年未有之大变局，不确定性、难预料因素增多。霸权主义在政治上固守冷战思维、零和博弈，大搞阵营化和排他性小圈子，肆意打压新兴力量；在经济上逆全球化思潮抬头，保护主义、单边主义上升，动辄"筑墙设垒"、"脱钩断链"、单边制裁、极限施压。但是，和平、发展、合作、共赢仍是人心所向，大势所趋。面对国际形势的新变化，习近平总书记提出构建人类命运共同体的理念，发出全球文明倡议、全球发展倡议、全球安全倡议，呼吁各国推动建设持久和平、普遍安全、共同繁荣、开放包容、清洁美丽的世界，引起国际社会强烈反响，得到有识之士的广泛赞同，并被写进联合国和多个国际间的决议、协议、声明中，为推动全球治理体系朝着更加公正合理方向发展发挥了积极作用。

在人类命运共同体理念指导下，中国尽管遇到来自美国的贸易战、科技战、金融战和"以台制华"，以及利用涉港、涉疆、南海等所谓问题进行的种种遏制和打压行径，仍然从稳定世界大局出发，坚持不冲突、不对抗，通过协商对话管控分歧。同时，中俄新时代全面战略协作伙伴关系不断深化，政治互信不断提升，各领域务实合作扎实推进，构建了新型大国关系的典范，为维护全球战略稳定发挥了重要作用。对待周边国家关系方面，新时代在坚持"以邻为善、以邻为伴"方针的基础上，突出强调"亲、诚、惠、容"理念，巩固和深化了同朝鲜的传统友谊与合作，密切了同东盟、中亚国家间的互利、友好合作，推动了同巴基斯坦全面战略合作伙伴关系走深走实，保持了同印度关系的稳定和改善。在与发展中国家的关系上，新时代进一步加强了"南南合作"，将所有同中国建交的非洲国家的关系都提升到了战略关系层面，并大力支持阿拉伯国家和地区人民抵抗强权政治的努力，促进了伊朗与沙特的和解以及巴勒斯坦各派之间的民族团结，加强了同拉美和加勒比国家的团结，成立了中国—拉美共同体论坛，还同南太平洋八个岛国建立了战略伙伴关系。新时代还发展了同联合国系统的关系，推动了俄乌、巴以等国际和地区热点问题的解决，积极参与二十国集团与金砖国家合作机制等多边外交活动，创立和主办了"一带一路"国际合作高峰论坛，推动了上海合作组织扩容、博鳌亚洲论坛发展，为完善全球治理机制发出了中国声音，贡献了中国智慧。

二、反对新老殖民主义，支持并帮助发展中国家维护主权、摆脱贫困和走向现代化

20 世纪 70 年代，毛泽东在提出"三个世界划分"理论的同时，明确表示中国属于第三世界；由他审阅批准的邓小平在联大特别会议的发言稿中强调，"中国现在不是，将来也不做超级大国"[①]。正是他的这一理念，加强了新独立和正在争取独立的民族主义国家的紧密联系，并拉近

[①]《邓小平年谱（1904—1974）》（下），中央文献出版社 2009 年版，第 2012 页。

了中国与它们的距离。在此前后，它们尽管被称作发展中国家、欠发达国家、全球南方国家，但"第三世界"的称呼更深入人心，一直沿用到今天。

中国是最大的第三世界国家，非洲是第三世界国家最集中的大陆。共同的遭遇、命运和发展梦想，把中国和非洲紧紧联系在了一起。从一定意义上说，非洲是第三世界的代表，中非关系是中国与第三世界国家之间最具代表性的关系。20世纪六七十年代，中国支持非洲脱贫、振兴的主要办法，是单方面的经济、技术、物资援助，包括援建医院和基础设施。其中一个典型，便是以提供无息贷款、设备和工程技术人员的方式援建的长达1800公里的坦赞铁路。改革开放后，中国随着经济的发展、思路的开阔，逐渐改变了传统援助方式，制定了"平等互利、讲求实效、形式多样、共同发展"的16字原则，除对最不发达国家和难民进行人道主义救援外，一般采取开发式援助方式，其中不仅有双边贸易和贷款，也有合资企业、承包工程、劳务和管理合作等；不仅涉及农、林、渔和建筑等传统项目，也涉及水电、工业、商业和其他服务业等与现代化更接近的项目。据商务部介绍，至2021年，中国在非洲的各类企业已达到3500多个，直接投资超过400亿美元。

新时代，中非合作进入快车道，取得了更加显著的成就，成为南南合作的典范。现在，中国不仅稳居非洲第一大贸易伙伴国，而且是非洲最主要的外资来源国之一，投资额超过了美国两倍。盖洛普最近的民调显示，中国已成为在非洲最有影响力的大国。原因其实也很简单，美国的援助总是附加条件，而且总是居高临下、颐指气使，打着民主、人权的幌子，不仅搞双重标准，还制造战乱和动乱；而中国的援助不仅不附加任何条件，而且对受援国一向保持平等和尊重的态度，始终从非洲实际情况出发，为非洲人民着想，"授人以鱼"，也"授人以渔"。正如澳大利亚一家网站最近的文章所说："指导美国行动的主要座右铭是'让我们开战吧'，而中国的座右铭是'让我们开工吧'。"①

---

① 《参考消息》2024年9月8日。

习近平总书记在 2024 年中非合作论坛北京峰会开幕式上作的题为《携手推进现代化，共筑命运共同体》的主旨讲话，对中非携手推进的现代化擘画了新的蓝图，并对未来 3 年深化中非合作规划了十项伙伴行动。其中既有传统农业、工业、贸易项目，也有知识网络、数字技术等涉及新一轮科技革命、产业革命的项目；既有大型基础设施项目，也有"小而美"的民生项目；既有培训技术人员、增加就业岗位的项目，也有清洁能源和生物多样性保护的项目。讲话还承诺，为实现这些行动，中国政府将提供 3600 亿元人民币额度的资金支持。讲话充分展示了中国人民与非洲人民的兄弟情谊，表达了中非 28 亿人民的共同心声，把中非关系提到了新的高度，也必将对全球南方现代化起到推动的作用。

中国对全球南方国家的支持、帮助，除了物质外，还有自身的榜样作用和经验传授。例如，中国仅用短短 75 年时间，便在一穷二白的基础上成长为世界第二大经济体和第一制造业大国，走完了西方发达国家用几百年才走完的工业化历程；用短短 40 年时间，使大约 8 亿人脱贫，占同期全球减贫人口的 75%；2013 年以来，货物进出口总额始终位居世界第一，经济增长的贡献率超过了 G7 国家的总和。以上成就本身，就具有巨大的说服力。再如，中国经验说明，借鉴别国的制度、道路一定要从本国的国情和文化的实际出发；实行民主不仅要给人民投票权，还要给人民在日常政治生活中的参与权；实行市场经济，要把市场对资源的配置与政府的作用结合在一起；在利用资本、提高效率的同时，要防止资本的无序扩张，避免两极分化；开展减贫行动，政府要事先调查研究，制定切实可行的计划，组织廉洁能干的队伍，既要"输血"，也要"造血"；实行对外开放，要维护主权独立，防止被居心叵测的势力乘机进行政治、文化渗透，利用民族和宗教矛盾制造动乱、颠覆政权，等等。以上经验不仅至关重要，而且切实可行。这些成就和经验，使全球南方国家得到了启发，看到了希望，树立了信心；也使霸权主义、殖民主义感到莫名的威胁和恐惧，把中国当成了它们的头号对手，从反面更加突显出了中国影响力和感召力的强大。

三、反对单边主义、保护主义，积极参与和推动国际贸易、技术合作与生态保护

马克思主义的一个基本原理是，无产阶级只有解放全人类才能最终解放自己。中国共产党以马克思主义为指导，既为工人阶级谋解放，也为中华民族谋独立，为中国谋富强，为中国人民谋幸福，为全人类谋和平、谋发展。因此，中国共产党取得政权后，一向主张世界人民友好交往、世界各国互通有无，并积极开展对外贸易、科技交流，主动响应国际上一切有利于全人类利益的倡议，即使遇到阻力也想方设法排除障碍，迎难而上。

新中国刚成立一个月，由美国策动英法等欧洲十多个国家，在巴黎成立了一个专门限制向社会主义国家出口高科技和战略物资的组织——巴黎统筹委员会（简称"巴统"）。过了两年，巴统内部又设立了一个专门对付中国的机构，其禁运清单上的商品竟比针对苏联和东欧国家的还要多500多种。苏联解体后，巴统于1994年宣告解散，但紧接着在荷兰瓦森纳又成立了一个由40多个国家组成的专门对发展中国家禁运先进材料、电子器件、计算机、电信与信息安全、传感与激光、导航与航空电子仪器、船舶与海事设备等所谓军民两用商品和技术的组织，称瓦森纳协定（简称"瓦协"），一直存在到今天。75年来，中国的对外贸易和技术交流，就是在这种被四面封控的情况下进行的。

最初，中国只能在社会主义国家中间开展贸易和技术交流，但即便如此，仍然想尽办法同资本主义国家做买卖。除了利用香港这个渠道外，中国还从1957年起，每年在广州举办春秋两届面向资本主义国家的中国进出口商品交易会（简称"广交会"），即使在"文化大革命"时期也没有中断过，至今已举办了135届。然而，改革开放前的那些年，由于中国在工业基础薄、农业商品率低、资金极其短缺的情况下，集中力量进行以重工业为重点的建设，所以，只能拿出一些纺织品、轻工业品，以及农副产品、工艺品等劳动密集型商品，跟国外商人进行交易。改革开放后，中国因为有了独立完整的工业体系和国民经济体系做支

撑，工业化、信息化水平有了大幅度提高，交易商品由劳动密集型为主逐渐变为技术密集型、资金密集型为主。通过广交会和其他进出口贸易渠道，中国成功突破了西方的封锁和时不时进行的经济制裁，打开了通向世界的大门，实现了与各国的平等互利和互通有无。

进入新时代，中国为了冲破西方的围堵、打压，除了扩大进出口贸易，新办中国国际服务贸易交易会、中国国际进口博览会外，还在 2013 年提出建设"丝绸之路经济带"和"21 世纪海上丝绸之路"（简称"一带一路"）的倡议，从而进一步加强了与欧亚非大陆的贸易往来，促进了全球共同繁荣和可持续发展。截至目前，与中国签署"一带一路"合作文件的国家和国际组织已分别有 152 个和 32 个之多，合作文件超过了 230 份，形成了 3000 多个合作项目，其中涉及铁路、港口、能源、通讯等基础建设，也涉及金融、物流、旅游等服务业，仅中欧班列就开行了 6 万多列，经贸合作区也建了 80 多个。十年来的事实说明，"一带一路"是和平发展之路、合作共赢之路、文明交流之路，"一带一路"建设促进了沿线国家的经济繁荣和区域合作，起到了推动全球互联互通和打造世界经济新引擎的作用，对于突破西方在经济、科技上限制发展中国家的发展、抑制逆全球化思潮具有重要意义，为全球经济复苏和增长作出了重要贡献，也为动荡不安的世界注入了更多的确定性和稳定性。

生态问题是工业化发展到一定阶段的产物。如何处理人与生态的关系，也是社会主义区别于资本主义的一个重要方面。资本主义生产资料私人占有制决定了它必然为追逐利润最大化而不合理地开发利用自然资源，不顾及环境污染，同时，刺激社会"过度消费"，造成自然资源更严重的浪费，生态系统的进一步失衡，并把生态危机向不发达国家转移，把污染扩散到整个地球。

新中国成立初期，大规模工业化建设刚刚开始，工业污染问题还不显著。但面对中国自然禀赋不足、灾害频发等问题，党和政府已经着手进行资源节约和环境保护工作。当年，毛泽东就发出过勤俭建国、节约办一切事业的号召；强调要针对水患灾害根治淮河、海河、黄河，注意水土保持，并大力提倡植树造林，绿化祖国；要求"在一切可能的地方，均要按规格种起树来，实行绿化"①。至改革开放前的 1978 年，中国森林覆盖率从新中国成立时的 8.6%，提高到了 14%。

进入 20 世纪 70 年代，鉴于大规模工业化基础建设中建立的工厂陆续投产，工业污染问题开始显现，党和政府及时开展了环境保护工作。1972 年，中国政府派出代表团出席联合国第一次环境会议，周恩来总理指示要利用这个机会，了解世界环境状况和各国环境问题对经济、社会发展的重大影响。翌年，国务院召开了第一次环境保护会议，确定了第一个环境保护工作方针，通过了第一个环境保护的法规性文件，要求逐步完成城市排水系统和污水处理设施建设，及时处理工业废渣、废水、废气（简称"三废"），减少噪声，加强对土壤、植物的保护和对水域、海域的管理，开展环境监测，并且制定了工业"三废"排放标准，提出防治污染措施必须与主体工程同时设计、施工、投产，从而结束了治理污染无章可循的历史。

改革开放后，经济建设重新成为新中国的工作重点，资源与环境保护工作同时受到进一步重视。1979 年 6 月，时任国务院财政经济委员会主任陈云便提出经济建设要尽早注意水资源和工业污染问题，要求"必须把处理污染问题放在设计的首要位置，真正做到防害于先"②。1982年，保护和改善生活环境和生态环境，防治污染和其他公害，被写入了宪法。在 1983 年召开的第二次全国环保会议上，环境保护被确定为基本国策。在 1989 年召开的第三次全国环保会议上，通过了长期的环境保护规划纲要，提出了谁污染谁防治和排污要收费等原则。全国人大常委会和国务院还先后颁布了海洋环境保护法、水污染防治法、大气污染防治法、环境保护法和城市区域环境噪声标准等一系列法律法规。

进入新时代，依据习近平总书记关于"人与自然是生命共同体"、"保护生态环境就是保护生产力"、"绿水青山就是金山银山"、"良好生态环境是最公平的公共产品"、"生态文明是人类文明发展的历史趋势"

---

① 《毛泽东文集》第 6 卷，人民出版社 1999 年版，第 509 页。
② 《陈云文选》第 3 卷，人民出版社 1995 年版，第 263 页。

等生态文明思想，人与自然和谐共生被放在了更加突出的位置。习近平总书记指出："近代以来，西方国家的现代化大都经历了对自然资源肆意掠夺和生态环境恶性破坏的阶段，在创造巨大物质财富的同时，往往造成环境污染、资源枯竭等严重问题。我国人均能源资源禀赋严重不足，加快发展面临更多的能源资源和环境约束，这决定了我国不可能走西方现代化的老路。"[①] 正是基于这一思想，党的十八大以来，"生态文明建设"被写入了党章和宪法，成为统筹推进"五位一体"总体布局中的重要一位，"绿色"成为五个新发展理念中的一个重要理念，"坚持人与自然和谐共生"成为中国式现代化五个中国特色中的一大特色，"美丽"成为 21 世纪中叶建成社会主义现代化强国的五个前置词之一，"污染防治"成为全面建成小康社会决胜期三大攻坚战中的一战。国务院还组建了把污染防治与生态保护职责相统一的生态环境部，构建了国土空间开发保护制度，积极扭转大气、水、土壤污染严重的问题，应对外来物种的入侵，全面禁止洋垃圾入境，推进生产和生活方式向绿色转型。为了响应联合国关于限制温室气体排放的协议，国家主席习近平在出席联合国 75 届大会时宣布，中国将采取更加有力的政策和措施，力争于 2030 年前达到二氧化碳排放峰值，2060 年前实现碳中和，[②] 彰显了中国作为世界上最大发展中国家的责任担当。

经过接续不断的生态环境治理，尤其 2015 年开始的污染防治攻坚战，全国生态环境在原有基础上有进一步改观。到 2020 年，通过蓝天保卫战、碧水保卫战、净土保卫战，地级及以上城市空气质量优良天数比率达到 80% 以上，地表水和重要江河湖泊水功能区的水质达标率分别大于 70% 和 80%，受污染耕地安全利用率达到 90% 左右；森林覆盖率由 2012 年的 21% 提高到 2023 年的 24%。另外，长江、黄河、澜沧江源头的水质均保持在 Ⅰ—Ⅱ 级，绝大多数珍稀濒危物种及其栖息地得到了有效保护。尤其值得一提的是，至 2020 年，中国碳排放已超额完

---

① 习近平：《中国式现代化是强国建设、民族复兴的康庄大道》，《求是》2023 年第 16 期。

②《习近平谈治国理政》第 4 卷，外文出版社 2022 年版，第 482 页。

成了向国际社会承诺的比 2005 年下降 40%—45% 的目标，基本扭转了二氧化碳排放快速增长的局面；与 2005 年相比，能源消费量中的煤炭占比由 72.4% 下降为 56.8%，非化石能源的占比由 7.4% 提高至 15.9%；中国多晶硅、光伏电池、光伏组件等产品产量均位居全球第一，出口 200 多个国家及地区，大大降低了全球新能源的使用成本。与此同时，中国还致力于生态环境的修复，"十三五"期间累计完成防沙治沙面积 1000 多万公顷，新增水土流失综合治理面积 31 万公顷，新增和修复湿地面积近 70 万公顷，使生态系统的汇碳功能得到了进一步提高，[①] 为全球减少温室气体发挥了重要作用。2024 年上半年，清洁能源在中国电力产量中的占比已提升至 37% 以上，难怪美国媒体惊呼："中国清洁能源转型力度超美国"[②]，"中国正成为全球应对气候变化引领者"[③]。

习近平总书记说："第二次世界大战结束后，以中国和非洲为代表的第三世界国家相继实现独立和发展，不断纠正现代化进程中的历史不公。"[④] 他又指出：当前，"人类社会面临前所未有的挑战。世界又一次站在历史的十字路口，何去何从取决于各国人民的抉择"[⑤]。人们只要回顾世界当代史就会清楚地看到，世界每逢处在历史十字路口，中国总会毫不犹豫地站在和平一边、发展中国家一边、人类共同利益一边，维护国际关系的基本准则和国际公平正义，反对一切形式的霸权主义、强权政治、单边制裁、极限施压，为推动和平、发展、合作、共赢的历史潮流贡献力量。半个世纪前，毛泽东讲到中国在 21 世纪将会变为一个强大的社会主义工业国时说过："中国应当这样。因为中国是一个具有九百六十万平方公里土地和六万万人口的国家，中国应当对于人类有较大的贡献。"[⑥] 可以肯定，面对当今世界的历史十字路口，中国仍会一如既往地站在历史潮流一边，不遗余力地继续奋斗，为构建人类命运共同体作出新的更大的贡献。

---

① 《中国应对气候变化的政策与行动》，《人民日报》2021 年 10 月 28 日。
② 《参考消息》2024 年 10 月 28 日，转引自路透社美国 10 月 25 日电。
③ 《参考消息》2024 年 11 月 20 日，转引自美国有线电视新闻网站 11 月 18 日文章。
④ 《携手推进现代化，共筑命运共同体》，《人民日报》2024 年 9 月 6 日。
⑤ 《二十大以来重要文献选编》（上），中央文献出版社 2024 年版，第 42 页。
⑥ 《建国以来重要文献选编》第 9 册，中央文献出版社 2011 年版，第 349 页。

研究当代中国史离不开对世界社会主义史的研究[*]

习近平总书记在庆祝改革开放 40 周年大会上的重要讲话中指出：五四运动以来我国发生的三大历史性事件，是建立中国共产党、成立中华人民共和国、推进改革开放和中国特色社会主义事业；当代中国史是把马克思列宁主义基本原理同中国革命具体实践结合起来的历史，也是总结我国社会主义建设正反两方面经验并借鉴世界社会主义历史经验、在世界社会主义出现严重曲折的严峻考验面前把中国特色社会主义成功推向 21 世纪的历史。他还强调：我们要坚持马克思主义指导地位和科学社会主义基本原则不动摇，当代中国共产党人责无旁贷的历史责任是发展 21 世纪马克思主义和当代中国马克思主义，对马克思主义的信仰、对中国特色社会主义的信念、对实现中华民族伟大复兴中国梦的信心是指引和支撑中国人民站起来、富起来、强起来的强大精神力量。这些论述再次向世人表明，当代中国的过去、现在和将来，都是世界社会主义的一部分。

当代中国本身是近代中国反帝反封建的民族民主运动与世界社会主义运动相互交织的必然产物。习近平总书记指出："马克思主义不仅深刻改变了世界，也深刻改变了中国。""十月革命一声炮响，为中国送来了马克思列宁主义，给苦苦探寻救亡图存出路的中国人民指明了前进方向、提供了全新选择。"① 正是由于中国的先进分子选择了马克思主义、创建了中国共产党，中国共产党把马克思主义基本原理与中国具体实际相结合、带领人民推翻了"三座大山"、建立了中华人民共和国，才使近代中国变成了当代中国，使中国历史由近代史演进到了当代史。

---

* 本文是作者在 2018 年 12 月 21 日武汉大学当代中国与世界社会主义研究中心成立大会上的书面发言，曾发表于《世界社会主义研究》2019 年第 6 期。

① 习近平：《在纪念马克思诞辰 200 周年大会上的讲话》，《人民日报》2018 年 5 月 5 日。

当代中国史至今已近70年。只要对这一历史稍加回顾就不难看出,当代中国与世界社会主义是息息相关的,研究当代中国史离不开对世界社会主义运动史的研究,反之亦然。

例如,中华人民共和国成立之初提前向社会主义过渡和开展大规模工业化建设,就是二战之后东方被压迫民族的独立运动风起云涌、世界社会主义运动高潮迭起、以苏联为首的社会主义阵营屹立欧亚大陆的结果,也是当代中国向社会主义阵营"一面倒"和抓住苏联允诺全面援助"一五"计划建设这一历史机遇的结果。它为中华民族以较快速度追赶先进民族提供了重要前提条件,同时也大大加强了世界和平与社会主义阵营的力量,改变了二战后国际冷战格局中的力量对比,为扩大世界社会主义影响作出了历史性贡献。

20世纪60年代前期,当代中国决定从准备战争的角度考虑国内建设并对工业建设进行一二三线的战略布局,60年代末、70年代初又进入战备和掀起三线建设的高潮。这些重大举措,一方面是对美国扩大侵越战争,妄图从南边威胁我国安全;另一方面是苏联赫鲁晓夫集团背叛马克思主义,引发中苏两党争论,进而破坏两国关系,对我国发出战争威胁,导致世界社会主义阵营分裂的结果。在70年代初,当代中国之所以能打开中美关系大门,开启双方关系正常化进程,一方面是抓住了美国急于摆脱侵越战争的泥潭以便和苏联争霸的机会,另一方面也是迫于苏联加剧世界社会主义分裂活动的必然选择。

20世纪70年末80年初,当代中国决定实行对内改革对外开放的总政策,进而走上中国特色社会主义道路,固然主要由于我们通过近30年社会主义建设实践,发现原有经济体制中存在过于僵化的弊病;但同时也是因为苏联在争夺世界霸权过程中被逐渐削弱、最终导致自身分裂和社会主义阵营解体,使世界社会主义运动进入了低潮。尤其是在此期间,广大独立了的亚非拉国家要和平要发展的呼声日益高涨,西方资本主义世界为了调整经济结构、摆脱经济危机、扩大海外市场、寻求更大利润,主动向发展中国家转移制造业和输出资本,从而使和平与发展变成了时代的主要特征,使我国获得了与国际经济接轨、吸取国外先进管理经验和科学技术的战略机遇期。历史雄辩地说明，正是改革开放推动了中国社会主义事业的伟大飞跃，同时也挽救、捍卫、坚持和发展了世界社会主义事业。

习近平总书记说："中国特色社会主义是社会主义而不是其他什么主义。"[①] 这说明，改革开放后的当代中国仍然是世界社会主义的一部分；而且由于它在国土、人口、经济等方面所拥有的巨大体量，必然是其中最重要组成的部分。当前，世界社会主义运动虽然总体仍处于低潮，但已经有了复苏迹象。西方资本主义的逆全球化和保护主义思潮、冷战思维虽然有所抬头，但当代中国发展的战略机遇期依然存在。当代中国处于社会主义初级阶段的基本国情和属于发展中国家的国际地位虽然没有改变，但国内主要矛盾已经发生了部分质变。我国在改革开放后虽然根据国际形势变化调整了对外政策，奉行不输出革命和互不干涉内政的方针，但仍然继续同包括社会主义政党在内的各国政党进行着党际交流。只要中国特色社会主义事业向前发展，世界社会主义就不会消失。只要我们一如既往地坚持党的"一个中心、两个基本点"的基本路线，集中精力办好自己的事情，使当代中国的力量不断壮大，就一定会对世界社会主义事业产生越来越大的影响。

习近平总书记还指出："尽管世界社会主义在发展中也会出现曲折，但人类社会发展的总趋势没有改变，也不会改变。"[②] "在相当长时期内，初级阶段的社会主义还必须同生产力更发达的资本主义长期合作和斗争，还必须认真学习和借鉴资本主义创造的有益文明成果，甚至必须面对被人们用西方发达国家的长处来比较我国社会主义发展中的不足并加以指责的现实。"[③] 他的这一论述告诉我们，当今的时代特征是和平与发展，但时代的性质仍然是资本主义向社会主义过渡的时代。为社会主义、共产主义理想奋斗，既不能丧失信心，也不能操之过急，而要有很强的战略定力和坚韧不拔的精神。只要我们一方面坚定社会主义、共产

① 《十八大以来重要文献选编》（上），中央文献出版社 2014 版，第 109 页。
② 习近平：《在纪念马克思诞辰 200 周年大会上的讲话》，《人民日报》2018 年 5 月 5 日。
③ 《十八大以来重要文献选编》（上），中央文献出版社 2014 版，第 117 页。

主义必胜的信念，另一方面脚踏实地地实行符合社会主义初级阶段的政策，集中精力做好眼前的事情，认真准备社会主义与资本主义两种制度的长期合作和斗争，就一定会使中国特色社会主义事业从一个胜利走向另一个胜利。我们坚信，世界社会主义运动在可以预见的将来，一定会由低潮走向新的高潮，直至共产主义的最终实现！

新时代与中国当代史的
学科建设和宣传

用党的十九大精神推动当代中国史
理论研究学科体系建设*

党的十九大是改革开放关键时刻召开的一次具有深远历史意义的会议，它不仅会影响中国未来 15 年、30 年乃至更长时间的发展，而且会影响我们审视、总结中国过去 40 年乃至 70 年的历史。对于当代中国史理论研究者来说，学习贯彻党的十九大精神要比别人多一项特殊任务，那就是用十九大精神推动当代中国史理论研究学科体系建设的发展。

一、用党的十九大精神拓宽当代中国史理论研究的视野

当代中国史研究同其他史学研究一样，"史"和"论"的研究是分不开的，也是不应当分开的；但对"论"的研究，又具有相对独立性。这一点在当代中国史研究中显得格外突出。因为当代中国是中国共产党领导和以马克思主义为指导的国家，当代中国史是马克思主义与中国社会主义建设及探索相结合的历史，也是与现实联系得最为紧密的历史。当代中国史中的问题不仅需要在马克思主义理论指导下加以解答，而且很多本身就是理论问题。比如，为什么要提前向社会主义过渡？如何看待新中国前 30 年的成就和曲折？如何认识改革开放前和改革开放后的关系？如何总结改革开放的历史经验？这些既是当代中国史研究中的问题，也是当代中国史的理论问题，甚至是马克思主义理论研究中的问题。正因为如此，当代中国史理论研究同马克思主义史学理论研究之间的关系是非常密切的。

习近平在党的十九大报告中回顾了过去 5 年的工作和历史性变革，

* 本文是作者在 2018 年 6 月 30 日第六届中国社会科学院马克思主义当代中国史理论论坛上的讲话整理而成，曾刊于《当代中国史研究》2018 年第 5 期。原标题为《用中共十九大精神推动当代中国史理论研究学科体系建设》。

论述了新时代中国共产党人的历史使命，阐释了新时代中国特色社会主义思想和基本方略，部署了开启全面建设社会主义现代化国家各项工作，并提出了一系列重要的理论观点。这些观点是党中央运用马克思主义分析当前中国特色社会主义建设实践做出的理论创新，是从当前实际出发的，但由于它们同时是理论逻辑和历史逻辑相结合的产物，由于当代史与现实离得最近，有些历史与当前现实几乎平行，因此，其中许多观点都可以成为当代中国史理论研究的选题。

例如，报告中说党的十八大以来 5 年的变革是深层次、根本性的，中国特色社会主义进入新时代在中华人民共和国史上具有重大意义，为什么这样说？为什么说我国社会主要矛盾已经转化而我国仍处于并将长期处于社会主义初级阶段的基本国情没有变；今天的中国比历史上任何时期都更接近、更有信心和能力实现中华民族伟大复兴的目标？这些问题就可以作为当代中国史理论研究的问题。

又如，报告中说我们党要团结带领人民有效应对重大挑战、抵御重大风险、克服重大阻力、解决重大矛盾，必须进行具有许多新的历史特点的伟大斗争；没有中国共产党的领导，民族复兴必然是空想；中国特色社会主义政治发展道路，是近代以来中国人民长期奋斗的历史逻辑、理论逻辑、实践逻辑的必然结果，中国特色社会主义最本质的特征是中国共产党领导；必须把党的领导贯彻落实到依法治国的全过程和各方面；全面从严治党永远在路上；旗帜鲜明讲政治是我们党作为马克思主义政党的根本要求；等等。对这些问题如何理解，也是当代中国史理论研究应当回答的问题。

再如，报告中说中国人的饭碗必须牢牢端在自己手中；中国特色社会主义文化源自中华优秀传统文化，熔铸于革命文化和社会主义先进文化；意识形态领域斗争依然复杂、国家安全面临新情况，必须牢牢掌握意识形态工作领导权，坚持总体国家安全观；必须全面准确贯彻"一国两制"、"港人治港"、"澳人治澳"、高度自治的方针；和平与发展仍然是时代的主题，我国发展仍处于重要战略机遇期；等等。这些问题同样可以从当代中国史的理论研究中寻找答案。

上述观点都是党中央从当前国内国际形势出发做出的重大理论判断，是从历史经验中得出的重要结论，从一定意义上说也是当代中国史研究中的重大理论问题。像这类问题，十九大报告中还有许多。

历史研究不是对策研究，它的任务是弄清事实、分析原因、找出规律、总结经验、预测未来，给执政者的决策提供依据和借鉴，而不是直接提出该怎么办、不该怎么办的对策性意见，否则就会出现学科错位、两头耽误的现象。然而，当代中国史及其理论研究的特殊性又决定了它有条件也有必要更加贴近现实，更多选择与当前联系紧密的问题进行研究，用研究成果为当下决策提供可资参考的意见。

习近平常讲以问题为导向，做学问更要从问题出发。我们学习十九大报告，要带着问题学，并把问题作为自己的研究导向。只要这样，就会发现当代中国史中不是没有多少理论问题，而是有许多理论问题等着我们去研究。摆在我们面前的任务是如何打开思路、开阔视野、发现问题、深入研究；是如何提升自己的马克思主义理论水平，增强对当代中国史的熟悉程度，以适应这门学科发展的需要。当代中国史理论研究虽然是史学中分支的分支，但绝对是一门前程远大、大有可为、任重道远的学科。

二、用党的十九大精神思考当代中国史的分期

给历史分期或曰断限，是历史研究中经常会碰到的一项实际工作，也是一大理论问题。由于历史工作者的历史观不同，对同一历史，无论通史还是断代史，往往会有不同的分期标准和方法。尤其像当代中国史这种正在不断向前延伸的历史，分期或断限问题势必更加复杂一些。

据统计，目前公开出版的当代中国史书籍，无论叫当代史、现代史、近现代史，还是叫国史，大约有160多种。其中从"两分法"到"十分法"，各种分期方法都有，而且每种分期方法的上下限也不一致。我在《当代中国史理论问题十二讲》中，对近70年的国史提出过"五分法"的意见：即1949—1956年为新民主主义向社会主义过渡的时期，1957—1978年为探索中国自己的社会主义道路的时期，1978—1992年

为开创中国特色社会主义道路的时期，1992—2012年为拓展中国特色社会主义道路的时期，2012年以后为巩固和完善中国特色社会主义道路的时期。^①我当时说，这个时期目前还在进行之中。通过学习党的十九大报告，我进一步坚定了2012年是一个新时期开始的观点，但对于这个新的时期究竟应当是改革开放后的第三个时期，抑或是第二个时期的开始有了一些新的认识。

党的十九大报告指出："中国特色社会主义进入新时代，在中华人民共和国发展史上、中华民族发展史上具有重大意义。"^②这表明，中国特色社会主义进入新时代的论断，不仅是一个重大政治判断，而且对新中国历史特别是改革开放史的分期也具有重要意义。然而，报告没有具体说这个新时代是从什么时候开始的。对此，无非有两种划分：一是从十八大也就是从2012年开始，二是从十九大也就是从2017年开始，中间相差5年。起点当然不能具体到某一天，而应当把它看成是一个过程，但过程也要有一个起点。这个起点大体始于十八大之后，就是说，当代中国史或改革开放史进入新时代的过程，大体从十八大之后开始到十九大的召开。理由有以下两个方面：

（一）习近平2017年7月26日在省部级主要领导干部专题研讨班上的讲话和党的十九大报告都表明，中国特色社会主义进入新时代是在十八大之后

2017年7月26日，习近平在省部级主要领导干部专题研讨班上的讲话（以下简称"7·26"重要讲话）中指出："党的十八大以来，在新中国成立特别是改革开放以来我国发展取得的重大成就基础上，党和国家事业发生历史性变革，我国发展站到了新的历史起点上，中国特色社

---

① 朱佳木：《当代中国史理论问题十二讲》，社会科学文献出版社2016年版，第9—14页。
② 习近平：《决胜全面建成小康社会　夺取新时代中国特色社会主义伟大胜利——在中国共产党第十九次全国代表大会上的报告》，人民出版社2017年版，第12页。

会主义进入了新的发展阶段。"[1] 在十九大报告中他又指出:"十八大以来,国内外形势变化和我国各项事业发展都给我们提出了一个重大时代课题,这就是必须从理论和实践结合上系统回答新时代坚持和发展什么样的中国特色社会主义、怎样坚持和发展中国特色社会主义。"[2] 他还说:十八大之后"五年来的成就是全方位的、开创性的,五年来的变革是深层次的、根本性的","这些历史性变革,对党和国家事业发展具有重大而深远的影响"。[3] 从以上论述可以清楚看出,无论党和国家事业发生的历史性变革,还是中国特色社会主义进入新时代,都发生在十八大之后的 5 年。

（二）中国特色社会主义进入新时代的几个重要标志也都发生在十八大之后

这些标志主要体现在以下三个方面:

一是我国社会主要矛盾发生了变化。从党的八大到十八大的 56 年里,我们党对于社会主义社会主要矛盾的提法,除了 1957 年和 1962—1978 年,说的都是人民日益增长的物质文化需要同落后的社会生产之间的矛盾。历史表明,这种提法是符合实际情况的,即使在其他年份里,客观情况也是如此。但自从 2010 年我国国内生产总值超过日本,跃居世界第二位之后,特别是 2012 年十八大以来的 5 年,情况发生了很大变化。从十九大报告看,这些变化主要表现在以下方面:首先,在社会生产力方面,国内生产总值连续 7 年稳居世界第二,生产能力在很多领域位居世界前列,不仅稳定解决了十几亿人的温饱问题,而且总体实现了小康,不久即将全面建成小康社会。其次,在人民日益增长的需要方面,除了对物质和文化生活提出更高的要求外,对民主、法治、公

---

① 《高举中国特色社会主义伟大旗帜　为决胜全面小康社会实现中国梦而奋斗》,《人民日报》2017 年 7 月 28 日。

② 习近平:《决胜全面建成小康社会　夺取新时代中国特色社会主义伟大胜利——在中国共产党第十九次全国代表大会上的报告》,人民出版社 2017 年版,第 18 页。

③ 习近平:《决胜全面建成小康社会　夺取新时代中国特色社会主义伟大胜利——在中国共产党第十九次全国代表大会上的报告》,人民出版社 2017 年版,第 8 页。

平、正义、安全、环境等领域的要求也显著提高。最后，在经济与社会发展方面，生产的质量效益还不高，科技创新能力不够强，实体经济水平有待提高，生态环境保护欠账较多，民生领域还有不少短板，城乡区域发展和收入分配差距依然较大，群众在就业、教育、医疗、居住、养老等领域面临不少难题，社会文明水平也有待提高。面对这些实际情况的变化，人民日益增长的需要显然已经不能再仅仅说成是物质和文化两方面，社会生产也不能再笼统说成是落后的了。人民的需要已经由物质和文化两方面变成了对"美好生活的需要"，社会生产也已经由一般意义上的落后变成了"不平衡不充分的发展"。正是社会主要矛盾发生的这个明显变化，使中国特色社会主义呈现出新的阶段性特征。

毛泽东曾在《矛盾论》中说过："事物发展过程的根本矛盾及为此根本矛盾所规定的过程的本质，非到过程完结之日，是不会消灭的"，但是，事物发展的长过程中的各个发展阶段，又往往会显出阶段性特征。"这是因为事物发展过程的根本矛盾的性质和过程的本质虽然没有变化，但是根本矛盾在长过程中的各个发展阶段上采取了逐渐激化的形式。"[1] 因此，说国内社会主要矛盾变了，不是说人民日益增长的需要与满足这种需要的社会生产力发展之间的矛盾已不再成为我国面临的主要矛盾了，也不是说社会主义初级阶段已经结束了，而是说人民需要与满足这种需要的发展这两侧，内涵都发生了部分的质变。正是这种主要矛盾的部分质变，使社会主义初级阶段这个长时期的大阶段内出现了一个有别于前一时期的相对小些的新阶段。

二是我国日益走近世界舞台的中央。从十九大报告可以看出，我国国际地位随着经济实力、科技实力、国防实力、综合国力进入世界前列而实现的前所未有的提升，主要也发生在十八大之后的 5 年。我们党和国家过去无论力量强弱，从来都是不信邪、不怕压的，但由于旧中国长期遭受帝国主义、封建主义、官僚资本主义的压迫、剥削，国力的增强需要一个过程，在一定程度上限制了我们在世界舞台上的活动余地。正

---

① 《毛泽东选集》第 1 卷，人民出版社 1991 年版，第 314 页。

如邓小平 1985 年所说："世界上的人在议论国际局势的大三角。坦率地说，我们这一角力量是很单薄的。我们算是一个大国，这个大国又是小国。……如果说中国是一个和平力量、制约战争的力量的话，现在这个力量还小。等到中国发展起来了，制约战争的和平力量将会大大增强。"他还说过，到了 20 世纪末，中国国民生产总值翻两番，"对于世界和平和国际局势的稳定肯定会起比较显著的作用"。①

从 1985 年算起，我国国内生产总值已经翻了六番多。与此相适应，我国全方位、多层次、立体化的外交布局深入展开，国际影响力、感召力、塑造力逐步提高，对世界和平、国际局势的作用日益显现。特别是 2012 年十八大以来，我国在坚持走和平发展道路、奉行互利共赢开放战略的同时，促进和而不同、兼收并蓄的文明交流，推动经济全球化朝着更加开放、包容、普惠、平衡、共赢的方向发展，倡导"一带一路"国际合作，构建总体稳定、均衡发展的大国关系框架，加大对发展中国家特别是最不发达国家的援助力度，积极参与全球治理体系改革和建设，接连举办北京亚太经济合作组织领导人非正式会议、二十国集团领导人杭州峰会，习近平还在达沃斯世界经济论坛上发表重要讲话，等等。这一系列富有中国特色的大国外交，推动了构建新型国际关系和构建人类命运共同体，为全球治理体系改革和建设贡献了中国智慧、提供了中国方案。这个变化，显然也是中国特色社会主义社会呈现出有别于前几个时期的阶段性特征的重要标志。

当然，这不等于说现在我国已经不再是最大的发展中国家，不再属于第三世界了。我们的综合国力还远未达到发达国家的水平，党中央曾反复说过，即使今后达到中等发达国家的水平，我们仍然要站在广大发展中国家和第三世界一边。

三是我们党的指导思想与时俱进。习近平新时代中国特色社会主义思想同马克思列宁主义、毛泽东思想、邓小平理论、"三个代表"重要思想、科学发展观一起，作为我们党的行动指南，是党的十九大决定

①《邓小平文选》第 3 卷，人民出版社 1993 年版，第 105 页。

的，但这一思想的形成也是从十八大后就开始了。对此，新修订的《中国共产党章程》总纲说得很清楚："十八大以来，以习近平同志为主要代表的中国共产党人，顺应时代发展，从理论和实践结合上系统回答了新时代坚持和发展什么样的中国特色社会主义、怎样坚持和发展中国特色社会主义这个重大时代课题，创立了习近平新时代中国特色社会主义思想。"①

这一思想成为我们党和国家新的指导思想，并不是要在党的指导理论上"另起炉灶"。但由于这一思想是马克思主义中国化的最新成果，与当前国内国际实际结合得最紧密，与前几个时期的指导思想相比具有许多鲜明特色，因此，它成为党和国家的指导思想，必然会给我们党和国家的方方面面带来有别于前几个时期的新气象、新面貌。关于这一思想的鲜明特色，我体会最深的有以下几点：

其一，更加鲜明的人民性。早在党的十八大刚刚闭幕之际，习近平就在会见中外媒体时宣示："人民对美好生活的向往，就是我们的奋斗目标。"②在党的十八届三中全会上，他进一步强调："全面深化改革必须以促进社会公平正义、增进人民福祉为出发点和落脚点。……如果不能给老百姓带来实实在在的利益，如果不能创造更加公平的社会环境，甚至导致更多不公平，改革就失去意义，也不可能持续。""我国社会历来有'不患寡而患不均'的观念，我们要在不断发展的基础上尽量把促进社会公平正义的事情做好"。③在中央全面深化改革领导小组会上，他又说："把以人民为中心的发展思想体现在经济社会发展各个环节，做到老百姓关心什么、期盼什么，改革就要抓住什么、推进什么，通过改革给人民群众带来更多获得感。"④针对所谓"我们党有自己特殊利益"的言论，他斩钉截铁地指出："我们党的宗旨是全心全意为人民服务，除

①《中国共产党第十九次全国代表大会文件汇编》，人民出版社 2017 年版，第 103 页。
②《十八大以来重要文献选编》（上），中央文献出版社 2014 年版，第 69 页。
③《十八大以来重要文献选编》（上），中央文献出版社 2014 年版，第 552—553 页。
④《改革既要往增添发展新动力方向前进 也要往维护社会公平正义方向前进》，《人民日报》2016 年 4 月 19 日。

了最广大人民的利益，没有自己的特殊利益"。①

　　习近平的上述重要论述在党的十九大报告中得到了进一步阐释。报告从"坚持以人民为中心"到"着力解决人民群众反映最强烈"的问题，从"顺应人民意愿"到不断促进"全体人民共同富裕"，从"坚持人民当家作主"到"保证全体人民在共建共享发展中有更多获得感"，从"以人民安全为宗旨"到"把人民利益始终摆在至高无上的地位"，从"建设人民满意的服务型政府"到"扩大人民有序政治参与、使各级人大成为同人民群众保持密切联系的代表机关"，从"抓住人民最关心最直接最现实的利益问题"到建成"覆盖全民的社会保障体系、为人民提供全方位全周期健康服务"，从"人民群众反对、痛恨什么，我们党就要坚决防范和纠正什么"到"凡是群众反映强烈的问题都要严肃认真对待"，等等，可以说处处闪烁着"为人民服务"思想的光芒。最后一个自然段，报告还借用《礼记》"大道之行，天下为公"的古训，说明中国特色社会主义道路是有深厚历史底蕴的。如果要比哪个词汇在报告中出现的频率最高，恐怕非"人民"一词莫属。而这恰恰体现了习近平新时代中国特色社会主义思想的一大特色。

　　其二，更加显著的革命性。党的十八大以来，习近平反复强调"革命理想高于天"，强调"为共产主义理想而奋斗"。这当然不是说共产主义很快就要实现，而是要求共产党人牢记党的最终奋斗目标，不要在实行社会主义初级阶段的政策时迷失大方向。因此，他针对"共产主义遥遥无期"的谬论，引用了陈云关于"共产主义遥遥有期，社会主义就是共产主义的第一阶段"的话。针对"给共产党改名"的议论，他指出："国内外各种敌对势力，总是企图让我们党改旗易帜、改名换姓，其要害就是企图让我们丢掉对马克思主义的信仰，丢掉对社会主义、共产主义的信念。而我们有些人甚至党内有的同志却没有看清这里面暗藏的玄机。"②针对一些同志理想信念模糊、动摇的现象，他强调："坚持不忘

---

①《习近平关于全面从严治党论述摘编》，中央文献出版社 2016 年版，第 168 页。
② 习近平：《在全国党校工作会议上的讲话》，《求是》2016 年第 9 期。

初心、继续前进，就要牢记我们党从成立起就把为共产主义、社会主义而奋斗确定为自己的纲领，坚定共产主义远大理想和中国特色社会主义共同理想，不断把为崇高理想奋斗的远大实践推向前进。革命理想高于天。中国共产党之所以叫共产党，就是因为从成立之日起我们党就把共产主义确立为远大理想。"① 他在 2016 年底全国政协新年茶话会上号召在新长征路上要 "大力弘扬将革命进行到底精神"②；在 2018 年初纪念周恩来同志诞辰 120 周年座谈会上，号召全党学习周恩来精神，"不要忘记我们是共产党人，不要忘记我们是革命者"③。他还说："我们现在做的是社会主义初级阶段的事情，但不能忘记初衷，不能忘了我们的最高奋斗目标。在这个问题上，不要含糊其辞、语焉不详。"④ "我们不能做超越阶段的事情，但也不是说在逐步实现共同富裕方面就无所作为，而是要根据现有条件把能做的事情尽量做起来，一步步落实好以人民为中心的发展，积小胜为大胜，不断朝着全体人民共同富裕的目标前进。"⑤

在十九大报告中，习近平的上述重要论述体现得更加充分。只要同历次党代会比较一下就不难看出，"共产主义理想""革命"等词汇在这个报告中出现的频率同样相当高。比如，报告中重申了习近平过去五年一再讲过的 "革命理想高于天。共产主义远大理想和中国特色社会主义共同理想，是中国共产党人的精神支柱和政治灵魂，也是保持党的团结统一的思想基础。要把坚定理想信念作为党的思想建设的首要任务，教育引导全党牢记党的宗旨，挺起共产党人的精神脊梁，解决好世界观、人生观、价值观这个'总开关'问题，自觉做共产主义远大理想和中国特色社会主义共同理想的坚定信仰者和忠实实践者"⑥。在回顾党的历史

---

① 习近平：《在庆祝中国共产党成立 95 周年大会上的讲话》，《人民日报》2016 年 7 月 2 日。

② 习近平：《在全国政协新年茶话会上的讲话》，《人民日报》2016 年 12 月 31 日。

③ 习近平：《在纪念周恩来同志诞辰 120 周年座谈会上的讲话》，《人民日报》2018 年 3 月 2 日。

④《习近平关于全面从严治党论述摘编》，中央文献出版社 2021 年版，第 168 页。

⑤《习近平总书记系列重要讲话读本》，学习出版社、人民出版社 2016 年版，第 129 页。

⑥ 习近平：《决胜全面建成小康社会 夺取新时代中国特色社会主义伟大胜利——在中国共产党第十九次全国代表大会上的报告》，人民出版社 2017 年版，第 63 页。

部分，报告一上来就引用毛泽东"十月革命一声炮响，给中国送来了马克思列宁主义"的著名论断，指出："中国共产党一经成立，就把实现共产主义作为党的最高理想和最终目标"；同时高度评价了新民主主义革命、社会主义革命、改革开放新的伟大革命的重要意义。报告除了继续使用历次党代会所使用的"革命军人"这一概念外，还首次提出"革命文化"的概念，指出"革命文化"与"社会主义先进文化"都是中国特色社会主义文化的源泉；强调坚持社会主义核心价值观，"必须坚持马克思主义，牢固树立共产主义远大理想和中国特色社会主义共同理想"。① 这些也都是习近平新时代中国特色社会主义思想的鲜明特色之所在。

其三，更加强烈的斗争性。习近平自党的十八大以来，一方面大力倡导我们党一贯的原则立场、战斗作风、斗争精神；另一方面以身作则，在从严治党、惩治腐败、加强党的领导和意识形态工作上，在反对"台独""疆独""藏独""港独"等分裂势力上，敢于斗争、善于斗争，为全党做出了表率。他强调："坚持正面宣传为主，决不意味着放弃舆论斗争"，"要敢抓敢管，敢于亮剑"。对于国内外敌对势力散布的政治谣言和奇谈怪论，"我们不能默不作声，要及时反驳，让正确声音盖过它们。这与韬光养晦或不争论是两码事"。他批评"一些单位和党政干部政治敏感性、责任感不强，在重大意识形态问题上含含糊糊、遮遮掩掩，助长了错误思潮的扩散"。他告诫"宣传思想战线的同志要当战士、不当绅士，不做'骑墙派'和'看风派'，不能搞爱惜羽毛那一套。……以战斗的姿态、战士的担当，积极投身宣传思想领域斗争一线"。他指出："党的宣传思想工作者不愿意甚至不敢坚持党性原则，岂非咄咄怪事？"② 他引用毛泽东关于"我们必须坚持真理，而真理必须旗帜鲜明"③

---

① 习近平：《决胜全面建成小康社会　夺取新时代中国特色社会主义伟大胜利——在中国共产党第十九次全国代表大会上的报告》，人民出版社 2017 年版。

②《习近平关于社会主义文化建设论述摘编》，中央文献出版社 2017 年版，第 27、209、35、45、24 页。

③《毛泽东选集》第 4 卷，人民出版社 1991 年版，第 1322 页。

的格言，以提倡共产党人发扬应有的战斗风格。他还说："我们当前主要的挑战还是党的领导弱化和组织涣散、纪律松弛。不改变这种局面，就会削弱党的执政能力，动摇党的执政基础，甚至会断送我们党和人民的美好未来。十八大之前有很多党内的同志和广大人民群众有所担忧，也就是在这里。"①

党的十九大报告更加集中地体现了习近平的上述重要论述。报告强调："实现伟大梦想，必须进行伟大斗争。社会是在矛盾运动中前进的，有矛盾就会有斗争。……任何贪图享受、消极懈怠、回避矛盾的思想和行为都是错误的。"报告提出，要"坚决反对一切削弱、歪曲、否定党的领导和我国社会主义制度的言行"，"坚决反对一切损害人民利益、脱离群众的行为"，要"坚决破除一切顽瘴痼疾"，"坚决反对一切分裂祖国、破坏民族团结和社会和谐稳定的行为"，号召全党充分认识具有许多新的历史特点的"这场伟大斗争的长期性、复杂性、艰巨性，发扬斗争精神，提高斗争本领"。报告在加强意识形态工作问题上指出，要"不断增强意识形态领域主导权和话语权""牢牢掌握意识形态工作领导权""建设具有强大凝聚力和引领力的社会主义意识形态"，"旗帜鲜明反对和抵制各种错误观点"，"抵制腐朽落后文化侵蚀"，"抵制低俗、庸俗、媚俗"。在深化依法治国实践、维护国家安全和统一的问题上，报告提出，要"严密防范和坚决打击各种渗透颠覆破坏活动、暴力恐怖活动、民族分裂活动、宗教极端活动"；"把维护中央对香港、澳门特别行政区全面管治权和保障特别行政区高度自治权有机结合起来"；强调"我们有坚定的意志、充分的信心、足够的能力挫败任何形式的'台独'分裂图谋"。在全面从严治党的问题上，报告肯定了十八大以来"坚决改变管党治党宽松软状况"，"坚持反腐败无禁区、全覆盖、零容忍，坚定不移'打虎'、'拍蝇'、'猎狐'"，要求全党"增强党内政治生活的政治性、时代性、原则性、战斗性，自觉抵制商品交换原则对党内生活

---

① 《习近平关于严明党的纪律和规矩论述摘编》，中央文献出版社、中国方正出版社 2016年版，第 9 页。

的侵蚀"，反对"好人主义"，防止和反对"宗派主义、圈子文化、码头文化，坚决反对搞两面派、做两面人"；报告还在论述正确选人、用人导向时指出：要"旗帜鲜明为那些敢于担当、踏实做事、不谋私利的干部撑腰鼓劲"。①像这样理直气壮地彰显共产党人的政治性、原则性、战斗性，在历次党代会报告中也是少见的。

自从党的十八大以来，习近平新时代中国特色社会主义思想的上述鲜明特色给我们党和国家的政治生活带来了明显变化，在很大程度上校正了党和国家前进的航向。今后，这种变化还会越来越显著。

正是根据以上两点理由，我认为以2012年作为当代中国史中的一个新时期的起点，无论从权威文件看还是从客观实际看，都是站得住脚的。但这个新时期，很可能不是1992—2012年之后的新时期，而是1978—2012年之后的新时期。也就是说，它不是改革开放后的第三个时期，而是同改革开放后34年相并列的第二个时期。如果这样分期，2012年之后也不再是当代中国史的第五个时期，而是第四个时期了；我所提出的当代中国史"五分法"也应当相应改为"四分法"。不过，这个问题还可以继续深入研究。

三、用党的十九大精神看待当代中国史经验的总结

总结历史经验是史学研究的重要目的和主要内容，也是一项重要的理论工作。总结历史经验对于实际工作者同样具有重要意义，但由于当代中国史研究者肩负着从理论上探寻中国社会主义建设规律的职责，需要用研究成果资政、育人、护国，因此，在总结历史经验方面的担子更重。

当代中国史研究者总结历史经验，当然要坚持辩证唯物主义和历史唯物主义的方法论，这就既要总结成功的经验，也要总结失误及遭受挫折的教训；既要用今天的眼光总结经验，也要把经验放到一定历史条件

---

① 习近平：《决胜全面建成小康社会 夺取新时代中国特色社会主义伟大胜利——在中国共产党第十九次全国代表大会上的报告》，人民出版社2017年版。

下总结；既要分别总结各个领域、各个部门、各个行业的经验，也要从国家层面进行宏观总结。不过，当前最值得我们注意的方法，应当是既总结不同时期的经验，又把各个时期的经验贯通起来总结。在这方面，党的十九大为我们不仅指明了方向，而且进一步排除了障碍，做出了示范。

（一）要深刻认识新时代的性质、特征、任务，总结历史经验就不能仅仅局限于改革开放的历史，必须把新中国成立近 70 年的历史贯通起来总结

十九大报告指出，"中国特色社会主义进入了新时代，这是我国发展新的历史方位"，"意味着近代以来久经磨难的中华民族迎来了从站起来、富起来到强起来的伟大飞跃"，"这个新时代，是承前启后、继往开来、在新的历史条件下继续夺取中国特色社会主义伟大胜利的时代"。[①]这些论述告诉我们，这个新时代虽然仍然处在改革开放的历史阶段，但它绝不仅仅来源于改革开放，而是来源于中华民族五千多年的文明历史，来源于中国共产党团结带领人民推翻"三座大山"、完成新民主主义革命、建立中华人民共和国的革命历史，特别是来源于社会主义革命完成和社会主义基本制度建立，实现中华民族由近代不断衰落到根本扭转命运、持续走向繁荣富强伟大飞跃的新中国初期历史。因此，要认识和把握新时代的性质、特征、任务，不能仅仅总结改革开放后的历史经验，而要站得更高一些，起码要站在新中国迄今为止全部历史的高度，把改革开放前后的历史打通，作为一个整体来总结。

习近平在"7·26"重要讲话中曾指出："认识和把握我国社会发展的阶段性特征，要坚持辩证唯物主义和历史唯物主义的方法论，从历史和现实、理论和实践、国内和国际等的结合上进行思考，从我国社会发

---

① 习近平：《决胜全面建成小康社会　夺取新时代中国特色社会主义伟大胜利——在中国共产党第十九次全国代表大会上的报告》，人民出版社 2017 年版，第 10—11 页。

展的历史方位上来思考。"① 这些论述同样告诉我们，作为当代中国史理论研究者，要认识和把握这个新时代的性质、特征、任务，必须以辩证唯物主义和历史唯物主义为指导，纵览新中国迄今近 70 年的全部历史，从中思考新时代是怎么来的，要到哪里去；必须把改革开放前 29 年、改革开放后 34 年和党的十八大以来 5 年的历史经验贯通起来。只有这样才能从中比较新时代与其他时期的共性和差异性，从而研究未来发展的走势。

（二）要贯通起来总结新中国近 70 年的历史经验，必须纠正把改革开放前后两个历史时期割裂和对立的观点

改革开放以来，怀疑和反对改革开放的人总是用改革开放前的历史时期否定改革开放后的历史时期；怀疑和否定四项基本原则的人，也总是用改革开放后的历史否定改革开放前的历史。这些人的一个共同点是把这两个历史时期加以割裂和对立。即使在拥护中国特色社会主义的人中，也有许多人对如何认识这两个历史时期的关系感到拿不准，不敢理直气壮地说它们之间具有内在的本质的一致性，担心这样说会被人当成极"左"或右倾，被斥为贬低改革开放后或改革开放前的历史。这说明，如果不能纠正把改革开放前后割裂和对立起来的观点，要贯通总结改革开放前后两个历史时期的经验是不可能的。

2013 年 1 月 5 日，习近平发表重要讲话（以下简称"1·5"重要讲话），用很大篇幅论述了改革开放前后两个历史时期的关系。他指出：改革开放前后两个历史时期，"是两个相互联系又有重大区别的时期，但本质上都是我们党领导人民进行社会主义建设的实践探索"，"两者决不是彼此割裂的，更不是根本对立的"，"不能用改革开放后的历史时期否定改革开放前的历史时期，也不能用改革开放前的历史时期否定改革开放后的历史时期"。② 就是说，改革开放前后两个历史时期是内在

①《高举中国特色社会主义伟大旗帜 为决胜全面小康社会实现中国梦而奋斗》，《人民日报》2017 年 7 月 28 日。

②《十八大以来重要文献选编》（上），中央文献出版社 2014 年版，第 111—112 页。

的统一体，都是社会主义建设、探索的历史。这一论述是党中央第一次明确对这个问题的看法，旗帜鲜明地回应了把它们割裂和对立的各种错误观点，解除了人们心中的各种疑虑，是我们正确认识这个问题的重要指南。

在"1·5"重要讲话中，习近平还提出了三个具体论点：

第一，改革开放后的社会主义实践探索是对改革开放前的社会主义实践探索的坚持、改革和发展。习近平指出：改革开放后与改革开放前相比，"虽然这两个历史时期在进行社会主义建设的思想指导、方针政策、实际工作上有很大差别"，但是应当看到，"如果没有一九七八年我们党果断决定实行改革开放，并坚定不移推进改革开放，坚定不移把握改革开放的正确方向，社会主义中国就不可能有今天这样的大好局面，就可能面临严重危机，就可能遇到像苏联、东欧国家那样的亡党亡国危机。同时，如果没有一九四九年建立新中国并进行社会主义革命和建设，积累了重要的思想、物质、制度条件，积累了正反两方面经验，改革开放也很难顺利推进"。①

第二，改革开放前的社会主义实践探索为改革开放后的社会主义实践探索积累了条件。习近平指出："中国特色社会主义是在改革开放历史新时期开创的，但也是在新中国已经建立起社会主义基本制度并进行了二十多年建设的基础上开创的。"改革开放前，"我们党在社会主义建设实践中提出了许多正确主张，当时没有真正落实，改革开放后得到了真正贯彻，将来也还是要坚持和发展的"。②

第三，对改革开放前的历史要实事求是地分析。习近平指出："对改革开放前的社会主义实践探索，要坚持实事求是的思想路线，分清主流和支流，坚持真理，修正错误，发扬经验，吸取教训，在这个基础上把党和人民事业继续推向前进。"③

在党的十九大报告中，习近平用叙事的方式重申了上述观点。他在

---

① 《十八大以来重要文献选编》（上），中央文献出版社2014年版，第112页。
② 《十八大以来重要文献选编》（上），中央文献出版社2014年版，第112页。
③ 《十八大以来重要文献选编》（上），中央文献出版社2014年版，第112页。

回顾党和国家发展历史时指出：是十月革命的一声炮响，给中国送来了马克思列宁主义；是马克思列宁主义同中国工人运动的结合，产生了中国共产党；是中国共产党团结带领人民进行 28 年浴血奋战，建立了中华人民共和国，实现了中国从几千年封建专制政治向人民民主的伟大飞跃；是中国共产党团结带领人民完成了社会主义革命、确立了社会主义基本制度，实现了中华民族由不断衰落到根本扭转命运、持续走向繁荣富强的伟大飞跃；又是中国共产党团结带领人民，进行改革开放的伟大革命，开辟了中国特色社会主义道路，使中国大踏步赶上了时代。这就用更加精练的语言，把改革开放史与此前各个时期的历史进一步整合在了一起，从而为贯通总结改革开放前后的历史经验提供了更有力的理论依据。

（三）只有把新中国 70 年的历史经验贯通起来总结，才有可能对新时代的性质、特征、任务认识得更清楚，对新的战略布局、措施理解得更全面

人们只要稍加注意就会看出，党的十九大报告有许多重要观点都是贯通总结改革开放前后两个历史时期经验得出的，不仅具有现实指导意义，而且具有历史的厚重性和预示未来的前瞻性。

关于改革与改革方向的问题。凡是熟悉新中国历史的人都知道，我们在资本主义工商业改造完成之后，曾面临经济体制中计划过死、所有制结构过"公"的问题，而且为此提出了"三个主体、三个补充"的改革设想。但是，由于当时"左"的指导思想的阻碍，这一设想不仅未能付诸实施，相反，计划越统越死，所有制结构越搞越"公"，连城市的小卖部、小餐馆、自行车铺也变成了集体所有制甚至全民所有制，农村的自留地、家庭副业被当成了必须割掉的"资本主义尾巴"。改革开放后，一些人又走向另一个极端，鼓吹"市场万能论"，宣扬"大市场、小政府"，胡说"公有制与市场经济不相容"，要求"以民营经济为主体"、"把国有企业量化到个人"，并提出"改革就是改革，无所谓社会主义方向和资本主义方向"，谁要强调改革必须坚持社会主义方向，谁

就会被扣上"左"的帽子。

党的十八大后,习近平明确指出:"我们的改革开放是有方向、有立场、有原则的。"①"不能笼统地说中国改革在某个方面滞后……有些不能改的,再过多长时间也是不改。""不实行改革开放死路一条,搞否定社会主义方向的'改革开放'也是死路一条。"②他指出:"我们说中国特色社会主义是社会主义,那就是不论怎么改革、怎么开放,我们都始终要坚持中国特色社会主义道路、中国特色社会主义理论体系、中国特色社会主义制度"③,"一些敌对势力和别有用心的人也在那里摇旗呐喊、制造舆论、混淆视听,把改革定义为往西方政治制度的方向改,否则就是不改革。他们是醉翁之意不在酒,'项庄舞剑,意在沛公'。对此,我们要洞若观火,保持政治坚定性,明确政治定位",改革要"始终坚持以我为主,应该改又能够改的坚决改,不应该改的坚决守住;应该改而不具备条件的创造条件改,该快的一定要快、不能快的则循序渐进"④。他强调:"我们全面深化改革,不是因为中国特色社会主义制度不好,而是要使它更好;我们说坚定制度自信,不是要固步自封,而是要不断革除体制机制弊端,让我们的制度成熟而持久。我们不仅要防止落入'中等收入陷阱',也要防止落入'西化分化陷阱'"。"胆子要大,就是改革再难也要向前推进,敢于担当,敢于啃硬骨头,敢于涉险滩。步子要稳,就是方向一定要准,行驶一定要稳,尤其是不能犯颠覆性错误。""要处理好活力和有序的关系,社会发展需要充满活力,但这种活力又必须是有序活动的。死水一潭不行,暗流汹涌也不行。"⑤

在改革所有制结构问题上,习近平一方面反复强调,要毫不动摇地巩固和发展公有制经济,毫不动摇地鼓励、支持、引导非公有制经济发

---

①《习近平关于协调推进"四个全面"战略布局论述摘编》,中央文献出版社 2015 年版,第 51 页。

②《人民代表大会制度重要文献选编》(四),中国民主法制出版社、中央文献出版社 2015 年版,第 1576—1577 页。

③《十八大以来重要文献选编》(上),中央文献出版社 2014 年版,第 110 页。

④《习近平关于全面深化改革论述摘编》,中央文献出版社 2014 年版,第 19—20 页。

⑤《习近平关于全面深化改革论述摘编》,中央文献出版社 2014 年版,第 22、51、17 页。

展；另一方面旗帜鲜明地指出：国企不仅要办好，而且一定要办好，必须坚定不移地做强做优做大。深化国企改革不是要把国有经济改少了，不是去国有化、去主导化，而是要靠改革强身健体，这是国企改革的核心目标和根本落脚点。

在改革经济体制问题上，习近平一方面指出："经济体制改革的核心问题仍然是处理好政府和市场关系"，"进一步处理好政府和市场关系，实际上就是要处理好在资源配置中市场起决定性作用还是政府起决定性作用这个问题"。① 另一方面明确指出："市场起决定性作用，是从总体上讲的，不能盲目绝对讲市场起决定性作用，而是既要使市场在配置资源中起决定性作用，又要更好发挥政府作用。有的领域如国防建设，就是政府起决定性作用。一些带有战略性的能源资源，政府要牢牢掌控，但可以通过市场机制去做。""在市场作用和政府作用的问题上，要讲辩证法、两点论，'看不见的手'和'看得见的手'都要用好，努力形成市场作用和政府作用有机统一、相互补充、相互协调、相互促进的格局，推动经济社会持续健康发展。"② 他强调："我国经济发展获得巨大成功的一个关键因素，就是我们既发挥了市场经济的长处，又发挥了社会主义制度的优越性。我们是在中国共产党领导和社会主义制度的大前提下发展市场经济，什么时候都不能忘了'社会主义'这个定语。之所以说是社会主义市场经济，就是要坚持我们的制度优越性，有效防范资本主义市场经济的弊端。我们要坚持辩证法、两点论，继续在社会主义基本制度与市场经济的结合上下功夫，把两方面优势都发挥好，既要'有效的市场'，也要'有为的政府'，努力在实践中破解这道经济学上的世界性难题。"③

十九大报告在谈到全面深化改革问题时重申："只有社会主义才能救中国，只有改革开放才能发展中国、发展社会主义、发展马克思主义。"在谈到完善社会主义市场经济体制问题时，报告重申：要"使市

---

① 《十八大以来重要文献选编》（上），中央文献出版社 2014 年版，第 498、499 页。

② 《习近平关于社会主义经济建设论述摘编》，中央文献出版社 2017 年版，第 57—58 页。

③ 《习近平关于社会主义经济建设论述摘编》，中央文献出版社 2017 年版，第 64 页。

场在资源配置中起决定性作用，更好发挥政府作用"；"要完善各类国有资产管理体制，改革国有资本授权经营体制，加快国有经济布局优化、结构调整、战略性重组，促进国有资产保值增值，推动国有资本做强做优做大，有效防止国有资产流失"。①

显而易见，以上这些观点如果不是贯通总结改革开放前后的历史经验，而只总结改革开放的历史经验，是难以得出的。

关于经济与政治的关系问题。讲政治是我们党一以贯之的优良传统，但在改革开放前"左"的思想指导下也出现过偏差。例如，片面强调"突出政治"，鼓吹"政治可以冲击一切"，提出"以阶级斗争为纲"，等等，使党和国家的工作重点偏离了经济建设这个中心。改革开放后，我们党吸取了教训，把工作重点重新移回到经济建设上。然而，党的个别干部又出现了忽视政治的倾向。有人认为开展打击经济领域犯罪活动的斗争"妨碍经济建设"，说强调四项基本原则"不利于解放思想"，要求在党的纪律上给干部"松绑"，甚至提出应当"允许反革命言论自由发表"，凡是见到讲阶级、阶级分析、阶级斗争观点的，一律扣上极左的帽子，斥之为"左"的流毒。

改革开放前后的历史都说明，把政治强调到不适当的地位不行，忘记政治的统帅和保证作用、忽视思想政治工作的重要地位也不行。改革开放后，个别党的干部中出现以权谋私、权钱交易、贪污腐败等问题，社会上出现"一切向钱看"、假冒伪劣、黄赌毒等问题，意识形态领域出现资产阶级自由化泛滥和新自由主义、历史虚无主义、民主社会主义思潮蔓延等问题，一些边疆地区出现民族分裂、宗教极端化等问题，这一切归根到底都是国内国际阶级斗争的反映，都与我们忘记政治的统帅和保证作用，忽视政治思想工作，放松党的自身建设，抓经济建设"一手硬"抓精神文明建设"一手软"有关。

党的十八大后，习近平一方面反复强调发展是硬道理，要坚持以经

---

① 习近平：《决胜全面建成小康社会　夺取新时代中国特色社会主义伟大胜利——在中国共产党第十九次全国代表大会上的报告》，人民出版社 2017 年版，第 21、33 页。

济建设为中心；另一方面着重指出："我国曾经有过政治挂帅、搞'阶级斗争为纲'的时期，那是错误的。但是，我们也不能说政治就不讲了、少讲了，共产党不讲政治还叫共产党吗？""不能只讲腐败问题、不讲政治问题。干部在政治上出问题，对党的危害不亚于腐败问题，有的甚至比腐败问题更严重"。①

什么是讲政治、应当怎样讲政治？对此，习近平明确回答：坚持"马克思主义政治立场，首先是阶级立场，进行阶级分析"②。他强调："当前，各种敌对势力一直企图在我国制造'颜色革命'，妄图颠覆中国共产党领导和我国社会主义制度。这是我国政权安全面临的现实危险。他们选中的一个突破口就是意识形态领域，企图把人们思想搞乱，然后浑水摸鱼、乱中取胜。新形势下，意识形态领域斗争复杂尖锐。历史和现实都警示我们，思想舆论阵地一旦被突破，其他防线就很难守得住。"③2018 年 5 月，他在纪念马克思诞辰 200 周年大会上发表重要讲话，要求全党坚持和运用马克思主义的几个基本观点，除说到实践观、群众观、发展观、矛盾观外，还特别提到了阶级观。

在党的十九大报告中，上述重要论述都得到了进一步确认。报告强调："旗帜鲜明讲政治是我们党作为马克思主义政党的根本要求。""政治制度不能脱离特定社会政治条件和历史文化传统来抽象评判，不能定于一尊，不能生搬硬套外国政治制度模式。""中国特色社会主义最本质的特征是中国共产党领导，中国特色社会主义制度的最大优势是中国共产党领导。""我国是工人阶级领导的、以工农联盟为基础的人民民主专政的社会主义国家"，要"坚持党的领导、人民当家作主、依法治国有机统一"，"坚决维护国家政治安全"，"严密防范和坚决打击各种渗透颠覆破坏活动、暴力恐怖活动、民族分裂活动、宗教极端活动"。④

---

① 《习近平关于全面从严治党论述摘编》，中央文献出版社 2016 年版，第 80 页。

② 转引自刘世军：《中国政治学研究新时代的到来》，《文汇报》2014 年 6 月 30 日。

③ 《习近平关于社会主义文化建设论述摘编》，中央文献出版社 2017 年版，第 37 页。

④ 习近平：《决胜全面建成小康社会　夺取新时代中国特色社会主义伟大胜利——在中国共产党第十九次全国代表大会上的报告》，人民出版社 2017 年版。

不难看出，所有这些观点，也只有贯通总结改革开放前后两个历史时期的经验才有可能做出。所以，十九大报告在一定意义上既为当代中国史理论研究者总结历史经验指明了努力方向，也为我们做出了示范。

四、用党的十九大精神指引当代中国史理论研究学科体系的构建

在十九大报告中，与当代中国史理论学科体系构建直接相关的论述，我认为至少有四句话：第一句是"加快构建中国特色哲学社会科学"；第二句是"注意区分政治原则问题、思想认识问题、学术观点问题"；第三句是"旗帜鲜明反对和抵制各种错误观点"；第四句是"引导人们树立正确的历史观、民族观、国家观、文化观"。[①]这四句话是十八大以来习近平有关重要论述的结晶，也是习近平新时代中国特色社会主义思想的重要组成部分；是向全党说的，同时对哲学社会科学工作者尤其当代中国史理论研究者具有很强的现实指导意义。

当代中国史理论研究既是当代中国史研究的分支学科，又与马克思主义史学理论研究有着密切的交叉关系。构建它的学科体系要解决的是当代中国史研究的对象、范畴等问题，例如，当代中国史的定义、分期、基本评价、经验总结、社会功能，对重大事件与重要人物的分析以及史书的编纂方针和方法，等等。以上这些决定了它具有很强的政治性、意识形态性，构建它的学科体系更离不开十九大精神特别是上述四句话的指导，更需要当代中国史理论研究者自觉学习和认真贯彻十九大精神。

（一）构建当代中国史理论研究学科体系，必须学习、贯彻习近平关于树立正确历史观的重要论述

自从到中央工作后，习近平就反复强调要重视对历史特别是党史国

---

① 习近平：《决胜全面建成小康社会 夺取新时代中国特色社会主义伟大胜利——在中国共产党第十九次全国代表大会上的报告》，人民出版社 2017 年版，第 41—43 页。

史的学习，重视对历史经验的总结和运用，重视用历史唯物主义指导对历史和历史人物的研究与评价，重视用历史进行爱国主义与革命传统的教育。他说："历史是一个民族、一个国家形成、发展及其盛衰兴亡的真实记录，是前人的'百科全书'，即前人各种知识、经验和智慧的总汇。"① "要加强对历史的学习，特别是对中国古代史、中国近现代史、中国共产党历史的学习，从历史中得到启迪、得到定力。"② "重视对历史的学习和对历史经验的总结与运用，善于从不断认识和把握历史规律中找到前进的正确方向和正确道路，这是我们党 90 年来之所以能够领导中国革命、建设、改革不断取得胜利的一个重要原因。"要"善于借鉴历史上治理国家和社会的各种有益经验"。③ 他还说过："要认真学习党史、国史，知史爱党，知史爱国。要了解我们党和国家事业的来龙去脉，汲取我们党和国家的历史经验，正确了解党和国家历史上的重大事件和重要人物。这对正确认识党情、国情十分必要，对开创未来也十分必要，因为历史是最好的教科书。"④ "历史是最好的教科书。学习党史、国史，是坚持和发展中国特色社会主义、把党和国家各项事业继续推向前进的必修课。这门功课不仅必修，而且必须修好。要继续加强对党史、国史的学习，在对历史的深入思考中做好现实工作、更好走向未来，不断交出坚持和发展中国特色社会主义的合格答卷。"⑤ 他尤其强调："在学习历史知识的时候，要坚持马克思主义的历史观和方法论"。⑥

在如何运用正确历史观分析历史的问题上，习近平指出："对历史人物的评价，应该放在其所处时代和社会的历史条件下去分析，不能离开对历史条件、历史过程的全面认识和对历史规律的科学把握，不能忽

---

① 习近平：《领导干部要读点历史》，《学习时报》2011 年 9 月 5 日。

②《习近平总书记系列重要讲话读本（2016 年版）》，学习出版社、人民出版社 2016 年版，第 295 页。

③ 习近平：《领导干部要读点历史》，《学习时报》2011 年 9 月 5 日。

④ 习近平：《在中央党校建校 80 周年庆祝大会暨 2013 年春季学期开学典礼上的讲话》，《人民日报》2013 年 3 月 3 日。

⑤《在对历史的深入思考中更好走向未来 交出发展中国特色社会主义合格答卷》，《人民日报》2013 年 6 月 27 日。

⑥ 习近平：《领导干部要读点历史》，《学习时报》2011 年 9 月 5 日。

略历史必然性和历史偶然性的关系。不能把历史顺境中的成功简单归功于个人，也不能把历史逆境中的挫折简单归咎于个人。不能用今天的时代条件、发展水平、认识水平去衡量和要求前人，不能苛求前人干出只有后人才能干出的业绩来。"①他说："一个民族的历史是一个民族安身立命的基础。不论发生过什么波折和曲折，不论出现过什么苦难和困难，中华民族五千多年的文明史，中国人民近代以来一百七十多年的斗争史，中国共产党九十多年的奋斗史，中华人民共和国六十多年的发展史，都是人民书写的历史。"②"历史和现实都表明，一个抛弃了或者背叛了自己历史文化的民族，不仅不可能发展起来，而且很可能上演一场历史悲剧。"③"对中国人民和中华民族的优秀文化和光荣历史，要加大正面宣传力度，而且要经常讲、反复讲。要通过学校教育、理论研究、历史研究、影视作品、文学作品等多种方式，加强爱国主义、集体主义、社会主义教育……引导我国人民树立和坚持正确的历史观、民族观、国家观、文化观，增强做中国人的骨气和底气。"④

习近平以上重要论述对于构建当代中国史理论研究学科体系具有很强的指导性。所谓正确的历史观，说到底就是马克思主义的唯物史观。我们要树立正确的历史观，就要真学真懂真信真用马克思主义，尤其是马克思主义的哲学。只有这样做，我们才会在各种思潮和风浪面前做到立场坚定、心明眼亮，才会认清形形色色的历史唯心论和历史机械论，才会正确地分析和解决当代中国史的理论问题。

（二）构建当代中国史理论研究学科体系，必须学习、贯彻习近平关于反对和抵制历史虚无主义思潮的重要论述

自从党的十八大以来，习近平反复强调要认清历史虚无主义的实

---

① 《十八大以来重要文献选编》（上），中央文献出版社 2014 年版，第 693 页。
② 《十八大以来重要文献选编》（上），中央文献出版社 2014 年版，第 694 页。
③ 《发挥功勋荣誉精神引领典型示范作用 推动全社会见贤思齐崇尚英雄争做先锋》，《人民日报》2016 年 5 月 19 日。
④ 《习近平关于社会主义文化建设论述摘编》，中央文献出版社 2017 年版，第 34—35 页。

质、要害和危害。他指出："古人说：'灭人之国，必先去其史。'国内外敌对势力往往就是拿中国革命史、新中国历史来做文章，竭尽攻击、丑化、污蔑之能事，根本目的就是要搞乱人心，煽动推翻中国共产党的领导和我国社会主义制度。苏联为什么解体？苏共为什么垮台？一个重要原因就是意识形态领域的斗争十分激烈，全面否定苏联历史、苏共历史，否定列宁，否定斯大林，搞历史虚无主义，思想搞乱了，各级党组织几乎没任何作用了，军队都不在党的领导之下了。最后，苏联共产党偌大一个党就作鸟兽散了，苏联偌大一个社会主义国家就分崩离析了。"[1]他还说："历史虚无主义的要害，是从根本上否定马克思主义指导地位和中国走向社会主义的历史必然性，否定中国共产党的领导。"[2]这些论述告诉我们：第一，历史虚无主义思潮是国内外敌对势力所制造和鼓吹的，本质上是反对中国共产党领导、颠覆社会主义政权的一种政治工具。第二，历史虚无主义思潮的要害在于通过攻击、丑化、污蔑中国革命史和新中国历史，达到否定中国革命、中国共产党、中华人民共和国和社会主义制度的目的。第三，历史虚无主义思潮的泛滥是苏联解体、苏共下台的一个重要原因。

习近平特别提醒我们，要接受苏联的前车之鉴，警惕国内外敌对势力利用历史虚无主义思潮搞乱人心、搞垮中国的阴谋。他说："'谎言重复一千遍就会变成真理。'各种敌对势力就是想利用这个逻辑！他们就是要把我们党、我们国家说得一塌糊涂、一无是处，诱使人们跟着他们的魔笛起舞。"[3]针对妄图全盘否定毛泽东的主张，他指出："试想一下，如果当时全盘否定了毛泽东同志，那我们党还能站得住吗？我们国家的社会主义制度还能站得住吗？那就站不住了，站不住就会天下大乱。"[4]他反复强调："革命领袖是人不是神。……不能因为他们伟大就把他们像神那样顶礼膜拜，不容许提出并纠正他们的失误和错误；也不能因为

[1]《十八大以来重要文献选编》（上），中央文献出版社2014年版，第113页。
[2]《历史是最好的教科书》，《人民日报》2013年7月22日。
[3]《习近平关于社会主义文化建设论述摘编》，中央文献出版社2017年版，第208页。
[4]《十八大以来重要文献选编》（上），中央文献出版社2014年版，第113页。

他们有失误和错误就全盘否定，抹杀他们的历史功绩，陷入虚无主义的泥潭。"① 他要求党的媒体，对恶意攻击、造谣生事，要坚决回击、以正视听；并且表扬一些主流媒体对网上诋毁、恶搞、丑化英雄人物的歪风，及时发声，用史实说话，为英雄正名，发挥了弘扬正气作用。他强调："一个有希望的民族不能没有英雄，一个有前途的国家不能没有先锋。""实现我们的目标，需要英雄，需要英雄精神。我们要铭记一切为中华民族和中国人民作出贡献的英雄们，崇尚英雄，捍卫英雄，学习英雄，关爱英雄。"②

习近平对历史虚无主义思潮所做的这些掷地有声、入木三分的批判，给予当代中国史及其理论研究者的不仅是鲜明正确的导向，也是对坚持正确方向的有力支持和鼓舞。我们要构建当代中国史理论研究学科体系，对此更要认真学习、贯彻。

（三）构建当代中国史理论研究学科体系，必须学习、贯彻习近平关于加快构建中国特色哲学社会科学的重要论述

习近平有关这个问题的重要论述，集中体现于他 2016 年在哲学社会科学工作座谈会上的讲话之中。讲话指出，构建中国特色哲学社会科学，在指导思想、学科体系、学术体系和话语体系等方面，要充分体现中国特色、中国风格、中国气派。在体现继承性、民族性上，要特别把握好三个方面的资源：一是马克思主义的资源；二是中华优秀传统文化的资源；三是国外哲学社会科学的资源。在体现原创性、时代性上，要着重于理论创新，他指出："如果不能及时研究、提出、运用新思想、新理念、新办法，理论就会苍白无力，哲学社会科学就会'肌无力'。哲学社会科学创新可大可小，揭示一条规律是创新，提出一种学说是创新，阐明一个道理是创新，创造一种解决问题的办法也是创新。"要"挖

---

① 习近平：《在纪念毛泽东同志诞辰 120 周年座谈会上的讲话》，《人民日报》2013 年 12 月 27 日。

② 习近平：《在颁发"中国人民抗日战争胜利 70 周年"纪念章仪式上的讲话》，《人民日报》2015 年 9 月 3 日。

掘新材料、发现新问题、提出新观点、构建新理论"。在体现系统性、专业性上，要注重发展具有重要现实意义的新型学科和交叉学科，注重培养人才、抓好教材，等等。他强调："要正确区分学术问题和政治问题，不要把一般的学术问题当成政治问题，也不要把政治问题当作一般的学术问题。"①

习近平关于加快构建哲学社会科学的讲话精神，使当代中国史理论研究在学科体系构建中有了更明确的方向，也有了更充足的信心。首先，在继承性和时代性上，由于当代中国史的研究对象本来就发生在当代的中国，而且是马克思主义与中国特色社会主义建设实践相结合的产物，因此，这一研究理应更加突出马克思主义的指导性和本学科的时代特点，在学科体系、学术体系、话语体系等方面更加彰显中国特色、中国风格、中国气派。其次，在原创性和专业性上，由于当代中国史及其理论研究都是具有重要现实意义的新兴学科和交叉学科，因此，这一研究理应更加注重理论创新，下功夫挖掘新材料、发现新问题、提出新观点、构建新理论，着力培养人才、抓好教材，严格区分学术问题和政治问题。再次，在民族性和系统性上，由于中国有着悠久的注重历史和史书编纂的传统，因此，在当代史书或国史书的编纂方面，理应更加注重从中国古代史书编纂体裁、体例的传统中汲取营养；在学科建设方面，理应更加注重体系的构建。

总之，十九大对于当代中国史理论研究学科体系建设具有多方面的重大意义。我们要抓住全国上下学习贯彻十九大精神的历史机遇，结合自身研究的实际，学好用好十九大精神，推动本学科体系建设不断向前迈进。

---

① 习近平：《在哲学社会科学工作座谈会上的讲话》，《人民日报》2016 年 5 月 19 日。

在习近平总书记贺信精神鼓舞和指引下推动新中国史事业进一步繁荣发展 *

2022 年 12 月 8 日对于中华人民共和国国史学会（以下简称国史学会），是一个双喜临门的日子。这一天是国史学会成立 30 周年，同时迎来了习近平总书记致国史学会成立 30 周年的贺信。中共中央政治局委员、中共中央宣传部部长李书磊出席了国史学会成立 30 周年庆祝大会，宣读了习近平总书记贺信，并发表了重要讲话。这一切充分体现了以习近平同志为核心的党中央对新中国史研究事业的高度重视，对国史学会，乃至从事新中国史研究、宣传和教育工作的全体学者、干部、教师的高度信任和巨大关怀。

习近平总书记在贺信中，表达了对国史学会全体同志、全国广大国史研究者的热烈祝贺和诚挚问候，肯定了国史学会 30 年来为新中国史研究、宣传和教育事业发展作出的积极贡献，希望国史学会深入学习贯彻党的二十大精神，坚持正确政治方向，坚持历史唯物主义，以马克思主义中国化时代化最新成果为指导，进一步团结全国广大国史研究工作者，牢牢把握国史的主题主线、主流本质，不断提高研究水平，创新宣传方式，加强教育引导，激励人们坚定历史自信、增强历史主动，更好凝聚团结奋斗的精神力量，为全面建设社会主义现代化国家、全面推进中华民族伟大复兴作出新贡献。[②] 习近平总书记的这些语重心长的话，不仅为新中国史事业指明了继续前进的方向，也为国史学会进一步提高自身能力、发挥社会作用提出了更高要求；是对国史学会莫大的鼓舞，更是对国史学会的极大鞭策。

---

* 本文曾刊于《当代中国史研究》2023 年第 1 期。
② 《坚定历史自信 增强历史主动 更好凝聚团结奋斗的精神力量》，《人民日报》2022 年 12 月 9 日。

党的十八大以来，以习近平同志为核心的党中央对新中国史给予了前所未有的重视。习近平总书记每当提到党史，往往总是与国史并提。他多次指出："要认真学习党史、国史，知史爱党，知史爱国"；"学习党史、国史，是我们坚持和发展中国特色社会主义、把党和国家各项事业继续推向前进的必修课"。① 他强调："一个民族的历史是一个民族安身立命的基础"②；思政课老师的历史视野中，"要有中华人民共和国七十年的发展史，要有改革开放四十多年的实践史，要有新时代中国特色社会主义取得的历史性成就、发生的历史性变革"③。他把新中国史与党史、改革开放史、社会主义发展史合在一起，要求加强对这"四史"的学习教育。在全党开展"不忘初心、牢记使命"主题教育期间，他指示中央有关部门印发通知，增加学习党史和国史的内容。在党史学习教育动员大会上，他又要求在全社会同时开展"四史"宣传教育。在党的二十大上，他再次强调要"持续抓好党史、新中国史、改革开放史、社会主义发展史宣传教育，引导人民知史爱党、知史爱国，不断坚定中国特色社会主义共同理想"④。所有这些都说明，虽然新中国成立初期就有人编写新中国史，《关于建国以来党的若干历史问题的决议》制定后迅速掀起了编研新中国史的热潮，20世纪90年代初党中央又批准成立了新中国史编研的专门机构，但从没有像新时代十年这样重视新中国史的学习和研究，这样强调对新中国历史经验的总结，这样突出坚定新中国历史自信的重要意义。

习近平总书记不仅高度重视新中国史研究，而且十分重视对新中国史领域中的历史虚无主义思潮的批评。他旗帜鲜明地提出，必须正确看待改革开放前后两个历史时期，强调它们在"本质上都是我们党领导人民进行社会主义建设的实践探索"；"两者决不是彼此割裂的，更不是根本对立的"；

① 习近平：《论中国共产党历史》，中央文献出版社2021年版，第7、15—16页
②《十八大以来重要文献选编》（上），中央文献出版社2014年版，第694页。
③ 习近平：《论中国共产党历史》，中央文献出版社2021年版，第11—12页。
④ 习近平：《高举中国特色社会主义伟大旗帜 为全面建设社会主义现代化国家而团结奋斗——在中国共产党第二十次全国代表大会上的报告》，《人民日报》2022年10月26日。

既"不能用改革开放后的历史时期否定改革开放前的历史时期，也不能用改革开放前的历史时期否定改革开放后的历史时期"；"正确处理改革开放前后的社会主义实践探索的关系，不只是一个历史问题，更主要的是一个政治问题"。① 他斩钉截铁地说，绝不能因为革命领袖"有失误和错误就全盘否定，抹杀他们的历史功绩，陷入虚无主义的泥潭"。他一针见血地指出，国内外敌对势力拿中国革命史、新中国历史做文章，竭尽攻击、丑化、污蔑之能事的根本目的，"就是要搞乱人心，煽动推翻中国共产党的领导和我国社会主义制度"。② "历史虚无主义的要害，是从根本上否定马克思主义指导地位和中国走向社会主义的历史必然性，否定中国共产党的领导。"③ 他告诫全党，苏联解体、苏共垮台的一个重要原因就是在意识形态领域"搞历史虚无主义，思想搞乱了……这是前车之鉴啊！"④ 他的这些论述，武装了国史工作者的思想，使国史工作者认清了历史虚无主义思潮的本质和危害，也给国史工作者提供了批判历史虚无主义思潮的锐利思想武器，从而保证新中国史研究事业在新时代十年能够始终沿着正确的方向健康发展。

对于新中国史一些重大理论问题的研究，习近平总书记也给予了高度关注和悉心指导。例如，在研究的指导思想上，他指出一定要坚持唯物史观，"树立大历史观，从历史长河、时代大潮、全球风云中分析演变机理、探究历史规律"⑤。在研究的重点上，他反复强调必须牢牢把握"历史发展的主题主线、主流本质"，"把握住历史发展规律和大势，抓住历史变革时机"⑥。在对历史人物和事件的评价上，他明确提出"应该放在其所处时代和社会的历史条件下去分析"⑦。在历史分期问题上，他提出要"认清当代中国所处的历史方位"⑧，并在党的十九大报告中指出：

① 《十八大以来重要文献选编》（上），中央文献出版社 2014 年版，第 112—114 页。
② 《十八大以来重要文献选编》（上），中央文献出版社 2014 年版，第 693、113 页。
③ 《历史是最好的教科书》，《人民日报》2013 年 7 月 22 日。
④ 《十八大以来重要文献选编》（上），中央文献出版社 2014 年版，第 113 页。
⑤ 习近平：《在党史学习教育动员大会上的讲话》，《求是》2021 年第 7 期。
⑥ 习近平：《在党史学习教育动员大会上的讲话》，《求是》2021 年第 7 期。
⑦ 《十八大以来重要文献选编》（上），中央文献出版社 2014 年版，第 693 页。
⑧ 习近平：《在党史学习教育动员大会上的讲话》，《求是》2021 年第 7 期。

"中国特色社会主义进入了新时代，这是我国发展新的历史方位"①；在党的二十大报告中进一步指出："新时代十年的伟大变革，在党史、新中国史、改革开放史、社会主义发展史、中华民族发展史上具有里程碑意义"②。所有这些论述，都给予我们极大的启示，为新中国史研究不断深入发展发挥了重要引领作用。

2019 年 3 月，习近平总书记在全国两会期间看望参加政协会议的文艺界社科界委员，讲了一段情真意切的话。他说，新中国"70 年砥砺奋进，我们的国家发生了天翻地覆的变化。无论是在中华民族历史上，还是在世界历史上，这都是一部感天动地的奋斗史诗。希望大家深刻反映 70 年来党和人民的奋斗实践，深刻解读新中国 70 年历史性变革中所蕴藏的内在逻辑，讲清楚历史性成就背后的中国特色社会主义道路、理论、制度、文化优势，更好用中国理论解读中国实践，为党和人民继续前进提供强大精神激励"。③ 他的这段话，表达了对广大理论、学术、教育、文艺工作者的殷切希望，更使带有"中华人民共和国"全称的"中"字头社团的国史学会倍感责任重大、使命光荣。我们作为全国性社会组织，理应更加积极地响应习近平总书记号召，主动为各领域、各方面反映新中国 70 年来的奋斗历程和伟大成就提供历史的支持，做好相关服务和协调工作，与理论界、学术界、教育界、文艺界的同志一道，为共同讴歌新中国的光辉历史贡献力量。

习近平总书记关于新中国史研究、宣传和教育的一系列重要论述精神，是习近平新时代中国特色社会主义思想的重要组成部分，是国史事业的根本指针，也是国史事业繁荣发展的根本保证。国史学会是党领导的社会组织和意识形态阵地，我们要自觉按照习近平总书记贺信的要求，紧紧团结广大国史工作者，一如既往地坚持坚定正确的政治方

---

① 《十九大以来重要文献选编》（上），中央文献出版社 2019 年版，第 7 页。

② 习近平：《高举中国特色社会主义伟大旗帜 为全面建设社会主义现代化国家而团结奋斗——在中国共产党第二十次全国代表大会上的报告》，《人民日报》2022 年 10 月 26 日。

③ 《坚定文化自信把握时代脉搏聆听时代声音 坚持以精品奉献人民用明德引领风尚》，《人民日报》2019 年 3 月 5 日。

向，担当为国家立心、为民族立魂的使命，秉承"方向是灵魂、学术是基础、活动是生命"的方针，围绕党和国家工作大局开展多种形式的学术交流和宣传教育活动，自觉发挥国史资政、育人、护国的功能，乘国史学会成立30周年的东风，以学习贯彻习近平总书记贺信精神为契机，进一步推动新中国史事业的繁荣发展，为引导人民知史爱党、知史爱国，坚定中国特色社会主义的"四个自信"，增强中华民族伟大复兴的精神力量作出新的贡献！

加强国史研究和宣传，为走中国特色社会主义道路提供历史依据和借鉴 *

由当代中国研究所著的《中华人民共和国史稿》（以下简称《国史稿》）的出版，是中华人民共和国史学界，也是中国现代史和中国当代史学界的一件大事和喜事。它的出版发行，对于我们进一步正确认识国史、大力宣传国史、深入研究国史，都具有十分重要的意义。

正确对待和阐述革命与国史的关系，是《国史稿》的一个突出特点。《国史稿》一共五卷，却专门拿出很大篇幅，设立了一部序卷，用以概述中国作为一个文明古国的悠久历史和灿烂文化，以及近代以来中国人民为反抗封建腐朽统治和帝国主义野蛮侵略而进行的不屈不挠的斗争，特别是中国共产党自 1921 年成立以来领导人民进行新民主主义革命，推翻"三座大山"、建立新中国的伟大历程。它清楚地告诉人们，中华人民共和国是革命的胜利成果，是无数先烈用鲜血和生命换来的。另外，《国史稿》还在正卷叙述了新中国成立后是如何继续完成民主革命的遗留任务，巩固新生人民政权，稳定社会秩序，实现祖国大陆基本统一，没收官僚资本，废除外国在华经济特权和工商企业内部的封建把头制度，彻底消灭封建土地剥削制度，树立新型社会风尚，从而用短短 4 年时间收拾了旧中国的烂摊子，使一个真正属于人民的共和国屹立于世界东方的；又是如何根据形势的发展变化，适时改变原定用"相当长久"时间实行新民主主义政策的打算，提前向社会主义过渡，并通过"一化三改"和四个五年计划的建设，建立起独立完整的工业体系和国民经济体系的。对于新中国成立初期思想文化领域的几场运动和斗争，《国史稿》一方面指出其中存在的斗争方法简单，有的把学术和思想问

* 本文曾刊于《当代中国史研究》2012 年第 6 期。

题同政治问题相混淆的偏差，另一方面充分肯定了它们对于清除资产阶级唯心主义影响、树立马克思主义在意识形态领域指导地位的重要作用。所有这些论述，完全符合唯物史观和新中国历史的实际，充分说明中华人民共和国是建立在新民主主义革命和社会主义革命基础之上的。可以说，没有革命，没有革命前辈的英勇奋斗、流血牺牲，就没有中华人民共和国。尽管现在已经结束了一个阶级推翻另一个阶级的革命，但革命在历史上的进步作用和革命前辈建立的丰功伟绩必须得到肯定、尊重和歌颂，革命的精神必须得到继承和发扬。而且，从扫除发展生产力障碍的意义说，改革也是一场革命。我们要抵制"告别革命""重写近代史和现代史"等历史虚无主义思潮所产生的恶劣影响，绝不允许否定革命、诋毁革命的错误言论畅行无阻。否则，不仅国史会成为无源之水、无本之木，最终新中国也会站不住脚。

《国史稿》的另一大特点，是正确对待和阐述改革开放前后两个历史时期的关系。《国史稿》的正卷起自 1949 年新中国的成立，止于 1984年以城市为重点的经济体制改革的全面启动。因此，在这部书中，除了改革开放前的 29 年，还有改革开放后的 6 年。如何正确撰写这两个既相互联系又相互区别的时期，关系到如何正确评价国史，也关系到如何正确认识中国特色社会主义道路。《国史稿》一方面充分肯定了新中国头 29 年我们党领导各族人民在政治、经济、文化、国防、外交等各条战线取得的伟大成就和在探索社会主义建设规律过程中取得的宝贵经验；另一方面实事求是地指出了那个时期走过的弯路、犯过的错误、遭受的损失、得到的教训；一方面深刻阐明了改革开放对于开创社会主义现代化建设新局面、推进马克思主义中国化第二次飞跃的重要意义，另一方面旗帜鲜明地指出改革开放是对新中国成立后社会主义建设伟大事业的继承和发展。它清楚地告诉人们，改革开放前后两个历史时期既不是相互割裂的，更不是相互对立的，而是辩证统一的整体，本质上都是中国社会主义的发展阶段；前一阶段是后一阶段的基础，后一阶段是前一阶段的接续发展；后一阶段开创了中国特色社会主义道路，前一阶段为中国特色社会主义道路的开创提供了前提条件。这样认识和阐述国史，既维护了中华人民共和国的荣誉和尊严，给广大干部群众特别是青少年以正确的国史教育，又有利于正确总结经验，做到了以史为鉴。我们要牢牢把握国史的主题和主线、主流和本质，绝不能让苏联由于全盘否定自己历史而导致亡党亡国的悲剧在我们国家重演。

注意国史和党史的区别，是《国史稿》的又一个特点。中国共产党是中华人民共和国的核心领导力量，党的理论、路线、方针、政策、重大决定等等，必然对共和国的建设事业和社会生活起决定性的作用。从这个意义上说，党的历史是国史的核心内容，新中国成立后的党史走向决定着国史的走向。因此，国史的撰写与新中国成立后的党史在内容上难免有交叉和重合的地方。但是，党史撰写的对象主要是党，而国史撰写的对象则是整个国家。这就决定了国史撰写的角度、范围、重点，与党史会有也应当有很大不同。否则，国史就失去了存在的必要和价值。《国史稿》在撰写过程中，注意突出国史的特点，对党的会议和活动，凡没有在国家生活中产生重大影响的，能略则略；而对国家政权机关的活动和举措，以及国民经济、文化教育、科学技术、国防外交等，则尽可能多写详写。例如，同是写新中国的成立，由中央党史研究室编著的《中国共产党历史》（以下简称《党史》）第二卷在目一级标题中只出现了政协会议的召开、《共同纲领》的制定和人民政府的组制；而《国史稿》的目录中除了这些之外，还专设了"开国大典"一目。再如，对于一届全国人大一次会议的召开和《宪法》的制定，《党史》只把它们作为一节，其中《宪法》的制定只是一个目；而《国史稿》却把它们作为一章，其中《宪法》的制定则设为一个节，下面还分设了"《宪法》的诞生"和"《宪法》的特点"两个目。再如，对于党的八大，《党史》用了一章，而《国史稿》则把它作为"探索适合中国国情的社会主义建设道路"这一章中的一个小节。这些都说明，为了在撰写上与党史相区别，《国史稿》从章节设置上是下了很大功夫的。我们要继续加强国史研究和党史研究这两门不同学科的建设，深入探索国史与党史撰写各自的规律，不断提高国史研究和党史研究的科学化水平，从而使国史书更加突出国史的特点。

　　古人说："灭人之国，必先去其史。"反过来，我们要卫己之国，也必先护其史。我们要以《国史稿》的出版为契机，进一步推动唯物史观指导下的国史研究，大力普及国史知识和国史教育，把正确认识和解释国史纳入建设社会主义核心价值体系的工作，融入国民教育和精神文明建设的全过程，为树立以爱国主义为核心的民族精神和以改革开放为核心的时代精神，增强全国各族人民建设中国特色社会主义的决心和信心，提供更多更好的历史教材。

以唯物史观推进新中国史理论研究的繁荣发展 *

　　2004年，中共中央为巩固和增强马克思主义在中国意识形态领域的指导地位，提出并实施了马克思主义理论研究和建设工程。这一工程的内容包含加强对马克思主义中国化理论创新成果和重大现实问题的研究，加强对马克思主义经典著作的编译和研究，建设具有时代特征的马克思主义基础理论和哲学社会科学学科体系，编写体现当代中国马克思主义最新理论成果的哲学与社会科学重点学科的教材，建设老、中、青三结合的马克思主义理论研究和教学骨干队伍。在这一工程的推动下，中国社会科学院也启动并实施了马克思主义理论学科建设与理论研究工作，并于2012年设立了包括马克思主义史学理论论坛在内的五个相关学科的马克思主义论坛。马克思主义史学理论论坛的宗旨是，坚持和发展以唯物史观为指导的马克思主义史学理论，发挥马克思主义史学理论在史学研究中的引领作用。其基本任务是通过举办各种形式的学术会议，出版论文集和以书代刊的论丛等方式，增强马克思主义史学理论界的合作与交流，扩大马克思主义史学理论在史学界的影响，促进马克思主义史学理论队伍的成长。以"唯物史观与新中国史学发展"为主题的学术研讨会，便是论坛成立以来举办的首次面向全国的学术会议。

　　这次会议是在全党和全国深入贯彻落实中共十八大精神的大背景下召开的，也是马克思主义史学理论界深入贯彻落实中共十八大精神的一个具体行动。习近平总书记在中共十八大闭幕后指出，坚持和发展中国特色社会主义是十八大报告的主线，贯彻落实十八大精神，就要深刻领会中国特色社会主义是由道路、理论体系和制度三位一体构成的。2013

　　* 此文是作者在2013年4月13—14日中国社会科学院马克思主义史学理论论坛首届学术研讨会上所致开幕词、闭幕词基础上补充修改而成，曾刊于《河北学刊》2013年第3期，原标题为《以唯物史观推进中国史学理论研究繁荣发展》。收入本书时，作者略作修改。

年1月5日，习近平总书记在中共中央党校的一次讲话中曾指出："党的十八大精神，说一千道一万，归结为一点，就是坚持和发展中国特色社会主义。"他强调："中国特色社会主义是社会主义而不是其他什么主义，科学社会主义基本原则不能丢，丢了就不是社会主义。一个国家实行什么样的主义，关键要看这个主义能否解决这个国家面临的历史性课题。历史和现实都告诉我们，只有社会主义才能救中国，只有中国特色社会主义才能发展中国，这是历史的结论、人民的选择。随着中国特色社会主义不断发展，我们的制度必将越来越成熟，我国社会主义制度的优越性必将进一步显现，我们的道路必将越走越宽广。我们就是要有这样的道路自信、理论自信、制度自信，真正做到'千磨万击还坚劲，任尔东西南北风。'"在这篇讲话中，习近平总书记还从六个时间段分析了社会主义思想从提出到现在的历史过程，并运用唯物史观和唯物辩证法，具体分析了中国改革开放前后两个历史时期的关系。他说："这是两个相互联系又有重大区别的时期，但本质上都是我们党领导人民进行社会主义建设的实践探索。中国特色社会主义是在改革开放历史新时期开创的，但也是在新中国已经建立起社会主义基本制度、并进行了20多年建设的基础上开创的。虽然这两个历史时期在进行社会主义建设的思想指导、方针政策、实际工作上有很大差别，但两者决不是彼此割裂的，更不是根本对立的。不能用改革开放后的历史时期否定改革开放前的历史时期，也不能用改革开放前的历史时期否定改革开放后的历史时期。要坚持实事求是的思想路线，分清主流和支流，坚持真理，修正错误，发扬经验，吸取教训，在这个基础上把党和人民事业继续推向前进。"①我们召开这次学术研讨会，就是要深入贯彻落实中共十八大精神，按照以习近平同志为核心的新一届党中央的要求，旗帜鲜明地运用唯物史观分析和对待历史问题，为促进马克思主义中国化、丰富中国特色社会主义理论做出马克思主义史学理论界的贡献，推动马克思主义史学理

---

① 《毫不动摇坚持和发展中国特色社会主义 在实践中不断有所发现有所创造有所前进》，《人民日报》2013年1月6日。

论的大发展和大繁荣。

史学理论既包括历史观，也包括历史研究的理论与方法论，它是历史学科的重要组成部分，也是史学工作者从事历史研究的指南。古今中外的史学史表明，任何时代的史学发展，都离不开史学理论的发展；任何有影响的史学家，几乎都对史学理论有过重要贡献；任何历史研究实践，都自觉或不自觉地受一定历史观的支配。世界上的历史观尽管形形色色，但归根结底不外乎两种，一种是唯心史观，一种是唯物史观。马克思主义史学理论是唯物史观与史学研究实践相结合的产物，是马克思主义史学工作者从事历史研究的指导思想，也是史学理论工作者研究的对象。对马克思主义史学理论的研究不同于一般的史学理论研究，也不同于作为哲学的历史唯物主义的理论研究，而是史学工作者运用历史唯物主义的基本立场、观点和方法，对历史研究中的问题进行理论分析、作出理论概括的工作。它是史学研究的分支学科，也是马克思主义研究的分支学科；是马克思主义研究与建设工程的重要组成部分，也是马克思主义中国化的有机组成部分。中国虽然是一个有着悠久史学传统和深厚史学理论积淀的国家，但直到唯物史观在 20 世纪二三十年代传入，并为郭沫若、范文澜、吕振羽、翦伯赞、侯外庐等一批马克思主义史学家所掌握和运用之后，史学研究才得到了"唯一科学的历史观"[1]的指导，才能在"看来扑朔迷离、一团混乱的状态中发现规律性"[2]，并逐渐创立和形成了具有中国特色、中国风格、中国气派的科学的史学理论。马克思主义史学理论界在今天肩负的一个重要使命，就是继承和发扬老一辈马克思主义史学家追求真理、学以致用、勇于创新、与时俱进的光荣传统，不断丰富、完善和发展具有中国特色、中国风格、中国气派的马克思主义史学理论体系和话语体系。

史学理论属于意识形态范畴，在阶级社会具有鲜明的阶级性。我们党在十一届三中全会后否定了"以阶级斗争为纲"的错误指导思想，但

---

[1]《列宁选集》第 1 卷，人民出版社 1995 年版，第 10 页。
[2]《列宁选集》第 2 卷，人民出版社 1995 年版，第 426 页。

同时指出，"由于国内的因素和国际的影响，阶级斗争还在一定范围内长期存在，在某种条件下还有可能激化"①。马克思主义史学理论与反马克思主义史学理论的斗争，便是这种斗争在意识形态领域中的具体表现。改革开放以来，我们恢复了实事求是的思想路线，加强了包括西方史学理论著作在内的国外社会科学著作的翻译、出版，为马克思主义史学理论的研究和发展提供了良好的客观环境与开阔的视野。然而，与此同时，特别是在苏东剧变之后，唯物史观和马克思主义史学理论也遇到了新中国成立以来前所未有的挑战。这种挑战既表现在对唯物史观基本原理和马克思主义史学家的全盘否定上，也表现在对西方资产阶级史学理论的盲目推崇，对历史虚无主义思潮的竭力鼓吹，对中国近代史、现代史的肆意歪曲、篡改和对革命领袖的恶意贬低及丑化上。对此，马克思主义史学理论工作者理应作出回应。这种回应不仅是维护中国革命的正当性和中华民族的自信力，营造中国特色社会主义建设事业发展的积极健康的舆论氛围的需要，也是发展中国马克思主义史学理论、推进马克思主义中国化的需要。正如毛泽东所说："马克思主义是一种科学真理，它是不怕批评的。如果马克思主义害怕批评，如果可以批评倒，那末马克思主义就没有用了。……马克思主义者不应该害怕任何人批评。相反，马克思主义者就是要在人们的批评中间，就是要在斗争的风雨中间，锻炼自己，发展自己，扩大自己的阵地。"②邓小平在苏东剧变之后也说过："我坚信，世界上赞成马克思主义的人会多起来的，因为马克思主义是科学。……不要认为马克思主义就消失了，没用了，失败了。哪有这回事！"③马克思主义史学理论界在今天肩负的又一个重要使命就是要积极回应反马克思主义的社会思潮、学术思潮对唯物史观和马克思主义史学理论的各种攻击，并在这个过程中进一步弄清楚哪些是必须坚持的唯物史观的基本观点，哪些是必须破除的对唯物史观的教条式理解，哪些是必须澄清的披着马克思主义理论外衣的错误观点，哪些是需

---

① 《中国共产党章程》，人民出版社 2012 年版，第 3 页。
② 《毛泽东文集》第 7 卷，人民出版社 1999 年版，第 231—232 页。
③ 《邓小平文选》第 3 卷，人民出版社 1993 年版，第 382—383 页。

要结合新的实际加以丰富发展的马克思主义史学理论。同时，进一步组织和壮大马克思主义史学理论研究队伍。

1982 年，邓小平在党的十二届二中全会的讲话中指出："现在有些同志对于西方各种哲学的、经济学的、社会政治的和文学艺术的思潮，不分析、不鉴别、不批判，而是一窝蜂地盲目推崇。"马克思主义要发展，社会主义理论要发展，要随着人类社会实践的发展和科学的发展而向前发展。但是，现在的一些错误观点，"不是向前发展，而是向后倒退，倒退到马克思主义以前去了"。"毛泽东同志说过：'真理是在同谬误作斗争中间发展起来的。马克思主义就是这样发展起来的。'有些人把'双百'方针理解为鸣放绝对自由，甚至只让错误的东西放，不让马克思主义争。这还叫什么百家争鸣？这就把'双百'方针这个无产阶级的马克思主义的方针，歪曲为资产阶级的自由主义的方针了。""现在有些错误观点自称是马克思主义的，有的则公然向马克思主义挑战。对此，马克思主义者应当站出来讲话。思想战线的共产党员，特别是这方面担负领导责任的和有影响的共产党员，必须站在斗争的前列。""有些同志明知不对，但是不愿或不敢进行批评，怕伤了和气。这样下去不行。""这个问题关系到我们的事业将由什么样的一代人来接班，关系到党和国家的命运和前途。"①小平同志的这些话虽然是 30 年前讲的，但听起来就像是今天讲的一样。

2013 年 3 月 14 日恰逢马克思逝世 130 周年。恩格斯当年在马克思墓前的演说中曾指出："正像达尔文发现有机界的发展规律一样，马克思发现了人类历史的发展规律。"②一百多年以来，马克思、恩格斯在唯物史观与剩余价值学说基础上创立的科学社会主义理论，指引世界社会主义运动由小到大、由弱到强。尽管中间发生了苏东剧变这样的严重曲折，但人类历史的发展规律是任何力量都战胜不了的。拥有人类五分之一人口的中国，依然在社会主义道路上昂首阔步、乘风破浪、奋勇前

---

① 《邓小平文选》第 3 卷，人民出版社 1993 年版，第 44、42、47、46、45 页。
② 《马克思恩格斯选集》第 3 卷，人民出版社 2012 年版，第 1002 页。

行，便是一个最有力的证明。

今天，马克思主义史学理论研究工作面临的环境固然十分艰难和复杂，但同时也面临着难得的发展机遇。我们要抓住机遇，乘着中共十八大精神和以习近平同志为核心的党中央一系列讲话与举措的东风，大张旗鼓地宣传马克思主义史学理论，理直气壮地批驳形形色色反马克思主义思潮对唯物史观的挑战，并在同各种错误思潮的斗争中，营造学习和研究马克思主义史学理论的强大氛围，争取更多的青年学生接受马克思主义史学理论，更多的青年学者加入马克思主义史学理论研究的队伍中来。

马克思主义史学理论工作者既是史学工作者，也是理论工作者；既是学者，也是马克思主义者。作为信仰马克思主义的史学理论工作者，除了要在同反马克思主义理论思潮、学术思潮的斗争中发挥战斗作用外，也应面对当前学术界的不良风气，带头端正学风，带头严谨治学，带头联系实际，带头坚持真理、修正错误，带头贯彻"双百"方针，带头正确对待和严格要求自己，带头搞好团结，继承和发扬中国史学与马克思主义史学知行统一、言行一致的优良传统，在同各种不良学风的斗争中发挥示范作用，带动学术界风气的好转，不断推动马克思主义史学理论的大发展和大繁荣。

同历史虚无主义思潮作斗争是当今马克思主义史学工作者的一项重要任务 *

马克思主义史学理论论坛自 2012 年与中国社会科学院其他四个马克思主义论坛同时成立以来，至今已举办了三届大会。其中，2013 年 4 月大会的主题为"唯物史观与新中国的史学发展"，2014 年 7 月大会的主题为"中国特色社会主义与马克思主义史学理论建设"。来自全国各地高等院校和科研机构的老中青三代学人积极响应和参加了这些会议，共同研讨和谋划了马克思主义史学理论学科建设和史学研究中的重大问题，取得了一批具有较强理论价值和现实意义的研究成果，产生了较为广泛的学术反响和社会影响。在前两次大会的基础上，本届大会将主题确定为"马克思主义与历史研究"，目的在于进一步探索马克思主义与历史研究的关系，深入认识马克思主义对于历史研究成为科学研究和保持科学性的关键作用，以及历史研究对于马克思主义理论的创立和不断向前发展的重要意义。

众所周知，马克思主义有三个来源和三个组成部分，而这三个来源和三个组成部分，无一不是建立在历史研究基础之上的。无论黑格尔的客观唯心主义、费尔巴哈的机械唯物主义，还是亚当·斯密、李嘉图的古典政治经济学，傅立叶、欧文的空想社会主义，都是历史研究的成果。马克思、恩格斯之所以能对它们进行革命性改造，创造出马克思主义的哲学、政治经济学和科学社会主义，也缘于对历史的大量考察和深入研究。他们还写出过许多传世的史学名著，如《1848 年至 1850 年的法兰西阶级斗争》《路易·波拿巴的雾月十八日》《德国农民战争》《家

* 本文是作者 2015 年 8 月 13 日在第三届中国社会科学院马克思主义史学理论论坛大会上所致开幕词的节选。曾刊于《史学理论研究》2015 年第 4 期。

庭、私有制和国家的起源》等，马克思甚至留下过一部按编年顺序摘录世界历史事件的历史学笔记。

马克思主义的创立离不开历史研究，发展也离不开历史研究。列宁主义、毛泽东思想、中国特色社会主义理论之所以能继承和发展马克思主义，和历史研究同样有着密不可分的联系。毛泽东是伟大的无产阶级革命家、战略家、理论家，也是伟大的史学家，不仅开辟了马克思列宁主义与中国革命实际相结合的正确道路，而且为中国马克思主义史学理论奠定了坚实基础。他的关于近代中国社会性质及其主要矛盾的学说，关于中国革命历史规律的学说，关于人民群众创造历史的学说，关于重视继承和批判地总结历史遗产并运用对立统一规律分析历史现象的学说，是毛泽东思想的重要组成部分，也是中国马克思主义史学理论的重要组成部分。中国特色社会主义理论中那些在新的历史条件下体现科学社会主义基本原则的内容，例如，要在中国共产党领导下，立足基本国情，以经济建设为中心，坚持四项基本原则，坚持改革开放，解放和发展生产力；关于要建设社会主义市场经济、社会主义民主政治、社会主义先进文化、社会主义和谐社会、社会主义生态文明，促进人的全面发展，逐步实现全体人民共同富裕，建设富强民主文明和谐的社会主义现代化国家；关于坚持人民代表大会制度的根本政治制度，中国共产党领导的多党合作和政治协商制度、民族区域自治制度以及基层群众自治制度等基本政治制度，中国特色社会主义法律体系，公有制为主体、多种所有制经济共同发展的基本经济制度等，也都是我们党运用马克思主义总结中国社会主义革命、建设、改革的历史经验而得出的结论，并且在实践中对它们用历史反复进行检验，不断加以完善。

马克思主义一经创立，便在历史研究领域引起了自史学产生以来从未有过的革命性变革。它对人类历史发展所作出的科学解释，让以往的天命史观、循环论史观、英雄史观、进化史观等形形色色的唯心史观相形见绌，使"过去在历史观和政治观方面占支配地位的那种混乱和随意性，被一种极其完整严密的科学理论所代替"。① 在马克思主义历史观的指导和影响下，人们越来越清楚地认识到，生产力与生产关系、经济基础与上层建筑的矛盾运动推动社会形态由低级向高级的发展是人类社会发展的基本规律，人的社会存在决定人的社会意识，阶级斗争是阶级社会历史发展变化的直接动力，阶级的存在仅仅同生产发展的一定历史阶段相联系，阶级斗争必然导致无产阶级专政，无产阶级专政是达到消灭一切阶级和进入无阶级社会的过渡，人民群众是历史的创造者，杰出人物只有顺应人民群众的要求才能发挥积极作用，等等。接受马克思主义的史学工作者正是运用这一历史观，逐渐把唯心史观指导下被颠倒了的历史，按照历史的本来面貌颠倒了过来；并且在这一过程中涌现出许多马克思主义的历史学家，产生出一大批马克思主义的史学成果，形成了马克思主义的史学理论和史学学派。在这一过程中也出现过对马克思主义历史观的机械、片面的理解，以及打着马克思主义旗号、为某种政治阴谋服务的所谓史学研究、史学理论，例如，影射史学、史实服从政治等。对此，马克思主义史学工作者在党的十一届三中全会后已经给予过批判，今后仍然要警惕和反对这类现象的出现。

然而，对于马克思主义史学工作者来说，当前更需要引起重视的，是唯物史观和马克思主义的史学理论、历史学家、历史研究，受到来自唯心史观阵营的前所未有的挑战、质疑、非难和攻击，以及历史虚无主义思潮甚嚣尘上，呈现前所未有的泛滥态势。正是在这股思潮的影响下，从国际共产主义运动的历史到中国新民主主义革命和社会主义革命、建设、改革的历史，几乎没有一个事件不遭到攻击和否定；从马克思列宁主义的创始人到我们党和国家的领导人，从为人民解放流血牺牲的烈士到新中国成立后各条战线涌现出的英雄模范，从封建和半封建时代率领被压迫人民反抗地主阶级压迫的农民起义领袖和资产阶级革命家到抵抗异族侵略的民族英雄，几乎没有一人不遭到污蔑、诽谤、丑化、调侃、戏弄；反过来，从镇压人民革命的刽子手到出卖国家和民族利益

---

① 《列宁选集》第 2 卷，人民出版社 2012 年版，第 311 页。

的大汉奸，从阻挡历史前进的封建统治者到没落地主阶级的代表人物，从在中国土地上建立"租界""开拓地"的殖民主义势力到帮助帝国主义实行经济侵略的买办，几乎无一人不被美化、歌颂、辩护、翻案。这一切，有的以学术面目亮相，有的以文艺形式出现；有的在报刊和讲堂上发表，有的在网络上"流窜"；有的出自境外特定机构的炮制和境内少数"吃共产党的饭、砸共产党的锅"的人之口，有的出自受蒙蔽者的人云亦云、鹦鹉学舌。上述情况无论哪一种，都是唯心史观在思想界、理论界、学术界、文艺界的表现，都是阶级斗争在当今意识形态领域内的反映。

党的十八大后，以习近平同志为核心的党中央高度重视学习和掌握历史唯物主义，同时高度重视警惕和反击历史虚无主义。习近平总书记在 2013 年底主持中央政治局就历史唯物主义基本原理和方法论进行的集体学习，他强调："在革命、建设、改革各个历史时期，我们党运用历史唯物主义，系统、具体、历史地分析中国社会运动及其发展规律，在认识世界和改造世界过程中不断把握规律、积极运用规律，推动党和人民事业取得了一个又一个胜利。历史和现实都表明，只有坚持历史唯物主义，我们才能不断把对中国特色社会主义规律的认识提高到新的水平，不断开辟当代中国马克思主义发展新境界。"[①]针对历史虚无主义的本质和危害，他在 2013 年初新进中央委员会的委员、候补委员学习贯彻党的十八大精神研讨班开班仪式上旗帜鲜明地指出："古人说：'灭人之国，必先去其史。'国内外敌对势力往往就是拿中国革命史、新中国历史来做文章，竭尽攻击、丑化、污蔑之能事，根本目的就是要搞乱人心，煽动推翻中国共产党的领导和我国社会主义制度。苏联为什么解体？苏共为什么垮台？一个重要原因就是意识形态领域的斗争十分激烈，全面否定苏联历史、苏共历史，否定列宁，否定斯大林，搞历史虚无主义，思想搞乱了，各级党组织几乎没任何作用了，军队都不在党的

---

① 《推动全党学习和掌握历史唯物主义 更好认识规律更加能动地推进工作》，《人民日报》2013 年 12 月 5 日。

领导之下了。最后，苏联共产党偌大一个党就作鸟兽散了，苏联偌大一个社会主义国家就分崩离析了。这是前车之鉴啊！"[1] 习近平总书记的这些论述清楚地告诉我们，所谓历史虚无主义绝不是历史学领域里的学术思潮，更不是什么学派，而是由国内外敌对势力制造和鼓动，以推翻共产党领导和改变社会主义制度为目的，以否定和"告别"革命为核心，以伪造、篡改、歪曲、恶搞历史或将历史碎片化、片面化为手段，借助网络、报刊、书籍、讲堂、舞台、荧屏等媒介加以流传的政治思潮；同这股思潮的斗争也绝不是学术争论，不属于"百花齐放、百家争鸣"的范畴。马克思主义史学工作者要服务于党的"四个全面"的战略布局，要为"两个一百年"的奋斗目标和中华民族伟大复兴做贡献，就要把习近平总书记的这些论述作为自己的重要指导思想。

历史研究固然是学术、学科、学问，但由于它同时具有向公众叙述历史和解释历史的功能，所以直接关系到政权存在的历史合理性和正当性，不能不带有强烈的政治性。无论维护一个政权或是推翻一个政权，斗争的双方都要争夺对历史的叙述权、解释权。革命的阶级如此，反革命的阶级也是这样。区别在于，革命的阶级顺应历史前进的方向，所以叙述和解释历史时更尊重和正视历史，叙述和解释的历史更符合或接近事实；而反革命的阶级逆历史潮流而动，所以叙述和解释历史时往往要掩盖和歪曲历史。当前历史虚无主义思潮之所以泛滥，就是因为被中国共产党领导中国人民推翻的帝国主义、封建地主阶级、官僚买办资产阶级的残余势力不甘心失败，联合新形势下的各种反革命力量卷土重来，妄图否定新民主主义革命和社会主义革命的成果，颠覆中国共产党的领导，推翻由人民当家作主的社会主义政权。这股思潮的表现形式尽管多种多样，但拿历史做文章、拿历史说事往往是它们的共同特点，唯心史观指导下的历史研究和史学理论往往是它们的源头、上游和依据。因此，面对这股思潮的泛滥，马克思主义史学工作者绝不能袖手旁观、视而不见，而应挺身而出、积极战斗、敢于担当、敢于亮剑，用科学研究

---

[1]《十八大以来重要文献选编》（上），中央文献出版社 2014 年版，第 113 页。

同它们进行坚决斗争。在此，笔者提出三点意见，供学界同仁参考。

第一，进一步认清人类历史发展的总趋势，增强社会主义、共产主义必胜的信念。

历史虚无主义思潮在当前的泛滥，和新自由主义思潮、社会民主主义思潮，以及"普世价值"、西方宪政民主等主张的兴起一样，都是世界社会主义运动处于低潮的表现，是资产阶级的意识形态对马克思主义的反扑。马克思主义的历史观告诉我们，人类社会形态由低级向高级发展，是不以人的意志为转移的客观规律，共产主义代替资本主义是历史的必然趋势。当今时代无论具有什么样的特征，其本质都是帝国主义和无产阶级革命的时代，都是资本主义和社会主义两种社会制度既共处又斗争的时代。因此，代表国际资本利益对抗社会主义力量的各种反马克思主义思潮，尽管表面凶恶猖狂，但从历史的长河看，只能是暂时的现象。中国革命历史上也曾有过低潮，但革命并没有因此消亡，最终还是迎来了高潮，取得了胜利。今天世界社会主义运动虽然处于低潮，但总有高潮到来的一天；中国特色社会主义虽然还受到一些人的质疑，但一定会受到越来越多人们的理解和拥护。

最近几年，习近平总书记反复强调"革命理想高于天"。其深刻用意就在于告诉全党，自 1921 年中国共产党开启的革命事业，至今还没有取得最后成功；当前正在进行的中国特色社会主义建设，仍是这个事业的组成部分；共产党人能否坚定社会主义、共产主义的革命理想，是能否把这个事业进行到底的关键。他说："事实一再告诉我们，马克思、恩格斯关于资本主义社会基本矛盾的分析没有过时，关于资本主义必然消亡、社会主义必然胜利的历史唯物主义观点也没有过时。""对马克思主义的信仰，对社会主义和共产主义的信念，是共产党人的政治灵魂，是共产党人经受住任何考验的精神支柱。"① 就在最近纪念陈云同志诞辰 110 周年的座谈会上，他还特意引用了陈云同志的一段话，用以说明共产主义绝不是乌托邦。他说："在改革开放历史新时期，陈云同志高度

---

① 《十八大以来重要文献选编（上）》，中央文献出版社 2014 年版，第 117、115 页。

重视对党员干部的理想信念教育。他反对'共产主义遥遥无期'的观点，明确指出，这个观点是不对的，应当说，共产主义遥遥有期，社会主义就是共产主义的第一阶段。"[1] 他一再指出："随着中国特色社会主义不断发展，我们的制度必将越来越成熟，我国社会主义制度的优越性必将进一步显现，我们的道路必将越走越宽广……我们就是要有这样的道路自信、理论自信、制度自信，真正做到'千磨万击还坚劲，任尔东西南北风'。"[2] 马克思主义史学工作者要同历史虚无主义思潮做斗争，同样必须首先树立这种自信。股市上有一句话，叫作"信心比金子还宝贵"。在对待国家未来走势的判断上，情况更是如此。

第二，进一步认清当前意识形态领域斗争的复杂性、长期性，增强同历史虚无主义斗争的韧性。

资本主义必然消亡、社会主义必然胜利，这是社会历史发展的总趋势，但道路是曲折的，也是漫长的。习近平总书记说："我们要深刻认识资本主义社会的自我调节能力，充分估计到西方发达国家在经济科技军事方面长期占据优势的客观现实，认真做好两种社会制度长期合作和斗争的各方面准备。在相当长时期内，初级阶段的社会主义还必须同生产力更发达的资本主义长期合作和斗争，还必须认真学习和借鉴资本主义创造的有益文明成果，甚至必须面对被人们用西方发达国家的长处来比较我国社会主义发展中的不足并加以指责的现实。我们必须有很强大的战略定力，坚决抵制抛弃社会主义的各种错误主张，自觉纠正超越阶段的错误观念。"[3] 历史虚无主义思潮由于有国际资本的撑腰打气，所以同样是不会轻易退出历史舞台的。我们要同这股思潮做坚决斗争，但不要期望通过一两个回合就"得胜回朝"，更不要奢望"毕其功于一役"，而要有长期斗争的打算，准备打一场持久战，甚至做好局部牺牲的思想准备。毛泽东说过，要斗争就会有牺牲。现在虽然一般不会有革命战争

---

① 习近平：《在纪念陈云同志诞辰 110 周年座谈会上的讲话》，《人民日报》2015 年 6 月 13 日。

②《十八大以来重要文献选编》（上），中央文献出版社 2014 年版，第 111 页。

③《十八大以来重要文献选编》（上），中央文献出版社 2014 年版，第 117 页。

年代那种流血、掉脑袋的牺牲，但被反共反华的邪恶势力搞造谣、污蔑、人身攻击、网上围攻，以及影响学位和职称评定、文章发表等现象，造成个人名誉和正当权益牺牲等情况，还是会有的。斗争尖锐的时候，也不排除被暴力袭击、流血牺牲的可能。

早在改革开放初期的 1983 年，邓小平就在中央全会上指出：理论界、文艺界对错误倾向虽然进行过一些马克思主义批评，但效果不够显著。"一则批评本身的质量和分量不够，二则抵抗批评的气势很盛。批评不多，却常被称为'围攻'，被说成是'打棍子'。其实倒是批评者被围攻，而被批评者却往往受到同情和保护。"他说："有些同志对精神污染不闻不问，采取自由主义的态度，甚至认为是生动活泼，是'双百'方针的体现。有些同志明知不对，但是不愿或不敢进行批评，怕伤了和气。"他要求对那些公然挑战马克思主义的言行，"马克思主义者应当站出来讲话。思想战线的共产党员，特别是这方面担负领导责任的和有影响的共产党员，必须站在斗争的前列"。①30 年过去了，邓小平所说的挑战马克思主义、抵抗批评的力量，不仅没有减弱，反而借助国际资本明里暗里的支持和网络平台的支撑，打着"普世价值"和言论自由的幌子，显得气势更盛。这充分说明，在世界社会主义运动低潮状况下的意识形态斗争，的确是复杂的、长期的。面对这种情况，我们应当学习鲁迅的精神，锻炼和增强斗争的韧性，适应对方那些攻其一点、不及其余、偷换概念、胡搅蛮缠，谩骂、污蔑、诽谤等无所不用其极的卑劣战术，不被这一套所吓住。鲁迅在《战士和苍蝇》一文中写道："战士战死了的时候，苍蝇们所首先发现的是他的缺点和伤痕，嘬着，营营地叫着，以为得意，以为比死了的战士更英雄。……的确的，谁也没有发现过苍蝇们的缺点和创伤。然而，有缺点的战士终竟是战士，完美的苍蝇也终竟不过是苍蝇。去罢，苍蝇们！虽然生着翅子，还能营营，总不会超过战士的。"②让那些呲必中国、反共反华的"苍蝇"们去营营吧。中国共产

①《邓小平文选》第 3 卷，人民出版社 1993 年版，第 46、45、46 页。
②《鲁迅全集》第 3 卷，人民文学出版社 2005 年版，第 40—41 页。

党和共产党领导的新中国从来没有被辱骂所吓倒，相反，从来是伴随辱骂声成长壮大的，今后也一定会在辱骂声中走向中华民族的伟大复兴。

第三，进一步认清马克思主义史学工作者肩上的责任，增强用马克思主义辨析错误、回答问题、说服群众的能力。

当前正在进行的这场马克思主义与历史虚无主义的斗争，从本质上说是"和平演变"与反"和平演变"、"颜色革命"与反"颜色革命"、渗透与反渗透、颠覆与反颠覆斗争的组成部分，是一场没有硝烟的战争。"和平演变"是帝国主义政治家发明的用于对付社会主义国家的战略。杜勒斯说："人的脑子、人的意识，是会改变的。只要把脑子搞乱，我们就能不知不觉地改变人们的价值观念，并迫使他们相信经过偷换的价值观念。"① 艾森豪威尔说："在宣传上花一美元，等于在国防上花五美元。"尼克松说："最终对历史起决定作用的是思想，而不是'武器'"。"我们播下思想的种子，这些种子有朝一日会结成和平演变的花蕾。"②出于这一战略考虑，他们数十年来不惜工本，依托资金、技术、人才优势，办电台、拍电影、出书刊、搞交流、给资助、评奖项，近些年又利用跑到海外的"民运"分子建网站、编信息，向社会主义国家输送包括历史虚无主义思潮在内的意识形态。与此同时，世界社会主义运动出现了严重曲折，我国社会主义革命、建设的历史中也有过严重错误，年青一代对老一代为什么要革命以及革命的艰难越来越缺少感性认识，而发达资本主义国家仍然有很强的自我调节能力。另外，互联网中的微信、微博技术为反马克思主义思潮的扩散提供了新的便利条件，而我们一些有关机构对网络意识形态斗争的形势还缺少足够的认识和必要的应对能力。这一切使防止"和平演变"、"颜色革命"、渗透、颠覆的工作，比过去变得更加困难。正因为如此，马克思主义史学工作者更应当发扬我国史学经世致用的优良传统，自觉担负起阻击历史虚无主义思潮的责任；同时，通过斗争提高自身分析问题、辨析真伪、阐释道理的能力，

---

① ［俄］尼·伊·雷日科夫：《大国悲剧》，徐昌翰等译，新华出版社 2008 年版，第 1 页。

② 周新城、张旭：《苏联演变的原因与教训：一颗灿烂红星的陨落》，社会科学文献出版社 2008 年版，第 192 页。

不断增强马克思主义在群众中的影响力、说服力、感召力。

马克思说过:"批判的武器当然不能代替武器的批判,物质力量只能用物质力量来摧毁;但是理论一经掌握群众,也会变成物质力量。理论只要说服人〔ad hominem〕,就能掌握群众;而理论只要彻底,就能说服人〔ad hominem〕。所谓彻底,就是抓住事物的根本。"① 比如,在对待新中国历史的认识上,如何看待改革开放前后两个历史时期的关系是问题的根本。要说服人民群众特别是广大青年正确认识新中国的历史,就要抓住这个根本。在这方面,习近平总书记为我们作出了示范。他指出:这两个历史时期"是两个相互联系又有重大区别的时期,但本质上都是我们党领导人民进行社会主义建设的实践探索"。"虽然这两个历史时期在进行社会主义建设的思想指导、方针政策、实际工作上有很大差别,但两者决不是彼此割裂的,更不是根本对立的。""对改革开放前的历史时期要正确评价,不能用改革开放后的历史时期否定改革开放前的历史时期,也不能用改革开放前的历史时期否定改革开放后的历史时期。"② 由于这一论述抓住了正确认识新中国历史的根本,所以具有很强的说服力,所以能掌握广大群众,所以为马克思主义的精神力量转变成广大群众团结建设中国特色社会主义的物质力量发挥了作用,也为马克思主义史学工作者增强理论的说服力树立了榜样。

当前全党全国人民正在以习近平同志为核心的党中央领导下,努力推进"四个全面"的战略布局,为实现"两个一百年"的宏伟目标而奋斗,中华民族的伟大复兴从来没有像现在这样离我们如此之近。国内外敌对势力散布历史虚无主义,目的就是使中国人民丧失对自己历史的自信心,从思想上被搞乱,从精神上被打垮,从而迟滞中华民族前进的步伐,阻挡中国社会主义现代化的历史车轮。习近平总书记指出:"新民主主义革命的胜利成果决不能丢失,社会主义革命和建设的成就决不能否定,改革开放和社会主义现代化建设的方向决不能动摇。这是党和

---

① 《马克思恩格斯选集》第 1 卷,人民出版社 2012 年版,第 9—10 页。
② 《十八大以来重要文献选编》(上),中央文献出版社 2014 年版,第 111—112 页。

人民在当今世界安身立命、风雨前行的资格。"① 马克思主义史学工作者当前的重要责任，就是要进一步推动马克思主义在史学领域指导作用的发挥，用历史研究说明中华民族对人类文明的贡献是巨大的，说明中国人民反抗封建压迫和抗击外来侵略的斗争是正义的，说明中国共产党领导人民进行的新民主主义革命和社会主义的革命、建设、改革对于促进中华民族的伟大复兴是成功的，使中国人民更加增强道路自信、理论自信、制度自信，使全体中华儿女更加紧密地凝聚在中国特色社会主义的旗帜之下。只要这样做了，我们就可以说为推进党的"四个全面"的战略布局做出了自己的努力，为实现"两个一百年"的奋斗目标和中华民族的伟大复兴尽了自己的力量。

---

① 习近平：《在纪念邓小平同志诞辰 110 周年座谈会上的讲话》，《人民日报》2014 年 8 月 21 日。

在唯物史观指导下开展中国当代史理论研究 *

　　史学工作大体分为历史编纂和历史研究两类，历史研究又大致分为对历史过程研究和对历史原因、规律、经验及研究的理论与方法等理论问题的研究。这种分工不是绝对的，相互之间会有交叉，但无论哪类工作、哪种研究，都离不开特定历史观对史学者的支配，区别在于有人自觉有人不自觉。

　　自从历史学产生以来，出现过天命史观、循环史观、英雄史观、进化史观、人道主义史观等形形色色的史观。这些说到底都是唯心史观，是与马克思创立的唯物史观相对立的。中国共产党领导的史学者之所以自觉选择唯物史观作为自己的指导思想，不仅因为马克思主义是我们党的根本指导思想，而且因为唯物史观是迄今为止最为科学的史观。所以，凡选择唯物史观作为自己指导思想的史学者，也被称为马克思主义史学者。

　　史学当然要对历史过程包括历史细节进行研究，对此，马克思主义史学者从来没有反对过，而且始终把搞清历史事实视为全部史学工作的基础。马克思主义史学者反对的只是否定以科学的史观作指导，鼓吹所谓"价值判断中立"，主张用历史细节研究代替对历史概貌和历史原因、规律、经验及研究的理论与方法等研究的"碎片化"倾向，认为这种倾向既妨碍人们认清历史真相，也不利于从历史中汲取智慧。事实一再告诉我们，如果说唯物史观出现前，史学家们在各种唯心史观和朴素唯物主义思想支配、影响下也不乏积极成果的话，那么，唯物史观创立后的今天，无论从事历史编纂还是历史研究的学者，要取得世人公认的成

　　* 本文是作者在 2017 年 6 月 17—18 日第五届马克思主义当代中国史理论论坛上作的主题报告，曾刊于《渭南师范学院学报》2017 年第 15 期，原标题为《用唯物史观指导中国当代史理论研究的开展》。收入本书时略有修改。

果，不管自觉不自觉，都不可能离开唯物史观的支配和影响。

中国当代史理论研究的对象是当代史的规律和经验以及事件的原因、人物的评价、研究的理论与方法等理论层面的问题。由于当代史是中国共产党领导中国人民进行社会主义革命、建设、改革的历史，是马克思主义与中国社会主义实践探索相结合的历史，而且是仍然在继续生长的历史，所以，对它的研究，尤其是对其中理论问题的研究，现实性、政治性要比其他史学研究更加强烈。这一历史至今虽不到 70 年，但需要研究和回答的问题，包括理论问题已经相当多。如果不能加强这方面研究，不能正确回答这些问题，不仅不利于中国当代史的研究，特别是当代史理论研究的深入和学科体系、话语体系的构建，而且不利于对历史虚无主义思潮的批判和抵制。而要正确回答这些问题，更加需要唯物史观的指导。下面，笔者就举几个例子，对此作点分析和说明。

一、只有运用人类历史发展阶段最终决定于社会形态的理论才能正确回答中国当代史分期的问题

对历史进行分期，即给历史断限，是史学者为便于自己研究和引导人们认识历史发展阶段性特征的研究方法，也是史学研究的重要理论问题之一。且不说对不同社会形态的历史进行分期，即使对同一社会形态的历史进行分期，史学者也往往会有不同意见。这些不同意见大多属于学术分歧，理应通过学术争鸣进行平等讨论。但对其中原则性的分歧，尤其涉及是否承认唯物史观关于构成社会形态的生产力与生产关系、经济基础与上层建筑的矛盾运动推动人类社会从低级向高级发展的理论是非问题，则必须以唯物史观为指导来解决。给中国当代史分期，就存在这样的问题。

自从唯物史观传入中国后，马克思主义史学者们便力图依据这一理论对中国历史进行大阶段的划分。将 1840 年鸦片战争作为中国由封建社会进入半殖民地半封建社会的起点，以此划分中国古代史和近代史，便是其中一个成果。如果仍然运用这一理论，本应把 1949 年中国由半殖民地半封建社会进入新民主主义和社会主义社会，作为区分中国近代

史和现代史的分水岭。可是新中国成立后，我国史学界、教育界却继续把 1919 年五四运动爆发作为中国现代史的开端。这样划分，本来是为了区别民主主义革命史上的新旧阶段，用作划分国家史的阶段显然不合适。对此，当时就有学者提出不同意见。不过，那时新中国刚刚成立不久，国史研究还没有提上日程，这样划分的矛盾并不突出，所以没有引起各方面重视。

自 20 世纪 80 年代国史研究开展以来，人们为避开现代史原有定义的既成事实，给新中国成立后的历史起名为当代史，使这一矛盾被暂时掩盖了起来。但随着新中国历史的延续和国史研究与教学的深入，现代史原有定义在学术上乃至政治上的弊端日益显现。长期以来，教育部学科、专业目录隶属历史学的二级学科里，只有中国近现代史专业，而没有中国当代史或中华人民共和国史专业，给国史研究与教学造成一定困难。为解决这个问题，有关部门又把国史、当代史放到了中国近现代史专业中。这两种做法都不妥当，尤其后者更不妥当。因为，中国现代史原有定义是以 1919 年作为起点的，在不改变这个定义的情况下，把国史或当代史并入现代史，势必抹杀、淡化 1949 年中华人民共和国成立对于中国社会形态变革的划时代意义。

怎样分期才是正确的呢？笔者认为，首先应当根据唯物史观关于社会形态的理论，统一中国历史阶段划分的标准，即将近代史下限由原来的 1919 年改为 1949 年，将现代史的起点由原来的 1919 年推至 1949年。在这个前提下，再把中国现代史与国史、当代史的概念合并。合并后，1949 年后的历史可以称为中华人民共和国史，也可以称为中国现代史或当代史。但不管称什么，都应当把中国现代史从现有中国近现代史概念中独立出来，并取消近现代史专业。目前，史学界已有越来越多的人以 1949 年作为划分中国近代史与现代史的分水岭。被高校政治理论课作为教材的《中国近现代史纲要》，使用的就是这种划分方法。遗憾的是，目前高校历史专业使用的《中国近现代史》教材，仍然把中国现代史上限定在 1919 年。

历史分期是动态性的，不会一劳永逸，随着时间延续，中国现代史、当代史的上下限势必发生相应改变。例如，再过 100 年，可能需要从中国现代史中分出一个独立的当代史来。不过，即使那时，中国现代史的起点仍然应当是 1949 年，而不能是 1919 年。这不仅是学术问题，而且是重大原则问题，是政治上的大是大非问题。

对于 1949 年后中国当代史的分期，目前虽有多种划分方法，但在以 1978 年中共十一届三中全会为界分为改革开放前后两个历史时期这一点上，意见基本一致。问题在于有人主张把改革开放前后的历史，分别称为现代史和当代史。这就又涉及唯物史观关于社会形态的理论了。

把改革开放前后的历史分别称为现代史和当代史，实际是把这两段历史与中国近代史放在了同一层次上。从表面上看，这样称谓好像是在抬高改革开放的历史地位，然而深入分析一下就会发现，这其实是个理论"陷阱"。前面已经说过，唯物史观划分人类历史的大阶段，是依据社会形态的理论。人们之所以把新中国成立前后的历史分别称为近代史和现代史，是因为这两个历史的社会形态不同。如果把改革开放前后的历史也分别称为现代史和当代史，等于说这两个历史时期的社会形态也是不同的，从而导致一种悖论：如果改革开放前是社会主义社会，改革开放后就不是；反之，如果改革开放后是社会主义社会，改革开放前就不是。显然，无论哪种结果，对于改革开放前后的社会性质都是一种歪曲。习近平总书记在 2013 年"1·5"重要讲话中指出：改革开放前后两个历史时期"是两个相互联系又有重大区别的时期，但本质上都是我们党领导人民进行社会主义建设的实践探索"①。就是说，改革开放前后都是社会主义社会，它们之间的区别与新中国成立前后的区别是完全不同性质的两码事。因此，把改革开放前后的历史称谓同新中国成立前后的历史称谓放在一个层次上，平起平坐，这在理论上、政治上都是十分荒谬和错误的。

---

① 《十八大以来重要文献选编》（上），中央文献出版社 2014 年版，第 111—112 页。

二、只有运用社会变迁和人的动机最终决定于物质生产发展的理论才能正确回答向社会主义提前过渡的问题

中国共产党是工人阶级政党，革命的目的是要在中国推翻半殖民地半封建社会、建立社会主义社会，这从党一成立就是明确的，从来没有变过。但在新中国成立前夕和成立之初，毛泽东、刘少奇等领导人鉴于当时中国现代工业只占全部经济的 10% 左右的实际，决定先用 10 年到 15 年时间实行新民主主义，以利用私人资本主义工商业的积极性积累资金，同时发展教育，培养大学生和科技与管理人才，等大规模工业化建设条件成熟后，再"用一早上进入社会主义"（刘少奇语）。然而，过了不到 3 年，毛泽东又提出马上向社会主义过渡。这是为什么呢？这个决策究竟对不对呢？要正确回答这些问题，同样需要唯物史观的指导。

恩格斯说："一切社会变迁和政治变革的终极原因，不应当到人们的头脑中，到人们对永恒的真理和正义的日益增进的认识中去寻找，而应当到生产方式和交换方式的变更中去寻找；不应当到有关时代的哲学中去寻找，而应当到有关时代的经济中去寻找。"[①] 列宁也说："以往的历史理论至多只是考察了人们历史活动的思想动机，而没有研究产生这些动机的原因，没有探索社会关系体系发展的客观规律性，没有把物质生产的发展程度看做这些关系的根源。"[②] 只要回顾一下从 1950 年起国内外形势发生的一系列重大变化便会看到，中国物质生产落后局面的变更已经刻不容缓，而且客观上也遇到了这种变更的难得机遇。这一系列形势变化主要体现三件事情上。

第一，1950 年 6 月朝鲜内战爆发，美军入侵朝鲜，进行军事干预，并乘机越过三八线，向中朝边界推进，使我东北重工业基地暴露在美军炮火之下，也使我国随时有被美军入侵的危险。为此，党中央于 10 月派出了中国人民志愿军抗美援朝，并在很短时间里把美军由鸭绿江赶回

---

①《马克思恩格斯选集》第 3 卷，人民出版社 2012 年版，第 654—655 页。
②《列宁选集》第 2 卷，人民出版社 2012 年版，第 425 页。

到三八线。然而，尽管如此，交战双方无论国力还是军力相差都过于悬殊，从而使我国发展建立在重工业基础上的现代国防工业的任务显得日益紧迫。

第二，从 1951 年下半年起，有关部门和领导同志在编制第一个五年计划过程中反复讨论，一致认为计划必须从发展原材料、能源、机械制造等重工业入手，就是说，要以优先发展重工业为方针。

第三，1952 年 8 月，中央派周恩来、陈云等组成的代表团去莫斯科，同斯大林会谈苏联帮助中国进行"一五"计划建设一事。斯大林明确表示，同意在工业资源勘察、工业设备设计和制造、技术资料提供，以及派遣经济、技术顾问和接受留学生、实习生等方面，对中国进行全面援助。

1952 年 9 月 24 日，周恩来、陈云回国。当晚，中央召开书记处（相当于今天的政治局常委）会议，一是听取他们关于同苏联会谈情况的汇报，二是讨论确定"一五"计划的方针任务。就是在那次会上，毛泽东提出："我们现在就要开始用 10 年到 15 年的时间基本上完成到社会主义的过渡，而不是 10 年或者以后才开始过渡。"对他的这个主张，其他领导同志没有提出异议。[①]《毛泽东传》也说："这是一次十分重要的会议。毛泽东这个讲话表明，他关于由新民主主义向社会主义转变的步骤、方法，同原来的设想，发生了变化。"[②]可见，决定向社会主义提前过渡，同"一五"计划以优先发展重工业为方针、苏联答应帮助我们开展"一五"计划建设，是紧密相关的三件事。因此，这个决定绝非出于毛泽东主观上急于搞社会主义，而是党中央领导集体根据变化了的国际国内形势，经过深思熟虑作出的。

优先发展重工业为什么需要向社会主义提前过渡呢？这是因为：第一，形势虽然迫使我们决定"一五"建设要以重工业为重点，苏联虽然答应全面援助我国的"一五"建设，但这些并不等于我国经济基础薄弱

---

① 薄一波：《若干重大决策与事件的回顾》（上），中共党史出版社 2008 年版，第 151 页。

②《毛泽东传（1949—1976）》（上），中央文献出版社 2003 年版，第 237 页。

和资金、原材料、人才短缺的情况因此而改变了（1952 年，中国现代工业仍然只占全部经济的 18%）。相反，由于要优先发展重工业，使这些问题更加突出。在这种情况下，要想保证以重工业为重点的"一五"建设顺利进行，只能采取生产资料国有化、集体化以及计划经济的办法，从而把有限的资金、原材料、人才最大限度地集中到国家手中。而要这样做，就不能再实行新民主主义政策了，必须改行社会主义政策。第二，当年对我国进行经济援助的国家，都是实行生产资料公有制和计划经济体制的社会主义国家，要把援助与接受援助衔接好，用今天的话说有一个体制接轨的问题。而要这样做，也不能再实行新民主主义政策了，必须改行社会主义政策。

世界上任何事情都有利有弊，关键看利大还是弊大。实行重工业优先发展战略，生产资料国有化、集体化，以及高度集中的计划经济体制，这些在当时显然利大于弊。其中的弊，主要是信息收集手段、干部管理水平、物质奖励条件等都有限，容易造成生产不够灵活、经营不够精细、激励不够有力等问题。正是针对这些弊病，我们党在"一五"建设后期曾提出过体制改革和农轻重比例调整的设想，并最终在 20 世纪 70 年代末实行了改革开放，改变了重工业过于突出的发展战略，也改革了公有制一统天下的所有制结构，并将计划经济逐步过渡到了社会主义市场经济。

今天回顾那段历史，有几个事实应当看到。第一，我们党在新中国成立前夕设想先搞一段新民主主义，只是说搞 10 年或 15 年，并不是说永远搞新民主主义。提出马上开始向社会主义过渡，并用 10 年或 15 年过渡完，这与原来的设想，在时间上并无本质区别。至于后来仅用 3 年时间就完成了过渡任务，是另外的问题。第二，实行改革开放并非新民主主义的回归。仅以土地制度为例，新民主主义时期是允许私有的，城市房产主有地契，农村初级社也是社员土地入股。而改革开放后，土地维持的是社会主义革命后的公有制，即城市一律国家所有，农村一律集体所有，这与新民主主义的土地制度显然不同。第三，我们今天都懂得抓住机遇加快发展的道理，当年决定提前向社会主义过渡，同样是为了抓住机遇。当苏联答应全面援助中国工业化建设时，我们为什么不应该抓住这个千载难逢的历史机遇，让中国工业化建设实现跨越式发展呢？在那之前和之后，世界历史上还没有哪个工业国肯对一个经济落后国家采取这种全面援助的做法。而我国独立完整的工业体系的基础，主要就是那个时候由苏联援建的 156 个项目打下的。还要看到，既然是机遇，就有可能稍纵即逝。1960 年赫鲁晓夫召回专家、撕毁合同，机遇不就消失了吗？

对于由新民主主义提前向社会主义过渡这一历史事件，党中央在改革开放后始终是给予高度评价的。1981 年制定的《关于建国以来党的若干历史问题的决议》（以下简称《历史决议》）明确指出，过渡时期总路线"反映了历史的必然性"，"是完全正确的"，"促进了工农业和整个国民经济的发展，这的确是伟大的历史性胜利"①。习近平总书记在纪念毛泽东同志诞辰 120 周年大会上也指出："新中国成立后，以毛泽东同志为核心的党的第一代中央领导集体带领人民，在迅速医治战争创伤、恢复国民经济的基础上，不失时机提出了过渡时期总路线，创造性地完成了由新民主主义革命向社会主义革命的转变，使中国这个占世界四分之一人口的东方大国进入了社会主义社会，成功实现了中国历史上最深刻最伟大的社会变革。新民主主义革命的胜利，社会主义基本制度的确立，为当代中国一切发展进步奠定了根本政治前提和制度基础。"②这段话在论述由新民主主义向社会主义转变的过渡时期总路线时，用的关键词是"不失时机""创造性地完成""成功实现"，作出的评价是"完成了中华民族有史以来最为广泛而深刻的社会变革"。可见，历史事实和历届党中央的评价都说明，优先发展重工业和提前向社会主义过渡，不仅不是什么决策错误，相反是以毛泽东同志为核心的党的第一代中央领导集体为中华民族赶超世界先进水平抓住了一次千载难逢的历史机遇；不仅不是什么走了"弯路"，相反是使我国在工业化建设上抄了一条

---

① 《三中全会以来重要文献选编》（下），中央文献出版社 2011 年版，第 133、134、135 页。
② 《十八大以来重要文献选编》（上），中央文献出版社 2014 年版，第 690—691 页。

近路。

三、只有运用人们是在既定条件下创造历史和历史运动的本质最终决定于主要矛盾的主要方面的理论才能正确回答改革开放前历史主流的问题

关于新中国至今 68 年历史的评价，从学术界和舆论界看，对改革开放后的历史，多数人以正面为主；而对改革开放前的历史，相当多的人或明或暗认为失误和错误是主要的，评价也以负面为主。

大量事实说明，凡是怀疑和反对改革开放的，往往会用改革开放前的历史否定改革开放后的历史；凡是怀疑和否定四项基本原则的，往往会用改革开放后的历史否定改革开放前的历史；凡是把中国特色社会主义看成"新民主主义的回归"和"民主社会主义"、"社会民主主义"，或者看成"资本主义复辟"的，必然会把这两个历史时期加以割裂和对立；同样，凡是把这两个历史时期加以割裂、对立、相互否定的，也必然会反对或曲解中国特色社会主义道路。即使在能够正确认识中国特色社会主义的人中，也有许多人对如何认识这两个历史时期的关系拿不准，不敢理直气壮地说它们的主流是正面的，担心这样说会抬高改革开放前，贬低改革开放后。可见，如何评价改革开放前的历史，不仅是一个历史研究领域的问题，也是现实性和政治性都很强的问题。

唯物史观认为，历史是人们自己创造的，但他们是在制约着他们的一定环境下，在确定的前提和条件下创造的，而且经济的前提和条件归根到底是决定性的。马克思曾在《路易·波拿巴的雾月十八日》中指出："人们自己创造自己的历史，但是他们并不是随心所欲地创造，并不是在他们自己选定的条件下创造，而是在直接碰到的、既定的、从过去承继下来的条件下创造。"① 另外，唯物史观是马克思主义创始人用辩证唯物主义观察人类历史的产物，因此，许多范畴是辩证唯物主义与历史研究相结合而形成的。比如，历史运动中的量与质、现象与本质，便是这

---

① 《马克思恩格斯选集》第 1 卷，人民出版社 2012 年版，第 669 页。

类范畴。马克思说：一切现象都隐藏在本质后面，前者是表面的，可以为人所感知，而"后者却是要由科学来发现"①。如果不是这样，"科学究竟有什么用处呢？"②他还说过，黑格尔在《逻辑学》中发现的规律性是正确的，"即单纯的量的变化到一定点时就转变为质的区别"③。后来，毛泽东用对立统一规律研究社会事物的本质，指出："事物的性质，主要地是由取得支配地位的矛盾的主要方面所规定的。""每一物质的运动形式所具有的特殊的本质，为它自己的特殊的矛盾所规定。"④这些论述都告诉我们，要正确认识某个具体历史运动的本质，不仅要看到它的前提条件，而且要透过它的表面现象看到它的本质，这就要注意区分量与质的关系，抓住运动中的主要矛盾的主要方面，把握这一运动与其他运动的区别，不被现象牵着走。

正是根据上述原理，习近平在 2010 年全国党史工作会议上提出了历史主题、主线、主流、本质的概念，指出："研究和宣传党的历史，要牢牢把握党和国家历史发展的主题和主线、主流和本质。"就是说，要旗帜鲜明地揭示和宣传中国共产党在中国的领导地位和核心作用形成的历史必然性，中国人民走上社会主义道路的历史必然性，通过改革开放和社会主义现代化建设实现中华民族伟大复兴的历史必然性，党在革命、建设、改革各个历史时期领导人民所取得的伟大胜利和辉煌成就，党在长期奋斗中积累的宝贵经验、形成的光荣传统和优良作风。他强调，一定要坚决反对任何歪曲和丑化党的历史的错误倾向。⑤在党的十八大后，他在"1·5"重要讲话中又提出改革开放前后两个历史时期不能互相否定的概念，指出对"改革开放前的社会主义实践探索，要坚持实事求是的思想路线，分清主流和支流"；"中国特色社会主义是在改革开放历史新时期开创的，但也是在新中国已经建立起社会主义基本制度并

---

①《资本论》第 1 卷，人民出版社 1957 年版，第 669 页。

②《马克思恩格斯选集》第 4 卷，人民出版社 2012 年版，第 474 页。

③《马克思恩格斯选集》第 2 卷，人民出版社 2012 年版，第 197 页。

④《毛泽东选集》第 1 卷，人民出版社 1991 年版，第 322、309 页。

⑤《全国党史工作会议在京举行》，《人民日报》2010 年 7 月 22 日。

进行了二十多年建设的基础上开创的";"如果没有一九四九年建立新中国并进行社会主义革命和建设,积累了重要的思想、物质、制度条件,积累了正反两方面经验,改革开放也很难顺利推进";因此,改革开放前后"决不是彼此割裂的,更不是根本对立的","不能用改革开放后的历史时期否定改革开放前的历史时期,也不能用改革开放前的历史时期否定改革开放后的历史时期"。① 这就为我们正确认识改革开放前历史的主流及其与改革开放后历史的关系,提供了重要指南。

对于改革开放前历史的主流,党中央在改革开放后的不同时期都有过论述,观点是明确的,也是始终一贯的。

例如,《历史决议》指出,中华人民共和国成立以后的历史,"总的说来,是我们党在马克思列宁主义、毛泽东思想指导下,领导全国各族人民进行社会主义革命和社会主义建设并取得巨大成就的历史。社会主义制度的建立,是我国历史上最深刻最伟大的社会变革,是我国今后一切进步和发展的基础""三十二年来我们取得的成就还是主要的,忽视或否认我们的成就,忽视或否认取得这些成就的成功经验,同样是严重的错误。"②

1979 年邓小平在理论务虚会上的讲话中指出:"社会主义革命已经使我国大大缩短了同发达资本主义国家在经济发展方面的差距。我们尽管犯过一些错误,但我们还是在三十年间取得了旧中国几百年、几千年所没有取得过的进步。"③

1989 年江泽民在庆祝中华人民共和国成立 40 周年大会上的讲话中指出:"中华人民共和国成立以来的四十年,是中国历史发生翻天覆地变化的四十年,是经历艰难曲折、战胜种种困难、不断发展进步的四十年,是中华民族扬眉吐气、独立自主、在国际事务中日益发挥重要作用的四十年。"④

---

① 《十八大以来重要文献选编》(上),中央文献出版社 2014 年版,第 112 页。
② 《三中全会以来重要文献选编》(下),中央文献出版社 2011 年版,第 129、132 页。
③ 《邓小平文选》第 2 卷,人民出版社 1994 年版,第 167 页。
④ 《十三大以来重要文献选编》(中),中央文献出版社 2011 年版,第 62 页。

2012年胡锦涛在党的十八大报告中指出:"以毛泽东同志为核心的党的第一代中央领导集体带领全党全国各族人民完成了新民主主义革命,进行了社会主义改造,确立了社会主义基本制度,成功实现了中国历史上最深刻最伟大的社会变革,为当代中国一切发展进步奠定了根本政治前提和制度基础。在探索过程中,虽然经历了严重曲折,但党在社会主义建设中取得的独创性理论成果和巨大成就,为新的历史时期开创中国特色社会主义提供了宝贵经验、理论准备、物质基础。"①

党的十八大后,习近平总书记不仅强调要正确看待改革开放前后两个历史时期的关系,而且对改革开放前取得的历史成就也作过多次高度评价。例如,他在庆祝中国共产党成立95周年大会上指出:从新中国成立到改革开放前,"我们党团结带领中国人民完成社会主义革命,确立社会主义基本制度,消灭一切剥削制度,推进了社会主义建设。这一伟大历史贡献的意义在于,完成了中华民族有史以来最为广泛而深刻的社会变革,为当代中国一切发展进步奠定了根本政治前提和制度基础,为中国发展富强、中国人民生活富裕奠定了坚实基础,实现了中华民族由不断衰落到根本扭转命运、持续走向繁荣富强的伟大飞跃"②。

从上述历届中央领导人的评价可以看出,党中央从来认为改革开放前后两个时期是一个有机的整体,从来认为新中国的历史是光辉的历史。我们只要把党中央指出的改革开放前的主要成就,同那个时期的失误、错误,包括"大跃进"和"文化大革命"那样的严重错误放在一起比较,孰重孰轻、谁主谁次便会一目了然;只要站在新中国和中国绝大多数人的立场,采取客观辩证的方法,就必然会得出那个时期的成就是历史主流的结论。

这样说是不是淡化了那个时期的失误、错误,肯定"以阶级斗争为纲"的方针呢?不是的。对那个时期的失误、错误绝不能掩饰,更不能否定,否则不仅不符合实际,也不利于总结经验、吸取教训。但对失

① 胡锦涛:《坚定不移沿着中国特色社会主义道路前进 为全面建成小康社会而奋斗——在中国共产党第十八次全国代表大会上的报告》,人民出版社2012年版,第10页。

② 习近平:《在庆祝中国共产党成立95周年大会上的讲话》,《人民日报》2016年7月2日。

误、错误绝不能以偏概全，更不能无限夸大，而应当实事求是地加以分析。比如，分析失误和错误是普遍的全局的现象，还是个别的局部的现象；存在失误和错误的工作中是否也有正确的合理的成分，这些正确成分对此后工作是否起到了一定积极作用；犯错误和犯错误的时期是否一回事，某个时期犯了错误，是否等于那个时期的工作都错了。尤其要采取历史主义的态度，把失误和错误放在特定历史条件下分析，把当时可以避免的和由于客观条件限制难以避免的事情加以区分。

历史主义的思想早在古代史学中就有，19世纪初期的欧洲哲学家将其系统化，强调要从历史事件产生的历史条件中去理解历史。马克思、恩格斯对这一思想进行了批判改造，把历史的独特性与历史的规律性相统一，强调要从历史发展的上升趋势理解和评判历史，重视历史与一定政治、经济、社会制度之间的联系，批判地继承一切优秀的历史文化遗产，从而形成了马克思主义的历史主义。列宁对此给予了进一步概括，指出："在分析任何一个社会问题时，马克思主义理论的绝对要求，就是要把问题提到一定的历史范围之内。"[1]历史虚无主义鼓吹者歪曲、否定国史，诋毁、丑化革命领袖和英雄模范，其认识论上的要害，就在于脱离特定历史条件臧否历史事件和历史人物。

2015年，中国人民大学出版社出版了一本名为《高思在云》的书，作者朱云汉虽然是台湾大学政治学系教授、蒋经国基金会秘书长，并不信仰唯物史观，但他在对中印两国20世纪50年代初以来发展情况进行比较这一点上，却基本符合历史主义的观点。书中写道："一般流行的看法都认为，从1949年新中国成立到1978年'改革开放'这前面30年都浪费掉了，走了很长的冤枉路，甚至可以说完全是'黑暗时期'。这个认知并不正确，至少是以偏概全。""如果拿中国与印度相比，政治与社会体制对经济结构转型的提振或制约作用就很明显了。1950年代的中国与印度几乎处于相同的贫穷与落后状态，但经过一甲子之后，在联合国开发计划署编列的'人类发展'（human development）所有指标

---

[1]《列宁选集》第2卷，人民出版社2012年版，第37页。

上，中国的长期表现明显优于印度。"

书中还写道："1978年之前的30年，中国建设了动员能力特别强的现代国家体制，这个体制在中国历史上、在这片土地上从来没有出现过，其动员、渗透的能力达到社会的最底层。中国建立了非常强的国家意识，可以将社会中多数人的意志力凝聚在需要最优先发展的目标上；在民族复兴的大旗帜下，中央政府享有调动全国资源集中使用的正当性。另外，中国完成了一场相当彻底的社会主义革命，它把私有财产权，尤其是最重要的土地资本与工业资本国有化或集体化。除了农村土地外，这个庞大国家的集体资产大部分是国有资产，这成为中国后来30年快速发展的资本。其他很多国家没有走这条激进的革命道路，很难复制这个历史条件。"[1]

无独有偶，清华大学出版社2016年也出了一本名为《伟大的中国工业革命》的书，作者文一是美国联邦储备银行分行助理副行长、清华大学讲席教授。书中说，英国和欧洲的工业革命并不像过去宣传的那样起源于对私有权的保护、市场经济、民主制度，而是靠政府力量支持乡镇企业、扩大海外市场、保护原料产地，进一步解决交通、能源、机械制造、通讯等问题逐步兴起的。中国改革开放后的工业革命之所以成功，恰恰在于不自觉地走了这条路。而改革开放前30年取得的国家独立统一、社会稳定，建立的以共产党为核心的政治制度，以及广大农村的土改、合作化和社队企业，为这场工业革命奠定了基础。他的观点虽然有可以商榷之处，但指出英国工业革命成功的原因不在于所谓西方民主道路，中国改革开放前打下的基础对改革开放的成功有重要作用，这些无疑是很有见地的。

改革开放后的国内国际形势越来越清楚地证明，如果当初没有改革开放，新中国历史的确难以为继；但如果没有改革开放前历史打下的基础，改革开放也是难以起步的；起步后如果抛弃了改革开放前树立的根

---

① 朱云汉：《高思在云：中国兴起与全国秩序重组》，中国人民大学出版社2015年版，第124—126页。

本指导思想、建立的社会主义基本制度，改革开放也不可能顺利进行，相反，很可能中途夭折，导致出现苏联那种党下台、国分裂的局面。

还应当看到，虽然我国改革开放前各项事业的发展和人民生活的改善远没有改革开放后那么显著，但这绝不表明那段历史是无足轻重的和可有可无的。相反，对人民群众在那段历史中付出的牺牲应当大书特书。因为，如同盖楼一样，打地基时不容易让人看出成绩，但楼房盖得快盖得高，反过来证明地基打得牢。

四、只有运用上层建筑最终决定于经济基础的理论才能正确回答新中国实行共产党领导制度的问题

当代中国政治制度史是中国当代史的重要组成部分，这一制度的核心是共产党对国家工作的领导。因此，关于党的领导制度的合理性、合法性及其意义的问题，也是当代史研究的重大理论问题。

常识告诉我们，人们论证一个观点，往往采用两种方法，一为逻辑的方法，一为历史的方法。国内外敌对势力为了反对共产党领导，特别是反对党对军队的绝对领导，采用的也是这两种方法。例如，他们在逻辑上的"理由"是说中国实行共产党领导，不符合"西方宪政""普世价值"，"没有登记注册"，"没有经过选举"，"是专制独裁"，等等；在历史上的"理由"则是历史虚无主义那一套，即历数中国共产党从建党到革命到新中国成立到改革开放的所谓"种种罪行"。对于他们的这些谬论，我们同样要用逻辑的和历史的方法加以驳斥。

唯物史观认为，经济基础决定上层建筑。一个国家实行什么样的政治制度、政党制度，归根结底是由这个国家实行的经济制度决定的。中国实行共产党领导的多党合作和政治协商的政党制度而不实行多党轮流执政，军队由共产党领导而不搞"国家化"，这一切最深刻的根源在于中国实行的是公有制为主体、多种所有制经济共同发展的基本经济制度，在于社会主义全民所有制经济是中国国民经济的主导力量。这个经济制度决定了人民内部的根本利益是一致的，并且不允许任何势力破坏这种利益的根本一致性。所以，建立在这种经济制度之上并为之服务的

政治制度，只能是工人阶级领导的以工农联盟为基础的人民民主专政；政党制度只能是由代表最大多数人民根本利益的中国共产党领导的多党合作和政治协商制度。就是说，在社会主义国家实行共产党领导而不实行多党竞争、轮流执政的政党制度，归根结底是社会主义经济基础决定的，是与社会主义经济制度联系在一起的。

资本主义国家之所以实行多党竞争、轮流执政的政党制度，同样是由其经济基础决定的。在那种制度里，生产资料是私人占有的，掌握生产资料的资产阶级内部分为不同利益集团。这就决定了在资本主义制度里，需要有两个以上代表不同利益集团的政党，并实行多党轮流执政，而不能只有一个党执政，否则其他利益集团的利益就得不到保障；同时，军队也不能由哪一个政党单独领导，而必须实行国家化，否则多党轮流执政就玩不转。

在社会主义市场经济条件下，人民内部也会有不同利益的矛盾，但公有制的主体地位决定了这种矛盾是要受到限制的。就是说，在中国特色社会主义社会，人民内部的矛盾同样不允许发展到根本利害冲突的程度，仍然只能由代表人民整体利益的共产党执政，而不允许有与人民根本利益相对立的利益集团存在，不需要有代表特殊利益集团的政党出来同共产相互竞争、轮流执政。既然如此，军队当然也必须由而且只能由中国共产党一党绝对领导，而不能实行所谓的"国家化"。否则，共产党的执政地位就会被架空，人民的根本利益就无法得到维护，党和人民的团结统一就有可能遭到破坏。

我们党也有犯错误的时候，党的高级干部中也出现过叛徒、野心家、腐败分子等形形色色的坏人，但这些都没有能改变我们党的无产阶级先锋队的性质。原因就在于，我们党始终没有代表哪个特殊利益集团的利益。制定政策也好、出台决定也罢，不管完善与否，都是从人民整体利益出发的，而不是从特殊利益集团利益出发的。因此，不能由于党内出了少数坏人就削弱党的领导。相反，更要加强党的领导、党的建设、党的监督和全面从严治党，不断清理腐败分子；更要改善党的领导，不断提高党的各级干部的领导水平。

坚持四项基本原则是我们党在社会主义初级阶段基本路线中的两个基本点之一。邓小平在 1993 年说过："社会主义市场经济优越性在哪里？就在四个坚持。四个坚持集中表现在党的领导。……党的领导是个优越性。没有人民民主专政，党的领导怎么实现啊？四个坚持是'成套设备'。"① 他接着说："十二亿人口怎么实现富裕，富裕起来以后财富怎样分配，这都是大问题。……我们讲要防止两极分化，实际上两极分化自然出现。""少部分人获得那么多财富，大多数人没有，这样发展下去总有一天会出问题。分配不公，会导致两极分化，到一定时候问题就会出来。这个问题要解决。过去我们讲先发展起来。现在看，发展起来以后的问题不比不发展时少。"② 他还说过："如果走资本主义道路，可能在某些局部地区少数人更快地富起来，形成一个新的资产阶级，产生一批百万富翁，但顶多也不会达到人口的百分之一。"共同致富，"将来总有一天要成为中心课题"。③ 这些论述说明，我们坚持党的领导、坚持人民民主专政的一项重要任务，就是防止改革开放后出现两极分化，产生新的资产阶级。

至于有人用所谓"中国共产党还没有进行政党登记"为由，妄图否定中国共产党领导的合法性，更是荒唐可笑的。对马克思主义国家学说稍有常识的人都知道，社会主义国家同资本主义国家的重大区别之一，就是前者公开声明自己实行无产阶级专政，由无产阶级政党领导，不允许代表资产阶级利益的政党与自己分享政权；而后者表面上把自己打扮成"全民国家"，实际上实行的却是资产阶级专政。马克思说过："革命是人民权利的法律根据。"④ 列宁也说过："无产阶级的革命专政是由无产阶级对资产阶级采用暴力手段来获得和维持的政权，是不受任何法律约束的政权。"⑤ 这就告诉我们，无产阶级革命以及革命胜利后建立的无产

---

① 《邓小平年谱（1975—1997）》（下），中央文献出版社 2004 年版，第 1363 页。
② 《邓小平年谱（1975—1997）》（下），中央文献出版社 2004 年版，第 1364 页。
③ 《邓小平文选》第 3 卷，人民出版社 1993 年版，第 208、364 页。
④ 《马克思恩格斯全集》第 6 卷，人民出版社 1961 年版，第 130 页。
⑤ 《列宁选集》第 3 卷，人民出版社 2012 年版，第 594—595 页。

阶级政权，都是不受资产阶级法律限制的，因此不能用资产阶级法律的狭隘眼界来看待无产阶级的政党设置和政党登记问题。

社会主义国家不受资产阶级法律限制，不搞政党登记，不等于实行无产阶级政党的领导就没有法律依据。比如新中国，早在人民政治协商会议第一届全体会议通过的《中国人民政治协商会议共同纲领》（以下简称《共同纲领》）第一章总纲中就明确规定："中华人民共和国为新民主主义即人民民主主义的国家，实行工人阶级领导的，以工农联盟为基础的、团结各民主阶级和国内各民族的人民民主专政。"这里说的实行工人阶级领导，自然意味着实行工人阶级的政党——中国共产党的领导；团结各民主阶级，自然意味着团结各民主阶级的政党——各民主党派和无党派民主人士。所以，无论中国共产党的执政地位，还是拥护共产党的民主党派和无党派民主人士的参政资格，都是新中国成立伊始即在具有临时宪法性质的《共同纲领》中得到确定的，根本不存在还要通过什么政党登记来确认的问题。从 1954 年到 1982 年的 4 部宪法的序言，也都明确指出中华人民共和国是中国共产党领导各族人民经过长期革命斗争后建立的，今后各族人民要继续在共产党领导下进行社会主义建设，各民主党派和各人民团体参加的爱国统一战线也要继续在共产党的领导下巩固和发展。可见，实行中国共产党领导既是中国人民在长期实践中选择的结果，是确保社会主义制度不改变性质的需要，也是中国社会主义法律明确规定的，具有无可置疑的合法性。以所谓"没进行政党登记"来否定共产党领导的合法性，不过是用资本主义政党制度来剪裁社会主义国家政党制度的借口，是不值一驳的。

一些人总认为中国共产党领导的制度不民主，这是因为他们把西方政党轮流执政和一人一票的选举制度当成了"普世价值"，拿来作为衡量是否民主的唯一检验标准。然而，现在包括西方学者在内，已有越来越多的人看清了这种制度不过是以金钱为后盾的利益集团尤其是大财团之间的游戏罢了，对大多数人并没有实际意义。实行社会主义民主当然也要选举，但那不过是民主的一种形式，更重要更经常的是各级领导深入群众，同群众座谈，下基层调研，到群众中走访，和不同阶层的代表协商，以及接待来信来访等，通过这些形式与广大群众保持密切联系，使执政党能听到群众特别是基层群众的意见，能和不同阶层、不同层次的群众交换意见，从而保证政策和决策能从大多数群众的利益出发，能尽可能符合实际情况。所以，只要站在广大人民整体利益的立场上看问题就会明白，实行中国共产党领导不仅不是什么"一党专制"，相反，是人民当家作主的体现，是人民民主的实现形式，是比西方以金钱为主的所谓"民主"不知有效多少倍的真正民主。现在少数地方出现人代会选举贿选和舞弊现象，恰恰从反面说明，如果让金钱在选举中起作用，就不可能有真正的民主。

《高思在云》一书对印度和中国的政治制度也作了比较，书中说："西方媒体总是给印度冠上'世界上最大的民主国家'这个头衔，但印度的民主只是空有其表，无法有效增进大多数民众的福祉；大多数印度百姓的人身安全（尤其是妇女与穆斯林）与基本需求仍得不到保障，还必须长年忍受贪污横行、效率极低的官僚体制。尽管印度过去15年的经济发展速度十分亮眼，但是在减少城市贫困人口，解决农村土地分配严重不均，消除贱民阶级与妇女受到的社会歧视，化解族群间暴力冲突，消弭黑社会对贫民窟的渗透与宰制等问题上，进展十分缓慢。大多数在中国与印度两地均深入做过田野考察的学者都承认，中国的政治体制在引导社会追求'最佳的选择'，以及在增进社会绝大多数群体的福祉上，要比印度更具优势、更具效能。"[①]这一评论从侧面说明，一种政治制度是否符合民主原则，归根到底要用社会实践来检验，而不能采取先验的唯心的评判标准。

最近，网上流传对英国《金融时报》副主编、首席经济评论员马丁·沃尔夫一篇言论的报道。他说，中国在共产党领导下出现的奇迹，不能不让人思考，体制上的优劣究竟以什么为标准。西方人不是不明白，中国如果实行西方民主，肯定会一盘散沙、四分五裂、战争四起，

---

① 朱云汉：《高思在云：中国兴起与全球秩序重组》，中国人民大学出版社2015年版，第126—127页。

只是不愿承认罢了。西方人已习惯用他们的方式统治世界，很明显，中国将改变这一切。这一评论同样说明，即使西方一些头脑比较清醒、立场相对客观的人也已认识到，一味用西方制度作标准评判中国的实践，是行不通的。

五、只有运用阶级社会的意识形态领域斗争本质上反映的是阶级斗争的理论才能正确回答历史虚无主义性质的问题

邓小平早在 1982 年就说过："我们要向资本主义发达国家学习先进的科学、技术、经营管理方法以及其他一切对我们有益的知识和文化，闭关自守、故步自封是愚蠢的。但是，属于文化领域的东西，一定要用马克思主义对它们的思想内容和表现方法进行分析、鉴别和批判。……现在有些同志对于西方各种哲学的、经济学的、社会政治的和文学艺术的思潮，不分析、不鉴别、不批判，而是一窝蜂地盲目推崇。"[①] 邓小平当年批评的这个问题，其后果在近些年逐渐显现，突出表现就是新自由主义、社会民主主义、"普世价值"、西方宪政等思潮的泛滥。而在这些思潮中，有一种西方国家自己并不实行却在我们这里格外猖獗，那就是历史虚无主义思潮。如何解释这个现象呢？它究竟是学术思潮还是政治思潮呢？如果是政治思潮，我们又应当如何对待它呢？回答这些问题，同样要用唯物史观为指导。

恩格斯在马克思《路易·波拿巴的雾月十八》第三版序言中指出："一切历史上的斗争，无论是在政治、宗教、哲学的领域中进行的，还是在其他意识形态领域中进行的，实际上只是或多或少明显地表现了各社会阶级的斗争。"他认为，这个规律是"马克思用以理解法兰西第二共和国历史的钥匙"[②]。列宁继承和发展了马克思主义的阶级斗争理论，指出："马克思主义提供了一条指导性线索，使我们能在这种看来扑朔迷离、一团混乱的状态中发现规律。这条线索就是阶级斗争的理论。"毛

---

①《邓小平文选》第 3 卷，人民出版社 1993 年版，第 44 页。
②《马克思恩格斯选集》第 1 卷，人民出版社 2012 年版，第 667 页。

泽东运用这一理论，进一步观察了社会主义社会思想领域中的阶级斗争问题，指出："在我国，资产阶级和小资产阶级的思想，反马克思主义的思想，还会长期存在。社会主义制度在我国已经基本建立。我们已经在生产资料所有制的改造方面，取得了基本胜利，但是在政治战线和思想战线方面，我们还没有完全取得胜利。无产阶级和资产阶级之间在意识形态方面的谁胜谁负问题，还没有真正解决。我们同资产阶级和小资产阶级的思想还要进行长期的斗争。"①

众所周知，毛泽东在阶级斗争问题上犯过错误，主要是社会主义革命完成后，仍然强调"以阶级斗争为纲"。党的十一届三中全会停止使用了这个不适用于社会主义社会的口号，把工作重点重新转回到了社会主义现代化建设上。但这并不意味着我们党认为社会主义社会特别是社会主义社会意识形态领域不存在阶级斗争了，党内也不存在资产阶级思想了。邓小平就说过："阶级斗争虽然已经不是我们社会中的主要矛盾，但是它确实仍然存在，不可小看。"②"中国在粉碎'四人帮'以后出现一种思潮，叫资产阶级自由化，崇拜西方资本主义国家的'民主'、'自由'，否定社会主义。""自由化的思想前几年有，现在也有，不仅社会上有，我们共产党内也有。"③宪法和党章序言对于社会主义时期阶级斗争问题也有完整的表述，指出在剥削阶级作为阶级消灭以后，我国社会存在的矛盾大多数已不具有阶级斗争的性质，但"由于国内的因素和国际的影响，阶级斗争还在一定范围内长期存在，在某种条件下还有可能激化"。

虚无主义是唯心主义哲学的一个学派，最早流行于欧洲。它主张人类生存没有意义、没有目标。引入史学领域的虚无主义认为，人类历史无规律可循，也无所谓本质和主流、糟粕和精华，人在历史潮流中无可选择、无能为力，决定历史走向的是地理、气候等客观环境，等等。这些理论正确与否，人们可以在学术层面上继续讨论和争论。然而，自

①《毛泽东文集》第7卷，人民出版社1999年版，第281页。
②《邓小平文选》第2卷，人民出版社1994年版，第370页。
③《邓小平文选》第3卷，人民出版社1993年版，第123、124页。

20 世纪七八十年代以来主要在社会主义国家中流行的历史虚无主义，并非这类学术流派。对此，我们只要看看习近平总书记的"1·5"重要讲话就清楚了。他指出："古人说：'灭人之国，必先去其史。'国内外敌对势力往往就是拿中国革命史、新中国历史来做文章，竭尽攻击、丑化、污蔑之能事，根本目的就是要搞乱人心……苏联为什么解体？苏共为什么垮台？一个重要原因就是意识形态领域的斗争十分激烈，全面否定苏联历史、苏共历史，否定列宁，否定斯大林，搞历史虚无主义，思想搞乱了，各级党组织几乎没任何作用了，军队都不在党的领导之下了。最后，苏联共产党偌大一个党就作鸟兽散了，苏联偌大一个社会主义国家就分崩离析了。"① 他还说过："历史虚无主义的要害，是从根本上否定马克思主义指导地位和中国走向社会主义的历史必然性，否定中国共产党的领导。"② 这些论述告诉我们，先在苏联后在中国泛滥的历史虚无主义思潮，矛头是专门对准无产阶级革命的，手段是攻击、丑化、污蔑革命历史、革命领袖，目的是否定马克思主义的指导地位和共产党的领导，实质是国内外敌对势力在意识形态领域同我们进行斗争的工具，后果是搞垮了苏联共产党和苏联。这还不叫政治思潮，什么叫政治思潮！

说历史虚无主义思潮的制造者中既有国内敌对势力也有国外敌对势力，这是因为资本从来是有国际联系的，尤其进入经济全球化时代，这种联系更加紧密。列宁说过："在无产阶级专政下，剥削者阶级……还有国际的基础，即国际资本，他们是国际资本的一个分支。"在无产阶级专政的国家里，资产阶级的强大"在于国际资本的力量，在于它的各种国际联系牢固有力"③。邓小平也说过："整个帝国主义西方世界企图使社会主义各国都放弃社会主义道路，最终纳入国际垄断资本的统治，纳入资本主义的轨道。"④ 他还指出："美国现在有一种提法：打一场无硝烟

---

① 《十八大以来重要文献选编》（上），中央文献出版社 2014 年版，第 113 页。
② 转引自《历史是最好的教科书》，《人民日报》2013 年 7 月 22 日。
③ 《列宁选集》第 4 卷，人民出版社 2012 年版，第 67、135 页。
④ 《邓小平文选》第 3 卷，人民出版社 1993 年版，第 311 页。

的世界大战。我们要警惕。资本主义是想最终战胜社会主义，过去拿武器，用原子弹、氢弹，遭到世界人民的反对，现在搞和平演变。"① 对此，再看看以下事实就更加清楚了。

第一，西方资产阶级政治家从来是这么说的。

第二，西方资本主义大国在对外输出意识形态方面也一向是这么做的。

第三，污蔑、抹黑中国共产党及其领导人的书籍、网站都是在西方国家和西方支持的境外势力那里炮制、出版、推销的。

第四，反对社会主义制度、分裂祖国的形形色色人物往往是往西方国家跑的，也历来是被西方国家所支持、邀请、收留和颁发大奖的。

毛泽东对马克思主义的一个重要发展，是提出了要正确区分和处理社会主义社会存在的敌我和人民内部两类不同性质矛盾的学说。改革开放前，我们犯"左"的错误，原因之一在于混淆了不同性质的矛盾，把人民内部矛盾当成了敌我矛盾。改革开放后，我们纠正了"左"的错误，对这个问题比较警惕了。然而，又出现了另一种倾向，就是往往把敌我矛盾当成人民内部矛盾。这同样是对两类不同性质矛盾的混淆，同样违背客观存在的事实，同样会受到客观规律的惩罚。习近平总书记说，国内外敌对势力搞历史虚无主义是要从根本上否定中国共产党领导。这还不是敌我矛盾，什么是敌我矛盾？当然，毛泽东也说过："对抗性的矛盾如果处理得当，可以转化为非对抗性的矛盾，可以用和平的方法解决这个矛盾。"② 问题在于，要把我们同历史虚无主义思潮之间的这种敌我矛盾转化为非对抗性矛盾，首先要对它进行"处理"，而且要"处理得当"。根据习近平总书记的一系列讲话精神，笔者认为对这股思潮要"处理得当"，应当特别注意以下三点。

第一，增强斗争韧性。

当前，一些同志对于同历史虚无主义思潮的斗争，存在两种情绪：

---

① 《邓小平年谱（1975—1997）》（下），中央文献出版社 2004 年版，第 1289 页。

② 《毛泽东文集》第 7 卷，人民出版社 1999 年版，第 206 页。

一种是看到这股思潮的蔓延，感到积重难返了，因而产生消极情绪；另一种态度虽然积极，但总想通过一两次斗争就把这股思潮打退，因而产生急躁情绪。这两种情绪说到底，都源于对历史虚无主义思潮的背景，以及这场斗争的长期性、复杂性，缺少足够的认识，因而缺乏斗争的韧性。而要具备韧性，首先要深刻理解马克思主义的基本原理，其次对社会主义和共产主义要有必胜的坚定信念，再次对社会主义同资本主义两种制度的长期斗争要有足够的清醒认识。

自从苏东剧变以后，世界社会主义运动进入低潮；近些年我国综合国力明显上升，但经济科技军事上的西强我弱态势并未根本改变。历史虚无主义思潮的蔓延，与这种形势不无关系。因此，我们同这股思潮的斗争不可能是短时间的事，必须做长期斗争准备。然而，这并不是说我们要等到世界社会主义运动高潮到来的时候，等到经济科技军事上我强西弱的时候才开始斗争。天底下任何胜利，不靠艰苦奋斗，靠消极等待都是等不来的。我们既要看到同历史虚无主义思潮斗争的长期性、艰巨性，更要看到这场斗争的必要性、必胜性；既要看到斗争中会有阻力有曲折，更要看到通过斗争一定会不断积小胜为大胜，直至取得最后胜利。中国革命的胜利、社会主义制度的巩固，从一定意义上都来自共产党斗争的韧性。同历史虚无主义思潮作斗争，同样要有韧性。我们不能因为斗争的长期性而悲观失望、丧失信心，"刀枪入库"，"解甲归田"；也不要寄希望于一两个回合就"得胜回朝"，更不能奢望"毕其功于一役"。

第二，做到敢于亮剑。

对于受历史虚无主义思潮影响的人，我们要通过摆事实讲道理，心平气和地做他们的思想转化工作，帮助他们划清是非界限，澄清模糊认识。然而，对于那些别有用心起劲鼓吹这股思潮的人，特别是那些"吃共产党的饭、砸共产党的锅"的人，则不是做思想工作的问题，而是要进行坚决批判，并且依法依规处理。

习近平总书记指出："要警惕和抵制历史虚无主义的影响，坚决抵制、反对党史问题上存在的错误观点和错误倾向。"①党的十八大后制定的《中国共产党纪律处分条例》规定："通过信息网络、广播、电视、报刊、书籍、讲座、论坛、报告会、座谈会等方式，公开发表坚持资产阶级自由化立场、反对四项基本原则，反对党的改革开放决策的文章、演说、宣言、声明等的，给予开除党籍处分。"②党的十八届六中全会通过的《关于新形势下党内政治生活的若干准则》也强调："对在大是大非问题上没有立场、没有态度、无动于衷、置身事外，在错误言行面前不抵制、不斗争，明哲保身、当老好人等政治不合格的坚决不用，已在领导岗位的要坚决调整，情节严重的要严肃处理。"③这些都说明，在意识形态领域不能借口不争论而回避斗争。事实告诉我们，邓小平说的"不争论"，指的是在改革开放的具体问题上不要由于争论而耽误时间，绝对不是说在重大政治原则问题上，在关系改革开放大方向的问题上也不争论。他曾说过："某些人所谓的改革，应该换个名字，叫作自由化，即资本主义化。他们'改革'的中心是资本主义化。我们讲的改革与他们不同，这个问题还要继续争论的。"④

习近平总书记指出："一个政权的瓦解往往是从思想领域开始的，政治动荡、政权更迭可能在一夜之间发生；但思想演化是个长期过程。思想防线被冲破了，其他防线很难守住。"⑤为此，他反复强调宣传舆论工作的领导权、管理权、话语权，必须牢牢掌握在真正的马克思主义者手里，要求"党校必须姓党"，"党校要旗帜鲜明、大张旗鼓讲马克思主义、讲中国特色社会主义、讲共产主义，旗帜鲜明、大张旗鼓讲党的性质、讲党的宗旨、讲党的传统、讲党的作风"⑥。他还要求：党的新闻舆论工作"必须把政治方向摆在第一位，牢牢坚持党性原则"；"党的新闻舆论工作坚持党性原则，最根本的是坚持党对新闻舆论工作的领导。党

① 转引自《历史是最好的教科书》，《人民日报》2013年7月22日。
②《中国共产党纪律处分条例》，《人民日报》2015年10月22日。
③《关于新形势下党内政治生活的若干准则》，《人民日报》2016年11月3日。
④《邓小平文选》第3卷，人民出版社1993年版，第297页。
⑤ 转引自《历史是最好的教科书》，《人民日报》2013年7月22日。
⑥《习近平在全国党校工作会议上的讲话》，《求是》2016年第9期。

和政府主办的媒体是党和政府的宣传阵地，必须姓党"[1]。

现在有人反对"党媒姓党"的科学论断，说什么人民性高于党性，党媒首先应当"姓人民"。这是对唯物史观无知的表现，是对党性和人民性关系的颠倒。习近平总书记指出："我们党作为马克思主义政党，讲政治是突出的特点和优势。……我国曾经有过政治挂帅、搞'阶级斗争为纲'的时期，那是错误的。但是，我们也不能说政治就不讲了、少讲了，共产党不讲政治还叫共产党吗？"[2]"看待政治制度模式，必须坚持马克思主义政治立场，首先就是阶级立场，进行阶级分析。"[3]我们看待"党媒姓党"的问题，同样离不开政治立场，离不开阶级分析。在阶级社会，人民内部是分为不同阶级和阶层的，而政党是阶级的政治代表，党性来自特定政党所代表的那个阶级的阶级性。中国共产党是工人阶级政党，因此，共产党的党性来源于并高于工人阶级的阶级性。但正如《共产党宣言》所说，工人阶级既与最先进的生产力联系在一起，又处在社会的最底层，因此它必须消灭一切人剥削人的制度才能彻底解放自己。就是说，工人阶级只有解放全人类，才能获得自身解放。这就决定了共产党既要代表工人阶级的利益，同时也要代表最大多数人民的利益；一个共产党员只有把工人阶级的阶级性上升到党性，他才能同时代表最大多数人民的根本利益。我们说"党媒必须姓党"，是说它必须首先要具有党性，才能真正具有人民性；我们说"党媒要做党的喉舌"，是说它必须首先代表党说话，才能真正代表人民说话，才能做人民的喉舌。这个关系不能颠倒，否则就混淆了人民、阶级、政党的关系，违背了唯物史观的基本原理，就会使一些人浑水摸鱼，打着"人民性"的幌子损害人民的根本利益。

习近平总书记在 2016 年 2 月新闻舆论工作座谈会讲话中，先强调"党和政府主办的媒体必须姓党"，然后才强调媒体"要与人民同呼吸、

---

[1]《坚持正确方向创新方法手段　提高新闻舆论传播力引导力》，《人民日报》2016 年 2 月 20 日。

[2]《习近平关于严明党的纪律和规矩论述摘编》，中央文献出版社 2016 年版，第 23 页。

[3] 转引自刘世军《中国政治学研究新时代的到来》，《文汇报》2014 年 6 月 30 日。

与时代共进步"，提出要"宣传党的主张、反映人民呼声"，要"坚持党性和人民性相统一"。这正是对党性与人民性、党的喉舌与人民喉舌相互关系的准确阐释，不仅完全合乎唯物史观的基本理论，而且具有很强的现实针对性。那些反对"党媒必须姓党"的声音，不就是把党和人民对立起来了吗？他们口口声声说媒体要"为人民说话"，其实不过是拿"人民"当幌子，骨子里想的是让媒体代表少数特殊利益集团和反对中国特色社会主义道路的势力说话。可见，赞成还是反对"党媒姓党"，实质不在于"党媒"要不要代表人民说话，而在于"党媒"要代表人民中的绝大多数人说话，还是代表其中少数既得利益者说话。

第三，切实加强网管。

历史虚无主义思潮近年来所以在我国迅速蔓延，原因之一是网络技术发展快而网络管理意识和手段相对滞后。习近平总书记曾指出，互联网已经成为舆论斗争的主战场。西方敌对势力一直妄图利用互联网"扳倒中国"，一些西方政治家甚至扬言"有了互联网，对付中国就有了办法"，声称"社会主义国家投入西方怀抱，将从互联网开始"。我们在互联网这个战场上能否顶得住、打得赢，直接关系我国意识形态安全和政权安全。因此，要打退历史虚无主义思潮的进攻，必须把网上舆论工作作为宣传思想工作的重中之重来抓。现在，我国网民有 7 亿，手机网民有 5 亿多，微博用户达到 4 亿多，越来越多的人特别是年轻人的大部分信息是从网上获取的。我们应当正视这个现实，加大力量投入，尽快掌握互联网战场上的主动权。

我们国家是共产党领导的人民民主专政的国家，网络中涉及意识形态、宣传舆论的内容自然要由党和国家有关部门负责监管。这种监管是党管宣传舆论工作的体现，也是人民民主专政的体现。网络监管当然要依法进行，但按照唯物史观的观点，法律体现的只能是统治阶级的意志。宪法规定，我国是工人阶级领导的、以工农联盟为基础的人民民主专政的社会主义国家，社会主义制度是我国的根本制度，禁止任何组织和个人破坏社会主义制度。因此，我国有关网络管理的法律必须体现人民民主专政的原则。对网络上出现的有损社会主义制度的现象，国家有关部门不仅要管，而且要加强管理。

现在有人一方面在网上疯狂攻击共产党、丑化党和国家形象、诬蔑党和国家领导人及英雄模范、歪曲党史国史国际共产主义运动史，另一方面又指责网管部门加强网络管理侵犯了言论自由。我们要讲清楚世界上究竟有没有抽象的绝对的言论自由；同时要用人民民主专政和全面依法治国的理论，帮助群众正确看待网络管理的问题。

言论自由是宪法赋予每个公民的权利，必须加以保障，包括保障错误言论的自由。我们过去在这方面有过教训，应当吸取。但同时也要明确，世界上从来没有抽象的绝对的自由，言论自由在任何国家任何时候都不是无边无际的。网络是新媒体，是虚拟空间。但只要是媒体，就会产生社会作用，就不能是法外之地。在它上面发表言论，同样要受到法律、党纪、道德的制约。首先，公民的言论自由要受法律的制约。其次，8900万共产党员的言论自由还要受到党纪的制约。最后，言论自由还要受到道德的制约。可见，所谓言论自由，是指在法律、道德允许范围内的自由；对于共产党员来说，还要加上党纪允许的范围。那种认为言论自由就是不受任何约束、想说什么说什么的观点，是毫无根据的。

在当前西方反共势力和社会主义国家打的这场"没有硝烟的战争"中，互联网是主战场之一。打仗要有武器、弹药，在"没有硝烟的战争"中，"武器""弹药"的载体基本上是言论。媒体、书刊、戏剧、电影等等，都离不开言论。在一定意义上讲，意识形态领域尤其是互联网上的斗争，主要是言论之间的斗争。正因为如此，国内外敌对势力总喜欢拿"言论自由"说事。他们这样做，说穿了，就是给"没有硝烟的战争"做掩护。

按照西方流行的观点，历史虚无主义思潮属于一种软实力，但它到了一定火候，也会显示出很硬的一面。比如，在苏联解体、苏共下台的过程中，这种思潮就起过"很硬"的作用。媒体报道，俄罗斯最新民调结果显示多数俄罗斯人痛惜苏联解体，希望社会主义体系和苏联回归。然而，世界从来没有后悔药。国家政治体制改革不像布置客厅那样，想怎么改就怎么改。一旦改错了，后悔了，要想再改回来，在一个相当长的时间里没有可能性。我们国家经过 60 多年的奋斗，经济总量已经跃居世界第二位，中华民族距离伟大复兴的目标从来没有像现在这样接近过。国内外敌对势力当然不会让我们顺顺当当实现这个目标，一定会想尽办法诱使人们跟着他们的魔笛起舞。我们要接受苏联解体的前车之鉴，绝不能让那里发生过的悲剧在中国重演。根据中国的国情，如果我们也出现苏东剧变那种局面，后果不知要比它们严重多少。而要想不出现那种局面，一个重要工作就是以习近平总书记的系列重要讲话精神为指引，积极开展同历史虚无主义思潮的斗争，绝不能任其自由泛滥。

　　笔者举以上五个例子，是要说明开展中国当代史理论研究之所以必须用唯物史观指导的道理。为了论证方便，在论述上基本采取的是唯物史观一个理论观点对应当代史一个理论问题的方法。然而，中国当代史的理论问题纷繁复杂，唯物史观的理论更是博大精深，在实际研究中，情况不会像我讲得这么简单。我们要丰富发展中国当代史研究的理论，并通过当代史理论研究丰富发展马克思主义的史学理论，需要继续带着当代史理论研究中的实际问题，老老实实地研读马克思主义经典著作，深入钻研唯物史观的基本理论，并继续加强当代史学界和史学理论界学者的通力合作。今后，马克思主义当代中国史理论论坛将本着习近平总书记在哲学社会科学工作座谈会上重要讲话的精神，更加积极地促进中国当代史理论研究与马克思主义史学理论研究的结合，更加自觉地面向高校思想政治和马克思主义教学的实际，不断推动马克思主义当代中国史理论学科体系、话语体系建设在应用和创新中向前发展。

牢固确立新中国史研究的学科定位

——学习习近平总书记致国史学会成立 30 周年贺信精神 *

习近平总书记在 2022 年 12 月 8 日致中华人民共和国国史学会（以下简称国史学会）成立 30 周年的贺信中，表达了对国史学会全体同志和全国广大国史研究者的热烈祝贺和诚挚问候，肯定了国史学会 30 年来为新中国史研究、宣传和教育事业发展作出的积极贡献，并对国史学会进一步团结全国广大国史研究工作者、更好凝聚团结奋斗的精神力量提出了殷切希望。贺信为新中国史研究事业指明了继续前进的正确方向，也对国史学界进一步提高自身能力、发挥社会作用提出了更高要求。

对于国史研究者来说，深入学习贯彻习近平总书记致国史学会成立 30 周年贺信精神，既要体现于政治方向，也要体现于学术工作。2016 年，习近平总书记提出要加快构建中国特色哲学社会科学学科体系、学术体系、话语体系，特别要加快完善对哲学社会科学具有支撑作用的基础学科和学科体系不够健全的新兴学科。作为一门基础学科和新兴学科，新中国史研究要加快推进"三大体系"建设，重要前提之一便是确立新中国史研究的学科定位。同时，这也应当是习近平总书记贺信要求国史学界"提高研究水平"的题中应有之义。这个问题如果得不到正确解决，新中国史研究的"三大体系"建设便无从谈起，新中国史研究水平也难以提高。

事实上，新中国史编研与新中国历史发展几乎是并行的。早在 1951

---

　　* 本文是作者 2023 年 10 月 14 日在主题为"深入学习贯彻习近平总书记致国史学会成立 30 周年贺信精神，推动新中国史研究事业高质量发展"的第二十三届国史学术年会上的主旨演讲，刊发在《毛泽东邓小平理论研究》2023 年第 9 期，原标题为《进一步确立新中国史研究的学科定位——学习习近平总书记致国史学会成立 30 周年贺信精神》。

年，由胡乔木撰写的《中国共产党的三十年》，就有题为"第三次国内革命战争和中华人民共和国的成果"部分，论述了新中国成立至1951年的历史。此后，中央宣传部门和高等院校也在不同时期编纂出版过有关新中国的历史著作。然而，严格意义上的新中国史研究，应当说是在党的十一届三中全会，特别是《关于建国以来党的若干历史问题的决议》出台后兴起的。在此之前，胡乔木于1977年出任中国社会科学院院长时，曾提出过建立"中国现代史研究所"或"中华人民共和国史研究所"的建议，但由于种种原因未能如愿。直到1990年，经党中央决定，中央党史领导小组指导、中国社会科学院行政代管，专事编纂和研究新中国史的"当代中国研究所"（以下简称当代所）终于成立。当代所先后创办了以出版国史论著为主业的当代中国出版社和发表国史研究成果的学术刊物《当代中国史研究》，建立了联系全国国史学界学者的社会组织国史学会，并在中国社会科学院研究生院设置了培养国史专业人才的国史系，标志新中国史研究作为一门史学基础学科和新兴学科登上了学术舞台。

进入新时代，新中国史研究得到以习近平同志为核心的党中央空前重视。习近平总书记每当谈到党史，几乎总是与国史并提，"要认真学习党史、国史，知史爱党，知史爱国"；"学习党史、国史，是我们坚持和发展中国特色社会主义、把党和国家各项事业继续推向前进的必修课"。[1] 习近平总书记强调，"一个民族的历史是一个民族安身立命的基础"[2]；思政课老师的历史视野中，"要有中华人民共和国七十年的发展史，要有改革开放四十多年的实践史，要有新时代中国特色社会主义取得的历史性成就、发生的历史性变革"[3]。在全党开展"不忘初心、牢记使命"主题教育中，习近平总书记特别指示中央有关部门印发通知，增加学习党史和国史的内容。后来，他又把新中国史与党史、改革开放史、社会主义发展史合在一起，要求加强对这"四史"的学习教育。在党史学习

---

[1] 习近平：《论中国共产党历史》，中央文献出版社2021年版，第7、15—16页。
[2] 《十八大以来重要文献选编》（上），中央文献出版社2014年版，第694页。
[3] 习近平：《论中国共产党历史》，中央文献出版社2021年版，第11—12页。

教育动员大会上，习近平总书记要求在全社会开展"四史"宣传教育，并在党的二十大报告中进一步强调"持续抓好党史、新中国史、改革开放史、社会主义发展史宣传教育，引导人民知史爱党、知史爱国，不断坚定中国特色社会主义共同理想"①。这一切说明，新中国史的地位已经被提至与党史并列的高度。

然而，自登上学术舞台，关于新中国史的学科定位就一直存在种种不正确的认识和做法。早在当代所成立之初，就有人提出国史与党史内容差不多，既然有了党史研究机构，就没有必要再设立国史研究机构。还有人以"当代人不写当代史"是"古训"为由，反对把新中国史作为一门学科，认为不是学术，而是意识形态和宣传工作。后来，培养新中国史研究生的国史系成立，但在国家学位学科目录中却迟迟不见以1949 年新中国成立为开端的"中国现代史"专业，只有以 1919 年五四运动爆发为现代史起点的"中国近现代史"专业。经反复交涉，学位学科目录方才把"中华人民共和国史"和"中国当代史"放入"中国近现代史"的括弧里。这种在不改变"现代史"原有定义的前提下，就把国史和当代史放入"中国近现代史"的做法，不仅在学术上不合适，而且在政治上也不妥。再后来，经过国史学界一再要求，终于在"中国史"这个一级学科下面设置了"中国近代史"和"中国现代史"两个并列的二级学科，并取消了"中国近现代史"专业，新中国史研究从此有了独立的学科地位。可是，在实际工作中又出现了把国史研究要么放入马克思主义学科，要么归于对策应用类学科的现象。就在学习贯彻习近平总书记致国史学会贺信期间，又有人提出将国史纳入"党史党建学"，把它作为这个一级学科之下的二级学科或研究方向的主张。可见，新中国史尽管受到党中央的高度重视，尽管有了自己的研究机构，尽管被列入国家学位学科目录，设立了硕士、博士授予点，形成了日益壮大的研究队伍，产生了众多高质量的学术成果，但对其学科属性、学科定位，仍

---

① 习近平：《高举中国特色社会主义伟大旗帜 为全面建设社会主义现代化国家而团结奋斗——在中国共产党第二十次全国代表大会上的报告》，《人民日报》2022 年 10 月 26 日。

然存在各种不科学、不严肃的认识和做法。

对新中国史研究的学科属性和定位，之所以总有这种或那种模糊认识，一个重要原因是在一些同志头脑中，关于国史研究与党史研究究竟是否同属一个学科的问题始终没有得到正确解决。我们应当实事求是地看到，党史在新中国成立后同新中国史的确有很多内容上的重叠和交织，而且，这部分党史已经占到了迄今为止全部党史的三分之二强，这一比重随着时间延伸还会越来越大。但是，同样应当实事求是看到，这种情况不能成为国史研究与党史研究是同一个学科或国史研究属于党史研究分支学科的理由。

中国共产党是中华人民共和国的核心领导力量，党的理论、路线、方针、政策、重大决策，必然会对国家的建设和发展产生决定性作用。从这个意义上说，党史是国史的核心，新中国成立后的党史走向决定国史走向。另外，国史与党史都与现实政治密切相关，二者很难在这个领域截然区分。但党史研究毕竟属于法学门类，而国史研究属于史学门类。即使从史学角度看，党史研究也属于专史研究范畴，国史研究则是整个国家的历史，属于通史研究范畴，是中国通史的接续。因此，无论在编研角度、范围、重点，还是在学科理论和编研方法上，党史研究与国史研究都有很大不同。

第一，在编研角度上，党史研究是从政党角度看待自己的历史，要研究和阐述的是我们党作为新中国的执政党，如何制定路线、方针、政策，并把它们变成国家意志，领导国家各领域的建设；如何开展群众工作，处理与各参政党之间的关系，与国外政党打交道；如何进行党的自身建设，以及总结党的执政经验；等等。国史则是从国家和社会发展的角度看待历史，要研究和阐述的是国家政权机关如何贯彻党的路线、方针、政策，如何组织各项事业建设，如何开展外交活动，如何进行自身建设；以及人民群众和各参政党是如何在中国共产党的领导下，从事各项建设事业和参政议政的。

第二，在编研范围上，党史研究主要阐释党在新中国成立后的历史发展及其规律，范围超不出党自身及其作为执政党影响所及事务。马克思、恩格斯说过，历史"划分为自然史和人类史。但这两方面是不可分割的；只要有人存在，自然史和人类史就彼此相互制约"[①]。就是说，一个国家的历史包括这个国家的自然史。而自然界有些内容，如天象（日食、彗星等）、气候、地质、洋流等的变化，与党史并没有关系，不在党史编研范围内。但对于这些内容，国史编研却不能不加记载，不能不研究它们与人类社会的关系。至于自然界受人类活动影响而造成生态环境的变化，如森林覆盖率的大小、荒漠化和盐碱化的进退、空气污染的强弱等，与党史或多或少有一定关系，党史研究也会涉及，但不可能设置这些领域的分支学科。而国史研究对这些领域却可以也应当设置分支学科，如当代林业史、当代治沙史、当代空气治理史等。另外，社会领域中疆域、政区、婚姻、家庭、民俗、服饰、饮食、语言、娱乐方式、人际交往等的变化，也与党史或多或少有关，党史研究也要涉及，但同样不可能在这些领域设置分支学科或研究方向。例如，在党史研究中不可能设中国共产党疆域史、中国共产党政区史、中国共产党婚姻史、中国共产党民俗史、中国共产党服饰史等专业，因为不存在这样的历史。我们党虽然有自己的经济思想史、法制思想史、民族政策史、宗教政策史、环境政策史、人口政策史等，在党史研究中应当设置这方面的分支学科或研究方向，但并没有自己的法制史、民族史、宗教史、环境史、人口史，新中国成立后也不再有自己独立的经济史。然而，所有这些都是国史研究的内容，都可以也应当在国史研究中设置分支学科。概言之，国史研究范围要比党史研究宽广得多。如果把党史和国史比喻为一座宝塔的话，党史可以说是塔身，而国史则是宝塔的基座。

第三，在编研重点上，党史研究的重点应是党的路线、方针、政策和重大决策制定与出台的过程，党的制度建设、思想建设、组织建设、作风建设、党的会议和文献、领袖人物和英雄模范以及执政的经验总结等。国史研究对这些内容虽然也会涉及，但更多应是记述和阐释全国人民代表大会及其常委会和国务院的决策过程，法律的制定和变化过程以

---

① 《马克思恩格斯选集》第 1 卷，人民出版社 2012 年版，第 146 页。

及国家各级权力机关、行政机关、审判机关、检察机关、监察机关的重大活动和举措，国家各项建设事业的进展和有突出贡献的人物，国家机关自身建设及其经验总结等。

第四，在学科理论与编研方法上，党史和国史编研都要以唯物史观为指导；都要充分收集、慎重选择、严谨考证各类史料，对问题进行阶级分析、历史分析、系统分析、辩证分析；都要对中国传统史学和国外史学的有益成分加以吸收，对社会科学其他学科的科学方法加以借鉴。然而，国史编研主要运用的是史学的理论与方法，党史编研则需要更多运用政治学科的理论与方法。在史书编纂方面，国史书除了章节体外，还需要借鉴我国古代史书编撰的体裁体例，如纪传体、编年体、纪事本末体、典制体、方志体、史地体等，创造性继承和发扬我国史书编纂的优秀传统。

总之，国史研究与党史研究各有各的学科属性和学科体系、学术体系、话语体系，谁也代替不了谁。现在一些国史书与党史书之间存在内容雷同或近似的现象，并不表明国史研究与党史研究是一回事、一个学科，而是因为国史书过多地写了本该由党史书撰写的内容，而党史书过多地写了本该由国史书撰写的内容。这一问题恰恰应当通过加强两个学科的建设逐步来解决，而不应当成为模糊二者学科区别的理由。否则，只会妨碍各自学科的发展。

另外，新中国史研究与史学其他学科相比，虽然具有更加强烈的意识形态性和宣传功能，更加突出的学科综合性和交叉性，更加接近当今社会，但不等于说它就是宣传工作，就可混同于其他学科，或放入现实对策类研究。在社会科学领域，现有学科多多少少具有意识形态属性。一门学科是否科学研究，并不取决于是否具有意识形态性，而在于追求的是否客观真理，反映的是否客观规律，具有的知识体系是否完整系统，遵守的学术规范是否被公认为科学。只要尊重历史的真实性、连贯性、继承性，注重揭示历史事件的原因、总结历史成败的经验、探索历史发展的规律，并致力于构建符合学术规范的学科体系，新中国史研究就是地地道道的学术工作，就是一门科学，就要把它当成科学、学科、学术、学问来对待。意识形态领域的斗争与政治领域的战争一样，也需要武器，也有阵地和战场。只不过，国史研究者进行意识形态斗争所使用的武器是学术，要守卫的阵地是党领导的学术阵地，与敌对势力展开较量的战场是学术战场。至于说新中国史的宣传和教育，本身都是国史研究成果的转化。因此，搞好新中国史的宣传、教育，也要首先搞好新中国史的学术研究，使战斗力、说服力建立在史料更充实、分析更深刻、论述更创新的学术成果基础之上。

史学是一门综合性学科，不仅在客观上与许多学科有着很强的交叉性，而且史学工作者在主观上也很需要借鉴其他学科的研究成果与研究方法。史学这一特点，在新中国史研究中尤显突出。然而，与不同学科之间有交叉关系，不等于可以混淆不同学科。例如，新中国史是马克思主义基本原理与新中国革命、建设、改革实践相结合的历史。因此，在马克思主义发展史研究中，不可能不研究当代中国的问题；在新中国史研究中，也不可能不研究马克思主义中国化的历史。然而，马克思主义研究是理论学科，新中国史研究是历史学科。不能因为马克思主义研究包括当代中国基本问题的研究，新中国史研究包括马克思主义中国化过程的研究，就把新中国史学科放入马克思主义学科。

新中国史是现代史、当代史，因此，新中国史研究与史学其他分支学科相比，自然会与现实距离最近。现实中刚刚发生的事，很快就会成为新中国史研究的内容。同时，新中国史研究中的问题，很多也是当代中国对策研究中的问题。但这同样不意味着新中国史研究就是对策研究，或属于应用对策类的学科。新中国史研究与史学其他学科一样，在社会科学研究中属于基础类学科。它所研究的当代问题，无论距离现实多近，都只能是从历史角度而不是从对策角度去研究。新中国史研究当然要为现实服务，但这种服务只能体现于对某个历史问题发生发展的过程阐述、原因分析、经验总结、趋势预测，而不能要求它拿出具体对策。就是说，面对当代问题，它只负责说清楚问题的内容、原因何在、经验教训有哪些、今后可能如何发展，而不负责回答应当怎么办、采用什么对策。原因在于，这门学科的史学性质决定了它不承担对策的责任，也不具备对策研究必须具有的那些研究条件。如果硬要它拿出对策，结果只能是打乱仗，只能是种了别人的田、荒了自己的地；而且，别人的田也肯定是种不好的。

至于有人仅因为新中国史研究比较薄弱，资源较少，研究成果很难在中国古代史、近代史学界中进行学术交流等，就主张把它纳入党史党建学科，这种理由就更加站不住脚了。任何一门新兴学科，总有从基础薄弱到逐渐成熟的过程。当初，党史研究也很薄弱，但党史学界就不赞成把它并入其他学科。另外，隔行如隔山，同属一个大学科下几个分支学科之间难以进行学术交流的情况，比比皆是。例如，近代史研究中的问题，就很难拿到古代史学界进行交流。至于说目前党史党建学已被确立为一级学科，有的高校设置了党史党建的独立学院，因此，将新中国史教学放入其中，有助于这一教学的发展。这种考虑，不能说没有道理。但必须明确，这只是一种行政措施，并不涉及学科归属。当然，如果有关部门根据实际情况，能把新中国史（中国现代史、当代史）也提升为史学门类的一级学科，那就更好了。

毛泽东在《矛盾论》中指出："科学研究的区分，就是根据科学对象所具有的特殊的矛盾性。因此，对于某一现象的领域所特有的某一种矛盾的研究，就构成某一门科学的对象。……如果不研究矛盾的特殊性，就无从确定一事物不同于他事物的特殊的本质，就无从发现事物运动发展的特殊的原因，或特殊的根据，也就无从辨别事物，无从区分科学研究的领域。"①这就是说，任何科学门类都有自己质的规定性，如果只注意学科之间的联系，而忽略或抹杀它们之间质的区别，任何科学研究都无从着手，也不可能搞好。时至今日，我们如果连"新中国史"姓"什么"，是什么学科都弄不清楚，都要拿出来反复讨论，又如何能集中精力加快构建作为基础学科和新兴学科的新中国史研究的"三大体系"，如何深化新中国史编研工作、提高新中国史研究水平呢？

在习近平总书记向国史学会发出贺信的当天，中央政治局委员、中

---

① 《毛泽东选集》第 1 卷，人民出版社 1991 年版，第 309 页。

宣部部长李书磊出席庆祝国史学会成立 30 周年大会，宣读了习近平总书记贺信并发表讲话，要求充分认识新中国史研究的重要意义，牢牢把握新中国史研究的正确方向，不断开创新中国史研究事业繁荣发展的新局面。中国社会科学院院长高翔在讲话中表示，中国社会科学院党组将以高度的政治责任感和使命感，举全院之力，加强新中国史研究工作，努力把当代中国研究所和国史学会建设成为顶尖的和具有广泛国际引领力的新中国史研究重镇和学术交流平台。他们的讲话表明，党和国家有关部门为了贯彻落实习近平总书记贺信精神，已经着手为国史研究事业大发展创造更好的条件和环境。在这种形势下，我们完全有理由相信，国史研究资源相对少的问题也一定会逐步得到解决。

当前，国史学界和相关部门正在深入学习贯彻习近平总书记致国史学会成立 30 周年贺信精神。国史工作者应当珍惜、爱护和充分利用这一难得的机遇，借助这股东风，在坚持以马克思主义中国化时代化最新成果为指导，牢牢把握国史的主题主线、主流本质，以及提高研究水平、创新宣传方式、加强教育引导上多下功夫，在加快构建新中国史"三大体系"建设和抵御、批判历史虚无主义思潮上多动脑筋。我们要站稳新中国史史学属性的脚跟，在新中国史尚未被国家学位学科管理部门认定为史学门类一级学科之前，安于其作为中国史分支学科的地位，"咬定青山不放松，任尔东西南北风"，聚精会神推动新中国史研究、宣传、教育事业的繁荣发展，积极主动地发挥国史研究的资政、育人、护国功能，为全面建设社会主义现代化强国、实现中华民族伟大复兴，贡献国史工作者的智慧和力量。

进一步加强马克思主义的当代史学科理论建设[*]

习近平在 2016 年 5 月 17 日召开的哲学社会科学工作座谈会上提出，要加快构建马克思主义指导的具有中国特色的哲学社会科学学科体系、学术体系、话语体系。2019 年 1 月，他在给中国社会科学院历史研究院成立的贺信中，又提出要"加快构建中国特色历史学学科体系、学术体系、话语体系"。[①] 在新中国七十华诞到来之际，这些要求对于中国当代史编研工作显得尤其重要。

中华人民共和国史（以下简称国史）或中国当代史、中国现代史的编研（以下统称当代史编研），在时间上大体与国史同步（20 世纪 50 年代就有人提议收集国史资料、开展国史研究，还有一些高校编写了国史大纲、国史稿、国史大事记等），即使从 1981 年制定《关于建国以来党的若干历史问题的决议》（以下简称《历史决议》）之后开展的严格意义的国史编研算起，也有 38 年了。无论从文献资料、科研成果看，还是从研究力量、学术活动看，可以说都已达到了相当可观的程度。但坦率地讲，马克思主义指导的当代史学科体系、学术体系、话语体系至今还未完全建立起来，或者说还很不系统、很不完备。这与当代史编研的现状是不相适应的，也不利于其编研工作的进一步发展和社会功能的进一步发挥。

构建一个学科的学科体系，需要有足够的文献资料和研究力量做支撑，也需要设置分支学科和编辑文献目录等。然而，与这些相比更显重

---

* 本文曾刊于《毛泽东邓小平理论研究》2019 年第 7 期，原标题为《进一步加强马克思主义中国当代史学科理论建设》。收入本书时略有修改。

① 《总结历史经验揭示历史规律把握历史趋势 加快构建中国特色历史学学科体系学术体系话语体系》，《人民日报》2019 年 1 月 4 日。

要的是，创立属于本学科的学科理论。我们所说的当代史编研是以马克思主义为指导的，因此，创立这一学科理论理所当然要运用马克思主义的基本理论，还要运用根据这些理论兼收并蓄中国古代史学和西方现代史学理论精华而形成的马克思主义史学理论。但是，马克思主义基本理论也好，马克思主义史学理论也好，都不可能代替当代史的学科理论。当代史学科理论的创立，只能是在运用马克思主义的基本理论和史学理论从事当代史编研过程中，对一系列重大问题给予理论回答的结果。因此，加快这一理论的建设，既离不开马克思主义的理论指导，也离不开当代史编研的具体实践，必须把二者有机结合在一起。

马克思主义当代史学科理论建设中的问题有很多，本文仅就以下四个问题谈几点意见。

一、如何认识当代史编研的特性

（一）关于当代史编研的现实性

当代史同古代史、近代史相比，最大的区别之一在于它更接近现实生活。正因如此，中国历史上曾出现过"当代人不写当代史"的说法。然而，在当代中国，情况有了根本的不同。中国古代封建社会的所谓当代、前代，是以一姓帝王为标志的朝代来划分的。在那种社会制度下，史家要写当朝史，势必颇多忌讳，所以要等改朝换代后再写前朝史。而在当代中国，人民民主制度代替了封建专制制度，使"当代人不写当代史"的禁忌失去了存在理由。另外，当代的交通、通讯、印刷等手段日益革新，特别是进入信息化时代后，资料积累、信息传播更加方便快捷，也使当代人写当代史有了古代不可比拟的客观条件。因此，在当代中国的当代人，不仅可以写当代史，而且产生了对当代史越来越浓厚的兴趣和越来越强烈的需求。20世纪70年代以来，西方一些国家兴起所谓"当下史"研究，实际就是当代史研究，其中一些学者还在从事中国当代史的编研。可见，所谓"当代人不写当代史"，事实上已经被突破了。更何况，当代人写当代史，还有身临其境、亲自参与、便于收集第一手资料和开展口述史研究等后代人所不具备的优越条件。

还要看到，即使在古代，也并非完全不写当代史。《史记》《三国志》中，就有很大篇幅是那时的"当代"史。每个朝代国史机构所编的本朝起居注、实录、会要、会典等，也是当代史的半成品。这些与后人编撰的史书，如"二十四史"之间，是历史记载与历史记述的关系。可见，说中国古人不修当代史并不准确。

当代人编研当代史，当然无可避免地会遇到现实利害关系、情感因素等干扰，以及因为与现实距离太近而不容易把历史看全面等困难。但写史能否做到客观公正全面，主要取决于著史者的立场、观点、方法是否正确、科学。马克思的《路易·波拿巴的雾月十八》成书时间距离拿破仑第三复辟帝制事件仅 3 个月，可以说与事变基本同时。但恩格斯却对它给予了高度评价，说"在事变刚刚发生时就对事变有这样透彻的洞察，的确是无与伦比"，并称它"是一部天才的著作"。① 可见，与古代相比，当代人写当代史不仅具备许多优越的客观条件，而且有了历史唯物主义这一"科学思想中的最大成果"，"一种极其完整严密的科学理论"，② 因而有可能写出更符合历史真实、更经得起时间检验的信史。

（二）关于当代史编研的"护国"性

史学从来是意识形态的组成部分，只不过当代史编研的意识形态属性更强一些罢了。这是因为，当代中国是工人阶级领导的以工农联盟为基础的人民民主专政的社会主义国家，是相对当代世界占主流地位的资本主义体系所作出的另一种截然不同的选择。因此，自中国进入当代以来，它就遭受到国内外敌对势力的疯狂诬蔑，从而导致了当代史领域从一开始就充斥着比其他史学领域更加激烈的斗争。

在有阶级有国家的社会中，史学的社会功能在很大程度上就体现在它为特定国家、阶级和政治力量的服务上。尤其是对国家史的解释，历

---

① 《马克思恩格斯选集》第 1 卷，人民出版社 2012 年版，第 666 页。
② 《列宁选集》第 2 卷，人民出版社 1995 年版，第 311 页。

来是各个阶级、各种政治力量争夺和较量的重要领域。统治阶级为了维护统治，总是高度重视对国家史的解释，并把它视作国家主流意识形态和核心价值体系的组成部分；而要推翻一个政权的阶级和政治力量，也十分看重对国家史的解释，总要用它说明原有统治的不合理性。这是带有普遍规律性的社会现象。区别只在于，进步的阶级和政治力量顺应历史前进的方向，对历史的解释往往符合或比较符合历史的本来面貌；而反动的阶级和政治力量悖逆历史前进的方向，对历史的解释总是难以符合历史的本来面貌。

清代思想家龚自珍早就讲过："灭人之国，必先去其史。"①意思是说，要灭掉一个国家，先要否定这个国家的历史；这个国家的历史被否定了，这个国家也就不攻自灭了。他的这个观点深刻揭示了史学的意识形态属性和政治功能，并为大量历史事实所验证。当年日本帝国主义为永久霸占中国的台湾和东北，竭力推行奴化教育，在教科书中把台湾和东北历史从中国历史中删除。"台独"分子在台湾大肆推行"去中国化"，把台湾史从中国史中剥离，并把没有台湾的中国史放入世界史课本。他们这样做，都是妄图通过否定、割裂中国历史，达到灭亡或分裂中国的目的。

当前意识形态领域里，拿新中国历史做文章的历史虚无主义思潮甚嚣尘上，进一步验证了上述观点。习近平在引用龚自珍这句警世名言后指出："国内外敌对势力往往就是拿中国革命史、新中国历史来做文章，竭尽攻击、丑化、污蔑之能事，根本目的就是要搞乱人心，煽动推翻中国共产党的领导和我国社会主义制度。苏联为什么解体？苏共为什么垮台？一个重要原因就是意识形态领域的斗争十分激烈，全面否定苏联历史、苏共历史，否定列宁，否定斯大林，搞历史虚无主义，思想搞乱了，各级党组织几乎没任何作用了，军队都不在党的领导之下了。最后，苏联共产党偌大一个党就作鸟兽散了，苏联偌大一个社会主义国家

①《龚自珍全集》，上海人民出版社 1975 年版，第 22 页。

就分崩离析了。这是前车之鉴啊！"①他的这一论述说明，对于社会主义国家历史的解释，不仅具有意识形态性，而且具有强烈的意识形态性。

既然"去人之史"可以"灭人之国"，反过来说，"卫己之史"不同样可以"护己之国"吗？因此，当代史编研除了具有资政、育人的功能外，还应当具有"护国"的功能。既然新中国历史是社会主义国家的历史，党领导的用马克思主义理论武装的当代史工作者就理应更自觉地发挥当代史编研的"护国"功能。这同发扬中国历代史学经世致用的传统，在本质上是一致的；同发扬中国近代以来史学家尤其是马克思主义史学家的爱国主义传统，也是完全契合的。所谓史学研究要"价值判断中立"，要"终止使用自己或他人的价值观念"，要"排除来自政治的、意识形态的和思想权威的各种干扰"的主张，只不过是某些人一厢情愿、自欺欺人的说法而已。提出这种主张的人自己就做不到"价值判断中立"，而且这种主张本身就是受某种"政治的、意识形态的和思想权威干扰"的结果。

说当代史编研具有强烈的意识形态性，绝不等于说可以削弱它的学术性、科学性。在有阶级有国家的社会，社会科学领域中的一门学科是否科学研究，并不取决于这门学科是否具有意识形态性和政治性，而取决于这门学科追求的是否客观真理，反映的是否客观规律，具有的知识体系是否完整系统，遵守的学术规范是否被公认为科学。只要尊重历史的真实性、连贯性、继承性，注重对历史事件原因的揭示、经验的总结、发展规律的探索，致力于符合学术规范的完整系统的学科体系建设，那么，当代史编研照样可以是一门科学，而且照样可以做出大学问。

（三）关于当代史编研的通史性

当代史编研的对象是 1949 年中华人民共和国成立后的中国历史，而中共党史编研在 1949 年之后的对象也是这段历史。它们之间会不会

———————

① 《十八大以来重要文献选编》（上），中央文献出版社 2014 年版，第 113 页。

重复呢？是不是重复劳动呢？回答这个问题，同样涉及当代史编研的特性。

中国共产党是中华人民共和国的核心领导力量，党的理论、路线、方针、政策、重大决策必然会对共和国的建设和发展产生决定性作用。从这个意义上说，党史是当代史的核心，新中国成立后的党史走向决定国史的走向。因此，当代史编研与新中国成立后的党史编研，从内容上讲难免会有许多交叉、重合。比如，党的历次代表大会、党的领袖人物的活动等，在当代史编研中不可能不涉及。另外，当代史编研与党史编研在编研理论上也有许多相同、相近、相通之处，很难截然区分。比如，一个学者对当代史分期、主线、主流等问题的主张，往往与他对党史同类问题的主张相差不多。

但应当看到，国史与党史毕竟不是一回事，当代史编研与党史编研也分属不同学科。国史的核心虽然是党史，但涵盖的内容要比党史多得多，涉及的范围要比党史宽得多。党史编研对象是政党的历史，基本属于政治学中的政党学范畴；即使从史学角度看，也属于专史编研。而当代史编研对象是整个国家的历史，不仅完全属于史学学科，而且是通史性质，是中国通史编研的接续。可见，党史编研与当代史编研在外延上存在很大不同。

相对于当代史编研，党史编研主要研究和阐述的是中国共产党在新中国成立后的历史发展及其规律，范围超不出中国共产党自身及其作为执政党影响所及的事务。像自然领域里的天象（日食、彗星等）、气候、生态、灾害的变化，与党史没有或基本没有关系，并不在党史编研的范围之内。在社会领域里的经济、法治、民族、疆域、政区、宗教，各参政党的"党史"，以及人口、婚姻、家庭，乃至民俗、服饰、饮食、语言、娱乐方式、人际交往等的变化，显然与党史或多或少有一定关联，党史编研也会有所涉及。但作为学科，并不属于它的研究范畴。例如，在党史编研中不可能设中国共产党疆域史、政区史、婚姻史、民俗史、服饰史等专业，因为不存在这样的历史。再如，中国共产党虽然有自己的经济思想史、法制思想史、人口政策史、环境政策史、民族政策史、宗教政策史等，在党史编研中也完全需要设置这些研究方向，但我们党并没有自己的法制史、人口史、环境史、民族史、宗教史，新中国成立后也不再有自己单独的经济史，因此不可能设什么中国共产党法制史、人口史、环境史、民族史、宗教史，以及新中国成立后的中国共产党经济史等研究方向。在党史编研中也会涉及中国共产党与八个参政党的相互关系，但不可能也不必要过分叙述这些党派自身的历史，否则就会混淆中共党史编研与其他党派的"党史"编研之间的关系。而上述这些内容却完全可以并且应当纳入当代史编研的范围，否则就不成其为当代史了。可见党史编研与当代史编研在内涵上也存在很大差别。

另外，党史编研和当代史编研的学科属性也是不同的。它们虽然都要借鉴中国传统史学和国外史学的有益方法，但党史编研需要更多地运用政治学研究的方法，而当代史编研主要运用史学研究的方法。在史书编纂方面，党史书一般采用章节体。而当代史书除章节体外，还要继承中国史学的传统体裁，如编年体、记事本末体、典制体、方志体、史地体等，以发扬我国历史编纂的优良传统。

总之，当代史编研与中共党史编研各有各的属性、内容和社会功能，谁也代替不了谁。现在一些国史书与党史书之间存在雷同现象，并不表示当代史编研与党史编研之间大同小异，而恰恰说明需要通过加强这两个学科的学科体系建设，进一步突出它们各自的特点。

二、如何界定当代史的分期

对历史进行分期，即给历史断限，是史学工作者为便于自己研究和引导人们认识历史发展阶段性特征的方法，同时也是史学研究中的一个重要理论问题。由于历史观的不同，对不同或相同社会形态的历史界定分期，很难有统一的标准；即使在同一历史观指导下，对同一社会形态的历史界定分期，由于观察问题的角度和所处时间节点不同，往往也会有不同的意见。

一个历史的时间太短，比如说仅有两三年，一般是难以分期的。但严格意义的当代史编研开展之初，新中国已经有了30年历史，因此完全有条件进行分期。现在，这一历史已整整 70 年，更有了分期的充分条件。据统计，迄今为止各种名称的中国当代史著作大约有 160 余种，其中对当代史的分期方法不下十几种，而且由于成书时间有先有后，即使相同的分期方法，上下限也不完全一样。[①]

改革开放初期，常见的分期方法大体有以下三种：

第一，四分法，即 1949—1956 年基本完成社会主义改造的七年，1956—1966 年全面建设社会主义的十年，1966—1976 年"文化大革命"的十年，1976 年伟大历史转折即粉碎"四人帮"以后的时期。

第二，五分法，即在第一种分期方法的基础上，将其中第一个时期，以 1952 年决定由新民主主义向社会主义过渡为界，分为"国民经济恢复时期"的三年和"社会主义改造时期"的四年。

第三，六分法，即在第二种分期方法的基础上，将其中第五个时期，也就是 1976 年粉碎"四人帮"以后的时期，再以 1978 年党的十一届三中全会的召开为界，分为"在徘徊中前进的两年"和"改革开放历史新时期"。

进入 21 世纪后，常见的分期方法在上述三种方法的基础上，又将改革开放后的历史新时期，以 1992 年邓小平发表南方谈话和党的十四大为界，划分出改革开放初期和社会主义市场经济体制建立时期；有的还以党的十六大为界，划分出全面建设小康社会时期。

上述分期方法是已知比较有代表性的几种，如果细分，还可以分出一些。比如，《历史决议》对"文化大革命"的十年就分成了三段，即"五·一六"通知到党的九大，党的九大到党的十大，党的十大到粉碎"四人帮"。

以上对当代史的分期都有一定道理，但为了更加体现国史的特点，笔者主张以经济与社会发展目标模式的转换作为当代史分期的标准，并自 2003 年以来一直将当代史大致分为五个时期，自 2015 年以来又对第五个时期的起始点作了修正。

---

① 援引王晓慧博士的博士后研究工作报告《中国当代史分期研究述评》（2017 年 7 月）。

第一个时期，1949—1956 年，这是由新民主主义向社会主义过渡的时期，或者说是结合中国实际学习苏联模式的时期，前后共七年。

第二个时期，1956—1978 年，这是探索中国自己的社会主义道路的时期，或者说是突破苏联模式，试图以计划经济体制加政治挂帅、群众运动搞建设的时期，前后共 22 年。

第三个时期，1978—1992 年，这是开创中国特色社会主义道路的时期，或者说是试图以计划经济体制加市场调节搞建设的时期，前后共 14 年。

第四个时期，1992—2012 年，这是拓展中国特色社会主义道路的时期，或者说是以建立社会主义市场经济体制为目标模式的时期，前后共 20 年。

第五个时期，2012 年以后，这是巩固和完善中国特色社会主义道路的时期，或者说是把改革开放前后两个历史时期对社会主义实践的探索加以整合并最终全面建成小康社会的时期。目前，这个时期还在进行之中。①

在上述分期方法中，笔者之所以把 1949 年至 1952 年的新民主主义时期和 1953 年至 1956 年的社会主义过渡时期放在一起，都作为由新民主主义向社会主义过渡的时期；又把 1956 年至 1966 年的"十年探索"、1966 年至 1976 年的十年"文化大革命"、1977 年至 1978 年的"两年徘徊"放在一起，都纳入建设和探索中国社会主义道路的时期；另外，还把 2012 年作为一个新时期的开始，原因如下。

（一）关于把 1949 年至 1956 年作为一个时期的原因

中国共产党早就明确，中国革命是分两步走的，第一步民主主义革命，第二步社会主义革命。就是说，进行民主革命是为了进行社会主义

① 在党的十八大召开前，笔者曾将 2002 年党的十六大之后提出科学发展观作为第五个时期的开始。但党的十八大召开后，通过对"四个全面"战略布局、"五位一体"总体布局的提出及其实施的观察，认为将 2012 年作为第五个时期的开始更合乎国史的实际。见拙著《当代中国史若干理论问题十二讲》，社会科学文献出版社 2016 年版。

革命。1949 年举行的第一届政协会上，周恩来在回答"既然新民主主义是过渡性质的阶段，共同纲领为什么不把社会主义前途规定出来"的问题时就说过："现在暂时不写出来，不是否定它，而是更加郑重地看待它。"[①] 这表明，1949 年至 1952 年是新民主主义时期，同时也是向社会主义过渡的时期，只不过那时没有公开宣布罢了。后来，当党在社会主义过渡时期总路线公布后，毛泽东指出："标志着新民主主义革命阶段的基本结束和社会主义革命阶段的开始的东西是政权的转变，是国民党反革命政权的灭亡和中华人民共和国的成立。"[②] "中华人民共和国的成立标志着中国革命由资产阶级民主革命阶段转变到社会主义革命阶段，即进入由资本主义到社会主义的过渡时期。"[③] 周恩来在 1953 年 9 月全国政协常委会扩大会议上更加明确地指出："新民主主义建设时期，就是逐步向社会主义过渡的时期。"[④] 可见，把 1949 年到 1956 年都作为新民主主义向社会主义的过渡时期，不仅有充分的根据，而且更有利于人们正确认识这七年的性质。

（二）关于把 1956 年至 1978 年作为一个时期的原因

过去出版的当代史，一般把"文化大革命"时期与 1956 年至 1966 年的十年社会主义全面建设时期或"十年探索"时期相并列。这在改革开放初期，在当代史只有 30 多年的时候，应当说是适宜的。但现在当代史已有 70 年，再这样分期就显得不够科学，而且也不利于人们正确认识改革开放前后两个历史时期的关系。

首先，十年"文化大革命"虽然给党和国家造成了灾难性后果，但就其本质来说，仍然是中国对自己社会主义道路的一种探索。《历史决议》在分析"文化大革命"发生的历史原因时曾指出："社会主义运动的历史不长，社会主义国家的历史更短，社会主义社会的发展规律有些

---

① 《中华人民共和国开国文选》，中央文献出版社 1999 年版，第 249 页。
② 《毛泽东文集》第 6 卷，人民出版社 1999 年版，第 315 页。
③ 《毛泽东文集》第 7 卷，人民出版社 1999 年版，第 1 页。
④ 《周恩来统一战线文选》，人民出版社 1984 年版，第 255 页。

已经比较清楚，更多的还有待于继续探索。""毛泽东同志是经常注意要克服我们党内和国家生活中存在着的缺点的，但他晚年对许多问题不仅没有能够加以正确的分析，而且在'文化大革命'中混淆了是非和敌我。他在犯严重错误的时候，还多次要求全党认真学习马克思、恩格斯、列宁的著作，还始终认为自己的理论和实践是马克思主义的，是为巩固无产阶级专政所必需的，这是他的悲剧所在。"① 这些论述说明，"文化大革命"虽然是对社会主义的一种不成功甚至是失败的探索，但毕竟是对社会主义的探索。

其次，"文化大革命"持续了十年之久。在那十年里，除进行"文化大革命"运动外，我们党和国家以及各族人民还做了许许多多其他工作，在经济建设、科学技术、国防外交等领域还取得了许许多多伟大成就。那十年虽然有时起时伏的动乱，但并没有脱离社会主义的轨道，没有游离于社会主义社会之外。因此，要把"文化大革命"与"文化大革命"时期加以区别，应当承认那十年仍然处在社会主义建设时期。

另外，"两年徘徊"虽然停止了"文化大革命"，并开始大力抓经济建设，但其追求的目标，是回到"文化大革命"之前的那种状态，而不是要开辟一条新的道路。

综上所述，把"十年探索""十年文革""两年徘徊"都纳入1956年开始的对中国自己的社会主义道路的探索时期，不仅符合历史实际，而且更有利于人们正确认识十年"文化大革命"时期和"两年徘徊"的性质，有利于抵制把改革开放前后两个历史时期加以割裂和对立的错误思想。

（三）关于把 2012 年作为一个新时期开端的原因

党的十六大之后，笔者曾认为党中央提出科学发展观标志当代史出现了一个以科学发展为目标模式的时期。但十年过去了，这一目标在实践中并没有得到认真体现，经济社会各个方面基本在沿着前一阶段的路

---

① 《三中全会以来重要文献选编》（下），中央文献出版社 2011 年版，第 149、147 页。

子发展。所以，党的十六大之后很难成为一个新时期的开始。而党的十八大之后，倒是出现了许多有别于前一个时期的明显特征。

习近平在党的十九大前夕的"7·26"讲话中指出："党的十八大以来，在新中国成立特别是改革开放以来我国发展取得的重大成就基础上，党和国家事业发生历史性变革，我国发展站到了新的历史起点上，中国特色社会主义进入了新的发展阶段。"[1]在党的十九大报告中，他进一步指出："十八大以来，国内外形势变化和我国各项事业发展都给我们提出了一个重大时代课题，这就是必须从理论和实践结合上系统回答新时代坚持和发展什么样的中国特色社会主义、怎样坚持和发展中国特色社会主义。"[2]他还说，党的十八大之后"五年来的成就是全方位的、开创性的，五年来的变革是深层次的、根本性的"，"这些历史性变革，对党和国家事业发展具有重大而深远的影响"。[3]以上论述清楚地说明，无论党和国家事业发生的历史性变革，还是中国特色社会主义进入新时代的重要标志，都发生在党的十八大之后的5年。

从事实上看，情况也正是这样。例如，对国内主要矛盾的判断，党中央自从1956年以来一直说的是人民日益增长的物质文化需要同落后的社会生产之间的矛盾；而党的十八大之后，变为了人民日益增长的美好生活需要和不平衡不充分的发展之间的矛盾。在国家经济发展战略上，党中央过去长期把高速增长放在重要位置；而党的十八大以来，提出稳中求进的总基调、中高速增长是新常态，并统筹推进"五位一体"总体布局，协调推进"四个全面"战略布局。在党的建设上，党的十八大之后也明显突出了一个"严"字，由中央政治局带头实行"八项规定"，对腐败采取"零容忍"态度，并强调坚守共产主义和中国特色社会主义的理想信念。在国际关系上，党的十八大之后，我国随着综合国力日益增强，越来越多地成为国际组织、国际会议、国际行动的发起

①《高举中国特色社会主义伟大旗帜 为决胜全面小康社会实现中国梦而奋斗》，《人民日报》2017年7月28日。
②《中国共产党第十九次全国代表大会文件汇编》，人民出版社2017年版，第14—15页。
③《中国共产党第十九次全国代表大会文件汇编》，人民出版社2017年版，第7页。

者、倡导者、组织者，日益走近世界舞台的中央。特别是在党和国家的指导思想上，党的十九大决定由原来的马克思列宁主义、毛泽东思想、邓小平理论、"三个代表"重要思想、科学发展观，增加习近平新时代中国特色社会主义思想。而正是这个思想，正确回答了进入新时代后的一系列重大问题，引领并校正着党和国家的前进航向。因此，无论党中央的论述还是客观实际都表明，党的十八大以来确实是中国特色社会主义新时代的起点，同时也是改革开放史乃至当代史一个新时期的起点。

在当代史的分期问题上，只要是从历史本身的客观实际和内在逻辑出发，从反映历史阶段性特征的角度观察，各种意见都是可以也是应当在学术范围内平等讨论的，不应当只把某一种意见视为绝对的正确，而把其他意见斥为绝对的错误。列宁说过："自然界和社会中的一切界限都是有条件的和可变动的。"①在历史分期的问题上，同样如此。就是说，无论某种意见多么接近真理，都只具有相对的意义。另外，上述分期只是就国家宏观历史而言的，至于某些专门史（如学术史、文学史、美术史等）、某些地方史（如西藏史、港澳台史等），分期、断限完全可以根据自身的特殊情况决定，不一定非要与国家史的分期一致不可。

不过也要看到，在当代史分期问题上的各类意见中，也夹杂着以"历史分期"作幌子以表达某种政治诉求的言论。这类言论并不具有学术性，自然不在平等讨论的范围。例如，有人提出，中国历史至今只有三个时期，即前帝制时期、帝制时期、后帝制时期。这种所谓"历史分期"显而易见在影射新中国是"后帝制时期"，是没有皇帝的专制社会。还有人提出，中国近代以来只有两个标志性事件，一是1911年开始的共和时期，二是1978年开始的改革开放时期。这种所谓"历史分期"，从表面看似乎在抬高改革开放的历史地位，但深入想一下就不对了，因为它完全无视1949年中华人民共和国成立给中国带来的社会形态变化。因此，它所说的"改革开放"，只能是指继承1911年资产阶级"共和"道路的所谓"改革开放"，而不是我们正在进行的社会主义道路上的改

①《列宁选集》第2卷，人民出版社1995年版，第693页。

革开放。还有人提出，1949 年以来的历史应以 1978 年为界分为两个时期，前一个时期为现代史，后一个时期为当代史。这种分期的表述，把改革开放前后两段历史与中国近代史相提并论、等量齐观。从表面看好像也在抬高改革开放的历史地位，但深入分析一下就会发现，这等于说改革开放前后如同新中国成立前后一样，在社会形态上是不同的。这种"历史分期"势必导致一种悖论，即如果说改革开放前的社会是社会主义，那么改革开放后就不是；反之，如果说改革开放后的社会是社会主义，则改革开放前就不是。无论哪种结果，都是对改革开放前后社会性质的歪曲，都是在把改革开放前后两个历史时期加以割裂和对立。上述这几种对新中国历史的所谓"分期"，本质上都是借历史分期之名设置的"理论陷阱"，与我们要讨论的历史分期问题完全不是一码事。

三、如何看待当代史的主线

所谓历史主线，是指贯穿历史始终的主要脉络。它客观存在于历史，但需要有人通过研究加以揭示。历史工作者探寻历史主线的目的，是帮助人们认识历史事件的原因，总结历史过程的得失，找出历史发展的规律，并预测历史前进的走势。因此，探寻历史主线也是史学工作者，尤其是马克思主义史学工作者在历史研究中的一项重要理论工作。

对于历史的主线，尤其是当代史的主线，由于人们运用的概念、观察的角度等有所不同，看法往往会有所差异。因此，在判断当代史的主线之前，应当首先弄清楚什么是史学意义上和马克思主义语义下的历史主线，给历史主线下一个准确的定义。要下这样的定义，当然只能从马克思主义的经典著作中找根据。

马克思在《路易·波拿巴的雾月十八日》中说："人们自己创造自己的历史，但是他们并不是随心所欲地创造，并不是在他们自己选定的条件下创造，而是在直接碰到的、既定的、从过去承继下来的条件下创造。"[①] 恩格斯在《路德维希·费尔巴哈和德国古典哲学的终结》中也说：

① 《马克思恩格斯选集》第 1 卷，人民出版社 2012 年版，第 699 页。

"在社会历史领域内进行活动的，是具有意识的、经过思虑或凭激情行动的、追求某种目的的人；任何事情的发生都不是没有自觉的意图，没有预期的目的的。""如果要去探究那些隐藏在——自觉地或不自觉地，而且往往是不自觉地——历史人物的动机背后并且构成历史的真正的最后动力的动力，那么问题涉及的，与其说是个别人物，即使是非常杰出的人物的动机，不如说是使广大群众、使整个整个的民族，并且在每一民族中间又是使整个整个阶级行动起来的动机；而且也不是短暂的爆发和转瞬即逝的火光，而是持久的、引起重大历史变迁的行动。"①恩格斯在致约瑟夫·布洛赫的信中又说："历史是这样创造的：最终的结果总是从许多单个的意志的相互冲突中产生出来的……这样就有无数互相交错的力量，有无数个力的平行四边形，由此就产生出一个合力，即历史结果。"②把以上论述概括起来，可以归纳出以下三个观点：第一，历史是由人创造的，而人的行动是有目的的；第二，杰出人物对历史的创造，首先要受到既定历史条件的制约，其次要适应广大人民群众的动机；第三，在阶级社会中，人民群众是分为不同阶级和利益群体的，因此必然会有各种各样相互矛盾的动机，这些动机在经过无数次碰撞和较量后，总会有一些占据上风，从而构成主导历史变化的动因。

可见，在马克思主义经典作家看来，所谓史学意义上的历史主线，是指构成历史主体的人民群众在既定历史条件下对历史变化形成决定性作用的动机，即历史的主要动因。换句话说，历史变化的决定性动机及其结果就是历史的主线。由于人民群众对历史变化的决定性动机不会只有一个，因此历史的主线也不会只有一条。历史工作者探寻历史的主线，说到底是探寻历史的主要动因，即在特定历史条件下对特定历史变化形成决定性作用的人民群众的那些动机。找到了这些动因，也就找到了历史主线。

关于当代史的主线，目前学术界提法有很多。比较普遍提法有以下

---

①《马克思恩格斯选集》第 4 卷，人民出版社 2012 年版，第 253、255—256 页。

②《马克思恩格斯选集》第 4 卷，人民出版社 2012 年版，第 605 页。

三种：一种认为，主线是解放和发展生产力；另一种认为，主线是中国人民在中国共产党领导下进行革命、建设和改革；还有一种认为，主线是坚持和探索中国的社会主义建设道路。第一种提法适用于许多国家在许多时段的历史，并没有揭示出新中国历史发展的特殊动因。第二种提法也未能揭示出新中国历史发展的内在动因，只能说是给当代史下的一个定义。第三种提法虽然反映了贯穿当代史的特殊动因，但如果仅把它看成唯一的动因，也会发生一些不好解释的问题，使一些贯穿当代史的重大事件的动因难以用这条主线涵盖。

首先，提前向社会主义过渡就很难用坚持和探索社会主义建设道路来解释。我们党领导人民进行新民主主义革命，最终目的是引导中国走上社会主义道路。但在新中国成立前夕和初期，毛泽东、刘少奇等党和国家领导人鉴于旧中国现代工业仅占国民经济百分之十不到，且资金匮乏、人才奇缺的实际情况，曾决定先搞一段新民主主义，让资本主义工商业再发展 10 年、15 年、20 年，以便积累资金、物资、人才，待条件具备后再重点发展重工业，并相应进入社会主义。然而，新中国成立后仅 3 年，毛泽东便提出从现在起就要过渡，并用 10 年到 15 年基本完成过渡。为什么会发生这个变化呢？如果说当代史只有坚持和探索社会主义建设道路这一条主线，很容易使人得出这样的结论，即提前向社会主义过渡是为了尽快搞社会主义。前些年一些人认为，向社会主义提前过渡是毛泽东的社会主义情结所致。这种历史唯心论观点的提出，与历史主线上的模糊认识，不能说完全没有关系。然而，实际情况并非如此，不是毛泽东的个人意志导致了提前向社会主义过渡。恰恰相反，是当时美帝国主义入侵朝鲜并把战火烧到中朝边境，对中国安全构成威胁，使我国迫切需要通过优先发展重工业加强国防工业，同时遇到苏联答应全面援助我国以优先发展重工业为主要内容的"一五"计划建设这一难得的历史机遇，是这些客观事物的变化反映到毛泽东头脑中，促使他考虑如何集中有限的财力、物力、人力以适应这一变化，从而提出提前向社会主义过渡的主张。

还有一种观点认为，毛泽东之所以决定提前向社会主义过渡，是因为当时已经具备了向社会主义过渡的客观条件。如 1952 年国民经济恢复任务已顺利完成，工业生产在国民经济中、国营经济在工业生产中的比重已有了较快增长，农业互助合作化运动已全面开展，朝鲜战争战局已趋于平稳等。就是说，提前向社会主义过渡是水到渠成。这种观点虽然是历史唯物论的，但它没有解释也解释不了 1949 年新中国成立前后，党中央决定先搞十几年新民主主义然后再搞社会主义的那些主要原因在 1952 年下半年是否有了实质性的改变。其实，只要深入分析一下就不难看到，新中国刚刚成立时，之所以决定先搞一段新民主主义，主要原因不仅是现代工业在经济中仅占 10% 左右，而且农业水平也十分落后，资金、物资和人才都极度缺乏，无法开展大规模工业化建设，只能一方面发展在没收官僚资本主义企业基础上建立的国有经济，另一方面继续发挥资本主义工商业的积极作用，以便慢慢积累当时尚不具备的条件。如果说 1952 年这些条件忽然具备了，那为什么还要为把有限的资金、物资、人才集中用于工业化建设而实行高度集中的计划经济体制，并相应进行生产资料的社会主义改造呢？1953 年党中央制定的社会主义过渡时期总路线明确指出，工业化是主体，对资本主义工商业和农业、手工业的社会主义改造是"鸟之两翼"，向社会主义过渡是围绕工业化、为了工业化的。[①] 这充分说明，提前向社会主义过渡，既不是主观意志的作用，也不是水到渠成的结果，而是为了抓住当年苏联答应全面援助我国以重工业为重点的"一五"计划建设的历史机遇而采取的重大步骤。

后来，周恩来在 1964 年三届全国人大一次会议上又根据毛泽东的意见，提出我国在 20 世纪末实现工业、农业、科学技术和国防四个现代化的目标，并在 1974 年四届全国人大一次会议上予以重申。改革开放后，党中央先是强调"四个现代化"目标，以后又提出走新型工业化道路，在 21 世纪头 20 年内基本实现工业化，在新中国成立 100 年时达到中等发达国家水平。党的十九大进一步提出，到 2035 年基本实现现代化，到 21 世纪中叶把我国建成富强民主文明和谐美丽的社会主义现

[①]《毛泽东传（1949—1976）》（上），中央文献出版社 2003 年版，第 269 页。

代化强国。所有这一切都说明，在新中国的历史主线中，除了坚持并探索中国的社会主义道路之外，还有一条与之平行的主线，就是争取早日实现国家工业化和现代化。

其次，新中国先后在周边打了五次影响比较大的仗，也很难用坚持和探索社会主义建设道路或争取早日实现工业化、现代化这两条主线来解释。这五次仗中的第一仗是抗美援朝战争，第二仗是中印边境自卫反击战，第三仗是抗美援越战争（主要是后勤和防空支援），第四仗是中苏珍宝岛战斗（规模不大，但导致中苏边境局势长时间紧张），第五仗是中越边境自卫反击战。如果说这些战争和战斗都是受坚持并探索社会主义这条主线的支配，或者是受争取早日实现国家工业化、现代化这条主线的支配，显然也是说不通的。可见，除了上述两条主线之外，新中国历史中还有一条贯穿始终的主线，那就是维护国家的主权、安全和领土完整。过去炮击金门、平息西藏少数分裂分子叛乱，受这条主线所支配；后来反对"两霸"、打破西方制裁、收回港澳主权、遏制"台独"、打击"藏独"和"疆独"等，也是受这条主线所支配。最近几年，在东海和南海与各种敌对势力做斗争，在朝鲜半岛主张无核化、反对部署反导系统，以及最近在贸易和高科技领域反制美国的打压等，同样是受这条主线支配的。

综上所述，如果把马克思主义关于历史主线的理论与当代史的具体实际相结合，不难看出中国人民在中国共产党领导下创造历史的基本动因起码有三个：第一，坚持并探索中国的社会主义道路；第二，争取早日实现中国的工业化和现代化；第三，维护中国的国家主权、安全和领土完整。这三个基本动因，构成了当代史的三条主线。其中第一条最重要，但它代替不了另外两条。这三条主线既相互区别又相互联系，共同影响和左右着当代史的发展。当代史迄今为止的所有重大事件，几乎都可以从这三条主线中找到相应的答案。抓住了这三条主线，也就抓住了当代史发展的主要线索、主要脉络，而且可以从中大致预测出中国未来发展的基本走向。从一定意义上说，它们就像三把钥匙，可以打开一系列当代史编研的问题之门；它们也像交响乐曲的三个主题，交汇演奏出共和国发展的交响曲。

弄清当代史的主线，不仅对于构建当代史编研的学科体系不可或缺，而且对于引导人们正确认识新中国历史也是十分必要的。好比一棵大树，树权树叶遮天蔽日方才显得大树枝繁叶茂、生机盎然。但也正因为有这些茂盛的枝叶，所以反而让人不容易看清楚主干。要认清主干，只有先剪去枝叶。同样，要认清当代史的主线，也不能被当代史中各色各样、曲曲折折的具体事件遮住视野。只要把当代史中那些具体事件拨开，新中国 70 年历史的主要脉络就会清晰地呈现在人们眼前。

四、如何分析当代史的主流

所谓历史的主流，是相对历史支流而言的。评判什么是历史的主流，实际上是指某个历史时期中究竟是光明、进步、积极的一面为主，还是黑暗、倒退、消极的一面为主。历史工作者尤其是马克思主义史学工作者，之所以要分析并回答这个问题，同样是为了帮助人们正确认识历史，以便在纷繁复杂的历史过程中分清和把握历史的主要方面。所以，它同样是当代史编研中一个重要的学科理论问题。

关于新中国迄今为止 70 年历史的主流，学术界尽管有各种各样的观点，但多数学者认为，改革开放后的 40 年主流是好的，基本应以正面评价为主；而对于改革开放前的近 30 年，不少人要么不能理直气壮地表示应以正面评价为主，要么或明或暗地认为应以负面评价为主，个别人甚至把那段历史描绘得一团漆黑，认为比旧中国还不如。因此，要回答什么是当代史的主流，关键在于如何看待改革开放前那段历史，尤其是那段历史中的失误和曲折。

大量事实说明，凡是怀疑和反对改革开放的，往往会用改革开放前的历史否定改革开放后的历史；凡是怀疑和否定四项基本原则的，往往会用改革开放后的历史否定改革开放前的历史；凡是把中国特色社会主义看成"新民主主义的回归"和"民主社会主义"、"社会民主主义"，或者看成"资本主义复辟"的，必然会把这两个历史时期加以割裂和对立；同样，凡是把这两个历史时期加以割裂、对立、相互否定的，也必然会反对或曲解中国特色社会主义道路。即使在能够正确认识中国特色社会主义的人中，也有许多人对如何认识这两个历史时期的关系感到拿不准，不敢理直气壮地说它们的主流是正面的，担心这样说会抬高改革开放前、贬低改革开放后。可见，如何评价改革开放前的历史，不仅是一个历史研究领域的问题，也是现实性和政治性都很强的问题。

从新中国成立到"文化大革命"结束之前的 27 年，加上 1976 年粉碎"四人帮"到党的十一届三中全会召开之前的 2 年，一共是 29 年。在这 29 年里，有过全局性、长时段的重大失误和曲折，例如"大跃进"和"文化大革命"。对此，不应当忽视，更不应当掩饰，否则不可能从中吸取教训。然而也不能孤立片面地看待，更不能夸大，那样同样不可能正确总结经验，还会一叶障目，导致对那段历史的全盘否定和对社会主义制度的怀疑。要正确地看待那段历史，同样需要有当代史编研自身的学科理论。在这个问题上，我认为起码应确立以下五个观点。

（一）要把那段历史的失误与成就、曲折与本质放在一起加以比较，看看哪个方面更重要

对于改革开放前历史时期的总体评价，党中央在改革开放后的各个时期曾有过一系列论述，观点是明确，也是始终一贯的。

1979 年，邓小平在理论务虚会上的讲话指出："社会主义革命已经使我国大大缩短了同发达资本主义国家在经济发展方面的差距。我们尽管犯过一些错误，但我们还是在三十年间取得了旧中国几百年、几千年所没有取得过的进步。"[①]

1981 年，《历史决议》指出：中华人民共和国成立以后的历史，"总的说来，是我们党在马克思列宁主义、毛泽东思想指导下，领导全国各族人民进行社会主义革命和社会主义建设并取得巨大成就的历史。社会主义制度的建立，是我国历史上最深刻最伟大的社会变革，是我国今后一切进步和发展的基础"。"忽视或否认我们的成就，忽视或否认取得这

---

①《邓小平文选》第 2 卷，人民出版社 1994 年版，第 167 页。

些成就的成功经验，同样是严重的错误。"①

1989 年，江泽民在庆祝中华人民共和国成立 40 周年大会上指出：
"中华人民共和国成立以来的四十年，是中国历史发生翻天覆地变化的
四十年，是经历艰难曲折、战胜种种困难、不断发展进步的四十年，是
中华民族扬眉吐气、独立自主、在国际事务中日益发挥重要作用的四十
年。"②

2007 年，胡锦涛在党的十七大报告中指出："我们要永远铭记，改
革开放伟大事业，是在以毛泽东同志为核心的党的第一代中央领导集体
创立毛泽东思想，带领全党全国各族人民建立新中国、取得社会主义革
命和建设伟大成就以及艰辛探索社会主义建设规律取得宝贵经验的基础
上进行的。新民主主义革命的胜利，社会主义基本制度的建立，为当代
中国一切发展进步奠定了根本政治前提和制度基础。"③

2013 年，习近平在"1·5"重要讲话中指出：改革开放前后两个历
史时期，"是两个相互联系又有重大区别的时期，但本质上都是我们党
领导人民进行社会主义建设的实践探索……两者决不是彼此割裂的，更
不是根本对立的。不能用改革开放后的历史时期否定改革开放前的历史
时期，也不能用改革开放前的历史时期否定改革开放后的历史时期。"④
在 2016 年庆祝中国共产党成立 95 周年纪念大会上，他又指出：新中国
在改革开放前，"完成社会主义革命，确立社会主义基本制度，消灭一
切剥削制度，推进了社会主义建设。这一伟大历史贡献的意义在于，完
成了中华民族有史以来最为广泛而深刻的社会变革，为当代中国一切发
展进步奠定了根本政治前提和制度基础，为中国发展富强、中国人民生
活富裕奠定了坚实基础，实现了中华民族由不断衰落到根本扭转命运、

---

① 《三中全会以来重要文献选编》（下），中央文献出版社 2011 年版，第 129、132 页。

② 《十三大以来重要文献选编》（中），中央文献出版社 2011 年版，第 62 页。

③ 胡锦涛：《高举中国特色社会主义伟大旗帜 为夺取全面建设小康社会新胜利而奋斗——
在中国共产党第十七次全国代表大会上的报告》，《人民日报》2007 年 10 月 25 日。

④ 习近平：《毫不动摇坚持和发展中国特色社会主义 在实践中不断有所发现有所创造有
所前进》，《人民日报》2013 年 1 月 6 日。

持续走向繁荣富强的伟大飞跃"[1]。

以上党中央的决议、报告、讲话的论述，高度概括了改革开放前历史的本质和主要成就，基本反映了我们党对那一时期的总体评价，应当是我们正确认识那段历史的主要理论依据。只要把那段历史中的失误、曲折，包括"大跃进"和"文化大革命"那样的严重错误，同以上论述列举的成就放在一起比较，孰重孰轻、谁主谁次，就会一目了然。

（二）要对那段历史的失误和错误进行具体分析，不能因为有些事情有失误、错误就对那些事情全盘否定

首先，要分析失误和错误是普遍、全局的现象，还是个别、局部的现象。例如，改革开放前曾发动过一系列政治运动。其中，像"大跃进"的高指标、瞎指挥、浮夸风、"共产风"，"文化大革命"的"打倒一切、全面内战"等错误，都是普遍、全局性的。但像新解放区土改运动和"三反""五反"运动中的错误，则是个别或局部的，而且一经发现很快便予以纠正。如果不加分析，看到哪个运动中有缺点有错误就予以全盘否定，势必会得出改革开放前的历史是一连串错误集合的结论。

其次，要分析存在失误和错误的工作中是否也有正确合理的成分，这些正确合理的成分对以后工作是否也起到了一定的积极作用。例如，新中国成立初期，思想文化领域进行的几场比较大的批判运动，存在把思想性、学术性问题简单化、政治化的倾向，有的甚至混淆了敌我、敌友的界限，显然是十分错误的。但也应当看到，正是那些大张旗鼓的批判，加上与此同时进行的知识分子思想改造运动，使文艺界、学术界、教育界原先存在的封建主义的和资产阶级唯心主义、"民主个人主义"、自由主义的思想受到了强烈冲击和迅速清理，使辩证唯物主义和历史唯物主义、为人民服务和人人平等等无产阶级思想很快为大多数旧社会过来的知识分子所接受。如果不加分析，把那几场批判运动中犯的错误连同其中合理正确的成分一概否定，就难以解释马克思主义过去仅在农村

---

[1] 习近平:《在庆祝中国共产党成立95周年大会上的讲话》,《人民日报》2016年7月2日。

根据地、解放区占主导地位，为什么会在短短几年内成为全国特别是城市中的主流意识形态。

最后，要把犯错误和犯错误的时期加以区别，不能因为某个时期犯了错误，就把那个时期的工作统统否定。比如，"大跃进"使"左"倾错误严重泛滥，给国民经济造成很大损害。但"大跃进"前前后后持续了三年时间，那三年新建、扩建了十大钢铁厂，以及一批有色金属冶炼厂和几十个煤炭企业和发电厂，其中包括至今还在发挥作用的武钢、攀钢等。据统计，目前仍在使用的大中型水库，几乎一半是那几年建设的；1964年前重工业部门新建的大中型项目，有三分之二也是在那几年开工兴建的，就连大庆油田也是在那一时期被发现和开始建设的。那些年建起来的县办社办工业，后来虽然由于国民经济调整而纷纷下马，但很多在"文化大革命"中又重获发展，为改革开放初期乡镇企业的异军突起打下了一定基础。

"文化大革命"是新中国成立后犯的最为严重的错误，前面已经说到，它持续了十年之久。在那十年里，除了开展"文化大革命"运动，我们党和国家还做了许多其他工作。《历史决议》说：在"文化大革命"期间，"我国社会主义制度的根基仍然保存着，社会主义经济建设还在进行，我们的国家仍然保持统一并且在国际上发挥重要影响"，"国民经济虽然遭到巨大损失，仍然取得了进展"。[①]例如，在那十年里，我国建成了成昆、湘黔、焦枝等9条铁路（包括宝成电气化铁路），南京长江大桥，2条长距离输油管道和连通大部分省的微波通信干线，第一艘核潜艇，第一个卫星地面站，第三代电子计算机，全国电视网；成功爆炸了氢弹，进行了地面核试验，发射和回收了人造卫星，发射了第一颗洲际导弹；成功培育了籼型杂交水稻；2015年获得诺贝尔奖的疟疾特效药青蒿素，也是那一时期试验成功的。《历史决议》还说："在国家动乱的情况下，人民解放军仍然英勇地保卫着祖国的安全。对外工作也打开了新的局面。当然，这一切决不是'文化大

---

① 《三中全会以来重要文献选编》（下），中央文献出版社2011年版，第147、148页。

革命'的成果,如果没有'文化大革命',我们的事业会取得大得多的成就。"①这些事实都说明,绝不能把"文化大革命"运动与"文化大革命"时期画等号,不能因为要彻底否定"文化大革命",就否定我们党和国家在"文化大革命"时期所做的有益工作和社会主义建设事业所取得的重大成就,更不能因此而否定我们党和国家的原有性质。

(三)要把失误和错误放在特定的历史条件下分析,并把那时可以避免和难以避免的失误和错误区分开来

所谓客观条件限制有两种,一种是实践不够,缺少经验;另一种是物质不够,缺少条件。例如,改革开放前在很长时间内积累率过高,对消费品生产的资金、原材料安排不足,使人民生活水平提高不快;尤其是对农业、农民索取过多,给予过少,造成农村大部分地区面貌变化不大。这与我们对积累与消费比重安排不当,对农业与农民照顾不够有关,也与当时为进行大规模工业化基本建设积累资金、集中使用物质有关。新中国成立后,面对旧中国一穷二白的落后局面和帝国主义的军事威胁、经济封锁,我们必须走优先发展重工业的道路,以便尽快增强国力、巩固国防。而要这样做,在当时只能靠出口农副产品换回先进的工业设备,必须从农村购买大量农副产品适应工业人口的增加。如果任凭农副产品价格随行就市,财政开支就无法控制,建设计划就会落空。所以,那时不得不对粮食、棉花、油料作物和木材等主要农副产品实行统购统销政策,不得不相对牺牲农民的一部分利益,暂时抑制人民的某些消费。当年陈云就说过:"中国是个农业国,工业化的投资不能不从农业上打主意。搞工业要投资,必须拿出一批资金来,不从农业打主意,这批资金转不过来。"②他还说:"缩小工农业产品价格的剪刀差,这是我们的目标,共产党的政权必须这样做,不能忘记。革命就是为了改善最大多数人民的生活,但是由于我们工业品少,也不要以为很快可以

①《三中全会以来重要文献选编》(下),中央文献出版社2011年版,第148页。
②《陈云文选》第2卷,人民出版社1995年版,第97页。

做到。这个问题我有责任说清楚，因为还要积累资金，扩大再生产。"①
因此，从历史的基本面看，人民生活水平提高、农村面貌变化都不如改
革开放时期那么显著，是工业化建设不得不付出的必要代价。即使不犯
"大跃进"、反右倾、"文化大革命"那样的错误，这些问题仍然会在一
定程度上存在。只不过，那些错误加重了困难的程度，延长了困难的时
间，使各种票证越发越多罢了。

（四）要分析造成失误和错误的主观原因，同时要把好心办坏
事与个人专断、个人专断与专制制度加以区别

在可以避免的错误中也有两种，一种是个人专断，一种是急于求成。
对于急于求成，邓小平作过一个分析，他说："我们都是搞革命的，搞
革命的人最容易犯急性病。我们的用心是好的，想早一点进入共产主义。
这往往使我们不能冷静地分析主客观方面的情况，从而违反客观世界发
展的规律。中国过去就是犯了性急的错误。"②这个分析完全符合实际，也
十分中肯。正因为是好心办了坏事，所以错误一旦被发现，我们党和政
府才有可能立即正视错误、承认错误，并积极采取措施纠正错误。例如，
"大跃进"中浮夸风、"共产风"的错误加上自然灾害，使农业大幅度减产，
储备粮严重不足，人民群众普遍吃不饱，很多人由于营养不良患浮肿病，
一些地方甚至出现饿死人的现象。当党和政府发现问题后，立即紧急调
运和进口粮食，查处封锁消息的案件，千方百计增加城市大豆、鱼类供
应，发放各种生活必需品的票证，保障人民群众基本生活需要。各级领
导干部还带头减少粮食定量，与人民共度时艰，而且发扬党的优良传统，
在工作中设身处地为老百姓着想。再如，除了上海有半两粮票外，还考
虑到江浙一带人民有吃汤面的习惯，印有一钱六分五厘的油票。正因为
上下同甘共苦，党和政府的工作周到细致，所以尽管那时生活十分艰难，
但人民群众对党和政府仍然高度信任、充分体谅，从而很快渡过了难关。

_____

①《陈云文选》第2卷，人民出版社1995年版，第194—195页。
②《邓小平文选》第3卷，人民出版社1993年版，第139—140页。

个人专断与急于求成的问题有所不同，《历史决议》对此进行了全面而深入的分析，指出：这种问题的根源在于骄傲、脱离实际和脱离群众，表现在把个人凌驾于组织之上，后果在于使党和国家政治生活中的集体领导原则、民主集中制原则受到削弱以至破坏，社会原因在于党内民主和国家政治生活中的民主缺少制度化、法律化以及权力过分集中于个人，历史原因在于长期封建社会造成的专制主义思想影响。因此，必须吸取"文化大革命"的教训，健全党和国家的民主集中制和集体领导的制度。

不过，我们也必须看到，受专制主义思想的影响与封建专制制度是本质完全不同的两码事。前者是思想作风问题，后者是社会性质问题，不能相互混淆。从本质上讲，社会主义制度是与个人专断这类专制主义思想格格不入的。正因为如此，我们党才能在社会主义制度的框架内，提出并着手纠正这种问题。另外，在指出这一问题时，也不能把它仅归咎于某个人或某些人，而应当注重总结经验，并在党和国家的领导制度、干部制度等政治体制上进行改革，以免后人重犯类似错误。党的十七大报告在讲到严格执行民主集中制时，强调要"健全集体领导与个人分工负责相结合的制度，反对和防止个人或少数人专断"[1]。习近平在2013年全国组织工作会议上也指出："在贯彻执行民主集中制方面，既有发扬民主不够导致的主要领导独断专行的问题，也有正确集中不够造成的领导班子软弱无力的问题，相对来说，前者更为突出一些。"[2]这说明，即使改革开放后，仍然存在个别人或少数人专断的情况。封建专制主义思想影响在我国有深厚的历史根源，不会只在某个人或某些人身上起作用，也不会仅在短时间内就被清除干净；更不能因为存在某些人独断专行的现象，就妄言中国共产党是什么专制主义的党、中华人民共和国是什么专制主义的国家。

---

①《十七大以来重要文献选编》（上），中央文献出版社2009年版，第39—40页。
②《十八大以来重要文献选编》（上），中央文献出版社2014年版，第353页。

（五）要看前面的历史对于后面历史的作用是积极面为主，还是消极面为主

改革开放无疑是决定当代中国命运的关键抉择，但它不是在 1949 年旧中国那个满目疮痍的烂摊子上起步的，而是在以毛泽东同志为核心的党的第一代中央领导集体创立毛泽东思想，并带领全党全国人民建立新中国，取得社会主义革命和建设伟大成就，以及艰辛探索社会主义建设规律、取得宝贵经验的基础上进行的。概括地讲，笔者认为那段历史对于改革开放具有奠基的意义，这个意义起码体现在以下五个方面。

第一，提供了改革开放的政治前提。例如，取得了国家的独立、统一，实现了民族的大团结，建立了社会主义基本制度，维护了国家的安全和社会稳定。如果没有这个前提，改革开放就是不可想象的。

第二，提供了改革开放的物质基础。例如，建立了独立完整的工业体系和国民经济体系，拥有了雄厚的固定资产。1978 年，我国固定资产比新中国成立时增长了 56.3 倍。而且，正因为我国那时已建立了完整的工业体系，所以现在才可能成为世界上唯一一个拥有联合国产业分类的全部工业门类中 41 个大类、191 个中类、525 个小类的国家。如果没有这个前提，改革开放也是不可想象的。

第三，提供了改革开放的外部条件。例如，我国与世界上大多数国家建立了外交关系，在第三世界中拥有极高威望，在联合国恢复了合法席位，顶住了大国沙文主义妄图控制中国的压力，打破了帝国主义对中国的封锁，搞出了"两弹一星"。正如邓小平所说："毛泽东同志在他的晚年还提出了关于三个世界划分的战略思想，并且亲自开创了中美关系和中日关系的新阶段，从而为世界反霸斗争和世界政治前途创造了新的发展条件。我们能在今天的国际环境中着手进行四个现代化建设，不能不铭记毛泽东同志的功绩。"[1] 他还说过："毛泽东同志在世的时候，我们也想扩大中外经济技术交流，包括同一些资本主义国家发展经济贸易

[1]《邓小平文选》第 2 卷，人民出版社 1994 年版，第 172 页。

关系，甚至引进外资、合资经营等等。但是那时候没有条件，人家封锁我们。……毛泽东同志关于三个世界划分的战略思想，给我们开辟了道路。"① "如果六十年代以来中国没有原子弹、氢弹，没有发射卫星，中国就不能叫有重要影响的大国，就没有现在这样的国际地位。"② 显然，没有这个前提，改革开放也是不可想象的。

第四，提供了改革开放的政治保证。例如，形成了关于社会主义制度的一系列基本政治原则，其中最重要的，就是邓小平在改革开放后提出的四项基本原则。没有这个前提，改革开放更是不可想象的。

第五，提供了改革开放可资借鉴的经验教训。邓小平说过："过去的成功是我们的财富，过去的错误也是我们的财富。……没有'文化大革命'的教训，就不可能制定十一届三中全会以来的思想、政治、组织路线和一系列政策。"③ 如果那样，改革开放当然也是不可想象的。

2015 年，中国人民大学出版社出版了一本名为《高思在云》的书，作者朱云汉虽然是台湾大学政治学系教授、蒋经国基金会秘书长，并不信仰唯物史观，但他在对中印两国 20 世纪 50 年代初以来发展情况进行比较这一点上，却基本符合历史主义的观点。书中写道："一般流行的看法都认为，从 1949 年新中国成立到 1978 年'改革开放'这前面 30 年都浪费掉了，走了很长的冤枉路，甚至可以说完全是'黑暗时期'。这个认知并不正确，至少是以偏概全。" "如果拿中国与印度相比，政治与社会体制对经济结构转型的提振或制约作用就很明显了。1950 年代的中国与印度几乎处于相同的贫穷与落后状态，但经过一甲子之后，在联合国开发计划署编列的'人类发展'（human development）所有指标上，中国的长期表现明显优于印度。"书中还写道："1978 年之前的 30年，中国建设了动员能力特别强的现代国家体制，这个体制在中国历史上、在这片土地上从来没有出现过，其动员、渗透的能力达到社会的最底层。中国建立了非常强的国家意识，可以将社会中多数人的意志力凝

---

① 《邓小平文选》第 2 卷，人民出版社 1994 年版，第 127 页。
② 《邓小平文选》第 3 卷，人民出版社 1993 年版，第 279 页。
③ 《邓小平文选》第 3 卷，人民出版社 1993 年版，第 272 页。

聚在需要最优先发展的目标上；在民族复兴的大旗帜下，中央政府享有调动全国资源集中使用的正当性。另外，中国完成了一场相当彻底的社会主义革命，它把私有财产权，尤其是最重要的土地资本与工业资本国有化或集体化。除了农村土地外，这个庞大国家的集体资产大部分是国有资产，这成为中国后来年快速发展的资本。其他很多国家没有走这条激进的革命道路，很难复制这个历史条件。"[1]

无独有偶，清华大学出版社 2016 年出了一本名为《伟大的中国工业革命》的书，作者文一是美国联邦储备银行分行助理副行长、清华大学讲席教授。书中说，英国和欧洲的工业革命并不像过去宣传的那样起源于对私有权的保护、市场经济、民主制度，而是靠政府力量支持乡镇企业、扩大海外市场、保护原料产地，进一步解决交通、能源、机械制造、通讯等问题逐步兴起的。中国改革开放后的工业革命之所以成功，恰恰在于不自觉地走了这条路。而改革开放前 30 年取得的国家独立统一、社会稳定，建立的以共产党为核心的政治制度，以及广大农村的土改、合作化和社队企业，为这场工业革命奠定了基础。[2]他的观点虽然有可以商榷之处，但指出英国工业革命成功的原因不在于所谓西方民主道路，中国改革开放前打下的基础对改革开放的成功有重要作用，这些无疑是很有见地的。

改革开放后国内国际形势越来越清楚地证明，如果当初没有改革开放，新中国历史的确难以为继；但如果没有改革开放前打下的基础，改革开放也是难以起步的；起步后如果抛弃了改革开放前树立的根本指导思想、建立的基本社会制度，改革开放也不可能顺利进行，相反，很可能中途夭折，导致出现苏联那种党下台、国分裂的局面。

根据以上分析，笔者认为对于改革开放前的那段历史可以作出三个结论性的评价：第一，改革开放前的历史尽管有失误有曲折，但本质是

---

[1] 朱云汉：《高思在云：中国兴起与全球秩序重组》，中国人民大学出版社 2015 年版，第 124—126 页。

[2] 参见文一：《伟大的中国工业革命——"发展政治经济学"一般原理批判纲要》，清华大学出版社 2016 年版。

探索过程中的失误和曲折，主流是成就是进步，评价应当以正面为主。第二，改革开放前的历史尽管在城乡面貌的改变和人民生活水平的提高方面，远不如改革开放后那么显著，但这并不表明那段历史没有成绩或成绩不大。如同盖楼一样，打地基时的变化不容易让人看出来，但楼房盖得快、盖得高，可以反过来说明地基打得好、打得牢。第三，改革开放前与改革开放后两个历史时期是内在统一和不可分割的整体。我们完全有理由说，新中国的 70 年是伟大、光辉的 70 年，是值得每一个中国人为之骄傲、自豪的 70 年。

目前，当代史编研与史学的其他分支学科相比仍处于初创时期，自身的学科理论还有待进一步明晰化、条理化、系统化。然而，无论是哲学社会科学特别是历史学学科体系、学术体系、话语体系要加快构建，还是中华民族伟大复兴所面临的伟大斗争、伟大工程、伟大事业的客观形势，都要求当代史编研尽快拿出更多科学的有说服力、战斗力的学科理论。

习近平曾指出："当前国内一些错误观点时有出现，有的宣扬西方价值观，有的拿党史国史说事，有的以'反思改革'为名否定改革开放，有的否定四项基本原则。"[①] 所谓拿国史说事，就是指使用捕风捉影、胡编滥造、以偏概全、偷换概念、混淆是非等手法抹黑新中国历史的言论。他还说过："现在，国内国外、网上网下都有一些言论，贬低中华文化，否定中华民族的历史贡献，否定近代以来中国人民的奋斗史，歪曲中国共产党的历史、中华人民共和国的历史，歪曲改革开放的历史。这些就是负能量，增加正能量就要对着负能量去有的放矢，正面交锋。"[②] 而要同各种歪曲新中国历史的言论进行有的放矢的正面交锋，就需要有当代史学科理论的支撑。2019 年全国"两会"期间，习近平又提出：新中国 70 年历史"无论是在中华民族历史上，还是在世界历史上，这都是一部感天动地的奋斗史诗。希望大家深刻反映 70 年来党和人民

---

① 《胸怀大局把握大势着眼大事 努力把宣传思想工作做得更好》,《人民日报》2013 年 8 月 21 日。

② 《习近平关于总体国家安全观论述摘编》, 中央文献出版社 2018 年版，第 107 页。

的奋斗实践，深刻解读新中国 70 年历史性变革中所蕴藏的内在逻辑，讲清楚历史性成就背后的中国特色社会主义道路、理论、制度、文化优势，更好用中国理论解读中国实践，为党和人民继续前进提供强大精神激励。"① 要实现这样的要求，讲清楚新中国 70 年历史性变革所蕴藏的内在逻辑，同样需要有当代史学科理论做支撑。

2019 年是新中国成立 70 周年，当代史编研的工作者应当抓住当代史备受关注的机遇，更积极地开展当代史学科理论的研究和建设，更自觉地发挥当代史"资政""育人""护国"的功能，更主动地在人民群众尤其是青年学生中进行唯物史观指导下的当代史教育，把正确认识和阐释当代史纳入建设社会主义核心价值体系的工作中、融入国民教育和精神文明建设全过程，为树立和坚定中国特色社会主义道路自信、理论自信、制度自信、文化自信提供历史依据，在中华民族伟大复兴的事业中作出自己的应有贡献。

---

① 《坚定文化自信把握时代脉搏聆听时代声音 坚持以精品奉献人民用明德引领风尚》，《人民日报》2019 年 3 月 5 日。

当代中国史研究的理论范畴与方法论[*]

当代中国史研究的理论范畴，从本质上讲，与马克思主义史学研究的理论范畴是一致的。比如其中都有历史发展的动力、一般规律与特殊规律、目的性与客观性、确定性与选择性、必然性与偶然性、连续性与阶段性、人民群众的作用与杰出人物的作用，以及整体与局部、现象与本质、原因与结果等基本概念。只不过这些范畴拿到当代史研究中，会有一些内容和表述的变化。我过去在当代中国史的理论研究中，比较多地讲这一研究的属性，以及当代中国史的分期、主线、主流和发展原因，等等。这些概念，实际上都是马克思主义史学理论范畴在当代中国史研究中的具体运用。

一、关于当代中国史研究的属性

这个问题涉及当代中国史的概念和学科。中国历史教学中的中国近现代史，在过去很长时间里是把现代史上限定在 1919 年，下限延伸到新中国成立之后。如果说这种界定在新中国成立之初还情有可原的话，那么，在新中国成立已经 10 年、20 年、30 年之后仍然这样界定，问题就大了。因为，根据马克思主义关于历史发展一般规律的学说，人类社会由低级向高级发展的标志是社会形态的演化。而 1919 年对于中国来说，只是民主主义革命的性质发生变化，即由旧民主主义革命变为了新民主主义革命，但社会形态并没有变，仍然是半殖民地半封建社会。社会形态发生变化，是 1949 年中华人民共和国成立后的事情。因此，把1919 年作为中国近代史与现代史的分界线，既不符合马克思主义关于历史发展一般规律理论，也违背了马克思主义的史学理论范畴。应当把

---

* 本文曾刊于《广东党史与文献研究》2020 年第 1 期。

1949 年作为中国近代史与中国现代史的分界线，把 1949 年后的历史称为现代史，并把它与人们为避开中国近现代史原有概念而设立的当代中国史学科合并。至于再过若干年，现代史中是否需要分出一个独立的当代史，是那个时候研究的问题，可以留待那时解决。

当人们提出中国近现代史学科应当改革，把现代史独立出来，设立中国现代史或当代中国史学科时，出现了另外一些不正确的看法和做法。比如：认为中共历史与当代史大同小异，主张不必另外再设什么当代史学科；或者把当代史与现代史合并后，仍放在中国近现代史专业，作为其中一个部分。我认为这些看法和做法违背了马克思主义关于历史发展特殊规律的理论，同样不符合马克思主义史学的理论范畴。毫无疑问，中共历史在当代中国史中具有核心地位，当代中国史研究绝对离不开党史研究。党史毕竟是当代史的一个部分，尽管这个部分在当代史中起着主导性的作用。党史研究毕竟属于专史性质，与作为通史的当代中国史研究之间在研究角度、范围、重点上都有很大不同，即使在学科理论与方法上也有一定差别。因此，应当说当代中国史研究与党史研究各有各的属性，谁也代替不了谁。现在有些当代中国史的著作与党史著作之间存在内容近似的问题，并不表明当代中国史研究可有可无，而恰恰反映这两门学科在各自学科建设上都存在需要进一步深化的问题。至于把当代史和现代史合并后仍放在近现代史专业中，这种做法就更不合适了。因为这在客观上会淡化新中国成立在中国历史上的划时代意义，混淆了两种历史发展的特殊规律。

另外，这里还有一个当代史、现代史与新中国史三者概念的联系与区别的问题。应当说，当代史、现代史就是新中国的国史。但说到编研，则有广义与狭义之分。广义的国史编研与当代史、现代史编研的内涵和外延是一致的，但狭义国史编研专指对新中国历史的宏观性、整体性编研，一般不涉及地方史、部门史、行业史，除非这些历史中的某些内容与国史全局有关。然而，当代史和现代史编研是包括地方史、部门史、行业史等各种专史的。目前出版的国史，无论叫什么名字，大多属于狭义国史编研的范畴，即人们平时说的通史著作。

有人认为，当代中国史距离现实太近，研究者、著史者容易受到现实利益和认识上的局限，难以客观公正，所以，古人有"当代人不写当代史"的说法。还有人认为，当代中国史由政府设立的机构编撰也是难以客观公正的，所以，欧美一些国家的历史都由历史学家个人独立编撰。对此，我的看法是：首先，古人所说的当代、前代是以帝王姓氏为标志的朝代来划分的。在专制社会里，史家要写当朝史，当然颇多忌讳，所以一般只有等到改朝换代后才写前朝史。当代中国实行的是人民民主制度，古人写当朝史的那些忌讳已不存在，相反，人们迫切需要通过当代史编研了解历史、总结经验。交通、通信、印刷、信息技术的发达，使史料的收集、鉴别、传递、运用比起古代不知要便利多少倍，这就更为当代人写当代史提供了现实可能性。其次，即使在古代，也并非完全不写当代史，《史记》《三国志》《续资治通鉴长编》中，都有那时的当代史内容，每个朝代写的实录、起居注、国史、志书等，也都是当代史，只不过有的是史书的半成品罢了。

至于当代史究竟应当由政府机构还是史家个人编撰，这个问题不仅与社会制度有关，也涉及不同国家的文化传统，并非史书能否客观公正的决定因素。中国自古就有官修历史的传统，而且正是这一传统，使中华文明在少数几个古代文明中始终没有中断过。受到中国传统文化影响的国家和地区，也有一些至今仍由政府机构负责国史编撰。事实说明，只要尊重历史，政府机构编撰的史书照样可以客观公正。反之，即使由学者个人编撰，照样难以做到客观公正。例如，由日本军国主义思想、"台独"思想严重的学者独立写史，要做到客观公正就很难。说到客观公正，还有一个客观公正的标准问题。在国家和阶级存在的社会，不可能有超国家、超阶级的客观公正。比如，"述而不论"是修志的一条原则，但即便如此，站在不同国家和阶级的立场上，对同一件事的记述，遣词用字也会不同。例如，对"八一五"事件，站在中国立场上肯定会写"日本宣布投降"或"抗日战争胜利"，而站在日本立场上往往会写"终战"或"战败"。再如，对解放战争中傅作义将军打开北平城门这件事，站在中国共产党和中国人民立场上肯定会写"北平和平解放"，而站在国民党反动派立场上肯定会写"北平沦陷"或"落入共军之手"。

当代中国史作为史学的分支学科，不仅有一般史学所具备的意识形态属性和突出的认识功能、社会功能等学科特点，而且由于它的研究对象的特殊性，即中华人民共和国史是工人阶级领导的、以工农联盟为基础的人民民主专政国家的历史，相对于当今世界占统治地位的资本主义制度是属于"另类"的历史，因此，其意识形态属性势必更强，社会功能也会更大。

龚自珍说："灭人之国，必先去其史。"这在阶级社会中是一个带规律性的现象，是史学特有的意识形态属性和社会功能所决定的。当年日本帝国主义为永久霸占中国东三省和台湾，曾在教科书中把东北和台湾历史从中国历史中剥离出去。今天"台独"分子要搞"台独"，也是采取先把台湾史从中国史中剥离，再把没有台湾史的中国史放入世界史中的办法。这种把历史当作"灭人之国"工具的现象，在当代史研究领域显得尤为突出。我们常说"帝国主义亡我之心不死"，他们"亡我"的策略之一，同样是用散布历史虚无主义的办法，诋毁中国共产党和中华人民共和国的历史，以此动摇人民群众对党和国家的信心和认同。习近平总书记早在 2013 年就提醒："国内外敌对势力往往就是拿中国革命史、新中国历史来做文章，竭尽攻击、丑化、污蔑之能事，根本目的就是要搞乱人心。"他还指出："苏联为什么解体？苏共为什么垮台？一个重要原因就是意识形态领域的斗争十分激烈，全面否定苏联历史、苏共历史，否定列宁，否定斯大林，搞历史虚无主义，思想搞乱了，各级党组织几乎没任何作用了，军队都不在党的领导之下了。最后，苏联共产党偌大一个党就作鸟兽散了，苏联偌大一个社会主义国家就分崩离析了。这是前车之鉴啊！"① 这些都说明对历史特别是对国家史的解释，在与敌对势力的斗争中具有特殊的作用。

正因为当代中国史有这种特殊性质，所以 1989 年政治风波之后，中共中央决定设立专事国史编研的当代中国研究所。十八大之后，中共

---

① 《十八大以来重要文献选编》（上），中央文献出版社 2014 年版，第 113 页。

中央更是反复强调加强对党史国史的教育。2019 年 7 月，中央在"不忘初心、牢记使命"主题教育中又专门发文要求把学习党史和新中国史与主题教育相结合。也正因为当代中国史有这种特殊性质，所以我曾提出：国史编研除了有资政、育人的社会功能之外，还有"护国"的功能；既然敌对势力要"灭我之国，必先毁其史"，我们也可以来一个反其道而行之，做到"卫己之国，必先护其史"。

二、关于当代中国史的分期

这个问题，涉及马克思主义史学关于历史发展的连续性和阶段性的范畴。学界对中国古代史、近代史与当代史的划分，根据的都是社会形态的变迁来确定，而对每个历史里不同时期的划分，则往往根据带有阶段性特征的事件来确定。至于哪些事件带有阶段性特征，不同学者由于持有不同的史观和不同的编研目的，站在不同的角度，拥有不同的学识，看法是会有所不同的。当代中国史至今只有 70 年，时间并不长，但学者为了便于自己研究和引导人们学习、认识历史，同样在进行分期或断限工作，而且同样存在不同的分期方法。其原因除了在史观、研究目的、分析问题的角度和学识上存在差异之外，与这个历史还在不断成长发展，学者进行分期或断限时所处的时间节点有先有后，也是不无关系的。

从目前已有的上百部当代中国史著作看，分期或断限的方法不下几十种。这些不同的分期，大多是学术性的，应当在学术范围里讨论切磋。比如，我在 2003 年论述当代中国史分期时，曾主张分为五个时期：从新中国成立到中共八大之前的 7 年，为新民主主义向社会主义过渡的时期；八大至十一届三中全会之前，为探索中国自己的社会主义道路的时期，其中包括"大跃进"和"文化大革命"这两个不成功的或失败的探索；十一届三中全会到十四大之前，为开创中国特色社会主义道路的时期；十四大到十六大之前，为拓展中国特色社会主义道路的时期；十六大之后，为中国特色社会主义科学发展的时期。十八大之后，我重新审视了这种分期，感到前四个时期的划分方法仍然是站得住脚的，但对第五个时期的起点，却产生了新的认识。原因在于，十六大之后科学发展观的提出虽然具有标志性，但 10 年走下来，并没有得到很好落实，所以历史上未能呈现出明显的阶段性特征。而十八大之后的几年，无论是在社会主要矛盾上，还是在治国方略上，都有很大变化，呈现出了明显的阶段性特征。所以 2015 年我将第四、五两个时期的分界线作了调整，把第五个阶段的起点由十六大改为了十八大之后。

不过也要看到，在当代中国史分期方法上的不同意见中，不完全都是学术问题。有人打着历史分期的幌子，实际表达的却是反对或曲解社会主义的政治诉求。例如，有人说中国自 1911 年以后的历史应以 1978 年为界，分为"共和"时期和改革开放时期。还有人说，应当把 1949 年至 1978 年的历史称为现代史，把 1978 年以后的历史称为当代史。这两种所谓分期方法，在政治上都把改革开放同社会主义制度相对立，在理论上都违背了马克思主义关于不同社会形态历史的本质和历史发展连续性与阶段性的范畴，因此都是不可取的。

三、关于当代中国史发展的主线

这个概念在一般史学研究中比较少见，基本上是马克思主义史学工作者根据历史发展的目的性与客观性、确定性与选择性、必然性与偶然性等理论范畴所创造出来的，旨在探寻历史发展的规律，认清历史发展的走势。马克思说："人们自己创造自己的历史，但是他们并不是随心所欲地创造，并不是在他们自己选定的条件下创造，而是在直接碰到的、既定的、从过去承继下来的条件下创造。"[1] 恩格斯说："历史是这样创造的：最终的结果总是从许多单个的意志的相互冲突中产生出来的，而其中每一个意志，又是由于许多特殊的生活条件，才成为它所成为的那样。这样就有无数互相交错的力量，有无数个力的平行四边形，由此就产生出一个合力，即历史结果。"[2] 我在这里所说的当代中国史主线，

---

[1]《马克思恩格斯选集》第 1 卷，人民出版社 2012 年版，第 669 页。
[2]《马克思恩格斯选集》第 4 卷，人民出版社 2012 年版，第 605 页。

就是在人的各种动机中，贯穿当代中国史迄今为止全部历史的人民群众的基本动机及其结果。

当代中国史主线究竟有几条，都是什么，在这个问题上，同样存在各种不同看法。我的看法是，影响当代中国史发展结果的动机虽然有许多，但基本上是三个：第一，坚持、建设和探索中国的社会主义；第二，争取早日实现中国的工业化和现代化；第三，维护中国的国家主权和领土完整。这三个动机虽然互有联系，但不能相互代替，因为许多重大历史事件只用一个动机是解释不通的。比如，提前向社会主义过渡的动机，就不能用坚持、建设和探索社会主义来解释，否则就变成了为搞社会主义而提前进入社会主义。事实上，作出这一决策的动机是为了早日实现中国的工业化。再有，我们曾在边境地区进行过几次自卫反击战，这个动机也很难单纯用坚持、建设和探索社会主义或争取早日实现工业化、现代化来解释，否则就可能产生为什么建设社会主义和工业化就要同周边国家，特别是其中的社会主义国家打仗的问题。事实上，作出这些决策的原因，是受到另一个动机的支配，即维护中国的国家主权和领土完整。上述三大动机及其结果就是贯穿当代中国史的三条主线。当代中国迄今为止发生的所有重大事件，几乎都可以从这三条主线中找到答案。抓住了这三条主线，不仅可以认清当代中国史发展的主要脉络，而且可以大致预测中国未来发展的基本趋势和基本走向。

四、关于当代中国史发展的主流

这个问题实际是对历史的价值判断，在其他的分支史学研究中很少使用这个概念。当代中国史研究之所以使用这个概念，主要是因为遇到了如何看待"大跃进""文化大革命"这种全局性长时段错误的问题。就是说，对出现严重错误的时期应当如何评价，是以正面评价为主，还是以负面评价为主。当代中国史学者正是为了解决这个问题，提出了历史主流的概念。而这个概念，正是根据马克思主义史学关于整体与局部、本质与现象和历史发展的连续性与阶段性等范畴而提出的。就是说，在评价一段历史时，必须分清哪些是整体和本质，哪些是局部和现象，并把不同阶段联系起来看。

对当代中国史的评价，多数学者都是以正面评价为主。但说到对改革开放前那段历史，由于其中存在"大跃进""文化大革命"那样的曲折，不少人感到拿不准，或明或暗地认为应以负面评价为主，甚至有个别人认为应当全盘否定。为什么会发生这个问题呢？我认为一个重要原因就在于把犯错误与犯错误的时期混淆了。改革开放前长达近30年，"大跃进""文化大革命"时期不足其中一半，而且这两个错误也只是这两个时段中的一部分内容，其中还有各项建设，以及这些建设尽管受到不同程度的干扰，但仍然取得许多巨大成就的内容。例如，"大跃进"中的水利建设，"文化大革命"中的铁路建设和航天事业。只要把包括这两个犯错误时期在内的改革开放前30年政治、经济、文化、社会、外交、国防等各个领域取得的巨大成就，与这些错误放在一起加以比较，孰主孰次就会一目了然。

对于如何看待改革开放前后两个历史时期的关系，习近平总书记曾作过明确的论述：这是"两个相互联系又有重大区别的时期，但本质上都是我们党领导人民进行社会主义建设的实践探索。……两者决不是彼此割裂的，更不是根本对立的。……不能用改革开放后的历史时期否定改革开放前的历史时期，也不能用改革开放前的历史时期否定改革开放后的历史时期"。他还说："中国特色社会主义是在改革开放历史时期开创的，但也是在新中国已经建立起社会主义基本制度并进行了二十多年建设的基础上开创的。"[①]这些论述清楚地回答了应当如何正确评价改革开放前后两个历史时期的问题。

对于改革开放前后两个历史时期的评价，不仅仅是学术问题，在有的情况下也是政治问题。事实说明，凡是怀疑和否定四项基本原则的人，往往会用改革开放后的历史否定改革开放前的历史；凡是怀疑和否定改革开放的人，也往往会用改革开放前的历史否定改革开放后的历史；凡是把中国特色社会主义看成"新民主主义回归""民主社会主

[①]《十八大以来重要文献选编》（上），中央文献出版社 2014 年版，第 111—112 页。

义""社会民主主义",或者看成"资本主义复辟"的人,也必然会把这两个时期加以割裂和对立。可见,如何看待改革开放前后两个历史时期的关系,不仅决定了能否正确评价当代中国史的主流,还决定着能否全面理解中国共产党在社会主义初级阶段的基本路线和中国特色社会主义道路,这是一个学术性、政治性都很强的问题。

五、关于当代中国史发展的原因

历史现象的原因和结果,是史学研究中普遍应用的范畴,只不过在马克思主义史学中,这一范畴与社会基本矛盾、历史运动的规律性、历史发展的一般规律与特殊规律、决定性与选择性、人民群众与个人作用等范畴,是相互联系的。

前面讲到当代中国史的主流是成就,具体说,这些成就包括新中国用了不到 30 年时间,就在落后农业国的基础上建立起了独立的完整的工业体系和国民经济体系;用了不到 50 年就使钢产量由 60 万吨攀升到 1 亿吨,又用不到 10 年攀升到 8 亿吨,占世界钢产量一半;用了仅仅 40 年就使国内生产总值由世界各国排名之外进入前 10 名,又用了 10 年跃居世界第二;人均国内生产总值更是由不足 50 美元,仅用 70 年就达到了 1 万美元。在短短 70 年里,新中国由农业社会进入到工业社会,又开始跨进信息化社会。这种时空跨越,超过了中国古代几千年的变化,也经历了西方发达国家近代三四百年的变化。可以说,这样的变化速度,在人类历史上还从没有过。这就发生了一个问题,即这种发展变化的原因何在?我们研究当代中国史,不能不分析这个问题。

任何历史发展的原因都不可能是单一的,何况当代中国史的成就如此之大、发展如此之快,原因当然是多方面的。但我认为,最基本、最主要的原因在于新中国走了一条既不同于当代世界大多数国家所走的资本主义道路,也不完全相同于当年苏联和许多东欧国家所走的社会主义道路,而是从一开始就走了一条有中国特点的社会主义道路,尤其改革开放后,更走出了一条日益成熟的中国特色社会主义道路。这条道路的优越性,说到底就在于领导人民建立了新中国的中国共产党,在领导人民建设新中国的过程中，继续秉奉为人民服务的宗旨和向人类最美好社会共产主义前进的理想，并结合中国的国情和国际形势的实际，坚持人民群众是历史前进动力的观点，创造并自觉运用社会主义社会仍然存在生产关系和生产力、上层建筑和经济基础的矛盾的学说，充分发挥作为历史主体的人的历史能动性、主动性、选择性、创造性，从而呈现了人类社会发展普遍规律与特殊规律的完美统一。

现在国内外敌对势力集中攻击新中国实行共产党领导的制度，这从反面说明，它恰恰是新中国成功的主要原因，说明我们做对了。那些人之所以指责它违背"普世价值"，"不民主""不合法""专制"，因为是用资本主义国家政党制度的尺子来衡量社会主义国家的政党制度。马克思主义告诉人们：一个国家的上层建筑，特别是它的政治制度、政党制度，是由经济基础决定的。新中国之所以实行共产党领导的制度而不实行多党轮流执政，其根源就在于它的经济基础是以公有制为主体、多种所有制经济共同发展的经济制度，而不是由多个大财团为主导的资本家所有制。在这个经济基础上，人民内部的根本利益是一致的，并且不允许有任何势力破坏这种利益的一致性。过去，中国共产党在国家中的领导地位是采用宪法序言叙述中国革命过程的形式加以体现的。中共在十八大后，进一步认识到，中共领导是中国特色社会主义的最大优势。因此，十三届全国人大一次会议根据实践发展的需要，把"中国共产党是中国特色社会主义最本质特征"写进了宪法修正案总纲第一条。可见，实行中国共产党领导不仅有理可据，也是有法可依的。

中国共产党领导的政治制度之所以最适合经济后进国家追赶先进国家，关键在于这种制度有利于最大限度地减少不必要的政治内耗，最大限度地发动群众、调动资源、集中力量，最大限度地提高工作效率、加快建设效率，以此弥补自己的后进劣势。特别是像中国这样一个幅员辽阔、人口和民族众多、历史上长期存在封建割据、民族分裂、一盘散沙的国家，如果不实行这种制度，力量更不容易得到集中。中国共产党在实行这种政治制度的同时，十分注意依靠群众、尊重群众的首创精神，坚持从群众中来到群众中去的群众路线，并且重视处理党和非党、中央和地方的关系。比如：创立并坚持中国共产党领导的多党合作和政治协商制度，注意发挥各民主党派参政议政的积极性；在巩固中央统一领导的前提下，尽可能扩大地方权力，发挥地方积极性；在少数民族聚居的地方，建立民族自治区、自治州、自治县、自治乡。正是这些做法，更使中国共产党领导的政治制度在追赶先进国家的过程中，显示出巨大的优越性和威力。

当然，实行这种政治制度必须有一个前提，那就是确保中国共产党始终把人民的利益放在首位，并确保自身不谋私利、不脱离群众、不改变颜色。改革开放前，中共接二连三地搞党内整风和政治运动，尽管其中有的存在简单、粗暴、扩大化的错误，但目的正在于此。改革开放后，中共总结了经验教训，不再采取政治运动的形式，但整党和各种主题的党内集中教育一直没有停止，目的也在于此。

当代中国史成就大、发展快的原因，还在于中国特色社会主义采取了一种与众不同的经济体制。新中国成立之初，为了适应优先发展重工业的战略，采用了高度集中的计划经济体制，并相应进行了生产资料所有制的公有化改造。但由于缺少经验、要求过急，致使全民所有制和集体所有制一统天下，一定程度上限制了生产经营的多样性、灵活性和群众的积极性。后来虽然也提出来要统筹兼顾国家、集体、个人三者利益；实行以国家和集体经营、计划生产、国家市场为主体，以个体经营、自由生产、自由市场为补充的体制，但由于种种原因而未能很好做到，有的完全没有做到。改革开放后，创立了社会主义初级阶段的理论，允许发展个体和私营经济，不断加强市场在资源配置中的作用，同时，坚持把土地、矿藏等重要自然资源和金融、交通、通信、能源等关系国计民生的行业，牢牢掌握在国家和国有企业手中，坚持发挥政府对经济的宏观调控作用。这种经济制度和经济体制，一方面有利于调动人的积极性和快速反映社会需求，有利于让一切劳动、知识、技术、管理和资本的活力竞相迸发，让一切创造社会财富的源泉充分涌流；另一方面有利于弥补市场自发性、盲目性、滞后性等局限性的不足，防止资本控制国民经济的命脉和左右政策的制定，抵制国际经济危机的冲击，有利于保证公平竞争，维护市场秩序，促进共同富裕，保护生态环境，推动可持续发展。

当前，探寻和总结当代中国史发展的原因，不仅是当代中国史学者的研究课题，也是理论界和实际工作者探讨的问题；不仅受到发展中国家学者的重视，也引起许多发达国家学者的兴趣，成为世界性的课题，有人甚至提出"中国模式"的概念。我认为，世界上不存在普世的发展模式，不赞成中国照搬别国经验，也不赞成别国照搬中国经验。如果说有一个"中国模式"，这个"模式"只能是社会主义制度中的一种模式。如果说这种"模式"具有普适的意义，这个意义只能是马克思主义的普遍真理与本国具体情况相结合。准确地说，"中国模式"应当就是中国特色社会主义道路。这条道路是当代中国史发展的根本原因，也是发展的基本经验。

六、关于当代中国史研究的方法论

关于当代中国史研究的方法论，我认为和马克思主义史学的方法论也是基本一致的，都是马克思主义历史观的统一体，是史学研究在这种历史观指导下形成的有关研究方法的理论体系。马克思主义历史观认为，人的社会存在决定人的社会意识，历史发展是生产力与生产关系、经济基础与上层建筑相互作用的结果，阶级社会中的阶级斗争是历史发展的直接动力。在这种历史观指导下，当代中国史研究的方法论必然会主张：分析不同时期的理论和社会思潮的变化，要注意分析那个时期经济、政治、文化、国际关系以及群众生活的状况；分析不同时期的政治、经济、文化等方面的变化，要注意分析那个时期生产力与生产关系、经济基础与上层建筑的矛盾状况；分析不同时期的重大历史事件，要注意实事求是地进行阶级分析等等。

为了进一步说明当代中国史研究的方法论的本质就是马克思主义历史观，这里再举两个具体例子。

第一，关于为什么要提前向社会主义过渡？

中国共产党的最高纲领是实现社会主义和共产主义，然而，新中国建立前夕和初期，主要领导人毛泽东、刘少奇等都表示，新民主主义革命胜利之后，不可能马上进行社会主义革命，而要先经过一个新民主主义的过渡阶段，少则 10 年，多则 15 年。可是，新中国成立刚 3 年，毛泽东就提出要立即由新民主主义向社会主义过渡，并用 10 年到 15 年时间过渡完。这个变化的原因究竟是什么？改革开放后，有人认为是毛泽东有强烈的社会主义情结，想尽快实现社会主义；还有人认为毛泽东有民粹主义思想，想跨越工业化搞社会主义。我认为，这些看法既不符合毛泽东本人的思想实际，也违背了历史变动最深刻根源在于经济而不在于人的思想的历史唯物主义基本观点。

还有一些看法，虽然作了一定的经济分析，但并没有能揭示出这一变化最直接的经济原因。例如，认为新中国成立初期资本家的"五毒"行为激化了阶级矛盾，促使新民主主义中的社会主义道路与资本主义道路的斗争被突出，导致了提前向社会主义过渡。再如，认为新中国成立初期经济恢复工作取得了超出预期的成效，工业产值在工农业产值中超过了一半，国营工商业的产值和收入超过了私营工商业，农业合作化运动形势迅猛，加入合作社的农户超过了个体农户，因此，具备了向社会主义提前过渡的条件，是水到渠成的结果。然而，这些分析忽略了一个基本事实，就是原本之所以决定先搞一段新民主主义的根据，是资金、物资、技术力量匮乏，需要利用民族资本主义工商业为大规模工业化建设做准备工作。而当 1952 年决定提前向社会主义过渡时，这种匮乏的情况并没有因为阶级矛盾的激化、经济恢复时期任务的完成发生实质性的变化。这一点从"一五"建设开始后，资金、物资、技术力量的供求紧张状况，也可以得到印证。

那么，提前向社会主义过渡的原因究竟是什么呢？分析这个问题，涉及当代中国史研究方法论中的一个重要观点，即一切社会变迁和政治变革终极的原因，"不应当到有关时代的哲学中去寻找，而应当到有关时代的经济中去寻找"[①]。这也正是马克思主义历史观的一个重要观点。

[①]《马克思恩格斯选集》第 3 卷，人民出版社 2012 年版，第 798 页。

只要按照这个观点分析就会看到，提前过渡的决定并不是毛泽东从自己主观愿望出发提出的，而是中国经济发展的客观需要、国内国际形势的变化，特别是中华民族当时遇到一个千载难逢的历史机遇，在他头脑中反映的结果。这个机遇就是斯大林通过中国出兵抗美援朝，改变了过去对中国共产党半信半疑的态度，在中国政府考虑提前开展以重工业为重点的五年计划建设并请求苏联给予援助时，答应从资源勘察到设备设计、制造、技术资料提供和派遣专家、培养留学者等各方面进行全面援助。如果当年苏联不答应援助，或者仅仅在某一方面援助，中国势必仍然按照原有设想，进行以轻工业为重点的五年计划经济，并继续实行新民主主义政策，为今后进行以重工业为重点的建设准备条件。苏联既然答应了全面援助，中国在政策上就需要做出调整，以便适应这个变化，比如借鉴苏联工业化时期用过的高度集中的计划经济体制，把有限的资金、物资、技术力量集中起来使用。要这样做，在生产资料所有制上就不能再实行利用资本主义工商业的政策，必须通过公私合营，将私营企业逐步改造为国营企业。这当然就不再是新民主主义而是社会主义的政策了。所以，提前向社会主义过渡最深刻的原因，是为了适应工业化的需要。当年制定的过渡时期总路线，提出"一化"是主题，"三改"是两翼，也证明了这一点。

第二，关于如何评价统购统销政策？

在新中国历史上，粮棉油等农产品的统购统销政策，推而广之，还有某些副食品的计划供应，某些轻工业品的统一分配制度，实行过很长时间。这一政策在改革开放后受到不少人的诟病，比如有人认为中国"三农"问题长期得不到解决，出现城乡"二元结构"的原因，都缘于实行统购统销政策，因此这是错误的政策。对此究竟应当如何看，是当代中国史研究一个绕不开的问题。要弄清这个问题，就要运用当代中国史研究方法论中的一个重要观点，即把历史问题放到特定历史条件下分析。这也就是列宁所说的："在分析任何一个社会问题时，马克思主义理论的绝对要求，就是要把问题提到一定的历史范围之内。"[①] 而这个观点，正是来源于马克思主义历史观关于一切历史事物都是特定历史环境产物的基本观点。

前面提到，当新中国决定抓住苏联答应全面援助以重工业为重点的"一五"建设时，中国资金、物资、技术力量匮乏的状况并没有缓解。相反，由于开展大规模工业化建设，这一矛盾显得更加尖锐，其中最紧缺的物资就是农产品中的粮棉油。历史上中国虽然是农业国，但农业生产条件并不好，单位面积产量一直不高，加之人口多，人均耕地少，商品粮率很低。在这种情况下，棉花、油料等经济作物自然也不可能多，旧中国有时还要进口。1949 年，全国粮食总产量 2200 亿斤，亩产平均137 斤，黄河以北还不到 100 斤，人均不过 400 斤。1953 年，粮食总产量虽然提高到了 3200 亿斤，但人口增加更快，三年累计比 1949 年多出3000 多万人。实行土改后，农民不用再向地主交租，本可以拿出更多的商品粮，但由于自己也要改善生活，还要多留储备粮，所以除了缴公粮，能拿出交易的并不多。另外，过去的旧政权不管人民死活，新中国成立后，城乡人民的吃饭问题，人民政府都要管。那时，约有 1.5 亿从事经济作物种植，从事渔业、牧业、盐业、林业，受灾和缺粮的农民，以及船工的口粮，需要政府返销，约占总销售量的三分之一。加上抗美援朝战争还没结束，军粮需求庞大。大规模工业化建设就是在这种情况下开展的，粮食供应怎么可能不紧张。

搞工业就要建工厂，要招收工人，还要从国外进口设备。这势必扩大城市人口，仅 1953 年一年就增加了 600 万人，必须相应增加城市商品粮和各种副食品以及棉布、油料的供应。苏联答应援助，但设备不是无偿援助，需要用出口矿产品、农产品来换。这些说到底，都离不开粮食。那时的粮食虽然基本上由国家经营，但由于实行新民主主义，允许小商小贩在农村收购粮食，也允许私人经营粮店和粮食加工、食品加工。在粮食紧张时，他们自然会囤积粮食、哄抬粮价。为了保证工业化

---

① 《列宁选集》第 2 卷，人民出版社 2012 年版，第 375 页。

建设顺利进行和物价基本稳定，当时在七八种应对办法中选择了统购统销。这种办法在征购数量和价格上，既考虑到国家的需要，也照顾到农民的利益，可以说是最佳选择，也受到广大农民的欢迎。原本设想统销是暂时措施，但后来由于工业化建设规模不断扩大，人民消费需求不断提高，致使粮棉油乃至其他农副产品的供需矛盾持续尖锐，统销政策不仅取消不了，而且品种不断增加。

直到中共十一届三中全会后，中央下决心大量进口粮食，减少征购，并大幅度提高农产品收购价格，改变农村政策，推广包产到户、包干到户的双层经营体制，大大提高了农民生产积极性，加上改革开放前持续不断的农田基本建设，农业机械化和化肥生产能力不断提高，使粮食和其他农产品产量大幅度增加，从而逐渐缓解了供需矛盾，使统购统销政策于 20 世纪 90 年代初最终退出了历史舞台。

在消费类轻工业品的供需方面也存在类似情况。工业化建设初期，职工队伍不大，工资水平也不高，对消费品的需求还不很旺盛。但随着工业化建设规模的扩大，情况发生很大变化。然而，那时无论在生产能力还是原材料上，主要保证的是重工业，轻工业在次要地位，消费品更在其次。比如，那时木材首先要满足铁路枕木、煤矿坑木的需要，剩下边角料才分配给家具厂制作家具。钢材也是首先保障设备制造，每年只能拨出有限的钢材分给自行车厂。这就造成人们的日常生活用品比如家具、自行车的供需紧张。解决问题的办法无非三种：放开价格，随行就市，实际上是谁钱多谁买；先来后到，卖完为止，实际上是谁有时间排队谁买；发放票证，自报公议，实际上是谁需要谁买。三种办法比较，显然第三种相对公平。现在有些人对此冷嘲热讽，这是没有把问题放到特定历史条件下来看的缘故。当然，后来票证越发越多，而且持续时间过长，也有工作中失误的原因，需要在当代中国史研究中总结教训。但从总的方面说，应当把改革开放前和改革开放初期在消费领域的抑制措施，放在为工业化打基础这个大背景下来分析和评价。

当代中国史研究在史学分支学科中是最年轻的学科之一，因此，它的学科体系、学术体系、话语体系建设相对滞后。但也要看到，与其他学科相比，当代中国史研究也有自己的优势。比如，史料相对丰富，有开展口述史研究的有利条件，研究者往往是历史的经历者，学术上更容易具备中国特色，社会功能更容易得到发挥，等等。所以，只要有志者潜心研究，加强交流，夯实基础，勇于创新，并借鉴其他学科的经验，一个以马克思主义为指导的体现中国特色、中国风格、中国气派的当代中国史研究的"三大体系"，是一定可以建立起来的。

正确看待和处理改革开放前后两个历史时期的 关系是搞好新中国史编撰的关键

——评《新中国 70 年》[*]

经中共中央宣传部指导、审定，由当代中国研究所编写、当代中国出版社 2019 年出版发行的《新中国 70 年》，是一部贯通描述新中国 70 年历史、向中华人民共和国成立 70 周年献礼的史书，也是一部站在新时代中国特色社会主义高度，认真贯彻习近平总书记关于要正确处理改革开放前后两个历史时期关系论述精神的新中国史书。

在新中国成立至今的 70 年里，有许多不同的历史时期和阶段，其中区别最为显著的两个时期是以党的十一届三中全会划分的改革开放前和改革开放后。如何看待这两个历史时期的关系，是当代史学界乃至理论界和意识形态领域争论的焦点问题之一。因为这个问题不仅与如何看待新中国史紧密相连，也与如何看待中国特色社会主义密切相连。只要仔细观察我们就会发现，凡是把改革开放前后两个历史时期加以割裂和对立的人，必然要么否定四项基本原则，要么否定改革开放；而凡是把中国特色社会主义看成"新民主主义回归"和"民主社会主义""社会民主主义"，或者看成"资本社会主义"的人，也必然会把这两个历史时期加以割裂和对立。因此，能否正确看待和处理改革开放前后两个历史时期的关系，是能否搞好新中国史编撰的一个关键问题。

党的十八大刚结束，习近平总书记就在新进中央委员会的委员、候补委员学习贯彻党的十八大精神研讨班上的讲话中，用最清晰的语言对如何看待上述问题给予了最明确的回答。他指出："中国特色社会主义是社会主义，不是别的什么主义。"改革开放前后的两个历史时期，"是

---

* 本文曾刊于《当代中国史研究》2020 年第 2 期。

两个相互联系又有重大区别的时期，但本质上都是我们党领导人民进行社会主义建设的实践探索"，"两者决不是彼此割裂的，更不是根本对立的"，"改革开放前的社会主义实践探索为改革开放后的社会主义实践探索积累了条件，改革开放后的社会主义实践探索是对前一个时期的坚持、改革、发展"。①这一论述深刻阐释了改革开放前后两个历史时期的辩证关系，为新中国史编研提供了唯一正确的指导方针。我之所以说《新中国 70 年》一书认真贯彻了习近平总书记关于要正确处理改革开放前后两个历史时期关系的论述精神，就是因为它在这个问题上坚持的方向是正确的，对一些问题的处理也是妥当的，这主要体现在以下三个方面。

第一，在章节布局上，将改革开放前的几个犯错误时期和基本正确时期合在一起，都放在了"社会主义建设的艰辛探索和曲折发展"一章之中。

以往出版的新中国史书，一般都是把改革开放前几个犯错误时期单独设置章节，如把"大跃进"和总路线、人民公社作为独立章节，或把十年社会主义建设探索与十年"文化大革命"作为两个并列章节，等等。如果说这样设置章节在改革开放初期，即在新中国历史仅有 30 多年的情况下尚属合理和恰当的话，那么，当新中国历史已经延续了六七十年之久，再这样设置就不那么合理和恰当了。因为，对章节的这种设置方法既没有正确反映改革开放前历史时期的本质，也不利于群众特别是青少年全面认识新中国的历史，从而树立起社会主义的历史自信。

"大跃进""文化大革命"无疑是全局性的错误，给党和人民的事业造成了严重损失，形成了灾难性后果。但就其本质来说，它们都是对社会主义道路的探索，只不过是不成功的探索，甚至是失败的探索罢了。比如，发动"大跃进"的初衷是满足广大群众迫切要求改变我国经济文化落后状况的普遍愿望，加快社会主义建设的速度；发动"文化大革命"的初衷是反修防修，巩固社会主义的制度。这些不是对社会主义的探索又是什么呢？它们之所以犯了错误、导致失败，既有主观上急于求成、骄傲自满、脱离实际、个人专断等原因，也有客观上缺乏经验，甚

至被野心家、阴谋家等所利用的问题。我们还要看到,"大跃进"前前后后持续了三年,"文化大革命"更是长达十年,在那段时间里,除了有错误的政治运动之外,还有广大干部群众在各个领域所进行的社会主义建设;除了给党和国家造成严重损失之外,也在国民经济领域取得了许多实实在在的具有长远效益的成就,在国防、科技、外交等领域还取得了一系列突破性的进展,这些成就和进展都为改革开放后我国的快速发展发挥了重要的基础性的作用。

对于上述事实,国史书如何在章节布局上加以体现,是国史工作者在新中国进入到第 70 个年头不能不考虑的大问题。《新中国 70 年》一书把"大跃进"和"文化大革命"这两个时期都纳入从 1956 年党的八大到 1978 年十一届三中全会的"社会主义建设的艰辛探索和曲折发展"这一章,并把"大跃进"和"国民经济调整"合在一起作为其中一节,为解决这个问题做出了有益探索,从而体现了正确看待和处理改革开放前后两个历史时期关系的精神。

第二,在编撰内容上,将犯错误时期的错误与犯错误的时期加以区别,不使二者相互混淆。

清代思想家龚自珍曾说过:"灭人之国,必先去其史。"[①]他的这句警世名言已被大量历史事实所验证。社会主义的敌人用这个办法搞垮了苏联和苏联共产党。在苏联解体、苏共下台后,他们又把矛头对准了中国,要西化分化中国,所用的一个办法同样是鼓吹历史虚无主义的思潮,而其中一个手段就是把我国改革开放前犯错误时期的错误与整个时期加以混淆。例如,说到"大跃进",只讲那个时期违反科学规律的蛮干和人民生活的普遍困难;说到"文化大革命",只讲那个时期对领导干部、知识分子的迫害和对经济建设的破坏。受这股思潮的影响,我们过去一些关于新中国历史的书籍,在讲到改革开放前那几个犯错误时期时,也只注重其中的错误,淡化其中的成绩和成就,而且一度形成一种舆论氛围,谁要是讲那几个时期的成绩和成就,谁就要被扣上"左"的

---

①《龚自珍全集》上册,中华书局 1959 年版,第 22 页。

帽子。要知道，改革开放前的历史总共不过29年，这几个犯错误时期加在一起已占了其中几乎一半时间；如果再渲染那些年政治运动中出现的扩大化错误，这样的国史书势必会给人一种改革开放前的历史是一连串错误集合的印象。把这样的国史书拿给读者，甚至作为大中学校的教科书，怎么可能让人了解新中国70年伟大飞跃的光辉历程、跨越发展的伟大奇迹、历史变革的宝贵经验呢？又怎么可能在群众特别是青少年中培育爱国主义思想、树立社会主义的历史自信呢？

为了接受苏联和苏共由于大搞历史虚无主义、全盘否定自身历史，导致偌大一个党作鸟兽散、偌大一个国家分崩离析的前车之鉴，国史工作者必须反"灭人之国，必先去其史"之道而行之，做到"护己之国，必先卫其史"，将犯错误时期的错误与犯错误时期加以区别。在这方面，《新中国70年》一书也是做出了有益尝试的。例如，在叙述"大跃进"运动时，用相当多的笔墨介绍了那三年水利建设上的成就，指出："直到20世纪90年代，全国大型水库中的2/3是在这3年开工建设的"。另外，书中还特别提到那个时期建成的北京"十大建筑"，说它们"代表了当时中国建筑的最高成就"。[1] 再如，书中对"文化大革命"时期党和人民取得的成就也采取了实事求是的态度，不仅说到过去已见于文件、书籍的一些成就，如第一颗氢弹爆炸、第一颗人造卫星及返回式卫星发射、籼型杂交水稻优良品种培育成功等，还说到过去不大提及的三线建设、秦山核电站建设、1973年环境保护工作方针的制定、百万次集成电路计算机研制、抗疟药青蒿素提取等；不仅说到经济、外交、军事战线的成绩，还强调了1975年的全面整顿和文艺政策的调整，农村合作医疗的推广和赤脚医生的普及，等等；不仅说到林彪、"四人帮"两个集团的捣乱、破坏，还突出了老一辈革命家和广大干部群众、科研人员对他们的抵制。尤其是书中用了相对较大的篇幅，介绍了周恩来、邓小平在毛泽东的支持下，围绕筹备召开四届全国人大会议同"四人帮"展开的斗争和取得的胜利，从而彰显那段历史中积极的光明的方面。这

---

[1]《新中国70年》，当代中国出版社2019年版，第88页。

样书写犯错误时期的历史，既有助于人们吸取教训，又有益于人们看到历史的主流，对于读者全面认识新中国的历史、树立历史的自信无疑是具有积极意义的。

第三，在书写行文上，注意将改革开放前的成就与改革开放后的发展彼此呼应，更加鲜明地体现出两个历史时期的内在联系。

一段时间以来，有些人在讲新中国历史时，不但刻意回避改革开放前的成就，而且制造了一种似是而非的舆论，似乎肯定和宣传改革开放前的成就就是在贬低和否定改革开放。针对这种舆论，习近平总书记旗帜鲜明地指出："如果没有一九四九年建立新中国并进行社会主义革命和建设，积累了重要的思想、物质、制度条件，积累了正反两方面经验，改革开放也很难顺利推进。"① 为了把这一论述精神贯彻到新中国史的编撰中，《新中国 70 年》一书不惜笔墨，在陈述改革开放前历史所积累的重要思想、物质基础、制度保证和正反两方面经验的同时，注意点明它们与改革开放后历史发展的内在关联。

例如，书中在记述中共八大做出的关于把在新的生产关系下保护和发展生产力作为国家主要任务的同时写道："新中国成立以后几十年的历史证明，坚持这个基本论断，建设就成功，否则就遭受挫折"；在评价《关于正确处理人民内部矛盾的问题》具有马克思主义发展史开创性意义的同时写道：这一文献"实际上为后来的社会主义改革奠定了理论基础，至今仍然是我们处理国家、人民内部矛盾的指导性文献"；在称赞"一五"计划建设的提前超额完成"初步奠定了中国社会主义工业化的基础"的同时写道：它"为其后的社会主义经济建设起到了重要的支撑作用"；在讲到第一次国民经济调整时期农村一些地方出现的"包产到户"时写道：这虽然在当时没有能坚持下去，但"为 1978 年以后推广农村家庭承包责任制积累了实践经验"；在记述 20 世纪 60 年代中期开始至 80 年代初结束的三线建设成就的同时写道："这为我国改革开放初期实施优先发展东部外向型经济战略提供了充盈的物资、能源、动力

---

① 《十八大以来重要文献选编》（上），中央文献出版社 2014 年版，第 112 页。

支持"，"为国家安全提供了长久可靠的保障"，"也为改革开放时期优先发展沿海地区经济解除了后顾之忧"；在评论以"两弹一星"为代表的一系列科技战线取得重大突破的同时，引用邓小平的话说："如果六十年代以来中国没有原子弹、氢弹，没有发射卫星，中国就不能叫有重要影响的大国，就没有现在这样的国际地位"；在记述 20 世纪 50—60 年代文艺方面涌现的一批脍炙人口的优秀作品的同时写道："这些作品至今仍被人们喜爱"；在论述 1962 年毛泽东提出的"以农业为基础、以工业为主导"的发展国民经济总方针的同时写道："尽管后来在执行中出现过反复，但它始终是中国工业化的重要指导方针"；在评论"文化大革命"时期的一些外交突破对改善中国外部环境意义的同时写道：它们"为后来改革开放时期中国的对外交往和积极参与国际事务创造了有利条件"；[①] 等等。这样行文，显然有助于读者认清改革开放前的历史积累与改革开放后的发展之间的内在关系。

如何看待和处理改革开放前后两个历史时期的关系，从表面上看似乎是一个历史问题，实际上却是一个与政权安危紧密相关的现实性很强的政治问题。这从苏联解体、苏共垮台的历史可以得到证明，从习近平总书记对这一问题的高度重视更可以看出来。习近平总书记说："我之所以强调这个问题，是因为这个重大政治问题处理不好，就会产生严重政治后果。"他还说："正确处理改革开放前后的社会主义实践探索的关系，不只是一个历史问题，更主要的是一个政治问题"。[②] 正是从这个意义上说，我认为《新中国 70 年》是一部站在新时代中国特色社会主义高度，把习近平新时代中国特色社会主义思想作为编撰指导思想的新中国史书。当然，这并不是说它就很完美了，没有缺陷了。我只是说，作为记述新中国历史的史书，这样处理改革开放前后两个历史时期的关系，在方向上是完全正确的，在实践上也是值得称道的。

---

① 《新中国 70 年》，当代中国出版社 2019 年版，第 79、81、86、97、104—105、109、111、114、127—128 页。

② 《十八大以来重要文献选编》（上），中央文献出版社 2014 年版，第 113—114 页。

再谈国史分期问题 *

从事历史研究尤其历史编撰工作，免不了遇到对历史分期，即给历史断限的问题。要对历史分期、给历史断限，不能不先明确分期、断限的依据和标准。在史学领域，这是一个重要的理论和实践问题，也是一个分歧、争论较多的问题。

对于人类历史大阶段的划分，马克思、恩格斯早在创立唯物史观的同时就提出了划分的标准，即经济基础与上层建筑构成的社会形态的演变；并且依据这一标准，将人类历史总体划分为原始社会、奴隶社会、封建社会、资本主义社会和社会主义及其高级阶段共产主义社会五大阶段。以唯物史观为指导的中国史学界对这个标准基本没有异议，分歧主要在于：对同一社会形态下的历史进行分期和断限应当依据什么标准？应当如何划分？

从已有著述看，对同一社会形态下的历史进行分期、断限，研究者们依据的标准一般是能够体现出历史阶段性特征的标志性事件。在这个问题上，分歧也不大。分歧在于什么是阶段性特征？哪些标志性事件能体现这些特征？这种分歧往往与研究者个人的学养有关，也与进行分期的具体目的和观察问题的角度有关。而对于仍在成长、变动中的历史，如中华人民共和国史（以下简称国史），分期、断限的分歧除了上述这些原因之外，还与进行分期、断限所处的时间节点有关。也就是说，对于尚在成长、变动中的历史，分期、断限所依据的标准还要受到历史进程本身的影响。比如，当国史仅有十几年、二十几年、三十几年时，与这一历史超过了半个世纪甚至达到六七十年时，人们对分期、断限的认识自然会有所变化。

---

  * 本文曾刊于《当代中国史研究》2021 年第 2 期。

我自 2000 年调至当代中国研究所从事国史编研工作，也遇到给国史分期、断限及其划分依据、标准的问题。在对新中国成立至 21 世纪初的 50 多年历史进行了研究，并对已有党史国史书籍的分期作了一番考察之后，我逐渐形成了自己的认识。2008 年，《中国社会科学》杂志社看到我在报刊上发表的一些关于国史编研理论问题的研究成果后向我约稿，并以《论中华人民共和国史研究》（以下简称《论国史研究》）为题，发表在翌年第 1 期上。文中第二部分谈的就是国史分期问题。我首先介绍了国史学界对新中国历史的分期方法，主要有"四分法""五分法""六分法"和"八分法"，前三种都是改革开放初期划分的。随后我提出了自己的分期主张，即新的"五分法"：第一个时期为 1949—1956 年，共 7 年；第二个时期为 1956—1978 年，共 22 年；第三个时期为 1978—1992 年，共 14 年；第四个时期为 1992—2002 年，共 10 年；第五个时期于 2003 年开始，当时正在进行之中。我之所以这样分期、断限，目的是更大程度地体现国史的特点，依据的是经济社会的发展道路和目标模式的变化，标准是能够体现这一变化的标志性事件。但由于篇幅所限，《论国史研究》一文只对为什么把 1956—1966 年全面建设社会主义的十年、1966—1976 年"文化大革命"的十年和 1977—1978 年"在徘徊中前进"的两年并入第二个时期作了稍微详细的解释，而对其余四个时期的划分未能做更多说明。①

然而，2015 年之后，随着历史的发展及自己对历史认识的逐步深入，我的观点有了新的变化。不过，这个变化并不是不把国史划分为五个时期，"五分法"的观点并没有变，分期的依据、标准也没有变，变的主要是第四、第五两个时期的上下限，具体来说，就是我将第四个时期的下限由 2002 年推后到 2012 年，相应地将第五个时期的上限由 2003 年变为 2013 年。

在《论国史研究》一文中我还说过，对国史不同时期的划分方法、看法，除了个别以分期为幌子表达反对社会主义道路的政治诉求的主张

---

① 朱佳木：《论中华人民共和国史研究》，《中国社会科学》2009 年第 1 期。

之外，绝大多数主张都是学术性的，而且都有一定的道理。因此，各种意见都应当在学术范围内平等讨论，不应当只把某种意见作为绝对正确，而把其他意见斥为绝对错误。今天，我仍然坚持这个看法。正因为如此，我想把近几年由于历史进展而引起的对国史分期问题的一些新思考，尤其是过去未能详加说明的各时期划分依据集中起来再谈一谈，以便和国史学界的同仁们切磋。

关于为什么把 1949—1952 年新民主主义时期和 1953—1956 年社会主义过渡时期放在一起，都作为中国结合实际学习苏联社会主义建设经验的时期，或者说以苏联的建设道路为目标模式的时期？

理由有二。

第一，这两个时期从本质上说都是向社会主义社会过渡。

早在土地革命战争后期和抗日战争时期，毛泽东在《为争取千百万群众进入抗日民族统一战线而斗争》《中国革命和中国共产党》《新民主主义论》等著作中就深刻阐述了中国革命分两步走或者说做上下两篇文章的理论。第一步或第一篇文章是民主主义的革命，第二步或第二篇文章是社会主义的革命。因此，当 1949 年新民主主义革命胜利时，自然意味着要进行社会主义革命了。但在中国人民政治协商会议第一届全体会议上，当民主人士中有人提问："我们既然承认新民主主义是一个过渡性质的阶段，一定要向更高级的社会主义和共产主义阶段发展"，《中国人民政治协商会议共同纲领》为什么不把社会主义前途规定出来时，周恩来回答说："现在暂时不写出来，不是否定它，而是更加郑重地看待它"。[1] 可见，新中国成立的最初几年，虽然实行新民主主义政策，但发展目标仍然是社会主义，只不过当时为了有利于贯彻新民主主义政策而没有正式宣布罢了。后来，当资本主义工商业的社会主义改造完成后，毛泽东在谈到民主革命向社会主义革命转变的问题时，明确指出："一九四九年中华人民共和国建立，标志着新民主主义革命阶段的基本结束和社会主义革命阶段的开始"。他还讲了两点根据：一是新中

---

[1]《中华人民共和国开国文选》，中央文献出版社 1999 年版，第 249、250 页。

国成立后，"我们立即没收了占全国工业、运输业固定资产百分之八十的官僚资本，转为全民所有"；二是"用了三年的时间，完成全国的土地改革"。所以，他批评那种认为"全国解放以后，'革命在最初阶段主要是资产阶级民主革命性质的，只是后来才逐渐地发展成为社会主义革命'"的观点是不对的。①

第二，向苏联学习建设社会主义的经验是这两个时期的共同特点。

旧中国没有给新中国留下搞工业化的经验，新中国更是没有进行社会主义工业化建设的经验。而苏联是第一个社会主义国家，从1928年到1950年，进行了以重工业为重点的四个五年计划建设，并且被实践证明是成功的。因此，中国当时要优先发展重工业，进行大规模工业化建设，没有别的工业国可以学习，只能向苏联学习。新中国成立之初，由于进行大规模工业化建设的条件还不成熟，需要利用资本主义工商业有利于国计民生的积极方面恢复和发展国民经济，但是要变农业国为工业国，要由新民主主义向社会主义过渡，这个大方向是明确的。早在1949年底毛泽东到苏联访问时，便向斯大林提出援助中国经济建设、给予贷款和派出专家顾问的请求。随后，苏联向中国派出了上百名专家顾问并确定了50个援建项目，约占后来中国"一五"计划中确定的156项建设项目的三分之一。毛泽东回国后说，他在苏联看到许多规模很大的工厂，"好像小孩子看到了大人一样"，但后来了解到，这些工厂在十月革命时也很小，有的还没有。因此，苏联发展的历史"给我们提供了最好的经验，我们可以用他们的经验"。②从此，中国在各方面都结合自己的实际学习苏联的经验。当1953年中央决定开展"一五"计划建设并提前向社会主义过渡时，毛泽东进一步提出："应该在全国掀起一个学习苏联的高潮。"③这个学习大约持续到1956年毛泽东发表《论十大关系》。可见，无论是新民主主义时期还是明确提出向社会主义过渡的时期都是以学习苏联为主要特征的。

①《毛泽东文集》第8卷，人民出版社1999年版，第113页。

②《毛泽东传（1949—1976）》（上），中央文献出版社2003年版，第53页。

③《毛泽东文集》第6卷，人民出版社1999年版，第264页。

正因为以上原因，我认为把 1949—1956 年都作为向社会主义过渡的时期是符合历史实际的。

关于为什么把 1966—1976 年"文化大革命"十年、1977—1978 年"在徘徊中前进"的两年同 1956—1966 年全面建设社会主义的十年放在一起，都作为探索中国自己的社会主义建设道路的时期，或者说都是要突破苏联模式，试图把计划经济体制加突出政治和群众运动作为经济与社会发展目标模式的时期？

解释这个问题之前，首先需要明确的是，对"文化大革命"的评价必须坚持中共中央《关于建国以来党的若干历史问题的决议》（以下简称《历史决议》）的结论，即这"是一场由领导者错误发动，被反革命集团利用，给党、国家和各族人民带来严重灾难的内乱"；毛泽东发动"文化大革命"的"主要论点既不符合马克思列宁主义，也不符合中国实际"；"文化大革命"的实际做法既混淆了是非，也混淆了敌我；"既脱离了党的组织，又脱离了广大群众"。因此，"文化大革命""不是也不可能是任何意义上的革命或社会进步"。[1]肯定上述结论是谈论为什么这样分期的前提。因为只有坚持这个前提，才能谈清楚这样分期的理由。

理由主要有以下四点。

第一，"文化大革命"虽然是错误的，但出发点是为了巩固社会主义制度、防止资本主义复辟，因此"文化大革命"也是对社会主义的探索，"文化大革命"时期仍然是社会主义建设时期。

《历史决议》在分析"文化大革命"发生的原因时指出："社会主义运动的历史不长，社会主义国家的历史更短，社会主义社会的发展规律有些已经比较清楚，更多的还有待于继续探索。""毛泽东同志是经常注意要克服我们党内和国家生活中存在着的缺点的……他在犯严重错误的时候，还多次要求全党认真学习马克思、恩格斯、列宁的著作，还始终认为自己的理论和实践是马克思主义的，是为巩固无产阶级专政所必需

---

[1]《三中全会以来重要文献选编》（下），中央文献出版社 2011 年版，第 142—144 页。

的，这是他的悲剧所在。"①邓小平也说过："毛泽东同志发动这样一次大革命，主要是从反修防修的要求出发的。"②

早在 20 世纪 60 年代初，为反对和防止修正主义、巩固社会主义制度进行的探索就已经开始了，而且那时已经出现了阶级斗争扩大化、绝对化的偏差。因此，"文化大革命"并不是突然发动的，实际上是对那时探索的继续，只不过探索的偏差越来越大，最终成为一种不成功甚至是失败的探索。但是，不能因为探索失败了，就否定它是探索。好比一个人要从北京去上海，走到了南京，然后再纠偏，最终还是到了上海。你可以说这个人一度走偏了，但不能否定他的目的地是上海。所以，把十年"文化大革命"放入探索建设社会主义的时期，既符合历史实际，也符合《历史决议》的精神。

"文化大革命"发生在"文化大革命"时期，但"文化大革命"不等于就是"文化大革命"时期。因为，那个时期除了进行"文化大革命"及其一系列政治运动外，还开展了各个领域的建设；整个国家虽然处于内乱之中，但正如《历史决议》所说："我国社会主义制度的根基仍然保存着，社会主义经济建设还在进行，我们的国家仍然保持统一并且在国际上发挥重要影响"。既然社会主义制度的根基还保存着，社会主义建设还在进行，"文化大革命"时期当然只能是社会主义时期。《历史决议》还指出："我国国民经济虽然遭到巨大损失，仍然取得了进展。粮食生产保持了比较稳定的增长。工业交通、基本建设和科学技术方面取得了一批重要成就。"③毫无疑问，这里说的成就当然是社会主义建设的成就。

习近平总书记在论述改革开放前后两个历史时期的关系时指出，这两个时期"是两个相互联系又有重大区别的时期，但本质上都是我们党领导人民进行社会主义建设的实践探索"④。"文化大革命"时期在改革

---

① 《三中全会以来重要文献选编》（下），中央文献出版社 2011 年版，第 149、147 页。
② 《邓小平文选》第 2 卷，人民出版社 1994 年版，第 149 页。
③ 《三中全会以来重要文献选编》（下），中央文献出版社 2011 年版，第 147、148 页。
④ 《十八大以来重要文献选编》（上），中央文献出版社 2014 年版，第 111—112 页。

开放前的历史中占三分之一，说改革开放前历史时期是对社会主义的探索，不可能不包括"文化大革命"时期。习近平总书记的这一论述清晰地表明"文化大革命"时期亦是进行社会主义建设和探索的时期。

我们还要看到，《历史决议》说毛泽东发动"文化大革命"的"主要论点既不符合马克思列宁主义，也不符合中国实际"，我的理解主要是指无产阶级夺取政权后还要进行"一个阶级推翻另一个阶级的革命"以及对当时中国阶级斗争实际状况的分析，不等于说其中所有论点都不对。有些论点，比如无产阶级夺取政权后还存在得而复失的危险，要警惕党内走资本主义道路的当权派，等等，如果离开当年的具体所指还是有其科学性、正确性的一面的，而且也被后来东欧剧变、苏联解体以及中国改革开放后党内出现资产阶级自由化和腐败分子的事实所验证。邓小平曾说过：自由化思想"不仅社会上有，我们共产党内也有"；"所谓资产阶级自由化，就是要中国全盘西化，走资本主义道路"。[①]既然搞自由化的人要走资本主义道路，他们又在共产党内当权，不是党内走资本主义道路的当权派又是什么呢？另外，腐败分子贪污了那么多钱，如果不实行资本主义私有化，他们贪污的钱怎么合法化呢？怎么变现呢？又怎么能作为遗产为后代所继承呢？苏联解体、苏共下台的一个重要原因，就是有一大批思想被"和平演变"的官员丧失了共产主义信念，还有一大批贪污腐败的官员盼望实行资本主义制度。苏联解体后，摇身变为资本家和形形色色"寡头"的人，其中很多是苏共原来的各级干部和国有企业的领导。可见，毛泽东发动"文化大革命"，虽然在对阶级斗争形势、党内干部队伍状况的估计以及实际做法上都发生了错误，但其中某些论点还是十分深刻、符合逻辑、具有远见的，是经受了后来实践检验的，是站得住脚的。

第二，把"文化大革命"十年与全面建设社会主义的十年并列为两个独立的时期，很容易给人造成"文化大革命"十年游离于社会主义社会之外的印象，也很容易给历史虚无主义者割裂和对立改革开放前后两

---

① 《邓小平文选》第 3 卷，人民出版社 1993 年版，第 124、207 页。

个历史时期以可乘之机。如果说 20 世纪八九十年代，那时新中国的历史还不够长，把"文化大革命"十年与全面建设社会主义的十年并列起来还有一定道理的话，那么，当新中国历史已经有了六七十年之久，仍然把它们并列作为各自独立的历史时期，就没有多少道理了。这样分期，对人们正确认识那段历史的本质不利，对正确认识改革开放前后两个历史时期的关系也不利。"文化大革命"确实是全局性的错误，但全局性错误的时期不一定非要单独分期不可。1958 年开始的"大跃进"也是全局性的错误，然而，党史国史著作一般都是将其列入 1956—1966 年全面建设社会主义时期的。可见，某个时期是否发生全局性错误，不能也不应当作为分期的标准。

第三，之所以把"在徘徊中前进"的两年也放入中国探索社会主义建设道路的时期，原因在于，这两年"文化大革命"虽然结束了，并开始大力抓经济建设，但追求的目标仍然是回到"文化大革命"前那种用计划经济加突出政治和群众运动的办法搞建设的模式，而不是要另辟一条新路。

第四，全面建设社会主义的十年与"文化大革命"十年、"在徘徊中前进"的两年这三个时期虽然各具特点，但有一个共同之处，就是都试图突破苏联的社会主义建设模式，探索出一条中国自己的社会主义建设道路。这条道路从一定意义上讲，就是用计划经济加突出政治和群众运动的办法搞建设。

从 1956 年起，中国开始强调把苏联经验同本国实际结合起来，反对照抄照搬，并逐渐提出要以自己的经验为主，苏联的经验只能做参考。而自己的经验，最早、最集中的体现就是毛泽东 1956 年写的《论十大关系》和 1957 年写的《关于正确处理人民内部矛盾的问题》。这两篇文献阐述的经验十分丰富，但最核心的、在 1956—1976 年始终起主导作用的，我认为就是计划经济加突出政治和群众运动。

毛泽东在探索社会主义的过程中，最大的失误就是发动"大跃进"和"文化大革命"。这两大失误的原因各有不同，前者主要是急于求成，后者主要是将党和国家的工作重点由经济建设转移到了阶级斗争。但无论前者还是后者，本意都是要用政治挂帅和提高人民思想觉悟来发动群众，通过政治运动、群众运动来促进经济建设和各项事业的发展。"文化大革命"虽然提出"以阶级斗争为纲"，但也并非要取消经济建设，不是要"跃过工业化"搞所谓"民粹化"的社会主义。否则，无法解释毛泽东为什么会同意周恩来重申他过去提出的 20 世纪内全面实现四个现代化的奋斗目标，为什么会批准用 40 多亿美元进口发达国家的先进工业设备，为什么会支持邓小平重新出来工作并做出"要把国民经济搞上去"①的指示。

在用什么发动群众、调动群众积极性的问题上，毛泽东从马克思主义关于意识形态对经济基础具有反作用的原理出发，提出不能单纯就经济抓经济、就技术抓技术，不能只讲物质利益原则和个人利益至上，还要抓思想政治工作和人的觉悟的提高。他说："政治工作是一切经济工作的生命线"②；"思想工作和政治工作，是完成经济工作和技术工作的保证，它们是为经济基础服务的"③。他的这一观点与列宁关于"政治是经济的集中表现"，"政治同经济相比不能不占首位"，"一个阶级如果不从政治上正确地看问题，就不能维持它的统治，因而也就不能完成它的生产任务"的观点是完全一致的。④他批评苏联《政治经济学教科书》过分强调物质利益原则和个人利益的偏向，指出："我们要教育人民，不是为了个人，而是为了集体，为了后代，为了社会前途而努力奋斗。要使人民有这样的觉悟"。"应当强调艰苦奋斗，强调扩大再生产，强调共产主义前途、远景，要用共产主义理想教育人民。要强调个人利益服从集体利益，局部利益服从整体利益，眼前利益服从长远利益。要讲兼顾国家、集体和个人，把国家利益、集体利益放在第一位，不能把个人利益放在第一位。不能像他们（指苏联——笔者注）那样强调个人物质利益，不能把人引向'一个爱人，一座别墅，一辆汽车，一架钢琴，一台

①《邓小平文选》第 2 卷，人民出版社 1994 年版，第 12 页。
②《毛泽东文集》第 6 卷，人民出版社 1999 年版，第 449 页。
③《毛泽东文集》第 7 卷，人民出版社 1999 年版，第 351 页。
④《列宁选集》第 4 卷，人民出版社 2012 年版，第 407、11 页。

电视机'那样为个人不为社会的道路上去。"① 他把 "以集体利益和个人
利益相结合的原则为一切言论行动的标准" 称作 "社会主义精神",② 要
求在全党全社会提倡。他把阶级斗争、生产斗争、科学实验概括为三大
革命实践活动,认为 "只搞生产斗争、科学实验,不抓阶级斗争,人的
精神面貌不能振奋,还是搞不好生产斗争、科学实验的"。③ 他把马克思
主义的认识论概括为 "物质变精神、精神变物质",指出 "代表先进阶
级的正确思想,一旦被群众掌握,就会变成改造社会、改造世界的物质
力量"。④ 他大力推动向雷锋、大庆、大寨等先进典型学习,积极倡导为
人民服务和艰苦奋斗的精神与风尚。所有这些都表明,他抓思想政治工
作、抓人的思想觉悟的提高,目的是以这种方法促进生产力的发展,用
他自己的话说,就是 "抓革命、促生产"⑤。

由此可见,无论是全面建设社会主义的十年还是 "文化大革命" 的
十年、"在徘徊中前进" 的两年,建设的指导思想或目标模式都是计划
经济加突出政治和群众运动,只不过表现形式和实行程度不同罢了。

基于以上几点原因,我认为把上述三个时期合并在一起,都纳入探
索中国自己的社会主义建设道路时期,符合这三个时期的阶段性特征,
也有利于人们正确认识它们三者之间的关系;有利于抵制把改革开放前
后两个历史时期加以割裂和对立的错误思想;有利于引导人民群众尤其
是广大青年树立新中国的历史自信,从而坚定中国特色社会主义的 "四
个自信"。

关于为什么把 1978—1992 年作为开创中国特色社会主义建设道路
的时期?

早在 1956 年资本主义工商业改造刚刚完成、计划经济体制初步建
立时,陈云就提出过一个关于体制改革的设想,即在所有制上,以国家

---

①《毛泽东文集》第 8 卷,人民出版社 1999 年版,第 134、136 页。

②《毛泽东文集》第 6 卷,人民出版社 1999 年版,第 450 页。

③《毛泽东传(1949—1976)》(下),中央文献出版社 2003 年版,第 1326 页。

④《毛泽东文集》第 8 卷,人民出版社 1999 年版,第 390、320 页。

⑤《建国以来毛泽东文稿》第 19 册,中央文献出版社 2023 年版,第 171 页。

和集体为主体，以个体为补充；在生产计划上，以国家计划生产为主体，以根据市场变化进行自由生产为补充；在市场管理上，以国家统一市场为主体，以自由市场为补充。①这个"三主体三补充"的设想，虽然由于种种原因在当时未能实行，但却在改革开放初期经济体制改革中发挥了重要作用。1979年初，陈云的这一思想有了进一步丰富和发展，他写出一个关于计划与市场关系问题的提纲，指出：无论苏联还是中国的计划工作，主要缺点是"只有'有计划按比例'这一条，没有在社会主义制度下还必须有'市场调节'这一条"②。他主张，"整个社会主义时期必须有两种经济：（1）计划经济部分（有计划按比例的部分）；（2）市场调节部分（即不作计划，只根据市场供求的变化进行生产，即带有盲目性调节的部分）"③。他还提出，在经济体制改革中，"不一定计划经济部分愈增加，市场经济部分所占绝对数额就愈缩小，可能是都相应地增加"④。后来，他把这个思想概括为"以计划经济为主、市场调节为辅"⑤，对"突破高度集中的计划经济体制的改革，产生过广泛而深刻的影响"⑥。从那时起一直到1992年中共十四大前，我国经济体制改革基本上是按照这个思路展开的。

比如，中共十二大报告明确把"计划经济为主、市场调节为辅"作为体制改革的原则，指出："有计划的生产和流通，是我国国民经济的主体。同时，允许对于部分产品的生产和流通不作计划，由市场来调节"。⑦中共十三大虽然肯定"社会主义经济是公有制基础上的有计划的商品经济"，强调不能把计划调节和指令性计划等同起来，但仍然明确指出："社会主义有计划商品经济的体制，应该是计划与市场内在统一

---

①《陈云文选》第3卷，人民出版社1995年版，第13页。
②《陈云文选》第3卷，人民出版社1995年版，第367页。
③《陈云文选》第3卷，人民出版社1995年版，第245页。
④《陈云文选》第3卷，人民出版社1995年版，第247页。
⑤《陈云文选》第3卷，人民出版社1995年版，第309页。
⑥《江泽民同志的讲话》，《人民日报》1995年6月14日。
⑦《十二大以来重要文献选编》（上），中央文献出版社2011年版，第18页。

的体制"。①1989 年政治风波后,邓小平再次强调:"以后还是计划经济与市场调节相结合。"②可见,计划与市场相结合的方针,在 1992 年邓小平南方谈话及中共十四大之前始终是那一时期经济体制改革的目标模式。所以,试图走出一条计划经济加市场调节的社会主义建设道路,应当是 1978—1992 年最突出的阶段性特征。

关于为什么把 1992—2012 年作为开创中国特色社会主义道路新局面的时期?

邓小平在南方谈话中指出:"计划多一点还是市场多一点,不是社会主义与资本主义的本质区别。"③中共十四大根据这一精神做出的决议,指出"我国经济体制改革的目标是建立社会主义市场经济体制","使市场在社会主义国家宏观调控下对资源配置起基础性作用"。④这一新体制尽管是与社会主义基本制度结合的,是坚持国家宏观调控的,是包括使用计划手段的,但既然由市场对资源配置起基础性作用,就必然出现公有制实现形式多样化和多种经济成分共同发展的局面,出现按劳分配和按生产要素分配相结合及允许和鼓励资本、技术、管理等要素参与分配的局面,出现社会经济成分、组织形式、就业方式、利益关系、分配方式越来越多样化的局面,出现人们思想和社会活动的独立性、选择性、多变性、差异性越来越增强的局面,从而使这一时期呈现出明显的阶段性特征。

关于为什么把 2013 年作为中国特色社会主义道路更加成熟和定型时期的起点?

前已述及,我过去一度把 2003 年作为中国特色社会主义建设进入一个新的发展阶段的开始,原因是我认为科学发展观的提出,意味着在社会主义市场经济体制建立后,出现了注重经济与社会协调发展、科学发展、和谐发展的目标模式。这对过去一段时间在社会主义建设中过分

---

①《十三大以来重要文献选编》(上),中央文献出版社 2011 年版,第 23 页。
②《邓小平文选》第 3 卷,人民出版社 1993 年版,第 306 页。
③《邓小平文选》第 3 卷,人民出版社 1993 年版,第 373 页。
④《中国共产党第十四次全国代表大会文件汇编》,人民出版社 1992 年版,第 22 页。

突出经济，以及在经济建设中过分突出速度、产值的偏向显然是一种纠正。然而，直到 2012 年中共十八大召开，十年过去了，科学发展观在实际工作中并没有得到认真落实。所以，在中共十八大之后，我对这一分期方法作了修正，把 2013 年作为新中国第五个历史时期的开端。

这样分期，缘于以下三点。

第一，从治国理政的实践上看。

中共十八大之后，中国在治国理政的各个层面出现了一系列有别于以往时期的明显变化，呈现出鲜明的阶段性特征。中共十八大于 2012 年 11 月中旬胜利闭幕，此后发生的变化是人们有目共睹的。我将其归纳为以下六个方面。

在经济建设方面。过去我国长期把经济高速增长放在重要位置，而中共十八大后提出稳中求进的总基调，主张中高速增长是新常态，提出和统筹推进"五位一体"总体布局，提出和协调推进"四个全面"战略布局，等等。

在体制改革方面。中共十八大后，党和政府更多的是要求把促进社会公平正义、增进人民福祉作为改革的出发点和落脚点，不断提升人民的获得感、幸福感、安全感；同时，不再强调政治体制改革，也不再提党政分开，而是强调改革的总目标是完善和发展中国特色社会主义制度、推进国家治理体系和治理能力现代化，改革必须坚持正确方向，不能把改革定义为往西方政治制度的方向改，党的领导是中国特色社会主义最本质的特征，等等。

在意识形态方面。中共十八大后，党和政府更多地强调坚持正面宣传为主绝不意味着放弃舆论斗争，及时反驳错误言论与不争论是两码事；对错误思潮要敢抓敢管、敢于亮剑，不要含含糊糊、遮遮掩掩；要以战士的姿态投身宣传思想领域斗争第一线。另外，中央明确指出改革开放前后两个时期都是我们党领导人民进行社会主义建设的实践探索，不能把这两个历史时期相互割裂、相互否定；强调党校和党的媒体必须姓"党"，绝不能和党的路线、方针、政策唱反调；党管媒体的原则要贯彻到新媒体领域，要打赢互联网战场的舆论战争；马克思主义在哲学社会科学领域不能被边缘化、空泛化、标签化，不能在学科中"失语"、在教材中"失踪"、在论坛上"失声"；文艺要坚持以人民为中心的创作导向，不能在市场经济大潮中迷失方向，不能在为什么人的问题上发生偏差；学校必须培养社会主义事业的接班人，要加强学生的思想政治教育，传承红色基因，并且在高校普遍设立了马克思主义学院。

在党的建设方面。中共十八大后，在党的建设方面突出强调斗争性和"严"字，改变了管党治党失之于宽、松、软的状况；由中共中央政治局带头执行"八项规定"，严厉整治形式主义、官僚主义、享乐主义和奢靡之风"四风"，惩处了大批腐败官员，包括中共中央政治局原常委、委员和中央军委原副主席，对腐败采取"无禁区、全覆盖、零容忍"态度；在各级人民代表大会设立了监察和司法委员会，对各级党政机关及事业单位开展巡视；强调"革命理想高于天"、不要忘记自己是革命者，明确否定曾一度流行的"由革命党转变为执政党"的提法，要求把坚定共产主义和中国特色社会主义的理想信念作为党的建设的首要任务，教育引导全党不忘初心、牢记使命，挺起共产党人的精神脊梁。

在军队建设和国家安全方面。中共十八大后，中共中央、中央军委把建设一支听党指挥、能打胜仗、作风优良的人民军队作为新形势下的强军目标，推进中国特色军事变革，改革了军委机构、战略区和野战部队编制，把坚持军事斗争准备作为国家安全的龙头，把军事训练摆在战略位置，全面提高信息化条件下的威慑和实战能力，夺取军事竞争中的主导权。以习近平同志为核心的党中央要求把保证国家安全作为头等大事，提出总体国家安全观，扭住政治、经济、国土、社会、网络等各方面安全，加强对维护国家安全所需的物资、技术、装备、人才、法律、机制等保障能力建设，并设立了中央国家安全委员会。2020 年 5 月，十三届全国人大三次会议还通过了《关于建立健全香港特别行政区维护国家安全的法律制度和执行机制的决定》。[1]

---

[1]《全国人民代表大会关于建立健全香港特别行政区维护国家安全的法律制度和执行机制的决定》，《人民日报》2020 年 5 月 29 日。

在国际关系方面。中共十八大后，以习近平同志为核心的党中央提出构建人类命运共同体的理念和促进"一带一路"国际合作的倡议，同时强调中国永远不称霸，也坚决反对霸权主义、强权政治，任何人不要幻想让中国吞下损害自身利益的苦果；全面推进中国特色的大国外交，形成全方位、多层次、立体化的外交布局，越来越多地成为国际组织、国际会议、国际行动的发起者、倡导者、组织者，使中国的国际影响力、感召力、塑造力进一步提高，日益走近世界舞台的中央。

正因为中共十八大之后出现了这些明显不同于以往几个时期的变化，所以我从 2015 年开始，在文章和讲课中把国史第五个时期的起点由中共十六大之后的 2003 年移到了中共十八大之后的 2013 年。我认为，这个时期要回答的问题是建设一个什么样的中国特色社会主义和怎样建设中国特色社会主义。这与此前要回答的什么是社会主义、怎样建设社会主义的问题有联系，但不是一个问题。①

唯物辩证法中有一个重要规律——否定之否定。恩格斯说：否定之否定"是自然、历史和思维的一个极其普遍的、因而极其广泛地起作用的、重要的发展规律"②。根据这一规律，任何事物的前进都不可能是直线式的，而只能是螺旋式上升的运动。马克思借用黑格尔的术语，把历史的前进概括为正题、反题、合题的过程，即这"是否定的否定，是对立面的统一"③。从这个意义上观察和思考国史，如果把改革开放前 29 年看成一个"肯定"或一个"正题"，把改革开放后到中共十八大之间的 34 年看成一个"否定"或者"反题"的话，那么，中共十八大以来的这些年显然可以看成"否定"后的"否定"，即新的"肯定"；或者叫作"正题"和"反题"后的"合题"。这里说的"肯定""否定"也好，"正题""反题""合题"也好，都是哲学语言，既不是要否定改革开放，也不是要回到改革开放前的社会状态，更不是要终结社会主义初级阶段，

---

① 朱佳木：《当代中国理论问题十二讲》，社会科学文献出版社 2016 年版，第 11—12、234 页。

②《马克思恩格斯选集》第 3 卷，人民出版社 1995 年版，第 484 页。

③《马克思恩格斯选集》第 1 卷，人民出版社 1995 年版，第 175 页。

而是要站在更高的历史起点上推进改革开放，提升社会主义初级阶段的层次。

从中共十八大以来的种种变化可以看出，国史确实出现了一个既不完全同于改革开放前，又不完全同于改革开放后，而是总结了这两个历史时期的经验，吸纳、融合、发扬了这两个时期的长处，促使改革开放逐步上升到新境界的阶段。从这个角度给国史分期、断限，完全可以说国史在中共十八大之后进入了一个新时期。

第二，从国内主要矛盾的变化看。

自 1956 年至中共十九大之前，我们党对于社会主要矛盾的提法，一直是人民日益增长的物质文化需要同落后的社会生产之间的矛盾。然而，随着中国综合国力的不断提升，尤其是 2010 年中国经济总量跃居世界第二，再说"落后的社会生产"显然已经不符合实际了。所以，中共十九大报告把社会主要矛盾的提法改为"人民日益增长的美好生活需要和不平衡不充分的发展之间的矛盾"①。一个社会的主要矛盾发生了变化，表明这个社会进入了一个新的历史时期。

第三，从中共中央的论断看。

习近平总书记在中共十九大前夕的"7·26"重要讲话中指出："认识和把握我国社会发展的阶段性特征，要坚持辩证唯物主义和历史唯物主义的方法论，从历史和现实、理论和实践、国内和国际等的结合上进行思考，从我国社会发展的历史方位上来思考。""党的十八大以来，在新中国成立特别是改革开放以来我国发展取得的重大成就基础上，党和国家事业发生历史性变革，我国发展站到了新的历史起点上，中国特色社会主义进入了新的发展阶段。"②紧接着，他在中共十九大报告中进一步指出："经过长期努力，中国特色社会主义进入了新时代。""五年来的成就是全方位的、开创性的，五年来的变革是深层次的、根本

---

① 习近平：《决胜全面建成小康社会 夺取新时代中国特色社会主义伟大胜利——在中国共产党第十九次全国代表大会上的报告》，《人民日报》2017 年 10 月 28 日。

②《高举中国特色社会主义伟大旗帜 为决胜全面小康社会实现中国梦而奋斗》，《人民日报》2017 年 7 月 28 日。

性的。""这些历史性变革，对党和国家事业发展具有重大而深远的影响。"他还说："十八大以来，国内外形势变化和我国各项事业发展都给我们提出了一个重大时代课题，这就是必须从理论和实践结合上系统回答新时代坚持和发展什么样的中国特色社会主义、怎样坚持和发展中国特色社会主义。"①以上论述清楚地说明，中国特色社会主义进入新时代，不仅是对中国特色社会主义阶段划分的政治判断，而且直接关系到国史分期，表明自中共十八大以来，不仅中国特色社会主义开启了一个新阶段，我们国家的历史也进入了一个新时期。

那么，对国史的这个时期应当如何称谓呢？新时代中国特色社会主义是对中国特色社会主义新阶段的称谓，不等于也是对国史新时期的称谓。中共十九届四中全会明确提出："到我们党成立一百年时，在各方面制度更加成熟更加定型上取得明显成效；到二〇三五年，各方面制度更加完善，基本实现国家治理体系和治理能力现代化；到新中国成立一百年时，全面实现国家治理体系和治理能力现代化，使中国特色社会主义制度更加巩固、优越性充分展现。"②制度在国家生活中无疑具有根本性、全局性、稳定性和长期性，所以，我认为把中共十八大后开始的国史新时期称作"中国特色社会主义道路更加成熟和定型的时期"比较合适。这样称谓也有助于同国史第三、第四两个时期的称谓相呼应、相协调。

我一向主张，在历史分期的问题上，无论某种意见多么接近真理，都只具有相对的意义。随着历史的不断发展，比如说到新中国诞生 100 年、200 年时，人们再来给国史分期、断限，肯定会和现在又有所不同。另外，上述分期只是就国家宏观历史而言的，至于某些专门史，如学术史、文学史、美术史、影视史等，某些地方史，如西藏史、台港澳史等，分期、断限完全可以根据自身的特殊情况划定，不一定非要与国史的分期保持一致不可。

---

① 习近平：《决胜全面建成小康社会 夺取新时代中国特色社会主义伟大胜利——在中国共产党第十九次全国代表大会上的报告》，《人民日报》2017 年 10 月 28 日。
②《中共中央关于坚持和完善中国特色社会主义制度 推进国家治理体系和治理能力现代化若干重大问题的决定》，《人民日报》2019 年 11 月 6 日。

当代中国史理论研究的学科建设及当前任务 [*]

  当代中国史理论研究是当代中国史研究中派生出来的分支学科。当代中国史即 1949 年后的中华人民共和国史，也称新中国史、中国现代史或中国当代史，本文简称当代史、国史。

  严格意义上的当代史研究，从党的十一届六中全会作出《关于建国以来党的若干历史问题的决议》(以下简称《历史决议》)之后才开始，所以比中国古代史、近代史研究要晚得多，属于新兴学科。当代史理论研究起步更晚，更需要一边研究，一边进行学科建设。

  史学研究包括史实研究和理论研究。这两种研究一般的情况下是难以分开的，但有时为了研究的深入，也会出现分工，有的侧重历史叙事，有的侧重历史解释。在史实研究或历史叙事中，又分为只述不论和史论结合两种形式。在史学的理论研究或历史解释中，虽然离不开对史实的研究，但更偏重于理论和解释工作。比如，重点研究和解释历史发生和发展的原因及规律、经验，对历史事件和人物进行评价，研究和阐释修史本身的宗旨、原则、方法，规定史书编撰的体裁、体例，等等。不过，无论史学的理论研究或历史解释，还是史实研究或历史叙事，都会自觉或不自觉地受到一定历史观的影响和支配。本文论述的当代史理论研究，是自觉接受唯物史观指导的，因此，既是当代史研究的分支学科，也是马克思主义史学理论研究及当代中国问题研究下的分支学科。在这个意义上，它也是一门交叉学科。

  马克思主义认识论告诉我们，实践先于认识，理论源自实践；但理论要经过实践、认识、再实践、再认识的循环往复方能形成，因此，理论与感性认识相比，更能反映事物的本质，揭示事物的规律，"是更深

  * 本文曾刊于《思想理论教育导刊》2021 年第 5 期。

刻、更正确、更完全地反映客观事物的东西"①。当代史理论研究建立在当代史史实研究基础之上，以唯物史观为指导，更应当反映历史的本质、揭示历史的规律，起到提高和引领史实研究的作用。

当代史理论研究的上述性质，决定了它的学科建设大体包含以下三方面内容：一是系统构建当代史研究的学科理论，例如，阐释当代史的概念，以及当代史的研究特点和学科依据、学科体系等。二是解答当代史中的一些基本理论问题，例如，什么是新中国史的基本走势、基本规律、基本经验，以及如何总体评价新中国史等。三是从理论上分析当代史的重大问题，例如，如何看待抗美援朝战争、"三反""五反"、农业合作化、公私合营、提前向社会主义过渡、统购统销、"大跃进"、"四清"运动、"文化大革命"、改革开放、由计划经济向社会主义市场经济体制转变等历史事件，如何认识毛泽东、周恩来、刘少奇、朱德等领袖人物，如何评论在各条战线、各个领域产生过重要影响的杰出人物，等等。

搞好当代史理论研究的学科建设，不仅有助于提高和引领当代史研究的深入发展，也会对马克思主义的史学理论及当代中国问题研究具有促进作用。

一、关于构建当代史研究的学科理论

当代史研究作为史学研究的分支学科，其学科理论与史学一般理论之间存在共性方面，但更多的是带有个性的方面。当代史研究本身起步较晚，这种带个性的学科理论的构建，必然需要一个过程。

构建任何学科理论，首先碰到的问题都是范畴的界定。界定当代史研究的范畴，首先要搞清楚什么是当代史，当代史与中国近现代史是什么关系，当代史与中共党史又是什么关系，以及如何看待当代史研究现实政治性、意识形态性强的问题，等等。

新中国成立后很长时间里，历史学科在中国史下面有中国古代史、

①《毛泽东选集》第1卷，人民出版社1991年版，第291页。

中国近现代史，却没有现代史；而这个近现代史中的"现代史"，是以1919年五四运动为起点的。20世纪80年代，当新中国史研究兴起后，人们为避开对"现代史"的既有定义，提出了以1949年新中国成立为起点的"当代史"概念。但随着时间推移，"现代史"原有定义与"当代史"研究、教学和研究生培养之间的矛盾日益凸显，于是，又有人提出把"新中国史"或"当代史"放入原有的"近现代史"专业中。应当说，对"现代史"的上述两种处理方法都不合适，尤以后者更不合适。因为，"近现代史"中的"现代史"是以1919年为起点的，在不改变这个定义的前提下，就把"新中国史"或"当代史"并入"现代史"，势必模糊和淡化1949年中华人民共和国成立对于中国社会形态变化的划时代意义。

应当怎样处理才合适呢？笔者认为，解决这个问题先要依据马克思主义关于社会形态的理论，统一对中国历史阶段划分的标准，就是说，以社会性质变化而不是革命性质的变化为标志来划分不同历史阶段。然后，将现代史起点由1919年中国革命由旧民主主义转变为新民主主义，推迟到1949年中国社会由半殖民地半封建进入新民主主义和向社会主义迈进。在这个前提下，再把"新中国史"与"当代史""现代史"的概念合并。合并后，可以称"现代史""当代史""当代中国史"，也可以称"新中国史"或"中华人民共和国史"。

当然，历史分期是一项动态性工作，不会一劳永逸。随着时间延续，原有现代史、当代史的上下限还会相应改变。例如，再过100年，可能需要从现代史中分出一个独立的当代史来。不过，那是后人考虑和解决的问题了。

有人提出，中共党史研究现在也以新中国历史为研究对象，再搞当代史研究，是否会成为重复劳动？对这个问题不说清楚，当代史研究也难以构建自己的学科理论。

中国共产党是新中国的核心领导力量，党的理论、路线、方针、政策、重大决策等必然会对新中国发展起决定性作用。从这个意义上说，党史是国史、当代史的核心内容，新中国成立后的党史走向决定国史、当代史的走向。因此，新中国史与党在新中国时期的历史，内容上难免会有交叉和重合。但同时也应当看到，党史和国史、当代史毕竟分属不同学科，即使从历史研究的角度看，二者也有专史和通史之别，不能相互混淆。

首先，党史和国史、当代史观察问题的角度不同。党史主要是从执政党的角度阐述历史，重点讲党在新中国成立后是如何制定党的路线、方针、政策，又是如何把这些路线、方针、政策变为国家意志的；是如何处理与各参政党之间的关系，如何与国外政党交往，如何进行党的自身建设的；等等。而国史、当代史是从国家角度阐述历史，重点讲国家政权机关是如何贯彻党的路线、方针、政策，又是如何组织国家进行经济、社会、文化、外交、国防等各项事业建设的，是如何改革机构和提高自身效率的，以及各参政党是如何在中国共产党领导下参政议政的。

其次，党史和国史、当代史涉及范围不完全相同。党史主要涉及的是党自身及其影响所及的事务，例如，党的路线、方针、政策，党的重要会议、重要事件、重要人物，以及在党的作用下，社会领域发生的变迁，等等。至于更大范围里的事务，例如，政权机构设置、行政区域划分和经济活动、法制建设、外交国防，以及社会领域里的人口、婚姻、宗教、风俗、服饰、饮食、娱乐、人际交往、语言变化等，尽管与党史有着或多或少的关联，党史也会有所涉及，但不可能涉及过多，而这些内容恰恰是国史、当代史中不能不讲清楚的。具体说，国史、当代史要更多地介绍全国人民代表大会及其常委会和国务院的决策过程，法律的制定和修订过程，各级国家权力机关、行政机关、审判机关、检察机关的重大活动和举措，各级政治协商会议参政议政的情况，国家各项建设事业的进展，国家机关自身建设及其施政的经验与教训等，以及其他党史中不过多涉及的事情。例如，在经济问题上，党史要侧重讲基本经济制度和宏观经济政策的建立与制定过程，而国史、当代史则要侧重讲相对具体一些的经济制度和经济政策的建立与制定，讲土地使用、产业结构、进出口贸易、货币发行、税收种类、城乡居民收入变化等情况。

可见，当代史与党史在内容上虽有交叉有重复，但各有各的属性和特点，谁也代替不了谁。现在有些党史书与国史书之间存在雷同或近似的现象，不表明当代史研究与党史研究是一个学科，而是因为国史书过多地写了本该由党史书撰写的内容，党史书过多地写了本该由国史书撰写的内容。这个问题恰恰需要通过加强两个学科的理论建设加以解决，而不应成为取消当代史研究的理由。

至于当代史研究的现实政治性、意识形态性强，是否会妨碍它成为学科，更是当代史研究构建自身学科理论时必须讲清楚的。

古今中外史学家中的绝大多数，都认为历史研究不是为历史而研究历史，更非自娱自乐，而是为了服务社会，服务当前，为了把前人的经验、智慧传给今人，留给后人，为了展望未来、向前看。对此，中国古人的"经世致用"四个字，说得再清楚不过了。至于史学与政治的关系，中国古人也有一句"灭人之国，必先去其史"①，把问题说透了。从古至今的历史都说明，在有阶级的社会中，史学的社会功能很大程度就表现在它为特定阶级和政治力量的服务上。尤其对国家史的记述、解释，更是各个阶级、各种政治力量争夺、较量的重要领域。统治阶级为维护自身统治，总是高度重视对国家史的记述和解释，把它视作国家主流意识形态和核心价值体系的组成部分；而要推翻一个政权的阶级和政治力量，也十分看重对历史的解释，总要用它说明原有统治的不合理性。这是一个带规律性的普遍现象，区别只在于进步的阶级和政治力量顺应历史前进方向，因此不怕历史的真实，对历史的记述和解释会符合或比较符合历史的本来面貌；而反动的阶级和政治力量悖逆历史前进方向，因而害怕历史的真实，对历史的记述和解释总是难以符合历史的本来面貌。

新中国是中国共产党领导的以工农联盟为基础的人民民主专政的社会主义国家，在当今资本主义制度仍占主导的世界，这种新型国家必然受到排挤、打压。因此，对它的历史研究，比起史学其他学科，与国家兴亡、政权安危的关系，必然会更密切、更直接，研究领域里的意识形

①《龚自珍全集》，上海人民出版社 1975 年版，第 22 页。

态斗争也会更激烈。前些年，拿新中国史做文章的历史虚无主义思潮甚嚣尘上，从反面充分证明了这一特点。可见，当代史研究不仅不可能回避政治、淡化意识形态性，相反，要更加自觉地反"灭人之国，必先去其史"之道而行之，努力发挥"护国必先卫史"的功能。这同发扬历代史学经世致用的传统，本质上是一致的；同发扬近代以来史学家尤其是马克思主义史学家的爱国主义传统，也是完全吻合的。

强调当代史研究的现实政治性、意识形态性，不等于否定它的学术性、科学性。在社会科学领域，除语言学外，其他学科多多少少都具有阶级性、政治性、意识形态性。一门学科是否科学研究，不取决于这门学科是否具有阶级性、政治性、意识形态性，而在于它追求的是否客观真理，反映的是否客观规律，具有的知识体系是否完整系统，遵守的学术规范是否被公认为科学。马克思主义指导下的当代史研究尊重历史的真实性、连贯性、继承性，注重揭示历史事件的原因、总结历史成败的经验、探索历史发展的规律，并致力于构建符合学术规范的完整系统的学科体系。因此，它同样是一门科学，而且是地地道道的学问。

二、关于分析当代史的基本理论问题

史学研究中的基本理论问题，包括历史分期、主线、主流等。这些问题在每个具体历史，如某个国家的某段历史中的内容都不会一样。因此，具体地分析当代史的分期、主线、主流，便成为当代史理论研究学科建设的又一个重要内容。

对历史进行分期，即给历史断限，历来是史学工作者为便于自己研究和引导人们认识历史发展阶段的一种方法，也是史学研究中的重要理论问题。由于史学工作者的历史观不同，对不同社会形态下的历史进行分期，难以有统一的标准；即使在同一历史观指导下、对同一社会形态的历史进行分期，由于出发点和观察问题的角度不同，进行分期时所处的时间节点不同，也会出现不同的意见。

目前能看到的书名叫作新中国史、中国当代史、中国现代史、中国近现代史的著作有百余种。这些书对国史的分期，从二分法到十分法都有，而且每种分法中，上下限也不尽相同。应当说，这些分期方法多数都有一定道理，完全可以在学术范围里进行讨论。不过，笔者个人主张以经济与社会发展目标模式的变化作为分期标准，并将迄今为止的 70 多年的当代史分为五个时期，即把 1949—1956 年作为由新民主主义社会向社会主义社会的过渡时期，把 1956—1978 年作为探索中国自己的社会主义道路的时期，把 1978—1992 年作为开创中国特色社会主义道路的时期，把 1992—2012 年作为拓展中国特色社会主义道路的时期，把 2012 年至今作为中国特色社会主义道路更加成熟和定型的时期。

上述分期方法中，把"大跃进"和"文化大革命"放在社会主义道路探索时期，有人可能会不赞成，认为"大跃进"犯有全局性错误，"文化大革命"更是给国家带来严重灾难的内乱，怎么能把它们也说成是探索呢？回答这个问题，涉及对新中国不同历史时期是否一个内在统一整体的看法。

中国当代史无论划分多少个时期，最明显的无疑是以 1978 年党的十一届三中全会为界的改革开放前后两个时期。对于这两个时期的关系，习近平早在党的十八大之后就作过一个明确论述。他指出：这"是两个相互联系又有重大区别的时期，但本质上都是我们党领导人民进行社会主义建设的实践探索。……两者决不是彼此割裂的，更不是根本对立的"[1]。"大跃进"和"文化大革命"又在改革开放前的历史时期中占有三分之一的比重，既然改革开放前的历史时期本质上是对社会主义建设的实践探索，怎么能说它们不是探索呢？

关于"文化大革命"是对社会主义探索的观点，在 1981 年的《历史决议》中其实就有了。《历史决议》指出："社会主义运动的历史不长，社会主义国家的历史更短，社会主义社会的发展规律有些已经比较清楚，更多的还有待于继续探索。"[2] 毛主席当年发动"文化大革命"，主要论点和方法虽然都是错误的，但确实是为了巩固无产阶级专政，是

①《十八大以来重要文献选编》（上），中央文献出版社 2014 年版，第 111—112 页。
②《三中全会以来重要文献选编》（下），中央文献出版社 2011 年版，第 149 页。

"要克服我们党内和国家生活中存在着的缺点"①。否则，他怎么会如"决议"所说，在全局上坚持"文化大革命"错误的同时，"制止和纠正过一些具体错误，保护过一些党的领导干部和党外著名人士，使一些负责干部重新回到重要的领导岗位"，并"领导了粉碎林彪反革命集团的斗争"，在四届全国人大上"确定了以周恩来、邓小平同志为领导核心的国务院人选"，不让江青、张春桥"夺取最高领导权的野心得逞"；又怎么会"警觉地注意维护我国的安全，顶住了社会帝国主义的压力，执行正确的对外政策"。② "文化大革命"的探索当然不成功，甚至是失败的，但不能因为探索失败就否认是探索。这同发明创造过程中的试验尽管失败了，甚至失败了几十次几百次，但不能因此否认它们是试验的道理一样。

还要看到，"文化大革命"与"文化大革命"时期是两个概念。《历史决议》指出，在那十年里，"我们党的干部，无论是曾被错误地打倒的，或是一直坚持工作和先后恢复工作的，绝大多数是忠于党和人民的，对社会主义、共产主义事业的信念是坚定的。遭到过打击和折磨的知识分子、劳动模范、爱国民主人士、爱国华侨以及各民族各阶层的干部和群众，绝大多数都没有动摇热爱祖国和拥护党、拥护社会主义的立场"③。而且，"我国国民经济虽然遭到巨大损失，仍然取得了进展"，"人民解放军仍然英勇地保卫着祖国的安全。对外工作也打开了新的局面"。④ 这些论述说明，"文化大革命"不等于"文化大革命"时期。不能因为要否定"文化大革命"，就一股脑地否定"文化大革命"时期党和人民所做的全部工作、取得的全部成就。

历史主线客观存在于历史之中，但需要有人通过研究加以揭示。探寻历史主线的目的，是帮助人们认识历史事件的原因，总结历史过程的得失，找出历史发展的规律，预测历史前进的走势。显然，这也是当代

①《三中全会以来重要文献选编》（下），中央文献出版社 2011 年版，第 147 页。
②《三中全会以来重要文献选编》（下），中央文献出版社 2011 年版，第 147 页。
③《三中全会以来重要文献选编》（下），中央文献出版社 2011 年版，第 148 页。
④《三中全会以来重要文献选编》（下），中央文献出版社 2011 年版，第 148 页。

史理论研究学科建设需要解决的理论问题。

关于什么是当代史的主线，目前也有各种不同看法。回答这个问题，同样应当先弄清楚史学意义和马克思主义语义下的历史主线的概念。根据马克思主义经典作家的有关论述，笔者认为，历史主线应当是指构成历史主体的人民群众在既定历史条件下对历史发展起决定性作用的动因及其结果；由于这种动因不可能只有一个，因而历史主线也不可能只有一条。

只要认真分析一下新中国迄今为止的历史便会看出，中国人民在中国共产党领导下创造历史的基本动因起码有三个：第一，建设和探索中国的社会主义；第二，争取早日实现中国的工业化和现代化；第三，维护中国的国家主权、安全和领土完整。正是这三个基本动因，构成了贯穿新中国史的三条主线。其中第一条最重要，但代替不了另外两条。三条主线既相互区别又相互联系，共同影响和左右着新中国史的发展。新中国史的所有重大事件，几乎都可以从这三条主线中找到相应的答案。它们就像打开新中国史一系列问题之门的三把钥匙，又像交汇演奏新中国史交响曲的三个主题。抓住了这三条主线，也就抓住了新中国史发展的主要脉络，而且可以大致预测未来发展的基本走向。

历史主流是相对于历史支流而言的，回答什么是历史主流的问题，同样是为了帮助人们正确认识历史，在纷繁复杂的历史过程中分清楚、把握住历史的主要方面。因此，分析当代史的主流，也是当代史理论研究学科建设要解决的重要问题。

关于新中国迄今为止 70 多年的历史，多数人认为改革开放后的 40 多年应以正面评价为主；而对改革开放前的 30 年，分歧意见较大，不少人要么不能理直气壮地表示应以正面为主，要么或明或暗地认为应以负面为主，个别人甚至把那段历史描绘得一团漆黑。因此，回答什么是当代史的主流，关键在于如何看待改革开放前那段历史中的失误和曲折。

笔者体会，看待这个问题，首先要把历史中的失误、曲折与成就、本质加以区别，比较哪个方面更重要。其次要把历史中的失误、错误同存在失误、错误的时期加以区别，不能因为哪个时期出现过失误、错误就把那个时期加以否定。比如，要分析失误、错误是普遍的、全局的现象，还是个别的、局部的现象；存在失误和错误的工作中是否也有正确的合理的成分；犯错误时期中是否也有成绩和成就；等等。再次要把可以避免的失误、错误同由于客观条件限制难以避免的失误、错误加以区别。第四，要把好心办坏事与个人专断、个人专断与专制制度加以区别。

另外，还要看到失误多曲折大的时期，对于后来历史发展有哪些积极意义。例如，改革开放前的失误和曲折虽然相对于改革开放后要多些大些，但正是那段历史为改革开放后的发展提供了重要的政治前提，坚实的物质、人才基础，必要的外部条件，以及可资借鉴的经验教训。就如同盖楼一样，打地基时的变化不容易让人看出来，但楼房盖得快盖得高，反过来可以说明地基打得好打得牢。

三、关于给当代史的重大问题予以理论上的解答

史学研究的一个主要任务是把史实弄清楚，使人们"知其然"。但到此还只是做完了一半工作，还有一半是要解释历史为什么会是这样而不是别样，使人们"知其所以然"。而这正是史学理论研究需要做的工作。它相当于毛泽东在延安整风时期所提倡的，"依据马克思列宁主义的立场、观点和方法，正确地解释历史中和革命中所发生的实际问题……给予科学的解释，给予理论的说明"[①]。因此，当代史理论研究要构建自己的学科，就要抓出当代史中那些需要给予科学解释和理论说明的问题。

本文前面已列举了一些当代史中需要给予理论说明的重大问题。类似那样的问题还有很多。当代史理论研究在学科建设中要下功夫寻找。例如，有人提出，新中国错过了很多历史机遇。对此究竟应当怎么看，就是一个需要给予理论说明的问题。

---

① 《毛泽东选集》第 3 卷，人民出版社 1991 年版，第 814 页。

新中国成立以来，笔者认为大的发展机遇遇到过三次，这三次都被我们捕捉到了。其中一个半是改革开放前被以毛泽东同志为主要代表的中国共产党人抓住的，另一个半是改革开放后被以邓小平同志为主要代表的中国共产党人抓住的。

新中国成立之初，美国出兵干涉朝鲜内战，不仅向鸭绿江进犯，还派舰队入侵台湾海峡。面对新生人民政权和远东地区的安全危险，毛泽东毅然决定派出中国人民志愿军抗美援朝，在双方国力、装备差距悬殊的情况下，以巨大的民族牺牲，将美军打回到"三八线"，巩固了新中国的安全环境，也保卫了包括苏联远东在内的地区和平。为此，斯大林解除了对中国共产党是否民族主义政党的怀疑，也深感对中国的愧疚。1952年周恩来、陈云一行前往苏联洽谈我国"一五"计划建设问题时，斯大林当即满口答应给予全面援助，明确表示"中国的志愿军在朝鲜作战和在国内发展橡胶生产两件事，也是对苏联的援助"[1]。毛泽东后来在1958年同苏联驻华大使谈话中谈到苏联援助时也说："苏联人从什么时候开始相信中国人的呢？从打朝鲜战争开始的。从那个时候起，两国开始合拢了，才有一百五十六项。"[2] 所以，周恩来、陈云一行访苏回国的当天晚上，毛泽东在中央书记处会议听取他们汇报和研究"一五"计划方针、任务时，才会改变先搞一段新民主主义再向社会主义过渡的原有设想，提出立即开始向社会主义过渡。接着，党中央为适应在资金、物资、人才奇缺情况下开展大规模工业化建设，决定实行以"一化三改"为主要内容的社会主义过渡时期总路线，建立高度集中的计划经济体制。正是这一决策，为中华民族抓住了一次千载难逢的发展机遇。这个战略机遇期从1952年持续到1960年，大约8年时间。中国人民在此期间和随后一段时间，通过节衣缩食、艰苦奋斗，建成了独立的比较完整的工业体系和国民经济体系，为中华民族以弯道超车的速度追赶先发国家，赢得了宝贵时间。

---

①《陈云年谱》（中），中央文献出版社2000年版，第147页。
②《毛泽东文集》第7卷，人民出版社1999年版，第387页。

"文化大革命"后期，中苏矛盾激化，美国为集中力量同苏联争霸，急于从越南战场上脱身，暗示有求于我。毛泽东又抓住这个机会，同意尼克松访华，从而改善了中美关系，使我国在同苏联霸权主义斗争中增加了分量，也撬开了以美国为首的西方阵营对我长期封锁的大门，得以从它们那里进口先进设备，一定程度上缩小了与发达国家的技术差距。由于我国当时还处于"文化大革命"中，"四人帮"把进口设备、技术统统批成"洋奴哲学"，使对外开放的步子受到阻碍，耽误了一点时间。但应当实事求是地看到，耽误的时间其实并不算多。因为第二次世界大战后西方主要国家建立的布雷顿森林体系，规定各国货币与美元挂钩，美元与黄金挂钩，导致游资难以流动。直到 20 世纪 70 年代初，这个体系解体，加上西方发达国家进行经济结构调整，才使大量游资和制造业设备开始向发展中国家转移。就是说，在此之前，即使我国实行开放政策，西方国家也不会对我大量投资和出售先进设备。1977 年，当邓小平再次恢复工作后，把毛泽东抓住的那半个机遇继续加以扩大，实现了中美建交，从而完全打开了同西方关系正常化的大门，使我们有了实施全方位外交和全面对外开放的条件。

20 世纪 70 年代末，一方面，由于"四人帮"被粉碎，"左"的禁锢被打破，出现了全党全民思想大解放的局面；另一方面，第二次世界大战后经过民族民主运动纷纷独立的殖民地半殖民地国家求和平谋发展的呼声日益高涨，加上西方国家主导的经济全球化深入发展，使国际局势逐渐缓和。邓小平抓住这个有利时机，作出当今时代主要问题是和平和发展的判断，毅然决然地推行改革开放总政策，在进行经济结构调整的同时，使我国迅速融入经济全球化，从而在已有基础上实现了大幅度跨越式发展。这个战略机遇期从那时到现在持续了 40 多年，使中华民族距离伟大复兴的目标比历史上任何时期都更加接近了。

四、关于当代史理论研究学科建设的当前任务

当前，当代史理论研究的学科建设处于十分有利的时机。首先，新中国发展了 70 多年，对当代史的研究也积累了 40 多年。这些为当代史

理论研究的学科建设，提供了比过去更充实的客观条件。其次，党的十八大以来，以习近平同志为核心的党中央高度重视哲学社会科学"三大体系"建设，并且给予新中国史的学习、研究、宣传、教育以从未有过的重视。特别是习近平每当讲到党史，几乎总要同时提到国史；并且旗帜鲜明地提出要正确看待改革开放前后两个历史时期的关系，要抵御歪曲、污蔑党史国史的历史虚无主义思潮。这些为当代史理论研究指明了更加明确的前进方向，营造了更加健康的发展环境。再次，近两年来，党政机关和高等院校在党中央号召下正逐步开展包括新中国史在内的"四史"教育；今年为迎接建党一百周年，全党又在集中开展党史学习教育活动，全社会也在广泛开展"四史"的宣传教育。这些使对当代史理论研究的需求变得更加热烈，也使这一学科在教学与研究中有了更好的前景。

面对当前的好形势，当代史理论研究学科建设除了要继续抓紧上述三方面工作外，我认为还应当有针对性地做好以下三项工作。

第一，阐明新中国史在"四史"教育中的地位与作用。"四史"教育是习近平在全党开展"不忘初心、牢记使命"主题教育期间提出的，目的在于让广大党员特别是党的干部深入领会中国特色社会主义理论，牢固掌握马克思主义基本原理，更加坚定共产主义理想信念。就是说，"四史"是理想信念、基本理论的历史依据，而理想信念、基本理论则是"四史"的核心要义。其中，社会主义发展史要说明社会主义是怎样由空想变为科学，又是怎样由理论变为实践的；中共党史要说明科学社会主义是怎么传播到中国，中国共产党又是怎样诞生和领导中国人民推翻"三座大山"，建立新中国的；新中国史要说明中国人民是如何在党的领导下战胜重重困难，捍卫国家独立、统一、安全，又是怎样在积贫积弱的落后农业国基础上建成独立的比较完整的工业体系和国民经济体系，实现由近代不断衰落到根本扭转命运、持续走向繁荣富强的；改革开放史要说明社会主义中国是怎样通过破除一切思想和体制障碍而走上中国特色社会主义道路的，又是怎样在已有根本政治前提和基本制度、建设成就基础上大踏步赶上时代的。"四史"合在一起，正是社会主义由空想变成科学，再变成革命运动，再在中国取得成功，再进一步发展到中国特色社会主义的逻辑过程。面对"四史"教育，当代史理论研究工作应充分论证新中国史在其中的重要位置，以及与其他史之间相互衔接和补充的关系，为加强新中国史的学习、研究、宣传、教育给予理论支撑。

第二，为坚定"四个自信"提供新中国史的依据。史学研究的一大功能是通过探索历史规律，预判历史发展的趋势。当今西方经济、政治危机此起彼伏，导致世界经济增速乏力，逆全球化抬头，贸易摩擦加剧，西方反华势力为摆脱困境，将矛盾向中国转嫁，拾起了他们封锁、孤立、制裁的老一套。目前，世界正处于百年未有之大变局，我国正处于"两个一百年"的历史交汇期，开启了全面建设社会主义现代化国家的新长征。处在这样的历史时刻，当代史理论研究工作应充分阐述新中国反封锁、反孤立、反制裁的历史启示，用以坚定广大群众的"四个自信"，提振人们战胜困难的勇气。同时，用新中国跨越式发展的历史，说明对当下中国而言，战略机遇期能够继续延长固然很好，即使不能，也没有什么了不起。从某种意义上看，中国本身也已经成为一种发展机遇。现在主要问题不是中国能不能抓住机遇，而是别人能不能抓住中国这个机遇了。

第三，在新中国史领域继续开展同历史虚无主义思潮的斗争。历史虚无主义思潮自从 20 世纪 70 年代末 80 年代初传入我国后，同政治学领域的社会民主主义思潮、经济学领域的新自由主义思潮相互呼应，兴风作浪，给我国意识形态领域一度造成相当大的思想混乱。党的十八大后，习近平对这股思潮的本质给予了深刻揭露，指出国内外敌对势力拿中国革命史、新中国历史做文章，竭尽攻击、丑化、污蔑之能事，"根本目的就是要搞乱人心，煽动推翻中国共产党的领导和我国社会主义制度。苏联为什么解体？苏共为什么垮台？一个重要原因就是意识形态领域的斗争十分激烈，全面否定苏联历史、苏共历史，否定列宁，否定斯大林，搞历史虚无主义，思想搞乱了，各级党组织几乎没任何作用了，军队都不在党的领导之下了。最后，苏联共产党偌大一个党就作鸟兽散了，苏联偌大一个社会主义国家就分崩离析了"①。他还指出："历史虚无主义的要害，是从根本上否定马克思主义指导地位和中国走向社会主义的历史必然性，否定中国共产党的领导。"这股思潮现在虽然有所收敛，但一有可乘之机仍会蠢蠢欲动、强烈表现。因此，对其保持高度警惕，继续从理论上揭露其荒谬性、危害性，使广大群众特别是青年进一步认清它助纣为虐、为虎作伥的真实面目，应当是当代史理论研究工作分内的事，是义不容辞的政治责任。

当前形势对于当代史理论研究工作来说，可谓既喜人也逼人。我们应当把压力变动力，努力加强研究队伍自身的能力建设，切实提高理论思维、理论分析能力，增强理论研究的创新力、说服力、影响力。当代史理论研究的重要意义和远大前程都是不言而喻的，有幸从事这一工作的学者应当充分认清形势，增强信心，加倍努力，用自己的创造性的学术劳动，投入为中华民族伟大复兴而奋斗的事业中去。

---

① 《十八大以来重要文献选编》（上），中央文献出版社 2014 年版，第 113 页。

切实开展好国史进校园活动 *

国史进校园活动是国史学会宣传教育中心会同中国高等教育学会、教育部教育技术与资源发展中心、国家开放大学等单位酝酿和筹办的一项工作。我对此介入不多，会议安排我讲话，我临时考虑了一下，想到四个问题，作为会议的引子和靶子。

一、什么是国史进校园活动

学校中有小学、中学，也有大学。目前，初中和高中历史课已经有新中国史的内容，大学思想政治课的中国近现代史课中的现代史，本身就是新中国史。所以，中学和大学是有国史课的。没有国史课的是小学，但它们的《道德与法治》课，也涉及新中国的一些重大事件和代表人物。那么，为什么还要开展国史进校园活动呢？我理解，这里讲的国史进校园，指的是国史研究与教育领域的社会组织，与学校合作，在国家有关部门支持下，调动社会资源，共同响应党中央关于在全社会开展"四史"宣传教育的号召，采取多种形式，利用课余时间，强化对师生进行有关新中国史宣传教育的活动。

二、为什么要开展国史进校园活动

首先，因为习近平总书记和党中央特别关心全党全社会尤其青少年对新中国史的学习教育。

党的十八大以来，以习近平同志为核心的党中央对新中国史给予了前所未有的重视。习近平总书记每当提到党史，往往总是与国史并提。

---

* 本文是作者 2023 年 7 月 9 日在中华人民共和国国史学会、中国高等教育学会、国家开放大学共同主办的国史进校园工作座谈会上的讲话节选。收入本书时，作者略作修改。

他多次指出:"要认真学习党史、国史,知史爱党,知史爱国";"学习党史、国史,是我们坚持和发展中国特色社会主义、把党和国家各项事业继续推向前进的必修课"。① 他强调:"不忘历史才能开辟未来,善于继承才能善于创新。"② "一个民族的历史是一个民族安身立命的基础"③;思政课老师的历史视野中,"要有中华人民共和国七十年的发展史,要有改革开放四十多年的实践史,要有新时代中国特色社会主义取得的历史性成就、发生的历史性变革"④。他还把新中国史与党史、改革开放史、社会主义发展史合在一起,要求加强对这"四史"的学习教育。在全党开展"不忘初心、牢记使命"主题教育活动期间,他指示中央有关部门印发通知,增加学习党史和国史的内容。在党史学习教育动员大会上,他又要求在全社会同时开展"四史"的宣传教育。在党的二十大上,他再次强调要"持续抓好党史、新中国史、改革开放史、社会主义发展史宣传教育,引导人民知史爱党、知史爱国,不断坚定中国特色社会主义共同理想"⑤。2022年12月8日,在国史学会成立30周年的日子,他特别致信祝贺,肯定了国史学会30年来为新中国史研究、宣传和教育事业发展作出的积极贡献,对广大国史工作者更好发挥社会作用提出了殷切希望。当天,中央政治局委员、中宣部部长李书磊专程出席庆祝国史学会成立30周年大会,亲自宣读了习近平总书记的贺信,并发表了重要讲话。所有这些都说明,我们党和国家从来没有像新时代十年这样重视对新中国史的学习、教育和研究、宣传,这样强调对新中国历史经验的总结,这样突出坚定新中国历史自信的重要意义。开展国史进校园活动,正是为了适应这一新形势,贯彻落实党中央关于加强新中国史宣传教育指示精神的具体行动。

其次,因为新中国史的学习教育是爱国主义、社会主义教育的重要

---

① 习近平:《论中国共产党历史》,中央文献出版社2021年版,第7、15—16页。

②《习近平外交演讲集》第1卷,中央文献出版社2022年版,第192页。

③《十八大以来重要文献选编》(上),中央文献出版社2014年版,第694页。

④ 习近平:《论中国共产党历史》,中央文献出版社2021年版,第11—12页。

⑤ 习近平:《高举中国特色社会主义伟大旗帜 为全面建设社会主义现代化国家而团结奋斗——在中国共产党第二十次全国代表大会上的报告》,《人民日报》2022年10月26日。

组成部分和有力支撑。

我们说的爱国，一般地指爱中国的山川河流、中国的历史文化、中国的人民群众，对于生活在大陆的中国人来说，首先是指爱社会主义的新中国。当年邓小平在批评小说《苦恋》、电影《太阳和人》时曾指出："有人说不爱社会主义不等于不爱国。难道祖国是抽象的吗？不爱共产党领导的社会主义的新中国，爱什么呢？"①而要做到爱社会主义的新中国，就要学习新中国史，了解新中国是如何用不长时间就让一个积贫积弱、备受欺凌的旧中国发生翻天覆地变化的。例如，新中国如何用不到 5 年时间就打败了世界第一军事强国美国，医治了连绵百年的战争创伤，涤荡了旧社会的污泥浊水；用不到 30 年时间就建成了独立完整的工业体系和国民经济体系；用 60 年多一点时间就变成世界第二大经济体和第一制造业大国；用 70 年多一点时间就全面建成了小康社会，人均国内生产总值超过了 1 万美元，经济实力、科技实力、国防实力、综合国力都进入了世界前列。事实说明，人们只要了解新中国的这些历史，就会热爱社会主义的祖国。开展国史进校园活动，进一步加强师生的国史教育，就是为了使爱国主义、社会主义教育更有说服力、更有成效，使师生对社会主义祖国的热爱之情油然而生。

最后，因为新中国史是历史虚无主义思潮进攻的主要领域之一，校园更是意识形态领域斗争的主要战场之一。

习近平总书记指出："古人说：'灭人之国，必先去其史'。国内外敌对势力往往就是拿中国革命史、新中国历史来做文章，竭尽攻击、丑化、污蔑之能事，根本目的就是要搞乱人心，煽动推翻中国共产党的领导和我国社会主义制度。"②"现在，国内国外、网上网下都有一些言论，贬低中华文化，否定中华民族的历史贡献，否定近代以来中国人民的奋斗史，歪曲中国共产党的历史、中华人民共和国的历史，歪曲改革开放的历史。这些就是负能量，增加正能量就要对着负能量去有的放矢，正

①《邓小平文选》第 2 卷，人民出版社 1994 年版，第 392 页。
②《十八大以来重要文献选编》（上），中央文献出版社 2014 年版，第 113 页。

面交锋。"① 他还强调："宣传思想阵地，我们不去占领，人家就会去占领。"② "高校是意识形态工作的前沿阵地。"③ 以上这些论述说明，攻击、否定新中国史，是敌对势力妄图在我国制造"颜色革命"、颠覆社会主义制度的重要手段；各级各类学校尤其高校，是我们在意识形态领域同敌对势力争夺较量的主要战场。面对这种形势，开展国史进校园活动，加强对学生的新中国史教育，无疑有助于抵御历史虚无主义思潮，有助于巩固党在学校尤其高校的宣传思想和意识形态阵地。

三、如何开展国史进校园活动

第一，端正方向，明确方针。

所谓方向，就是通过国史进校园活动，为党育人，为国育人，为中国特色社会主义和共产主义事业培养更多的合格建设者和接班人。所谓方针，就是要以马克思主义、毛泽东思想、中国特色社会主义理论体系，习近平新时代中国特色社会主义思想为指导，运用其中的立场、观点、方法，开展国史进校园活动。习近平总书记说："我们的教育绝不能培养社会主义破坏者和掘墓人，绝不能培养出一些'长着中国脸，不是中国心，没有中国情，缺少中国味'的人！那将是教育的失败。教育的失败是一种根本性失败。我们决不能犯这种历史性错误！这是推进教育现代化、建设教育强国必须把握的大是大非问题，没有什么可隐晦、可商榷、可含糊的。"④ 对于这个方向、这个方针，我们从一开始就要理直气壮、毫不含糊，做到牢固树立，始终坚持。

第二，旗帜鲜明，突出重点。

在新中国史研究领域，既有历史虚无主义思潮的干扰、破坏，也有学术界的不同观点。对于历史虚无主义和其他错误思潮，我们要旗帜鲜

---

① 《习近平关于网络强国论述摘编》，中央文献出版社 2021 年版，第 53 页。
② 《习近平关于网络强国论述摘编》，中央文献出版社 2021 年版，第 52 页。
③ 《习近平关于社会主义文化建设论述摘编》，中央文献出版社 2017 年版，第 55 页。
④ 《全面建成小康社会重要文献选编》（下），人民出版社、新华出版社 2022 年版，第 1071 页。

明地予以抵制和批判，绝不能为这类东西提供讲台论坛、会议会场，绝不能让它们进校园。对于学术界的不同观点，我们要从国史进校园的任务、特点出发，牢牢把握和突出新中国史宣传教育应有的重点。所谓重点，最集中地体现在习近平总书记一再强调的"历史的主题、主线、主流和本质"上。具体到新中国史，把握好这个重点，起码应当做到以下几条：一是要明确学习的目的在于"学史明理、学史增信、学史崇德、学史力行"；二是要坚持党中央 1981 年《关于建国以来党的若干历史问题的决议》、2021 年《关于党的百年奋斗重大成就和历史经验的决议》对新中国历史事件和人物的评价；三是要深刻认识和正确对待改革开放前后两个历史时期的内在一致性和继承与发展的关系；四是要积极引导青少年从新中国史中领悟成就的伟大、奋斗的艰辛、精神的可贵，从而继承和发扬抗美援朝精神、"两弹一星"精神、大庆精神、红旗渠精神、特区精神、抗洪精神、抗震救灾精神等伟大精神，踏着前辈的足迹继续前进。

第三，注重实效，分类施教。

国史进校园活动面对从小学生到大学生，甚至硕士、博士研究生的各个年龄段；而且，大学以上还分文理工科。不同年龄段和不同知识结构，对于新中国史教育的接受能力差别很大。因此，面对不同对象，不能用一个教材，采取一种方法，搞一刀切、大呼隆，而要区别情况，分类施教。比如，对小学和初中的学生，主要方法应当是讲故事。对高中以上学历的学生，可以采取史论结合的方法。对大学文科学生和硕士、博士研究生，乃至思政课的老师，可以讲得更深一些，理论方面更强一些。总之，要使国史进校园活动行稳致远，就一定要坚持实事求是、从实际出发的原则。

第四，组织队伍，形式多样。

例如，要有领导有审核手续地组织国史进校园的报告团，其中可以有学者，也可以有退休的机关、企事业单位的干部职工，农村先进基层单位的乡村干部、劳动模范，退役的部队指战员。再如，要发挥文艺、影视和数字技术、融媒体等多种形式和手段的优势，制作涉及国史教育的文艺、影视节目和短视频，建立智能化平台，使国史借助这些载体进校园。又如，要面向高中和高校思政课的老师，举办全国性的国史研讨班，用国史研究的学术成果武装他们，提高他们的理论水平，增强他们授课的说服力、感染力。这种研讨班，在有条件的地方，也可以进入校园，面向文科特别是党史国史专业的硕士、博士研究生举办。总之，国史进校园活动要重点组织社会力量，采取各种形式，运用多种手段，力争使这一活动得到广泛、深入、持久的开展。

四、以什么样的精神状态开展国史进校园活动

首先，要增强自觉性。

习近平总书记在党的二十大报告中强调："意识形态工作是为国家立人、为民族立魂的工作。""教育是国之大计、党之大计。培养什么人、怎样培养人、为谁培养人是教育的根本问题。育人的根本在于立德。""弘扬以伟大建党精神为源头的中国共产党人精神谱系，用好红色资源，深入开展社会主义核心价值观宣传教育，深化爱国主义、集体主义、社会主义教育，着力培养担当民族复兴大任的时代新人。"开展国史进校园活动，就是为国家立心、为民族立魂的工作，就是立德树人的工作，就是培养担当民族复兴大任的时代新人的工作。我们要站在这个认识高度，抱着这样的觉悟，以崇高的使命感和昂扬向上的精神状态，从事国史进校园的活动。

其次，要树立信心。

这个信心，第一来自新中国史本身，第二来自新时代的舆论氛围。习近平总书记说："当今世界，要说哪个政党、哪个国家、哪个民族能够自信的话，那中国共产党、中华人民共和国、中华民族是最有理由自信的！"① 新中国短短的 70 多年，做了那么多大事好事，取得了那么多辉煌成就，产生了那么多可歌可泣的英雄人物和模范事迹，这些都是我们开展国史进校园活动的信心依据。另外，近些年，党中央召开了一系列有关意识形态的座谈会和工作会议，校正了工作导向，营造出了清朗

---

① 习近平：《在党史学习教育动员大会上的讲话》，人民出版社 2021 年版，第 9 页。

的舆论环境，使意识形态领域的形势发生了全局性、根本性的转变。正如党的十九届六中全会的决议所说，党的十八大以来，"党着力解决意识形态领域党的领导弱化问题、立破并举、激浊扬清，就意识形态领域许多方向性、战略性问题作出部署，确立和坚持马克思主义在意识形态领域指导地位的根本制度，健全意识形态工作责任制，推动全党动手抓宣传思想工作，守土有责、守土负责、守土尽责，敢抓敢管、敢于斗争，旗帜鲜明反对和抵制各种错误观点"①。这种大环境的变化，正是我们开展国史进校园活动的底气所在。我们要站在这个认识高度，以十足的信心、百倍的努力，把国史进校园活动开展好。

总之，凡事要么不做，要做就要下定决心，全力以赴，力求做好做到底，不要虎头蛇尾，更不要半途而废。

2019 年 3 月，习近平总书记在全国"两会"期间看望参加政协会议的文艺界社科界委员，讲了一段情真意切的话。他说，新中国"70 年砥砺奋进，我们的国家发生了天翻地覆的变化。无论是在中华民族历史上，还是在世界历史上，这都是一部感天动地的奋斗史诗。希望大家深刻反映 70 年来党和人民的奋斗实践，深刻解读新中国 70 年历史性变革中所蕴藏的内在逻辑，讲清楚历史性成就背后的中国特色社会主义道路、理论、制度、文化优势，更好用中国理论解读中国实践，为党和人民继续前进提供强大精神激励"②。他的这段话，表达了对广大理论、学术、教育、文艺工作者的殷切希望，更使带有"中华人民共和国"字头的国史学会倍感责任重大、使命光荣。我们要响应习近平总书记的号召，与理论、学术、教育、文艺工作者齐心协力、密切合作，积极推进国史进校园活动，并为这一活动提供学术支持，做好服务工作，发挥协调作用，为新时代中国特色社会主义事业贡献智慧和力量。

①《中国共产党第十九届中央委员会第六次全体会议文件汇编》，人民出版社 2021 年版，第 70 页。

②《坚定文化自信把握时代脉搏聆听时代声音 坚持以精品奉献人民用明德引领风尚》，《人民日报》2019 年 3 月 5 日。

中国当代史与当代中国问题研究

——朱佳木教授访谈录 *

一、关于中国当代史研究的学科范畴与特点

孙庆忠（以下简称"孙"）：中国当代史作为一段历史，至今时间并不长，而且还在持续发展；作为一门学科，登上学术舞台的时间更短，而且其中备受争议的问题颇多。您是党史、国史研究领域的学者，因此我想请您首先谈一些基本问题，例如，什么是中国当代史及当代史研究？当代史研究是否需要秉持一定的立场？当代史与当代现实问题是什么关系，当代史研究是否应该关注现实问题并服务于现实？

朱佳木（以下简称"朱"）：我所理解的中国当代史，是指 1949 年中华人民共和国成立以来，在她的领土、领海、领空范围内，社会发展及自然环境变化的历史。所以，中国当代史也就是中华人民共和国史，简称国史。它是中国近代史的延伸，是中国历史的现代部分或当代部分，也就是说，是中国的当代史或现代史。

过去，学术界、教育界曾经把 1919 年作为中国现代史的起点，这有当时的背景，目的在于区别中国的旧民主主义革命与新民主主义革命。但这样划分近代史与现代史的界线并不科学。我国史学界一直是以 1840 年作为中国古代史与近代史分水岭的，这样划分的依据是马克思主义关于社会形态的理论，就是说，1840 年的鸦片战争标志中国由封建社会进入了半殖民地半封建社会。而 1919 年五四运动改变的只是中国革命的性质，并没有改变中国社会的性质。因此，如果仍然坚持以社会形态理论作为历史大阶段划分的依据，就应当以 1949 年中国结束半

---

    * 本文是作者在 2013 年 12 月 23 日、24 日和 28 日接受中国农业大学社会学系教授孙庆忠的采访整理而成，曾刊于《中国农业大学学报（社会科学版）》2014 年第 1 期。

殖民地半封建社会并开始走向社会主义社会，作为中国近代史与现代史的分水岭。否则，不仅理论上站不住，而且实践上也容易出问题。可喜的是，近来已有越来越多的学者和教材采用了以 1949 年作为中国现代史开端的观点。然而，现在高校历史课大多还在采用"中国近现代史"的概念，而这个概念中的现代史仍是以 1919 年为起点的，并一直延至新中国成立之后。在这种情况下，很容易使新中国成立这个改变中国社会性质的划时代事件被淡化，甚至被抹杀。因此，我认为今后应把中国现代史从"中国近现代史"这门课程和学科中独立出来，和当代史合并。合并后可以叫现代史，也可以叫当代史，也可以叫国史。至于再过一二百年，也许会在现代史中再分出一个当代史来。不过那是今后的事儿，现在可以不予考虑。

从学科上划分，中国当代史研究当然属于史学，是中国史学研究的分支学科和组成部分，这是毫无疑义的。1977 年，中央决定在中国科学院哲学社会科学部基础上组建中国社会科学院，并任命胡乔木为首任院长。乔木同志一到任就提出新建 14 个研究所的设想，其中便有中国现代史研究所。后来，他又将 14 个所扩充为 40 个所，并将中国现代史研究所改名为中华人民共和国研究所。由于种种原因，这个所很长时间并未能成立，直到 1990 年成立了专事研究编写中华人民共和国史的当代中国研究所，并由中国社会科学院行政代管。目前，社会科学院里有历史所，负责中国远古至 1840 年历史的编研；有近代史所，负责 1840 年至 1949 年历史的编研。因此，当代中国所的建立刚好填补了社科院史学研究机构的这个空白。不过，当代所目前是被放在马克思主义学部的。这也有一定道理，因为中国当代史从本质上说，是马克思主义普遍真理与中国实践相结合的历史，是马克思主义在中国实践的历史，是马克思主义研究中的重要问题之一。但就其学科属性来说，它是历史学科而不是理论学科，就如同马克思主义研究尽管包含对历史问题的研究，但毕竟是理论学科而不是历史学科一样。

前面说到，中国当代史、现代史与国史之间在概念上是一回事。但严格分，也有不同之处。如果用当代史、现代史的概念，一般情况下既包括国家的宏观史，也包括地方史和部门史。如果用国史的概念，一般指的都是国家的宏观历史，不包括地方史、部门史。目前出版的国史书，大都是从这个意义上讲的国史。

讲中国当代史的学科属性，还涉及当代史与新中国成立后中共党史的关系。它们之间确有许多重叠之处，但我认为这是难免的，也是正常的。中国共产党是领导中华人民共和国的核心力量，党的路线、方针、政策必然对国家的走向产生决定性影响，因此，党史是国史的核心和骨干。但当代史与党史又有很大不同。首先，学科不同，当代史属于史学，而党史属于政治学。其次，二者研究范围、重点、视角不同，学科理论也有所不同。例如，自然领域中的变迁属于当代史范畴，而党史对这一领域中的事，除组织抵抗自然灾害外，其他很难涉及。即使社会领域，例如，人口、婚姻、家庭、民俗、服饰、饮食、语言、娱乐等，党史虽然或多或少也会涉及，但不可能专门研究。例如，中共有人口政策史，但不可能有人口史；中共的政策也会影响服饰，但不会有中共服饰史。中共还有自己的经济思想史、法制思想史等等，但不可能有自己的法制史，新中国成立后也不再有自己的经济史。然而，这些都是当代史的重要内容，是当代史学科必须研究的。再次，学科理论有所不同。比如，关于历史时期的划分、历史主线的概括，等等。新中国时期的党史对历史主线一般概括为一条，如中国共产党领导人民进行社会主义革命、建设和改革，或者中国共产党领导人民进行社会主义建设规律的探索，等等。但对于当代史来说，如果仅仅把它们作为主线，则会产生一些不好解释的问题。例如，新中国为什么要由新民主主义向社会主义提前过渡？为什么会发生多起边界自卫反击战？如果对这些问题只用探索社会主义这条主线来解释，很可能导致错误的结论，似乎向社会主义提前过渡的原因是为了搞社会主义、与周边国家发生战争是因为搞社会主义。然而，实际情况并非如此。事实是，在当代史中还有一些历史动机贯穿始终，对一系列重大历史事件起着决定性作用。所以，对当代史主线的概括不一定和党史一样，也可以概括为多条。对这些问题，我在2009 年《中国社会科学》杂志上发表的《论中华人民共和国史研究》等文章中，已作过详细论述，这里不再多说。

在阶级社会里，任何以社会为对象的学问，除了语言学之外，都或多或少地带有阶级性、政治性。就是说，从事社会科学研究的人，都不可避免地站在一定阶级或政治力量的立场上，史学工作者当然也不例外。尤其是当代史，由于距离现实近，与当代人利害关系多，它的阶级性、政治性、意识形态性势必更强烈。所谓史学研究要"价值判断中立"，要"终止使用自己或他人的价值观念"，"排除来自政治的、意识形态的、思想权威的各种干扰"，只不过是一厢情愿的幻想或自欺欺人的说教。当前在中国宣扬这种主张的人，自己就没有做到"价值判断中立"，没有"排除来自政治的、意识形态的、思想权威的干扰"。因为，这种主张本身就是一定阶级立场、政治立场的产物。中国历史体裁中有一种方志体，也称地方志。编修方志有一个原则，叫作述而不论。就是说，对历史上发生的事只客观记述，不加评论。但即使这样，遣词用字也不可能不受编修者立场的影响。例如，同样是记述 1949 年 2 月 3 日中国人民解放军接管北平这件事，站在共产党和人民大众的立场上，肯定会写"北平和平解放"；而站在国民党顽固派的立场上，肯定会写北平"沦陷"，或落入"共匪""共军"之手。在立场的鲜明上，志书尚且如此，史论结合的史书更可想而知。总之，每个史学研究者都会站在一定阶级、一定政治力量的立场上，这是有阶级社会中不以人的意志为转移的客观事实。克罗齐说，"一切历史都是当代史"，他的意思是说，历史是后人写的，因此不可能不受后人所处时代、思维方式、理解能力的影响。可见，史学研究者都会站在一定立场上书写历史，客观存在的历史与史学研究者写出的历史之间肯定有一定距离，问题只在于这个立场是自觉还是不自觉，这个距离是大还是小。马克思主义肯定史学的阶级性，要求史学工作者自觉站在先进阶级和人民大众的立场上，并不是要我们任凭主观想象和个人好恶，把历史当成是任人打扮的小姑娘，而是要我们运用历史唯物主义的立场、观点、方法，坚持实事求是的原则，使写出的历史最大限度地接近客观的历史，反映历史的真实。

如果把社会科学分为对策研究和基础研究或非对策性研究，我认为包括当代史在内的历史研究都是属于后者的。但这并不意味着当代史研究可以脱离现实，可以不为现实服务。相反，历史研究从来都不是为了历史而历史。中国自古就有用编纂历史为现实服务的优良传统。例如，司马光曾说自己编史书的目的是"鉴前世之兴衰，考当今之得失"。宋神宗索性把他的书命名为《资治通鉴》。正因为如此，我们把历史的功能概括为资政、育人。但我认为，历史除了这个功能外，还有一个功能，就是护国。龚自珍说过，"灭人之国，必先去其史"。就是说，要消灭一个国家，首先都要歪曲丑化它的历史。它的历史站不住，这个国家也就不攻自灭了。当年，日本帝国主义为霸占中国的台湾和东北三省，就竭力推行奴化教育，把台湾和东北的历史从中国历史中剥离出去。陈水扁当政时，为了搞"台独"，也竭力推行"去中国化"运动，把台湾史从中国史中分割出去，把没有台湾的中国史放入世界史课本。既然去人之史可以灭人之国，反过来说，卫己之史不是也可以护己之国吗？我们应当记取苏联由于否定自己历史而导致苏共下台、国家解体的教训，自觉用当代史编研来维护中华人民共和国，防止苏联的悲剧在中国重演。

历史研究既然要为现实服务，就不可能不联系现实，从现实生活中找寻需要研究的历史问题，用历史的经验教训为现实提供借鉴。这对于古代史、近代史研究如此，对于当代史研究尤其如此。因为，当代史是刚刚过去的现实，现实很快将成为未来的当代史。当代史与现实之间的这种密切关系，为当代史研究者联系现实、关注现实，提供了更便利的条件，也提出了更高的要求。但同时应当明确，当代史研究对现实问题的联系与关注，只是为了更深刻地理解历史，更有针对性地研究历史，更准确地找出历史的规律，从而为现实提供历史的经验和教训，而不是像对策研究那样回答怎么办的问题。如果让历史研究者也去回答怎么办的问题，那就把对策研究看得太容易了。搞对策研究的人当然也要研究历史，但他们研究历史主要是为了回答怎么办的问题，因此，不可能像史学研究者那样对历史研究得那么深入、那么细致，否则就没有精力和时间来研究对策了。人的精力和时间毕竟是有限的。

正因为当代史距离现实很近，有许多历史问题与现实问题都搅在一起，因此研究历史、解读历史时更需要把事实搞清楚，把道理讲透彻，做到"以己昭昭，使人昭昭"。就是说自己把问题弄明白了，才能使人家明白。如果自己还是一知半解，怎么可能说服别人呢？我很欣赏马克思在《〈黑格尔法哲学批判〉导言》里面讲的一段话，他说："批判的武器当然不能代替武器的批判，物质力量只能用物质力量来摧毁；但是理论一经掌握群众，也会变成物质力量。理论只要说服人，就能掌握群众；而理论只要彻底，就能说服人。所谓彻底，就是抓住事物的根本。"我们的一些理论之所以不能说服人，根子恐怕就在这里。

二、关于统购统销与优先发展重工业的战略

孙：新中国成立初期，国家通过土改把土地分给了农民，之后经过合作化和统购统销，国家又收回了农民的土地所有权。对此，现在学术界持否定态度的比较多，认为正是这些政策导致了农村发展的滞后。请您谈谈对这个问题到底应该怎么认识，应该如何评价其中的功过是非？

朱：回答这个问题，必须运用历史主义和历史唯物主义的观点，就是说，要把问题放在当时的历史背景下，对问题进行经济的分析。中国自鸦片战争以后一直挨打，究其原因，根子在于世界已进入工业时代，而中国还停留在农业时代。对此，就连封建士大夫中的有识之士也看到了，所以才会有洋务运动。在这个问题上，中国共产党和资产阶级政党的看法并没有分歧，不同的只是，我们党认为中国要由农业国变为工业国，首先要扳倒挡在中国工业化道路上的三只拦路虎——帝国主义、封建主义和官僚资本主义，而且不能再走西方资本主义的老路，必须顺应世界民族民主革命的浪潮，走俄国十月革命的道路，然后通过社会主义道路实现国家工业化。在革命的问题上，我们党又提出同俄国共产党不同的做法，即分两步走，先完成新民主主义革命，再进行社会主义革命。到了新中国成立的前夕和初期，眼看新民主主义革命的任务就要完成，毛泽东、刘少奇等领导人又提出，新民主主义革命胜利后还要先搞一段新民主主义，然后再进行社会主义革命。他们所以这样主张，主要

是考虑那时中国的近代机器工业在国民经济中仅占 10%—20%，不具备马上发展重工业建设的条件，需要先重点发展农业、轻工业，以此积累发展重工业的资金，到条件成熟时再重点发展重工业。而轻工业当时主要掌握在民族资本家手里，所以，先重点发展轻工业就要允许和鼓励民族资本主义的发展，而不是实行社会主义政策。然而，1950 年爆发的朝鲜战争，使情况发生了重大变化。首先，以美国为首的帝国主义国家把战火烧到了鸭绿江边，对中国安全构成了直接威胁，使制造大炮、飞机、军舰等现代军事工业的问题被提上日程，因而使发展重工业的任务变得紧迫起来，也使优先发展重工业变成了当时正在制定的第一个五年计划的重点。其次，中国在苏联一时未能提供空中掩护的情况下，答应斯大林的请求，毅然决定出兵朝鲜，以血肉之躯把用钢铁武装的美国军队挡在三八线上，巩固了中国的安全，也巩固了苏联东部的安全，使斯大林由过去对中国共产党的将信将疑变为完全信任，因而答应全面援助中国以重工业为重点的第一个五年计划。我认为，这两大变化是促使毛主席改变关于先搞一段新民主主义再搞社会主义的设想的最主要最直接的原因。

从当时人们的认识看，生产资料所有制的国有化、公有化，以及经济运行和资源配置的计划化，是社会主义制度的两大基本特征。而从实际出发，对于一个经济基础落后的国家，要在短时间里实现工业化，也只能采取国有化、公有化和计划化这种有利于资金、人才、资源高度集中的经济体制，就是说采取社会主义的内部积累的办法。尤其是我们"一五"计划建设的重点项目，都是建立在苏联对图纸设计、设备制造、专家帮助和人才培育等全面援助的前提之下的，而苏联采用的是国有化、公有化、计划化的体制，更需要我们与之接轨。这就如同我们改革开放后要同国际市场接轨，因而需要采取市场经济体制的道理是一样的。事实上，根据记载，毛主席第一次提出现在就向社会主义过渡，恰恰是在 1952 年 9 月 24 日讨论"一五"计划方针和听取周恩来、陈云汇报与斯大林会谈有关苏联援助"一五"计划的中央书记处会议上。这说明，得知苏联同意全面援助中国"一五"计划建设，中央最终确定

"一五"计划优先发展重工业，毛泽东提出提前向社会主义过渡，这三件事之间是有内在因果联系的。就是说，由于苏联同意援助"一五"计划建设，"一五"计划的重点才确定为重工业；由于"一五"计划的重点确定为重工业，毛主席才提出提前向社会主义过渡。如果当时苏联不同意对中国"一五"计划建设给予全面援助，我想我们仍然不具备把重点发展农业、轻工业改变为重点发展重工业的条件，那样，毛泽东也不会把先搞十几年新民主主义再搞社会主义的设想改变为提前由新民主主义向社会主义过渡。毛泽东的这个提议符合优先发展重工业的需要，而且与中央关于新民主主义向社会主义转变的设想只是在步骤方法上有所变化，本质上并没有变化——前者是十几年后"一个早晨"突然过渡，后者是马上开始过渡，用十几年过渡完。所以，当他提出这个新的设想，党中央的其他领导都没有异议。

到今天为止，在世界历史上恐怕还没有哪个国家像苏联对中国那样，全面援助过另一个大国的经济建设。陈云同志曾说过，苏联对我们"一五"计划中的 156 项，那确实是援助。他还说过，苏联那时对我们的援助是真心诚意的。比方说，苏联造了两台机器，他们一台，我们一台。1953 年 3 月斯大林去世后，赫鲁晓夫在上台初期对中国的援助也是很积极的。但他是一个实用主义者，中苏两党发生分歧后，他又撕合同又撤专家，给我们的建设造成很大被动。不过，那些援建项目的基础毕竟打下了，我们送到苏联学习和自己培养的技术专家、管理专家也基本学成了。所以，我在文章中说过，毛泽东决定提前向社会主义过渡不仅不是什么错误，相反是为中华民族抓住了一次难得的历史机遇。如果不是当初的这个决策，我们就不可能在 20 世纪 70 年代初建立起独立的比较完整的工业体系和国民经济体系，改革开放也就不可能建立在一个比较坚实雄厚的物质基础之上，不可能取得这么快这么显著的成效。

孙：在您看来，毛泽东之所以考虑由新民主主义向社会主义提前过渡，主要原因是要由重点发展农业、轻工业变为重点发展重工业，并得到苏联援助的承诺。但我们看到在这个问题上还有另一种说法，认为主要原因在于当时中国国民经济恢复的任务已经提前完成，国营经济在工商业中的比重已经超过一半，农民合作化也已经普遍开展，因此很自然地提前走上了社会主义道路。对这种解释，不知您怎么看？

朱：我认为这几个变化都是促使提前向社会主义过渡的重要原因或者说是必要条件，但还不能说是主要原因或充足条件。因为，如果仅仅是这些变化，还不足以改变党中央原定的设想。

如果不是朝鲜战争使重点发展重工业变得十分紧迫，不是苏联答应对我国优先发展重工业的"一五"计划给予全面援助，即使国内有了那些变化，我们又用什么来优先发展重工业呢？因为，即使国营工业在工业总产值中超过一半，中国工业的基础仍然是十分落后的，仍然严重缺少发展重工业所需要的现代能源工业、原材料工业、大型设备制造工业。如果不是要优先发展重工业，我们又有什么必要急于搞计划经济，急于搞资本主义工商业改造呢？因为，重点发展轻工业，还是需要依靠民族资本家的老企业。我之所以反复强调这一点，第一，因为这是事实，是历史的实际情况；第二，因为只有这样认识问题，才有助于人们如实看到当年作出向社会主义提前过渡的决策，并不是因为急于向社会主义过渡，而是急于发展重工业；并不是为了搞社会主义而搞社会主义，而是为了进行大规模工业化建设。中国共产党本来就是要通过社会主义道路来实现工业化的，过去提出先搞一段新民主主义，是因为搞工业化的物质条件不具备。现在有了苏联的帮助，加上自己的努力，使工业化建设可以提前进行，既然如此，为什么不可以提前向社会主义过渡呢？总之，无论是打算过十几年再向社会主义过渡，还是决定提前开始向社会主义过渡，目的都是为着适应中国工业化建设的实际情况。我过去提出国史主线并非只有探索社会主义这一条，而应当起码有三条，另外两条分别是为争取早日实现工业化而奋斗和捍卫国家的领土完整、主权独立，目的也是要说明，决定新中国一系列重大决策、重大事件的根本原因，除了探索社会主义建设规律外，还有争取早日实现工业化和捍卫国家的主权、领土等等。否则，向社会主义提前过渡这样的事就不好解释了，打边界的自卫反击战也不好解释了。当然，对这个问题还可以讨论。我认为，为什么向社会主义提前过渡不仅是国史研究中的重大问题，甚至可以说是国史研究的第一题。如果对这个问题缺乏一个合理的解释，后面的问题都很难说清楚。

孙：您刚才解释了提前向社会主义过渡是为着优先发展重工业，那合作化、统购统销与它又是什么关系，难道它们也是唯一的选择吗？

朱：现在回过头来说合作化和统购统销。不把背景说清楚，对这些问题也说不清楚。中国是个农业大国、农业古国，但也是一个农业弱国。新中国成立时，全国粮食平均亩产只有 137 斤，黄河以北甚至不到 100 斤。我认为，这也是我们党最初打算先重点发展农业、轻工业，然后再重点发展重工业的重要原因。如果不是后来把经济发展战略改为优先发展重工业，这种农业的低水平与需求之间的矛盾也许不会那么突出，那么尖锐。但是，第一个五年计划把发展重点变为重工业，矛盾就大了。优先发展重工业就要增加工厂，增加基本建设，增加工人，而这就决定了要增加城市人口，增加提供给工业的农业原料，增加农产品的出口，最终决定了要增加粮食的商品率。而中国农业生产力低下，提高粮食商品率恰恰是一件十分困难的事。所以，陈云同志当年在作"一五"计划的报告时就说，计划中最薄弱的环节是农业，即使完成计划，也是很紧张的。他还说，我国工业化与资本主义国家的工业化不同，资本主义工业化是一个长期过程，一开始是搞轻工业，而且可以掠夺殖民地，可以在盲目中靠自然调节达到按比例发展；而我们是突击，一开始就搞重工业，并且主要依靠自己，说是按比例发展，实际上很难做到。所以，在吃穿方面供不应求的实质在于工农业的矛盾，农业赶不上工业发展的需要是个长期趋势。

怎么办呢？如果要抓住历史机遇，优先发展重工业，那就只有两个办法：一是尽可能增加粮食产量，二是尽可能稳定粮食市场。关于增加粮食产量的办法，一是开荒，实质是增加耕地面积；二是大规模兴修水利，实质是改善耕地质量。但这两种办法都投资大、时效慢。比较起来，当时花钱少、见效快的办法还是搞合作化。土改后，农民虽然分得了土地，但一家一户要改善生产条件，抵御自然灾害，能力都受到限制。而组织起来搞合作化，根据测算，全国五年可以平均提高产量 15%—30%。当时粮食年产在 3000 亿斤左右，如果按 30% 算，就可以增加 1000 亿斤，每年是 200 亿斤。当时粮食商品率大约在 5% 左右，200 亿斤就可增加 40 亿斤商品粮，很可以缓解供需矛盾。以后核定，增产没有那么多，大约为 10%—20%。那几年粮食产量虽然没有完成"一五"计划增产 28% 的指标，但粮食产量 1952 年为 3200 亿斤，1957 年接近 4000 亿斤，5 年里增产近 800 亿斤，增产幅度是 25%，平均每年增产近 160 亿斤，这个增产速度是中国有史以来从未有过的。现在人们在分析毛主席当年急于推进农业合作化的问题时，往往偏重于他担心农民的资本主义自发倾向和农村两极分化的一面。这一面的考虑虽然有，但我认为主要原因还是急于提高农业生产力，急于使农业适应工业化高速发展的需要，这从他的讲话、文章、批语中也可以看得出来。另外，我认为还有一个原因，就是为了使农民的组织形式适应统购统销的需要。因为国家征购粮食如果同分散的一家一户打交道是很困难的，而同有组织的合作社或生产队打交道就容易多了。

为什么对粮食、棉花、油料作物等主要农产品实行统购统销？说到底，还是为了适应工业化高速发展的需要。新中国成立初期，一年大概需要 500 亿—600 亿斤商品粮，主要用于满足城市人口，以及灾区农民和棉农、果农的口粮。另外要留一部分用于国家储备粮，还要有一部分用于出口粮。当时苏联虽然向我们提供设备，但不是无偿的，要用物资换，其中主要是大豆。还要拿出一部分同资本主义国家贸易，比如同锡兰即今天的斯里兰卡换天然橡胶。当年斯大林答应对我们全面援助时只提了一个要求，就是希望我们种橡胶，因为在当时的社会主义阵营里，只有中国有热带，能种橡胶。而橡胶是战略物资，帝国主义对社会主义国家实行禁运。为此，我们也确实在海南岛、云南试种了橡胶，但从种植到收获总要有一个过程，所以先从锡兰进口。我们那时缺少外汇，只能用粮食换，好在锡兰政府对中国友好，否则用粮食也换不来。

总之，那些年我们对粮食的需求越来越多。特别是到了 1953 年，"一五"计划开始实行，基本建设投资一下子增加一倍，城市人口一下子增加 600 多万，使商品粮的需求量大增，供需关系更加紧张。在此之前，粮食在农村收购和城市销售两方面都允许自由市场存在。粮食一紧张，投机商就出来抬价收购，农民一看粮食涨价就更不愿意出手，结果城市里的粮价就上涨。粮价一涨，吃穿等生活必需品都跟着涨价。在这种情况下，职工工资势必也要涨，财政预算就要突破。而且，只要农业生产力和粮食商品率不出现大的提高，这种局面就会越来越严重，造成恶性循环。如果市场长期动荡不安，大规模工业化建设就无法进行，优先发展重工业的战略就会落空，中华民族难得的发展机遇就会丧失。

面对这个情况，党中央要陈云同志想办法。他当时一共想到八种方案，但想来想去，只能又征又配，就是在农村统一征购，在城市统一配售。所谓征购，就是除了粮食税以外，国家按照一定价格，把余粮从农民手里收上来。这个价格当然低于市场价，但与城市生活水平相比，并不是低得很多，可以说是一个比较公道的价格。即使这样，陈云同志也要求大家有思想准备，就是说一些地方可能出乱子，可能发生农民"打扁担"的事。果然，在实行统购统销的第一年，农民由于对粮食征购心中无底，加上农业合作化运动搞得比较急，确实出现了一些不满。针对这个情况，国家制定了粮食"定产、定购、定销"的"三定"政策，使矛盾很快得到了缓解。以后，在统购统销这件事上没有再出现什么大的问题。

现在学术界有一种看法，认为新中国成立后农民生活提高慢，农村面貌变化小，根子在合作化和统购统销。这种看法不能说一点道理没有，但并不全面。我认为，看这个问题首先应当明确三点。第一，要把合作化和统购统销放在国家工业化的大背景下看，要算大账。其实，不赞成合作化和统购统销的议论，当时在党内党外就有。例如，有人看到城里国营工厂工人的工资、福利、劳保比解放前高了，而农业税重了，农民不能再把余粮拿到自由市场卖高价了，就说现在"工人在九天之上，农民在九地之下"，"共产党丢了农民""忘掉了农村"，对农民"挖得太苦"，要求对农民"施仁政"，确保农民的"四大自由"，等等。对于这个问题，毛泽东解释说：所谓仁政有两种，一种是为人民的当前利益，一种是为人民的长远利益，两者应该兼顾，但重点应当放在大仁政上，也就是要放在建设重工业上。要建设，就要资金，其中相当大的部分只能从农业方面的积累中来。周总理在全国人大一次会议上也说：重工业需要资金多，建设时间长，赢利比较慢，人民只能暂时忍受生活上的某些困难和痛苦，以换取长远的繁荣幸福。陈云同志更是多次强调：中国是个农业国，工业化的投资不能不从农业上打主意。缩小工农业产品价格的剪刀差是我们的目标，但不可能很快做到，因为还要积累资金，扩大再生产。可见，对于优先发展重工业给农业、农民、农村带来的负面问题，我们党的领导层在当时就看得很清楚，也向党内外开诚布公讲清楚了。世界上的事有一利必有一弊，只有利没有弊的事是没有的，关键要看利大还是弊大。只要把中国工业化的基础建设放在当年国际国内的大背景下看，究竟合作化和统购统销利大还是弊大，便一目了然了。

第二，要把合作化和统购统销的方针、政策与工作中的错误区别开来。按照原来的设想，除了粮、棉、油等主要农产品实行统购统销外，其他农产品和副产品由市场调剂；而且统销只是暂时的措施，随着生产能力的扩大和产量的增产，销售市场会逐步放开。但是，由于"左"的急于求成的思想和在所有制上求"公"求"纯"的思想一再作怪，结果欲速不达，经济发展反复出现曲折，不仅统销未能解除，相反，要"统"的东西越来越多，各种票证也越来越多。这些问题应另当别论，不应与合作化的方针和统购统销的政策混为一谈。

第三，要实事求是地看待合作化和统购统销与农民生活水平提高慢的关系。我们说农民生活水平提高慢，是同改革开放后比较的，而不是同旧中国比较的。同旧中国比，广大农民的生活水平不仅不低，相反普遍提高了。否则，农民群众当年就不会支持共产党推翻国民党统治，也不会在新中国成立后拥护共产党的领导。另外，如果不搞合作化和统购统销，是不是农民生活水平就一定会提高很快呢？在土地私有和粮食市场放开的情况下，一部分农民会因此发家致富，但大部分农民很可能因为天灾人祸而出卖土地、借高利贷，最终导致破产，重新当雇工、当流民。如果出现那种局面，不要说工业化搞不成，就连社会都无法稳定，还谈什么生活水平的提高。还有一点应该看到，改革开放后农民生活水平提高快，实行包产到户的政策固然起了决定性作用，但合作化和统购统销时代进行的工业化建设和农田水利基本建设的成就，也起了重要作用。如果没有那个时期打的基础，仅靠包产到户也是不行的。这就如同盖楼房，打地基时不容易看出成效，但楼房盖得快盖得高，可以反过来说明地基打得牢。

这里顺便说一下，我对土改时期是国家和农民的"蜜月期"、国家通过合作化把农民的土地所有权又收回去了等提法，都不赞成。按照这种提法，似乎农民与党和政府的关系在土改以后就不好了。我认为，实际情况并不是这样。前面说到，合作化和统购统销初期，我们由于缺乏经验，使农民产生一些意见，比如杀猪宰羊，等等。但政策很快调整后，农民还是满意的。1958年的"大跃进"也是先从农民利用冬闲兴修水利、进行农田改造开始的，当时农民的积极性确实非常高，否则，靠人力造出那么多水库是难以想象的。后来，刮浮夸风、"共产风"、瞎指挥风，办大食堂，减自留地，挫伤了农民积极性。但通过调整政策，不断下放人民公社的内部核算单位，实际回到了初级社状态，农民还是满意的。如果农民对立情绪很严重，完全可以利用"文化大革命"动乱的局面造反，而那几年，恰恰农村比城市稳定。所以，说合作化时期农民积极性没得到充分发挥是可以的，说农民同我们党终结了所谓"蜜月期"则是不符合实际的。另外，说合作化以后国家把农民的土地所有权收回了，也不符合事实，起码是表述不准确。合作化只是把农村土地的私有性质改变为了集体所有性质，并没有实行土地国有化。改革开放后，实行联产承包也好、土地承包也好，土地仍然是集体所有的。直到今天，政策允许土地流转抵押，指的都是土地的承包权，而土地的所有权仍然是集体的，既不是私人的，也不是国家的。所以，不存在什么土地所有权被国家收回的问题。

三、关于改革开放前后两个时期的关系

孙：2008年在纪念改革开放30年时，学术界对改革开放前后两

个 30 年的关系存在不同意见的讨论，其中既有人用后 30 年的成绩否定前 30 年的探索，也有人用前 30 年的成绩指责后 30 年的探索。您自从 2007 年党的十七大以来，连续撰写文章，明确表示应当正确看待这两个 30 年的关系，令学术界耳目一新，印象深刻。党的十八大后，习近平总书记指出，改革开放前后两个时期是两个相互联系又有重大区别的时期，本质上都是社会主义的实践探索，不能相互否定。他的这一论述是否可以认为是那场讨论的结论。

朱：习近平总书记的这个论述是 2013 年 1 月 5 日在新进入中央委员会的委员、候补委员学习贯彻党的十八大精神研讨班的讲话中说的，这个讲话也被称为"1·5"重要讲话。我体会，他的这篇讲话通过回顾世界社会主义发展历史的六个时间段来说明马克思主义的科学性，又通过分析改革开放前后两个历史时期的关系来说明中国特色社会主义是科学社会主义，目的在于统一全党的思想认识，把理想信念建立在科学基础上。因此，他在讲话中关于正确看待改革开放前后两个历史时期的论述，是从政治高度、把它作为重大政治问题来讲的。当然，客观上对学术界的讨论也起到了振聋发聩、一锤定音的作用。而我过去对这个问题一直是从学术角度来关注的，也是把它作为国史研究的问题来论述的。因为我到当代所的任务就是负责编研国史，如果对这两个历史时期的关系不能作出合理的正确的解释，国史很难编写。

那时，我对于用改革开放前否定改革开放后，或用改革开放后否定改革开放前的言论都比较敏感。比如，有人说 1949—1978 年是中国现代史，1978 年以后是中国当代史。这种对中国历史的分期，表面上是要突出改革开放时期，但它把改革开放前后两个时期当成了两个不同性质的社会，实际上是把它们割裂和对立了起来。我还发现，凡是怀疑和反对改革开放的，往往会用改革开放前的历史否定改革开放后的历史；凡是怀疑和否定四项基本原则的，往往会用改革开放后的历史否定改革开放前的历史；凡是把中国特色社会主义看成"新民主主义的回归"和"民主社会主义"、"社会民主主义"，或者看成"资本主义复辟"的，往往会把这两个历史时期加以割裂和对立；同样，凡是把两个历史时期加以割裂和对立的，也往往会反对或曲解中国特色社会主义。因此，当我看到胡锦涛同志在党的十七大报告中讲，改革开放伟大事业是在以毛泽东为核心的党的第一代中央领导集体创立毛泽东思想，建立新中国并取得社会主义革命和建设伟大成就，探索社会主义建设规律并取得宝贵经验的基础上进行的，感到这个话讲得既简洁又明确，便从学习十七大报告的角度，以"从改革开放前后两个时期相互关系上认识中国特色社会主义道路的内涵"为题，在刊物上发表文章，对这个问题进行了专门阐述。我说，没有改革开放前对社会主义的建设和探索，就不会有中国特色社会主义道路的开创和迅速发展；没有中国特色社会主义对改革开放前的扬弃和完善，社会主义事业也难以为继。看不到改革开放前后两个时期的变化，就不可能看清楚中国特色社会主义道路究竟"特"在哪里；而看不到它们的共性，也不可能弄明白中国特色社会主义道路为什么是社会主义的而不是别的什么主义。它们的变化把两个历史时期鲜明地区别了开来，而它们的共性又把两个历史时期有机地联系在了一起。因此，能不能正确认识改革开放前后两个历史时期及其相互关系，对于能不能正确看待中国特色社会主义道路的本质，具有至关重要的意义。

过了两年，在新中国成立60周年前夕，一些报刊约我写文章，我还是讲这个主题，讲这个道理。因为那时以党的十一届三中全会划分国史时期，刚好前后差不多各占一半，所以我索性提出要正确看待新中国的前后两个30年，要把它们看成一个有机的整体。对于持这种观点的文章，那时有的报刊认为似乎与中央精神不相符合。可见，究竟应当怎样看待改革开放前后两个历史时期，应当如何认识中央在这个问题上的精神，在一些同志的头脑里还真是个问题。

其实，把改革开放前后两个时期看成内在统一的整体，是党中央对待新中国历史问题的一贯主张，从邓小平到江泽民到胡锦涛都是如此，习近平总书记只不过把这个主张讲得更直接更明白罢了。早在我们党作的第二个历史决议中，对这个问题已经讲得很清楚了。这个决议既否定了"文化大革命"运动和"以阶级斗争为纲"的错误方针，又肯定了毛主席发动"文化大革命"的目的和在"文化大革命"期间对保存社会主义根基所起的巨大作用；既指出了"文化大革命"给党和人民事业造成的巨大损失，又肯定了"文化大革命"期间国民经济建设取得的巨大成就和广大干部群众作出的巨大贡献，指出了党和整个社会的性质并没有改变；既指出了毛主席对于这些错误的主要责任，也指出了党中央在其中应当承担的责任。所以，说不能否定改革开放前的历史时期，绝不是要肯定毛主席在那个时期犯的错误，不是要肯定"文化大革命"，更不是要肯定"以阶级斗争为纲"，而是要肯定那个时期的社会主义道路，肯定人民群众在那个时期发扬的自力更生、艰苦奋斗的精神，肯定那个时期的本质和主流。这就如同对待一个同志一样，当我们说肯定这个同志时，并不意味着要肯定他的缺点，这难道不是很清楚的事吗？现在党中央号召我们要坚定中国特色社会主义的道路自信、理论自信、制度自信。如果哪个时期犯了错误，出现了曲折，就否定那个时期，那还有什么历史的自信可言？如果对社会主义历史的自信都没有了，还谈得上什么中国特色社会主义的道路自信、理论自信、制度自信？国内外敌对势力千方百计在我们的党史国史上做文章，歪曲、污蔑、丑化、攻击我们党和国家的历史及领袖人物，他们的目的就是要使我们的人民特别是青年失去历史的自信，进而动摇对中国特色会社会主义道路、制度和理论的自信。对此，我们应当保持清醒，明辨是非，不要上当受骗。

孙：您刚才比较详细地解释了为什么应当把改革开放前后两个历史时期看成一个有机的整体，我感到是令人信服的。下面，能否请您再具体谈谈应该如何认识改革开放前的失误与曲折？许多人之所以不能正确看待改革开放前后的关系，主要纠结在这个问题上。

朱：要正确认识改革开放前的失误与曲折，一定要端正看问题的方法。我想，首先应该把那段历史中的失误、曲折与取得的成就放在一起相比，并放在历史的长河中来看。比如，我们在那段历史中发生了"大跃进"和"文化大革命"的错误，给国家和人民造成了严重损失；但同时，我们也实现了中国的高度统一和各民族的空前团结，建立了独立的比较完整的工业体系和国民经济体系，捍卫了国家独立、主权和安全，极大地提高了中国的国际地位和威望。把这些放在一起比较，孰轻孰重就会一目了然。在做比较时，要防止不顾事实、以偏概全。我看过一篇为纪念新中国成立 60 周年写的文章，上面说改革开放前我们不仅和发达国家相比拉大了差距，而且和发展中国家之间的差距也拉大了。这种说法就缺乏事实依据。亚洲"四小龙"虽然发展很快，但地方小，人口少，加上特殊机遇，又不用搞完整的工业体系，要快也容易。中国是个大国，要比较主要应当同国情与我们类似的发展中大国比，比如与印度相比，我们的速度还是快的。即使同发达国家相比，我们在一些主要工业品生产方面的差距也缩小了。比如，在钢铁产量方面，我们与英、美相比，由 1949 年分别相差它们 99 倍和 438 倍，变为 1979 年反超英国 60%，与美国比变成相差 3.6 倍。在发电量方面，我们与英、美相比，由 1949 年分别相差它们 13 倍和 80 倍，变为 1979 年反超英国 17%，与美国比变成相差 9 倍。可见，改革开放前，与发达国家的差距既有拉大的一面，也有缩小的一面，不能一概而论。

其次，要对那段历史中的失误和曲折进行具体分析，看看其中是否也有正确、合理的成分。最近为了写纪念毛泽东同志诞辰 120 周年的文章，我把他的一些著作和有关他的传记又看了一遍。我发现，毛主席晚年的许多宝贵思想，往往是和他的错误搅在一起的。例如，他提出在社会主义制度建立后仍然要"以阶级斗争为纲"，这当然是错误的。但他提出这个思想，并不是要否定生产力对生产关系的决定作用，不是要跃过工业化阶段来搞社会主义，而是要把抓阶级斗争作为促进生产力发展的一种方法。用他自己的话讲，叫"抓革命、促生产"。实践证明，抓这样的"革命"是促不了生产的。但是，他这一思想的理论基础和精神实质，即重视生产关系对生产力的反作用，用变革生产关系、调整经济基础的方法促进生产力的发展，这些还是正确的、有价值的。他还提出所有制问题解决后，仍然要抓思想政治工作，提高人的思想觉悟，发动群众和依靠群众，解决劳动生产中人与人的关系问题、确保党的各级干部以平等态度对待劳动者和坚持为人民服务的宗旨，全面贯彻按劳分配原则、防止两极分化等等，通过这些来调动和发挥人的积极性，用以促进生产力的发展。可见，即使对毛主席的错误也要分析，把其中正确的东西区别和剥离出来，不要像俗话说的那样，"把孩子连同洗澡水一起倒掉"。事实上，毛主席的这些正确思想在改革开放后仍然得到了继承和发展。比如，我们党一方面摒弃了过去整风运动中的"左"的做法，另一方面连续开展主题不同的教育活动，当前还在进行党的群众路线教育实践活动。这些活动的目的，就是要解决劳动生产中人与人的关系问题，确保党的各级干部以平等态度对待劳动者，坚持为人民服务的宗旨。

再次，要把犯错误与犯错误的时期加以区别。改革开放前，最大的错误莫过于搞"文化大革命"，但"文化大革命"长达十年。在那十年里，除了"文化大革命"运动，我们党和人民还做了许多其他工作。党的第二个历史决议中说，在"文化大革命"时期我国社会主义制度的根基仍然保存着，社会主义经济建设还在进行，仍然保持了国家统一并在国际上发挥了重要影响；国民经济虽然遭到巨大损失，仍然取得了进展；在国家动乱的情况下，人民解放军仍然英勇地保卫着祖国的安全；对外工作也打开了新的局面。这说明，不能把"文化大革命"与"文化大革命"时期简单画等号，不能因为要彻底否定"文化大革命"，就否定"文化大革命"时期各项事业取得的重大成就，更不能因此而否定那一时期我们党和国家、社会的性质。

最后，要把好心办坏事与个人专断、个人专断的作风与专制制度加以区别。邓小平说过，我们都是搞革命的，搞革命的人最容易犯急性病。我们的用心是好的，想早一点进入共产主义。这往往使我们不能冷静地分析主客观方面的情况，从而违反客观世界发展的规律。对于个人专断的错误，党的第二个历史决议指出，它的根源在于骄傲、脱离实际、脱离群众，在于党内民主和国家政治生活中的民主缺少制度化、法律化和权力过分集中于个人，在于长期封建社会造成的封建专制主义思想的影响，等等。但受封建专制主义思想的影响，与封建专制制度本身是性质完全不同的两码事。因为存在个人或少数人专断的现象，就妄言改革开放前是什么封建专制主义社会，这根本不是讨论问题，而是出于政治目的对历史进行的肆意歪曲，是对我们党和国家进行的恶意攻击。

中国封建社会的时间长、影响深，直到今天，家长制、一言堂、个人专断、官本位等现象仍然具有一定的普遍性，因此，我们今后对封建专制主义的思想影响仍要进行长期、深入的斗争。但对于那些混淆思想影响与制度的区别，把人民民主专政和党的领导污蔑为封建专制主义的言论，也必须旗帜鲜明地加以批驳。

四、关于城乡差别与中国农村的未来

孙：在关于"三农"问题的研究中，有学者认为改革开放后的农村家庭联产承包责任制不仅促进了农业的极大发展，大大改善了农村的生活水平，而且带来了农民的自由流动，进而批评改革开放前30年的计划经济、统购统销把农民束缚在土地上，导致城乡二元社会结构固化，使城市和乡村之间形成难以逾越的鸿沟。您对此是如何认识的？

朱：首先，我认为家庭联产承包制极大调动了农民生产积极性，大幅度提高了粮食产量，农村生活面貌相比改革开放前有普遍的显著的改善，农民也可以在城乡间自由流动，这些都是客观事实。但我认为同时也应当看到把家庭承包当成是这些变化的唯一原因，认为计划经济、统购统销政策是导致城乡二元结构的根源，这些说法并不符合事实。这样认识问题，很容易造成对实际情况的误判，使工作出现新的损失。

不错，改革开放后农村、农业面貌的大改观主要靠的是政策对头、包产到户，但如果没有改革开放前的合作化、集体经济为农田基本建设和水利建设打下的基础，没有工业化建设为农业机械生产、化肥成套设备制造打下的基础，单靠政策对头、包产到户，要做到这些也是不可能的。旧中国农民从地主手中"承包"土地，包了上千年，单位面积产量并没有多大提高。其中除了地主阶级的超经济剥削外，一个重要原因就是农田基本条件不好。江苏的华西村在"大跃进"中就是典型，那时吴仁宝就是生产队长了。我看过他们的村史，当时村里的土地有上千个坑，是铁姑娘队用肩膀担土把坑填平的。没有这个基础性的工作，再承包，粮食产量恐怕也难上去。另外，我国从20世纪50年代的"一五"计划建设开始就大力发展农业机械制造业，156项中就有拖拉机厂，60

年代开始试制国产化肥厂的成套设备，"文化大革命"时期又经过毛主席、周总理批准，动用43亿美元，从欧洲、日本进口了一批包括化肥厂在内的成套设备。这些设备在20世纪70年代末陆续投产，对那时粮食产量的大幅度提高起了重要作用。据统计，1957年农业机械耕作面积仅占全部耕地面积的2.4%，而1978年提高到41%；1957年每亩耕地平均用电量和施用化肥量分别为1.4度和0.4斤，而1978年分别提高到17度和12斤，分别增加了12倍和30倍。1979年粮食一年增产500多亿斤，与这个物质基础有很大关系。再有，党的十一届三中全会后大幅度提高粮食收购价格，平均提高30%；大规模进口粮食，每年进口1500万吨左右。这两项政策对于刺激农民的种粮、卖粮的积极性，减轻农民上缴公粮的负担，使农民有余粮多喂猪、多养鸡，从而改善农民生活和城市的副食品供应，也都起了重要作用。

但是，在1984年粮食产量达到8000亿斤后，连续5年减产，直到1990年才恢复增产。为什么会出现这个波折呢？原因虽然是多方面的，但有一条不能不看到，那就是过分夸大了包产到户的作用，认为一包就灵，认为中国粮食问题已经过关了，政府不用再管了，种不种、种什么都由农民说了算。在这种氛围下，政府减少了对农业的投入，农民更多的是选择务工、经商或种烟叶等经济作物这些赚钱多的活儿干。所以，粮食自然滑坡。正因为如此，陈云才在1985年党的全国代表会议上呼吁，不能只讲"无工不富"，还要强调"无农不稳"，并提出"无粮则乱"。

说到城乡二元结构，我认为首先应该把这个概念搞清楚。如果说这是指城乡差别，那人类自从有了城市以后就存在这种现象，不能说这是计划经济和统购统销造成的，相反，共产党人要消灭的"三大差别"里就包括城乡差别。当然，实现这个目标要靠生产力水平的极大提高。目前只能是逐步缩小差别，但起码不要扩大差别。改革开放前，尽管农村生活水平比较低，但那时城市生活水平也不高，城乡居民消费水平大体在2.5∶1左右，而近些年扩大到了3∶1以上。

如果说城乡二元结构是指在工业化时代，城市经济已经实现了社会化，而农村仍以小生产为主要特点，那么这种现象的根源首先要追溯到中国近代 100 多年里封建主义、帝国主义的双重压迫。新中国成立后的 30 年，特别是合作化以后，国家一直在努力发展支农工业，到改革开放前夕，机器排灌、耕种、收割已经有了相当的普遍性。改革开放到现在的 30 多年，农业机械化程度更是逐步提高。但农村经济要达到城市经济的社会化程度，要有一个过程，最终还是要依赖生产力的发展。所以，从这个意义上也不能说城乡二元结构是计划经济、统购统销造成的。

如果说二元结构是指城乡户籍有壁垒，农民不能随意变成城市居民，那改革开放前确实如此，但对其原因和后果都应当做实事求是的历史的分析。那时，农民并不是完全不能变成城市居民，城市要兴办工厂、扩大基本建设，劳动力主要是从农村来，只不过每年招工多少要根据计划决定。因为工人进城，家属也要来，城市人口就要增加，这样就要增加工资总额和商品粮供应。而这些都要受到粮食总产量和征购量、生活必需品和副食品供应量的制约。新中国成立的最初几年，每年城市人口平均增加 500 万左右，1958 年到 1960 年因为扩大基本建设规模，三年里猛增了 3000 万人，商品粮、生活必需品、副食品等的供应都适应不了。加上那几年农业生产形势不好，国民经济出现严重比例失调，只好动员 2000 万人回乡。可见，那时农民不能随意变成城市市民，主要原因在于粮食生产能力满足不了这个需要。

旧中国乃至世界上的大多数国家虽然不限制农民进城，但农民进城如果找不到工作，只能住贫民窟，或者流落街头、忍饥挨冻，甚至卖儿卖女、铤而走险，造成严重的社会问题。所以，新中国成立初期采取户籍管理的办法，严格控制农民随意到城市，是党和政府对人民负责任的体现。改革开放后，随着粮食生产的增加和城市二三产业的扩大，过去限制农民进城的那些条件逐渐改变了，所以城市化率逐年增加，现在已经达到 52%。但即使这样，城市户籍人口仍然只占人口总数的 35%，仅比改革开放前的 1978 年增加了 17 个百分点。是城市不欢迎农民吗？是政府思想还不解放吗？我认为都不是。根本原因还在于城市容纳能力和

"农转非"方面的一些具体问题还有待进一步提高和解决。现在，中小城市户籍早已放开，户籍限制主要发生在大城市尤其是特大城市。但这些地方为了控制城市人口的过度增长，恐怕今后很长时间内也不会完全放开户口。我们总不能把这也说成是坚持"二元结构"吧？总之，把改革开放前实行城乡不同的户籍管理制度、农民不能随意成为市民说成是"二元结构"，似乎新中国制造了"二元结构"，这种说法是缺乏历史分析的，也是颠倒因果的。

孙：您的观点让我重新思考了"二元结构"问题，厘清了一些似是而非的说法。但是，面对今天的城乡差别，面对农业凋敝、农村荒芜、农民老化的现实，我们究竟应当如何认识当前的"三农"问题？您对它的未来又是怎么看的？

朱：我不是从事农业问题研究的，对农村情况也缺乏调查研究，因此在"三农"问题上说不出什么对策性的意见。但由于这个问题涉及国史，涉及对新中国头30年农业合作化运动、统购统销等一系列政策的评价，涉及改革开放前后两个历史时期的比较，因此，从总结历史经验的角度，还是有过一些思考。

2008年，当代中国研究所和中国经济史学会、河北农业大学联合举办"中国农业合作经济发展论坛"，要我致开幕词。我讲：新中国的"三农"问题大体可以分为改革开放前的30年和改革开放后的近30年两大阶段。这两个阶段的问题尽管存在共性，但各自的阶段性特征也很明显。前一阶段所处的历史条件是中国要在一穷二白的基础上进行优先发展重工业的快速工业化建设，面临的主要任务是农业要为工业化提供大量原材料和尽可能多而且价格稳定的商品粮，因此，除了大型水利设施、部分农业机械和化肥生产设备外，农业很少得到国家投资；农民除了按国家计划被城市招工的人外，大部分被固定在农村从事农业生产。然而，后一个阶段所处的时期，是在改革开放前30年建设基础上实行了近30年改革开放政策并出现经济社会大发展的时期，是工业化、信息化、市场化、城镇化、国际化同时到来并引起社会大变迁的时期。这个阶段面临的任务已不是也不应该是农业如何为工业化作积累作贡献的问题，而是工业如何反哺农业、城市如何支援农村的问题；已不是农民能不能进城的问题，而是农民进城后的户籍管理、社会保障、子女上学等如何解决的问题；已不是国家财政要不要覆盖农村的问题，而是财政如何保证农业增产，如何支持新农村建设，如何帮助解决妇女、老人、孩子"三留守"的问题。

党的十八大后，新一届中央对"三农"问题格外重视，采取了一系列新方针和新举措，特别是十八届三中全会提出要形成以工促农、以城带乡、工农互惠、城乡一体的新型工农、城乡关系。前几天召开的中央农村工作会议又特别强调，必须把解决好"三农"问题作为全党工作的重中之重。历史经验反复说明，在当代中国，只要党中央和各级党委、政府重视，农业就有希望，农村就有前途，农民就有奔头。

从历史上看，要解决好"三农"问题，我认为应当特别注意以下三点。

第一，任何时候都不要轻言中国农业尤其是粮食生产过关。在这方面，我们有过多次教训。1958 年在浮夸风下，对当年粮食产量越吹越玄乎，由计划的 3900 亿斤吹到 1 万亿斤，到年底说产了 5000 亿斤，而实际产量是 4000 亿斤。即使这样，也比 1957 年增产 200 亿斤。但由于产生了盲目乐观情绪，引发了农业问题已过关、粮食多得吃不了的错觉，结果放松了农业，把劳动力抽去大炼钢铁，使很多粮食烂在地里，丰产没有丰收。特别是从 1959 年起，连续几年发生大面积旱涝灾害，加上政策错误，导致粮食产量逐年下降，直到 1966 年，产量才超过 1958 年的水平。后来，我们接受了这个教训，"文化大革命"期间也对农业和粮食始终抓得很紧，还开展了农业学大寨运动。结果粮食产量由 1966 年的 4200 亿斤提高到 1971 年的 5000 亿斤和 1978 年的 6000 亿斤，连上了两个大台阶。改革开放后的最初几年，粮食产量提高更快，1982 年达到 7000 亿斤，1984 年猛增到 8000 亿斤。但接着又产生了错觉，以为粮食问题已经过关，结果产量第二年就掉下来，直到 1990 年才恢复到 1984 年水平。这个波折前面已经说过。后来，粮食产量还有过一次波折，就是 1998 年达到 1 万亿斤后连续下滑，直到 2008 年才重新超过 1998 年的产量。从那时到现在，已经连续 6 年增产，去年突破了 1.2 万亿斤。新中国历史上粮食产量的这个起伏过程，我认为起码说明了两个问题。一是中国人口占世界的 22%，而耕地面积只有世界的 7%，所以，粮食即使年年增产，供需之间仍然是紧张的。今后人口在 2020 年达到峰值之前，每年还要净增六七百万人，饮食中肉类比重的提高更助长了对粮食的需求。而在工业化、城镇化浪潮下，现有耕地不减少已经很不错，要增加则很困难。因此，粮食增产主要靠单位面积产量的提高。但现在平均亩产量已经六七百斤，要再提高很不容易；为了农产品安全，今后也不再可能靠增用化肥、农药来提高产量，这就需要政府进一步加大对农业高科技的资金投入和政策投入。中国人口多，把粮食供需平衡寄托在进口上是不现实的。二是说明中国农业收成虽然会受自然气候的影响，但更会受国家决策层指导思想的影响，就是说，思想上稍微一放松，产量就下去；稍微一重视，产量就上去。最近习近平总书记反复讲，中国人的饭碗任何时候都要牢牢端在自己手上。这表明新一届党中央在粮食增产面前头脑十分清醒，因此可以预测今后若干年里，粮食的持续增产是有保证的。

第二，任何时候都不要忘记对农村的投入。中国现在城镇化发展很快，但大部分地方仍然是农村，城镇化率不断提高，但农村里仍然有六七亿人，即使今后城镇化率到了 70%，农村里仍然会有四五亿人，比美国人口都多。所以，中国是不是现代化，关键要看农村；中国能不能现代化，关键也在农村。农村很落后，城市搞得再先进，也不能说中国现代化了。改革开放前，基本建设投资主要投向工业，但那时仍然拿出了相当多的资金投给支农产业，特别是在"大跃进"期间，通过地方财政大搞社办企业、队办企业。这些企业在国民经济调整中纷纷下马，但调整结束后又陆续恢复，并在改革开放初期发挥了异军突起的作用，为改变农村面貌提供了"第一桶金"。最近这些年，农村无论是通电通路还是居住条件，都比改革开放前强得多，那为什么大家还感到乡村越来越荒芜呢？我想这主要是和城市比较的结果。改革开放前农村比现在落后，但那时城市建设也不大行，反差并不大。而改革开放后，城市建设日新月异，越来越漂亮，城乡之间的差距就显得大了。出现这种局面的原因有很多，如农村强壮劳力大部分都跑到城里务工，剩下老人和妇女，要改变村里面貌，心有余而力不足；城市管理跟不上，很多地方把污水、垃圾向农村排放。但我感到还有一个重要原因，那就是自从20世纪80年代实行"地改市、市管县"改革以后，地方财政、政府贷款基本都用于城市建设了，对农村基础设施投入很少。发达国家也有农村，但它们的农村建设是纳入市政预算的。所以，那里的农村除了没有大马路、大商场、大剧院以外，其他设施都和城市差不多，而且比城市的居住宽敞、空气新鲜、视野开阔。中国农村里的青年人为什么到过城市的大多不愿再回去？就是因为农村的基础设施太差了，社会福利、社会保障太低了，生活太不方便了。而要改变这种状况，没有政府投入是不行的。中国农民为工业化作出过两次贡献：一次是20世纪50年代到70年代末，用较低的粮食价格为工业化积累了大量资金；再一次是20世纪80年代到现在，用较低的劳动力价格为工业化赚取了大量外汇。因此，我认为现在确实到了工业反哺农业、城市反馈农村的时候，应当从巩固工农联盟的高度，进一步加大政府对农村基础设施建设和社会保障的资金投入力度，使广大农民同样享受到改革开放的成果。

第三，任何时候都不要动摇农民走集体化道路的方向。改革开放后废除人民公社，实行家庭联产承包责任制是符合农业生产特点的，也是符合中国现阶段生产力水平的。但另一方面，中国农业人口无论占人口比重还是绝对数量都比较大，而城市又不可能在短时间里吸纳那么多的农民。在这种情况下，农民一家一户承包几亩十几亩地，即使不交农业税，种粮食也赚不了多少钱，有时还会赔钱，长此下去，势必影响农民积极性。所以，中国农民走集体化道路也是符合生产力实际水平的。邓小平同志在他的晚年曾指出：仅是一家一户的耕作，不向集体化、集约化经济发展，农业现代化的实现是不可能的。就是过一百年二百年，最终还是要走这条路。他还提出农业改革发展"两个飞跃"的思想，说社会主义经济以公有制为主体，农业也一样，最终要以公有制为主体。党的十八届三中全会之前，一些人鼓噪，说要进行"第二次"土改了，要把第一次土改后被国家收回的土地再次分给农民了，意思是要实行土地私有化。然而，三中全会通过的《关于全面深化改革若干重大问题的决定》讲得很清楚，要"坚持农村土地集体所有权，依法维护农民土地承包经营权，发展壮大集体经济"，在这个前提下，赋予农民对承包地的流转及承包经营权的抵押、担保权能。前几天召开的中央农村工作会议讲得更清楚："坚持农村土地农民集体所有，这是坚持农村基本经营制度的'魂'。"就是说，无论土地的承包权还是经营权，无论家庭农场、专业大户还是农民合作组织、产业化龙头企业，都要建立在农村土地集体所有制的基础之上。如果说新民主主义与中国特色社会主义有什么不同，我认为在农村、农业方面，最大的不同就在于前者的土地是私有的，而后者的土地是公有的。中国历史告诉我们，封建王朝每次改朝换代之初期，往往要对土地重新分配。但时间长了，一些农民由于种种原因必然要出卖土地，地主豪强也要通过种种手段掠夺土地，从而造成新的土地兼并和集中，形成广大的失地群体、赤贫群体，最后官逼民反，揭竿而起，再次改朝换代，历史重演一遍。如果今天回过头搞土地私有制，这个历史还会重演。我每次到外地出差要求看农村，当地同志总是带我去集体经济强的村子。为什么？就是因为只有集体经济实力强，农民的房子才能做到统一规划、统一建设，村容村貌才能整洁漂亮。如果一个村只有少数几家富、多数人家穷，或者虽然普遍富，但集体经济弱，村子的建设都好不了。所以，中央坚持土地集体所有制这一条，完全符合中国国情。只要在这个前提下不断探索农村土地集体所有制的有效实现形式，帮助农民构建以农户家庭经营为基础、合作与联合为纽带、社会化服务为支撑的现代农业经营体系，中国的农业就会成为有奔头的产业，农民就会成为体面的职业，农村就会成为安居乐业的美丽家园。

五、关于当代社会思潮与知识分子的使命

孙：这些年来，各种类型的思想"启蒙"使我国意识形态领域很不平静，历史虚无主义、民主社会主义、新自由主义等思潮纷纷登场，普

世价值、宪政民主、公民社会等观念对青年学生的思想影响很大。您能否就怎样分辨各种思潮的表象与实质的问题谈谈看法？

朱：这些思潮和观念尽管五花八门，令人眼花缭乱，但实际上都是围绕一个根本问题，那就是中国还要不要坚持共产党领导？还要不要以公有制为主体？还要不要走中国特色社会主义的道路？

历史虚无主义并不是对什么历史都虚无，它的虚无是有针对性的，是以反思和重写近代史、现代史为名，否定中国革命、中国共产党和社会主义道路，鼓吹革命不好改良好、反侵略不好侵略好。有人说中国革命使历史走入了歧途，因此要告别革命。还有人说，中国当殖民地的时间太晚了，如果早一点被殖民化，中国早就现代化了；上海所以在旧中国最先繁荣起来，就是因为帝国主义在那里办租界；长春让日本人占领的时间太短了，如果再占领几十年，长春也会像东京一样现代化。世界上没有无缘无故的爱，也没有无缘无故的恨，说这些话的人，恐怕家里没有人被日本鬼子糟蹋过，也没有人在上海拉过黄包车。

民主社会主义实际上是说，共产党领导的社会主义不民主，只有实行多党制、议会制的社会主义才是民主的，比如北欧那些由社会民主党执政的国家。我们可以先不去评论北欧国家是不是社会主义，但起码有两点应当明确：第一，多党制、议会制虽然相对于封建专制主义是民主的，但民主并不只有这一种形式；第二，把多党制、议会制那一套搬到中国来，已被历史证明行不通。中国在辛亥革命后也搞过多党制、议会制，结果搞得军阀混战，国家分崩离析，人民饥寒交迫。正是在这种情况下，中国出了个共产党，把资产阶级没搞成的民族民主革命搞成了，又领导人民走上了社会主义道路，实行了社会主义的人民民主专政制度。有些人总以为议会、投票才是民主，但不要忘记，1840 年英国对中国发动鸦片战争是经过议会投票决定的，美国打伊拉克战争也是总统先决定然后由议会投票追认的，连希特勒都是经过议会选举上的台。所以，是否民主不能只看形式、只看是否投票、只看谁的票多，还要看民主的实质，看这种民主是为谁服务的，是为少数人服务还是为多数人服务，是为侵略服务还是为反侵略服务。现在世人都看到了，美国的"民主"究竟带给伊拉克人民的是什么。为什么美国总要发动对外战争呢？因为战争对大财团有利，对巩固资产阶级的统治也有利。在资本主义国家，即使不贿选，选举的游戏规则也决定了一个人没有财团的支持很难当选议员、总统；即使当选了，如果不代表财团的利益也是干不长的。总之，对民主要分析，不要以为只有多党制、议会制才是民主。

　　新自由主义的所谓"新"，是相对于亚当·斯密的自由主义而言的，是针对凯恩斯主义的。20世纪30年代资本主义世界发生经济危机，而苏联由于采用计划经济体制，仅用三个五年计划建设便跃居为仅次于美国的世界第二强国。在这个背景下，出现了凯恩斯主义，强调除了用"看不见的手"以外，还要用"看得见的手"，就是说政府要干预经济。罗斯福接受了凯恩斯主义，实施新政，抑制资本家的利润，扩大政府对公共设施的投资，由国家办公共事业，让工人充分就业，对失业进行补贴等等，最终渡过了那次危机。但到了六七十年代，这一套搞不下去了，政府债务太多，负担太重，有些领失业救济的人比干活的人生活都好。于是，在资本家的支持下，出现了一种新的理论，主张减少福利，对国有的企业事业实行再私有化，政府对经济不加干预，把一切交给市场，这就是新自由主义。英国的撒切尔和美国的里根带头推行新自由主义政策，一定程度上缓解了资本主义经济中的问题。当时刚好社会主义国家也在酝酿对计划经济体制进行改革，因此，新自由主义思潮对社会主义国家的经济学界产生了很大影响。一些人不考虑社会主义与资本主义的制度区别、国情区别，盲目接受新自由主义，主张对国有经济、公有经济实行私有化，把计划经济改成完全的市场经济。苏联解体后的俄罗斯听信了这种主张，制定"五百天计划"，搞"休克疗法"，结果整个经济下降了50%。我们没有接受这种主张，而是搞公有制为主体、多种经济共同发展，搞宏观调控下的市场经济体制，不仅避免了重蹈俄罗斯的覆辙，而且创造了经济奇迹。现在在中国也有人要求把国有经济的比重进一步降低，比如降到20%、10%；还有人要求把国有企业的资产量化到个人。但俄罗斯搞"五百天计划"时，通过发放国有企业债券来"量化"国有资产，最终"量化"到了哪些人手里，世人是有目共睹的。

至于"普世价值"、宪政民主、公民社会这些概念，都是一些有特定内涵、特定指向的话语体系，我们不能只从字面上来理解它们，而应看到搬弄这些话语的人所要达到的目的。"普世价值"的所谓价值，指的是价值观，是类似于真理观、道德观那样的观念形态、社会意识。在阶级社会里，社会意识无不打上阶级的烙印，就是说，不同阶级的存在，决定了人们有不同的价值观，所谓超阶级的普世的价值观，只能是骗人的鬼话。恩格斯在《反杜林论》中说过，道德始终是阶级的道德，只有消灭了阶级对立，而且在实际生活中也忘却了这种对立的社会发展阶段，超越阶级、真正人的道德才成为可能。宣扬"普世价值"的人，他们心目中的"普世价值"恐怕不会是马克思主义，而是西方的政治制度；他们要表达的意思也不会是说西方的政治制度违背了"普世价值"，而是说中国特色社会主义制度不符合"普世价值"。

宪政民主，如果仅从字面上看，似乎是要求按照宪法施政，而我国宪法明确规定了共产党的领导地位，因此，一些善良的人们认为这个主张也是可以接受的。但如果从实质上看，事情就不是那么回事了。"宪政"这个概念，最早是英国资产阶级在革命时期为了反对封建王朝的专制而提出的，另一种翻译是立宪主义，其核心是要求实行多党制、议会制、军队国家化，这在特定条件下是有进步意义的。但把这个口号拿到今天的中国，显然不是要求在宪法范围内坚持中国共产党的领导，而是要在中国实行西方资本主义的政治制度。前几年出笼的鼓吹宪政民主的"零八宪章"，就明确要求共产党从政府、政法机关、军队、学校中退出来。这已经不是要求政治体制改革了，而是要从根本上改变中国现行的政治制度。

公民社会这个概念最早也起源于英国，是资产阶级为建立不受封建政权控制的社会力量而提出的，有时被译为市民社会。今天要求在中国建立公民社会的人，他们的目的也是要形成不受共产党领导或与党和政府闹对立的社会力量。我想，如果真要有这种力量，那只能是社会主义的敌对势力。我们党现在提出要建立的社会管理体制，是党委领导、政府负责、社会协同、群众参与、法治保障的社会管理体制；我们要发展的社会组织，也是受党领导并要在其中建立党组织的社会组织。这些与所谓的公民社会不同，与西方的非政府组织也不同。即使在西方，许多非政府组织，特别是那些从事对其他国家进行渗透、分裂活动，搞所谓"颜色革命"的组织，背后仍然是政府，是受政府资助、由政府操纵的。

在我国为什么必须实行共产党领导而不能实行多党轮流执政？为什么军队必须由共产党领导而不能搞所谓"国家化"？这些并不仅仅是从历史上、国情上得出的结论，也要从科学社会主义理论中得出的结论。政党制度是国家政治制度的一部分，属于社会的上层建筑，是建立在经济基础之上的。因此，有什么样的经济制度，就会有什么样的政党制度。资本主义国家实行的是资产阶级私有制，而资产阶级内部是分为不同利益集团的。这种制度和国情决定了在资本主义国家需要建立代表不同利益集团的政党，各个政党之间必须相互竞争、轮流执政而不能一党执政，否则，其他利益集团的利益就得不到保障；同时决定了其军队必须实行国家化，而不能由哪一个政党单独领导，否则多党制就无法实行，就会出法西斯独裁统治。所以，从实质上看，资本主义国家的多党制其实是资产阶级的一党制，无论哪个党上台，都会从根本上维护资产阶级的统治。而我国与它们不同，实行的是社会主义制度，经济基础是生产资料的社会主义公有制，这种制度和国情决定了人民内部的根本利益是一致的，其政治制度只能是由工人阶级领导的以工农联盟为基础的人民民主专政，其政党制度也只能是由代表人民根本利益的中国共产党领导下的多党合作制。在市场经济条件下，人民内部也会有不同利益的矛盾，但社会主义制度不允许少数人利益与多数人利益产生根本的利害冲突，不允许任何人破坏全国人民利益的根本一致性，因此，不允许有代表少数人利益的政党掌握国家政权。在这种情况下，当然谈不上其他政党与共产党轮流执政。既然如此，军队当然只能由代表人民根本利益的中国共产党一党绝对领导。可见，在我国实行共产党领导和党对军队的绝对领导，是社会主义根本经济、政治制度决定的，它不仅不妨碍社会主义政治体制的运行、影响人民军队的国防军性质，相反，是确保人民根本利益不受侵犯、党和人民内部团结统一的不可或缺的必要条件。

前些时候，有一位国外学者问我，中国什么时候会实行多党制。我对他说，只要中国实行公有制为主体，就不会也没有必要实行多党制；如果有一天中国实行了私有制，出现了财团、寡头、利益集团，到那时候恐怕会实行多党制。不过，那时中国已经不再是社会主义社会，也不再是一个政治稳定的社会了。

孙：现在很多老一辈学者对当下的学术界和年轻一代充满忧虑，认为知识分子作为社会精神产品的输出者和思想的引领者，应当承担起自己的社会责任和为学使命。在您看来，中国知识分子当下最迫切的工作是什么？

朱：对于一个正直的有责任感的知识分子，不管你是搞学术研究的学者还是搞教学的老师，我认为都应当在各自的岗位上发挥唤醒民众的作用。这里说的唤醒民众，与抗日战争时期动员民众起来救亡不一样。我说的唤醒民众是指：第一，提醒大家不要沉迷于物质利益。我们现在还处在社会主义初级阶段，当然要以经济建设为中心，当然要贯彻物质利益原则。但应当教育人们，不要只顾追求物质利益，"一切向钱看"，忽略精神文明、社会责任、道德规范。正如毛主席所讲的，要兼顾国家、集体和个人利益，不能把物质利益、个人利益看得高于一切，不能把人们引导到只为个人利益而奋斗的道路上去。第二，告诉大家当前中华民族最大的利益是什么。当前，中华民族正处在一个伟大复兴的关键时期。按照"三步走"的战略，我国在本世纪中叶，也就是中华人民共和国建国 100 年时，要达到中等发达国家的水平。要实现这个目标，最重要的条件是内有稳定，外有和平。而在今天的中国，能带给我们这个条件的政治力量唯有中国共产党，政治道路唯有中国特色社会主义。因此，我们要实现中华民族伟大复兴的理想，就要拥护中国共产党领导，支持和积极参加中国特色社会主义建设。

有人说，中华民族复兴不一定非要共产党领导不可，俄罗斯没有共产党领导，不是也在复兴吗？说这种话的人忘了，当年以俄罗斯为主体的苏联是仅次于美国的超级大国，而苏共下台后，不仅原来的国家解体了，而且俄罗斯也降为了二流国家。另外，俄罗斯人口比我们少，而资源比我们多得多，人口受教育程度也比我们高得多。所以，它们没有了共产党领导，虽然社会上的问题比过去多，社会管理的难度比过去大，但总体还算稳定。但中国国情与它相比有很大不同。正如小平同志说过的，中国如果闹到共产党和国家权力不起作用，肯定是个内战的局面，一打内战就是各霸一方，生产衰落，交通中断，难民成堆，血流成河，那不仅是中国的灾难，也是世界性的灾难。我认为他这个话绝不是危言耸听，而是建立在对中国国情的深刻体察基础之上的，是很值得每一个对国家有责任心的人深思的。国家的政治体制和家里客厅的摆设不一样，不能看这种摆法不合适，试试另一种摆法，不行再变回来。国家的政治体制一旦变化，要想再变回来就没那么容易了。据我所知，现在俄罗斯有相当多的人，特别是知识分子对苏联解体表示后悔。但后悔又有什么用呢？这个潘多拉魔盒既然打开了，不要说恢复苏联不可能，就是维持俄罗斯的政治稳定，都不是很容易的。要是中国有一天也出现那种局面，弄得各自为政，分崩离析，军阀混战，从中受益的只能是极少数家私万贯并有出国护照的人，绝大多数老百姓将会重新陷入水深火热之中。到了那时，要想重新恢复统一、稳定的局面，从中国历史看，没有几十年、几百年时间是做不到的。

现在国内外敌对分子寻找各种理由攻击共产党的领导，尤其喜欢抓住共产党干部搞腐败的问题大做文章。共产党有没有腐败分子？当然有，而且在市场经济和对外开放的条件下，这种人还不少。但是，这种人在 8000 万共产党员和几百万党政干部中毕竟只是极少数，各条战线的精英、骨干、优秀分子绝大多数还是共产党员；而且这种人在共产党里一旦被发现，迟早都会被查处、被清除。那些以此为借口反对共产党领导的人，并不是真的要反对腐败，而是像小平同志说的那样，是唯恐天下不乱，是用"文化大革命"的办法进行煽动，以便乱中夺权。这些人一旦夺取权力，只会比腐败分子更腐败。在为人民服务和联系群众、严密组织纪律性这些方面，任何政治力量都无法和共产党相比。

中国共产党第一代领导人大多是知识分子，就参加革命前的个人社会地位和生活境遇来说并不低。但他们不满足于自己过得好，而是以天下为己任，对劳苦大众和民族命运充满责任感。我觉得今天中国有志气的知识分子也应该向他们学习，把个人的命运和人民、国家、民族的命运联系在一起，多从如何有利于中华民族复兴、国家稳定和发展出发想问题、搞研究、写文章、教学生。前些时候，经济学界为祝贺刘国光同志九十大寿，举办了一个有关他的学术思想研讨会。他在会上作了一篇题为《九十感恩》的发言，说他的理念很平常，就是"在社会主义初级阶段，我们需要继续完善市场经济的改革，但这个市场经济改革的方向必须是社会主义的，而不是资本主义的。这个问题关系到我国改革的前途命运，也是现今经济领域里意识形态斗争的焦点。环绕这个问题的针锋相对的纷争，当然有理论是非问题，但是在更大程度上，这是当今中国社会不同利益阶层势力的对决。反对市场经济与社会主义相结合，主张私有化、自由化和两极分化的声音，虽然有雄厚的财富和权力的实力背景，但毕竟只代表少数人的利益。而主张市场经济必须与社会主义相结合，以公有制为主体，以国家宏观计划调控为导向，和以共同富裕为目标的声音，则代表了工农大众和知识分子群体的希望。中国经济改革的前景，不取决于争论双方一时的胜负，最终将取决于广大人民群众的意志。所以，我虽然年满九十，来日不多，但对此仍然满怀信心和激情"。什么是知识分子的担当，什么是知识分子的良心，什么是知识分子在当今时代的责任？我觉得刘国光同志这篇讲话是最有代表性的回答。我们吃着农民种出来的粮食，穿着工人织出来的布，住着工人盖出来的房子，拥有比工人、农民好得多的工作和生活条件，我们究竟应当代表谁，这难道不是每一个知识分子，每一个学者应该经常自问的问题吗！

孙：最近一位教授在演讲中谈到西方资本主义神话与东方社会主义神话的博弈，说东欧和苏联的瓦解击碎了社会主义神话，2011 年美国占领华尔街运动、北欧的爆炸性事件也使西方资本主义神话面临深刻的危机。您怎样看待这种说法？您认为"中国模式"能否成为超越前两种神话的第三种神话？

朱：我觉得"神话"这个词值得推敲，因为神话是虚幻的，而苏联通过社会主义道路，仅用十几年时间就发展成为世界第二强国，这并不是神话。至于苏联解体、苏共下台，我认为只能说是社会主义一种模式的失败，而不能说是社会主义的失败。我也不赞成所谓"中国模式"这种提法，因为各国的发展道路不同，不可能用一个模子来套。如果一定说有一个"中国模式"，那它也只能是社会主义道路中的一种模式。因为同样是共产党领导，同样是社会主义，确实有不同做法，或者说不同模式。

前些时候我到中国社科院研究生院给非洲学员讲课，他们问我，既然中国发展很快，他们国家能不能学习中国的经验？我回答说，在经济改革与发展方面的经验是可以学的，但整体方面的经验很难学。因为中国经验的核心并不是"一党执政 + 市场经济"，而是"改革开放 + 四项基本原则"。中国如果只坚持四项基本原则而不搞改革开放，在当今时代条件下肯定发展不起来。但如果只搞改革开放而不坚持四项基本原则，也肯定发展不了。因为，改革说到底无非是搞市场经济，开放说到底无非是同国际经济接轨。现在世界上除了个别国家，谁不搞市场经济？谁不同国际经济接轨？但在所有国家中，为什么唯独中国发展得最快？就是因为中国在改革开放的同时，比其他国家多了一个四项基本原则。这说明，中国的共产党执政并不是简单的一党执政，关键在于中国共产党是一个以马克思主义为指导，以为人民服务为宗旨，以民主集中制为制度，以密切联系群众、理论联系实际、批评与自我批评为作风的党。如果不能做到这些，仅仅搞一党执政，你这个党只代表少数利益集团，甚至只代表自己的部落和家族利益，那还不如搞多党制。所以，我认为我们可以超越资本主义，但不能超越社会主义。中国特色社会主义道路说到底还是社会主义道路，当然，这个社会主义是接受了苏联经验教训的，是和它们有很大不同的。

探寻历史足迹　启迪来者奋斗

——访新中国史史学家朱佳木教授*

记者：习近平总书记对新中国史的学习研究和宣传教育一向高度重视，每当提及党史几乎总要同时提到国史，强调要"认真学习党史、国史，知史爱党，知史爱国"。不久前，他又为国史学会成立30周年发去贺信，向学会全体同志和全国广大国史研究工作者致以热烈祝贺和诚挚问候，并要求国史研究工作者要不断提高研究水平、创新宣传方式、加强教育引导，更好凝聚团结奋斗的精神力量。请您谈谈学习、研究新中国史有哪些重要意义。

朱佳木：学习和研究新中国史起码有以下几个意义。

第一，有助于人们进一步坚定"四个自信"。"欲知大道，必先为史。"要了解社会发展的规律，首先要研究蕴含其发展规律的历史。树立中国特色社会主义的道路自信、理论自信、制度自信、文化自信，不仅基于科学社会主义的理论逻辑，也基于包括新中国史在内的历史逻辑。因此，要树立"四个自信"，就要学习研究新中国史，从而了解中国特色社会主义道路是怎么来的，要到哪里去，这条道路带给了我们什么，为什么只有这条道路才能发展中国、壮大中国。

第二，有助于人们提高理论水平。马克思主义理论和马克思主义中国化的理论成果，都来源于社会实践，其中关于中国社会主义革命、建设、改革的理论，归根结底来源于新中国各个历史时期的社会实践。我们要对这些理论学懂弄通，做到真懂真信，除了要认真研读理论著作本身，还必须结合实践。其中有今天的实践，也有过去的实践，而过去的实践就是历史。所以，要提高马克思主义理论水平，不能不学习和研究

* 本文曾刊于《思想政治工作研究》2023 年第 5 期。

新中国史。

第三，有助于人们不断汲取历史经验和智慧。历史虽然不会重演，但有许多相似的地方。今天遇到的问题和困难，有很多在历史上都遇到过。学习和研究新中国史，可以使我们了解过去的人们是怎样对待和解决类似问题、克服类似困难的，以便总结成功的经验和不成功乃至失败的教训，从而为今天和今后解决、战胜这类问题和困难提供借鉴，以便少走弯路，多取捷径。

第四，有助于人们接续传承革命精神和优良传统。新中国的历史是一部中国共产党领导人民战天斗地、披荆斩棘、乘风破浪、扬眉吐气的历史，其中涌现出无数舍身忘己、奋不顾身的英雄人物和可歌可泣的感人事迹；形成了很多好传统好作风，比如艰苦朴素、戒骄戒躁、密切联系群众、设身处地为群众着想、一切从实际出发、深入调查研究，等等。这些英雄人物的事迹和好的传统作风，都包含在新中国的历史之中，我们要以饱满的精神状态沿着他们的足迹继续前进，继承他们的好传统好作风，完成他们未竟的事业，也需要学习和研究新中国史。

第五，有助于人们增强识别真伪、明辨是非的能力。习近平总书记在 2013 年 1 月 5 日讲话中，曾引用过清代龚自珍的"灭人之国，必先去其史"这句名言，强调"国内外敌对势力往往就是拿中国革命史、新中国历史来做文章，竭尽攻击、丑化、污蔑之能事，根本目的就是要搞乱人心，煽动推翻中国共产党的领导和我国社会主义制度"。如果不学习和研究新中国史，就不可能了解历史的真实、掌握分析历史的正确观点，遇到歪曲新中国史的历史虚无主义谣言和诡辩，就很容易因为缺乏历史知识和识别能力而上当受骗。因此，这一点也决定了我们需要学习、研究新中国史。

记者：党的十八大后，习近平总书记把党史、新中国史、改革开放史、社会主义发展史合在一起，要求全党和高校加强对这"四史"的学习宣传教育。请您为我们讲讲新中国史与中国现代史、当代史是什么关系，为什么学习研究了党史还要学习研究国史？

朱佳木：这里说的国史就是新中国史，是中华人民共和国史的简称，也叫中国当代史、现代史，都是指 1949 年新中国成立后中国社会与自然界的历史。它是中国古代史和中国近代史的延伸，是正在进行并不断发展着的中国历史。

马克思主义语义下的古代史、近代史、现代史、当代史，一般是与社会形态的变化相关联的。正因为如此，自从马克思主义传播到中国后，马克思主义史学界就把 1840 年鸦片战争前中国封建社会的历史称为中国古代史，把这之后由封建社会进入半殖民地半封建社会作为中国近代史的开端。不过，当时为了突出新民主主义革命与旧民主主义革命的区别，把 1919 年五四运动的爆发作为了中国由近代史进入现代史的标志。这种用两个标准划分中国古代史、近代史和现代史的做法，在新中国尚未成立时矛盾尚不突出。但新中国成立后，中国社会性质发生了变化，已经由半殖民地半封建社会变成新民主主义社会或走向社会主义的社会，这时再以革命史性质的变化作为划分中国近代史与现代史的依据，便与按照社会形态区分历史阶段的唯物史观之间的矛盾变得突出了。在新中国刚成立不久、新中国史研究尚未提上日程的情况下，解决这个矛盾还不急迫。到了 20 世纪 80 年代，新中国史研究开始兴起，再把 1919 年作为中国现代史开端，无论学术上政治上都显得很不合适。不过，为避开对现代史的既有定义，人们又创造出"中国当代史"的概念，使上述矛盾被再次掩盖起来。但随着新中国史的不断发展和新中国史教学与研究的不断深入，现代史原有定义的弊端日益显现。在这个问题上，我认为正确做法应当是先统一中国历史阶段划分的标准，然后把"新中国史""中华人民共和国史""中国当代史"这些概念与"中国现代史"合并。合并后，可以称"新中国史""中华人民共和国史""中国当代史""当代中国史"，也可以称"中国现代史"。历史分期是一项动态性工作，不会一劳永逸。随着时间的延续，原有现代史、当代史的上下限还会发生相应改变。

中国共产党成立至今已历经百年，新中国史至今也有 70 多年，党史在新中国史的部分，已占其全部历史的三分之二。这部分党史与新中国史在内容上难免会有很多重叠和交织，而且随着时间的延伸这种情况会越来越多。既然如此，学习研究了党史，是否还有必要学习研究新中国史呢？回答应当是肯定的。这是因为，中国共产党虽然是中华人民共和国的核心领导力量，党的理论、路线、方针、政策、重大决策对新中国的建设和发展会产生决定性作用，从而使党史成为国史的核心，新中国成立后的党史走向决定着国史走向，但是，党史和国史在研究与编撰的角度、范围、重点上都有很大不同，党史研究与国史研究也分属不同学科，前者属于政治学，后者属于历史学，二者谁也代替不了谁。所以，学习研究了党史，不等于就学习研究了国史，二者同等重要。我们要深刻理解习近平总书记关于重视新中国史学习研究和宣传教育的论述精神，不断推进新中国史研究事业的繁荣发展。

记者：给历史分期，从来是史学研究中重要的学术理论问题，也是一个分歧、争论较多的问题。从事新中国史研究尤其国史编撰工作，也免不了遇到分期问题。而要对新中国史分期，同样不能不先明确分期的依据和标准。您可否对这个问题，简要阐述一下自己的看法。

朱佳木：前面提到，马克思主义对于人类历史大阶段的划分是依据社会形态变化的；并且，马克思主义创始人正是根据生产力与生产关系、经济基础与上层建筑矛盾运动推动生产方式变化的唯物史观，将人类历史大体划分为依次更替的原始社会、奴隶社会、封建社会、资本主义社会和共产主义社会（社会主义为其低级阶段）等五大阶段。以马克思主义为指导的史学界，对于这个标准以及依据这一标准划分的人类历史五大阶段基本没有异议，但对同一社会形态下的历史应当依据什么标准进行分期的问题分歧就比较多了。

史学史表明，对同一社会形态下的历史进行分期，研究者大多依据的是能够体现出历史阶段性特征的标志性事件。在这一点上，分歧也不大。分歧主要在于什么是阶段性特征，以及什么是能体现历史阶段性的标志性事件。这种分歧，与研究者所持的历史观和学养有关，也与进行分期的具体目的和观察问题的角度有关。而对于仍在发展变化中的当代史，人们在分期问题上的分歧，除了来自上述因素之外，还与进行分期所处的时间节点有关。就是说，给尚在发展变化中的当代史分期，既要受到研究者所持历史观等因素的影响，也要受到历史进程本身，以及研究者主观思想随着历史发展变化而变化的影响。比如，人们在新中国史仅有十几年、二十几年、三十几年时，对分期的主张，与这一历史超过了半个世纪甚至已经六七十年时的主张肯定是会有所不同的。

我从事新中国史研究以来，一直主张为了更大程度地体现国史的特点，最好把经济社会发展道路或目标模式的变化作为不同历史时期的阶段性特征，并以此观察和判断能体现历史阶段性特征的标志性事件。对新中国史不同时期的各种划分主张，除了个别人以分期为幌子，企图表达反对社会主义道路的政治诉求之外，我认为绝大多数都是学术性的，而且都有一定道理。因此，各种意见都应当在学术范围内平等讨论，而不应当只把某种主张作为绝对正确，把其他主张斥为绝对错误。我在历史分期的问题上，无论某种意见多么接近真理，都只具有相对的意义。随着历史的继续发展，比如说到新中国诞生 100 年、200 年时，人们再来给国史分期、断限，肯定会和现在又有所不同。另外，某些专门史，如法制史、工业史、交通史、学术史、文学史、美术史等；某些地方史，如西藏史、海南史、港澳台史等，分期、断限完全可以根据自身的特殊情况划定，不必非要与国史分期保持一致不可。

记者：马克思主义肯定史学的阶级性，要求史学工作者必须站在社会进步和人民利益的立场上，自觉为无产阶级和人类解放事业服务。您认为新中国史研究应当如何把握与现实之间的关系？

朱佳木：社会科学与自然科学不同，自然科学没有阶级性，而在人类存在阶级的社会中，社会科学除语言学外，或多或少都具有阶级性。历史学属于社会科学，史学家撰写的历史虽然应当符合历史的真实，但由于所处社会经济地位不同，因此对历史的认知不可能不受社会存在的影响，史学领域不可能不存在各种政治力量的较量。新中国史研究的对象，是工人阶级领导的、以工农联盟为基础的人民民主专政的社会主义国家的历史，它与以往任何剥削阶级占统治地位的历史都不相同，与当代世界上占主流地位的资本主义国家的历史也不同。所以，新中国史研究具有的政治性格外强烈，新中国史研究领域内的政治斗争也特别复杂激烈。

另外，社会科学分为对策性研究和基础性研究，新中国史研究作为历史研究的分支学科，与史学其他学科一样，都属于基础性研究。但这并不意味着新中国史研究可以脱离现实，不为现实服务。历史研究从来都不是为历史而历史，中国自古就有用历史编纂为现实服务的优良传统，所谓"鉴往知来"，讲的就是这个意思。司马光说自己编纂史书的目的是"鉴前世之兴衰，考当今之得失"，宋神宗为此索性把他的书命名为《资治通鉴》。用历史研究为现实提供借鉴，在古代和近代是这样，对于当代的新中国史尤其如此。

当代史是刚刚过去的现实，现实则是即将变成的当代史。因此，作为当代史的新中国史，与现实之间的关系必然更加密切、更加直接。但新中国史研究对现实的服务，绝不是要它拿出解决现实问题的对策，而是要通过对历史的研究，讲清历史的过程、解释历史的原因、总结历史的经验、找出历史的规律、预测历史的走势，从而为决策提供参考、为教育提供素材。这也就是人们通常所说的，历史研究具有的资政育人的社会功能。除此之外，我认为对于新中国史研究来说，还有一个社会功能，即"护国"的功能。

前面提到习近平总书记曾引用龚自珍"灭人之国，必先去其史"的名言，说明要消灭一个国家，总要先歪曲丑化它的历史，历史站不住，这个国家就会不攻自灭了。这句至理名言，已被无数事实所验证。当年，日本帝国主义为霸占中国的台湾和东北三省，竭力推行奴化教育，把台湾和东北的历史从中国历史中剥离出去。陈水扁之流上台后，为搞"台独"，也竭力推行"去中国化"运动，把台湾史从中国史中分割出去，把没有台湾的中国史放入世界史课本。苏联之所以解体、苏共之所以下台，一个重要原因也是因为帝国主义势力及其代理人散布历史虚无主义思潮，全面否定苏联历史、苏共历史，否定列宁、斯大林，把人们的思想搞乱了。既然去人之史可以灭人之国，反过来说，卫己之史不是也可以护己之国吗？正是从这个意义上，我提出新中国史研究也有护国的功能。我们要用新中国史研究为现实服务，就要通过正确叙述和解释新中国史，对干部、群众进行唯物史观指导下的新中国史教育，普及正确的国史知识，揭露和批驳历史虚无主义思潮对新中国史的歪曲、污蔑，以此维护中华人民共和国的利益和荣誉，增强干部、群众对新中国历史的自豪感，防止苏共下台、苏联解体的悲剧在中国重演。

研究新中国史与研究其他历史一样，都要坚持实事求是、历史主义、阶级分析、整体观察等原则，都要掌握搜集和辨识史料、撰写和编纂史书等基本功，都要具备忠于历史事实、遵守学术规范、促进社会进步等品德。然而，由于新中国史研究对象的特殊性质对于党所领导的新中国史研究者来说，除了上述应当具备的基本品德外，理应更加自觉地学习和运用唯物史观，更加坚定地站在党和人民的立场上，更加主动地服务于社会主义的建设事业，更加积极地抵制和批判历史虚无主义思潮。